ACTE TRANSLATIF ET TITULARITÉ DES DROITS

Pour Audrey,

en hommage amical.

Isabelle Tosi

Fondée par
Henry Solus
Professeur honoraire
à la Faculté de droit
et des sciences
économiques de Paris

BIBLIOTHÈQUE
DE DROIT
PRIVÉ
TOME 471

Dirigée par
Jacques Ghestin
Professeur émérite
de l'Université de Paris I
(Panthéon-Sorbonne)

ACTE TRANSLATIF ET TITULARITÉ DES DROITS

Isabelle Tosi

Maître de conférences à la Faculté de droit de Montpellier

Préface de
Marie-Laure Mathieu-Izorche

Professeur à la Faculté de droit de Montpellier

Ouvrage couronné par l'Académie française (Prix Viard)

L.G.D.J

31, rue Falguière, 75741 Paris Cedex 15
I.S.B.N. : 2-275-03090-5 I.S.S.N. : 0520-0261

PRÉFACE

La thèse présentée par Isabelle Tosi constitue à notre sens, un progrès essentiel pour la communauté des juristes dans la construction du savoir juridique, mais aussi, pour nous-même, dans la réflexion sur la manière dont ce savoir se construit. Et ces deux aspects sont indissociablement mêlés, en raison du sujet de la recherche, consacrée à la question de la titularité des droits, dans la représentation que l'on se fait de l'acte juridique translatif.

Un progrès essentiel dans la construction du savoir juridique tout d'abord car cette thèse met en question des certitudes : il fallait beaucoup de courage à la jeune doctorante, et de confiance en la personne qui se proposait de l'accompagner dans sa démarche, pour oser affronter un des « principes » les mieux ancrés dans ce que nous pensons être le savoir des juristes, un de ces principes sur lesquels on ne réfléchit jamais vraiment, tant ils semblent évidents... Beaucoup de courage en effet, pour accepter de mettre en question « l'évidence », et s'exposer, ainsi, à l'aube d'une carrière de chercheur, à voir sa pensée contestée, tant l'habitude a solidement ancré dans les esprits ce qui, peut-être, repose sur des postulats implicites qui n'ont jamais été mis à jour en tant que tels... Mais qu'est-ce qu'un chercheur, si ce n'est une personne qui consent à s'exposer, en prenant le risque d'observer à nouveau les objets que l'on croit bien connus, pour en exprimer une réalité jusqu'alors passée inaperçue ?

« Nul ne peut transmettre plus de droits qu'il n'en a lui-même » : pure tautologie, si « l'acte de transmettre » s'entend de celui par lequel un sujet ôte un droit de son patrimoine pour l'ajouter dans celui d'un autre sujet. Sous cette hypothèse, la transmission est à la fois soustraction, du patrimoine de « l'auteur », et addition, dans le patrimoine de l'ayant cause. Ce qui suppose à la fois que le sujet qui opère le transfert du droit en ait été le titulaire avant de le transmettre, et qu'il ait perdu ce droit, une fois le transfert effectué.

C'est là une vision très particulière du transfert, en vérité, qui repose sur de nombreuses hypothèses, et, notamment, confond en une seule et même personne celui dont le droit est transmis et celui qui transmet le droit. Mais cette vision ne s'impose nullement, et il est tout à fait possible d'envisager qu'il n'y ait pas coïncidence entre ces deux personnes. Il est même possible d'imaginer que le transfert d'un droit ne réalise pas, dans tous les cas, une soustraction accompagnée d'une addition.

À l'origine de cette thèse, une interrogation : il s'agissait de tester tous les éléments du postulat sur lesquels repose l'adage « nemo plus juris » : deux sujets, et deux sujets seulement, l'un ôtant un droit de son propre patrimoine un droit, qui, par l'opération de transfert, viendrait s'inscrire dans celui de l'autre. Car ce n'est jamais qu'un postulat, qui méritait, selon nous, d'être considéré comme tel : une « vérité » posée, mais qui ne va pas de soi, qui ne s'impose pas.

Pour tester la validité de cette hypothèse, il fallait un chercheur digne de ce nom : nous l'avons trouvé, en la personne d'Isabelle Tosi, à laquelle nous avons proposé d'effectuer un premier travail, une recherche « de reconnaissance ».

Reconnaissance, pour l'étudiante qu'elle était alors, à peine issue de sa quatrième année d'études, du sujet potentiel de recherche.

Reconnaissance pour le directeur de recherche, du Sujet, c'est-à-dire du chercheur potentiel, car il ne pouvait se permettre de placer un tel « sujet » en n'importe quelles mains...

Nos espoirs ne furent pas déçus : l'excellent mémoire de DEA d'Isabelle Tosi, intitulé « Propriété et pouvoir dans les régimes matrimoniaux », lui permit de poser la première pierre de son édifice, et d'asseoir sa confiance dans la solidité de l'hypothèse, en même temps qu'il nous permit d'être définitivement rassurée sur les capacités de la doctorante à sortir victorieuse de cette ambitieuse aventure dans laquelle elle s'engageait.

Car la responsabilité est lourde, d'entraîner un jeune chercheur dans des zones inexplorées, non questionnées, ou pire, non questionnables car incontestées, au risque de le conduire tout droit à une impasse. Mais les risques sont inhérents à la démarche du chercheur, et à celle de l'accompagnateur. Des risques pour le sujet.

Le sujet c'est-à-dire la thèse, qui risque d'être mal menée, et le Sujet c'est-à-dire, aussi, et peut-être surtout, la personne du chercheur, qui risque d'être malmenée, d'avoir du se confronter à un travail infaisable. Il fallait donc avoir une confiance égale, et partagée par les deux composantes du couple « chercheur-accompagnateur », en la solidité de l'hypothèse, et en les qualités du chercheur. Et pour ce qui concerne le premier aspect, nous n'étions pas trop de deux.

L'accompagnement d'un précédent mémoire, sur l'adage « Nemo plus juris... » à l'auteur duquel nous tenons à rendre hommage, ici, nous avait conduit à proposer une distinction, un dédoublement des « auteurs » du transfert, lesquels ne se confondent pas dans tous les cas, comme le montre l'exemple de l'expropriation : le sujet auteur « du » transfert, (l'expropriant) n'étant évidemment pas le sujet auteur « dans » le transfert (l'exproprié). Et pourtant, nul ne peut nier qu'il y ait là un acte translatif de droits. De même, le dédoublement subtil entre propriété et pouvoir particulièrement visible à travers les règles relatives à la gestion de la communauté entre époux, offrait un point de vue très favorable à l'observation de cette dissociation entre les deux rôles, tenus souvent par la même personne, qu'on appelle « l'auteur ».

Le mémoire d'Isabelle Tosi sur les pouvoirs des époux, extrêmement fouillé, élaboré dès l'origine dans la perspective d'une thèse sur la notion d'acte juridique translatif, qui méritait amplement d'être élucidée, permit d'établir, définitivement, que l'on peut transmettre, parfois, plus de droits que l'on n'a soi-même.

La cause était entendue, il fallait aller plus loin, les bases étaient jetées. Celles du sujet de la thèse, et celles du Sujet, qui avait manifestement démontré son aptitude à creuser encore et toujours, et à ne pas se satisfaire d'analyses superficielles.

La thèse d'Isabelle Tosi s'inscrit, certes, dans le prolongement de son beau mémoire, mais ce n'est nullement accidentel : la démarche était délibérée, de tester d'abord l'hypothèse dans un domaine relativement restreint, afin de mieux en approfondir les éléments critiques, ce qui devait permettre, ensuite, de construire sur des bases solides.

Il restait donc au chercheur à construire l'édifice, et ce n'était pas une mince affaire : c'est une chose que de pressentir à travers quelques contre-exemples, que l'adage est faux (puisqu'il n'est « pas toujours vrai »), c'en est une autre que de démontrer en quoi, et dans quelle mesure, les postulats sur lesquels il repose peuvent être remis en question : postulat de coïncidence entre l'auteur du transfert et l'auteur dans le transfert, mais aussi postulat de perte du droit transmis, que venait infirmer la jurisprudence considérant que l'action directe du sous-acquéreur lui est « transmise », alors qu'elle peut encore être exercée, sous certaines conditions, par celui qui est censé l'avoir transférée.

Et cette tâche de construction de la démonstration, immense, incombait désormais à l'auteur de la thèse.

Tout d'abord se dressait un obstacle redoutable sur la route du chercheur : dans quel cadre théorique, devait-on se placer pour évaluer l'hypothèse ? Selon certains auteurs, et non des moindres, la propriété ne se transfère pas. Comment alors aborder la question du transfert des droits, et, plus spécialement, des actes « translatifs de propriété » auxquels on pense, presque nécessairement lorsqu'on évoque l'adage ? Dans une lumineuse étude préalable, Isabelle Tosi a cherché, armée d'une grande honnêteté intellectuelle et d'une remarquable culture, à inscrire son questionnement dans les deux cadres théoriques opposés, celui qui admet le transfert de propriété et celui qui le nie.

Et elle débouche, finalement sur la neutralité du choix de ce cadre, montrant que, quel que soit le choix opéré, le postulat est le même, ce qui constitue une découverte magnifique, permettant d'asseoir la solidité de l'hypothèse de départ, Seule une lecture très superficielle pourrait conduire à penser qu'une telle démarche était vaine : si on sait à présent que le cadre est neutre, c'est parce que l'auteur s'est posé la question, et il fallait un courage peu commun pour ne pas esquiver cette question essentielle, mais si difficile… Il faut lire ces développements remarquables pour saisir la profondeur de vues de l'auteur, son aptitude à comprendre, véritablement, les théories les plus difficiles d'accès, à se les approprier, et à les restituer avec une apparente facilité qui éblouit le lecteur, séduit par un tel sens pédagogique.

La suite de la thèse, remarquable, est à l'avenant. On laisse le lecteur découvrir avec quel talent elle renouvelle l'approche de nombreuses questions (notion de pouvoir, mécanisme du transfert de propriété, acceptation sous bénéfice d'inventaire, quasi-usufruit, vente a non domino, renonciation à succession, clause de réserve de propriété, tontine…) qui croisent le raisonnement. Redisons simplement ici que la titularité du droit à transmettre apparaît au grand jour, comme un simple présupposé, ce qui n'a rien de péjoratif. Cela ne signifie pas que ce soit un « préjugé », mais simplement que s'il est vrai, dans la plupart des cas, que l'auteur du transfert et le titulaire du droit transmis sont bel et bien la même personne, cela n'est pas toujours le cas : or, l'adage nemo plus juris implique, nécessairement, la titularité du droit transmis. Il ne dit, d'ailleurs, rien d'autre que cela…

Dès lors que la titularité du droit à transmettre apparaît comme une question, et non comme une certitude, la perte du droit transmis, à son tour, appelle un questionnement. Et, là encore, à partir de la suggestion d'un seul contre-exemple, Isabelle Tosi mène une belle analyse, très documentée, très convaincante parce que toujours mesurée, des cas dans lesquels il apparaît que, contrairement à ce que l'on peut croire, dans une vision mécaniste du transfert, le droit transmis laisse des traces dans le patrimoine de l'auteur, lorsqu'il s'y trouvait au préalable… L'approche de nombreux mécanismes s'en trouve là aussi renouvelée, comme le transfert de l'action en justice, la cession de contrat ou la substitution du bénéficiaire d'une promesse unilatérale de vente, pour s'en tenir aux principaux.

Nous ne saurions prendre la parole à la place de l'auteur pour convaincre le lecteur de la validité de la démonstration : il lui faut lire cette belle thèse, pour en saisir toute la richesse, et admirer à la fois la rigueur de la démarche scientifique et l'étendue de la culture juridique de l'auteur.

Quant à nous, l'accompagnement d'Isabelle Tosi, au cours des trois courtes années qu'elle s'est laissées pour accomplir son Œuvre, nous a permis de mieux saisir la manière dont s'élabore le savoir juridique à travers le travail de recherche : pas par simple « transfert », loin de là, car si l'auteur de la thèse, peut toujours être considéré, par rapport à ceux qui le précèdent, comme un ayant cause en ce qui concerne les savoirs antérieurs, le véritable chercheur est un auteur, à l'égard des générations futures ; c'est-à-dire qu'il est un bâtisseur.

Et, incontestablement, Isabelle Tosi en fait partie. Puisse-t-elle, à son tour, contribuer à la naissance d'autres bâtisseurs…

Marie-Laure MATHIEU-IZORCHE

LISTE DES PRINCIPALES ABRÉVIATIONS

Archives. phil. dr.	Archives de philosophie du droit
Arr.	Arrêté
Banque	(revue) Banque
BGB	Bürgerliches Gesetzbuch
BT / BTL	Bulletin des transports (et de la logistique depuis 1991)
Bull. civ.	Bulletin des arrêts de la Cour de cassation
BICC	Bulletin d'information de la Cour de cassation
CA	Cour d'appel
CAA	Cour administrative d'appel
Cah. dr. de l'entr.	Cahiers de droit de l'entreprise
C. com.	Code de commerce
CE	Communauté européenne *ou* Conseil d'État
C. expr.	Code de l'expropriation pour cause d'utilité publique
CGI	Code général des impôts
Chron.	Chronique
Circ.	Circulaire
C. mon. fin.	Code monétaire et financier
C. org. jud.	Code de l'organisation judiciaire
Concl.	Conclusions
Cons. const.	Conseil constitutionnel
Contrats, conc., consom.	Contrats, concurrence, consommation
C. propr. intell.	Code de la propriété intellectuelle
C. rur.	Code rural
D.	Décret *ou* Recueil Dalloz-Sirey
D. affaires	Dalloz affaires
DC	Recueil critique de jurisprudence et de législation Dalloz (années 1941 à 1944)
DMF	Droit maritime français
Dr. et patr.	Droit et patrimoine
Dr. fam.	Droit de la famille
GAJ civ.	Grands arrêts de la jurisprudence civile
Gaz. Pal.	Gazette du Palais
J.-Cl.	Juris-Classeur
JCP G / E	Juris-Classeur périodique (Semaine juridique) édition générale, édition entreprise
JDI	Journal du droit international (Clunet)
JO	Journal officiel (lois et décrets)
JOAN CR	Journal officiel (débats parlementaires et réponses ministérielles)
JOCE	Journal officiel des communautés européennes
Journ. not. et avocats	Journal des notaires et des avocats
Justices	(revue) Justices

Jur. gén.	Jurisprudence générale Dalloz, Répertoire alphabétique de législation, de doctrine et de jurisprudence (1845-1870)
L.	Loi
LGDJ	Librairie générale de droit et de jurisprudence
n°	Numéro de paragraphe
NCPC	Nouveau Code de procédure civile
note	Note de bas de page
PA	Petites affiches
Quot. jur.	Quotidien juridique
RD bancaire et bourse	Revue de droit bancaire et de la bourse
RDC	Revue des contrats
RD imm.	Revue de droit immobilier
Rép.	Répertoire Dalloz
Defrénois	Répertoire du notariat Defrénois
Rép. min.	Réponse ministérielle
Rev. arb.	Revue de l'arbitrage
Rev. crit. DIP	Revue critique de droit international privé
Rev. gén. ass. terr.	Revue générale des assurances terrestres
Rev. proc. coll.	Revue des procédures collectives
RID comp.	Revue internationale de droit comparé
RJ com.	Revue de jurisprudence commerciale
RJDA	Revue de jurisprudence de droit des affaires
RJF	Revue de jurisprudence fiscale
RJPF	Revue juridique Personnes et famille
RJS	Revue de jurisprudence sociale
RRJ	Revue de recherche juridique – Droit prospectif
RTD civ.	Revue trimestrielle de droit civil
RTD eur.	Revue trimestrielle de droit européen
RTD com.	Revue trimestrielle de droit commercial
S.	Sirey (recueil)
TA	Tribunal administratif
TGI	Tribunal de grande instance
Th.	Thèse
TI	Tribunal d'instance
V°	*Verbo*

ai miei

SOMMAIRE

INTRODUCTION

1.– L'acte translatif est omniprésent dans la vie juridique mais néanmoins peu étudié. Ainsi aucune thèse, aucun article ne peut être cité sur le sujet en droit français. Il est vrai qu'il s'agit d'une notion apparemment limpide, présentée comme désignant un acte qui établit un rapport d'auteur à ayant cause en transmettant à un nouveau titulaire un droit existant. De ce fait, peut-être, la doctrine est peu portée à s'y intéresser, préférant concentrer sa réflexion sur d'autres types d'actes juridiques dont le contenu ou les contours sont plus flous comme les actes déclaratifs, ou abdicatifs…

Ce désintérêt doctrinal, et ce paradoxe, ne sont en réalité qu'apparents. Ils s'expliquent par le fait que notre système juridique n'a pas été construit sur la notion d'« acte juridique » car celle-ci n'est apparue que récemment[1] ; il l'a été sur celles de convention, de contrat, de testament… L'« acte » translatif n'existe donc pas en lui-même : il s'agit d'une façon de désigner génériquement[2] l'ensemble des instruments juridiques ayant en commun ce caractère. C'est par synecdoque qu'il en est traité, à travers les études consacrées à ses différentes variétés.

2.– La plupart d'entre elles sont consacrées à la vente, acte translatif par excellence. Ainsi, c'est à propos de la vente que s'est développé le débat fameux sur l'existence ou non d'une « obligation de donner »[3]. Ainsi, c'est à la nullité de l'article 1599 du Code civil, celle qui sanctionne la vente de la chose d'autrui[4], que l'on songe lorsqu'un autre acte translatif est accompli *a non domino*.

Cette façon de raisonner est compréhensible : en se référant à la vente, on vise en réalité l'acte translatif le plus important ; en outre on respecte de cette façon le Code civil, qui est tout entier construit sur la théorie du contrat. Elle n'est pas cependant

---

[1] Sur l'histoire de ce concept récent (étranger au droit romain et à l'ancien droit, il n'a été forgé qu'au XVIIIe siècle par la doctrine allemande du droit naturel), v. Ph. Didier, *De la représentation en droit privé*, préc., LGDJ, B. dr. privé, 2000, n° 147 s. Le terme *acte* est omniprésent dans le Code Napoléon mais il y désigne seulement l'*instrumentum*, pour l'application de règles de forme ou de preuve (ex. : art. 895, 968, 1317 s., 1325, 1337, 1394, 1410...) ; même triple observation, en droit de la publicité foncière, en ce qui concerne l'expression *acte translatif* : elle y a la même portée, y est également fort ancienne (loi du 11 brumaire an VII, art. 26 : « Les actes translatifs de biens et droits susceptibles d'hypothèque doivent être transcrits… ») et son emploi y est également courant (v. *infra*, notes 1819 s.)

[2] Ex. : sont nuls les « actes à titre gratuit translatifs de propriété » faits par le débiteur pendant la période suspecte (C. com., art. L. 632-1).

[3] V. not., *pro* : P. Bloch, *L'obligation de transférer la propriété dans la vente*, RTD civ. 1988 p. 673 ; *contra* : M. Fabre-Magnan, *Le mythe de l'obligation de donner*, RTD civ. 1996 p. 85.

[4] V. aussi les articles 1707 et 1021 C. civ.

entièrement satisfaisante : il n'est pas sûr, en effet, que ce qui vaut pour la vente vaille pour tous les actes juridiques translatifs[5] ; puis, et de façon plus générale, le refus de considérer l'acte translatif en lui-même revient d'une certaine manière à s'en tenir à la tradition, à refuser l'évolution des notions juridiques, ce qui est d'autant plus périlleux que « si le chercheur n'est pas vigilant, il risque de reproduire sans y réfléchir davantage le discours de ceux qui l'ont précédé, et qui n'a pas toujours fait l'objet d'une soigneuse vérification »[6].

C'est donc en tant que tel, de façon frontale, que doit être étudié l'acte translatif. Or il est frappant qu'il y a eu une certaine évolution des idées quant aux domaines respectifs de l'acte translatif et des actes à effet non translatif, se traduisant par un rétrécissement de celui initialement imparti au premier. Il est singulier qu'aucune réflexion du même ordre ne soit notable en ce qui concerne non plus le domaine mais le mécanisme même de l'acte translatif, considéré du point de vue de son auteur et de la titularité du droit transmis ; on pressent en effet que sur ce point la réalité est plus complexe que le discours tenu à son sujet.

Partant de la notion d'acte translatif (§ 1), nous voudrions dégager les questions que paraît soulever cette titularité (§ 2).

§ 1. – NOTION

3.– La notion d'acte translatif doit être éclaircie dans chacune de ses deux composantes : c'est un acte ; il est translatif. La première est très large ; c'est la seconde qui est allée rétrécissant.

A. – UN *ACTE*

4.– Il s'agit d'un acte juridique (ce terme étant pris ici au sens de *negotium*, non d'*instrumentum* , sauf précision contraire)[7] quelle qu'en soit la variété. On appelle *acte juridique* toute manifestation de volonté tendue vers un effet de droit et nécessaire à la production de cet effet[8]. Si cette dernière condition fait défaut, on est en présence d'un fait juridique. Plus précisément, un *fait juridique* est en principe involontaire ; il peut cependant être volontaire si la volonté n'est pas dirigée vers les effets juridiques produits, en ce sens large qu'elle n'est pas une condition de son efficacité[9].

S'il n'y a pas production d'un effet de droit, il s'agit d'un acte matériel, ou d'un fait matériel, selon qu'il y a ou non manifestation de volonté.

---

[5] C'est précisément le cas pour ce qui est de la sanction de l'acte translatif de la chose d'autrui : v. *infra*, n° 492.

[6] M.-L. Mathieu-Izorche, *Le raisonnement juridique*, PUF 2001, p. 161.

[7] Nous aurons notamment à revenir sur ce « véhicule de transport en commun des créances » que constitue le bordereau de cession et nantissement de créances professionnelles (selon l'image de F. Pérochon et R. Bonhomme, *Entreprises en difficulté, Instruments de crédit et de paiement*, LGDJ, 6e éd. 2003, n° 753).

[8] J. Carbonnier, *Droit civil, vol. 1, Introduction, Les personnes, la famille, l'enfant, le couple*, PUF « Quadrige », 2004, nos 106 et 929.

[9] Hébraud et Verdot, Encycl. Dalloz, V° *Acte juridique*, n° 18.

Il s'agit là de définitions traditionnelles auxquelles se tient dans son ensemble la doctrine privatiste, en dépit des vives critiques dirigées contre elles par les auteurs normativistes. Ceux-ci ont montré que les actes juridiques sont des « actes prévus, institués par le droit, et qui consistent à édicter des normes, des normes juridiques », que ce sont des « actes d'édiction de normes », des actes « normateurs » ou « normatifs »[10].

Sans ouvrir ici un débat sur les mérites respectifs des deux approches, on peut estimer que la seconde éclaire la portée de la première sans la remettre totalement en cause. Cela est sans doute un peu artificiel car, précisément, une remise à plat totale de la notion de force obligatoire du contrat (et en réalité, plus largement, de l'acte juridique) a été nécessaire[11] pour que soit mesurée la véritable portée de la définition traditionnelle de l'acte juridique. Il n'en demeure pas moins que, cette portée étant aujourd'hui révélée, tant l'une que l'autre définition en rend compte à sa façon. Il est d'ailleurs notable qu'elles désignent toutes deux les mêmes réalités (ainsi par exemple un testament, un jugement, sont qualifiés d'actes juridiques dans les deux approches)[12].

5.– L'objet de la recherche est l'*acte* translatif, c'est-à-dire l'opération même de transfert, et non l'*effet* translatif, c'est-à-dire le résultat de cette opération ; la distinction est cependant sans portée car il est impossible de faire apparaître les spécificités de l'acte translatif sans examiner le particularisme de ses effets[13].

6.– On ne saurait trop souligner, en revanche, qu'en visant un « acte » le sujet invite à réfléchir non sur le transfert de droit en général mais sur celui qui suppose (et résulte d') une manifestation volonté du ou des auteurs de l'acte dotée de force obligatoire. La précision est notable car on ne saurait confondre les deux mécanismes, celui du *transfert* et celui de l'*acte translatif*. Le transfert, sans doute, fait apparaître dans tous les cas une même relation d'auteur à ayant cause, qu'il découle d'un acte translatif ou d'un fait auquel la loi attache cette conséquence. Ainsi l'héritier, qui tient sa créance de la loi, est l'ayant cause du *de cujus*, tout comme le légataire. On voit cependant que la notion de transfert est plus large que celle d'acte translatif car la transmission du droit peut être l'effet de la loi. La référence à un « acte » exclut très clairement du champ de la recherche les modes de transmission qui ont pour source non pas un acte mais la loi et sont déclenchés par un fait juridique, à savoir le décès *ab intestat* et la possession[14].

---

[10] Citations de cours d'Eisenmann, extraites de l'article de P. Amselek, *L'acte juridique à travers la pensée de Charles Eisenmann*, in *La pensée de Charles Eisenmann*, Economica, 1986, p. 31.

[11] P. Ancel, *Force obligatoire et contenu obligationnel du contrat*, RTD civ. 1999 p. 771 (le point de départ de cette analyse est une réflexion sur les effets du contrat et non pas, à la différence des normativistes, sur le fondement de sa force obligatoire).

[12] P. Amselek, art. préc. p. 39 ; Cl. Brenner, Rép. civ. Dalloz, V° *Acte*, 1999, n° 28.

[13] Cela explique l'ambiguïté sur ce point du langage juridique qui désigne par le même terme aussi bien le résultat de l'opération (le transfert accompli) que l'opération elle-même (l'acte translatif), ainsi que le relève le *Vocabulaire juridique* de M. Cornu (V° *Transfert*).

[14] La possession est présentée comme constituant un mode d'acquisition mais non de transfert de la propriété ; nous verrons cependant qu'elle présente sur ce point une certaine hybridité (v. *infra*, n° 374 et 380).

7.– La variété des actes translatifs est extrême. Encore une fois on pense en premier lieu à la vente, qui représente l'archétype et la matrice des actes juridiques portant transfert de la propriété des biens – il faudrait dire, plus précisément : auxquels on attache un effet translatif[15]. Il ne faut toutefois oublier ni le transfert des autres droits, ni les transferts opérés au moyen d'autres types d'actes juridiques.

La vente, cela est notable, est désignée usuellement comme étant un *contrat*[16], alors même que son objet propre n'est pas de créer une obligation mais de transférer un droit sur une chose. Ce point mérite explication, même si la distinction entre contrat et convention, faute de portée, est aujourd'hui de plus en plus négligée. On appelle *convention* un acte juridique formé par un accord de volonté entre deux ou plusieurs personnes par lequel celles-ci font naître, transmettent, modifient ou éteignent un droit ; le contrat – aux termes mêmes de l'article 1101 du Code civil – est une variété particulière de convention : c'est une convention qui créé une obligation ou transfère un droit. Si l'on peut admettre qu'une convention à effet principalement translatif[17] soit un contrat, c'est parce que la translation du droit n'est dans la conception française que la conséquence de l'obligation de *dare*, directement engendrée par le contrat, et cela même alors que cette obligation est aussitôt exécutée que créée.

8.– Les *contrats* translatifs de propriété sont si nombreux que leur présentation défie la synthèse. Pour en ordonner la liste – sans prétention d'exhaustivité –, prenons pour fil directeur le moment où la propriété est transférée de l'auteur à l'ayant cause. La vente emporte transfert consensuel de la propriété « *dès qu'on est convenu de la chose et du prix, quoique la chose n'ait pas encore été livrée ni le prix payé* » (C. civ., art. 1583). Cette règle, purement supplétive, ne lui est cependant nullement spécifique. Elle constitue l'application à ce contrat d'un principe plus général de transfert de la propriété par l'effet du seul consentement, formulé par le célèbre article 1138 du Code civil.

S'agissant d'un principe général, celui-ci s'applique à tout contrat ayant pour objet de transférer la propriété. C'est le cas de l'échange[18] et de l'apport en société[19], contrats translatifs soumis expressément aux règles de la vente sur ce point. Le principe du transfert *solo consensu* s'applique cependant alors même que cette assimilation n'est pas faite, ainsi qu'il a été jugé en matière de dation en paiement[20].

---

[15] Car c'est par *métaphore* que l'on parle de transfert de propriété (n° 98, 598, 617) et donc, en ce qui concerne cette dernière, il n'y a pas d'acte juridique qui soit translatif en lui-même.

[16] Dans le langage courant. En revanche, pour le Code civil : « La vente est une *convention* par laquelle l'un s'oblige à livrer une chose et l'autre à la payer » (art. 1582 ; comp. art. 1702 : « L'échange est un *contrat* [...] »).

[17] Principalement, car la vente fait naître évidemment d'autres obligations (de délivrance et de garantie, de paiement) à la charge des chacune des parties.

[18] « L'échange », qui suppose un double transfert de droit, « s'opère par le seul consentement, de la même manière que la vente » (C. civ., art. 1703 ; v. aussi l'art. 1707).

[19] « Les apports en nature sont réalisés par le transfert des droits correspondants [...] » C. civ., art. 1843-3 al. 2.

[20] Cass. civ. 1re, 27 janvier 1993 : JCP N 1993, II, 256 n. L. Leveneur ; Defrénois 1993, 730 obs. J.-L. Aubert ; RTD civ. 1994, p. 132 obs. F. Zénati ; JCP 1994, II, 22195 n. I. Petel-Teyssié.

Encore faut-il que le contrat soit consensuel. Si ce n'est pas le cas, le transfert de propriété ne peut pas opérer par le seul accord des volontés puisque celui-ci est alors impuissant à former le contrat. Ainsi, lorsque le contrat est solennel, le transfert est subordonné à l'accomplissement de la solennité, et tel est le cas, particulièrement, de la convention de donation[21]. Ainsi, lorsque le contrat est réel, c'est-à-dire formé par la remise de la chose, le transfert ne peut intervenir au plus tôt qu'au moment de cette remise et tel est le régime applicable au prêt de consommation[22] ainsi qu'au don manuel[23].

Doit être mis à part, en outre, le contrat d'entreprise si l'on considère, contrairement à ce qui est enseigné traditionnellement, que celui-ci emporte un mécanisme de transfert de propriété et non d'acquisition de propriété par accession[24]. En matière de contrat d'entreprise, en effet, lorsque l'exécution implique un transfert de propriété celui-ci porte moins sur les matériaux que sur l'ouvrage achevé et il se trouve donc différé jusqu'au moment de l'achèvement des travaux ; très précisément, il s'opère lors de la réception[25].

9.– Il est à peine besoin, par ailleurs, de souligner que le transfert peut avoir pour objet d'*autres droits* que la propriété, si tant est que les frontières de celle-ci puissent être fixées avec précision ou certitude. Les créances, notamment, peuvent ainsi faire l'objet de contrats de cession, qui ne sont rien d'autres que des ventes[26] de biens incorporels[27] ; il faut à cet égard marquer la place des instruments de règlement bancaires qui (en dehors des espèces) ressortissent à la technique soit du titre (chèque, lettre de change…), soit de l'ordre (virement, carte de crédit…) et confèrent pour certains à leur bénéficiaire un droit distinct du droit de créance auquel leur utilisation correspond. Les créances peuvent également donner lieu à subrogation[28]. Quant aux droits réels sur la chose d'autrui, ils peuvent faire l'objet de cessions d'antériorité et transferts[29].

---

[21] C. civ., art. 931 et 938.

[22] C. civ., art. 1893 (« Par l'effet de ce prêt, l'emprunteur devient propriétaire de la chose prêtée [...] »).

[23] Dans « les contrats réels gratuits ayant pour objet de transférer la propriété, la remise seule de la chose donnera naissance au contrat en même temps qu'elle réalisera le transfert de propriété » : M.-N. Jobard-Bachellier, *Existe-t-il encore des contrats réels en droit français ? ou la valeur des promesses de contrat réel en droit positif*, RTD civ. 1985, 1 p. 17 n° 24.

[24] En ce sens, P. Puig, *La qualification du contrat d'entreprise*, éd. Panthéon-Assas, 2002, n° 12 et 193 s. ; L. Marino, *Le transfert de propriété dans le contrat d'entreprise*, Defrénois 2001 art. 37387. Adde *infra*, note 2200.

[25] P. Puig, ouvr. préc., n° 412, p. 641. Le droit spécial immobilier introduit de nombreuses variantes par rapport à ce schéma de base (v. not. CCH, art. L 271-1).

[26] C'est le terme employé par le Code civil lui-même (art. 1692 et 1693). On relève classiquement que « la vente est un contrat translatif de propriété », ce qui exclut « formellement les contrats qui transfèrent un droit autre » (F. Collart-Dutilleul et Ph. Delebecque, *Contrats civils et commerciaux*, 7e éd., 2004, n° 120) ; comp. *infra*, n° 79.

[27] Le transfert peut être fait à titre de garantie (propriété fiduciaire).

[28] C. civ., art. 1249. Seule intéresse notre propos la subrogation conventionnelle, la subrogation légale opérant de manière automatique, sans aucun acte.

[29] C. civ., art. 2424. M. Cabrillac et Ch. Mouly, *Droit des sûretés*, 7e éd., Litec, 2004, n° 855 et 858.

10.– La notion d'acte juridique n'est pas réductible, en outre, à la convention ou au contrat, elle ne se limite pas aux actes bilatéraux dans leur formation. Il convient également de marquer la place de cet acte translatif unilatéral qu'est le testament (la propriété est transférée à cause de mort, du fait du décès ; elle l'est selon les normes fixées par le testament).

11.– Il convient également de marquer la place des mesures d'exécution forcée sur les créances d'argent, auxquelles est attaché un effet translatif : acte de saisie-attribution, avis à tiers détenteur, demande de paiement direct de pension alimentaire[30]…

Il convient, enfin, d'évoquer les décisions judiciaires[31] translatives de propriété, qui peuvent être rendues dans les contextes les plus divers[32], par exemple dans le cadre d'une vente aux enchères (sur saisie, adjudication prononcée à la suite d'une surenchère) ou dans celui d'une liquidation judiciaire, ou d'une vente de biens de mineurs[33] ou d'une licitation[34] d'immeubles indivis, ainsi que les jugements d'attribution judiciaire du gage[35], d'adjudication sur saisie immobilière[36] ou sur licitation, d'homologation de changement de régime matrimonial, ou arrêtant la cession d'une ou plusieurs activités de l'entreprise dans le cadre d'un plan de sauvegarde[37], ainsi que les mutations et décisions intervenues au cours d'une procédure d'expropriation[38], ou de remembrement[39]… Il est remarquable que dans la plupart de ces hypothèses le transfert de propriété n'est pas déclenché par le propriétaire lui-même.

B. – UN ACTE *TRANSLATIF*

12.– Un acte translatif fait succéder deux personnes dans la titularité d'un droit en créant entre elles un lien d'auteur à ayant cause. Il ne crée pas le droit qui en est l'objet, il le fait « passer », il le « transporte » (selon l'expression même du Code civil)[40]

---

[30] V. *infra*, n° 401 s.
[31] L'acte juridictionnel est un acte juridique. Ce n'est que pour la clarté que le décret du 4 janvier 1955 portant réforme de la publicité foncière évoque séparément « les actes *et décisions judiciaires* » soumis à publicité (art. 28 et 30) – et sans doute aussi parce que le terme "acte" est pris ici au sens instrumentaire (*supra*, note 1).
[32] Comme celui de *l'action directe*, « mécanisme translatif dans lequel le juge dépossède le défendeur au profit du demandeur, sauf les cas exceptionnels où la créance est attribuée au bénéficiaire dès sa naissance », c'est-à-dire les cas d'action directe parfaite (F. Zénati, obs. RTD civ. 1989, p. 349).
[33] C. civ. art. 459 ; NCPC art. 1271.
[34] À moins qu'il soit rendu au profit d'un copartageant, auquel cas il est déclaratif.
[35] C. civ. art. 2347 (ce jugement « opère transfert de propriété » : M. Cabrillac et Ch. Mouly, ouvr. préc., n° 949).
[36] V. *infra*, n° 431 s.
[37] C. com., art. L. 626-1 et 642-1 s. (réd. L. 26 juillet 2005).
[38] Le « transfert de propriété » est opéré par l'ordonnance d'expropriation : v. *infra*, n° 415.
[39] C. rur., art. L 123-1 s., R. 121-28 s.
[40] C. civ., art. 1689. Cet emploi est conforme à l'étymologie : transférer vient du latin *transferre*, qui signifie transporter.

d'un patrimoine[41] à un autre, sans que le droit lui-même reçoive d'autre modification : dans le concept de transfert[42], il y a l'idée de remplacement, de succession de deux personnes dans la titularité du même droit. Ce transfert peut être l'objet de l'acte juridique, ce peut également en être la conséquence dès lors qu'il y a une relation de cause à effet entre la volonté du sujet et la situation considérée (exemples : transmission au sous-acquéreur des « droits et actions » ; transmission au cessionnaire de la créance de la clause de réserve de propriété qui garantit celle-ci).

L'acte translatif présente donc deux caractères, *a priori* incontestables, mais qui sont en réalité deux présupposés, sinon deux postulats[43], que nous entendons soumettre à l'examen : il suppose la titularité du droit à transmettre ; il entraîne la perte du droit transmis. Remettre en cause ces présupposés permettra de faire apparaître plus précisément ce qu'est l'acte translatif.

13.– Il faut au préalable marquer ce qu'il n'est pas en distinguant le transfert des autres effets des actes juridiques, c'est-à-dire en distinguant l'acte translatif des actes à effet autre que translatif. C'est ici que l'on note la décrue d'un certain impérialisme[44] de la notion d'acte translatif, du fait d'une appréhension plus fine des notions voisines mais différentes d'actes constitutif, déclaratif ou extinctif.

1° Distinction des actes translatif et constitutif

14.– Un acte est dit constitutif lorsqu'il fait naître un droit nouveau, qu'il s'agisse d'une obligation ou d'un droit réel autre que la propriété, cette dernière étant le plus souvent transmise (il peut également faire naître une situation juridique nouvelle, par exemple une personne morale, un contrat-cadre...). Comme l'acte translatif, l'acte constitutif emporte l'acquisition du droit par un bénéficiaire ; il s'en distingue par le fait qu'il s'agit d'un droit neuf, et non pas d'un droit transmis. Cette différence est sans conséquence pour l'application des mesures de publicité car celles-ci s'appliquent aux uns comme aux autres[45], à tout le moins en règle générale[46] ; en revanche elle est essentielle[47] pour ce qui concerne le point de savoir si celui qui acquiert le droit doit subir ou non les vices éventuels de celui du précédent titulaire (*infra*, n° 382).

La tendance est de voir un acte translatif partout où il y a acquisition d'un droit. La réalité est différente, la présentation de la distinction le fait apparaître – d'autant que le transfert d'un droit a un caractère irréversible que n'a pas la création d'une obligation,

---

[41] Ou d'une *universalité de droit* à une autre, si l'on préfère éviter la notion controversée de patrimoine : D. Hiez, *Étude critique de la notion de patrimoine en droit privé actuel*, LGDJ B. dr. privé, 2003. Sur la question des droits extrapatrimoniaux, v. *infra*, n° 100 s.

[42] On parle de transfert, mais aussi et équivalemment de transmission, d'aliénation, de cession...

[43] Présupposé : supposé d'avance (Petit Robert). Postulat : principe indémontrable qui paraît légitime, inconstestable (même source).

[44] Est ainsi visé, en réalité, l'une des formes du premier élément du présupposé qui vient d'être évoqué (n° 12 *in fine*) : v. *infra*, n° 537.

[45] Ex., pour la publicité foncière : D. 55-22 du 4 janvier 1955, art. 28 ; en droit maritime : L. 67-5 du 3 janvier 1967, art. 10.

[46] En matière de créance, rappr. les art. 1690 et 2362 (réd. Ord. 2006-346) C. civ.

[47] V. cep., pour ce qui est de la cession de contrat *infra*, n° 860 *in fine*.

ce qui explique que celle-ci soit parfois utilisée comme technique d'évitement de celui-là.

15.– *Présentation de la distinction.* Le principal intérêt de la distinction entre acte translatif et acte constitutif de droit – dans lequel il faut voir également, sans doute, le critère de distinction – est que l'acte translatif ne fait dit-on que « déplacer » la titularité de ce droit d'un patrimoine à un autre, *en l'état* (avec ses accessoires), alors que l'acte constitutif fait apparaître un droit *nouveau*, insensible de ce fait aux exceptions qui concernent l'ancien. Cela est vrai pour ce qui est de la constitution tant de droits réels sur la chose d'autrui[48] que de droits personnels.

16.– Considérons en premier lieu les droits *réels* sur la chose d'autrui. Soit une constitution d'hypothèque (ou d'usufruit, ou de bail à construction...). On peut être tenté de considérer que le « constituant » ne fait que transmettre au créancier ainsi privilégié un droit dont il est lui-même titulaire sur la valeur de la chose, et qu'il « perd »[49] le droit d'utiliser lui-même cette valeur. En ce sens, on peut faire valoir l'analyse traditionnelle selon laquelle tout droit réel constitue une prérogative particulière détachée (un démembrement) de la propriété, celle-ci étant le plus complet de tous les droits. C'est à cette analyse que se tenait par exemple André Ponsard dans sa thèse, en considérant que « sans doute, le plein propriétaire peut créer des droits démembrés sur sa chose, mais l'analyse révèle que, ce faisant, il transfère une partie du droit qu'il possédait, il ne créé rien de nouveau »[50].

Une chose, cependant, est pour le propriétaire le transfert de sa propriété en cas de vente pure et simple – car c'est bien de transfert qu'il s'agit alors, le bien étant cédé en l'état à l'acquéreur. Autre chose est la constitution d'un droit réel sur son bien. Reprenons l'exemple de la constitution d'une hypothèque. Cette hypothèque n'existe évidemment pas en tant que telle dans le patrimoine du propriétaire de l'immeuble grevé[51/52]. Sa constitution suppose en effet, outre l'existence d'une créance dont elle est l'accessoire, l'accomplissement de formalités d'inscription destinées à en fixer le rang et à préciser le montant de la créance garantie. C'est donc bien de création

---

[48] L'expression est préférée, même par les tenants de la théorie « classique » de la propriété (v. *infra*, n° 42), à celle plus traditionnelle de « droits réels démembrés » (ex. : J. Derruppé, *La nature juridique du droit du preneur à bail et la distinction des droits réels et des droits de créance*, Dalloz, 1952, n° 284 ; F. Terré et Ph. Simler, *Droit civil, Les biens*, Dalloz, 6e éd. 2002, n° 50 et 781). Comp. F. Zénati et Th. Revet, *Les biens*, 2e éd., 1997, n° 190.

[49] Les guillemets ont pour fonction de souligner qu'il s'agit là d'un présupposé (v. *infra*, 2e partie).

[50] *Les donations indirectes en droit civil français*, thèse Dijon, 1946, éd. Sirey, p. 145. Même sens : H., L., J. Mazeaud et F. Chabas, *Introduction à l'étude du droit*, préc., n° 246 (« ce que l'on appelle constitution de l'usufruit est en réalité la transmission par le propriétaire à l'usufruitier de prérogatives qui existaient auparavant » – v. cep. en note les réserves de M. Chabas sur cette analyse).

[51] « L'hypothèque n'a lieu que dans les cas et suivant les formes autorisées par la loi » (C. civ., art. 2394).

[52] Rappr. avec le rejet de la théorie de l'« usufruit causal » des post-glossateurs (J. Carbonnier, *Droit civil*, vol. 2, *Les biens, les obligations*, PUF, coll. Quadrige, 2004, n° 766, p. 1692) « qui consiste à identifier dans le droit de propriété une sorte d'usufruit à l'état causal avant que celui-ci soit éventuellement constitué à l'état formel » (F. Zénati, obs. RTD civ. 1995, p. 156). V. cependant *infra*, n° 527.

de l'hypothèque qu'il s'agit[53], création qui ne se confond pas avec les hypothèses de transmission de l'hypothèque une fois celle-ci créée[54/55].

17.– Le raisonnement s'applique évidemment, par delà l'exemple de l'hypothèque, à l'ensemble des droits réels sur la chose d'autrui. Il a été notamment consacré par le Conseil constitutionnel dans une décision remarquée[56]. Il s'agissait de savoir si une loi qui autorisait la création de droits réels sur le domaine public (il s'agissait de droits de superficie) était contraire au principe d'inaliénabilité de celui-ci. Pour rejeter le grief d'inconstitutionnalité, la Haute juridiction se borne à énoncer que « le grief manque en fait, car aucune des dispositions de la loi [du 25 juillet 1994 complétant le code du domaine de l'État et relative à la *constitution de droits réels* sur le domaine public] n'a pour objet de permettre ou d'organiser *l'aliénation* de biens appartenant au domaine public »[57]. Autrement dit, l'acte constitutif d'un droit réel n'est pas une aliénation, et pas en conséquence un acte translatif de droit.

18.– Le caractère « englobant » du droit de propriété ne doit donc pas faire illusion. C'est dans le patrimoine du créancier hypothécaire que naît l'hypothèque, où de façon plus générale le droit réel dont il s'agit ; il y procède non d'un acte translatif mais d'un acte constitutif.

19.– La même remarque peut être faite à propos des actes constitutifs de droits *personnels*. La plupart des contrats (louage, prêt, dépôt, cautionnement, etc.) n'ont aucun effet translatif et se bornent à être créateurs, à permettre l'acquisition de droits personnels : c'est la définition même du contrat. L'étude dite des « sources » de l'obligation, envisagée en tant que *lien* (lien de droit entre deux personnes par lequel l'une d'elles, le créancier, peut exiger quelque chose de l'autre, le débiteur), indique assez, par ailleurs, que celle-ci naît directement dans le patrimoine de son premier titulaire.

Soit une personne qui contracte une obligation à l'égard d'une autre. Par exemple, le propriétaire d'un local le donne à bail à usage d'habitation[58]. Une situation juridique nouvelle est créée. Le bailleur, certes, disposait en qualité de propriétaire de la jouissance de la chose, et il est possible de considérer qu'en fait il « transfère » cette prérogative au locataire. Juridiquement, cependant, cette prérogative n'existait pas en tant que telle, il ne s'agissait pas d'un lien d'obligation entre deux personnes faute de dualité de personnes ; elle ne devient une créance, dotée d'un objet distinct, assortie

---

[53] En ce sens, not. : Ch. Atias, *Droit civil, Les biens*, 8e éd., 2005, n° 278 *ad notam* (« un mode constitutif peut être un mode dérivé : V. la constitution d'usufruit, de servitude, voire d'hypothèque »).

[54] Sur la transmission de l'hypothèque, v. l'art. 2429 C. civil et, not. : M. Cabrillac et Ch. Mouly, ouvr. préc., n° 854 s. ; Ph. Théry, *Sûretés et publicité foncière*, PUF, 2e éd., 1998, n° 210 s.

[55] Rappr. cep. la distinction faite en jurisprudence, pour l'application de l'art. L 632-1 C. com., entre sûretés constituées pendant la période suspecte et transfert au cessionnaire de la propriété de la créance (Dailly) « de sorte qu'une telle cession n'est pas une constitution d'un droit de nantissement » (Cass. com., 28 mai 1996 : D. 1996, somm. p. 390, obs. crit. S. Piédelièvre ; RTD civ. 1996, p. 671, obs. P. Crocq).

[56] CC décis. n° 94-346 DC du 24 juillet 1994, *JO* 23 juillet, RTD civ. 1995, p. 656 obs. F. Zénati.

[57] CC décis. préc. (souligné par nous).

[58] Le droit du preneur à bail est généralement regardé comme étant de nature personnelle (cf. *infra*, note 2505).

d'une sanction et susceptible d'exécution forcée, que par la conclusion du contrat de location avec le preneur à bail ; ce contrat est donc bien un acte constitutif et non pas translatif d'obligation. Celle-ci est créée directement dans le patrimoine de chacun d'eux.

On ne peut parler de transfert d'un droit personnel que dans le cas où intervient une troisième personne, sur qui sont « déplacés » tout ou partie des effets de l'acte juridique considéré, que si un créancier dérivé « remplace » un créancier originaire[59]. Ainsi, le bailleur ou le vendeur peut céder sa créance de loyer ou de prix à une autre personne ; le locataire peut dans certains cas donner le local en sous-location[60], ou parfois céder son contrat en recourant à un échange[61]. Dans tous les cas « la créance est née dans le patrimoine du cédant »[62] et le transfert n'intervient qu'à l'étape suivante lorsque, envisagée en tant que *bien*, elle passe dans le patrimoine d'un tiers au contrat d'origine.

20.– En conclusion le transfert d'un droit, quoi qu'il puisse paraître, suppose que celui-ci soit préalablement configuré en tant que tel. S'il s'agit d'un droit *personnel*, le transfert fait nécessairement apparaître trois personnes (les parties à l'acte de transfert et le débiteur de l'obligation : il doit s'agir du transport d'une créance, d'un droit ou d'une action « sur un tiers », précise par exemple l'article 1689 Code civil et cette particularité s'explique par le fait qu'un créancier ne peut exiger la prestation qui lui est due que par l'intermédiaire d'une autre personne, à la différence du propriétaire d'une chose). Il en va de même s'il s'agit d'un droit sur une *chose* autre que la propriété : ne pouvant porter que sur la chose d'autrui [63], il peut faire l'objet d'un transfert par son titulaire mais il naît d'un acte constitutif.

Il reste à ajouter que le rétrécissement du domaine de l'acte translatif n'est pas seulement conceptuel ; il est également pratique car la création d'une obligation peut être utilisée pour, précisément, éviter la conclusion d'un acte translatif de droit.

21.– *La création d'obligation, technique d'évitement de l'acte translatif.* Plutôt que de transférer ou constituer un droit, celui qui doit fournir un bien a évidemment intérêt à souscrire une obligation. Sans doute, l'acte juridique est-il dans tous les cas irrévocable. Une chose, cependant, est l'irrévocabilité de l'acte translatif ou constitutif de droit,

---

[59] C'est pourquoi il n'y a pas transfert dans la *stipulation pour autrui* : le droit que le bénéficiaire acquiert contre le promettant ne transite pas par le patrimoine du stipulant, il naît directement dans le sien.

[60] Loi du 6 juillet 1989, art. 8.

[61] *Id.*, art. 9 : il s'agit d'une transmission (croisée) du lien contractuel, d'un « transfert des droits et obligations que chacun des coéchangistes possédait à l'égard de son propriétaire originaire » (L. 1er sept. 1948, art. 79).

[62] M. Cabrillac, *Les conflits entre les cessionnaires d'une même créance transmise par bordereau*, D. 1990, chron., p. 127, n° 8.

[63] L'hypothèse de l'hypothèque « sur soi-même » (C. civ., art. 1251-2°) correspond au cas très particulier du tiers acquéreur de l'immeuble hypothéqué qui, payant un créancier, est subrogé dans l'hypothèque de celui-ci et acquiert ainsi une hypothèque sur sa propre chose.

car dès lors qu'il a produit effet le droit entre dans le patrimoine du nouveau titulaire et on ne peut plus revenir sur un effet définitivement accompli[64] :

> « *Le droit réel voire personnel sort définitivement du patrimoine du cédant pour s'inscrire dans le patrimoine du cessionnaire. Il est certes possible que ce droit gagne, ultérieurement, d'autres patrimoines ou éventuellement revienne dans le patrimoine du cédant mais ce sera au titre d'un autre contrat* »[65].

Autre chose est l'« irrévocabilité » (entre guillemets, car toute relative) de l'obligation. Le créancier d'une obligation est doublement défavorisé par rapport à celui qui acquiert un droit sur un bien. En premier lieu, en effet, l'obligation n'est que temporaire : si elle est à durée indéterminée, il est toujours possible d'y mettre fin. En second lieu, le créancier reste à la merci du débiteur car l'obligation est par essence susceptible de ne pas être exécutée et si le débiteur refuse de le faire l'exécution forcée en nature est exclue (s'agissant des obligations de faire et de ne pas faire, la règle de l'article 1142 du Code civil – l'impossibilité de contraindre physiquement le débiteur à exécuter son engagement, à la fois par respect pour sa personne et pour éviter le scandale – permet de dire que, théoriquement, la personne demeure libre de ne pas exécuter le contrat)[66].

Tout cela est bien connu, et mieux compris depuis qu'il a été montré par le professeur Ancel que la force obligatoire de l'acte juridique ne se confond pas avec son contenu « obligationnel »[67].

22.– L'idée présentée ici est que pour faire obstacle à la force obligatoire de l'acte juridique, le juge transforme l'acte translatif en acte, dans un premier temps, non translatif, et plus précisément en contrat générateur d'obligation de faire. Elle est empruntée au même auteur :

> « *Il est beaucoup plus facile d'admettre un droit de révocation unilatérale au profit d'un contractant dans les conventions simplement génératrices d'obligations de faire ou de ne pas faire que dans les contrats translatifs de droits* »[68].

23.– Elle peut être illustrée par plusieurs exemples. Ainsi, le droit de rupture unilatérale du contrat de commande d'œuvre d'art[69] diffère du droit de repentir et de retrait

---

[64] Ex. Cass. civ. 1re, 6 juillet 1965 : D. 1965, p. 701 n. R. Lindon (affaire *Négresco*). – Cass. civ. 3e, 8 mai 1974 : D. 1975 p. 305 n. Ch. Larroumet. – Cass. com., 12 mars 1985 : D. 1985, p. 471 n. J. Ghestin (affaire *Bordas*).

[65] J. M. Mousseron et al., *Technique contractuelle*, 3e éd., F. Lefebvre, 2005, n° 509. Autre chose est la particularité de la cession à titre fiduciaire de n'opérer qu'un transfert provisoire de la titularité du droit (ex., pour la cession Dailly : Cass. com. 22 novembre 2005, D. 2005 p. 3081, n. X. Delpech).

[66] Évidemment, l'acte translatif d'obligation obéit au régime du transfert (il est définitif) et non à celui de l'obligation (toujours à durée déterminée, ou résiliable) ; mais cela ne concerne que les rapports cédant-cessionnaire, la fragilité demeure pour ce qui des rapports cessionnaire-débiteur cédé.

[67] P. Ancel, art. préc., RTD civ. 1999, p. 771. La distinction est notamment adoptée par MM. Aubert et Savaux (avec une terminologie différente : J. Flour, J.-L. Aubert et E. Savaux, *Les obligations, 1, L'acte juridique*, Colin, 11e éd., 2004, n° 376) et Mme Fabre-Magnan (*Les obligations*, PUF, 2004, n° 63).

[68] P. Ancel, *L'indisponibilité des droits de la personnalité, Une approche critique de la théorie des droits de la personnalité*, th. Dijon, 1978, n° 226 et 230.

[69] Droit « découvert » par la jurisprudence dans les célèbres affaires *Whistler* (Cass. civ., 14 mars 1900 : DP 1900, I, 497) et *Rouault* (CA Paris, 19 mars 1947 : S. 1949, p. 19 n. H. Desbois).

reconnu[70] à l'auteur qui a cédé son droit d'exploitation, notamment parce que, contrairement à ce dernier, il ne vient pas mettre en échec un droit qui aurait d'ores et déjà été conféré au cocontractant sur l'œuvre commandée. Le contrat de commande d'œuvre d'art ne transfère pas dès sa conclusion la propriété de l'œuvre :

> « *la jurisprudence n'a pu reconnaître à l'artiste le droit de refuser la livraison qu'en retardant le transfert de la propriété jusqu'au moment de cette livraison. Ce qui est mis en échec par la révocation unilatérale, c'est seulement un droit de créance contre l'artiste* »[71].

24.– Ainsi encore, dans un domaine différent, la question se pose parfois de savoir si le modèle professionnel, ou celui qui a autorisé la divulgation de faits se rapportant à sa vie privée, peut empêcher ou interrompre la publication de son image ou de ses souvenirs. La réponse passe par une distinction : *après* la publication, le droit d'exploitation a déjà été concédé (transféré) et on ne saurait évidemment concevoir un droit de retrait sans texte ; en revanche, *avant* la publication il est possible de l'empêcher en[72] considérant que l'intéressé ne peut autoriser en connaissance de cause la publication (consentir au transfert du droit de divulgation) de son image ou la divulgation de sa vie privée que lorsqu'il aura vu les images qui doivent être publiées ou lu le récit qui est fait de sa vie : grâce à cette « *transformation d'un contrat translatif de droit en contrat générateur, dans un premier temps, d'une obligation de faire, il est possible de reconnaître au sujet le droit d'empêcher la publication jusqu'au moment où il approuve les épreuves des clichés le représentant ou la note du journaliste* »[73]. Cette solution[74] paraît cependant trop laxiste, car il conviendrait en réalité d'appliquer ici le régime, beaucoup plus restrictif, des œuvres de collaboration[75].

25.– Un autre exemple, pris dans un tout autre domaine, confirme l'intérêt de la distinction. Il porte sur la controverse relative à la sanction de la rétractation d'une promesse unilatérale de vente. La jurisprudence refuse la formation du contrat définitif contre le gré du promettant en considérant qu'il s'est simplement obligé à conclure le contrat définitif[76] ; sur ce point, de nombreux auteurs la critiquent au motif que le promettant est en réalité tenu par l'effet de la situation juridique nouvelle qui, en ce qui le concerne, est définitivement constituée. Par delà le choix d'appliquer ou non l'article 1142, le fait de raisonner en termes d'obligation de passer le contrat de vente permet de tourner le caractère définitif qu'emporterait l'autre analyse…

26.– Ces exemples pourraient être multipliés puisqu'on peut dire que toute utilisation de la propriété comme sûreté repose sur ce mécanisme. Ainsi, la clause de réserve

---

[70] C. propr. intell., art. L. 121-4 (ex. art. 32 L. 1957).
[71] P. Ancel, th. préc., n° 225, p. 224.
[72] En transposant le raisonnement suivi à propos des contrats de commande d'œuvres d'art.
[73] P. Ancel, *ibid.*, n° 230, p. 229.
[74] Comme d'ailleurs la précédente : v. la critique de P.-Y. Gautier, *Propriété littéraire et artistique*, PUF, 5e éd., 2004, n° 126.
[75] C. propr. intell., art. L. 113-3. Même sens: P. Ancel, *ibid.*, n° 231.
[76] Cass. civ. 3e, 15 décembre 1993 : D. 1994 p. 507 n. F. Bénac-Schmidt et somm. p. 320 obs. O. Tournafond ; D. 1995, somm. p. 87 obs. L. Aynès ; Defrénois 1994 p. 795 obs. Ph. Delebecque ; RTD civ. 1994 p. 585 obs. J. Mestre.- D. Mainguy, *L'efficacité de la rétractation de la promesse de contracter*, RTD civ. 2004, p. 1.

de propriété et le crédit-bail visent d'une autre façon, en retardant le transfert de propriété, à faire échapper le fournisseur au caractère définitif attaché au transfert de la propriété du bien en transformant le fourni en simple créancier. On peut également citer, en matière d'hypothèque, la différence entre promesse d'abstention et transmission du droit de préférence[77]. Un exemple inverse a pu d'ailleurs être offert par le droit de la « faillite » puisqu'on s'était demandé s'il n'était pas possible d'y tourner l'interdiction d'exercer une action postérieurement au jugement d'ouverture[78] en envisageant l'objet de l'obligation de somme d'argent comme étant une chose susceptible, en tant que telle, de revendication[79].

27.– En conclusion, l'acte constitutif tient une place importante qui diminue d'autant celle de l'acte translatif. Il est très important de les distinguer chaque fois que la question posée est de savoir si l'acquéreur du droit est ou non assujetti aux exceptions qui sont opposables à son ancien titulaire. Ils obéissent pour le reste à de nombreux mécanismes communs (ce qui limite dans une certaine mesure la portée pratique de la distinction entre transmissions « juridique » et « économique » de l'obligation[80], alors que seule la première réalise une succession à l'obligation) et notamment, en application de l'idée qu'« un tiens vaut mieux que deux tu l'auras », à une tendance à retarder le transfert ou la constitution du droit en lui préférant la mise en place d'un simple rapport d'obligation.

2° Distinction des actes translatif et déclaratif

28.– L'acte déclaratif n'est ni translatif, ni constitutif de droit. Il fait apparaître une situation juridique nouvelle, mais il ne crée aucun rapport juridique nouveau : il se borne à constater un rapport juridique préexistant, en le précisant et en le renforçant, mais sans le créer[81].

29.– Ainsi de la transaction, « contrat par lequel les parties terminent une contestation née ou préviennent une contestation à naître »[82] : elle consiste non en la cession des droits de l'adversaire, comme on a pu le penser[83], mais en la renonciation par les parties au droit d'action dont chacune est titulaire. Elle ne transfère ou ne confère donc aucun droit, mais supprime un obstacle à l'exercice des droits préexistants de l'adversaire,

---

[77] M. Cabrillac et Ch. Mouly, ouvr. préc., n° 859 et 865.

[78] C. com., art. L. 622-21 (ex. art. 47, L. 1985).

[79] Dans les conditions des art. L. 621-115 s. (devenus 624-9) C. com. – En ce sens : F. Pérochon, obs. D. 2000, somm. p. 70 et les réf. ; la jurisprudence a condamné cette solution : Cass. com. 4 février 2003 (D. 2003, p. 1230, obs. A Lienhard ; RTD com 2003 p. 572, obs. A. Martin-Serf).

[80] Sur laquelle v. *infra*, n° 841. Cette distinction n'en reste pas moins fondamentale (« à partir du moment où l'on quitte les solides chemins du droit » il faut craindre que l'empirisme ne fasse fortune : R. Perrot, obs. RTD civ. 1977 p. 377).

[81] L. Boyer, *La notion de transaction, Contribution à l'étude des concepts de cause et d'acte déclaratif*, thèse 1947, éd. Sirey ; R. Merle, *Essai de contribution à la théorie générale de l'acte déclaratif*, thèse, Toulouse, 1949.

[82] C. civ., art. 2044.

[83] En ce sens : J. Chevallier, *L'effet déclaratif de la transaction et du partage*, thèse Rennes, 1932 (qui y voit une cession de droits litigieux : *passim* et p. 189).

à l'égard desquels elle a un caractère libératoire, auxquels elle permet de s'épanouir librement[84].

Ainsi du partage, qui a pour seule portée de libérer chaque droit indivis des entraves que constituaient les autres droits indivis en concours avec lui sur la chose. Le partage n'est pas[85] un acte translatif ; ce n'est pas un mode d'acquisition de la propriété, il ne fait naître ou ne transfère aucun droit (ce qui rend sans application la règle *Nemo plus juris* qui, dans une approche translative du partage, conduirait au contraire à faire supporter à l'attributaire d'un bien les actes de disposition réalisés à l'initiative des autres coïndivisaires). Il permet simplement à un droit préexistant mais inefficace de produire effet. Ce n'est pas lui qui opère transfert de propriété, c'est la dissolution de la communauté conjugale, ou le décès, avec notamment cette conséquence que chaque héritier est réputé tenir ses droits du *de cujus* (C. civ., art. 883) ; ainsi se trouve réglé le sort des transferts de droits réels consentis par un indivisaire sur les biens mis au lot d'un autre : il s'agit de la vente de la chose d'autrui, ou d'une hypothèque de la chose d'autrui. La même solution s'applique en cas de licitation de biens indivis lorsqu'elle est prononcée au profit d'un des cohéritiers, ou de vente amiable d'un bien indivis à l'un des héritiers par les autres[86].

Ainsi de l'acte juridictionnel car il emporte autorité de la chose jugée, c'est-à-dire extinction du droit d'action des parties qui entraîne l'impossibilité de tout litige futur puisqu'elles ne peuvent contester à nouveau le point de droit vérifié par le juge : il y a donc bien anéantissement d'un droit pour en libérer un autre, autrement dit le double effet extinctif et libératoire qui est la marque même de la déclarativité[87]. Cela ne veut pas dire que le jugement n'ait pas également un effet constitutif : tout jugement déclaratif est aussi constitutif, dans une certaine mesure ; en outre, certains jugements sont constitutifs d'une situation nouvelle (par exemple celui qui modifie l'état des époux et met fin à leur union, ou le jugement d'adjudication)[88], que l'on explique en leur attachant un « caractère administratif »[89].

30.– Il y a d'importantes différences de régime juridique entre les actes translatifs et les actes déclaratifs. Ainsi, en matière de publicité foncière, les uns et les autres doivent sans doute être publiés[90], mais la sanction de l'absence de publicité est très différente : alors que l'acte non publié est inopposable aux tiers lorsqu'il est translatif[91], il leur reste opposable s'il est seulement déclaratif, sauf pour eux à demander des dommages-intérêts s'ils prouvent avoir subi de ce fait un préjudice[92]. Il est donc important de savoir, cas par cas, si l'on est en présence d'un acte déclaratif ou translatif.

---

[84] L. Boyer, th. préc., p. 332 et 334.

[85] Il l'était en droit romain (J.-Ph. Lévy et A. Castaldo, *Histoire du droit civil*, Dalloz, 2002, n° 1008) ; il l'est toujours aujourd'hui en droits allemand (BGB, art. 2032) et suisse (C. civ. art. 648 et 653), notamment.

[86] C. civ., art. 883, al. 2. – J. Flour et H. Souleau, *Les successions*, Colin, 3e éd., 1991, n° 452.

[87] L. Boyer, th. préc., p. 452 s.

[88] Sur lequel v. *infra*, n° 436.

[89] J. Vincent et S. Guinchard, *Procédure civile*, Dalloz 27e éd., 2003, n° 193 (ces auteurs insistent sur la complexité de la question).

[90] D. n° 55-22 du 4 janvier 1955 portant réforme de la publicité foncière, art. 28 par. 1, *a* et par. 4, *e*.

[91] D. préc., art. 30, par. 1. Sur la notion de « tiers » au sens de la publicité foncière, v. *infra*, n° 482 et 774.

[92] D. préc., art. 30, par. 4.

De l'acte translatif, il faut enfin rapprocher mais distinguer l'acte extinctif.

3° Distinction des actes translatif et extinctif

31.– Ainsi que le souligne son appellation même l'acte purement extinctif, comme la remise de dette, le désistement d'instance, ou la renonciation, a pour effet d'éteindre un droit. À la différence de l'acte déclaratif, il ne vise cependant pas, ce faisant, à supprimer un obstacle à l'exercice d'un autre droit, il n'a pas d'objet « libératoire »[93].

32.– L'acte extinctif (ou abdicatif) et l'acte translatif ont en commun d'être des actes de disposition, en ce sens que le titulaire du droit s'en dépouille, soit en y renonçant, soit (c'est le postulat) en le cédant. La différence est qu'en cas de renonciation, le droit disparaît[94], alors qu'en cas de cession il change seulement de patrimoine, « passant » dans celui de son nouveau titulaire[95].

Cela ne veut pas dire que ces deux effets s'excluent toujours l'un l'autre. Un cumul est parfois possible. Ainsi il est bien connu que le paiement, mode d'extinction d'une obligation, emporte également un effet translatif lorsqu'il a un caractère subrogatoire[96/97] – en quoi il se distingue de la compensation, qui est seulement un mode d'extinction de l'obligation.

Ainsi encore, à l'inverse, l'acte extinctif peut ne pas être sans incidence pratique sur la situation juridique d'autres personnes. Un peu de la même façon que la *constitution* d'un droit nouveau retentit sur l'étendue des prérogatives de celui qui est propriétaire de la chose qui en est l'objet, ou qui est débiteur de l'obligation dont il s'agit, l'*extinction* d'un droit peut en effet se traduire par l'accroissement des prérogatives d'autres personnes. L'extinction de l'usufruit en constitue un bon exemple. « *L'usufruit s'éteint par la mort naturelle de l'usufruitier* »[98]. Le nu-propriétaire retrouve alors la pleine propriété. Il n'y a cependant *pas transfert* de l'usufruit au nu-propriétaire : l'hypothèse considérée ne se confond pas avec celle de la consolidation, c'est-à-dire de la réunion des deux droits sur une même tête[99], et cela alors même que le nu-propriétaire serait l'héritier de l'usufruitier. Ce qui explique qu'il devient titulaire

---

[93] Il y a un recoupement partiel entre l'acte déclaratif (qui a un caractère extinctif *et* libératoire en ce qu'il vise à éteindre un droit *pour* en libérer un autre : Boyer, th. préc., p. 352 et 454) et l'acte extinctif (dont le critère est le but extinctif : Y. Seillan, *L'acte abdicatif*, RTD civ. 1966 p. 686, n° 8, mais qui peut avoir un effet libératoire).

[94] La renonciation, acte abdicatif, entraîne la perte du droit pour le renonçant (P. Raynaud, *La renonciation à un droit*, RTD civ. 1936, p. 763).

[95] On vise ici la créance cédée, car le transfert de créance n'emporte pas extinction de la dette du cédant contre le cessionnaire (Cass. com., 23 juin 1992 : Bull. n° 245 ; RTD civ. 1993, p. 357 obs. J. Mestre ; R. Perrot et Ph. Théry, *Procédures civiles d'exécution*, Dalloz, 2e éd., 2005, n° 376, p. 403).

[96] C. civ., art. 1251.

[97] On peut rappeler, à l'inverse, que la délégation n'est ni extinctive, ni translative de la créance du délégant contre le délégué, mais qu'elle la frappe d'indisponibilité : Cass. com., 16 avril 1996 (D. 1996, jur. p. 571 n. Ch. Larroumet ; somm. p. 333 obs. L. Aynès) et 14 février 2006 (D. 2006 p. 650 obs. X. Delpech).

[98] C. civ., art. 617 al. 2. Il n'y a pas alors acte juridique ; mais l'extinction de l'usufruit peut également résulter d'une renonciation (C. civ., art. 621).

[99] C. civ., art. 617 al. 4.

de la pleine propriété, c'est que le droit d'usufruit, droit intransmissible par nature, s'est éteint par le décès de l'usufruitier[100] : « c'est dans son droit lui-même que le nu-propriétaire trouve sa vocation à la pleine propriété »[101].

Un autre exemple peut être tiré de l'abandon de mitoyenneté[102] : le copropriétaire du mur mitoyen est investi du droit de celui qui a déguerpi. Le même mécanisme s'applique en cas d'abandon du fonds servant[103] : celui qui devient propriétaire du fonds servant (ou du mur mitoyen) *n'est pas l'ayant cause* de l'auteur de la renonciation. Il en résulte l'absence de garantie d'éviction, ou des vices cachés ; fiscalement il n'est pas dû un droit de mutation mais un simple droit d'enregistrement[104]. Il est vrai que cette solution s'harmonise mal avec la jurisprudence qui voit dans la renonciation à une servitude une mutation soumise à publicité foncière[105], mais il ne s'agit là que d'une hypothèse de qualification distributive, courante en matière de contrats spéciaux[106], et qui ne remet pas en question la solution examinée ici.

33.– La frontière juridique entre acte translatif et acte extinctif peut être tracée avec précision. Elle l'a été dans les termes suivants par un auteur éminent, à propos de l'acte extinctif :

> « *Le seul résultat de l'acte de renonciation est de* faire sortir *le droit sur lequel il porte du patrimoine du renonçant. Sans doute, il pourra y avoir un bénéficiaire, mais celui-ci ne le sera pas* en vertu de *la renonciation. Cette dernière ne constituera pas son* titre, *elle sera seulement la condition de l'efficacité de celui-ci (...)* »[107].

Le critère ainsi dégagé peut être utilisé pour démêler d'apparentes difficultés. Il s'agit là d'un point important car l'idée que tout changement de propriétaire procède d'un acte translatif reste forte et nous aurons à y revenir dans le cadre de nos développements. Pour préciser le contenu de ceux-ci, il convient d'énoncer les questions que nous entendons poser au sujet.

---

[100] G. Goubeaux, note sous CA Montpellier, 17 mars 1970 : JCP G 1970, II, 16421 et sous Cass. civ. 3e, 26 janvier 1972 : JCP G 1972, II, 17104.
[101] Th. Vialatte, *L'effet extinctif de la réunion sur une même tête de qualités contraires et ses limites*, RTD civ. 1978, p. 567 n° 33 et 56. Rappr. autour de ce mécanisme : W. Dross, *L'usufruit consenti par un non-propriétaire est-il pleinement efficace ?* D. 2004, p. 1253.
[102] C. civ., art. 656 (rappr. art. 667).
[103] C. civ., art. 699. *Nota* : il s'agit d'un acte unilatéral (CA Amiens, 18 mars 1969, JCP 1969, II, 16045 n. G. Goubeaux), mais dont l'exercice peut être contesté en justice par le propriétaire du fonds dominant (ex. : Cass. civ. 1re, 4 novembre 1963 : Bull. civ. 1, n° 470).
[104] CGI, art. 785.
[105] Cass. civ. 3e, 5 février 1970 : D. 1970, jur. p. 262 n. E. Franck ; JCP G 1970, II, 16404 n. G. G.
[106] On pense notamment au contrat de crédit-bail, qualifié de prêt, de bail, ou de vente ou promesse de vente selon la règle à appliquer. Il est compréhensible que des actes, pourtant non regardés *funditus* comme étant des actes translatifs, soient qualifiés de tels en matière de publicité foncière ou en droit fiscal.
[107] P. Raynaud, art. préc., RTD civ. 1936 p. 782, n° 22 (soul. par nous).

§ 2. – QUESTIONS

34.– « Il y a dans le savoir scientifique, sinon des faiblesses, au moins des affirmations dont les savants ne paraissent guère douter et qui ne sont pourtant pas à l'abri de la discussion »[108]. Ainsi, si la doctrine s'est beaucoup interrogée sur la notion d'ayant cause, elle a largement négligé jusqu'ici celle d'auteur. Or des solutions peu compréhensibles ont cours à son propos : comment comprendre que l'on puisse parfois transmettre un droit dont on n'est pas titulaire ? ou bien, à l'inverse, que l'on puisse transférer un droit sans en perdre la titularité ?

Transmettre un droit dont on n'est pas titulaire ? Cela sonne comme un paradoxe. Seul le titulaire du droit peut le transférer à un tiers, la titularité est la condition préalable de validité du transfert. La solution est conforme au bon sens, et si traditionnelle qu'elle est exprimée par un adage très ancien : *Nemo dat quod non habet*[109]. Il va sans dire que, le plus souvent, la réalité est conforme à ce schéma. Un certain nombre d'hypothèses, pourtant, infirment ce postulat trop simple. Il existe, ainsi, des droits dûment répertoriés de disposer du bien d'autrui pour son compte propre : celui du quasi-usufruitier[110], celui du créancier saisissant[111]. De façon beaucoup plus générale, chacun des époux a le droit de disposer de biens dont il n'a pas la propriété, ou pas la propriété exclusive : c'est le cas, sous tous les régimes, pour les biens meubles qu'il détient individuellement[112] ; c'est le cas en principe, en régime de communauté, pour tous les biens communs[113].

Transmettre un droit sans pour autant le perdre ? Cela paraît contraire à toute logique : le transfert ayant pour premier effet de dépouiller de son droit celui qui en était titulaire, il ne peut plus s'en prévaloir, et c'est bien ainsi que se passent les choses, en règle générale. Là aussi, cependant, la réalité est plus complexe. Ainsi, le revendeur transfère au sous-acquéreur, en même temps que la propriété de la chose, les droits et actions attachés à celle-ci ; pourtant il ne perd pas ces droits, il continue à en bénéficier[114]. Ainsi, encore, le subrogeant garde qualité pour déclarer la créance à la procédure collective du débiteur[115], alors pourtant que la subrogation personnelle a pour effet de transférer au *solvens* subrogé la titularité de la créance qu'il paie.

Il ne s'agit là que d'exemples. Ils montrent que la vision quasi physique d'un droit qui « sort » d'un patrimoine pour être « transvasé et transporté » (*transfusio atque*

---

[108] Ch. Atias, *Epistémologie juridique*, Dalloz, 2002, n° 3.

[109] Personne ne donne ce qu'il n'a pas : H. Roland et L. Boyer, *Adages du droit français*, Litec, 4e éd., 1999, p. 497.

[110] C. civ., art. 587.

[111] En matière de saisie-attribution, par exemple (L. 9 juillet 1991 portant réforme des procédures civiles d'exécution, art. 43).

[112] C. civ., art. 222.

[113] C. civ., art. 1421.

[114] Le revendeur conserve l'action en garantie des vices cachés contre son propre auteur : Cass. civ. 1re, 19 janvier 1988 : Bull. civ. I, n° 20, p. 14.

[115] Cass. com., 23 janvier 2001 : D. 2001, p. 858 n. A. Lienhard.

translatio)[116] dans un autre, qui est à la base de l'approche doctrinale du mécanisme de l'acte translatif, n'est qu'une image, une théorie[117] trop simplificatrice pour rendre compte de la réalité juridique, et qu'elle doit être repensée.

C'est à une telle tâche que le présent travail voudrait contribuer.

35.– Cette démarche n'est pas neuve si l'on considère ses éléments. On peut en distinguer deux. Il y a d'abord la volonté de ne pas s'en tenir à une vision uniquement physique des choses et des droits. Celle-ci est parfois utilisée pour ses vertus pédagogiques (on songe à la fameuse et belle image de Vialleton pour caractériser le patrimoine : « *un sac que chaque homme porte, sa vie durant, sur son épaule, et dans lequel viennent s'enfourner pèle-mêle, tous ses droits, ses créances et ses dettes* » !). Souvent, cependant, elle est involontaire, voire inconsciente. Dans la pratique, ce n'est pas seulement la notion de bien dans le Code civil qui reste « infectée de matérialisme »[118], c'est aussi la notion même de droit. Cela est certes remis en cause car « l'immatériel envahit nos vies »[119] et le développement des biens incorporels a contraint le juriste contemporain à y adapter son discours : il l'a fait en droit des biens[120], en droit des sûretés[121], et chaque fois, au reste, sans rupture avec les solutions retenues par ailleurs[122], le système juridique se révélant assez souple pour absorber ces nouveaux biens. Il n'en reste pas moins que la tendance reste forte à raisonner en termes de choses matérielles, corporelles, qui se trouvent dans le patrimoine du disposant, puis qui en sortent, et cela peut stériliser la réflexion si l'on restreint le domaine de celle-ci aux seules données matérielles auxquelles elle se réfère[123].

Il y a ensuite la volonté de ne pas s'en tenir à une approche exagérément simplificatrice. Certes, il vaut mieux être simple que compliqué. Mais vaut-il mieux être simple ou avoir raison ? On ne conçoit pas le pouvoir de transmettre la propriété sans la titularité de celle-ci, pas plus, pour prendre un exemple dans un tout autre domaine, que l'on ne conçoit une règle sans sujet d'imputation. Il a été montré cependant qu'il existe des points d'imputation du système juridique qui n'ont pas la capacité juridique[124].

---

[116] Selon la formule d'Ulpien à propos de la novation, mécanisme utilisé en droit romain pour réaliser notamment l'équivalent économique d'une cession de l'obligation (v. *infra*, n° 96).

[117] Le mot « théorie » vient d'un verbe grec qui signifie « voir ». L'activité du théoricien consiste à percevoir la logique interne d'un ensemble. Ses interprétations reçoivent le nom de théories, lesquelles sont des images destinées à rendre compréhensible le phénomène observé. C'est pourquoi elles doivent être aussi simples que possible.

[118] M. Villey, *Préface historique*, in *Les biens et les choses* : Archives Phil. dr., t. 24, Sirey, 1979, p. 2.

[119] P.-Y. Gautier, *Rapport de synthèse*, colloque de l'association française de la philosophie du droit, *Le droit et l'immatériel*, Archives Phil. dr., t. 43, Sirey, 1999, p. 233.

[120] M. Vivant et al., *Lamy informatique et réseaux*, 2005, n° 12 ; A. Pélissier, *Possession et meubles incorporels*, éd. Dalloz 2001.

[121] C. Lisanti, *Les sûretés conventionnelles sur meubles incorporels*, Litec, 2001 (cet auteur évoque la nécessité « d'adopter une lecture libérée de l'approche matérielle » : p. 461, n° 625).

[122] À condition de ne pas solliciter exagérément « la plasticité des concepts traditionnels » en voulant tout transposer inconsidérément (X. Lucas, *La responsabilité civile du fait des « choses immatérielles » in* Études offertes à Pierre Catala, Litec, 2001, p. 817).

[123] C'est un exemple de clôture de l'« univers du discours », de restriction de l'univers des possibles, travers justement dénoncé (M.-L. Mathieu-Izorche, *Le raisonnement juridique*, préc., p. 175).

[124] Ce qu'un auteur a proposé de nommer les « centres d'intérêts » : G. Farjat, *Entre les personnes et les choses, les centres d'intérêts*, RTD civ. 2002, p. 221.

Un peu de la même façon, il faut découpler les notions de titularité d'un droit et de pouvoir de le transmettre. Celui-ci peut aller sans celle-là. Celle-là peut survivre à l'exercice de celui-ci.

36.– Ce qui est neuf, dans notre démarche, c'est son objet. L'acte translatif n'est guère étudié en tant que tel. On ne conçoit pas qu'un autre que le titulaire du droit puisse en transférer la titularité. Ou que ce transfert n'ait pas pour effet de le priver de cette titularité. Mais cette approche même est liée précisément à la réification du droit dont il s'agit : appréhendant celui-ci comme une chose matérielle qui se trouve dans le patrimoine du disposant, puis qui en est sorti, on ne peut comprendre qu'il en reste titulaire une fois conclu ou accompli l'acte de transfert, ni qu'une autre personne puisse accomplir cet acte.

Telle est la direction générale que nous nous proposons de suivre. Il ne s'agit pas de bouleverser les solutions reçues en la matière, mais de proposer une approche qui rende mieux compte de solutions déjà existantes, sans que l'on en ait bien pris conscience, et que l'approche traditionnelle a du mal à expliquer[125].

37.– La question posée étant double, le plan s'impose de lui-même. Nous consacrerons une première partie à la question de la titularité du droit à transmettre et une seconde partie à celle du droit transmis.

Au préalable, une autre étude s'impose, celle de l'objet de l'acte translatif, déterminante en ce qu'elle commande le choix du cadre théorique de référence de nos développements. Nous y consacrerons un chapitre préliminaire.

---

[125] « La suite est déjà dans le précédent » (J. Carbonnier, *Chronique pour le cinquantenaire de l'entrée du doyen Savatier au Dalloz*, D. 1970, chron. p. 137).

CHAPITRE PRÉLIMINAIRE

L'OBJET DE L'ACTE TRANSLATIF

38.– Une recherche sur l'acte translatif suppose que soit tranchée de façon claire une double question préalable – ce qui commande qu'elle le soit dans un chapitre préliminaire –, la question de savoir ce que cet acte transfère, et selon quel mécanisme. « Objet » est un terme avantageusement équivoque que nous prendrons ici en un double sens pour désigner à la fois cette question du *quoi* (sur quoi porte l'acte translatif ?) et celle du *comment* (quel est le mécanisme du transfert ? est-ce que vraiment on « transfère » ?). Il s'agit là de deux questions difficilement séparables car la théorie du transfert est largement tributaire de la nature de ce qui est transféré.

Cette double question se pose d'abord en droit des biens[126] : elle conduit à préciser les rapports entre titularité d'un droit et propriété (Section I). Tous les droits, cependant, ne sont pas des biens et la notion d'acte translatif de droit paraît donc a priori plus large que celle d'acte translatif de propriété, quel que soit le sens que l'on attache à ce concept ; il convient donc également de marquer la place d'éventuels actes translatifs portant sur des droits qui ne sont pas des biens (Section II).

SECTION I

CAS DU DROIT DES BIENS : ACTE TRANSLATIF DE DROIT OU DE PROPRIÉTÉ ?

39.– La question de savoir ce qui constitue l'objet de l'acte translatif en droit des biens est l'une des plus délicates de cette recherche, bien qu'elle n'en concerne que le cadre et qu'en dehors de cela son incidence pratique soit faible : transfère-t-on la « titularité » d'un droit[127] ? ou bien sa « propriété » ? quels sont les rapports entre l'acte translatif de droit et l'acte translatif de propriété ? la propriété n'est-elle qu'un droit parmi d'autres ? un bien ? les autres droits sont-ils objets de propriété ? celle-ci

---

[126] Entendu *lato sensu* : droit général, mais aussi droit spécial des biens (droit de la famille et des sûretés).

[127] En ce sens, récemment, v. la « charge » de F.-X. Lucas (*Les transferts temporaires de valeurs mobilières*, LGDJ, B. dr. privé, 1997) qui s'insurge contre « l'impérialisme du droit de propriété » (n° 435), qui est pour lui un droit « réel », et l'hypertrophie de la vente (n° 455), pour retenir que l'actionnaire n'est pas *propriétaire* de son action mais *titulaire* des droits que celle-ci confère, et conclure qu'on ne peut voir dans la cession d'une action un transfert de propriété mais une cession de droits (n° 448).

est-elle transmissible comme les autres biens ? Autant d'interrogations passionnantes, sans doute, mais difficiles car la représentation théorique du droit des biens, fruit d'une évolution longue et chaotique, est partagée aujourd'hui entre des courants doctrinaux très différents. Il est tout à la fois présomptueux de prétendre les aborder ici, qui plus est dans le cadre d'une simple introduction à une recherche dont elles ne constituent pas l'objet direct, et impossible, évidemment, de les ignorer totalement car la réponse qu'elles appellent constitue la toile de fond de celle-ci.

La portée véritable de la question examinée ne pourra être comprise qu'à la lumière de la suite des développements ; essayons pour plus de clarté de la faire apparaître ici, en les anticipant. Dans la théorie traditionnelle du droit des biens, seul le droit est un bien, non la chose qui en est l'objet[128], ce qui emporte qu'on ne transfère jamais qu'un droit. Dans une autre approche de la matière (v. *infra*), sont des biens les choses appropriées (le droit de propriété n'est pas un bien) mais également les droits autres que la propriété (droits sur la chose d'autrui et droits personnels) car eux aussi sont des propriétés. En posant la question de savoir s'il faut parler d'acte translatif de droit ou d'acte translatif de propriété (au sens objectif de chose appropriée), nous entendons donc comparer deux approches du droit des biens : l'approche traditionnelle et cette autre approche, afin de déterminer l'objet véritable de l'acte translatif.

Pour dégager une réponse, nous procéderons très simplement en présentant tour à tour les théories en présence (§ 1) puis un essai de synthèse (§ 2).

§ 1. – THÉORIES EN PRÉSENCE

40.– Il convient de distinguer, pour plus de clarté, la question de la nature de la propriété et celle du contenu de l'acte translatif.

A. – NATURE DE LA PROPRIÉTÉ

41.– Schématiquement, deux grands types d'analyse s'opposent : l'analyse classique, celle qui voit dans la propriété le plus complet des droits réels, et celle soutenue aujourd'hui par M. Zénati, dans laquelle la propriété est un lien, une relation entre une personne et un bien.

1° Théorie classique

42.– Il s'agit de celle à laquelle se tiennent la quasi-totalité des traités et manuels[129]. Cette doctrine est connue : la propriété est un droit réel, si complet[130] que tous

---

[128] C'est là le cœur de la distinction entre biens corporels et biens incorporels, sur laquelle v. par ex. : J. Flour, J.-L. Aubert et E. Savaux, *L'acte juridique*, préc., n° 4 s.

[129] Ch. Atias, *Droit civil, Les biens*, préc. ; J.-L. Bergel, M. Bruschi et S. Cimamonti, *Les biens*, in *Traité de droit civil*, sous la direction de J. Ghestin, LGDJ 2000 ; J. Carbonnier, *Droit civil, vol. 2*, préc. ; G. Cornu, *Droit civil, Introduction, les personnes, Les biens*, Montchrestien, 12e éd., 2005 ; Ch. Larroumet, *Droit civil*, t. 2, *Les biens, Droits réels principaux*, Economica, 4e éd., 2004 ; Ph. Malaurie et L. Aynès, *Les biens*, Defrénois, 2e ed., 2005 ; G. Marty et P. Raynaud, *Les biens*, par

les autres droits réels principaux en sont des démembrements, et qu'on le confond avec (qu'on l'incorpore dans) la chose sur quoi il porte, ce qui en fait un bien. Cette présentation revêt une indéniable cohérence mais présente également diverses faiblesses.

43.– Il est cohérent d'analyser la propriété comme étant un droit réel puisqu'elle porte directement sur une *res*, une chose, et que l'on peut, accessoirement, y retrouver les attributs typiques du droit réel que sont, dans la vision classique, l'opposabilité à tous, le droit de suite (action en revendication) et le droit de préférence. Il est cohérent, également, de voir dans les autres droits réels principaux des démembrements du droit de propriété puisque celle-ci comporte, s'autorise-t-on à lire dans le fameux article 544 du Code civil, tous les attributs que l'on puisse avoir sur une chose : l'*usus*, le *fructus* et l'*abusus*. Il est cohérent, encore, d'incorporer la propriété dans son objet puisque cela permet, particulièrement, de lui faire une place dans la liste des biens, entendus comme étant des droits et des choses, que dressent les articles 516 et suivants du Code civil[131].

44.– Cette cohérence apparente dissimule cependant un certain nombre de faiblesses. Faiblesse, d'abord, au regard du texte du Code civil puisque la référence à la propriété y est omniprésente alors qu'il n'utilise que rarement la notion de droit réel[132] : est-il bien justifié, dans ces conditions, de ramener celle-là à celui-ci ?

Faiblesse, plus gravement, de définir la propriété comme étant une sorte de puzzle dont les attributs traditionnels (*usus*, *fructus*, *abusus*) seraient les éléments, alors que la perte de ceux-ci n'affecte en rien son existence[133] (le nu-propriétaire a toujours la propriété de la chose donnée en usufruit).

Faiblesse, surtout, que la contradiction sur laquelle débouche l'idée d'incorporation de la propriété dans la chose appropriée : il en découle, en effet, que l'aliénation de cette dernière est aussi une aliénation du droit lui-même, ce qui revient à dire que l'aliénateur exerce un droit sur le droit qu'il est en train d'exercer, autrement dit que la faculté de disposition est partie intégrante du droit dont précisément on dispose[134]. On tourne, certes, cette contradiction en considérant le pouvoir de disposer comme

---

P. Jourdain, Dalloz, 1995 ; H., L. et J. Mazeaud et F. Chabas, *Leçons de droit civil*, t. 2, 2e vol., *Biens, droit de propriété et ses démembrements*, par F. Gianviti, 8e éd., 1994.

[130] Qu'il est le symbole du droit réel que Demolombe saluait de façon grandiloquente comme le roi des droits : « Place au droit réel ! et que tous les rangs s'ouvrent pour lui faire passage, lorsqu'il s'avance tout puissant et absolu, par sa propre et seule force, sans l'intermédiaire d'un débiteur, vers la chose même sur laquelle il porte directement » (*Cours de Code Napoléon*, éd. Lahure et al., t. 9, 1881, n° 473).

[131] Art. 516 : « Tous les biens sont meubles ou immeubles ».

[132] Et chaque fois pour désigner un droit sur la chose d'autrui : art. 2393, 2472 et 2476.

[133] Cette critique a notamment été développée dans l'article, classique sur le sujet, de Vareilles-Sommières, *La définition et la notion juridique de la propriété*, RTD civ. 1905, p. 443, n° 84.

[134] F. de Visscher, *Du « jus abutendi »*, RTD civ. 1913, 337 p. 341. – M. Chauffardet, *Le problème de la perpétuité de la propriété, étude de sociologie juridique et de droit positif*, th. Aix-en-provence, 1933, p. 128 (« ... ce qu'a d'invraisemblable cette notion de la propriété transmettant la propriété : c'est, en effet, à ce phénomène bizarre que nous assisterions, puisque c'est l'exercice du droit de propriété qui opère le transfert et que ce transfert a pour objet ce même droit de propriété. Comment ce qui est transféré peut-il être en même temps ce qui transfère ? »).

étant une faculté commune à tous les droits patrimoniaux (« La possibilité de disposer juridiquement de son droit en l'aliénant n'est nullement caractéristique de la propriété. Ce caractère de cessibilité est commun à tous les droits réels, sauf un petit nombre d'exceptions »)[135], mais il faut pour cela rompre le lien unissant disposition et propriété[136/137]...

2° Théorie de la propriété-pouvoir du sujet

45.– Ces faiblesses de la théorie traditionnelle de la propriété sont bien connues, et divers auteurs ont proposé des analyses s'efforçant de les éviter. Il est frappant que toutes ont en commun de redéfinir la propriété en termes plus larges, et plus précisément d'en retenir une notion duale. Encore faut-il distinguer selon qu'ils la regardent ou non comme étant un bien.

46.– La propriété reste un bien, un droit patrimonial, pour un certain nombre d'auteurs dont les approches, par delà leurs différences, ont en commun de reposer sur l'idée qu'un lien plus général (appelé lui-aussi « propriété »), distinct de l'objet sur lequel il porte, s'exerce sur l'ensemble des biens et droits. S'inscrivent dans ce schéma un certain nombre de travaux dont nous devons nous borner ici à rappeler l'existence. Citons la thèse de C. Prodan[138] qui distingue une propriété supérieure, dite « juridique », de la « propriété matérielle », avec l'inconvénient[139] de faire apparaître une propriété du droit de propriété. Citons, également, l'apport d'un auteur danois, F. Vinding-Kruss[140], qui évite cet inconvénient en considérant que les pouvoirs attachés à la propriété (aliénabilité, transmissibilité, faculté de jouissance) se retrouvent non seulement dans le droit « immédiat » de propriété, mais également dans tous les autres droits lesquels, dans cette mesure, sont objets de propriété. La théorie, mieux connue, de J. Dabin[141] consiste à assimiler le droit subjectif (défini comme étant un instrument d'« appartenance-maîtrise ») à la propriété, cette notion étant prise cependant en un sens non technique car elle ne se confond pas avec le droit traditionnel de propriété dont cet auteur rappelle la place par ailleurs[142].

---

[135] Planiol, *Traité élémentaire de droit civil*, 1re éd., t. 1, 1908, n° 1030 ; même proposition, aujourd'hui : F. Terré et Ph. Simler, *Droit civil, Les biens*, préc., n° 126. *Nota* : s'il n'est question que de droit réel dans l'extrait cité au texte, c'est parce que l'on considérait autrefois que seuls les droits réels étaient cessibles (ex. : v. Planiol, *Traité élémentaire*, t. 1, n° 1038).

[136] « La propriété est le droit de jouir *et disposer* des choses... » : C. civ., art. 544. Il est vrai que ce texte n'a pas été conçu dans la perspective de la dissociation entre propriété et pouvoir de la transférer (rappr. *infra*, n° 259 *in fine*).

[137] Sauf à considérer que la faculté de disposer est inhérente à la titularité de tout droit, et que ce lien de titularité n'exprime rien d'autre que... l'appropriation de celui-ci (mais telle n'est pas l'analyse classique : v. *infra*, n° 66 et 75). Notons également que, de notre point de vue, il est fort intéressant de concevoir la disposition sans la propriété.

[138] C. Prodan, *Essai d'une théorie générale des droits réels*, th. Paris, 1909. V. une présentation critique de cet ouvrage, du point de vue de la doctrine classique, *in* Derruppé, th. préc., n° 281 s.

[139] Qu'illustre l'art. 716 C. civ. : « La propriété d'un trésor appartient à... »

[140] *The right of property*, Oxford University press, 1939.

[141] *Le droit subjectif*, Dalloz, 1952.

[142] *Ibid.*, p. 85.

Le système de Ginossar[143] est globalement assez proche en ce sens que la propriété ne porte pas seulement sur les biens corporels mais aussi sur les droits : cet auteur distingue un droit « inférieur », qui peut être réel, personnel ou intellectuel, et un droit « se mouvant sur un plan plus élevé »[144], le droit de propriété, lequel n'est pas un droit comme les autres (il est absolu, en ce sens qu'il n'a pas de sujet passif déterminé, à la différence de tous les autres droits, y compris les droits réels, dits pour cette raison « relatifs ») mais demeure transmissible et constitue l'objet même du pouvoir d'aliéner.

47.– Plus récente, la « somme » que constitue la thèse de doctorat du professeur Zénati [145] se situe dans la perspective ainsi tracée et on y retrouve très largement, menée plus loin, la contribution majeure de Ginossar[146]. Elle présente l'originalité de rompre nettement avec l'idée que la propriété est un bien, ce qui bouleverse plus encore en profondeur le système du droit des biens[147]. Il faut donc en présenter les grandes idées[148].

Partant d'une analyse critique de la conception classique de la propriété, M. Zénati s'interroge, dans une première partie, sur les origines et la portée des dispositions du Code civil en la matière. Il prend pour modèle la nature juridique de la propriété en droit romain, en retenant comme hypothèse[149] que le concept de propriété y a deux dimensions : une subjective (*dominium*), ou puissance d'appropriation du sujet,

---

[143] Ginossar, *Droit réel, propriété et créance, élaboration d'un système rationnel des droits patrimoniaux*, LGDJ, 1960 ; *Pour une meilleure définition du droit réel et du droit personnel*, RTD civ. 1962, p. 573 ; sur l'auteur, v. Ph . Jestaz, *Samuel Ginossar (1902–1984)*, RTD civ. 1985, p. 643.

[144] Ginossar, ouvr. préc., n° 42, p. 112.

[145] *La nature juridique de la propriété, Contribution à la théorie du droit subjectif*, thèse, Lyon III, 1981, dir. Ginossar ; même auteur : *Pour une rénovation de la théorie de la propriété*, RTD civ. 1993, p. 305.

[146] On y retrouve, outre l'appui du fondement tiré du droit romain (Ginossar, *Droit réel, propriété et créance*, préc., p. 43 et 193), la même structure fondamentale de raisonnement : la propriété n'est pas un droit réel (Ginossar, art. préc. RTD civ. 1962, p. 588, n° 13) ; tous les droits, réels et personnels, sont objets de propriété.

[147] En dépit ou en raison de ce bouleversement, on peut lui appliquer – si l'on ne considère que les manuels et traités – ce qui a été très justement relevé à propos de Ginossar : « sa puissante thèse est très souvent citée, mais pratiquement jamais analysée ni exploitée » (M. Fabre-Magnan, *Propriété, patrimoine et lien social*, RTD civ. 1997, p. 584, *ad notam*).

[148] Les idées de M. Zénati ont reçu depuis le support plus large d'un manuel (F. Zénati et Th. Revet, *Les biens*, préc.), ainsi que celui d'une chronique à la *Revue trimestrielle de droit civil* tenue pendant plus de dix ans par cet auteur (chronique « Propriété et droits réels », de 1989 à 1999) et aujourd'hui par M. Revet.

[149] Th. préc., n° 160 s. (« Hypothèses sur la configuration de la propriété romaine »). Peu importe pour le raisonnement de savoir si ces hypothèses correspondent à la réalité, nous n'entendons pas prendre parti sur ce point ; selon Mme A.-M. Patault, M. Zénati « nous replonge dans les concepts coutumiers » (*Introduction historique au droit des biens*, PUF, coll. « droit fondamental », 1989, p. 258), et il est vrai que sa construction évoque le tableau qu'elle-même fait du droit des glossateurs : « Les auteurs coutumiers ont vu, à l'inverse, dans la propriété un droit, une chose incorporelle. Cependant, dans leur perpétuel effort d'adoption, même artificielle, des solutions romaines, ils se sont appliqués à retrouver une propriété corporelle. Pour cela, appuyés sur quelques textes romains, ils distinguent d'une part la propriété (*proprietas*), analysée comme une qualité propre de la chose, qualité passive d'être objet d'appropriation, d'autre part le droit sur la chose, appelé « domaine » (*dominium*). Ainsi la propriété, *proprietas*, élément de la chose corporelle, est chose corporelle ; le droit sur la chose, le « domaine », est chose incorporelle. » (*ibid.*, p. 219).

et une objective (*proprietas*) qui est la chose elle-même envisagée comme objet de propriété[150] ; le *dominium* n'est pas un droit mais une qualité attachée à la personne, une puissance, le pouvoir d'une personne sur une chose – plus précisément : sur *les* choses[151] –, lequel est en lui-même inaliénable (il n'est pas l'objet de l'activité juridique mais son instrument)[152] et ne doit pas être confondu avec son objet (*proprietas*) qui seul se trouve dans le commerce juridique[153]. L'auteur souligne, ensuite, la dénaturation qu'a subie cette construction au Moyen-Âge, en raison de la nécessité pour les romanistes de l'adapter à l'idée féodale que plusieurs personnes peuvent s'approprier à des titres divers une même chose : la théorie du double domaine transforme le *dominium* en une pluralité de droits (de droits « réels ») et fait de chaque fraction une propriété, et donc de celle-ci un bien ; il s'ensuit également que seuls les droits, et non plus les terres, sont dans le commerce juridique, sont des biens.

Entre ces deux conceptions, la romaine et la romaniste, quel a été le parti retenu par les rédacteurs du Code Napoléon ? L'auteur reproche à la doctrine du XIXe siècle d'avoir reproduit la conception romaniste, et il s'attache à présenter une nouvelle lecture du Code civil partant du postulat contraire. Il relève en ce sens, notamment, que dans l'énumération des biens [154], sur lesquels « on peut avoir [...] un droit de propriété »[155], le Code civil mêle les choses corporelles et les droits ; il en déduit, d'une part, que c'est la chose elle-même qui constitue le bien, non le droit qui porte dessus et, d'autre part, que les droits patrimoniaux eux-mêmes (réels ou personnels) sont objets de propriété[156], ce qui explique que cette prérogative soit omniprésente dans le Code civil[157]. Il relève, également, que le Code se réfère au droit de propriété[158], mais qu'il fait également visa, dans certains cas, à la propriété[159], au sens objectif de chose, et il voit dans cette distinction la reproduction de la double perspective romaine du *dominium* et de la *proprietas*[160].

---

[150] Ouvr. préc., n° 181, p. 250. « La pensée juridique objectiviste des Romains les conduit à décrire minutieusement les différentes formes de choses se trouvant dans la nature en leur attribuant diverses qualités plus ou moins constantes, telles que celle[s] d'être propre (*proprietas*) (...) » (*ibid.*, n° 156).

[151] Sur *les* choses car le *dominium* est un « pouvoir attaché à la personne et unique s'exerçant sur tous les biens. Il ne s'établissait pas un *dominium* sur chaque chose, l'acquisition consistait pour une chose à entrer en la puissance du *dominus* » (F. Zénati, obs. RTD civ. 1999, p. 141 ; rappr. *infra*, n° 71).

[152] « La propriété ne peut être l'objet du transfert, comme le serait un *jus*, mais en est, pour toute forme de chose, l'enjeu. Acquérir le *dominium* n'implique pas plus le déplacement de l'entité abstraite exprimant la maîtrise que ne l'implique le fait pour un *pater familias* d'acquérir la *manus* de son épouse ou de sa belle-fille ou pour quiconque le fait d'acquérir le droit de cité (...) » (F. Zénati, th. préc., n° 177).

[153] « Les Romains n'ont jamais confondu le bien et sa relation au sujet : c'est la chose qui est dans le commerce, non son rapport d'appropriation » (*ibid.*, n° 189). « en cas d'aliénation, c'est la chose qui se sépare de la personne et non pas la maîtrise dont elle est l'objet, qui « fait partie » de son titulaire » (*ibid.*, n° 153).

[154] Art. 516 s.

[155] C. civ., art. 543 et 537. *Adde* art. 711 (« La propriété des biens s'acquiert... »).

[156] V. déjà en ce sens Ginossar : la propriété forme « le lien nécessaire entre la personne du créancier et la créance qui lui appartient (...) tout créancier est propriétaire de sa créance, il en jouit et en dispose comme un propriétaire le fait de sa chose » (*Droit réel, propriété et créance*, préc., n° 13 et 34).

[157] Ainsi que l'illustre le plan d'ensemble de celui-ci : « Des biens et des différentes modifications de la propriété » (Livre deuxième) ; « Des différentes manières dont on acquiert la propriété » (Livre troisième).

[158] C. civ., art. 543 et 544.

[159] Ex. : C. civ., art. 652, qui évoque les « vues sur la propriété du voisin » (th. préc., n° 260, 296, 529).

[160] *Ibid.*, n° 298. Insistons à nouveau sur le fait que la perspective du *dominium* romain n'est reprise que de façon limitée puisque, ainsi qu'il a été déjà précisé, la référence qu'y fait l'auteur ne signifie

Cela acquis, l'auteur se livre, dans une seconde partie, à une recherche sur une nouvelle conception de la propriété[161]. Il en puise les éléments constitutifs dans l'article 544 du Code civil, où il voit une définition (« La propriété est le droit de jouir et de disposer... ») : la propriété est jouissance de sa propre chose, c'est-à-dire exclusivité, et disposition (ce qui dissipe, notamment, la difficulté évoquée ci-dessus[162] : si les droits patrimoniaux offrent à leur titulaire une faculté d'agir juridiquement, c'est parce qu'ils sont objets de propriété)[163]. Il précise, ensuite, la place de la propriété dans le système juridique : distinguant, comme en droit romain, le pouvoir exclusif d'une personne sur un bien et le bien lui-même, envisagé dans sa situation privative, il en déduit que la propriété n'est pas un *bien* patrimonial mais le *lien* privatif qui s'établit entre une personne et chacun de ses biens[164], qu'elle n'est pas un droit réel mais une notion fondamentale du Droit, une émanation de la personne : ce n'est pas *un* droit subjectif parmi d'autres mais *le* fondement de tout droit subjectif[165].

48.– C'est donc peu dire que les différences sont importantes entre les deux théories de la propriété. Ces différences se retrouvent, évidemment, lorsque l'on considère le contenu de l'acte translatif de propriété.

B. – CONTENU DE L'ACTE TRANSLATIF

49.– « Les particuliers ont la libre disposition des biens qui leur appartiennent (...) »[166] et l'une et l'autre théories consacrent, évidemment, cette liberté. Mais elles le font selon des techniques très différentes, plus d'ailleurs en ce qui concerne l'objet du transfert[167] que son mécanisme.

1° Objet du transfert

50.– Dans la théorie classique, les choses n'accèdent au commerce juridique que par la médiation du droit dont elles sont l'objet, c'est-à-dire du droit réel de propriété ou d'un droit réel sur la chose d'autrui. Seul ce droit constitue un bien, et c'est lui qui constitue l'objet du transfert. Ainsi, par exemple, dans l'aliénation d'une maison ce n'est pas la maison elle-même qui est aliénée mais le droit de propriété dont elle est

---

nullement qu'il existerait, comme en droit romain, un *dominium* unique s'exerçant sur tous les biens (*adde infra,* n° 71).

[161] Ce terme désigne la propriété au sens de droit. Il ne vise la propriété en tant que bien que lorsque cela est spécifié.

[162] *Supra*, n° 44 et *infra*, n° 75.

[163] Th. préc., n° 428 et 597 (« c'est parce qu'ils sont reliés au sujet par un rapport de propriété que les droits patrimoniaux sont source d'exclusivité, peuvent être aliénés, grevés de droits réels, possédés etc., et bénéficient d'une opposabilité de principe aux tiers » – on note, incidemment, qu'il n'est question ici que de droits patrimoniaux).

[164] Ce qui est également le cas, est-il soutenu, de la notion de *property* en Common law (*ibid.*, n° 236).

[165] F. Zénati, th. préc., p. 750 (il faut comprendre : de tout droit « dans le commerce », ce qui est plus large que « patrimonial », *ibid.*, p. 758 et 819).

[166] C. civ., art. 537. Rappr. art. 1598.

[167] Nous désignons par cette ellipse le seul transfert résultant d'un acte juridique translatif.

l'objet[168]. La distinction, il est vrai, est assez artificielle car l'idée d'incorporation du droit dans la chose aboutit, précisément, à confondre la chose elle-même et le droit de propriété (immeuble par nature) qui porte sur elle. Cela peut expliquer certaines formulations qui ne sont pas dépourvues d'ambiguïté, dans les textes[169] ou chez les auteurs, telle « l'idée du bien passant d'un patrimoine dans un autre, casqué et armé et conservant la trace de toutes les initiatives de ses propriétaires antérieurs »[170]. Il n'en reste pas moins que l'expression de « contrat translatif de la propriété d'une chose » n'a pas d'autre sens que « contrat translatif du droit réel de propriété sur cette chose »[171].

Dans cette approche, l'acte translatif de « propriété » désigne le transfert du seul droit de propriété *stricto sensu*, et non pas celui d'un autre droit. Les autres droits réels principaux sont en effet des démembrements de la propriété, et ne sauraient donc être objets de propriété. Quant aux droits personnels, ils constituent sans doute des biens, et pas seulement des liens entre créanciers et débiteurs, mais « le droit des biens est avant tout celui des choses corporelles »[172] ; plus concrètement, le domaine des droits réels est limité aux choses (*res*)[173], un droit personnel ne pouvant être rationnellement l'objet d'un droit réel, et l'acte juridique translatif de la titularité d'une créance constitue une cession de créance[174], non une vente, même si le législateur emploie par ailleurs l'expression – regardée comme étant impropre – de « propriété de la provision »[175] pour évoquer la transmission de la créance cambiaire. Conclusion : l'acte translatif de « propriété » ne se confond pas avec l'acte translatif de la titularité d'un droit autre que la propriété. Il est admis que la distinction est un peu théorique car, est-il justement souligné, « la propriété sert de modèle » en ce sens que l'acquisition « des autres droits réels principaux – usufruit, servitude,

---

[168] Les auteurs traitent du « transfert d'un droit sur une chose » (F. Collart-Dutilleul et Ph. Delebecque, *Contrats civils et commerciaux*, préc., n° 31), ou bien évoquent par élision le « transfert de propriété » mais en considérant celle-ci comme étant « le plus complet des droits réels » (Ph. Malaurie et L. Aynès, *Les biens*, préc., n° 599 ; Ch. Larroumet, *Droit civil, les biens, droits réels principaux*, préc., n° 331).
[169] Ex. : C. civ., art. 646 (« Tout propriétaire peut obliger son voisin au bornage de leurs propriétés contiguës ... »). Cette consécration par le Code civil de la propriété-matière procédait du souci de condamner la propriété jouissance de l'ancien droit coutumier : v. A.-M. Patault, *Regard historique sur l'évolution du droit des biens, histoire de l'immeuble corporel*, in *L'évolution contemporaine du droit des biens, troisièmes journées René Savatier*, PUF, 1991, p. 3.
[170] Ch. Atias, *Droit civil, les biens*, préc., n° 324. Cet auteur s'en tient cependant à l'analyse classique selon laquelle l'effet translatif consiste à transférer un droit (*ibid.*, n° 285 s.).
[171] La première expression est employée par M. A. Bénabent, (*Droit civil, les contrats spéciaux civils et commerciaux*, 6ème éd., 2004, Montchrestien, n°16), qui précise par ailleurs, de façon tout à fait classique, que « la particularité essentielle [des « contrats translatifs de propriété »] est de porter non seulement sur un bien, mais surtout sur un droit réel concernant ce bien » (*ibid.*, n° 12).
[172] F. Terré, Ph. Simler et Y. Lequette, *Droit civil, Les obligations*, Dalloz, 9ème éd., 2005, n° 1270 ; cela n'empêche pas de dire que les « droits personnels font partie du patrimoine » (F. Terré et Ph. Simler, *Droit des biens*, préc., n° 12).
[173] On doit observer que la proposition est inexacte pour ce qui est des droits réels de garantie (on parle de nantissement des créances), et que l'usufruit des créances n'est pas une catégorie inconnue, même s'il suscite la perplexité des auteurs (R. Libchaber, *L'usufruit des créances existe-t-il ?* RTD civ. 1997, p. 615).
[174] C. civ., art. 1690.
[175] C. com., art. L. 511-7 ; C. mon. fin. art. L. 131-20. L'expression a longtemps été rejetée (« Il ne saurait être question de propriété au sens juridique du mot » : Ripert et Roblot, *Traité élémentaire de droit commercial*, 17e éd., 2004, n° 1979). Rappr. *infra*, n° 79.

emphytéose – est soumise à des règles identiques »[176]. Il n'en reste pas moins que le transfert de propriété n'est qu'une espèce du genre qu'est le transfert de droit, et que le domaine de l'acte translatif de ce droit particulier qu'est la propriété est donc plus étroit que celui de l'acte translatif de droit en général.

51.– Il en va tout autrement dans la doctrine du professeur Zénati. Cette doctrine[177] repose sur la distinction entre la propriété, conçue en tant que chose (propriété-objet, catégorie dans laquelle il faut notamment ranger l'ensemble des droits autres que la propriété), et le droit de propriété, envisagé comme émanation de la personne, comme pouvoir d'une personne s'exerçant sur un bien. Un pouvoir n'est pas un bien, c'est une qualité de la personne et il est donc indissociable de celle-ci ; étant d'ailleurs analysé comme étant *le* droit subjectif, il est en tant que tel insusceptible de transfert[178]. D'où cette conclusion que « ce n'est pas la propriété qui est transférée, c'est la chose qui circule de propriété en propriété »[179] :

> « ... *le transfert emporte* ... transmission de propriété. *Mais le terme propriété est pris ici dans son sens objectif de qualité de la chose d'appartenir à quelqu'un. C'est la chose en tant que propriété qui passe de l'auteur à l'ayant cause, non le droit de propriété (...) »*[180].

La conclusion est donc à l'opposé, sur ce point, de celle de l'analyse classique : la vente, par exemple, n'est pas le transfert d'un droit de propriété mais le transfert d'un bien corporel ou incorporel en la propriété de l'acheteur.

52.– Stricte quant à l'objet de l'acte translatif, cette doctrine est large quant à son domaine. Rappelons en effet qu'elle repose sur l'idée que tant les droits que les choses corporelles sont des biens, constituent l'assiette de la propriété. Cette universalité de l'objet de la propriété conduit, contrairement à la doctrine classique,

---

[176] Ph. Malaurie et L. Aynès, *Les biens*, préc., n° 551. Comp. F. Terré et Ph. Simler, *Droit civil, les biens*, préc., n° 388 et 773 (ces auteurs envisagent à part les modes d'acquisition des autres droits réels principaux, mais uniquement, en pratique, pour ce qui concerne les règles qui leur sont particulières : n° 754).

[177] Comme l'ancien droit romain, dont elle s'inspire : « dans l'ancien droit romain, la propriété, envisagée comme un aspect de la puissance exercée par son titulaire, était inaliénable [...] Aussi, seule la chose pouvait passer d'un patrimoine dans un autre et tomber sous la puissance d'un nouveau propriétaire, sans qu'il y ait transfert à l'acquéreur du droit de l'aliénateur sur la chose » (R. Monier, *Manuel élémentaire de droit romain*, 6e éd., t. 1, 1947, n° 284).

[178] « La transmission des droits ne peut intéresser que les droits qui sont des biens (...) Le droit subjectif étant la relation de propriété par laquelle le droit patrimonial appartient au sujet, il ne saurait être assimilé à un bien (...) Un bien se définissant comme un objet de propriété, il est impossible de considérer le rapport de propriété comme un bien » (F. Zénati, th. préc., n° 586). – Rappr. Carbonnier, qui propose de voir dans la vente « non pas le transfert de la propriété d'un bien, mais le transfert de la qualité de propriétaire » (*Droit civil, vol. 2*, préc., n° 1046, p. 2148)

[179] F. Zénati, *ibid.*, n° 177. Même sens : Carbonnier, *Droit civil, vol. 1*, préc., n° 184 (« Quand le droit transmis est le droit de propriété sur une chose, il semble que ce soit la chose elle-même qui fasse l'objet de la transmission, et dans plusieurs textes (a. 537, 1128, 1598) est inscrit le principe de la libre circulation des biens [...] »). L'idée même de « chose hors du commerce » (G. Loiseau, *Typologie des choses hors du commerce*, RTD civ. 2000, p. 47) semble bien conforter cette approche.

[180] F. Zénati et Th. Revet, *Les biens*, préc., n° 121. L'analyse est reprise du droit romain classique (dans lequel, cependant, le *dominium* n'était pas un *jus* : v. *infra*, n° 71) : « on ne transfère pas d'ordinaire un droit de propriété, mais la *res* elle-même, qui contient la *proprietas* » (M. Villey, *Du sens de l'expression* jus in re *en droit romain classique*, Mélanges Fernand de Visscher, t. 2, 1949, p. 429).

à analyser tout transfert d'un droit comme étant un transfert de propriété[181] : transférer un droit d'usufruit, d'hypothèque, de créance[182], etc., c'est transférer la propriété de ce bien qu'est l'usufruit, l'hypothèque, la créance. Ainsi se trouve justifié l'intitulé du Livre III du Code civil, qui concerne effectivement les manières d'acquérir la propriété conçue comme un bien et non pas, contrairement à la théorie classique, comme une chose corporelle. La distinction entre acte translatif de droit et acte translatif de propriété est donc ici sans portée.

Il n'en est que plus frappant que les deux approches théoriques examinées se rapprochent, au moins sur certains points, dans l'analyse du mécanisme de l'acte translatif.

2° Mécanisme de l'acte translatif

53.– Il s'agit d'évoquer, notamment, une doctrine de l'intransmissibilité de la propriété. Invoquer le mécanisme de l'acte qui transmet ce droit peut donc paraître paradoxal. Cependant l'intransmissibilité du droit ne se confond pas avec celle du bien. Le but de l'acte est bien la substitution d'un nouveau titulaire du droit à l'ancien et, en ce sens large[183], cet angle d'approche peut être retenu. Il permet de bien comparer les théories en présence.

54.– Exposons d'abord le mécanisme de l'acte translatif dans la théorie classique. Plus précisément, exposons-en l'analyse traditionnelle car, ainsi qu'il sera souligné plus loin, elle n'est pas admise par tous les auteurs. Cette analyse, qui concerne le transfert de tous les droits et pas seulement celui de la propriété, est bien connue : l'acte translatif est une des façons de déclencher le transfert, le « transport », lequel consiste en un « passage » du droit du « patrimoine » de l'auteur dans celui de l'ayant cause[184]. Il y a sortie du droit du patrimoine de celui qui cède et entrée du droit dans le patrimoine de celui qui reçoit. Si l'image du transport ou du passage est utilisée, c'est pour marquer le lien entre les deux phénomènes : il n'y a entrée du droit chez le nouveau titulaire que parce qu'il y a sortie corrélative de ce droit chez l'ancien, et le droit du nouveau titulaire n'est pas un droit nouveau : il s'agit du droit même de l'ancien titulaire, qui s'est « éteint » seulement à l'égard de ce dernier mais a survécu dans toutes ses autres caractéristiques pour entrer dans le patrimoine du nouveau titulaire[185]. Le même bien échappe à la puissance d'une personne et se retrouve entre les mains d'une autre. Il y a « passage » du droit, peut-on dire, comme il y aurait passage de relais : l'un reçoit ce que l'autre lui abandonne. Cela découle

[181] De la même façon, toute constitution de droit emporte acquisition de la propriété de ce bien qu'est le droit, et en ce sens tout engagement est source de propriété (F. Zénati, th. préc., n° 264).

[182] V. déjà en ce sens Ginossar, qui souligne que la doctrine traditionnelle ne peut se passer de l'idée de propriété des créances que parce qu'elle a sous-entendu cette idée une fois pour toutes et peut donc en faire abstraction (art. préc., RTD civ. 1962, p. 578, n° 5).

[183] Ch. Atias, *Le transfert conventionnel de propriété immobilière*, thèse, Poitiers, 1974, n° 423 (« Sont actes translatifs ceux ... qui donnent prise à la fiction de transmission »).

[184] V. *supra*, note 41.

[185] A. Rouiller, *La maxime « Nemo plus juris... » en droit civil français, Étude synthétique et critique*, th. Rennes 1964, dir. H.-D. Cosnard, p. 14.

du postulat même de l'analyse classique, c'est-à-dire de l'idée que le droit est incorporé dans la chose : cela étant posé on ne peut, en effet, transmettre la chose sans transmettre le droit, ni sans transmettre un droit identique. Ce phénomène est instantané : il se réalise comme un coup de foudre au moment de la perfection de l'acte juridique. À ce moment-là, l'ayant cause « succède » aux droits de son auteur.

55.– Il y a longtemps que les auteurs critiquent cette vision matérialiste du transfert des droits. Ils raisonnent à propos du transfert du droit de propriété. Un des premiers à l'avoir fait de façon approfondie semble être Emmanuel Lévy, à la fin du XIXe siècle, dans une thèse de doctorat restée fameuse[186]. Peu importe ici le propos particulier – étranger aux théories que nous examinons – de cet auteur[187]. Retenons simplement qu'il entendait écarter l'application de l'adage *Nemo plus juris* en montrant que les droits sont intransmissibles. Pour cela, il considère que la théorie du transfert des droits est fondée sur des fictions : « pour avoir fait du droit une entité, pour lui avoir donné une existence en quelque sorte matérielle, il a fallu ajouter à cette fiction d'autres fictions »[188] ; or le « droit reçu n'est pas toujours le même que le droit ancien[189] ; en réalité, « les droits ne sont pas des entités ayant vie, abstraction faite de leurs titulaires, [ils] ne sont que la personnalité envisagée au point de vue des rapports sociaux »[190]. En conséquence « on ne transmet jamais de droits et [à] chaque transfert, dans chaque contrat, il y a au fond création d'un droit nouveau »[191] :

> « *que le possesseur me cède sa chose, c'est-à-dire qu'il y renonce – cedere – et je pourrai agir librement sur elle. Mais mon titre ici c'est,* comme en matière d'occupation, *ma volonté légitime d'acquérir. Le contrat n'est que l'acte qui permet à mon droit de se manifester. Ce droit, je le tiens de moi-même* de la loi, *de ma personnalité telle que la société l'a créée. Ce n'est pas un droit transmis, c'est un droit acquis* »[192].

56.– Cette analyse a connu en son temps une légitime faveur doctrinale[193]. Elle a notamment été longuement développée dans l'article fameux de Vareil-les-Sommières[194] :

---

[186] *Preuve par titre du droit de propriété immobilière*, éd., Pedone, 1896. *Nota* : ainsi que l'indique son intitulé, cette thèse ne concerne pas le transfert de l'ensemble des droits, ni même le transfert de tout droit de propriété.

[187] E. Lévy entendait montrer qu'un titre suffit à prouver la propriété d'un immeuble (« le droit à la propriété d'un immeuble », pour reprendre ses termes) alors même que la preuve de l'acquisition *a domino* – autrement dit, celle de la prescription – n'est pas rapportée. Le problème est que si l'acquisition a été faite *a non domino*, le titre ne vaut pas preuve de l'acquisition de la propriété dès lors que nul ne peut transmettre à autrui plus de droits qu'il n'en a lui-même...

[188] Th. préc., p. 108.

[189] Ex. de l'auteur : on peut recevoir des droits qui n'existent plus, parce qu'ils ont déjà été cédés ; ou recevoir moins qu'il n'est transmis (cas d'une réduction de donation) (*ibid.*, p. 105).

[190] *Ibid.*, p. 90. « Manifestation du moi, le droit n'est pas plus susceptible de transfert que notre personnalité même... on achète et on vend la valeur des choses ou de l'activité humaine, on n'achète point, on ne vend point de droits » (*Ibid.*, p. 101).

[191] *Ibid.*, p. 88.

[192] *Ibid.*, p. 102 (souligné par nous).

[193] Ex. : Loniewski, *Rôle actuel de la maxime « Error communis facit jus »*, th. Aix, 1905. – E. Fontaine, *La propriété apparente et le crédit réel*, th. Lille, éd. Roble, 1910. – F. Gorphe, *Le principe de bonne foi*,

> « *Le droit de propriété n'est qu'un pouvoir d'agir de la personne ; il n'est pas quelque chose de distinct de la personne. La personne ne peut pas plus transférer son pouvoir d'agir qu'elle ne peut transférer son pouvoir de penser, de voir ou d'entendre. Quand il aliène sa chose, le propriétaire ne transmet pas son pouvoir d'agir sur elle : il y renonce au regard et au profit de l'acquéreur et ménage à celui-ci la possibilité d'acquérir sur la chose, par une sorte d'occupation, un droit tout semblable au droit abdiqué par le vendeur* »[195].

Elle est ignorée aujourd'hui par les traités et manuels. Pourtant, l'idée d'intransmissibilité du droit de propriété, qui en constitue la substance, trouve place dans chacune des deux théories examinées.

57.– Elle trouve place, en premier lieu, dans la théorie classique de la propriété, telle que renouvelée sur ce point par la thèse du professeur Christian Atias[196]. Le propos de cet auteur s'inscrit indubitablement dans le cadre de cette théorie puisqu'il entend démontrer que la vente d'immeuble n'a pas pour effet d'emporter un simple changement dans la titularité du droit de propriété mais de créer un droit de propriété nouveau au profit de l'acquéreur.

Il part pour cela du constat que la complexité de ce phénomène de passage que constitue le transfert conventionnel de propriété immobilière fait qu'il existe une période de transition, que le Code civil ignore. Ce code est « moniste » en ce sens qu'il ne retient qu'un seul élément dans le phénomène d'acquisition : l'accord des volontés, qui opère à lui seul la transmission de propriété, entendue comme le passage à l'acquéreur du droit même que l'aliénateur a consenti à perdre. Il s'agit là, selon l'auteur, d'une vue simplificatrice. La « fiction » de la transmission du même droit de l'un à l'autre – qu'il rapproche d'une autre fiction, celle de la continuation de la personne du défunt par son héritier[197] – est destinée à résoudre les problèmes nés de la rupture dans la titularité du droit[198], mais elle est globalement inutile[199], et irréaliste car elle ignore la durée des opérations et la formation graduelle du statut nouveau.

---

th. Paris, 1926, éd. Dalloz, 1928. – O. Ionescu, *La notion de droit subjectif dans le droit privé*, th. Paris, éd. Sirey, 1931. – M. Chauffardet, *Le problème de la perpétuité de la propriété*, th. Aix, éd. Sirey, 1933, p. 126 s. – V. une présentation de ces thèses *in* A. Rouiller, *La maxime « Nemo plus juris... »*, th. préc., p. 16 s. On retrouve des idées très proches dans la doctrine étrangère (v. le panorama dressé in P. de Francisci, *Il trasferimento della proprietà*, Padova, 1924, p. 1 s.)

[194] *La définition et la notion juridique de la propriété*, RTD civ. 1905, 443. L'idée d'intransmissibilité des droits est utilisée dans cet article pour combattre la doctrine non moins fameuse de Planiol (v. *supra*, n° 44) selon laquelle il existe une faculté spéciale de céder son droit, commune à tous les droits réels, qui consiste en l'accomplissement d'un acte juridique opérant le déplacement du droit.

[195] Art. préc., RTD civ. 1905, p. 452 (rappr. *infra*, n° 71).

[196] *Le transfert conventionnel de propriété immobilière*, préc.

[197] *Ibid.*, n° 398.

[198] « En supprimant la solution de continuité entre le droit aliéné et le droit acquis, la transmission agit comme l'effet déclaratif du partage, qui élude la période d'indivision » (*ibid.*, n° 395).

[199] L'auteur s'attache à montrer que la « destination de l'immeuble » (charges réelles, art. 1743, 1615 C. civ.) fournit une explication satisfaisante des solutions fondées classiquement sur la fiction de transmission (*ibid.*, n° 377 s.), voire une explication meilleure car il y a « une sorte de droit transitoire de la propriété foncière fort peu en harmonie avec le concept de transmission » (n° 385). Principal mérite technique reconnu, cependant, à l'idée de transmission : sans elle, la propriété ne peut pas être dite perpétuelle (*ibid.*, n° 375 ; v. aussi n° 420).

Aussi propose-t-il une approche dualiste du transfert qui inclut le facteur temps en admettant une période de formation pour la situation de propriétaire de l'immeuble, et fait éclater cette fiction de transmission du droit de propriété en deux éléments distincts : une renonciation à son droit par l'aliénateur (c'est l'effet du contrat de vente), une acquisition d'un droit nouveau (au terme d'une phase de transition) par le cocontractant. Ce dualisme dessaisine-saisine explique très bien, par exemple, le régime de la vente de la chose d'autrui[200] car « le mécanisme de dévolution ne peut être confondu avec la renonciation du propriétaire »[201]. On peut se demander, s'il s'agit d'un droit nouveau[202], comment expliquer qu'il soit identique à l'ancien. La réponse apportée à cette question (« le principe de conservation des droits transmis semble une justification irremplaçable de l'équivalence des droits successifs »[203]) est mal compréhensible puisque, précisément, il n'y a pas transmission du droit[204].

58.– On retrouve dans la théorie de M. Zénati une approche à la fois très proche et très différente. Elle est très proche dans son mécanisme puisque pour cet auteur, on l'a vu, la propriété au sens subjectif de droit (le pouvoir du sujet) constitue le droit subjectif lui-même, indissociable de la personne, et elle est en conséquence intransmissible. Il considère donc, lui aussi, qu'il n'y a pas transmission du droit de propriété (c'est « la meilleure preuve que la propriété n'est pas un bien »[205]), mais extinction du droit ancien, suivie de la constitution d'un droit nouveau[206].

La différence est que cet auteur admet la transmission de la propriété au sens de chose (de la propriété-objet)[207]. Dans ce système, il n'y a donc pas transfert de droit mais transfert de bien, ou en d'autres termes pas transfert de propriété au sens subjectif de droit mais transfert de propriété au sens objectif de chose appropriée :

> « *la chose passe d'un propriétaire à l'autre en conservant toutes ses caractéristiques juridiques et notamment les charges et les droits réels qui la grèvent (...) le nouveau propriétaire, par le seul effet des* caractéristiques intrinsèques *du bien acquis aura une propriété aussi limitée que celle de son prédécesseur* »[208].

---

[200] C. civ., art. 1599.

[201] Th. préc., n° 514. En revanche, il n'apporte pas grand chose à la compréhension de la préférence donnée au second acquéreur successif qui publie son titre le premier ; il est certes possible de considérer que « la perte de son statut par le vendeur est acquise : seul le bénéficiaire de l'opération reste à déterminer » (*ibid.*, n° 516), mais comment comprendre que le vendeur ait pu transférer la propriété après l'abdication initiale ? (comp. *infra*, n° 786).

[202] Il est notable que l'auteur semble avoir abandonné ce point de vue dans les développements qu'il consacre aujourd'hui à cette question dans son manuel, *Droit civil, Les biens*, préc., n° 349 (« le droit de l'acquéreur est celui de l'aliénateur [...] c'est le principe de conservation des droits transmis : *Nemo plus juris...* »).

[203] Th. préc., n° 376.

[204] Rappr. E. Lévy, th. préc., *supra*, n° 55.

[205] F. Zénati, th. préc., n° 177.

[206] « Les parties à une mutation n'échangent pas un droit de propriété, elle se constituent et se dé-constituent mutuellement propriétaire [...] la propriété cesse [...] et elle se reconstitue, *sui generis*, dans la personne de l'acquéreur » (th. préc., n° 535 et 550 ; F. Zénati et Th. Revet, *Les biens*, préc., n° 130).

[207] C'est-à-dire, pour cet auteur : les choses corporelles, incorporelles, et les droits autres que la propriété (droits réels sur la chose d'autrui, et droits personnels).

[208] F. Zénati, th. préc., n° 269 (souligné par nous ; il est précisé par ailleurs que l'on peut parler d'acquisition dérivée « le droit du nouveau propriétaire *procédant de celui de l'ancien* » F. Zénati et Th. Revet, *Les biens*, préc., n° 121, souligné également par nous).

Rappelons que la chose, ainsi entendue, désigne notamment les droits autres que la propriété[209].

Les différences entres ces analyses rendent difficile mais nécessaire de s'essayer à en faire une synthèse.

§ 2. – ESSAI DE SYNTHÈSE

59.– Le propos, ici, n'est pas de formuler une hypothèse théorique qui permette de dépasser l'opposition relevée entre les doctrines examinées. Il est, plus modestement, de prendre la mesure exacte de cette opposition en faisant apparaître les points de convergence et divergence, afin de préciser au mieux le cadre général dans lequel s'inscrit notre propre recherche. Pour cela, nous partirons de la distinction, déjà utilisée, de la théorie de la propriété et de celle de l'acte translatif.

A. – THÉORIE DE LA PROPRIÉTÉ

60.– Il n'y a pas à revenir sur les divergences déjà relevées : la propriété est un droit patrimonial, un bien, dans la théorie classique, alors qu'elle est un lien, intransmissible, dans celle de M. Zénati. En outre, la propriété au sens de la théorie classique est entendue en un sens strict : elle ne s'applique qu'aux choses, non aux droits ; en revanche elle recouvre dans l'approche de M. Zénati[210] l'ensemble des biens, choses corporelles, incorporelles et droits patrimoniaux.

Pour dépasser cette opposition, il faut soit essayer de la dissoudre dans un rapprochement des deux théories, soit se résoudre à effectuer entre elles un choix – soit continuer à lire la problématique dans les deux cadres théoriques envisageables (et même trois car dans la théorie classique la propriété est ou non transmissible)...

1° Rapprochement des deux théories

61.– L'opposition décelée est-elle aussi profonde qu'il y paraît ? On peut estimer que non si l'on fait ressortir la structure commune aux deux théories. Il apparaît cependant assez vite que les données de cette tentative (a) la condamnent à rester superficielle, ce qui en marque les limites (b).

a) Données

62.– Il est frappant que chacune des deux théories exposées a une structure duale. Cela va sans dire pour la théorie de M. Zénati puisqu'elle repose essentiellement sur la distinction de la propriété-droit et de la propriété-objet. Cette théorie, peut-on dire, est expressément et ostensiblement dualiste. Son auteur le souligne au reste

---

[209] F. Zénati et Th. Revet, *ibid.*, n° 103, p. 126.
[210] Comme dans celle de Ginossar : v. *supra*, n° 46.

lui-même[211]. Or, la théorie classique est également dualiste, même si c'est de façon moins voyante. Elle ne distingue pas, sans doute, la chose appropriée et le droit de propriété, puisque celui-ci est incorporé dans celle-là. Elle n'en fait pas moins usage d'une autre notion qui marque la relation subjective aux biens, le lien d'appropriation. Cette notion est celle de « titularité » du droit. C'est à cette titularité que l'on peut attacher la faculté spéciale, distincte du droit de sa propriété, s'exerçant sur tous les droits, que constitue le pouvoir d'aliéner[212].

Cette identité de structure n'est en rien étonnante puisque la réalité appréhendée est la même. Elle comporte trois composantes : la personne, la chose, et le rapport qui unit l'une à l'autre. La personne en tant que telle est étrangère au droit des biens[213], qui traite seulement des deux autres éléments : l'élément objectif (la chose appropriée, le bien), et l'élément subjectif (la prérogative qui s'exerce dessus, le lien entre cette chose et la personne). La difficulté est de pouvoir rendre compte tout à la fois de l'un et l'autre, de conceptualiser l'existence sur la scène juridique de la chose en tant que telle et le rapport entre cette chose et la personne, c'est-à-dire le rapport d'appropriation. La doctrine classique confond le droit de propriété avec la chose ; il en découle, lui reproche-t-on, que ce droit ne peut pas être, en même temps, la relation unissant la chose à la personne[214]. L'ingéniosité de la thèse de M. Zénati, à cet égard, est de dédoubler la notion de propriété, en désignant par ce terme les deux réalités à la fois : la chose, d'une part (la propriété-objet), le rapport personne-chose de l'autre (la propriété-droit).

63.– La théorie classique mérite-telle, cependant, l'ensemble des reproches qu'on lui adresse ? Elle appelle « propriété » la chose, en confondant avec celle-ci le droit de propriété lui-même, mais elle a dû forger un autre concept, plus flou, celui de « titularité »[215/216], pour marquer le *lien* entre cette propriété (ou tout autre droit, de façon plus générale) et le sujet. La théorie du professeur Zénati est-elle à cet égard si différente ? On retrouve évidemment la même structure : chose et sujet de droit. Cet auteur fait du droit de propriété le *lien* entre le sujet et la chose, ce qui le conduit – très logiquement – à déclarer ce lien intransmissible. Mais il faut bien qu'il réintroduise la propriété dans la chose elle-même. Il le fait au moyen de la notion de propriété-objet : la chose en tant que telle, sans la médiation d'un droit patrimonial quelconque, accède donc à la vie juridique, garde la « mémoire » des opérations juridiques dont elle a fait l'objet.

---

211 « La propriété et le droit de propriété sont deux notions différentes (...) La doctrine est donc condamnée à un dualisme dans la théorie de la propriété. Ce faisant, elle ne fait qu'enregistrer la tradition romaine reprise dans le Code civil, celle du *dominium* et de la *proprietas* » (th. préc., n° 536 et 537). Comp. *infra*, n° 71.

212 E. Roguin, *La science juridique pure*, 1923, t. 2, n° 439 s., t. 3 n° 1096 (« la faculté d'aliéner n'est pas essentielle à la notion de droit de propriété, ni à celle d'un droit quelconque, puisque cette faculté n'a trait qu'à la titularité du droit »)

213 Rappr. cep. *infra*, n° 107 s.

214 « On ne peut être à la fois objet d'un rapport et ce rapport même, bien et relation aux biens » (F. Zénati, th. préc., n° 44).

215 Du latin *titulus*, titre.

216 Ou celui d'« appropriation ».

En somme, il y a un seul droit pour deux éléments distincts, la chose et le rapport personne-chose. La théorie classique met le droit dans la chose, M. Zénati le met dans le rapport. Quant à l'autre élément, il s'agit d'une réalité dont l'appréhension juridique est forcément beaucoup moins saisissable, car étrangère au monde du droit (elle n'en constitue pas un !) : la titularité dans la théorie classique, la chose dans celle de M. Zénati.

64.– Il est possible de considérer, si l'on observe le débat d'un peu loin, que tout cela est fondamentalement assez équivalent, et c'est probablement ce qui explique les carrières séparées que continuent à mener les deux théories. On peut même gommer toute différence de fond entre elles si l'on va jusqu'à assimiler la notion de titularité exclusive au *dominium* romain, c'est-à-dire si l'on regarde comme équivalentes les notions de titularité et de propriété[217].

Une analyse plus exigeante fait cependant apparaître les limites d'une telle approche.

b) Limites

65.– a) L'assimilation des notions de titularité et de propriété nous paraît fondamentalement justifiée : on se réfère en effet dans les deux cas à une prérogative comportant les deux mêmes attributs, l'exclusivité et le pouvoir de disposer. Il n'en reste pas moins que, techniquement, cette assimilation tourne court si l'on pousse la réflexion, et cela au regard tant de l'une que de l'autre théorie.

66.– Dans la théorie classique, la notion de titularité n'est pas conceptualisée en tant que telle. Elle n'a pas dans le discours doctrinal l'importance que nous lui avons attachée[218]. Les manuels, lorsqu'ils l'évoquent, ne le font que de façon incidente[219], sans dégager la portée indiquée ci-dessus. Ce n'est d'ailleurs pas un mot clé (au sens de l'informatique juridique) et on en cherche vainement la trace dans les index alphabétiques. On peut, sans doute, être tenté de suivre M. Revet lorsqu'il considère que : « *l'appropriation des droits est [...] la seule façon d'en expliquer la titularité, puisque le droit de propriété constitue l'unique modalité de rattachement d'une*

[217] C'est ce que fait implicitement M. Zénati lui-même : « À creuser cette notion floue on finirait par trouver les éléments constitutifs de la propriété » (th. préc., p. 757). M. Revet est plus net : « le dépositaire est titulaire (*i.e.* propriétaire) d'un droit réel sur la chose qui lui est confiée par le déposant » (obs. RTD civ. 2001, p. 390). Même sens : P. Crocq, obs. RTD civ. 1998, p. 799, qui évoque la « propriété, dans sa conception romaine de titularité ».

[218] V. cep. E. Roguin, *La science juridique pure*, t. 2, 1923, p. 32-50 (cet auteur semble contester que la titularité soit un rapport distinct du droit lui-même : « la titularité exclusive ... est une notion et un fait inséparables de l'idée même et de l'existence du droit [laquelle] implique l'appartenance exclusive de ce pouvoir juridique à quelqu'un ; les deux concepts ne vont pas l'un sans l'autre » : n° 450). – Plus généralement, on parle de « titulaire du droit réel », par ex. (Carbonnier, *Droit civil, vol. 2*, préc., n° 702), pour désigner celui qui en la jouissance exclusive et la disposition, c'est-à-dire celui qui l'a en propre, qui en a la propriété. – M. Libchaber avance une distinction en matière de créance entre titularité (rapports créancier-débiteur) et propriété (rapports créancier-tiers qui l'acquiert, la reçoit en location, en nantissement ...) (art. préc., RTD civ. 1997, p. 615, n° 20).

[219] Ex. : « De la personne physique ou morale à qui *appartient* un droit subjectif, on dit [...] qu'elle en est *titulaire*. Ce qui nous amène à la notion de *titre* [...] » (J. Carbonnier, *Droit civil, vol. 1*, préc., n° 162, p. 314, soul. par nous).

res *à un sujet* »[220], d'autant que les arguments textuels en ce sens ne manquent pas[221]. Mais il ne faut pas perdre de vue que cette approche n'est pas celle de l'analyse classique[222]. Celle-ci ne relie pas la titularité à la propriété. Tout au contraire, cette doctrine est attachée, depuis Planiol[223], à l'idée que la faculté de disposer est inhérente à tous les droits, *i.e.* à la titularité de tout droit, et n'est donc pas une caractéristique de la propriété[224].

67.– L'assimilation des deux notions révèle ses limites, également, dans la théorie de M. Zénati. Ne pratiquant pas lui-même cette assimilation[225], cet auteur ne pouvait qu'être critique à l'égard de la notion de titularité[226], car celle-ci fait largement double emploi avec son propre concept de propriété-droit. Il lui reproche, d'abord, l'indétermination de son contenu : se confond-t-elle avec les notions de jouissance d'exclusivité et de pouvoir de disposer ? autrement dit : la titularité se confond-t-elle avec la propriété ? C'est toute la question, à laquelle la théorie classique s'ingénie [227] à apporter une réponse négative...

Le même auteur reproche, ensuite, à la titularité de ne pas pouvoir suppléer la propriété comme « mode d'appropriation des biens corporels, que l'on imagine mal, comme les biens incorporels ou droits, reliés à la personne par un lien de titularité »[228]. Il souligne également que « la possession est considérée comme mode d'acquérir la propriété des choses corporelles et des droits et non pas leur titularité »[229]. Le reproche est dans une certaine mesure le même dans les deux cas : on comprend bien que l'on puisse être titulaire-au-sens-de-propriétaire d'un droit, mais l'on ne conçoit pas que l'on puisse être titulaire-au-sens-de-propriétaire de la propriété elle-même, le droit de propriété n'étant pas un bien appropriable. Autrement dit, il y a un domaine commun aux notions de titularité et de propriété, à l'intérieur duquel il semble possible de les assimiler : celui des droits patrimoniaux, car d'une certaine façon on peut dire indifféremment – dans cette théorie – que l'on est titulaire ou propriétaire d'un droit patrimonial. Mais les deux notions ne se recoupent pas à l'extérieur de ce domaine, car contrairement à la théorie classique,

---

[220] Obs. préc., RTD civ. 2001, p. 390.

[221] Ex. : C. propr. intell., dans lequel l'article L. 113-1 (« la qualité d'auteur appartient à ... ») ouvre un chapitre 3 intitulé : « *Titulaires du droit d'auteur* ».

[222] Les auteurs s'habituent cependant aujourd'hui, par la force des textes, à regarder comme équivalentes les deux notions. Ex. : « le cessionnaire [Dailly] acquiert la « propriété » de la créance cédée [...] c'est-à-dire qu'il en devient le titulaire exclusif » (F. Pérochon et R. Bonhomme, ouvr. préc., n° 765). Ex. : « dire que le créancier n'est pas propriétaire, mais seulement titulaire de la créance, semble relever du pur sophisme » T. Bonneau, *Les fonds communs de placement, les fonds communs de créances, et le droit civil*, RTD civ. 1991 p. 1 n° 20).

[223] V. *supra*, note 135.

[224] Tous les auteurs, il est vrai, ne rattachent pas cette faculté de disposition au concept de titularité. Elle est parfois reliée à celui de capacité juridique (en ce sens : D. Berra, *Le principe de libre disposition des biens en droit civil. Contribution à la notion d'indisponibilité juridique*, thèse Nancy, 1969, t. 1, p. 123).

[225] V. cependant *supra*, note 217. *Adde* F. Zénati et Th. Revet, *Les biens*, préc., n° 199 (« le titulaire d'un droit réel est propriétaire de son droit »).

[226] Th. préc., n° 551.

[227] Alors même qu'elle lie le pouvoir de disposer à la titularité (v. *supra*, n° 44 et 66), et que celle-ci, sauf précision contraire, est exclusive.

[228] *Id.*, *ibid.*

[229] *Ibid.*, p. 757.

qui parle de titularité du droit de propriété, il n'est pas possible (il serait absurde) de se référer à la propriété de la propriété[230].

68.– b) Pas plus que l'on ne peut assimiler vraiment les deux notions de titularité et de propriété, on ne peut attacher une grande portée à la commune structure duale des deux théories. Une autre approche de la théorie classique pourrait-elle être développée pour donner corps à ce rapprochement ? Cela paraît difficile, car de deux choses l'une. Ou bien le droit de propriété est détaché de la chose, pour exprimer la relation au sujet. C'est un système qui implique un changement total de perspective, c'est celui de M. Zénati. Ou bien ce droit reste incorporé dans la chose, continue à se confondre avec l'élément objectif de la propriété, la chose appropriée. C'est le système actuel. Il « fonctionne », car le rattachement au sujet est opéré en recourant à la notion de titularité, ou à celle d'appropriation, mais il faut accepter l'inconvénient d'un certain nombre de contradictions ou de faiblesses théoriques[231].

Pourrait-on en faire disparaître les plus voyantes en « toilettant » la présentation du système ? Cela aussi paraît difficile. À partir du moment où l'élément objectif reste le droit, incorporé dans la chose, on ne voit pas comment éviter qu'il soit qualifié de bien, ce qui conduit à le concevoir à l'état décomposé, et à l'amputer de droits réels « démembrés ». Supposons cependant que cela s'avère réalisable. On éviterait tout au plus un certain nombre d'inconvénients secondaires[232]. Il resterait à distinguer le droit, incorporé dans la chose, de la titularité de cet ensemble droit-chose, laquelle serait une émanation de la personne. Le mérite de cette approche serait de cantonner le terme propriété dans son sens technique habituel. Toute la question est de savoir si cela vaut mieux ou non que de se rabattre sur la notion « objective » de propriété-objet...

Une telle théorie pourrait être développée. Elle resterait cependant très différente encore de celle défendue par M. Zénati, pour qui le droit de propriété est un lien, non un bien. En toute hypothèse, elle n'existe pas en l'état, nul ne l'ayant à ce jour proposée, sauf erreur.

Faute de pouvoir les rapprocher, il faut donc choisir entre les deux théories.

---

[230] L'objection est pour partie formelle car il est possible de considérer que la titularité désigne tantôt l'appropriation d'un bien, tantôt la jouissance d'un droit de propriété.

[231] Particulièrement ceux de la théorie classique de la disposition, c'est-à-dire la distinction entre l'*abusus* (ne comportant que des actes matériels) et le droit de disposer, prérogative qui permet d'agir sur les droits mais est extérieure au droit de propriété (v. *supra*, n° 44).

[232] Nous pensons aux problèmes de frontières que pose la notion de démembrement : l'*usus* est un droit réel démembré, mais pas la jouissance de la chose par le locataire ; le bénéfice des utilités de la chose est un droit réel démembré, mais pas l'appréhension de sa valeur (M. Cabrillac et Ch. Mouly, *Droit des sûretés*, préc., n° 504 ; ex. : Cass. com. 12 juillet 2005, D. 2005 p. 2142 obs. X. Delpech ; JCP G 2005, I, 185 n° 17, obs. Ph. Delebecque).

2° Choix d'une théorie

69.– La théorie de M. Zénati ayant été formulée pour éviter les faiblesses[233] qui entachent la théorie traditionnelle, on est porté a priori à estimer qu'elle lui est techniquement supérieure. Il faut cependant constater que l'ensemble des manuels de droit des biens, à l'exception de celui de cet auteur, continuent à s'en tenir à la présentation classique du droit des biens. Les raisons de ce rejet sont rarement exposées. Elles tiennent probablement, pour une part, à l'ampleur du changement proposé, car celui-ci suppose un renouvellement total des modes de raisonnement[234]. D'autres raisons ne sont pas à exclure. En s'efforçant de les formuler, on se donnera les moyens de choisir en connaissance de cause.

Nous examinerons pour cela chacun des deux sens que l'auteur attache au terme propriété : c'est un pouvoir de l'individu, appelé « droit de propriété », c'est une chose appropriée par lui, que désigne le terme « propriété » [235].

a) Droit de propriété

70.– Dans la théorie de M. Zénati, la définition du droit de propriété, de la propriété au sens subjectif, est inséparable de l'objectif qu'il poursuit. Rappelons cet objectif : il consiste à construire un système des biens échappant à la contradiction, à laquelle conduit la théorie classique, qui consiste à faire de la faculté de disposition partie intégrante du droit dont on dispose, et ne dissociant pas pour autant la faculté de disposition de la propriété[236]. Pour arriver à cet objectif, cet auteur retient de la propriété une définition élargie[237]. Cela n'est pas véritablement nouveau[238], tout au moins en ce qui concerne le domaine rattaché au droit de propriété. De nombreux auteurs, depuis Pothier, soulignent que « *le mot propriété s'applique en un sens large à toute espèce de droit. Être propriétaire, c'est avoir quelque chose en propre, et l'on peut avoir en propre un droit quelconque* »[239]. Mais cette acception

[233] V. ci-dessus, n° 44.
[234] D'autant plus difficile que le travail de M. Zénati est perçu comme présentant « un très haut niveau d'abstraction » (M. Lévis, *L'opposabilité du droit réel*, préc., p. 253). On peut ajouter que les réserves qui avaient été formulées à l'encontre des analyses de Ginossar (J. Dabin, *Une nouvelle définition du droit réel*, RTD civ. 1962, p. 20 ; L. Rigaud, *À propos d'une renaissance du « jus ad rem » et d'un essai de classification nouvelle des droits patrimoniaux*, RID comp. 1963, p. 565 ; F. Hage-Chahine, *Essai d'une nouvelle classification des droits réels*, RTD civ. 1982, p. 713 n° 11 ; J. Derruppé, *Souvenir et retour sur le droit réel du locataire*, Mélanges dédiés à Louis Boyer, U. Toulouse, 1996, p. 175; Ph. Delmas Saint-Hilaire, *Le tiers à l'acte juridique*, LGDJ, B. dr. privé, 2000, p. 243 s. ; J. Scapel, *La notion d'obligation réelle*, PUAM 2002, p. 55 s.) valent également à l'égard de celles de M. Zénati, dont les points de départ sont très proches.
[235] Cette amphibologie est déjà dans le Littré (F. Zénati, th. préc., n° 241).
[236] V. *supra*, note 231.
[237] Elle n'est pas un droit parmi d'autres mais la technique de base du droit des biens, l'infrastructure de tous les droits. Elle est le rapport d'appartenance-maîtrise lui-même (selon la définition fameuse par J. Dabin du droit subjectif, laquelle travestit les deux éléments, exclusivité-disposition, de celle de la propriété : F. Zénati, th. préc., n° 564).
[238] S'entend : au regard de la doctrine classique. Sur les idées de Ginossar, v. *supra*, n° 46, et *infra*, n° 79.
[239] Ch. Beudant et P. Voirin, *Cours de droit civil français*, *Les biens*, éd. A. Rousseau, t. 4, 1938, n° 257, p. 273 ; rappr. *infra*, note 380.

est écartée par eux car ils y voient un concept trop flou pour être opérationnel, ainsi qu'une source de confusion avec la propriété au sens technique du terme.

L'originalité de la démarche de M. Zénati est qu'il attache des « caractéristiques techniques réelles » à la propriété conçue de façon extensive[240] : la *jouissance* du propriétaire ne porte pas sur les utilités de la chose mais sur le droit lui-même, elle est jouissance d'exclusivité[241] ; le pouvoir de *disposition* du propriétaire explique celui qui porte sur les autres droits : ils n'offrent à leur titulaire la faculté d'agir juridiquement que parce qu'ils sont des objets de propriété[242] ; enfin, c'est la propriété qui constitue le fondement de l'opposabilité de tous les droits[243] : celle-ci s'explique par l'*absoluité* du pouvoir de disposer contenu dans la loi, plus précisément elle s'attache aux actes juridiques car il n'y a pas d'acte juridique ayant une incidence patrimoniale qui ne soit une émanation du pouvoir de disposer, et donc de la propriété[244].

71.– Pour porter un jugement sur cette analyse, il convient tout d'abord de souligner une donnée générale. M. Zénati prend pour modèle les solutions du droit romain, à l'égard duquel il marque une nette prédilection[245] : c'est sur la distinction qui y est faite entre *dominium* et *proprietas* qu'il fonde sa propre approche dualiste de la matière. Le rapprochement ainsi opéré repose cependant sur une ambiguïté qui doit être soulignée. En dépit des apparences les notions romaine de *dominium* et moderne de propriété-droit sont en effet profondément différentes, ce qui peut être de nature à mieux apprécier la portée de la construction doctrinale examinée.

Cette différence est double. En premier lieu, ainsi que le souligne M. Zénati lui-même, le *dominium* n'était pas un droit[246], c'était un pouvoir indissociable de la personne, une puissance (à l'instar de la *potestas*). En droit moderne, en revanche, la propriété *est* un droit. M. Zénati est obligé de l'admettre puisque cette qualification figure dans les textes, et notamment[247] aux articles 543 et 544 du Code civil (l'avant-projet de ce qui

---

[240] Th. préc., p. 693.
[241] Peu importe en conséquence que le propriétaire soit privé des « utilités » de la chose : la valeur de son droit est diminuée, mais il ne s'agit nullement d'un démembrement du droit lui-même car un droit, c'est-à-dire un rapport, ne peut pas être démembré (P. Masson, *Contribution à l'étude des rapports de la propriété et de l'usufruit chez les romanistes du Moyen-Âge et dans le droit français*, préc., cité in F. Zénati, th. préc., n° 332), il subsiste en tant que tel, fût-ce comme un avantage moral, purement abstrait (F. Zénati, *ibid.*, n° 328).
[242] Th. préc., n° 428.
[243] *Ibid.*, n° 506.
[244] *Ibid.*, n° 507.
[245] Dont témoigne l'ensemble de sa démarche et qu'illustre, par exemple, cette citation (th. préc., p. 796) d'un texte de Michel Villey : « La façon de penser romaine, les notions romaines sont sans doute plus adéquates que celles dont nous sommes redevables à la philosophie moderne, plus adaptées à nos besoins. ». – Cf. Hébraud : « Il n'est pas un domaine, pas une matière où les principes du Code civil et de notre droit actuel ne soient en contradiction absolue, en opposition totale avec ceux du droit romain » (*Observations sur l'évolution des rapports entre le droit et l'action dans la formation et le développement des systèmes juridiques*, Mélanges offerts à Pierre Raynaud, Dalloz 1985, p. 250).
[246] Th. préc., n° 178 et 284. Sur cette distinction entre *dominium* et *jus*, v. M. Villey, *Du sens de l'expression* jus in re *en droit romain classique*, art. préc., p. 423.
[247] V. aussi Déclaration des droits de l'homme et du citoyen de 1789, art. 17 (« La propriété étant un droit inviolable et sacré, nul ne peut en être privé [...] ».

est devenu le texte de l'article 544 du Code civil, que cite le savant auteur, en disposait autrement : « La propriété *donne* le droit de jouir ... »)[248], mais il est évident que ce terme le gêne (« la propriété *est* le droit de propriété, ce qui hélas est source de confusion »)[249] et qu'il préfère sur ce point, comme de façon générale, la théorie romaine.

En second lieu, le *dominium* était un pouvoir unique s'exerçant sur tous les biens. En droit positif, en revanche, il existe un droit de propriété distinct sur chaque bien approprié. La théorie romaine des biens, quels que soient les mérites qu'on peut être porté à lui attacher, n'est donc pas transposable en tant que telle en droit positif. Or la thèse examinée la prend pour modèle sans insister sur cette particularité[250]. Tout au contraire en désignant, non sans une certaine ambiguïté, « le » droit de propriété au singulier[251], en y voyant « une émanation de la personne », elle donne corps à l'idée que ce lien constitue, comme en droit romain, une prérogative unique, alors que ce n'est pas le cas.

Les deux systèmes sont donc profondément différents. Cela ne remet cependant pas en question la théorie de M. Zénati, à tout le moins dans ses grandes lignes.

Considérons la première différence. Elle heurte, sans doute, la proposition selon laquelle les rédacteurs du Code civil ont entendu restaurer sans compromis la propriété romaine[252]. Mais elle ne touche pas le reste de la démonstration au fond. Sans doute encore, étant un droit, la propriété peut être démembrée alors que le droit romain, insiste notre auteur, « ignore totalement la notion de démembrement pour la raison simple que la propriété n'y est pas un droit et ne peut donc être fractionnée »[253]. Mais le fait qu'elle soit qualifiée de droit ne la rend pas aliénable pour autant si l'on considère qu'elle « n'est pas un droit parmi d'autres »[254], qu'elle est un pouvoir qui permet aux choses et aux droits d'être des biens[255]. Tout au plus la démonstration s'en trouve-t-elle compliquée car, contrairement au sens commun, « le transfert de propriété n'est pas un transfert de droit »[256].

---

[248] *Ibid.*, n° 278 *ad notam.*

[249] *Ibid.*, n° 284 *ad notam.* Cette gêne est compréhensible puisque toute la démarche de cet auteur consiste à combattre l'idée que la propriété est un droit parmi d'autres (« la propriété n'est pas un droit ou du moins elle n'est pas un droit de même nature que les autres droits », n° 554), à distinguer la propriété et les droits (*passim* et n° 599).

[250] Bien au contraire : « Le présent essai ne s'en différencie [du droit romain] que par la substitution de la catégorie du droit subjectif à celle de puissance, substitution peu novatrice puisque la catégorie du droit subjectif a été créée à partir de celle de *potestas* » (th. préc., n° 577).

[251] Ex. : « La propriété [...] constitue donc le rapport entre les personnes et *toutes* les formes de biens pouvant leur appartenir » (F. Zénati et Th. Revet, *Les biens*, préc., n° 89, p. 115 ; ce n'est pas nous qui soulignons). Ou encore : « Les droits envisagés comme des objets et non des pouvoirs du sujet, peuvent être reliés à ce dernier par *un* lien de propriété » (n° 577, soul. par nous). En réalité, l'ambiguïté est purement apparente, l'auteur prenant soin de préciser que le droit de propriété porte sur un bien déterminé.

[252] Th. préc., n° 273.

[253] *Ibid.*, n° 178 et 272.

[254] F. Zénati et Th. Revet, *Les biens*, préc., n° 114, p. 139.

[255] *Ibid.*, n° 89, p. 115.

[256] F. Zénati et Th. Revet, *ibid.*, n° 113, p. 136.

La seconde différence s'avère plus délicate. La difficulté ne touche pas au processus du transfert. Sans doute l'idée que le pouvoir est indissociable de la personne s'impose de façon évidente lorsqu'il s'agit d'une prérogative globale de la personne car il constitue alors à l'évidence une dimension de celle-ci. Cette idée ne s'impose pas avec autant de force s'il s'agit d'une prérogative ponctuelle. Elle nous paraît s'imposer, cependant, dès lors que l'on considère, avec Vareilles-Sommières, que « le droit n'est qu'un pouvoir d'agir de la personne ; il n'est pas quelque chose de distinct de la personne »[257].

La difficulté tient aux rapports entre l'existence et l'exercice de la faculté de disposition. Nul risque, dans le système du droit romain, que la prérogative s'exerce sur elle-même : elle ne peut avoir pour objet que la *res* que l'on veut faire tomber sous la puissance d'un nouveau propriétaire[258]. Il n'en va pas de même en présence d'une pluralité de droits de propriétés car il est difficile, alors, d'éviter de considérer que, directement ou indirectement, la prérogative s'exerce sur elle-même. Et, de fait, la question de la distinction entre la prérogative et son objet est extrêmement délicate et nous verrons[259] que M. Zénati a dû lui-même apporter sur ce point à sa construction des précisions qui entrent mal dans la logique de celle-ci.

72.– On ne saurait porter un jugement sur l'analyse examinée en s'en tenant à des considérations générales. Elle est en effet susceptible d'avoir des aspects positifs et d'autres aspects contestables. Nous considèrerons tour à tour le contenu (1), puis le domaine (2) qu'elle fixe au droit de propriété.

1. Contenu

73.– La théorie classique définit le droit de propriété par le triptyque fonctionnel *usus*, *fructus*, *abusus*. Cette démarche peut être légitimée par l'idée que la réunion en une seule main de ces trois prérogatives permet de caractériser l'exclusivité. Son inconvénient a déjà été souligné : il tient à ce que la propriété est tout à la fois, et sans grande cohérence, confondue avec ses utilités et distincte de celles-ci puisqu'elle subsiste lorsqu'elle en est privée. L'analyse examinée évite cet inconvénient en trouvant la définition de la propriété dans l'article 544 du Code civil : elle *est* jouissance, disposition et absoluité.

74.– La différence n'est pas uniquement verbale. Considérons d'abord la jouissance. L'analyse classique intégrant dans le contenu même du droit de propriété les avantages concrets (les utilités) qui y sont attachés (*usus*, *fructus*), elle en déduit que toute jouissance est un morceau, un démembrement de propriété. L'approche

---

[257] Art. préc., RTD civ. 1905, p. 458 ; v. l'extrait reproduit *supra*, n° 56 (il est frappant que l'auteur y cultive l'ambiguïté que l'on retrouve chez M. Zénati : il y a un seul pouvoir de penser, voir ou entendre et il est bien clair qu'un tel pouvoir est intransmissible, tout comme l'était en droit romain le *dominium* puisqu'il s'agissait d'un pouvoir unique s'exerçant sur tous les biens ; on peut considérer que le pouvoir particulier d'agir sur chaque chose présente les mêmes caractères, mais pourquoi ne pas le souligner ?).
[258] Rappr. *supra*, note 180.
[259] À propos du pouvoir de disposer (*infra*, n° 75 *in fine*), à propos du pouvoir d'acquérir (*infra*, note 272 et n° 82).

considérée évite cet inconvénient. Le propriétaire étant maître des utilités de la chose et non titulaire de droits partiels représentant ces utilités, en constituant un droit sur ces utilités il ne se prive pas de son droit de propriété mais uniquement des utilités elles-mêmes, qui en constituent l'émolument[260]. Il n'y a donc rien de comparable entre la jouissance de la chose d'autrui et celle de sa propre chose. Alors même, en conséquence, qu'il n'est plus qu'une enveloppe vide pour ce qui est de sa valeur, le droit en tant que rapport demeure, inentamé, « indémembré ». À preuve, souligne l'auteur : le propriétaire conserve en pareil cas les actions pétitoires, possessoires, l'action en bornage, en partage...

Sur ce point le progrès est indéniable par rapport à la théorie classique, et il est notable que cette nouvelle définition de la propriété est adoptée par certains auteurs[261]. On peut cependant se demander si la distinction entre jouissance et utilités n'est pas trop tranchée. L'usufruit a beau ne porter que sur ces dernières, il ôte l'essentiel de son intérêt au monopole de jouissance du propriétaire. Quant aux actes de disposition du nu-propriétaire, ils revêtent surtout un caractère théorique[262]. Que le droit ne subsiste qu'en tant que tel, comme un avantage moral, à la limite, « purement abstrait »[263], est inattaquable en logique ; et cela entre parfaitement dans la vision plus générale du droit de propriété-pouvoir attaché à la personne[264], qui l'oppose au droit réel-émanation de la chose (totalement réifié, et donc indépendant du sujet)[265]. Cela est cependant assez peu conforme à la vision traditionnelle du propriétaire-monarque souverain de son bien. Il est notable, d'ailleurs, que le Conseil constitutionnel décide que certaines limitations au droit d'usage des biens sont susceptibles de revêtir un caractère de gravité tel qu'elles emportent privation de propriété[266].

75.– Pour ce qui concerne le pouvoir de disposer, il pose aux auteurs classiques un problème difficile car une prérogative ne saurait s'exercer sur elle-même, et la propriété ne saurait donc transmettre la propriété. Ces auteurs, nous l'avons souligné[267], ne résolvent cette contradiction que grâce à la doctrine de Planiol qui distingue l'*abusus* et la faculté de disposer. Le premier consiste en actes matériels, n'intéresse que la chose et est caractéristique de la propriété. Le second consiste

---

[260] L'auteur développe l'idée que la possession s'identifie à la jouissance (529), qui est la mise en œuvre des utilités de la chose (535), et que la jouissance emporte l'acquisition des fruits (536).

[261] Ex. : R. Libchaber, *La propriété, droit fondamental ?* in *Libertés et droits fondamentaux*, dir. R. Cabrillac, M.-A. Frison-Roche et Th. Revet, Dalloz, 11e éd., 2005, p. 601 ; J.-P. Chazal et S. Vicente, *Le transfert de propriété par l'effet des obligations dans le code civil*, RTD civ. 2000, 477 p. 487.

[262] Ainsi qu'il est souligné *in* F. Zénati et Th. Revet, *Les biens*, préc., n° 240. Il est vrai que cet ouvrage retient également que « muni de *l'abusus*, le droit d'usufruit se dénature en propriété » (n° 232), ce qui paraît plus proche de l'analyse classique que de celle examinée ici (sur l'*abusus*, v. *infra*, n° 74 ; rappr. *infra* n° 525 et 528).

[263] Michas, cité in F. Zénati, th. préc., n° 328.

[264] Th. préc., n° 331.

[265] *Ibid.*, n° 577.

[266] Cons. const. n° 98-403 DC, 29 juillet 1998 : JO 31 juillet 1998, p. 11710 ; JCP 1998, I, 171 n° 3, obs. H. Périnet-Marquet ; RTD civ. 1998, p. 799 obs. N. Molfessis et 1999, p. 132 et 136 obs. F. Zénati. – Rappr. Cons. const. n° 94-346 DC, 21 juillet 1994 : JO 23 juillet 1994, p. 10635.

[267] V. *supra*, n° 44.

en actes juridiques, porte sur le droit et est commun à tous les droits[268]. Ainsi, l'acte juridique d'aliénation découle non pas du droit de propriété lui-même, qui est l'objet de cette aliénation, mais d'une prérogative spéciale distincte du contenu du droit de propriété et commune à l'exercice de tous les droits, la faculté de céder.

Tout ingénieuse que soit cette doctrine, elle reste prisonnière de l'idée que la propriété est un droit réel, un bien, et elle a le tort de couper le lien entre disposition et propriété (non sans paradoxe : la propriété comporte l'ensemble des pouvoirs que l'on puisse avoir sur une chose, mais elle ne confère pas celui d'aliéner !), ce qui au regard de la théorie classique est évidemment critiquable[269] car ce lien semble résulter des textes.

La doctrine de M. Zénati paraît donc sur ce plan supérieure. Elle reprend l'idée qu'abuser n'est pas disposer[270] mais en modifiant la portée respective de ces deux activités : elle fait de l'*abusus* (nécessairement matériel) une utilité contingente de la propriété, permise par l'exclusivité de la jouissance, et donc une application pratique de celle-ci ; elle réintroduit dans la propriété le pouvoir de disposer (celui d'agir juridiquement par quelqu'acte que ce soit), en y voyant un élément constitutif de sa définition. La contradiction initiale, celle de la prérogative s'exerçant sur elle-même, est évacuée par application de l'idée que l'acte de disposition porte sur le bien approprié (chose ou droit patrimonial), et non sur le droit de propriété lui-même, qui n'est pas un bien.

Contentons-nous de relever[271] que la contradiction n'est pas en réalité entièrement dissipée. Certes, ce qui est transféré n'est pas en même temps ce qui transfère, dès lors que c'est la chose qui est transférée et non pas le droit qui, lui, n'est pas transféré mais « s'éteint ». Il n'en reste pas moins que ce qui opère l'extinction du droit de propriété chez le transférant est bien l'exercice du droit de propriété ! Autrement dit c'est l'exercice du droit de propriété qui explique l'extinction de la propriété, et on retombe dans le même type de contradiction : comment ce qui est éteint peut-il être en même temps ce qui éteint ? Pour résoudre la difficulté sans rompre le lien entre pouvoir de disposer et propriété, il faut retenir de cette dernière une conception plus large, en faire (à l'instar du *dominium*) une prérogative plus générale que le rapport spécifique qui s'établit entre le sujet et chacun de ses biens, une aptitude à disposer liée à la personnalité juridique elle-même. Cette approche alternative est retenue, à un autre propos, par M. Zénati lui-même : la propriété ne serait pas seulement « une relation entre une personne et une chose, c'est aussi

---

[268] Planiol, *Traité élémentaire de droit civil*, t. 1, 3e éd., n° 2337 s. ; même sens : Prodan, *Essai d'une théorie générale des droits réels*, thèse Paris, 1909 ; F. de Visscher, *Du « jus abutendi »*, préc. ; D. Berra, *Le principe de libre disposition des biens en droit civil*, th. préc., p. 131 s.
[269] Vareilles-Sommières, art. préc., RTD civ. 1913, p. 443, préc.
[270] Th. préc., n° 427.
[271] On peut relever également que cette approche aboutit à fondre les actes conservatoires dans la catégorie des actes de disposition, lorsqu'ils consistent en actes juridiques, ce qui interdit de confronter les deux notions et est pour cette raison critiquable (en ce sens : C. Brenner, *L'acte conservatoire*, LGDJ, B. dr. privé, 1999, n° 32).

une structure de la personne »[272]. Autrement dit, le savant auteur est conduit à dissocier la faculté de disposition du droit de propriété au sens technique habituel qu'il attache à ce terme en application de l'article 544 du Code civil, ce qui revient dans une certaine mesure à emprunter la démarche même de Planiol. Il y a là un changement de perspective qui fragilise l'ensemble de la construction, et cela d'autant plus que ce point en constitue le cœur même[273].

76.– Quant à l'absoluité du droit de propriété, c'est-à-dire l'opposabilité absolue aux tiers des actes juridiques[274] qui le concernent, elle est ainsi formulée : « *seule la propriété, par son caractère absolu, donne à chaque bien et à chaque droit sur lequel elle porte une existence "sociale" en interdisant à quiconque de les ignorer ou d'y porter atteinte* »[275]. Cette explication a perdu aujourd'hui une partie de son intérêt lorsque la propriété a été acquise à titre dérivé, en raison des développements récents sur ce point de la théorie juridique. Plus que dans le pouvoir « absolu » de disposer, beaucoup en effet préfèreront sans doute désormais – et c'est notre cas – trouver le fondement de cette opposabilité dans l'idée selon laquelle la norme « contractuelle »[276] (qui statue que telle personne devient propriétaire, que tel contractant devient débiteur...) s'impose à tout le monde, en ce qu'elle procède d'une habilitation légale, car ce qui est contractuellement obligatoire ne découle pas uniquement d'une obligation au sens précis du mot et « si l'obligationnel, dans le contrat, ne concerne en principe que les parties, l'obligatoriété, elle, est nécessairement générale »[277].

77.– Cette observation est également de nature à tempérer l'intérêt de la *summa divisio* que l'éminent auteur reprend[278] par ailleurs, de façon plus générale, entre la « propriété » et l'« obligation », division qu'il présente dans les termes suivants :

> « *Tout droit est en définitive soit un droit de* propriété, *soit un droit d'*obligation, *un rapport entre un sujet et un objet ou un rapport entre deux sujets* »[279].

La distinction ainsi faite paraît discutable. On voit bien pourquoi M. Zénati la formule ; il s'agit pour lui de justifier une différence de nature entre le droit de propriété et les droits qui constituent des biens, les droits patrimoniaux,

---

[272] F. Zénati, obs. *in* RTD civ. 1999, p. 141, à propos de la faculté non d'aliéner mais d'acquérir, rattachée à la propriété : « la propriété dont il est question n'est pas le droit sur la chose mais l'aptitude à l'avoir [...] elle est considérée comme l'explication de certains pouvoirs fondamentaux de la personnalité juridique : pouvoir d'acquérir, de posséder et *de disposer* » (souligné par nous).

[273] V. *supra*, n° 70 in limine.

[274] Sur la dissociation entre l'opposabilité des droits et celle des actes, v. not. M. Lévis, *L'opposabilité du droit réel*, préc., n° 11 et 153.

[275] *Ibid.*, n° 507. M. Zénati s'éloigne sur ce point de la doctrine de Ginossar qui expliquait l'opposabilité aux tiers du droit de propriété par l'idée qu'il engendre une obligation passive universelle (art. préc., RTD civ. 1962 p. 574, n° 2 s.).

[276] Nous mettons des guillemets afin de marquer que le mécanisme vaut pour tout acte juridique et pas seulement pour le contrat.

[277] P. Ancel, art. préc., RTD civ 1999, p. 804 s., n° 53.

[278] De son maître, Ginossar, *Droit réel, propriété et créance*, préc., *passim*.

[279] F. Zénati, th. préc., n° 579 (v. aussi n° 63 et 287).

particulièrement les droits réels sur la chose d'autrui[280]. Cependant, même si l'existence d'un rapport juridique entre personne et chose échappe à la discussion[281], il paraît excessif de ne voir dans la propriété que l'expression d'un tel rapport. Outre, en effet, qu'il faut comme toujours « tenir compte des modes de création ou d'établissement des situations juridiques »[282], la propriété met aussi son titulaire en relation avec d'autres sujets de droit, non pas en tant que maîtrise de fait de la chose mais en ce qu'elle se traduit par une activité juridique.

On retrouve alors la réserve formulée ci-dessus : les actes juridiques qui découlent de cette activité sont obligatoires pour tous. Et, pour justifier ce caractère obligatoire, il n'est nul besoin de faire appel à une particularité qu'aurait le droit de propriété de bénéficier d'une opposabilité absolue. Le droit commun de la force obligatoire de l'acte juridique à l'égard des tiers suffit, là aussi, à l'expliquer[283].

2. Domaine

78.– La propriété au sens classique du terme ne porte que sur les choses, sans qu'il y ait à distinguer entre les choses corporelles et les *choses incorporelles* – peut-on penser[284] – dès lors que le législateur lui-même consacre aujourd'hui la propriété

[280] Alors que la propriété ne peut « se voir attribuer de sujet passif », le droit réel sur la chose d'autrui suppose la « souffrance » d'un propriétaire (selon les termes mêmes de l'auteur : th. préc., n° 55). – Nous laissons ici de côté la question, étrangère à notre propos, de savoir si les droits réels *in faciendo* sont ou non de nature obligationnelle, question sur laquelle s'était concentré le débat suscité par la doctrine de Ginossar (v. réf. *supra*, note 234).

[281] La théorie personnaliste objectait qu'un droit ne saurait se ramener à un rapport entre une personne et une chose (Planiol, *Traité élémentaire de droit civil*, 1re éd., t. 1, n° 2158 ; Michas, *Le droit réel considéré comme une obligation passive universelle*, thèse, Paris, 1900). Mais une chose peut être objet de droit, et cela suffit à écarter l'objection (F. Terré et Ph. Simler, *Les biens*, préc., n° 48). On peut ajouter, dans le cas particulier, que l'expression « droit » de propriété ne désigne évidemment pas ici un droit au sens courant du mot mais l'équivalent du *dominium* romain, lequel n'est pas un droit mais une puissance (v. *supra*, note 71), ou encore « *le* droit subjectif ».

[282] P. Roubier, *Droits subjectifs et situations juridiques*, Dalloz, 1963, n° 32, p. 258.

[283] P. Ancel, art. préc. RTD civ. 1999 p. 771, qui montre que cette force obligatoire ne se confond pas avec celle de l'obligation.

[284] Nous prenons ainsi parti dans un débat doctrinal qui, en réalité, est loin d'être tranché. Certains auteurs, en effet, lient le droit de propriété à la corporalité. Ex. : A. Rouast, *L'évolution du droit de propriété*, Travaux de l'association Henri Capitant , t. 1, Dalloz, 1946, p. 45, spéc. p. 52 ; J. Carbonnier, *Droit civil, vol. 2*, préc., n° 730 (« Se dire propriétaire d'une créance, d'une part sociale, d'un patrimoine, n'est pas d'une langue juridique pure ; on en est titulaire, non pas propriétaire, parce que ce sont des droits, non des choses ») ; P. Jourdain, obs. RTD civ. 1987 p. 499, n° 35 ; J.-L. Bergel, *La propriété*, Dalloz, 1994, p. 20 ; Ph. Malaurie et L. Aynès, *Les biens*, préc., n° 207 ; Ch. Atias, *Droit civil, les biens*, préc., n° 651 (« Il n'y a peut-être rien à gagner à l'emprunt de la terminologie anglo-saxonne qui donne un sens très large à l'expression "droit de propriété" »).
Contra : J. M. Mousseron, J. Raynard et Th. Revet, *De la propriété comme modèle*, Mélanges offerts à André Colomer, Litec, 1993, p. 281 ; M. Fabre-Magnan, *Propriété, patrimoine et lien social*, art. préc., n° 27 ; F. Terré et Ph. Simler, *Les biens*, préc., n° 83 ; Ch. Larroumet, note au D. 2000, p. 720. Ainsi qu'il a été relevé : « face au peu d'incidence pratique de la qualification, le débat s'est enlisé » (A. Pélissier, th. préc., n° 15).

de ces dernières[285]. M. Zénati entend la propriété beaucoup plus largement : il l'étend à tous les droits, et il en fait le fondement du droit subjectif lui-même.

i) Application à tous les droits

79.– L'idée d'étendre la propriété à tous les droits est reprise de Ginossar[286], dont on connaît la célèbre querelle sur ce point avec Dabin[287]. Les droits autres que la propriété sont des biens, des objets de propriété. C'est ce qui explique que l'on puisse en jouir et en disposer. Un tel rapprochement entre droits réel et de créance, qui se ressemblent par leur côté externe, c'est-à-dire en ce qui concerne les rapports du titulaire et des tiers, même s'ils sont très différents dans leur structure interne, n'était pas inédit[288], mais il n'était pas ordonné par le concept de propriété. Que penser d'un tel élargissement ? Techniquement, il n'est pas indispensable puisque la jouissance est attachée au droit lui-même[289] et on considère, nous l'avons rappelé, que la disposition est une caractéristique commune à tous les droits, et non pas propre au seul droit de propriété.

On admettra néanmoins la supériorité sur ce point de l'approche considérée[290], à un double titre. Seule, en effet, elle respecte le texte de l'article 544 du Code civil, qui rattache la disposition à la propriété (sans avoir été conçu, il est vrai, dans la perspective de leur dissociation). Et seule, en outre, elle fournit un fondement juridique à la solution dont il s'agit, au lieu de la déduire de façon empirique de l'observation de la réalité[291] : tout droit est objet d'exclusivité et d'activité juridique, et doit donc être regardé comme étant un bien, un objet de propriété. Un fondement est ainsi donné

---

[285] Sur la propriété des créances, v. réf. *infra*, note 292 ; sur celle de l'œuvre de l'esprit : C. propr. intell., art. L. 111-1 s. ; directive 2001/29/CE du Parlement européen et du Conseil, 22 mai 2001, sur l'harmonisation de certains aspects du droit d'auteur et des droits voisins dans la société de l'information, considérant n° 9 (« la propriété intellectuelle a donc été reconnue comme faisant partie intégrante de la propriété ») ; sur la propriété industrielle : C. propr. intell., art. L. 611-1 s.

[286] V. réf. *supra*, n° 46.

[287] J. Dabin, *Une nouvelle définition du droit réel*, art. préc., RTD civ. 1962, p. 27 ; S. Ginossar, art. préc., RTD civ. 1962, p. 574.

[288] L. Rigaud, *Le droit réel, histoire et théorie, son origine institutionnelle*, thèse Toulouse, 1912, p. 273 ; J. Derruppé, th. préc., n° 209. L'idée est de ne pas considérer seulement le droit de créance mais aussi la créance en tant qu'objet de droit.

[289] À la jouissance, qui est exclusive, est attaché le droit de conserver le bien et donc la protection de la propriété contre l'expropriation. Il n'est en conséquence pas indifférent, sur ce plan, que les différents droits soient regardés comme étant des « propriétés ». Cela n'a rien de nouveau : « La nation elle-même, quoique suprême législateur, ne peut m'ôter ni ma maison, *ni ma créance* », déclarait un député à l'Assemblée constituante le 10 août 1789 (cité in J.-L. Mestre, *Le Conseil constitutionnel, la liberté d'entreprendre et la propriété*, D. 1984, chron. p. 6, soul. par nous).

[290] Comp. J. Dabin, art. préc., RTD civ. 1962, spéc. p. 27, et S. Ginossar, art. préc. *ibid.* p. 578 s., n° 5. – V. réf. in P. Crocq, *Propriété et garantie*, LGDJ 1995, B. dr. Privé, n° 64 s. – M. Fabre-Magnan, art. préc., RTD civ. 1997, p. 583. – O. Deshayes, *La transmission de plein droit des obligations à l'ayant cause à titre particulier*, LGDJ, B. Tunc, U. Paris 1, 2004, n° 187 s.

[291] V. *supra*, n° 50. En réalité, la notion de propriété « au sens classique » est parfois appliquée aux créances ; les auteurs qui retiennent cette approche (ex. : Y. Guyon, *Droit des affaires, t. 1, Droit commercial général et sociétés*, Economica 12ème éd., n° 728 ; T. Bonneau, *Les fonds communs de placement...*, art. préc. RTD civ. 1991; p. 1 ; A. Reygrobellet, *Le droit de propriété du titulaire d'instruments financiers dématérialisés*, RTD com. 1999 p. 305 ; *adde infra*, notes 1237, 1254) prennent cependant une certaine liberté avec le dogme de la propriété-pouvoir sur une *res*.

à une solution qui n'est pas nouvelle. La notion de *propriété des créances*, en effet, est déjà consacrée par la loi[292]. Et elle l'est aussi par le juge de la Constitution puisqu'il a notamment décidé que le fait pour les détenteurs d'actions de sociétés privatisées de ne pouvoir en disposer librement ne remet pas en cause le droit de propriété[293] ; autrement dit, il a fait application du pouvoir de disposer à une variété de droits de créance (des actions de sociétés), sans faire de ce pouvoir (contrairement à ce qui est enseigné depuis Planiol) un attribut extérieur à la propriété[294]. La même approche est retenue par la Cour européenne des droits de l'homme[295].

80.– Il est vrai que l'on peut objecter que le régime particulier de la solidarité active des créances est mal conciliable avec l'exclusivité du droit de propriété. Et on peut être tenté de déduire de ce particularisme que l'idée d'exclusivité est liée à la propriété, qui ne s'appliquerait pas aux créances. Cette objection ne résiste cependant pas à l'examen. Toute créance est « propre » à un créancier, qui en a la propriété. Il est vrai qu'il existe pour les créances un pouvoir spécial permettant à chaque créancier de percevoir la totalité de la créance et d'agir pour la conserver ; prévu par la loi (art. 1197 du Code civil), ce pouvoir doit être conféré par le titre (il ne se rencontre guère qu'en matière bancaire, avec le mécanisme du compte-joint). Étant en présence d'un pouvoir, on a tendance à le fonder sur l'idée de représentation, à faire produire à la solidarité active les effets d'un mandat tacite[296], ce qui répond à l'objection mais n'est peut-être pas indispensable. En effet la solidarité active n'est pas une hypothèse de concurrence entre droits exclusifs

[292] V. déjà l'article 2284 du Code civil (« sur tous *ses* biens ») car le droit de l'exécution s'exerce évidemment sur les créances comme sur les autres biens appartenant au débiteur. Autres ex., ceux-là explicites et qui pourraient être multipliés : C. com., art. L. 624-18 (« revendication » du « prix ») ou L. 511-7 (« propriété de la provision »), ou C. mon. fin., art. L. 313-24 (cession *Dailly*) qui applique aux créances le mécanisme de la propriété transférée à titre de garantie (rappr. *infra*, n° 416 et notes 450 et 1592) ou encore C. civ., art. 1751 (« appartenance » du droit au bail) et 2372 (« Le droit de propriété se reporte sur la créance […] »..

Il ne s'agit cependant pas là d'un usage général : en matière de procédures civiles d'exécution, les textes se réfèrent aux « droits incorporels (...) dont [le] débiteur est *titulaire* » (L. 9 juillet 1991, art. 59 ; D. 31 juillet 1992, art. 178), ce qui est d'autant plus notable qu'ils visent par ailleurs « les créances *de* son débiteur » (L. préc., art. 42), voire même les « biens meubles corporels *appartenant* [au] débiteur » (*id.*, art. 50). Il est vrai que la distinction ainsi opérée est purement verbale dès lors qu'il est retenu par voie de principe que « Les saisies peuvent porter sur tous les biens *appartenant* au débiteur » (L. préc., art. 13, soul. par nous) ; cela ruine, si besoin était, l'idée selon laquelle les biens incorporels relèveraient d'un régime non de propriété mais de titularité (idée avancée par un auteur – H. Causse, *Valeurs mobilières : un concept positif*, PA 21 octobre 1994, p. 4, n° 27 – mais sans que soit énoncé ce qui distinguerait ce mystérieux « régime » du seul qui soit juridiquement défini, celui de la propriété ; même critique : C. Lassalas, *L'inscription en compte des valeurs : la notion de propriété scripturale*, LGDJ, PU de la Faculté de droit de Clermont-Ferrand, 1997, n° 396 et 399). Cf. cependant *infra*, n° 689.

[293] Cons. const. 4 juillet 1989, n° 89-254 DC, Rec. p. 41 ; D. 1990, p. 209 n. F. Luchaire.

[294] F. Zénati, obs. RTD civ. 1990, p. 520. *Adde*, entre autres ex. : Cons. const. 16 janvier 1982 : D. 1983, p. 169 n. L. Hamon ; F. Zénati, *La constitution de la propriété*, D. 1985, chron. p. 170.

[295] CEDH 8 juillet 1986, *Lithgow*, série A, n° 102 (droits sociaux). – CEDH 9 décembre 1994, *Raffineries grecques Stran et Stratis Andreadis*, série A, n° 301-B, RTD civ. 1995 p. 652 obs. F. Zénati ; 6 octobre 2005, 2 arrêts, *Maurice c/ France*, n° 11810/03 ; *Draon c/ France*, n° 151303, RTD civ. 2005 p. 798 obs. T. Revet (créances). – V. A.-F. Zattara, *La dimension constitutionnelle et européenne du droit de propriété*, LGDJ, B. dr. privé, 2001. Il est vrai que la Cour EDH retient de façon générale une notion extensive de la notion de "bien".

[296] V. Ph. Le Tourneau, Rép. civ. Dalloz, v° *Solidarité*, n° 13 à 15. *Adde* obs. A. Lienhard, D. 2001, p. 1246.

puisque le Code civil lui-même dispose que « le bénéfice de l'obligation [est] partageable et divisible entre les divers créanciers »[297].

81.– Il convient donc d'admettre que les droits, et pas seulement les choses, sont (ou à tout le moins peuvent être regardés comme étant) objets de propriété. Autre chose est de faire de la propriété le fondement du droit subjectif.

ii) Fondement du droit subjectif

82.– L'idée de faire de la propriété le fondement du droit subjectif n'est pas nouvelle : on la trouve en filigrane dans la théorie de Windscheid qui met l'accent sur le « pouvoir de volonté » du titulaire du droit[298], ce pouvoir de vouloir étant celui d'agir juridiquement ; elle est à la base de la doctrine de Dabin, dont l'appartenance-maîtrise désigne et déguise tout à la fois la jouissance et la disposition[299], ainsi que de celle de Roubier qui réserve le terme de droit subjectif aux prérogatives appropriées à la manière d'un bien, ce qui suppose qu'elles soient transmissibles et susceptibles de renonciation[300]. Ce qui est nouveau, dans l'approche de M. Zénati, est qu'il entend montrer que c'est la propriété entendue *stricto sensu* qui constitue le fondement du droit subjectif, et non pas comme chez Dabin ou Roubier une propriété réduite à une notion floue d'appropriation, ceci afin d'attacher un contenu technique à la théorie du droit subjectif.

Pareille entreprise est certainement audacieuse puisque le droit subjectif est « une notion sur la définition de laquelle personne ou presque ne parvient à s'accorder »[301]. Laissant aux philosophes du droit le soin de dire si la conception ainsi proposée est « imposée par la logique ou la nature des choses »[302], nous nous bornerons à noter ici que sur le plan de la technique juridique le succès de l'entreprise ne paraît pas totalement assuré. Si dilatée que soit la propriété dans l'approche qu'en retient M. Zénati, elle ne saurait en effet comporter la faculté même d'acquérir. De la même façon, en effet, que l'on ne peut disposer du droit par lequel on dispose, on ne peut acquérir ce en vertu de quoi on acquiert. Amené à s'interroger sur le fondement de la faculté d'acquisition[303], l'éminent auteur le place néanmoins dans la propriété. Mais il entend alors celle-ci en un autre sens (un troisième) ; il ne s'agit plus du « droit sur la chose »[304], mais de « l'aptitude à l'avoir » [à avoir ce droit][305].

---

[297] C. civ., art. 1197. On est en présence d'une hypothèse de pouvoir sans titularité : v. *infra*, n° 169.

[298] *Pandektenrecht*, t. 1, 8e éd. par Kipp, Francfort, 1900. L'idée se trouvait déjà chez Savigny, *Traité de droit romain*, 1840, t. 1, p. 326-327.

[299] *Le droit subjectif*, préc.

[300] *Droits subjectifs et situations juridiques*, préc.

[301] J. Ghestin et G. Goubeaux, *Traité de droit civil, Introduction générale*, avec le concours de M. Fabre-Magnan, 4e éd., 1994, n° 163.

[302] J. Ghestin et G. Goubeaux, ouvr. préc., n° 184.

[303] À propos de la décision du Conseil constitutionnel du 29 juillet 1998, préc., posant un « principe du libre consentement qui doit présider à l'acquisition de la propriété [...] ».

[304] Ni, évidemment, de la propriété-objet.

[305] « L'appartenance du pouvoir d'acquérir » : F. Zénati, obs. RTD civ. 1999, p. 142, préc.

Observons que cette analyse jette un doute sur la pertinence de la proposition selon laquelle la propriété serait *le* droit subjectif lui-même, puisqu'il faut la compléter par une autre approche du droit de propriété. Or prendre la propriété en ce nouveau sens peut être jugé excessif. On ne voit pas, en effet, l'intérêt de substituer cette notion à celle de capacité[306]. D'autant que cette propriété-aptitude à avoir un droit de propriété n'est pas susceptible de disposition, contrairement à la définition de la propriété trouvée dans l'article 544 du Code civil, puisqu'il n'y a pas d'incapacité conventionnelle[307].

*

* *

83.– Conclusion : La construction doctrinale examinée suscite un jugement mitigé. La question posée était de savoir si une notion élargie de propriété est techniquement utile. Il apparaît que l'on peut s'en passer pour expliquer l'opposabilité absolue des actes juridiques réalisés sur son fondement, et qu'y voir le fondement de tout droit subjectif est peut-être discutable. Par ailleurs, cette doctrine n'évite qu'imparfaitement les contorsions juridiques auxquelles doit recourir la théorie classique pour rendre compte du droit de disposition.

En revanche, elle présente de façon plus satisfaisante que la théorie classique le pouvoir de jouissance. Elle offre une définition de la propriété qui est indépendante de l'affectation variable qui peut être faite des avantages attachés à celle-ci. Elle explique le rattachement du droit au sujet sans avoir à recourir à un concept *ad hoc* artificiel comme celui de titularité. Elle est plus proche du texte du Code civil, tant pour ce qui est du recours à la notion de droit réel que quant à la nuance entre droit de propriété et propriété.

En outre, il est frappant de constater combien cette analyse éclaircit les liens tissés depuis longtemps, mais de façon ambiguë, entre la propriété et les autres droits : ce sont les règles d'acquisition de la propriété qui constituent la théorie générale d'acquisition de l'ensemble des droits, le pouvoir de disposer leur est commun, le législateur parle de propriété des créances, les auteurs attachent à la propriété le fondement du droit subjectif... En étendant la propriété à l'ensemble des droits, l'analyse de Ginossar et F. Zénati fournit une clef pour comprendre ces rapprochements. La rupture avec l'idée que la propriété ne porte que sur les choses permet de retrouver dans tous les droits le double lien d'exclusivité et de disposition qui la caractérise.

Il est vrai que cela oblige à développer par ailleurs une conception purement objective de la propriété.

---

[306] Alors même que la frontière est ténue entre capacité juridique (qui est jouissance et disposition) et prérogatives de propriété (F. Zénati, th. préc., n° 431 et 541 s.). Rappelons que la précision examinée visait à montrer que le Conseil constitutionnel ne s'était pas égaré en rattachant la faculté d'acquérir à la propriété (« ... principe du libre consentement qui doit présider à l'acquisition de la propriété, indissociable de l'exercice du droit de disposer librement de son patrimoine ; que ce dernier est lui-même un attribut essentiel du droit de propriété »). On voit que le Conseil n'opère pas ce rattachement directement ; il passe par le truchement du droit de disposer.

[307] R. Houin, *Les incapacités*, RTD civ. 1947 p. 391, n° 5.

b) Propriété-objet

84.– Tout repose, dans le système classique, sur la confusion du droit de propriété et de son objet. Il en découle que la propriété est un bien, que les droits sur les choses en sont des démembrements et qu'elle est de nature corporelle[308]. Dans le système examiné, en revanche, le droit de propriété n'est plus confondu avec la chose. Dès lors, il faut que celle-ci apparaisse en tant que telle sur la scène juridique, et cela dans sa variété puisque toutes les choses appropriées, tous les biens sont – par définition même – objets de propriété : les choses et les droits[309], à l'exception du droit de propriété lui-même car on ne peut approprier le rapport d'appropriation. C'est cette réalité que M. Zénati désigne par « propriété » au sens objectif de chose, d'où les formules : tous les biens sont des propriétés, toutes les propriétés sont des objets de propriété[310].
Il s'agit là d'une réalité dont l'auteur veut trouver l'origine en droit romain : la *proprietas* y est la chose elle-même, envisagée comme objet de propriété et indépendamment de ses utilités. Et c'est en se fondant sur de nombreuses dispositions du Code Napoléon qui utilisent la propriété en ce sens purement objectif[311] qu'il étaye la lecture « romaine » qu'il fait de celui-ci[312].

85.– Que penser de cette utilisation ? Passons comme détail l'imprécision de vocabulaire qui résulte de cette notion étendue de propriété au sens objectif : si la propriété désigne non seulement le droit, mais aussi la chose sur quoi il porte – chose qui peut être elle-même un droit[313] –, il faut spécifier, chaque fois qu'il est question de propriété, de laquelle il s'agit[314].

---

[308] Il en découle également, plus ponctuellement, qu'une servitude d'intérêt public n'est privative de propriété que si la sujétion qu'elle impose « aboutit à vider de son contenu le droit de propriété », et non si elle apporte à ce dernier une simple restriction : Cons. const. 13 décembre 1985 : D. 1986 Jur., p. 345 n. F. Luchaire (lequel pose la question : « Qu'est-ce que la propriété dont " nul ne peut être privé (...)" ? Est-ce le *bien* objet d'un droit ? Est-ce le *droit* portant sur un bien ? pour le Conseil, la propriété au sens de l'article 17 de la Déclaration désigne un bien et non, par conséquent, un droit »).

[309] Droits personnels et réels, considérés ici comme des biens et non comme des pouvoirs en concours sur un bien avec le droit de propriété (F. Zénati, th. préc., n° 580).

[310] F. Zénati et Th. Revet, *Les biens*, préc., n° 46, p. 62.

[311] Au point que Duguit, pourfendeur il est vrai du concept de droit subjectif, déniait que la propriété fût un droit et la réduisait à son sens objectif : « la propriété est protégée par le droit ; mais elle n'est pas un droit, elle est une chose, une utilité, une richesse. Ce qu'a le propriétaire, ce n'est pas un droit, c'est une chose » (*Traité de droit constitutionnel*, 3e éd., 1927, p. 445 s.), une chose faisant l'objet d'un ensemble d'impératifs qui permet d'assurer sa fonction sociale.

[312] V. *supra*, n° 71 s.

[313] « Le titulaire d'un droit réel est propriétaire de son droit » : F. Zénati et Th. Revet, préc., n° 199. L'usage est de ne parler de *propriété* que pour désigner l'appropriation d'un bien autre qu'un droit, et de *titularité* pour marquer le rattachement au sujet des droits (y compris celui de propriété) et actions. M. Zénati parle lui même, très classiquement, du titulaire d'un usufruit (obs., RTD civ. 1999, p. 428). *Nota* : cet usage n'interdit pas de considérer que la titularité désigne un rapport de propriété ; les deux notions ne sont cependant pas synonymes car on peut être titulaire de prérogatives juridiques qui ne sont pas des « biens » (ex. : pour agir en justice, il suffit d'être titulaire d'une prérogative juridique fondée sur la violation d'un devoir, et pas forcément d'un véritable droit subjectif).

[314] Ex. emprunté à un auteur : « ... le titre domanial, dans une logique de droit privé, [est] constitutif d'un droit de superficie de l'occupant et par là même translatif de propriété » (Y. Gaudemet, *L'avenir du droit des propriétés publiques*, Mélanges en hommage à F. Terré, 1999, p. 576). Question : quel est le bien objet du droit de propriété du bénéficiaire du « transfert » : le droit de superficie ? le terrain qui en

86.– C'est la valeur du raisonnement qui importe surtout. En la forme, il est en rupture totale avec la théorie classique. Ainsi qu'il a été souligné ci-dessus, cette dernière ne connaît des choses que par la médiation du droit dont elles sont l'objet. Citons un maître de la matière : « *logiquement, les choses ne devraient pas être considérées comme des biens. Car ce qui a une valeur, ce qui est un facteur de richesse, ce ne sont pas les* choses *en soi, mais les* droits *dont elles sont l'objet* »[315]. Et, si les biens qui composent l'actif du patrimoine sont nominalement les choses et les droits, il faut comprendre en réalité que cet actif comporte les droits de propriété sur (incorporés dans) les choses, d'une part, et les autres droits de l'autre[316].

Sur le fond, la différence entre les deux approches est cependant mince. Dans la théorie classique, en effet, la distinction entre la chose et le droit est un peu artificielle car l'idée d'incorporation du droit dans la chose aboutit, précisément, à confondre la chose elle-même et le droit de propriété qui porte sur elle[317]. M. Zénati reproche d'ailleurs aux romanistes d'avoir utilisé le stratagème de cette incorporation pour neutraliser la contradiction entre leur analyse de la propriété comme bien et la théorie romaine qui qualifie les objets matériels de biens sans la médiation d'un droit[318]. On pourrait il est vrai lui retourner l'argument : tout se passe, en effet, comme si lui-même utilisait la notion objective de propriété pour faire perdurer les effets de cette incorporation. Il l'admet, d'ailleurs : « la reconnaissance de la propriété objective permet de continuer à dénommer propriété une chose tout en soutenant qu'un droit ne peut pas se confondre avec son objet »[319].

Il est difficile ici de distinguer entre ce qui est ancré dans nos habitudes de pensée et ce qui relève de la réalité juridique. Une chose ne vaut évidemment que par l'exclusivité qui s'exerce dessus, c'est-à-dire par le droit de propriété. Cette relation est facile à mettre en œuvre dans la théorie classique car le droit, précisément, ne s'y distingue pas de la chose. Elle est plus malaisée dans le système examiné, puisque ce droit n'est plus relié à la chose mais au sujet. Il faut rattacher, alors, la chose au sujet, et c'est cela qui est délicat, tout comme il est délicat, dans la théorie classique, de rattacher le droit au sujet (par le concept de « titularité »). Dans les deux cas, il n'y a pas de solution parfaite, faute d'ubiquité du droit de propriété lui permettant d'être à la fois dans la chose et dans le sujet. *La titularité*, on l'a vu, *n'est qu'un faux nez qui désigne en réalité la propriété elle-même*, considérée sous son aspect *subjectif* : il est difficile de distinguer les deux notions dès lors que l'on attache à la première les deux attributs essentiels (exclusivité et pouvoir de disposer) de la seconde. Il y a de la même façon un certain artifice à considérer qu'une chose puisse accéder

---

constitue l'assiette ? Réponse : ce n'est pas le droit, car il s'agirait dans ce cas non de transfert mais de constitution de propriété ; il devrait s'agir du terrain ; en réalité, il ne s'agit pas non plus du terrain si, avec un éminent auteur (F. Zénati, obs. RTD civ. 1995, p. 656 ; *contra* : F. Terré et Ph. Simler, *Les biens*, préc., n° 947), on analyse le droit de superficie comme étant un droit sur la chose d'autrui.

[315] J. Flour, J.-L. Aubert, E. Savaux, *L'acte juridique*, préc., n° 4.

[316] J. Flour, J.-L. Aubert, E. Savaux, *ibid.*, n° 28.

[317] Ainsi qu'il a été souligné *supra*, n° 42.

[318] F. Zénati, th. préc., n° 175. *Adde* : « la fameuse idée que la propriété est absorbée par son objet n'est qu'une lecture subjectiviste de la notion romaine de propriété objective » (*ibid.*, n° 599).

[319] *Ibid.*, n° 536.

au commerce juridique sans être appréhendée par le droit. La précision selon laquelle il s'agit d'une « propriété » exprime cette difficulté, qu'elle est là pour dissiper. « Propriété » : ce terme signifie que la chose est considérée dans sa substance juridique, c'est-à-dire sous le rapport de son appropriation ; elle est envisagée en tant qu'entité porteuse d'un statut juridique, la propriété étant ici la qualité d'être propre, d'appartenir à quelqu'un de façon privée [320]. On n'est donc pas dans le domaine de la nature mais bien dans celui du droit. La référence à la chose, à la propriété, n'est qu'une habileté utilisée pour élargir le domaine du juridique, pour désigner la propriété considérée de façon objective, comme objet d'un droit de propriété.

87.– S'agissant de comparer le système classique à celui considéré ici, il faut s'interroger sur la pertinence des deux concepts qu'ils utilisent en complément du droit de propriété. Aucun des deux n'est exempt de reproche. La titularité a l'avantage d'englober dans la propriété tant la chose que le lien personne/chose, c'est-à-dire d'assurer une certaine ubiquité au concept de propriété, mais il s'agit d'une notion insaisissable, invertébrée, d'une propriété qui ne dit pas son nom. La chose appropriée encourt le même reproche mais elle a le mérite de désigner une réalité distincte, concrète, et de faire apparaître, par son appellation même (« propriété »), les deux aspects de toute appropriation. Aucun des deux systèmes n'est parfait mais, artifice pour artifice, on peut estimer que celui qui consiste à se référer à la propriété prise au sens objectif de chose est une meilleure solution.

En conclusion, même si elle présente diverses imperfections, la théorie de la propriété-pouvoir du sujet paraît intellectuellement supérieure à la théorie classique. Il reste à apprécier son impact sur la théorie de l'acte translatif.

B. – Théorie de l'acte translatif

88.– Les deux systèmes ont été présentés ci-dessus, à la fois quant à leur objet et quant à leur mécanisme. Nous reprendrons cette distinction comme point de départ.

1° Objet du transfert

89.– Cet objet, c'est le droit de propriété dans la théorie classique, c'est la chose (la chose en tant que propriété) dans celle de M. Zénati. La première formule paraît a priori plus élaborée, moins fruste que la seconde. Quant à celle-ci, on comprend l'importance qu'elle pouvait avoir en droit romain puisque celui-ci ignorait le transfert du droit et attachait donc naturellement une grande importance à la chose, d'autant que c'était le transfert de celle-ci (la *traditio*) qui faisait acquérir la propriété. Si l'on rapproche ce mécanisme du fait que, dans notre droit positif, le transfert de propriété se produit de manière automatique[321], on peut se demander s'il est bien adapté de reproduire aujourd'hui ce schéma.

---

[320] L'auteur en déduit, ailleurs, que propriété s'oppose à chose publique (F. Zénati, *Sur la constitution de la propriété*, D. 1985, chron., p. 174).

[321] Alors même que telle ne serait pas la solution qu'auraient voulu consacrer les auteurs du Code civil :

Il paraît d'ailleurs singulier, sinon contradictoire dans les termes, de considérer que l'on puisse transférer une chose *solo consensu*. On peut admettre ce procédé pour cette réalité incorporelle qu'est le droit. Mais comment comprendre que la chose puisse passer d'une personne à une autre sans aucune transmission matérielle ?

90.– Ces questions perdent leur acuité si on replace la question examinée dans le contexte plus large de la théorie de la propriété. Le mécanisme du transfert consensuel du droit de propriété, qui paraît si élaboré, n'est que la mise en œuvre d'une théorie dont nous avons pu constater la faiblesse relative. La doctrine qui fait de la chose l'objet du transfert, apparemment si fruste, est en réalité très rigoureuse en dépit de certaines imperfections et (re)construite précisément pour obvier aux nombreux défauts de la précédente. On peut ajouter qu'elle a le mérite de correspondre à l'opération concrète qu'ont en vue les parties à l'acte de transfert.

Quant à la dernière objection présentée, elle n'en est pas véritablement une car le transfert de la propriété n'est pas subordonné à la *traditio*, et la corporéité de la chose ne fait pas obstacle à ce qu'elle passe *solo consensu* d'un propriétaire à l'autre lorsqu'est conclu l'accord de volonté générateur du transfert.

Cela ne veut pas dire que le mécanisme du transfert soit d'une parfaite limpidité.

2° Mécanisme

91.– Là aussi, les différentes approches ont été présentées ci-dessus. On peut les résumer[322] en forme d'alternatives en cascade : il y a soit « transport » du droit en l'état de l'auteur à l'ayant cause, soit extinction puis constitution du droit ; cela, soit parce que la transmission est complexe (théorie classique), soit parce que le droit est intransmissible (théorie de nombreux auteurs, dont M. Zénati) ; quant au droit que reçoit l'ayant cause, il est ou n'est pas celui-même qui s'est éteint mais en toute hypothèse il lui est identique.

Il peut paraître assez vain, car très théorique, de choisir entre l'une ou l'autre de ces approches. Dans tous les cas, en effet, le droit de l'ancien titulaire est regardé comme « éteint »[323], et celui du nouveau lui est identique.

Il n'est cependant pas exclu que des intérêts pratiques s'attachent à ce choix. Quoi qu'il en soit, celui-ci laisse place à peu d'hésitation.

J.-P. Chazal et S. Vicente, *Le transfert de propriété par l'effet des obligations dans le Code civil*, RTD civ. 2000, p. 477.

[322] V. la présentation complète ci-dessus, n° 54 s.

[323] Extinction seulement relative, dans le patrimoine de l'auteur (rappr. *supra*, note 190), et non dans l'absolu ; sinon ce ne serait pas un simple transfert. Cette idée d'extinction n'est au reste que l'expression d'un présupposé (v. *infra*, 2e partie).

92.– Il est difficile, en effet, de considérer que l'ayant cause reçoit le droit même dont était investi son auteur, comme le fait la théorie classique. Celle-ci voit dans le transfert le passage du droit en l'état du patrimoine de l'auteur dans celui de l'ayant cause. Les traits saillants en sont bien mis en valeur dans l'extrait doctrinal suivant :

> « *Le transfert d'un droit suppose donc d'abord son extinction chez l'aliénateur ; celui-ci avait un droit, il ne l'a plus. Il implique en même temps la naissance d'un droit chez l'acquéreur : ce dernier n'était pas titulaire, il le devient ; un droit apparaît dans son patrimoine (...) Ce droit ne s'est éteint qu'en ce sens qu'il n'existe plus dans le patrimoine du cédant. Mais il a survécu en sortant (...) Ainsi le droit du cessionnaire est le même que celui qui appartenait au cédant* »[324].

Les références à l'extinction et à la naissance du droit ne doivent pas tromper, car il est bien précisé que l'extinction ne concerne que le seul cédant (c'est une extinction toute relative). Le point important de l'extrait est que le droit est regardé comme ayant « survécu ». Le droit reçu par l'ayant cause est donc celui-même dont l'auteur était titulaire. Tout se passe comme si l'ayant cause était un successeur à titre particulier de l'auteur. Cela a le mérite de traduire la réalité concrète : la chose passe de l'auteur à l'ayant cause ; le droit, confondu avec cette chose, suit un sort identique.

Ainsi que le souligne un auteur :

> « *l'idée est cependant malaisée à approfondir en termes juridiques [...] La physique connaît de véritables transmissions ; le droit n'offre rien d'équivalent au son qui se propage, à la chaleur qui se répand, à l'électricité dans un milieu conducteur* »[325].

93.– Il paraît plus conforme à la réalité juridique et plus simple de considérer que l'ayant cause reçoit un droit identique, qu'il n'y a pas transmission d'un droit mais substitution d'un titulaire à un autre. C'est ce que soutiennent les doctrines de l'intransmissibilité des droits[326]. « Les », car il y en a différentes expressions[327]. Leur trait commun est de considérer que le droit ne peut pas passer d'un sujet de droit à l'autre. Il s'éteint pour laisser place à un autre droit qui lui succède. Il est frappant que cette analyse a été mise au service d'objectifs très différents. Nous avons vu qu'Emmanuel Lévy refuse de considérer que le droit est transmissible au

---

[324] A. Rouiller, *La maxime « Nemo plus juris... »*, th. préc., p. 14. – Même sens : J.-F. Barbieri, *Perpétuité et perpétuation dans la théorie des droits réels*, thèse Toulouse, 1977, p. 42 (« la transmission opère seulement substitution de la personne du titulaire sans porter atteinte à la relation juridique elle-même, dont la permanence demeure assurée tant qu'il n'y a pas vacance de la titularité, disparition totale de l'élément objectif ou retrait de la garantie incombant à la communauté juridique »).

[325] Ch. Atias, *Le transfert conventionnel de propriété immobilière*, th. préc., n° 393.

[326] En réalité, ces doctrines ne sont formulées qu'à propos du transfert du droit de propriété (ex. : R. Libchaber, Rép. Civ. Dalloz, V° *Biens*, 1997, n° 68).

[327] Nous l'avons relevé *supra*, n° 55 s. V. not. E. Lévy, *Preuve par titre du droit de propriété immobilière*, th. préc. – Saleilles, *Études sur la théorie générale de l'obligation d'après le premier projet de Code civil allemand*, 2e éd., 1902, p. 64. – L. Rigaud, *Le droit réel, histoire et théories*, thèse Toulouse, 1912, p. 396. – Vareilles-Sommières, art. préc., RTD civ. 1905, p. 458. – Colin et Capitant, *Cours élémentaire de droit civil français*, t. 1, p. 972. – M. Chauffardet, *Le problème de la perpétuité de la propriété*, thèse 1933, éd. Sirey, p. 126 s.

motif qu'il ne s'agit pas d'une entité ayant vie, abstraction faite de son titulaire. Ripert, dans sa critique des idées de cet auteur, exprime sur ce sujet un point de vue modéré qui résume bien la difficulté :

> « *il est techniquement exact qu'aucun droit n'est transmis, car le rapport juridique change dès que l'un des sujets disparaît ; mais quand la personnalité de ce sujet est indifférente pour l'exercice du droit, il est possible de faire naître un autre droit nouveau semblable au droit ancien aboli et cette succession équivaut à une transmission* »[328].

« Équivaut » : il s'agit donc seulement d'une image et si on la creuse l'idée d'intransmissibilité est incontournable. Raisonnons pour le montrer sur le lien entre la personne et le bien, ce que l'on désigne classiquement par titularité (et que M. Zénati appelle « droit de propriété ») : il va sans dire que l'on peut changer de titulaire mais il est absurde de penser que c'est la titularité en tant que lien qui passe d'un sujet à l'autre ; une titularité s'éteint en la personne du premier titulaire, une nouvelle titularité naît en celle du nouveau ; c'est cela et seulement cela que soutiennent les doctrines de l'intransmissibilité de la propriété, et on comprend que le consensus doctrinal sur ce point soit très large.

94.– L'analyse d'E. Lévy repose sur l'idée que le droit de propriété est un pouvoir de la personne. M. Atias[329] défend une analyse « dualiste » dans le transfert conventionnel de la propriété immobilière, mais en restant attaché à l'idée qu'il s'agit de transférer le « droit » de propriété de la théorie classique, c'est-à-dire un droit incorporé dans la chose[330]. Ce faisant, cet auteur est uniquement soucieux de traduire le caractère progressif du transfert[331]. Il débouche cependant sur une difficulté technique insurmontable : l'impossibilité d'expliquer la perpétuité de la propriété, le droit s'éteignant à chaque mutation[332]. L'auteur accepte cet

---

[328] G. Ripert, *Le socialisme juridique d'Emmanuel Lévy, À propos de « La vision socialiste du droit », 1926*, Rev. critique de législation et de jurisprudence, 1928,21, p. 24. *Nota* : le postulat de l'identité du droit n'est évidemment soutenable que si sa transmission intervient avant son éventuel terme extinctif ; dans le cas contraire, le droit éteint ne peut être remplacé que par un droit autre, quand bien même son contenu serait identique. Telle est la solution imposée par la logique et retenue par les textes (C. civ., art. 1738) et en jurisprudence à propos de la reconduction du contrat (elle donne naissance à une nouvelle relation contractuelle : Cass. com., 11 février 1997 : Bull. civ. IV, n° 46 ; D. 1998, p. 552 n. B. Boccara ; JCP G 1997, I, 4033, n° 3, obs. Ph. Simler ; RTD civ. 1998, p. 150 obs. M. Bandrac).

[329] *Le transfert conventionnel de la propriété immobilière*, thèse Poitiers, 1974, préc.

[330] En réalité, cet auteur se rapproche nettement sur certains points de la théorie qui relie la propriété à la personne. Ex. : « un propriétaire peut provoquer l'acquisition, par un autre, de la *puissance* sur son immeuble », ouvr. cit., n° 373 ; « le pouvoir de réaliser la transmission peut disparaître, sans menacer la faculté de permettre à autrui de bénéficier de la *chose* à titre de *propriétaire* », p. 477, soul. par nous).

[331] « Il y a une sorte de droit transitoire de la propriété foncière fort peu en harmonie avec le concept de transmission » (J. Carbonnier, *Flexible droit*, éd. 1969, p. 201, cité *in* Ch. Atias, th. préc., n° 385).

[332] Sauf à recourir à la vieille théorie dite institutionnelle de la perpétuité de la propriété, consistant à soutenir (M. Chauffardet, *Le problème de la perpétuité de la propriété*, th. préc., p. 134) que la propriété n'est pas un droit purement privé, que l'État en est un des sujets, et qu'elle n'est perpétuelle que dans la mesure où elle lui appartient, théorie justement critiquée car elle ressuscite le domaine éminent de l'État (J.-F. Barbieri, *Perpétuité et perpétuation dans la théorie des droits réels*, th. préc., p. 49 s.).

inconvénient[333], mais il n'en reste pas moins que son analyse s'éloigne des solutions du droit positif sur ce point[334].

95.– M. Zénati ne tombe pas dans ce travers. Analysant la propriété comme un lien qui attache un bien à une personne, et indissociable d'elle, il en déduit que seul le bien peut être transmis, non le droit. Celui-ci disparaît chez l'auteur[335] pour renaître chez l'ayant cause. Le rapprochement avec la notion de *titularité* (qui a la particularité d'être reliée au sujet, comme l'est le droit de propriété dans l'approche de cet auteur) permet de bien comprendre ce raisonnement : il est clair que l'on peut changer de titulaire, mais absurde de penser que c'est la titularité en tant que lien qui passe d'un sujet à l'autre. Cela ne fait en rien obstacle à l'imprescriptibilité de la propriété, celle-ci n'étant envisagée par le Code civil en matière de prescription que comme l'objet d'une acquisition (article 2226)[336], autrement dit comme chose et non comme droit[337].

96.– Cette approche dualiste de la transmission de la propriété (extinction du droit de l'auteur/constitution d'un droit nouveau) n'est-elle pas, cependant, archaïque ? Si cette question est posée, ce n'est pas en raison de l'observation que « cette conception n'est que la réplique de celle du droit romain »[338]. Elle est justifiée par le rapprochement qui s'impose entre l'idée d'intransmissibilité du droit de propriété et l'évolution historique de la cession et de la transmission des obligations. Il est bien connu, en effet, qu'un tel transfert était impossible en droit romain. Un lien entre créancier et débiteur y était tout aussi intransmissible qu'un lien de parenté ou d'amitié. Tout changement de sujet – actif ou passif – y emportait précisément rupture du lien. Dans un premier temps, ce ne fut que par la voie détournée de la novation par changement de créancier que ce droit était parvenu à un résultat comparable, moyennant extinction de l'obligation existante et création d'une obligation nouvelle au profit du nouveau créancier, ainsi que le consentement du débiteur. Et ce n'a été que dans un second temps, beaucoup plus tard, que l'idée d'une véritable cession de créance s'est trouvée consacrée. Autrement dit, le transfert réalisé par voie d'extinction suivie de constitution du droit de l'ayant cause représente un stade dépassé de l'évolution. Or c'est ce schéma qui est retenu dans

---

[333] « Il n'y aurait pas d'inconvénient à ne plus compter la perpétuité parmi les caractères du droit de propriété : elle ne détermine guère de règle applicable », th. préc., n° 375.

[334] Dont le même auteur fait justement état dans son manuel (C. Atias, *Les biens*, préc., n° 123).

[335] « Chez l'auteur » est-il précisé (F. Zénati et Th. Revet, *Les biens*, préc., n° 121) : l'expression semble indiquer que cette extinction n'est que relative, que le droit n'est pas éteint mais simplement ôté à l'auteur, ce qui laisserait place à l'idée d'un simple transfert. Mais il n'en est rien : « l'idée de transmission du droit de propriété constitue une fiction » (F. Zénati, th. préc., n° 535), ce droit étant indétachable de la personne. Il faut donc lire : « extinction du droit de l'auteur » et « création d'un droit nouveau » (*ibid.*, n° 520). Pas si nouveau que cela, cependant, car « si le bien a été acquis en vertu d'un contrat ultérieurement résolu, le *droit à la propriété* de l'ayant cause sera anéanti car il *n'est autre que celui de l'auteur lui-même* » (F. Zénati et Th. Revet, *Les biens*, préc., n° 123, soul. par nous). – Rappr. Ch. Atias, *Les biens*, préc. : les contrats translatifs « font disparaître du patrimoine de l'une des parties un droit *qui se retrouve* dans celui de l'autre » (n° 285, soul. par nous).

[336] F. Zénati, th. préc., n° 525 ; même auteur, obs. RTD civ. 1994, p. 390.

[337] Même sens, not. : C. Pourquier, *Propriété et perpétuité*, PUAM, 2000, n° 431, p. 348.

[338] F. Zénati et Th. Revet, *Les biens*, préc., p. 157. Rappelons qu'en droit romain cette analyse ne souffrait aucune discussion puisqu'il n'y avait pas un droit de propriété établi distinctement sur chaque chose mais un *dominium* unique s'exerçant sur tous les biens (v. *supra*, n° 71).

l'analyse considérée pour expliquer le mécanisme de l'acte translatif de façon très générale[339].

Il y a là un paradoxe. Et aussi une apparente contradiction, car une créance ne saurait faire l'objet d'une véritable cession, et, dans le même temps, d'une extinction suivie de re-création. À cette contradiction, s'en ajoute d'ailleurs une autre : comment comprendre, en effet, que l'on puisse considérer tout à la fois qu'il n'y a pas novation de la relation juridique (puisque, lorsque c'est le cas, rien de ce qui caractérise la relation éteinte ne se retrouve en principe dans la relation nouvelle)[340] et pas non plus simple modification de cette relation (car, en ce cas, il n'y a pas extinction)[341] ?

97.– Ces difficultés sont cependant plus apparentes que réelles : elles ne résistent pas à une double précision. En ce qui concerne l'obligation, on sait qu'elle est aujourd'hui regardée comme étant à la fois un lien et un bien, et c'est la méconnaissance de ce second aspect qui explique que pendant longtemps sa transmission n'ait pas été possible. Ici, cependant, on ne considère ni l'un, ni l'autre de ces deux visages de l'obligation, mais la relation de propriété par laquelle elle appartient à son titulaire. Or, si l'on estime que cette relation n'est pas un bien, il n'y a nulle contradiction à distinguer l'extinction-création de ce droit de propriété de la cession de l'obligation en tant qu'objet de propriété[342]. La même analyse pourrait être développée à propos de la cession de cet autre bien qu'est le contrat.

En ce qui concerne le mélange des effets de la novation et de ceux de la modification, il suffit d'observer qu'il s'agit là de mécanismes qui intéressent l'obligation. Or il n'est pas question ici d'obligation mais de propriété. Il n'y a donc aucune contradiction à considérer que la décomposition du transfert emprunte à la fois à l'un et à l'autre mécanismes.

*

*   *

98.– Conclusion : Au seuil d'une recherche consacrée aux rapports entre l'acte translatif de droit et la titularité de celui-ci, nous nous sommes heurtée à la question théorique préalable de savoir quel est l'objet précis du transfert : transfère-t-on un droit ? ou tout transfert de droit est-il un transfert de propriété ? La réponse à cette question n'allait pas de soi car elle constitue la ligne de partage entre deux représentations théoriques du droit de propriété, et plus généralement du droit des biens dans la doctrine française contemporaine. Selon la théorie

---

[339] Très générale car la propriété entendue au sens de M. Zénati s'entend, faut-il le rappeler, de la titularité de tout droit.

[340] F. Terré, P. Simler et Y. Lequette, *Les obligations*, préc., n° 1417.

[341] A. Ghozi, *La modification de l'obligation par la volonté des parties*, LGDJ, B. dr. privé, 1980, n° 26 et *passim*.

[342] Ou si l'on veut : à distinguer de la cession de l'obligation, en tant qu'objet de propriété, l'extinction-création du droit de propriété qui porte sur elle (rappr. *infra*, n° 804 s).

classique, la propriété est liée à la chose, elle est un droit réel incorporé dans celle-ci, et elle ne porte pas sur les droits. Selon la théorie développée par M. Zénati à partir de prémisses empruntées à Ginossar, la propriété est un pouvoir de la personne, et elle s'exerce sur tous les biens, choses ou droits. Chacune de ces théories conduit à une approche différente de l'acte translatif. Dans la première, il s'agit d'un transfert de droit. Dans la seconde, tout transfert d'un droit est un transfert de propriété[343], entendue au sens objectif de bien.

La question posée comporte, alors, deux réponses, une de fond, l'autre de forme.

Sur le fond, aucune des deux théories n'est parfaite. En dépit de certaines faiblesses, que nous avons relevées, celle proposée par M. Zénati nous paraît cependant plus élaborée que la théorie traditionnelle. En outre, elle a sur cette dernière l'avantage de mieux rendre compte de la réalité ; nous verrons, en effet, que faire de la propriété un attribut du sujet est le seul moyen d'expliquer un certain nombre de solutions, dont nous aurons à rendre compte, qui illustrent l'autonomie du droit de l'acquéreur à l'égard de son auteur, le découplage entre la titularité du droit et le pouvoir de le transmettre ou le fait de l'avoir transmis. C'est donc cette théorie qui constituera la toile de fond de nos développements. Autant dire que la notion même d'« acte translatif » n'est rien d'autre qu'une métaphore, une manière imagée de désigner le mécanisme ainsi désigné et qu'il faut se garder, lorsqu'on s'efforce d'analyser les éléments de celui-ci, de tomber dans le piège des mots.

En la forme, convient-il pour autant, en outre, de parler d'acte translatif de propriété (ou de bien) plutôt que d'acte translatif de droit ? de qualité de propriétaire plutôt que de titularité du droit ? Le premier terme de chacune de ces options traduirait de façon plus claire celle retenue sur le fond, mais aurait l'inconvénient – à nos yeux rédhibitoire – d'être mal compréhensible d'un lecteur non averti, et de conduire à penser que le champ de notre recherche est limité à la propriété au sens étroit traditionnel du terme alors que tel n'est pas le cas. Dès lors que juge[344] et législateur[345/346] raisonnent en termes de théories classiques de propriété et de transfert de droit, il convient, sous peine de nous placer en dehors du droit positif, de parler ce même langage.

---

[343] F. Zénati, th. préc., n° 587.

[344] Ex. : Cass. com., 23 janvier 2001 : D. 2001 p. 858, n. A. Lienhard (« ... la créance privilégiée dont celle-ci demeure titulaire dans ses rapports avec ... »).

[345] Ex. : C. propr. intell., art. L. 613-8 (« Les droits attachés à une demande de brevet ou à un brevet sont transmissibles en totalité ou en partie »).

[346] Ainsi que le pouvoir réglementaire, ex. : « ...inopposables aux tiers qui, sur le même immeuble, ont acquis du même auteur des droits concurrents... publiés » (D. 4 janvier 1955, art. 30).

Celui-ci n'est d'ailleurs pas en contradiction formelle avec l'approche retenue[347]. On peut, en effet, parler par commodité d'acte translatif de droit alors même qu'il n'y a pas à strictement parler transfert (la presque totalité des auteurs ayant approfondi la notion de transfert de propriété concluent à une intransmissibilité du droit ; cela n'empêche pas de parler, *brevitatis causa*, de transfert du droit)[348]. Quant à la « titularité », il s'agit[349] d'une notion très accueillante[350] et les contempteurs de la théorie classique eux-mêmes s'y réfèrent à l'occasion[351], au moins « pour simplifier »[352]. Ainsi s'explique que l'intitulé général retenu pour cette recherche traduise de façon fort imprécise l'option théorique sur laquelle elle repose.

Le choix de cet intitulé a il est vrai l'avantage supplémentaire de marquer que toutes les analyses présentées dans le cadre de cette approche ne sont pas admises ici en tant que telles. Et c'est d'abord le cas en ce qui concerne les droits qui ne sont pas des biens.

SECTION II

CAS DES DROITS QUI NE SONT PAS DES BIENS

99.– Les points que l'on aborde ici sont tout aussi discutés ou discutables que ceux qui viennent d'être évoqués, pour la même raison qu'ils sont ou peuvent être l'objet d'approches doctrinales très différentes. C'est le cas avant tout du vocabulaire employé. En nous référant à des « droits », nous adoptons une démarche à la fois large et étroite. *Large* car nous qualifions de tels des prérogatives juridiques (l'action en justice, par exemple) dans lesquelles on peut ne voir que des situations juridiques objectives. Cédons-nous, ce faisant, à une manie subjectiviste, à « ce besoin permanent d'expliquer les faits que constatent les sens par l'existence derrière eux d'une entité métaphysique invisible » que dénonçait Duguit[353] ? Il y a place là pour un débat que nous n'entendons pas ouvrir ici. S'il est vrai qu'une approche extensive de la notion de droit subjectif peut conduire à voir des « droits » là où il n'y a qu'une simple situation juridique objective (c'est par redondance que l'on parle de « droit à réparation », de « droit à la nullité »...)[354], il faut se garder également d'un objectivisme exacerbé.

---

[347] Sous cette réserve que, dans la construction de M. Zénati, l'acte translatif de droit désigne notamment le transfert d'un *droit autre que la propriété*. Un tel droit est en effet regardé comme étant une chose, et cette chose, en tant que propriété, passe de l'auteur à l'ayant cause (F. Zénati et Th. Revet, *Les biens*, préc., n° 103, p. 126).

[348] V. par ex. la formule délibérément ambiguë retenue par MM. Mousseron, Raynard et Revet : « L'acquisition révèle, le plus souvent, un transfert du *droit* : le *bien* change de propriétaire et survit à l'opération » (*De la propriété comme modèle*, art. préc., Mélanges André Colomer, n° 22, soul. par nous).

[349] Sous les réserves marquées *supra*, n° 66 s.

[350] On peut en effet la comprendre comme désignant la titularité du droit ou du titre de propriété.

[351] « On tend à voir dans le *titulaire* d'un droit réel un ayant cause [...] Le *titulaire* d'un droit réel est propriétaire de son droit » (F. Zénati et Th. Revet, *Les biens*, préc., n° 130 et 199, soul. par nous).

[352] Le « droit de propriété (conçu, pour simplifier, comme une espèce de titularité) [...] » (F. Zénati, obs. RTD civ. 1999, p. 142).

[353] Duguit, *Traité de droit constitutionnel*, t. 1, § 23, p. 248.

[354] Rappr. J. Calais-Auloy, *L'attente légitime, une nouvelle source de droit subjectif ?* Aspects actuels du droit des affaires, Mélanges en l'honneur de Yves Guyon, Dalloz, 2003, p. 171.

Étroite, car toute norme juridique ne constitue évidemment pas un droit pour celui qui s'en prévaut, qu'elle soit d'origine légale ou conventionnelle. Du caractère obligatoire de la norme, il ne faut pas déduire que pour celui qui s'en prévaut elle constitue un « droit » qui lui « appartient », et donc un « bien ». Une clause attributive de compétence, par exemple, n'est pas un droit subjectif, c'est un élément de la règle de droit posée par le contrat qui la contient. Elle ne saurait donc faire l'objet en tant que telle d'un acte translatif. C'est en termes voisins mais différents de domaine d'application que se pose la question de sa « circulation »[355].

100.– Nous référant à des droits, nous avons considéré jusqu'ici la question de savoir si les droits réels et les droits de créance [356], c'est-à-dire les droits « patrimoniaux »[357] sont ou non l'objet d'un droit de propriété. Nous avons retenu que oui, conformément à l'approche de M. Zénati car celle-ci est plus satisfaisante sur ce point que l'approche plus étroite, « classique »[358], qui inspire l'ensemble des traités et manuels.

Tous les droits, cependant, ne sont pas patrimoniaux, n'entrent pas dans la distinction des droits réels et de créance. Cela nécessite une précision. Et pose une difficile question préalable. La précision est la suivante. Le transfert de droit s'entend du passage d'un bien d'un patrimoine à l'autre, les droits extrapatrimoniaux étant normalement indissociablement liés à la personne[359]. On ne conçoit donc pas d'acte translatif ayant pour objet un droit qui ne serait pas un bien. En envisageant ici le cas des droits qui ne sont pas des biens, nous entendons d'abord marquer cette limite au domaine de l'acte translatif.

Cela pose cependant une difficulté préalable. Nous pensons aux droits de la personnalité, à l'autorité parentale, aux actions en justice extrapatrimoniales[360/361]... Faut-il leur appliquer le même schéma explicatif ? est-il souhaitable, est-il possible de considérer que ces droits sont des biens, qu'ils font l'objet d'un droit de propriété ?

---

[355] V. *infra*, n° 653.

[356] La catégorie des droits intellectuels, forgée en raison d'une répugnance à considérer que l'on peut avoir un droit de propriété sur une chose incorporelle, peut être ignorée (J. M. Mousseron, *Le droit du breveté d'invention*, LGDJ, B. dr. privé, 1961). Il convient en revanche de marquer la place, importante, des droits potestatifs d'option : action en nullité, droit de résiliation, droit au renouvellement… (L. Boyer, *La promesse synallagmatique de vente*, RTD civ. 1949 p. 26, n° 27 ; I. Najjar, *Le droit d'option, contribution à l'étude du droit potestatif et de l'acte unilatéral*, LGDJ, B. dr. privé, 1967).

[357] L'expression est habituelle. Il n'en est pas moins probable que « la distinction des droits patrimoniaux et extrapatrimoniaux est venue embrumer en la doublant la distinction des biens dans et hors du commerce » (D. Hiez, th. préc., p. 33).

[358] Selon laquelle on est n'est pas propriétaire mais « titulaire » de droit réel sur la chose d'autrui ou de droit personnel (v. *supra*, n° 50 et 62 s.).

[359] En ce sens : Cl. Brenner, V° *Acte*, préc., n° 221.

[360] Sur cette notion : J. Vincent et S. Guinchard, *Procédure civile*, préc., n° 73. Rappr. L. Cadiet : « Toutes les actions ne sont pas transmissibles. Tout dépend de la nature du droit substantiel dont elles assurent la sanction. Ici la distinction tient moins au caractère patrimonial ou extrapatrimonial des droits subjectifs qu'à leur caractère viager ou personnel » (*Droit judiciaire privé*, Litec, 4e éd. 2004, n° 521).

[361] Ainsi qu'au lien de filiation : l'« exclusion de tout aménagement privé de la disponibilité du lien considéré demeure la grande différence, à notre sens, entre les institutions familiales et les conventions » (P. Murat, *Rattachement familial de l'enfant et contrat*, in *La contractualisation de la famille*, dir. D. Fenouillet et P. de Vareilles-Sommières, Economica, 2001, p. 149).

101.– Sur ce point également, l'approche de M. Zénati bouscule celle qui est de tradition en droit civil. Pour cet auteur, tous les droits sont des biens, à l'exception du droit de propriété qui n'est pas un bien puisqu'il est « ce qui permet aux choses et aux droits d'être des biens »[362] (« un bien se définissant comme un objet de propriété, il est impossible de considérer le rapport de propriété comme un bien »)[363]. Le champ de sa réflexion, cependant, est cantonné aux droits patrimoniaux. Sa seule incursion en dehors du domaine patrimonial semble être le cas des droits de la personnalité : il considère qu'un tel droit n'est pas objet de propriété pour cette raison qu' « il n'est autre qu'un droit de propriété, comme tout droit subjectif »[364]. On est fondé à se demander s'il y a place, dans la construction de cet auteur, pour un droit extrapatrimonial qui ne serait ni objet de propriété, ni droit de propriété[365].

L'approche traditionnelle, bien connue, est très différente et non dépourvue d'ambiguïté. Cette ambiguïté tient d'abord au fait que la notion de droit subjectif – à supposer qu'elle ait un sens précis – recouvre des réalités variables selon la définition que l'on en retient. Retenons ici pour simplifier[366] qu'il est enseigné, d'un côté, qu'elle désigne un droit exercé dans l'intérêt exclusif de son titulaire, par opposition aux pouvoirs, qui sont finalisés[367]. L'autorité parentale, pour prendre cet exemple, ne constitue certainement pas, alors, un droit subjectif puisque le droit des parents, loin d'être un droit « égoïste », est fonction de l'intérêt de l'enfant.

D'un autre côté, la notion de droit subjectif désigne plus largement des droits dont le sujet actif est spécialement défini : ils sont inhérents à ce sujet, ils lui sont *propres*, ils sont caractérisés par une relation d'*appartenance* à cette personne et à nulle autre[368]. Et, de fait, on trouve une référence expresse à cette caractéristique dans le texte de la loi (« *L'autorité parentale [...] appartient aux père et mère...* »)[369] ou sous la plume des auteurs (l'action « est une prérogative propre à un titulaire donné », elle « appartient précisément et exclusivement à ceux chez qui se trouvent remplies ses conditions d'existence »)[370]. La notion de propriété (seconde ambiguïté) n'est cependant pas prise alors en son sens technique de droit de propriété[371].

102.– Il en va autrement pour M. Zénati, qui s'est précisément attaché à démontrer que le droit subjectif (entendu en ce second sens, faut-il comprendre) s'identifie au

---

[362] F. Zénati et Th. Revet, *Les biens*, préc., n° 89.
[363] F. Zénati, th. préc., p. 805.
[364] Th. préc., n° 588 (v. aussi n° 571).
[365] Cet auteur note cependant, de façon incidente, que le titulaire de la jouissance légale des biens du mineur ne peut pas disposer de son pouvoir car « il ne s'agit pas alors d'un droit patrimonial mais d'une fonction "institutionnelle" » (F. Zénati, th. préc., p. 144).
[366] Cf. *supra*, n° 82.
[367] V. *infra*, n° 160 s.
[368] P. Roubier, *Droit subjectif et situations juridiques*, préc. ; M. Bandrac, *loc. cit.*
[369] C. civ., art. 371-1 (réd. L. 4 mars 2002), qui reprend sur ce point la formulation de l'ancien art. 371-2 (réd. L. 4 juin 1970).
[370] M. Bandrac, *in* S. Guinchard et al., *Droit processuel*, Dalloz, 3e éd., 2005, n° 659. *Adde* de façon plus générale J. Flour, J.-L. Aubert et E. Savaux : « Parmi les droits susceptibles d'appartenir à un individu, il est classique d'opposer les droits patrimoniaux et les droits extrapatrimoniaux » (*L'acte juridique*, préc., n° 1).
[371] V. les auteurs cités *supra*, n° 82.

concept technique de droit de propriété[372]. Cet auteur, nous l'avons vu[373], a développé l'essentiel de sa démonstration à propos des droits patrimoniaux. Sa démarche même l'a cependant conduit à en élargir le domaine pour y englober les droits de la personnalité. Il considère sans doute que « la propriété ne porte que sur des biens, c'est-à-dire des droits patrimoniaux »[374], qu'elle est la « relation de principe entre les personnes et les biens »[375], mais il retient de ceux-ci une définition large ; ainsi, les attributs de la personne (image, nom, vie privée) ou les éléments du corps humain[376] sont pour lui des biens parce qu'ils sont l'« objet d'exclusivité et d'activité juridique »[377] :

> « *l'hypothèse de l'extrapatrimonialité admise ne signifie pas pour autant que la chose qu'elle affecte est hors commerce. Or ce qui compte pour qu'une chose soit un bien et donc un objet de propriété, c'est-à-dire de droit subjectif, ce n'est pas qu'elle soit saisissable et aliénable mais simplement que l'on envisage l'utilité de l'appréhender exclusivement afin de pouvoir en disposer* »[378].

103.– Que penser de cette approche ? Il faut distinguer le principe lui même et l'application qui en est faite. Le principe de la distinction entre commercialité et patrimonialité n'est guère contestable : la première déborde en dehors du cadre de la seconde[379]. Toute chose, tout droit qui se trouve d'une façon ou d'une autre dans le commerce juridique suppose exclusivité et aptitude à disposer. Cela implique la nécessité de marquer que la prérogative qui en est l'objet est propre à son titulaire[380], toute extrapatrimoniale qu'elle soit, et telle est la fonction et la marque de la propriété. Qu'on le veuille ou non, les mêmes questions fondamentales se trouvent d'ailleurs posées dans tous les cas : celle du rattachement d'un pouvoir à une personne, celle de l'aptitude de cette personne à transmettre ce pouvoir.

---

372 *La nature juridique de la propriété*, th. préc. Il faut comprendre, sans doute : lorsque le droit subjectif s'applique aux biens. Mais qu'est-ce qu'un « bien » ?

373 *Supra*, n° 101.

374 F. Zénati, th. préc., p. 742.

375 F. Zénati et Th. Revet, *Les biens*, préc., n° 88.

376 « lorsqu'elle aliène une partie de son corps » : F. Zénati, th. préc., p. 786. Il s'agit là de choses très différentes : l'image, la vie privée peuvent faire l'objet de conventions à titre onéreux ; cela est exclu pour les éléments du corps humain (C. civ., art. 16-5 et 16-6 ; C. santé publique art. L. 665-13), sous la réserve prévue par l'art. L. 665-16 C. santé publique (et son décret d'application n° 95-904 du 4 août 1995) : cheveux, phanères, lait...

377 F. Zénati, th. préc., n° 572. Formulation voisine : les biens sont « des choses susceptibles d'exclusivité et transmissibles » (F. Zénati et Th. Revet, *Les biens*, préc., n° 39).

378 F. Zénati, th. préc., p. 787.

379 Les choses hors du marché (celles que l'on ne peut pas monnayer) ne sont pas nécessairement hors du commerce (elles peuvent faire l'objet d'actes juridiques à titre gratuit) : G. Loiseau, *Typologie des choses hors du commerce*, RTD civ. 2000, p. 47, n° 12. V. déjà en ce sens, not. : R. Nerson, *Les droits extrapatrimoniaux*, thèse Lyon, 1939 ; M.-A. Hermitte, *Le corps hors du commerce, hors du marché*, Archives Phil. dr. 1988, t. 33, p. 323. – Rappr. R. Libchaber, V° *Biens*, préc. (n° 72 : « la gratuité apporte à la qualification de bien une contradiction bien moins décisive que l'intransmissibilité absolue »).

380 Ce que l'on fait presque inconsciemment en se référant au schéma de la propriété (ex. : « Parmi les droits susceptibles d'*appartenir* à un individu, il est classique d'opposer les droits patrimoniaux et les *droits extrapatrimoniaux* » : J. Flour, J.-L. Aubert et E. Savaux, préc., n° 1, soul. par nous), schéma qui ne se ramène cependant pas nécessairement au « droit » de propriété.

Incidemment, est-il pour autant opportun de considérer que toute chose, tout droit dans le commerce fait l'objet d'un « droit de propriété », alors pourtant qu'il a un caractère extrapatrimonial ? La question est surtout de vocabulaire (autant dire qu'elle est empreinte d'un certain verbalisme) dès lors que l'enjeu pratique est inexistant (le régime des droits extrapatrimoniaux est fixé par les textes qui les régissent, et obéit à des particularités qui les éloigne très sensiblement du droit commun de la propriété). Mais, précisément, s'agissant du pouvoir des mots, il ne paraît pas opportun ici d'hypertrophier ainsi celui de propriété, de l'élargir à tout ce qui a la qualité d'être propre à quelqu'un. Il y a en effet un paradoxe, au regard du sens commun, à appliquer les notions de bien et de propriété en matière extrapatrimoniale[381]. Qui dit bien dit valeur, élément du patrimoine[382] ; et même s'il va sans dire que la notion juridique de « biens » ne se réduit pas à ceux qui sont habituellement envisagés comme tels dans un cours général de « droit des biens »[383], il est difficile de qualifier ainsi, par exemple, les attributs des droits et devoirs qui composent l'autorité parentale... Quant au droit de propriété, il est jouissance et disposition mais on lui attache en règle générale un régime particulier (règles d'acquisition, principe de libre disposition, rôle de la possession, action en revendication, usufruit...) qui est totalement inapproprié ici ; sans doute s'agit-il là pour une part de données particulières à certains types de propriétés, mais elles n'en font pas moins corps avec l'idée même de propriété au sens technique du terme.

Cette observation nous conduit à considérer que le recours au concept de droit de propriété présente en matière extrapatrimoniale [384] plus d'inconvénients que d'avantages. On peut en effet laisser de côté les éléments habituels de son régime, dès lors qu'ils ne sont pas de son essence. Le risque cependant est alors de dissoudre le concept de propriété au point de le rendre informe, dépourvu de signification technique précise, de le ramener à la seule notion d'appartenance et donc, finalement, de lui attacher le caractère vague et flou qu'a précisément aujourd'hui celui de droit subjectif[385]. La boucle serait alors bouclée et, pour vouloir à toute

---

[381] En ce sens que la propriété est « incompatible avec les "choses" extrapatrimoniales » : M. Fabre-Magnan, art. préc., RTD civ. 1997 p. 583, n° 36.

[382] J. M. Mousseron, *Valeurs, biens, droits*, Mélanges en hommage à André Breton et Fernand Derrida, Dalloz, 1991, p. 277.

[383] Il est connu qu'une obligation est un lien mais également, pour son créancier, un bien ; le droit patrimonial de la famille, celui des incapacités, celui des sûretés constituent de même, pour une large part, un droit spécial des biens.

[384] La difficulté ainsi soulevée est différente de celle déjà relevée ci-dessus, à propos des droits patrimoniaux. L'inconvénient était alors de donner à penser, en élargissant le champ du droit de propriété, que le domaine de notre discours serait cantonné à la propriété au sens étroit traditionnel du terme ; sur le fond, cependant, la qualification de « propriété » y est de nature à éclaircir la nature des mécanismes juridiques considérés, et c'est pourquoi nous l'avons à la fois adoptée (pour tirer profit de cet éclaircissement) et travestie (pour ne pas induire le lecteur en erreur). À l'égard des droits extrapatrimoniaux, tout au contraire, parler de biens, de propriétés, n'est pas seulement de nature à égarer le lecteur sur le domaine du discours ; c'est également suggérer la soumission de ces droits à un régime qui n'est pas le leur. Certes, ils posent des questions de rattachement et de transmissibilité ; mais la spécificité de leur régime est telle qu'il est préférable d'insister non pas sur ce qui les rapproche à cet égard du droit de propriété, mais sur ce qui les en distingue.

[385] Ou celui de « droit de la personnalité » si, suivant un travail récent (B. Lotti, *Le droit de disposer du bien d'autrui pour son propre compte*, thèse Paris XI, 1999, n° 217 s., spéc. n° 275 s.), on assimile le sujet au droit subjectif, le droit subjectif à la propriété et celle-ci aux droits de la personnalité.

force éclaircir le concept de droit subjectif, on pourrait se priver de la clarté attachée à celui de droit de propriété...

104.– En toute hypothèse, la question ici ne touche pas au principe mais à son application. Considérons les droits de la personnalité et l'autorité parentale : la question est de savoir si ces droits sont dans le commerce juridique, si leur titulaire peut en disposer. Or tel n'est pas le cas pour les droits de la personnalité : *par leur nature même* leur transfert ne se conçoit pas car ils ne peuvent pas être détachés de la personne de leur titulaire, ni être rattachés à celle d'une autre personne qui entendrait bénéficier d'un acte translatif. Et tel n'est pas le cas non plus, *par l'effet de la loi,* pour ce qui concerne l'autorité parentale [386], qui peut tout au plus faire l'objet d'un transfert forcé.

Si ce particularisme passe généralement inaperçu, c'est que dans les deux cas, cette exclusion du commerce juridique n'est que partielle. Aussi convient-il de le faire apparaître : certains *engagements impliquant des atteintes à la personnalité* sont valables, mais sans pour autant que les droits extrapatrimoniaux de la personnalité soient concernés (§ 1) ; et de même, en matière d'autorité parentale, un transfert volontaire de *l'exercice* des droits attachés à l'autorité parentale est possible, mais il ne peut résulter d'une simple convention, et il ne porte pas sur la titularité du droit lui-même (§ 2).

§ 1. – NON-TRANSFÉRABILITÉ DES DROITS EXTRAPATRIMONIAUX DE LA PERSONNALITÉ

105.– Il s'agit des droits par lesquels notre système juridique assure une protection de l'individu contre les atteintes qui peuvent être portées aux aspects physiques et moraux de sa personnalité : droit à la vie et à l'intégrité corporelle[387], droit au respect de la vie privée[388], droit à l'image, droit à l'honneur, droit au nom...

Ces droits échappent en tant que tels à tout transfert. Ils sont en effet inséparables de la personne de leur titulaire car on ne peut pas concevoir une personne dont l'intégrité corporelle, ou l'honneur, ou la vie privée... ne serait pas protégé. Ils sont donc, aux termes de leur définition doctrinale[389], indisponibles, insaisissables et imprescriptibles.

106.– La portée de ces solutions doit être cependant précisée. Il a été montré, en effet, que la règle de l'indisponibilité est surtout utilisée, en doctrine, à propos du problème de la valeur justificative du consentement de la victime aux atteintes à la personne[390], c'est-à-dire dans des cas où il s'agit d'apprécier la conduite *passée* de l'auteur de l'atteinte. Il apparaît, alors, que ce consentement n'est pas un acte translatif des droits de la personnalité. Le contraire avait été soutenu : il s'agirait

---

[386] C. civ., art. 376.
[387] C. civ., art. 16, 16-1 et 16-3.
[388] C. civ., art. 9.
[389] Ex. : J. Ghestin, G. Goubeaux, M. Fabre-Magnan, ouvr. préc., n° 216.
[390] P. Ancel, *L'indisponibilité des droits de la personnalité,* th. préc., 1re partie, *passim.*

d'une « cession de l'exercice d'un droit »[391], mais cette approche a été justement critiquée car elle signifierait – au regard du postulat général – que la personne consentante est privée, par l'effet du consentement, de l'exercice du droit, ce qui n'est pas le cas[392]. De façon plus générale :

> « *que pourrait signifier la cession de ces prétendus "droits" ? (ils) ne sont assimilables ni aux droits réels, ni aux droits personnels (...) leur existence même en tant que droit subjectif est douteuse (...) le plus souvent, parler de "cessions" à propos des droits de la personnalité n'a même aucun sens ; la plupart n'ont aucun contenu positif, ils confèrent seulement la faculté d'agir en justice pour sanctionner une atteinte illicite à la personne* »[393].

Le consentement n'a donc pas de caractère translatif.

S'agit-il, d'ailleurs, d'un acte juridique ? On est porté à le penser, sans doute, en présence d'une manifestation de volonté produisant des effets juridiques. Cependant l'exclusion de l'illicéité découle en réalité ici de la loi, qui se borne à interdire d'agir sans le consentement[394], non du consentement lui-même qui en est seulement la condition[395]. Ce consentement, toujours révocable et qui ne produit effet que dans la mesure où il n'a pas été révoqué, constitue donc une simple circonstance de fait, un fait juridique[396].

107.– Dans d'autres cas, le raisonnement n'est plus tourné vers le passé mais vers *l'avenir*. On s'interroge sur le point de savoir si la personne intéressée a pu valablement prendre un engagement impliquant ou risquant d'entraîner dans le futur une atteinte à sa personnalité. De telles conventions sont fréquentes, et leur licéité n'est pas discutée [397] alors même qu'elles sont le plus souvent à titre onéreux. Citons, par exemple, les contrats passés par les modèles professionnels relativement à la reproduction de leur image, la cession à un journal ou à un éditeur du droit de publier des informations sur sa vie privée, les conventions portant sur l'usage commercial du nom patronymique...

---

[391] R. Nerson, *Les droits extrapatrimoniaux*, préc., n° 185.

[392] P. Ancel, th. préc., n° 24.

[393] P. Ancel, th. préc., n° 167. – Même sens : R. Lindon, *Dictionnaire juridique, Les droits de la personnalité*, v° *Image*, éd. Dalloz 1983, p. 103.

[394] Dans de nombreux cas, ceux où il s'agit de protéger les aspects moraux de la personne. Dans d'autres cas, lorsque l'atteinte est prohibée dans l'intérêt général, le consentement de l'intéressé n'a pas d'effet justificatif. Ainsi, l'atteinte consentie à l'intégrité corporelle est illicite lorsqu'elle n'est pas justifiée par un intérêt médical (C. civ., art. 16-3 mod.).

[395] Cette analyse nous paraît rendre mieux compte de la réalité que celle selon laquelle « lorsqu'une personne autorise un tiers à utiliser son image ou son nom, elle ne dispose pas de ce droit sur ces attributs, mais des attributs eux-mêmes » (F. Zénati, th. préc., p. 786).

[396] P. Ancel, th. préc., n° 46.

[397] S. Lavroff-Detrie, *De l'indisponibilité à la non-patrimonialité du corps humain*, thèse Paris I, 1997 ; M.-E. Bichon-Lefeuvre, *Les conventions relatives aux droits de la personnalité*, thèse Paris XI, 1998. Il faut réserver le cas des atteintes injustifiées et particulièrement graves à l'intégrité physique ou morale, nulles pour violation de l'ordre public et des bonnes mœurs. Ainsi : « Toute convention portant sur la procréation ou la gestation pour le compte d'autrui est nulle » (C. civ., art. 16-7).

Il ne s'agit cependant pas là d'atteintes au principe d'indisponibilité des droits de la personnalité, car ceux-ci ne sont pas concernés. Les contrats dont il s'agit ont en effet pour objet non pas le droit extrapatrimonial lui-même mais, plus simplement, un droit *patrimonial*[398] d'*utiliser*[399] un aspect déterminé (nom, vie privée, image) de l'intéressé. Cette cœxistence d'un droit extrapatrimonial et d'un droit patrimonial d'exploitation[400] est bien connue puisqu'elle correspond à la conception française du droit d'auteur[401] ; le fait que l'on retrouve dans les deux cas la même structure dualiste n'a rien d'étonnant puisque, dans l'un et l'autre cas, il s'agit de protéger la personne[402].

108.– M. Zénati critique cette approche dualiste et développe une analyse différente. Appliquant sa distinction plus générale de la propriété-droit et de la propriété-objet, il distingue :

> « *le droit de la personnalité du bien sur lequel il porte, l'un étant inaliénable par nature puisqu'émanation du sujet, l'autre étant disponible dans les limites de l'ordre public et des bonnes mœurs* ».

Selon le savant auteur, l'approche dualiste reproduit la confusion du droit subjectif et du bien sur lequel il porte ; si « des droits attachés à la personne peuvent [...] être, dans une certaine mesure, objets de commerce juridique », c'est parce que l'acte juridique a pour objet non pas le droit sur les attributs, mais les attributs eux-mêmes (image, nom, vie privée, corps...)[403].

Cette critique ne nous paraît pas fondée. Comment comprendre en effet qu'un bien puisse être transmis sans constitution et extinction concomitantes du droit de propriété dont il fait l'objet ? Une chose, en effet, est de considérer que le mécanisme du transfert des biens consiste en ce que le bien en tant que propriété passe de l'auteur à l'ayant cause ; mais encore faut-il que ce dernier « reçoive » un droit sur ce bien (ou si l'on veut que naisse un tel droit)[404], ce qui suppose que ce droit soit constitué en sa personne

---

[398] Cass. com., 6 mai 2003 (affaire *Ducasse*) : D. 2003 p. 2228 n. G. Loiseau.

[399] Cass. com., 12 mars 1985 (affaire *Bordas*) : D. 1985 p. 471 n. J. Ghestin, préc..

[400] P. Ancel, th. préc., n° 209 ; v. déjà : J. Stoufflet, *Le droit de la personne sur son image*, JCP 1957, I, 1374 n° 33 ; v. aussi : E. Gaillard, *La double nature du droit à l'image et ses conséquences en droit positif français*, D. 1984, chron., p. 161 ; D. Acquarone, *L'ambiguïté du droit à l'image*, D. 1985, chron. p. 129 ; N. Mallet-Poujol, *Appropriation de l'information : l'éternelle chimère*, D. 1997, chron. p. 330, n° 24 s.

[401] Le droit d'auteur « comporte des attributs d'ordre intellectuel et moral, ainsi que des attributs d'ordre patrimonial » (C. propr. intell., art. L. 111-1 al. 2). « L'auteur jouit du droit au respect de son nom, de sa qualité et de son œuvre. Ce droit est attaché à sa personne. Il est perpétuel, inaliénable et imprescriptible... » (C. propr. intell., art. L. 121-1) ; le droit patrimonial « d'exploitation appartenant à l'auteur comprend le droit de représentation et le droit de reproduction », lesquels sont « cessibles à titre gratuit ou à titre onéreux » (C. propr. intell., art. L. 122-1 et 122-7).

[402] Le rapprochement ainsi fait n'implique ni l'assimilation du droit moral de l'auteur à un droit de la personnalité (J. Rubellin-Devichi, *L'influence des droits de la personnalité sur le droit moral*, Études Lambert, 1974, Cujas, 1975, p. 555 s. ; F. Pollaud-Dulian, *Droit moral et droits de la personnalité*, JCP G 1994, I, 3780, n° 13 s.), ni une prise de position sur la nature juridique du droit d'auteur (contre l'analyse dualiste : J. Raynard, *Droits d'auteur et conflits de lois*, Litec, B. dr. entreprise, 1990, n° 289 s. ; comp. J.-S. Bergé, *La protection internationale et communautaire du droit d'auteur*, LGDJ, B. dr. privé, 1996, n° 97 s.).

[403] F. Zénati, th. préc., n° 571.

[404] Rappelons à nouveau le schéma général du « transfert » de la propriété dans la doctrine de M. Zénati (v. *supra*, n° 58) : il consiste en l'extinction du droit de propriété lui-même *et* en la constitution simultanée d'un nouveau droit de propriété en la personne de l'ayant cause.

après s'être éteint en celle de l'auteur. M. Zénati appuie ici son raisonnement sur l'exemple d'une personne qui vend son image. Il est faux, souligne-t-il, d'en déduire que cette personne a aliéné son droit à l'image, et la preuve en est qu'elle pourra de nouveau exercer ses droits sur son image[405]. Sur ce point, on le suit entièrement. Mais il reste à rendre compte de la nature du droit acquis par l'acheteur de l'image, car il ne s'agit évidemment pas d'un droit extrapatrimonial de la personnalité. Précisément, la distinction de ce droit et du droit patrimonial d'utilisation de telle image déterminée permet de le faire : le vendeur ne perd pas son droit extrapatrimonial, qui n'est pas objet de propriété[406], mais il « transfère » à l'acheteur son droit patrimonial d'utilisation, d'exploitation de cette image (les guillemets ont pour fonction de marquer que ce transfert résulte du mécanisme d'« extinction »-constitution qui préside à tout transfert de droit de propriété – car il n'y a pas d'obstacle à qualifier de tel le droit patrimonial d'utilisation).

Il n'y a donc jamais transfert des droits extrapatrimoniaux de la personnalité[407]. Cela n'exclut cependant pas que des contrats constitutifs ou translatifs de *droits patrimoniaux d'exploitation* aient pour objet les aspects moraux[408] de la personne.

§ 2. – PARTICULARISME DE L'ACTE TRANSLATIF DU DROIT D'AUTORITÉ PARENTALE

109.– Soulignons que l'exemple de l'autorité parentale est un peu particulier car elle n'est certainement pas un droit subjectif au sens d'abord évoqué ci-dessus, celui de droit égoïste : il y a accord général pour la regarder comme constituant, très différemment, un droit-fonction[409], un pouvoir[410]. Il n'en demeure pas moins qu'il s'agit cependant d'un droit subjectif en cet autre sens[411] que cette prérogative « appartient » à des titulaires déterminés. Nous nous proposons de souligner que le

---

[405] Th. préc., p. 786.

[406] Il n'est pas objet de propriété, estime M. Zénati, parce qu'il est lui-même droit de propriété (th. préc., n° 588 ; *Les biens*, préc., n° 39) ; cette qualification explique l'exclusivité mais se concilie mal avec l'absence d'activité juridique (puisqu'il n'y a jamais « transfert » de ce droit). On peut préférer penser qu'il n'est pas objet de propriété parce qu'il n'est pas un bien, voire (comme Roubier, *Droits subjectifs et situations juridiques*, préc., p. 368) pas un droit subjectif.

[407] Cela marque la justesse de la qualification de ce droit comme droit de propriété... mais au sens qu'avait cette notion en droit romain : il est proche en effet du *dominium*, en ce double sens qu'il s'agit d'une puissance indissociable de la personne et, semble-t-il, d'un pouvoir unique s'exerçant sur tous les attributs de la personne (et donc insusceptible de transfert). Une limite à ce rapprochement est qu'il s'agit d'un « droit » : on parle de « droit » de la personnalité.

[408] Mais non les aspects physiques (les « dons » d'organes ne sont autorisés que dans des conditions très strictes).

[409] L. Josserand, *De l'esprit des droits et de leur relativité, théorie dite de l'abus de droit, Essais de téléologie juridique*, Dalloz, 1927, n° 68 s.

[410] E. Gaillard, *Le pouvoir en droit privé*, Economica, 1985, n° 74.

[411] Il est raisonnable de considérer, cependant, que les deux critères sont cumulatifs : la prérogative dont le sujet est titulaire n'est sa propriété que s'il en use librement, et non si elle est affectée à d'autres intérêts que le sien.

droit en tant que tel ne peut pas faire l'objet d'un acte translatif par l'effet de la volonté de son titulaire [412], que seul peut l'être son exercice.

110.– Aux termes de l'article 371-1 du Code civil[413] :

> « *L'autorité parentale est un ensemble de droits et de devoirs ayant pour finalité l'intérêt de l'enfant.*
> *Elle appartient aux père et mère jusqu'à la majorité ou l'émancipation de l'enfant pour le protéger dans sa sécurité, sa santé et sa moralité, pour assurer son éducation et permettre son développement, dans le respect dû à sa personne. [...]* ».

Ce texte appelle trois brèves observations liminaires. On voit, en premier lieu, qu'il insiste (« intérêt de l'enfant ») sur le caractère finalisé des « droits et devoirs » qui composent l'autorité parentale. On retrouve, en second lieu, l'idée qu'il s'agit là de prérogatives propres à des personnes déterminées ; le terme « appartient » a pour fonction de souligner que la *titularité* de l'autorité parentale est immuable[414], quelles que soient les modalités de dévolution de son *exercice*. On observe, en troisième lieu, que ces personnes sont les père et mère, c'est-à-dire qu'il y a un lien naturel, obligé, entre la dévolution de l'autorité sur la personne de l'enfant et le lien de filiation.

Dans ces conditions, on peut s'interroger sur la possibilité d'un acte visant à transférer cette autorité. Précisément, le principe est celui de son indisponibilité : « *Aucune renonciation, aucune cession portant sur l'autorité parentale, ne peut avoir d'effet, si ce n'est en vertu d'un jugement dans des cas déterminés ci-dessous* », énonce l'article 376 du Code civil. Curieusement, pourtant, il est courant de se référer aux « transferts de l'autorité parentale »[415]. Est-ce à dire que, comme on le lit, « la règle de l'indisponibilité de l'autorité parentale paraît pouvoir être relativisée tant elle fait partie des principes ruinés par les exceptions »[416] ? La réalité est plus nuancée, et la contradiction seulement apparente : en pratique, en effet, le transfert volontaire ne peut porter en la matière que sur l'exercice de l'autorité parentale, et jamais sur la titularité[417] des droits eux-mêmes.

La justification de cette proposition ne requiert pas de longs développements. Négligeons ici les transferts d'autorité consécutifs à un changement d'état. S'agissant de l'autorité parentale proprement dite, les textes ne parlent pas de transfert.

---

412 « Lorsqu'il déclare l'enfant abandonné, le tribunal délègue par là même décision les droits d'autorité parentale sur l'enfant au service de l'aide sociale à l'enfance, à l'établissement ou au particulier qui a recueilli l'enfant ou à qui ce dernier a été confié » (C. civ., art. 350 al. 5).

413 Réd. L. 4 mars 2002 relative à l'autorité parentale.

414 Sauf transfert forcé en cas de déclaration judiciaire d'abandon (C. civ., art. 350, préc.).

415 Ex. : A. Bénabent, *Droit civil, La famille*, Litec, 11e éd., 2003, n° 811 s.

416 A.-M. Leroyer, *L'enfant confié à un tiers : de l'autorité parentale à l'autorité familiale*, RTD civ. 1998, p. 587, n° 13 (lorsqu'un tiers intervient, retient cet auteur, « l'autorité sur l'enfant n'appartient plus seulement aux parents... ») ; ce même auteur défend vigoureusement, *de lege ferenda*, l'idée d'une disponibilité de l'autorité parentale (*Autorité parentale et contrat* in *La contractualisation de la famille*, dir. D. Fenouillet et P. de Vareilles-Sommières, Economica, 2001, p. 163).

417 C'est le lieu de se référer à cette notion.

Ils consacrent la possibilité pour les parents de conclure une convention ayant pour objet d'organiser entre eux les modalités d'exercice de l'autorité[418]. Ils prévoient également la possibilité d'une délégation de cette autorité à un tiers (comme l'on parle d'une délégation de pouvoir)[419]. Les cas de délégation sont très divers : la délégation peut être indirecte ou directe, et dans cette seconde hypothèse volontaire ou imposée ; seule nous intéresse ici la délégation directe volontaire, la seule dont le mécanisme évoque celui de l'acte translatif accompli par le titulaire du droit[420].

Dans le cas de la convention entre parents comme dans celui de la délégation volontaire, on retrouve les mêmes deux caractères. En premier lieu, la volonté des parties est inapte à produire l'effet de droit recherché. Elle doit être homologuée par le juge. « Le législateur recourt à cette technique lorsqu'il estime inopportun de laisser à la totale discrétion des parties les maniements d'intérêts qui mettent en cause des valeurs qui méritent à ses yeux une protection particulière »[421]. On est loin du principe de libre disposition des « biens »[422/423].

En second lieu, dans l'un et l'autre cas, la convention ne peut porter que sur l'exercice du droit d'autorité, et non pas sur le droit d'autorité lui-même. Ainsi en disposent les textes : le juge aux affaires familiales ne reçoit compétence que pour « homologuer la convention par laquelle [les parents] organisent les modalités d'*exercice* de l'autorité parentale »[424] ; les père et mère peuvent « saisir le juge en vue de voir déléguer tout ou partie de *l'exercice* de *leur* autorité parentale [...] »[425]. La précision de vocabulaire ne saurait être fortuite[426]. Cela est d'autant plus certain qu'en matière de délégation l'on dispose d'un précieux élément de comparaison[427] : les cas de délégation imposée évoquent la délégation du droit d'autorité lui-même, ils ne font aucune référence à l'exercice de ce droit (« le tribunal délègue par la même décision *les droits* de l'autorité parentale »)[428] . L'autorité parentale n'est donc pas dans le commerce juridique[429], si l'on considère qu'y sont toutes les

---

[418] C. civ., art. 373-2-7 s. (réd. L. 4 mars 2002).
[419] F. Marmoz, *La délégation de pouvoir*, Litec, B. dr. entreprise, 2000.
[420] C. civ., art. 377 s. (réd. L. 4 mars 2002).
[421] J. Revel, *Les conventions entre époux désunis*, JCP G 1982, I, 3055, n° 28.
[422] C. civ., art. 537.
[423] D'autant que, dans les deux cas, l'aménagement de l'exercice de l'autorité parentale n'a qu'un caractère précaire : les dispositions qui y sont relatives « peuvent être modifiées et complétées à tout moment par le juge [...] » (C. civ., art. 373-2-13, réd. L. 4 mars 2002).
[424] C. civ., art. 373-2-7 s., préc. (soul. par nous).
[425] C. civ., art. 377 al. 1, préc. (soul. par nous).
[426] Rappr. C. propr. intell., art. L. 121-2 : « Après sa mort, le droit de divulgation est exercé leur vie durant par le ou les exécuteurs testamentaires désignés par l'auteur ». Ainsi qu'il a été relevé, cette disposition « se garde bien de parler de transmission » du droit lui-même (H., L., J. Mazeaud et F. Chabas, *Introduction à l'étude du droit*, préc., p. 367, n° 243).
[427] Justement souligné *in* Cl. Neirinck, *Autorité parentale, Délégation*, J. Cl. civil, art. 371 à 387, fasc. 30 (1999), n° 125 s.
[428] C. civ., art. 350 (soul. par nous). Même sens : C. fam., art. 65 (« le tribunal [...] lui délègue les droits de l'autorité parentale »). La formulation trop large retenue dans l'article 377-1 C. civ. (« La délégation totale ou partielle *de l'autorité parentale* résultera du jugement [...] ») doit donc être regardée comme étant une *inelegantia juris*.
[429] Même sens, au motif qu'il s'agit d'une fonction d'ordre public : Rép. D. droit civil, V° *Autorité parentale* par Hughes Fulchiron, n° 30.

choses[430] qui peuvent faire l'objet d'actes juridiques « accomplis par des particuliers »[431] ; elle n'est donc pas une propriété, si l'on considère que la disponibilité est essentielle à la propriété[432].

*

* *

111.– Conclusion sur ce point : l'autorité parentale ne peut pas faire l'objet d'un acte translatif de la part de ses titulaires ; faute de pouvoir en disposer, on ne peut donc pas la regarder comme étant un droit approprié, un « bien ». Il n'y a donc pas place ici pour un acte translatif de propriété, car il n'y a ni propriété, ni acte translatif du droit par le titulaire de ce droit.

En revanche, le transfert du droit de l'autorité parentale peut être imposé par le juge, par un jugement c'est-à-dire par un acte juridique. Il faut donc retenir qu'en dépit du large domaine de la propriété, la notion d'acte translatif de droit est plus large que celle d'acte translatif de propriété[433].

112.– Conclusion de la section : Au seuil d'une recherche consacrée à l'acte translatif de droit, nous avons dû préciser tant l'objet que le mécanisme de l'acte translatif. Pour cela, nous avons d'abord raisonné en matière patrimoniale.

Le droit des biens est partagé entre deux approches très différentes en ce qui concerne l'objet de l'acte translatif, ce qui pose une délicate question de théorie juridique, celle de savoir s'il est techniquement utile de retenir une notion élargie de propriété.

La théorie classique du droit des biens raisonne en termes de *titularité* de *droits* : on y est titulaire de droits sur les choses, corporelles ou incorporelles (œuvres de l'esprit), ce sont les droits réels, ou de droits contre les personnes, de droits personnels ; le droit réel est soit un droit de propriété, soit un droit réel sur la chose d'autrui. Dans ce système, le transfert porte sur le droit (droit de propriété, autre droit réel, droit personnel) : on en transfère la titularité[434].

L'approche défendue par M. Zénati est très différente. Il raisonne en termes de *propriété* et de *biens* : on est propriétaire de choses (corporelles ou incorporelles), propriétaire de droits sur la chose d'autrui (de droits réels : la propriété n'est pas un droit réel) et propriétaire de droits personnels. Dans ce système, le transfert porte sur le bien, sur ce qui est objet de propriété (chose ou droit), il ne porte pas sur le droit

[430] Paradoxe : dans la théorie classique de la propriété, ce n'est pas la chose qui est dans le commerce juridique, c'est le droit qui porte dessus (v. *supra*, n° 50) ; or certaines de ces choses sont incontestablement appropriées (ex. : les souvenirs de famille) : on devrait donc parler de droit hors du commerce.

[431] G. Loiseau, art. préc., RTD civ. 2000, p. 47, n° 1.

[432] En ce dernier sens : F. Zénati et Th. Revet, *Les biens*, préc., n° 19.

[433] La relation bien/transfert et non-bien/non-transfert, dans cette mesure, est trop rigide.

[434] V. *supra*, n° 50.

de propriété (étant la source du pouvoir de transférer, celui-ci ne saurait être l'objet du transfert)[435].

Cette opposition tranchée ne se retrouve pas en ce qui concerne le ***mécanisme*** de l'acte translatif. Certes, il est traditionnel de considérer que le droit transféré passe de l'auteur à l'ayant cause, comme la chose dans laquelle il est incorporé ; mais certains tenants de la théorie classique réprouvent cette vision trop matérialiste et considèrent que le droit de propriété est intransmissible en ce sens qu'à chaque transfert il y a création d'un droit nouveau (quoique identique à l'ancien)[436]. M. Zénati considère de même[437] qu'il n'y a jamais transmission du droit de propriété (étant une émanation de la personne, un lien entre le bien et sujet, il est indissociable de celui-ci), mais extinction du droit ancien suivie de la constitution d'un droit nouveau[438].

Les divergences sont donc cantonnées à l'objet. Sur ce point, aucune des deux approches n'est exempte de faiblesses. L'approche classique prête le flanc à un double reproche : celui de définir la propriété par ses attributs, alors pourtant que la perte de ceux-ci n'affecte pas son existence ; celui de faire de la faculté de disposition une partie du droit dont on dispose, puisque la propriété est incorporée dans la chose appropriée (cette contradiction n'est résolue qu'en rompant le lien entre disposition et propriété) [439]. M. Zénati échappe au premier reproche car pour lui la propriété se définit non pas par les attributs traditionnels, dans lesquels il voit de simples utilités, mais comme étant jouissance et disposition. En revanche, il n'échappe pas au second car c'est l'exercice du droit de propriété qui explique l'extinction de ce droit chez celui qui dispose du bien, et pour sortir de cette contradiction il est conduit lui aussi à dissocier la faculté de disposition du droit de propriété[440]. Son objectif affiché, qui est de revenir aux sources romaines des dispositions du Code civil sur le sujet, ne peut pas être entièrement atteint en raison de profondes différences qui séparent notre droit de propriété du *dominium*[441].

En dépit de ces faiblesses relatives, cette approche nouvelle nous paraît supérieure à l'approche classique, pour un ensemble de raisons que nous ne reprenons pas ici car nous les avons déjà présentées de façon synthétique ci-dessus (n° 83). C'est donc dans ce cadre théorique que nous choisissons de situer notre problématique. Ce choix doit cependant composer, en la forme, avec les habitudes de langage en matière de droit des biens, lesquelles découlent de l'autre cadre théorique, celui de la théorie classique. Ainsi, parler d'acte translatif de propriété est compris par un lecteur non averti comme ne visant que la propriété au sens étroit traditionnel du terme, et donc comme étant plus limité qu'acte translatif de droit. En dépit du choix très clairement exprimé ci-dessus,

---

[435] V. *supra*, n° 47.
[436] V. *supra*, n° 55.
[437] Et fort justement car de nombreuses règles ne peuvent s'expliquer que par l'autonomie du droit de l'ayant cause à l'égard de celui de son auteur.
[438] V. *supra*, n° 58.
[439] V. *supra*, n° 44 et 75.
[440] V. *supra*, n° 75 *in fine*.
[441] V. *supra*, n° 71.

c'est donc dans les deux cadres théoriques de référence que nous devrons, *volens nolens*, lire notre problématique.

113.– Cela est d'autant plus nécessaire qu'il nous a fallu également considérer les droits qui ne sont pas des biens. Or sur ce point il ne paraît pas souhaitable de raisonner en termes de propriété. Cela n'est d'ailleurs pas possible car, pour ce qui est des principaux d'entre eux (droits de la personnalité, autorité parentale), on ne saurait parler de propriété, faute pour le titulaire du droit de pouvoir en disposer. Une place doit être faite au transfert de l'autorité parentale, mais c'est parce que le droit d'autorité peut être l'objet d'un transfert forcé. C'est dans cette mesure – il est vrai limitée – que l'on doit considérer que la notion d'acte translatif de droit est plus large que celle d'acte translatif de propriété.

Cela justifie donc que l'on évoque non la propriété mais la titularité du droit à transmettre.

PREMIÈRE PARTIE

ACTE TRANSLATIF ET TITULARITÉ DU DROIT À TRANSMETTRE

114.– Il semble aller de soi que l'auteur de l'acte translatif est le titulaire du droit qu'il s'agit de transmettre, de transférer[442/443]. « *L'on n'a pas plus tost vendu la chose qu'on n'y a plus rien* » disait Loysel[444], supposant ainsi lui aussi l'existence de cette titularité préalable. La solution paraît si évidente qu'elle est généralement ignorée. Les grands débats auxquels donne lieu l'acte translatif de droit se situent sur d'autres terrains. On se demande si le transfert résulte d'une obligation de donner, que ferait naître l'acte translatif, ou bien s'il est un simple effet légal de l'acte[445]. On se demande également si le bénéficiaire du transfert succède[446] aux droits de l'auteur du transfert ou bien s'il ne s'agit pas là d'une fiction masquant – un peu comme la continuation par l'héritier de la personne du disparu – un double mécanisme d'extinction du droit du cédant et de naissance du droit du cessionnaire[447].

115.– Le fait même que cette question soit ignorée rend intéressant de l'examiner. Raisonnons sur l'exemple de la vente, qui est l'archétype de l'acte translatif de propriété[448] : le vendeur conclut le contrat de vente, il transfère la propriété de sa chose à l'acquéreur. L'acte de transfert est donc accompli (personnellement, ou par l'intermédiaire d'un représentant, ce qui revient au même) par la personne même qui en subit les conséquences (ou qui profite de celles-ci) dans son patrimoine : partie « à l'acte », cette personne est également partie « au transfert ».

---

[442] Nous voulons dire : « est propriétaire du bien qu'il s'agit de transférer », mais nous utilisons la terminologie traditionnelle pour les raisons exposées.

[443] Ou bien agit en représentation de ce dernier, ce qui revient au même puisque le représentant est « transparent ».

[444] Loysel, *Institutes coutumières*, liv. III, titre IV, n° 6 (éd. Dupin n° 406).

[445] V. réf. *supra*, note 2.

[446] C'est le terme employé par le Code civil, art. 2235.

[447] Ch. Atias, th. préc., n° 420 ; F. Zénati, th. préc., n° 270 et 535.

[448] Sans « oublier ni les autres contrats translatifs de droits réels [...], ni les autres droits réels transférables (usufruit, servitude...)» (J. M. Mousseron et al., *Technique contractuelle*, préc., n° 1077), ni encore (doit-on ajouter) les autres droits patrimoniaux et les autres actes translatifs de leur titularité-propriété.

Dès lors, on pense que celui qui transfère un droit est nécessairement le titulaire de ce droit. Et on raisonne comme si c'était toujours vrai. Ainsi le veut l'adage *Nemo plus juris ad alium transferre potest quam ipse habet.*

116.– Cette conception est en réalité très réductrice. Elle repose en effet sur la supposition que la titularité du droit est la seule source du pouvoir de le transmettre. Or, ici comme souvent, l'existence d'un présupposé perturbe le raisonnement. Cela empêche en effet de voir que, dans nombre d'hypothèses, ce n'est pas le titulaire du droit transféré qui opère le transfert. Les parties « à l'opération » de transfert – l'expression n'a pas de caractère juridique mais doit être préférée à celle de « parties à l'acte » de transfert, trop évocatrice du schéma de la convention auquel ne se réduit pas l'acte juridique –, peuvent en effet être trois : face à celui *à qui* le droit est transféré, il faut en effet faire place, outre à celui *dont* le droit est transféré, à celui *qui opère* le transfert[449] (qui l'opère en son nom propre, c'est-à-dire sans représentation).

117.– Pour démontrer que le lien fait dans le discours doctrinal entre la titularité du droit et l'aptitude à (ou le pouvoir de) le transmettre est un simple présupposé, ou un postulat, il faut commencer par montrer que ces deux notions peuvent être dissociées. On ne perçoit en effet comme « lié » que ce que l'on conçoit comme « distinct ». Nous allons donc établir que les deux notions sont distinctes en le montrant par l'exemple. Nous raisonnerons pour cela sur celui que fournit le droit des régimes matrimoniaux car, précisément, ce droit est tout entier articulé sur la distinction entre les questions de propriété (ou, pour raisonner en termes classiques, de titularité d'un droit)[450] et les questions de pouvoir (Titre premier). Dès lors qu'il est établi, par l'exemple, que les notions de titularité du droit et du pouvoir de le transmettre sont différentes, le présupposé du lien généralement établi entre elles dans le discours doctrinal apparaît de lui-même, dans toute sa force (Titre second).

---

[449] Cl. Calori, *Nemo plus juris* ..., mémoire du DEA de droit privé fondamental, dir. M.-L. Mathieu-Izorche, Faculté de droit de Montpellier, 1997-1998, p. 17.

[450] Ce choix, retenu pour rester en harmonie avec l'ensemble de notre travail, s'impose moins ici qu'ailleurs car le Code civil emploie le terme "propriété" en un sens inhabituellement large en matière de régimes matrimoniaux ; ainsi, il précise que « Chaque époux conserve la pleine propriété de ses propres » (art. 1403) et qualifie notamment de tels les actions en réparation et les créances (art. 1404 ; F. Zénati, th. préc., n° 96)...

TITRE PREMIER

DISSOCIATION DE LA TITULARITÉ ET DU POUVOIR : L'EXEMPLE DES RÉGIMES MATRIMONIAUX

118.– Comme celui des obligations, le droit de propriété « peut... se trouver considérablement malmené (par le droit matrimonial) »[451]. Le phénomène a déjà été étudié en ce qui concerne le droit des obligations[452]. Il ne semble pas l'avoir été, jusqu'ici, pour ce qui est du droit de propriété. L'objet de ces développements est, précisément, d'esquisser cette étude en montrant que l'*aptitude* à transmettre (ou si l'on veut le *pouvoir* de transmettre, brevitatis causa : le pouvoir), en la matière, est loin d'être un simple attribut de la propriété, de la titularité du droit dont il s'agit.

119. – Nous ne reviendrons pas, ici, sur la notion de propriété. L'examen de la nature juridique de celle-ci, auquel nous nous sommes livrée dans le chapitre préliminaire, a fait apparaître une opposition tranchée entre deux perspectives théoriques très différentes. En dépit de la préférence que nous avons marquée pour l'approche proposée par M. Zénati, il est raisonnable de continuer à lire la problématique de cette notion dans les deux cadres théoriques envisageables, celui proposé par cet auteur et celui adopté par la doctrine traditionnelle. L'un et l'autre, en toute hypothèse, ont en commun d'être inspirés par la vieille idée selon laquelle le droit de propriété, conçu comme un droit subjectif égoïste, fait de chaque propriétaire un monarque absolu dans sa maison, un maître souverain de son bien.

120.– En cela, le propriétaire du Code civil est avant tout un célibataire[453]. Lorsqu'il est marié, la logique individualiste fondamentale du droit de propriété entre en conflit, en effet, avec celle de l'union des personnes et des biens que constitue le mariage. L'indépendance du propriétaire doit alors être conciliée avec le lien matrimonial, ce qui est difficile car il s'agit là de deux notions antinomiques.

---

[451] A. Colomer, *Droit civil, Régimes matrimoniaux*, Litec, 12e éd., 2004, n° 7.

[452] H. Lécuyer, *La théorie générale des obligations dans le droit patrimonial de la famille*, th. Paris II, 1993, dir. G. Cornu.

[453] Le statut de célibataire « statut de droit commun de l'individu, comport(e) liberté de contracter, d'acquérir, d'aliéner, non-engagement aux dettes de l'autre. » (J. Carbonnier, *Essais sur les lois*, éd. Defrénois, 2e éd., 1995, p. 58-59).

121.– Encore faut-il distinguer, il est vrai, selon le régime matrimonial. On désigne ainsi un « ensemble cohérent de règles... dont la finalité est de conférer, dans le domaine patrimonial, un statut particulier aux époux dans leurs rapports mutuels comme dans leurs rapports avec les tiers » [454]. Il en existe plusieurs, entre lesquels un choix est ouvert[455], et qui tous assurent une stricte égalité des époux depuis la modification du Code civil par les lois des 13 juillet 1965 et 23 décembre 1985. La *communauté légale* (art. 1393, 1400 s. C. civ.), qui est caractérisée, comme son nom l'indique, par l'existence d'une masse de biens communs, grève d'une affectation familiale l'ensemble des biens des époux, ceux qui leur sont communs comme ceux qui restent propres à chacun d'eux[456]. La *séparation de biens*[457] (art. 1536 à 1543 C. civ.), en revanche, ne crée aucune union d'intérêts pécuniaires entre les époux, et la mise en péril des intérêts de la famille par dépérissement des biens personnels, dissipation ou détournement des revenus n'y est pas sanctionnée. Il en va de même dans le régime de la *participation aux acquêts* (art. 1569 à 1581 C. civ.), puisque pendant le mariage ce sont les règles de la séparation des biens qui s'y appliquent[458].

Les époux séparés de biens ne sont cependant pas des étrangers l'un pour l'autre, loin s'en faut, car ils sont soumis aux règles applicables à tous les époux sous tous les régimes (C. civ., art. 214 à 226), qui constituent un statut fondamental, souvent appelé « régime matrimonial primaire », ou « régime primaire impératif », et emportent d'importantes conséquences sur leurs pouvoirs respectifs.

122.– Fondamentalement, les régimes matrimoniaux régissent deux grandes questions relativement aux biens des époux : une question de propriété (à qui ces biens appartiennent-ils ? au mari, à la femme, aux deux ?), et une question de pouvoir (par qui ces biens sont-ils gérés ? par le mari ? par la femme ? par les deux ?). Il y a là une distinction qui constitue la *summa divisio* de la matière : les dispositions du Code civil sont bâties sur elle[459], et elle est le point de départ de toute pédagogie sur le sujet[460].

---

[454] A. Colomer, *Régimes matrimoniaux*, préc., n° 2.

[455] « La loi ne régit l'association conjugale, quant aux biens, qu'à défaut de conventions spéciales (...) » (C. civ., art. 1387). Ce mécanisme volontariste explique que le Code civil traite curieusement des régimes matrimoniaux dans un titre V : « Du contrat de mariage et des régimes matrimoniaux » (art. 1387 à 1581), de son Livre 3 : « Des différentes manières dont on acquiert la propriété ». « Le contrat de mariage était envisagé comme le premier des contrats spéciaux » (A. Ponsard, *L'interprétation, par la Cour de cassation, de la loi du 13 juillet 1965 sur les régimes matrimoniaux*, Études offertes à Jacques Flour, 1979, p. 385). Les aménagements conventionnels dont peuvent faire l'objet les régimes matrimoniaux sont en réalité assez limités (F. Terré et Ph. Simler, *Droit civil, Les Régimes matrimoniaux*, Dalloz, 4e éd., 2005, n° 547 s.).

[456] La gestion de ceux-ci ne doit pas mettre « en péril les intérêts de la famille » : C. civ., art. 1429 .

[457] Qui peut être d'origine contractuelle (C. civ., art. 1395), judiciaire (en suite d'un changement de régime matrimonial, C. civ. art. 1397), ou découler du prononcé de la séparation de corps (C. civ., art. 302).

[458] C. civ., art. 1569, al. 1er.

[459] Les règles du Code civil relatives à « la communauté légale » sont distribuées en trois sections, dont les deux premières sont consacrées respectivement à : « De ce qui compose la communauté activement et passivement » (art. 1401 à 1420), et « De l'administration de la communauté et des biens propres » (art. 1421 à 1440).

[460] Ex. : J. Flour et G. Champenois, *Les régimes matrimoniaux*, A. Colin, 2e éd., 2001, n° 1. – G. Cornu, *Les régimes matrimoniaux*, 9e éd., 1997, p. 25 (« Tout régime est à la fois un état de propriété et un mode de gestion »).

123.– Cette distinction de la question de la propriété et de celle des pouvoirs ne doit pas étonner. Elle s'impose d'elle-même en ce qui concerne les biens communs puisque, quelle que soit la position que l'on retient sur la question – controversée – de la nature juridique de la communauté entre époux[461], les biens qui composent son actif ne font par définition pas l'objet d'une appropriation exclusive par chacun d'eux, ce qui rend nécessaire de fixer leurs pouvoirs respectifs.

Quant aux biens propres, en régime légal, ou personnels, en régime de séparation de biens, la solution de principe est sans doute celle de la coïncidence entre propriété et pouvoir[462], mais elle laisse place à de multiples hypothèses de distribution différente des pouvoirs entre époux, soit par leur volonté, soit par l'effet d'un transfert judiciaire, soit en vertu d'une disposition expresse de la loi dans le but de tenir compte d'autres intérêts que celui de l'époux titulaire du droit de propriété.

124.– Ces questions occupent une grande place en droit français des régimes matrimoniaux[463], sans que l'on puisse considérer, d'ailleurs, qu'elles y reçoivent toujours des solutions satisfaisantes. En la forme, on reproche à celles-ci d'être parfois mal formulées, ce qui génère une certaine confusion, dans le régime légal, entre les questions de pouvoir et celles de qualification des biens[464]. Sur le fond, le pouvoir conféré à chacun des époux d'engager la totalité de la communauté[465] (pouvoir dit de gestion « passive »), et donc de ruiner son conjoint en cas de mauvaises affaires, est à juste titre jugé excessif[466], et des propositions fleurissent visant soit à redistribuer les pouvoirs de gestion entre époux[467], soit à laisser ces derniers libres d'adopter une séparation de biens comportant une dose de communauté librement définie[468].

125.– La matière n'a donc pas encore trouvé son point d'équilibre, sa longue évolution n'est pas terminée. Il est notable que cela n'est pas dû principalement aux questions de *propriété*. Sur ce point, le droit des régimes matrimoniaux a peu évolué sur le long terme ; l'opposition des régimes séparatiste et communautaire est connue depuis le Moyen-Âge, et si la disparition du régime dotal, l'apparition de la participation aux acquêts, ou l'adoption du régime légal de communauté réduite aux acquêts ont été des changements importants[469], ces questions semblent s'être aujourd'hui stabilisées[470].

---

[461] A. Colomer, ouvr. préc., n° 401 s. ; v. *infra*, note 680.

[462] C. civ., art. 225, 1403 et 1428, 1536 al. 1er et 1569 al. 1er.

[463] « L'un des principaux objets de tout régime matrimonial est d'organiser entre les époux une répartition des pouvoirs relatifs à l'administration de leurs biens » (J. Flour et G. Champenois, ouvr. préc., n° 99).

[464] Nous pensons à la question des gains et salaires, ainsi qu'au problème posé par la distinction du titre et de la finance : v. *infra*, n° 250 et 236.

[465] C. civ., art. 1413.

[466] Ex. : F. Dekeuwer-Défossez, *Droit commercial*, 8e éd., 2005, n° 187.

[467] Ph. Simler, *Pour un autre régime matrimonial légal*, in L'avenir du droit, Mélanges en hommage à François Terré, 1999, p. 456.

[468] B. Beignier, *Séparation de biens avec société d'acquêts : la solution québécoise*, Droit de la famille, janvier 1997, p. 4.

[469] Quoique de nature essentiellement technique. Le régime dotal était tombé en quasi-désuétude lorsqu'il a été supprimé, en 1965. La participation aux acquêts reste peu pratiquée. La présomption d'acquêt

Ce qui a agité et continue à agiter le droit des régimes matrimoniaux, c'est la question du *pouvoir* car, pendant le mariage, le pouvoir constitue le vrai sinon le seul enjeu de la propriété. Savoir quels sont les pouvoirs respectifs des époux pour ce qui est d'administrer, jouir, disposer de leurs biens personnels, propres, ou communs, et pour les offrir en gage aux créanciers, a été depuis toujours l'objet d'une évolution permanente (toutes les réformes des régimes matrimoniaux depuis le Code civil y ont été exclusivement consacrées)[471] et fait encore aujourd'hui l'objet de débat. L'instauration d'une complète égalité des époux n'a pas fait disparaître toutes les difficultés. Une fois l'inégalité supprimée, une autre question se pose en effet : celle de savoir si chacun des époux peut engager la totalité de la communauté par ses dettes, autrement dit celle des limites à leur interdépendance.

126.– Ces difficultés sont au cœur de notre sujet, même si le pouvoir dont il s'agit n'est pas seulement, à l'évidence, celui de transmettre. Ce qui fait l'intérêt de l'examen de la question des rapports entre propriété et pouvoir en matière de régimes matrimoniaux est précisément qu'elle y tient une place centrale. Le choix de procéder à cet examen repose sur l'hypothèse que la notion de pouvoir est homogène (comme la propriété, d'ailleurs), et que l'exemple des régimes matrimoniaux permet de mieux la voir fonctionner[472].

127.– Quel est l'enjeu de la distinction entre propriété et pouvoir dans les régimes matrimoniaux ? Il est selon toute évidence de soustraire le pouvoir au jeu normal des règles de propriété.

Encore faut-il savoir de quelle propriété et de quel pouvoir il s'agit. Pour cela on peut partir d'une triple distinction, qui s'impose d'elle-même[473], entre trois grands types de pouvoirs : ceux qui s'exercent sur les biens propres ou personnels ; ceux qui ont pour objet les biens communs ; et les pouvoirs conférés par le régime matrimonial primaire, qui doivent être mis à part des deux autres puisqu'ils existent sous tous les régimes et peuvent donc porter sur tous les biens, communs, propres ou personnels.

128.– Cette autre distinction apporte plusieurs précisions à la question examinée. En premier lieu, doit-on parler de « pouvoir » pour désigner les prérogatives qui s'exercent sur les biens propres ou personnels à un époux ? N'est-on pas en présence, plus précisément, d'un « droit » subjectif, celui de propriété ? Cette question est embarrassante : on est bien, en effet, en présence d'un pouvoir, mais aussi d'un droit. Comment distinguer ces deux notions ? Quels sont leurs rapports respectifs ? Ces questions ne sont pas nouvelles : on a beaucoup de mal, et cela

---

(C. civ., art. 1402), a pour résultat que tout se passe souvent, par défaut de preuve, comme si la communauté était de meubles et d'acquêts (J. Carbonnier, *Essais sur les lois*, préc., p. 52-53).

[470] Les seules discussions notables semblent porter sur la place marginale réservée par la pratique au régime de participation aux acquêts, ainsi que sur la portée de la distinction du titre et de la finance en régime de communauté.

[471] À l'exception de celle de 1965, qui touchait également à la propriété.

[472] C'est ce qui explique l'importance que nous choisissons de leur accorder ici.

[473] Il est frappant que cette distinction mélange le critère de *l'objet* du pouvoir et celui de sa *source*.

depuis l'origine de la matière, à distinguer de façon nette le pouvoir de la propriété ; une des difficultés de ces développements sera de répondre à ces questions, de préciser la notion de pouvoir et les rapports qu'elle entretient avec des notions voisines mais distinctes, comme celle de propriété.

129.– En second lieu, on note que le pouvoir a parfois pour support la propriété (exclusive ou non : c'est le cas en ce qui concerne les deux premiers types de pouvoirs évoqués ci-dessus), mais pas toujours (pas pour ceux du régime primaire). Or, à partir du moment où le pouvoir n'est pas fondé sur la propriété[474], un risque de conflit apparaît avec celle-ci. On sait que la possibilité d'un tel conflit est créée pour gommer certaines conséquences du jeu des règles de propriété des différents régimes. Cela fait apparaître que le pouvoir est plus important que la propriété puisqu'il est utilisé pour contrecarrer certaines conséquences attachées au jeu de celle-ci.

130.– En troisième lieu, il est notable que les pouvoirs qui ne sont pas fondés sur un droit exclusif de propriété (ceux qui s'exercent sur les biens communs, ceux du régime primaire), quoique très différents, ont en commun de découler moins de la propriété que de la loi. Cela va sans dire pour ce qui est des pouvoirs du régime primaire. Cela est peu contestable pour les pouvoirs sur la communauté puisque la profonde évolution de la répartition des équilibres des pouvoirs entre époux, qui caractérise la matière depuis la fin du XIXe siècle (on est passé de l'omnipotence du mari à la stricte égalité des époux), s'est faite indépendamment de la propriété.

Or, si c'est la loi qui commande les répartitions de pouvoir sur les biens communs[475], c'est que la propriété[476] n'a plus à leur égard cette fonction, que sa vraie fonction est seulement classificatoire (elle permet d'identifier les biens soumis en principe au régime de pouvoir des biens communs), ainsi que de fonder le droit au partage à la dissolution du mariage[477]. Et dès lors que la fonction de la propriété des biens communs est, pendant le mariage, de servir de support au pouvoir, on peut en faire l'économie pour conférer des pouvoirs aux époux : telle est l'explication aussi bien du développement du régime matrimonial primaire que des réflexions en cours sur l'évolution du régime de communauté[478].

131.– Il s'agit là de l'ultime étape de l'évolution de la matière, caractérisée par un détachement croissant du pouvoir par rapport à la propriété. Toute l'histoire du droit des régimes matrimoniaux, peut-on dire, montre que la notion de pouvoir a été construite en opposition avec celle de propriété, comme une limite apportée à

---

474 Le pouvoir sur les biens communs n'est fondé qu'en apparence sur la propriété ; en réalité, il s'agit d'un pouvoir d'origine légale (*infra*, n° 130). Il n'en demeure pas moins qu'il existe un régime de principe du pouvoir sur les biens communs, auquel d'autres règles légales apportent parfois des dérogations (*infra*, n° 264 s.).

475 Les pouvoirs légaux ont un domaine plus large puisque, nous l'avons relevé, le régime matrimonial primaire est applicable sous tous les régimes.

476 La jurisprudence a consacré la solution selon laquelle chacun des époux est titulaire d'un droit réel sur les biens communs : v. *infra*, n° 144, note 535.

477 Ce qui est évidemment tout à fait fondamental.

478 V. *infra*, n° 228 s.

celle-ci, et cela dans l'intérêt du mari jusqu'à la fin du XIXe siècle, dans celui des deux époux depuis.

Il est vrai que jusqu'à une date récente (jusqu'aux réformes de 1965 et 1985), cette évolution est restée liée à celle du statut de la femme mariée, c'est-à-dire à un statut d'infériorité juridique par rapport au mari. L'omnipotence de ce dernier était d'abord une donnée sociologique, une donnée de fait, ce qu'atteste l'extrême variété des mécanismes qui ont été invoqués, au fil du temps, pour l'expliquer ou lui tenir lieu de fondement : *manus*, *mundium*, saisine voire appropriation des biens de la femme, incapacité de celle-ci, ou plus proche de nous, usufruit sur les biens propres par une communauté dont le mari est le seul administrateur. Par delà leur diversité, ces différents mécanismes juridiques ont tous la même fonction, ou consacrent le même résultat : conférer au seul mari le pouvoir de gérer et disposer des biens du ménage. Et cela tant en en droit romain que dans l'ancien droit et dans le régime du Code civil.

132.– Il faut mettre à part l'ancien droit romain. La famille y est de type patriarcal, elle repose sur la parenté agnatique (c'est-à-dire masculine), ne comporte qu'un seul patrimoine, et ce sont les rapports de puissance qui la fondent. Le mariage *cum manu* fait passer la femme sous la puissance (*manus*) de son mari s'il est *sui juris*, ou du *pater* de celui-ci si le mari est encore lui-même en puissance (*alieni juris*). « Soumise à la même incapacité que ses enfants, la femme n'a aucun droit patrimonial »[479]. Elle n'a ni propriété, ni pouvoir. La question de l'articulation entre propriété et pouvoir ne pouvait évidemment pas se poser pour les époux dans un tel contexte

133.– À l'époque classique, seul subsiste le mariage *sine manu* qui ne fait pas entrer la femme dans la famille de son mari mais la laisse sous la dépendance de son *pater*, si elle est *alieni juris*, ou indépendante de son mari, si elle est *sui juris* ou le devient après le mariage. Les époux ne peuvent donc être que séparés de biens, sauf pour la femme à participer à l'entretien du ménage. Le régime dotal[480] concilie ces deux exigences contradictoires : la femme *sui juris* reste propriétaire et gère en toute indépendance ses biens paraphernaux[481] ; elle apporte la propriété des biens dotaux au mari, et l'évolution des pouvoirs attachés à ceux-ci préfigure celle, plus générale, de la matière. À l'origine, le mari peut disposer librement de la dot de la femme, comme de ses autres biens avec lesquels elle se confond. Aucune restitution n'est prévue à la dissolution. En cas de prédécès, il est simplement d'usage que la femme

---

[479] P. Timbal, *Droit romain et ancien droit, Régimes matrimoniaux, successions et libéralités*, Dalloz, 1960, n° 10.

[480] Ce régime est caractérisé par l'existence de deux masses de biens apportés par la femme : ceux remis au mari pour contribuer aux dépenses du ménage et à l'éducation des enfants, qui constituent la *dot* ; et les autres biens, dits *paraphernaux*, dont elle reste propriétaire. La dot ne doit pas être confondue avec la *donation nuptiale*, qui consistait (au Bas-Empire) en l'affectation par le mari d'une partie de ses biens à l'entretien de la femme.

[481] La femme exerce alors sa pleine capacité sous réserve de toute *intercessio*, c'est-à-dire de tout engagement pour autrui, notamment en faveur de son mari pour renforcer le crédit de celui-ci ; la règle est posée par le fameux Senatus-consulte Velléien, fondé sur l'idée de la faiblesse du sexe féminin (*imbecillitas sexus*) (Petot, *Les incapables*, cours d'histoire du droit privé, DES histoire du droit et droit romain, Les cours de droit, Paris, 1951-1952, p. 106. – P. Ourliac et J. de Malafosse, *Histoire du droit privé*, t. 3, *Le droit familial*, PUF 1968, p. 142).

bénéficie d'un legs tenant lieu de dot[482]. Puis, la fréquence des divorces fait qu'il devient de nécessité sociale (de nécessité démographique) que les femmes divorcées puissent se remarier, et pour cela qu'elles soient à même d'apporter des biens à leur nouvel époux, ce qui rend nécessaire de prévoir la restitution de la dot dans tous les cas de dissolution du mariage[483].

Cette créance de restitution entraîne d'importantes conséquences en la matière. Afin d'assurer son efficacité, les pouvoirs du mari sont contrôlés. Il administre toujours seul, mais il peut être tenu pour responsable de son dol, et même des fautes de gestion qu'il a commises[484]. Il lui est interdit d'aliéner les fonds dotaux sans l'assentiment de sa femme. Une sûreté est donnée à celle-ci pour garantir la restitution[485]. On le voit : du point de vue des limites aux pouvoirs du mari, les grands traits à venir de la matière (les pouvoirs au mari, les garanties à la femme) sont déjà fixés. La seule particularité du régime alors applicable est que le mari reste propriétaire de la dot. Mais l'est-il vraiment ? On en vient à considérer, dans le droit de Justinien, que son droit de propriété n'est maintenu que selon le droit civil, *secundum legem subtilitatem* : « en d'autres termes », selon un éminent auteur, « il n'a qu'une existence théorique. En fait, le mari est traité tout au plus comme un usufruitier »[486]. Peu importe en réalité qu'il soit ou non propriétaire, puisque tout se passe comme si la véritable *fonction* de cette propriété (ou de l'idée d'usufruit, retenue aujourd'hui) n'était que de fournir un *fondement technique* au pouvoir dont il reste investi.

134.– Les usages germaniques constituent un autre élément de la formation du droit des régimes matrimoniaux. Ils mettent la femme sous le *mundium*, l'autorité du mari, ce qui l'astreint à se faire assister ou représenter par celui-ci. Tous les biens des époux sont, pendant le mariage, sous sa maîtrise exclusive ; c'est lui qui gère les biens personnels de la femme, et administre également la dot dont il l'a gratifiée lors de la conclusion du mariage (*dos ex marito*)[487]. La femme n'a pas de pouvoir sur ses biens personnels. Elle n'exerce de pouvoir propre que si elle lui survit. Elle peut prétendre, alors, à un gain de survie, égal au tiers des conquêts, la *tercia collaborationnis*. Une fois tombé en désuétude, ce mécanisme est remplacé par le douaire, droit de jouissance viagère qu'exerce la veuve sur une quote-part des

---

482 *Legatum pro dote* (P. Timbal, ouvr. préc., n° 20, p. 13).

483 P. Petot, *Le régime de communauté entre époux*, cours d'histoire du droit privé, DES histoire du droit et droit romain, Les cours de droit, Paris, 1956-1957, p. 13.

484 P. Timbal, ouvr. préc.., n° 28, p. 16. « Le trait dominant du régime romain des biens entre époux, c'est l'omnipotence du mari (...) comme compensation de ce pouvoir absolu du mari, le droit romain a établi au profit de la femme tout un système de garanties contre la mauvaise gestion du mari ... » (E. Meynial, *Le régime des biens entre époux*, cours d'histoire de droit privé, DES droit privé, Les cours de droit, Paris, 1929-1930, p. 133).

485 Sous Justinien, elle prit la forme (en 531) d'une hypothèque générale primant toutes les autres hypothèques grevant les biens du mari, ce qui constituait un excès qui, comme on l'a dit, ruinait le crédit de tous les célibataires de l'Empire (P. Petot, *Le régime de communauté entre époux*, préc., p. 16).

486 P. Petot, *Le régime de communauté entre époux*, préc., p. 15. Même sens : Timbal note que « cette survivance verbale (de la propriété du mari) satisfait les doctrinaires sans tromper personne » (ouvr. préc., n° 31, p. 18).

487 À la différence de la dot romaine, apportée par la femme (*dos ex uxore*), la dot germanique provient du mari.

propres du mari prédécédé[488]. On voit[489] dans ce droit successoral, analysé en une reprise de biens communs, une origine possible du régime de communauté[490].

135.– Droit romain et coutumes germaniques mêlent leur influence dans l'ancien droit français. Les pays de droit écrit (et la Normandie) pratiquent le régime dotal. Si la femme, désormais, est réputée propriétaire de la dot[491], cela ne change rien à la répartition des pouvoirs. Le mari, en effet, est usufruitier[492] des biens dotaux et en a l'administration. Cela lui donne pouvoir sur tous les biens du ménage car les paraphernaux disparaissent, la femme constituant en dot tous ses biens ; en contrepartie de ce pouvoir absolu, il existe tout un système de garanties contre la mauvaise gestion du mari.

Les pays de coutume sont communautaires à partir du XIIIe siècle. Le mari a un pouvoir de disposition entière sur les biens communs (il en est « seigneur et maître »)[493]. Il a également un large pouvoir d'administration sur les propres de la femme, alors même qu'elle en conserve la propriété : « dans la confusion technique des notions d'usage et de propriété à cette époque, (il) se traduit par le droit d'aliénation pour la durée de la propriété »[494]. À partir des XIVe et XVe siècles, on note un changement dans le statut de la femme. Jusque là, il n'y a pas nullité des engagements qu'elle souscrit sans l'autorisation du mari ; elle en reste tenue après la dissolution du mariage[495] : « quand le mariage est dissous, la femme revient, comme dit Beaumanoir, *en sa pleine propriété, en son franc pouvoir* »[496]. Il s'agit de respecter l'autorité du mari, non de sanctionner la faiblesse du sexe, autrement dit il s'agit d'absence de pouvoir, non d'incapacité.

Au XVIe siècle, en revanche, la femme mariée devient incapable, et elle le restera sous le régime du Code civil. La théorie de l'incapacité de la femme mariée[497]

---

[488] P. Petot, *Le régime de communauté entre époux*, cours préc., 1956-1957, p. 80 s.

[489] E. Meynial, *Le régime des biens entre époux*, cours préc., p. 82 et 119. – Mazeaud et de Juglart, *Leçons de droit civil*, t. 4, 1er vol., *Régimes matrimoniaux*, 1982, n° 90.

[490] Ce qui est simplificateur car « dans tout notre ancien droit privé, il y a peu de problèmes plus discutés que celui de l'origine de la communauté entre époux » (M. Petot, *Le mariage et ses effets civils*, cours d'histoire de droit privé, DES droit privé, Les cours de droit, Paris, 1953-1954, p. 161).

[491] Meynial, cours préc., p. 235.

[492] Usufruitier : soulignons que le mécanisme du pouvoir change seulement de support technique ; il ne s'agit plus du droit de propriété mais du droit réel d'usufruit.

[493] Coutume de Paris de 1580, art. 225 ; la doctrine relie cette formule à celle, antérieure, de Beaumanoir : « Tous les meubles sont à l'homme le mariage durant » (Meynial, cours préc., p. 135).

[494] Meynial, cours préc., p. 133. – « Comme chef du ménage, le mari possède la saisine de tous les propres, de ceux de sa femme comme des siens » : P. Petot, cours préc., 1956-1957, p. 77. La *saisine* désignait au Moyen-Âge un mécanisme qui se situe à mi-chemin entre nos concepts actuels de propriété et de pouvoir. Il n'en reste pas moins que la femme demeure en principe propriétaire de ses propres, et peut donc s'opposer à leur aliénation par le mari.

[495] On ne peut pas poursuivre la femme pendant le mariage à l'occasion de dettes contractées sans autorisation maritale (Ourliac et de Malafosse, ouvr. préc., p. 131 et 145).

[496] P. Petot, cours préc., 1956-1957, p. 70 (souligné par nous). L'expression semble illustrer le fait que les deux notions étaient mal distinguées (c'est que le pouvoir – la *potestas*, le *dominium* – était alors encore la propriété même !).

[497] Sur laquelle : P. Petot, *Les incapables*, cours préc., 1951-1952, p. 125 s. – Ourliac et de Malafosse, ouvr. préc., p. 145 s.

coïncide avec la renaissance du droit romain[498] ; le paradoxe est que la réglementation romaine du régime dotal, mal comprise, est superposée aux données coutumières du régime de communauté :

> « *Par exemple, observez les pouvoirs du mari : Beaumanoir nous les indique exactement et par le menu, mais il ne dit pas fermement sur quelle base dogmatique ils sont fondés. Il ne construit pas sa doctrine. Les pouvoirs du mari* commun, *on va tâcher ou bien de les assimiler à ceux du mari* dotal *propriétaire, ou bien de les calquer sur ceux d'un administrateur des biens d'autrui, comme par exemple le tuteur* »[499].

136.– Le Code civil de 1804 laisse aux époux le choix entre les régimes de communauté et le régime dotal, en consacrant comme régime légal celui de la Coutume de Paris, la communauté de meubles et acquêts. Il en reprend l'économie générale, répudiant les audaces du premier projet de Cambacérès[500]. Le mari est omnipotent (il « administre seul les biens de la communauté. Il peut les vendre, aliéner et hypothéquer sans le concours de la femme »[501]), au point que l'on se demande si la communauté n'est pas sa propriété[502] ; la femme (qui garde ses traditionnelles garanties)[503] est frappée d'incapacité[504]. Les deux propositions sont liées, le principe de l'unité de gestion par le mari des biens communs ainsi que des propres de la femme[505] étant regardé comme l'effet ou la cause de l'incapacité de cette dernière[506].

En réalité cette incapacité n'est pas totale car de multiples atteintes lui sont apportées par la pratique[507], par des mesures nouvelles qui sont prises à la fin du XIXe[508], et surtout par l'institution en 1907 des *biens réservés*. Sont ainsi désignés les biens acquis par la femme au moyen des économies réalisées sur les gains qu'elle retire de l'exercice d'une profession séparée. Ces biens sont réservés, sous tous les régimes, à son administration, à sa jouissance et à sa disposition, ce qui déroge à la fois à son

---

[498] *I. e.* la renaissance (au XIIe siècle en Italie, et qui n'a produit son effet qu'au cours des XIVe et XVe siècles) de l'enseignement du droit de Justinien (VIe siècle).

[499] E. Meynial, cours préc., p. 134 (souligné par nous).

[500] Qui place les époux sur un plan d'égalité parfaite : « Les époux ont et exercent un droit égal pour l'administration de leurs biens » (art. 11) (cité in Cornu, *Régimes matrimoniaux*, préc., n° 5, p. 47).

[501] C. civ., art. 1421, réd. 1804.

[502] En ce sens, not. : Toullier, *Le droit civil français suivant l'ordre du code*, t. 12, 1823 (v. *infra*, n° 183).

[503] Hypothèque légale sur les biens du mari. Possibilité de recourir à la séparation de biens, en cours de mariage, pour sanctionner la mauvaise gestion du mari. À la dissolution du régime, obligation aux dettes de la communauté à concurrence seulement de son émolument (C. civ. 1804, art. 1483), et faculté de renoncer à la communauté (C. civ. 1804, art. 1453 s.).

[504] « Les incapables de contracter sont : (...) les femmes mariées, dans les cas exprimés par la loi » (C. civ. art. 1124, réd. 1804).

[505] « Le mari a l'administration de tous les biens personnels de la femme (...) Il ne peut aliéner les immeubles de sa femme sans son consentement. Il est responsable de tout dépérissement des biens personnels de sa femme, causé par défaut d'actes conservatoires » (C. civ., art. 1428, réd. 1804).

[506] J. Flour et G. Champenois, ouvr. préc., n° 7, p. 6.

[507] Le jeu de l'hypothèque légale sur les biens du mari constitue pour la femme un instrument de pouvoir non négligeable, car elle peut y renoncer et les créanciers exigent donc systématiquement cette renonciation pour traiter avec le mari (Mazeaud et de Juglart, ouvr. préc., n° 18).

[508] Droit d'ouvrir et faire fonctionner seule un livret de caisse d'épargne (lois du 9 avril 1881 et 20 juillet 1895), droit de faire des versements à la caisse de retraite (loi 20 juillet 1896).

incapacité et aux pouvoirs du mari. En régime de communauté, il s'agit d'acquêts, donc de biens communs[509]. Il en résulte que le critère du caractère commun d'un bien n'est pas, comme on le pensait jusqu'alors, son administration[510] par le mari (l'unité de gestion), c'est-à-dire le pouvoir, mais le partage du bien à la dissolution du régime. L'idée même de biens réservés montre d'ailleurs de façon éclatante que la répartition des pouvoirs entre époux est indépendante de la propriété, puisqu'ils bouleversent cette répartition sans toucher à la propriété. Le divorce entre propriété et pouvoir est d'ailleurs porté à son comble puisqu'il est prévu que la femme a sur ses biens réservés les mêmes « droits » que la femme séparée de biens sur ses biens personnels[511], alors que cette dernière en a la propriété exclusive.

137.– Les étapes suivantes de l'évolution illustrent bien la même idée. En 1938, une loi supprime l'incapacité de la femme mariée, mais sans modifier les pouvoirs du mari[512] : « *La femme mariée a le plein exercice de sa capacité civile. Les restrictions à cet exercice ne peuvent résulter que de limitations légales ou du régime matrimonial qu'elle a adopté* »[513]. Une importance considérable est ainsi donnée à la distinction entre capacité et pouvoir, passée presqu'inaperçue jusqu'alors, même si elle était bien connue en droit allemand depuis l'entrée en vigueur du BGB, en 1900[514].

La loi du 22 septembre 1942 supprime toute restriction de pouvoir de la femme en régime de séparation de biens. Sous tous les régimes, elle lui confère le pouvoir d'engager les biens communs par les dettes qu'elle contracte pour l'intérêt du ménage ou les besoins de sa profession[515], et elle introduit les mécanismes d'habilitation judiciaire des articles 217 et 219[516]. Cependant le régime de communauté reste caractérisé – en dehors des biens réservés – par l'unité de gestion au profit du mari[517], unité élargie par l'existence d'une présomption de

---

509 Ils entrent dans la masse partageable, à la dissolution du régime, si la femme accepte la communauté (P. Serlooten, *Les biens réservés*, LGDJ, B. droit. privé, 1973, n° 178, p. 173).

510 « Administration » au sens de l'art. 1421 C. civ., réd. 1804, pas au sens de l'art. 1428 (v. *supra*, n° 136).

511 Loi du 13 juillet 1907, art. 1er ; C. civ., art. 224 al. 2, réd. L. 22 sept. 1942 (nous mettons « droits » entre guillemets car il s'agit en réalité de pouvoirs : *infra*, n° 170). La loi de 1965 a supprimé cette règle et aligné les pouvoirs de la femme sur ceux du mari à l'égard des autres biens communs (C. civ., art. 224 al. 2 et 1425, réd. L. 13 juillet 1965).

512 Leur fondement, cependant, devenait dès lors problématique : « L'administration du patrimoine de la femme par le mari s'accordait fort bien avec l'incapacité de la femme mariée. Du jour où cette incapacité a disparu, le système est devenu incohérent » (Planiol, *Traité élémentaire de droit civil*, t. 3, 4e éd., 1951, par Ripert et Boulanger, n° 617, p. 211).

513 C. civ., art. 215, réd. L. 13 juillet 1938. Il est notable que ce texte dénote une mauvaise maîtrise de la distinction entre pouvoir et capacité car, contrairement à ce qu'il suggère, les restrictions dont il s'agit concernent seulement les pouvoirs, et non pas la capacité elle-même.

514 Car ce code consacrait à la fois la capacité de la femme et le pouvoir de décision du mari dans toutes les affaires de la vie commune conjugale. V. L. Lyon-Caen, *La femme mariée allemande*, éd. Rousseau 1903. – R. Nillus, *Capacité et pouvoirs de la femme mariée en Allemagne et en France*, th. Paris, dir. Niboyet, éd. Rousseau 1937.

515 C. civ., art. 225 al. 3, réd. loi 22 juillet 1942.

516 V. *infra*, n° 307 et 298.

517 C. civ., ancien art. 1421 (cité *supra*, n° 136). Le mari perd seulement le droit de disposer des biens communs entre vifs à titre gratuit sans le consentement de la femme (C. civ., art. 1422, réd. L. 1942).

communauté[518] car elle fonctionne comme une présomption de pouvoir[519] et empêche la femme d'exercer ceux qui lui ont été accordés. Par ailleurs, le mari conserve le pouvoir d'administrer[520] les propres de la femme[521]. Il est seulement prévu que, s'il est hors d'état de manifester sa volonté, la femme peut être habilitée en justice à le représenter dans l'exercice de ces « pouvoirs »[522].

138.– Le concept de pouvoir n'est donc plus confondu par les textes, à partir de cette époque, avec la notion voisine de capacité. L'utilisation qui en est faite reste marquée par une conception d'infériorité de la femme qui va disparaître en deux étapes, 1965 et 1985. La loi du 13 juillet 1965 est une illustration parfaite de l'*évolution séparée* des notions de propriété et de pouvoir : si elle conserve, en effet, le régime de communauté[523] « en tant que mode de répartition des biens », elle le bouleverse « en tant que mode de répartition des pouvoirs »[524]. Chaque époux administre désormais séparément ses biens propres ; sur ce plan, c'est d'ailleurs la propriété qui est conçue en fonction des pouvoirs, et non l'inverse : afin de conférer à la femme de pleins pouvoirs sur ses propres, on supprime, en effet, l'usufruit de la communauté sur les propres des époux[525]. Quant aux biens communs, leur administration est conjointe pour les actes importants, le mari gardant pour la gestion courante un pouvoir exclusif, supprimé depuis (ainsi que les biens réservés, devenus inutiles) par la loi du 23 décembre 1985 qui, elle aussi, fait évoluer la répartition des pouvoirs indépendamment de la propriété.

Distingué de la propriété, le pouvoir l'est aussi avec netteté de la capacité : « *Chaque époux a la pleine capacité de droit ; mais ses droits et pouvoirs peuvent être limités par l'effet du régime matrimonial et des dispositions du présent chapitre* »[526] est-il précisé dans les règles communes à tous les époux, lesquelles sont relatives aux seuls pouvoirs, indépendamment de toute idée de qualification des biens.

139.– Ce bref tableau de l'évolution du droit des régimes matrimoniaux confirme, d'un côté, leur « tendance très marquée à la banalisation » par rapport aux solutions du droit commun[527]. Les séquelles du statut d'infériorité de la femme mariée ont disparu. Le concept de pouvoir, aujourd'hui utilisé en tant que tel dans les textes,

---

[518] C. civ., art. 1402 et 1499.

[519] A. Ponsard, *La présomption de communauté*, RTD civ. 1948, p. 387.

[520] D'administrer mais non de disposer : C. civ., anciens art. 1401,2° et 1428 (préc., *supra*, note 505).

[521] La femme n'étant plus incapable, ces pouvoirs sont expliqués faute de mieux par l'affectation à la communauté de la jouissance des biens propres : « Le mari est gérant de la masse commune ; il a donc le droit de recueillir les fruit et revenus des propres de la femme. Bien qu'il n'y ait pas de véritable usufruit, le droit de jouissance de la communauté donne au mari la situation d'un usufruitier » (Planiol, Ripert et Boulanger, ouvr. préc., n° 618, p. 211).

[522] C'est le terme employé dans l'art. 1427 C. civ., réd. L. 1942.

[523] Réduite désormais aux acquêts (C. civ., art. 1401).

[524] J. Flour et G. Champenois, ouvr. préc., n° 29, p. 22.

[525] Patarin et Morin, *La réforme des régimes matrimoniaux*, t. 1, 4e éd., 1977, n° 97, p. 104. – J. Flour et G. Champenois, ouvr. préc., n° 389, p. 384. – Cf. *infra*, n° 257.

[526] C. civ., art. 216.

[527] L'image est du professeur Colomer, *La réforme de la réforme des régimes matrimoniaux, ou : vingt ans après (premières réflexions sur la loi du 23 décembre 1985)*, D. 1986, chron., p. 57.

n'est plus confondu par le législateur avec ceux de propriété et de capacité. Le principe est désormais celui de la coïncidence entre pouvoir et propriété[528].

Une autre leçon est cependant la forte originalité de la notion de pouvoir. Depuis l'origine, le pouvoir est un enjeu essentiel du droit des régimes matrimoniaux, et le fait qu'il ait reçu au fil du temps des fondements très variables montre bien qu'il s'agit d'une donnée indépendante de ce fondement, inhérente à la notion même de régime matrimonial. Cela explique au reste que la législation contemporaine ne se préoccupe plus de lui assigner un fondement spécifique, et se contente de le faire découler de l'effet normatif de la loi. Ainsi s'explique son étonnante adaptabilité : d'abord privilège du mari, il est aujourd'hui au service des deux époux ; et il s'exerce sur tous les biens des époux, sous tous les régimes.

Cela confirme que la banalisation du statut patrimonial des époux ne saurait être complète . De nombreuses règles – qui ne sont plus fondées sur l'inégalité des époux – manifestent une totale indépendance des notions de pouvoir et de propriété, et confèrent un pouvoir détaché tant de la propriété que de la représentation. Il est par ailleurs remarquable qu'une tendance se manifeste à considérer que les règles relatives au pouvoir sont impératives, contrairement à celles qui concernent la composition des différentes masses[529].

140.– On paraît donc bien être en présence d'une *notion* juridique autonome, qu'il faut appréhender avec toute la clarté nécessaire, afin d'en faire apparaître la *fonction* spécifique.

C'est à partir de ces deux questions que les rapports entre titularité du droit et pouvoir dans les régimes matrimoniaux seront successivement examinés :

Sous-titre premier : Titularité et notion de pouvoir
Sous-titre second : Titularité et fonctions du pouvoir

---

[528] En ce sens que la titularité et le régime du pouvoir sur un bien dépend, en principe, de sa qualification (propre, ou commun). Ce principe est cependant loin d'être d'application générale.

[529] Il a déjà été jugé que « les dispositions de l'art. 1415 sont impératives » (Cass. civ. 1re, 3 mai 2000 : Bull. civ. 1, n° 125 ; D. 2000 p. 546, note J. Thierry, et 2001, somm. p. 693 obs. L. Aynès ; JCP 2001, I, 257, obs. Ph. Simler ; JCP N 2000,1615, note s. Piédelièvre et 2001.26 note J. Casey ; Defrénois 2001 p. 1185, obs. G. Champenois ; Dr. Famille 2000 n° 88, note s. Tougne). L'idée retenue en doctrine est que « la propriété serait libre et le pouvoir restreint » (B. Vareille, obs. RTD civ., 2000, p. 890), autrement dit que la première relèverait du supplétif et le second de l'ordre public matrimonial.

SOUS-TITRE PREMIER

TITULARITÉ ET NOTION DE POUVOIR

141.– La notion juridique de pouvoir ne paraît pas avoir été étudiée en tant que telle dans les régimes matrimoniaux, bien qu'elle y joue un rôle central. Cela s'explique peut-être par le fait qu'elle se confond avec leur étude même, ou bien, à l'inverse, parce qu'elle n'est pas spécifique à la matière.

Nous voudrions esquisser ici cette étude, en présentant d'abord les pouvoirs dans leur variété (Chapitre premier), puis en nous efforçant d'en faire l'analyse juridique (Chapitre second).

CHAPITRE PREMIER

VARIÉTÉ DES POUVOIRS

142.– Seul nous intéresse le pouvoir de transférer la titularité du droit, la « propriété », mais on ne peut en saisir la spécificité qu'en le considérant dans un contexte plus large. Le pouvoir est une notion multiforme en matière de régimes matrimoniaux. Cette diversité tient à la variété des situations de pouvoirs (Section I) et à celle du contenu des pouvoirs (Section II).

SECTION I

VARIÉTÉ DES SITUATIONS DE POUVOIR

143.– La propriété met son titulaire en situation de pouvoir. Cependant, si cette relation entre propriété et pouvoir constitue le plus souvent la règle, elle n'est ni toujours nécessaire, ni forcément suffisante. En matière de régimes matrimoniaux, les rapports entre pouvoir et propriété peuvent en effet se présenter en termes très différents. Si l'on s'en tient au schéma simple consistant à distinguer selon qu'il y a propriété ou non, selon qu'il y a pouvoir ou pas, quatre situations doivent être distinguées. Il peut y avoir en premier lieu, sans doute, coïncidence entre *propriété et pouvoir*, en ce sens que le titulaire du droit de propriété sur un bien considéré est également titulaire du pouvoir sur ce bien. C'est l'hypothèse de base, celle qui s'applique aux biens personnels de chacun des époux.

En second lieu, il peut y avoir cependant aussi, plus étonnamment, *propriété sans pouvoir*. Il en est ainsi, particulièrement, dans l'hypothèse prévue par l'article 215 alinéa 3 du Code civil aux termes duquel les époux ne peuvent l'un sans l'autre disposer des droits par lesquels est assuré le logement de la famille, ni des meubles meublants dont il est garni, même lorsque l'immeuble où est installé ce logement est la propriété personnelle de l'un des époux[530]. Il en est ainsi également, en application de la présomption bancaire de l'article l'article 221, à l'égard des deniers communs, voire propres ou personnels à son conjoint, qu'un époux dépose sur un compte

[530] V. *infra*, n° 277 s. et 329 s.

bancaire personnel[531]. On voit bien, en effet, qu'en pareils cas le pouvoir de l'époux propriétaire sur son bien est restreint par celui qui est conféré à son conjoint.

Il est vrai que, considéré du point de vue de ce dernier, on est alors en présence – en troisième lieu – d'un *pouvoir sans propriété*. Plus généralement, cette hypothèse se rencontre à l'égard des biens communs, puisqu'aux termes de l'article 1421 du Code civil, sous réserve des articles 1422 à 1425, c'est-à-dire les biens les plus importants et les actes translatifs les plus importants, chaque époux a séparément le pouvoir de disposer seul des biens communs (gestion concurrente) alors qu'il n'en a clairement pas la propriété privative[532].

Il reste, en dernier lieu, à marquer la place de l'hypothèse où il y a à la fois *non-propriété et non-pouvoir*, qui correspond à la situation de chacun des époux sur les biens propres ou personnels de son conjoint[533].

144.– Cette première grille de lecture de la matière a l'intérêt d'en faire apparaître les lignes de force mais présente l'inconvénient d'être beaucoup trop schématique. Elle doit donc être précisée.

À l'égard des biens communs, particulièrement, il ne suffit pas de distinguer selon qu'il y a ou non pouvoir. La répartition des pouvoirs obéit à des schémas plus complexes car ils relèvent tantôt d'une gestion séparée (concurrente, ou exclusive), tantôt d'une gestion conjointe. Le principe est celui de la gestion concurrente, ainsi dénommée parce que le pouvoir d'administrer les biens communs et d'en disposer est accordé à l'un et l'autre époux : chacun est titulaire d'un *pouvoir [non-exclusif]* (« non-exclusif » puisqu'il n'exclut pas le pouvoir de l'autre ; mais « pouvoir », car il ne nécessite pas non plus l'intervention du pouvoir de l'autre). Ce principe ne s'applique pas aux actes nécessaires à l'exercice d'une profession séparée, lesquels relèvent du *pouvoir exclusif* de l'époux concerné. Ces deux types de pouvoirs deviennent inopérants lorsqu'il s'agit d'actes graves sur des biens importants, qu'aucun des deux époux ne peut accomplir sans l'autre (il y a, peut-on dire, *non-[pouvoir exclusif]*). Et, de même, il faut tenir compte du fait qu'aucun des époux n'a la propriété exclusive des biens communs, et donc faire la part, entre la propriété exclusive[534] (celle des propres de chacun des époux) et la non-propriété (autrement dit : les propres du conjoint), à la situation de *non-[propriété exclusive]* qui est celle des biens communs, si l'on considère qu'il s'agit d'une forme de propriété collective[535].

---

[531] Cass. Civ. 1re, 3 juillet 2001 : Bull. civ. I, n° 198 (v. *infra*, note 910).

[532] Rappr. *infra*, note 535. Certains auteurs ont soutenu que la communauté est un mode d'affectation des biens qui se traduit par un effacement de la propriété privative pendant le mariage (Planiol et Ripert, *Traité pratique de droit civil français*, t. 9, 1957, par Boulanger, n° 155-6).

[533] Sauf le jeu des dispositions du régime primaire : v. *infra*, n° 264.

[534] L'expression figure à l'article 1538 C. civ.

[535] La communauté est une indivision soumise à un régime particulier de pouvoirs. N'étant pas une indivision ordinaire, elle exclut l'application des articles 815 s. C. civ. (Cass. civ. 1re, 9 nov. 1993, n° 91-20290 : v. *infra*, note 696). Etant une indivision, aucune mutation de droits immobiliers sujette à publicité foncière n'est constituée lorsqu'un changement de régime matrimonial transforme un immeuble commun en immeuble indivis (Cass. civ. 1re, 6 juillet 2005, n° 01-17542 ; Defrénois 2005 p. 1514 obs.

S'il n'est pas utile de reprendre ici l'ensemble des cas de figure possibles, trois précisions peuvent, cependant, être utilement notées.

145.– En premier lieu, il apparaît qu'il peut y avoir pouvoir exclusif et propriété exclusive (c'est le pouvoir de chaque époux sur ses biens propres ou personnels)[536] mais aussi pouvoir exclusif et non-[propriété exclusive] (c'est l'hypothèse de gestion exclusive des biens communs professionnels prévue par l'article 1421 al. 2 du Code civil)[537]. Le rapprochement a l'intérêt de faire apparaître l'équivoque de l'idée de « pouvoir exclusif », car il est bien certain que l'exclusivité du pouvoir que chaque époux exerce sur ses biens personnels est plus énergique que celle du pouvoir qu'il détient sur les biens professionnels.

Elle l'est doublement. D'une part, le pouvoir exclusif sur les biens communs professionnels ne s'exerce que « *sous réserve des articles 1422 à 1425* » du Code civil[538], c'est-à-dire sous réserve des hypothèses de co-gestion, alors que celle-ci est inconnue – sauf exception[539] – en matière de biens personnels.

D'autre part, le pouvoir exclusif de l'article 1421 al. 2 ne fait pas obstacle à l'engagement des biens professionnels par l'époux qui n'exerce pas la profession considérée[540] : seule, donc, est exclusive pour l'application de l'article 1421 la gestion « active » (le pouvoir d'administrer et de disposer), et non la gestion « passive » (le pouvoir d'engager)[541]. Cela distingue radicalement la gestion « exclusive » des biens professionnels de celle des biens personnels puisque chacun des époux oblige seul – en règle générale[542] – ses biens personnels[543].

146.– En second lieu, le cas de non-pouvoir et de non-propriété doit lui-même être reconsidéré. Il est bien exact, en effet, que le principe est celui de l'absence de pouvoir en cas de non-propriété, c'est-à-dire sur les biens propres ou personnels du conjoint. Mais le législateur a introduit dans le régime primaire impératif des règles de *pouvoir [non-exclusif]* (ainsi que des *présomptions de pouvoir*, qui aboutissent au même résultat) affranchies de toute référence à la propriété, et qui peuvent donc être exercées sur les biens propres ou personnels du conjoint[544].

147.– En troisième lieu, une autre précision peut être notée en ce qui concerne l'hypothèse de *propriété sans pouvoir* du premier schéma. On voit maintenant qu'il

---

G. Champenois.- V. cep. Cass. civ. 1re, 7 mai 2001, D. 2001 p. 664, n. J. Thierry). Comp., pour une critique de la théorie de la communauté-indivision : Carbonnier, *Le régime matrimonial*, th. Bordeaux, 1932, p. 257 s.

536 Le caractère exclusif du pouvoir peut être aménagé par un mandat entre époux (C. civ., art. 219, 1431 s., 1539).

537 « L'époux qui exerce une profession séparée a seul le pouvoir d'accomplir les actes d'administration et de disposition nécessaires à celle-ci ».

538 C. civ., art. 1421 al. 3.

539 C. civ., art. 215 al. 3.

540 C. civ., art. 1413.

541 V. *infra*, n° 221.

542 Sous réserve des dettes ménagères : C. civ., art. 220.

543 C. civ., art. 225.

544 Ex. : C. civ., art. 220, 221, 222.

s'agit en réalité de *propriété exclusive* et de *non-[pouvoir exclusif]*. Là aussi, cependant, cette présentation est exagérément schématique. Si on se rapporte à la situation concrète dont il s'agit, c'est-à-dire à la protection du logement familial, il est en effet difficile de mettre sur le même plan le non-[pouvoir exclusif] de l'époux propriétaire de l'immeuble[545], qui consiste à disposer de l'immeuble sous réserve du consentement du conjoint, et celui de ce dernier, qui est seulement d'autoriser ou non l'aliénation.

L'examen de la variété des situations de pouvoir doit donc être complété par celui de la variété du contenu des pouvoirs.

SECTION II

VARIÉTÉ DU CONTENU DES POUVOIRS

148.– « Jouir et disposer » : telles sont les deux prérogatives attachées par l'article 544 du Code civil au droit de propriété, qui confère la plénitude des pouvoirs qu'une personne peut exercer sur une chose (*plena in re potestas*). Sur ce modèle, les époux jouissent et disposent de leurs biens. Cependant, les textes se réfèrent également au pouvoir de chacun d'eux d'*administrer* [546] ces biens, ainsi qu'à celui de les *obliger*[547]. Parfois, ils ne prévoient que la faculté d'apporter son *concours* ou *consentement*[548] à l'acte juridique accompli par l'autre époux. Tous ces pouvoirs ne doivent pas être mis sur le même plan.

§ 1. – ADMINISTRATION ET DISPOSITION

149.– Le terme *administration* peut être pris dans un sens large, non juridique, et englober de façon générale la gestion des biens, y compris les actes de disposition. C'est en ce sens qu'il est employé dans l'intitulé de la section du Code civil relative aux pouvoirs des époux dans le régime légal : « *Section II : De l'administration de la communauté et des biens propres* »[549]. En effet, les articles 1421 et suivants qui y sont regroupés sont relatifs aux pouvoirs d'administration stricto sensu mais aussi de disposition des époux[550].

---

[545] C'est pour le raisonnement que nous ne considérons ici que cette hypothèse. Le champ d'application de l'article 215 alinéa 3 est en effet beaucoup plus large : v. *infra*, n° 277 s.
[546] C. civ., art. 1428, 1536, 1569.
[547] C. civ., art. 220, 225.
[548] C. civ., art. 217.
[549] Section II de la première partie du chapitre II (Du régime en communauté) du titre IV (Du contrat de mariage et des régimes matrimoniaux) du Code civil. Le terme « administration » est pris dans le même sens large dans l'intitulé de la section II de la seconde partie du même chapitre (De la clause d'administration conjointe). Et également dans l'article 1873-6 C. civ. (« Le gérant administre l'indivision ... »).
[550] Cette solution avait été retenue pour l'application transitoire de la loi du 13 juillet 1965, laquelle prévoyait (art. 10, al. 2) que les époux mariés sans contrat avant le 1er février 1966 « seront soumis au droit nouveau en tout ce qui concerne *l'administration* » de leurs biens (v. réf. *in* Flour et Champenois, ouvr. préc., n° 223, p. 214). V. dans le même sens, pour l'interprétation de l'article 1425 dans sa rédaction antérieure à la loi du

Il n'est pas interdit de penser, par ailleurs, que c'est en ce sens large que doit également être entendue la notion d'administration dans l'article 1431 du Code civil qui dispose, in limine, que « Si, pendant le mariage, l'un des époux confie à l'autre l'administration de ses propres, les règles du mandat sont applicables ». Aucun principe n'interdit en effet à un époux de donner pouvoir au conjoint à l'effet d'accomplir un acte de disposition sur ses propres, dès lors que ce mandat est révocable[551].

150.– Il y a là une singularité. Stricto sensu, en effet, la notion d'administration s'oppose à celle de disposition. Il s'agit, avec l'acte conservatoire[552], des trois éléments de la trilogie classique des actes juridiques[553] fondée sur la gravité respective du risque auquel l'acte ainsi qualifié est censé exposer le patrimoine. Cette trilogie a pour berceau le droit des incapacités, mais elle intéresse de façon plus générale, notent les auteurs, « l'ensemble des hypothèses où une personne s'occupe du patrimoine d'autrui »[554].

151.– Il est notable que le droit des régimes matrimoniaux manie la distinction des actes d'administration et de disposition de deux façons très différentes : tantôt il l'utilise, tantôt il l'écarte. Il l'utilise en cas de modification de la répartition normale des pouvoirs. Ainsi, l'époux qui participe à la marche de l'exploitation agricole ou de l'entreprise commerciale ou artisanale dont son conjoint est le chef bénéficie d'une présomption de mandat d'accomplir les actes d'« administration »[555]. Ainsi, si un époux s'ingère dans les affaires de l'autre, il ne peut accomplir que des actes « d'administration »[556], non des actes de disposition. Ainsi, en cas d'atteinte à l'intérêt de la famille, un époux peut être dessaisi du pouvoir d'« administrer » ses biens propres[557], cette administration étant exercée en son nom par un représentant. Ainsi, dans le même cas, mais sous tous les régimes, interdiction peut être faite à un époux d'accomplir sans le consentement du conjoint des actes de « disposition »[558].

Dans tous ces cas, on est renvoyé pour appliquer la mesure considérée aux problèmes bien connus qui découlent de la difficulté à localiser la frontière entre l'acte d'administration et l'acte de disposition[559]. L'acte d'administration touche

---

23 décembre 1985 : P. Serlooten, *Les biens réservés*, préc., n° 189, p. 185 s.

[551] C. civ., art. 225.

[552] Seul l'article 1503 C. civ. fait mention de l'acte conservatoire, pour ouvrir – très classiquement – à chaque époux la possibilité de l'accomplir sur les biens communs alors même qu'a été stipulée une clause d'administration conjointe.

[553] L'acte conservatoire peut être purement matériel : Cl. Brenner, *L'acte conservatoire*, 1999, n° 77 s.

[554] Malaurie, *Droit civil, Les personnes, les incapacités*, Defrénois, 2e éd., 2005, n° 518 p. 214. En matière de régimes matrimoniaux, la distinction est d'un usage beaucoup plus large puisque le Code civil prend le soin de préciser que chaque époux a l'administration et peut disposer librement de ses biens personnels (art. 225, 1536, 1569) ou de ses propres (art. 1428). V. sur ce point *infra*, n° 213.

[555] C. rur. art. L. 321-1 ; C. com. art. L. 121-6.

[556] C. civ., art. 1432 et 1540.

[557] Ainsi que la jouissance : C. civ., art. 1429.

[558] C. civ., art. 215 al. 3, 220-1 et 220-2.

[559] R. Verdot, *De l'influence du facteur économique sur la qualification des actes « d'administration » et de « disposition »*, RTD civ. 1968, p. 449. – F. Leduc, *L'acte d'administration : nature et fonction*, th. Bordeaux, 1991.

à l'exploitation, non à l'aliénation[560] des choses, aux fruits[561] à l'exclusion des fonds. Mais l'administration implique des achats, des ventes, tous actes qui sont des aliénations, et en conséquence des actes de disposition. Le critère doit donc bien être recherché non pas dans la nature de l'acte mais dans son degré de gravité, ce qui attache à la distinction les avantages de la souplesse, mais aussi les inconvénients de celle-ci[562]. Un cas pratiquement important est celui des baux, car donner à bail n'est pas une aliénation[563] mais n'en affecte pas moins l'utilisation du bien dont il s'agit.

152.– On comprend donc qu'en règle générale le droit des régimes matrimoniaux préfère écarter la distinction entre actes d'administration et de disposition, trop difficile à mettre en œuvre en l'absence de critère précis. Il confère aux époux communs en biens tant le pouvoir de disposer que celui d'administrer[564]. L'idée d'un régime spécial pour les actes les plus graves n'a pas été abandonnée. Ces actes, lorsqu'ils sont accomplis sur des biens communs, sont soumis à cogestion. Il s'agit cependant d'actes spécialement énumérés par la loi, ce qui coupe court aux difficultés attachées à la notion d'acte de disposition. On peut dire qu'au critère « administration/disposition » est substitué un critère de « gravité » dont on ne connaît pas le seuil mais dont on voit les effets dans l'énumération légale.

§ 2. – JOUISSANCE

153.– Classiquement, la jouissance de la chose est le fait de s'en approprier les fruits et revenus (*fructus*) ou d'en utiliser les avantages (*usus*). Ainsi le veut le Code civil, qui définit l'usufruit comme étant « le droit de *jouir* des choses dont un autre a la propriété »[565]. De fait, la jouissance des fruits des biens propres des époux, en régime de communauté, relevait jusqu'à la loi de 1965 du traditionnel usufruit de la communauté sur ces biens[566]. Aujourd'hui, chaque époux conserve la « jouissance » de ses propres[567] comme de ses biens personnels[568]. Cela signifie qu'il a seul le

---

[560] Pour l'application de l'article 215 al. 3 (acte de disposition du logement familial), la doctrine regarde comme étant de disposition « tout acte qui prive ou risque de priver la famille de son logement » : vente, apport en société, donation, mais aussi constitution d'hypothèque conventionnelle, ou mandat de vendre donné à un tiers (J. Flour et G. Champenois, ouvr. préc., n° 125, p. 116).

[561] Au pouvoir concurrent d'administrer est attachée la jouissance des biens communs par chacun des époux (pouvoir de percevoir les fruits, d'en donner quittance, de les conserver ou d'en disposer). Rappr. *infra*, n° 256 s.

[562] F. Zénati et Th. Revet, *Les biens*, préc., n° 105.

[563] Pas une aliénation de la propriété. Mais il n'en s'agit pas moins d'un acte constitutif de droit (*supra*, n° 19). Ainsi, par exemple, un tuteur peut donner à bail au nom du mineur (C. civ., art. 456) : cela implique qu'il ait la disposition du droit de jouissance sur les immeubles du mineur.

[564] C. civ., 1421 al. 1er et 1428 (rappr. art. 225, 1536 et 1569).

[565] « L'usufruit est le droit de jouir des choses dont un autre a la propriété, comme le propriétaire lui-même, mais à charge d'en conserver la substance » (C. civ., art. 578).

[566] La communauté, n'a pas de personnalité morale et, à proprement parler, elle ne saurait donc être titulaire d'un usufruit. L'expression s'était néanmoins imposée en raison de sa commodité.

[567] C. civ., art. 1428. Rappr. C. civ., art. 223 pour les gains et salaires.

[568] C. civ., art. 1536, 1569. La règle n'est pas d'ordre public, faute d'être reprise à l'article 225 (« Chacun des époux administre, oblige et aliène seul ses biens personnels ») ; J. Flour et G. Champenois, ouvr. préc., n° 105, p.95.

pouvoir d'en percevoir les revenus, les fruits et de les consommer[569]. Dans la communauté légale, cette question constitue cependant l'un des points les plus délicats du régime issu de la loi du 13 juillet 1965[570].

§ 3. – AUTORISATION

154.– Diverses dispositions subordonnent l'exercice d'une prérogative par un époux au concours ou au consentement de son conjoint. En la forme, il est précisé que les deux époux ne peuvent accomplir cette prérogative « l'un sans l'autre »[571], ou bien c'est le « consentement des deux époux » qui est exigé, ou encore celui de l'un d'eux[572]. Sur le fond, ces exigences n'ont pas toutes la même portée. Dans le cas du cautionnement et de l'emprunt, le consentement du conjoint n'est requis que pour l'extension du gage du cocontractant à l'ensemble des biens communs[573].

Dans tous les autres cas, le double consentement est exigé pour la validité même de l'opération. Ces autres cas relèvent de deux mécanismes différents : la cogestion et l'autorisation. La gestion conjointe par les deux époux, ou cogestion, est le régime des actes les plus graves, portant sur les biens communs les plus importants : les deux époux y sont parties ensemble. L'autorisation, en revanche, est l'acte par lequel le conjoint consent à la conclusion d'un acte auquel il n'a pas la qualité de partie. Par exemple, si le logement commun est en communauté, les deux époux le vendent ensemble, ils sont co-vendeurs (ou co-donateurs, ou co-bailleurs) ; alors que s'il est propre à l'un des époux, c'est celui-ci seul qui l'aliène avec l'autorisation de l'autre[574].

En pratique la distinction est moins claire qu'il peut paraître en premier lieu. La cogestion des articles 1422 et suivants du Code civil (le non-[pouvoir exclusif][575]) n'impose pas, en effet, que les époux soient tous deux parties à l'acte. L'un d'eux peut se borner à consentir sans s'engager personnellement, sans prendre la qualité de

---

[569] C. civ., art. 1403, al. 2.

[570] L'article 1428 confère à chaque époux commun en biens non pas un droit privatif de propriété mais simplement un pouvoir de perception et de disposition des revenus de ses propres. V. *infra*, n° 257.

[571] C. civ., art. 215 al. 3, 1422, 1424, 1425.

[572] C. civ., art. 220-1 (interdiction judiciaire d'actes de disposition sans le consentement du conjoint) ; C. civ., art. 1415 (subordination de l'engagement des biens communs au consentement exprès du conjoint en cas de cautionnement ou d'emprunt) ; C. com. art. L. 121-5 (subordination au consentement exprès du conjoint travaillant dans l'entreprise de la validité de l'aliénation ou de la constitution de droit réel sur les éléments du fonds de commerce ou de l'entreprise artisanale dépendant de la communauté) ; C. rur., art. L. 411-68 (subordination au consentement exprès du conjoint, lorsque les deux époux participent ensemble et de façon habituelle à une exploitation agricole, de la validité de l'acte par lequel l'époux titulaire du bail rural sur cette exploitation en accepte la résiliation, le cède, ou s'oblige à ne pas en demander le renouvellement).

[573] C. civ., art. 1415. Il ne s'agit donc pas de cogestion au sens strict, celle sanctionnée par la nullité de l'article 1427 en régime de communauté (ou de l'article 215 al. 3 sous tous les régimes).

[574] En ce sens : R. Cabrillac, *Droit civil, les régimes matrimoniaux*, Montchrestien, 5e éd. 2004, n° 42. Cf. *infra*, n° 278.

[575] V. *supra*, n° 144.

partie[576]. Dans ce cas, tout se passe comme s'il donnait une autorisation, comme s'il levait un droit de veto[577].

En réalité, il faut distinguer selon que l'initiative de l'acte juridique dont il s'agit peut être prise par l'un ou l'autre époux, ou bien qu'elle n'appartient qu'à l'un d'eux, l'autre disposant seulement d'un pouvoir de contrôle. Dans le premier cas, les époux choisissent librement entre cogestion et autorisation [578]. Dans le second cas, on est en présence d'un simple pouvoir d'autorisation. La distinction entre « consentement-participation » et « consentement-autorisation » retrouve alors une portée classificatoire[579]. Elle explique, notamment, que le pouvoir d'autoriser, lorsqu'il ne porte pas sur des biens communs[580], n'ait pas pour corollaire le pouvoir d'engager.

§ 4. – ENGAGEMENT

155.– Il n'a été question, jusqu'ici[581], que de l'aspect positif, actif, du pouvoir des époux : celui d'user, de donner à bail, d'aliéner la chose... Mais l'exercice de ce pouvoir peut également avoir pour conséquence de faire naître des dettes, un passif, dont répondent certains biens. À côté du pouvoir de gérer, *lato sensu*, il faut donc faire la place au pouvoir d'obliger les biens, de les faire entrer dans le gage des créanciers, de les engager. Ainsi qu'il a été justement souligné :

> « *Il est évident que le législateur de 1965 a fait une large place aux pouvoirs d'engagement des époux (...) À première analyse, la loi de 1965 ne distingue qu'entre composition et administration de la communauté, mais cette discrétion apparente de la loi sur le pouvoir d'engagement ne s'explique que par la volonté qu'elle a de respecter le plan initial du code. C'est en réalité aux textes relatifs au régime primaire et à la composition passive de la communauté qu'est réglée la poursuite des créanciers des époux, donc le pouvoir qu'a chacun d'eux d'offrir en gage général à ses créanciers certaines masses de biens* »[582].

156.– Cette approche doit être maniée avec prudence car la distinction entre s'obliger et disposer de ses biens n'est pas exempte d'ambiguïté. Certes, engager son patrimoine n'est pas engager un bien particulier. Ainsi s'explique l'application jurisprudentielle de l'article 215 alinéa 3 du Code civil, lequel dénie aux époux le

---

[576] J. Flour et G. Champenois, ouvr. préc., n° 373, p. 368.

[577] Avec cette conséquence qu'il ne s'oblige pas, car celui qui donne une simple autorisation ne s'engage pas personnellement (*Qui auctor est se non obligat* : v. *infra*, n° 210).

[578] Le juge ne peut pas choisir pour eux : le recours à l'autorisation judiciaire de l'article 217 interdit de considérer que l'acte autorisé oblige personnellement l'époux au refus de qui il est passé outre.

[579] Ainsi, l'époux titulaire d'un simple pouvoir de contrôle ne peut pas recourir à l'article 217 C. civ. (*infra*, n° 307).

[580] L'article 1415 C. civ. impose d'apporter cette réserve à l'affirmation, trop abrupte, selon laquelle « une autorisation au sens strict du terme n'apporte aucune conséquence juridique dans le patrimoine de celui qui la donne » (C. Jamin et M. Billiau, *Cession conventionnelle du contrat : la portée du consentement du cédé*, D. 1998, chron. p. 145, n° 3).

[581] Sauf exception : v. *supra*, n° 572, pour ce qui concerne l'article 1415 C. civ.

[582] Ph. Rémy et J. David, *Le passif provisoire de la communauté légale en droit transitoire*, D. 1976, chron., p. 296.

pouvoir de disposer l'un sans l'autre des droits par lesquels est assuré le logement de la famille : un époux ne peut, sans le consentement de l'autre, consentir sur ce bien une hypothèque conventionnelle, ni sans doute un « cautionnement » réel[583], mais il peut licitement s'instituer débiteur en souscrivant par exemple un cautionnement personnel[584].

L'acte qui donne naissance à une obligation personnelle peut donc conduire à la saisie des biens communs[585], sans que le consentement du conjoint soit requis. Engager ses biens revient ainsi, dans une certaine mesure, à en disposer.

157.– À côté des pouvoirs actifs de gérer, jouir, ou autoriser, il faut donc faire une place à celui, passif, d'engager. C'est en partie sur cette distinction que sera fondée la construction du second sous-titre de ces développements. La diversité qu'elle ordonne invite à analyser de façon plus fine le mécanisme du « pouvoir ».

---

[583] Dans les deux cas, en effet, il ne se contente pas d'engager son patrimoine, il dispose du droit par lequel est assuré le logement de la famille en l'affectant spécialement au paiement du créancier. Si le logement est un bien propre, l'hypothèque et le cautionnement hypothécaire sont annulables en application des articles 215 al. 3 et 2124 (Cass. civ. 1re, 17 décembre 1991 : cité *infra*, note 607) ; s'il s'agit d'un bien commun, la nullité de l'article 1427 est en outre encourue pour violation de l'article 1424 (*infra*, n° 209).

[584] Un arrêt remarqué avait jugé le contraire en annulant un cautionnement pour violation de l'art. 215 al. 3 C. civ. (CA Paris 15 octobre 1976, JCP 1977, II, 18726 n. J. Patarin) mais la Cour de cassation l'a déjugé sur ce point (l'indisponibilité n'emporte pas insaisissabilité) en fondant la solution, avec une certaine indulgence, sur la fraude (Cass. civ. 1re, 21 juin 1978, D. 1979, p. 480, 1re esp., n. Y. Chartier). En pratique la fraude est rarement retenue (pour un ex. de rejet : Cass. civ. 1re, 18 juin 1985, D. 1986 p. 485 et la note J. Mouly).

[585] L'article 1415 fait échapper l'immeuble commun à la saisie des créanciers des époux lorsque la dette est née d'un emprunt ou d'un cautionnement et que l'autre conjoint n'a pas consenti expressément à l'acte (*infra*, n° 225).

CHAPITRE SECOND

ANALYSE DU POUVOIR

158.– La notion de « pouvoir » ne se laisse pas appréhender facilement en matière juridique[586]. Après avoir présenté les données générales de ces difficultés, nous essaierons de dégager les enseignements du droit des régimes matrimoniaux.

SECTION I

DONNÉES GÉNÉRALES

159.– La tâche est double car le pouvoir constitue, selon le point de vue, une aptitude à agir, qui évoque la capacité, ou des prérogatives, lesquelles doivent être distinguées du droit lui-même. Le Code civil invite spécialement à faire cette distinction, dans le droit des régimes matrimoniaux, en disposant que « Chaque époux a la pleine *capacité* de droit, mais ses *droits* et *pouvoirs* peuvent être limités par l'effet du régime matrimonial et des dispositions du présent chapitre »[587]. En première analyse, il paraît moins difficile de marquer les rapports de la notion de pouvoir avec celle de droit qu'avec celle de capacité.

§ 1. – RAPPORTS ENTRE POUVOIR ET DROIT

160.– Un consensus existe aujourd'hui, en doctrine, pour considérer qu'à la différence du droit subjectif, qui est autonomie, c'est-à-dire liberté reconnue à son titulaire, exclusive de l'immixtion d'un tiers, le pouvoir est hétéronomie, c'est-à-dire empiètement sur la sphère juridique d'autrui[588].

Cette idée et cette terminologie sont le produit d'une lente maturation doctrinale relativement au contrôle de l'usage des droits. L'histoire en est bien connue[589].

---

[586] La difficulté se retrouve, en termes différents, dans d'autres disciplines : P. Dockes, *Pouvoir et autorité en économie*, Economica, 1999, *passim*.

[587] C. civ., art. 216 (souligné par nous).

[588] P. Roubier, *Droits subjectifs et situations juridiques*, Dalloz 1963, p. 186.

[589] V. Ghestin, Goubeaux et Fabre-Magnan, *Traité de droit civil, Introduction générale*, 4e éd., 1994, n° 692 s. – E. Gaillard, ouvr. préc., n° 22 s.

Il suffit de rappeler que, contrairement aux thèses de Josserand, selon qui tous les droits sont contrôlés parce que tous constituent des fonctions sociales[590], qu'ils soient, selon sa terminologie, « à esprit égoïste » ou « à esprit altruiste »[591], la doctrine s'est attachée majoritairement, depuis, à distinguer les prérogatives selon que leur titulaire est tenu ou non de prendre en compte un autre intérêt que le sien propre, selon qu'elles sont ou non orientées vers la satisfaction d'un autre intérêt. Des nuances seulement distinguent les auteurs ; nuance de terminologie (on parle en général de « droits fonctions » pour désigner les prérogatives finalisées, et pour celles qui ne le sont pas de droits-pouvoirs, de droits subjectifs ou de droits égoïstes[592]) ; nuance de construction, certains auteurs s'en tenant à cette présentation bi-partite, d'autres introduisant la notion hybride de « droits-mixtes » à caractère à la fois subjectif et fonctionnel[593].

Les auteurs contemporains ne parlent plus de droits-fonctions mais de « pouvoirs ». Ils opposent les pouvoirs aux droits subjectifs[594]. Alors que les droits subjectifs sont abandonnés par le droit objectif au libre arbitre de leur titulaire, les pouvoirs ne sont accordés à ce dernier que pour servir un intérêt déterminé, autre que le sien. Cette distinction est conçue de façon plus ou moins rigide. Tel auteur considère qu'il n'y a pouvoir que là où la personne qui agit ne s'identifie pas à la personne qui est liée, autrement dit limite le pouvoir au seul pouvoir de représentation[595], parlant de « droit fonctionnel » ou de « droit à caractère altruiste » là où le tiers est seulement intéressé et non pas engagé par l'exercice de la prérogative[596]. Tel autre s'en tient à la seule distinction des droits subjectifs et des pouvoirs, le domaine de ceux-ci étant plus large que la représentation[597].

161.– Cette distinction n'a d'intérêt que si elle entraîne des conséquences. Où, sur quel terrain faut-il chercher l'enjeu ? Pas sur celui du résultat de la mise en œuvre de la prérogative, car un même acte juridique peut naître de la mise en œuvre de droits ou de pouvoirs : leur objet peut être identique. C'est au niveau du contrôle de l'acte que la différence de régime juridique apparaît. Un tel contrôle, certes, n'est pas spécifique au pouvoir. Dans tous les cas, on peut vérifier que la prérogative existe et qu'elle a été bien exercée. Mais la nature du contrôle et son étendue ne sont pas les mêmes, est-il relevé. Il est plus facile, en effet, de faire apparaître un défaut de pouvoir qu'une absence de droit, car la preuve du second est plus compliquée que

---

[590] Josserand, *De l'esprit des lois et de leur relativité*, 2e éd., 1939, n° 308 s.

[591] Ainsi désignés parce que devant être exercés en vue des intérêts d'autrui (Josserand, ouvr. préc., n° 300)

[592] J. Dabin, *Le droit subjectif*, Dalloz, 1952, p. 237.

[593] A. Rouast, *Les droits discrétionnaires et les droits contrôlés*, RTD civ. 1944, p. 1.

[594] M. Storck, *Essai sur le mécanisme de représentation dans les actes juridiques*, LGDJ 1982, n° 168 s. – E. Gaillard, ouvr. préc., n° 60. – Ripert déjà avait proposé cette terminologie, sans la retenir lui-même : *L'abus ou la relativité des droits*, Rev. critique de la législation et de jurisprudence, 1929, p. 57.

[595] M. Storck, ouvr. préc., n° 179 et 185, p. 135 et 139.

[596] Storck., *ibid.*, et n° 207, p. 154. Cet auteur considère cependant également que tout attributaire de pouvoir n'a pas nécessairement la qualité de représentant et peut exercer des pouvoir en son propre nom, des pouvoirs personnels (n° 272 s., p. 206 s.).

[597] E. Gaillard, ouvr. préc., n° 55, selon qui la notion de droit mixte défendue par A. Rouast (v. *supra*, n° 593) est une « qualification taillée sur mesure pour éviter de condamner brutalement la conception sociale du droit de propriété » (n° 38).

celle du premier. Et il est également plus aisé de caractériser un détournement de pouvoir qu'un abus de droit. Le droit subjectif, à caractère « égoïste », a en effet pour seule limite la théorie de l'abus de droit, ou de ses « équipollents », et l'appréciation de son propre intérêt par son titulaire ne peut donc être remise en cause que dans des circonstances « très exceptionnelles »[598].

En revanche, il est aisé de faire apparaître un détournement de pouvoir. Le titulaire de pouvoirs est en effet investi d'une mission, de prérogatives qui lui sont accordées dans un intérêt distinct du sien, lequel en constitue tout à la fois le fondement et la limite[599] ; il est investi de prérogatives *finalisées*[600/601]. Le contrôle des pouvoirs consiste donc à vérifier que l'usage qui a été fait des pouvoirs est conforme à la finalité. Cette limite est plus précise, plus réaliste que celle du droit subjectif :

> « *Les pouvoirs, dans la langue juridique, sont quelque chose de plus restreint en étendue que les droits subjectifs ; ils se placent en général à l'intérieur d'un groupement organisé et ne peuvent s'exercer que dans l'intérêt du groupement. Tandis que l'abus des droits, vis-à-vis des droits subjectifs, correspond toujours à des hypothèses un peu exceptionnelles, et qui pendant longtemps ont été à peu près négligées, le détournement de pouvoir, qui consiste à agir dans un intérêt personnel au lieu d'agir dans l'intérêt du groupe, a été très tôt sanctionné* »[602].

162.– L'opposition ainsi présentée est sans doute exagérée. Elle repose en effet sur une approche stricte, voire restrictive, des notions de droit subjectif et d'abus de droit, qui correspond mal à la réalité. Il est difficile, en effet, de définir la notion de *droit subjectif*, de la distinguer clairement de celles de liberté ou de faculté d'agir : « des générations de juristes s'y sont essayés assez vainement et... on peut sur le sujet discerner presque autant de conceptions que d'auteurs »[603]. Quant à la théorie de *l'abus de droit*, son application jurisprudentielle est aujourd'hui fort importante, dans les domaines les plus variés. Le critère de l'abus, certes, reste des plus flous, et il n'est pas possible d'en faire une théorie unitaire[604]. Il a cependant été montré qu'il est utilisé pour justifier certaines limites à la force obligatoire du contrat et se

---

[598] E. Gaillard, ouvr. préc., n° 144. M. Gaillard est porté à restreindre l'intérêt pratique de l'existence d'un contrôle de l'abus (« les droits subjectifs (sont) abandonnés au libre arbitre de leur titulaire, le sujet de droit, sous la seule réserve du contrôle de l'intention de nuire ou de ses équipollents », ouvr. préc., proposition de thèse n° 1, p. 232) par la logique de son argumentation qui consiste à opposer trait pour trait les pouvoirs, qui par essence sont contrôlés, aux droits, qui ne le seraient qu'« exceptionnellement ».

[599] La formule revient comme un leitmotiv dans l'étude de référence sur le sujet : E. Gaillard, préc., p. 177, 185, 207...

[600] M. Storck, ouvr. préc., n° 171, p. 128, et les réf. – *Adde* : A. Lyon-Caen, note sous Cass. soc., 13 octobre 1977 : D. 1978, jur. p. 352 (le pouvoir « est finalisé et... doit obéir à un intérêt, qui ne s'identifie jamais complètement avec celui de son titulaire »).

[601] À l'exception remarquable – mais inexplicable – du cas de l'héritier ensaisiné dont le pouvoir, loin d'être au service du droit substantiel d'autrui, « s'oppose au contraire à ce droit et n'existe que pour en contrarier l'exercice » (J. Maury, *Réquisitoire contre la saisine*, Mélanges Christian Mouly, t. 1, 1998, p. 341).

[602] P. Roubier, ouvr. préc., p. 177.

[603] P. Ancel, *Critères et sanctions de l'abus de droit en matière contractuelle*, JCP E 1998, Cahiers dr. de l'entr. n° 6, p. 31.

[604] G. Durry, obs. RTD civ. 1972, p. 398.

confond souvent avec le manquement à la bonne foi contractuelle[605]. Loin d'être exceptionnel, son usage est donc relativement fréquent.

Il n'en reste pas moins que l'opposition est réelle entre le contrôle des prérogatives finalisées et le contrôle de celles qui ne le sont pas. La différence entre eux n'est pas de degré mais de nature, en ce sens que le premier, à la différence du second, repose sur un contrôle spécifique : la vérification que la finalité n'a pas été détournée.

§ 2. – RAPPORTS ENTRE POUVOIR ET CAPACITÉ

163.– La distinction du pouvoir et de la capacité est plus délicate, car elle demeure controversée. L'approche classique consiste à considérer que la capacité d'exercice[606] est l'aptitude à exercer ses propres droits, alors que le pouvoir est l'aptitude à exercer ceux d'autrui[607]. Cette approche a le mérite d'expliquer que la capacité est la règle, alors que le pouvoir n'est qu'attributif. Les deux termes désignent donc une aptitude à agir mais, dans le second cas, la personne engagée par l'acte n'est pas celle qui l'a conclu. L'étroite corrélation des deux notions est accentuée lorsque le remède à l'incapacité se trouve dans la représentation, car alors on observe qu'à l'incapacité d'une personne correspond un pouvoir d'une autre[608]. Les deux notions sont donc voisines, mais différentes.

Cette différence semble confirmée par le législateur qui distingue les deux termes, selon qu'il fait allusion à l'une ou l'autre des situations. Ainsi, l'article 1873-4 al. 1er du Code civil, concernant les conventions relatives à l'exercice des droits indivis, dispose : « La convention tendant au maintien de l'indivision requiert la *capacité* ou le *pouvoir* de disposer des biens indivis ». Un autre exemple de cette distinction se trouve dans l'article 1258 du Code civil relatif aux offres de paiement, source d'extinction des obligations : « Pour que les offres réelles soient valables, il faut qu'elles soient faites au créancier ayant la *capacité* de recevoir, ou à celui qui a *pouvoir* de recevoir pour lui ».

Certains auteurs, partisans de cette approche, raffinent dans le vocabulaire afin de mieux distinguer d'une part le pouvoir, au sens considéré ici, celui d'aptitude, et d'autre part les pouvoirs (le mot est alors employé au pluriel) au sens, déjà examiné ci-dessus, de prérogatives distinctes des droits subjectifs. Ils parlent de « compétence », qu'ils opposent à la capacité : « il y a capacité quand le titulaire du pouvoir agit dans son propre intérêt, en tant qu'il est sujet de droit ; il y a compétence lorsque ce titulaire agit dans l'intérêt d'un autre sujet de droit que lui-même »[609].

---

605 P. Ancel, art. préc., p. 35.

606 Sur la capacité de jouissance, v. *infra*, n° 171.

607 J. Carbonnier, *Droit civil, vol. 1,* préc., n° 293. Il est notable que pour l'application de l'article 2124 C. civ. au logement de la famille, la jurisprudence assimile totalement *capacité* et *pouvoir* d'aliéner (ex. : Cass. civ. 1re, 17 déc. 1991, Bull. civ. I, n° 357 ; Defrénois 1992 p. 396, 1re esp., obs. G. Champenois).

608 On peut même dire que l'incapacité d'une personne « appelle » le pouvoir d'une autre personne.

609 M. Reglade, *Valeur sociale et concepts juridiques. Norme et technique. Étude de philosophie du droit et de théorie générale du droit,* 1950, p. 100, cité *in* M. Storck, ouvr. préc., n° 174, p. 131. On ne peut pas

164.– Quelle que soit la terminologie retenue, la distinction ainsi faite entre capacité et pouvoir n'est cependant pas entièrement satisfaisante car elle ne rend pas compte des situations dans lesquelles l'exercice par une personne d'un pouvoir empêche le titulaire du droit correspondant d'exercer ses propres prérogatives[610]. La difficulté se présente dans les termes suivants, que nous empruntons à un auteur[611] :

> « *L'exemple typique est celui de la femme mariée : on a vu qu'aujourd'hui elle était affranchie de toute incapacité, mais elle ne peut pas librement exercer les droits qu'elle possède sur ses propres biens ; elle doit respecter les pouvoirs que le régime matrimonial a conférés au mari sur eux. Certes, les pouvoirs du mari répondent bien à la définition qui vient d'être donnée : ils donnent au mari l'aptitude à agir sur le patrimoine de sa femme, mais l'attribution de ces pouvoirs n'entraîne pas une réduction corrélative de la capacité de la femme, mais seulement une réduction des pouvoirs de celle-ci sur ses propres biens.*
>
> *Et pour exprimer cette situation, on est conduit, contrairement à la définition qui vient d'être donnée et qui est généralement reçue, à désigner par le terme de pouvoir l'aptitude d'une personne, la femme, à exercer ses propres droits* ».

L'hypothèse ainsi examinée n'est pas, sans doute, la plus fréquente. En règle générale, en effet, il n'existe pas de corrélation nécessaire entre l'acquisition de pouvoir par un tiers et la perte de pouvoir par le titulaire[612], les pouvoirs se démultipliant. Cette hypothèse fait cependant apparaître que la définition du pouvoir comme aptitude à exercer les droits d'autrui n'est qu'approximative, puisqu'il peut désigner également l'exercice de ses propres droits.

165.– Pour éviter, peut-être, cette contradiction, d'autres auteurs préfèrent tenir la capacité pour « l'aptitude à faire des actes juridiques valables, le pouvoir pour l'aptitude à engager des biens par ses actes »[613] ; la première, générale et subjective, serait liée à la personne et le second, spécial et objectif, au fait que l'acte envisagé porte sur un bien. On évite ainsi le travers relevé ci-dessus, le pouvoir étant appréhendé plus largement : « *un bien, ce peut être son propre bien, ou celui des autres* »[614].

---

considérer avec certitude que c'est en ce sens que doit être entendu le terme compétence dans l'article 1318 du Code civil relatif à la preuve des obligations (« L'acte qui n'est point authentique par *l'incompétence* ou *l'incapacité* de l'officier... vaut comme écriture privée, s'il a été signé par les parties »).

[610] *i.e.* le pouvoir de l'un évince le pouvoir de l'autre, mais sans évincer la capacité de l'autre.

[611] Jean Chevallier, *Cours d'introduction à l'étude du droit et droit civil*, 1964-1965, Les cours de droit, Paris, p. 475. Il est à peine besoin de préciser que l'exemple dont il s'agit est antérieur à la suppression de l'usufruit de la communauté sur les propres de la femme par la loi du 13 juillet 1965, et ne correspond donc plus au droit positif. Mais l'hypothèse qu'il envisage n'a pas pour autant disparu. On pourrait prendre, aujourd'hui, celle de l'époux affectant un immeuble qui lui est propre au logement de sa famille : il perd bien le pouvoir de l'aliéner sans le consentement de son conjoint (C. civ., art. 215 al. 3 ; v. *infra*, n° 277).

[612] Houin, *Les incapacités*, art. préc., RTD civ. 1947, p. 397.

[613] Marty et Raynaud, *Les personnes*, 3e éd., n° 504.

[614] Malaurie, *Les personnes, les incapacités*, préc., n° 512 (« une personne peut subir des restrictions à ses pouvoirs, non à cause de sa situation personnelle, mais à raison d'intérêts appartenant à une autre personne sur ses biens, ce qui oblige à répartir entre les deux le pouvoir d'engager ces biens »), et *Les régimes matrimoniaux*, préc., n° 71.

Cette seconde approche a le mérite de souligner que l'aptitude à engager des biens est incluse dans l'aptitude à faire des actes valables, celle-ci étant appréciée dans la personne, celle-là en fonctions de prérogatives spécialement attribuées. Cependant, elle n'est pas exempte elle-même de critiques. On comprend mal, fondamentalement, comment on peut opposer condition de validité et action sur les biens, celle-ci devant respecter elle-même les conditions de validité des actes juridiques[615]. On lui reproche également de reposer sur une conception vague et fruste dans laquelle le pouvoir, pris comme synonyme de droit subjectif, désigne toute prérogative attachée à un droit[616], d'empêcher de distinguer selon l'intérêt en jeu, ce qui cadre mal avec l'hypothèse de la distinction entre droits subjectifs et pouvoirs[617], et d'exclure de son champ d'application les situations dans lesquelles le pouvoir résulte d'un cas de représentation[618].

166.– La controverse reste ouverte, faute dit-on d'intérêt pratique à la trancher[619/620]. Cela est cependant peu satisfaisant, d'autant que d'autres approximations demeurent sur certains des points qui viennent d'être évoqués. Aussi est-il utile de rechercher les enseignements sur ce point du droit des régimes matrimoniaux.

SECTION II

ENSEIGNEMENTS DU DROIT DES RÉGIMES MATRIMONIAUX

167.– Le droit des régimes matrimoniaux constitue un champ d'analyse privilégié de l'articulation entre la propriété et le pouvoir. Il permet de préciser le mécanisme général[621] du pouvoir (§ 1), qui éclaire celui du pouvoir translatif de propriété (§ 2).

---

615 Le pouvoir serait une condition de validité supplémentaire lorsqu'il s'agit d'engager les biens ?

616 M. Storck, ouvr. préc., n° 170, p. 128.

617 « Chaque fois qu'une personne capable entend engager ses propres biens... elle userait également de sa capacité et de ses pouvoirs », ce qui « revient à nier » la possibilité de distinguer entre la nature des intérêts poursuivis (E. Gaillard, ouvr. préc., n° 71, p. 51).

618 E. Gaillard, ouvr. préc., n° 75, p. 53. On touche là à une autre incertitude, portant sur le point de savoir si la notion de pouvoir est unitaire (ce qui paraît rationnellement s'imposer ; en ce sens : Gaillard, ouvr. préc., n° 75, p. 53) ou s'il faut faire un sort spécifique au pouvoir de représentation (en ce sens : Fadlallah, ouvr. préc., n° 138, *ad notam* ; M. Storck, ouvr. préc., n° 276 s. et 287).

619 Absence de pouvoir et incapacité sont pareillement sanctionnées par la nullité (v. *infra*, n° 316). En droit international privé, les règles relatives au pouvoir relèvent de la loi du régime, alors que celles touchant à la capacité ressortissent à celle de la loi personnnelle des époux (C. civ., art. 3 al. 3), mais l'application de cette dernière solution est en pratique douteuse en la matière, l'incapacité de la femme mariée étant moins inspirée par une idée de protection que « destinée à la sauvegarde de l'autorité maritale » (Ponsard, *Le droit international privé de la famille en France et en Allemagne*, cité in G. Couchez, ouvr. préc., n° 125, p. 101), ce qui ramène à la loi du régime (E. Gaillard, ouvr. préc., n° 70).

620 Précisément, le droit des régimes matrimoniaux révèle cet intérêt pratique. Ainsi, le dépassement de pouvoir d'un époux commun en biens est sanctionné par l'action en nullité de l'article 1427 C. civ., qui est ouverte au conjoint ; l'acte juridique accompli par un incapable majeur marié est sanctionné par une action en nullité ouverte à l'incapable ou ses représentants légaux, pendant le délai de l'article 1304 C. civ.

621 V. *supra*, n° 126.

§ 1. – MÉCANISME GÉNÉRAL DU POUVOIR

168.– Nous le considérerons à partir de deux hypothèses principales : celle où existe un pouvoir détaché de la propriété, et celle, inverse, de la propriété sans pouvoir, qui permettra d'évoquer celle de coïncidence entre propriété et pouvoir.

A. – POUVOIR SANS PROPRIÉTÉ

169.– Les hypothèses envisagées ici ont toutes en commun qu'un pouvoir est exercé sur des biens dont le titulaire du pouvoir n'est pas propriétaire, ou pas propriétaire exclusif. Elles correspondent donc au point de départ des écrits doctrinaux sur la notion de pouvoir. Nous avons vu, en effet[622], qu'on n'englobe pas dans celle-ci la prérogative qu'une personne exerce sur ses propres biens, les pouvoirs du titulaire du droit[623].

L'opposition entre droit et pouvoir revient, alors, à opposer la titularité du droit à la non-titularité du droit. Quand on a le droit, en effet, on est censé avoir le pouvoir et il n'est pas nécessaire de dissocier les deux prérogatives[624], le pouvoir s'absorbant dans le droit. En revanche, le non-titulaire du droit peut être titulaire de pouvoir ou pas titulaire de pouvoir. C'est de cette dernière hypothèse qu'il est question ici.

170.– En conséquence le pouvoir apparaît dans tous les cas où une personne agit sur des droits dont elle n'est pas titulaire. Pour en comprendre le mécanisme, il faut donc distinguer deux prérogatives distinctes : d'une part, il y a la prérogative attachée au droit (dont le titulaire du pouvoir n'est pas titulaire), c'est la prérogative objet du pouvoir ; et, d'autre part, il y a une autre prérogative, c'est le pouvoir lui-même. Le pouvoir, peut-on dire, est une prérogative en soi, qui *permet d'agir* sur une prérogative que l'on n'a pas[625]. Par exemple, chacun des époux communs en biens a le pouvoir de disposer seul des biens communs[626] : il est donc titulaire d'une prérogative qui lui *permet d'exercer* un attribut d'un droit de propriété dont il n'a pas la titularité exclusive.

171.– « Qui permet d'agir », « qui permet d'exercer » : pour expliquer l'articulation entre les deux prérogatives (prérogative objet et pouvoir comme prérogative), il est nécessaire de faire intervenir la notion de *capacité.*

La capacité est l'aptitude à être titulaire de droits, de prérogatives (capacité de jouissance) et à les exercer, c'est-à-dire à mettre en œuvre les prérogatives correspondantes (capacité d'exercice). On comprend pourquoi les auteurs se bornent

---

622 *Supra*, n° 160.
623 Cf. *infra*, n° 213 s.
624 Sous réserve des cas où le droit est lui-même traité en pouvoir (ex. : C. civ., art. 215 al. 3).
625 Rappr. : « Le pouvoir est l'aptitude à exercer un pouvoir » (E. Gaillard, ouvr. préc., p. 232). – « Le pouvoir est l'aptitude à faire usage des pouvoirs » (M. Storck, ouvr. préc., p. 130, n° 174).
626 C. civ., art. 1421 al. 1er. V. *supra*, n° 145.

à comparer le pouvoir avec la seule capacité d'exercice[627]. Le pouvoir est un droit[628], et comme pour tout droit il pose une double question de jouissance et d'exercice. Mais la question de la jouissance des pouvoirs est examinée, en pratique, au titre de la comparaison entre droits et pouvoirs.

172.– La capacité d'exercice est l'aptitude à mettre en œuvre les prérogatives dont on a la jouissance. Très précisément, elle est l'aptitude à exercer ses propres droits, alors que le pouvoir (la « compétence »)[629] est l'aptitude à exercer des droits dont on n'a pas la titularité, ou pas la titularité exclusive. Ce qui explique que le titulaire d'un pouvoir, prérogative en soi, puisse agir sur une prérogative attachée à un droit dont il n'est pas titulaire, c'est précisément qu'il tire de son pouvoir (de sa « compétence ») l'aptitude à le faire.

En d'autres termes, il y a une profonde différence entre l'aptitude au sens de capacité, qui s'apprécie dans la personne, et le pouvoir, qui ne tient pas aux qualités de la personne mais aux droits dont elle est investie sur certains biens ou pour la conclusion de certains actes. Le pouvoir, nous l'avons relevé, est une prérogative finalisée [630]. Ce qui fonde son existence, c'est cette finalité même, c'est-à-dire l'affectation du bien qui en est l'objet à un usage déterminé. Cela le distingue nettement de la capacité, qui est une qualité de la personne faisant qu'on lui reconnaît des droits *a priori*. Le mécanisme n'en est pas moins semblable dans les deux cas : la capacité, inhérente à toute personne, confère l'aptitude à exercer les droits dont cette personne est titulaire ; le pouvoir, tiré de la prérogative conférée à son titulaire, le rend apte à mettre en œuvre les prérogatives liées au droit dont il n'est pas – ou pas exclusivement – titulaire (les prérogatives « objets du pouvoir »).

173.– Il est notable que le pouvoir suppose une altérité d'intérêt : celui en vue duquel il est exercé ne doit pas être celui de la personne qui l'exerce. Mais cela ne veut pas dire qu'il n'y ait pouvoir que dans les cas où l'on est apte à exercer une prérogative sur les droits d'autrui. Les pouvoirs des époux sur les biens communs en constituent le meilleur exemple : il s'agit en effet de prérogatives finalisées, en ce sens qu'elles doivent être exercées dans l'intérêt de la communauté ; cette dernière n'est pas pour autant une personne juridique distincte. Il faut donc considérer, très précisément, que l'intérêt en vue duquel le pouvoir est exercé ne doit pas être *totalement* celui de la personne qui l'exerce[631].

Un mécanisme voisin se retrouve dans l'hypothèse de la propriété sans pouvoir.

---

[627] Et non avec la capacité de jouissance, dont la distinction avec la capacité d'exercice est il est vrai contestée (« l'exercice des droits n'est qu'un aspect de leur jouissance ... incapacités de jouissance et incapacités d'exercice ne sont que deux degrés des interdictions variées que le législateur adresse à certaines personnes. Tantôt le but poursuivi peut se satisfaire d'un simple contrôle, tantôt il exige une prohibition absolue » : R. Houin, *Les incapacités*, art. préc., RTD civ. 1947, p. 384 et 385).
[628] E. Gaillard, ouvr. préc., n° 74.
[629] V. *supra*, n° 163 *in fine*.
[630] V. *supra*, n° 161.
[631] Que le pouvoir soit conféré dans l'intérêt non exclusif du titulaire ne signifie pas nécessairement qu'il doive être exercé dans l'intérêt d'autrui ; il peut l'être pour un intérêt non personnifié, non rattaché à une « personne ».

B. – Propriété sans pouvoir

174.– Il s'agit d'étudier ici l'hypothèse dans laquelle un époux ne peut pas exercer librement une prérogative normalement attachée au droit de propriété exclusive dont il est titulaire sur un bien propre ou personnel[632].

175.– Le pouvoir est entendu ici comme étant une prérogative dont une personne est privée sur son propre bien, d'une inaptitude d'un époux à exercer ses propres droits, ou à les exercer seul[633]. Autrement dit, considérée a contrario, cette hypothèse repose sur l'idée que la prérogative attachée à la propriété est aussi un pouvoir. Cela n'est pas sans précédents. C'est ainsi que Saleilles voyait dans la notion de pouvoir « la caractéristique même du droit subjectif »[634], lequel, selon une autre formule célèbre, est un « pouvoir égoïste »[635]. Dans le langage courant, de la même façon, le terme pouvoir est pris pour synonyme de droit : on parle des pouvoirs de jouissance et de disposition attachés au droit de propriété. Le pouvoir, en ce sens, est l'attribut du droit de propriété[636].

Il s'agit cependant là d'une acception aujourd'hui abandonnée par les spécialistes, car elle ne correspond pas aux analyses retenues en matière de pouvoir. Le pouvoir, avons-nous vu, est hétéronomie[637]. Il désigne l'exercice des droits d'autrui[638], ou l'action dans un intérêt partagé[639]. Les écrits relatifs au pouvoir refusent de confondre droit (égoïste) et pouvoir (finalisé)[640].

Il n'en demeure pas moins que le droit des régimes matrimoniaux[641] continue à utiliser aussi le terme pouvoir pour désigner, de façon plus large, les prérogatives de chaque époux sur ses biens propres ou personnels[642]. Et les spécialistes des régimes matrimoniaux emploient également le terme pouvoir en un sens large, désignant par là tant la prérogative portant sur un bien qui appartient à l'autre époux ou un bien commun que celle qui concerne un bien propre ou personnel à l'époux dont il s'agit[643]. Le principe, souligne-t-on justement, est celui de la coïncidence entre la propriété et le pouvoir.

---

[632] V. *supra*, n° 147. S'il s'agit de propriété non-exclusive (de biens communs), le pouvoir est une prérogative en soi (v. *supra* n° 170) et non un pouvoir-attribut (v. *infra*, n° 176). Le problème se pose donc en termes différents.

[633] V. *supra*, n° 164, la citation de l'extrait du Cours de droit civil du professeur J. Chevallier.

[634] Saleilles, *De la personnalité juridique, Histoire et théories*, Paris 1910, 2e éd., 1922, p. 546.

[635] Ripert, *Le régime démocratique et le droit civil moderne*, LGDJ, 1956, n° 122.

[636] « ... le droit de propriété présente cette particularité d'être un pouvoir sur une chose » (M. Fabre-Magnan, *Propriété, patrimoine et lien social*, RTD civ. 1997, 583, p. 589 n° 8).

[637] *Supra*, n° 160.

[638] Ex. : art. 1429 C. civ.

[639] Ex. : art. 1421 C. civ.

[640] Ex. : « les prérogatives d'un époux sur ses biens sont des droits, non des pouvoirs » (Cl. Brenner, *L'acte conservatoire*, préc., p. 307, n° 594).

[641] V. *supra*, n° 126.

[642] Art. 215 al. 3, 217 et 218 C. civ.

[643] Ex. : J. Flour et G. Champenois, *Les régimes matrimoniaux*, préc., (« chacun des époux a des pouvoirs sur ses propres » : n° 440, p. 420 ; ces auteurs parlent également de pouvoirs pour désigner les prérogatives de l'article 225 : p. 126, note 4). – A. Colomer, *Régimes matrimoniaux*, préc., range avec la

La portée de ce particularisme ne doit pas être exagérée. En règle générale, l'acception restrictive du terme « pouvoir » s'explique par le fait que, dès lors que l'on exerce des pouvoirs sur ses propres biens, il est inutile de parler de pouvoir puisqu'on a le droit. Dissocier n'est donc pas nécessaire. Ce n'est pas non plus opportun, car le contrôle de l'abus du droit n'obéit pas au même régime que celui du détournement de pouvoir[644]. En matière de régimes matrimoniaux, il en va différemment. Le législateur a besoin d'affirmer le pouvoir, quand bien même il y a le droit. Imagine-t-on un article du Code civil disposant que « chaque *propriétaire* a l'administration, la jouissance et la libre disposition de ses biens et peut en disposer librement » ? Si l'article 1428 le fait à l'égard de chaque *époux*, cela s'explique par l'histoire de la matière : la femme ayant été privée de ses pouvoirs sur ses biens propres jusqu'à une époque récente, il est nécessaire d'affirmer l'existence de ceux-ci, alors même que cela devrait aller de soi au regard de l'article 544 du Code civil[645].

176.– Il n'en reste pas moins que le pouvoir qui découle de la propriété de la chose n'est pas de la même nature que celui qui est spécialement conféré sur celle-ci. Il ne s'agit pas d'une prérogative en soi, mais de la prérogative-objet elle-même, dont le propriétaire du bien est titulaire. Il n'a pas à être spécialement conféré, car il est un attribut du droit lui-même. Il ne s'agit pas, peut-on dire, d'un pouvoir-fonction mais d'un pouvoir-attribut.

La différence entre les deux apparaît nettement en cas de modification judiciaire de la répartition des pouvoirs. Soit un époux privé de ses pouvoirs sur ses biens propres : il est alors constitué nu-propriétaire, une sorte d'« usufruit » forcé lui est imposé[646]. Soit un époux privé de ses pouvoirs sur les biens communs : il perd ses pouvoirs, mais comme il s'agit seulement de fonctions, et non pas d'attributs de la propriété, il ne conserve aucune prérogative. Les deux hypothèses sont donc très différentes dans leurs effets.

Néanmoins, dans les deux cas considérés ici, un contrôle du pouvoir est possible. Il s'explique par la même idée d'affectation.

177.– En réalité, les deux conceptions, celle qui voit dans le pouvoir une prérogative exercée sur le bien d'autrui[647] et celle qui utilise aussi cette notion dans le cas contraire, ne sont pas si éloignées qu'il y paraît. Ce qui fait en effet d'une prérogative un pouvoir, et non un droit, c'est qu'elle est finalisée[648], c'est-à-dire

---

doctrine unanime les prérogatives qui résultent de la qualité de propriétaire parmi les pouvoirs de l'article 219 (n° 124). – G. Paisant évoque les « pouvoirs de gestion conférés aux époux par l'article 1428 » (J. Cl. civil, fasc. 30, *Administration des biens propres*, 1996, n° 44).

[644] V. *supra*, n° 161.

[645] Se pose, alors, la question de la nature du contrôle exercé sur ces prérogatives. Sont-elles soumises au régime du contrôle de l'abus des droits ou à celui du détournement de pouvoir ? En principe ce sont des droits ; en régime légal, les propres sont cependant grevés d'une certaine affectation familiale, qui fonde l'existence d'un contrôle de l'utilisation qui en est faite (v. *infra*, n° 213 et 324).

[646] C. civ., art. 1429. – F. Zénati, th. préc., n° 101, p. 147. – V. *infra*, n° 305.

[647] V. *supra*, n° 163.

[648] Et donc susceptible d'un contrôle de son détournement (E. Gaillard, ouvr. préc., *passim*).

au service d'un intérêt autre que celui de son titulaire. Ainsi en va-t-il, nécessairement, lorsque le droit et le pouvoir sont dédoublés, ou bien répartis sur deux têtes différentes : le titulaire du pouvoir doit alors agir dans l'intérêt du titulaire du droit.

Il faut cependant bien voir que le vrai critère n'est pas la propriété, mais le fait que le titulaire de la prérogative doit exercer celle-ci dans un intérêt distinct du sien. Or cette dualité d'intérêts peut résulter plus globalement de l'affectation que le propriétaire donne à son bien, car celle-ci a pour effet de « soumettre le bien à un usage déterminé »[649]. « Affecté, le bien cesse d'être en relation exclusive avec une personne pour servir les intérêts d'une seconde »[650], ou bien pour servir ceux de la collectivité, faut-il dire de façon plus large : la prérogative exercée sur lui par son propriétaire se trouve donc tout autant finalisée que s'il s'agissait d'un pouvoir sur un bien appartenant à autrui.

Le critère de l'affectation permet donc d'expliquer que la prérogative qu'une personne exerce sur son propre bien relève du régime du pouvoir et non du droit subjectif.

178.– Le même raisonnement permet de mieux comprendre le critère de la distinction entre capacité et pouvoir. Nous avons vu ci-dessus que la doctrine se partage entre le critère de l'aptitude à exercer les droits d'autrui, trop étroit car il n'explique pas que le pouvoir désigne aussi l'aptitude d'une personne à exercer ses propres droits, et le critère de l'action sur un bien, qui rend compte de cette dernière solution mais est peu compréhensible. En réalité, cette controverse est dépassée dès lors que l'on substitue au critère initial de la propriété du bien celui de son affectation. Cette affectation a en effet pour résultat que les prérogatives exercées sur le bien se trouvent finalisées[651], et doivent donc être qualifiées de pouvoir, tant chez celui qui en est attributaire (ce qui n'est pas disputé) que chez celui qui en est privé (parce qu'il est tenu, par exemple d'agir avec le consentement du conjoint)[652].

On comprend, alors, que le pouvoir conféré à une personne sur un bien puisse avoir pour contrepartie une restriction des pouvoirs du propriétaire de ce bien. On note que le critère de l'affectation ne constitue jamais qu'un critère second, la prérogative étant nécessairement au service d'un autre intérêt s'il n'y a pas titularité du droit ; dans le cas inverse, celui de confusion sur la même tête du droit et du pouvoir, il introduit une sous-distinction qui permet d'élargir le contrôle du détournement aux actes du propriétaire dont la chose est affectée à un intérêt tiers.

179.– En conclusion, le pouvoir-fonction et le pouvoir-attribut sont donc fondés sur le même mécanisme. La finalité intervient tant au niveau de la collation du

---

[649] S. Guinchard, *L'affectation des biens en droit privé français*, 1976, n° 15, p. 15.
[650] Cl. Brenner, *L'acte conservatoire*, préc., n° 737, p. 392.
[651] Rappr. *supra*, n° 161.
[652] Ex. : C. civ., art. 215 al. 3.

pouvoir-fonction que de l'utilisation qui en est faite. Elle n'est pas nécessaire pour conférer le pouvoir-attribut, mais elle permet pareillement le contrôle de son utilisation. *La finalité,* peut-on dire, *confère une prérogative qui rend apte à exercer la prérogative-objet dont la personne concernée n'est pas nécessairement titulaire.* La finalité, de même, *rend inapte à exercer la prérogative-objet dont le propriétaire est titulaire.*

Cette analyse permet de dissiper des confusions souvent faites lorsque le pouvoir est utilisé pour réaliser un acte translatif de droit.

§ 2. – MÉCANISME DU POUVOIR TRANSLATIF DE DROIT

180.– Les cas d'administration du bien d'autrui sont fréquents, et ils n'attirent donc pas particulièrement l'attention. En revanche, disposer d'un bien dont on n'a pas la propriété (bien d'autrui), ou pas la propriété exclusive, est quelque chose d'exceptionnel. Le pouvoir accordé aux époux de le faire, dans certaines conditions, présente donc un intérêt théorique tout à fait particulier.

181.– À l'évidence, cet intérêt n'existe pas lorsqu'un époux agit en qualité de mandataire de son conjoint. Ce mandat peut lui être conféré par l'intéressé lui-même, à condition qu'il le soit expressément[653] car le transfert judiciaire de pouvoir ne peut avoir pour objet que les seuls actes d'administration[654/655].

En cas de mandat, en effet, le mandataire ne fait qu'agir au nom et pour le compte du mandant, il est transparent. C'est donc en réalité le mandant qui transfère le droit.

182.– L'originalité du cas de figure considéré est qu'un époux, agissant en son nom propre, peut valablement, dans certains cas[656], transférer un droit sur un bien dont il n'a pas la propriété, ou pas la propriété exclusive. La solution est étonnante, car elle heurte l'adage *Nemo plus juris ad alium transferre potest quam ipse habet* (Nul ne peut transmettre à autrui plus de droit qu'il n'en a lui-même).

183.– Cette objection n'a pas manqué d'être soulevée. C'est sur elle qu'était fondée la célèbre analyse de Toullier qui, au début du XIXe siècle, expliquait le pouvoir de disposer conféré au mari sur les biens communs[657] par l'idée qu'il en était propriétaire :

> « *On ne vend pas, on n'aliène pas les choses dont on n'a que l'administration : le mari a donc des pouvoirs plus étendus que ceux d'un administrateur, et puisqu'il peut vendre, aliéner, c'est-à-dire transférer à*

---

653 C. civ., art. 1432, 1540.
654 C. civ., art. 1429.
655 L'autorisation judiciaire de l'article 217 C. civ. permet bien d'accomplir des actes de disposition, mais il ne s'agit pas d'un transfert de pouvoir.
656 C. civ., art. 1421, 222.
657 C. civ., art. 1421, réd. 1804 (v. *supra*, n° 136).

autrui la propriété, il est propriétaire ; car on ne peut transférer à autrui plus de droits qu'on n'en a soi-même (2125, 2142) »[658].

Cette analyse est aujourd'hui complètement abandonnée. Elle est à vrai dire insoutenable, et pas seulement parce que les deux époux disposent aujourd'hui d'un égal pouvoir concurrent d'administrer les biens communs et d'en disposer[659] (ce qui est une donnée « extrinsèque » au raisonnement examiné, sans doute, mais n'en marque pas moins la limite). Elle repose, en effet, sur le postulat que le pouvoir est nécessairement lié à la propriété. Il est à peine besoin de souligner que les subtilités de la loi de 1965 sur ce sujet[660] rendent aujourd'hui cette vue bien simpliste.

184.– Un époux peut donc dans certains cas transférer plus de droits qu'il n'en a lui-même. Il a ce pouvoir sur les biens communs, en dehors des cas de cogestion[661]. Il est également réputé avoir ce pouvoir sur tous les biens meubles qu'il détient individuellement, et cela sous tous les régimes[662]. Cela invite à s'interroger, au moins brièvement, sur la façon de concilier cette solution avec l'adage *Nemo plus juris*.

185.– Pour ce faire, deux voies peuvent être suivies, selon que l'on considère qu'il y a transfert de droit, ou bien que l'on est en présence d'un mode d'acquisition originaire par le cocontractant de l'époux qui exerce son pouvoir.

On peut d'abord considérer que c'est bien d'un transfert de droit qu'il s'agit, en ce sens que le droit transmis est celui-là même qui est sorti du patrimoine de son titulaire. Si tel est le cas, il faut distinguer deux acteurs dans le transfert : il y a d'un côté celui qui s'appauvrit (l'auteur « dans » le transfert), et de l'autre celui qui agit pour opérer l'appauvrissement (l'auteur « du » transfert »)[663]. La conclusion est alors que l'adage a peu d'intérêt, car sa solution est évidente en ce qui concerne l'auteur dans le transfert, et elle est fausse en ce qui concerne l'auteur du transfert.

Mais on peut également considérer que celui qui a le pouvoir sans la représentation ne peut pas transférer le droit lui-même, faute d'en être titulaire (ou titulaire exclusif), et que la loi crée simplement un mécanisme d'acquisition *lege* destiné à protéger les tiers et à assurer l'autonomie des époux. Ce n'est pas alors de transfert de droit qu'il s'agit, mais d'un mode d'acquisition originaire du droit transmis, ce qui a pour conséquence que l'on reste en dehors du champ d'application de l'adage *Nemo plus juris* – sauf à observer que le déclenchement de ce mécanisme d'acquisition originaire est lui-même subordonné à l'accomplissement d'un acte à objet translatif.

---

[658] C.B. Toullier, *Le droit civil français suivant l'ordre du Code*, préc., t. 12, 1823, n° 303, p. 387. Le syllogisme est transparent : *Nemo plus juris* ... ; or le mari peut vendre ; donc il est propriétaire.

[659] C. civ., art. 1421.

[660] Sur la nature juridique des revenus des propres, v. *infra*, n° 256 s. Sur celle des gains et salaires, v. *infra*, n° 250 s.

[661] C. civ., art. 1421.

[662] C. civ., art. 222.

[663] Cl. Calori, *Nemo plus juris...*, mémoire préc., p. 17. La notion d'auteur « dans » le transfert est mal adaptée à l'hypothèse du pouvoir de disposer des biens communs, puisque la communauté est dépourvue de personnalité morale ; il est vrai que, comme toujours, l'idée de personne morale « est de beaucoup celle qui permet d'en exposer le plus facilement les règles » (J. Flour et G. Champenois, ouvr. préc., n° 251, p. 241).

186.– Le choix entre ces deux approches[664] nous paraît dépendre du point de savoir si le tiers acquéreur a ou non besoin de la protection que constitue pour lui l'article 2279, autrement dit de l'existence ou non pour lui d'un risque d'éviction[665]. Cela n'étant pas le cas, puisque le transférant était investi à son égard du pouvoir d'opérer le transfert, le jeu de l'article 2279 (dont l'application n'est que subsidiaire) est exclu, c'est bien de transfert qu'il s'agit. Il est vrai que les occasions de litige sur ce point sont rares, puisque les actes de disposition des immeubles et des meubles corporels dont l'aliénation est soumise à publicité relèvent du régime de la cogestion[666].

Autrement dit, le Code civil conférant à chaque époux le pouvoir de « disposer » des biens communs, il est logique de considérer que c'est de transfert de droit qu'il s'agit, et donc d'une limite à l'adage *Nemo plus juris* ...

*

* *

187.– Les effets juridiques du pouvoir sont donc importants, et c'est une des raisons de la confusion traditionnelle faite entre pouvoir et propriété.

La conclusion de ce premier sous-titre est pourtant qu'il s'agit de notions très différentes.

Le pouvoir, a-t-il été montré, désigne une double prérogative, l'une agissant sur l'autre : il *est une « prérogative en soi », qui permet d'agir sur une autre prérogative (la « prérogative-objet » du pouvoir) qu'en règle générale on n'a pas*. Tel est le schéma du pouvoir sans propriété exclusive ; il est donc erroné de déduire la propriété de l'existence du pouvoir, si étendu soit celui-ci. La spécificité du propriétaire est qu'il cumule sur son bien les deux prérogatives en cas de coïncidence entre propriété et pouvoir ; la prérogative en soi n'a pas à lui être conférée, elle constitue un attribut de son droit de propriété, mais il peut en être privé ou la voir enfermée dans certaines limites lorsque le bien dont il s'agit est affecté à un intérêt distinct du sien.

Textes et doctrine n'en utilisent pas moins le terme pouvoir en son sens le plus large en matière de régimes matrimoniaux, sans distinguer selon que le pouvoir dont il s'agit découle ou non d'une propriété exclusive, ou qu'il se trouve ou non limité. Cet usage ne doit pas dissimuler que le régime de ce « pouvoir » est très variable selon qu'il porte sur un bien personnel, sur un bien propre, ou qu'il n'a pas d'autre support que la loi. Ces différences de régime paraissent cependant moins reposer sur la notion même de pouvoir que sur la fonction qui lui est attachée.

---

[664] Des commentateurs de l'adage (H. Roland et L. Boyer, *Adages du droit français*, Litec, 4e éd., 1999, n° 259, p. 506) semblent privilégier la seconde voie.
[665] Rappr. *infra*, n° 498.
[666] C. civ., art. 1424.

SOUS-TITRE SECOND

TITULARITÉ ET FONCTIONS DU POUVOIR

188.– Le premier mouvement, lorsque l'on rapproche les notions de pouvoir et de propriété, est de ne considérer que les pouvoirs du seul époux non-propriétaire, de les opposer aux prérogatives que l'époux propriétaire tire de son droit subjectif de propriété sur ses biens propres ou personnels. Il apparaît, dans cette perspective, que la fonction du pouvoir est soit de pallier l'absence de propriété exclusive sur les biens communs, soit de limiter les prérogatives de l'époux propriétaire en confiant la possibilité d'agir de façon autonome sur ses biens propres ou personnels à son conjoint. Le pouvoir, peut-on dire alors, constitue soit un substitut, soit une limite à la propriété.

Il s'agit cependant là d'une approche exagérément réductrice. En effet la propriété, ainsi qu'il a été relevé ci-dessus[667], est parfois elle-même source de pouvoirs stricto sensu en ce sens que les prérogatives qui en résultent sont enfermées dans certaines limites et font l'objet d'un contrôle destiné à assurer le respect d'une finalité déterminée[668].

189.– Une autre approche est envisageable, dans laquelle la fonction du pouvoir consiste précisément à exister (ou à être considéré) en tant que tel, indépendamment de sa source. Dans le cours normal des choses, le pouvoir découle de la propriété, et il est donc inutile de s'y référer : on se réfère au droit lui-même. Lorsque l'on se réfère au pouvoir en tant que tel, c'est soit parce qu'il n'y a pas de propriété, soit pour diminuer ou contrôler la prérogative attachée à la propriété. Il y a là un trait commun au pouvoir-fonction, qui est spécialement conféré par la loi, et au pouvoir-attribut, qui résulte du droit de propriété mais se voit appliquer un régime distinct de celui découlant normalement de ce droit. La fonction du pouvoir serait donc d'être considéré comme *une prérogative dissociée de sa source*, soit parce que cette dernière n'existe pas (pouvoirs légaux), soit parce qu'il est soumis à un régime qui n'est pas celui qui découle habituellement de celle-ci.

Cette approche, toute abstraite qu'elle soit, semble rendre compte du mécanisme étudié. On ne peut cependant s'en contenter car elle a un caractère trop général et elle n'explique pas la spécificité des régimes matrimoniaux. Or la question posée est

[667] V. *supra*, n° 161 et 177.
[668] C. civ., art. 220-1 et 1429. V. *infra*, n° 308 et 334.

de savoir pourquoi des prérogatives doivent être exercées dans un autre intérêt que celui de l'époux qui en est titulaire, et comment est assuré le respect de cette condition.

190.– Pour répondre à cette question, et éclaircir ainsi celle des rapports entre propriété et pouvoirs au regard de la fonction de ces derniers, nous partirons de la définition de la notion de pouvoir, telle qu'elle a été précisée ci-dessus[669] : le pouvoir est toute prérogative qui doit respecter une affectation familiale, cette affectation fondant elle-même une limite à la prérogative et un contrôle à son exercice.

La question est alors de déterminer la fonction de la prérogative, ainsi que celle du contrôle. Nous voudrions montrer que, par delà la diversité des cas d'espèce, la première est de créer entre les époux une communauté, et la seconde de vérifier la conformité de l'exercice des prérogatives dont il s'agit avec le respect des intérêts de la famille.

Le pouvoir, peut-on dire[670], a une double fonction : il est l'instrument d'une communauté entre époux (Chapitre premier), il est un instrument au service des intérêts de la famille (Chapitre second).

---

[669] V. *supra*, n° 178.

[670] Précisons pour n'y plus revenir que nous ne considérerons pas ci-après la neutralisation des pouvoirs du conjoint qu'emporte l'ouverture d'une procédure collective contre un époux. V. not. sur ce point : Ph. Simler, *Les interférences des régimes matrimoniaux et des procédures collectives*, PA, 17 juin 1998 ; P. Rubellin, *Régimes matrimoniaux et procédures collectives*, th. Strasbourg III, 1999 ; M. Sénéchal, *L'effet réel de la procédure collective*, B. dr. entr. 2002, p. 143 s. ; L. Griffon, *L'extension de la procédure collective au conjoint du débiteur*, Defrénois 2003, art. 37709, p. 493 ; H. Lécuyer, *Droit patrimonial de la famille et entreprises en difficulté*, PA 24 avril 2003, p. 20.

CHAPITRE PREMIER

LE POUVOIR, INSTRUMENT D'UNE COMMUNAUTÉ

191.– L'idée de départ est simple. La mise côte à côte de deux propriétés séparées ne fait pas un ménage : « le lien conjugal s'accommode mal de la juxtaposition de deux propriétés exclusives et dénuées de communication entre elles »[671]. Il est en conséquence nécessaire que chacun des époux ne soit pas totalement sans prise sur le patrimoine de son conjoint, au moins lorsqu'il s'agit de satisfaire ou de protéger certains besoins de la famille. Le mariage implique en effet une communauté de vie[672], et donc une certaine communication entre les propriétés, une mise en commun des biens et/ou des pouvoirs.

Cette mise en commun créé une interdépendance entre les époux. Cependant cette interdépendance ne doit pas être paralysante car le mariage n'est pas une situation temporaire, c'est un lien stable[673]. Il doit donc ménager entre les époux des zones d'indépendance[674]. C'est ce double caractère – interdépendance, mais aussi indépendance – qui est caractéristique du régime des pouvoirs dans la communauté conjugale.

En ce sens, la communauté conjugale ne se limite pas au régime en communauté. Il est bien connu, en effet, que le statut fondamental applicable à tous les époux[675] attribue à chacun d'eux, sous tous les régimes, d'importants pouvoirs propres. Or, ces pouvoirs ont la même fonction que ceux dont disposent les époux sous le régime en communauté ; on est fondé à considérer, même si une telle approche est inhabituelle, que le statut fondamental institue entre les époux une véritable communauté « primaire » de pouvoirs pour ce qui est de la satisfaction de leurs besoins fondamentaux.

---

[671] F. Zénati, th. préc., p. 148.
[672] C. civ., art. 215 al. 1er.
[673] Le mariage se dissout par la mort de l'un des époux ou par le divorce légalement prononcé (C. civ., art. 227).
[674] Cette indépendance, qui avait d'abord été voulue pour promouvoir l'autonomie de la femme mariée, a survécu à la disparition de l'inégalité des époux.
[675] C. civ., art. 212 à 226.

Instrument de communauté, le pouvoir l'est donc doublement : il est un instrument de la communauté de biens (Section I), et il est également la source d'une communauté primaire de pouvoirs (Section II).

SECTION I

LE POUVOIR, INSTRUMENT DE LA COMMUNAUTÉ DE BIENS

192.– « La » communauté de biens : nous la visons de façon générique car il n'est pas disputé qu'il n'existe qu'un seul régime de communauté (« *Du* régime en communauté »)[676], lequel comporte des variantes (« De la communauté légale », « De la communauté conventionnelle »)[677], les régimes conventionnels de communauté[678] n'étant pas autre chose que des aménagements du modèle de base[679].

193.– La caractéristique du régime en communauté est qu'il comporte, à côté des biens propres, une masse de biens communs aux époux en ce sens qu'ils ne sont la propriété exclusive ni de l'un, ni de l'autre. Il est possible de dire, de façon très approximative[680] qu'il s'agit d'un « patrimoine commun »[681] ; plus précisément on est en présence d'une forme particulière d'indivision, de copropriété[682], de propriété partagée[683]. Comme toute propriété commune, elle implique une vocation au partage des biens ; sa caractéristique propre est son régime spécifique de pouvoirs.

---

[676] Intitulé du chapitre II, titre V, livre troisième du Code civil.

[677] Intitulés des 1re et 2e parties du chapitre « Du régime en communauté », précité.

[678] En pratique, il n'est possible de déroger « aux règles concernant l'administration » (C. civ., art. 1497, al. 2, 2°) que de façon très limitée, puisque la seule voie utilisable est celle de la clause d'administration conjointe (C. civ., art. 1503) ou ses succédanés (J. Flour et G. Champenois, *Les régimes matrimoniaux*, préc., n° 697 p.648).

[679] F. Terré et Ph. Simler, *Les régimes matrimoniaux*, préc., n° 264.

[680] Sur la nature juridique de la communauté, v. *supra*, note 535. L'idée selon laquelle le pouvoir examiné serait celui de l'époux-organe d'une communauté-personne morale (*supra*, note 663) ne peut tenir lieu d'analyse, elle procède de la vieille confusion entre propriété et pouvoir. La dément (*adde supra*, note 535) le fait que l'organe d'une personne morale *représente* celle-ci (ce pourquoi aucune place n'est faite dans le présent travail au droit des sociétés – d'autant qu'aujourd'hui la *corporate governance* marque un recul de la conception institutionnelle de la société qui voit dans le dirigeant un organe incarnant les intérêts de celle-ci et non un mandataire), alors que l'époux n'est pas un représentant : doté de pouvoirs propres, il oblige mais s'oblige aussi personnellement (C. civ. art. 1418, 1482). La démentent également les pouvoirs conférés à chaque époux *sous tous les régimes* (pouvoirs sur les biens du conjoint, art. 215 al. 3, 220 ; pouvoir de disposer librement des gains et salaires, art. 223), pouvoirs qui sont évidemment sans rapport avec la nature de la communauté (*infra*, n° 264 s.).

[681] Tout patrimoine suppose une personne juridique, ce que n'est pas – s'accorde-t-on à penser – la communauté. Cependant « du point de vue pédagogique, l'analyse de la communauté en une personne morale est, de beaucoup, celle qui permet d'en exposer le plus facilement les règles » (J. Flour et G. Champenois, préc. *supra*, note 663).

[682] En ce sens : F. Terré et Ph. Simler, ouvr. préc., n° 384. – A. Colomer , ouvr. préc., n° 443 (l'époux commun en biens est un « copropriétaire »). – P. Catala, *L'indivision*, Defrénois, 1979, p. 6 (cet auteur parle d'« appropriation plurale »).

[683] Cass. com., 10 février 1998, préc. *supra*, n° 144, note 535.

Il est notable que ces deux attributs ne sont pas contemporains l'un de l'autre dans leur exercice. Le partage des biens communs n'intervient que lors de la dissolution de la communauté. Les pouvoirs caractéristiques de celle-ci ne s'exercent que pendant le mariage. Or il est tout à fait possible d'organiser un partage des biens lors de la dissolution sans créer de communauté de biens pendant le mariage. L'histoire le montre[684], ainsi que le droit comparé[685]. Et tel est d'ailleurs le schéma de la participation aux acquêts[686]. La fonction propre (on peut même dire : la principale fonction) de la propriété commune, pendant le mariage[687], c'est donc de servir de support à une organisation originale de pouvoirs.

194.– Encore faut-il distinguer, car ce régime n'est pas toujours homogène. Il relève à la fois, non sans paradoxe, de deux principes qui paraissent au premier abord contradictoires, l'un de coïncidence, l'autre de dissociation entre propriété et pouvoir : si la répartition du pouvoir dépend de la nature du bien, de sa propriété (§ 1), la nature du pouvoir ne commande pas, en revanche, la propriété (§ 2).

§ 1. – LIAISON DU POUVOIR ET DE LA QUALIFICATION DU BIEN

195.– Il existe incontestablement une liaison « propriété-pouvoir », en ce sens que, pendant la durée du régime, c'est la qualification du bien (propre, ou commun) qui détermine l'étendue du pouvoir[688] : alors que chaque époux exerce sur ses biens propres un pouvoir exclusif, la qualification de bien commun entraîne un partage de pouvoir avec l'autre époux[689].

196.– Quel pouvoir ? Il est courant de distinguer la question du pouvoir et celle du passif de la communauté. Cependant, ainsi qu'il a été montré plus haut[690], les pouvoirs conférés aux époux communs en biens ne sont pas seulement ceux régis en tant que tels par le Code civil, ceux relatifs à l'« administration », au sens large, de la communauté[691]. Si l'on veut prendre de ces pouvoirs une vue globale (ce qui est indispensable pour marquer la place précise du pouvoir de transférer un droit), il faut également sans sortir de notre sujet considérer ceux qui concernent la composition passive de la communauté[692/693]. Cela est d'autant plus nécessaire qu'à la différence

---

[684] V. *supra*, n° 134.

[685] V. *infra*, n° 229.

[686] V. également *infra*, n° 228.

[687] Dès lors qu'un bien est en communauté, la question de sa propriété ne se pose plus (ou ne se pose que de façon exceptionnelle : v. *supra*, note 535). Elle ne réapparaîtra que lors de la dissolution du régime. Seule compte la question des pouvoirs (à cela se borne la question du remploi pendant le mariage : J. Flour et G. Champenois, ouvr. préc., n° 293, p. 284).

[688] On retrouve l'ambiguïté signalée plus haut (*supra*, n° 177) : le terme « pouvoir », ici, est entendu à la fois au sens large (toute prérogative découlant d'un droit) et au sens technique (prérogative finalisée).

[689] Sauf, dans une certaine mesure, l'hypothèse du pouvoir « exclusif » : v. *supra*, n° 145.

[690] V. *supra*, n° 155.

[691] C. civ., art. 1421 s.

[692] C. civ., art. 1409 s. L'article 225, notamment, commande cette approche large, en précisant que chaque époux « oblige » seul ses biens personnels.

[693] Nous laisserons de côté, à cet endroit de nos développements, les questions posées par les pouvoirs qui découlent du régime primaire impératif : v. *infra*, n° 264.

du pouvoir de gestion active (A), celui de gestion passive (B) paraît aujourd'hui critiquable en raison de son défaut d'équilibre.

A. – POUVOIR DE GESTION ACTIVE

197.– Il s'agit des pouvoirs qui s'exercent directement sur certains biens : le pouvoir de les administrer, d'en jouir et d'en disposer[694]. Ils relèvent d'un principe de séparation des gestions, en ce sens que leur répartition ne s'opère pas de la même manière sur les biens communs (1°) et sur les biens propres (2°).

1° Pouvoir sur les biens communs

198.– Les biens communs ont vocation à être partagés, mais cela ne constitue pas la caractéristique de la communauté[695]. Le partage, en effet, est un mécanisme qui met fin à l'indivision. Or, la communauté n'est pas une indivision ordinaire. La preuve en est[696] que lorsque le mariage est dissous, une indivision se substitue à elle[697]. On devrait même dire, en toute rigueur, que ce n'est pas la communauté qui est partagée, mais l'indivision qui lui fait suite[698] ; la distinction doit être cependant bien comprise : les principales différences entre indivision ordinaire et communauté se situent non au niveau de la propriété[699] mais des pouvoirs.

199.– C'est cela, au reste, qui explique le régime particulier du legs de biens commun, que consacre l'article 1423 du Code civil : chaque époux peut disposer à cause de mort de sa part dans la communauté, voire même d'un bien déterminé (celui-ci est attribué en nature au légataire s'il est mis dans le lot des héritiers du disposant, ou par équivalent dans le cas contraire). Il ne s'agit pas là de l'exercice des pouvoirs de chaque époux sur les biens communs[700/701] car, précisément, la caractéristique du pouvoir est de s'exercer pendant le mariage. Il s'agit d'un acte de disposition par un futur indivisaire d'une chose indivise, car au moment où le legs

---

[694] V. *supra*, n° 148 s.

[695] Même si ce partage constitue l'origine historique probable de l'institution (v. *supra*, n° 134).

[696] Que la jurisprudence refuse au créancier personnel d'un époux le droit de provoquer le partage d'un immeuble commun par application de l'article 815-17 al. 3 C. civ., « l'application des règles de la communauté légale excluant celle des dispositions sur l'indivision » (Cass. civ. 1re, 9 nov. 1993 : Bull. civ. I, n° 314 ; Defrénois 1994, p. 435 obs. Aynès).

[697] Elle est régie par les articles 815 s. C. civ. Principales différences, en termes de composition active : il n'y a plus de formation d'acquêts, les revenus des ex-conjoints leur restent personnels, il n'y a pas de présomption d'indivision (J. Flour et G. Champenois, ouvr. préc., n° 532. – A. Colomer, ouvr. préc., n° 897).

[698] Le Code civil parle cependant de « partage de la communauté » (intitulé du par. 2, section III, 1re partie, chapitre II, titre V, et art. 1476), non sans marquer qu'il s'agit de la communauté *dissoute* (art. 1467 *in limine*).

[699] Rappelons (*supra*, note 697) la principale différence en ce qui concerne la propriété : alors que la communauté s'accroît des revenus des époux, la masse indivise ne s'accroît que des fruits et revenus des biens qui la composent.

[700] Contrairement à ce que suggère la construction du Code civil, qui place l'article 1423 parmi les dispositions relatives à « l'administration de la communauté et des biens propres ».

[701] Ainsi, le pouvoir unilatéral de chacun des époux « échappe au système ordinaire de l'opposabilité par antériorité » (G. Cornu, ouvr. préc., n° 65, p. 354) – sur lequel v. *infra*, n° 204.

sera exécuté le disposant sera décédé et la communauté, dissoute, aura donc laissé place à une indivision ordinaire[702/703].

200.– L'originalité de la communauté tient à ce que les biens communs sont soumis à un mode particulier d'administration, à une architecture spécifique de pouvoirs[704]. Ces pouvoirs visent, nous l'avons souligné ci-dessus, à assurer tout à la fois *l'interdépendance* des époux (gestion conjointe)[705] et leur *indépendance* (gestion séparée)[706]. C'est cette autonomie de principe des époux pour ce qui est de la gestion des biens communs qui distingue nettement la communauté de l'indivision[707], dominée par le principe de l'unanimité, et cela même si, en pratique, un certain rapprochement peut être noté entre les deux mécanismes[708].

201.– Il est inutile de s'étendre ici sur la détermination des biens communs, sur la composition de la communauté. La question pose, ou a posé, des problèmes de frontière complexes, dont l'examen nous entraînerait trop loin de notre sujet, et souvent inutilement. Contentons-nous donc de rappeler que « *La communauté se compose activement des acquêts faits par les époux ensemble ou séparément durant le mariage, et provenant tant de leur industrie personnelle que des économies faites sur les fruits et revenus de leurs biens propres* »[709].

202.– Notre propos est d'étudier les pouvoirs conférés aux époux sur les biens communs. L'étude de la notion de pouvoir, dans le sous-titre premier, nous a

---

[702] Jugé cependant que l'article 1423 al. 2 du Code civil « n'est pas applicable au legs d'un bien dépendant d'une indivision, fût-elle post-communautaire » (Cass. civ. 1re, 16 mai 2000 : PA 2 mai 2001, p. 875, n. F. Sauvage).

[703] Dès avant la réforme de 1985, qui a bilatéralisé l'article 1423, la tendance était d'appliquer l'article 1423 au legs de bien commun fait par la femme (J. Flour et G. Champenois, ouvr. préc., n° 350, p. 342).

[704] « Si l'on se refuse à voir dans la communauté un statut particulier de la propriété des biens, il semble que ce soit du côté de l'organisation de la gestion de ces biens que doivent être recherchés les traits caractéristiques de la communauté » (P. Raynaud, *Les régimes matrimoniaux*, in Marty et Raynaud, *Droit civil*, Sirey, 1978, n° 95).

[705] C. civ., art. 1422, 1424 et 1425.

[706] C. civ., art. 1421 al. 1 et 2. On distingue parfois, de façon plus fine, l'égalité dans l'interdépendance (gestion concurrente), dans l'association (gestion conjointe) et dans l'indépendance (gestion exclusive) (en ce sens : M. Grimaldi, obs. sous Cass. civ. 1re, 28 février 1995 : D. 1995, somm. p. 327) ; il convient toutefois de noter que la gestion exclusive de l'article 1421 al. 2 C. civ. laisse subsister l'interdépendance des époux au plan de la gestion passive.

[707] « En ce qui concerne les pouvoirs des époux, ce sont les régimes séparatistes » en cas d'indivision « qui sont, si l'on ose dire, les plus "communautaires" » (J. Maury, *Le principe participatif en régime matrimonial séparatiste*, Mélanges offerts à André Colomer, Litec 1993, p. 246).

[708] En pratique, est-il noté, « les exceptions, nombreuses des deux côtés, rapprochent singulièrement les deux systèmes : la nécessité de la cogestion pour les actes graves réduit pratiquement le système de la gestion concurrente à celui des actes d'administration ; inversement, l'existence d'un mandat tacite entre indivisaires refoule la gestion conjointe vers les actes de disposition (entendus largement) » (J. Flour et G. Champenois, ouvr. préc., p. 501, n° 537. – Même sens : Ph. Simler, *L'indivision entre époux séparés de biens : une quasi-communauté ?* Mélanges offerts à André Colomer, préc., p. 466). Il n'en reste pas moins que l'autonomie de gestion des époux communs en biens est supérieure à celle des indivisaires. Ex. : un époux peut donner seul à bail d'habitation un immeuble conjoint ; un indivisaire ne peut pas donner à bail un immeuble indivis (C. civ., art. 815-3).

[709] C. civ., art. 1401.

conduite à rechercher quel est leur contenu. Elle doit être complétée, ici, par l'examen des règles de leur attribution.

203.– La répartition des pouvoirs des époux sur les biens communs obéit, en droit positif, à un schéma strictement égalitaire. Cette égalité est réalisée de plusieurs façons, afin de concilier l'objectif d'indépendance des époux avec la nécessité de les associer pour la prise des décisions les plus importantes. Le principe est celui de la gestion séparée, en principe *concurrente*, parfois *exclusive* ; ce principe cède la place pour les actes graves sur les biens de valeur particulière à celui de la gestion *conjointe*.

a) Gestion concurrente

204.– La gestion concurrente constitue le principe, même pour les actes de disposition. L'article 1421 alinéa 1er du Code civil confère en effet à « chacun des époux » « le pouvoir *d'administrer seul* les biens communs et d'en *disposer* ». La solution traditionnelle consistait à confier ce pouvoir d'administration, au sens large, au mari ; c'était, on peut le noter, une autre façon d'empêcher un cloisonnement des patrimoines des époux. Celle consacrée par le législateur de 1985 est évidemment plus conforme à l'exigence contemporaine de l'égalité des sexes.

Donc, « *la communauté a deux gérants* »[710] qui détiennent séparément le pouvoir de gérer[711], priorité étant donné au premier qui agit (*Prior tempore, potior jure*). Chacun est investi d'un pouvoir propre, et non de représentation[712]. C'est cela qui explique le particularisme de l'application de l'effet relatif du contrat dans le cadre du régime en communauté : faute de consentement aux obligations souscrites, le conjoint est un tiers au contrat conclu par l'autre époux dans l'exercice de ses pouvoirs[713], ce contrat lui est seulement « opposable »[714/715] ; il n'en demeure pas

---

[710] G. Cornu, ouvr. préc., n° 63, p. 346. – Rappr. J. Carbonnier, qui parle d'une « société à deux personnes, avec deux associés-gérants » (*Essais sur les lois*, préc., p. 85).

[711] Tout comme dans une société (ex., pour la société civile : « En cas de pluralité de gérants, ceux-ci détiennent séparément les pouvoirs prévus à l'alinéa précédent... », C. civ., art. 1849 al. 2 ; même solution pour la SARL (C. com., art. L. 223-18).

[712] C'est une autre différence avec le régime de l'indivision conventionnelle. Celle-ci comporte un système de gestion concurrente très proche de celle prévue par l'article 1421 al. 1er (C. civ., art. 1873-9 : « en cas de pluralité de gérants ... ceux-ci détiennent séparément les pouvoirs prévus à l'article 1873-6 (...) »), mais « sauf le droit pour chacun de s'opposer à toute opération avant qu'elle soit conclue ». L'explication est qu'il s'agit d'un système de représentation (« Le gérant représente les indivisaires dans la mesure de ses pouvoirs : C. civ., art. 1873-6), et que le représenté peut donc toujours révoquer le pouvoir de représentant.

[713] « Le fait que les droits et obligations nés d'un contrat passé par un époux tombent en communauté n'a pas pour conséquence de conférer la qualité de contractant à l'autre époux » (Cass. civ. 1re, 13 décembre 1989 : Defrénois 1990, p. 875 obs. G. Champenois ; RTD civ. 1990, p. 645, obs. Mestre et 1992, p. 444 obs. Vareille et Lucet. – Cass. civ. 1re, 6 octobre 1993 : RTD civ. 1994, p. 593 obs. Mestre. – Cass. soc., 14 octobre 1993 : RTD civ. 1994, p. 593 obs. Mestre, D. 1994, 251, M.-C. Sordino. – Cass. civ. 1re, 26 mai 1994 : RTD civ. 1995, p. 95 obs. Mestre). Cependant, le conjoint commun en biens n'est pas un tiers au sens de l'art. 1328 C. civ. (Cass. civ. 1re, 29 janvier 1975 : JCP 1975, II, 18081 n. J. Patarin ; 6 juillet 1988 : Defrénois 1988, p. 1476 obs. G. Champenois ; C. civ. art. 1421, al. 1 *in fine* : « Les actes accomplis par un conjoint sont opposables à l'autre. »)

[714] C. civ. art. 1421 al. 1er *in fine*. On peut dire aussi que ces actes ont force obligatoire à son égard (v. *supra*, note 277 et le texte du renvoi).

[715] Sauf fraude, sur laquelle, v. *infra*, n° 319.

moins qu'il doit en subir les conséquences patrimoniales en qualité d'époux commun en biens[716].

Cela suppose qu'il ne contrecarre pas l'action de son conjoint. En principe, cela est impossible car « *l'acte accompli par un époux a un effet extinctif du pouvoir du conjoint* »[717]. Encore faut-il que ce dernier en soit informé et, lorsqu'il l'est, qu'il ne prenne pas « d'initiatives en vue de défaire ce que l'autre a fait »[718]. Encore faut-il, également, savoir jusqu'à quel point le pouvoir parallèle du conjoint se trouve éteint, et c'est tout le problème « car on ne saurait ériger en règle générale que l'initiative prise par l'un des époux dans le cadre de son pouvoir concurrentiel de gestion de la communauté a pour effet de muer celui-ci en pouvoir exclusif »[719].

Ce risque de conflit pouvant naître d'actes contradictoires n'existe pas lorsque la gestion séparée n'est pas concurrente mais exclusive.

b) Gestion exclusive

205.– Du pouvoir d'agir seul, l'article 1421 alinéa second (qui est une innovation de la loi de 1985) distingue l'hypothèse où un époux a seul le pouvoir d'agir. Le pouvoir d'agir est alors retiré au conjoint, et la gestion concurrente remplacée par une gestion active[720] unilatérale, exclusive.

Les hypothèses de gestion exclusive sont comptées. Outre les revenus[721], on cite la distinction du titre et de la finance[722], mais il s'agit là de cas relevant de règles plus particulières. Nous nous bornerons à examiner ici[723] la gestion exclusive prévue par l'article 1421 alinéa second du code civil, aux termes duquel :

> « *L'époux qui exerce une profession séparée a seul le pouvoir d'accomplir les actes d'administration et de disposition nécessaires à celle-ci* ».

206.– Il est notable que le pouvoir de gestion exclusive, à la différence des anciens biens réservés, ne concerne pas une catégorie spéciale de biens. Il concerne, précise l'article 1421 alinéa second, des « actes ». Plus précisément, puisqu'il est question de l'administration de la communauté, il porte sur les actes qui sont accomplis sur des biens communs : il confère à l'époux qui exerce une activité professionnelle séparée à partir de certains biens communs « *l'exclusivité de la gestion professionnelle de*

---

[716] Aussi considère-t-on parfois que la gestion concurrente consacre non l'indépendance mais l'interdépendance des époux (M. Grimaldi, obs. préc., D. 1995, somm. p. 327).
[717] J. Flour et G. Champenois, ouvr. préc., p. 340, n° 348. – G. Cornu, ouvr. préc., n° 65, p. 352.
[718] J. Flour et G. Champenois, *ibid.* Sur le devoir d'information (sommes importantes) : Cass. civ. 1re, 14 février 2006, D. 2007 IR p. 601.
[719] A. Colomer, ouvr. préc., n° 425.
[720] Active, et non passive, sauf pour ce qui concerne les gains et salaires : c'est l'équivoque de la notion de gestion « exclusive » : v. *supra*, n° 145.
[721] Qu'il est plus intéressant de considérer du point de vue de la gestion passive : v. *infra*, n° 236 s.
[722] En réalité, cette distinction n'a ni pour objet, ni pour effet de faire échapper la valeur commune à la règle de la cogestion : v. *infra*, n° 241.
[723] V. aussi C. civ., art. 221 (*infra*, n° 267) et 1832-2 (*infra*, n° 246).

ceux-ci »[724]. Le conjoint – s'il n'y a pas exploitation en commun – ne peut pas s'immiscer dans l'exercice de la profession sans le consentement de l'époux intéressé ; par exemple, il ne pourra

> « *acquérir ou vendre le matériel professionnel, conclure le bail du local à usage professionnel ou donner congé, participer à l'assemblée générale des copropriétaires si le local professionnel constitue un lot de copropriété. De même, si un époux crée ou acquiert un fonds de commerce ou une exploitation pendant la durée du régime, il est seul habilité, s'il exerce séparément sa profession, à accomplir les actes de gestion que nécessite l'exploitation* »[725].

207.– Il peut paraître singulier de présenter la gestion exclusive comme étant un instrument de communauté entre les époux. Cependant cette communauté, avons-nous vu, est caractérisée par le double souci d'interdépendance et d'indépendance des époux. La gestion exclusive est au service de ce second objectif. C'est à titre d'antidote qu'il y est fait place. Encore faut-il souligner que celle ici considérée ne joue qu'en matière de gestion active, ce qui entame sensiblement et la portée de l'indépendance, et celle de l'objection ici considérée.

Il faut ajouter que d'autres limites existent. Le pouvoir exclusif conféré pour l'exercice de l'activité professionnelle indépendante d'un époux n'est pas d'une autre nature, en effet, que celui accordé à chacun des époux au titre de la gestion concurrente. Simplement, il est érigé en monopole, il est « débilatéralisé ». Les réserves de faute et de fraude prévues à l'article 1421 alinéa 1er s'y appliquent donc [726]. De la même façon, c'est « *sous réserve des articles 1422 et 1425*[727] » que s'exerce le pouvoir exclusif, comme les pouvoirs concurrents : « *la gestion exclusive chasse la gestion concurrente, mais non la cogestion* »[728].

c) Cogestion

208.– « *Les époux ne peuvent l'un sans l'autre* »[729] réaliser un certain nombre d'opérations graves : actes à titre gratuit, cautionnement réel, aliénation ou constitution de droits réels sur les biens de valeur, conclusion de certains baux. La loi impose alors l'action en mains communes, la cogestion.

209.– Le domaine de la cogestion est très large, au point que, en dépit de son caractère limitatif, on va parfois jusqu'à considérer (non sans excès : que l'on pense

---

[724] A. Colomer, ouvr. préc., n° 516.

[725] F. Terré et Ph. Simler, ouvr. préc., n° 480. – M. Menjucq, *Le fonds de commerce dans la communauté des époux*, JCP N, 1996, doct. p. 1081.

[726] Elles seront examinées au titre de la finalité des pouvoirs, *infra*, deuxième chapitre (n° 315).

[727] C. civ., art. 1421 al. 3.

[728] M. Grimadi, obs. préc., D. 1995, somm., p. 42.

[729] Texte de la formule introductive des articles 1422, 1424 et 1425 C. civ. (v. aussi l'article 215 al. 3 : v. *infra*, n° 277).

aux instruments financiers, aux créances...)[730] qu'« *on est en droit de se demander ce qui peut subsister du principe* » du pouvoir concurrent de disposer .

Celui-ci se voit privé de toute portée en ce qui concerne les actes de disposition à titre gratuit, l'article 1422 prévoyant de façon très générale que « *Les époux ne peuvent, l'un sans l'autre, disposer entre vifs, à titre gratuit, des biens de la communauté [...]* ». Cette règle s'applique quel que soit le type de donation (notariée, indirecte, déguisée, don manuel)[731], et quel qu'en soit le bénéficiaire. Seuls demeurent en dehors de son champ d'application les cadeaux et présents d'usage, l'assurance sur la vie[732] et les gains et salaires[733].

Il est également privé de toute portée en matière de « cautionnement » réel, l'article 1422 ayant été complété en 2006 pour préciser que les époux « *ne peuvent pas non plus, l'un sans l'autre, affecter l'un de ces biens [de la communauté] à la garantie de la dette d'un tiers* ».

Les transferts et constitutions d'autres droits réels, de leur côté, portent sur la plupart des biens de valeur : immeubles, fonds de commerce[734], exploitations, droits sociaux « non négociables »[735], meubles corporels dont l'aliénation est soumise à publicité.

Donner à bail rural ou commercial relève également du régime de la cogestion, en application de l'article 1425[736].

L'hypothèse de l'article 1832-2 du Code civil doit être mise à part. Il s'agit de l'obligation pour l'époux qui emploie des biens communs pour faire apport à une société ou acquérir des parts sociales non négociables d'en informer préalablement son conjoint, afin que celui-ci puisse revendiquer la qualité d'associé pour la moitié des parts souscrites ou acquises. Lorsque l'apport consiste en deniers communs, ou en biens autres que ceux soumis à cogestion, une exception est ainsi apportée à la liberté de disposer librement des biens communs, au principe de la gestion concurrente.

---

730 V. J. Flour et G. Champenois, ouvr. préc. n° 347, p. 339. L'exemple d'un époux vendant seul plus de 75 000 euros de valeurs mobilières communes (Cass. civ. 1re, 16 mars 1999 : Bull. civ. I, n° 89 ; RTD civ. 2001 p. 189 obs. B. Vareille) montre notamment que le pouvoir concurrent est loin d'être un pur principe. Il y a d'ailleurs là une explication de l'évolution jurisprudentielle relative au « cautionnement » réel (v. les faits de Cass. ch. mixte 2 décembre 2005, D. 2006 p. 729, concl. J. Sainte-Rose, n. L. Aynès ; JCP G 2005.II.10183 n. Ph. Simler).

731 A. Colomer, ouvr. préc., n° 434.

732 Fondée sur le mécanisme de la stipulation pour autrui : Cass. Ass. plén., 12 décembre 1986 : D. 1987, p. 269 n. J. Ghestin ; JCP 1987, II, 20760, concl. Cabannes, n. Boyer ; Défrénois 1987, p. 541 n. J.-L. Aubert.

733 En application du texte spécial de l'article 223, sur lequel v. *infra*, n° 251.

734 En ce qui concerne les conjoints d'artisans et de commerçants travaillant dans l'entreprise familiale, la cogestion est également étendue aux éléments du fonds de commerce nécessaires à l'exploitation de l'entreprise (C. com. art. L. 121-5).

735 C'est-à-dire non transmissibles par les procédés simplifiés du droit commercial : parts de sociétés en nom collectif, en commandite simple, en participation, à responsabilité limitée. En revanche, les actions échappent à la cogestion (v. l'ex. cité ci-dessus, note 730).

736 La location gérance du fonds de commerce relève également de la cogestion lorsque le conjoint travaille dans l'entreprise familiale (C. com. art. L. 121-5).

210.– « ... *l'un sans l'autre* » : l'exigence légale signifie que les deux époux ont normalement les mêmes pouvoirs sur les biens communs, et sont donc coauteurs de l'acte. Chaque consentement constitue, alors, un engagement personnel de l'un et l'autre époux. Rien, cependant, n'impose cette solution. La cogestion est pour chaque époux un pouvoir de contrôler l'action du conjoint, non un devoir de s'obliger soi-même[737]. Le consentement peut donc consister en une simple autorisation d'agir conférée au conjoint : l'époux qui l'émet lève son pouvoir de veto, il reconnaît que l'acte ne menace pas l'intérêt commun[738]. En la forme, le consentement peut d'ailleurs rester distinct de l'acte, consister en une ratification postérieure[739], ou même être donné à l'avance pourvu que ce soit spécialement[740].

211.– Le système de la cogestion permet à chacun des époux de faire obstacle à l'action de l'autre[741]. Des trois modes de gestion des biens communs (concurrente, exclusive, conjointe), il est celui qui correspond le mieux à l'idée de mise en commun de biens et de pouvoirs. En réalité, c'est le mélange des trois formules qui constitue une des caractéristiques de la communauté conjugale.

Une autre caractéristique – en ce qui concerne le régime légal – est que les biens communs y côtoient des biens propres, sur lesquels s'exercent des « pouvoirs ».

2° Pouvoirs sur les biens propres

212.– « Propres » est pris en son sens précis de biens propres à un époux marié en régime de communauté. Il est inutile de s'appesantir sur la notion même de bien propre[742]. Rappelons simplement, pour la suite du raisonnement, que deux critères permettent de déterminer ces biens par rapport aux biens communs : celui de l'origine (« *Restent propres les biens dont les époux avaient la propriété ou la possession au jour de la célébration du mariage, ou qu'ils acquièrent , pendant le mariage, par succession, donation, ou legs* »)[743], et celui de la nature du bien (« *Forment des propres par leur nature, quand même ils auraient été acquis pendant le mariage [...] tous les biens qui ont un caractère personnel et tous les droits exclusivement attachés à la personne* »)[744].

---

[737] Plus précisément, il faut dire : c'est un pouvoir de participer à la gestion du bien, que l'époux peut choisir de n'exercer que comme un simple pouvoir de contrôler celle-ci.

[738] V. *supra*, n° 154. Il faut dans ce cas en déduire que l'époux qui entend autoriser sans consentir n'est pas personnellement obligé, en application de la maxime *Qui auctor est se non obligat*.

[739] La solution est expressément consacrée par l'article 1427 al. 1er du Code civil (« à moins qu'il n'ait ratifié l'acte »). Et l'article 217 distingue le « consentement » du conjoint de son « concours » à l'acte. *Adde* les autres arguments de texte cités *in* A. Colomer, ouvr. préc., n° 463.

[740] J. Patarin et G. Morin, *La réforme des régimes matrimoniaux*, préc., n° 187.

[741] Sauf pour celui-ci à faire sanctionner par le juge le détournement du pouvoir de sa finalité (C. civ., art. 217) (v. *infra*, n° 307).

[742] Cette notion n'est intéressante que pour ce qui concerne les qualifications hybrides, ou douteuses : v. *infra*, n° 235.

[743] C. civ., art. 1405, al. 1er.

[744] C. civ., art. 1404, al. 1er. Il faut également rappeler l'existence de biens propres par accessoire (art. 1406 al. 1er et 1408) et de biens propres par subrogation (art. 1406 al. 2 et 1407).

213.– Faut-il parler de « pouvoir » sur les biens propres ? Une raison d'en douter est que la prérogative dont il s'agit résulte de la qualité de propriétaire exclusif, et non pas du régime matrimonial. Il ne s'agit donc pas du pouvoir-fonction, substitut à la propriété, mais bien des attributs de la propriété elle-même, d'un droit subjectif.

Une autre raison est que la propriété est un pouvoir sans partage. Dès lors qu'un bien est qualifié de propre, il relève du pouvoir exclusif de gestion l'époux qui en est propriétaire. Le Code civil organise la gestion des propres selon un mode quasiment séparatiste : aux termes de l'article 1428, en effet, « *Chaque époux a l'administration et la jouissance de ses biens propres et peut en disposer librement* », tout comme un époux séparé de biens sur ses biens personnels[745]. On peut donc se demander en quoi une telle prérogative constitue un instrument de « communauté ».

214.– Pour répondre à cette question, nous partirons de nos conclusions précédentes : le critère de l'affectation permet d'expliquer que la prérogative qu'une personne exerce sur son propre bien relève du régime du pouvoir et non du droit subjectif ; le pouvoir est toute prérogative qui doit respecter une affectation familiale, cette affectation fondant elle-même une limite à la prérogative et l'existence d'un contrôle.

Or, quel est le régime des prérogatives d'un époux sur ses propres ? Il ne s'agit pas de celles d'un célibataire, car une certaine affectation familiale existe. L'article 1429 du code civil organise, en effet, un contrôle judiciaire : si l'époux « *met en péril les intérêts de la famille, soit en laissant dépérir ses propres, soit en dissipant ou en détournant les revenus qu'il en retire* », il peut être dessaisi de ses prérogatives[746]. Il y a donc bien nécessité de respecter une affectation familiale, existence d'un contrôle, et limite à la prérogative : c'est le régime du pouvoir[747], non celui du droit subjectif.

215.– Un auteur soutient le contraire : ce qui justifie l'article 1429, explique-t-il, c'est que les revenus des propres sont des biens communs ; mais on ne peut pas en déduire, selon lui, que les droits sur les propres « puissent être soumis au contrôle des véritables pouvoirs. Ce serait vider la notion de propre de son sens en alignant son régime sur celui des biens communs »[748].

Cette analyse nous semble contestable[749]. Il est notable, d'abord, que la sanction du dépérissement des propres n'est pas subordonnée au fait qu'ils soient productifs de revenus ; elle peut aussi s'expliquer autrement, par exemple par l'idée de préserver le paiement des récompenses[750]. La dernière proposition, ensuite, est excessive :

---

[745] C. civ., art. 225 et 1536. Rappr. pour la participation aux acquêts, C. civ., art. 1569 al. 1er.

[746] Sur le contrôle lui-même, v. *infra*, n° 304.

[747] Cette idée est largement admise en doctrine : F. Terré et Ph. Simler, ouvr. préc., n° 526. – J. Flour et G. Champenois, ouvr. préc., n° 747.

[748] E. Gaillard, *Le pouvoir en droit privé*, préc., p. 156, n° 242.

[749] Voire paradoxale, en présence d'un texte qui institue un contrôle de finalité dans l'exercice d'une prérogative. Nous négligeons ici l'argument tiré par l'auteur de la « précision technique des termes utilisés par l'article 1429 », lui-même reconnaissant qu'il n'en est pas toujours fait un usage aussi judicieux.

[750] Les propres de l'époux à qui est imputable à faute l'insuffisance de la communauté peuvent être saisis par le conjoint pour le règlement subsidiaire des récompenses qui lui sont dues (C. civ., art. 1472 al. 2).

la caractéristique première du pouvoir sur un bien propre est en effet qu'il est exclusif[751], ce qui n'est pas en cause ici, et non que son exercice échappe à tout contrôle. De façon plus générale, enfin, l'idée de départ elle-même nous paraît erronée. La réalité s'accommode mal, en effet, de la distinction tranchée ainsi opérée entre droit subjectif et pouvoir. Il n'y a pas des droits subjectifs d'un côté, des « véritables » pouvoirs de l'autre, mais des prérogatives plus ou moins finalisées faisant l'objet de contrôles plus ou moins poussés[752].

216.– On paraît donc fondée à considérer que les prérogatives que chaque époux exerce sur ses propres obéissent au régime du pouvoir, dans lequel on retrouve l'idée qu'il s'agit d'un instrument de communauté. Ces prérogatives ont beau être des attributs de son droit de propriété, elles n'en constituent donc pas moins des pouvoirs dont la mise en œuvre est contrôlée[753] car c'est par la finalité, et non par la propriété, que passe la distinction entre droit et pouvoir. Ce n'est pas évidemment à dire que le régime du contrôle des pouvoirs soit identique lorsqu'il a pour objet ceux des époux sur les biens communs[754].

L'ampleur des limites et l'étendue du contrôle, à l'évidence, sont bien moindres qu'à l'égard des biens communs. Limites et contrôles n'en existent pas moins.

B. – POUVOIR DE GESTION PASSIVE

217.– Il s'agit du pouvoir conféré à un époux d'engager, à l'égard du créancier, certains biens par ses dettes. Les manuels envisagent cette question au titre de la composition de la communauté[755] et non à celui des pouvoirs[756]. Cependant, il s'agit bien d'une question de pouvoir : celui non pas de gérer mais d'obliger. C'est même la question la plus délicate posée par le régime légal, car elle est controversée : les solutions retenues par le droit positif (1°) sont en effet peu protectrices du conjoint en cas de sinistre patrimonial d'un époux, et il est intéressant d'observer que les réflexions développées *de lege ferenda* (2°) pour remédier à cette situation consistent à revenir sur la communauté de biens sans toucher à celle des pouvoirs.

1° De lege lata

218.– La question posée est celle des biens engagés au titre des dettes dites communes.

---

[751] Tant de façon active que passive.

[752] Nous verrons, ainsi (*infra*, n° 308 et 332), que l'article 220-1 C. civ. soumet les prérogatives des époux séparés de biens elles-mêmes à un certain contrôle de finalité ...

[753] Rappr., en ce sens : A. Colomer, ouvr. préc., n° 549 s.

[754] V. *infra*, n° 324.

[755] Ou bien, pour ce qui est du pouvoir donné à chaque époux d'engager par ses dettes ménagères les propres ou les biens personnels du conjoint (C. civ., art. 220), au titre des dispositions relatives aux charges du mariage (ex. : J. Flour et G. Champenois, ouvr. préc., n° 69 s.). Il s'agit là d'une règle applicable sous tous les régimes, caractéristique d'une communauté en pouvoirs qui sera examinée à la section suivante (v. *infra*, n° 282).

[756] Non sans relever, toutefois, que « les interférences sont constantes ... entre les solutions relatives à la composition des masses et celles qui concernent les pouvoirs des époux » (F. Terré et Ph. Simler, ouvr. préc., n° 269).

Toutes les dettes n'ont pas ce caractère. Certaines sont propres, en ce sens que leur paiement ne peut être poursuivi que sur les biens propres et les revenus de l'époux débiteur[757]. Ainsi le veut, notamment, le principe de corrélation entre l'actif et le passif (*ubi emolumentum, ibi onus*) : les dettes qui sont la contrepartie directe d'un actif précis[758] ont ce caractère personnel, propre[759].

Les dettes communes sont celles nées du chef de chaque époux au cours du mariage. Elles sont exécutoires sur ses propres[760], non sur ceux du conjoint[761] ; elles sont également exécutoires sur les biens communs, aux termes de l'importantissime article 1413 du Code civil, dans la rédaction que lui a donnée la loi de 1985 :

> « *Le paiement des dettes dont chaque époux est tenu, pour quelque cause que ce soit, pendant la communauté, peut toujours être poursuivi sur les biens communs, à moins qu'il n'y ait eu fraude de l'époux débiteur et mauvaise foi du créancier, et sauf la récompense due à la communauté s'il y a lieu* ».

La solution applicable à cette seconde catégorie de dettes est expliquée par le critère traditionnel de corrélation entre pouvoir d'administrer et pouvoir d'engager, entre pouvoir de gestion et passif provisoire : « Administrer, c'est – entre autres choses – contracter des dettes. Dès lors, le pouvoir d'administrer une masse de biens déterminée, a fortiori le pouvoir d'en disposer, entraîne comme corollaire logique le pouvoir de les engager par ses dettes »[762]. Ainsi s'explique que chacun des époux engage ses propres par toutes ses dettes, et non les propres du conjoint ; ainsi s'explique qu'il engage l'ensemble des biens communs, puisque chaque époux a la qualité d'administrateur de la communauté.

219.– C'est cette dernière règle qui nous intéresse.

Elle s'est imposée d'elle-même en 1985. Jusqu'alors, elle s'appliquait seulement au mari : celui-ci étant seul administrateur de la communauté, il l'engageait par toutes ses dettes. Le législateur de 1985, mettant la femme à égalité avec le mari pour ce qui est de la gestion de la communauté, a tout naturellement bilatéralisé également le pouvoir d'engager les biens communs.

La solution n'est pas heureuse. Le pouvoir ainsi donné à chaque époux d'engager la totalité de la communauté est en effet excessif car il peut lui permettre de ruiner son conjoint en cas de mauvaises affaires.

---

[757] C. civ., art. 1411 al. 1er (l'alinéa second du même article permet également d'agir sur le mobilier dans le cas où il a été « confondu dans le patrimoine commun »). Il est notable que les revenus de l'époux débiteur sont assimilés à des biens personnels (J. Revel, *Les revenus des époux communs en biens : mariage ou célibat ?* D. 1987, chron. p. 131)

[758] Il s'agit, d'une part, des dettes antérieures au mariage (passif présent) et, d'autre part, de celles qui grèvent les successions et libéralités qui échoient à un époux au cours du mariage (passif futur).

[759] Le plus souvent. Mais si une libéralité a été stipulée commune, le passif dont elle est grevée est à la charge de la communauté.

[760] Ainsi le veut le droit commun de l'article 2284 C. civ.

[761] La précision est donnée expressément par l'article 1418 C. civ.

[762] J. Flour et G. Champenois, ouvr. préc., n° 423.

220.– Sur ce point, le droit positif constitue, d'ailleurs, une régression par rapport à la solution antérieure. Jusqu'à la réforme de 1985, en effet, le mari ne pouvait engager que les biens communs ordinaires, et non les biens réservés[763]. De son côté, la femme n'engageait par ses dettes que ses propres et les biens réservés. Il existait donc à l'intérieur de la masse commune un cloisonnement, qui jouait le rôle de technique de limitation des risques patrimoniaux encourus par chacun des époux du fait des activités de l'autre. Les biens professionnels de la femme se trouvaient à l'abri des poursuites des créanciers du mari ; les biens communs ordinaires se trouvaient à l'abri des poursuites des créanciers de la femme.

Bien entendu, l'idée n'est pas ici de regretter la disparition des biens réservés : ils ne faisaient que compenser une inégalité de pouvoirs dont la femme était victime, et la suppression de cette inégalité les rendait inutiles au plan de la gestion active. Il n'en demeure pas moins que la poussée égalitaire a des conséquences fâcheuses puisque la protection qu'ils apportaient au plan du passif n'a pas été remplacée.

De l'idée de biens réservés, il reste en droit positif deux mécanismes, mais dont la vertu protectrice est incomparablement plus faible au regard du problème considéré : la gestion exclusive des biens professionnels, et le régime des gains et salaires.

221.– La gestion exclusive est une dérogation au principe de gestion concurrente des biens communs : « *L'époux qui exerce une profession séparée a seul le pouvoir d'accomplir les actes d'administration et de disposition nécessaires à celle-ci* »[764]. Nous avons déjà évoqué ce mécanisme en examinant la gestion active de la masse commune. On constate ici qu'il n'a pas de prolongement en matière de gestion passive (sauf après coup, en cas de divorce, si le juge le décide en application du nouvel article 1387-1 C. civ.) : les biens affectés à l'exercice d'une profession sont des « biens communs » au sens de l'article 1413 du Code civil, et ils sont donc engagés comme les autres par les dettes de l'époux non professionnel.

Cette solution met à mal le critère du lien naturel entre les pouvoirs d'administrer et d'engager une masse de biens[765], qui est présenté comme étant le fondement du pouvoir de gestion passive. Plus précisément, elle est incompatible avec lui, et les auteurs n'ont pas manqué de relever le « défaut de logique » qu'elle consacre[766]. On l'explique

---

[763] C. civ., réd. L. 1965, art. 1413 al. 2 (« Les biens réservés ne peuvent, toutefois, être saisis par les créanciers du mari, à moins que l'obligation ait été contractée pour l'entretien du ménage ou l'éducation des enfants »).

[764] C. civ., art. 1421 al. 2 (v. *supra*, n° 145).

[765] L'article 1421 al. 2 C. civ. se réfère seulement aux « actes » nécessaires à l'exercice d'une profession, et non aux « biens » affectés à la profession ; il « ne distingue pas, au sein des biens communs, deux catégories, les biens « ordinaires » et les biens « professionnels », il distingue les actes nécessaires à l'exercice d'une profession des actes ordinaires (...). Ainsi entendue, l'exception à la gestion concurrente (...) est un pouvoir exclusif de gestion qui ne comporte pas un pouvoir exclusif d'engager des biens déterminés » (J. Revel, art. préc., D. 1987, chron. p. 133). Il n'en reste pas moins que la doctrine s'accorde pour considérer que la notion de « biens » affectés à la profession peut constituer un critère commode pour déterminer le domaine de cette gestion exclusive (J. Flour et G. Champenois, ouvr. préc., p. 350, n° 359), et qu'au pouvoir exclusif actif ne correspond pas de contrepartie passive.

[766] Ex. : J. Flour et G. Champenois, ouvr. préc., p. 421, n°441.

par une raison pratique : la difficulté à isoler, au sein de la masse commune, les éléments du patrimoine professionnel. Cette explication ne rend cependant pas la solution satisfaisante[767].

222.– Les gains et salaires obéissent à un régime plus proche de celui des biens réservés. Comme ces derniers, ils relèvent en effet d'une gestion exclusive non seulement pour ce qui est du pouvoir d'administrer et de disposer (gestion active) mais aussi pour le pouvoir d'engager (gestion passive, art. 1414). Ainsi qu'il a été justement relevé : « les gains et salaires apparaissent comme une nouvelle forme de biens réservés "bilatéralisés" »[768]. Encore faut-il noter qu'ils échappent à la cogestion de l'article 1421 alinéa 3, alors que ce n'était pas le cas des biens réservés[769/770].

223.– Ce n'est pas à dire que la protection instituée ait la même portée. Les gains et salaires, en effet, ont vocation à être dépensés, ou bien à se transformer en économies, lesquelles sont des biens communs en capital et relèvent donc du droit commun des pouvoirs des époux[771]. Les sommes mises à l'abri des pouvoirs de gestion passive de l'autre époux sont donc nécessairement plus faibles en matière de gains et salaires qu'elles ne l'étaient dans le régime des biens réservés ; en tous cas, il n'est pas question ici de protection de l'outil de travail.

224.– Du régime des gains et salaires, il faut rapprocher celui de cette autre catégorie de revenus que constituent les fruits et revenus des biens propres. On s'interroge, en effet, sur la question de savoir si ceux-ci sont ou non engagés par le conjoint, s'ils entrent ou pas dans le champ d'application de l'article 1413 du Code civil. Le principe de corrélation entre le passif provisoire et les pouvoirs de gestion devrait conduire à décider que non, puisqu'ils relèvent de la gestion exclusive de l'époux qui les perçoit[772]. La même remarque vaut cependant pour les gains et salaires, lesquels n'en échappent pas moins aux poursuites des créanciers du conjoint en vertu d'un texte spécial, l'article 1414 du Code civil ; aucun texte de cette nature n'existant en ce qui concerne les revenus des propres[773], ils devraient être engagés par les dettes de l'autre époux, comme les autres biens communs ordinaires.

---

[767] On pourrait imaginer que le conjoint de l'époux débiteur soit autorisé à établir que les biens nécessaires à l'exploitation de l'entreprise individuelle de ce dernier sont d'une valeur suffisante pour garantir le paiement de la créance, comme est autorisée à le faire la caution pour l'exercice du bénéfice de discussion que lui reconnaît l'article 22-1 de la loi du 9 juillet 1991 portant réforme des procédures civiles d'exécution (réd. L. n° 94-126 du 11 février 1994, art. 47-III).

[768] J. Flour et G. Champenois, ouvr. préc., p. 429, n° 451. – F. Lucet et B. Vareille, obs. RTD civ. 1991, p. 386 et 387. V. *infra*, n° 262.

[769] « La femme a, pour administrer les biens réservés, les mêmes pouvoirs que le mari pour administrer les biens communs » (C. civ., art. 1425, réd. L. 13 juillet 1965). Comp. avec l'ancien art. 224 C. civ. (réd. L. 22 sept. 1942) qui prévoyait que la femme avait « sur les biens qui lui sont réservés les droits de disposition que la femme séparée de biens par contrat possède sur ses biens personnels ». Sur l'ensemble de la question, v. P. Serlooten, *Les biens réservés*, préc., n° 187 s., p. 183 s.

[770] Cette donnée rattachait la gestion des biens réservés à celle des biens communs ; les gains et salaires, en revanche, obéissent au régime de pouvoir des biens propres (v. *infra*, n° 251)…

[771] Ex. : CA Paris 21 avril 2005, JCP G 2005.I.163, n° 11, obs. Ph. Simler.

[772] C. civ., art. 225, 1403 et 1428 combinés (v. *infra*, n° 257).

[773] Ainsi que le souligne un auteur, cette « interprétation a contrario prend a priori parti sur la qualification – donc sur une question de propriété – des revenus des propres ; elle présuppose qu'ils sont

225.– Le seul autre texte spécial qui existe sur le sujet est à la fois plus général et plus particulier : il institue une protection spécifique pour les engagements les plus dangereux, ceux résultant d'emprunts ou de cautionnements[774] souscrits par un époux. Chaque époux ne peut alors engager que ses biens propres et ses revenus, « *à moins* » que l'emprunt ou le cautionnement n'aient été contracté « *avec le consentement exprès de l'autre conjoint qui, dans ce cas, n'engage pas ses biens propres* »[775]. La protection ne consiste donc pas, comme pour les autres actes graves, à soumettre l'acte à cogestion sous peine de nullité, mais à déroger au droit commun de l'article 1413 du Code civil[776]. L'étendue du gage des créanciers est modulée suivant le degré d'implication du conjoint de la caution : s'il se borne à autoriser, seuls les biens communs sont engagés[777] ; s'il s'engage en outre personnellement (s'il se porte co-caution ou co-emprunteur), il engage aussi ses biens propres[778]. En dehors de là, il n'y a pas d'engagement possible des biens communs, donc pas de pouvoir pour un époux d'engager la communauté par cautionnement ou emprunt.

226.– Au total, chaque époux engage l'ensemble des biens communs, à la seule exception des gains et salaires du conjoint, et sauf le cas où l'engagement découle d'un cautionnement ou d'un emprunt. La solution n'est ni toujours très logique, ni toujours très heureuse. Elle a l'inconvénient d'instaurer une dépendance excessive des époux pour ce qui est des dettes qu'ils contractent, dépendance que n'atténue que très imparfaitement le jeu des nouveaux articles L. 526-1 s. du Code de commerce et 1387-1 du Code civil.

Cette dépendance est devenue préoccupante aujourd'hui, alors que le champ d'application des procédures collectives de paiement n'est plus cantonné aux seuls

---

des valeurs communes. L'interprétation analogique s'attache à la question des pouvoirs » (J. Revel, art. préc., D. 1987, chron. p. 133). On peut cependant objecter que, s'il est des biens personnels qui répondent des dettes « communes » (ex. : art. 220 C. civ.), il n'est pas d'exemple de bien commun échappant aux dettes communes... en dehors de celui prévu par l'article 1414 al. 1er.

[774] Mais non d'un cautionnement réel (« une sûreté réelle consentie pour garantir la dette d'un tiers n'impliquant aucun engagement personnel à satisfaire à l'obligation d'autrui et n'étant pas dès lors un cautionnement » l'art. 1415 du Code civil lui est inapplicable : Cass. ch. Mixte, 2 déc. 2005, préc., *supra* note 730 ; C. civ., art. 2334), ni d'un contrat de société civile alors pourtant qu'il engendre l'obligation de répondre indéfiniment des dettes sociales à proportion de sa part dans le capital (Cass. civ. 1re, 17 janvier 2006, n° 02-16595).

[775] C. civ., art. 1415. Ce texte est si important que la jurisprudence lui attache un caractère impératif (v. *supra,* note 529) et empêche son contournement par l'art. 221 C. civ. (Cass. civ. 1re, 18 février 2003 : D. 2003, somm. p. 1864, obs. V. Brémond ; RTD civ. 2003, p. 536, obs. B. Vareille ; G. Boucris-Maitral, *L'autonomie bancaire : entre protection et collusion des époux*, D. 2006 chron. p. 820, n°11).

[776] Plus précisément : à la cogestion active, qui exige le consentement des deux époux pour la validité de l'acte, se substitue la cogestion passive, par laquelle « certaines dettes n'engagent la communauté qu'avec le consentement des deux époux » (G. Cornu, ouvr. préc., n° 56, p. 320). On dit parfois : « l'art. 1415 constitue non pas une règle de gestion, mais une règle de passif » (F. Vauvillé, *Article 1415 du C. civ.*, Dr. et patrimoine » 1999, p. 64). Sur l'évolution relative au cautionnement réel, v. *supra*, note 731.

[777] Il « n'engage pas ses biens propres » dit l'article 1415 : est-ce à dire qu'il engage tous les biens communs, y compris les gains et salaires ? ou que son consentement restaure simplement le gage de droit commun, gains et salaires non compris ? Le second terme de l'alternative est le plus probable, mais la question reste controversée (v. B. Vareille, obs. RTD civ. 1997, p. 731).

[778] L'article 1415 a un effet pervers, dénonce-t-on, car en son absence le créancier se serait contenté de l'engagement d'un seul époux, ce qui aurait préservé les propres (ainsi que les gains et salaires ?) de l'autre (F. Terré et Ph. Simler, ouvr. préc., n° 422-1).

professionnels commerçants[779], et que se multiplient les procédures de surendettement des particuliers. Chaque époux ayant le pouvoir d'engager la totalité de la communauté par ses dettes, il peut ruiner son conjoint[780] : en effet, l'ensemble des acquêts est à la merci de la cessation de paiements ou de la situation de surendettement d'un des époux. C'est une grande différence avec le régime de l'indivision ordinaire, beaucoup plus protecteur sur ce point puisque la part de chaque indivisaire est en principe à l'abri des poursuites des créanciers personnels des autres indivisaires[781]. C'est cela qui explique que le bien-fondé de ces solutions soit aujourd'hui remis en cause, *de lege ferenda*.

2° De lege ferenda

227.– Les objectifs précis assignés à la présente recherche conduisent à rester extrêmement sommaire. Nous nous contenterons de dégager brièvement les leçons, au regard de notre sujet, de deux réflexions nouvelles sur la question.

228.– La première est celle développée par le professeur Simler dans une contribution récente[782]. Cet auteur part du problème examiné, et s'interroge sur les retouches à apporter au régime de communauté pour éviter l'engagement des acquêts par les dettes des deux époux, avec l'excessive dépendance financière qui en découle. Il conclut qu'il est impossible d'aboutir à cette solution en gardant une communauté de biens : toute modification de l'article 1413 du Code civil dans le sens recherché se traduit, en effet, par un partage anticipé de la communauté, et donc la dissolution du régime ; la mise en place d'une communauté « à gestion séparée », dans laquelle chaque époux n'engagerait que les biens par lui acquis et n'obligerait par ses dettes non solidaires que ces biens, n'éviterait pas la constitution d'une masse indivise intermédiaire, reposant le même problème.

Il préconise, en conséquence, une communauté « différée », proche de l'actuelle participation aux acquêts en ce qu'il n'y aurait que deux patrimoines, mais qui s'en distinguerait par le fait que les actes de disposition des acquêts seraient subordonnés à l'accord du conjoint. Il s'agirait, en somme, d'une communauté de pouvoirs s'exerçant,

---

[779] Il s'étend à « tout commerçant, à toute personne immatriculée au répertoire des métiers, à tout agriculteur, à toute autre personne physique exerçant une activité professionnelle indépendante, y compris une profession libérale soumise à statut législatif ou réglementaire ou dont le titre est protégé, ainsi qu'à toute personne morale de droit privé » : C. com, art. L. 620-2, 631-2 et L. 640-2.

[780] Le sort des créanciers de celui-ci (conjoint *in bonis*) n'est pas plus enviable. Ils doivent se soumettre aux exigences de la procédure collective : subir l'arrêt des poursuites individuelles (Ass. plén., 23 déc. 1994 : D. 1995, p. 145 r. Chartier, n. F. Derrida), déclarer leurs créances (Cass. com. 14 mai 1996, D. 1996 p. 460 n. F. Derrida ; RTD civ. 1996 p. 666 obs. P. Crocq)… Les droits conférés par le conjoint *in bonis* (ex. : bail) sont inopposables à la liquidation judiciaire car « les biens communs inclus dans l'actif de la procédure collective sont administrés par le seul liquidateur qui exerce pendant toute la durée de la liquidation judiciaire les droits et actions du débiteur dessaisi concernant son patrimoine [et] les pouvoirs de gestion des biens communs normalement dévolus au conjoint in bonis en vertu des articles 1421 et suivants du Code civil ne peuvent plus s'exercer » (Cass. com. 4 oct. 2005, n° 04-12610, JCP E 2006.1066 n° 7, obs. Ph. Pétel).

[781] C. civ., art. 815-17.

[782] Art. préc., Mélanges en hommage à François Terré, p. 455 s.

pendant la durée du régime, sur des biens qui ne seraient pas communs – qui ne le deviendraient, pour être soumis à un partage en nature, qu'à la dissolution du régime.

229.– Cette construction évoque[783] celle appliquée au Québec depuis l'entrée en vigueur, en 1994, d'un nouveau code civil, sur laquelle la réflexion d'un autre auteur a attiré l'attention[784]. La particularité du nouveau régime légal « de la société d'acquêts », institué par le Code civil du Québec, est que chacun des époux est titulaire de deux masses de biens (ses propres, et les acquêts). Il n'y a donc pas de masse commune[785]. Cependant, il existe une communauté de pouvoirs sur les acquêts, en ce sens que les actes de disposition dont il sont l'objet sont subordonnés à l'accord du conjoint[786]. Le cloisonnement ainsi institué entre les quatre masses de biens permet d'assurer une limitation de l'obligation des époux quant aux dettes : chacun est tenu des siennes sur ses propres et sur ses acquêts, mais il ne l'est pas des dettes nées du chef de son conjoint[787]. La communauté de pouvoirs permet au conjoint de participer à la gestion de biens qu'il a vocation à partager[788], en exerçant un pouvoir d'empêcher.

230.– Au total, les deux systèmes envisagés ont en commun de dissocier davantage propriété et pouvoir. Nous avons déjà souligné que le système initial de propriété par le mari des biens du ménage n'était qu'un moyen, un peu fruste, utilisé pour décloisonner les patrimoines. Voici qu'il apparaît que la double communauté de biens et de pouvoirs, qui a l'avantage d'assurer l'égalité des époux, ainsi que de leur conférer un pouvoir autonome sur les biens communs, présente l'inconvénient d'instituer entre eux une dépendance patrimoniale excessive.

Une communauté de pouvoirs, sans patrimoine commun, permet d'assurer et l'égalité, et la protection financière. Il faut cependant observer qu'en supprimant le « patrimoine » commun, on fait également disparaître la gestion concurrente : seul subsiste le pouvoir d'empêcher (qui est une restriction au droit de disposer de l'époux seul propriétaire des acquêts). Il y a donc moins de risque patrimonial, mais moins de pouvoir aussi. Il s'agit donc à la fois d'un progrès et d'une régression dans l'évolution de la matière.

C'est dans cette perspective que l'on doit considérer les cas de dissociation entre pouvoir et propriété que l'on peut observer en droit français. Et d'abord ceux que le législateur a introduits dans la communauté de biens.

---

[783] Ainsi que le souligne l'auteur lui-même, à la fin de son article.

[784] B. Beignier, *Séparation de biens avec société d'acquêts : la solution québécoise*, Droit de la famille, janv. 1997, p. 4.

[785] Néanmoins : « Le bien qu'un époux ne peut prouver lui être exclusivement propre ou acquêt est présumé appartenir aux deux indivisément, à chacun pour moitié » (C. civ. du Québec, art. 460).

[786] « Un époux ne peut (...), sans le consentement de son conjoint, disposer de ses acquêts entre vifs à titre gratuit, si ce n'est de biens de peu de valeur ou de cadeaux d'usage » (C. civ. du Québec, art. 462).

[787] C. civ. du Québec, art. 464.

[788] En valeur (C. civ. du Québec, art. 481), sauf la faculté pour l'époux titulaire du patrimoine de payer la part qui revient au conjoint « par dation en paiement », et sauf attribution de la résidence familiale et des biens à caractère familial lorsque le régime est dissous par décès (*id.*, art. 482).

§ 2. – DISSOCIATION DU POUVOIR ET DE LA QUALIFICATION

231.– Il peut arriver que la qualification du bien ne corresponde pas à la situation de fait. Par exemple, si un époux ne réussit pas à apporter la preuve qu'un bien lui est propre, celui-ci est réputé acquêt de communauté, en application de l'article 1402 du Code civil qui pose une présomption de communauté. Cette présomption, peut-on dire, détache l'administration du bien de sa qualification véritable[789].

Il n'y a là, cependant, aucune dissociation entre pouvoir et qualification puisque, précisément, c'est la qualification retenue qui fixe le régime du pouvoir. Cette situation n'intéresse donc pas les présents développements.

232.– Ce qu'il s'agit de considérer ici, ce sont les situations dans lesquelles le régime du pouvoir ne correspond pas à la propriété du bien, à sa qualification. Éliminons, à cet égard, le cas particulier du bien personnel soumis à certains égards aux règles de pouvoir des biens communs.

Il s'agit là, en effet, d'une particularité du régime de participation aux acquêts : « *pendant la durée du mariage, ce régime fonctionne comme si les époux étaient mariés sous le régime de la séparation de biens* »[790], et chaque époux « *conserve l'administration, la jouissance et la libre disposition de ses biens personnels* », parmi lesquels figurent « *ceux qu'il a acquis pendant le mariage à titre onéreux* »[791] ; il n'en reste pas moins que chaque époux a un droit éventuel à participer aux acquêts de l'autre, et que ce droit n'aurait aucune portée si le conjoint pouvait librement se dépouiller de ses biens. D'où la règle selon laquelle tout acte de disposition à titre gratuit, ou à charge de rente viagère ou à fonds perdu, ne peut être réalisé sans le consentement du conjoint, à peine d'inopposabilité de l'acte à celui-ci[792]. Il ne s'agit pas là d'une simple règle de pouvoir particulière (article 1573) qui déroge à la règle de pouvoir absolu de principe (article 1569) ; la participation aux acquêts ne comportant pas de biens communs, on est également en présence d'une dissociation entre propriété et pouvoir. La mesure ne concerne, il est vrai[793], que les seuls « *biens qui ne figurent pas dans le patrimoine originaire* », c'est-à-dire les acquêts, lesquels ne sont pas des biens personnels comme les autres puisqu'ils ont vocation à entrer dans le calcul de la créance de participation. Cette règle illustre l'interdépendance entre propriété et pouvoir (un bien[794] ne peut à la fois avoir vocation à entrer dans le calcul de la créance

---

[789] La même remarque pourrait être faite à propos des présomptions de pouvoir des articles 221 et 222 C. civ. (v. *infra*, n° 267), ou de la présomption d'indivision que l'article 1538 al. 3 C. civ. institue entre époux séparés de biens.

[790] C. civ., art. 1569.

[791] C. civ., art. 1569.

[792] C. civ., art. 1573 (qui applique la même sanction en cas d'aliénation frauduleuse) et 1577 (ancienne « action en révocation »).

[793] Depuis une retouche apportée sur ce point à l'article 1573 par la loi du 23 décembre 1985.

[794] Faut-il dire « en capital » ? Autrement dit : la donation de gains et salaires entre-t-elle dans le champ d'application de l'article 1573 ?

de participation et relever du pouvoir exclusif de disposition à titre gratuit d'un époux) ; elle constitue la principale infirmité du régime de participation aux acquêts[795].

233.– Nous considérerons ici les autres situations, celles dans lesquelles le bien est commun et relève cependant du pouvoir exclusif de gestion de l'un des époux ; on est en présence d'hypothèses de pouvoirs exclusifs sur des biens communs.

Ce cas de figure ne doit pas être confondu avec celui de la gestion exclusive de l'époux qui exerce une profession séparée[796] : en effet, il ne s'agit alors de gestion exclusive que « sous réserve des articles 1422 à 1425 »[797], c'est-à-dire sous réserve de cogestion. La gestion exclusive dont il est question ici est celle qui échappe à la cogestion : elle emporte pour son titulaire le pouvoir de disposer librement du bien. L'originalité est que ce pouvoir, caractéristique de la gestion d'un propre, s'exerce sur des biens communs.

234.– La situation ainsi décrite n'entre pas dans le schéma habituel de la liaison propriété-pouvoir. Or, cette liaison paraît fondée sur la logique, et une tendance existe donc à pousser cette logique à son terme, à considérer que partout où il y a pouvoir exclusif de disposition, il y a propriété exclusive d'un des époux, bien propre et non pas bien commun.

Cette tendance n'est pas nouvelle : la propriété étant source d'un pouvoir exclusif, on est naturellement conduit à qualifier de propriétaire celui qui est titulaire sur la chose d'un tel pouvoir. Cependant ce raisonnement *a contrario*, comme souvent, ne correspond pas à la réalité ; il repose sur une confusion entre propriété et pouvoirs. Cette confusion a marqué toute la matière des régimes matrimoniaux, pendant la plus grande partie de son histoire. Ainsi, c'est cette confusion qui explique que le mari ait pu être regardé, pendant très longtemps, comme étant propriétaire des biens communs ; telle était, nous l'avons relevé, le fondement de la célèbre analyse en ce sens de Toullier[798].

Ainsi, de même, on s'était longuement interrogé sur la qualification des biens réservés. On se demandait s'il ne s'agissait pas de propres de la femme, en raison de la contradiction qui existait entre l'article 1421 (qui conférait au mari seul l'administration de la communauté) et l'article 1428 (qui conférait la gestion des biens réservés à la femme)[799]. La femme, faisait-on remarquer, a tout pouvoir sur ses biens réservés, et elle est donc dans une situation très proche de celle d'un propriétaire[800]. À quoi on a justement répondu qu'« *il ne faut pas confondre propriété et pouvoirs : la loi confère*

---

[795] Il en résulte, en effet, que « contrairement au vœu de la loi, le régime de participation aux acquêts n'est pas un régime communautaire fonctionnant comme un régime de séparation, mais bien davantage un régime de séparation géré comme un régime de communauté » (B. Beigner, art. préc., Droit de la famille 1997, p. 6).

[796] C. civ., art. 1421 al. 2.

[797] C. civ., art. 1421 al. 3.

[798] V. *supra*, n° 183.

[799] Rappelons que la loi de 1942 fixait les pouvoirs de la femme sur ses biens réservés par référence à ceux de la femme séparée de biens sur ses biens personnels (*supra*, note 770).

[800] Il faut ajouter que le mari ne pouvait pas engager les biens réservés par ses dettes (ancien art. 1413 al. 2).

à la femme des pouvoirs d'administration, de gestion des biens réservés mais elle ne lui confère certainement pas la propriété de ces biens réservés »[801].

235.– En droit positif, les hypothèses d'une telle dissociation sont peu nombreuses, mais posent ou ont posé des problèmes délicats. Il faut mettre à part une fausse dissociation, celle de la distinction du titre et de la finance (A). Les seules vraies hypothèses de dissociation entre pouvoir et qualification, aujourd'hui, sont celles qui concernent les revenus (B).

A. – FAUSSE DISSOCIATION : LA DISTINCTION DU TITRE ET DE LA FINANCE

236.– La question posée est celle du sort en régime communautaire des offices ministériels et des entreprises libérales. Il s'agit de biens ayant un fort caractère personnel[802] et importants pour la communauté[803]. Pour concilier indépendance professionnelle et droits de la communauté, la jurisprudence a décidé dès le siècle dernier de procéder à une ventilation entre deux attributs différents : le « titre », le droit d'exercer la profession, reste propre ; la « finance », la valeur de la charge ou du fonds, doit être comptée dans l'actif commun.

Il peut paraître curieux d'aborder cette question alors que l'on se propose d'étudier les hypothèses où il y a une qualification mais où les pouvoirs ne correspondent pas. Telle n'est pas, en effet, la portée de la distinction du titre et de la finance : cette distinction est présentée comme visant à résoudre un problème de qualification, non un problème de dissociation entre pouvoir et qualification. Elle a pour but d'octroyer au conjoint une autonomie de pouvoir pour l'exercice de sa profession, alors même qu'il utilise pour cela des biens qui sont en communauté ; en déduire que le bien lui-même échappe au régime du pouvoir des biens communs constitue une véritable dérive. Il n'en reste pas moins que certaines ambiguïtés existent et il convient donc de les examiner, en distinguant les offices ministériels et clientèles civiles d'un côté, les droits sociaux de l'autre.

1° Offices ministériels et clientèles civiles

237.– La loi de 1965 a fait éclater le consensus doctrinal que suscitait jusqu'alors la distinction du titre et de la finance en précisant dans l'article 1404 du Code civil que «*forment des propres par leur nature... tous les biens qui ont un caractère personnel et tous les droits exclusivement attachés à la personne*». Un premier courant, au lendemain de la réforme, avait opté pour la qualification de bien propre en application

---

[801] P. Serlooten, *Les biens réservés*, préc., p. 146, n° 149 et p. 183.

[802] On ne peut être titulaire d'un office ministériel qu'en vertu d'un décret gouvernemental. Les professions libérales reposent sur la confiance particulière et toute personnelle que le client accorde au professionnel à qui il s'adresse.

[803] Ils sont monnayables : l'officier ministériel a la faculté de présenter son éventuel successeur à l'agrément de l'autorité publique ; la clientèle du professionnel libéral n'est pas cessible directement mais le droit de présentation, assorti d'une clause de non-rétablissement, est un bien.

de l'article 1404[804], le nouveau régime des récompenses ôtant à cette solution son inconvénient traditionnel[805]. Selon un second courant, que consacre aujourd'hui la jurisprudence, le silence gardé par la loi sur le système traditionnel (dit « mixte », ou « dualiste ») ne remet pas celui-ci en cause[806].

Il faut également souligner qu'un troisième courant, plus récent, se dessine. Il prône également l'abandon de la distinction mais au profit de la qualification de bien commun en nature, l'autonomie professionnelle de l'époux concerné étant assurée par l'application du droit commun de l'article 1421 alinéa 2 du Code civil[807]. Cette dernière solution nous paraît la plus simple, et également la meilleure dans la mesure où elle satisfait et le besoin d'indépendance professionnelle, et la logique du régime communautaire qui pousse à étendre la masse des biens communs en nature. Il est clair que, dans ce système, il n'est plus question de dissociation entre pouvoir et qualification du bien, puisque l'autonomie de pouvoir jusqu'ici attachée au titre se ramène à celle consacrée par le Code civil lui même.

238.– Il reste qu'il s'agit encore là d'un point de vue isolé, la jurisprudence continuant à faire application de la distinction du titre et de la finance[808], et les manuels à présenter les offices ministériels et les clientèles de professions libérales comme étant des propres par nature[809], ou bien comme constituant des biens « mixtes »[810]. Il est notable que la question du pouvoir reste étrangère à ces solutions. Or, elle se pose : l'aliénation des biens considérés est-elle soumise à la cogestion de l'article 1424, ou bien relève-t-elle du pouvoir exclusif de l'époux exploitant ?[811] Cette question continue à poser problème. Pour deux raisons.

239.– La première est qu'elle ne comporte pas de réponse claire. La distinction du titre et de la finance a été conçue dans la perspective du partage final du bien, et non pas dans celle des pouvoirs qui s'exercent sur lui pendant le mariage. La jurisprudence n'a rendu sur cette dernière question que deux décisions, contradictoires : dans l'une, elle

---

[804] Aubry et Rau, *Droit civil français*, t. 8, 7e éd., 1973, par A. Ponsard, n° 166. – P. Raynaud, ouvr. préc., n° 189 bis. – G. Paisant, *Peut-on abandonner la distinction du titre et de la finance en régime de communauté ?* JCP N 1984, I, p. 19.

[805] L'article 1469 al. 3 C. civ. applique au calcul des récompenses le système des dettes de valeur (il ne peut être moindre que le « profit subsistant »).

[806] M.-C. Lambert-Piéri, *L'avenir du titre et de la finance dans la communauté légale*, D. 1982, chron., p. 65.

[807] Ph. Simler, note sous Cass. civ. 1re, 8 décembre 1987 : JCP G, 1989, II, 21336. – F. Terré et Ph. Simler, ouvr. préc., n° 329. – Même sens : R. Cabrillac, note au D. 1994, Jur. p. 313.

[808] Cass. civ. 1re, 8 décembre 1987 (affaire de la concession du parc à huîtres) : Defrénois 1988, p. 553 obs. Champenois ; JCP G, 1989, II, 21336, n. Simler ; D. 1989, p. 61 n. Ph. Malaurie. – Cass. civ. 1re, 12 janvier 1994 : D. 1994, Jur. p. 311 n. R. Cabrillac et 1995, somm. p. 41 obs. M. Grimaldi ; JCP 1994, I, 3785 obs. Ph. Simler ; Defrénois 1994, p. 430 obs. L. Aynès. – Cass. civ. 1re, 17 déc. 1996 : Bull. civ. I, n° 449 ; JCP 1997, I, 4047 obs. Ph. Simler ; Defrénois 1997, p. 411 obs. M. Grimaldi. – Cass. civ. 1re, 2 mai 2001 : Bull. civ. I, n° 110 ; JCP 2002, I, 103, n° 11 obs. Ph. Simler ; D. 2002 p. 759 n. W. Dross.

[809] J. Flour et G. Champenois, ouvr. préc., p. 309 s. – A. Colomer, ouvr. préc., n° 733 s.

[810] Ph. Malaurie et L. Aynès, ouvr. préc., n° 365 s. – R. Cabrillac, ouvr. préc., n° 168 s. (cet auteur parle d'« actif controversé »). – G. Cornu, ouvr. préc., n° 42 et 48 (cet auteur présente la question deux fois : au titre des biens communs, et à celui des biens propres).

[811] A. Lamboley, *Entreprise libérale et régimes matrimoniaux, un droit encore incertain*, Mélanges offerts à André Colomer, préc., n° 19, p. 204.

a prononcé la nullité de la cession par le mari seul de la moitié d'un cabinet dentaire faisant partie d'une société d'acquêts adjointe à une séparation de biens[812] ; dans l'autre, elle a jugé qu'un notaire qui refuse d'exécuter une promesse de cession de son étude au motif que sa femme n'y a pas consenti commet une abstention fautive qui engage sa responsabilité[813]. La question du pouvoir reste donc ouverte, incertaine.

240.– Elle le reste également en doctrine. Les auteurs qui retiennent la qualification de propre par nature sont, sans doute, conduits à en déduire l'existence d'un pouvoir d'aliénation exclusif de l'époux exploitant.

Mais les autres auteurs – et c'est la seconde raison –, ceux qui se prononcent en faveur de la distinction du titre et de la finance sont partagés. Certains, sans doute, considèrent – à juste titre, à nos yeux – que l'article 1424 doit s'appliquer[814]. Mais cette approche est loin de faire l'unanimité. Selon une opinion répandue, l'aliénation du bien relève du pouvoir exclusif de l'époux exploitant[815]. Selon une autre opinion, il serait simplement *« juste que le conjoint soit informé de l'opération et même que son consentement soit requis pour la perception du capital provenant de la cession »*[816].

Un certain découplage est donc préconisé, en doctrine[817], entre le caractère commun (de la seule « valeur », il est vrai) et le pouvoir de disposition. C'est cela qui justifie qu'il soit fait état de la distinction du titre et de la finance dans le présent paragraphe, comme exemple de dissociation entre pouvoir et qualification.

241.– Il ne s'agit cependant, est-il permis de penser, que d'une fausse dissociation, car elle paraît infondée.

Elle découle de l'idée que le bien dont il s'agit n'entrerait en communauté que pour sa « valeur », ce qui sème le trouble sur la portée à attacher à ce caractère commun. Or cette idée n'échappe pas à la critique. Ce qui conduit, en effet, à considérer que l'office ou la clientèle n'entre pas en communauté en nature, mais seulement en valeur, autrement dit que la communauté est titulaire d'un simple droit de créance représentant le montant de cette valeur, c'est qu'il existe un autre bien qui, lui, reste propre. Ce bien, c'est le titre, c'est-à-dire la qualité personnelle et les prérogatives qui s'y attachent. Or le titre n'est nullement un bien [818] : ce n'est pas une valeur patrimoniale susceptible de faire l'objet d'un échange. Il en va de même de la prérogative, du pouvoir. Le pouvoir

---

[812] Cass. civ. 1re, 15 mai 1974 : JCP 1975, II, 17910 n. Ponsard (l'arrêt, et son rapporteur dans la note, envisagent seulement un problème de droit transitoire, celui de savoir s'il fallait reconnaître au mari, conformément au nouvel article 1424 C. civ., le pouvoir d'aliéner une « exploitation » dépendant de la communauté).
[813] TGI Paris, 19 novembre 1987 : Defrénois 1988, p. 931 obs. G. Champenois.
[814] M.-C. Lambert-Piéri, art. préc. D. 1982, chron., n° 34, p. 70. – A. Colomer, ouvr. préc., n° 738.
[815] Ph. Malaurie, note préc., D. 1989, Jur. p. 59. – G. Cornu, ouvr. préc., n° 42, p. 270.
[816] J. Flour et G. Champenois, ouvr. préc., p. 312, n° 320.
[817] On en trouve un écho en jurisprudence sur la question, voisine, de l'application du titre et de la finance aux parts sociales : v. *infra*, n° 247.
[818] J. Derruppé, *Régimes de communauté et droit des sociétés*, JCP 1971, I, 2403, n° 24 et 42.

n'est pas susceptible d'échange économique ; il est attaché à une personne, ce que n'est pas la communauté, et il ne saurait donc être commun[819].

Conclusion : « *on cherche vainement le « bien » qui reste propre lorsque la « finance » est incluse dans la communauté* »[820] ; il n'y a qu'un seul bien, c'est l'office ministériel lui même, ou la clientèle[821] ; ce bien est commun en nature, et il relève comme tel du droit commun de l'article 1424 du Code civil.

242.– De façon plus générale, on peut dire que la distinction du titre et de la finance a été conçue à une époque où l'on distinguait moins clairement qu'aujourd'hui les questions de propriété et celles de pouvoir. Sur une question de pouvoir (le « titre »), elle conduit à raisonner en termes de propriété (de « propre »). Au regard du droit positif, elle repose sur une confusion[822].

Cette confusion, sans doute, est toute relative. Le pouvoir exclusif d'accomplir, sur les biens communs, les actes nécessaires à l'exercice d'une profession séparée n'a été créé que par la loi du 23 décembre 1985. Jusque là, la distinction du titre et de la finance était le seul moyen de concilier le pouvoir de l'époux exploitant – mari ou femme[823] – et la participation de son conjoint à son enrichissement. Elle a donc joué un rôle très utile, en évitant de retenir la qualification de propre[824].

Avec la création de ce pouvoir exclusif, la distinction a perdu cet intérêt. Les termes du problème, par ailleurs, ont changé. Une fois acquis en jurisprudence[825] que la qualification de propre par nature est écartée, et que la distinction du titre et de la finance est maintenue, le débat s'est déplacé vers la question du pouvoir ; il n'est plus, désormais, de savoir dans quelle masse le bien considéré va tomber, mais de savoir qui a le pouvoir dessus. Et dès lors que l'on raisonne en termes de pouvoir, la réponse doit être cherchée dans l'article 1421 du Code civil, qui permet de considérer que l'époux investi du titre est seul habilité à administrer les biens dont il s'agit, « *sous réserve des articles 1422 à 1425* » du Code civil[826].

---

[819] J. Derruppé, *ibid.* – La même observation pourrait être faite dans un domaine différent, celui de la propriété intellectuelle, à propos du *droit moral* dont jouit l'auteur sur son œuvre ; la loi (C. propr. intell., art. L. 121-9) le qualifie de propre inutilement car, ne s'agissant pas d'un bien, il ne peut qu'échapper à la distinction des biens propres et des biens communs.

[820] Ph. Simler, *Faut-il parler de résurgence de l'usufruit de la communauté sur les biens propres des époux ?* Mélanges Huet-Weiller, p. 436.

[821] Plus précisément : le droit de présentation de la clientèle.

[822] Ph. Simler, *ibid.*

[823] Les biens réservés à l'administration de la femme étaient ceux acquis par elle dans l'exercice d'une profession séparée, et non ceux nécessaires à l'exercice de cette profession. Ils ne pouvaient donc pas jouer ce rôle.

[824] Laquelle emporte de nombreux inconvénients : pendant le mariage, les règles de pouvoir sont différentes ; pendant l'indivision postcommunautaire, les revenus sont personnels ; le produit de la vente est propre ; enfin, un droit à récompense n'est pas équivalent à un partage en nature. En contrepartie, il est vrai, cette qualification emporte un avantage non négligeable : celui de faire échapper le bien au régime de l'article 1413 du Code civil.

[825] Et en doctrine. V. cep. G. Paisant, art. préc., JCP 1984, I, 19.

[826] C. civ., art. 1421, al. 2. – F. Terré et Ph. Simler, ouvr. préc., n° 482.

243.– L'autonomie dans l'exercice de la profession n'impose pas, en effet, de faire échapper la gestion du bien professionnel lui-même au contrôle du conjoint. Le contraire, sans doute, a été soutenu : ce contrôle, a-t-on dit, pourrait être considéré comme un obstacle à l'exercice de la profession[827] ; « il est essentiel que l'officier ministériel ait un pouvoir exclusif et discrétionnaire pour décider s'il interrompt son activité ou s'il cède son office »[828]. Cet argument est à la source de la dissociation examinée ici. La jurisprudence n'a pas eu l'occasion de le trancher.

La critique n'en est plus à faire[829]. Il faudrait également considérer, à ce compte, que la cogestion fait obstacle à la gestion exclusive de l'article 1421 alinéa second, ce qui est condamné par le législateur lui-même[830] ; dans les faits, l'époux exploitant qui veut se retirer et transmettre le bien n'a à craindre ni que le conjoint prenne seul la décision de vendre le bien[831], ni son veto injustifié[832]. Il reste que la solution reste encore incertaine en jurisprudence.

Le recours à l'article 1421 a en outre le mérite d'appliquer à la cession des entreprises individuelles non commerciales les mêmes règles que celles applicables aux fonds de commerce, que l'article 1424 du Code civil soumet au régime de la cogestion. Il a également celui de correspondre au régime qui paraît s'imposer lorsque ces entreprises sont exploitées non pas en nom personnel mais en société.

2° Droits sociaux

244.– La distinction du titre et de la finance est également utilisée pour régler le sort des droits sociaux en régime de communauté. C'est d'ailleurs à cet égard que la réflexion doctrinale s'est surtout développée depuis une trentaine d'années, et qu'ont été réalisées les avancées dont nous avons noté les éléments.

245.– La difficulté, ici, est de concilier les exigences contradictoires du régime de communauté et de la société, lorsqu'elle est marquée d'*intuitus personae* (société de personnes, SARL avec clause d'agrément). Les premières conduisent à regarder comme communes les parts délivrées en représentation d'apports de biens communs. Les secondes veulent que la qualité d'associé ne dépende que du choix des associés. On y arrive traditionnellement en appliquant la distinction du titre et de la finance : le titre d'associé reste propre à l'époux qui est entré dans le groupement, la valeur patrimoniale de la part sociale est commune.

Le consensus doctrinal, ici aussi[833], a volé en éclats au lendemain de la loi du 13 juillet 1965. Certains auteurs ont continué à défendre l'idée que les droits sociaux acquis avec

---

[827] Raynaud, *Les régimes matrimoniaux*, préc., n° 240, p. 203.
[828] Malaurie, note préc. D. 1989, Jur. p. 62.
[829] M.-C. Lambert-Piéri, art. préc., D. 1982, chron., *ibid.*
[830] C. civ., art. 1421 al. 3.
[831] La cogestion impose, en effet, son propre accord.
[832] Car il pourrait être levé en application de l'article 217 du Code civil.
[833] V. *supra*, n° 237.

des biens communs[834] entrent en communauté pour leur valeur[835]. Mais d'autres y ont vu, à raison de leur caractère personnel, des propres par nature, en application de l'article 1404 du Code civil, sauf droit à récompense au profit de la communauté[836]. D'autres, enfin, les ont qualifiés de biens communs, l'article 1424 du Code civil[837] exigeant le consentement de la femme pour que le mari puisse aliéner ou grever de droits réels « *les droits sociaux non négociables* ».

246.– La matière est aujourd'hui régie par les articles 1832-1 et 1832-2 du Code civil dans la rédaction que leur a donnée la loi du 10 juillet 1982. L'article 1832-1 dispose que « *Même s'ils n'emploient que des biens de communauté... deux époux seuls ou avec d'autres personnes peuvent être associés dans une même société...* ». L'article 1832-2 prévoit en substance que lorsqu'un époux utilise au su de l'autre les biens communs pour souscrire ou acquérir des parts sociales la « *qualité d'associé* » lui est reconnue, mais que le conjoint peut revendiquer cette qualité pour la moitié des parts. Ces textes tranchent une question de pouvoir : la qualité d'associé est attribuée distinctement à chacun des époux, avec faut-il comprendre les prérogatives correspondantes. Ils ne tranchent pas la question de la qualification : ils n'indiquent pas (en tous cas pas expressément) si les parts sociales sont propres ou communes.

Un débat s'est développé sur ce terrain, opposant qualification de propres par nature d'un côté[838], qualification dualiste « rénovée » de l'autre[839]. En reprendre les termes ici nous entraînerait trop loin de notre propos. Il paraît en effet raisonnable de considérer, conformément à un point de vue répandu, que « *la possibilité de revendiquer la qualité d'associé se comprendrait mal si les parts d'intérêt étaient exclusivement propres à l'époux déjà associé. Il y aurait une sorte d'expropriation partielle de celui-ci, puisque certaines prérogatives lui seraient enlevées* »[840]. De façon plus générale, il est peu conforme à l'esprit du régime communautaire de retenir une qualification qui prive un époux de ses pouvoirs sur des biens acquis au moyen de fonds communs, qui consacre un fonctionnement séparatiste. Nous raisonnerons donc en considérant que les droits sociaux ne sont pas des propres en nature relevant de l'article 1404 du Code civil, mais des biens communs[841].

---

[834] Tout achat est réputé effectué avec des deniers communs, en application de l'article 1402 : Cass. civ. 1re, 11 juin 1996 : Bull. civ. 1, n° 251 ; JCP N, p. 809 obs. Ph. Simler.

[835] F. Derrida, JCP 1967, II, 15204. – G. Morin, D. 1970, Jur., p. 668. – Comp. J. Derruppé, art. préc., JCP 1971, I, 2403.

[836] A. Ponsard, sur Aubry et Rau, ouvr. préc., n° 166. – P. Raynaud, *Les régimes matrimoniaux*, préc., n° 189 bis.

[837] Réd. L. 13 juillet 1965.

[838] G. Paisant, art. préc., JCP 1984, I, 19.

[839] J. Derruppé, art. préc., JCP 1984, I, 251.

[840] J. Flour et G. Champenois, ouvr. préc., p. 315, n° 323.

[841] En ce sens : Cass. Civ. 1re, 20 mai 2003 (les parts sociales d'une scp d'huissiers ont une nature commune) : D. 2003 IR p. 1665. – C'est aussi la solution que retient une large majorité de la doctrine. Aux auteurs cités à la note précédente, *adde* : A. Colomer, ouvr. préc., n° 777 ; F. Terré et Ph. Simler, n° 332 ; G. Cornu, n° 42, p. 267 s. ; R. Cabrillac, ouvr. préc., n° 173 ; Ph. Malaurie et L. Aynès, ouvr. préc., n° 367.

247.– Les conséquences attachées à l'application de la distinction rénovée du titre et de la finance sont alors les suivantes. La qualité d'associé[842] est attribuée distinctement à l'un et l'autre époux. Le bien patrimonial est commun[843].

C'est ici qu'intervient une possible dissociation entre pouvoir et qualification. On est en effet conduit à considérer, dans cette construction, que l'époux associé exerce seul les pouvoirs attachés à cette qualité. Non sans paradoxe, l'attribution distributive de la qualité d'associé à l'un et l'autre époux, alors qu'elle n'est au fond qu'une adaptation au droit des sociétés à intuitus personae du principe du pouvoir *concurrent*[844], aboutit à conférer à chacun d'eux un pouvoir *exclusif* en ce qui concerne les parts qui lui ont été attribuées.

Toute la question est de savoir quelle est l'ampleur de ce pouvoir exclusif : on retrouve l'incertitude que génère à cet égard la distinction du titre et de la finance. Dans une approche minimaliste, qui paraît la seule bonne, on devrait considérer que le pouvoir « propre » à chacun des époux est seulement d'exercer les prérogatives attachées à sa qualité d'associé. Il n'y a alors nulle dissociation entre pouvoir et qualification, mais simple cas particulier de pouvoir exclusif limité.

Une autre approche n'est cependant pas à écarter, consistant à considérer que cette exclusivité va jusqu'à exclure le contrôle du conjoint en cas d'aliénation des parts. Cette solution découle d'une autre lecture de la distinction du titre et de la finance, dans laquelle seule la valeur entre en communauté. Une telle solution revient à dissocier le caractère commun de la « finance » et le régime du pouvoir, qui est sans partage. C'est pourquoi il convenait d'en marquer la place ici.

248.– Il n'existe pas de jurisprudence connue sur la portée des articles 1832-1 et 1832-2 à cet égard. Le seul arrêt[845] notable sur la question n'est pas relatif à ces textes. Il retient une approche très protectrice de l'autonomie de l'époux associé puisqu'il autorise l'indivisaire (ou le conjoint : la solution, faut-il comprendre, aurait été la même si la communauté n'avait pas été dissoute par le décès du conjoint) associé à disposer seul des parts sociales indivises, ces parts n'entrant en communauté que pour la finance et lui seul ayant donc la qualité d'associé. Il est difficile d'approuver une telle solution : comment comprendre que les parts restent propres alors que la finance est commune ?

---

[842] Tout se passe comme si le législateur de 1982 (C. civ., art. 1832-1 s.) avait repris cette expression au professeur Derruppé (art. préc., JCP 1971, I, 2403, n° 29).

[843] Commun *en nature*, si l'on admet, ce qui paraît difficilement contestable, que la qualité d'associé n'est pas un « bien » (ex. : R. Libchaber, *Pour un renouvellement de l'analyse des droits sociaux*, Mélanges Y. Guyon, 2003, p. 717, n° 17) et qu'elle est donc étrangère à la distinction des biens propres et communs (v. *supra*, n° 241). *Contra* : Cass. civ. 1re, 19 avril 2005, n° 02-18288, Dr. Sociétés 2005 comm. 196, obs. J. Monnet (la société à laquelle il a été fait apport d'un fonds de commerce commun ne constitue pas un bien commun dès lors que le mari en détient l'intégralité des parts, même si la valeur de celles-ci fait partie de la communauté…).

[844] On considère à juste titre que la revendication des parts est exclue lorsqu'elles sont nécessaires à l'exercice d'une profession séparée : « le conflit entre l'article 1832-2 et l'article 1421 al. 2 doit être résolu en faveur du second de ces textes (J. Revel, *Droit des sociétés et régime matrimonial : préséance et discrétion*, D. 1993, chron. p. 33, n° 21).

[845] Cass. civ. 1re, 9 juillet 1991 : Bull. civ. I, n° 232 ; Defrénois 1991, p. 1333 obs. P. Le Cannu et 1992, p. 236 obs. X. Savatier ; JCP G 1992, I, 364 obs. Ph. Simler.

Ainsi que l'écrit un commentateur, cette conception de la distinction du titre et de la finance « *se rapproche, jusqu'à la confusion, de celle qui proposait de voir dans les droits sociaux non négociables des biens propres par nature, sauf la récompense due à la communauté. La valeur que cette solution maintient en communauté est-elle autre chose et plus, en effet, qu'un droit à récompense ?* »[846]. Il faut ajouter que cette solution présente également l'inconvénient de faire relever de deux régimes différents la cession de l'entreprise commune, selon qu'elle est exploitée en nom individuel (car elle est alors soumise à cogestion) ou en société (si comme en l'espèce on la fait relever du pouvoir exclusif de l'époux exploitant), ce qui n'est « guère satisfaisant »[847].

Observons que cela confirme qu'il est difficile d'introduire en la matière une distinction entre pouvoir et qualification : soit les parts sont communes et relèvent de la cogestion, soit elles n'en relèvent pas mais c'est qu'elles sont traitées en pratique comme des propres.

En pratique, la solution critiquée n'est guère appliquée : différents arrêts postérieurs soumettent à la cogestion de l'article 1424 la cession de droits sociaux non négociables[848] ; cependant, cette solution n'a pas été remise en cause en tant que telle : dans ces arrêts, la question de l'application de la distinction du titre et de la finance n'était pas posée[849].

Ce n'est qu'en matière de revenus qu'une réelle dissociation peut être notée.

B. – VRAIE DISSOCIATION : LES REVENUS

249.– En insérant dans les articles 1411 et 1415 du Code civil le terme de « revenus », le législateur de 1985 a consacré un particularisme fort de cette notion par rapport à celle des biens en capital. Il désigne ainsi deux catégories de ressources : les gains et salaires d'une part, les fruits et revenus des propres de l'autre. La dissociation entre pouvoir et qualification se retrouve dans les deux cas, mais elle y présente des traits différents, qui commandent une présentation séparée.

1° Gains et salaires

250.– On désigne ainsi les revenus professionnels des époux, quelle qu'en soit la source ou la nature. Il est notable que les textes du Code civil, dans la rédaction de

---

[846] Ph. Simler, obs. préc.

[847] G. Champenois, Defrénois 1995, p. 1491.

[848] Cass. civ. 1re, 12 juillet 1994 : Bull. civ. I, n° 246 ; JCP 1995, I, 3821, n° 18 obs. Ph. Simler ; RTD civ. 1996, p. 464 obs. B. Vareille. – Cass. civ. 1re, 4 janvier 1995 : Bull. civ. I, n° 4 ; Defrénois 1996, p. 818 obs. Champenois ; JCP 1995, I, 3869 n° 7, obs. Ph. Simler. – Cass. civ. 1re, 28 février 1995 : Bull. civ. I, n° 104 ; D. 1995, somm. p. 326 obs. M. Grimaldi ; Defrénois 1995, P. 1489 obs ; G. Champenois ; JCP N 1995, II, 1472 obs. Ph. Simler ; RTD civ. 1996, p. 462 obs. B. Vareille.

[849] La cogestion n'est pas discutée dans le premier arrêt, qui applique la nullité de l'article 1427 ; le second arrêt se contente de censurer la qualification de biens propres donnée à des parts sociales ; dans l'affaire ayant donné lieu au troisième arrêt, le pourvoi ne critiquait pas la qualification de biens communs retenue par les juges du fond à l'égard des droits sociaux non négociables.

1965, ne fixaient à leur égard que des règles de pouvoir, sans se préoccuper de la qualification. Contrairement au principe, le pouvoir ne découle donc pas ici de la qualification. On ne saurait mieux illustrer l'idée qu'en la matière, au moins, le pouvoir, pendant le mariage, est plus important que la propriété.

251.– Ce pouvoir est sans partage. On ne peut, en effet, porter aucune limitation aux pouvoirs des époux sur leurs gains et salaires, dispose en substance l'article 223 du Code civil (« *Chaque époux peut librement exercer une profession, percevoir ses gains et salaires et en disposer après s'être acquitté des charges du mariage* »)[850].

Un pouvoir sans partage ne s'exerce en règle générale que sur des propres. D'où la question, bien connue, de la portée à attacher à cette disposition, qui est une des grandes questions théoriques sur laquelle la doctrine s'est divisée au moment de la réforme des régimes matrimoniaux : s'agit-il de la manifestation du caractère propre de ces biens, c'est-à-dire d'une question de masse ? ou bien s'agit-il d'un mode particulier de gestion de biens qui n'en demeurent pas moins communs ?

252.– Sur le fond, il est notable que la première doctrine qui s'est exprimée sur la question y a appliqué la règle traditionnelle de la liaison des pouvoirs et de la qualification. Telle est la portée de l'analyse bien connue de Henri Mazeaud[851] : puisque chaque époux peut librement percevoir et disposer de ses gains et salaires, c'est qu'il s'agit de propres ; ils ne deviennent communs qu'une fois dépensés : à cela se résume – regrettait cet auteur – leur « destination communautaire ».

Une autre doctrine, s'inspirant des enseignements tirés de la pratique des biens réservés, a rallié la quasi-unanimité des auteurs : l'ancien article 224 (l'article 223) tranche une question de pouvoir, non une question de qualification. Cette dernière relève de l'article 1401 du Code civil, selon lequel font partie de l'actif commun les acquêts provenant de l'industrie personnelle des époux. On ajoute que qualifier les gains et salaires de propres serait paradoxal et remettrait en cause l'économie générale du régime car ils constituent la source par excellence de la communauté, celle qui l'alimente.

253.– Cette solution a été depuis lors imposée par la Cour de cassation[852]. Et le législateur lui-même l'a consacrée en 1985, de façon implicite mais nette[853]. Elle n'est plus discutée aujourd'hui. On est donc en présence d'une vraie dissociation entre pouvoir et qualification : les gains et salaires font partie de la masse commune quant à la propriété ; quant aux pouvoirs des époux – gestion active et gestion

---

850 Rédaction loi du 23 déc. 1985 (l'article 223 reprend la substance de l'ancien article 224 dans la rédaction que lui avait donnée la loi du 13 juillet 1965).

851 *La communauté réduite au bon vouloir des époux*, D. 1965, chron., p. 91.

852 Cass. civ. 1re, 8 février 1978 : Bull. civ. I, n° 53 ; Defrénois 1978 art. 31764 p. 879, obs. G. Champenois ; RTD civ. 1979, p. 592 obs. Nerson et J. Rubellin-Devichi. – Cass. civ. 1re, 31 mars 1992, *Praslika :* Bull. civ. 1, n° 95 ; JCP N 1992, p. 376 n. Ph. Simler ; Defrénois 1992, p. 1159 obs. G. Champenois ; RTD civ. 1993, 402 obs. B. Vareille.

853 Articles 1411 (« *que sur les biens propres et les revenus* » : *i.e.* les revenus ne sont pas des propres) et 1414 C. civ. (la dérogation apportée à l'article 1413, qui prévoit que les biens communs répondent des dettes de chaque époux, n'a de sens que si les gains et salaires ne sont pas des propres).

passive[854] –, tout se passe comme s'il s'agissait de propres. Il s'agit d'une catégorie « *hybride* » de biens « *qui se concilie mal... avec les exigences de summa divisio biens communs-biens propres, implicitement conçue pour le capital plus que pour les revenus...* »[855].

254.– En pratique, la qualification de bien commun n'a guère d'incidence qu'au moment de la dissolution du mariage : les gains et salaires non perçus ou non employés lors de la dissolution sont compris dans la masse à partager ; et récompense est due à la communauté chaque fois que les gains et salaires, qu'elle absorbe, ont été utilisés par l'époux titulaire du pouvoir pour en tirer un profit personnel[856].

255.– Pendant le mariage, c'est le principe de libre disposition qui s'applique, et la jurisprudence y a attaché son plein effet. Dans la célèbre affaire des libéralités en espèces consenties par un mari à sa maîtresse, elle s'est prononcée pour la validité de ces libéralités, chaque époux ayant le pouvoir de disposer de ses gains et salaires dès lors qu'il s'est acquitté des charges du mariage[857]. La règle avait-elle été conçue dans cet esprit ? C'est peu probable puisqu'il s'agissait seulement, en 1965, de permettre à la femme de soustraire ses gains et salaires au pouvoir du mari afin d'en avoir la maîtrise personnelle[858]. Il n'en reste pas moins que son insertion dans le régime matrimonial primaire en fait une source de pouvoir exclusif[859].

Exclusif mais non sans limites. Le pouvoir sur les gains et salaires n'échappe pas à tout contrôle[860], pouvant se traduire par des limites qui ont il est vrai un caractère uniquement préventif, et non sanctionnateur : elles consistent en interdictions d'agir, elles ne permettent pas d'invalider les abus déjà commis. C'est cela qui explique la solution, a priori étonnante, consistant à valider les libéralités en espèces faites par un mari à sa maîtresse : il est possible de faire interdire les actes de disposition des biens de la communauté, il n'est pas possible de remettre en cause la validité des libéralités non interdites.

---

[854] V. *supra*, n° 222.

[855] G. Champenois, art. préc., Études offertes à J. Flour, préc., p. 52.

[856] F. Terré et Ph. Simler, ouvr. préc., n° 287.

[857] Cass. civ. 1re, 29 février 1984 : D. 1984, p. 601 n. D. Martin ; JCP 1985, II, 20443 n. Le Guidec ; Defrénois 1984, p. 1074 obs. G. Champenois (l'arrêt précise qu'il n'avait pas été allégué que les sommes données avaient été « économisées », semblant signifier par là que l'on appliquerait aux économies les règles ordinaires de pouvoir des biens communs ; cela permettrait de cantonner le domaine d'application d'une liberté peut-être excessive : J. Flour et G. Champenois, ouvr. préc., n° 364). – Sur cette délicate question du moment de la transmutation des revenus en acquêts ordinaires au regard des règles de pouvoir, v. pour l'application de l'art. 1415 C. civ. : Cass. civ. 1re, 14 janvier 2003 (JCP G 2003, I, 10019 concl. J. Sainte-Rose ; Defrénois 2003 p. 544 obs. G. Champenois ; RJPF 2003 n° 5 p. 27 obs. F. Vauvillé ; Dr. fam. 2003, n° 48 2e esp. n. B. Beignier ; RTD civ. 2003 p. 534 obs. B. Vareille ; D. 2003, p. 2792, n. V. Barabé-Bouchard).

[858] F. Terré et Ph. Simler, ouvr. préc., n° 115.

[859] Alors que cela est techniquement inutile depuis la réforme de 1985, puisque le principe de gestion concurrente tolère sur ce point une entorse (1414 C. civ.).

[860] Outre l'article 1426 C. civ. (*infra*, n° 303), les mesures de protection de l'article 220-1 pourront être mises en place en cas de manquement d'un époux à ses devoirs, de mise en péril des intérêts de la famille (v. *infra*, n° 308).

Telle est la portée, sur ce plan, de la dissociation entre pouvoir et propriété : elle accroît l'autonomie d'action de l'époux, et on peut penser qu'à cet égard « *cette coloration individualiste est peut-être excessive* »[861] ; mais elle le fait à l'intérieur de limites inhérentes à la notion de pouvoir.

La même idée se retrouve en ce qui concerne l'autre catégorie de revenus : les fruits et revenus des propres.

2° *Fruits et revenus des propres*

256.– Les revenus des propres, à la différence des revenus professionnels, faisaient l'objet dans la loi de 1965 et de dispositions relatives au pouvoir, et de dispositions relatives à la propriété. Cela n'a pas empêché le développement d'une importante controverse doctrinale, aujourd'hui épuisée mais dont il est bon de rappeler brièvement les principaux éléments afin de mieux comprendre la matière.

257.– Avant la loi de 1965, les fruits et revenus des propres tombaient en communauté, soit en tant que meubles sous l'ancien régime légal, soit en vertu du traditionnel « usufruit » de la communauté dans le régime alors conventionnel de communauté réduite aux acquêts. On sait que la suppression de cet usufruit a été une des grandes innovations de la loi du 13 juillet 1965, et que l'on y voit un cas dans lequel un objectif de pouvoir (rendre à la femme ses pouvoirs sur ses propres) a suscité une modification du régime de « propriété ». Cela était inévitable : la notion d'usufruit n'avait été imaginée que pour servir de support au pouvoir du mari ; cet objectif de pouvoir ayant disparu, il fallait supprimer le support, devenu autant gênant qu'inutile.

Le législateur de 1965 a consacré la suppression de cet usufruit en proclamant dans l'article 1403 alinéa 1er du Code civil que « *Chaque époux conserve la pleine propriété de ses propres* ». Il en résulte que les revenus des propres relèvent du pouvoir exclusif de l'époux propriétaire puisque, aux termes de l'article 1428 : « *Chaque époux a l'administration et la jouissance de ses propres et peut en disposer librement* ».

Ces règles paraissent peu compatibles avec le régime de propriété prévu par ailleurs. L'article 1401 dispose, en effet, que « *La communauté se compose activement des acquêts... provenant... des économies faites sur les fruits et revenus de leurs biens propres* ». L'article 1403 alinéa 2 précise même de son côté que « *La communauté n'a droit qu'aux fruits perçus et non consommés (...)* ».

258.– Ces textes se prêtent à deux interprétations, comme ceux relatifs aux gains et salaires : soit on lie pouvoir et qualification, et on conclut de l'article 1428 que les

---

[861] J. Flour et G. Champenois, ouvr. préc., p. 357, n° 364.

revenus sont propres[862] ; soit on les dissocie, et on les qualifie de biens communs soumis à des règles particulières de pouvoir[863].

La qualification de bien commun a été consacrée implicitement par le législateur[864]. Elle l'a été également, plus tardivement, par la jurisprudence : saisie du calcul d'une récompense due par l'épouse qui avait bénéficié du remboursement d'un prêt pour acquérir un immeuble propre, la Cour de cassation a considéré que les intérêts de ce prêt ne devaient pas être pris en compte, car « *la communauté, à laquelle sont affectés les fruits et revenus des biens propres, doit supporter les dettes qui sont la charge de la jouissance de ces biens* »[865].

259.– Les revenus des propres restent donc des biens communs, comme ils l'étaient avant la suppression de l'usufruit de la communauté, par la loi de 1965. Il n'y a là nulle contradiction. Cette suppression, en effet, avait seulement un enjeu de pouvoir : le législateur entendait retirer au mari le pouvoir qu'il exerçait sur les propres de la femme en sa qualité d'unique administrateur des biens communs, afin de conférer à la femme l'autonomie de gestion de ses propres. Elle n'avait pas un enjeu de propriété : il ne s'agissait pas de supprimer la « vocation communautaire » des fruits et revenus des propres[866].

La distinction, clairement assumée, de la question du pouvoir et de celle de la propriété permet donc de concilier ces deux objectifs contradictoires : quant à la propriété, tout se passe comme si la communauté avait toujours la jouissance des propres (comme si elle en avait l'« usufruit »)[867] ; mais l'inconvénient attaché à cette solution a disparu : ce bien commun échappe aux règles de pouvoir de l'article 1421 (lequel, dans sa rédaction de 1965, faisait du mari le seul administrateur de la communauté), il relève du pouvoir exclusif de gestion que l'article 1428 confère à l'époux sur le propre qui procure le revenu.

Cela fait apparaître une difficulté d'ordre au moins sémantique car l'article 1428 réserve à chaque époux la « jouissance » de ses propres et il est de règle que celle-ci emporte l'appropriation des fruits procurés par la chose[868]. Un auteur a proposé de résoudre cette difficulté en proposant de considérer que la jouissance des biens propres a l'époux pour « titulaire » et la communauté comme « bénéficiaire »[869]. La distinction est séduisante, mais plus subtile qu'éclairante. La vérité est que les textes

---

[862] En ce sens : H. Mazeaud, chron. préc., D. 1965, p. 91 (« pour qu'ils tombent en communauté, il faut – ce que n'exige pas l'article 1403 – qu'ils aient servi à acquérir un bien nouveau »).
[863] Patarin et Morin, ouvr. préc., n° 107 (« l'idée qui a inspiré le projet de loi n'est pas de retirer leur destination communautaire aux fruits et revenus des biens propres, mais seulement d'empêcher que cette destination ne contrecarre le pouvoir autonome de gestion des biens propres par la femme »).
[864] C. civ., art. 1411 (v. *supra*, note 853).
[865] Cass. civ. 1re, 31 mars 1992, *Pouyat-Authier :* Bull. civ. I, n° 96 ; Defrénois 1992, p. 1121 obs. G. Champenois ; RTD civ. 1993 p. 401 obs. F. Lucet et B. Vareille.
[866] J. Patarin et G. Morin, ouvr. préc., n° 107.
[867] Il s'agirait cette fois de l'usufruit des biens propres des *deux* époux.
[868] C. civ., art. 586 (« Les fruits civils ... appartiennent à l'usufruitier ... »).
[869] G. Morin, *Qui, de la communauté ou des époux, doit supporter les charges usufructuaires des biens propres ?* Mélanges offerts à André Colomer, 1993, p. 259.

n'ont pas été rédigés en claire contemplation de la dissociation du pouvoir et de la propriété, et qu'il faut donc un peu les « forcer » pour fonder la solution.

260.– Un peu, d'ailleurs, comme s'ils avaient craint de consacrer cette dissociation nettement, les textes instituent (ou semblent bien instituer) deux qualifications successives, d'abord celle de propres, ensuite celle de biens communs. Il n'était pas possible de procéder autrement puisque, dans le système du régime de communauté, le pouvoir découle de la propriété et il n'est donc pas possible de dissocier totalement l'un et l'autre.

Le problème, qui a fait couler beaucoup d'encre, est qu'ils retiennent deux moments différents : celui où les revenus des propres ont été « économisés », dans l'article 1401, celui où ils ont été « perçus », dans l'article 1403 alinéa 2.

La doctrine rejette aujourd'hui le critère, fuyant, de l'économie[870]. Elle n'en respecte pas moins l'idée de deux qualifications successives. Les revenus sont communs dès qu'ils sont perçus[871], mais à ce moment-là seulement. Les revenus échus et non perçus ne peuvent pas être intégrés à la masse partageable, ils sont propres. Cette distinction est critiquée[872], un arrêt récent la remet peut-être en cause[873], les idées sur la question évoluent (la liaison entre propriété et pouvoir devient moins nécessaire dès lors que l'on prend conscience du mécanisme et que l'on se réfère à l'exemple des gains et salaires : on ne peut continuer à raisonner sur la base de l'idée que le pouvoir ne peut avoir pour support que la propriété, alors que c'est techniquement inexact), mais il est difficile de ne pas appliquer un texte clair.

Elle présente un particularisme notable puisque, contrairement au postulat que c'est la nature du bien qui détermine le pouvoir, c'est l'exercice du pouvoir, ici, qui commande la nature du bien. La communauté n'ayant pas droit aux fruits non perçus, il dépend de l'époux propriétaire, en effet, de transmuter son bien propre en bien commun en exerçant le pouvoir de le percevoir[874].

261.– Une fois le revenu perçu, la dissociation du pouvoir et de la qualification opère. Cela n'est pas d'ordre public pour ce qui est de la qualification : il est possible, en effet, de stipuler dans un contrat de mariage que les revenus des propres ne tombent pas en communauté et demeurent propres, d'instituer une « communauté

---

[870] A. Colomer, ouvr. préc., n° 611. – V. cep. J. Flour et G. Champenois, ouvr. préc., p. 422, n° 442 (ces auteurs défendent l'idée que les revenus ne deviennent des biens communs quelconques non pas dès leur perception mais lorsqu'ils sont économisés).

[871] « La communauté n'a droit qu'aux fruits perçus et non consommés », dispose l'article 1403 al. 2 du Code civil qui exclut donc a contrario les fruits non perçus. V. *supra*, note 857.

[872] Ph. Simler, art. préc., Mélanges Huet-Weiller, p. 437.

[873] Cass. civ. 1re, 4 janvier 1995 : Bull. civ. I, n° 4 ; D. 1995, somm. p. 328 obs. M. Grimaldi ; RTD civ. 1996, p. 969 obs. B. Vareille ; JCP 1995, I, 3869, n° 7, obs. Ph. Simler ; Defrénois 1996, art. 36358-82, obs. G. Champenois (« ... si ces fonds ne provenaient pas des revenus de l'exploitation agricole, lesquels tombaient en communauté, bien qu'il s'agisse d'un propre du mari » : l'arrêt ne pose aucune condition pour que les revenus des propres tombent en communauté ; mais l'arrêt *Pouyat* n'en posait pas non plus).

[874] La liberté de non perception comporte des limites (C. civ., art. 1403 al. 2 ; J. Flour et G. Champenois, ouvr. préc., p. 255, n° 264).

réduite aux activités »[875]. Cela n'est pas non plus d'ordre public en ce qui concerne le pouvoir : à la différence de l'article 1428, l'article 225 du Code civil vise seulement l'administration des biens personnels, non leur jouissance[876]. Une clause de jouissance conjointe des propres de chaque époux pourrait donc être stipulée. De telles stipulations sont cependant rares dans la pratique.

262.– Les revenus des propres sont donc communs dès leur perception mais laissés au pouvoir de l'époux qui les encaisse. Faute de texte équivalent à l'article 1414 du Code civil, le pouvoir de gestion passive n'est pas exclusif[877]. Mais au plan de la gestion active, les deux pouvoirs sont les mêmes, ce qui illustre la tendance à harmoniser le régime de tous les revenus.

La jouissance[878] emporte en effet un pouvoir de libre disposition. Cette catégorie spéciale de biens communs est « réservée » à son administration, sans entrer dans le cadre de l'article 1421 et donc sans se heurter à la limite de la cogestion. Alors même qu'il s'agit de biens communs (alors même que c'est la communauté qui supporte les dettes qui sont la charge de la jouissance), ils obéissent au mécanisme correcteur de l'article 1429 et non pas à celui de l'article 1426[879]. C'est aussi sous les limites des règles du régime primaire que ce pouvoir s'exerce, ce qui comporte l'obligation de contribuer aux charges du mariage, d'une part, la mise en œuvre de l'article 220-1 du Code civil, de l'autre.

*

* *

263.– En conclusion, on peut considérer que la tendance est à l'harmonisation des deux régimes, celui des revenus des propres et celui des gains et salaires ; que les revenus constituent une catégorie spéciale de biens communs « réservés », peut-on dire, à l'administration de leur titulaire. La dissociation entre pouvoir et propriété consacrée dans les deux cas conduit à des solutions un peu étonnantes. La communauté s'approprie les gains et salaires, ainsi que les revenus des propres, sans exercer sur eux le moindre pouvoir[880]. Le pouvoir exclusif exercé par chaque époux concerné sur des biens communs échappe, de son côté, aux règles qui régissent tant le pouvoir sur les biens communs que celui sur les propres.

Certaines distinctions, néanmoins, subsistent entre les régimes des deux catégories de revenus. Sur le fond, elles sont peu compréhensibles : pourquoi subordonner le caractère commun des revenus à le perception, et faire échapper au partage les

---

[875] F. Lucet et B. Vareille, obs. préc., RTD civ. 1993, p. 403.
[876] J. Flour et G. Champenois, ouvr. préc., n° 451, p. 429.
[877] V. *supra*, n° 224.
[878] Elle n'est pas absolue, car une sanction spécifique est prévue en cas de négligence à percevoir les revenus, ou de fraude : récompense peut être due à la communauté (C. civ., art. 1403, al. 2).
[879] V. *infra*, n° 334 (comp. n° 303 et CA Paris, 19 octobre 1988 : JCP 1989, II, 21362 n. G. Paisant). Cette solution s'impose d'autant plus que l'article 1429 fixe des règles précises quant aux pouvoirs conférés sur ces revenus au conjoint ou à l'administrateur.
[880] F. Lucet et B. Vareille, obs. préc., RTD civ. 1993, p. 407.

créances, alors que les gains et salaires sont communs dès l'origine ? Pourquoi ne pas mettre les revenus des propres à l'abri des créanciers du conjoint, alors que cette solution est prévue à l'égard des revenus professionnels par l'article 1414 du Code civil ?

Techniquement, cependant, ces distinctions s'expliquent si l'on considère que le régime de pouvoir exercé sur les fruits est une exception à celui qui découle de la propriété commune, alors que celui des gains et salaires s'inscrit dans une logique différente, celle du régime matrimonial primaire, dans lequel le pouvoir est totalement détaché de la propriété.

Il convient, alors, d'exposer cette logique.

SECTION II

EXISTENCE, ENTRE TOUS LES ÉPOUX, D'UNE COMMUNAUTÉ EN POUVOIRS

264.– Le statut fondamental applicable à tous les époux – car c'est de lui qu'il va s'agir ici – est de façon habituelle, et logique, abordé avant les différents régimes dont il constitue le pivot commun. C'est délibérément que le choix a été fait de ne l'examiner qu'en second lieu. La raison de ce choix est la suivante. L'étude de la communauté de biens a permis de mettre en évidence la complexité et les nuances des rapports entre propriété et pouvoir. Or, la connaissance de ces rapports permet de mieux comprendre la portée des règles applicables à tous les époux. La véritable portée du régime primaire, en effet, est d'instituer entre les époux un système de pouvoir indépendant de la répartition des masses de biens, indépendant de la propriété.

265.– Cette idée peut être précisée. Le doyen Carbonnier voit dans le régime primaire impératif l'« ébauche d'un régime matrimonial non capitaliste » pour « ménages non argentés »[881]. « Ébauche » car, évidemment, ce statut de base ne saurait tenir lieu à lui seul de régime matrimonial, il ne s'agit pas d'un corps de règles se suffisant à lui-même. Étant applicables à tous les époux, quel que soit leur régime, ces règles ne touchent pas, notamment, aux questions de propriété. Elles ne concernent que ce qui est le plus important, pendant le mariage : les rapports de pouvoir. Elles formulent des règles de pouvoir, et elles les détachent par la force des choses, donc, de la liaison traditionnelle qui est faite entre la propriété et le pouvoir. Sont ainsi gommés les principaux inconvénients des différents régimes : une indépendance minimale est accordée aux époux communs en biens ; une solidarité minimale est instaurée entre époux séparés de biens[882]. Cette présentation rend bien compte de la matière.

---

[881] J. Carbonnier, *Essais sur les lois*, préc., p. 46.

[882] A. Dekeuwer, *L'incidence du « régime primaire » sur les régimes matrimoniaux*, thèse Lille, 1975, dir. M. Gobert.

Nous voudrions la compléter par un éclairage différent, en montrant que le régime primaire constitue un véritable modèle réduit de régime communautaire, une communauté « primaire » de pouvoirs destinée à satisfaire les besoins fondamentaux des époux, et mélangeant à cet égard indépendance et solidarité des époux.

Le pouvoir est un instrument de communauté entre époux lorsqu'existe par ailleurs entre eux une communauté de biens. Il est spécialement, a fortiori peut-on dire, l'instrument d'une communauté entre eux en l'absence de communauté de biens, lorsque n'existe qu'une communauté de pouvoirs. La démonstration est aisée, car deux grandes catégories de pouvoir composent le régime primaire[883], sur le modèle du régime de communauté : le pouvoir actif de gérer (§ 1) et celui passif d'obliger (§ 2).

§ 1. – POUVOIR ACTIF DE GÉRER

266.– Le régime primaire confère aux époux des pouvoirs de gestion active sur différentes sortes de biens. Il les organise triplement, à l'instar du régime de communauté, puisqu'il s'agit selon le cas de pouvoirs tantôt concurrents, tantôt exclusifs, tantôt conjoints. Nous ne reviendrons pas ici sur le pouvoir exclusif qui est conféré à chacun des époux aux fins de percevoir et disposer de ses gains et salaires[884], que nous avons évoqué avec le régime de communauté dont il constitue une composante importante[885]. Nous examinerons les deux autres.

A. – POUVOIRS CONCURRENTS

267.– Il est possible à certains égards de regarder comme tels [886] ceux que les époux sont fondés à exercer sur les meubles de façon générale, et de façon particulière sur les comptes de dépôts et de titres. Aux termes de l'article 222 du Code civil, en effet :

> « *Si l'un des époux se présente seul pour faire un acte d'administration, de jouissance ou de disposition sur un bien meuble qu'il détient individuellement, il est réputé, à l'égard des tiers de bonne foi, avoir le pouvoir de faire seul cet acte.* (...) ».

L'article 221 dispose de son côté[887] que :

> « *Chacun des époux peut se faire ouvrir, sans le consentement de l'autre, tout compte de dépôt et tout compte de titres en son nom personnel.*

---

[883] Nous laissons de côté à cet endroit de nos développements les questions de brassage du pouvoir entre époux : v. sur ce point *infra*, n° 289.

[884] C. civ., art. 223.

[885] V. *supra*, n° 250.

[886] Sous réserve de rappeler que la différence est ténue entre pouvoir concurrent et pouvoir exclusif : l'un et l'autre visent à assurer l'indépendance des époux, et l'action d'un époux empêche souvent celle de l'autre (*infra*, n° 276).

[887] L'article 221 ne constitue en quelque sorte qu'une application particulière de l'article 222 aux opérations financières, ce qui incite à renverser l'ordre des textes car sa logique est contestable ; il s'explique par le souci du législateur de suivre l'ancienne numérotation (Ph. Simler, *Le conflit de présomptions en régime de communauté*, RTD civ. 1970, 478, p. 487) ; il confère néanmoins aux époux une autonomie plus marquée que celle qu'ils retirent du jeu de l'article 222 (J. Flour et G. Champenois, ouvr. préc., n° 118, p. 107).

À l'égard du dépositaire, le déposant est toujours réputé, même après la dissolution du mariage, avoir la libre disposition des fonds et titres en dépôt ».

268.– « Concurrents », ces pouvoirs le sont en ce sens[888] que chaque époux a *aux yeux des tiers* le pouvoir d'agir seul relativement à ces biens et que celui des deux qui agit le premier prive son conjoint du pouvoir d'accomplir le même acte. Ce qu'a voulu le législateur, c'est que « les conjoints (soient) mariés dans leurs rapports internes et célibataires à l'égard des tiers »[889]. Les « présomptions » de pouvoir (« présomptions » entre guillemets car il s'agit, en réalité, de véritables règles de fond) permettent, sous tous les régimes, une gestion autonome par chacun des époux des espèces, des titres et des meubles si tel est son souhait.

1°) Célibataires à l'égard des tiers

269.– Le célibataire, par définition, ne voit pas ses droits et pouvoirs limités par l'effet du régime matrimonial ou par celui des droits et devoirs des époux[890]. Le tiers qui entre en rapport contractuel avec lui n'a donc pas à se soucier de la réalité de son droit ou de ses pouvoirs sur les biens meubles. Sauf s'il s'agit d'un tiers de mauvaise foi, il est couvert par le jeu de l'article 2279 du Code civil.

Les choses sont plus complexes dans les rapports juridiques avec une personne mariée. La propriété du bien n'est sans doute pas une condition nécessaire à la validité de l'opération, car celle-ci suppose seulement que l'époux qui conclut la transaction ait pouvoir de le faire, et ce pouvoir peut avoir d'autres origines que la propriété : il peut découler de la loi, de la convention, ou bien d'une habilitation judiciaire. En outre, aucune disposition spéciale ne fait obstacle au jeu de l'article 2279 du Code civil lorsque la chose meuble a été acquise d'un époux séparé de biens.

La protection tirée du jeu de l'article 2279 du Code civil n'est cependant pas suffisante. Elle suppose, en effet, que le tiers cocontractant de l'époux soit entré en possession de la chose dont il s'agit. Or l'acquisition n'est pas liée à l'entrée en possession, et le tiers qui n'a pas été mis en possession peut prétendre néanmoins s'en prévaloir.

En outre, alors même qu'il est entré en possession, la situation du cocontractant d'une personne mariée sous le régime de communauté n'en reste pas moins fragile. Il existe en effet une sanction spécifique en cas de dépassement par un époux de ses pouvoirs sur les biens communs[891]. Or, cette sanction (l'annulation de l'acte) ne peut pas être

---

[888] Que l'un ou l'autre des époux a vocation égale à se prévaloir de la présomption, qu'il soit ou non titulaire du pouvoir de régime correspondant. Ces textes aboutissent néanmoins à une gestion *exclusive* au profit de l'époux qui a la détention individuelle du bien meuble (art. 222) ou qui est seul titulaire du compte où sont déposés les fonds ou titres (art. 221 ; v. au texte, *infra).*
[889] J. Carbonnier, *Essais sur les lois*, préc. p. 54.
[890] Rappr. C. civ., art. 216.
[891] C. civ., art. 1427 (v. *infra*, n° 316).

couverte par le jeu de l'article 2279 du Code civil, sinon elle serait inapplicable en cas de transaction sur les meubles[892].

270.– Ces données expliquent la situation contre laquelle le législateur a entendu réagir en 1965. Cette situation était alors la suivante. En régime légal, la présomption de communauté assurait la prédominance du mari qui, jusqu'à la loi de 1985, était seul administrateur de la communauté : les tiers exigeaient donc systématiquement de la femme, pour conclure un acte juridique avec elle, qu'elle fasse la preuve de ses pouvoirs, c'est-à-dire qu'elle fasse tomber la présomption, ou à défaut que le mari intervienne à l'acte. Il en résultait que les pouvoirs de la femme sur ses meubles propres et réservés restaient ineffectifs, et que son autonomie de gestion n'était pas assurée.

Le législateur a voulu en finir avec cette « incapacité » de fait de la femme mariée en conférant aux tiers la sécurité qu'ils recherchaient. Pour cela, il a institué une présomption de pouvoir ayant pour vocation de conférer à la femme les avantages que le mari retirait de la présomption de communauté : dès lors qu'un époux « détient[893] individuellement » un bien meuble, ou qu'il s'agit de fonds ou titres en dépôt, il est dispensé d'établir la réalité de ses pouvoirs, il est réputé avoir le pouvoir d'agir seul. L'idée n'était donc pas de conférer de nouveaux pouvoirs aux époux mais de consacrer ceux dont ils étaient déjà titulaires, de les renforcer en évitant qu'ils soient remis en cause, de les rendre effectifs en dispensant les tiers d'en exiger la justification. Il s'agissait de couvrir les tiers contre le risque de défaut de pouvoir de l'époux avec qui ils contractent[894].

Il en résultait, sous l'empire de la loi de 1965, que la qualité d'administrateur de la communauté alors conféré au mari[895] « n'avait plus aucun sens », étant battu en brèche par les règles de cogestion d'une part, et les présomptions de pouvoirs de l'autre, qui constituaient les jalons du principe de gestion concurrente[896].

271.– Le mécanisme a survécu à l'institution en 1985 du principe de la gestion concurrente[897], qui le rend sur ce plan inutile puisque la présomption de communauté est depuis lors au service du pouvoir de chacun des époux ; cette inutilité souligne, d'ailleurs, le lien qui existe en régime de communauté entre les présomptions de

---

[892] Il est de jurisprudence que la nullité de l'article 1427 peut être opposée, en matière immobilière, à un tiers de bonne foi (Cass. civ. 1re, 6 février 1979 : JCP N 1979, II, 229, 2e esp., n. Thuillier). On comprendrait mal que la solution soit différente en matière mobilière.

[893] Cette notion est plus large que celle de possession, elle ne requiert pas d'*animus domini*.

[894] La démarche peut être rapprochée de celle suivie à l'égard des pouvoirs des dirigeants des sociétés commerciales (C. com., L. 221-5, L. 223-18, L. 225-35, L. 225-64, L. 226-7) et civiles (C. civ., art. 1849) : « Le souci de la loi est d'assurer la sécurité des tiers qui contractent avec la société en la personne de ses dirigeants puisque ceux-ci, par principe, ont tous pouvoirs pour agir en son nom » (M. Cozian, A. Viandier, Fl. Deboissy, *Droit des sociétés*, Litec, 18e éd., 2005, n° 260). Il est notable qu' « en cas de pluralité de gérants, ceux-ci détiennent séparément les pouvoirs » dont il s'agit (loi préc., art. 49 in fine) : il s'agit également d'une gestion concurrente.

[895] C. civ. art. 1421 réd. L.1965 (« Le mari administre seul les biens de la communauté »).

[896] A. Dekeuwer, th. préc., p. 181. – V. Brémond, *Le rôle de l'article 222 dans le régime de communauté depuis la loi du 23 décembre 1985*, Defrénois, 1993, art. 35527, p. 468. – F. Vauvillé, *L'autonomie mobilière des époux*, Dr. et patr., sept. 2000, p. 56.

[897] C. civ., art. 1421 al. 1er.

pouvoir et les pouvoirs concurrents des époux. Inscrit dans le statut fondamental, le mécanisme de présomption garde cependant un caractère impératif, et vocation à s'appliquer sous tous les régimes.

272.– Demeure une seconde fonction des « présomptions » examinées, à côté de cette fonction probatoire : celle d'autoriser chaque époux à exercer des pouvoirs que ne lui confère pas son régime, de transmettre plus de droit qu'il n'en a, de couvrir une extension de pouvoir. Cette utilisation des présomptions de pouvoir peut se faire d'accord entre les époux. Elle permet une gestion concurrente des fonds ou des meubles appartenant à l'un des époux, et constitue alors un facteur de souplesse dans l'application des règles de pouvoirs qui découlent de leur régime.

Il est vrai qu'elle peut également être le fait d'un époux indélicat, qui se prévaut de la présomption pour mettre en échec les pouvoirs exclusifs du conjoint sur ses meubles propres[898] ou personnels, ou les pouvoirs qui lui sont conférés pour l'exercice d'une profession séparée[899], ou encore les mesures de transfert judiciaire de pouvoirs[900/901]. « *Aujourd'hui* », relève un auteur, « *l'article 222 n'a pour fonction que de protéger les tiers des abus de pouvoirs commis par un époux seul* »[902]. Cela milite pour une interprétation stricte du domaine des présomptions de pouvoir. La condition de bonne foi du tiers, sans doute, doit être appréciée largement car autrement il serait conduit à procéder à des vérifications que les deux textes examinés ont précisément pour objet de rendre inutiles[903]. En revanche, il paraît raisonnable d'exclure du champ d'application de l'article 222 certains biens (les meubles visés à l'article 1424 du Code civil), ainsi que les actes à titre gratuit[904].

273.– Dans tous les cas, tout se passe à l'égard du tiers comme si chacun des époux était titulaire de pouvoirs autonomes[905]. En ce qui concerne le régime légal, la distinction meuble-immeuble, supprimée au plan de la propriété, réapparaît au plan de la gestion, des pouvoirs. Comme si à l'égard des meubles[906] chaque époux avait la liberté d'action juridique d'un célibataire.

---

[898] C. civ., art. 1428 et 1536.

[899] C. civ., art. 1421 al. 2.

[900] C. civ., art. 1426, 1429, 220-1 : v. *infra*, n° 300 s.

[901] Un conflit est donc susceptible d'apparaître entre le conjoint dépouillé de ses pouvoirs ou de ses biens et le tiers de bonne foi. Cette hypothèse a cependant été jugée trop marginale pour renoncer aux avantages recherchés.

[902] V. Brémond, art. préc., Defrénois 1993, art. 35527, p. 469.

[903] A. Colomer, ouvr. préc., n° 255 et 277. Il faut réserver l'hypothèse particulière de l'article 1832-2 C. civ. : une société qui n'exigerait pas la justification de l'avertissement du conjoint ne saurait être de bonne foi (F. Dekeuwer-Defossez, *Mariage et sociétés*, Aspects actuels du droit commercial français, Études dédiées à René Roblot, LGDJ 1984, p. 275.

[904] C. civ., art. 1422. En ce sens : V. Brémond, art. préc., Defrénois 1993, p. 474 s. – *Contra* : J. Flour et G. Champenois, ouvr. préc., p. 99, n° 110.

[905] Comme si chaque époux, gérant présumé de la société conjugale, pouvait administrer librement les meubles qui se trouvent entre ses mains.

[906] Non compris ceux ayant en règle générale une grande valeur : fonds de commerce, droits sociaux non négociables, meubles corporels dont l'aliénation est soumise à publicité (C. civ., art. 1424).

274.– Cette autonomie est poussée plus loin encore en matière bancaire puisqu'il est de jurisprudence qu'à l'égard du teneur du compte le pouvoir de libre disposition des fonds et titres en dépôt « *tient en échec [...] la présomption de communauté* »[907]. Les époux ont des pouvoirs concurrents pour ce qui est de *déposer* les fonds communs sur un compte bancaire[908] ; mais tout *prélèvement* relève du pouvoir exclusif de l'époux titulaire du compte. Ainsi le veut la loi du compte (la restitution du dépôt doit se faire au déposant : art. 1937 du Code civil), laquelle est une consécration éclatante de la distinction entre pouvoir et propriété[909] ainsi qu'entre pouvoir bancaire et pouvoir sur les biens communs[910]. Le banquier, peut-on dire, est en droit d'ignorer (notamment) le statut marital de son client.

Les époux n'en restent pas moins « mariés dans leurs rapports internes ».

2°) Mariés dans les rapports internes

275.– La question posée est de savoir si la « présomption » de pouvoir étend ses effets aux rapports des époux entre eux. La doctrine est apparemment partagée. Certains auteurs estiment qu'elle joue dans ces rapports[911], la plupart pensent qu'elle y est exclue[912]. En réalité, il s'agit surtout d'une question de présentation. Il est bien certain, en effet, que les articles 221 et 222 ne confèrent pas à chacun des époux un pouvoir dont il puisse se prévaloir à l'encontre de son conjoint. Il y a là une grande différence entre les pouvoirs des articles 221 ou 222 et les pouvoirs concurrents de l'article 1421 alinéa 1er du Code civil.

Il n'en demeure pas moins que l'époux qui soutient que son conjoint a agi sans pouvoir doit agir en justice pour le prouver. Cette preuve découle des règles normales du régime matrimonial. Sous la communauté, c'est à l'époux demandeur de prouver le caractère propre du meuble dont il s'agit (la présomption de communauté « double » en quelque sorte le pouvoir du régime primaire, mais sans se confondre avec lui) ou que le conjoint a agi frauduleusement. Sous la séparation de biens, ce sont les présomptions de propriété découlant du contrat, ou celle d'indivision[913], qui fixent la solution.

---

[907] Cass. Ass. plén., 4 juillet 1985 : JCP 1985, II, 20457 rapp. Ponsard ; D. 1985 p. 421 concl. J. Cabannes et n. D. Martin ; Defrénois 1985, art. 33599 n. G. Champenois ; RTD civ. 1985 p. 754 obs. J. Patarin.

[908] Ex. : un conjoint séparé de biens peut encaisser seul sur son compte personnel un chèque libellé à l'ordre des deux époux : Cass. Com., 21 novembre 2000 : Bull. civ. IV, n° 177 ; Rev. jur. pers. et fam. 2001 n° 28 n. F. Vauvillé ; Defrénois 2001 p. 1127 obs. G. Champenois ; D. 2001 p. 2932 obs. V. Brémond ; RTD civ. 2001 p. 941 obs. B. Vareille.

[909] Peu importe que les fonds déposés sur le compte soient communs, ou indivis entre les deux époux, voire propres ou personnels au conjoint...

[910] Un époux n'a pas le pouvoir de disposer des fonds déposés sur le compte de son conjoint, alors même que ces fonds sont communs : Cass. civ. 1re, 3 juillet 2001 : Bull. civ. 1, n° 198 ; D. 2002, p. 1102 n. L. Comangès et somm. p. 3262 obs. J.-Cl. Hallouin ; JCP G 2002, I p. 103 n° 17 obs. Ph. Simler et N 2002, 1206 n. V. Brémond ; Defrénois 2002 p. 397 obs. G. Champenois ; Droit. Fam. 2001 n° 120 obs. B.B. ; RTD civ. 2001 p. 941 obs. B. Vareille. - Cass. com. 11 mars 2003, D. 2004 n. M. Laugier.

[911] Ph. Simler, *Le conflit des présomptions en régime de communauté*, RTD civ. 1970, 478, n° 18 p. 492.

[912] J. Carbonnier, *Droit civil, vol. 1*, préc., n° 559, p. 1249. – G. Cornu, ouvr. préc., n° 12, p. 95. – A. Colomer, ouvr. préc., n° 240. – V. Brémond, art. préc., Defrénois, 1993, p. 477, n° 20 s.

[913] C. civ., art. 1538.

276.– Alors même que les pouvoirs des articles 221 et 222 n'élargissent pas, sous cette réserve, les pouvoirs des époux dans leurs rapports réciproques, il n'en reste pas moins que les actes ainsi accomplis sont inattaquables à l'égard du tiers (sauf recours judiciaire)[914] et qu'ils ont en conséquence un effet extinctif du pouvoir du conjoint. Ils constituent donc bien une ébauche de pouvoirs concurrents des époux.

Le régime primaire organise par ailleurs entre les époux un système de cogestion.

B. – COGESTION

277.– La cogestion est un des visages de la communauté : elle est la marque d'une égalité des époux dans l'association. On conçoit difficilement que ceux-ci puissent y être soumis ailleurs que dans un régime de communauté de biens, sauf à porter gravement atteinte au pouvoir exclusif de gestion de chacun sur ses biens propres en régime de communauté, ou personnels en régime de séparation[915]. Le législateur a cependant imposé ce mécanisme pour tous les actes de disposition du logement de la famille. Aux termes de l'article 215 alinéa 3 :

> *« Les époux ne peuvent, l'un sans l'autre, disposer des droits par lesquels est assuré le logement de la famille[916], ni des meubles meublants dont il est garni. Celui des deux qui n'a pas donné son consentement à l'acte peut en demander l'annulation (...) ».*

278.– En ce qui concerne le *logement* lui-même, en régime de communauté la règle fait double emploi avec le principe de gestion en main commune[917] de l'article 1424 du Code civil lorsque la famille est logée dans un immeuble commun. Sous tous les régimes, elle fait double emploi avec l'article 1751 du Code civil[918] lorsque le logement est pris à bail. Dans tous les autres cas de figure, elle déroge fortement aux principes. Si l'immeuble est propre à l'un des époux, ou si le régime est celui de la séparation de biens[919], elle porte en effet atteinte au pouvoir exclusif de disposition de l'époux propriétaire.

---

[914] Ainsi, en matière bancaire, une mesure judiciaire conservatoire est possible de la part de l'époux qui entend s'opposer à l'exercice du pouvoir de libre disposition de son conjoint.

[915] On laisse ici de côté le cas des biens indivis entre époux séparés de biens.

[916] Droits réels ou personnels. V. *supra*, note 607.

[917] L'article 215 al. 3 in limine est rédigé dans les mêmes termes que les articles 1422, 1424 et 1425 (« *Les époux ne peuvent, l'un sans l'autre...* »). Il n'en demeure pas moins que lorsque le logement est propre ou personnel à un époux, le pouvoir du conjoint est seulement d'opposer ou de lever son veto à l'opération. Aussi parle-t-on parfois de « codécision » (R. Cabrillac, *Les régimes matrimoniaux*, préc., n° 42) ou de « codisposition » (Cl-I. Foulon-Piganiol, note sous CA Paris, 29 sept. 1992 et CA Colmar, 11 juin 1974 : D. 1975, p. 540) plutôt que de cogestion pour le désigner ; il est cependant notable que la cogestion des biens communs n'implique pas que les deux époux soient parties à l'acte (A. Colomer, ouvr. préc., n° 462. – J. Flour et G. Champenois, ouvr. préc., n° 373 et p. 450 et 451, *ad notam*). Formellement, il convient de distinguer deux régimes de cogestion : celui, général, de l'article 1424, sanctionné par la nullité biennale de l'article 1427, et celui de l'article 215 al. 3, sanctionné par une nullité annale.

[918] Qui créé une indivision spéciale d'origine légale : « Le droit au bail du local (...) qui sert effectivement à l'habitation des deux époux est, quel que soit leur régime matrimonial et nonobstant toute convention contraire, et même si le bail est conclu avant le mariage, réputé appartenir à l'un et l'autre des époux » (C. civ., art. 1751).

[919] Sauf l'hypothèse où les époux ont acheté l'immeuble en indivision.

En ce qui concerne le *mobilier*, elle est toujours dérogatoire[920] : au principe de gestion exclusive si le meuble est propre ou personnel à un des époux, au principe de gestion concurrente s'il est commun, à la présomption de pouvoir de l'article 222 du Code civil dans tous les cas[921].

279.– On est donc en présence d'un mécanisme très original. Les prérogatives attachées à la propriété sont restreintes dans leur principe même[922], et pas seulement de façon indirecte comme ce peut être le cas en application des articles 221 et 222. Quant au conjoint, il reçoit un pouvoir sur un bien qui n'est pas commun, qui n'a pas vocation à être partagé ; la dissociation entre propriété et pouvoir est éclatante. Elle se justifie par le fait que le logement est le lieu où s'exerce la « communauté de vie » à laquelle les époux s'obligent mutuellement[923], et que, pour de très nombreux ménages, il est le bien le plus important et parfois même le seul ayant une valeur.

280.– Cette originalité n'est pas passée inaperçue. Nous relevons chez le doyen Carbonnier l'explication suivante : « *la pointe de l'article 215 alinéa 3 (c'est) la création pour ce type de biens, noyau d'un patrimoine populaire, d'une communauté empirique soumise à la cogestion des deux époux* »[924]. *Communauté empirique* : c'est une façon de signifier qu'il s'agit d'une communauté qui ne dit pas son nom, qui ne peut pas avoir pour objet le bien lui-même (cela serait en contradiction avec les règles des régimes), qui n'existe qu'en pouvoirs.

281.– Les débats auxquels la grande règle de l'article 215 alinéa 3 du Code civil a donné lieu portent sur la mise en œuvre de cette communauté de pouvoirs, non sur son existence même.

On critique, en premier lieu, le choix jurisprudentiel d'exclure les actes de disposition à cause de mort du domaine de la cogestion[925]. Quelque douloureuse qu'elle soit, cette solution est cependant liée à la dissolution du mariage. Elle peut être rapprochée de l'article 1423 du Code civil qui autorise un époux à léguer sa part dans la communauté, en dépit du principe de cogestion.

On critique, en second lieu, le choix jurisprudentiel de ne pas protéger le logement familial contre les dettes contractées par un époux[926], d'en permettre la saisie par les créanciers. Il est vrai que le texte de l'article 215 al. 3 n'a pas été écrit dans cette perspective et qu'il serait assez souple pour abriter la solution contraire (« ne

---

[920] Sauf, là aussi, en cas d'indivision entre époux séparés (C. civ., art. 815-3).

[921] Rappelons en outre que le défaut de pouvoir, contrairement au défaut de propriété, n'est pas couvert par l'article 2279 du Code civil (v. *supra*, n° 269 in fine).

[922] Nous avons montré que c'est l'affectation du bien à un intérêt distinct de celui du propriétaire qui rend ce dernier inapte à exercer la prérogative-objet dont il est normalement titulaire : v. *supra*, n° 176 s.

[923] C. civ. art. 215 al. 1er.

[924] J. Carbonnier, *Droit civil, vol. 1*, préc., n° 566, p. 1260.

[925] Cass. Civ. 1re, 22 octobre 1974 : D. 1975, p. 645 n. Cl.-I. Foulon-Piganiol. La loi du 3 décembre 2001 a consacré cette solution en prévoyant la possibilité de priver le conjoint survivant du bénéfice du maintien annal dans les lieux en le stipulant dans un testament authentique.

[926] Cass. civ. 3e, 12 octobre 1977 : D. 1978, p. 333 n. Chartier. La solution est contraire en cas de fraude : Cass. civ. 1re, 21 juin 1978, préc. *supra*, note 584.

peuvent disposer » : le pouvoir n'est pas uniquement de gestion active, il peut être de gestion passive), mais ce serait ignorer que celui qui déclenche la cession forcée exerce un pouvoir propre, et créer au profit des époux un privilège de plein droit dont ne jouissent pas les célibataires[927]. D'autres moyens de protection existent : lorsque le logement est un bien commun, l'article 1415 du Code civil le protège contre les dangers du cautionnement car sa saisissabilité est alors subordonnée au consentement de l'autre époux ; dans tous les cas, il est désormais possible pour l'entrepreneur individuel de déclarer insaisissables ses droits sur l'immeuble où est fixée sa résidence principale[928], ce qui est de nature à protéger celle-ci contre l'autre grand danger, celui de la « faillite ».

Une disposition expresse existe pour conférer aux deux époux un pouvoir concurrent de gestion passive en ce qui concerne la gestion ménagère.

§ 2. – POUVOIR PASSIF D'OBLIGER

282.– Tout époux commun en biens a le pouvoir d'engager les biens communs[929]. Un peu de la même manière, mais de façon à la fois plus particulière et plus générale, « *Chacun des époux* », dispose l'article 220 du Code civil, « *a pouvoir pour passer seul les contrats qui ont pour objet l'entretien du ménage ou l'éducation des enfants ; toute dette ainsi contractée par l'un oblige l'autre solidairement. (...)* »

On retrouve donc, ici également, un mécanisme de communauté : celui du pouvoir concurrent d'engager. En ce qui concerne les époux communs en biens, ce mécanisme fait d'ailleurs largement double emploi avec les articles 1421 et 1413 du Code civil, depuis la réforme de 1985. Largement, mais avec des différences notables : en application de l'article 220, l'autre époux est en effet tenu du tout ; et il l'est sur tous ses biens, c'est-à-dire, outre les biens communs en capital, ses gains et salaires[930] et ses biens propres.

Sous le régime de séparation de biens, le mécanisme est contraire au principe d'autonomie de chacun des époux dans la gestion de ses biens[931]. Chaque époux a en effet pouvoir pour engager les biens de l'autre, et cela solidairement, c'est-à-dire à concurrence de toute la dépense.

Tout se passe donc, sous tous les régimes, comme si les sommes nécessaires à l'entretien du ménage ou l'éducation des enfants constituaient une masse de biens communs, sur laquelle chacun des époux disposerait, tant que le mariage n'est pas dissous[932],

---

[927] Sur ces deux points : Y Chartier, n. préc.
[928] C. com., art. L. 526-1, réd. L. n° 2003-721 du 1er août 2003 pour l'initiative économique.
[929] C. civ., art. 1413. V. *supra*, n° 218.
[930] C. civ., art. 1414 (v. *supra*, n° 222).
[931] Que pose l'article 1536 du Code civil al. 2, en réservant le cas des dettes ménagères (« Chacun d'eux reste seul tenu des dettes nées en sa personne, avant ou pendant le mariage, hors le cas de l'article 220 ») ; même solution pour le PACS : art. 515-5 C. civ., réd. I. n° 2006-728.
[932] Dissous à l'égard des tiers : jusqu'à la publication du jugement de divorce, chaque époux continue donc d'être engagé solidairement par les dettes « ménagères » souscrites par son conjoint (CA Rouen, 30 janvier 1990 : D. 1992, somm. p. 219, obs. F. Lucet).

d'un pouvoir concurrent. La communauté de pouvoirs instituée entre eux produit le même effet. Il s'agit là, a-t-on pu écrire, d'« *un point d'appui majeur du régime primaire et, partant de la vie conjugale* »[933] ; on peut ajouter : ou de toute vie commune organisée, puisque la même obligation solidaire existe également entre les partenaires liés par un Pacs[934].

283.– Il n'est pas sans intérêt de rappeler que la solution examinée est le fruit d'une longue évolution. Celle-ci a pour point de départ la construction jurisprudentielle du mandat tacite, ou domestique, de la femme mariée ; bien qu'incapable[935], la femme pouvait conclure les contrats nécessaires à l'entretien du ménage car elle agissait au nom du mari en vertu d'un pouvoir, d'un mandat, que lui conférait ce dernier à cette fin. Agissant comme représentante, elle n'était pas personnellement tenue, sauf – selon une jurisprudence audacieuse et contradictoire – en régime de séparation de biens[936]. La loi du 22 septembre 1942 avait attaché à ce pouvoir de représentation un caractère légal[937]. Finalement, la loi de 1965 a bilatéralisé le pouvoir et en a fait un pouvoir propre[938]. Il n'est pas contestable que cette nouvelle construction est plus simple et plus rigoureuse.

284.– Le mécanisme reste enfermé dans des limites strictes, qu'il n'est pas nécessaire ici d'analyser dans le détail. La solidarité n'a pas lieu[939] pour les dépenses manifestement excessives, ni « *s'ils n'ont été conclus du consentement des deux époux, pour les achats à tempérament ni pour les emprunts à moins que ces derniers ne portent sur des sommes modestes nécessaires aux besoins de la vie courante* »[940]. Il est notable que la jurisprudence applique le régime de l'article 220 à toute dette relative à l'entretien du ménage, même non contractuelle[941].

285.– Même s'il est limité dans son étendue, le pouvoir de gestion passive conféré à chacun des époux confirme donc l'existence, sous tous les régimes, d'une communauté de pouvoirs. Ces pouvoirs présentent en raccourci tous les caractères de ceux qui sont conférés aux époux en régime de communauté de biens puisqu'ils assurent à la fois, sous tous les régimes, leur indépendance et leur interdépendance.

---

933 F. Lucet et B. Vareille, obs. RTD civ. 1991, p. 584.

934 En termes plus limités, il est vrai, puisque la solidarité joue seulement « pour les besoins de la vie courante et pour les dépenses relatives au logement commun » (C. civ., art. 515-5, réd. loi du 15 novembre 1999 relative au pacte civil de solidarité).

935 V. *supra*, n° 136.

936 Req. 31 octobre 1934, D. 1935, I, 73 n. Nast.

937 C. civ. art. 220, réd. L. 22 septembre 1942 (« La femme mariée a, sous tous les régimes, le pouvoir de représenter le mari pour les besoins du ménage ... »).

938 En ce sens : B. Vareille, obs. RTD civ. 1992, p. 167. – A. Colomer, ouvr. préc., n° 90. – Comp. cep. F. Terré et Ph. Simler, ouvr. préc., n° 81.

939 *i.e.* : l'autre époux n'est pas obligé par la dette dont il s'agit sur ses biens propres, sur ses gains et salaires, ou sur ses biens personnels. L'article 220, al. 2 et 3, ne paraît pas en effet devoir être interprété comme instituant une dette conjointe à la charge du conjoint dans les cas qu'il envisage (en ce sens : J. Flour et G. Champenois, ouvr. préc., p. 68, n° 77, *ad notam*).

940 C. civ. art. 220 al. 3.

941 Cass. soc., 26 octobre 1972 : Bull. civ. V, n° 589. – Cass. civ. 1re, 7 octobre 1991 : RTD civ. 1992, p. 169 obs. B. Vareille.

286.– On peut ajouter que, comme dans la communauté de biens, ces pouvoirs ont pour effet de faire perdre au conjoint la pleine maîtrise de ses biens, ce qui est le signe d'une mise en commun et la caractéristique fondamentale d'une communauté.

Il n'est donc pas étonnant que tous ces pouvoirs obéissent à la même fonction fondamentale d'être des instruments au service des intérêts de la famille.

CHAPITRE SECOND

LE POUVOIR, INSTRUMENT AU SERVICE DES INTÉRÊTS DE LA FAMILLE

287.– La seconde fonction du pouvoir est de servir à protéger les intérêts de la famille[942]. Il est notable que cette protection n'est pas recherchée sur le terrain de la propriété ; le rempart de l'intérêt de la famille, c'est le pouvoir, plus précisément l'intervention judiciaire dont il peut faire l'objet.

Il s'agit en réalité là de la fonction générale du pouvoir, de la fonction première en quelque sorte, qu'il s'agisse du pouvoir attribué *ab initio*, examiné dans le chapitre précédent, ou de celui redistribué par la suite entre les époux dans un but de souplesse ou de police. L'architecture légale des pouvoirs est en effet inspirée, à l'évidence, par le souci de les mettre aux mains de celui des époux qui est susceptible de servir au mieux ces intérêts. C'est cette idée qui explique que le pouvoir soit mis au service de la création d'une communauté familiale. Le fait nouveau, qu'il convient maintenant d'examiner, est que des dysfonctionnements peuvent apparaître au cours du mariage, qui nécessitent une recomposition des pouvoirs pour l'avenir (Section I) ou justifient une sanction lorsque des atteintes lui ont été portées dans le passé (Section II).

SECTION I

RECOMPOSITION DES POUVOIRS POUR L'AVENIR

288.– Il s'agit d'envisager ici les hypothèses dans lesquelles une modification est apportée, en cours de régime, aux règles légales permanentes de distribution des pouvoirs entre les époux. Le vocabulaire en la matière n'est pas fixé, et c'est cela qui justifie le choix du terme, neutre, de « recomposition ». Son sens doit être expliqué.

Modifier la distribution des pouvoirs entre les époux, c'est soit diminuer les pouvoirs de l'un, soit augmenter les pouvoirs de l'autre, sans qu'il y ait nécessairement une corrélation entre ces deux changements. Trois grandes hypothèses doivent être

[942] Cette notion a été surtout étudiée comme condition de l'autorisation judiciaire de changer de régime matrimonial (C. civ., art. 1397).

distinguées, en effet, car un pouvoir peut être retiré à un époux pour être confié à son conjoint, mais il peut également être retiré sans que le conjoint le reçoive, ou à l'inverse être conféré au conjoint sans que le premier époux en soit dessaisi. On peut dire que le pouvoir fait l'objet dans le premier cas d'un transfert[943] et dans le second d'un retrait [944] ; le troisième cas correspond dans une approche classique à l'hypothèse de la représentation ordinaire[945] (il n'y a pas alors transfert, « au sens de privation » de pouvoir, il y a démultiplication, partage du pouvoir, pouvoirs concurrents du représenté et du représentant).

La recomposition ainsi définie est utilisée dans deux grandes séries de cas, selon qu'il s'agit de protéger les intérêts d'un époux hors d'état de manifester sa volonté (on peut parler de recomposition-protection) ou de prévenir une mauvaise utilisation qu'un époux pourrait faire de ses pouvoirs (c'est-à-dire d'une recomposition-prévention).

§ 1. – RECOMPOSITION-PROTECTION

289.– L'hypothèse envisagée a une origine historique précise : il s'agissait de donner aux épouses de prisonniers de guerre, en 1942, le moyen de suppléer à l'impossibilité pour leur mari, administrateur de la communauté conjugale, de manifester sa volonté. Les articles 217 et 219 du Code civil[946] ont donc prévu, à cet effet, des mesures spéciales lorsque, notamment, le conjoint « *est hors d'état de manifester sa volonté* »[947] ; elles ont été adaptées, en 1965, à la gestion des biens propres.

290.– La formule légale (être « *hors d'état de manifester sa volonté* ») s'interprète aujourd'hui, enseigne-t-on[948], par référence à l'article 373, 1° du Code civil (« *hors d'état de manifester sa volonté, en raison de son incapacité, de son absence, de son éloignement ou de toute autre cause* »), et elle englobe donc notamment, outre l'hypothèse d'origine de l'éloignement, celle de l'aliénation mentale, autrement dit du majeur protégé.

Comme pour toute incapacité de protection, il s'agit sans doute là, avant tout, de protéger l'incapable lui-même, et non les intérêts de la famille. La rédaction de l'article 1429, d'ailleurs, semble étayer cette approche en distinguant l'hypothèse

---

[943] L'article 2138 du Code civil emploie ce terme dans un sens plus large, puisqu'il désigne ainsi les hypothèses des articles 1426 et 1429. Sa rédaction date cependant de la loi de 1965, c'est-à-dire d'avant l'octroi à la femme de la qualité d'administrateur de la communauté, qui a eu pour conséquence de modifier la portée de l'article 1426 sur ce point.

[944] D'un retrait pur et simple, puisqu'aucun pouvoir n'est distribué au conjoint. Il n'y a donc pas redistribution.

[945] Ordinaire, car il peut également y avoir représentation en cas de retrait du pouvoir au représenté (c'est une variante du premier cas, qui correspond à l'hypothèse de l'article 1429 du Code civil).

[946] Ainsi que l'article 1427 (réd. L. 22 septembre 1942), repris sur ce point dans l'article 1426 C. civ. par la loi de 1965.

[947] C. civ., art. 217 et 219, réd. L. 22 septembre 1942. La substance de ces dispositions a été conservée par les lois de 1965 et 1985.

[948] J. Carbonnier, *Droit civil, vol. 1*, préc., n° 561, p. 1253.

envisagée (celle où un époux se trouve « hors d'état de manifester sa volonté ») et celle où il met en péril les intérêts de la famille. L'opposition est en réalité purement apparente. Ainsi que le relève un auteur, en effet, « l'aliénation d'un époux (...) peut mettre en péril les intérêts de la famille »[949], en raison du risque de désordre qu'elle fait naître dans la gestion de celle-ci. La seule portée de la distinction faite dans l'article 1429, c'est de protéger de façon plus générale contre de telles atteintes, et pas seulement dans l'hypothèse où un conjoint a besoin d'être protégé.

Un autre argument peut être ajouté. De nombreuses mesures de recomposition consistent en l'octroi au conjoint d'un pouvoir de représentation, c'est-à-dire d'un pouvoir d'engager l'époux empêché lui-même : en conséquence, il est bien protégé contre son inaptitude, mais cela ne le met pas à l'abri des conséquences patrimoniales des actes juridiques ainsi accomplis.

291.– La question posée est donc de savoir comment protéger l'intérêt de la famille dans le cas où l'altération des facultés mentales ou corporelles d'un époux l'empêche d'exercer ses pouvoirs. Le principe d'économie des moyens veut, ici, que l'on fasse prévaloir le droit matrimonial sur le droit tutélaire. Le Code civil dicte d'ailleurs cette solution :

> « *Il n'y a pas lieu d'ouvrir une tutelle qui devrait être dévolue au conjoint si, par l'application du régime matrimonial, et notamment par les règles des articles 217 et 219, 1426 et 1429, il peut être suffisamment pourvu aux intérêts de la personne protégée* »[950].

292.– « Notamment », précise le texte. Outre les règles ainsi citées, qui supposent une intervention judiciaire, d'autres « réserves de pouvoir autonome » sont en effet susceptibles d'être « libérées »[951] pour pallier, notamment le problème considéré, et cela à la seule initiative des parties. Il existe donc deux types de mesures de recomposition des pouvoirs, qui s'ajoutent sans se confondre : la recomposition volontaire, et la recomposition judiciaire.

A. – Recomposition volontaire

293.– Une première solution au problème considéré est que l'époux dont il s'agit, sentant venir son mal, confie ses pouvoirs à son conjoint, ou que celui-ci fasse comme si ce pouvoir lui avait été confié... Cela est dans l'esprit de la loi, qui a laissé grande ouverte la possibilité aux époux, pendant le mariage, d'adapter les règles de pouvoir à leurs besoins. Chaque époux, peut-on dire, a le pouvoir sur le pouvoir : il peut le confier à l'autre par mandat, ou s'ingérer sans mandat dans celui du conjoint.

---

[949] D. Langé, *Le conjoint de l'aliéné*, RTD civ. 1984, 33, n° 33. Même sens : J. Flour et G. Champenois, ouvr. préc., n° 150, qui notent que « l'intérêt personnel d'un époux peut présenter un caractère familial, qui permet de l'identifier à l'intérêt de la famille ».
[950] C. civ., art. 498.
[951] Nous empruntons ces expressions à D. Langé, art. préc., RTD civ. 1984, p. 44, n° 23.

1° Mandat

294.– « Comme elle mêle les patrimoines, la communauté de vie rebrasse les gestions »[952], et d'abord par la technique du mandat. Le mandat est un pouvoir conféré au mandataire d'accomplir un acte juridique au nom et pour le compte du mandant, de le représenter. Entre époux, il ne présente pas d'intérêt pour les actes relevant d'un pouvoir concurrent[953], puisque le conjoint est alors lui-même investi d'un pouvoir propre pour agir. En revanche, il constitue un important élément de souplesse dans le fonctionnement du régime pour tous les actes qui relèvent du pouvoir conjoint des deux époux[954], ou du pouvoir exclusif[955] du mandant.

En ce qui concerne les biens propres ou personnels à un époux la possibilité d'un mandat va de soi, et elle se trouve d'ailleurs consacrée par des dispositions spéciales destinées à en faciliter la mise en œuvre[956] : il n'est pas exigé que le mandat soit exprès, et l'époux mandataire est dispensé de rendre compte des fruits si cela n'est pas prévu expressément.

Le possibilité d'un mandat entre époux est consacrée de façon plus générale par l'article 218 du Code civil : : « *Un époux peut donner mandat à l'autre de le représenter dans l'exercice des pouvoirs que le régime matrimonial lui attribue* (...) »[957]. Ainsi que l'a relevé un auteur, cette règle :

> « *a le mérite de préciser que ces pouvoirs sont susceptibles de délégation aussi bien que ceux d'un propriétaire sur sa chose, ce qui n'est peut-être pas évident* »[958].

La seule limite au mandat entre époux est qu'il doit être librement révocable[959] : donner mandat, en effet, c'est modifier le régime matrimonial en tant que système de pouvoir ; la révocabilité assure donc le respect de la règle de l'immutabilité du régime.

295.– Les articles considérés autorisent uniquement le mandat entre époux. Est-ce à dire, *a contrario*, qu'ils interdisent de donner mandat à un tiers ? Rien n'est moins sûr. Pourquoi priver, d'ailleurs, un époux de la commodité de se faire représenter par un notaire pour la conclusion d'un acte authentique, ou par un ami pour effectuer les achats ménagers ?

---

[952] G. Cornu, ouvr. préc. n° 118, p. 613.
[953] C. civ., art. 220, 1421 al. 1er. Rappr. art. 221 et 222.
[954] C. civ., art. 215 al. 3, et 1422 à 1425.
[955] C. civ., art. 223, 1421 al. 2, 1428, 1536, 1569.
[956] C. civ., art. 1431 et 1539.
[957] C. civ., art. 218.
[958] P. Raynaud, *L'habilitation judiciaire des époux depuis la loi du 22 septembre 1942*, RTD civ. 1946, 1, n° 22 p. 9.
[959] C. civ., art. 218.

2° Ingérence

296.– Loin de faire de chaque masse de biens une forteresse inviolable, la loi regarde avec faveur l'immixtion d'un époux dans la sphère d'activité de l'autre, car elle fait suite le plus souvent à un accord non exprimé du conjoint passif et elle constitue un moyen non contentieux d'un transfert provisoire de pouvoirs[960]. Cette faveur est manifestée par la disposition très générale de l'article 219, qui dispose in fine qu' « *À défaut de pouvoir légal, de mandat, d'habilitation par justice, les actes faits par un époux en représentation de l'autre ont effet, à l'égard de celui-ci, suivant les règles de la gestion d'affaires* ».

En ce qui concerne les biens propres ou personnels de l'autre époux, la même faveur est consacrée par une présomption de mandat tacite qui couvre les actes d'administration et de jouissance accomplis au su du conjoint et sans son opposition, et dispense le « mandataire » de rendre compte des fruits consommés[961]. Ceux accomplis au mépris d'une opposition du conjoint sont traités avec sévérité[962]. Rien n'est dit sur ceux accomplis sans son opposition mais à son insu ; il semble que l'on retombe alors dans l'hypothèse de l'article 219 du Code civil.

297.– Lorsque les facultés mentales du conjoint sont altérées, ce qui est le cas considéré, il est difficile d'interpréter le défaut d'opposition de sa part comme étant l'expression du libre choix d'une volonté tacite. Seules peuvent être utilisées les sources complémentaires de pouvoir qui ne reposent pas sur une présomption de la volonté de l'époux remplacé[963] ; sinon, il est préférable de recourir à l'intervention du juge[964].

B. – Recomposition judiciaire

298.– Aux termes de l'article 219, alinéa 1er du Code civil :

> « *Si l'un des époux se trouve hors d'état de manifester sa volonté, l'autre peut se faire habiliter par justice à le représenter, d'une manière générale ou pour certains actes particuliers, dans l'exercice des pouvoirs résultant du régime matrimonial, les conditions et les limites de cette représentation étant fixées par le juge.* »

Un pouvoir très étendu est donc donné au juge pour fixer les modalités de la représentation de l'époux empêché par son conjoint. Cette disposition présente un intérêt particulier pour notre propos, en raison de la discussion à laquelle a donné

---

[960] J. David, *Observations sur l'ingérence maritale en régime légal*, RTD civ. 1974, p. 1 s. (*passim*).
[961] C. civ., art. 1432 et 1540, al. 2.
[962] C. civ., art. 1432 et 1540, al. 3.
[963] Présomption de pouvoir (C. civ., art. 222), gestion d'affaire (C. civ., art. 219), théorie du mandat apparent.
[964] D. Langé, art. préc., n° 25, p. 45.

lieu la notion de « pouvoirs résultant du régime matrimonial »[965]. On s'est demandé, en effet, s'il fallait entendre par là les seuls pouvoirs de régime (les pouvoirs-fonctions), ou de façon plus large ceux que chacun des époux tire de son droit privatif de propriété sur ses biens propres ou personnels. L'interprétation large paraît peu conforme avec la lettre du texte ; il n'est pas rigoureux, en effet, de considérer que le pouvoir que chaque époux séparé de biens exerce sur les biens qui sont sa propriété privative « résultent » du régime matrimonial. Elle s'impose cependant pour des raisons d'intérêt pratique, car pourquoi interdire à un époux de faire des actes d'administration[966] sur un immeuble propre ou personnel à son conjoint ? Aussi est-ce cette interprétation qui a été retenue[967].

Un des intérêts de la question était de s'interroger sur la notion de pouvoir, mais cet aspect est demeuré à l'écart de la discussion. Cet intérêt, il est vrai, est limité. Le sens attaché à l'article 219 du Code civil aboutit à parler de pouvoir pour désigner le droit subjectif du propriétaire. Nous avons vu, cependant, que c'est là une pratique plus générale dans les textes sur les effets du mariage et les régimes matrimoniaux. Il ne faut donc pas y attacher une portée particulière : le terme « pouvoir » désigne, dans l'hypothèse particulière considérée, une prérogative découlant du droit de propriété et non pas nécessairement une prérogative finalisée.

299.– D'autres mesures de recomposition judiciaire des pouvoirs des époux sont susceptibles d'être prises. Afin d'éviter les redites, nous allons les examiner en même temps que la recomposition-prévention, car les mécanismes sont communs.

§ 2. – RECOMPOSITION-PRÉVENTION

300.– Certaines situations sont susceptibles de déclencher une réaction judiciaire ayant pour objet de limiter, dans l'avenir, les pouvoirs d'un époux dont le comportement met en péril les intérêts de la famille. Outre celle de l'époux hors d'état de manifester sa volonté[968], il s'agit de celles dans laquelle le comportement d'un époux n'est pas justifié par l'intérêt de la famille[969] ou met les intérêts de celle-ci en péril[970]. Dans tous les cas, on retrouve l'idée qui est à la base de la notion de pouvoir, c'est-à-dire celle du contrôle du respect de la finalité à laquelle il est affecté[971]. Ce contrôle n'est pas exempt de l'idée de sanction, mais il est principalement destiné à prévenir une atteinte prévisible à l'intérêt de la famille.

Les conditions auxquelles il est subordonné sont inégalement rigoureuses, ce qui permet de vérifier qu'il n'y pas une frontière nette séparant les pouvoirs d'un côté,

---

[965] Très précisément, la discussion s'était développée à propos de la formule employée dans l'article 218 (« pouvoirs que le contrat de mariage lui attribue »), auquel renvoyait le texte de l'article 219 dans sa rédaction de 1942.
[966] Il n'a nul besoin de pouvoir de représentation pour accomplir les actes conservatoires.
[967] P. Raynaud, art. préc., RTD civ. 1946, p. 8, n° 19 s.
[968] Que l'on retrouve dans tous les textes, à l'exception de l'article 220-1 C. civ.
[969] C. civ., art. 217.
[970] C. civ., art. 220-1, 1429.
[971] V. *supra*, n° 177.

les droits subjectifs de l'autre, mais des prérogatives plus ou moins finalisées faisant l'objet de contrôles plus ou moins étendus.

Par ordre décroissant d'intensité de contrôle, il convient d'examiner en premier lieu celui qui s'exerce sur les biens communs, en second lieu celui qui s'exerce sur les biens propres, et en dernier lieu celui qui est susceptible de s'exercer sur tous les biens, y compris ceux personnels à un époux séparé de biens.

A. – Biens communs

301.– Le siège de la matière est ici l'article 1426 du Code civil. Ce texte prévoit le dessaisissement d'un époux de ses pouvoirs lorsque « *sa gestion de la communauté atteste l'inaptitude ou la fraude* »[972]. L'atteinte aux intérêts de la famille n'est pas visée expressément, mais elle l'est en substance. L'« inaptitude » met cet intérêt en danger, en effet, puisque, par hypothèse, l'époux dont il s'agit n'est pas apte à remplir la fonction dont il est chargé, n'a pas la compétence technique pour le faire. Elle n'implique pas nécessairement un comportement fautif[973] : l'idée n'est pas tant de sanctionner que de prévenir. Quant à la « fraude », elle consiste en la « malveillance, l'intention de frustrer son conjoint de ses droits dans la communauté »[974].

Il est notable que les conditions ainsi définies sont relativement larges, lâches. On est ici en présence du contrôle caractéristique du pur pouvoir-fonction : s'il apparaît que le titulaire est mal choisi, la fonction lui est retirée. C'est que la prérogative dont chaque époux est investi sur les biens communs doit respecter une forte affectation familiale, ce qui justifie une limite stricte à la prérogative et un contrôle relativement étroit à son exercice.

302.– Les effets attachés à l'application de l'article 1426 dépendent de la nature du pouvoir. Celui-ci est toujours entièrement retiré à l'époux inapte ou coupable de fraude. Il n'est pas pour autant confié systématiquement à son conjoint. Ce serait inutile s'il s'agit d'un pouvoir concurrent. S'il s'agit d'un pouvoir de cogestion, le consentement du conjoint est remplacé par une autorisation de justice[975]. S'il s'agit d'un pouvoir exclusif, il peut être confié au conjoint si celui-ci est apte à l'assumer[976].

303.– L'article 1426 du Code civil est-il applicable à l'égard des gains et salaires ? La question est embarrassante car ses dispositions ont été conçues manifestement dans la seule perspective des pouvoirs conférés aux époux par les articles 1421 et suivants[977], or ce sont d'autres règles de pouvoir qui s'appliquent aux gains et

---

[972] Le dessaisissement (transfert et/ou retrait de pouvoir) peut également frapper l'époux qui « se trouve d'une manière durable hors d'état de manifester sa volonté » (C. civ., art. 1426).

[973] F. Terré et Ph. Simler, ouvr. préc., n° 504.

[974] J. Flour et G. Champenois, ouvr. préc., p. 379, n° 384.

[975] Dont la demande est formée par requête au tribunal d'instance, tout comme pour l'application de l'article 217 C. civ. (NCPC, art. 1286).

[976] G. Cornu, ouvr. préc., n° 68, p. 366.

[977] Dans la rédaction de *1965*, il s'agissait pour la femme de remplacer le mari dans son pouvoir d'administrer seul la communauté (art. 1421), et pour le mari de remplacer la femme dans son pouvoir d'administrer les biens réservés (art. 1425). Dans les deux cas, la fraude sanctionnée était celle prévue par

salaires[978]. Cependant la rédaction de l'article 1426 ne comporte aucune exclusive et, les gains et salaires étant des biens communs, il ne serait pas justifié d'écarter l'application à leur égard de l'article 1426[979] ; sans doute s'agit-il d'un pouvoir d'ordre public[980], mais l'ordre public est une limite à la liberté contractuelle, il ne fait évidemment pas obstacle à la mise en œuvre d'un contrôle judiciaire.

Cette dernière solution se recommande d'autant plus que l'on ne saurait traiter les gains et salaires, quant aux pouvoirs, comme étant des propres. On peut être porté penser le contraire, en application de l'idée que tout ce qui n'est pas commun est propre. Cette idée se révèle cependant inappropriée. En lui-même, le pouvoir n'est pas en effet un bien, et il échappe donc à cette distinction. Il faut considérer le bien sur lequel porte le pouvoir ; il s'agit d'un bien commun : comment appliquer à un pouvoir sur un bien commun des dispositions conçues pour protéger les biens propres ? Il n'est donc pas possible de soumettre le pouvoir sur les gains et salaires à l'article 1429 du Code civil.

B. – BIENS PROPRES

304.– Un contrôle de l'exercice des prérogatives de chaque époux sur ses biens propres est organisé par l'article 1429 du Code civil, aux termes duquel si un époux[981] :

> « *met en péril les intérêts de la famille, soit en laissant dépérir ses propres, soit en dissipant ou en détournant les revenus qu'il en retire, il peut, à la demande de son conjoint, être dessaisi des droits de jouissance et d'administration qui lui sont reconnus par l'article précédent (...) À compter de la demande, l'époux dessaisi ne peut disposer seul que de la nue propriété de ses droits* ».

305.– Nous avons déjà souligné à diverses reprises l'importance théorique et pratique de cette disposition. Il convient d'en préciser la portée en comparant ses solutions à celles de l'article 1426. On peut le faire à trois points de vue.

On remarque, en premier lieu, que les deux articles diffèrent quant à l'ampleur du dessaisissement qu'ils opèrent : alors qu'en application de l'article 1426 l'époux perd l'ensemble de ses pouvoirs sur les biens communs, il n'est dessaisi ici sur ses propres que des droits d'administration et de jouissance ; il garde celui de disposer

---

l'article 1421 al. 2. Dans la rédaction de *1942*, le phénomène est plus net encore : dans le cas où le mari était hors d'état de manifester sa volonté, la femme pouvait être habilitée à le représenter « dans l'exercice des pouvoirs qu'il tient des articles 1421 et 1428 » (C. civ., art. 1427, réd. L. 22 septembre 1942).

[978] Les règles du pouvoir sans partage des biens propres : v. *supra*, n° 213. Il doit cependant être noté que les gains et salaires ne sont à aucun égard des biens propres. Et que les anciens « biens réservés » à l'administration de la femme (avec lesquels on les compare : v. *supra*, n° 222) relevaient déjà de l'article 1426 (red. L. 13 juillet 1965).

[979] Même sens : J. Patarin et G. Morin, ouvr. préc., n° 103. – A. Colomer, ouvr. préc., n° 512. – J. Flour et G. Champenois, ouvr. préc., n° 386.

[980] C. civ., art. 226. Rappr. *supra*, note 529.

[981] « qui se trouve d'une manière durable hors d'état de manifester sa volonté », précise d'abord l'article 1429, tout comme l'article 1426.

de la nue-propriété de ses droits. Cette différence s'explique si l'on observe que le pouvoir sur le bien commun est une prérogative en soi, spécialement conférée sur la chose, et qui peut donc être retirée ; cela n'est pas le cas de la prérogative qui s'exerce sur le bien propre : elle est un attribut du droit lui-même, et on ne peut tout retirer à son titulaire sous peine de l'exproprier.

On remarque, en second lieu, qu'il n'y a pas stricte équivalence entre ce qui est retiré à l'un et ce qui est conféré à l'autre[982] – alors que dans l'article 1426, le conjoint habilité a « les mêmes pouvoirs qu'aurait eus l'époux qu'il remplace». L'époux est dessaisi des droits d'administration et de jouissance. Avec la jouissance, il perd donc la propriété des fruits, si difficile à concilier avec l'idée d'« usufruit » de la communauté[983] ; c'est en ce sens qu'un auteur a pu écrire que « l'article 1429 rend l'époux substitué nu-propriétaire en lui imposant une manière d'usufruit forcé »[984]. Mais le conjoint, en ce qui le concerne, ne reçoit nullement cet usufruit. Le texte indique seulement qu'il se voit conférer le pouvoir « d'administrer les propres »[985], ainsi que celui de « percevoir les fruits ». Il ne s'approprie donc pas ces derniers, et il n'a pas davantage le pouvoir de les administrer librement : le texte lui impose en effet de les appliquer « *aux charges du mariage* »[986], et d'employer l'excédent « *au profit de la communauté* ». Sa situation est un peu, sur ce plan, celle d'un mandataire[987] tenu d'un mandat impératif.

On remarque, en dernier lieu, que le contrôle du pouvoir est moins étendu sur les biens propres que sur les biens communs. Les auteurs, sans doute, relèvent que le recours à l'article 1426 suppose une certaine gravité, et que les deux articles ont vocation à être invoqués simultanément[988]. Il n'en reste pas moins que les termes choisis par le législateur dénotent une plus grande exigence à l'égard des propres : le fait que la gestion atteste l'inaptitude ou la fraude (article 1426) est une chose, mettre « en péril les intérêts de la famille » (article 1429) en est une autre, qui paraît plus grave. Si cette idée est juste, cela signifie que le contrôle est moins sévère, donc que la liberté de mouvement de l'époux concerné est plus grande, que l'affectation familiale de ces biens est moins forte, ce qui est logique, s'agissant de biens propres.

Il est d'ailleurs frappant, à cet égard, de constater que les trois seules dispositions où il est expressément question d'« intérêt de la famille » concernent ou peuvent concerner les biens propres : il s'agit des articles 1429, 217 et 220-1. Elles peuvent concerner en réalité tous les biens, y compris les biens personnels.

---

[982] C'est-à-dire au conjoint, « *à moins que la nomination d'un administrateur judiciaire n'apparaisse nécessaire* » (C. civ., art. 1429, art. 1).
[983] V. *supra*, n° 259.
[984] F. Zénati, th. préc., n° 101, p. 147.
[985] En qualité de mandataire, semble-t-il ; l'idée d'un pouvoir propre est cependant défendue (Colomer, ouvr. préc., n° 560).
[986] L'article 214 faisait peser le même devoir sur l'époux dessaisi.
[987] V. cependant *supra*, note 631.
[988] F. Terré et Ph. Simler, ouvr. préc., n° 540.

C. – Tous les biens

306.– Deux dispositions très différentes dans leur portée doivent être examinées ici : les articles 217 et 220-1 du Code civil.

1° Autorisation judiciaire de l'article 217 du Code civil

307.– L'article 217 est un remède aux situations d'impasse générées par la cogestion. Le conjoint se refuse à apporter son concours ou son consentement à un acte juridique soumis à l'accord des deux époux : l'époux qui veut passer cet acte « *peut être autorisé par justice à (le) passer seul* » si le refus « *n'est pas justifié par l'intérêt de la famille* »[989]. Il s'agit donc plus d'un remède, en réalité, que d'une mesure de sauvegarde.

Le domaine de la cogestion est, pour l'essentiel, celui des biens communs en application des articles 1422, 1424 et 1425 du Code civil. La doctrine souligne d'ailleurs très justement qu' « il ne peut être recouru à l'article 217 dès lors que l'acte envisagé porte sur les biens propres du conjoint »[990]. Cependant, l'hypothèse particulière de cogestion du logement familial et des meubles meublants dont il est garni conduit à donner le domaine le plus large au mécanisme d'autorisation judiciaire examiné[991]. Il peut en effet arriver que l'immeuble soumis à cogestion soit propre à l'un des époux, ou qu'il lui soit personnel en régime de séparation. Cet époux n'en doit pas moins solliciter l'autorisation du tribunal de grande instance[992] pour pouvoir accomplir l'acte de disposition. Il s'agit là du cas, d'autant plus exemplaire que c'est le seul[993], où l'affectation du bien à l'usage de la famille conduit à substituer le régime du pouvoir à celui du droit subjectif, à dénier le pouvoir d'aliéner seul son propre bien, ce qui explique le pouvoir de contrôle conféré au conjoint, et la nécessité de l'autorisation par justice lorsque ce pouvoir est mal exercé.

Ce qui est exclu, c'est que l'article 217 puisse être utilisé pour permettre à un époux d'obtenir du juge le droit de passer seul un acte relatif à un bien propre ou personnel du conjoint. Sans doute cet époux dispose-t-il d'un germe de pouvoir, mais il ne s'agit que d'un pouvoir d'empêcher. Certains auteurs ont entr'ouvert la possibilité d'une approche différente de la question : « dans les articles 215 alinéa 3 et 217 », fait-on valoir, « les considérations de *propriété* passent au second plan. Le *pouvoir* dont dispose le conjoint du propriétaire en raison de l'affectation du local à l'habitation de la famille appelle peut-être une solution particulière »[994]. Il s'agit

---

[989] C. civ., art. 217. Ici également, le texte prévoit son application dans le cas où le conjoint « est hors d'état de manifester sa volonté ».

[990] F. Terré et Ph. Simler, ouvr. préc., n° 136.

[991] À ce domaine permanent, il faut ajouter celui de la cogestion imposée par le juge en application de l'article 220-1 du Code civil (v. *infra*, n° 308), car elle peut s'exercer sur des biens propres ou personnels.

[992] NCPC, art. 1286, préc.

[993] S'entend : en dehors de toute limitation judiciaire de pouvoir (sur l'art. 220-1, v. *infra*, n° 332).

[994] F. Lucet, et B. Vareille, obs. RTD civ. 1992, p. 630, n° 1.

cependant là d'une avancée que l'on peut qualifier d'exploratoire, unanimement rejetée en doctrine et sans application connue en jurisprudence.

L'article 217 n'a donc ni pour objet, ni pour effet de porter atteinte aux prérogatives d'un époux sur les biens qui sont sa propriété exclusive. Toute autre est la portée de l'article 220-1.

2° Mesure de sauvegarde de l'article 220-1 du Code civil

308.– L'article 220-1 a vocation à limiter les pouvoirs sur tous les biens, communs, propres et mêmes *personnels* à un époux séparé de biens. Il dispose en effet :

> « *Si l'un des époux manque gravement à ses devoirs et met ainsi en péril les intérêts de la famille, le juge aux affaires familiales peut prescrire toutes les mesures urgentes que requièrent ces intérêts.*
> *Il peut notamment interdire à cet époux de faire sans le consentement de l'autre des actes de disposition sur ses propres biens ou sur ceux de la communauté, meubles ou immeubles (...)* ».

309.– L'article 220-1 est une mesure sans équivalent. Il institue en effet un contrôle judiciaire sur le comportement de chaque époux, lequel peut se traduire par une limitation apportée à son pouvoir de disposition sur les biens, communs ou personnels. Dans cette mesure, on peut dire qu'il institue une certaine affectation familiale des biens personnels des époux mariés en régime séparatiste.

Cette proposition doit cependant être tempérée, pour plusieurs raisons.

310.– En premier lieu, il est notable que l'atteinte aux intérêts de la famille ne tient pas forcément, ici, aux conditions de gestion des biens dont il s'agit. Il en va différemment tant dans l'article 1426 (où c'est la « gestion de la communauté » qui doit attester l'inaptitude ou la fraude ») que dans l'article 1429 (où l'époux laisse « dépérir ses propres », ou dissipe ou détourne les « revenus » qu'il en retire). Pour l'application de l'article 220-1, il n'est pas exclu de sanctionner le manquement aux devoirs moraux (de fidélité, de cohabitation), ou à d'autres devoirs patrimoniaux (défaut de contribution aux charges du mariage, dépenses excessives, mauvaise gestion des biens communs...)[995]. La portée de la différence n'est pas négligeable. Elle est la suivante : les biens communs et propres sont affectés de plein droit aux intérêts de la famille ; les biens personnels ne le sont pas, ils ne le deviennent que dans la mesure des limitations de pouvoir imposées au titre des mesures prises en application de l'article 220-1[996].

---

[995] J. Flour et G. Champenois, ouvr. préc., p. 136, n° 150.

[996] Il faut réserver néanmoins l'hypothèse où la dilapidation de son patrimoine personnel par un époux entraînerait l'application de l'article 220-1. Dans cette mesure – c'est un cas extrême –, on peut considérer que l'affectation précède l'intervention du juge, et non qu'elle en est une conséquence.

Il est donc sans grand intérêt de relever que le seuil d'intervention du juge est plus élevé, ici, qu'en application de l'article 1429 : le manquement doit être « grave », et mettre les intérêts de la famille en « péril ».

311.– En revanche il faut noter, en second lieu, que les mesures que le juge est amené à prendre sont subordonnées à une condition (elles doivent être justifiées par l'urgence), doivent être inspirées par un objectif précis (la protection des intérêts de la famille), et sont enfermées dans une limite de temps (leur durée doit être déterminée, et ne peut dépasser trois ans)[997]. Il s'agit de mesures graves, en effet, puisqu'elles consistent à subordonner au consentement du conjoint tous les actes de disposition de l'époux qui en est frappé, sur tous les biens, meubles ou immeubles. Cela ne change rien, sans doute, pour ce qui est de la gestion des biens communs relevant déjà d'un régime de cogestion[998].

Le changement est profond, en revanche, pour les gains et salaires et revenus des propres, qui peuvent ainsi se trouver soumis à un régime de cogestion auquel ils échappent en tant que tels, en dépit de leur caractère commun[999]. Le changement est profond, également, en ce qui concerne les biens propres, puisque l'époux concerné perd à leur égard son pouvoir de libre disposition[1000]. Il l'est davantage, encore, à l'égard des biens personnels en régime séparatiste, car l'affectation familiale ainsi réalisée a pour effet de faire relever la prérogative du propriétaire du régime du pouvoir, et non de celui du droit subjectif.

312.– Il serait excessif d'en conclure qu'une affectation familiale des biens existe sous tous les régimes. Elle existe en régime de communauté pour ce qui concerne les biens communs, et pour les biens propres dans une moindre mesure. En ce qui concerne les biens personnels en régime de séparation, cette affectation n'est qu'accidentelle, temporaire, et elle résulte d'une intervention judiciaire qui est souvent, en pratique, l'antichambre du divorce. Il n'en demeure pas moins que l'on retrouve cette idée qu'en matière de régimes matrimoniaux il n'y a pas de frontière absolument étanche entre le régime des pouvoirs et celui des droits subjectifs, mais des prérogatives plus ou moins finalisées soumises à des limites et des contrôles variables. Cela est de nature à tempérer le constat que « l'article 1429 du Code civil n'a pas son équivalent dans le régime de séparation »[1001].

Et dès lors qu'une limite est posée au pouvoir de libre disposition, sa violation a vocation à être sanctionnée.

---

[997] C. civ., art. 220-1, al. 3.

[998] C. civ., art. 1422, 1424 et 1425.

[999] V. *supra*, n° 251.

[1000] Il est notable que l'article 1429 C. civ. le lui laisse, en limitant son objet à la nue-propriété.

[1001] J. Flour et G. Champenois, ouvr. préc., p. 703, n° 747.

SECTION II

SANCTION DES VIOLATIONS DES RÈGLES DE POUVOIR DANS LE PASSÉ

313.– Les mesures envisagées jusqu'ici ont un caractère uniquement préventif, et non sanctionnateur. Elles consistent en interdictions d'agir pour l'avenir, ou d'agir librement, elles ne permettent pas de critiquer la gestion passée, de sanctionner la violation des règles de pouvoir.

C'est cette sanction qu'il convient d'examiner maintenant. Elle fait apparaître une importante différence entre le pouvoir et la propriété, ou plus exactement entre le pouvoir-fonction et le pouvoir-attribut (celui qui a pour support un droit exclusif de propriété), car la sanction des règles de pouvoir n'est pas la même dans les deux cas. Il convient donc de les examiner séparément.

§ 1. – SANCTION DES VIOLATIONS DES RÈGLES DE POUVOIR-FONCTION

314.– La sanction de la violation d'une règle de pouvoir-fonction est double : elle atteint en effet l'acte, qu'elle prive d'efficacité, mais aussi l'époux auteur de la violation, qui engage sa responsabilité.

A. – Inefficacité de l'acte

315.– Le législateur a opéré une certaine répartition des pouvoirs entre les époux, qui doivent les exercer dans un intérêt au moins partiellement distinct du leur. De cette idée découlent deux causes de sanction que peuvent subir les actes : le dépassement de pouvoir et la fraude ; l'intérêt n'est pas ici de décomposer leur mécanisme mais de montrer, à travers leur observation, l'omniprésence de l'intérêt de la famille et les dérogations au droit commun qu'il justifie.

1° Dépassement de pouvoir

316.– Lorsqu'un époux conclut un acte juridique sans pouvoir, un conflit apparaît entre l'intérêt du conjoint, qui peut être de faire annuler l'acte, et celui de l'autre partie, qui l'a conclu pour en tirer profit. Entre ces deux intérêts, l'article 1427 arbitre avec une grande netteté en disposant :

> « *Si l'un des époux a outrepassé ses pouvoirs sur les biens communs, l'autre, à moins qu'il n'ait ratifié l'acte, peut en demander l'annulation.* »

Cette solution[1002] ne vaut[1003] que pour les biens qui n'entrent pas dans le champ d'application de la présomption de pouvoir de l'article 222 du Code civil,

---

[1002] Nous avons noté que le régime de la nullité de l'article 1427 a été curieusement couplé, pendant un temps, avec l'application de l'article 1415 : v. *supra*, note 731.

car celle-ci rend la situation du tiers inattaquable s'il est de bonne foi ; il s'agit donc de transactions qui sortent le plus souvent de l'ordinaire, et laissent au tiers la possibilité de s'informer.

317.– Comment expliquer que le conjoint, qui est un tiers au contrat, puisse en demander l'annulation ? Un tiers à un acte juridique, en effet, est protégé par le principe de l'effet relatif, et il n'a donc pas besoin de demander la nullité pour être protégé. On sait cependant que l'époux commun en biens, s'il reste bien tiers aux contrats conclu par son conjoint, n'en subit pas moins leurs conséquences patrimoniales[1004] : au-delà d'un désordre provoqué par un contrat inopportun, il peut devoir supporter sur les biens communs les conséquences d'initiatives ruineuses. C'est cela qui explique la singularité relevée : la nullité de l'article 1427 est destinée à le protéger[1005].

La sanction de la nullité est sévère en ce qui concerne le tiers, car il ne peut pas se prévaloir de sa bonne foi[1006]. Elle l'est d'autant plus que la jurisprudence, toujours pour protéger les deniers communs, considère qu'il ne peut pas non plus demander réparation à l'époux cocontractant de la faute délictuelle que constitue le dépassement de pouvoir[1007].

En contrepartie, le conjoint est privé du droit d'agir s'il a ratifié[1008]. Et le délai pour agir en nullité n'est que de deux ans[1009] : l'intérêt de la famille, en effet, exige une certaine stabilité et est incompatible avec un risque trop long d'annulation d'un acte, qui risquerait de remettre en cause un équilibre implicitement rétabli avec le temps ; puis, on peut également analyser l'écoulement du délai de deux ans comme une confirmation tacite[1010]. Par ailleurs, le point de départ de la prescription est reporté jusqu'à la connaissance effective de l'acte litigieux par le conjoint, ce qui est de nature à faire échouer toute manœuvre de l'époux qui n'aurait pas respecté la loi, mais l'action ne peut jamais être intentée plus de deux ans après la dissolution de la communauté.

[1003] Il a été relevé que l'article 1427 est sans application aux gains et salaires, en dehors du cas de non-acquittement des charges du mariage (v. *supra*, n° 303).

[1004] V. *supra*, note 713.

[1005] Et à le protéger lui seul (Civ. 3e, 8 janvier 1992 : Bull. civ. III n° 8 ; D. 1993, somm. p. 220 obs. Lucet ; JCP G 1992, IV, 723) : l'arrêt refuse à l'acquéreur le droit de se prévaloir de la nullité.

[1006] La nullité n'est pas subordonnée à la mauvaise foi du tiers cocontractant : Cass. Civ.1re, 6 février 1979 : Bull. civ. I, n° 43, Defrénois 1980, art. 32363, p. 958, obs Champenois.

[1007] Cass. Civ. 1re, 24 mars 1981 : JCP 1982, II, 19746, note Le Guidec, Defrénois 1982, art. 32972, p. 1652, obs. Champenois, RTD civ., 1981 p. 854, obs. Durry. – Cass. Civ. 1re, 11 janvier 1983 : Bull. civ. I, n°14, Defrénois 1983, art. 33158, p. 1347, obs. Champenois.

[1008] La ratification peut en effet être tacite et résulter de tout acte qui implique la volonté de son auteur de confirmer l'opération. En ce sens, Cass. civ. 1re, 17 mars 1987 : JCP N 1988, II, 26 (1re esp.) note Simler.

[1009] Il n'est que d'un an en ce qui concerne la violation de l'obligation de cogestion du logement de la famille (v. *infra*, n° 330).

[1010] J. Flour et G. Champenois, ouvr. préc., n° 380, p. 377 ; le conjoint peut toutefois invoquer hors délai la nullité comme moyen de défense contre la demande d'exécution de l'acte irrégulièrement passé (Cass. Civ. 1re, 23 janvier 1996 : D. 1996 IR p. 47).

318.– Les intérêts de la famille, qui appellent la nullité lorsqu'ils ont été malmenés par une mauvaise utilisation des règles de pouvoir, constituent une barrière d'autant plus haute que le régime ainsi décrit est d'application large. « Outrepasser » son pouvoir implique en effet l'existence de celui-ci. Correspondent à ce cas plusieurs hypothèses. Le dépassement, tout d'abord, des pouvoirs réglant les actes soumis à cogestion, comme la donation[1011], l'aliénation ou la constitution de droits réels sur certains biens[1012], ou la conclusion de baux ruraux ou commerciaux[1013]. Mais un époux peut également dépasser un pouvoir qu'il tient d'un mandat conventionnel ou judiciaire[1014], ou d'une autorisation de justice[1015]. Enfin, encourent la nullité de l'article 1427 les actes conclus au mépris d'un retrait ou d'un transfert judiciaire de pouvoir. L'extension de la notion d'outrepassement consiste à sanctionner par la nullité des actes accomplis non seulement au-delà de ses pouvoirs mais également *sans* pouvoir[1016]. C'est le cas de l'époux qui conclu un acte relevant du domaine réservé du conjoint, c'est-à-dire aujourd'hui[1017] un acte d'administration ou de disposition nécessaire à l'exercice de sa profession[1018].

Du dépassement de pouvoir, il faut rapprocher mais distinguer la fraude.

2° *Fraude*

319.– La fraude n'est pas un dépassement mais un détournement de pouvoir. Elle consiste à utiliser celui-ci dans un but étranger à sa fonction, comme nuire au conjoint, ou satisfaire des fins personnelles et étrangères à l'intérêt commun.

C'est une solution traditionnelle que la fraude fait échec au pouvoir. On la trouvait déjà dans la Coutume de Paris[1019]. Elle figure aujourd'hui dans l'article 1421 du Code civil : « *Les actes accomplis sans fraude par un conjoint sont opposables à l'autre* »[1020].

La question de la nature de la sanction de l'acte frauduleux a donné lieu à des réponses diverses. L'acte est-il nul ? Ou simplement inopposable ? (ce qui nous paraît mieux approprié puisque l'inopposabilité est la sanction du défaut de pouvoir).

[1011] C. civ., art. 1422.
[1012] C. civ., art. 1424.
[1013] C. civ., art. 1425.
[1014] C. civ., art. 219.
[1015] C. civ., art. 217 ou 1426.
[1016] F. Terré et Ph. Simler, ouvr. préc., n° 514 ; J. Flour et G. Champenois, ouvr. préc., n° 376 ; Ponsard, sur Aubry et Rau, ouvr. préc., § 509, n° 219.
[1017] Avant la loi du 23 décembre 1985, les possibilités d'ingérence dans la sphère relevant du pouvoir exclusif du conjoint étaient plus nombreuses : elles concernaient tous actes ordinaires de gestion accomplis sans pouvoir par la femme sur des biens communs ordinaires ou par le mari sur les biens réservés.
[1018] C. civ., art. 1421 al. 2.
[1019] Article 225 : « Le mari est seigneur des meubles et conquêts immeubles par lui faits durant et constant le mariage de lui et de sa femme. Et telle manière, qu'il peut les vendre, aliéner et hypothéquer et en faire et en disposer par donation ou autre disposition faite entre vifs à son plaisir ou volonté, sans le consentement de la dite femme, à personne capable et sans fraude » (reproduit de Ph. Malaurie et L. Aynès, ouvr. préc., n° 410, note 4).
[1020] La fraude fait également échec au pouvoir concurrent d'engager les biens communs (« à moins qu'il n'y ait eu fraude de l'époux débiteur et mauvaise foi du créancier ») : C. civ., art. 1413.

Les auteurs qui optent pour l'inopposabilité[1021] fondent leur analyse sur l'interprétation du texte de l'article 1421 *a contrario*[1022]. D'autres cependant, sont favorables à l'application par analogie de l'article 1427 C. civ., dont la formule peut viser selon eux en plus de l'outrepassement objectif (conclusion d'un acte pour lequel un époux n'avait pas les pouvoirs suffisants), l'outrepassement subjectif (la fraude). Par ailleurs, un parallèle avec l'article 262-2 C. civ., qui prévoit qu'en instance de divorce, toute aliénation par un époux de biens communs est nulle s'il est prouvé qu'il y a eu fraude aux droits de l'autre, tend à suggérer la nullité de l'acte comme sanction de l'acte frauduleux conclu hors d'une instance de divorce. La jurisprudence retient la sanction de la nullité[1023].

La réserve de la fraude témoigne de l'existence d'une fonction : elle s'explique par le fait que chaque époux n'est pas titulaire d'un pouvoir arbitraire mais investi d'une fonction qui lui est attribuée dans l'intérêt de la famille. Cela explique, également, la possibilité d'engager sa responsabilité civile.

B. – Responsabilité civile de l'époux

320.– La tradition historique faisait du mari un administrateur irresponsable : « seigneur et maître » de la communauté, il était investi d'un privilège, et non chargé d'une fonction. La loi de 1965 a renversé le principe. Aujourd'hui, chacun des époux doit exercer ses pouvoirs avec une certaine diligence, sous peine de « *répondre des fautes qu'il aurait commises dans sa gestion* »[1024]. Il y a là une autre limitation aux pouvoirs des époux.

321.–Tout acte peut engager la responsabilité d'un époux, qu'il s'agisse d'un acte juridique, matériel, voire d'une abstention. Constituent une faute, par exemple, une aliénation injustifiée de valeurs mobilières, la dégradation ou le défaut d'entretien des immeubles. L'acte peut être irrégulier et encourir l'annulation, ou simplement inopportun dans les faits, bien que permis par les pouvoirs de l'époux en droit.

Ce sont donc bien les intérêts de la famille qui exigent une gestion diligente de la part des deux époux, et qui constituent une limite à respecter dans le cadre de l'exercice de leurs pouvoirs. Comme dans le cas de la fraude, ces intérêts supérieurs entraînent une sanction alors même que l'acte est régulier au regard des règles de

---

[1021] F. Terré et Ph. Simler, ouvr. préc. n° 521, J. Patarin et G. Morin, ouvr. préc. n° 202 ; Mazeaud et de Juglart, ouvr. préc. n° 293 ; A. Colomer, ouvr. préc., n°485.

[1022] Il convient d'être prudent relativement à cette interprétation a contrario. Il n'est en effet pas certain qu'au travers de l'article 1421 al. 1, le législateur, qui a de toute évidence voulu imposer l'opposabilité au conjoint des actes soumis à gestion concurrente conclus sans fraude par son époux de manière à assurer l'efficacité de la gestion concurrente et à bannir la représentation, ait par le même texte voulu sanctionner la fraude par l'inopposabilité. La sanction de l'inopposabilité nous paraît cependant être la plus appropriée : la nullité serait une sanction bien sévère pour le tiers cocontractant qui n'a aucun moyen d'apprécier l'intention de nuire de l'époux avec lequel il contracte.

[1023] Cass. Civ. 1re, 30 mars 1999 : Bull. civ. I, n° 111 ; Defrénois 1999, art. 37017 n° 60 obs. G. Champenois. – Cass. Civ. 1re, 4 décembre 2001 : JCP 2002, II, 10059 n. J. Casey ; D. 2002 p. 2217 n. V. Bonnet et p. 2442 obs. M. Nicod.

[1024] C. civ., art. 1421.

répartition de pouvoirs : il ne suffit donc pas d'exercer ses pouvoirs sans les dépasser, encore faut-il les exercer dans la limite et au service des intérêts de la famille.

Que peut-on en déduire au niveau de la sanction de la faute ? La mise en œuvre de la responsabilité de l'époux suscite de sérieuses difficultés. Certains auteurs estiment que la responsabilité du conjoint se traduit par une créance entre époux[1025] : la dette de réparation serait une dette personnelle de l'époux qui a commis la faute de gestion, et la créance serait une valeur propre au conjoint demandeur. Les conditions d'emploi des pouvoirs que constituent les intérêts de la famille ne mènent pas vers cette solution : c'est parce que la communauté a été mal gérée que la responsabilité est engagée. C'est donc, logiquement, la communauté qui doit être créancière de la réparation[1026]. L'inconvénient que semble constituer, dans cette solution, le fait que l'époux retrouve, au moment du partage de la communauté, la moitié de ce qu'il a dû payer, n'est qu'apparent puisqu'il avait déjà perdu cette fraction en portant préjudice à la communauté. La dette, commune sur le plan de l'obligation, doit cependant être personnelle sur le plan de la contribution, afin d'éviter le non-sens d'un mouvement de fonds à l'intérieur d'une même masse de biens.

322.– Par delà ces questions de technique juridique, on retient surtout que le pouvoir des époux sur les biens communs est enfermé dans des limitations qui illustrent bien l'idée qu'il s'agit de fonctions qui leurs sont confiées dans un intérêt distinct, en partie du leur, dans un intérêt non égoïste.

323.– Il peut paraître curieux de ne pas retrouver ces limites dans les autres pouvoirs-fonctions qu'ils tirent du régime primaire impératif. En réalité, elles s'y retrouvent de diverses manières en ce qui concerne les pouvoirs (ou les présomptions de pouvoir) concurrents. Ainsi, le pouvoir ménager ne joue pas pour les dépenses « manifestement excessives », c'est-à-dire celles que n'engagerait pas un époux raisonnable, les dépenses « fautives ». Ainsi, le conjoint de celui des époux qui utilise les présomptions de pouvoir conserve contre lui un recours pour être indemnisé du préjudice subi[1027].

En revanche, le régime primaire ne ménage pas de responsabilité pour faute dans les autres hypothèses de pouvoir, c'est-à-dire celles de pouvoir conjoint[1028] et de pouvoir exclusif[1029]. Mais cela ne relève pas d'une incohérence. L'article 1421 du Code civil ne prévoit en effet de responsabilité pour faute de gestion que dans son alinéa premier, c'est-à-dire dans l'hypothèse de gestion concurrente, ainsi indirectement que dans celle du pouvoir exclusif puisque celui-ci n'est pas d'une autre nature que le pouvoir concurrent (il s'agit du même pouvoir, mais dont un des

---

[1025] J. Patarin et G. Morin, ouvr. préc., n° 204.
[1026] En ce sens, Marty et Raynaud, ouvr. préc., n° 252 ; G. Cornu, ouvr. préc., p. 450 ; F. Terré et Ph. Simler, ouvr. préc., n° 525 ; J. Flour et G. Champenois, ouvr. préc., n° 352.
[1027] J. Patarin et G. Morin, ouvr. préc., n° 48.
[1028] C. civ., art. 215 al. 3.
[1029] C. civ., art. 223.

époux est privé)[1030]. En ce qui concerne la cogestion, la solution est donc la même : aucune référence à la faute n'est faite dans les deux régimes (ce qui n'exclut sans doute pas le recours au droit commun de la responsabilité civile en cas de refus abusif d'un époux de conclure un acte juridique). En ce qui concerne la gestion exclusive, la solution est différente, mais cela s'explique par la particularité du pouvoir de chaque époux sur ses gains et salaires, puisque tout se passe à cet égard comme ceux-ci étaient des biens propres[1031].

Cela conduit à examiner la situation de ces derniers.

§ 2. – SANCTION DES VIOLATIONS DES RÈGLES DE POUVOIR-ATTRIBUT

324.– Par pouvoir-attribut, nous désignons celui qu'un époux exerce sur des biens dont il est propriétaire exclusif. Une controverse existe au sujet de ceux qui s'exercent sur les biens propres, portant sur le point de savoir s'il s'agit de « véritables pouvoirs » ou de droits subjectifs. Ce débat nous paraît un peu vain. Il n'existe pas en effet de frontière tranchée entre les deux situations. Toutes les prérogatives sont ou peuvent devenir plus ou moins finalisées, et soumises à des limites et des contrôles d'ampleur variable. Ainsi, nous avons constaté que l'article 1429 imprime une limite non négligeable aux prérogatives qu'un époux commun en biens est libre d'exercer sur ses propres. Nous avons vu aussi que l'article 220-1 donne au juge la possibilité de limiter étroitement le pouvoir de libre disposition d'un époux séparé de biens sur ses biens personnels.

Pour autant, conformément au bon sens et à la logique des choses, un époux conserve sur ses biens propres et personnels une liberté qui est sans commune mesure avec celle attachée au pouvoir-fonction. La « finalisation » n'est ici qu'exceptionnelle, et là est la différence (de nature ? de degré ?) qui sépare la situation de ces biens par rapport aux biens communs. Cela se marque particulièrement quant à la sanction de la gestion passée. Le principe étant ici la liberté, cette gestion ne peut pas être remise en cause (B), sauf dans les cas où cette liberté avait fait l'objet d'une limite préalable (A).

A. – CAS EXCEPTIONNELS DE LIMITATION PRÉALABLE DU POUVOIR

325.– Toute violation d'une limite de pouvoir est sanctionnée, en matière de biens propres et personnels comme pour ce qui est des biens communs. La différence est que ces limites sont ici beaucoup moins nombreuses.

326.– Ainsi, il n'existe pas ici de réserve de fraude. L'époux peut exercer son droit de propriété exclusive comme il l'entend, sans avoir à tenir compte d'un autre intérêt que le sien. Le conjoint n'a aucun droit sur les biens propres ou personnels, et la question de savoir s'il y a eu ou non intention de porter atteinte à ses intérêts, de le

[1030] V. *supra*, n° 207.
[1031] V. *supra*, n° 251.

dépouiller de ses droits sur le bien, ou conscience de lui causer un préjudice ne se pose donc pas[1032]. La solution est contraire en régime de participation aux acquêts[1033] mais, précisément, c'est parce que le pouvoir auquel la limite de fraude est apporté s'y exerce sur des biens dont la valeur a vocation à être partagée par l'autre époux à la dissolution du régime matrimonial[1034].

327.– De même, il n'existe pas d'obligation pour un époux de répondre des fautes qu'il pourrait commettre dans la gestion de ses biens propres ou personnels. Cette limite n'a été introduite que par la loi de 1965 en ce qui concerne la gestion des biens communs. Elle n'a pas d'équivalent pour les autres biens. À vrai dire, elle ne s'imagine même pas. La faute, c'est en effet la violation d'une « obligation », d'un devoir d'agir ; or, le principe quant aux biens considérés est celui de la liberté d'administrer, de jouir et de disposer, liberté qu'aucun devoir ne borne en principe – sous réserve, en ce qui concerne les biens propres, de l'article 1429 du Code civil, mais celui-ci, précisément, ne prévoit pas de responsabilité pour faute.

328.– Ce sont donc les limitations de pouvoir qu'il faut considérer, car toute violation d'une limite de pouvoir entraîne en principe la nullité. Trois groupes de limitations existent ici : celles qui découlent de l'article 215 alinéa 3 du Code civil, et celles qui peuvent être instituées sur les fondements des articles 220-1 et 1429.

1° Limites de pouvoir découlant de l'article 215 alinéa 3

329.– Il s'agit de limites posées par la loi elle-même, à l'égard du logement de la famille et des meubles meublants dont il est garni. Tout acte de disposition de ces biens relève d'un régime spécial de cogestion, dont nous avons déjà examiné le mécanisme, et observé que, comme toutes les règles de pouvoir du régime primaire, il s'applique sous tous les régimes matrimoniaux, sans tenir compte des règles de propriété. Il s'applique donc notamment aux biens propres ainsi qu'aux biens personnels[1035].

Il reste à noter ici qu'un régime spécifique de nullité est prévu par l'article 215 alinéa 3 en cas de violation de cette limitation du pouvoir de disposer : « *Celui des deux qui n'a pas donné son consentement à l'acte peut en demander l'annulation* ».

330.– S'agissant du logement lui-même, l'article 215 alinéa 3 ne présente pas d'intérêt particulier si l'immeuble est commun puisque l'obligation de cogestion découle déjà de l'article 1424, et la nullité pour dépassement de pouvoir de l'article 1427. Il pose même un problème embarrassant, celui de savoir à quel délai

---

[1032] Il faut réserver le cas particulier où le bien propre ou personnel d'un époux sert de logement à la famille, car une fraude est alors possible pour priver le conjoint de ses droits (ex. : Cass. civ. 1re, 16 juin 1992 : RTD civ. 1993, p. 636 obs. F. Lucet et B. Vareille).

[1033] C. civ., art. 1573 et 1577.

[1034] V. *supra*, n° 232.

[1035] En ce qui concerne l'immeuble où est assuré le logement, la cogestion ne présente d'intérêt que s'il est propre ou personnel (sinon, elle est déjà prévue par l'article 1424). En ce qui concerne les meubles, le régime de l'article 215 al. 3 est de portée générale car il les fait échapper à la présomption de pouvoir de l'article 222.

soumettre l'action en nullité. Alors, en effet, que ce délai est de deux ans pour l'application de l'article 1427, il n'est que d'un an pour celle de l'article 215 alinéa 3. Le jeu de la règle ordinaire de conflit de textes (*specialia generalibus derogant*) aboutit ici à une curieuse solution, puisque le conjoint est mieux protégé en cas de vente d'une résidence secondaire commune (il peut alors agir en nullité pendant deux ans) qu'en cas de vente du logement de la famille (il ne dispose alors que d'un an). On peut, sans doute, considérer que la seconde vente est moins susceptible d'échapper à son attention que la première, et donc que son silence vaut plus rapidement confirmation tacite. En réalité, on est en présence d'un texte qui n'a pas été conçu[1036] pour le régime de communauté, et qui joue à son égard un effet pervers.

331.– Nous nous intéressons ici à l'hypothèse où l'immeuble est propre, ou personnel. L'article 215 alinéa 3 apporte une double dérogation au régime de principe : il limite le droit de disposer[1037], et il sanctionne par la nullité les atteintes portées à cette limitation. Cela ne veut pas dire que le conjoint de l'époux propriétaire soit strictement à égalité de pouvoir avec lui sur le bien dont il s'agit. Le texte de l'article 215 alinéa 3 peut donner à penser le contraire (car il est rédigé en termes strictement égalitaires : « *Celui des deux qui n'a pas donné son consentement à l'acte peut en demander l'annulation* »), mais le conjoint n'est doté en réalité que d'un simple pouvoir d'empêcher, insusceptible de fonder un recours sur le fondement de l'article 217. L'initiative de l'acte de disposition ne peut émaner que de l'époux propriétaire lui-même[1038].

La finalité familiale du logement de la famille, que consacre la loi, rend l'époux propriétaire inapte à exercer la prérogative attachée à son droit et entraîne l'application du régime de sanction des pouvoirs-fonctions. On est donc en présence d'un cas particulier de sanction d'un dépassement de pouvoir portant sur un bien de cette nature. Il est notable que cette solution résulte de la violation d'une limite expresse posée au préalable par un texte spécial.

D'autres limites peuvent être instituées par le juge.

2° Limites pouvant être instituées sur le fondement de l'article 220-1

332.– Le régime de l'article 220-1 a déjà été présenté. Nous avons vu que cette disposition confère au juge le pouvoir, notamment, d'interdire à un époux, pendant une durée limitée, de faire des actes de disposition sur les biens propres ou communs, meubles ou immeubles sans le consentement du conjoint. Il s'agit donc, là aussi, d'une limitation au pouvoir de disposer librement des biens propres ou personnels. La différence avec celle examinée précédemment est que la limite ici

---

[1036] En ce qui concerne le logement lui-même. À l'égard des meubles meublants communs, en revanche, l'article 215 al. 3 garde l'intérêt de faire échec au jeu de la présomption de pouvoir de l'article 222 à l'égard des tiers.
[1037] Cette limite déroge au principe de libre disposition posé par les articles 1428, 1536 et 1569.
[1038] Sur cette discussion, v. *supra*, n° 307.

n'est pas instituée par la loi ; elle résulte d'une affectation instituée par une décision judiciaire.

333.– Les violations de cette limitation sont sanctionnées par la nullité, dont la mise en œuvre est organisée avec minutie : des mesures de publicité permettent d'avertir les tiers et de les constituer de mauvaise foi[1039] ; « *Sont annulables, à la demande du conjoint requérant, tous les actes accomplis en violation de l'ordonnance, s'ils ont été passés avec un tiers de mauvaise foi, ou même, s'agissant d'un bien dont l'aliénation est sujette à publicité, s'ils sont simplement postérieurs à la publication (...)* »[1040]. L'action du conjoint est enfermée dans les mêmes conditions de délai que celle de l'article 1427, « *sans jamais pouvoir être intentée, si cet acte est sujet à publicité, plus de deux ans après sa publication* »[1041].

Là aussi, donc, la violation de la limitation du pouvoir est sanctionnée, mais cette limitation n'existe que si elle est décidée par une décision de justice. Le schéma suivi dans l'article 1429 est à la fois voisin et différent.

3° Limites attachées à l'article 1429

Cette disposition est ici envisagée en dernier lieu en raison d'une double particularité.

334.– Première particularité : la limite de pouvoir y est à la fois préexistante et postérieure à l'intervention du juge.

Elle lui est préexistante, car l'article 1429 s'applique lorsqu'un époux laisse « dépérir ses propres », ou bien dissipe ou détourne les revenus qui en sont retirés. Il y a donc bien là une limite de pouvoir, mais dont la violation a pour seul effet la mise en place d'une mesure de sauvegarde pour l'avenir[1042], et non pas une sanction au titre du non respect de cette limite dans le passé.

En ce qui concerne les revenus, ce point peut être discuté. Les revenus, en effet, ont un caractère commun à partir de la perception[1043], et on pourrait donc songer à attacher toutes ses conséquences à cette qualification en appliquant l'article 1427 lorsque l'époux outrepasse ses pouvoirs. Cette solution doit cependant être rejetée car elle repose sur une confusion entre propriété et pouvoir : si les revenus sont communs en termes de propriété, ils relèvent du pouvoir de libre disposition de l'époux concerné ; or la seule limite à ce pouvoir est fixée non pas par l'article 1426 (« inaptitude ou fraude ») mais par l'article 1429 (mettre « en péril les intérêts de la famille »)[1044]. Sans doute est-il paradoxal d'appliquer à des biens communs (mais

---

[1039] C. civ., art. 220-2.
[1040] C. civ., art. 220-2 al. 1.
[1041] C. civ., art. 220-2 al. 2.
[1042] V. *supra*, n° 304.
[1043] En dépit de la jouissance qu'exerce sur eux l'époux propriétaire du bien frugifère : v. *supra*, n° 257.
[1044] Certains auteurs opinent que les deux dispositions sont équivalentes (F. Terré et Ph. Simler, *Les régimes matrimoniaux*, préc., n° 540) ; nous sommes avec d'autres auteurs (J. Flour et G . Champenois,

seulement en masse !) des règles de pouvoir écrites pour les biens propres, mais il y a là une dissociation qui a un caractère très général en matière de revenus.

335.– Une autre limite découle de la mesure de sauvegarde elle-même, et lui est donc postérieure. Il s'agit cette fois d'une limite non plus qualitative mais quantitative, si l'on peut dire, en ce sens qu'il y a perte par l'époux concerné de ses « droits »[1045] d'administration et de jouissance du bien pour l'avenir. Se pose, alors, la question de la sanction du comportement de l'époux ainsi dessaisi lorsqu'il passe outre au dessaisissement.

336.– Or, seconde particularité, l'article 1429 est muet sur ce point. Il se borne à disposer qu'« *À compter de la demande, l'époux dessaisi ne peut disposer seul que de la nue-propriété de ses biens* »[1046]. La sanction du dépassement de pouvoir n'est même pas envisagée. Cela est curieux, surtout si l'on compare avec le luxe de précautions prises à l'égard du problème, pourtant identique, posé par l'application de l'article 220-1. Les manuels n'abordent pas la question, sauf erreur. On est en présence d'un outrepassement de pouvoir, mais qui ne relève évidemment pas de l'article 1427 puisque ce dernier n'est applicable qu'aux seuls biens communs. Il faut certainement considérer que la sanction est une nullité de protection du conjoint, y compris dans l'hypothèse où c'est à un administrateur judiciaire qu'ont été confiés les pouvoirs. Faute de disposition expresse en matière de délai, c'est celui de droit commun (la prescription quinquennale de l'article 1304 du Code civil) qui paraît applicable ; c'est sur ce point surtout que la lacune relevée est gênante car l'exemple de l'article 220-3 alinéa 2 du Code civil[1047] montre que les solutions de l'article 1427 sont transposables lorsqu'il s'agit de biens propres.

337.– La leçon principale que l'on peut tirer de l'examen de la double particularité de l'article 1429, ainsi que des articles 215 alinéa 3 et 220-1 du Code civil, est cependant ailleurs. Elle doit être située dans la perspective du principe de validité, dont elle éclaire la portée.

B. – Principe de validité

338.– Nous venons de présenter les trois hypothèses dans lesquelles une limite « quantitative » borne le pouvoir des époux sur leurs biens propres ou personnels : celle, automatique et permanente, de l'article 215 alinéa 3 sur le logement de la famille ; et celles, d'origine judiciaire, des articles 220-1 et 1429. La limite, dans les trois cas, tient à la substitution du régime de cogestion à celui de gestion exclusive et libre qui constitue le principe[1048]. Dans ces trois hypothèses, et dans ces trois

---

Les régimes matrimoniaux, préc., n° 399) plus sensible à leurs différences ; l'hypothèse de l'époux « hors d'état de manifester sa volonté » est commune aux deux articles.

[1045] C'est le terme employé par l'article 1429. En réalité, les prérogatives dont l'époux est privé sont celles qui lui sont conférées (ou laissées) par l'article 1428, qui est relatif à ses pouvoirs.

[1046] C. civ., art. 1429, al. 2.

[1047] Ce texte aligne le délai de l'action en nullité de l'article 220-3 sur celui de l'article 1427.

[1048] C. civ., art. 1428, 1536 et 1569.

hypothèses seulement, la violation des règles de pouvoir sur les biens propres et personnels peut être sanctionnée par la nullité. Il faut expliquer pourquoi.

339.– Le traitement appliqué aux biens communs et aux biens propres ressortit à une même logique, qui consiste à distinguer selon que le pouvoir est mal utilisé ou bien qu'il fait défaut. La mauvaise utilisation entraîne l'adoption d'une mesure de sauvegarde. Le défaut de pouvoir est sanctionné par la nullité. Ces deux cas de figure ont une importance pratique très variable selon les prérogatives.

Celles qui s'exercent sur des biens propres ou personnels ne posent pas a priori de problème de défaut de pouvoir, puisqu'elles découlent de la propriété, qui confère à son titulaire tous les pouvoirs sur la chose. Le pouvoir-fonction, en revanche, n'est pas une prérogative en soi : il doit être spécialement conféré et il l'est pour des actes déterminés, ce qui pose des problèmes de dépassement. C'est cela qui explique l'existence de l'article 1427, qui sanctionne ces dépassements, et l'absence d'équivalent en matière de biens propres ou personnels – en dehors du cas exceptionnel du logement de la famille, lorsqu'il est assuré dans un immeuble propre ou commun[1049].

La mauvaise utilisation, en revanche, est susceptible d'affecter tout pouvoir, qu'il s'exerce ou non sur un bien dont le titulaire a la propriété privative. La différence entre pouvoir et droit subjectif, sur ce plan, tient à ce que l'intervention du juge est prévue à l'égard du premier, pas du second. Nous avons cependant constaté qu'en matière de régimes matrimoniaux *lato sensu* la différence entre le pouvoir-fonction et le pouvoir-attribut est plus de degré que de nature. Le principe d'une telle intervention est prévu en effet dans tous les cas, mais selon un seuil de gravité qui est plus haut dans l'article 1429 que dans l'article 1426, et que l'on peut percevoir comme étant plus élevé encore dans l'article 220-1[1050] que dans l'article 1429.

Il reste à observer qu'il y a un lien entre mauvaise utilisation et défaut de pouvoir, car le contrôle de la première débouche sur une limitation de pouvoir et fait donc apparaître des risques de dépassement. Cela explique les articles 220-2 et 220-3, et fait ressortir la lacune sur ce plan de l'article 1429 du Code civil.

Sur un plan plus général, encore, il est notable que le droit subjectif peut être soumis au régime du pouvoir en cas d'affectation, laquelle est permanente et étroite dans le cas du logement de la famille, permanente mais beaucoup plus lâche pour le pouvoir sur les propres, et tout à fait exceptionnelle pour celui qui s'exerce sur les biens personnels.

On comprend, cependant, que le législateur et la pratique préfèrent parler dans tous les cas de « pouvoirs », ces distinctions étant peu facilement accessibles.

[1049] C. civ., art. 215 al. 3.

[1050] Il faut souligner à nouveau, cependant, que l'application des articles 220-1 et suivants du Code civil n'exclut pas mais n'est pas subordonnée à la constatation d'une mauvaise utilisation de ses pouvoirs sur ses biens personnels par l'époux dont il s'agit (v. *supra*, n° 310).

*

* *

340.– *Conclusion* du titre premier : Le propos était d'établir que l'aptitude à transmettre un droit ne découle pas nécessairement de sa titularité, ou en d'autres termes que le pouvoir de transmettre n'est pas nécessairement lié à la propriété. L'exemple du droit des régimes matrimoniaux le montre bien, précisément parce qu'il est construit sur une distinction de principe entre propriété et pouvoir. Sans doute ne s'agit-il pas seulement du pouvoir de transmettre, seul concerné par notre recherche ; chemin faisant, nous avons dû adopter une perspective plus large en termes de « pouvoirs », afin de respecter l'unité de la matière. Cela fait d'autant plus ressortir les cas dans lesquels le pouvoir – particulièrement le pouvoir de transférer – est dissocié de la propriété, alors que celle-ci en est très généralement perçue comme en constituant le support nécessaire, les deux termes étant même regardés comme synonymes.

La leçon à tirer de cet examen, alors, est double : elle concerne, d'une part, le droit spécial des régimes matrimoniaux et, d'autre part, la portée plus générale qu'il convient d'attacher à la distinction ainsi développée.

341.– a) La matière des régimes matrimoniaux ne se livre pas aisément. Prenant pour hypothèse de départ que la notion de pouvoir n'y désigne pas une réalité particulière, la première difficulté a été de la définir. Jusqu'à une époque récente, elle était restée ignorée en tant que telle, car confondue avec des notions voisines qui lui servaient de support mais n'obéissent pas au même régime : celles de capacité et de droit.

Le pouvoir ne se confond pas avec la capacité. Inhérente à toute personne, celle-ci confère l'aptitude à jouir et à exercer les droits dont cette personne est titulaire ; le pouvoir rend apte à mettre en œuvre les prérogatives liées au droit dont la personne n'est pas (ou pas exclusivement) titulaire.

Le pouvoir ne se confond pas non plus avec le droit, car il constitue une prérogative finalisée, c'est-à-dire au service d'un intérêt distinct, au moins en partie, de celui de son titulaire. La distinction s'impose d'elle-même lorsque le titulaire du pouvoir n'est pas titulaire du droit ; elle est moins apparente mais tout autant nécessaire dans le cas où le pouvoir est un attribut de la propriété elle-même, et n'a donc pas à être spécialement conféré. Dans tous les cas, c'est la finalité qui commande l'application du régime du pouvoir, car c'est elle qui rend une personne apte à exercer une prérogative dont elle n'est pas titulaire, ou qui la rend inapte à exercer une prérogative dont elle est titulaire.

Le pouvoir désigne donc toute prérogative qui doit respecter une affectation familiale, cette affectation fondant elle-même une limite à la prérogative et un contrôle à son exercice.

342.– Une seconde difficulté a été, ensuite, de rendre compte de l'importance que revêt le pouvoir dans les régimes matrimoniaux, de mettre au jour sa fonction, ainsi que celle du contrôle qui lui est attaché.
Le pouvoir est l'instrument d'une communauté, c'est-à-dire d'une union des intérêts pécuniaires qui prend la forme – pendant le mariage – d'un système de pouvoirs ménageant à la fois interdépendance et indépendance des époux. En régime de communauté de biens le pouvoir constitue la finalité de la propriété, en ce sens que la fonction de celle-ci est de fonder un système original de pouvoir, différent des autres formes de propriété collective. L'aspect traditionnellement le plus important est l'interdépendance qu'il créé entre les époux : sous cet aspect, il introduit un lien entre le patrimoine de chacun des époux, il les décloisonne, il institue une limite (un remède) à la séparation entre ce qui est propriété de l'un et ce qui est propriété de l'autre. On peut dire qu'en fait l'omnipotence ancienne du mari jouait déjà ce rôle, même si en réalité le but poursuivi était moins de lui confier cette fonction que de lui conférer un privilège.

Un aspect nouveau est l'indépendance que le pouvoir confère à chaque époux, pour ce qui concerne l'exercice d'une profession séparée, ou la disposition des fruits et revenus des biens propres. Dans les deux cas, cependant, cette indépendance est limitée aux pouvoirs de gestion active, elle n'a pas de prolongement en matière de gestion passive.

343.– Sous tous les régimes, de façon plus générale, le pouvoir est l'instrument d'une communauté en modèle réduit, d'une communauté en pouvoirs, dont l'objet est de gommer les principaux excès des différents régimes matrimoniaux afin d'imposer un minimum d'indépendance et d'interdépendance[1051] entre les époux. L'indépendance, voulue à l'origine pour promouvoir celle de la femme, a été bilatéralisée : les gains et salaires sont gérés comme des biens personnels, et ne peuvent être engagés que par l'époux qui les gagne. L'interdépendance découle du jeu des présomptions de pouvoir, de la cogestion du logement familial, ainsi que du pouvoir d'engager solidairement le conjoint au titre des dépenses ménagères.

Dans ce système, le pouvoir constitue une alternative à la propriété en ce sens que son fondement est purement légal et qu'il est attribué en dépit de celle-ci, ou même compte non tenu d'elle.

344.– Fondé – formellement – ou non sur la propriété, le pouvoir est caractérisé également par son régime, qui tient en l'existence d'un contrôle destiné à vérifier la conformité de son exercice avec les intérêts de la famille. Il est notable que l'ampleur de ce contrôle diffère selon que le pouvoir dont il s'agit a ou non pour support un droit de propriété exclusive. Dans le second cas (celui du « pouvoir-fonction »), les limites sont nombreuses (dépassement, fraude, faute), et le contrôle se traduit tant par la recomposition des pouvoirs pour l'avenir que par la sanction des atteintes passées. Dans le premier cas (celui du « pouvoir-attribut »), le

[1051] Nous avons noté que ces deux notions se recoupent parfois largement, au point que les auteurs n'y attachent pas toujours le même contenu (v. *supra*, n° 204, note 716).

contrôle pour l'avenir est moins étendu, et les sanctions pour le passé ne sont qu'exceptionnelles. Cette différence de traitement correspond à la nature des choses, puisque la finalité n'intervient dans le second cas que pour limiter l'utilisation d'une prérogative dont l'époux considéré est en toute hypothèse titulaire.

Ces différences de régime sont conformes à la logique des choses, car la liberté d'action est nécessairement plus grande lorsqu'elle s'exerce sur des biens personnels. Elles montrent, cependant, qu'il n'y a pas de frontière tranchée entre les notions de pouvoir et de droit subjectif, mais que toutes les prérogatives sont ou peuvent être plus ou moins finalisées, et être soumises de ce fait à des limites et des contrôles d'ampleur variable.

En ce qui concerne les régimes matrimoniaux, une autre leçon est que la matière va continuer à évoluer. Le pouvoir donné à chaque époux commun en biens d'engager toute la communauté est en effet regardé comme étant excessif. Des exemples étrangers, des réflexions doctrinales ouvrent la voie à d'autres solutions ; il est notable que celles-ci consistent à réduire le partage de la propriété, pour ne plus laisser subsister que celui du pouvoir. Le décrochement entre pouvoir et propriété, qu'a consacré le régime matrimonial primaire, a créé une dynamique qui n'est pas près de s'arrêter...

345.– b) Le droit des régimes matrimoniaux n'intéresse notre démarche qu'à titre de contre-exemple à l'idée reçue selon laquelle la titularité du droit est indissociable de l'aptitude à le transmettre (*Nemo plus juris...*). L'intérêt du détour par l'étude de ce droit consiste, en effet, à faire apparaître que les deux notions de propriété et de pouvoir, ou si l'on préfère de titularité et d'aptitude à transmettre, sont des notions distinctes puisqu'il y est des cas où ce pouvoir est détaché de la propriété. On peut, dès lors, laisser de côté le droit spécial des régimes matrimoniaux et revenir à l'idée reçue elle-même. À partir du moment où il apparaît que l'aptitude à transmettre n'est pas nécessairement un attribut de la titularité du droit, de la propriété, mais une prérogative distincte, il faut repenser l'approche unitaire qui est généralement faite de ces deux notions dans le discours doctrinal. Cette approche unitaire dissimule en effet un lien qui n'est pas explicité, ni même perçu comme tel, qui est présupposé.

Il convient, alors, de le faire apparaître.

TITRE SECOND

PRÉSUPPOSÉ DU LIEN ENTRE TITULARITÉ ET POUVOIR

346.– Il va sans dire que le plus souvent, pour ne pas dire dans l'immense majorité des cas, l'acte translatif est accompli par le titulaire du droit transféré[1052]. Loin de nous l'idée de vouloir aller contre cette évidence. La question examinée est seulement de savoir s'il y a là une relation nécessaire (comme le veut l'adage *Nemo plus juris...*), ou si l'acte translatif peut être déclenché également par une personne autre que ce titulaire. L'exemple tiré du droit des régimes matrimoniaux atteste que c'est cette seconde hypothèse qui traduit complètement la réalité. On n'en trouve cependant aucune trace dans le discours doctrinal sur l'acte translatif.

Dans ce discours, seul le titulaire du droit peut procéder à son transfert, être l'« auteur » de celui qui le reçoit, l'ayant cause. Sur ce point il n'y a pas à distinguer au fond entre l'analyse classique (dans laquelle la faculté de disposer est inhérente à la titularité de tout droit) et celle de M. Zénati (pour qui la propriété donne le droit de jouir « et de disposer »). Pour l'une comme pour l'autre on ne cède pas *un* droit, ou *une* chose. On cède *son* droit, ou *sa* chose. Autrement dit, une présentation unitaire est faite de deux notions (la titularité ou propriété, l'aptitude à transférer) que, pourtant, l'observation du droit des régimes matrimoniaux suffit à faire apparaître comme étant distinctes. Or, dès lors qu'elles sont distinctes, il est sans doute possible d'établir entre elles un lien, mais encore faut-il que ce lien soit perçu en tant que tel, afin notamment que ses limites puissent être mesurées. En l'état, il en va tout autrement : le lien est fait de façon automatique, il constitue un présupposé.

Ce présupposé, cette croyance en la nécessité de la titularité pour accomplir un acte translatif s'explique aisément. Cela tient au fait que la plupart du temps le discours sur l'acte translatif de droit est en réalité un discours sur l'acte translatif de propriété (au sens étroit, « classique »), et que le plus souvent l'acte translatif est accompli par le propriétaire. Il est donc compréhensible que, par l'effet d'un mécanisme bien connu de rétrécissement du domaine du discours[1053], on finisse par considérer que l'acte translatif de droit est nécessairement accompli par le propriétaire, et qu'il porte sur un bien, sa propriété.

[1052] Rappelons que cette terminologie, qui correspond aux habitudes de langage, ne reflète pas la réalité juridique (*supra*, n° 98 et 112 in fine).

[1053] M.-L. Mathieu-Izorche, *Le raisonnement juridique*, préc., p. 128 s, 175, 192.

Aucune de ces deux propositions ne résiste cependant à l'examen.

347.– D'abord, le discours sur l'acte translatif de droit devrait se référer, puisqu'il est très général, à un ensemble plus vaste que celui des biens, objets de propriété[1054]. Or, sur ce plan là, on observe une certaine inadéquation entre le présupposé et les données du droit positif puisque l'autorité parentale, qui ne peut pas être transférée à l'initiative de ses titulaires, peut l'être par le juge. Il s'agit là d'un point tout à fait fondamental. Nous le soulignons de façon d'autant plus appuyée que, l'ayant déjà examiné ci-dessus[1055], il n'y a pas lieu d'y revenir ici.

348.– Même alors qu'il est question de propriété, c'est-à-dire dans le domaine du droit des biens, la titularité et le pouvoir se dissocient, et il est faux de supposer systématiquement un lien entre ces deux notions : il n'est pas forcément nécessaire d'avoir la propriété de la chose pour la transférer. C'est ce point qu'il convient de traiter. L'existence du présupposé, qui est avérée, repose sur un lien qui est faux.

Par « bien » nous entendons, très classiquement, tout ce qui peut faire l'objet d'une circulation juridique, tout ce qui est dans le commerce juridique, tout ce qui peut être objet de propriété. On en déduit, évidemment, que la propriété apparaît comme « la technique de base du droit des biens »[1056]. Précisément, les hypothèses que nous entendons envisager sont[1057] celles à l'égard desquelles la notion de titularité se confond avec celle de propriété pour cette raison qu'elle désigne la jouissance et la disposition d'un droit qui constitue lui-même un bien.

Le droit des biens a une résonance particulière car c'est d'abord dans ce cadre que l'on raisonne lorsque l'on se réfère à la notion d'acte translatif. Ce dernier renvoie presque inconsciemment à la vente, c'est-à-dire au transfert de la propriété d'une chose. Cela imprègne d'ailleurs très fortement la matière car cette chose, là aussi comme inconsciemment, on ne la conçoit que comme étant de nature corporelle[1058], et c'est cela, cette corporalité, qui explique que l'on ait du mal à concevoir qu'elle puisse être en des mains différentes, et que puisse en disposer quelqu'un qui n'en a pas la propriété.

349.– La démonstration de la fausseté de l'idée objet du présupposé (l'idée selon laquelle le pouvoir de transmettre se confond avec la titularité, autrement dit l'idée de la nécessité

[1054] Nous avons vu (*supra*, n° 99 s.) qu'une personne est investie de prérogatives, de droits, qui ne sont pas des biens (le pouvoir, par exemple, entendu comme prérogative distincte de la propriété, n'est pas en lui-même un bien) et dont elle n'a donc pas la propriété. Soulignons que c'est à l'égard des ces droits qu'il reste utile de parler de titularité : la titularité fait double emploi avec la propriété à l'égard des droits qui sont des biens ; en ce qui concerne les autres droits, ceux qui ne constituent pas des biens, elle permet de marquer leur rattachement au sujet.

[1055] V. *supra*, n° 109.

[1056] F. Zénati et Th. Revet, *Les biens*, préc., n° 89. Le lecteur reste un peu sur sa faim car les biens sont définis par ces auteurs comme étant : « les choses qu'il est possible et utile de s'approprier », « comme un objet de propriété » (F. Zénati et Th. Revet, ouvr. préc., n° 1 et 6), ce qui renvoie à la définition de la propriété, « relation de principe entre les personnes et les biens »... (*ibid.*, n° 88).

[1057] Sont « notamment » : car outre les *droits* objets de propriété (seuls visés par le terme de « titularité »), il faut évidemment tenir compte des *choses* elles-mêmes (avec lesquelles se confond le droit de propriété dans la théorie classique des biens ; qui sont objets de propriété dans celle de M. Zénati).

[1058] C'est le lieu de rappeler que la notion de bien dans le Code civil reste « infectée de matérialisme » (M. Villey, *Préface historique* in *Les biens et les choses*, art. préc.).

d'un lien, d'une corrélation entre propriété – ou titularité – et pouvoir) a déjà été faite puisque cette idée se trouve contredite par les solutions du droit des régimes matrimoniaux. La tentation, cependant, est d'expliquer ces solutions par les contraintes particulières au droit matrimonial. D'autres hypothèses de dissociation entre propriété et pouvoir de transmettre confirment néanmoins l'inexactitude de cette idée. On se propose de faire la présentation de ces exceptions (Sous-titre premier), puis de s'interroger, au regard de l'inexactitude qu'elles font apparaître, sur la valeur des solutions qui sont fondées sur le présupposé (Sous-titre second).

SOUS-TITRE PREMIER

EXCEPTIONS AU LIEN ENTRE TITULARITÉ ET POUVOIR

350.– La logique voudrait que l'on commence par présenter les cas de dissociation, et qu'ensuite seulement en soit proposé une explication théorique. Il paraît cependant plus indiqué d'inverser la démarche : commencer par faire la théorie de la dissociation (Chapitre premier) est de nature, croyons-nous, à présenter de façon plus claire et donc à mieux mettre en relief la diversité des cas de dissociation (Chapitre second).

CHAPITRE PREMIER

THÉORIE DE LA DISSOCIATION

351.– Dans le chapitre préliminaire, pour cerner la notion d'acte translatif, nous l'avons opposée à d'autres catégories d'actes juridiques ayant pour objet de constituer, déclarer ou éteindre un droit. Il s'agit là d'une manière de cerner la notion d'acte translatif. Cependant, tous ces actes avaient en commun d'être accomplis par le titulaire du droit en question.

L'exemple des régimes matrimoniaux montre que l'acte translatif peut être accompli par une personne qui n'a pas la titularité : le pouvoir d'accomplir un tel acte ne découle pas nécessairement de la propriété. Cette dissociation n'est pas spécifique aux régimes matrimoniaux : le créancier saisissant, l'expropriant ont également le pouvoir, nous y reviendrons[1059], de déclencher le transfert d'un bien dont ils n'ont pas la propriété.

Cette dissociation est connue. Cependant, curieusement, elle n'est pas intégrée dans la théorie de l'acte translatif. Cela n'est pas nouveau puisque même l'adage *Nemo plus juris* présuppose que l'auteur du transfert a la titularité du droit. L'ensemble de la doctrine s'en tient aujourd'hui à cette approche[1060]. Ainsi, l'auteur et l'ayant cause que l'acte translatif met face à face sont définis dans cette seule perspective. L'auteur, dit-on, c'est la personne dont l'ayant cause tient ses droits. Quant à l'ayant cause lui-même, c'est celui qui tient ses droits d'un auteur, qui succède à ce dernier dans la maîtrise de la chose. Ces définitions n'ont pas été conçues dans la perspective qui est la nôtre, celle de la dissociation entre propriété et pouvoir, entre titularité et aptitude à transmettre, alors pourtant (c'est tout à fait curieux) que cette dissociation est en elle-même bien connue. Elles sont ambiguës, et donc insuffisantes.

L'ambiguïté est telle que l'on est fondé à se poser la question : qu'est-ce exactement que transférer ? Faut-il en retenir une conception restrictive, limitée aux hypothèses de coïncidence entre propriété et pouvoir, aux cas où l'acte translatif est accompli par le titulaire du droit transféré ? Ou faut-il désigner par là l'acte translatif au sens

[1059] V. *infra*, n° 401 s.

[1060] V. cep. Cl. Calori, mémoire préc. ; même auteur : *L'adage « Nul ne peut transférer plus de droit qu'on en a soi-même »*, Cahiers des écoles doctorales, Faculté de droit de Montpellier, n° 2, 2001, p. 251 .

large, celui qui est accompli par le titulaire du pouvoir, alors même qu'il n'a pas la titularité du droit ?

La question n'est pas uniquement théorique. Chaque variété d'acte translatif est en effet assortie d'un régime déterminé, dont on doit se demander s'il s'applique à toutes les hypothèses d'acte translatif ou seulement à celles où l'acte translatif est accompli par le titulaire du droit. L'exemple de la vente est le plus connu. L'article 1649 du Code civil exclut le jeu de la garantie des vices cachés « dans les ventes faites par autorité de justice ». Autrement dit dans ce cas où, précisément, ce n'est pas le propriétaire de la chose qui déclenche l'acte translatif, une dérogation importante est apportée au régime de droit commun de la vente.

Cette solution a l'avantage, dans le cas particulier, de dispenser de s'interroger sur le point de savoir qui serait débiteur de la garantie. Car à partir du moment où celui qui déclenche l'acte n'est pas celui dont le patrimoine fournit le bien, on est conduit à s'interroger sur l'identité de l'« auteur » dans la relation auteur/ayant cause : l'auteur, est-ce l'un (celui qui déclenche) ou l'autre (celui qui fournit) ? est-ce tant l'un que l'autre ? n'est-ce ni l'un, ni l'autre en ce sens que la répartition des fonctions habituelles de l'auteur sur deux personnes différentes ferait disparaître, de façon générale (et pas seulement dans le cas particulier de la garantie des vices cachés en matière de vente), les obligations ordinairement mises à la charge de l'« auteur » à l'égard de l'ayant cause ?

De façon plus générale, la dissociation examinée a l'intérêt de fournir une grille de lecture nouvelle d'un certain nombre de relations juridiques complexes dans lesquelles, précisément, cette dissociation est occultée.

Faire la théorie de cette dissociation conduit à en analyser le mécanisme (Section II). Cela suppose, au préalable, que le domaine de l'acte translatif soit circonscrit avec plus de précision (Section I).

SECTION I

DOMAINE

352.– Toute acquisition ne procède pas d'un transfert, et tout transfert ne procède pas d'un acte translatif. Vérités d'évidence ? Sans doute. Il n'en demeure pas moins que, comme toutes les évidences, celles-ci sont à l'occasion perdues de vue, ou peuvent l'être. Il importe donc d'en rappeler les termes. Commençons, pour des raisons d'exposition, par la seconde.

§ 1. – TRANSFERT ET ACTE TRANSLATIF

353.– L'usage est de parler indifféremment de transfert ou d'acte translatif. Il s'agit là d'une commodité de langage. On en trouvera de multiples utilisations dans ce travail lui-même. Cet usage n'est cependant admissible qu'à la condition de ne pas faire perdre de vue la différence qui peut exister entre ces deux mécanismes car cette confusion en masque une autre.

Tout acte translatif a pour objet la réalisation d'un transfert, par définition même. En revanche, tout transfert ne procède pas d'un acte translatif.

A. – TRANSFERT SANS ACTE TRANSLATIF

Il peut procéder d'un *fait* juridique. Ainsi, l'héritier est l'ayant cause du *de cujus*. Ce dernier est son « auteur », entendu ici comme étant la personne *dont* une personne tient ses droits. Telle est d'ailleurs la définition que donne de ce terme le vocabulaire *Cornu* : « celui dont on tient un droit »[1061]. Cela appelle deux observations. En premier lieu, il est question ici d'héritier, c'est-à-dire que nous sommes en matière de succession *ab intestat* : la vocation héréditaire de l'héritier résulte de la loi elle-même, qui organise la dévolution des biens du *de cujus* indépendamment de sa volonté. C'est la loi qui attache à ce fait juridique qu'est le décès la vocation successorale de l'appelé. Le décès ici n'est qu'un simple événement déclencheur de l'application de la loi sur les successions[1062].

Il en résulte, en second lieu, que la notion d'« auteur » doit être prise ici en un sens passif : l'auteur dont on tient le droit, ici, n'a rien fait pour le transférer. Cet « auteur », c'est celui *de qui* on tient son droit, mais pas celui *par qui* le droit a été transmis[1063].

B. – TRANSFERT AVEC ACTE TRANSLATIF : LA DISTINCTION « AUTEUR DU » /« AUTEUR DANS »

354.– Les choses se présentent très différemment en cas d'acte translatif. En ce cas, en effet, et *dans ce cas seulement, le transfert découle de la volonté d'une personne, qui en est l'agent*. Cette personne intervient, elle émet un acte de volonté, et c'est par l'effet de cette volonté (si elle est unilatérale) ou par la rencontre de cette volonté avec celle de l'autre partie (s'il y a convention), ou encore par un acte juridictionnel rendu au terme d'une procédure déclenchée par cette personne, qu'opère l'effet translatif lorsque les conditions en sont réunies. C'est donc une manifestation de volonté, ici, qui crée la norme par laquelle sont déterminés le moment, l'étendue et les modalités du transfert de propriété[1064]. C'est l'agent dont la volonté est ainsi manifestée qui déclenche le transfert.

Cet agent est le titulaire du droit (le propriétaire du bien) qu'il s'agit de transférer ; tel est en tous cas le postulat usuel (« l'*abusus* est l'apanage du seul

---

[1061] Vocabulaire Cornu, V° *Auteur*. Rappr., *ibid.*, V° *Succéder* : « prendre la suite d'un devancier (cédant, auteur) dans l'exercice d'un droit, d'une fonction... ».

[1062] P. Ancel, art. préc., RTD civ. 1999, p. 771, n° 52 p. 806.

[1063] Sauf à considérer que le *de cujus* n'avait pas testé afin précisément de laisser jouer l'ordre légal de dévolution. Ou que la loi ne fait qu'exprimer sa volonté probable. Mais cela est purement divinatoire.

[1064] Rappr. P. Ancel, *ibid.*

propriétaire »)[1065]. En réalité il ne l'est pas nécessairement. Il peut s'agir de son conjoint, ou bien d'une autre personne : d'un créancier saisissant, notamment, ou d'une autorité expropriante. D'où une ambiguïté : l'« auteur », lorsque le transfert résulte d'un acte translatif, est-ce celui dont l'ayant cause tient ses droits ? ou s'agit-il, de façon plus active, de celui de qui il les tient ?

355.– Cette question ne se pose pas en cas de transfert résultant d'un fait juridique[1066] ; en ce cas, en effet, le terme « auteur » ne peut désigner que celui dont on tient ses droits. Il s'agit d'une question spécifique aux transferts résultant d'un acte translatif. C'est seulement en ce cas, en effet, que l'« auteur » peut être celui *dont* on tient ses droits, mais aussi celui *de qui* on les tient. La distinction est à l'évidence importante lorsqu'il s'agit de deux personnes différentes.

Curieusement, cette distinction est ignorée[1067]. « Curieusement » car, par exemple, le principe même du transfert forcé, lui, est évidemment connu. Mais le rapprochement n'est pas fait et l'on continue à enseigner que « Nul ne peut transférer plus de droit qu'il n'en a lui-même », alors que cela va de soi dans l'hypothèse du transfert[1068], et que c'est faux dans celle de l'acte translatif lorsque la personne qui déclenche le transfert n'est pas le titulaire du droit.

Il est vrai que dans tous les cas le terme d'« ayant cause » désigne identiquement celui qui tient ses droits d'une autre personne, qu'elle tienne ce droit par l'effet d'un fait ou d'un acte juridique. Cela peut favoriser l'ambiguïté.

356.– Cette ambiguïté est omniprésente dans le discours doctrinal qui, ignorant l'enjeu lié à l'intervention d'un agent, mêle souvent les questionnements relatifs au transfert et à l'acte translatif. Prenons deux définitions pour exemples afin d'illustrer cette absence de distinction. Premier exemple : il y a transfert, lit-on, lorsque « le nouveau propriétaire a acquis son droit du précédent propriétaire : il est l'ayant cause de son auteur »[1069]. Second exemple : il y a transfert lorsqu'il y a « un rapport entre auteur (le disposant, celui qui transmet) et ayant cause (l'acquéreur, celui qui reçoit) »[1070]. Bien qu'utilisant les mêmes mots, ces deux discours ne désignent pas la même réalité. Le premier est relatif au transfert (au transfert « légal »), non sans ambiguïté : les auteurs cités précisent en effet très justement par ailleurs[1071] que l'héritier est aussi ayant cause ; le précédent propriétaire qu'ils visent dans l'extrait cité ci-dessus est donc certainement celui dont le nouveau propriétaire tient ses droits, mais il n'est pas sûr que cela implique qu'il soit celui de qui il les tient. Le second exemple est en revanche très clair : il s'agit d'un discours relatif non au

[1065] M. Fabre Magnan, *Propriété, patrimoine et lien social*, RTD civ. 1997, p. 583, n° 9.
[1066] Ce dernier ne joue en tant que tel qu'en cas de succession. Certains auteurs, cependant, présentent l'accession et la possession comme étant également des cas de transmission légale (G. Cornu, *Droit civil, Introduction, les personnes, les biens*, Montchrestien, 12e éd., 2005, n° 1062 s. : v. *infra*, n° 359).
[1067] V. cep. Cl. Calori, mémoire et art. préc.
[1068] Relevons que *Nemo plus juris* n'est que l'application à l'acte juridique d'un principe de conservation des droits qui est valable pour tous les transferts.
[1069] Ph. Malaurie et L. Aynès, *Les biens*, préc., n° 552.
[1070] Ch. Larroumet, *Droit civil, Les biens, Droits réels principaux*, préc., n° 327.
[1071] Ph. Malaurie, L. Aynès et Ph. Stoffel-Munck, *Les obligations*, 2e éd., Defrénois, 2005, n° 796, p. 401.

transfert mais à l'acte translatif ; la difficulté est alors que l'approche est trop étroite, car elle est inappropriée à l'hypothèse plus large du transfert *ab intestat*, dans lequel l'« auteur » n'est pas le disposant[1072], celui de qui on tient ses droits, mais celui dont on les tient.

Ces exemples de glissement entre transfert et acte translatif pourraient être multipliés[1073], ce qui doit probablement être expliqué par l'absence d'enjeu clair attaché à cette distinction dès lors que l'on ignore celle sur laquelle nous mettons nous même l'accent. Prenons encore deux autres exemples, empruntés cette fois au même ouvrage : « Le droit passe de la tête du précédent titulaire du droit, que dans le langage juridique on appelle l'auteur, sur la tête de l'acquéreur, à qui on donne le nom d'ayant cause »[1074] : prise à la lettre, cette proposition ne subordonne pas l'existence d'un transfert de droit à l'initiative prise en ce sens par le précédent titulaire[1075] ; il s'agit d'un discours sur le transfert. Les mêmes auteurs précisent cependant par ailleurs que l'on parle de mode dérivé « lorsqu'une personne ne devient titulaire d'un droit que parce qu'il lui a été transmis par le précédent titulaire »[1076] ; ce second discours est relatif à l'acte translatif, et ce n'est donc qu'apparemment qu'il contredit le premier.

L'ambiguïté (pour ne pas dire la confusion) ainsi décelée se retrouve dans le maniement de la notion, qui vient d'être évoquée, de mode « dérivé » – car toute acquisition ne procède pas d'un transfert.

§ 2. – ACQUISITION ET TRANSFERT

357.– Le Code civil ne contient pas de réglementation générale du transfert ; il lui préfère celle des différentes manières dont on acquiert les droits, ou plutôt « *des différentes manières dont on acquiert la propriété* » (c'est l'intitulé de son livre III)[1077] : « *La propriété des biens s'acquiert et se transmet par succession, par donation entre vifs ou testamentaire, et par l'effet des obligations* » (article 711) ; « *La propriété s'acquiert aussi par accession ou incorporation et par prescription* » (article 712).

Peu importe ici la référence faite à la « propriété ». Notre chapitre préliminaire a montré que cette référence n'a pas l'effet réducteur que l'on pourrait être porté à lui attacher : nous avons vu que dans l'approche doctrinale classique de la théorie des biens on souligne qu'en dépit de cet intitulé se trouve visée plus largement l'acquisition de tous les droits patrimoniaux [1078] : propriété, autres droits réels et

[1072] M. Larroumet aborde ce point à un autre endroit du même ouvrage, et il y précise évidemment que le rapport auteur/ayant cause existe dans la succession *ab intestat*.
[1073] Ainsi, une récente « Introduction à l'étude du droit » range parmi les actes translatifs... les successions.
[1074] H., L., J. Mazeaud et F. Chabas, *Introduction à l'étude du droit*, préc., n° 245.
[1075] Cf. Cl. Calori, *Nemo plus juris...*, mémoire préc., p. 19.
[1076] H., L., J. Mazeaud et F. Chabas, *ibid.*
[1077] Art. 711 s.
[1078] L'acquisition des droits extrapatrimoniaux ou qui ne sont pas dans le commerce (droits de la personnalité, autorité parentale...) se fait selon des règles propres : « les uns naissent en même temps que

droits personnels[1079] ; nous savons que dans la doctrine de M. Zénati il s'agit effectivement de la seule propriété, mais entendue en un sens large puisque sont regardés comme étant objets de propriété non seulement les choses mais aussi tous les droits autres que la propriété, dès lors qu'ils sont dans le commerce juridique.

Ce qui intéresse les présents développements est que l'éclairage soit mis non pas sur le *transfert* mais sur l'*acquisition* (sans toutefois que le premier soit ignoré : « La propriété des biens s'acquiert *et se transmet* » précise l'article 711 du Code civil). Transfert, acquisition : faire de celui-là une variété de celle-ci peut paraître curieux, en première analyse, car la perspective n'est pas exactement la même dans les deux cas : dans le second, il s'agit d'appréhender le mécanisme du point de vue de l'ayant cause, alors que dans le premier on considère plutôt celui de l'auteur. La solution est expliquée par des raisons de politique législative : si « l'accent a été mis sur l'acquisition, alors [...] qu'il eût été plus rationnel de le mettre sur l'aliénation [car] sauf l'occupation, les différentes manières dont on acquiert la propriété sont, en même temps, différentes manières dont on la perd »[1080], c'est parce que « le sujet se prête à des réflexions sur l'origine de la propriété et sur sa légitimité »[1081], parce que l'acquisition « touche aux débats sur l'origine et la légitimité de la propriété et avait une signification particulière » [1082]. La solution est également explicable[1083], sur un plan purement technique, par le fait qu'il ne peut pas y avoir transfert sans acquisition[1084], sinon le droit serait non pas transmis mais « éteint »[1085], alors qu'il peut y avoir acquisition sans transfert. Les rapports entre transfert et acquisition sont donc bien ceux de la partie et du tout. Cela n'implique évidemment pas que l'on doive se placer de façon permanente du point de vue de l'ayant cause, ce que suffit à démontrer l'existence du contrat de « vente »[1086]. La différence de perspective relevée est donc sans réelle importance (à ceci près qu'elle invite à observer que l'accent est mis sur l'acquisition du droit, et qu'il n'est pas fait allusion à sa perte en la personne de l'auteur – mais cela intéresse notre seconde partie, et non les présents développements).

---

la personne qui en est le titulaire (droit à l'honneur, droit à un état, à une filiation) ; d'autres résultent d'un événement : par exemple, une personne acquiert le droit d'autorité parentale par la naissance d'un enfant » (H. L., J. Mazeaud et F. Chabas, *Introduction à l'étude du droit*, préc., n° 243).

[1079] Ex. : F. Terré et Ph. Simler, *Les biens*, préc., n° 388 (« En réalité, le Livre III traite non seulement des modes d'acquisition et de transmission de la propriété et des droits réels, mais encore des droits de créance »).

[1080] J. Carbonnier, *Droit civil, vol. 2*, préc., n° 778, p. 1710 s. Il s'agit là d'un bel exemple, soit dit en passant, de présupposé théorique ! La symétrie entre l'acquisition du droit par l'ayant cause et sa perte par l'auteur n'est pas discutée, elle est présentée comme relevant de l'évidence, comme si la première impliquait nécessairement la seconde... (v. *infra*, deuxième partie).

[1081] J. Carbonnier, *ibid.*

[1082] J.-L. Bergel, M. Bruschi et S. Cimamonti, *Les biens*, préc., n° 184.

[1083] Par l'histoire ? Le droit romain connaissait l'idée d'acquisition, il ignorait celle de transfert (E. Lévy, th. préc., p. 49).

[1084] Autre chose, encore une fois, est de savoir si le transfert implique la *perte* du droit ou du bien par celui qui en avait la titularité ou la propriété (v. note 1080, ci-dessus).

[1085] Selon le présupposé de sa perte... (v. note précédente)

[1086] Pour en saisir la double portée, il faudrait parler de contrat d'« achat-vente ».

Dès lors que la notion de transfert est englobée dans celle d'acquisition, il faut se demander quels sont les modes d'acquisition qui procèdent d'un transfert. L'opposition entre les modes d'acquisition dérivés et les modes d'acquisition originaires semble répondre à la question, les premiers, dit-on, dérivant d'un transfert, à la différence des seconds[1087]. L'ambiguïté de la notion de transfert se retrouve sans surprise ici. Le problème est en effet qu'il arrive que le mode d'acquérir mis en œuvre ne soit pas d'une parfaite limpidité, et il peut être difficile de savoir si l'acquisition du droit (du bien) découle de l'un ou l'autre mode, le tracé de la frontière entre ces deux types d'acquisition étant parfois incertain ; pire encore, et comble d'incertitude : les notions de transfert et d'acquisition originaires ne sont nullement incompatibles, une acquisition originaire pouvant se faire par transfert... Cela[1088] tient au fait que les approches doctrinales de la distinction ne sont pas toujours très fermes. Après les avoir présentées (A), il conviendra donc de les apprécier (B).

A. – Présentation de la distinction entre acquisitions dérivée et originaire

358.– Le discours doctrinal sur la théorie générale des modes d'acquisition de la propriété et des autres droits varie selon les auteurs, ou plutôt (car il paraît aujourd'hui relativement homogène) il a varié dans le temps. Curieusement, d'ailleurs, ce changement n'a pas été explicité, il s'est opéré de façon subreptice.

359.– Les anciens auteurs entendaient de façon très étroite la notion de mode d'acquisition « originaire ». Citons à titre d'exemple Marcadé :

> *« On appelle* originaires *les modes conférant la propriété d'une chose qui n'était précédemment propriété de personne (l'occupation toujours, et quelquefois l'accession) ; on appelle* dérivés *ceux qui nous rendent propriétaires de choses dont un autre était propriétaire avant nous »*[1089].

Il ne s'agit nullement là d'une présentation isolée[1090], ou antédiluvienne : c'est celle encore utilisée aujourd'hui par M. Cornu dans son *Introduction au droit* :

> *« L'acquisition originaire de la propriété [...] se réalise lorsqu'une personne s'approprie une chose qui, auparavant, n'appartenait à nulle autre (...) Il y a bien un acquéreur, mais pas de précédent propriétaire, pas d'auteur. L'acquéreur ne tient son droit de personne. Il est le premier propriétaire, le maître originaire »*[1091].

[1087] Ph. Malaurie et L. Aynès, *Les biens*, préc., n° 551.

[1088] Est sans doute inévitable, la classification examinée étant « avant tout un exercice théorique, ce qui peut parfois favoriser l'incertitude » (F. Zénati et Th. Revet, *Les biens*, préc., n° 130).

[1089] V. Marcadé, *Explication théorique et pratique du Code Napoléon*, 5e éd., 2e tirage, t. 3, éd. Cotillon, 1859, p. 4. – Rappr. C. civ., art. 2235, qui emploie le mot *auteur* en un sens spécial et très large pour désigner le précédent propriétaire de la même chose « *de quelque manière qu'on lui ait succédé* »... et donc alors même que l'on n'est pas son ayant cause ! (L. Boyer, th. préc., p. 352)

[1090] Même sens, not. : C. Demolombe, *Cours de Code Napoléon*, t. 1, 3e éd., 1866, n° 6, p. 10 ; E. Lévy, *Preuve par titre du droit de propriété immobilière*, th. préc., n° 64, p. 114 ; R. Beudant et P. Voirin, *Cours de droit civil français*, éd. A. Rousseau, t. 4, *Les biens*, 1938, n° 636 ; Planiol et Ripert, *Traité pratique de droit civil français*, LGDJ, t. 3, *Les biens*, 1952, par M. Picard n° 588, p. 600.

[1091] G. Cornu, *Droit civil, introduction, les personnes, les biens*, préc. 12e éd., 2005, n° 1053. Même sens : H., L., J. Mazeaud et F. Chabas, *Introduction à l'étude du droit*, préc., n° 243 ; plus ancien : A. Weill, *Droit*

De l'acquisition originaire ainsi définie, cet auteur distingue la transmission de la propriété, les cas où « l'acquisition de la propriété s'opère par le transfert du droit »[1092]. Cette approche conduit à retenir une conception large de la notion de transfert de droit. Ainsi, la possession (prescription acquisitive, acquisition instantanée du possesseur de bonne foi) est rangée dans cette approche parmi les modes d'acquisition par transfert[1093] (il faut comprendre : lorsqu'elle porte sur une chose préalablement appropriée). Cependant, elle ne correspond pas au texte du Code civil qui, en ce qui concerne la propriété, attache une autre portée à la distinction des modes d'acquisition par transfert[1094]. Par ailleurs, elle n'offre « aucun intérêt pratique »[1095], l'adage *Nemo plus juris* ne s'appliquant pas à une catégorie aussi large de modes d'acquisition dérivés.

Ce sont probablement là les raisons qui expliquent le quasi abandon de cette approche aujourd'hui.

360.– La plupart des ouvrages contemporains retiennent en effet une notion plus large des modes d'acquisition originaires : sont qualifiés de tels ceux dans lesquels l'acquéreur n'est l'ayant cause de personne, c'est-à-dire n'a pas acquis son droit « d'une autre personne appelée son auteur »[1096], que le droit dont il s'agit ait été ou non approprié précédemment[1097] ; sont qualifiés de dérivés ceux où l'acquéreur tient son droit de son prédécesseur[1098], en ce double sens que la chose était déjà appropriée et que c'est de l'ancien propriétaire que procède son droit[1099]. On distingue donc selon qu'il y a création d'un droit nouveau (occupation, accession, prescription acquisitive) ou transmission d'un droit existant (vente, succession...)[1100].

---

civil, introduction générale, 3e éd., 1973, n° 293 (ces deux derniers ouvrages traitent cependant des modes originaires d'acquisition des *droits*, et pas seulement de la *propriété*, ce qui est une façon d'englober dans la classification les droits personnels, alors même qu'ils ne sont pas regardés dans ces ouvrages comme étant des objets de propriété, ainsi que les droits extrapatrimoniaux, et de donner ce faisant une certaine consistance aux modes « originaires » définis de cette façon – ce qui permet également d'ignorer les articles 711 et 712 du Code civil).

1092 G. Cornu, *ibid.*, ° 1060.

1093 Ex. : G. Cornu, *ibid.*, n° 1065. La possession ne suppose pas, cependant, l'appropriation préalable par autrui.

1094 C. civ., art. 711 et 712, précités.

1095 Planiol et Ripert, *Traité pratique de droit civil français*, par M. Picard, préc.

1096 G. Cornu, *Vocabulaire juridique*, V° *Ayant cause*. *Nota* : faute d'auteur, il est inutile de se demander s'il s'agit ici de l'auteur « du » ou de l'auteur « dans » le transfert

1097 Usucapion, possession de bonne foi des meubles corporels, subrogation réelle ; on cite aussi l'expropriation pour cause d'utilité publique, l'inscription aux livres fonciers à force probante absolue (Rouiller, th. préc., p. 825).

1098 F. Terré et Ph. Simler, *Les biens*, préc., n° 389.

1099 F. Zénati et Th. Revet, *Les biens*, préc., n° 121.

1100 Ph. Simler, *Les biens*, PU Grenoble, 2e éd., 2001, n° 99.

B. – APPRÉCIATION

361.– La distinction entre acquisitions dérivée et originaire doit être examinée dans sa mise en œuvre (b), mais il faut souligner au préalable les difficultés attachées à son principe même (a).

1° Principe

362.– Dans l'acquisition dérivée, l'acquéreur tient son droit du précédent propriétaire. Dans l'acquisition originaire, il ne tient son droit de personne, son titre lui est propre. Comment concilier la première proposition avec l'idée que le droit de propriété est « intransmissible » ? Et comment concilier la seconde avec le mécanisme du « transfert » auquel se réfèrent parfois les textes ?

a) Acquisition dérivée d'un droit « intransmissible »

363.– Nous avons évoqué ci-dessus[1101] les doctrines de l'intransmissibilité des droits. Comment comprendre, si le droit est *intransmissible*, le principe même d'une acquisition à titre *dérivé* puisque celle-ci suppose que l'acquéreur tient son droit de son auteur ? Les deux propositions paraissent inconciliables : si je tiens mon droit de quelqu'un, n'est-ce pas précisément parce que ce droit m'a été « transmis » ? Soit le droit m'est transmis, et je prends la place du précédent propriétaire, je suis son « successeur »[1102] car un droit peut être déplacé sans disparaître pour autant. Soit le droit du précédent propriétaire s'est « éteint » pour laisser place à un droit « nouveau », et cela empêche de parler de transmission car, de ce double fait, il n'y a pas alors un simple transfert.

Entre les tenants de l'intransmissibilité des droits, nous avons relevé bien des nuances. La thèse d'E. Lévy échappe à tout reproche puisque selon cet auteur il n'y a jamais acquisition d'un droit mais toujours droit nouveau[1103]. M. Zénati reprend la même analyse[1104] mais fait néanmoins place à la distinction des modes d'acquisition dérivée et originaire inscrite dans les textes[1105]. Il considère que le transfert de la chose appropriée, du bien, crée entre les deux propriétaires « un lien d'auteur à ayant cause » du fait de « la succession de deux propriétaires dans la maîtrise de la chose, quelle que soit sa forme »[1106]. « Quelle que soit sa forme », il faut comprendre : alors même qu'il y a eu extinction du droit ancien et création d'un droit nouveau. Cette analyse peut être diversement appréciée. On peut estimer qu'il y a un certain verbalisme à considérer tout à la fois que le droit de propriété est intransmissible et que néanmoins il y a acquisition à titre dérivé en ce sens que le bien est transmis

---

[1101] V. *supra*, chapitre préliminaire, n° 53 s.

[1102] « Successeur : celui qui prend la place d'un devancier » : G. Cornu, *Vocabulaire juridique*, V° *Successeur*.

[1103] Th. préc., *passim* et n° 56 (« il n'y a pas un droit qui passe, il y a un droit qui se créé »).

[1104] V. *supra*, n° 58.

[1105] F. Zénati et Th. Revet, *Les biens*, préc., n° 120 s.

[1106] *Ibid.*, n° 121.

avec son statut juridique, autrement dit avec les rapports de droit dont il est le siège, au point que le nouveau propriétaire « tient *son droit* de » l'ancien, et pas seulement la chose[1107] ; à considérer que le droit de l'acquéreur est « indépendant » seulement en cas d'acquisition originaire[1108], et non pas en cas d'acquisition dérivée, alors que dans les deux cas le droit est présenté comme étant « nouveau » et que les « caractéristiques intrinsèques du bien »[1109] sont les mêmes. Le caractère équivoque des formules employées à propos de l'acquisition dérivée est de nature à nourrir cette impression (« celui qui acquiert un bien se trouve *dans la même situation* que celui qui le lui a transmis » ; « le droit du nouveau propriétaire *procédant* de celui de l'ancien », lequel en « est à l'origine »)[1110].

Mais on peut également considérer – et c'est notre point de vue – que cette analyse et ces formules sont justifiées par l'idée qu'il y a transfert d'un bien soumis à un statut juridique déterminé, dont les caractéristiques s'imposent à l'acquéreur comme elles s'imposaient au précédent propriétaire. Il n'y a là nul sophisme mais une manifestation du dualisme de la notion de propriété, dont nous avons pu constater qu'il est présent dans toutes les approches théoriques qui en sont faites[1111].

C'est d'ailleurs ce dualisme qui éclaire la seconde objection ici soulevée au sujet du principe de la distinction des modes d'acquisition dérivée et originaire.

b) Acquisition originaire par l'effet d'un « transfert »

364.– Il arrive que le mécanisme du transfert soit évoqué à propos d'acquisition originaire. Nous nous proposons de montrer que ces deux notions ne sont pas incompatibles.

1. Problème

365.– En matière d'expropriation pour cause d'utilité publique, en matière de remembrement rural, les textes évoquent le mécanisme du « *transfert* », ou à tout le moins emploient ce terme :

> « *Le* transfert *de propriété des immeubles ou de droits réels immobiliers est opéré par voie soit d'accord amiable, soit d'ordonnance [...] l'ordonnance envoie l'expropriant en possession* »[1112].
>
> « *Le plan de mutation de propriété est déposé à la mairie. Le dépôt des plans en mairie entraîne* transfert *de propriété* »[1113].

[1107] « Le propriétaire ne tient son droit de personne » notent les mêmes auteurs à propos de l'acquisition originaire (*ibid.*, n° 125).
[1108] F. Zénati et Th. Revet, ouvr. préc., n° 128.
[1109] F. Zénati, th. préc., n° 269.
[1110] *Ibid.*, n° 121 et 123.
[1111] V. *supra*, n° 57.
[1112] C. expr., art. L. 12-1 (soul. par nous). V. aussi l'art. L. 1-7 du même code : « ... le juge de l'expropriation saisi par le propriétaire prononce le transfert de propriété et fixe le prix du terrain comme en matière d'expropriation ».
[1113] C. rur., art. R. 122-18 (soul. par nous).

Pourtant, on est là dans des hypothèses, on le verra[1114], où la qualification de mode d'acquisition *originaire* ne paraît pas sérieusement contestable. Une contradiction apparaît ainsi entre la réalité juridique (le nouveau propriétaire ne tient pas son droit de l'ancien)[1115] et le vocabulaire utilisé pour la désigner. Est-ce à dire que le terme « transfert » est ici mal choisi ? Nous sommes en présence de textes de nature législative. La question est donc moins de savoir s'ils sont ou non « exacts » par rapport aux schémas doctrinaux habituels que d'adapter ces derniers à cette réalité afin d'en rendre compte (ou à tout le moins d'essayer). C'est peut-être pour cette raison que les auteurs répugnent à aller très loin ici dans la critique, ils marquent simplement de la réticence : « À vrai dire, l'idée de transfert de propriété traduit mal le fait que le remembrement efface les droits nés du chef du précédent propriétaire [...] »[1116]. Le mot est faible.

Pourtant, ces mêmes auteurs évoquent de leur côté, non sans contradiction, ce « mode particulier de transfert forcé de la propriété privée » qu'est le remembrement[1117]. Comment expliquer cette double attirance, dans le texte de la loi et sous la plume des auteurs, pour un mécanisme qui, techniquement, n'est pas celui utilisé ici ?

366.– La question se pose d'autant plus que sa portée n'est pas limitée aux cas envisagés. Car c'est manifestement la même approche qui est à la source de la conception dite ci-dessus « ancienne » du critère des modes d'acquisition originaires[1118]. Rappelons que dans cette conception sont qualifiés de tels ceux conférant la propriété d'une chose non précédemment appropriée. On peut en effet avancer l'explication suivante : si la chose n'était pas déjà appropriée, il n'y a pas à la transférer de l'ancien au nouveau propriétaire ; dans le cas inverse, un transfert est nécessaire pour la faire passer de l'un à l'autre. L'analyse – si c'est la bonne, ce qui est conjectural – est d'ailleurs rigoureusement exacte.

367.– Allons plus loin. Lorsque l'acquisition d'une chose précédemment appropriée se fait selon un mode originaire (au sens « moderne »)[1119], peut-on encore parler d'acte translatif ? Sommes-nous toujours « dans le sujet » ? On est fondé à en douter puisque, précisément, il y a en ce cas acquisition mais non « transfert ».

[1114] V. *infra*, n° 383.

[1115] L'ordonnance d'expropriation « éteint par elle-même et à sa date tous droits réels ou personnels existant sur les immeubles expropriés » (C. expr., art. L. 12-2). Il en a été notamment déduit, dans une hypothèse où l'immeuble exproprié avait fait l'objet d'une précédente vente non publiée, qu'une telle vente est opposable à l'autorité expropriante, celle-ci (parce qu'elle acquiert un droit neuf) n'étant pas un tiers au sens de la publicité foncière (Cass. Civ. 3e, 10 mai 1977 : JCP 1979, II, 19135 n. M. Dagot).

[1116] F. Terré et Ph. Simler, *Les biens*, préc., n° 367.

[1117] F. Terré et Ph. Simler, *ibid.*, n° 365. M. Atias, également, alors même qu'il précise qu'en ce cas la situation juridique du bénéficiaire « se constitue directement, sans antécédent, dans son patrimoine », autrement dit qu'elle découle d'une acquisition originaire, se réfère au caractère *translatif* de l'ordonnance d'expropriation (*Les biens*, préc., n° 322, soul. par nous). Rappr. F. Zénati (obs. RTD civ. 1996, p. 656) qui considère que l'expropriation constitue une « transmission » et non un mode d'acquisition originaire.

[1118] V. *supra*, n° 359.

[1119] V. *supra*, n° 360.

On peut, certes, considérer que cette « constitution-déconstitution » de la propriété constitue le schéma même de son transfert[1120], lequel consiste « dans l'extinction du droit de propriété et la création concomitante d'un nouveau droit de propriété »[1121]. Mais, précisément, cette analyse révèle sur ce point une certaine ambiguïté, sinon une fragilité, en raison même de son aptitude à rendre également compte de chacun des deux modes d'acquisition, dérivée et originaire. Ses auteurs proposent de distinguer selon qu'il y a ou non un « transfert » (ils caractérisent l'acquisition originaire par le fait qu' « un nouveau propriétaire succède au précédent en dehors de tout transfert »)[1122], mais sans définir ce terme. Qu'est-ce qu'un « transfert » ? La difficulté considérée est qu'il en est question à propos d'un mode d'acquisition originaire, c'est-à-dire en dehors d'une relation auteur-ayant cause. Or, appliquée à cette difficulté, la définition qui vient d'être rappelée (« le transfert consiste dans l'extinction du droit de propriété et la création concomitante d'un nouveau droit de propriété ») est inopérante.

2. Solution

368.– À nos yeux, le terme de transfert est ici justifié, mais il ne correspond pas à la définition qui en est donnée de façon usuelle.

Pour sortir de la difficulté, il ne suffit pas de relever que le transfert dont il s'agit a pour particularité d'avoir pour objet la *chose* appropriée et non le *droit* de propriété. Cette observation est sans doute exacte car cette chose passe effectivement de l'ancien au nouveau propriétaire. Mais, en dépit du dualisme inhérent à la notion de propriété[1123], il n'y rien là qui justifie que l'on parle de transfert puisque, précisément, il n'y a pas succession dans le *droit* de propriété qui porte sur cette chose.

369.– Les contradictions relevées se dissipent en revanche en faisant application de la distinction qui constitue l'idée directrice de ces développements. *Si l'on a du mal à comprendre la référence au mécanisme du transfert dans l'hypothèse d'une acquisition originaire d'un bien précédemment approprié, c'est parce que – ici comme toujours – on ne conçoit pas que le transfert puisse être déclenché ou opéré par quelqu'un d'autre que le propriétaire.* Or, il est de fait que dans l'hypothèse considérée il n'y a pas de relation auteur-ayant cause en ce sens que l'ancien propriétaire n'est pas la personne dont le nouveau tient ses droits : il n'est pas son auteur « dans » le transfert. Donc, pas d'auteur, pas de transfert.

Il n'en est pas moins certain que le nouveau propriétaire a acquis son droit sur le bien, à titre originaire, parce que celui-ci lui a été attribué par l'autorité investie du

[1120] F. Zénati, th. préc., p. 713 et 730.
[1121] F. Zénati et Th. Revet, *Les biens*, préc., n° 121.
[1122] Il est précisé : « par l'effet de la loi ou d'un phénomène naturel » (F. Zénati et Th. Revet, *Les biens*, préc., n° 125) mais cela n'est guère de nature à éclairer puisque c'est également par l'effet de la loi que l'héritier succède au défunt, son auteur (*supra*, n° 6 in fine).
[1123] Sur ce dualisme, v. *supra*, n° 62.

pouvoir de le faire : la personne publique expropriant, sous le contrôle du juge[1124], la commission d'aménagement foncier dans le cas du remembrement[1125]. S'il n'y a pas d'auteur *dont* le nouveau propriétaire tient son droit, il y a par hypothèse un auteur *de qui* il le tient. Il s'agit de l'auteur « du » transfert. Et, dès lors qu'il y a un auteur, comment ignorer le transfert et l'acte « translatif », même en cas d'acquisition originaire ? (« translatif » entre guillemets car il s'agit d'un mode d'acquisition originaire et donc, en réalité, de la constitution d'un droit nouveau[1126] ; mais *translatif* néanmoins en ce sens qu'il y a changement de propriétaire) ?

*

* *

370.– *Conclusion* sur la distinction entre acquisitions dérivée (ou par transfert) et originaire examinée en son *principe*. Nous avons relevé deux approches distinctes de cette distinction. Une première approche, surtout ancienne, ne qualifie d'originaire que l'acquisition d'une chose non encore appropriée ; la solution est peu heureuse car une appropriation préalable n'exclut nullement que le nouveau propriétaire acquière un droit neuf. Une seconde approche, aujourd'hui majoritaire, élargit les cas d'acquisition originaire à toutes les hypothèses où le droit acquis n'est pas reçu d'un précédent propriétaire mais est un droit nouveau (nouveau en ce sens que le bien qui en est l'objet ne se trouve pas dans la même situation juridique, car les doctrines de l'intransmissibilité des droits considèrent qu'il y a acquisition dérivée lorsque le nouveau propriétaire se trouve dans le même situation que l'ancien). La notion de transfert y est donc entendue de façon plus étroite : il s'agit seulement du transfert du droit de propriété par le précédent propriétaire, et non de la propriété-objet ; il n'en reste pas moins que l'acquisition originaire d'un bien précédemment approprié n'est pas exclusive d'un transfert : il en est ainsi chaque fois qu'elle est déclenchée par un autre que le précédent propriétaire (chaque fois qu'il y a un auteur *du* transfert).

2° Mise en œuvre

371.– Comme toute distinction, celle faite entre les modes d'acquisition dérivés et les modes d'acquisition originaires fait surgir des difficultés de frontières. Il faut donc rappeler les solutions (a) et en souligner la portée (b).

a) Solutions

372.– Deux critères, nous l'avons vu, sont retenus par la doctrine majoritaire pour appliquer cette distinction : celui de la source de l'acquisition (l'existence d'une

---

[1124] L'ordonnance opérant transfert de propriété est rendue « par un juge de l'expropriation désigné, pour chaque département, parmi les magistrats du siège appartenant à un tribunal de grande instance » (C. expr., art. L. 13-1 auquel renvoie l'art. L. 12-1, ainsi que R. 13-1 s.). Sur les pouvoirs respectifs de l'expropriant et du juge de l'expropriation, v. *infra* n° 415.

[1125] C. rur., art. L. 121-1 s.

[1126] V. *infra*, n° 383.

relation auteur-ayant cause) et celui de la substance du droit du nouveau propriétaire (il doit être identique à celui de l'ancien), le second critère étant présenté comme la conséquence nécessaire du premier.

Il en résulte deux grandes séries d'hypothèses, selon que le critère tiré de la substance du nouveau droit correspond ou non au jeu de celui tiré de l'existence d'une relation auteur-ayant cause[1127]. Nous parlerons de solutions homogènes pour qualifier les premières, de solutions hybrides pour désigner les secondes.

1. Solutions homogènes

373.– Elles sont de deux sortes. Il peut s'agir en effet, en premier lieu, d'une qualification homogène de *transfert* si cela ressort de l'application cumulative du premier et du second critère. C'est le cas lorsqu'il apparaît, d'une part, que l'ancien titulaire est celui dont et/ou de qui le nouveau tient ses droits et d'autre part que le droit dont il s'agit présente les mêmes caractéristiques chez l'un et chez l'autre. Pour prendre un exemple simple, sinon simpliste, c'est le cas de la vente.

Il peut s'agir, également, d'une qualification homogène d'acquisition *originaire* lorsque cela ressort de l'application cumulative, en sens inverse, du premier et du second critères. C'est le cas lorsqu'il apparaît que l'acquéreur ne tient pas ses droits d'un auteur et que le droit dont il s'agit est indépendant de celui dont le bien considéré pouvait faire l'objet antérieurement.

Il va sans dire que dans l'une et l'autre de ces hypothèses la qualification ne laisse place à aucune hésitation.

2. Solutions hybrides

374.– La solution a un caractère hybride lorsqu'elle mêle les caractéristiques de chacun des deux grands types d'acquisition. Il en est ainsi lorsque le nouveau titulaire n'est pas un ayant cause de l'ancien et que néanmoins le droit dont il s'agit présente les mêmes caractéristiques objectives chez l'un et chez l'autre. On est alors en présence d'un conflit de critères, ce qui rend la qualification difficile. Tel est le cas, particulièrement, pour ce qui est de la prescription acquisitive. En effet le mécanisme de l'acquisition, peut-on dire, est celui d'un mode originaire, mais son objet est celui d'une acquisition par transfert[1128].

375.– L'hypothèse inverse n'existe pas : dès lors que le droit a été acquis par l'effet d'une relation auteur-ayant cause, il présente toujours les caractéristiques qui étaient les siennes dans le patrimoine de l'ancien titulaire. Cette proposition doit cependant être nuancée car l'acquisition dérivée ne postule pas une identité complète des prérogatives des deux titulaires successifs. Ainsi par exemple, en matière de

---

[1127] Rappelons (*supra*, n° 6) que l'ayant cause peut tenir son droit d'un fait comme d'un acte juridique.
[1128] V. *infra*, n° 380.

subrogation, certaines prérogatives sont indétachables du subrogeant et, en dépit de l'effet translatif qui lui est attaché, la subrogation ne peut investir le subrogé de ces prérogatives[1129]. Il s'agit cependant là de différences de détail.

On peut les négliger car des différences beaucoup plus substantielles sont susceptibles d'apparaître, dont il faut se demander jusqu'où elles sont compatibles avec le critère tiré de la substance du droit nouveau. Il faut, pour répondre à cette question, approfondir la portée de celui-ci.

b) Portée

376.– La substance du droit nouveau peut être comparée à celle du droit ancien selon un double point de vue : celui du maintien ou de la purge des droits qui portent sur le bien qui a été acquis ; celui de l'incidence ou non des vices éventuels des droits du précédent propriétaire. Il apparaît que le critère de la purge des droits ne permet pas de distinguer acquisition originaire et acquisition dérivée : c'est un faux critère. En revanche, celui de la purge des vices éventuels des droits du précédent propriétaire constitue la vraie pierre de touche en la matière.

1. Faux critère de la purge des droits portant sur la chose

377.– Soit un immeuble hypothéqué qui est vendu (cas 1) ou usucapé (cas 2). Dans un cas (acquisition dérivée) comme dans l'autre (acquisition originaire), il peut y avoir disparition ou maintien de l'hypothèque. Il s'agit donc là d'une question étrangère à la distinction examinée. Mais cela n'est pas vrai de façon aussi générale pour tous les droits portant sur le bien acquis. Il faut en réalité distinguer : la purge des droits grevant ce bien est compatible avec le mécanisme de l'acquisition dérivée ; le maintien de ces mêmes droits ne l'est pas en principe avec celui de l'acquisition originaire.

i) Purge des droits et acquisition dérivée

378.– La procédure de purge des sûretés inscrites sur un immeuble (ou un fonds de commerce) permet au tiers acquéreur[1130] de faire disparaître totalement et définitivement toutes les sûretés réelles qui le grèvent, de se prémunir contre le droit de suite des créanciers inscrits sur l'immeuble ou le fonds de commerce du débiteur. Tout se passe, une fois la purge opérée, comme si l'acquéreur était titulaire d'un droit neuf, nettoyé des sûretés qui pesaient sur lui. Mais cette situation est le résultat de la procédure de purge, et non pas de l'acquisition elle-même. La nécessité d'une purge manifeste, précisément, que le nouveau titulaire du droit n'acquiert celui-ci que dans les conditions dans lesquelles le tenait son auteur et qu'il doit donc supporter en principe l'exercice du droit de suite des créanciers, sauf à y faire

---

[1129] J. Mestre, obs. RTD civ. 1986, p. 351 n° 7 et 1993, p. 126 n° 9.

[1130] « L'acquéreur ou le donataire », prévoit l'article 2479 C. civ. Celui qui acquiert le bien par prescription acquisitive n'a pas la faculté de purger, alors pourtant que les droits inscrits sur l'immeuble lui sont opposables (*infra*, n° 380).

obstacle[1131] en offrant le prix ou la valeur du bien aux créanciers inscrits, qui ont eux-mêmes la possibilité de faire surenchère et d'imposer la vente aux enchères. C'est d'ailleurs ainsi que la matière est présentée dans le Code civil[1132] : si le nouveau propriétaire dispose d'une procédure spéciale d'extinction des sûretés inscrites sur le bien acquis, c'est qu'il ne reçoit le bien que grevé de ces sûretés.

Peu importe que celles-ci soient éteintes sans que les créanciers reçoivent le montant intégral des créances inscrites : il s'agit là d'une particularité de cette procédure[1133]. Elle se retrouve dans tous les transferts qui ne donnent pas naissance à la faculté de purger mais « valent purge » en ce sens qu'ils font apparaître un prix qui ne peut pas être remis en cause par les créanciers[1134], soit parce que la protection de ceux-ci y a été assurée (vente sur saisie, adjudication sur surenchère), soit parce qu'une remise en cause de ce prix est exclue (expropriation pour cause d'utilité publique)[1135], soit pour l'une et l'autre de ces raisons (aliénations valant purge prévues dans la législation des procédures collectives)[1136]. Il y a là d'ailleurs la source d'une possible ambiguïté car certains de ces transferts sont réalisés dans le cadre d'une acquisition à titre originaire.

Le cas de l'acquisition emportant purge ou conférant le droit d'y procéder constitue donc, quoi qu'il puisse sembler, une hypothèse de solution « homogène » en ce sens que la relation auteur-ayant cause se double de la transmission d'un droit présentant les mêmes caractéristiques dans le patrimoine du nouveau titulaire que dans celui de l'ancien.

ii) Maintien des droits et acquisition originaire

379.– Le principe, en matière d'acquisition originaire, est inverse : c'est celui du non-maintien car le bien est acquis sans que son statut juridique le suive. Donc, s'il se trouve qu'il était précédemment approprié, les droits que les tiers avaient pu constituer sur lui sont inopposables au nouveau propriétaire. C'est ce principe, par exemple, qui gouverne l'effet acquisitif originaire fondé sur *l'article 2279 al. 1er* du Code civil[1137] ; il se justifie par le fait que les transactions sur les meubles sont plus

---

[1131] La purge éteint le droit de suite des créanciers inscrits mais elle laisse survivre leur droit de préférence.

[1132] Les articles 2478 et suivants du Code civil, qui en sont le siège, font suite à la consécration de la règle *Nemo plus juris* dans l'article 2477 al. 2 (« Le vendeur ne transmet à l'acquéreur que la propriété et les droits qu'il avait lui-même sur la chose vendue : il les transmet sous l'affectation des mêmes privilèges et hypothèques dont la chose vendue était grevée »). V. aussi C. com., art. L. 143-12 s.

[1133] Explication : ce moyen de libération autoritaire de l'immeuble « est la contrepartie de la liberté laissée aux créanciers de prendre inscription (conventionnelle, judiciaire ou légale) sans limitation », de la possibilité pour un immeuble d'être « sur-hypothéqué » (M. Dagot, *Les sûretés*, PUF, 1981, p. 474).

[1134] M. Dagot, *Les sûretés*, préc., p. 478 ; M. Cabrillac et Ch. Mouly, *Droit des sûretés*, préc., n° 915 ; Ph. Théry, *Sûretés et publicité foncière*, préc., n° 191.

[1135] Elle vaut purge en ce sens que la surenchère est interdite aux créanciers (« L'ordonnance d'expropriation *éteint*, par elle-même et à sa date, tous droits réels ou personnels existant sur les immeubles expropriés » : C. expr., art. L 12-2), mais leur droit de préférence est sauvegardé (« Les droits des créanciers régulièrement inscrits sur les immeubles expropriés ... sont reportés sur l'indemnité compte tenu du rang de préférence qui leur est reconnu par les textes qui les régissent » : C. expr., art. L 12-3).

[1136] C. com., art. L. 642-18 s.

[1137] Ex. : la revente ou la mise en gage des marchandises achetées sous réserve de propriété « fait généralement obstacle à la revendication, parce que le sous-acquéreur ou le créancier gagiste entré de

rapides et moins formalistes que celles portant sur les immeubles, ce qui ne laisse pas toujours la possibilité à l'acquéreur de vérifier le statut juridique de la chose. C'est également ce principe qui gouverne (dans les deux sens : passif et actif) cet autre mode d'acquisition originaire que constitue *l'accession* ; ainsi que le relève un auteur, « l'acquéreur de la propriété d'un bien par un mode originaire comme l'accession acquiert [...] un droit nouveau, pur de toute charge, mais aussi dépouillé de toute prérogative accessoire »[1138]. C'est encore ce principe du non-maintien qui s'applique en cas de *subrogation réelle* ; ou plutôt le raisonnement est inverse : d'un arrêt[1139] jugeant que le sous-acquéreur d'une marchandise vendue avec clause de réserve de propriété ne peut pas valablement opposer une exception d'inexécution au vendeur revendiquent le prix de la créance, il a été déduit que la subrogation réelle est un mode d'acquisition originaire[1140/1141].

380.– Ce principe ne s'applique pas, cependant, en cas de prescription acquisitive. Il ne s'agit d'ailleurs pas là d'une véritable dérogation. *Si la propriété est alors acquise avec les charges* (hypothèque, servitudes) dont elle était grevée lors de l'entrée en possession, *c'est parce que c'est ainsi qu'elle a été possédée*. Le titre dont la possession se trouve revêtue ne déborde pas le contenu de son fait (*Tantum praescriptum quantum possessum*)[1142]. Certains auteurs ont déduit de cette solution que la prescription acquisitive est un mode d'acquisition à titre dérivé[1143]. Cette conclusion est inappropriée. Ainsi que M. Larroumet le souligne très justement, en ce qui concerne les charges qui pèsent sur la chose en vertu du droit de suite il n'y a pas à distinguer l'acquéreur à titre originaire et l'ayant cause[1144]. La solution est d'ailleurs contraire si la situation de fait est différente : « Le possesseur peut aussi

---

bonne foi en possession des biens est protégé par l'article 2279 du Code civil » : Cass. com., 3 octobre 1989 : JCP 1990, II, 21454 n. Behar-Touchais. Nota : ce gage paraît tout aussi compatible avec l'art. 2335 C. civ. que la vente avec l'art. 1599 (v. *infra*, n° 556).

[1138] Ph. Jourdain, *La nature de la responsabilité civile dans les chaînes de contrats après l'arrêt d'assemblée plénière du 12 juillet 1991*, D. 1992, chron. p. 149, n° 19. Soulignons cependant que cette citation concerne le contrat d'entreprise, dont il a été montré depuis qu'il comporte un mécanisme de transfert de propriété et non d'acquisition de propriété par accession (P. Puig, *La qualification du contrat d'entreprise*, préc., n° 408 s.), ce qui rétrécit sensiblement le jeu de la maxime *superficies solo cedit* (P. Puig, *ibid.*, p. 385).

[1139] Cass. com., 3 janvier 1995 : Bull. civ. IV, n° 3 ; JCP 1995, I, 3841 n° 13 obs. M. Cabrillac et Ph. Pétel ; D. 1996, somm. p. 221 obs. F. Pérochon ; RTD civ. 1997 p. 166 obs. F. Zénati.

[1140] F. Zénati, obs. préc. ; Rép. civ. Dalloz, V° *Subrogation réelle*, par E. Savaux, 1998, n° 57.

[1141] M. Zénati n'en considère pas moins, à propos du quasi-usufruit, que la subrogation réelle « suppose qu'une chose succède à celle qui était initialement grevée d'usufruit avant l'extinction de l'usufruit et *qu'elle supporte la charge réelle qui pesait sur sa devancière* » (F. Zénati, *La nature juridique du quasi-usufruit (ou la métempsycose de la valeur)*, in Études offertes à Pierre Catala, Litec, 2001, p. 627, n° 26, soul. par nous).

[1142] M. Bandrac, *La nature juridique de la prescription extinctive en matière civile*, Economica, 1986, p. 211.

[1143] En application de l'idée que, puisque le bénéficiaire de l'usucapion doit subir les charges réelles consenties sur l'immeuble par l'ancien propriétaire, c'est qu'il n'a pas plus de droits que ce dernier et qu'il est donc son ayant cause (Laborde-Lacoste, *Essai sur la notion d'ayant cause à titre particulier en droit privé français*, th. Bordeaux, 1916, p. 117 s.). Autre chose est de classer l'usucapion parmi les modes dérivés parce qu'on ne considère comme originaires que les acquisitions de biens n'appartenant à personne (Mazeaud et F. Chabas, *Biens, droit de propriété et ses démembrements*, par F. Gianviti, préc., n° 1510 ; v. *supra*, n° 359).

[1144] Ch. Larroumet, *Les biens*, préc., n° 441.

prescrire à l'encontre de ces charges, mais c'est alors une prescription distincte de celle qui concerne la propriété »[1145].

381.– Contrairement à ce qu'il pourrait sembler, il apparaît donc que le critère tiré du maintien ou non des droits portant sur le bien ne permet pas de distinguer les modes d'acquisition originaires et dérivés. Le vrai critère réside dans l'effet attaché aux vices éventuels du droit du précédent propriétaire – s'il se trouve qu'il y en avait un.

2. Vrai critère de la purge des vices éventuels des droits du précédent propriétaire

382.– Le trait commun à toutes les hypothèses d'acquisition *dérivée* est que le droit du nouveau propriétaire reste *tributaire* de celui de l'ancien non seulement dans son étendue mais *dans son existence même* (resoluto jure dantis resolvitur jus accipientis ; nemo dat quod non habet ; nemo plus juris)[1146]. Le droit acquis selon un mode *originaire* est nouveau en un sens beaucoup plus énergique : il *existe de façon autonome* car il repose sur un titre nouveau, abstrait, indépendant de celui de l'éventuel précédent propriétaire, ce qui entraîne qu'il ne peut pas être remise en cause du chef de ce dernier. Reprenons pour le montrer les deux exemples utilisés plus haut, celui de l'expropriation d'utilité publique et celui du remembrement rural. Sans doute est-ce là raisonner à la marge, mais c'est la marge qui est toujours révélatrice.

383.– L'expropriation d'utilité publique emporte purge non seulement des droits inscrits mais aussi de toute possibilité de contestation. Les textes précisent en effet que l'ordonnance d'expropriation « *ne peut être attaquée que par la voie du recours en cassation, et seulement pour incompétence, excès de pouvoir ou vice de forme* »[1147]. La « purge » réalisée par l'ordonnance d'expropriation est donc beaucoup plus énergique que celle du droit commun. Le Code de l'expropriation pour cause d'utilité publique n'emploie pas le mot purge, il précise que « *l'ordonnance d'expropriation éteint, par elle-même et à sa date, tous droits réels ou personnels existant sur les immeubles expropriés* »[1148]. Selon un auteur :

> « *le bénéficiaire de l'expropriation ne tient pas son titre juridique du titulaire initial du droit de propriété. Cela emporte une conséquence importante : si la personne à l'encontre de laquelle a été entreprise l'expropriation n'est pas le propriétaire réel du bien, cela ne remettra pas en cause la validité de l'opération* »[1149]. Il y a donc « *extinction du droit de propriété du titulaire initial et naissance d'un nouveau droit sur le bien au profit du bénéficiaire de l'expropriation* »[1150].

[1145] F. Terré et Ph. Simler, *Les biens*, préc., n° 486.

[1146] « Ce qui distingue en fait ces deux variétés de modes [originaires et dérivés] c'est le brocard *Nemo plus juris* qui ne trouve son application que dans les modes dérivés » (E. Lévy, th. préc., p. 114).

[1147] C. expr., art. 12-5.

[1148] C. expr., art. L. 12-2 (v. aussi l'art. 11-7).

[1149] F. Biglione, *La notion de privation de propriété. Étude relative à la propriété immobilière*, PU d'Aix-Marseille III, 1999, p. 62.

[1150] *Ibid.*, p. 61.

C'est la conséquence relevée (« cela ne remettra pas en cause la validité de l'opération ») qui nous importe ici. Les fondements qui lui sont donnés dans cet extrait ne sont pas appropriés. Car contrairement à ce qui est indiqué, ce n'est évidemment pas parce qu'il n'a pas été transmis par son titulaire que le droit initial est éteint : le fait que l'auteur *du* transfert ne soit pas l'auteur *dans* le transfert ne postule nullement que l'acquisition soit faite à titre *originaire* ! Par ailleurs, ce caractère originaire ne découle pas davantage du double mouvement de déconstitution-constitution du droit de propriété sur la chose, puisqu'il s'agit là[1151] d'un mécanisme commun à tout transfert, qu'il y ait acquisition dérivée ou originaire.

Cette citation a cependant l'intérêt de faire ressortir l'ambiguïté attachée à l'analyse selon laquelle l'acquisition à titre dérivée fait acquérir un droit nouveau, et d'en marquer les limites. Cette analyse, on l'a vu, a été conçue dans une perspective entièrement différente. Elle est l'instrument d'une théorie de la propriété conçue comme étant un droit du sujet, comme étant le droit subjectif en ce sens qu'il est inhérent au sujet, qu'il est une qualité de la personne[1152]. Ce lien postule l'intransmissibilité du droit, et donc que l'ayant cause reçoive un droit nouveau. Mais cette nouveauté est seulement « relative » à la personne qui en est investie, ce qui explique ce paradoxe, déjà souligné[1153], que ce droit « nouveau » est en réalité identique à l'ancien.

La solution examinée ici se situe sur un tout autre registre. S'agissant, plus prosaïquement, de distinguer l'acquisition dérivée et l'acquisition originaire, c'est très différemment que le droit est « nouveau ». Et encore une fois il l'est de façon beaucoup plus énergique : dès lors que « *tous droits réels ou personnels existants sur les immeubles expropriés* »[1154] sont « éteints », aucune possibilité n'existe de contester la propriété acquise, d'autant que les voies de recours contre l'ordonnance d'expropriation sont elles mêmes limitées[1155]. *L'invalidation du droit de l'éventuel précédent propriétaire est donc sans effet sur la validité du droit ainsi acquis*[1156]. *C'est le critère de l'acquisition originaire.*

384.– Le même schéma se retrouve en matière de remembrement rural[1157]. Le Code rural précise en effet que « *Du jour du transfert de propriété résultant de la clôture des opérations de remembrement, les immeubles qui en sont l'objet ne sont plus soumis qu'à l'exercice des droits et actions nés du chef du nouveau*

[1151] Selon une doctrine déjà citée (F. Zénati, th. préc., n° 535 et 550) et que nous faisons nôtre.

[1152] F. Zénati, th. préc., *passim.*

[1153] *Supra*, n° 93 s.

[1154] L'expression « droits personnels existants sur » un immeuble est singulière. Elle doit probablement être expliquée par le souci d'embrasser large.

[1155] C. expropriation utilité publique, art. 12-5.

[1156] Ce qui le met à l'abri de l'application des adages *Nemo dat quod non habet*, *Nemo plus juris* et *Resoluto jure dantis resolvitur jus accipientis.*

[1157] Il s'agit là d'un exemple. On en retrouve les caractéristiques dans d'autres opérations d'aménagement foncier que prévoit également le Code rural, comme la réorganisation foncière (art. L. 121-1 s. et 123-1 s.), les échanges d'immeubles ruraux (art. L. 124-1 s.), l'aménagement foncier forestier (C. forestier, art. L. 126-1 s.), etc.

propriétaire »[1158]. Son droit est donc bien « originaire » en ce sens qu'il n'est donc pas tributaire, quant à son existence, du droit de propriété de l'ancien.

On doit cependant relever qu'une procédure spéciale existe ici pour tenir compte des droits du « *propriétaire ou titulaire de droits réels évincé du fait qu'il n'a pas été tenu compte de ses droits sur des parcelles* » atteintes par le remembrement. Il peut pendant cinq ans demander une rectification de celui-ci ; s'il est impossible d'y procéder, il reçoit une indemnité compensatrice de son préjudice. Il est précisé que les contestations au sujet de cette indemnité « *sont jugées comme en matière d'expropriation pour cause d'utilité publique* », ce qui est logique puisqu'expropriation il y a[1159]. On peut considérer qu'est ainsi instituée une période de transition pendant laquelle les droits du nouveau propriétaire peuvent être remis en cause. Mais il est probable que le plus souvent, en pratique, « *la commission estime impossible de procéder à ladite rectification* »[1160] et que le système soit surtout tourné, ainsi que le suggère le texte, vers la réparation du propriétaire dépouillé – ce qui est dans la logique du système d'acquisition originaire mise en place.

*

* *

385.– Conclusion du paragraphe : la place de l'acte translatif dans les modes d'acquisition de la « propriété » est souvent mal appréciée. D'une part, en effet, une tendance existe à voir dans tout transfert le résultat d'un acte translatif. D'autre part, la distinction des modes d'acquisition originaires et dérivés tend à reposer moins sur le critère du mode d'acquisition que sur celui du contenu des droits, ce qui revient dans une certaine mesure à faire dépendre la qualification du régime alors que le principe voudrait que ce soit l'inverse. Cela est remarquable car dans l'un comme dans l'autre mode d'acquisition, le droit acquis est présenté comme étant « nouveau » par la doctrine, largement répandue, selon laquelle le droit de propriété est intransmissible. La portée de cette nouveauté a donc dû être précisée. En dépit de sa nouveauté, le droit *dérivé* est identique à l'ancien. En revanche le droit *originaire* est différent de celui du précédent propriétaire, lorsqu'il y en avait un, moins en raison de l'inopposabilité des droits liés à la chose, car cette solution ne joue pas en cas de prescription acquisitive, que du fait de l'inopposabilité des vices éventuels des droits du précédent propriétaire. « Nouveau », le droit acquis selon un mode originaire l'est donc en ce sens précis que l'invalidation du droit de l'éventuel précédent propriétaire est sans effet sur la validité du droit ainsi acquis[1161], et pas

[1158] C. rur., art. L. 123-12.
[1159] C. rur., art. L. 123-16.
[1160] C. rur., art. L. 123-16, al. 2.
[1161] Ce qui le met à l'abri de l'application des adages *Nemo dat quod non habet*, *Nemo plus juris* et *Resoluto jure dantis resolvitur jus accipientis*. Il est notable que le jeu de la publicité foncière permet pareillement à l'acquéreur de purger le vice tenant au défaut de qualité de "propriétaire" chez le vendeur (*infra*, n° 544) – ou plus précisément tenant au défaut de pouvoir (*infra*, n° 786).

forcément comme signifiant que le nouveau propriétaire n'est pas tenu des droits réels qui avaient pu être constituées sur la chose avant l'acquisition[1162].

Pour autant, *l'acquisition originaire n'est pas exclusive d'un mécanisme de transfert*. Celui-ci peut être opéré lorsqu'elle a pour objet une chose précédemment appropriée. Cette donnée est généralement ignorée et paraît même contradictoire dans les termes puisque, par hypothèse, ce mode d'acquisition exclut que celle-ci ait pour objet le droit de l'éventuel précédent propriétaire. Nous avons cependant relevé que les textes, et même les auteurs – sans l'expliciter – se réfèrent en pareil cas au concept de « transfert ». Cela ne tient pas à une attraction irraisonnée pour l'idée de transmission. L'explication peut être trouvée dans l'idée directrice de cette première partie, à savoir que l'auteur de l'acte translatif n'est pas forcément le titulaire du droit qu'il s'agit de transmettre : chaque fois que celui qui est investi du pouvoir de le faire opère le transfert d'un bien dont il n'est pas titulaire (cas de l'expropriation, du remembrement rural...), il est l'auteur du transfert de ce bien de l'ancien au nouveau propriétaire. Il est non pas l'auteur *dont* le nouveau propriétaire tient son droit mais celui *de qui* il le tient, ce qui est le signe même d'un transfert – dont il convient d'analyser le mécanisme.

SECTION II

MÉCANISME DU TRANSFERT

386.– Le mécanisme de la dissociation entre la titularité du droit et l'aptitude à le transmettre doit être abordé en analysant le rôle de l'agent[1163] de l'acte translatif. Une fois précisé ce rôle (§ 1), on est conduit à s'interroger sur la source de son pouvoir (§ 2).

§ 1. – RÔLE DE L'AGENT

387.– Ce rôle est double. Nous l'avons déjà fait apparaître ci-dessus. C'est le lieu, ici, de l'expliciter. On ne peut pas sans contradiction, ou à tout le moins sans équivoque, d'une part définir l'acquisition par acte translatif comme étant celle par laquelle le nouveau titulaire du droit l'acquiert *de* son précédent propriétaire et, d'autre part, faire place notamment à des procédés de transfert *forcé*. En pareil cas, en effet, l'initiative de l'opération échappe au titulaire du droit. Sans doute est-il bien l'auteur « dans » le transfert, en ce sens que c'est de son patrimoine que sort le droit dont il s'agit, et que l'acquéreur le reçoit tel qu'il y avait été configuré[1164].

[1162] Nous avons relevé qu'il en est tenu en cas de prescription acquisitive (v. *supra*, n° 380).

[1163] Ce terme est utilisé ici pour désigner, de façon large, celui qui agit (c'est le sens étymologique : du latin *agens*, part. présent d'*agere* : agir) et non pas, comme en common law, un représentant.

[1164] Sauf règle particulière contraire : pour l'expropriation, v. ci-dessus, n° 365 s.

Il n'en reste pas moins que le *déclenchement* de l'opération de transfert lui échappe : il *relève de l'initiative d'un autre sujet de droit*. Celui-ci peut être notamment une personne publique investie de prérogatives exorbitantes du droit commun, ou bien plus simplement un créancier[1165] qui se prévaut d'une prérogative inhérente à toute créance (celle de demander la saisie et la vente aux enchères des biens du débiteur), ou bien encore, et de façon très générale et extrajudiciaire, un époux... Peu importe à ce point de notre raisonnement. Dans tous les cas, c'est cette autre personne qui déclenche le transfert. Elle ne réalise pas le transfert mais elle le fait réaliser.

La notion d'agent du transfert se révèle donc fâcheusement équivoque. Elle peut en effet désigner tout autant la personne qui déclenche l'opération de transfert que celle dont le droit est transféré. Pour dissiper cette ambiguïté, mieux vaut retenir deux appellations distinctes : on parlera d'auteur « *du* » transfert pour désigner la première, celle qui déclenche l'opération de transfert, et d'auteur « *dans* » le transfert pour se référer à la seconde, celle dont le droit est transféré[1166].

Il est possible d'observer, alors, que l'auteur *dans* le transfert est nécessairement partie au transfert, mais qu'il n'intervient pas nécessairement à l'acte translatif[1167].

388.– Il s'agit là d'une simple précision de vocabulaire à la distinction que nous avions déjà utilisée, mais elle est de nature à en faciliter le maniement. S'agissant par exemple de la distinction entre transfert et acte translatif, on voit ainsi que quand il s'agit de transfert, il y a seulement un auteur *dans*, la question de l'auteur *du* ne se pose pas. Quand il s'agit d'acte translatif, en revanche, elle se pose ; il n'y a pas toujours un auteur *du*[1168] distinct de l'auteur dans, mais la question du dédoublement se pose, elle vient même au premier plan.

La confusion souvent faite entre transfert et acte translatif ne tient-elle pas, d'ailleurs, à une imprécision terminologique ? Ainsi, définir l'« auteur » comme étant celui de qui on tient ses droits est en soi admissible car on entend par là l'auteur *dans*, en raison d'une confusion permanente entre l'auteur *du* et l'auteur *dans*. Le plus souvent, cette confusion n'est pas gênante. À partir du moment où l'on fait la distinction, la réalité évoquée devient plus précise. Ainsi, dire que quelqu'un a acquis son droit du précédent propriétaire revient à évoquer l'auteur *dans* ; mais cela

---

[1165] Ex. : C. civ. art. 2346 et 2458, C. com. art. L. 521-3. Nous rencontrons ainsi une grande distinction quant à l'auteur du transfert *1°* soit il a qualité et intérêt à obtenir ce transfert d'un juge, plus précisément d'une vente judiciaire – sauf attribution judiciaire (art. 2347 et 2458 C. civ. ; M. Cabrillac et Ch. Mouly, *ibid.*, n° 947) ; 2° soit il peut l'opérer de son propre chef : c'est une prérogative donnée au conjoint (*infra*, n° 418) et au créancier saisissant (n° 402).

[1166] En ce sens, déjà : Cl. Calori, mémoire préc., p. 17.

[1167] La distinction ainsi développée n'est pas nécessairement cantonnée à l'acte translatif. Il est concevable qu'elle puisse s'appliquer à d'autres catégories d'actes juridiques, par exemple à l'acte modificatif ou à l'acte extinctif : l'auteur *de* l'extinction est-il nécessairement l'auteur *dans*, le titulaire du droit éteint ? Le terme « auteur » étant réservé aux hypothèses de transfert, il faudrait tout au plus adopter un autre vocabulaire, opposer par exemple le titulaire d'un droit à l'acteur (ou à l'agent) d'une action sur ce droit. Sur le fond, a priori, le dédoublement est concevable.

[1168] Il peut y avoir un auteur *du* sans qu'il y ait auteur *dans* le transfert, nous l'avons relevé (v. *supra*, n° 369, à propos de l'acquisition originaire).

n'implique pas nécessairement qu'il l'a acquis par suite d'un acte du précédent propriétaire, que ce dernier soit l'auteur *du*. Cela est de nature à dissiper l'ambiguïté qui entoure la notion d'ayant cause, défini usuellement de façon très compréhensive comme étant celui « qui a acquis un droit ou une obligation d'une autre personne ». Une telle proposition peut en effet signifier aussi bien qu'il l'a acquis de l'autre personne (qui en est l'auteur *dans*, la personne dont le droit est transféré) ou qu'il l'a acquis par le fait de cette autre personne (qui en est l'auteur *de*, la personne qui a déclenché le transfert) – le cumul de ces deux qualités en la même personne, qui est le cas le plus fréquent, empêchant de voir leur possible dissociation.

389.– Dans l'hypothèse considérée, l'auteur du transfert n'est pas l'auteur dans le transfert. Ce n'est donc pas du droit lui-même qu'il tire son pouvoir de transférer. D'où la question : quelle est la source de ce pouvoir ?

§ 2. – SOURCE DU POUVOIR

390.– Source ou sources ? Le pouvoir de déclencher le transfert d'un droit dont on n'est pas (ou pas seul) titulaire (ou, dans une optique différente : de déclencher la vente d'un bien dont on n'a pas – ou pas seul – la propriété) existe dans des hypothèses si diverses que rien ne commande de penser que la source en soit toujours la même. L'examen du droit des régimes matrimoniaux l'a fait déjà apparaître, avec la distinction entre le système de pouvoir du régime de communauté et celui du régime primaire, le second étant sans partage à la différence du premier. Nous verrons [1169] que d'autres hypothèses de dissociation entre l'auteur du transfert et l'auteur dans le transfert sont elles-mêmes extrêmement hétérogènes puisqu'on y trouve notamment, outre les hypothèses de ventes forcées, elles-mêmes si nombreuses qu'elles défient la classification[1170], certains actes de procédure auxquels est attaché un effet translatif (saisie-attribution, avis à tiers détenteur...).

En réalité, l'aptitude à transmettre un droit dont on n'est pas titulaire ne peut être conférée que par la loi, et c'est à tort qu'il est fait référence, parfois, à d'autres sources. À deux autres sources.

A. – TITULARITÉ DU DROIT ?

391.– Une première source invoquée est la titularité du droit. Cela est contraire à l'hypothèse prise ici pour point de départ, mais il est vrai que sa pertinence peut être mise en cause. Elle l'est par M. Zénati, en ce qui concerne les régimes matrimoniaux. Pour cet auteur, on le sait, la propriété est pouvoir[1171] ; cela ne le porte guère à admettre l'idée d'un pouvoir propre, distinct de la propriété. Dans sa

[1169] *Infra*, n° 397 s.

[1170] L. Mauger-Vielpeau, *Les ventes aux enchères publiques*, Economica, 2002, p. 51 s.

[1171] « Un pouvoir d'une personne s'exerçant sur un bien » (th. préc., n° 582), à l'instar du *dominium* romain qui « est une puissance, c'est-à-dire un pouvoir attaché à la personne » (*ibid.*, n° 552). *Nota* : nous avons souligné que cette acception du terme pouvoir (attribut du droit) est abandonnée aujourd'hui par la doctrine sauf dans le droit des régimes matrimoniaux où elle est imposée par les textes (v. *supra*, n° 175).

thèse, à propos des régimes matrimoniaux, il consacre à l'examen de cette question quelques développements très critiques. La dissociation des pouvoirs et de la propriété, considère-t-il, est « artificielle au plan théorique »[1172]. Elle présente, certes, un intérêt technique car « le lien conjugal s'accommode mal de la juxtaposition de deux propriétés exclusives et dénuées de communication entre elles »[1173] mais cela ne justifie pas pour autant « le cloisonnement qu'elle [la doctrine] opère entre propriété et pouvoirs des époux, lequel laisse supposer que les pouvoirs de jouissance, d'administration et de disposition que détiennent les époux sur l'ensemble de leurs droits et biens ne sont pas inhérents à la propriété »[1174]. Si l'on examine, retient-il, « le fondement et la nature de ces pouvoirs, ce qui, à notre point de vue, revient au même », on trouve soit une prérogative issue d'un rapport de représentation, soit l'attribut d'un droit[1175].

Que penser de cette analyse ? Elle est totalement à contre courant de la nôtre puisque qu'elle repose sur l'idée que le pouvoir est toujours lié à la propriété, alors que nous nous appliquons à faire apparaître précisément le contraire, à savoir qu'il existe des cas de dissociation entre l'un et l'autre. Considérons la dans le détail. Il y a, dit M. Zénati, soit pouvoir de représentation, soit exercice de son droit de propriété. Laissons ici de côté l'idée de représentation, nous la retrouverons dans un instant. L'autre terme de l'alternative est l'idée de pouvoir-attribut de la propriété[1176]. Nous avons fait sa place à cette notion lors de l'examen de cette question[1177], mais elle ne nous intéresse pas ici : lorsque le droit des régimes matrimoniaux applique le régime du pouvoir au droit d'un époux, en effet, c'est pour priver le titulaire de ce droit d'un pouvoir qui y est normalement attaché ; or nous ne nous intéressons pas ici à ces hypothèses de propriété sans pouvoir mais à celles de pouvoir sans propriété[1178].

La question principale est de savoir si l'ensemble des pouvoirs conférés aux époux se ramènent à l'un ou l'autre de ces types. Or il apparaît nettement que non. Un époux peut exercer un pouvoir par représentation de son conjoint[1179] ; tels de ses droits peuvent être amputés de tout ou partie des pouvoirs qui leur sont normalement attachés[1180] ; mais il peut également, agissant *en son nom propre* exercer des pouvoirs (et notamment conclure des actes translatifs) sur des biens qui ne sont pas sa propriété exclusive[1181], voire même pas sa propriété du tout[1182]. En ce cas il prend, relativement à cet acte translatif, la qualité d'auteur *du* transfert, car il n'est pas celui qui fournit le bien transféré.

1172 Th. préc., n° 98.
1173 Nous avons déjà cité cet extrait *supra*, n° 191.
1174 *Ibid.*, p. 144.
1175 *Ibid.*, p. 145.
1176 M. Zénati précise : « dans la séparation de biens et sur les biens propres dans la communauté » (*ibid.*, p. 147). Il ne s'agit donc pas, comme dans la thèse de Toullier, de déduire la propriété du pouvoir (v. *supra*, n° 183).
1177 V. *supra*, n° 324.
1178 Sur ces distinctions, v. *supra*, n° 168.
1179 C. civ., art. 1432, 1540. V. *supra*, n° 293 s.
1180 C. civ., art. 215 al. 3, 1429.
1181 C. civ., art. 1421.
1182 C. civ., art. 222.

On ne peut donc pas considérer que le pouvoir de transmettre (au sens de déclencher le transfert) a pour seule source la propriété. Encore la question n'est-elle examinée ici que sous l'angle des régimes matrimoniaux. Elle ne se pose même pas, en effet, à l'égard des autres hypothèses évoquées ci-dessus[1183].

B. – Représentation ?

392.– Une seconde source à envisager est la représentation. On y songe nécessairement, d'une part parce que les notions de pouvoir et de représentation sont souvent liées, d'autre part parce que notre distinction de l'auteur *du* et de l'auteur *dans* le transfert évoque, d'une certaine façon, celle de l'auteur de l'acte et du sujet d'imputation, caractéristique de ce mécanisme[1184]. Nous avons laissé la représentation de côté dans le développement précédent car c'est de façon beaucoup plus générale que l'on s'y réfère. Il faut marquer pourquoi elle ne constitue pas la source du pouvoir étudié, mais relever aussi les difficultés qu'elle fait apparaître. Nous utiliserons pour cela la distinction[1185] entre deux types de représentation : celle de la personne et celle de ses intérêts.

1° Représentation de la personne

393.– Partons de la définition : on entend classiquement par représentation de la personne l'« action consistant pour une personne investie à cet effet d'un pouvoir légal, judiciaire ou conventionnel (le représentant) d'accomplir au nom et pour le compte d'une autre – incapable ou empêchée (le représenté) – un acte juridique dont les effets se produisent directement sur la tête du représenté »[1186]. Les cas de représentation ainsi définie ne correspondent pas à ceux ici examinés. Cela va sans dire. La présence d'un agent *du* transfert, distinct de l'auteur *dans* celui-ci, suppose que l'un et l'autre agissent en leur nom propre. S'il y a représentation de la personne qui fournit le bien, en effet, cela signifie que c'est cette personne elle-même qui conclut l'acte translatif par l'intermédiaire de son représentant ; on ne saurait considérer que l'acte est conclu par elle *ou* par son représentant, puisque le mécanisme de la représentation fait que c'est le représenté et lui seul qui est réputé le conclure, le représentant étant transparent. L'existence d'une représentation du titulaire exclut donc que l'on soit dans un cas de dissociation entre l'auteur du et l'auteur dans le transfert[1187].

[1183] Et qui seront examinées *infra*, n° 413 s. ; un paiement direct est inconcevable sur les biens meubles du débiteur autres que les créances de somme d'argent ; il faut procéder à leur vente, jusqu'à laquelle ils restent sa propriété.

[1184] M. Storck, *Le mécanisme de la représentation dans les actes juridiques*, préc., n° 34 s.

[1185] Sur cette distinction : Ripert et Roblot, *Traité de droit commercial*, t. 2, 17e éd., 2004, n° 2638.

[1186] Association Henri Capitant, *Vocabulaire juridique*, publié sous la direction de Gérard Cornu, V° *Représentation*.

[1187] Ex. : il n'y a pas dissociation au sens retenu ici en cas de ventes *volontaires* de meubles aux enchères publiques, les sociétés s'adonnant à cette activité « agissant comme mandataires du propriétaire » (C. com., art. L. 321-3 s.). De ce fait « aucun contrat n'est reconnu entre les enchérisseurs et adjudicataires d'un côté, et les organisateurs de vente de l'autre » (J.-C. Honlet et O. de Baecque, *La réforme des ventes volontaires de meubles aux enchères publiques (à propos de la loi n° 2000-642 du 10 juillet 2000)*, D. 2001, chron. p. 141, n° 34).

Ce point est bien connu et, précisément, le mécanisme de la représentation est souvent invoqué, dans les hypothèses examinées, afin de dissiper la difficulté tirée de l'intervention d'une personne qui déclenche le transfert sans en être l'« auteur » au sens attaché usuellement à ce terme. C'est là la seconde précision qu'il convient d'apporter. Il faut donc faire le départ entre les vrais cas de représentation et ceux qui ne sont invoqués qu'afin de se retrouver sur ce terrain connu.

La démonstration n'a pas à être reprise en ce qui concerne les régimes matrimoniaux : si, après qu'il soit énoncé que « chacun des époux a le pouvoir d'administrer seul les biens communs et d'en disposer », il est précisé que ces actes « *sont opposables* à son conjoint »[1188], *c'est qu'il n'y a pas représentation*[1189], sinon l'autre époux serait tenu par l'effet de celle-ci, sans que cette référence à l'« opposabilité » de l'acte à son égard soit nécessaire.

La même question se pose en un tout autre domaine, celui des ventes forcées, c'est-à-dire celles qui ont lieu à l'initiative non pas du propriétaire du bien vendu mais d'un de ses créanciers[1190]. On se demande, nous aurons à revenir sur ce point[1191], si la qualification de vente est alors bien appropriée, s'agissant d'actes translatifs de la propriété d'une chose au profit d'un tiers, moyennant un prix, mais sans le consentement du propriétaire. Le contrat de vente, est-il objecté, suppose ce consentement, or le propriétaire ne veut pas ici transmettre la propriété de son bien, il subit l'aliénation. L'idée de sa représentation par le créancier qui fait procéder à la vente a été forgée tout exprès pour pallier cette difficulté. En son temps, cette question a intéressé la doctrine. Ainsi, certains auteurs ont considéré que le débiteur saisi avait eu la volonté implicite de vendre son bien au moment où il avait contracté l'obligation avec son créancier, ce dont ils déduisaient que celui-ci, en déclenchant la vente, agissait en réalité qualité de *mandataire*[1192].

Cette explication n'est guère convaincante. Une chose est le droit de gage général des créanciers sur le patrimoine de celui qui s'oblige à leur égard[1193], autre chose est le consentement de celui-ci à une éventuelle vente sur saisie opérée par ceux-là. C'est de la loi qu'ils tirent leur pouvoir[1194], non de la volonté du débiteur. La preuve en est que celui-ci ne peut pas s'y opposer. Et ce n'est pas au nom du débiteur que la loi donne ici le pouvoir d'agir, comme elle le fait dans le cas de l'action oblique[1195].

1188 C. civ., art. 1421.

1189 Fût-elle légale (comp. C. civ. art. 1873-6 : « *Le gérant représente les indivisaires dans la mesure de ses pouvoirs* »).

1190 V. *infra*, n° 429 s.

1191 V. *infra*, n° 463.

1192 « En s'obligeant envers le créancier saisissant, il a d'avance consenti à toutes les suites de son obligation ; en concédant à ses créanciers un droit de gage général sur ses biens, il a autorisé implicitement la réalisation de ce gage si elle était nécessaire pour les payer » : Baudry-Lacantinerie et Saignat, *Traité théorique et pratique de droit civil, De la vente et de l'échange*, Paris, 1900, n° 355, p. 295. – Même sens, déjà : Delvincourt, *Cours de droit civil*, t. 3, Paris, 1824, p. 177 ; Guillouard, *Traités de la vente et de l'échange*, t. 1, Paris, 1889, n° 318, p. 331.

1193 Code civil, art. 2284.

1194 Code civil, art. 2285.

1195 C. civ., art. 1166.

Ainsi qu'il a été fortement souligné, à propos du saisissant : le créancier « n'agit pas au nom du débiteur... Il agit contre lui en vertu d'un droit propre »[1196].

Il est donc artificiel de se référer ici à l'idée de représentation. En réalité, la source du pouvoir de l'auteur du transfert n'est pas plus la représentation que la titularité du droit. Il s'agit d'un pouvoir propre qu'il tient directement de la loi.

394.– Le raisonnement ainsi conduit repose cependant sur l'idée, classique, que la représentation consiste à agir au nom et pour le compte du représenté[1197]. Or cette conception est aujourd'hui remise en cause. Un autre modèle est proposé, beaucoup plus large en ce qu'il la caractérise par le fait que les actes accomplis par une personne s'imputent de manière dérogatoire à une autre[1198] parce qu'ils sont réputés l'avoir été dans son intérêt[1199]. Une telle approche est de nature à remettre en cause la plupart de nos conclusions : si « la représentation désigne la perte de la qualité de tiers »[1200], alors la dissociation que nous étudions s'inscrit dans le cadre de ce schéma. Mais on ne peut considérer que partout où il y l'effet, il y a la cause. L'approche dont il s'agit paraît inadaptée au pouvoir que nous considérons car celui-ci est attribué afin de servir un intérêt autre que celui du propriétaire.

Retenons néanmoins un danger sur lequel elle attire spécialement l'attention : toute situation de représentation comporte un risque de dérive (qu'ignore la conception classique de la représentation puisqu'elle met uniquement l'accent sur le représenté) car le représentant risque d'user de son pouvoir d'une façon non conforme aux intérêts du représenté ; c'est ce que cet auteur appelle le « risque d'agence »[1201]. Or ce risque que le représentant exerce mal son pouvoir, il est intéressant de relever ici que le droit le prend en compte. Il soumet en effet la vente des biens du représenté, en ce cas, aux mêmes précautions que lorsqu'il s'agit d'une vente non décidée par le propriétaire du bien, d'une vente forcée[1202]. Citons ainsi, entre autres exemples, le cas de la licitation des biens indivis[1203], celui de la vente des meubles de la

---

[1196] J. Héron, *Réflexions sur l'acte juridique et le contrat à partir du droit judiciaire privé*, Droits, 1988, p. 92. – Sur l'ensemble de la question, v. L. Mauger-Vielpeau, *Les ventes aux enchères publiques*, préc., n° 80 s.

[1197] Comme si la représentation devait être assimilée au mandat – ce qui facilite le problème car, ainsi que le relève un arrêt, « s'agissant d'une vente forcée [...] il n'avait par définition reçu aucun mandat » (CA Paris, 4 mars 1987 : D. 1987 IR p. 90 : la proposition s'applique au commissaire-priseur dans une vente qui semble avoir porté sur des objets abandonnés, en application de la loi du 31 déc. 1903, sur laquelle v. *infra*, n° 423 – elle paraît cependant avoir une portée générale).

[1198] Jusque là on ne s'éloigne pas du modèle classique tel que précisé par M. Storck (*Le mécanisme de la représentation dans les actes juridiques,* préc.), qui a montré que la représentation est un mécanisme par lequel le représentant, auteur de l'acte, agit au nom et pour le compte du représenté, qui cumule les qualités de titulaire du droit exercé et de sujet d'imputation (p. 99 et 123 s.).

[1199] Ph. Didier, *De la représentation en droit privé*, préc., *passim.* La référence à l'« intérêt d'autrui » est classique en la matière (Ripert et Roblot, *Traité de droit commercial*, t. , 17e éd. 2004, n° 2635 ; G. Flattet, *Les contrats pour le compte d'autrui*, thèse Paris 1950, n° 36), mais il est proposé ici de laisser au représentant la définition de cet intérêt (n° 179 s.). Ripert analysait déjà le contrat de commission comme étant un « procédé de représentation des intérêts d'autrui ».

[1200] Ph. Didier, *ibid.*, n° 37.

[1201] Ph. Didier, *ibid.*,

[1202] Procédure de la saisie-vente pour les meubles, de la saisie immobilière pour les immeubles.

[1203] C. civ., art. 827 et 1686.

succession lorsque les parties ne sont pas toutes majeures, présentes et d'accord[1204], ou celle des immeubles[1205].

La différence entre les situations de représentation et celles d'exercice d'un pouvoir propre de disposer du bien d'autrui est donc plus de degré que de nature.

2° Représentation des intérêts

395.– La formule est utilisée pour désigner les hypothèses dans lesquelles une personne agit pour le compte d'une autre mais en son propre nom[1206]. C'est là la caractéristique du contrat de commission[1207/1208]. Selon qu'il opère à l'achat ou à la vente, le commissionnaire achète ou vend en son propre nom des marchandises pour le compte de son commettant. En cas de commission à la vente sa situation entre dans notre hypothèse de travail puisque « le commissionnaire vend des biens dont il n'a pas la propriété »[1209]. Il y a donc bien dissociation entre la propriété et le pouvoir de la transférer.

Cependant, il agit pour le compte du commettant. Il en résulte que l'effet translatif du contrat de vente, conclu par le commissionnaire avec le tiers cocontractant, se développe directement dans le patrimoine du commettant : la propriété de la chose vendue passe directement du patrimoine du commettant à celui du tiers acheteur (de même que, dans la commission à l'achat, le commissionnaire ne revend pas à son commettant les marchandises du tiers contractant, il exécute le contrat de commission : l'acquisition de propriété opère directement entre le patrimoine du tiers contractant et celui du commettant). Or c'est là l'effet d'un mécanisme de représentation. Ainsi que l'a confirmé une étude récente : « le commettant acquiert ou transfère bien directement la propriété des biens objets de l'opération de commission. Ainsi l'opération de commission est ce que nous pourrions nommer un cas de représentation réelle dans la mesure où le commissionnaire a le pouvoir de représenter la volonté d'autrui et où les effets réels de l'opération se développent directement entre le commettant et le tiers-contractant sans que le patrimoine du commissionnaire soit modifié »[1210]. On est donc bien dans un système de représentation. Sans doute cette représentation « des intérêts » voit-elle ses effets réduits au seul effet translatif du contrat[1211], elle ne s'étend pas à ses effets obligationnels. Comme toute représentation, cependant, elle repose sur une collation

---

[1204] C. pr. civ., art. 952 a contrario et 946 (compétence du tribunal d'instance).
[1205] C. pr. civ., art. 985 a contrario et 956 (compétence du tribunal de grande instance).
[1206] Il n'y a donc pas représentation de la personne, comme dans le mandat au sens du Code civil, celle-ci supposant une action en nom propre ; mais il y représentation en ce sens plus large qu'il y a action pour le compte d'autrui (M.-L. Izorche, *À propos du « mandat sans représentation »*, D. 1999, chron. p. 369).
[1207] C. com., art. L. 132-1.
[1208] C'est aussi celle du contrat de prête-nom et de la déclaration de command, mais il s'agit là de mécanismes qui n'entrent pas dans le champ de notre étude car, dans l'hypothèse d'un acte translatif, ils sont utilisés non pour transférer mais pour acquérir un droit.
[1209] Ph. Didier, *De la représentation en droit privé*, préc., p. 79, n° 116.
[1210] M.-P. Dumont, *L'opération de commission*, Litec., B. dr. entr., 2000, p. 261.
[1211] C'est ce que l'on appelle communément l'effet « réel » du contrat du contrat de commission : Ph. Didier, ouvr. préc., n° 116 ; M.-P. Dumont, ouvr. préc., *passim* et p. 307.

de pouvoir. On n'est donc pas dans une hypothèse de pouvoir autonome de transférer la propriété d'autrui, la seule que nous entendons examiner.

3° Prérogative d'origine légale

396.– L'aptitude à transférer la titularité d'un droit, ou si l'on préfère la propriété d'un bien, quel que soit le fondement qu'on lui donne[1212], est une prérogative que l'on ne conçoit usuellement que comme étant réservée au seul titulaire, que comme étant un monopole du propriétaire[1213]. Il est de fait cependant que d'autres personnes que lui, agissant en leur nom et pour leur compte propre, peuvent déclencher le transfert de son bien, et donc le lui imposer. Cela est bien connu mais n'est pas intégré dans la théorie de l'acte translatif. Sur ce plan, on constate trois choses. Premièrement, il s'agit de prérogatives exceptionnelles qui n'existent que dans les seuls cas où elles sont expressément prévues. Il y a là une grosse différence avec le pouvoir du propriétaire, qui comporte de plein droit celui de disposer. Deuxièmement, seule la loi peut créer une telle atteinte au pouvoir de ce dernier. Il faut préciser : seule la loi peut prévoir le principe de cette atteinte. La mise en œuvre de celle-ci peut en effet être abandonnée à l'autorité administrative, mais qui agit alors sous le contrôle du juge. Troisièmement, les prérogatives exceptionnelles ainsi mises en place ne peuvent se comprendre et se justifier que par le souci de faire prévaloir un intérêt supérieur à celui du titulaire du droit.

La nature de cet intérêt est en pratique variable. C'est autour de lui que nous nous proposons d'ordonner la présentation des cas de dissociation.

[1212] Prérogative spéciale commune à l'exercice de tous les droits (v. *supra*, n° 44). Exercice d'une aptitude à disposer liée à la personnalité juridique (v. *supra*, n° 66, note 224).

[1213] Ex. : « l'*abusus* est l'apanage du seul propriétaire » M. Fabre Magnan (préc. *supra*, n° 354).

CHAPITRE SECOND

CAS DE DISSOCIATION

397.– Il ne suffit pas de les présenter, dans leur diversité (Section I). Il faut également faire apparaître le particularisme de leurs effets (Section II).

SECTION I

DIVERSITÉ DES CAS

398.– Le trait commun à tous les cas examinés est la dissociation qu'ils consacrent entre la propriété et le pouvoir de transmettre le bien. Cela heurte de façon frontale le postulat que ce pouvoir est l'apanage du propriétaire (« La propriété est le droit de jouir et disposer des choses... »)[1214]. Le fait est, cependant, qu'il peut exister un pouvoir de transférer la propriété d'un bien distinct et concurrent de celui du propriétaire. Il « peut exister » : il ne s'agit pas là, en effet, d'une prérogative générale mais d'un pouvoir *ad hoc* de cession, le plus souvent[1215] forcée, conféré spécialement à certaines personnes pour la sauvegarde d'un intérêt distinct de celui du propriétaire. Les hypothèses en sont connues, et le propos n'est pas d'étudier chacune d'elles mais de faire ressortir leur unité en les regroupant. Il s'agit d'hypothèses très variées, au point qu'un classement entre elles est nécessaire. Négligeant l'hypothèse où un pouvoir de transférer la propriété du bien découle de la volonté de le *conserver* (le cas du créancier gagiste qui, tenu de conserver le gage[1216], a la faculté de l'aliéner lorsque celui-ci consiste en biens menacés de dépérissement[1217] est en effet le seul cas connu d'aliénation

---

[1214] C. civ., art. 544. Très précisément, cela heurte le fait non que la propriété emporte le pouvoir de disposer, mais que le pouvoir de disposer entraîne la propriété : en dépit de la rédaction de l'article 544, on conçoit la jouissance sans la propriété (mais s'agit-il alors de la jouissance du propriétaire ? v. *infra*, n° 477) mais pas la disposition sans la propriété (v. cep. *infra*, n° 439). Pourtant, une analyse de texte brute donne un résultat assez curieux : si on considère que le *et* de « jouir *et* disposer » de l'article 544 est cumulatif, cela laisse possible une disposition sans propriété…

[1215] Mais pas nécessairement car il y a le cas des *époux* (*supra*, n° 215) et celui des *actes conservatoires* ; marquons également la place de la *cession des droits litigieux* puisqu'on peut alors se demander si celui qui abandonne ses prétentions est réellement titulaire des droits qu'il invoque (R. Merle, th. préc., p. 173).

[1216] C. civ., art. 2344.

[1217] M. Dagot, *Les sûretés*, préc., p. 137 (qui y voit une obligation) ; M. Cabrillac et Ch. Mouly, ouvr. préc., n° 680 (qui n'en font qu'une simple faculté).

conservatoire)[1218], nous prendrons pour critère le point de savoir si le titulaire du pouvoir agit pour s'approprier la chose elle-même (§ 1) ou pour s'approprier la valeur de celle-ci (§ 2).

§ 1. – CAS D'EXERCICE DU POUVOIR POUR S'APPROPRIER LA CHOSE

399.– Le titulaire du pouvoir de transférer la propriété d'autrui en est investi pour satisfaire tantôt un intérêt privé, tantôt l'intérêt général. La distinction a sa part d'artifice car les intérêts sont souvent mêlés. Nous la prendrons cependant comme point de départ, en précisant qu'il s'agit dans le second cas de mettre en œuvre une prérogative de puissance publique.

A. – APPROPRIATION ET INTÉRÊTS PRIVÉS

400.– Deux grandes séries d'hypothèses doivent être évoquées ici. Une à portée générale : il s'agit des mesures d'exécution forcée sur les créances d'argent, dont le trait commun est qu'elles n'aboutissent jamais à la vente des créances saisies car « la seule solution qui convienne est de laisser au créancier gagiste le soin d'encaisser la créance »[1219]. Une autre plus particulière : les cas d'expropriation immobilière pour cause d'utilité privée.

1° Mesures d'exécution forcée sur les créances d'argent

401.– Le transfert d'une créance d'argent[1220] *à l'initiative de son titulaire* peut se faire selon divers procédés : celui-ci peut transférer la créance par la technique de la subrogation[1221], ou par celle de la cession de créance, soit de type classique[1222], soit en la forme de bordereau Dailly[1223], ou en utilisant un effet de commerce[1224] ; il peut aussi opérer un « transfert » de sa créance par le moyen d'une délégation[1225].

[1218] L'objectif de l'acte conservatoire, en dehors de ce cas, est seulement la conservation du bien *en nature*, et non *en valeur* : Cl. Brenner, *L'acte conservatoire*, préc., n° 223 s. (sur l'article 796 du Code civil, v. *infra*, n° 434).

[1219] Ph. Théry, *Sûretés et publicité foncière*, préc., n° 257.

[1220] Inutile d'insister sur les multiples formes qu'elle peut prendre : créance de loyer, de fonds détenus par un notaire, un huissier de justice, un avocat, prix de vente d'une marchandise impayée, etc.

[1221] C. civ., art. 1249 à 1252.

[1222] C. civ., art. 1689 à 1695.

[1223] C. monétaire et financier, art. L. 313-23 s.

[1224] C. com., art. L. 511-1 s.

[1225] Techniquement, la délégation (C. civ., art. 1275) ne transmet pas la créance (v. *infra*, n° 873). En fait, tout se passe cependant comme s'il y avait transmission : dans le cas habituel le délégant est au départ créancier du délégué et, en demandant à celui-ci de payer sa dette non pas à lui mais à un tiers (le délégataire), tout se passe comme s'il « cédait » cette créance à ce dernier (rappr. *infra*, n° 843 s.). La loi du 9 juillet 1991 fait d'ailleurs obligation au tiers saisi de déclarer au créancier, notamment, les éventuelles délégations antérieures (art. 44).

Il est remarquable qu'un tel transfert peut également se faire non pas *à l'initiative* du titulaire (du propriétaire) de la créance mais *d'un* de ses *créanciers*[1226]. S'il dispose d'un titre exécutoire, celui-ci peut en effet s'approprier la créance, unilatéralement, en faisant procéder à sa saisie. La procédure est « expéditive »[1227] puisqu'elle permet au créancier, par une simple demande, d'appréhender entre les mains du tiers les sommes que celui-ci détient du chef du débiteur (et qui se trouvent donc dans le patrimoine de ce dernier). Tout aussi simplement que peut le faire ce dernier, en quelque sorte. Et tout aussi indifféremment aux yeux du tiers[1228]. Tel est le schéma tant de la saisie-attribution (1°) que d'autres mesures d'exécution qui s'y apparentent et qui apparaissent comme des saisies attributives spéciales[1229] (2°).

a) Saisie-attribution

402.– Il s'agit d'une des grandes innovations de la réforme opérée en 1991[1230], et de multiples études ont depuis lors contribué à en préciser le mécanisme[1231]. Le propos ici est simplement de souligner ceux de ses traits qui consacrent la dissociation étudiée. Il est vrai que toute la procédure de la saisie-attribution est inspirée par cette idée. On peut être bref, cependant, en s'en tenant à ses grandes lignes. En s'en tenant à deux grandes idées.

La première est que le créancier saisissant agit seul. C'est lui qui « *procède à la saisie par acte d'huissier de justice signifié au tiers* »[1232]. Cela emporte une obligation de déclaration du tiers saisi : il doit lui déclarer « *l'étendue de ses obligations à l'égard du débiteur, ainsi que les modalités qui pourraient les affecter, et s'il y a lieu, les cessions de créances, délégations ou saisies antérieures* »[1233]. Cette phase de la procédure se déroule entre le créancier saisissant et le tiers saisi : le débiteur en est absent. Ce n'est que dans un second temps qu'une dénonciation de la

---

[1226] Marquons ici la place du mécanisme de la *compensation* (C. civ., art. 1289), qui permet au créancier de s'approprier la créance que son débiteur a contre lui, en éteignant sa propre créance à due concurrence. Pareil transfert demeure cependant hors de notre propos car il découle de la loi (C. civ., art. 1290), sauf cas de compensation conventionnelle mais celle-ci est alors décidée d'accord entre les deux parties. – Nous n'insisterons pas davantage ici sur le fait que la saisie-attribution des comptes bancaires obéit à des règles spéciales (loi du 9 juillet 1991, art. 47), que la saisie des rémunérations du travail ignore l'effet attributif immédiat (C. travail, art. L. 145-1 à L. 145-13) et que pour l'application de l'art. 1415 C. civ. seuls les revenus peuvent être saisis, et non les acquêts (v. *supra*, n° 225 et note 857).

[1227] Selon l'expression employée par M. P. Ancel (note sous Cass. civ. 2e, 24 juin 1987 : D. 1988, p. 358).

[1228] « Pour le tiers saisi, la saisie-attribution, comme toute opération de transmission de créance, constitue une opération neutre qui n'accroît, ni ne diminue ses droits » (R. Perrot et Ph. Théry, *Saisie-attribution : la situation du tiers saisi (les arrêts du 5 juillet 2000)*, D. 2000, chron. p. 714, n° 21).

[1229] Cette terminologie est empruntée à MM. Perrot et Théry, *Procédures civiles d'exécution*, préc., n° 342.

[1230] Loi du 9 juillet 1991 portant réforme des procédures civiles d'exécution ; décret (d'application) du 31 juillet 1992.

[1231] Il faudrait notamment citer ici les nombreux ouvrages présentant une étude d'ensemble des voies d'exécution, qui y consacrent des développements. Nous renvoyons à la bibliographie dressée *in* R. Perrot et Ph. Théry, *Procédures civiles d'exécution*, préc., n° 24.

[1232] D. 31 juillet 1992, préc., art. 56.

[1233] L. 9 juillet 1991, préc., art. 44.

saisie doit lui être faite[1234], afin qu'il puisse éventuellement soulever des contestations.

Du seul fait de l'acte de saisie, cependant – c'est la seconde idée – la créance saisie attribuée « sort du patrimoine du débiteur »[1235] saisi : « *l'acte de saisie emporte, à concurrence des sommes pour lesquelles elle est pratiquée, attribution immédiate au profit du saisissant de la créance saisie disponible entre les mains du tiers ainsi que de tous ses accessoires* »[1236]. « Ainsi que de tous ses accessoires » : donc ce n'est pas une créance nouvelle, celle-ci ne pouvant être assortie des sûretés garantissant la créance du débiteur contre le tiers saisi. Cette attribution se fait en « pleine propriété »[1237], le créancier « est investi d'un droit de propriété sur la créance saisie »[1238]. Le paiement est seulement différé jusqu'à l'expiration du délai laissé au débiteur pour élever une contestation, ou en cas d'une telle contestation ; jusque là le créancier saisissant « conserve ses droits contre le débiteur »[1239], autrement dit la saisie-attribution n'opère pas novation[1240], ni dation en paiement : elle n'emporte pas par elle-même extinction de la dette du saisi, conformément au droit commun de la cession de créance[1241].

Il s'agit donc bien d'un mécanisme d'appréhension d'une créance, de transfert de créance, tout comme la cession volontaire de celle-ci [1242]. Son originalité est que le transfert est opéré non pas par le propriétaire de la créance mais par un tiers, un de ses créanciers, et cela de façon extrajudiciaire alors pourtant qu'il s'agit d'un transfert forcé. La seule condition pour que la créance soit ainsi transférée du patrimoine du saisi au patrimoine du saisissant est de disposer d'un titre exécutoire. On est bien dans un cas de dissociation entre la propriété de la créance et le pouvoir de la transférer.

b) Saisies attributives spéciales

403.– Nous nous contenterons de dire quelques mots, dans la perspective qui vient d'être tracée, de l'avis à tiers détenteur (qui n'est pas exercé dans un intérêt privé ! mais il ne relève pas non plus du droit public), et du paiement direct des pensions alimentaires.

[1234] D. 31 juillet 1992, préc., art. 58. La dénonciation doit être faite au liquidateur dès la liquidation judiciaire (Cass. Com., 4 mars 2003 : D. 2003, somm. p. 1623 obs. F.-X. Lucas).

[1235] Miguet, J.-Cl. proc. civ., fasc. 2250, n° 83. Il faut réserver le cas de saisie d'une créance indisponible car la saisie-attribution est alors amputée de son effet attributif (Cass. Civ. 2e, 14 octobre 1999 : RTD civ. 2000 p. 169 obs. R. Perrot).

[1236] L. 9 juillet 1991, préc., art. 43. Les « accessoires » semblent viser notamment les sûretés qui assortissent la créance, par analogie avec l'article 1692 du Code civil.

[1237] H. Croze, JCP 1992, I, 3555 et 3635, note 18.

[1238] M. et J.-B. Donnier, *Voies d'exécution et procédures de distribution*, Litec, 7e éd., 2003, n° 964.

[1239] D. 31 juillet 1992, préc., art. 63.

[1240] R. Perrot, obs. RTD civ. 1998, p. 487.

[1241] Rappr. Cass. com., 23 juin 1992 : RTD civ. 1993, p. 357 obs. J. Mestre (la cession de créances n'emporte pas par elle-même extinction de la dette du cédant envers le cessionnaire, « elle se présente seulement comme une garantie supplémentaire de remboursement donnée au créancier »).

[1242] « La saisie-attribution prend donc place parmi les mécanismes de transmission des obligations » (R. Perrot et Ph. Théry, *Procédures civiles d'exécution*, préc., n° 376).

1. Avis à tiers détenteur

404.– Sa simplicité[1243] même en a entraîné la « banalisation » puisque c'est lui, institution très ancienne[1244], qui a servi de modèle à la saisie-attribution[1245]. Il n'est donc pas étonnant d'y retrouver le même schéma. Le créancier ici est le fisc ; la créance que le comptable public entend recouvrer est une imposition exigible, et c'est l'Administration elle-même qui émet le titre exécutoire[1246]. Passons comme détail que la procédure se démarque de celle de la saisie-attribution en ce qu'elle nécessite l'information préalable du contribuable. L'avis est notifié au tiers détenteur ; il doit l'être également au redevable d'imposition.

Il a les mêmes effets que la saisie-attribution, c'est-à-dire qu'il « comporte l'effet d'attribution immédiate » prévue pour cette dernière[1247], le paiement étant différé jusqu'à l'expiration du délai ouvert au redevable pour contester ou jusqu'à la fin de la contestation. Il s'agit bien, là aussi, d'une cession de créance : elle a pour effet, a-t-il été jugé, de « transporter la créance du contribuable dans le patrimoine du Trésor et non de conférer à celui-ci une créance d'impôt contre le tiers »[1248]. Il s'agit donc d'un mécanisme d'appréhension de la créance, qui place son bénéficiaire dans une situation d'exclusivité puisque cette créance devient sa « propriété ». Il est remarquable que ce mode d'appréhension est diligenté par lui-même, et non par le créancier.

2. Paiement direct des pensions alimentaires

405.– Sur le modèle de l'avis à tiers détenteur, une loi du 2 janvier 1973 a créé au bénéfice du créancier d'aliments un mécanisme d'appréhension forcée particulièrement expéditif qui lui permet de devenir, en un trait de temps, par un simple acte d'huissier, titulaire des créances que son débiteur a sur des tiers. Le double particularisme de cette procédure (à la différence de la saisie-attribution, elle peut être mise en œuvre auprès de l'employeur ainsi que de la banque ; elle assure le paiement des échéances à venir)[1249] n'intéresse pas notre propos. Il suffit de noter pour illustrer celui-ci que la demande est recevable « *dès qu'une échéance d'une pension alimentaire, fixée par une décision judiciaire devenue exécutoire, n'aura*

[1243] En l'absence de contestation...
[1244] Institué en 1808, il est aujourd'hui régi par les art. L. 262 et 263 du L. des procédures fiscales.
[1245] Laquelle n'en est qu'un décalque étendu à tous les créanciers : P. Ancel, *Les incidences de la réforme des procédures d'exécution sur l'avis à tiers détenteur*, PA 6 janvier 1993, n° spécial sur La réforme des procédures civiles d'exécution, n° 36.
[1246] Grâce au « privilège du préalable » (V. Haïm, *Les créances publiques et le privilège du préalable*, D. 1994, chron. p. 217).
[1247] L. 9 juillet 1991, préc., art. 86.
[1248] Com. 16 juin 1998, Bull. civ. IV, n° 201 (ce qui a en l'espèce pour conséquence d'empêcher l'Administration de déclarer sa créance de paiement à titre privilégié dans la procédure collective ouverte contre le tiers détenteur postérieurement à la notification de l'avis à tiers détenteur).
[1249] En application d'une jurisprudence récente (Cass. Ch. mixte, 22 novembre 2002 : v. *infra*, note 2449).

pas été payée à terme »[1250], qu'elle « *est faite par l'intermédiaire d'un huissier de justice* »[1251], et qu'elle « *vaut, sans autre procédure et par préférence à tous autres créanciers, attribution au bénéficiaire des sommes qui en font l'objet au fur et à mesure qu'elles deviennent exigibles* »[1252]. Pratiquement, la réception de la lettre recommandée de l'huissier notifiant la demande de paiement direct[1253] « produit un effet translatif, elle réalise une cession forcée de créance. Le créancier d'aliments en devient immédiatement "propriétaire" »[1254].

*

* *

406.– En conclusion sur ces mesures d'exécution forcée, il est frappant de relever leurs traits communs. Dans les trois cas, un transport-cession d'une créance la fait sortir du patrimoine de son titulaire pour la faire entrer dans celui d'une autre personne, laquelle devient ainsi le créancier direct de son débiteur. Dans les trois cas, ce n'est pas le titulaire de la créance qui est l'auteur du transfert, mais un de ses créanciers. Cela par l'effet de la loi[1255]. Il n'en est que plus remarquable que ces modes d'appréhension de la créance ne se distinguent en rien d'une cession volontaire qui serait consentie par son titulaire. Les commentateurs insistent sur ce point : « la saisie-attribution, comme tout mécanisme de transmission d'une obligation, doit laisser jouer la règle de l'opposabilité des exceptions »[1256] ; « la question posée est celle du conflit entre la procédure de paiement direct et d'autres modes d'appréhension, par des tiers, des créances du débiteur d'aliment, *qu'il s'agisse d'actes de disposition volontaires consentis par celui-ci* ou de procédures d'exécution forcée diligentées *par ses créanciers* »[1257]. Il est d'ailleurs remarquable, sur un registre voisin, que la cession des rémunérations du travail, dispositif à fondement contractuel, est entièrement calquée sur la saisie des rémunérations[1258]. On est en présence d'un acte translatif valablement accompli par une personne qui n'a pas la propriété du bien transmis, mais qui est investi par la loi du pouvoir d'accomplir cet acte.

Un autre exemple est fourni par les hypothèses d'expropriation pour cause d'utilité privée.

[1250] L. 2 janvier 1973 relative au paiement direct de la pension alimentaire, art. 1er, al. 2. La procédure est également applicable au recouvrement de la contribution aux charges du mariage (C. civ., art. 214) ainsi que des subsides de l'art. 342 C. civ. (L. 2 janvier 1973 mod., art. 1er, al. 3).

[1251] L. 2 janvier 1973, art. 6.

[1252] L. 2 janvier 1973, art. 2.

[1253] Décret du 1er mars 1973, art. 1er.

[1254] M.-J. Gebler, *Le paiement direct des pensions alimentaires*, D. 1973, chron. p. 107, p. 111.

[1255] « *La loi* lui reconnaît un mécanisme d'appréhension forcée » (P. Ancel et M.-C. Rondeau-Rivier, note sous Cass. civ. 2e, 24 juin 1987 : D. 1988, p. 358, soul. par nous) ; « la saisie-attribution constituant une transmission *légale* de la créance » (R. Perrot et Ph. Théry, ouvr. préc., n° 356, soul. par nous).

[1256] R. Perrot et Ph. Théry, ouvr. préc., n° 391.

[1257] P. Ancel et M.-C. Rondeau-Rivier, note préc., p. 357 (soul. par nous).

[1258] T. Fossier, in *Droit et pratique des voies d'exécution*, Dalloz action, sous la direction de S. Guinchard et T. Moussa, 2004-2005, n° 946.12.

2° Cas d'expropriation pour cause d'utilité privée

407.– L'usage est de réserver le terme d'« expropriation » aux opérations de transfert forcé de propriété portant sur les immeubles. Il est cependant parfois employé également en matière mobilière.

a) En matière immobilière

408.– Il s'agit de cas dans lesquels une action est ouverte entre deux particuliers tendant à la cession forcée, par l'un, d'un immeuble nécessaire à l'autre. Deux cas bien connus, institués dès 1804, doivent être situés dans cette perspective : celui de la cession forcée de mitoyenneté et celui de la servitude légale de passage en cas d'enclave. En revanche ne sont visés ici ni la construction qui empiète sur le terrain d'autrui, car précisément la jurisprudence condamne dans ce cas à démolition[1259] ; ni l'accession, alors pourtant qu'elle peut s'analyser comme étant une forme d'expropriation[1260] ; ni l'« expropriation » pour cause d'utilité privée que constitue le jeu de la formalité de publicité instituée pour rendre opposable aux tiers la propriété d'un bien[1261] car elle ne résulte pas d'un acte juridique ; ni le pacte commissoire, qui organise l'attribution du bien au créancier à titre de paiement en cas de défaillance du débiteur[1262].

1. Cession forcée de mitoyenneté

409.– « *Tout propriétaire joignant un mur a la faculté de le rendre mitoyen en tout ou en partie, en remboursant au maître du mur* »[1263] la moitié de son coût et de la valeur du sol. Il s'agit d'une cession forcée, ainsi qu'il est précisé par le Code civil lui-même, a contrario, quelques articles plus loin : « *Le voisin dont l'héritage joint un fossé ou une haie non mitoyens ne peut contraindre le propriétaire de ce fossé ou*

1259 V. *infra*, n° 414.

1260 J. Carbonnier, *Droit civil, vol. 2*, préc., n° 734. Il faut comprendre : lorsque la chose qui s'unit à l'autre était déjà appropriée. Soulignons qu'il s'agit d'une forme d'expropriation par l'effet de la loi, et non d'un acte juridique. Et que dans le cas d'accession artificielle à un immeuble (cas le plus fréquent), la chose ainsi expropriée est un meuble.

1261 Ex., l'inopposabilité aux tiers des opérations de crédit-bail (C. monétaire et financier, art. L. 313-10 ; v. F. Zénati, *Sur la constitution de propriété*, D. 1985, chron. p. 171, p. 174 en note).

1262 L'ordonnance n° 2006-346 a levé l'interdiction du pacte commissoire : le créancier peut désormais convenir de l'appropriation du bien gagé, nanti ou hypothéqué, à défaut d'exécution des engagements pris envers lui (C. civ., art. 2348, 2365 et 2459 s. ; C. com., art. L 521-3). Rappelons que « la *vente à réméré* utilisée comme moyen de crédit est par nature une forme déguisée du nantissement avec pacte commissoire » et elle constituait donc déjà un moyen de tourner l'ancienne interdiction (G. Wiederkehr, *Pacte commissoire et sûretés conventionnelles*, Études offertes à Alfred Jauffret, 1974, p. 661, v. p. 673). Même observation à propos de la *fiducie-sûreté*, qui transfère la propriété au bénéficiaire (fiduciaire) et fait peser sur lui une obligation de restitution au profit du remettant (fiduciant) lorsqu'il obtient satisfaction de ce dernier : « elle ne [pouvait] tomber sous le coup du pacte commissoire, sauf à l'interdire purement et simplement pour éviter qu'elle permette de tourner cette prohibition » (Ch. Larroumet, note au D. 1995, p. 126) ; c'est que la prohibition considérée, par définition, ne pouvait pas concerner les fiducies-sûretés.

1263 C. civ., art. 661.

de cette haie à lui céder la mitoyenneté »[1264]. Contraindre à lui céder la mitoyenneté du mur élevé à la limite du fonds : qu'est-ce à dire ? Il n'y a pas ici, comme en matière de saisie, une situation triangulaire. Deux personnes seulement, les propriétaires des deux fonds, sont en cause. Un accord entre elles est possible, qui se ramène à une aliénation, laquelle est soumise aux formalités de publicité foncière. On lui applique en partie, pour cette raison, le régime de la vente en ce sens que le privilège du vendeur et l'action résolutoire garantissent le paiement du prix. Il s'agit cependant non d'une vente mais d'une expropriation[1265/1266] car le consentement de l'auteur dans le transfert de propriété n'est pas exigé ; aussi ce transfert intervient à la date de la demande, et non pas à celle de l'accord sur le montant du « remboursement »[1267] ; aussi le « vendeur » ne doit pas garantie des vices cachés[1268].

2. Servitude légale de passage en cas d'enclave

410.– Ici aussi, un simple rappel du Code civil suffit pour remplir l'essentiel de notre propos : « *Le propriétaire dont les fonds sont enclavés et qui n'a sur la voie publique aucune issue ou qu'une issue insuffisante [...] est fondé à réclamer sur les fonds de ses voisins un passage suffisant pour assurer la desserte complète de ses fonds, à charge d'une indemnité proportionnée au dommage qu'il peut occasionner* »[1269]. Ce texte fait en effet apparaître : l'existence d'un acte translatif ou constitutif d'un droit réel sur la chose d'autrui (la servitude de passage) ; le fait que l'auteur *du* transfert est le propriétaire du fonds dominant ; que l'état d'enclave constitue le titre[1270] légal de la servitude, ce qui a pour conséquence qu'elle existe de plein droit, seules ses modalités étant fixées par convention, décision judiciaire ou possession, et lui imprime un régime triplement particulier (son imprescriptibilité ; l'absence d'obligation de signaler son existence à l'acquéreur du fonds servant ; et l'extinction de la servitude en cas de cessation de l'enclave). La propriété de la servitude est donc transférée ou constituée par l'effet d'un pouvoir qui n'est pas celui du propriétaire du fonds servant mais est d'origine légale.

1264 C. civ., art. 668, réd. L. 20 août 1881.

1265 Tout immatérielle, puisque la mitoyenneté est une indivision forcée (« un droit de propriété dont deux personnes jouissent en commun » : Cass. civ. 3e, 20 juillet 1989 : Bull. civ. III, n° 173 ; RTD civ. 1990, p. 686 obs. F. Zénati).

1266 D'une expropriation fondée « sur une raison d'intérêt général, constituée par l'économie de terrain, de matériaux et de main d'œuvre », enseignait le doyen Weill (*Droit civil, Les biens*, Dalloz, 2e éd., 1974, n° 239). Ses successeurs ont adopté un point de vue qui paraît plus proche de la réalité : ils y voient un droit « d'expropriation pour cause d'utilité privée, mais dans lequel l'intérêt général trouve également son compte » (F. Terré et Ph. Simler, *Les biens*, préc., n° 745).

1267 Cass. civ. 1re, 3 juillet 1958 : D. 1958, p. 618.

1268 La cession de mitoyenneté étant imposée au propriétaire du mur par la seule manifestation de volonté de son voisin, n'est régie que par les dispositions particulières des articles 653 et s. du Code civil : Cass. civ. 3e, 2 octobre 1980 : Bull. civ. III, n° 143, p. 107 ; D. 1981, IR p. 234 obs. J. Robert.

1269 C. civ., art. 682.

1270 Au sens, ici, de fondement de la servitude (Ph. Malaurie, L. Aynès, *Les biens*, n° 1150).

b) En matière mobilière

411.– Négligeons les cas particuliers où l'expropriation d'une créance est réalisée par le débiteur, comme la subrogation *ex parte debitoris*[1271], ou le retrait litigieux[1272]. Considérons ceux où elle est réalisée par le créancier. Celui-ci préfère, chaque fois que c'est possible, appréhender la chose elle-même plutôt que son prix car au lieu d'être en concours avec d'autres créanciers sur la distribution de celui-ci il se retrouve en situation d'exclusivité. Les articles 2346 et 2347 du Code civil offrent cette possibilité au gagiste : ils lui ouvrent une alternative, en l'absence de pacte commissoire (art. 2348), entre vente forcée[1273] et attribution judiciaire en propriété du bien grevé[1274]. On est fondé à parler d'« expropriation » dans les deux cas puisque c'est le terme qu'emploie (qu'employait) l'ancien article 2079 du Code civil, précisant que jusque là (« jusqu'à l'expropriation ») le débiteur reste propriétaire du gage. Le mécanisme d'attribution opère un transfert forcé de propriété qui éteint la créance de celui qui s'en prévaut : « l'attribution judiciaire s'analyse en un paiement de la créance garantie sous la forme d'une dation imposée au débiteur »[1275] ; ce transfert forcé n'est nullement incompatible avec le principe protecteur du débiteur suivant lequel celui-ci dispose d'un délai d'un mois à compter de l'appréhension de ses biens par son créancier pour procéder à leur vente amiable puisqu'il est protégé ici par le contrôle du juge[1276].

412.– Le pouvoir ainsi donné au créancier gagiste de déclencher le transfert forcé de la propriété du gage prend cependant sa racine dans l'engagement initial du débiteur. Dans les cas de cession forcée de mitoyenneté et servitude légale, le transfert forcé n'est pas perçu davantage comme portant atteinte au principe de la liaison du pouvoir et de la propriété pour cette raison, peut-être, qu'il est imposé par la situation des lieux, et donc qu'il découle de la nature des choses. Il en va de même des mesures d'exécution forcée sur les créances d'argent, sans doute parce qu'elles découlent d'une dette du débiteur lui-même. Tout autre est le regard porté sur la privation de propriété justifiée par l'intérêt public car elle procède d'une démarche différente.

[1271] C. civ., art. 1250, 2° (c'est une « cession forcée, sans la volonté du cédant », et donc « un mécanisme d'expropriation des créances pour cause d'utilité privée » : J. Carbonnier, *Droit civil, vol. 2,* préc., n° 1252).

[1272] C. civ., art. 1699 s. (là aussi on peut dire que le débiteur-retrayant exproprie le cessionnaire-retrayé puisqu'il lui rachète la créance de façon forcée).

[1273] Sur laquelle v. *infra*, n° 431 s.

[1274] La même possibilité est ouverte en matière de gage commercial : art. L. 521-3 mod. C. com. ; l'attribution peut être demandée après le jugement prononçant la liquidation judiciaire (C. com., art. L. 642-25).

[1275] M. Cabrillac et Ch. Mouly, *Droit des sûretés*, préc., n° 946.

[1276] D. 31 juillet 1992, art. 107 al. 1er ; P. Crocq et M. Bandrac, obs. RTD civ. 1996, p. 205.

B. – Appropriation et intérêt public

413.– L'idée de transfert forcé de la propriété est reliée de façon plus naturelle à l'idée d'intérêt public qu'à celle d'intérêt privé. C'est dans cette perspective qu'a été rédigé le célèbre article 17 de la Déclaration des droits (« *La propriété étant un droit inviolable et sacré, nul ne peut en être privé, si ce n'est lorsque la nécessité publique légalement constatée l'exige évidemment et sous la condition d'une juste et préalable indemnité* »)[1277], dont on retrouve la substance dans l'article 545 du Code civil[1278].

Il nous suffira d'évoquer brièvement ici deux des mesures les plus courantes d'appropriation publique forcée de la propriété privée, dont la distinction repose sur celle des immeubles et des meubles : l'expropriation d'immeubles et les nationalisations d'entreprises.

1° Expropriation d'immeubles

414.– L'expropriation est l'opération par laquelle la puissance publique[1279] acquiert d'autorité des biens privés immobiliers, dans l'intérêt général et moyennant indemnité. L'exigence de ces deux conditions remonte à la grande loi du 8 mars 1810[1280] qui a mis en place pour la première fois[1281] le modèle « mixte » actuel du droit français, caractérisé par la succession d'une phase administrative préalable, comportant la déclaration d'utilité publique[1282], et d'une phase judiciaire pour la translation de propriété et la fixation de l'indemnité, dont le versement doit être préalable à la dépossession[1283].

Ces conditions caractérisent tant le domaine que le régime de l'institution. Ainsi, quant au domaine, la jurisprudence judiciaire a condamné la *théorie de l'expropriation dite indirecte* selon laquelle, lorsqu'une personne publique construit[1284] sans droit sur le terrain d'un particulier, elle acquiert celui-ci par

---

[1277] Rappr. Convention européenne des droits de l'homme, premier protocole additionnel, art. 1er : « Toute personne physique ou morale a doit au respect de ses biens. Nul ne peut être privé de sa propriété que pour cause d'utilité publique et dans les conditions prévues par la loi et les principes généraux du droit international ».

[1278] « Nul ne peut être contraint de céder sa propriété, si ce n'est pour cause d'utilité publique, et moyennant une juste et préalable indemnité. »

[1279] État, collectivité locale, personne privée concessionnaire d'autoroute, société d'économie mixte…

[1280] J.-L. Harouel, *Histoire de l'expropriation*, PUF, 2000, p. 74 s.

[1281] La matière est aujourd'hui régie par un Code de l'expropriation pour cause d'utilité publique (D. 28 mars 1977), dont la substance a été reprise d'une ordonnance du 23 octobre 1958, modifiée et complétée à de multiples reprises.

[1282] Le Conseil d'État se reconnaît le pouvoir d'apprécier l'utilité publique depuis le fameux arrêt de principe *Ville nouvelle Est* du 28 mai 1971.

[1283] C. expr., art. L. 15-1.

[1284] Toute emprise n'est pas une privation de propriété : il a été jugé à propos de l'implantation d'émetteurs de télédiffusion de France que « le droit accordé à l'établissement public de procéder à certaines installations sur la partie supérieure des propriétés bâties, dans la mesure où il n'impose qu'une gêne supportable, ne constitue pas une privation de propriété au sens de l'article 17 de ladite Déclaration, mais une servitude d'intérêt public grevant l'immeuble en raison de son emplacement ou de son élévation » (Conseil constitutionnel, déc. 85-198 du 13 décembre 1985, dite « décision Tour Eiffel », Rec. p. 78).

expropriation de fait : « le transfert de propriété, non demandé par le propriétaire, ne peut intervenir qu'à la suite d'une procédure régulière d'expropriation »[1285]. Cette solution a été adoptée au visa, notamment de l'article 545 du Code civil, qui constitue également le fondement de la jurisprudence relative aux *empiètements* : c'est en effet parce qu'elle considère que le propriétaire du fonds empiété est victime d'une expropriation pour cause d'utilité privée, prohibée par l'article 545, que la jurisprudence condamne à la démolition (« alors que peu importe la mesure de l'empiètement »)[1286]. Ce fondement est discutable car c'est tout au contraire le propriétaire du sol qui devient propriétaire de la partie de la construction qui surplombe celui-ci, en application des articles 552 et 553 du Code civil ; il se justifie néanmoins par cette considération que, si le juge judiciaire se contentait d'allouer une réparation par équivalent, il y aurait bien pour le coup expropriation de fait...

415.– Quant au régime, il convient de préciser les pouvoirs respectifs du juge et de l'autorité expropriante : lequel des deux est l'auteur *du* transfert ? La question est empreinte d'un certain verbalisme car les deux pouvoirs sont liés en ce sens qu'aucun des deux ne peut être exercé indépendamment de l'autre. Encore faut-il distinguer un rôle d'impulsion (celui de l'expropriant) et une fonction de contrôle, fût-il d'opportunité (celle du juge). Le juge[1287] a deux missions bien distinctes : il prononce par voie d'ordonnance le transfert de propriété ; il fixe par un jugement le montant des indemnités. L'ordonnance d'expropriation opère « le transfert de propriété » si aucun « accord amiable » n'est intervenu entre les parties[1288] ; elle « envoie l'expropriant en possession »[1289] et elle « éteint, par elle-même et à sa date, tous droits réels ou personnels existant sur les immeubles expropriés »[1290] ; elle « désigne le bénéficiaire de l'expropriation »[1291]. Le juge exerce alors un simple contrôle[1292] de légalité et son ordonnance « ne peut être attaquée que par la voie du recours en cassation et seulement pour incompétence, excès de pouvoir ou vice de forme »[1293]. Il en va autrement pour ce qui concerne la fixation des indemnités : le juge exerce un certain pouvoir d'appréciation[1294] et rend un jugement contre lequel appel peut être interjeté, l'arrêt pouvant lui-même être déféré à la Cour de cassation[1295]. La fixation (et le paiement) des indemnités est cependant une condition du transfert de la possession[1296], et non pas de la propriété.

[1285] Cass. Ass. plén., 6 janvier 1994 : Bull. civ. n° 1 ; D. 1994, p. 153 concl. M. Jéol ; JCP 1994, II, 22207 concl. M. Jéol et I. 3750 n° 2 obs. H. Périnet-Marquet ; RTD civ. 1994, p. 889 obs. F. Zénati.

[1286] Ex. : Cass. civ. 3e, 20 mars 2002 : D. 2002, p. 2075, n. crit. C. Caron.

[1287] V. *supra*, note 1124.

[1288] C. expr., art. L. 12-1. Cette cession amiable demeure un contrat de droit privé et est en conséquence une vente rescindable (Cass. Civ. 3e, 26 octobre 1971 : Bull. civ. III, n° 513).

[1289] *Id.*

[1290] *Ibid.*, art. L. 12-2.

[1291] *Ibid.*, art R. 12-4.

[1292] Rappr. NCPC, art. 25.

[1293] C. expr., art. L. 12-6.

[1294] En tenant compte de nombreuses directives légales longuement formulées aux articles L. 13-4 s., C. expr., jugées non contraires à l'article 6 CEDH (Cass. civ. 3e, 25 septembre 2002 : D. 2002 p. 2849).

[1295] C. expr., art.L. 13-21 et 13-25.

[1296] « Dans le délai d'un mois [...] du paiement, les détenteurs sont tenus d'abandonner les lieux » (C. expr., art. L. 15-1).

Le véritable pouvoir de transférer la propriété du bien est confié à l'expropriant, personne publique (collectivité territoriale, ou État, ou un de leurs établissements publics) : ce n'est pas lui qui émet l'acte portant déclaration d'utilité publique[1297] ou qui prend l'arrêté de cessibilité[1298], mais il se prononce sur l'intérêt général du projet[1299], il notifie aux propriétaires intéressés les différents actes de la procédure[1300] ainsi que le montant de ses offres d'indemnité[1301], c'est lui qui prend possession de l'immeuble au départ de ses détenteurs[1302], qui décide de son usage[1303] : c'est dans son patrimoine qu'entre l'immeuble exproprié[1304].

Il serait donc impropre de considérer que c'est le juge qui déclenche le transfert de la propriété de l'immeuble exproprié. Son rôle est proche de celui qui est le sien en matière de vente aux enchères[1305] : il constate que sont réunies les conditions de formation d'une situation juridique qui échappe à son initiative. Il est d'ailleurs symptomatique du caractère accessoire de son intervention qu'il soit précisé dans les textes qu' « *En cas d'annulation par une décision définitive du juge administratif de la déclaration d'utilité publique ou de l'arrêté de cessibilité, tout exproprié peut faire constater par le juge de l'expropriation que l'ordonnance portant transfert de propriété est dépourvue de base légale* »[1306]. Autant dire que le droit originaire acquis par le bénéficiaire de l'expropriation est fondé moins sur l'ordonnance du juge que sur la procédure administrative dont celle-ci est l'aboutissement. L'auteur du transfert est celui qui en est l'initiateur, et a la maîtrise de l'opération, c'est-à-dire l'expropriant.

Cette solution est plus claire encore dans le cas de nationalisation d'entreprises.

2° Nationalisation d'entreprises

416.– « Toute nationalisation comporte une expropriation, c'est-à-dire un transfert de propriété des mains des particuliers, individus ou sociétés, aux mains de l'État »[1307]. Cette définition est retenue ici pour son caractère expressif[1308]. Juridiquement, cependant, il n'y a pas expropriation au sens que les textes attachent

---

[1297] « L'utilité publique est déclarée par arrêté ministériel ou arrêté préfectoral » ou par décret en Conseil d'État, selon les cas (C. expr., art. L. 11-2).

[1298] « Le préfet détermine par arrêté de cessibilité la liste des parcelles ou des droits réels immobiliers à exproprier si cette liste ne résulte pas de la déclaration d'utilité publique » : C. expr., art. L. 11-8.

[1299] C. expr., art. L. 11-1-1.

[1300] L'avis d'ouverture d'enquête, l'acte déclarant l'utilité publique, l'ordonnance d'expropriation : C. expr., L. 13-2.

[1301] *Id.*, L. 13-3.

[1302] *Id.* L. 15-2.

[1303] Ex. : les collectivités expropriantes peuvent décider de procéder à la location des terrains agricoles qui n'ont pas reçu la destination prévue (C. expr., art. L. 12-6).

[1304] C'est lui qui décide de l'aliéner (C. expr., art. L. 12-6 et R. 12-6).

[1305] V. *infra*, n° 432.

[1306] C. expr., art. L. 12-5.

[1307] F. Terré et Ph. Simler, *Les biens*, préc., n° 510.

[1308] Curieusement, le mot « nationalisation » ne figure pas au *Vocabulaire juridique* de l'association Henri Capitant.

à cette notion puisque ceux-ci ne concernent que les immeubles[1309]. On est en présence d'un transfert forcé de propriété, admis dans son principe par le préambule de la Constitution de 1946[1310], transfert qui ne peut être réalisé que par voie législative (« *La loi fixe (...) les règles concernant (...) les nationalisations d'entreprises et les transferts de propriété d'entreprises du secteur public au secteur privé* »)[1311] dans le respect des principes à valeur constitutionnelle que constituent les articles 2 et 17 de la Déclaration des droits de 1789[1312].

La remarque que la propriété ainsi transférée, lorsque la mesure porte sur des sociétés, est celle de titres sociaux (c'est-à-dire de droits de créance dont on ne saurait, selon l'approche classique du droit des biens, être que « titulaire ») a déjà été faite[1313]. Contentons nous de souligner que le principe d'un « transfert » de la propriété est admis, alors qu'il est réalisé en méconnaissance de la volonté du propriétaire. Il s'agit là, il est vrai, d'une mesure relativement exceptionnelle.

On ne peut pas en dire autant des cas dans lesquels le pouvoir de transférer la chose d'autrui est conféré pour s'approprier la valeur de celle-ci.

§ 2. – CAS D'EXERCICE DU POUVOIR POUR S'APPROPRIER LA VALEUR DE LA CHOSE

417.– Les cas examinés jusqu'ici avaient tous en commun d'aboutir à ce que le titulaire du pouvoir de déclencher le transfert de la propriété de la chose d'autrui acquière la propriété de cette chose lui-même. On se propose de faire apparaître, de la même manière, l'existence d'autres cas dans lesquels le titulaire de ce pouvoir n'entend pas se substituer à l'ancien propriétaire mais, tout simplement, obtenir le prix de la chose, sa valeur marchande[1314]. Pour cela il faut que cette valeur apparaisse, c'est-à-dire qu'elle soit concrétisée par un prix, ce qui suppose en pratique une vente.

Toutes les solutions qui peuvent être envisagées à cet égard ne présentent pas le même caractère. Certaines sont bien établies, d'autres sont discutées.

[1309] Cf. cependant *supra*, n° 411.

[1310] « Tout bien, toute entreprise dont l'exploitation a ou acquiert les caractères d'un service public national ou d'un monopole de fait doit devenir la propriété de la collectivité » (art. 9).

[1311] Constitution du 4 octobre 1958, art. 34.

[1312] Conseil constitutionnel, déc. 16 janvier 1982 : D. 1983, p. 169 n. L. Hamon.

[1313] F. Zénati, chron. préc., D. 1985, p. 172.

[1314] Cette distinction trouve une limite dans le fait qu'en cas de vente sur saisie immobilière, s'il n'y a pas d'enchérisseur, le saisissant se retrouve adjudicataire pour le montant de sa mise à prix (C. pr. civ., art. 706 al. 2 et 4 – mais non pour le prix fixé par le juge : v. C. constitutionnel n° 98-403 du 29 juillet 1998 : JO 31 juillet 1998, p. 1170 ; RTD civ. 1998 p. 799 obs. N. Molfessis, et 1999 p. 136 n° 5 obs. F. Zénati).

A. – SOLUTIONS ÉTABLIES

1° Époux

418.– Mentionnons d'abord pour mémoire le cas de l'époux. Nous avons déjà traité cette question ci-dessus, et il est donc inutile d'y revenir, sinon pour en marquer la place. Rappelons seulement d'un mot qu'en application de l'article 1421 du Code civil chaque époux marié sous le régime légal a le pouvoir d'administrer seul les biens communs et d'en disposer, sous réserve de diverses exceptions qui limitent la portée de ce principe, lequel reste cependant très large (il n'est besoin pour le faire apparaître que de comparer avec les pouvoirs, similaires mais plus restreints, du gérant de l'indivision)[1315]. Rappelons par ailleurs qu'en application de l'article 222 du Code civil tout époux, quel que soit son régime matrimonial, est réputé à l'égard des tiers de bonne foi avoir le pouvoir de faire seul un acte d'administration, de jouissance ou de disposition sur un bien meuble qu'il détient individuellement[1316]. Il faut ajouter que les époux communs en biens peuvent librement disposer des fruits et revenus de leurs biens propres, et que tous les époux peuvent disposer de leurs gains et salaires, en application de l'article 223[1317].

Ce qui doit être souligné ici est que ces pouvoirs s'exercent sans contrôle judiciaire préalable. La précision va de soi dans le contexte du droit des régimes matrimoniaux. Elle doit être rappelée ici car il en est peu d' exemples : la plupart des autres cas de dissociation du pouvoir et de la propriété se développent sous le contrôle du juge[1318].

Et il en est ainsi pour ce qui est des ventes forcées.

2° Ventes forcées

419.– Il ne s'agit ici que de « vente »[1319], cela doit être souligné. De tous les modes de transfert de propriété, la vente (si l'on peut encore parler de vente en l'absence de consentement du propriétaire de la chose vendue)[1320] est le seul qui donne prise à la dissociation entre propriété et pouvoir de transférer la propriété lorsque ce pouvoir est exercé pour s'approprier la valeur de la chose, et non pas la chose elle-même.

La vente est dite ici « forcée » non pas parce que l'on force le propriétaire de la chose à y consentir (évidemment !), mais parce que l'on se passe de son consentement. Le débiteur n'intervient pas à l'opération en ce double sens qu'il n'en

---

[1315] C. civ., art. 1873-6.
[1316] V. *supra*, n° 267.
[1317] V. *supra*, n°s 256, 250.
[1318] Il convient de mettre notamment à part, outre la saisie (n° 401 s.) et d'autres solutions qui seront discutées plus loin (*infra*, n° 429), le quasi-usufruit (n° 441) ainsi que la clause de réserve de propriété (dans l'analyse que nous en proposons : n° 562).
[1319] Ce terme est utilisé par les textes mais il doit être pris avec précaution car le caractère forcé conduit à lui attacher des effets (v. *infra*, n° 455 s.) qui dérogent au droit commun de la vente dans une mesure variable.
[1320] Sur ce point, v. *infra*, n° 463.

a ni l'initiative, ni la maîtrise. Il y a transfert de propriété, la propriété transférée est la sienne, il est l'« auteur » de l'acheteur, l'auteur *dans* le transfert. Mais ce n'est pas lui qui déclenche le transfert, il n'est pas l'auteur *du* transfert. Cela emporte à l'évidence des effets particuliers, qui seront examinés plus loin. On se propose, ici, d'examiner deux autres questions : celle de savoir qui peut imposer au propriétaire du bien un tel transfert forcé, ou si l'on veut qui peut être auteur *du* transfert ; celle de savoir quelle procédure doit être suivie pour un tel transfert.

a) Auteur du transfert

420.– C'est un créancier. Mais ce peut être aussi l'organe d'une procédure mise en place pour tenir compte d'autres intérêts que ceux des créanciers. Il faut distinguer, en effet, les solutions du droit commun et celles qui découlent de l'ouverture d'une procédure de sauvegarde, de redressement judiciaire ou liquidation judiciaire.

1. Droit commun

421.– L'auteur du transfert est ici un créancier[1321]. Autrement dit il a pour gage général le patrimoine du débiteur et en outre, s'il est privilégié, il peut être payé sur le prix d'une chose dont la valeur lui a été affectée[1322]. S'il n'y a aucune créance du débiteur qu'il puisse s'approprier par la voie plus simple de la saisie-attribution[1323], il doit faire procéder à la vente forcée d'un meuble ou d'un immeuble de ce dernier, afin de se payer sur le prix de celle-ci. À cet égard, il faut distinguer trois situations.

422.– La première est celle des créanciers titulaires d'un droit préférentiel sur un bien du débiteur. Il faut faire une différence, ici, entre le cas du créancier hypothécaire et celui du créancier gagiste. Le premier doit faire procéder à la saisie[1324] (qui enlève au débiteur tout pouvoir de détournement du bien) et à la vente du bien qui lui est affecté[1325], c'est-à-dire provoquer l'« expropriation forcée » d'un ou des immeubles du débiteur[1326].

La particularité du gagiste est que le propriétaire ne peut pas détourner le bien de son affectation en transférant sa propriété à un tiers susceptible d'invoquer la présomption de l'article 2279 du Code civil : cela est en effet empêché soit par la dépossession, soit par l'article 2337 en cas de gage sans dépossession. L'acte de remise ou d'appréhension vaut saisie du bien[1327]. En ce qui concerne la réalisation,

---

[1321] Dans le cas très particulier de la vente des objets abandonnés, l'auteur du transfert peut ne pas avoir la qualité de créancier : v. *infra*, n° 423. Pour le fonds de commerce : art. L. 143-3 s. C. com.
[1322] Sur cette présentation, v. M. Cabrillac et Ch. Mouly, ouvr. préc., n° 846.
[1323] V. *supra*, n° 402.
[1324] La vente sur saisie est l'archétype de la vente forcée (v. V° *Vente forcée*, in *Vocabulaire juridique* publié par l'Association Henri Capitant sous la direction de Georges Cornu).
[1325] C. pr. civ., art. 673 s.
[1326] L'expression est employée dans le titre 19 (« De l'expropriation forcée et des ordres entre les créanciers ») du Livre III du Code civil (« Des différentes manières dont on acquiert la propriété ») et par l'art. 675 C. pr. civ.
[1327] D. 31 juillet 1992, art. 145.

l'article 2346 du Code civil prévoit simplement[1328] que la vente est ordonnée en justice et qu'elle est faite « selon les modalités prévues par les procédures civiles d'exécution » (expression moins ambiguë que celle de vente « aux enchères » utilisée auparavant)[1329] – modalités variables selon le bien gagé : pour des biens corporels, il s'agira de la mise en vente (amiable dans un délai d'un mois, à défaut judiciaire), comme en matière de saisie-vente[1330] : la vente judiciaire « est *imposée au propriétaire du bien par le créancier*, en raison d'une inexécution prolongée de son obligation par le premier, et parce qu'elle est *poursuivie par ce créancier* »[1331].

423.– Le même régime – deuxième situation – est appliqué aux ventes forcées des objets « abandonnés », ceux « *apportés par le voyageur ayant logé chez un aubergiste, hôtelier ou logeur* » précise en termes désuets un texte un peu ancien[1332], ainsi que ceux « *confiés à un professionnel pour être travaillés, façonnés, réparés ou nettoyés et qui n'auront pas été retirés dans le délai d'un an* » prévoit un autre texte[1333]. Dans les deux cas, l'officier public chargé de la vente prélève le montant des frais, paye la créance et verse le solde à la Caisse des dépôts. Il s'agit là d'exemples[1334]. Ajoutons-y celui d'un texte plus récent qui dispose que les objets « *abandonnés à la sortie ou au décès de leurs détenteurs* » dans un établissement de santé ou des établissements sociaux ou médico-sociaux hébergeant des personnes âgées ou des adultes handicapés sont remis au service des domaines afin d'être mis en vente, le montant de la vente étant acquis de plein droit au Trésor public au bout de cinq ans « s'il n'y a pas eu dans l'intervalle, réclamation de la part du propriétaire, de ses représentants ou de ses créanciers »[1335] – là, il n'y a pas de créancier.

Notons qu'aucun des textes cités n'est conçu pour s'appliquer à des *res nullius* : on n'est pas en présence de choses sans maître, de *res derelictae*, rien ne permettant de penser que leur propriétaire aient entendu abdiquer son droit[1336], mais d'épaves et

---

[1328] En dehors du cas où le gagiste demande l'attribution judiciaire : v. *supra*, n° 411, ou de stipulation d'un pacte commissoire.

[1329] Expression (ancien art. 2078) ambiguë car recouvrant des réalités différentes : L. Mauger-Vielpeau, *Les ventes aux enchères publiques*, Economica, 2002, p. 53 s. (« Il n'existe pas une vente aux enchères mais des ventes aux enchères, qui répondent à des règles différentes », p. 61).

[1330] L. 9 juillet 1991, art. 52 ; D. 31 juillet 1992, art. 107 s., 145 et 177 : Ph. Simler et Ph. Delebecque, *Les sûretés, La publicité foncière*, 4e éd., n° 613 ; Ph. Théry, *Sûretés et publicité foncière*, préc., n° 256 ; L. Mauger-Vielpeau, ouvr. préc., n° 66 s.

[1331] L. Mauger-Vielpeau, ouvr. préc., n° 76 (soul. par nous). En matière de gage commercial, l'art. L. 521-3 mod. C. com. renvoie à la « vente publique » simplifiée, non judiciaire, prévue aux art. L. 322-9 s., l'idée générale étant alors de faciliter la réalisation du gage ; ce régime est désormais inapplicable au gage des véhicules automobiles (C. civ., art. 2353).

[1332] Loi du 31 mars 1896 relative à la vente des objets abandonnés ou laissés en gage par les voyageurs aux aubergistes ou hôteliers (texte *in* Code civil Dalloz, sous l'art. 2078).

[1333] Loi du 31 décembre 1903 relative à la vente de certains objets abandonnés, mod. (texte *in* Code civil Dalloz, sous l'art. 2078). L'art. 6 *bis* de ce texte (réd. L. 1968) élargit son domaine d'application aux objets mobiliers détenus par les officiers publics ou ministériels, à ceux déposés en garde meuble, aux automobiles déposées dans un garage, etc.

[1334] V. une liste de textes plus complète in *Mega NCPC*, commenté par S. Guinchard, Dalloz, 2001, p. 1243 s.

[1335] Loi n° 92-614 du 6 juillet 1992, art. 6 (JO 7 juillet, D. 1992 L. p. 361).

[1336] Tout au contraire puisqu'à côté des objets « abandonnés » le premier texte cité se réfère à ceux « laissés en gage », et le second à des objets confiés en dépôt.

c'est pourquoi il est prévu que le produit de la vente en est acquis à l'inventeur (en réalité au Trésor public)[1337] au terme d'un délai variable. Il s'agit donc de ventes réalisées par des personnes qui n'en sont pas propriétaires (de ventes forcées) mais se trouvent investies par la loi de ce pouvoir afin de récupérer leur créance... ou tout simplement afin de faire place nette.

Pour ce qui est de la procédure, il faut mettre à part le cas où la vente est réalisée par l'administration des domaines ; dans les autres cas, les textes renvoient aux articles 624 et 625 du Code de procédure civile[1338] : ces textes ayant été abrogés en 1991, il convient d'appliquer ceux qui gouvernent la mise en vente des biens dans la saisie-vente[1339]. Il est évidemment inutile de recourir à la saisie elle-même puisque, comme pour le gagiste, il y a déjà détention matérielle de la chose[1340].

424.– La troisième situation à envisager est celle du créancier chirographaire. Ses pouvoirs ne sont pas différents, quant au principe, de ceux du créancier hypothécaire : rien n'empêche un créancier chirographaire de saisir[1341]. Tout créancier, en effet, a le pouvoir de procéder à l'expropriation du débiteur défaillant[1342], sans qu'il y ait à distinguer selon qu'il est chirographaire ou hypothécaire. La supériorité de celui qui bénéficie d'une hypothèque tient en son droit de préférence (il bénéficie d'un paiement prioritaire) et en son droit de suite (qui lui permet de pratiquer la saisie entre les mains d'un tiers tenu de la dette *propter rem*), rendus possibles par le fait que l'organisation de la publicité foncière permet de faire connaître aux tiers intéressés l'affectation spéciale de la valeur de l'immeuble hypothéqué à la garantie de sa créance. Mais il ne faut pas en déduire que l'immeuble échappe pour autant au droit de poursuite que le créancier chirographaire tient de son droit de gage général sur le patrimoine du débiteur[1343]. Si l'obligation est faite au créancier hypothécaire d'exercer ses poursuites en priorité sur les immeubles qui lui sont hypothéqués [1344], c'est d'ailleurs pour ménager sans doute les intérêts du débiteur, mais aussi ceux de ses autres créanciers.

« Les poursuites et la vente forcée »[1345] des biens du débiteur peuvent donc être déclenchées tout autant par le créancier chirographaire que par celui à qui un

---

[1337] Les deux premiers textes cités prévoient que le produit de la vente est versé « au nom du propriétaire » à la Caisse des dépôts et consignations.

[1338] L. 1896, art. 7 ; l. 1903, art. 6.

[1339] D. 31 juillet 1992, art. 110 s.

[1340] Un arrêt (Cass. civ. 1re, 21 février 1989 : Bull. civ. I, n° 85, p. 54) confirme cette solution en décidant que l'ancien art. 622 C. pr. civ. (qui limitait la vente aux causes de la saisie) est inapplicable à une vente organisée en application de la loi du 31 décembre 1903.

[1341] Pas plus que rien n'empêche d'autres créanciers, une fois la saisie réalisée, de faire valoir leurs droits sur les mêmes biens aussi longtemps que ceux-ci sont dans le patrimoine du débiteur, soit (en matière mobilière) en se joignant à la procédure en cours (par voie d'opposition : L. 9 juillet 1991, art. 50 al. 2 ; d. 31 juillet 1992, art. 118), soit (en matière immobilière) en faisant procéder à une autre saisie (C. pr. civ., art. 680 et 720).

[1342] C. civ., art. 2204 : « *Le créancier peut poursuivre l'expropriation* » des biens immobiliers du débiteur.

[1343] C. civ., art. 2285. Rappr. *supra*, note 41.

[1344] C. civ., art. 2209.

[1345] Selon l'expression de l'art. 2204-1 C. civ.

immeuble est hypothéqué. Tout ce qui est exigé pour la « vente forcée des immeubles » est qu'elle le soit en vertu d'« un titre authentique et exécutoire, pour une dette certaine et exigible »[1346], et non pas l'affectation spéciale de leur valeur au créancier poursuivant. Sans doute ce droit de poursuite est-il le plus souvent dépourvu de réel intérêt pratique en ce qui concerne le créancier chirographaire, mais son principe est indiscutable[1347].

2. Droit des procédures collectives

425.– Sans entrer ici dans le détail d'une réglementation complexe, ce qui n'est ni possible, ni souhaitable, il convient de marquer la place dans le présent tableau de la cession forcée de l'actif du débiteur faisant l'objet d'une procédure collective. Il peut s'agir soit d'une cession de l'entreprise, régie au titre de la liquidation judiciaire mais qui peut également s'inscrire dans le cadre d'un redressement, soit de la cession des actifs dispersés du débiteur, spécifique à la liquidation judiciaire.

426.– Nous commencerons, pour des raisons d'exposition, par cette dernière. La procédure alors suivie est à double détente : décision du juge-commissaire (il « ordonne » les ventes par adjudication, il « autorise » les ventes de gré à gré, tant pour ce qui est des immeubles[1348] que des meubles[1349] – nuances rédactionnelles probablement dénuées de portée puisqu'un arrêt de principe a jugé, sous l'empire de la loi de 1985 mais celle de 2005 sur la sauvegarde des entreprises ne devrait pas faire évoluer la jurisprudence sur ce point[1350], que dans tous les cas la vente est parfaite dès l'ordonnance du juge-commissaire l'ayant autorisée, sous la condition suspensive que la décision acquière force de chose jugée, et cela bien que la vente ne se réalise que par l'accomplissement d'actes postérieurs)[1351], réalisation de la vente par le liquidateur[1352], ce qui rend malaisé de déterminer lequel de ces deux organes doit être regardé comme jouant le rôle d'auteur « du » transfert. On peut être tenté, dans un premier temps, de retenir qu'il s'agit du *juge-commissaire* car c'est lui qui prend les décisions que le liquidateur est seulement chargé de mettre en œuvre : il pose les bases de l'opération (prix et conditions essentielles de la vente), il choisit entre plusieurs formes de liquidation des biens (celles de la saisie immobilière, l'adjudication amiable ou la vente de gré à gré). Les commentateurs[1353] insistent sur cet aspect, soulignant le caractère suranné du « juge parapheur des décisions prises par le syndic »[1354] et que c'est l'ordonnance du juge qui « déclenche la procédure de

---

[1346] C. civ., art. 2213 ; C. pr. civ., art. 551.
[1347] M. et J.-B. Donnier, *Voies d'exécution et procédures de distribution*, préc., n° 157.
[1348] C. com., art. 641-1 et 642-18.
[1349] C. com., art. 642-19.
[1350] *Contra*, P.-M. Le Corre, *Premiers regards sur la loi de sauvegarde des entreprises*, D. 2005, suppl. au n° 33, n° 56. *Pro* : J. Théron, *Le moment de la perfection des transferts « autorisés » en période de liquidation*, D. 2006 p. 570.
[1351] Cass. com. 4 octobre 2005, D. 2005 p. 2593, obs. A. Lienhard ; JCP E 2006, 1066 n° 8, obs. M. Cabrillac et Ph. Pétel ; rappr. *infra*, note 1358.
[1352] Ou par l'administrateur lorsqu'il en a été désigné un (art. L. 641-10 al. 5 C. com.).
[1353] Des textes antérieurs.
[1354] F. Derrida, P. Godé, J.-P. Sortais et A. Honorat, *Redressement et liquidation judiciaires*, Dalloz, 2e éd., n° 73.

vente de l'immeuble concerné »[1355] : « homme-orchestre de la procédure »[1356] il « dispose d'un véritable pouvoir de disposition compensant celui qu'a perdu le débiteur en raison de son dessaisissement »[1357].

Cette solution ne paraît cependant adaptée ni dans son principe (le juge n'est pas le liquidateur), ni dans sa portée (le juge ne saurait se voir chargé des obligations du vendeur). Il est plus indiqué de considérer que c'est le *liquidateur* qui joue le rôle d'auteur « du » transfert : c'est lui qui réalise l'actif du débiteur (et utilise les fonds obtenus pour apurer son passif), c'est-à-dire qu'il procède à la vente des biens qui le composent (il « passe les actes nécessaires à la réalisation de la vente »)[1358], sans agir ce faisant au nom du créancier[1359/1360]. Un arrêt avait retenu cette solution en application des textes antérieurs aux réformes de 1985 et 2005[1361] ; ces dernières ne la remettent pas en cause puisqu'il est précisé que le liquidateur prend la place du créancier saisissant lorsqu'une procédure de saisie immobilière avait été engagée avant l'ouverture de la procédure collective[1362], créancier saisissant qui est regardé sans doute possible comme étant l'auteur « du » transfert)[1363].

427.– La seconde cession forcée dont il faut marquer la place est celle de l'entreprise, dans le cadre d'un plan arrêté par le tribunal[1364] – cession régie par les mêmes règles dans la liquidation et le redressement judiciaire. Le plan de cession, adopté à l'issue de la période d'observation, peut prévoir soit la cession totale de l'entreprise, soit sa cession partielle[1365]. Ici également il est difficile de dire qui est l'auteur du transfert en raison du partage des tâches entre le tribunal et le liquidateur ou administrateur. Ce n'est pas le débiteur (l'entrepreneur, c'est-à-dire la personne physique ou morale dans le patrimoine de qui se trouvent les biens affectés à l'activité exploitée par l'entreprise) qui procède à la cession ; celle-ci est arrêtée par

---

1355 J.-M. Calendini, *La vente judiciaire des immeubles du débiteur en liquidation judiciaire*, Petites affiches 1986, n° 50, p. 52.

1356 C. Saint-Alary-Houin, *Droit des entreprises en difficulté*, Montchrestien, 4ème éd., 2001, p. 231.

1357 M.-A. Rakotovahiny, *Le « clair-obscur » de la vente de gré à gré d'un fonds de commerce dans le cadre d'une liquidation judiciaire*, D. 2000, chron. p. 51, n° 5.

1358 Cass. com. 16 octobre 2001 (D. 2001 p. 3349, obs. A. Lienhard et 2002 Somm. p. 1479 obs. A. Honorat ; JCP E 2002 p. 121 n° 8 obs. M. Cabrillac et Ph. Pétel) : si la vente est parfaite dès le moment où elle est arrêtée par le tribunal, sa réalisation (*i.e.* : le transfert de propriété) ne se produit que lors de la passation de l'acte de vente.

1359 Comp. C. com., art. L. 641-9 (qui ne précise nullement que le débiteur est « représenté » par le liquidateur). Un arrêt retient, à un autre propos, qu'il agit en qualité d'« organe de la procédure » (Cass. com., 3 février 1998, qui en déduit que les sommes d'argent appartenant au débiteur qui lui sont remises dans l'exercice de ses fonctions ne peuvent pas faire l'objet d'une saisie-attribution entre ses mains : Bull. civ. IV, n° 51 ; D. 1998 IR, p. 62).

1360 Pas plus que n'agissent en son nom les créanciers qui peuvent reprendre le droit de poursuite individuelle en cas d'inertie du liquidateur (C. com., art. L. 643-2).

1361 Cass. civ. 3e, 12 octobre 1977 : D. 1978 p. 333 et la riche note Y. Chartier.

1362 C. com., ancien art. L. 622-16 al. 2, devenu l'art. L. 642-18 al. 2.

1363 V. *infra*, n° 432. On peut ajouter que c'est la responsabilité civile du liquidateur qui est recherchée lorsque la vente a porté sur un bien qui n'était pas la propriété du débiteur (Cass. com, 22 janvier 2002 : JCP 2003, II, 10013, n. L. Haennig ; RTD com. 2003 p. 570, obs A. Martin-Serf).

1364 C'est le tribunal de commerce qui est compétent si le débiteur est commerçant ou immatriculé au répertoire des métiers, le tribunal de grande instance dans les autres cas (C. com., art. L. 621-2 et 631-7).

1365 C. com., art. L. 642-1 et 631-13.

le tribunal, qui retient « *l'offre qui permet dans les meilleures conditions d'assurer le plus durablement l'emploi attaché à l'ensemble cédé, le paiement des créanciers et qui présente les meilleures garanties d'exécution* »[1366], et c'est le mandataire judiciaire[1367] (« chef d'entreprise intérimaire »)[1368] qui passe tous les actes d'exécution nécessaires à sa réalisation[1369]. Il s'agit d'une transmission à titre particulier des biens énumérés dans le jugement, non d'une transmission universelle[1370], et le jugement arrêtant le plan de cession ne vaut pas par lui-même acte de cession, il n'opère pas en principe transfert de propriété : celui-ci n'intervient qu'à la date de passation des actes nécessaires à la réalisation[1371].

Le mandataire judiciaire n'ayant pas la qualité de représentant du débiteur, c'est en vertu d'un pouvoir propre qu'il exerce le droit de disposition ce qui conduit à le regarder comme étant l'auteur « du » transfert.

b) Procédure

428.– En droit commun, la procédure de vente forcée comporte deux grandes phases, celle de la saisie et celle de la vente. La première, nous l'avons vu[1372], est inutile en matière mobilière lorsque le bien dont il s'agit de transférer la propriété est détenu par le titulaire du pouvoir d'opérer ce transfert. Elle est également inutile dans le droit spécial des procédures collectives. Nous ne nous y attarderons pas ici. En revanche, il faut considérer les modalités de la vente. En droit commun, la vente ne se fait aux enchères que si le débiteur refuse d'y procéder lui-même. Et c'est également aux enchères que sont réalisés en principe les immeubles du débiteur qui fait l'objet d'une liquidation judiciaire[1373], et que peuvent être vendus les meubles sur décision du juge-commissaire[1374]. Mais la vente peut également se faire alors de gré à gré, et cela est préféré chaque fois que possible afin d'éviter des coûts et le risque qu'il n'y ait aucun enchérisseur. L'un et l'autre type de ventes appellent quelques éclaircissements dans la perspective de l'angle de vue particulier qui est le nôtre.

1. Ventes amiables, sur conversion et de gré à gré

429.– En matière de saisie-vente, le législateur marque sa préférence pour la vente amiable afin d'associer le débiteur à la procédure (« Le débiteur contre lequel est poursuivie une mesure d'exécution forcée peut [...] vendre *volontairement* les biens

---

1366 C. com., art. L. 642-5.
1367 L'administrateur judiciaire : C. com., art. L. 621-4, 631-22 et 642-5.
1368 Selon l'expression d'Y. Guyon (*Droit des affaires*, t. 2, *Entreprises en difficulté, Redressement judiciaire, Faillite*, Economica, 9ème éd., 2003, n° 1162).
1369 C. com., art. L. 642-8.
1370 Il n'y a pas de garantie du passif.
1371 Cass. com., 26 janvier 1993 : D. 1993, p. 205 n. F.D. ; JCP E 1993, I, 275 n° 4 obs. M. Cabrillac et Ph. Pétel.
1372 *Supra*, n° 422.
1373 C. com. art. L. 622-16 al. 1er.
1374 C. com. art. L. 622-18.

saisis pour en affecter le prix au paiement des créanciers »)[1375] ; elle constitue un « passage obligatoire après le procès verbal de saisie-vente »[1376] puisqu'il dispose d'un délai d'un mois pour la réaliser. En matière de saisie immobilière, il existe également une possibilité de conversion de la saisie en vente volontaire ; il faut qu'elle soit demandée par le saisi et acceptée par le saisissant[1377].

Dans les deux cas, y a-t-il vente volontaire ou forcée ? On est dans une situation hybride puisque le débiteur consent à la vente, mais qu'il n'a pas la liberté de ne pas vendre[1378]. Le second élément prend cependant le pas sur le premier, puisqu'il est contraint, et il paraît donc raisonnable de considérer que ce n'est pas lui qui est l'auteur du transfert[1379].

430.– La même solution s'impose à l'égard de la vente de gré à gré dans la procédure de liquidation de biens car elle ne laisse aucun pouvoir au débiteur, qui est dessaisi. Elle peut être décidée par le juge-commissaire pour les ventes d'immeubles, à la place de la vente aux enchères judiciaire, « aux prix et conditions qu'il détermine »[1380], ainsi que pour les meubles[1381]. Il en résulte que la vente des biens concernés est parfaite dès l'ordonnance, même si elle n'est réalisée que par l'accomplissement d'actes postérieurs[1382], mais qu'elle ne l'est pas jusque là[1383].

2. Vente forcée aux enchères

431.– À défaut de vente amiable ou sur conversion, il faut recourir à une procédure spéciale. Le caractère forcé de la vente empêche en effet de réaliser celle-ci librement[1384]. Certes, il ne s'agit pas là d'une spécificité des ventes forcées ; d'autres ventes doivent être autorisées par la loi ou le juge, c'est le cas chaque fois qu'elles mettent en jeu un autre intérêt que celui du propriétaire (comme la vente sur licitation, ou l'aliénation de biens de la succession par l'héritier qui l'a acceptée sous bénéfice d'inventaire). La spécificité des ventes dont l'initiative échappe au propriétaire de la chose vendue, des ventes forcées, est double. Il s'agit de ventes forcées[1385] aux enchères. Elles nécessitent la présence d'un représentant de l'autorité

[1375] L. 9 juillet 1991, art. 52 al. 2 (soul. par nous) ; D. 31 juillet 1992, art. 107 à 109.
[1376] D. Hector, *La saisie-vente*, Rev. huissiers, 1993, p. 70.
[1377] C. pr. civ., art. 743 à 748.
[1378] « l'aliénation poursuivie dans ces conditions ne perd pas le caractère de vente forcée. En réalité, il s'agit plus d'une modalité imposée au créancier poursuivant que d'une véritable vente volontaire par le saisi » (M. et J.-B. Donnier, *Voies d'exécution et procédures de distribution*, préc., n° 1560).
[1379] À tout le moins, ce n'est pas lui qui « dispose » du logement familial au sens de l'article 215 al. 3 C. civ.
[1380] C. com. art. L. 642-18, qui prévoit aussi la possibilité d'autoriser une vente par adjudication amiable (devant notaires).
[1381] C. com. art. L. 642-19.
[1382] Cass. com., 11 mars 1997 (Bull. civ. IV n° 69 ; D. 1997 IR p. 87 ; JCP E 1997, I, 681 n° 8, obs. Ph. Pétel ; Rev. huissiers 1998, p. 351 n. Courtier) et 3 octobre 2000 (Bull. civ. IV, n° 146 ; D. 2000 AJ p. 397, obs. A. Lienhard).
[1383] Ce qui autorise l'autre partie à retirer son offre jusque là : CA Toulouse, 11 mars 1991, D. 1991 p. 401 n. J.-J. Barbieri.
[1384] L. Mauger-Vielpeau, *Les ventes aux enchères publiques*, préc., n° 146.
[1385] Une vente aux enchères peut être volontaire.

publique : en matière immobilière[1386], il s'agit d'un juge[1387] ; en matière mobilière il s'agit d'un commissaire-priseur judiciaire, d'un autre officier public ou ministériel ou d'une autre personne légalement habilitée[1388]. Cette mesure est destinée à limiter la liberté de celui qui en prend l'initiative, d'en contrôler l'exercice.

432.– Quelle est, alors, la place de ce représentant de l'autorité publique dans la vente forcée aux enchères ? Il va de soi qu'il la préside, veille à son bon déroulement et à la régularité et à la loyauté des enchères[1389]. Mais quel rôle tient-il dans la formation même de la vente, dans le transfert de propriété ? On peut le ramasser en deux idées. Premièrement, son intervention est une condition de la vente, une formalité solennelle. Tel est en effet le sens du mot « adjudication » : « *déclaration* par laquelle le juge ou un officier public, qui procède à la mise aux enchères d'un bien meuble ou immeuble, *attribue* ce bien à celui qui porte l'enchère la plus élevée »[1390]. Il ne suffit donc pas que la dernière enchère ne soit pas couverte pour que la vente soit formée, alors même que toute enchère non couverte oblige l'enchérisseur[1391] ; la vente considérée est formaliste en ce sens qu'elle requiert pour son existence ou sa validité le respect de cette règle de forme[1392]. En matière immobilière, le transfert de propriété entre l'adjudicataire et le saisi résulte du jugement d'adjudication et est opposable aux tiers à compter de sa publication[1393].

Pour autant, deuxièmement, la vente ainsi formée est l'acte des parties. La réflexion sur le rôle du représentant de l'autorité publique dans la formation de la vente forcée s'est surtout développée en matière immobilière, en raison de l'intervention du juge, mais ses résultats devraient valoir également pour la vente aux enchères de meubles car on ne voit pas pourquoi la nature de l'opération varierait selon celle de la chose vendue. C'est une raison de refuser la qualification de *contrat judiciaire*[1394] : celle-ci vient d'abord à l'esprit si l'on entend par là, en un sens large, tout accord de volonté des parties dont l'existence est constatée par le juge[1395] ; il est vrai que cette

---

[1386] 512 ventes sur saisies ont été réalisées en 1984 à la requête du Crédit Foncier, sur 40 000 dossiers au contentieux environ : les saisies immobilières qui débouchent sur une vente "sont" donc très peu nombreuses (*Les garanties du financement*, 82e congrès des notaires de France, Nice, 1986, p. 367 s.).

[1387] Tribunal de grande instance statuant à juge unique (C. org. jud., art. R. 312-6) pour l'audience d'adjudication comme pour les incidents de saisie (Cass. civ. 2e, 25 novembre 1987, D. 1988, p. 155 n. J. Prévault).

[1388] C. com., art. L. 321-1 s. (réd. l. 10 juillet 2000), qui ne maintiennent l'ancien monopole au profit des nouveaux "commissaires-priseurs judiciaires" que pour l'organisation et la réalisation de la vente *judiciaire* de meuble aux enchères publiques (celle dont la loi ou le juge impose qu'elle ait lieu aux enchères – alors même qu'elle n'est pas forcée mais décidée par le propriétaire, selon l'approche (trop ?) large retenue par : CA Paris 8 mars 2005, D. 2005 p. 1404, n. L. Mauger-Vielpeau).

[1389] L. Mauger-Vielpeau, ouvr. préc., n° 145.

[1390] V° *Adjudication*, in *Vocabulaire juridique* publié par l'Association Henri Capitant sous la direction de Georges Cornu (soul. par nous).

[1391] C. pr. civ., art. 705.

[1392] En ce sens qu'est une règle de forme « celle qui prescrit un comportement matériel et tangible, extérieur à la volonté proprement dite » (V. Delaporte, *Recherches sur la forme des actes juridiques en droit international privé*, thèse dactyl., Paris, 1974, n° 31).

[1393] Cass. civ. 2e, 30 avril 2002 : D. 2002 p. 2646 obs. P. Julien.

[1394] Parfois retenue. Ex. : M. et J.-B. Donnier, *Voies d'exécution et procédures de distribution*, préc., n° 1468.

[1395] Cass. civ., 3 novembre 1947 : D. 1948, p. 3.

qualification doit être rejetée également dès lors que l'on considère qu'elle ne s'applique pas aux accords de volonté soumis à une homologation judiciaire par la loi[1396].

On préfèrera donc une autre analyse, selon laquelle le juge, à l'instar d'un notaire, ne décide rien : il constate et authentifie un acte juridique dont la teneur lui échappe :

> « *le juge ne joue en matière immobilière pas d'autre rôle que celui d'un notaire en cas de vente publique volontaire. Il ne peut refuser de procéder à l'adjudication, il ne prend aucune connaissance gracieuse du cahier des charges [...]. Le rôle du juge, comme celui du notaire, consiste à déclarer l'adjudication après avoir constaté les enchères portées devant lui. Cette déclaration, nécessaire à la validité du transfert, n'est cependant rien d'autre qu'une formalité solennelle. Sur le fond, le transfert résulte du contrat de vente qui se forme entre le saisissant, agissant en son nom et en vertu de son droit sur les biens du saisi, et l'adjudicataire* »[1397].

Autant dire que cette fonction de témoin empêche de considérer que le juge qui préside les enchères joue le rôle d'auteur « du » transfert – et cette observation vaut de façon plus générale pour tout représentant de l'autorité publique dans une vente aux enchères. L'auteur « du » transfert, c'est le créancier poursuivant dans les procédures de ventes sur saisie de droit commun (en cas d'adjudication sur surenchère, c'est le créancier surenchérisseur)[1398], l'administrateur en cas de redressement judiciaire, le liquidateur en cas de liquidation de biens.

Il s'agit là de solutions bien établies de dissociation entre propriété et pouvoir. Il faut en rapprocher d'autres solutions, plus discutables.

B. Solutions discutables

433.– Nous désignons ainsi des cas très différents mais dans lesquels se pose la question de savoir si l'on est en présence d'administration du bien d'autrui ou de propriété. Il faut mettre à part le cas très particulier de l'acceptation sous bénéfice d'inventaire (1°), et évoquer les discussions suscitées par le statut du détenteur des choses consomptibles et fongibles (2°).

1396 Y. Muller, V° *Contrat judiciaire*, Rép. pr. civ. Dalloz, n° 11.

1397 M. Bandrac (th. préc., n° 90), qui en déduit que le jugement d'adjudication est un acte de juridiction gracieuse ; peut-être cependant faut-il y voir plutôt, avec Héron, un « faux-jugement » car en l'absence d'incident le juge ne décide rien : l'acte est un simple procès-verbal (*Droit judiciaire privé*, 2e éd., par T. Le Bars, préc., n° 296 et 657).

1398 « En formalisant une surenchère, comme ils en ont le droit, les créanciers, loin de reconnaître la propriété du tiers détenteur, s'attaquent directement au titre duquel elle résulte pour [le tiers détenteur], et leur action a pour but et doit avoir pour résultat nécessaire de le faire tomber et de lui substituer un nouveau contrat qui fera passer, sans intermédiaire, la propriété des mains du débiteur entre les mains de l'adjudicataire » (Req., 15 décembre 1862 : S. 1863, I p. 57 n. Dutruc ; D. 1863, 1, 161).

1° Acceptation sous bénéfice d'inventaire

434.– Il s'agit « dans l'option successorale, [d'un] parti intermédiaire (encore appelé acceptation bénéficiaire) entre la renonciation et l'acceptation pure et simple »[1399]. Inutile de présenter longuement son mécanisme, bien connu : le cloisonnement des patrimoines protège le successeur, qui n'est tenu que jusqu'à concurrence de l'actif de la succession[1400] (tout se passe comme s'il avait deux patrimoines...) ; il protège aussi les créanciers successoraux et les légataires en interdisant aux créanciers personnels de l'héritier bénéficiaire d'agir sur les biens successoraux[1401].

Une première raison de se référer à ce mécanisme ici est la règle posée par l'article 796 du Code civil : dans les trois mois et quarante jours du décès, celui qui est « habile à succéder » peut en cette seule qualité faire vendre les biens sujets à dépérissement ou dispendieux à conserver. S'agissant de la vente de biens dont on ne sait pas s'ils sont sa propriété (il n'a pas encore pris parti)[1402], il doit respecter une double formalité : obtenir l'autorisation du tribunal, et faire vendre par un officier public. La plupart des auteurs voient dans cette vente un acte d'administration, et non un acte conservatoire[1403].

435.– Une seconde raison, beaucoup plus générale, est de savoir si l'héritier bénéficiaire agit ou non en qualité de propriétaire des biens de la succession. Cette question peut étonner. *La qualité de propriétaire, en effet, est retenue comme un élément même de la définition de l'héritier sous bénéfice d'inventaire*[1404]. *Pourtant, ses pouvoirs sont ceux d'un administrateur du bien d'autrui.* Précisément, sa particularité – et le paradoxe – tient à ce qu'il est les deux tout à la fois ! Il est aisé de le faire apparaître.

En premier lieu, il a la *propriété* de la succession. Cela découle du Code civil lui-même puisqu'il précise qu' « *Une succession peut être acceptée purement et simplement, ou sous bénéfice d'inventaire* »[1405]. Or la propriété se transmet par succession, « nul n'est héritier qui ne veut »[1406] et l'alternative ouverte au successible

[1399] *Vocabulaire juridique* Ass. H. Capitant, v° *Acceptation bénéficiaire*.

[1400] C. civ., art. 802. La loi du 23 juin 2006 portant réforme des successions et libéralités (C. civ., nouveaux art. 768 et 787 s.) prévoit différemment qu'en cas d'« *acceptation à concurrence de l'actif net* » l'héritier est tenu sur tous ses biens mais à concurrence de la valeur des biens recueillis.

[1401] Il est de jurisprudence que l'acceptation sous bénéfice d'inventaire opère de plein droit séparation des patrimoines au sens de l'article 878 C. civ. (Cass. civ., 11 janvier 1882 : DP 1882.1 p. 364). Mais elle ne comporte pas de procédure collective instituant une égalité entre les créanciers pour supporter l'insuffisance d'actif (Cl. Brenner, *L'organisation des paiements dans les successions acceptées sous bénéfice d'inventaire : du vin nouveau dans de vieilles outres*, D. 2002, chron. p. 1769).

[1402] Il peut accepter, ou bien renoncer et en ce cas il « est censé n'avoir jamais été héritier » (C. civ., art. 785).

[1403] Cl. Brenner, *L'acte conservatoire*, préc., n° 225.

[1404] Ex., dans la doctrine contemporaine : H., L., J. Mazeaud et F. Chabas, *Leçons de droit civil*, t. 4, 2e vol., *Successions, Libéralités*, 5e éd., 1999, par L. et S. Leveneur, n° 1112 ; F. Terré et Y. Lequette, *Droit civil, Les successions, Les libéralités*, n° 818.

[1405] C. civ., art. 774 (on cite ici et ci-après les textes dans leur rédaction antérieure à la loi n° 2006-728).

[1406] Rappr. C. civ., art. 775.

ne comporte que deux termes : soit renoncer (ce qui « ne se présume pas »)[1407], soit accepter. On en déduit à juste titre que l'acceptation consolide dans les deux cas (qu'elle soit pure et simple, ou sous bénéfice d'inventaire) l'effet translatif de propriété qui s'opère au jour de l'ouverture de la succession[1408], celui du décès[1409]. On est donc en présence d'un propriétaire, ce que confirme d'ailleurs le droit de la publicité foncière[1410], ou le droit fiscal[1411].

En second lieu, pourtant, les autres dispositions du Code civil sur le sujet, celles qu'il consacre spécialement au bénéfice d'inventaire[1412], traitent uniquement de *pouvoirs*. Or ces pouvoirs de l'héritier bénéficiaire sont ceux d'un administrateur du bien d'autrui : il doit faire inventaire ; il doit fournir caution[1413] ; il doit rendre compte[1414] ; il ne peut vendre les biens de la succession qu'aux enchères publiques[1415], et qu'après autorisation du tribunal s'il s'agit d'immeubles[1416], tout comme s'il s'agissait de vente forcée du bien d'autrui.

Il n'est donc pas évident de savoir si l'on est en présence d'une propriété sans pouvoir ou d'un pouvoir sans propriété. Les auteurs et la jurisprudence se rallient au premier terme de cette alternative, ou plus précisément à l'idée d'une propriété à pouvoirs limités. Ils y sont conduits par la démarche intellectuelle traditionnelle consistant à associer pouvoir et propriété. En dépit des limites relevées, en effet, il y a un pouvoir d'aliéner ; or on considère qu'un tel pouvoir ne peut être que l'apanage du propriétaire. Et cette approche est confortée ici par le fait que les limites du pouvoir s'expliquent par l'idée d'affectation de la valeur de la succession aux créanciers successoraux, ainsi que par l'absence en dehors de l'héritier de personne juridique susceptible de servir de support au patrimoine dont il s'agit.

436.– La réalité est cependant plus complexe. Elle consiste en l'existence d'un *système de pouvoir détaché de la propriété*, ce qui constitue un découplage il est vrai peu pratiqué en dehors du droit des régimes matrimoniaux. *En contrepartie de la protection qu'elle lui accorde, la loi prive l'héritier bénéficiaire des pouvoirs attachés normalement à la propriété. Elle ne lui confère que les pouvoirs d'un administrateur du bien d'autrui*[1417]. L'héritier bénéficiaire tient ses pouvoirs non pas

---

1407 C. civ., art. 784.
1408 C. civ., art. 777.
1409 C. civ., art. 718.
1410 D. 4 janvier 1955, art. 29.
1411 CGI, art. 1709. L'administration est fondée à réclamer à un héritier bénéficiaire l'impôt sur le revenu au titre des revenus de la succession lui revenant : CE, 9 janvier 1991, Defrénois 1992, art. 35249 n. A. Chappert (*contra*, CAA Lyon, 20 mars 1991, *ibid.*, mais qui ne remet pas en cause la doctrine administrative).
1412 C. civ., art. 793 s. Rappr. les pouvoirs des créanciers de la succession, qui bénéficient sur celle-ci d'un privilège : C. civ., art. 806 et 808 al. 1er (en cas d'indivision, C. civ., art. 815-17 et 815-18).
1413 Si les créanciers l'exigent : C. civ., art. 807.
1414 C. civ., art. 803 al. 1er.
1415 C. civ., art. 805 et 806.
1416 C. civ., art. 806.
1417 V. *contra* les développements remarquables de Flour, qui dégage l'idée force d'une corrélation entre pouvoirs et responsabilité, mais n'en considère pas moins que l'héritier bénéficiaire « est considéré

de sa qualité de propriétaire, mais de celle d'administrateur de la succession d'autrui. Ainsi s'expliquent les limites de ceux-ci, et qu'elles soient applicables identiquement au curateur à la succession vacante, qui lui n'est pas propriétaire[1418].

Ainsi s'explique, encore, la sanction du dépassement de pouvoirs (vente conclue de gré à gré, par exemple) : il s'agit non pas de la nullité de l'acte, mais de la déchéance du bénéfice d'inventaire ; autrement dit, cette sanction consiste en la perte de la protection patrimoniale attachée au statut d'héritier bénéficiaire. Libre à l'intéressé de renoncer au couple petit pouvoir-petite responsabilité. Il peut préférer exercer les pouvoirs qu'il tire de sa qualité de propriétaire ; mais en ce cas il doit en assumer toutes les conséquences patrimoniales car il devient un héritier à responsabilité illimitée[1419].

Ainsi s'explique, toujours, le régime si particulier attaché au « *pouvoir de se décharger du montant des dettes en abandonnant tous les biens de la succession aux créanciers et aux légataires* », que lui ménage l'article 802 du Code civil. Ce faisant, l'héritier bénéficiaire se dépouille seulement de sa qualité (de ses pouvoirs) d'administrateur de ces biens, mais il ne renonce pas pour autant à son droit de propriété (contrairement à la renonciation à succession, l'abandon ne donne lieu ni à accroissement au profit des cohéritiers, ni à dévolution en faveur des héritiers du degré ou de l'ordre subséquent)[1420], et il ne le perd pas. Une réponse ministérielle résume bien la situation : « Par cet acte, ces derniers [créanciers et légataires] se trouvent substitués à l'héritier pour administrer et liquider la succession mais celui-ci garde sa qualité d'héritier et recueille le reliquat d'actif net après liquidation le cas échéant »[1421]. Autrement dit, il y a *abandon du pouvoir mais pas de la propriété.* À situation curieuse, conséquence curieuse : la jurisprudence retient que cet abandon investit les créanciers du pouvoir de procéder à la vente des biens en observant les formalités imposées à l'héritier, celui-ci (alors même qu'il n'est plus débiteur) devant être mis en cause pour la vérification de l'existence et de la légitimité du droit contre la succession abandonnée[1422].

437.– Conclusion : l'héritier bénéficiaire jouit d'un régime curieusement hybride[1423] puisqu'il s'agit d'un propriétaire qui n'exerce pas les pouvoirs qui sont normalement

---

comme un propriétaire et non comme l'administrateur du bien d'autrui » (J. Flour et H. Souleau, *Les successions*, A. Colin, 3e éd., 1991, n° 251, 294 et 303).

1418 C. pr. civ., art. 1000 et 1002.

1419 C'est une sorte de validation par conversion. Elle ne joue pas en cas de curatelle d'une succession vacante. On fait valoir que cela s'explique parce que « le curateur à une succession vacante a des pouvoirs moins complets que l'héritier bénéficiaire parce qu'il n'est pas propriétaire des biens de la succession » (H., L., J. Mazeaud et F. Chabas, *Successions, Libéralités*, par L. et S. Leveneur, préc., n° 1319). En réalité les pouvoirs sont les mêmes, mais ici leur dépassement ne peut pas être rattrapé au titre d'un autre système de pouvoirs, celui de la propriété.

1420 CA Paris, 12 mai 1837 : Jur. gén., V° *Succession*, n° 770.

1421 Rép. min. 25 mai 1992 : Defrénois 1992, art. 35399.

1422 CA Bourges, 10 novembre 1891 : DP 1892.2 p. 416. – Cass. civ. 1re, 28 mars 1995 : Defrénois 1997, art. 36485 n. J. Bernard de Saint Affrique.

1423 Dont rend bien compte, dans sa simplicité, la définition de l'acceptation bénéficiaire retenue dans le *Vocabulaire juridique* de l'association H. Capitant, citée en ouverture du présent développement.

les siens[1424]. *Propriétaire* il est, puisqu'il a accepté la succession. Mais tiers administrateur il reste, car il ne l'a acceptée que *sous bénéfice d'inventaire*. Il y a là le reflet d'une complexité qui, en ce qui le concerne, est plus générale puisque « les biens de la succession deviennent sa propriété sans pour autant entrer dans son patrimoine »[1425]. La protection patrimoniale que procure l'acceptation bénéficiaire est liée à la renonciation aux pouvoirs attachés à la propriété, et cela de façon irréversible en ce sens que l'héritier peut seulement soit renoncer à la protection, soit renoncer à tout pouvoir.

On est donc en présence d'un faux vrai cas de dissociation entre propriété et pouvoir. Il y a dissociation parce que ce n'est pas en tant que propriétaire qu'il accomplit les actes d'aliénation. Mais c'est une fausse dissociation en raison de la confusion, sur la tête de la même personne, des deux qualités d'auteur *du* transfert et d'auteur *dans* le transfert.

Les rôles sont distribués moins clairement dans le quasi-usufruit et le dépôt irrégulier.

2° Choses fongibles et consomptibles

438.– Il s'agit de notions différentes : sont consomptibles les choses dont on ne peut user sans les détruire ou les aliéner ; sont fongibles les choses interchangeables. Elles sont néanmoins proches en ce que l'enseignement traditionnel – qui a la force d'un dogme – est que leur détention en fait acquérir la propriété[1426]. L'acte par lequel leur détenteur transfère cette propriété, alors, est étranger à notre propos puisqu'il émane du propriétaire. Ce dogme, cependant, est remis en question. Ni la consomptibilité, ni la fongibilité d'une chose n'en transfère la propriété à son détenteur, considère-t-on de plus en plus souvent aujourd'hui[1427]. Si c'est le cas, on est en présence d'un cas de dissociation entre la propriété et le pouvoir de la transférer, qu'il faut donc examiner.

Nous le ferons en prenant comme point de départ deux travaux récents sur le sujet : une thèse de doctorat selon laquelle il existe un droit de disposer pour son compte de la propriété d'autrui lorsque celle-ci consiste en chose fongible ou consomptible faisant l'objet d'un quasi-usufruit ou d'un dépôt irrégulier[1428] ; un article qui critique

---

[1424] Un tel mélange n'est pas simple à interpréter, ce dont témoigne notamment l'incertitude dans laquelle baigne le régime applicable à la vente des biens incorporels : le principe que l'héritier réservataire est propriétaire devrait conduire à lui conférer le pouvoir d'agir librement en dehors des limites fixées par la loi ; la jurisprudence hésite cependant entre ce régime de liberté, celui prévu pour les meubles (C. civ., art. 805), et celui des biens réputés de plus grande valeur, les immeubles (art. 806) (v. réf. *in* Mazeaud et F. Chabas, *Successions, Libéralités*, par L. et S. Leveneur préc., lectures 58e leçon ; M. Grimaldi, *Droit civil, Successions*, préc., n° 569).

[1425] F. Terré et Y. Lequette, *Les successions, les libéralités*, préc., n° 818.

[1426] La solution est imposée par l'article 1893 du Code civil dans le cas particulier du contrat de prêt de consommation, et désormais par le nouvel article 2341 en cas de gage avec dépossession de choses fongibles.

[1427] F. Leduc, *Le gage translatif de propriété : mythe ou réalité ?* RTD civ. 1995, p. 307 ; E. Dockès, *Essai sur la notion d'usufruit*, RTD civ. 1995 p. 479, n° 14.

[1428] B. Lotti, *Du droit de disposer du bien d'autrui pour son propre compte, Contribution à la distinction de la propriété et des droits réels*, thèse, Paris XI, 1999, dir. D. Martin.

le paradigme du quasi-usufruit translatif de propriété et propose d'y voir un usufruit de la valeur de la chose[1429]. L'un et l'autre vont dans le même sens que le présent travail puisque, dans tous les cas, le bien transféré ne transite pas par le patrimoine de l'auteur du transfert. Aussi est-il intéressant de les présenter et apprécier dans la perspective de celui-ci.

a) Présentation de la doctrine de la non-appropriation de la chose par le détenteur

1. Thèse de l'existence d'un droit autonome de disposer du bien d'autrui

439.– La perspective du droit de disposer est plus large que celle de l'acte translatif car disposer consiste à détruire le bien ou à le donner en garantie[1430], et pas seulement à l'aliéner, mais elles coïncident dans le cas particulier de l'aliénation. De l'article 544 du Code civil (« La propriété est le droit de jouir et *disposer* des choses de la façon la plus absolue... »), on déduit traditionnellement que le titulaire du droit de disposer a la propriété de la chose[1431]. L'idée soutenue en thèse est que l'*abusus* peut être dissocié de la propriété de la chose[1432] : l'auteur s'attache à montrer qu'il existe un certain nombre de situations juridiques caractérisées par l'octroi à une personne d'un droit autonome de disposer de la chose appartenant à une autre personne, distinct et concurrent du droit de propriété. Construit sur l'*abusus* du bien d'autrui, ce droit permet à son titulaire de consommer juridiquement ou matériellement le bien dont un autre a la propriété[1433].

Le point de départ de la réflexion est le *quasi-usufruit*[1434] et le *dépôt irrégulier* (usufruit et dépôt d'une chose consomptible, restituable non en nature mais par équivalent)[1435]. L'auteur conteste la doctrine classique qui regarde le quasi-usufruitier et le dépositaire irrégulier comme étant des propriétaires à charge de restituer une chose semblable. Considérant la nature du bien, elle fait valoir que le disposant ne fait qu'user du bien lorsqu'il consomme le bien consomptible d'autrui[1436], et que l'*accipiens* ne devient pas propriétaire des choses de genre reçues

---

[1429] F. Zénati, *La nature juridique du quasi-usufruit (ou la métempsycose de la valeur)*, art. préc., Études offertes à Pierre Catala, p. 605.

[1430] B. Lotti, th. préc., n° 112-1 et 505. Rappelons que c'est par un acte constitutif, et non translatif, qu'est mise en place la garantie.

[1431] Th. préc., n° 347. Il s'agit de l'approche classique qui consiste à définir la propriété par son contenu, c'est-à-dire par ses « attributs », et non par le rapport privatif que le propriétaire entretient avec sa chose, autrement dit par ses caractères (absoluité et exclusivité). On sait, cependant, que l'*abusus* peut faire défaut au propriétaire (lois des 31 décembre 1913, 23 juillet 1927, 25 février 1943 et 24 mai 1951 sur les monuments historiques et les objets mobiliers d'intérêt historique et artistique ; loi du 2 mai 1930 sur les monuments naturels et les sites). V. J. Carbonnier, *Le droit de propriété depuis 1914*, Flexible droit, p. 352 s.

[1432] Th. préc., n° 353.

[1433] Th. préc., n° 549.

[1434] Code civil, art. 587 (v. *infra*, note 1459).

[1435] Le Code civil ignore la notion de dépôt « irrégulier ». Il s'agit d'une création de la pratique. Le gage de choses fongibles (art. 2341 et 2342 C. civ., réd. Ord. 2006-346) peut alimenter aujourd'hui la même réflexion.

[1436] B. Lotti, th. préc., n° 6 s.

d'autrui[1437]. Considérant l'étendue des pouvoirs du disposant, elle fait valoir qu'ils ne sont pas illimités, comme ceux d'un propriétaire[1438], mais limités par ceux du *tradens*, pour cette raison que celui-ci est demeuré propriétaire[1439], comme est limité leur exercice ; sur ce point la démonstration porte non seulement sur les droits du quasi-usufruitier et du dépositaire irrégulier mais aussi sur ceux du *gagiste* et du *créancier hypothécaire*[1440] car, est-il souligné, « leurs situations sont similaires » vu qu'il s'agit là aussi de sujets qui :

> « *disposent du bien d'autrui pour leur propre compte et ne se voient jamais reconnaître la qualité de propriétaires, ni par la doctrine ni par la jurisprudence* », alors pourtant que « *lorsque leur débiteur est défaillant* » ils « *sont admis à faire vendre le bien engagé et à se désintéresser sur son prix de vente. De cette manière ils disposent du bien d'autrui pour leur propre compte* »[1441].

Conclusion de l'auteur : le disposant n'acquiert pas la propriété du bien, et comme le droit de propriété n'est pas susceptible de démembrement[1442] c'est donc que le droit de disposer du bien d'autrui est d'une autre nature. L'*abusus* n'est pas un attribut du droit de propriété, mais une simple utilité[1443], et peut être érigé en droit patrimonial. C'est un droit réel qui a la structure d'un rapport d'affectation de la valeur de la chose d'autrui soit à un bien (mis en gage ou hypothéqué) du disposant, soit au disposant lui-même (cas du quasi-usufruit). L'*abusus* est donc un bien incorporel objet d'un droit de propriété distinct de celui de la chose (son titulaire n'est pas propriétaire de la chose, il est simplement propriétaire d'un droit réel de disposer de celle-ci)[1444].

440.– Relevons le domaine que l'auteur impartit à ce droit. Elle l'élargit au contrat de foretage[1445/1446]. En revanche, est-il précisé, n'y entre pas le droit de gage général (au motif qu'il n'est pas un droit réel de disposer, contrairement au gage et à

[1437] *Ibid.*, n° 39 s.

[1438] L'auteur précise : d'un propriétaire ou d'un créancier, de la même façon qu'elle distingue systématiquement chose et créance, marquant ainsi son attachement à une approche classique – sur ce point – de la théorie de la propriété (car il est possible de considérer, également, qu'une créance est un objet de propriété : v. *supra*, notes 291 s.).

[1439] *Ibid.*, n° 62 s.

[1440] *Ibid.*, n° 64 s.

[1441] *Ibid.*, n° V-b (d'où l'auteur déduit que « si ressemblance n'est pas identité, elle suggère de faire un examen simultané et comparatif de ces situations »).

[1442] Le titre second de la première partie (p. 166 à 333) est consacré à montrer que la propriété est un droit exclusif et absolu, indivisible et insusceptible de démembrement. L'auteur ignore sur ce point la théorie classique des biens et reprend largement la construction du professeur F. Zénati.

[1443] Th. préc., n° 374 s.

[1444] Th. préc., n° 334 s. L'auteur (v. la note précédente) oppose la propriété de l'*abusus*, simple utilité de la chose, à celle de la chose elle-même : « Un sujet peut être propriétaire d'un droit réel de disposer, concurrent du droit de disposer qui compose la propriété d'autrui » (n° 598).

[1445] Contrat par lequel le propriétaire d'une carrière donne à l'exploitant le droit d'en extraire les produits, c'est-à-dire de disposer de la carrière d'autrui (n° 440 s.).

[1446] L'auteur voit également l'amorce d'un droit réel de disposer dans l'arrêt de Cass. civ. 3e, 12 janvier 1994 (D. 1995, p. 56 n. F. Macorig-Venier) qui attribue la nature de « droit de caractère immobilier » à celui du bénéficiaire d'une promesse de vente immobilière mis « en possession réelle » de l'immeuble de le donner à bail commercial, et donc de conclure un acte de disposition (v. sur cet arrêt *infra*, n° 557).

l'hypothèque)[1447], ni les autres sûretés : privilèges (qui eux aussi sont simplement une qualité de la créance)[1448], propriété-garantie et aliénation fiduciaire (car là ce n'est pas la valeur du bien qui est affectée à la garantie de la créance, mais sa propriété même)[1449], clause d'inaliénabilité, pacte de préférence, gage-espèces (car il s'agit là d'obligations personnelles)[1450]... Relevons également la source de ce pouvoir de disposer : loi, juge, ou contrat (« le nu-propriétaire qui accorde un quasi-usufruit sur son bien concède à un tiers le droit d'en disposer, pour son propre compte »)[1451].

2. Thèse du quasi-usufruit, usufruit de la valeur

441.– La réflexion, ici, ne tend pas à faire apparaître un droit de disposer du bien d'autrui, mais elle aboutit à ce résultat dans le cas particulier du quasi-usufruit car l'auteur en reconsidère le caractère translatif de propriété. Dans un premier temps, il s'attache à montrer que le postulat traditionnel selon lequel le quasi-usufruitier est propriétaire de la chose n'a de fondement ni dans les textes, ni dans l'histoire, et qu'il génère diverses contradictions : il empêche de comprendre le mécanisme d'une vente avec réserve de quasi-usufruit ; il vicie la donation avec réserve de quasi-usufruit car, outre que « donner et retenir ne vaut », celle-ci n'est alors rien d'autre qu'une donation de biens à venir, c'est-à-dire une institution contractuelle prohibée ; il rend incompréhensible la conversion du quasi-usufruit en rente viagère ; il empêche le nu-propriétaire de revendiquer, alors que la loi permet de revendiquer les choses fongibles (« dont il est admis que l'usufruit » « constitue un quasi-usufruit »)[1452] ; il lèse les intérêts des créanciers successoraux ; et plus généralement il interdit de comprendre que le quasi-usufruitier n'a pas la libre disposition de la chose.

Dans un second temps, il développe l'idée que le quasi-usufruit n'est rien d'autre qu'un usufruit de la valeur de la chose[1453], la valeur elle-même ainsi que la chose qui en constitue le support demeurant la propriété du nu-propriétaire. Le mécanisme du quasi-usufruit s'explique par la technique de la subrogation réelle qui y joue comme dans toutes les hypothèses où il y a affectation d'une valeur : « La vertu de la subrogation réelle est de pérenniser la chose en dépit de sa consommation et de rendre possible l'usufruit. Elle rend, par suite, inutile le recours à la fiction de la propriété »[1454]. Ainsi s'explique la possibilité d'aliéner la chose sans que cela porte atteinte à la substance, cette substance n'étant pas celle de la chose mais celle de la valeur.

[1447] Th. préc., n° 419 s.
[1448] La question de savoir si les privilèges sont des droits réels est en réalité extrêmement controversée (v. pour une réponse négative : M. Cabrillac et Ch. Mouly, ouvr. préc., n° 582).
[1449] Th. préc., n° 425 s.
[1450] Logiquement le gage-espèces devrait être requalifié en fiducie-sûreté (Ch. Larroumet, note D. 1995 p. 124) ; mais telle n'est pas la solution retenue en jurisprudence (F. Leduc, art. préc., RTD civ. 1995, p. 307, n° 27, note 46).
[1451] B. Lotti, thése préc., n° 484, et 464.
[1452] F. Zénati, art. préc., p. 605 (« que celle-ci » (la chose) « soit ou non consomptible » : p. 627).
[1453] « Dès lors que le quasi-usufruitier se libère en valeur, il est permis de supposer que tel est l'objet de son droit » : art. préc., p. 631, n° 31.
[1454] *Id., ibid.*, p. 627.

L'auteur pose alors la question suivante, qui est au cœur de notre problématique : « Il reste qu'il [le quasi-usufruitier] dispose d'une chose qui ne lui appartient pas. Le pouvoir de disposer étant l'apanage de la propriété, comment admettre qu'un simple détenteur précaire puisse l'exercer sans pouvoir de représentation ? »[1455]. Réponses de l'auteur : avant tout relativisons l'enjeu de la question, car c'est l'exclusivité qui constitue l'essence de la propriété, et non le pouvoir de disposer ; sur le fond, le nu-propriétaire conserve la faculté de disposer de sa nue-propriété ; quant au pouvoir de disposer du « corps certain », le nu-propriétaire « en demeure le titulaire théorique », le quasi-usufruitier ne l'exerçant « qu'en vertu d'une concession du nu-propriétaire »[1456]. L'auteur ajoute cependant « c'est la fongibilité qui permet de disposer de la chose d'autrui ».

Que penser d'approches aussi convergentes ?

b) Appréciation

442.– On peut sinon admettre du moins comprendre que nous ayons un préjugé favorable pour des analyses qui refusent de voir un droit de propriété partout où il y un pouvoir qui paraît en relever. Outre qu'elles vont dans le sens de notre démonstration, elles en élargissent le domaine et, sur la question du quasi-usufruit, elles correspondent à un sentiment doctrinal qui est loin d'être isolé[1457]. Il n'en demeure pas moins que celles évoquées ici ne peuvent pas être acceptées sans réserve. Il est clair, en effet, que la caractéristique de la consomptibilité et de la fongibilité (on peut raisonner sur l'exemple du quasi-usufruit, en admettant qu'il porte sur des choses fongibles et pas seulement consomptibles) est de conférer davantage de pouvoirs que l'usufruit ordinaire (1) ; savoir si pour autant il emporte ou non transfert de propriété est beaucoup moins évident (2).

1. Un mécanisme d'extension de pouvoirs

443.– Ni les textes, ni la pratique, ni la jurisprudence ne voient dans le quasi-usufruit autre chose qu'un cas particulier d'extension des pouvoirs de l'usufruitier[1458], qu'une autre façon d'aménager les pouvoirs respectifs du nu-propriétaire et de l'usufruitier, pouvoirs qui par hypothèse sont en situation de concurrence. Telle est en effet la substance de l'article 587 du Code civil : il prévoit que le quasi-usufruitier[1459] a le

---

[1455] *Id., ibid.*, p. 634, n° 38.

[1456] *Id., ibid.* n° 38, p. 635, qui renvoie sur ce point aux conclusions de la thèse de B. Lotti, préc.

[1457] L'idée du quasi-usufruit propriété n'est pas reprise *in* Ph. Malaurie et L. Aynès, *Les biens*, préc., n° 813 (ces auteurs relèvent seulement qu'en ce cas « le mécanisme de l'usufruit se déforme ») ; elle est mise en doute *in* P. Sirinelli, *Le quasi-usufruit*, PA 1993, 21 et 26 juillet 1993. – Même sens : F. Leduc, *Le gage translatif de propriété : mythe ou réalité ?* art. préc. – R. Libchaber, *L'usufruit des créances existe-t-il ?* RTD civ. 1997, p. 615, n° 17.

[1458] M. Grimaldi et J.-F. Roux, *La donation de valeurs mobilières avec réserve de quasi-usufruit*, D. 1994, chron. p. 221 n° 9.

[1459] Ce terme, employé ici par commodité, est ignoré par le Code civil qui se réfère dans tous les cas à l'« usufruit » (art. 587).

droit de disposer de la chose sur laquelle il porte [1460], à charge de restitution au nu-propriétaire, mais il ne précise pas qu'il en acquiert la propriété.

La pratique notariale ne s'y trompe pas : l'usufruit (et donc le « quasi-usufruit ») pouvant être établi « par la volonté de l'homme »[1461], elle en fait une technique d'extension des pouvoirs de l'usufruitier ; elle propose à cet effet des formules de convention de quasi-usufruit destinée à *élargir les pouvoirs* de celui-ci à l'occasion d'une donation avec réserve d'usufruit, par exemple, ou du règlement d'une succession, en stipulant notamment que :

> « *l'usufruit de M. , en tant qu'il porte sur des biens et droits concernés par la présente convention, s'exercera sous forme de quasi-usufruit. En conséquence, et par dérogation à l'article 578 du Code civil, il ne sera pas tenu de conserver ces biens en nature. Il pourra en disposer comme le ferait un plein propriétaire, mais à charge de les restituer au nu-propriétaire, à l'extinction de son usufruit* »[1462].

La jurisprudence est dans le même sens. En témoigne l'exemple de l'arrêt, fameux, par lequel la Cour de cassation a jugé, en 1998[1463], que l'usufruitier d'un portefeuille de valeurs mobilières a la faculté de céder les titres compris dans cette universalité « dans la mesure où ils sont remplacés », en prenant soin de souligner que les valeurs mobilières ne sont pas des biens consomptibles par le premier usage (il faut comprendre : au sens de l'article 587 du Code civil)[1464]. Autrement dit il y a un simple usufruit, donnant le pouvoir d'agir sur le contenu du portefeuille (en clair : de vendre le bien appartenant au nu-propriétaire) à condition de préserver la substance de son contenant, qu'il faudra restituer en fin d'usufruit ; il ne s'agit pas d'un quasi-usufruit, qui aurait donné la faculté de disposer librement du portefeuille, sauf à en restituer la valeur en fin d'usufruit[1465]. C'est dire qu'il y aurait eu plus de pouvoirs dans le second cas que dans le premier : c'est bien en termes de pouvoirs que l'on raisonne, non de propriété.

444.– La précision est importante. L'usufruit est en effet une situation de concurrence de pouvoirs entre l'usufruitier et le nu-propriétaire. Il paraît donc logique, et il est notable que les textes se contentent de fixer le contenu des pouvoirs

---

[1460] Nous ne trahissons pas le texte de l'article 587 car on ne peut user d'un bien consomptible sans en disposer...

[1461] Sur le fondement de l'article 579 C. civ. : « L'usufruit est établi par la loi *ou par la volonté de l'homme*. »

[1462] J.-C. Brault, *Une convention de quasi-usufruit généralisée après le décès ?* Defrénois 1997, art. 36455.

[1463] Cass. civ. 1re, 12 novembre 1998 : Bull. civ. I, n° 315 ; D. 1999, p. 167 n. L. Aynès et 633 n. D. Fiorina ; JCP G 1999, I, 1120 p. 524 obs. H. Périnet-Marquet, II, 10027 n. s. Piedelievre et E II, 426 n. Rouxel ; RTD civ. 1999 p. 422 obs. F. Zénati et p. 674 obs. J. Patarin. – Même affaire, même sens : Cass. Civ. 1re, 3 décembre 2002 : RTD civ. 2003 p. 118 obs. Th. Revet ; D. 2003 p. 2495 n. D. Fiorina.

[1464] Deux précédents arrêts avaient déjà précisé que les valeurs mobilières ne sont pas consomptibles : Cass. civ. 1re, 4 avril 1991 : Bull. civ. I, n° 169 ; Cass. com., 12 juillet 1993 : Bull. civ. IV, n° 292 ; RTD civ. 1994 p. 381 obs. F. Zénati.

[1465] S. Piedelievre, n. préc. ; M. Grimaldi, *L'usufruit et le quasi-usufruit : questions de droit civil*, Dr. et patr. 1999, n° 76, p. 56 ; M. Storck, *La propriété d'un portefeuille de valeurs mobilières*, Études offertes à Pierre Catala, Litec 2001, p. 695.

respectifs de l'un et de l'autre. Il est relativement simple, sur ce plan, de régler les problèmes qui viennent à se poser.

La question de l'impact de cette répartition de pouvoirs sur l'appropriation de la chose, notion plus abstraite, s'avère beaucoup plus difficile à trancher.

2. Un mécanisme translatif de propriété ?

445.– Notons pour commencer le caractère original de la difficulté[1466] soulevée. Dans les autres cas, ceux évoqués jusqu'ici, la distribution des rôles est claire : on sait qui a la propriété, on observe seulement que c'est une autre personne qui exerce le pouvoir de la transférer. Ici, rien de tel : deux thèses s'affrontent, trait pour trait.

La thèse traditionnelle tient le quasi-usufruitier pour propriétaire de la chose. Elle est l'expression de la théorie classique de la propriété : l'usufruit est un « démembrement » de la propriété, qui confère deux de ses « attributs », l'*usus* et le *fructus* ; dès lors que l'usufruitier exerce aussi l'*abusus*, c'est lui qui a tous les attributs et il est donc propriétaire. *Cette analyse conduit à voir un droit de propriété partout où il y un pouvoir qui paraît en relever.* Nous l'avons déjà évoquée[1467] : c'était celle, célèbre, de Toullier qui, au début du XIXe siècle, expliquait que si le mari avait le pouvoir de disposer des biens communs, c'est qu'il en était propriétaire. Abandonné depuis longtemps dans le droit des régimes matrimoniaux, cet amalgame continue à être opéré ailleurs. Et notamment ici : *si le quasi-usufruitier a le droit de disposer, c'est forcément parce qu'il est propriétaire.* Le même raisonnement est appliqué à ces autres institutions « irrégulières » que sont le dépôt de choses fongibles, le gage translatif de propriété, ou le prêt de consommation (avec en ces derniers cas un fondement textuel, il est vrai : les articles 2341 et 1893 du Code civil).

Ce raisonnement a tiré un regain de vigueur du renouveau de la fiducie. Celle ci est définie par un de ses meilleurs connaisseurs comme étant « l'acte juridique par lequel une personne, le fiduciaire, rendue titulaire d'un droit patrimonial, voit l'exercice de son droit limité par une série d'obligations, parmi lesquelles figure généralement celle de transférer le droit, au bout d'une certaine période, soit au fiduciant, soit à un tiers bénéficiaire »[1468]. Autrement dit, la fiducie est un mécanisme translatif de propriété mais qui ne fait acquérir au fiduciaire que les pouvoirs attachés à la propriété, et non la richesse, la valeur du bien, puisque celui-ci devra être restitué[1469]. Il est à peine besoin de souligner la parenté entre le quasi-usufruit et l'aliénation fiduciaire : dans les deux cas, il y a transfert de larges pouvoirs sur la chose, dans les deux cas il faut restituer celle-ci, dans les deux cas il y a transfert de

[1466] Il s'agit d'une réelle difficulté (nous sommes en train d'envisager les solutions « discutables ») en ce double sens : *1/* qu'aucun texte ne dicte la solution (comp. C. civ., art. 1893), *2/* que les analyses examinées (B. Lotti, th. préc. ; F. Zénati, art. préc.) ont été élaborées tout exprès pour montrer que la propriété n'est pas là où on le pense généralement.

[1467] *Supra*, n° 183.

[1468] Cl. Witz, *La fiducie en droit français*, 1981, Economica, n° 16.

[1469] M. Grimaldi, *La fiducie : réflexions sur l'institution et sur l'avant-projet de loi qui la consacre*, Défrénois 1991, art. 35085 et 35094, n° 11 s.

propriété. Il fait donc peu de doute que le quasi-usufruit constitue une propriété fiduciaire[1470], une « fiducie sans la fiducie »[1471].

Même si peu importe cette qualification, puisque le droit français ignore actuellement cette catégorie de contrat[1472], cela conforte l'idée que le quasi-usufruitier a la propriété du bien qui constitue l'assiette de son droit.

446.– Or ce raisonnement est pris totalement à contre-pied par les analyses examinées[1473]. Leurs auteurs se donnent beaucoup de mal pour montrer que celui dont tout le monde pense qu'il a la propriété ne l'a pas en réalité, puis pour montrer qu'en dépit de cela il peut néanmoins procéder à son transfert. Faut-il voir là une inutile complexification de la matière ? ou au contraire un affinement appréciable des notions juridiques ?

Avant de répondre à cette question (ii), il faut replacer ces analyses dans leur contexte et relativiser leur écart avec la théorie classique de l'usufruit (i).

i) Contexte et rapprochement des différentes analyses

447.– Le contexte, d'abord, n'est pas celui de la théorie classique de la propriété. La propriété considérée dans ces analyses n'est pas un droit réel portant sur une chose. C'est la relation privative entre la personne et chacun de ses biens, choses ou droits. Nous avons procédé dans le chapitre préliminaire à un examen comparé des deux théories et pouvons donc nous contenter de noter ici que dans la propriété ainsi entendue les attributs traditionnels (*usus*, *fructus*, *abusus*) sont regardés comme étant de simples utilités dont le propriétaire peut être privé sans être atteint dans son droit. Cette approche[1474] est au cœur des analyses considérées[1475] et explique la distinction qu'elles font entre l'*abusus* et le droit de disposer du propriétaire.

448.– Pour autant, ensuite, l'écart entre ces analyses et le paradigme du quasi-usufruitier propriétaire doit être relativisé. En premier lieu, en effet, les auteurs « classiques »[1476] eux-mêmes nuancent la portée de cette qualité. Ainsi, M. Sirinelli note que le quasi-usufruit n'est « ni véritable usufruit, ni véritable propriété »[1477]. M. Grimaldi souligne que « la formule suivant laquelle le quasi-usufruit confère la

---

[1470] Rappr. Ph. Jestaz, obs. RTD civ. 1980, p. 182, qui propose d'appliquer cette qualification au fonds commun de placement. Même sens, à propos du quasi-usufruit : M. Grimaldi et J.-F. Roux, chron. préc., D. 1994 p. 221 ; P. Crocq, art. préc., RTD civ. 1997, p. 626.

[1471] A. Gobin, *Fiducies sans la fiducie*, JCP N 1994, p. 315, n° 21.

[1472] En raison de l'abandon du *Projet de loi instituant la fiducie*, Doc. Ass. Nat. n° 2583 du 20 février 1992 ; une nouvelle proposition de loi " instituant la fiducie" a été déposée en 2005 (Ph. Marini : 8 février 2005, Doc. Sénat n° 178).

[1473] B. Lotti, th. préc., F. Zénati, art. préc.

[1474] Celle de Ginossar, celle de M. F. Zénati (v. *supra*, n° 74).

[1475] Dont l'une (thèse de B. Lotti) a pour sous titre « Contribution à la distinction de la propriété et des droits réels », et l'autre est du professeur Zénati lui-même.

[1476] Nous désignons ainsi les auteurs qui raisonnent à partir de l'approche classique de la théorie des biens.

[1477] P. Sirinelli, *Le quasi-usufruit*, art. préc., PA 26 juillet 1993, p. 19, n° 94.

propriété est à manier avec précaution »[1478], le quasi-usufruitier, en dépit de ses pouvoirs, étant en effet « débiteur de restitution » (alors qu' « un propriétaire ordinaire, lui, n'est jamais tenu à restitution »)[1479], dette qui devient nécessairement exigible à sa mort. Conclusion de cet auteur : les quasi-usufruitiers « sont fondamentalement des usufruitiers »[1480]. On est donc fondé à en déduire qu'ils ne sont pas réellement propriétaires, que cette qualité est conservée par le nu-propriétaire.

La nuance ainsi apportée est d'autant plus intéressante, en second lieu, que M. Grimaldi a par ailleurs marqué son attachement à l'idée que le quasi-usufruit est une fiducie innommée[1481]. Et nous avons rappelé que le fiduciaire acquiert la propriété de la chose « fiduciée », ce qui est d'autant plus notable que la fiducie n'emporte aucun « démembrement » de propriété, selon un éminent spécialiste : « Les attributs du droit de propriété ne sont nullement scindés entre deux titulaires : les prérogatives attachées au droit de propriété reposent sur la tête du fiduciaire, le fiduciant ou le tiers bénéficiaire ne bénéficiant que de droits personnels à l'encontre du fiduciaire »[1482]. L'écart avec les analyses considérées paraît donc maximal puisqu'il n'y a pas cœxistence sur le même bien d'une propriété et d'un droit réel sur la chose d'autrui mais substitution d'un propriétaire à un autre. Là aussi, cependant, cet écart doit être relativisé.

D'une part, en effet, les commentateurs du projet de loi qui avait été déposé en 1990 sur le sujet[1483] soulignent que le transfert fiduciaire est un « faux transfert de propriété » car il est « chargé d'ambiguïtés », n'étant que temporaire, et les biens qui sortent du patrimoine du constituant n'entrant pas pour autant dans celui du fiduciaire qui « les tient séparés de son patrimoine personnel »[1484].

D'autre part, un exemple de « crypto-fiducie », celui de la pension livrée, montre que la réalité du transfert de propriété fiduciaire est beaucoup plus trouble dans la réalité que dans son principe. La pension livrée est un mécanisme conçu pour permettre aux établissements de crédit de se refinancer en cédant leurs créances, avec cette supériorité sur l'escompte de ne pas entraîner une cession irrévocable des titres[1485].

[1478] M. Grimaldi, *L'usufruit et le quasi-usufruit : questions de droit civil*, Dr. et patr. n° 76, nov. 1999, p. 56.

[1479] *Ibid.* On est donc fondé à penser que pour cet auteur l'emprunteur, dans le *mutuum*, n'est pas un « propriétaire ordinaire » en dépit de la lettre de l'article 1893 C. civ.

[1480] *Ibid.*

[1481] M. Grimaldi et J.-F. Roux, *La donation de valeurs mobilières avec réserve de quasi-usufruit*, chron. préc., D. 1994 p. 221 note 19.

[1482] Cl. Witz, *La fiducie en droit français*, préc., n° 246, p. 242. - Rappr. le jugement (non frappé d'appel par l'administration fiscale) aux termes duquel la valeur des actifs des trusts ne doit pas être incluse dans l'assiette taxable à l'ISF (TGI Nanterre, 4 mai 2004, Le Monde 17-18 nov. 2004).

[1483] V. le texte de cet avant projet de loi relatif à la fiducie *in* Defrénois, 1991, art. 35094, p. 993, en annexe à l'article préc. de M. Grimaldi.

[1484] A. Bénabent, *La fiducie (analyse d'un projet de loi lacunaire)*, JCP N, 1993, I, p. 275, n° 4 ; la proposition de loi Marini (*supra*, note 1472) prévoit que « Le transfert s'opère dans un patrimoine d'affectation, appelé patrimoine fiduciaire, distinct du patrimoine personnel du fiduciaire et de tout autre patrimoine fiduciaire, le fiduciaire devenant titulaire ou propriétaire fiduciaire des droits transférés » (art. 2062).

[1485] F.-X. Lucas, *Les transferts temporaires de valeurs mobilières*, préc., n° 66 s.

Fixé d'abord par la pratique, son régime l'est aujourd'hui par la loi qui la définit comme étant « *l'opération par laquelle une personne morale, un fonds commun de placement ou un fonds commun de créances cède en pleine propriété à une autre personne morale, à un fonds commun de placement ou à un fonds commun de créances, moyennant un prix convenu, des valeurs titres ou effets définis ci-après et par laquelle le cédant et le cessionnaire s'engagent respectivement et irrévocablement, le premier à reprendre les valeurs, titres ou effets, le second à les rétrocéder pour un prix et une date convenus* »[1486]. Or le transfert de propriété, alors même que son principe est ainsi formellement consacré par la loi, n'est pas constaté en comptabilité (« *La pension entraîne, chez le cédant, le maintien à l'actif de son bilan des valeurs, titres ou effets mis en pension* »[1487] ; « *Les valeurs, titres ou effets reçus en pension ne sont pas inscrits au bilan du cessionnaire* »[1488]). Explication avancée par un auteur : « la qualification de transfert de propriété est impropre [...] le cessionnaire ne recherche pas la propriété dans la plénitude de ses attributs mais seulement une garantie de sa créance, ce qui correspond non pas à un transfert classique de propriété mais à une aliénation fiduciaire aux fins de garantie »[1489].

449.– Conclusion : Le point de départ est une opposition complète entre deux approches de la propriété objet d'un quasi-usufruit : selon l'une, le propriétaire est le quasi-usufruitier ; selon l'autre c'est le nu-propriétaire. Nous avons montré que ce n'est pas la même définition de la propriété qui est en cause, et que l'écart entre les deux approches est moins important qu'il y paraît, en raison d'abord des nuances admises par les tenants de la théorie traditionnelle, en raison ensuite du particularisme de la propriété fiduciaire (à laquelle semble se ramener le quasi-usufruit) : contrairement à la propriété « ordinaire », elle opère seulement un transfert de pouvoirs, et un transfert des seuls pouvoirs spécialement désignés[1490], alors que le principe est inverse en droit commun[1491].

[1486] L. n° 93-1444 du 31 décembre 1993 portant diverses dispositions relatives à la Banque de France, à l'assurance, au crédit et aux marchés financiers, art. 12,I – aujourd'hui codifié au Code mon. et financier, art. L. 432-12.

[1487] C. mon. et financier, art. L. 432-18 (L. 93-1444 préc., art. 12-VII).

[1488] C. mon. et financier, art. L. 432-19 (L. préc., art. 12-VIII) ; la solution est la même pour la clause de réserve de propriété (l. 12 mai 1980, art. 3), elle est le « reflet d'une propriété économique » (P. Crocq, obs. D. 2005 p. 2082).

[1489] F.-X. Lucas, ouvr. préc., n° 490.

[1490] V. avant projet de loi relatif à la fiducie, art. 2063 al. 1er (« Le contrat désigne les biens et droits qui font l'objet de la fiducie et définit l'étendue des pouvoirs d'administration ou de disposition conférés au fiduciaire ») (texte in Defrénois, 1991, art. 35094, p. 993), et le commentaire de M. Grimaldi (art. préc., n° 33).

[1491] Il a été souligné que le terme *propriété* n'apparaît nulle part dans l'avant projet de loi relatif à la fiducie (M. Grimaldi, art. préc., Defrénois art. 35094, note 104), ce qui a été expliqué par le fait que son texte sur ce point est inspiré du trust, car comme lui fondé sur un dédoublement de propriété (Ch. Larroumet, *La fiducie inspirée du trust*, D. 1990, chron. p. 118, n° 3), ou encore par l'idée que le transfert dont il s'agit est *sui generis* (Ph. Malaurie, *Dossier fiducie* in Banque et droit, n° 15, janv.-fév. 1991, p. 10, qui en déduit qu'il s'agit d'un transfert). – *Contra* il a été retenu plus simplement que cette absence de référence à la propriété s'explique par le souci de ne pas raisonner exclusivement en termes de propriété mais d'englober le transfert de tous les droits, conformément à la théorie classique des biens (F.-X. Lucas, *ibid.*, n° 615).

L'analyse traditionnelle laisse donc un certain espace à celles examinées, sur la pertinence desquelles il faut prendre maintenant parti.

ii) Analyse retenue

450.– *La théorie du quasi-usufruit est largement tributaire de la théorie de la propriété prise pour référence.* Nous avons opté ci-dessus, après un examen comparé des deux grandes théories de la propriété, pour celle qui se recommande du paradigme romain du *dominium*[1492]. Cela nous conduit à *rejeter l'idée que le quasi-usufruit emporte une mutation de propriété.* La raison fondamentale a déjà été présentée[1493] : dans cette théorie, le pouvoir de disposition est une simple utilité de la chose, non un attribut du droit dont le propriétaire serait privé. Rien n'impose donc de considérer que le quasi-usufruit, « remède à la présence de certaines choses consomptibles dans un usufruit »[1494], cesse d'être un usufruit c'est-à-dire « *le droit de jouir des choses dont un autre a la propriété, comme le propriétaire lui-même, mais à charge d'en conserver la substance* »[1495].

Cela n'implique ni que les conséquences pratiques de cette analyse soient toujours claires, ou heureuses, ni que nous reprenions à notre compte l'ensemble des arguments avancés en sa faveur.

451.– Tous les enjeux pratiques du débat ne sont pas mis en avant dans les études examinées. Y a-t-il un enjeu fiscal ? Cela n'est pas évident puisque, d'ores et déjà, l'administration fiscale marque une certaine distance avec l'idée civiliste que le quasi-usufruitier conserve la propriété des droits[1496]. Un enjeu sociétaire ? Le premier travail examiné se réfère au titre d'associé, qui ne pourrait jamais être transféré à l'usufruitier[1497], mais la jurisprudence a clairement refusé de voir dans les actions sociales des biens consomptibles et on est donc en présence d'un usufruit,

---

[1492] V. *supra*, n° 87.

[1493] Cf. *supra*, n° 75.

[1494] P. Sirinelli, *Le quasi-usufruit*, art. préc., n° 97.

[1495] C. civ., art. 578. Même conclusion dans le cadre de la théorie classique de la propriété : R. Libchaber, *Une fiducie française, inutile et incertaine*... Mélanges Ph. Malaurie, Defrénois, 2005, p. 303, n° 15.

[1496] Rép. min. Dubernard, n° 29549 (JOAN Q. 25 mars 1996, p. 1603 ; Defrénois 1996, art. 36347). La réponse se réfère en effet au cas de cession de la pleine propriété « de » droits sociaux par le quasi-usufruitier, et non de « ses » droits sociaux (en ce sens : P. Julien-Saint-Amand, *La constitution du quasi-usufruit : traitement fiscal*, Dr. et patr., nov. 1999, p. 91). En toute hypothèse, la solution retenue (imposition de la plus-value de cession au nom du quasi-usufruitier) s'impose d'elle-même car « il serait paradoxal de faire acquitter l'impôt par le nu-propriétaire sur une plus-value dont il n'est pas certain qu'il puisse un jour profiter » (B. Debrabant, *ibid.*, p. 94).

[1497] B. Lotti, th. préc., n° 72 ; même sens : F. Zénati, Rép. sociétés Dalloz, V° *Usufruit des droits sociaux*, 2003, n° 89 ; Cass. com. 31 mars 2004, D. 2004 p. 1167 obs. A. Lienhard, RTD civ. 2004 p. 318 obs. T. Revet, JCP E 2004 p. 1380 obs. G. Wicker.– *Contra* : J. Derruppé, *Un associé méconnu : l'usufruitier de parts ou actions*, Defrénois 1994, art. 35894. Distinguer la propriété des parts sociales (enjeu de propriété) et l'attribution de la qualité d'associé (enjeu de pouvoir) permet notamment de comprendre que les textes précisent les modalités de l'exercice du droit de vote attaché aux titres sociaux grevés d'usufruit (art. 1844 C. civ. ; L. 225-110 C. com.) et que la Cour de cassation ait jugé (31 mars 2004) qu'il n'est pas possible de priver l'usufruitier de ce droit pour ce qui est des décisions concernant les bénéfices.

non d'un quasi-usufruit au sens de l'art. 587. Un enjeu en ce qui concerne la charge des risques en cas de perte de la chose[1498] ?

Plus généralement, aucune des deux études ne distingue les deux degrés d'implication possible dans le transfert de propriété. Si le quasi-usufruitier n'est pas propriétaire, alors il est simplement auteur *du* transfert (plus précisément : il est auteur *dans* le transfert s'agissant du droit de disposer, dont il serait – seul ? – titulaire ; et auteur *du* transfert s'agissant de la propriété du nu-propriétaire) et c'est le nu-propriétaire qui est auteur *dans* le transfert, c'est sa propriété qui est transmise. Quelles sont les conséquences juridiques attachées à cet élément ? Est-il, notamment, débiteur de garantie en cas de vente ? La question ne peut pas être éludée. Raisonnons sur l'exemple du fonds de commerce. Il est de jurisprudence que l'usufruitier du fonds a sur les marchandises qui s'y trouvent et sont destinées par leur nature à être vendues un quasi-usufruit lui permettant de les aliéner[1499]. Dans l'une et l'autre thèses examinées, il dispose ce faisant de la propriété du nu-propriétaire. Qui alors, à l'égard de l'acquéreur, est le « vendeur » au sens de l'article 1641 du Code civil ? qui est débiteur de la garantie des vices[1500] ? La réponse n'est pas évidente[1501].

452.– Qu'il soit par ailleurs permis de prendre de la distance par rapport à certains des arguments invoqués. Nous avons vu que la première analyse consacre de longs développements à l'hypothèque et au gage[1502]. Mais peut-on mettre sur le même plan le « droit de disposer » du quasi-usufruitier (qui a la détention de la chose[1503] et peut l'aliéner librement) et celui du créancier hypothécaire (qui doit recourir aux lourdes formalités de la vente forcée s'il ne bénéficie pas d'un pacte commissoire) ou du créancier gagiste dont le Code civil précise qu'il a une obligation de conservation de la chose[1504] ?

[1498] Rappr. C. civ., art. 1893 in fine.

[1499] Cass. com., 18 novembre 1968 : Bull. civ. IV, n° 324. On peut également considérer, sans qu'il soit besoin de recourir à l'article 587 du Code civil, qu'il peut les aliéner en tant qu'éléments de l'universalité objet de son usufruit, sur le seul fondement de leur fongibilité (rappr. Cass. civ. 1re, 12 novembre 1998, préc. *supra*, n° 1463). Le choix du fondement n'est cependant pas indifférent : en cas du quasi-usufruit, il n'y a pas d'obligation de réinvestissement et la restitution peut se faire en valeur ; en cas de cession effectuée pour gérer l'universalité, le prix de la vente doit être réinvesti et la restitution se faire en nature.

[1500] Etant précisé, si cela est nécessaire, que l'article 1649 du Code civil est ici inapplicable.

[1501] Rappr. *infra* n° 465.

[1502] On comprend que Mme Lotti limite le domaine de ce qu'elle appelle le droit de disposer aux créanciers hypothécaire et gagiste (gagiste ou nanti, faut-il sans doute comprendre) et qu'elle le refuse au simple chirographaire ; il a en effet été montré qu'à la différence des affectation *spéciales*, les affectations *générales* ne confèrent pas de droit sur la valeur d'un ou plusieurs biens déterminés, mais engagent la totalité ou une fraction d'un patrimoine en garantie d'une créance (S. Guinchard, *L'affectation des biens en droit privé français*, LGDJ., B. dr. privé, 1976, n° 21 s.). Il n'en demeure pas moins que la saisie (exécution, ou immobilière) lui donne le droit de faire vendre le bien saisi, c'est-à-dire un droit sur un bien déterminé du débiteur (v. *supra*, n° 424).

[1503] C'est également le cas du gagiste, mais (hors le cas où le gage a pour objet des choses fongibles) seulement à la manière d'un « dépôt » (C. civ., ancien art. 2079 : il ne peut donc ni disposer de la chose, ni en user, ni la mettre au service d'un tiers), et il ne peut la faire vendre sans l'autorisation du tribunal (C. civ., art. 2346 et 2347).

[1504] C. civ., art. 2344.

Par ailleurs, il est entendu qu'hypothèque et gage ne transmettent pas la propriété : c'est précisément là leur caractéristique fondamentale (celle qui distingue, dit-on, l'hypothèque et le gage[1505] de la fiducie-sûreté). Est-il justifié, alors, de pousser aussi loin le parallélisme avec le quasi-usufruit et le dépôt irrégulier ? La finalité n'est pas la même : celle de la sûreté réelle (droit réel accessoire) est seulement le paiement préférentiel, à terme, alors que celle de l'usufruit (droit réel principal) comme du quasi-usufruit est la jouissance immédiate de toutes les utilités de la chose, à charge seulement de conserver la substance. La technique est-elle la même ? Dans les deux cas, il y a affectation de la valeur de la chose, mais c'est le titulaire de l'hypothèque qui est créancier de cette valeur, alors que le quasi-usufruitier en est débiteur à l'égard du nu-propriétaire et ce n'est évidemment pas parce qu'il y a dette de valeur qu'il n'y a pas propriété de la chose dont la valeur est due[1506].

453.– On peut de la même façon relever que la deuxième analyse, sur certains points, prouve trop. L'idée d'affectation de la valeur de la chose suffit, en effet, à dirimer les arguments destinés à établir que le quasi-usufruitier n'est pas propriétaire. Le principal[1507] est celui tiré de la prohibition de la donation de biens à venir[1508]. Rappelons sa substance : si le quasi-usufruitier est propriétaire, alors le donateur qui se réserve le quasi-usufruit de la chose donnée ne subit pas l'inconvénient de se dépouiller « immédiatement »[1509]. Il a été justement répondu[1510] que cette prohibition n'est qu'une application du principe de l'irrévocabilité des donations, auquel la donation avec réserve de quasi-usufruit ne contrevient pas car si elle réserve au donateur le droit de disposer de la chose donnée, elle ne lui confère pas pour autant le pouvoir de révoquer la donation puisqu' « il reste débiteur de sa valeur envers le donataire qui conserve ainsi le bénéfice économique de l'opération »[1511].

[1505] En dehors, là aussi, du cas où la chose engagée est fongible : C. civ ., art. 2341 et 2342.

[1506] Ex. : C. civ., art. 555, 860, 1469...

[1507] On peut négliger le premier argument cité ci-dessus (n° 441) : on comprend le mécanisme de la vente avec réserve de quasi-usufruit « translatif » puisqu'on comprend la vente avec réserve de propriété. En ce qui concerne celui tiré de l'impossibilité de revendiquer les choses fongibles, on peut négliger l'argument tiré du texte devenu depuis lors l'art. L. 624-16 al. 3 in fine du Code de commerce car s'il autorise la revendication des choses fongibles « *lorsque se trouvent entre les mains de l'acheteur des biens de même espèce et de même qualité* » c'est en créant une présomption (ou une attribution ?) de propriété qui ne joue que dans l'hypothèse de vente de meubles avec réserve de propriété, et dans le seul cas de procédure collective (adde cep. C. civ., art. 2369) ; mais il est vrai que la jurisprudence a admis à différentes reprises la possibilité de revendiquer une chose fongible, ce qui condamne l'idée que la fongibilité a la vertu de rendre propriétaire le détenteur de la chose (Req., 10 mars 1915, D. 1916, 1, p. 241 ; CA Paris, 20 mars 1983 : D. 1984 IR p. 175)... Sauf à considérer que cette action en revendication n'est pas fondée sur la propriété (*infra*, note 1830).

[1508] L'institution contractuelle (v. l'argument résumé ci-dessus, n° 441), porte sur les biens que le gratifiant laissera à son décès : c'est une donation de biens à venir et c'est sous ces termes qu'elle est le plus souvent désignée.

[1509] L'article 894 du Code civil impose que le donateur « *se dépouille actuellement et irrévocablement* ». Les donations à terme sont possibles car le donateur se dépouille actuellement, étant tenu dès la conclusion du contrat (H., L., J. Mazeaud et F. Chabas, *Successions, Libéralités*, par L. et S. Leveneur, préc., n° 1500).

[1510] Par avance : M. Grimaldi et J.-F. Roux, *La donation de valeurs mobilières avec réserve de quasi-usufruit*, D. 1994, chron., p. 219.

[1511] M. Grimaldi et J.-F. Roux, *ibid.*, p. 222, n° 6.

L'argumentation prouve trop également puisque son auteur est conduit à étendre au prêt de consommation la même analyse qu'au quasi-usufruit (« c'est une abstraction qui est l'objet de son droit. Les textes le suggèrent avec éloquence quand ils parlent de la chose de même quantité et qualité (C. civ., art. 587) ou à propos du prêt de consommation de choses de même espèce et qualité (C. civ., art. 1892) »)[1512]. Or le Code civil précise expressément (article 1893) que l'emprunteur devient le propriétaire de la chose prêtée par l'effet du prêt de consommation. Il faut donc soit admettre que l'analyse n'est pas adaptée à l'objectif poursuivi, soit aller *contra legem* en remettant en cause le principe de ce caractère translatif.

454.– Il n'en demeure pas moins que nous adhérons aux conclusions. Cela ne tient pas aux limites imparties aux pouvoirs du quasi-usufruitier[1513] car le découplage entre pouvoir et propriété, dès lors qu'on en admet le principe, doit fonctionner dans les deux sens ce qui entraîne que, de même qu'il peut y avoir pouvoir sans propriété, il peut y avoir propriété sans pouvoir (ou sans plein pouvoir) ! Mais, précisément, les pouvoirs dont il est question ici consistent simplement en la jouissance des utilités de l'assiette du quasi-usufruit (la valeur de la chose), sans porter atteinte aux prérogatives du propriétaire sur celle-ci. *La théorie du quasi-usufruit a été conçue à une époque où l'on distinguait moins clairement qu'aujourd'hui les questions de propriété et celles de pouvoir. Sur une question de pouvoir (disposer d'un bien consomptible)*[1514]*, elle raisonne en termes de propriété*, et c'est là une confusion[1515]. Le quasi-usufruit n'est pas translatif de propriété, et pas davantage peut-être la fongibilité en elle-même [1516] (sauf à admettre que la nue-propriété de l'universalité n'emporte pas la propriété de ses éléments lorsqu'ils sont fongibles). En cas de quasi-usufruit, comme en cas d'usufruit « ordinaire » d'universalité d'ailleurs, un pouvoir de disposer de la chose d'autrui peut (et même *doit* parfois) être exercé.

*

* *

454-1.– On suppose toujours que le pouvoir de transférer la propriété est réservé au seul propriétaire. Or en pratique le lien ainsi établi entre pouvoir et propriété n'est pas automatique, il est des cas dans lesquels ce pouvoir est conféré à une autre personne que le propriétaire. L'existence du présupposé, qui est avéré, repose donc sur un lien qui est faux. L'étude du droit des régimes matrimoniaux nous l'avait déjà

[1512] F. Zénati, art. préc., p. 628, n° 29.

[1513] Sur celles-ci, v. M. Grimaldi, *L'emploi des deniers grevés d'usufruit*, Defrénois 1999, art. 36939.

[1514] Par nature ou par convention.

[1515] Confusion et/ou anachronisme néanmoins réitérés quant au gage de choses fongibles par le nouvel article 2341 al. 2 C. civ. (réd. Ord. 2006-346).

[1516] La solution traditionnelle est inverse (en ce sens, en cas de remise d'espèces : « dès l'instant de leur remise à X., les sommes déposées à titre de garantie de l'exécution de ses obligations par le locataire-gérant sont devenues, en raison de leur nature fongible, la propriété de Y. », d'où il est déduit que le gage-espèces peut être réalisé par voie de compensation : Cass. com., 17 mai 1994 : Bull. civ. IV, n° 178 ; JCP E 1994, I n° 397 obs. M. Cabrillac ; D. 1995 p. 124 n. Ch. Larroumet) ; rappr. *supra*, note 1507 et obs. F. Zénati, RTD civ. 1994 p. 383 et 1999 p. 426) ; elle se concilie mal aujourd'hui avec la possibilité, en cas de procédure collective (C. com., art. L. 624-16 al. 3), d'agir en revendication de choses fongibles (*supra*, note 1507).

fait apparaître. Afin d'établir qu'il ne constitue pas un corps de règles à part sur ce point, nous avons multiplié les exemples de cas dans lesquels le pouvoir d'opérer ou déclencher l'acte translatif échappe au propriétaire : les mesures d'exécution forcée sur les sommes d'argent (saisie-attribution, avis à tiers détenteur, paiement direct des pensions alimentaires) et les expropriations sont des hypothèses bien connues d'exercice du pouvoir pour s'approprier la chose ; il est possible de s'en approprier la valeur en recourant à une vente forcée. Il y a là autant de cas de dissociation entre l'auteur *du* et l'auteur *dans* le transfert.

Nous avons également marqué la place d'autres cas dont il est moins évident de dire s'ils emportent ou non une telle dissociation. Ainsi, l'héritier bénéficiaire est généralement regardé comme étant un propriétaire à pouvoirs limités ; nous nous sommes efforcée de montrer qu'en réalité son statut est caractérisé par un système de pouvoirs détachés la propriété : il ne tient pas ses pouvoirs de sa qualité de propriétaire mais de celle d'administrateur du bien d'autrui : il peut certes renoncer à cette limitation de pouvoir, mais en ce cas il est déchu de la protection légale, il devient un héritier à responsabilité illimitée. Leur confusion sur une même tête dissimule donc ici, assez curieusement, une vraie dissociation du pouvoir et de la propriété.

Les choses fongibles et consomptibles posent une autre difficulté. Des études récentes proposent de considérer que, contrairement à l'idée généralement reçue, celui qui les détient n'en acquiert pas la propriété et dispose donc d'une chose qui ne lui appartient pas. Nous avons adhéré à ces analyses, en dépit de diverses nuances ou réserves car il est inapproprié de raisonner en termes propriété là où il n'est question que de pouvoir (de pouvoir de disposer, donc, de la chose d'autrui).

Il faut, alors, en marquer les conséquences.

SECTION II

PARTICULARISME DES EFFETS

455.– L'effet principal de l'acte translatif, c'est le transfert de titularité, de propriété. Et à cet égard le particularisme le plus fort est aussi le plus évident, et n'a nul besoin d'être souligné davantage : il tient à ce que dans les cas considérés la propriété du bien est transférée par l'effet de la volonté d'une personne qui n'en est pas propriétaire. Le droit de disposer n'est donc pas le monopole du propriétaire. Cela, évidemment, n'a rien de nouveau dans son principe. Il est cependant singulier que le discours sur l'acte translatif ignore totalement cette éventualité, et continue à reposer sur l'idée que nul ne peut transmettre à autrui plus de droits qu'il n'en a lui-même. Les cas considérés font apparaître que cette assertion, qui est sans intérêt pour ce qui concerne l'auteur *dans* le transfert (puisque celui-ci est défini comme étant celui du patrimoine de qui vient le droit transféré), est fausse lorsqu'on considère l'auteur *du* transfert. Un des principaux résultats de notre recherche nous paraît être la mise en évidence de l'affinement que cette distinction apporte quant à l'appréhension de la notion d'*auteur* dans la relation auteur-ayant cause.

456.– On se propose d'examiner ici les effets seconds, ceux liés au transfert qui découle de l'acte accompli par le non-titulaire du droit. Le fait que le transfert n'ait pas été déclenché par le propriétaire est susceptible de retentir sur les effets attachés à l'acte translatif, tant dans le droit de la vente que dans celui de la publicité foncière. On peut essayer d'appréhender ces conséquences en partant de deux questions : en quoi la dissociation étudiée implique-t-elle un particularisme ? comment ventiler les effets attachés à l'acte translatif entre les deux notions d'« auteur » qui ont été distinguées ?

§ 1. – PARTICULARISME DÉCOULANT DE LA DISSOCIATION

457.– Commençons par souligner que le particularisme de la formation de l'acte n'implique nullement un particularisme de ses effets. Ainsi peu importe, pour le bénéficiaire de la saisie-attribution, qu'il ait déclenché lui-même le processus de transfert. Il est propriétaire de la somme d'argent reçue exactement dans les mêmes termes que si elle lui avait été transmise par la volonté de son ancien propriétaire. Il est vrai qu'il s'agit ici d'argent, c'est-à-dire d'un bien particulier en raison soit de son caractère immatériel, soit de sa « fongibilité absolue »[1517].

Dans les autres cas, celui qui s'est approprié la chose peut se trouver confronté à un défaut de celle-ci, ou à la menace d'éviction par un tiers. Se pose alors la question du recours de cet ayant cause contre son « auteur ». Elle se pose en termes différents selon que le transfert a été opéré à l'amiable (A) ou qu'il s'agit d'un transfert forcé (B).

A. – TRANSFERT AMIABLE

458.– « Transfert amiable » est une expression à sens multiple, même si dans la totalité des cas, semble-t-il, il prend la forme d'une vente. Précisons donc que nous entendons par là non pas la vente dite amiable en matière de saisie-vente ou de saisie immobilière, parce que le propriétaire accepte de participer à l'acte de transfert[1518], mais celle par laquelle l'auteur du transfert procède à celui-ci dans les conditions d'une vente volontaire, c'est-à-dire hors la présence d'un juge ou officier public. C'est le cas de la vente par un époux d'un bien commun ou appartenant au seul conjoint ; c'est aussi le cas de la vente de la chose par un quasi-usufruitier, ou d'un élément d'une universalité par l'usufruitier de celle-ci.

459.– La dissociation de l'auteur *du* et de l'auteur *dans* le transfert est-elle de nature à modifier l'exercice par l'ayant cause de l'action en garantie des vices cachés, ou de l'action en garantie d'éviction, en supposant que les conditions en sont par ailleurs réunies ? Il ne le semble pas, ni à l'égard de l'un, ni à l'égard de l'autre, car nous

---

[1517] J. Carbonnier, *Droit civil, vol. 2*, préc., n° 675.
[1518] V. ci-dessus, n° 429, et *infra*, n° 462.

sommes en présence d'actions qui sanctionnent la mauvaise exécution du *contrat* de vente.

Prenons d'abord le cas de l'auteur *du* transfert. Dans les cas considérés, il a exercé le pouvoir légal qui est le sien d'aliéner le bien d'autrui en concluant le contrat de vente. Or nous savons qu'il agit en son nom et pour son propre compte. Aussi est-ce en qualité de vendeur qu'il est intervenu au contrat. Cela ne heurte aucun principe car le Code civil consacre une conception volontariste du contrat de vente : c'est « *une convention par laquelle l'un s'oblige à livrer une chose, et l'autre à la payer* »[1519]. Il est certes précisé que la vente de la chose d'autrui est nulle[1520] mais nous sommes précisément dans un cas où le vendeur, bien que non propriétaire, n'en a pas moins le pouvoir de vendre, ce qui empêche tant l'ancien propriétaire d'agir en revendication que l'acquéreur d'agir en nullité[1521]. L'auteur du transfert est donc tenu, en sa qualité de vendeur, d'assumer l'exécution des obligations de garantie après vente nées du contrat qu'il a librement souscrit. Il est donc personnellement tenu et de la garantie des vices cachés, et de la garantie d'éviction de son fait personnel ou du fait des tiers – et notamment du fait de ce tiers particulier qu'est l'ancien propriétaire de la chose.

460.– Prenons maintenant le cas de l'auteur *dans* le transfert. Il est sans doute la personne dont l'acquéreur tient son droit, mais pour autant il n'est pas partie au contrat. Il peut advenir que ce soit lui qui remette la chose à l'acheteur. Il n'en reste pas moins un tiers au contrat de vente. Le lien contractuel formé par ce contrat découle en effet de la volonté des personnes qui y sont parties, et non pas de la propriété de la chose vendue. Bien qu'elle soit peu usitée en matière de vente, la distinction est certaine. Elle est d'ailleurs de pratique courante dans d'autres contrats, parmi lesquels on peut citer l'exemple du contrat de transport : il est de jurisprudence que le chargeur a qualité à agir en responsabilité pour pertes et avaries contre le transporteur maritime, alors même qu'il n'a pas la propriété de la chose[1522] ; à l'inverse, la qualité à agir est déniée au propriétaire de la chose s'il n'est pas partie au contrat[1523]. Les principes commandent de considérer, de la même façon, que la propriété de la chose n'est ni une condition nécessaire, ni une condition suffisante pour être débiteur des obligations nées du contrat de vente.

Il faut en déduire que le propriétaire de la chose est en tant que tel un tiers au contrat de vente de celle-ci par le titulaire du pouvoir de la transférer. Comme tout tiers, il est tenu par l'effet obligatoire du contrat, en ce sens que la norme contractuelle prévoyant le transfert s'impose à lui comme elle s'impose aux parties. Comme tout tiers, il est étranger aux effets obligationnels du contrat[1524] et n'est donc pas débiteur des garanties après vente.

[1519] C. civ., art. 1582.
[1520] C. civ., art. 1599.
[1521] V. *infra*, n° 499.
[1522] V. *infra*, n° 749 in fine.
[1523] En dépit de la rédaction équivoque de l'article L. 132-7 du Code de commerce.
[1524] Nous raisonnons ici dans les termes d'une analyse sans doute encore récente mais qu'il paraît impossible d'ignorer (P. Ancel, art. préc., RTD civ. 1999, p. 771, n° 28 et 53).

461.– On doit donc conclure qu'en cas de vente amiable, au sens donné ici à cette expression, la dissociation est sans effet sur *l'existence* même des garanties dues par le vendeur. Son seul particularisme tient en la désignation de leur *débiteur*. La dissociation de la propriété et du pouvoir de la transférer emporte que l'auteur *du* transfert prend la qualité de vendeur et est *seul tenu des garanties après vente*, ainsi que l'exclusion corrélative de l'auteur *dans* le transfert du jeu des obligations nées du contrat auquel il est étranger.

Les conséquences du transfert forcé sont sur ce point très différentes.

B. – Transfert forcé

462.– Précisons d'abord ce que nous désignons par cette expression. Nous y englobons les hypothèses où l'acquéreur de la propriété est l'auteur *du* transfert lui-même (expropriation, nationalisation, cession forcée de mitoyenneté). Nous y englobons également les transferts qui découlent d'une vente forcée aux enchères, ainsi que les ventes forcées dites « amiables » parce que le propriétaire du bien saisi accepte de les vendre « volontairement »[1525], et les ventes de gré à gré en matière de procédure collective.

À la différence du cas précédent, on peut hésiter ici sur la qualification du mécanisme du transfert : il y a transfert forcé de propriété, y a-t-il pour autant vente ? À supposer que l'on réponde oui à cette question, il n'est pas forcément souhaitable d'appliquer tous les éléments du régime de la vente, ce qui impose certaines distinctions.

1° Qualification

463.– Si l'hésitation est permise, c'est parce que l'on peut définir la vente de deux façons différentes : en un sens large, on voit une vente dans tout transfert de propriété en contrepartie d'un prix ; en un sens plus étroit, on exige une condition supplémentaire et on ne parle de vente que lorsque cette opération est réalisée en cas de consentement du cédant. Chacune de ces approches peut se recommander de divers arguments. En faveur de la seconde, on relève que la vente est un contrat, ce qui suppose une rencontre de volontés. Cette exigence n'est cependant pas dirimante car, précisément, la volonté que ne manifeste pas le propriétaire est supléée par celle du titulaire du pouvoir.

Le débat est en réalité empreint d'un certain verbalisme[1526]. Quelle que soit la solution retenue, il est en effet inévitable que l'on se réfère à la vente au moins à titre d'élément de comparaison, car elle est perçue à tort ou à raison comme étant le modèle du contrat translatif de la propriété à titre onéreux[1527]. Et il est non moins

---

[1525] V. *supra*, n° 429.

[1526] Ainsi, le Code de commerce (art. L. 642-25 s.) parle de « réalisation » de l'actif de l'entreprise en liquidation judiciaire, et non de vente, alors même qu'il s'agit de vente amiable.

[1527] Arg. : C. civ., art. 1707.

inévitable que des adaptations plus ou moins importantes doivent être apportées aux règles habituelles de ce mécanisme afin de tenir compte du caractère contraint du transfert de propriété[1528].

La question est donc moins de qualification que de régime. Retenons seulement que le Code civil fixe le régime des « ventes forcées »[1529], des « *ventes faites par autorité de justice* »[1530], ce qui revient à en accepter le principe. À sa suite, l'expression « vente volontaire » a trouvé sa place, marquant du même coup celle de la vente « forcée » : celle faut-il comprendre[1531] qui n'est pas réalisée par le propriétaire de la chose, ou bien que le propriétaire réalise mais pas de son plein gré.

2° Régime

464.– Le vendeur « *a deux obligations principales, celle de délivrer et celle de garantir la chose qu'il vend* »[1532]. S'agissant de l'obligation de délivrance, il est remarquable que la Cour de cassation n'a pas hésité à la faire peser sur l'auteur *du* transfert en cas de vente forcée. Ainsi, dans une espèce très représentative, le syndic avait été autorisé à vendre une maison d'habitation dépendant d'une liquidation des biens[1533] ; il poursuivait en expulsion le débiteur ainsi que son conjoint[1534] et le pourvoi de ceux-ci est rejeté attendu que faute de « *clause particulière de l'acte de vente limitant l'obligation de délivrance du vendeur, la cour d'appel a estimé exactement qu'il appartenait à ce dernier de délivrer l'immeuble vendu vide (...)* »[1535].

Ainsi que le souligne le professeur Chartier dans sa note, « il s'opère une dissociation entre le droit de propriété, conservé par le débiteur, et celui de disposition », lequel constitue un « droit propre » du syndic ; il est de jurisprudence bien établie qu'en pareil cas le syndic est le vendeur au regard de l'obligation de délivrance[1536]. Cela n'exclut pas que le débiteur saisi le soit aussi. De façon moins contradictoire que, peut-on penser, complémentaire, un arrêt récent retient ainsi pragmatiquement que les propriétaires saisis qui n'avaient pas libéré les lieux dès le

---

[1528] Ex., pour la cession d'entreprise (anciens art. L. 621-83 s. C. com.) : v. l'opposition entre F. Derrida, P. Godé, J.-P. Sortais, A. Honorat, *Redressement et liquidation judiciaires des entreprises*, Rec. Dalloz-Sirey, n° spécial 1986, n° 351 (favorables à une analyse civiliste) et A. Pirovano, *La contestation du plan de cession de l'entreprise*, D. 1988, chron. p. 273, n° 10 s. (qui retient l'idée d'une « réglementation originale, caractérisée par sa finalité et ses garanties propres » qui « évince de ce fait une grande partie, sinon la totalité, des règles du droit commun »).
[1529] C. civ., art. 2204-1, 2210...
[1530] C. civ., art. 1649.
[1531] « Vente effectuée de son plein gré par le propriétaire d'une chose » : G. Cornu, *Vocabulaire juridique*, V° *Vente volontaire*.
[1532] C. civ., art. 1603.
[1533] Le syndic, supprimé par la loi du 25 janvier 1985, a été remplacé par un représentant des créanciers dénommé « mandataire judiciaire à la liquidation des entreprises ». (C. com., art. L. 812-1 s.) ; la liquidation des biens est devenue liquidation « judiciaire ».
[1534] Lequel se prévalait en vain de l'article 215 al. 3 C. civ. : sur ce point v. *supra*, n° 329.
[1535] Cass. civ. 3e, 12 octobre 1977 : D. 1978 p. 333 n. Y. Chartier, préc.
[1536] Cass. civ. 1re, 24 avril 1967 : Bull. civ. 1, n° 139, p. 101.

jour du jugement d'adjudication et l'avaient dégradé par la suite « *avaient manqué à leur obligation de délivrance* »[1537].

465.– S'agissant de l'obligation de garantie, le Code civil met deux grandes obligations de garantie à la charge du vendeur, la garantie en cas d'éviction et la garantie des défauts de la chose vendue[1538]. La seconde ne pèse que sur le vendeur volontaire et non sur le vendeur contraint, en vertu d'une disposition spéciale, l'article 1649 du Code civil (« *Elle n'a pas lieu dans les ventes faites par autorité de justice* »). Il y a là un guide utile lorsque la question se pose dans des domaines voisins. Ainsi, la jurisprudence applique traditionnellement le même principe en matière de cession forcée de mitoyenneté[1539]. Dans tous les cas, la solution s'explique uniquement par le souci de faire un sort favorable à celui qui est forcé de céder sa propriété, aussi la jurisprudence décide-t-elle que l'article 1649 ne peut pas être invoqué par le fabricant ou son représentant en France contre qui le sous-acquéreur, privé d'action en garantie contre l'adjudicataire, exerce une action directe[1540].

Incidemment, il est notable que ces solutions reposent sur le postulat implicite que l'ayant cause a pour auteur celui dont il tient ses droits (l'auteur *dans* le transfert).

466.– Mais que décider pour la garantie d'éviction ? Abondant au XIXe siècle, le contentieux sur cette question s'était tari, jusqu'à ce qu'un arrêt récent attire à nouveau l'attention sur elle. Dans l'affaire qui y a donné lieu, l'adjudicataire d'un immeuble vendu sur saisie d'un établissement financier agissait contre ce dernier en résolution de la vente, en raison du trouble dans sa jouissance des loyers provoqué par un avis à tiers détenteur. Les juges du fond lui ayant donné satisfaction sur le fondement de l'article 1626 du code civil, une cassation est prononcée au motif que « *le créancier poursuivant*[1541] *sur saisie immobilière la vente des biens de son débiteur ne peut pas être assimilé à un vendeur* »[1542]. La solution n'est pas nouvelle[1543]. Elle n'est pas pour autant entièrement satisfaisante. C'est en effet une curieuse solution, en forme d'énigme.

De double énigme : l'exclusion du créancier poursuivant vaut-elle exclusion de la garantie elle-même ? ou doit-elle être comprise comme signifiant qu'il faut rechercher un autre garant, mais qui ?

[1537] Cass. civ. 3e, 25 mai 2005, D. 2005 p. 3073 n. L. Mauger-Vielpeau.

[1538] C. civ., art. art. 1626 s. et 1641 s.

[1539] Cass. civ. 3e, 2 octobre 1980 : D. 1981 SC p. 234, obs. A. Robert (qui écrit joliment qu' « il serait contraire à la bonne foi d'exiger d'un vendeur contraint des obligations identiques à celles d'un cédant volontaire »). *Nota* : l'arrêt n'applique pas l'art. 1649 C. civ., il juge que « la cession de mitoyenneté étant imposée au propriétaire du mur par la seule manifestation de la volonté de son voisin, n'est régie que par les dispositions particulières des articles 653 et s. C. civ. ».

[1540] Cass. civ. 1re, 3 mars 1992 : Contrats, conc., consom. 1992, n° 112, n. L. Leveneur.

[1541] Le « créancier poursuivant » est le premier créancier saisissant, qui diligente la procédure au nom des autres créanciers, dits « créanciers opposants » (R. Perrot et Ph. Théry, ouvr. préc., n° 605).

[1542] Cass. civ. 2e, 22 novembre 2001 : Contrats, conc., consom. 2002, n° 44 n. L. Leveneur ; D. 2002 IR p. 140 ; RTD civ. 2002 p. 318 obs. P.-Y. Gautier.

[1543] Dans le même sens : Req., 16 décembre 1828 : S. chronol. 1828-1830, p. 200 ; Req. 30 juillet 1834, 1re esp., S. 1835, I p. 311 ; Req. 31 janvier 1893, S. 1893, I p. 176.

Envisageons d'abord la seconde question, à savoir celle de la désignation du garant. C'est la seule que pose directement l'arrêt car, en précisant que « le créancier poursuivant n'était pas le vendeur » tenu de la garantie édictée par l'article 1626, il postule implicitement que celle-ci s'applique en cas de vente forcée. Qui serait alors le débiteur de garantie ? Comme l'ont fait valoir les annotateurs de l'arrêt[1544], on ne peut que refuser de la mettre à la charge du juge : nous avons vu, en effet, que son rôle n'est pas différent en la circonstance de celui d'un notaire[1545]. Faut-il, alors, la faire peser sur le débiteur saisi ? On est porté à considérer que oui si l'on s'en tient aux textes, puisque le Code civil a seulement exclu le jeu de la garantie des vices cachés, et a donc admis implicitement a contrario celui de la garantie d'éviction. Mais on retrouve la même objection de fond : n'est-il pas singulier « d'exiger d'un vendeur contraint des obligations identiques à celles d'un cédant volontaire » ?[1546] Une doctrine ancienne soutenait que non au motif qu'en consentant à la dette le saisi avait implicitement consenti à l'exécution forcée par le créancier saisissant, qui serait en quelque sorte son mandataire tacite[1547]. Mais l'argument, outre qu'il est purement divinatoire, prouve trop : on ne comprend pas en effet, si c'est le cas, que le saisi soit dispensé de la garantie des vices cachés.

Envisageons maintenant la première question. On est en effet renvoyé à l'exclusion du créancier saisissant, et à la question qu'elle pose, que l'on peut préciser maintenant dans les termes suivants : cette exclusion semble valoir exclusion de la garantie elle-même, est-ce une bonne solution ? Autrement dit : est-il préférable de laisser le dommage qui résulte de l'éviction à la charge du saisissant (solution retenue par un arrêt ancien[1548] et prônée par certains auteurs[1549]) ou de l'adjudicataire ? L'arrêt tranche au détriment de l'adjudicataire et il est approuvé en cela par les commentateurs[1550]. Cette solution[1551], cependant, n'est pas en parfaite cohérence avec celle, prônée par ailleurs, qui consiste à mettre l'adjudicataire à l'abri de mauvaises surprises au motif qu'« à défaut, les droits que la procédure de saisie immobilière créent au profit des créanciers seraient gravement menacés par la pénurie d'amateurs et donc par l'impossibilité de vendre l'immeuble dans de bonnes conditions »[1552].

1544 L. Leveneur, n. préc. ; P-Y Gautier, obs. préc.

1545 V. *supra*, n° 432. Il est question ici du juge de la vente forcée (*supra*, note 1387) et non du juge commissaire (C. com., art. L. 621-9) ou du tribunal qui ordonne la cession de l'entreprise (C. com., art. L. 621-2), sur lesquels v. *supra*, n° 425 s.

1546 Pour reprendre l'expression d'A. Robert (obs. préc., D. 1981 SC p. 234).

1547 Baudry-Lacantinerie et Saignat, *Traité théorique et pratique de droit civil, De la vente et de l'échange*, 2e éd., 1900, n° 355.

1548 CA Caen, 7 décembre 1827 : S. chronol. 1825-1827, p. 422.

1549 Colin et Capitant, *Cours élémentaire de droit civil*, t. 2, 10e éd. par L. Julliot de La Morandière, n° 898.

1550 L. Leveneur, n. préc. ; P-Y Gautier, obs. préc. ; la même solution est préconisée *in* L. Mauger-Vielpeau, *Les ventes aux enchères publiques*, préc., n° 79 et 202.

1551 Rappr., même sens : Cass. Com., 12 décembre 1993 : Rev. proc. coll. 1993 p. 496 n. B. Soinne ; JCP G 1994, I, 3759 n° 6 obs. M. Cabrillac et Ph. Pétel (la cession judiciaire d'une unité de production ne permet pas à l'acquéreur de se prévaloir de la garantie d'éviction – cependant l'arrêt ne se place pas sur le terrain de la cession forcée mais sur celui de l'aléa et de la finalité de l'opération, étrangère à celle de la vente de droit commun).

1552 O. Salvat, note sous Cass. civ. 2e, 8 janvier 1992 : JCP 1993, II, 22155, n° 10.

Elle est fondée sur l'idée que le créancier saisissant ne peut pas être assimilé à un vendeur. Un vieil arrêt[1553] explicite pourquoi : il « ne peut être assimilé à un vendeur ordinaire, il ne vend que la chose appartenant à son débiteur [...] ». Autrement dit, la garantie d'éviction pèse sur le propriétaire qui vend son bien[1554], et pas sur celui qui déclenche simplement la vente du bien d'autrui, qui le fait vendre. La proposition paraît conforme au bon sens. Cependant, elle ignore la distinction qui anime nos développements : le vendeur, est-ce celui *dont* la propriété est transférée ? ou celui *qui* transfère la propriété ? Cette distinction, sans doute, ne commande pas nécessairement une solution différente de celle retenue ici. La position de la Cour de cassation paraîtrait cependant moins fragile si elle avait été prise en intégrant cette donnée. D'autant que, par ailleurs, sa cohérence n'est pas évidente avec la jurisprudence selon laquelle celui qui vend la chose d'autrui puis acquiert par la suite cette chose (parce qu'il l'a achetée, ou héritée du véritable propriétaire, ou usucapée) ne peut revendiquer l'immeuble vendu parce qu'il doit garantir l'acquéreur[1555]. Dans cette hypothèse, en effet, l'obligation de garantie est bien mise à la charge d'un « vendeur » qui déclenche la vente (qui est auteur *du* transfert) mais ne transfère pas la propriété (qui n'est pas auteur *dans* le transfert).

Pour conclure, la Cour de cassation avait à résoudre une question difficile, car elle devait choisir entre le mal et le pire. A-t-elle choisi le moins mauvais de ces deux partis ? La solution retenue frise le paradoxe puisqu'il faut en déduire – semble-t-il – que lorsque ce n'est pas le propriétaire du bien qui déclenche la vente, n'a la qualité de vendeur ni l'auteur *du* transfert, ni l'auteur *dans* le transfert[1556]. Au moins tire-t-elle une certaine légitimité du fait qu'il ne s'agit pas d'une solution nouvelle, ce dont témoigne l'extrait suivant d'un arrêt un peu ancien :

> « *l'adjudication sur saisie immobilière ne constitue pas une vente normale ; d'un côté, en effet, le débiteur, bien que qualifié parfois de "vendeur forcé" ne saurait être assimilé à un vendeur ordinaire, du fait qu'il ne se trouve pas soumis aux obligations édictées par les articles 1602 s. C. civ. ; de l'autre, le créancier poursuivant provoque la vente du bien aux enchères publiques, sans pour autant revêtir la qualité de vendeur, puisqu'il n'assume pas davantage les obligations précitées, et qu'il n'a pas notamment à justifier de l'origine de propriété* »[1557].

467.– On rapprochera de ces solutions celle retenue plus récemment pour l'application de la loi dite « Carrez » du 18 décembre 1996 qui exige que la superficie de tout lot de copropriété vendu ou faisant l'objet d'une promesse de vente soit mentionnée, une diminution proportionnelle du prix étant prévue en cas de superficie inférieure de plus de 5 % à celle annoncée. La Cour de cassation a retenu « *qu'un jugement d'adjudication ne constituant pas "un contrat réalisant ou*

1553 Req. 31 janvier 1893, préc.

1554 P.-Y. Gautier, obs. préc. RTD civ. 2002, p. 318.

1555 Cass. civ., 13 mai 1912 : D.P. 1913.I p. 143 ; S. 1944, I p. 209 n. Appert. – Ph. Malaurie, L. Aynès et P-Y. Gautier, *Contrats spéciaux*, Defrénois, 2e éd., 2005, n° 352.

1556 Rappr. *supra*, n° 409.

1557 CA Grenoble, 5 mars 1975 : Gaz. Pal. 1975,1 p. 432 ; DS 1975, somm. p. 63 ; D. Bordier, *Qui est le vendeur dans la saisie immobilière ?* JCP N 1978, I, 2894.

constatant une vente" » au sens de cette loi, les dispositions de celle-ci « *sont sans application aux ventes sur poursuites immobilières* »[1558]. Il est à noter que l'adjudicataire réclamait la différence de prix non pas à l'ancien propriétaire mais au créancier saisissant...

La dualité d'auteurs peut cependant avoir des conséquences positives sur d'autres terrains que sur celui des garanties après vente.

§ 2. – PARTICULARISME DÉCOULANT DE LA DUALITÉ D'AUTEURS

468.– C'est sur le terrain de la publicité foncière que nous entendons nous placer ici. Nous raisonnerons sur un exemple concret, celui de l'acquéreur en vente forcée d'un immeuble qui se trouve en conflit avec un ayant droit du saisi. Cette donnée de fait est à la base de deux arrêts rendus par le juge du droit, l'un en 1986[1559], l'autre en 1992[1560]. Dans les deux cas, il s'agissait de savoir si l'aliénation de biens ultérieurement saisis contre l'aliénateur est ou non opposable à l'adjudicataire. Dans les deux cas, la solution est négative. Il est remarquable que cela soit expliqué par le fait, dans le deuxième arrêt, que l'adjudicataire est l'ayant cause du saisi (A), mais aussi, dans le premier arrêt, qu'il est regardé implicitement comme étant l'ayant cause du saisissant (B).

A. – L'ADJUDICATAIRE, AYANT CAUSE DU DÉBITEUR SAISI

469.– Partons de l'arrêt lui-même. La question posée était de savoir si la donation *non publiée* de biens ultérieurement saisis contre le donateur est opposable à l'adjudicataire. Aux juges du fond, qui lui avaient donné tort et ordonnaient son expulsion, le donataire opposait dans son pourvoi qu'aux termes de l'article 686 du Code de procédure civile seuls les créanciers saisissants peuvent invoquer l'inopposabilité des aliénations publiées après le dépôt du commandement. La Cour de cassation rejette le pourvoi dans son arrêt du 8 janvier 1992[1561] au motif que :

> « *l'article 686 du code de procédure civile n'excluant pas l'application des règles de la publicité foncière en ce qu'elles ne sont pas contraires à ses dispositions, c'est à bon droit que la cour d'appel énonce que l'acte de donation, n'ayant pas été publié à la conservation des hypothèques, n'était en conséquence pas opposable à l'adjudicataire* ».

Passons sur les arguments de pure technique juridique. L'article 686 alinéa second règle spécifiquement le cas où une aliénation (ou un droit réel de garantie) consentie par le saisi serait publiée après le dépôt du commandement de saisie. À ce

---

[1558] Cass. civ. 2e, 3 octobre 2002 : D. 2002 IR p. 2851 et 2003 p. 1322 n. L. Mauger-Vielpeau, p. 1332 obs. Cl. Giverdon, p. 1475 obs. G. Taormina, p. 1596 n. M. Lehot ; Gaz. Pal. 14-15 mars 2003 p. 19 n. Cl. Brenner ; AJPI 2003 p. 41, obs. Y. Rouquet.

[1559] Cass. civ. 3e, 23 juillet 1986 : Bull. civ. III, n° 133, p. 104 ; Gaz. Pal. 1987, I, somm. p. 59 obs. M. Véron.

[1560] Cass. civ. 2e, 8 janvier 1992 : JCP 1993, II, 22155 n. O. Salvat ; D. 1992 IR p. 55.

[1561] Cass. civ. 3e, 8 janvier 1992, préc.

moment-là, en effet, le saisi est toujours propriétaire ; du fait du dépôt du commandement, cependant, il lui est interdit de disposer de ses biens[1562], et c'est cette indisponibilité que consacre l'article 686 en sanctionnant par l'inopposabilité les actes publiés après ce dépôt. On voit où est la dérogation par rapport au droit commun de la publicité foncière. En droit commun, est inopposable l'acte postérieur à la publication de l'acte translatif. Ici, l'inopposabilité intervient plus tôt : elle opère dès le dépôt de l'acte préparatoire à la saisie. Elle n'a donc de sens que pour le saisissant, et c'est pourquoi il en est le seul bénéficiaire.

Dans le cas d'espèce, il n'y avait eu aucune publication, ni avant ni après le dépôt du commandement. On était donc hors champ d'application de l'article 686. Si le pourvoi invoquait cet article, c'était pour dénier à l'adjudicataire la qualité à se prévaloir de l'inopposabilité puisque ce texte n'investit de cette faveur que le seul créancier saisissant. La Cour de cassation écarte d'un revers de main le stratagème : elle juge que l'on est non pas dans le cas précis régi par ce texte, mais dans une hypothèse de conflit relevant du droit commun de la publicité foncière, d'où il découle que l'acte non publié est inopposable à celui ayant intérêt à invoquer le défaut de publication[1563].

C'est ici que l'arrêt prend son intérêt pour nous. Le cercle des personnes « ayant intérêt » à se prévaloir du défaut de publication, que vise l'article 941 du Code civil, est certes plus large qu'en droit commun car il ne comprend pas seulement les « tiers » au sens de la publicité foncière. Certes, il est bien connu qu'il y a une divergence entre les chambres de la Cour de cassation sur l'importance de cette extension[1564] mais peu importe ici car, dans tous les cas, la qualité d'ayant cause du donateur est exigée. Autrement dit, la référence aux règles de la « publicité foncière » implique nécessairement que l'on analyse le conflit considéré comme étant celui de deux ayants cause du même auteur, ce qui revient à dire que l'adjudicataire est regardé comme étant un ayant cause du saisi.

La solution est remarquable[1565] et mérite d'être soulignée. L'auteur *dans* le transfert n'est pas le vendeur de l'adjudicataire en vente forcée pour l'application des garanties après vente. Il est son auteur pour celle des règles de publicité foncière. Ce n'est pas à dire qu'il y ait entre ces deux solutions une contradiction. Simplement, les intérêts en cause et les enjeux ne sont pas les mêmes.

Cette variabilité fonctionnelle explique d'ailleurs une autre solution, teintée elle aussi d'un fort particularisme : celle qui consiste à voir dans l'adjudicataire un ayant cause du créancier saisissant.

[1562] C. pr. civ., art. 686 al. 1er.

[1563] C. civ., art. 941.

[1564] M. Grimaldi, *Libéralités, Partages d'ascendants*, préc., n° 1404.

[1565] Le juge a-t-il bien pris toute la mesure de ce qu'implique la solution qu'il a arrêtée ? On le présume.

B. – L'ADJUDICATAIRE, AYANT CAUSE DU CRÉANCIER SAISISSANT

470.– Cette dernière solution se situe dans le prolongement de la précédente et se trouve également liée à l'application de l'article 686 du Code de procédure civile. Il faut, ici, partir de l'autre arrêt évoqué ci-dessus, celui rendu par la Cour de cassation le 23 juillet 1986[1566]. Les faits étaient voisins de ceux qui viennent d'être examinés, à ceci près que c'était un acheteur et non un donataire qui se trouvait en conflit avec l'adjudicataire, et surtout que l'acte de vente avait été publié postérieurement au dépôt du commandement[1567]. À cet égard, et contrairement au cas précédent, on était bien ici dans le champ d'application de l'article 686 alinéa second. L'acheteur ne manquait pas de se prévaloir de ce texte dans son pourvoi contre l'arrêt qui avait jugé que la vente était inopposable à l'adjudicataire. Ce pourvoi n'en est pas moins rejeté au motif que :

> « *les aliénations publiées après le dépôt au fichier immobilier du commandement aux fins de saisie immobilière étant, aux termes de l'article 686 du Code de procédure civile, inopposables aux créanciers saisissants, et la partie saisie ne pouvant, à compter de ce dépôt, aliéner ou grever de droits réels les immeubles vendus, l'arrêt a décidé à bon droit que la vente du chalet par X. à Y. n'ayant été publiée qu'après la publication de ce commandement était inopposable à [l'adjudicataire]* ».

Même si elle n'est pas explicitée, la solution nous paraît claire : l'adjudicataire peut, comme le créancier saisissant, se prévaloir du bénéfice de l'inopposabilité de l'article 686 ; et s'il peut le faire alors que le texte ne le lui accorde pas, c'est qu'il a la qualité d'ayant cause du créancier saisissant.

471.– Cette qualification n'est pas nouvelle. Une doctrine un peu ancienne avait déjà admis cette qualité : « la transcription de la saisie donne aux créanciers parties à la poursuite la qualité de tiers au sens de la loi de 1855 [...] l'adjudicataire étant l'ayant cause de ces créanciers a les mêmes droits qu'eux »[1568]. Elle est vivement critiquée, cependant, par l'annotateur de l'arrêt précité de 1992[1569]. Cet auteur fait valoir l'argument suivant : l'adjudicataire ne reçoit « d'autres droits à la propriété que ceux appartenant au saisi » (C. pr. civ., art. 717), et à supposer que l'on considère qu'il reçoit un droit neuf, ce n'est en toute hypothèse pas celui du saisissant, lequel « ne vend pas l'immeuble mais en poursuit la vente ». Cet argument ne nous paraît pas pertinent. Une chose, en effet, est de noter qui était le titulaire du droit de propriété qu'acquiert l'adjudicataire[1570], autre chose est de savoir s'il reçoit le droit de se prévaloir de l'inopposabilité dont est titulaire le saisissant. Si cette distinction est ignorée, c'est parce que l'on ne conçoit pas que le transfert puisse avoir deux auteurs

---

[1566] Cass. civ. 3e, 23 juillet 1986, préc.

[1567] Sa publication était également postérieure à l'adjudication, mais on peut négliger ce point car cette publication restait antérieure à celle du jugement d'adjudication, ce que ne manquait pas de souligner le pourvoi.

[1568] E. Glasson et P. Colmet-Daâge, *Précis théorique et pratique de procédure civile*, 2e éd. par A. Tissier, LGDJ, t. 2, n° 1397.

[1569] O. Salvat, note sous Cass. civ. 2e, 8 janvier 1992 : JCP 1993, II, 22155, préc., n° 9 s.

[1570] Nous avons noté (*supra*, n° 378) que la vente sur saisie est un mode d'acquisition dérivé.

distincts, un qui le déclenche, un autre qui transmet le droit[1571]. À partir du moment où l'on intègre cette distinction, *il n'y a nulle contradiction à admettre que l'adjudicataire soit tout à la fois l'ayant cause du débiteur saisi* en ce qui concerne le droit de propriété, *et l'ayant cause du créancier saisissant* pour ce qui est de telle ou telle prérogative dont celui-ci est spécialement investi. Et c'est précisément là le mécanisme que nous paraît mettre en œuvre l'arrêt examiné.

Observons d'ailleurs que personne, y compris l'auteur de la critique, ne met en cause l'opportunité de la solution consacrée par l'arrêt[1572].

Observons également que la même solution est retenue sur un autre terrain : le créancier dont l'action paulienne a été accueillie peut en effet poursuivre la vente forcée du bien "libre de toût droit" et l'adjudicataire bénéficie en conséquence lui aussi de l'inopposabilité, et donc d'une purge du droit qui avait été frauduleusement consenti (location gérance, bail à long terme, droit d'usage et d'habitation...) sur le bien. *Nemo plus juris ?* Ainsi qu'il a été justement relevé : « puisque l'adjudicataire acquiert un bien libre, il recueille plus de droits que n'en avait le saisi lui-même et devient, dans une certaine mesure, l'ayant cause du saisissant »[1573].

*

* *

472.– Conclusion du paragraphe : L'acte translatif n'implique pas nécessairement la titularité du droit, dès lors que celui qui transfère est titulaire du pouvoir de le faire. Le particularisme qui résulte de cette dissociation entre propriété et pouvoir découle moins d'impératifs liés à la dissociation elle-même qu'au souci de préserver des intérêts qu'elle met en cause. Il nous est apparu très différent selon qu'on le considère en droit de la vente ou en droit de la publicité foncière. En droit de la vente, la dissociation est ignorée dans le cas de vente amiable, l'aspect « personnel » prenant alors le pas sur l'aspect « réel ». Lorsque la vente est forcée, en revanche, le particularisme est fort puisqu'il conduit à dénier à l'acquéreur le bénéfice des habituelles garanties après vente, tant contre l'auteur du transfert que contre l'auteur dans le transfert.

En matière de publicité foncière, la solution est inverse : ce n'est pas celle du ni-ni (ni l'un, ni l'autre), mais celle du ou-ou (ou l'un, ou l'autre) : selon les cas, l'acquéreur en transfert forcé prend en effet la qualité d'ayant cause du précédent propriétaire ou d'ayant cause du créancier qui a déclenché la vente.

[1571] C'est toujours le même raisonnement, en termes de soit l'un, soit l'autre, alors qu'il paraît plus approprié de rechercher une ventilation correspondant à la répartition des rôles.

[1572] L'auteur de la critique propose de la fonder sur une réécriture du texte de l'article 686, à l'occasion d'une réforme à venir de la saisie immobilière. Celle-ci restant régie par des textes de 1806 refondus en 1938, il conviendrait alors de s'armer de patience.

[1573] Ph. Théry, Defrénois 2002 p. 1096, obs. sur Cass . civ. 1re, 29 janvier 2002 (D. 2002 p. 2153 obs. G. François, et somm. p. 2505 obs. B. Mallet-Bricout).– Même sens : Cass. civ. 3e, 20 mars 1996 (D. 1996 somm. p. 387 obs. S. Piedelièvre) et Cass. civ. 1re, 12 juillet 2005 (D. 2005 p. 2653 n. P.-Y. Gautier).

Cette divisibilité ou relativité de la qualité d'auteur n'est en rien étonnante. Elle est le reflet de la variété des données auxquelles la dissociation doit être adaptée.

Encore faut-il tenir compte du fait que la dissociation, le plus souvent, est dissimulée par le présupposé du lien entre propriété et pouvoir.

SOUS-TITRE SECOND

MANIFESTATIONS DU PRÉSUPPOSÉ

473.– « *La propriété est le droit de jouir et disposer...* », précise l'article 544 du Code civil. Le droit de propriété est une prérogative (une puissance) attachée à la personne[1574], elle est un « pouvoir »[1575]. Disposer d'un bien et, particulièrement, l'aliéner, en faire l'objet d'un acte translatif, est un acte de propriété, une prérogative du propriétaire, du titulaire du droit. Il s'agit là d'une vue commune à l'ensemble des auteurs. Elle procède, peut-on dire, d'une vérité d'évidence : un droit ne peut pas être conçu sans sujet et ce dernier a le pouvoir de le transmettre par sa volonté. Il est inévitable que le droit des biens en général et celui de l'acte translatif en particulier soient construits une telle proposition.

Faut-il pour autant en déduire que seule la titularité du droit peut être la source d'un tel pouvoir ? La question n'est jamais posée. Ou bien, une réponse négative lui est apportée, sans examen, par raisonnement *a contrario*. Qu'un autre que le titulaire du droit – que le propriétaire s'il s'agit d'un droit de propriété, ou si l'on confond titularité et propriété[1576] – puisse valablement conclure un tel acte est exclu a priori. Il s'agit là d'une sorte d'évidence générale, ce dont témoigne le tour d'horizon opéré dans l'extrait doctrinal suivant :

> « *Nul ne peut, s'il n'est propriétaire, disposer d'un bien soit par des actes juridiques, soit par des actes matériels [...] il faut être propriétaire d'un bien pour l'aliéner, que ce soit par vente (C. civ., art. 1583), échange (art. 1704), dation en paiement (art. 1238), donation (art. 893) ou apport en société (art. [1843-3]) ; et seul le propriétaire peut valablement grever un bien de charges telles que le nantissement (art. 2079), l'hypothèque (art. 2124) ou la servitude (art. 686). La même qualité est exigée pour faire sur le bien des actes de disposition (des « actes de propriété », précise l'article 1988). Et nul ne peut non plus, s'il n'est propriétaire, disposer d'un bien par des actes matériels (...)* »[1577].

[1574] F. Zénati, th. préc., n° 298.

[1575] *Ibid.*, n° 179, 578 et *passim.*

[1576] Sur la polysémie de la propriété, v. *supra*, n° 62.

[1577] Ginossar, *Droit réel, propriété et créance*, LGDJ, 1960, préc., p. 30. *Nota* : Le savant auteur présente dans cet extrait une approche qui n'est pas la sienne, celle qui voit dans l'*abusus* le critère tant recherché de la propriété (v. *infra*, n° 478). Il condamne cette approche – sans envisager la question qui est la nôtre – en soulignant que la faculté de disposer n'est pas inséparable de la propriété. Pour lui, en effet, la propriété n'est pas la maîtrise de la chose mais la relation par laquelle une chose appartient à une personne (*ibid.*, p. 33).

Nous voudrions montrer que cette conception imprègne très profondément l'ensemble du droit des biens. Celui-ci est largement construit sur l'idée que l'acte translatif, qu'il soit à titre onéreux ou gratuit, ne peut être accompli que par le titulaire du droit qui en est l'objet. La proposition, encore une fois, paraît évidente. Elle comporte cependant une dynamique conduisant à lui attacher une portée et un domaine qui peuvent être excessifs. Si on veut en prendre la pleine mesure, il faut d'ailleurs l'envisager sous ce double aspect : par delà le présupposé que l'auteur de l'acte translatif est titulaire du droit à transmettre (Chapitre premier), se dissimule en effet un autre présupposé, en cas de changement de propriétaire, celui de l'existence d'un acte translatif (Chapitre second).

CHAPITRE PREMIER

PRÉSUPPOSÉ DE LA TITULARITÉ DU DROIT PAR L'AUTEUR DE L'ACTE TRANSLATIF

474.– Rappelons le présupposé, ou postulat. Il consiste à considérer qu'il y a un lien obligé entre la titularité du droit et le pouvoir de le transmettre. L'idée est donc que l'acte translatif ne s'entend que d'un acte accompli par le titulaire même du droit qu'il s'agit de transmettre, que, considéré du point de vue de l'auteur, un acte translatif ne peut pas avoir pour objet *un* droit mais seulement *son* droit.

La proposition ainsi présentée correspond à la conception usuelle de l'acte translatif. Cette conception anime la plupart des textes applicables en la matière ainsi que le discours doctrinal qui s'y rapporte, alors pourtant qu'elle peut se trouver en décalage avec les solutions du droit positif. Cela peut être marqué tant dans le cas normal, lorsqu'est satisfaite l'exigence de la titularité (Section I), qu'au regard des conséquences attachées au défaut de titularité (Section II).

SECTION I

EXIGENCE DE LA TITULARITÉ

475.– L'acte translatif doit être opéré par le propriétaire, par le titulaire du droit. Cela correspond au *plerumque fit*. Ni la portée (§ 1), ni le mécanisme de l'acte translatif (§ 2) n'entrent cependant parfaitement dans ce schéma.

§ 1. – PORTÉE DE L'ACTE TRANSLATIF

476.– Le présupposé examiné découle avant tout de l'approche doctrinale classique de la propriété. Dans cette approche, nous l'avons souligné[1578], la propriété se définit par son contenu, par les pouvoirs qu'elle confère sur la chose : *usus*, *fructus* et *abusus*. Cela fait apparaître une difficulté car l'*usus* et le *fructus* sont les

---

[1578] *Supra*, n° 73.

prérogatives de l'usufruitier[1579]. Dès lors que l'on voit dans ces prérogatives un démembrement du droit de propriété (dans la théorie classique des biens, cela constitue « *l'équation fondamentale : pleine propriété = nue propriété + usufruit* »)[1580], on est conduit à considérer que le seul propriétaire est le nu-propriétaire, puisque l'usufruitier n'a pas cette qualité (« L'usufruit est le droit de jouir des choses *dont un autre a la propriété* », précise le Code civil)[1581]. Or, le nu-propriétaire n'étant investi que de l'*abusus*, il en résulte que le *jus abutendi* est le signe distinctif de la propriété. En conséquence, on est conduit à conclure qu'un acte translatif de la propriété d'une chose ne peut être accompli que par son propriétaire. D'où le présupposé (qui d'ailleurs en entraîne un autre, plus fort encore, à savoir qu'un propriétaire peut toujours disposer).

Il est à peine besoin de souligner combien cette approche est approximative. Elle suscite trois objections.

477.– En premier lieu, rien n'interdit de constituer un usufruit sur un bien inaliénable. Or, dans ce cas, le nu-propriétaire n'en reste pas moins un propriétaire, alors même qu'il est privé du droit de disposer. Cela montre bien que ce droit n'est pas une fraction irréductible et essentielle de la propriété. Or, si l'on admet que l'article 544 du Code civil définit la propriété lorsqu'il précise qu'elle est « *le droit de jouir et disposer des choses* », force est d'en déduire que le propriétaire de la chose donnée en usufruit en conserve la jouissance, et donc que la jouissance du propriétaire ne se confond pas avec celle de l'usufruitier. Cela permet d'expliquer que le nu-propriétaire conserve les attributs caractéristiques de l'exclusivité (action en revendication, accroissements...). Cette démonstration a déjà été faite[1582] : l'usufruit n'est pas totalement le *fructus* plus l'*usus*, la jouissance qui y est attachée n'est pas démembrée de la propriété (contrairement à ce que l'on déduit traditionnellement de l'article 578 du Code civil qui précise que l'usufruit est le droit de jouir « comme le propriétaire »), c'est simplement une jouissance des avantages concrets que peut rendre la chose d'autrui.

478.– De façon plus générale, en second lieu, la faculté d'aliéner est étrangère à l'*abusus*. Certains auteurs, sans doute, enseignent le contraire, confondent les deux notions[1583], mais on ne doit sans doute voir là qu'un simple souci de simplification pédagogique. Dès lors qu'est abordée la question de savoir comment expliquer que le propriétaire, dans l'acte de disposition, dispose de son droit de disposition[1584], l'approche doctrinale classique conduit en effet à considérer que l'*abusus* n'autorise que les actes matériels car il ne porte que sur la chose, et non pas sur le droit de propriété. Il ne se confond donc pas avec la faculté de céder son droit, laquelle n'est nullement caractéristique de la propriété mais constitue une faculté distincte

---

[1579] C. civ., art. 578.
[1580] Carbonnier, *Droit civil, vol. 2*, préc., n° 766.
[1581] Article 578 (souligné par nous). Rappr. obs. F. Zénati, RTD civ. 1997, p. 462.
[1582] F. Zénati, th. préc., p. 442 s.
[1583] Ex. : Carbonnier, *Droit civil, vol. 2*, préc, n° 730 ; Ph. Malaurie, L. Aynès, *Les biens*, préc., n° 433 ; J.-L. Bergel, M. Bruschi, S. Cimamonti, *Les biens*, préc., n° 83.
[1584] V. sur cette question les développements de notre chapitre préliminaire : *supra*, n° 44, 66, 75, 79.

commune à tous les droits[1585]. Il est en conséquence erroné d'y voir le signe distinctif de la propriété et de fonder sur cette idée le présupposé examiné.

Il est vrai qu'une autre doctrine résout autrement la contradiction qu'il y a à faire de la disposition un pouvoir et un objet de ce même pouvoir. Nous l'avons déjà examinée dans le chapitre préliminaire et pouvons donc nous contenter de ne l'évoquer ici que brièvement. Cette doctrine regarde les trois concepts d'*usus*, *fructus* et *abusus* comme ne désignant que des pouvoirs de fait qu'un propriétaire est susceptible d'exercer sur sa chose, des utilités contingentes. Elle rattache le pouvoir de disposer à la propriété mais en redéfinissant celle-ci afin d'en faire une prérogative attachée à la personne, un lien entre la personne et chacun de ses biens[1586]. Il est notable que, *en dépit de ses divergences avec la théorie dominante, cette approche aboutit pareillement à réserver au seul propriétaire le pouvoir d'accomplir sur la chose un acte translatif.* Mais elle est trop récente[1587] pour avoir pesé dans l'apparition du présupposé examiné.

479.– Il est vrai également qu'en troisième lieu[1588], et en toute hypothèse, la question n'est pas de savoir si le titulaire du droit, ou si l'on préfère le propriétaire en prenant ce terme en son sens le plus large, peut opérer par sa volonté le déplacement total ou partiel de son droit. Ce point échappe en effet à toute discussion, hors les cas exceptionnels d'indisponibilité du droit[1589]. Il a donc la force d'une évidence. Elle est de savoir si l'existence de ce pouvoir empêche de considérer qu'une autre personne puisse jouir concurremment de la même prérogative. Or cette hypothèse là n'est pas considérée en tant que telle. Il est présupposé qu'elle doit être exclue.

Cela semble également impliqué par le mécanisme même de l'acte translatif.

§ 2. – MÉCANISME DE L'ACTE TRANSLATIF

480.– Le mécanisme de l'acte translatif est l'objet de diverses analyses. Certaines sont plus propices que d'autres à perpétuer le présupposé, soit qu'elles reposent sur lui, soit qu'elles l'impliquent. Ces analyses touchent les unes aux éléments du mécanisme, la question étant alors de savoir si le droit en tant que tel est ou non transmissible (A), les autres au mode de fonctionnement, à propos duquel la doctrine est partagée sur la portée du transfert *solo consensu*, certains y voyant l'exécution

---

[1585] Planiol, *Traité élémentaire de droit civil*, t. 1, 3e éd., n° 2337, et *Traité pratique de droit civil*, n° 218 ; F. de Visscher, *Du « jus abutendi »*, RTD civ. 1913, p. 337 (préc., *supra*, n° 39). La même analyse est reprise dans la doctrine contemporaine : Ch. Larroumet, *Les biens*, préc., n° 244 s. ; F. Terré et Ph. Simler, *Les biens*, préc., n° 126.

[1586] F. Zénati, *Essai sur la nature juridique de la propriété*, th. préc., *passim*.

[1587] Il faut préciser : dans sa reformulation. Cette doctrine se présente en effet comme la réhabilitation de la propriété romaine (v. *supra*, n° 47 et 71), qui opposait l'*ususfructus* à la *proprietas*.

[1588] Il conviendrait encore d'ajouter, à propos de l'hypothèse de départ, que la chose grevée de l'usufruit n'est pas le seul bien à considérer. L'usufruit lui-même est en effet un bien qui peut être cédé (C. civ., art. 595) ou grevé d'une hypothèque (C. civ., art. 2118).

[1589] Ou d'affectation de la valeur de la chose à un créancier, dans le cas particulier du nantissement de l'outillage et du matériel d'équipement : C. com., art. L. 525-7.

d'une obligation de donner, d'autres un effet automatique du contrat (B). Il est très frappant que ces analyses sont au moins doubles à chaque fois et que parmi les deux il y en a une qui est toujours plus favorable à l'existence du présupposé.

A. – TRANSMISSIBILITÉ DU DROIT ?

481.– Cette question a déjà été examinée ci-dessus, et le propos ici est simplement d'en préciser les enjeux. Rappelons simplement que deux grandes thèses divisent les auteurs, celle de la transmissibilité des droits et celle de leur intransmissibilité[1590]. C'est à propos du droit de propriété, très précisément, que cette divergence peut être notée. Ce qui est dit pour la propriété vaut cependant pour tous les autres droits, soit que l'on considère que l'acquisition de la propriété sert de « modèle »[1591] à celle des autres droits, qui est soumise à des règles identiques[1592], soit que l'on applique la propriété à tous les droits[1593].

482.– *1°* Dans la thèse de la transmissibilité, il y a passage du droit du patrimoine de l'auteur à celui de l'ayant cause. C'est là l'approche traditionnelle[1594]. Elle repose sur une vision matérielle des choses, qui s'explique par le fait que « *notre imagerie juridique [est] tout imprégnée de vente translative* »[1595], sans doute en raison du fait que ce contrat est le mode majeur de transfert de la propriété entre vifs, qu'il constitue le moyen le plus usuel pour transférer la propriété de choses matérielles et que nos manières de penser sont étroitement liées à des réalités purement physiques. Or la vente transmet la propriété d'une chose du vendeur à l'acheteur et, dans l'analyse classique, elle transmet de la même façon à ce dernier le droit de propriété incorporé dans cette chose. De ce fait, on est conduit à considérer que le droit de propriété est transmissible, ainsi de façon plus générale que tous les autres droits. Le transfert de droit consiste à le faire passer d'un titulaire à l'autre, à la manière d'un passage de relais : « *les droits vivent : ils [...] changent de titulaire* » est-il ainsi expliqué[1596].

Cette approche n'est pas expressément consacrée, il est vrai, par les dispositions du Code civil relatives à la vente proprement dite puisque l'article 1583 se contente de préciser que « la propriété est *acquise* de droit à l'acheteur », sans marquer qu'elle provient nécessairement du vendeur. La cession de créance est cependant une forme

---

[1590] V. *supra*, n° 53 s.

[1591] Selon l'expression empruntée par MM. Mousseron, Raynard et Revet (« *De la propriété comme modèle* », Mélanges André Colomer, préc.) à M. A. Jeammaud (« *La règle de droit comme modèle* », D. 1990, chron., p. 199).

[1592] Ph. Malaurie et L. Aynès, *Les biens*, préc., n° 551. *Nota* : l'acquisition des droits réels de garantie relève en règle générale non d'un transfert mais d'un acte constitutif ; lorsque transfert il y a, il relève du même schéma que les droits réels principaux. Le livre III du Code civil, intitulé « Des différentes manières dont on acquiert la propriété », traite en effet non seulement de la propriété *stricto sensu*, mais aussi des droits de créance, des privilèges et hypothèques.

[1593] Ginossar, ouvr. préc., n° 13, p. 35 et *passim* ; F. Zénati, th. préc., n° 260.

[1594] C'est celle présentée dans la plupart des manuels. Ex. : F. Terré et Ph. Simler, *Les biens*, préc., n° 397. *Contra*, cep. Ch. Atias, *Droit civil, Les biens*, préc., n° 324.

[1595] Ph. Jestaz, *La réserve de propriété ou la vente éclatée*, Mélanges Holleaux, 1990, p. 229.

[1596] H., L., J. Mazeaud et F. Chabas, *Leçons de droit civil*, t. 1, 1er vol., préc., n° 239. Rappr. C. civ., art. 2166 qui précise que les créanciers privilégiés suivent l'immeuble « *entre quelques mains qu'il passe* » ; il s'agit cependant ici de la chose objet du droit, non du droit lui-même.

de vente, ainsi qu'il ressort de la construction même du Code civil[1597], et il est retenu que celle-ci fait l'objet d'un « transport »[1598]. « Transport »[1599], c'est-à-dire déplacement. Cela explique très bien l'identité entre le droit acquis et le droit transmis (lorsque identité il y a). Cela postule aussi que le nouveau titulaire du droit n'a pu le recevoir que de l'ancien.

Le lien entre cette approche et le postulat de la titularité du droit par l'auteur de l'acte translatif est trop évident pour qu'il soit nécessaire de consacrer à ce point de longs développements : si le droit passe de l'auteur à l'ayant cause, à la manière d'un relais, c'est nécessairement que l'auteur de l'acte translatif est titulaire de ce droit ; on n'imagine d'ailleurs même pas, en règle générale, qu'il puisse en aller autrement.

Nous avons vu, cependant, que l'idée de transmissibilité des droits est contestable[1600]. Au plan des principes, en effet, il est impossible de considérer que le droit peut être transmis en tant que tel dès lors que l'on y voit non pas une chose mais une qualité de la personne. En toute hypothèse, par delà même cette approche théorique, l'idée de transmissibilité n'est guère conciliable avec les cas dans lesquels le droit positif consacre un dédoublement de la propriété en ce sens qu'un même bien est la propriété de deux (ou plusieurs) personnes différentes, est l'objet d'une pluralité de droits en conflit les uns avec les autres[1601]. Le cas le plus connu est celui du conflit entre les acquéreurs successifs de droits concurrents sur un même immeuble : est préféré, on le sait, non pas celui qui a acquis le droit le premier, mais celui qui le premier publie son droit à la conservation des hypothèques[1602]. Comment expliquer, s'il s'agit par exemple de ventes, que l'ancien propriétaire, qui a déjà vendu l'immeuble, puisse en transférer à nouveau la propriété à un second acquéreur[1603] ? Si le droit était « transmis », il ne devrait pas pouvoir l'être à nouveau. Or c'est ce qui se passe. Un autre cas de pluralité de droits est celui de la prescription acquisitive (laquelle ne relève pas du schéma de l'acte translatif, ou même de celui du transfert de droit, mais peu importe pour ce qui concerne du point examiné) puisqu'il est de jurisprudence que la propriété ne s'éteint pas chez celui, quand il en est un, contre qui la prescription opère, seule étant paralysée son action en revendication contre l'usucapionniste[1604/1605].

[1597] Chapitre VIII, « Du transport des créances et autres droits incorporels » du Titre VI, « La vente ».

[1598] « Dans le *transport* d'une créance, d'un droit ou d'une action sur un tiers, la délivrance... » (C. civ., art. 1689)

[1599] Le législateur contemporain emploie le terme « transfert » (ex. : C. civ., art. 1843-3 al. 2, réd. L. 4 janvier 1978).

[1600] V. *supra*, n° 93 s.

[1601] L'idée a été développée par E. Lévy pour justifier sa thèse de l'intransmissibilité des droits (préc., p. 94 s.). Elle a été notamment reprise par F. Zénati pour critiquer la confusion faite par la doctrine classique entre la propriété et la chose (th. préc., p. 714).

[1602] D. 4 janvier 1955 portant réforme de la publicité foncière, art. 30 par. 1.

[1603] Sur cette question, v. *infra*, n° 773 s.

[1604] Cass. civ. 1re, 7 oct. 1964 : JCP 1964, II, 13944, RTD civ. 1965, p. 149 obs. J.-D. Bredin (« Si l'action en revendication est imprescriptible, elle ne peut triompher contre un défendeur qui justifie être devenu lui-même propriétaire de l'immeuble revendiqué par une possession contraire... ») ; M. Bandrac, *La nature juridique de la prescription extinctive en matière civile*, préc., p. 82 et 208.

[1605] Autre ex., les vices qui privent la possession d'efficacité ont un caractère relatif : la violence ne la vicie qu'à l'égard de la victime, et nullement à l'égard du propriétaire s'il s'agit d'une autre personne, et

Concluons sur ce point : il n'y a pas, sans doute, de rapport de cause à effet entre le présupposé de la titularité du droit par celui qui l'aliène et le principe de la transmissibilité du droit ; cependant, il y a manifestement un lien entre ces deux éléments car il est inhabituel de considérer qu'un acte translatif puisse être accompli par un non-titulaire du droit qui en est l'objet. La critique qu'appelle l'idée même de transmissibilité du droit a donc pour double effet de faire apparaître le présupposé et de souligner sa fragilité.

483.– *2°* Cette critique donne du poids à la thèse de l'intransmissibilité des droits. Rappelons-en les données[1606]. Cette thèse exclut l'idée de déplacement du droit entre ses deux titulaires successifs. Le droit est lié à la personne, il ne peut donc pas circuler. Dans cette thèse, c'est un droit nouveau qui naît dans le patrimoine de l'ayant cause, après s'être éteint dans celui de l'auteur. Cela explique mal, sans doute, que le droit nouveau soit identique au droit ancien[1607]. Mais cela permet en revanche de mieux correspondre à la nature du lien dont il s'agit, ainsi que de rendre compte des règles qui consacrent l'autonomie du droit de l'acquéreur à l'égard de celui de son auteur (ou bien à l'égard de l'ancien propriétaire de la chose acquise par prescription)[1608]. C'est pourquoi nous l'avons retenue comme toile de fond de notre travail. Observons simplement ici qu'elle ne repose pas sur une vision physique du « transport » du droit d'un patrimoine à l'autre et qu'elle est donc *a priori indépendante du présupposé* de la titularité du droit par l'auteur du transfert[1609], elle ne l'implique pas : si un pouvoir est en effet nécessaire pour déclencher le transfert, il n'est pas indispensable que ce pouvoir soit fondé sur la titularité du droit.

B. – Automaticité du transfert ?

484.– L'acte translatif est gouverné par le principe du transfert automatique du droit : cet acte produit son effet translatif par cela seul qu'il est formé. Cela ne veut pas dire que sa formation soit nécessairement consensuelle. Elle peut être subordonnée à l'accomplissement d'une formalité imposée *ad solemnitatem*. Dès lors cependant que l'acte translatif est formé, il a pour effet, sauf stipulation particulière, de produire son effet translatif de plein droit, *solo consensu*. Cela ne veut pas dire non plus que le transfert soit nécessairement instantané, immédiat[1610] ; il peut être différé[1611]. Mais il reste automatique en ce sens qu'aucune nouvelle

---

de même le vice de clandestinité n'est opposable que par ceux qu'elle a empêchés de connaître la possession ; cela a logiquement pour conséquence qu'en pareil cas la possession fait acquérir la propriété mais pas envers ceux à l'égard de qui elle a été viciée, (F. Terré et Ph. Simler, *Les biens*, préc., n° 191 s.).

[1606] V. *supra*, n° 363.

[1607] La création d'un droit nouveau est en règle générale caractéristique d'un acte *constitutif*, dont la particularité est précisément d'être insensible aux exceptions qui concernent l'ancien (v. *supra*, n° 14 et 383).

[1608] V. *infra*, n° 665.

[1609] A priori seulement, car même ceux qui optent pour cette vision… présupposent.

[1610] On parle de transfert « immédiat » de la propriété (ex. : Ch. Larroumet, *Les biens*, préc., n° 373) mais en ce sens que le transfert n'est pas médiatisé par une formalité réelle, et non pas pour signifier que sauf convention contraire, il opère de façon instantanée.

[1611] Ex. : vente de choses de genre, de choses futures, à livrer, assortie d'une clause de réserve de propriété... Le testament ne produit effet qu'au décès précisément pour cette raison qu'il s'agit d'un acte accompli à cause de mort (« *le testateur dispose pour le temps où il n'existera plus* » : C. civ., art. 895) et qu'il s'agit d'un acte de dernière volonté qui ne devient définitif que par le décès. L'institution

manifestation de volonté des parties n'est nécessaire pour qu'il intervienne[1612]. S'il en va autrement, c'est que l'acte n'est pas formé, pas parfait.

485.– En dépit de cette apparente clarté, le mécanisme de l'acte translatif est au cœur de grandes controverses. Nous ignorerons ici celle qui oppose partisans et adversaires de l'existence d'une obligation de donner car elle n'intéresse pas notre sujet.

Une autre controverse touche non aux solutions du droit positif – ainsi qu'il a été noté plus haut, quel que soit le mécanisme retenu nul ne dispute en effet que le transfert de propriété s'y produit de manière automatique[1613] – mais à la portée des dispositions que le Code civil consacre au transfert de propriété : ses rédacteurs ont-ils vraiment entendu consacrer le principe du transfert de celle-ci par le seul effet du consentement ? c'est une idée reçue de considérer que oui, or rien n'est moins sûr. Cette question intéresse notre propos. Le principe du transfert *solo consensu* de la propriété, sans doute, n'est jamais rattaché à l'exigence de la titularité du droit par l'auteur de l'acte. Qui ne voit, cependant, qu'il lui est étroitement lié ? Un tel transfert serait impossible si le vendeur n'était pas propriétaire de la chose. Si la volonté est toute puissante, si aucune tradition réelle n'est exigée pour réaliser la translation du droit, c'est nécessairement parce qu'à la base il y a la supposition que l'auteur de l'acte translatif est titulaire du droit qu'il s'agit de transférer. Et si cette supposition n'est pas explicitée, c'est parce qu'il s'agit d'un présupposé.

Il est aisé d'en fournir la contre-épreuve : subordonner le transfert de la propriété à la tradition permet sans doute avant tout de protéger l'acheteur (qui ne reçoit qu'à ce moment-là les risques de la chose) ainsi que les tiers (dûment avertis du changement de propriétaire), mais cela permet également de subordonner le transfert de la propriété à la maîtrise effective de la chose par celui qui déclenche l'acte translatif, de subordonner l'ensaisinement de l'acheteur à l'initiative de celui qui, ayant la chose en puissance, en a normalement la propriété. C'était d'ailleurs bien ainsi que se passaient les choses en droit romain : le contrat de vente donnait à l'acheteur un droit personnel contre le vendeur, il ne le rendait pas propriétaire de la chose ; le transfert de propriété n'était réalisé que par *mancipatio*, *in jure cessio* ou *traditio*, c'est-à-dire par un acte indépendant du contrat créateur d'obligation qui l'avait précédé, et la qualité de propriétaire de la chose n'était exigée du vendeur que pour opérer la mancipation, non pour conclure le contrat. Mêlant les modes de constitution des droits réels et des droits personnels, le Code civil a adopté une logique conduisant à appliquer à l'acte translatif de droit la condition de titularité qui était exigée du vendeur pour opérer la mancipation[1614].

---

contractuelle est également un acte par lequel l'instituant dispose pour le temps où il ne sera plus.

[1612] Ex. : F. Terré, Ph. Simler et Y. Lequette, *Les obligations*, préc., n° 267 ; Th. Revet, *Les différentes ventes*, in *Faut-il retarder le transfert de la propriété ?* Colloque organisé par le Laboratoire de droit privé de la Faculté de droit de Montpellier, sous la dir. de Ch. Mouly, JCP Cahiers dr. de l'entr., 1995 n° 5, p. 8, n° 25.

[1613] Ex. : F. Terré, Ph. Simler et Y. Lequette, *Les obligations*, préc., n° 267 ; Th. Revet, *Les différentes ventes*, art. préc., n° 25.

[1614] Non sans excès, ainsi qu'il sera rappelé en examinant la portée de l'article 1599 C. civ.

486.– Cependant, pris à la lettre, le Code lui-même n'impose pas avec netteté le principe du transfert immédiat de la propriété. Ses dispositions sur ce point sont en effet ambiguës, sinon contradictoires, au point que l'on peut douter que ses rédacteurs aient entendu consacrer la solution qui constitue aujourd'hui le droit positif. La démonstration en a déjà été faite, de façon très convaincante[1615], à partir d'éléments repris de l'examen critique des textes du Code par les auteurs de l'école de l'exégèse, examen qui avait fait apparaître que le principe du transfert *solo consensu* n'y est pas posé de façon claire. L'article 1583 du Code civil fait en cela exception[1616], en matière de vente[1617], mais il est démenti par l'article 1604 (« *La délivrance est le transport de la chose vendue en la puissance et possession de l'acheteur* ») si l'on entend par « puissance » la propriété au sens romain du terme, la *plena in re potestas*[1618]. L'article 1138 est supposé poser la règle de principe car il est lu comme s'il disposait que le simple échange des consentements transfère la propriété, indépendamment de la tradition ; en réalité, on lui attache ainsi un sens que sa lettre est loin de révéler clairement : son alinéa premier (« *L'obligation de livrer la chose est parfaite par le seul consentement des parties contractantes* ») a pour seule portée apparente de poser le principe général du consensualisme[1619] ; l'alinéa second reporte le transfert au moment où la chose doit être livrée... Quant à l'article 1141, qui privilégie le second acquéreur de la chose meuble mis en possession, ce qui est évidemment incompatible avec le transfert *solo consensu* de la propriété[1620], sa portée reste ambiguë : subordonne-t-il l'effet translatif de la propriété des choses mobilières à l'égard des tiers à la tradition réelle ? ou bien est-il une simple application de l'article 2279 du Code civil[1621] ? Il faut ajouter que diverses dispositions peuvent être présentées comme s'inscrivant en faux contre le principe du transfert *solo consensu*. Ainsi, le fait que le vendeur impayé puisse revendiquer les effets mobiliers vendus au comptant[1622] paraît contradictoire dans les termes puisque l'action en revendication est liée à une propriété qui, dans le cas considéré, a été transmise *solo consensu*[1623]. L'hypothèse de l'article 1238 du Code civil (« *Pour payer valablement, il faut être propriétaire de la chose donnée en paiement [...]* ») est de son côté difficile à expliquer si l'on considère le cas où l'obligation qu'il s'agit d'éteindre est née d'un accord de volonté, celui-ci opérant à lui seul le transfert[1624].

[1615] J.-P. Chazal et S. Vicente, *Le transfert de propriété par l'effet des obligations dans le code civil*, RTD civ. 2000, p. 477.

[1616] Il n'a cependant peut-être pas la portée limpide que l'on a l'habitude d'y attacher : J.-P. Chazal et S. Vicente, art. préc., n° 40 s.

[1617] V. aussi l'article 938 C. civ. en matière de donation.

[1618] Chazal et S. Vicente, art. préc., n° 13.

[1619] En ce sens : Ch. Larroumet, *Les biens*, préc., n° 374. *Contra*, not. : F. Zénati et Th. Revet, pour qui le principe du transfert *solo consensu* « est à l'évidence formulé à l'alinéa 1er » (*Les biens*, préc., n° 139).

[1620] Comment comprendre que celui qui a transmis la propriété de la chose à une première personne peut la transmettre à nouveau à un second ayant droit ?

[1621] J.-P. Chazal et S. Vicente, art. préc., n° 11.

[1622] C. civ., art. 2332, 4°.

[1623] « Vestige du droit romain, *via* l'ancien droit mais sans la justification théorique qu'elle y trouvait, cette règle ne laisse pas d'embarrasser » (Ph. Théry, *Sûretés et publicité foncière*, préc., n° 294). Pour une approche nouvelle de cette règle, v. *infra*, n° 683.

[1624] L'article 1238 C. civ. est cependant inattaquable dans tous les cas où il s'agit de payer une obligation non née d'un accord de volonté.

487.– Tout se passe, peut-on considérer, comme si les rédacteurs du Code civil avaient entendu (ou étaient restés prisonniers d'une conception consistant à) lier le transfert effectif de la propriété à la maîtrise matérielle de la chose par l'ayant cause, et donc à la titularité préalable de cette maîtrise par son auteur. L'explication de la liaison ainsi établie est malaisée. MM. Chazal et Vicente[1625] y voient la consécration de la distinction faite par Pufendorf[1626] entre deux notions de propriété différentes : la propriété « pur droit » relatif à la chose (*merum jus*), transmise par simple tradition civile ; et la propriété pouvoir absolu sur la chose (*potestas*, « propriété pleine et entière »), qui n'est transmise à l'acquéreur que par la délivrance effective de la chose sous réserve du paiement du prix[1627]. La seule prérogative attachée à la propriété au sens numéro un serait le droit d'obtenir de façon forcée la délivrance, et donc le transfert de la propriété au sens numéro deux[1628].

Sommes-nous très loin des solutions retenues en droit positif ? Sur le fond il ne le semble pas, si on laisse de côté la référence au paiement du prix[1629]. L'analyse qui vient d'être résumée évoque en effet dans une assez large mesure la distinction faite en droit positif entre le transfert de la propriété *inter partes* et l'opposabilité de ce transfert aux tiers. Le premier se fait de façon consensuelle mais laisse l'ayant cause à la merci de l'initiative que pourrait prendre son auteur de transférer le même droit à une autre personne. L'opposabilité du transfert aux tiers suppose l'accomplissement de formalités de nature diverse supposant toutes la maîtrise de la chose, et confère en contrepartie l'effectivité de cette maîtrise.

Ce qui est nouveau, c'est le discours tenu sur cette distinction. En droit positif, en effet, on ne distingue pas deux notions de propriété différentes, mais un même droit de propriété transmis tantôt dans les seuls rapports entre les parties à l'acte translatif, tantôt à l'égard des tiers. La nuance n'est pas mince, car elle aboutit à investir l'acquéreur de toutes les prérogatives attachées à son droit dès que celui-ci lui a été transmis[1630]. Il est notable, dans la perspective qui est la nôtre, que tout se passe comme si le présupposé avait pris une résonance plus grande. Une chose est en effet de se contenter d'un acte de volonté pour transférer un pur droit relatif à la chose, distinct de la translation des pouvoirs qui vont avec celui-ci. Autre chose est de fonder sur ce seul acte de volonté le transfert de tous les pouvoirs sur la chose, sous la seule limite d'un possible conflit avec un second acquéreur de droits concurrents sur celle-ci.

488.– Cette évolution revêt une certaine importance dans la perspective qui est la nôtre. L'accent est mis, en effet, sur l'acte de volonté, et non sur la manifestation

---

[1625] Article préc., RTD civ. 2000, p. 477.

[1626] *Le droit de la nature et des gens*, Liv. IV, ch. IX, § VI.

[1627] Ainsi se trouverait expliqué, notamment, que le vendeur impayé puisse revendiquer la chose mobilière vendue au comptant (C. civ., art. 2332, 4°) : il en serait demeuré propriétaire. Mais cela n'explique pas qu'il soit privé de son action en revendication s'il ne l'exerce pas dans la huitaine de la livraison.

[1628] Article préc., RTD civ. 2000, p. 500, n° 43.

[1629] Laquelle semble s'expliquer par le jeu de l'article 2332, 4°, car il n'est question partout ailleurs que de délivrance. Or cette disposition peut être expliquée autrement (*infra*, n° 683).

[1630] En toute hypothèse, les deux lectures ainsi faites des textes du Code civil ont en commun d'attacher à l'acte translatif un certain effet réel.

matérielle des prérogatives qui lui sont attachées. Cette solution n'a pas a priori de rapport nécessaire avec l'exigence de la titularité du droit par l'auteur de l'acte translatif car, en logique, rien n'interdit de considérer que le pouvoir de transférer une propriété qui n'est pas ou pas totalement la sienne, lorsqu'un tel pouvoir existe, ne puisse être exercé conformément au principe du transfert *solo consensu.* Cela dépend du contenu qui lui est attaché. Il n'en demeure pas moins que l'idée que l'acte translatif ne peut être accompli que par le propriétaire de la chose dont il s'agit conduit à privilégier ce qui relève de la volonté plutôt que ce qui découle de l'accomplissement d'actes matériels manifestant une maîtrise effective. On doit donc considérer que le présupposé a pris une résonance plus forte puisque l'acquisition de propriété n'y est plus subordonné, inter partes, au transfert effectif de la chose à l'ayant cause.

On est cependant conduit à observer que la distinction nouvelle faite entre le caractère relatif ou absolu du transfert du droit rend mal compréhensible un autre principe, celui de la nullité de la vente de la chose d'autrui.

SECTION II

CONSÉQUENCES DU DÉFAUT DE TITULARITÉ

489.– Si seul le propriétaire a le pouvoir de transférer la propriété de la chose, l'acte translatif accompli par un non propriétaire doit être privé d'effet. Telle est bien en principe la solution, conforme au présupposé. Pourtant, il apparaît vite que la réalité est plus complexe lorsqu'on l'étudie de près. Et cela, tant en ce qui concerne la sanction générale de l'acte translatif conclu *a non domino* (§ 1) que le sort du sous-acquéreur (§ 2).

§ 1. – SANCTION DE L'ACTE TRANSLATIF *A NON DOMINO*

490.– L'acte translatif obéit aux conditions de validité communes à tous les actes juridiques (consentement, capacité, objet, cause, respect des éventuelles règles de forme). Nous ne nous intéresserons ici qu'à une seule de ces conditions, qui concerne l'objet : quelle est la valeur de l'acte translatif dont l'objet est le bien d'autrui ?

491.– « Valeur », faudrait-il dire en effet, et pas seulement validité car si *A* transfère à *B* un bien appartenant à *C*, sans être le mandataire de ce dernier, la question n'est pas seulement de savoir si l'acte translatif est ou non valablement formé en ce qui concerne les rapports *A*/*B*. Il faut également s'interroger sur son efficacité à l'égard de *C*.

Sur ce plan, les choses sont généralement présentées comme étant simples. *C*, le propriétaire, est ici un tiers par rapport à l'acte translatif conclu entre *A* et *B*. Cet acte est donc sans effet à son égard en application du principe de l'effet relatif, que l'article 1165 du Code civil pose à propos de la convention mais qui vaut plus largement pour tous les actes juridiques[1631]. Le *verus dominus* n'a donc pas à critiquer l'acte devant le juge, à demander sa nullité[1632], il lui suffit d'agir en revendication (en inopposabilité-revendication)[1633] de son bien. La jurisprudence est ferme sur ce point[1634]. Ce schéma d'ensemble constitue le principe mais, nous l'avons montré[1635], il tolère d'importantes exceptions qui tiennent à ce qu'une autre personne que le propriétaire peut se trouver également investie du pouvoir de déclencher le transfert d'un droit sur une chose qui n'est pas sa propriété, ou sa propriété exclusive. Ici également, c'est la force du présupposé qui empêche de voir l'existence et l'importance de ces hypothèses dans lesquelles le pouvoir de disposer échappe au propriétaire.

492.– Il est vrai que la manifestation la plus visible du présupposé selon lequel le titulaire d'un droit peut seul en transférer la titularité, la propriété, reste la règle posée en matière de vente par l'article 1599 du Code civil : « *La vente de la chose d'autrui est nulle* ». Cette règle implique que le transfert ne peut avoir pour auteur que le véritable propriétaire de la chose, directement ou par l'intermédiaire d'un représentant[1636], ce qui semble condamner l'idée directrice même qui anime cette partie de nos développements. Encore une fois, cela paraît en première analyse conforme au bon sens car celui-ci interdit de disposer de ce que l'on n'a pas : on ne peut disposer d'une chose que si l'on a le pouvoir de le faire, et la propriété n'est-elle pas la seule source de ce pouvoir ? *Nemo dat quod non habet*. Transmettre la chose d'autrui, c'est transmettre plus de droit que l'on en a, ce qui est contraire à l'adage *Nemo plus juris ad alium transferre potest quam ipse habet* (nul ne peut transférer à autrui plus de droits qu'il n'en a lui-même).

Pourtant, il est notable que le Code civil ne frappe pas de nullité tous les actes de disposition de la chose d'autrui. En dehors de la vente, il n'impose cette solution que dans les seuls cas d'échange[1637] ou de legs[1638] de la chose d'autrui.

[1631] La solution reste la même si l'on raisonne non en termes d'opposabilité mais de force obligatoire, c'est-à-dire si l'on considère que l'effet translatif de l'acte juridique résulte non pas de son contenu obligationnel mais de sa force obligatoire et que celle-ci joue aussi bien à l'égard des tiers que pour les parties elles-mêmes (P. Ancel, art. préc., RTD civ. 1999, p. 806, n° 53). On est en effet dans une hypothèse où, précisément, l'acte juridique soit est dépourvu de force obligatoire (faute d'exécution des formalités de publicité), soit tire cette force d'un fondement juridique autre que l'acte lui-même (jeu de l'article 2279 du Code civil, ou de la théorie de l'apparence) qui empêche le *verus dominus* d'agir en revendication.

[1632] Outre l'intérêt à agir, il lui manque qualité pour le faire car la nullité de l'article 1599 protège le seul acquéreur et n'appartient qu'à lui (Req., 15 janvier 1934 : D.H. 1934, p. 97 ; S. 1934, 1, p. 188 ; Defrénois 1934, art. 23766). V. *infra*, n° 501 in fine.

[1633] Une action en déclaration d'inopposabilité de l'acte translatif accompagne souvent, en pratique, l'action réelle (P. Catala, *L'indivision*, Defrénois, 1981, art. 32597, p. 336).

[1634] Ex. : Cass. civ. 3e, 22 mai 1997 : JCP 1997, I, 4060 obs. H. Perinet-Marquet ; D. 1997, somm. p. 343 obs. G. Paisant ; Contrats, conc., consom. 1997, n° 147 obs. L. Leveneur ; RTD civ. 1999, p. 652 obs. F. Zénati. – Cass. civ. 3e, 8 décembre 1999 : Bull. civ. III, n° 241 ; Dr. et patr. juin 2000, p. 103 obs. F. Macorig-Venier ; RD imm. 2000, p. 64 obs. Groslière ; D. 2001, p. 269 n. C. Albigès.

[1635] V. *infra*, n° 498 s.

[1636] « S'il s'agit d'aliéner ou hypothéquer, ou de quelque autre acte de propriété, le mandat doit être exprès » (C. civ., art. 1988, al. 2).

[1637] Par renvoi de l'article 1707 C. civ. (cf. toutefois C. civ. art. 1704).

[1638] C. civ., art. 1021. Si le legs est fait par l'héritier présomptif, il se heurte à la prohibition des pactes sur succession future (C. civ., art. 1130 al. 2).

Faut-il, alors, voir dans ces cas de nullité l'expression d'un principe général ayant vocation à régir tout acte translatif [1639] de droit sur le bien d'autrui ? On est conduit à le penser par la force même du présupposé. Des auteurs éminents le soutiennent : « *si le legs et la vente de la chose d'autrui sont nuls, c'est que l'est* tout acte de disposition *de la chose d'autrui* » retient ainsi M. Grimaldi[1640] pour en déduire, notamment, la nullité de la donation de la chose d'autrui[1641].

Dans le cas particulier de la donation, cependant, ce raisonnement ne s'impose pas sans discussion. On comprend bien, en effet, que la donation de la chose d'autrui soit privée d'efficacité[1642]. On ne voit cependant pas qu'il serait possible ou souhaitable pour le donataire d'agir en nullité[1643] pour faire sanctionner le défaut de titre du donateur[1644], et une nullité protectrice des intérêts de l'ayant cause, comme l'est celle des articles 1599 et 1021 ne s'impose donc ici nullement. Il est d'ailleurs symptomatique qu'aucun des deux exemples cités par cet auteur au soutien de l'argument[1645] n'illustre une hypothèse de nullité ; ils font apparaître, très différemment, la possibilité d'une efficacité de l'acte en dépit de son vice congénital. Autre chose, il est vrai, est de savoir si la donation ne doit pas porter sur des biens dont le donateur peut transférer la propriété, se dessaisir, ce que semble postuler l'article 894 du Code civil[1646].

En dehors du cas particulier de la donation, l'érection en principe général de la nullité prévue aux articles 1599 et 1021 du Code civil, en raisonnant par analogie, ne s'impose pas davantage. Elle s'avère d'ailleurs contraire aux solutions généralement retenues. Ainsi, alors même que les cessions de créances ne sont rien d'autre que des ventes

---

[1639] Ou *constitutif* de droit sur la chose d'autrui ? Ex. d'inscription non « valable » du nantissement d'un fonds de commerce n'appartenant pas au débiteur : Cass. com. 24 mai 2005, n° 02-18096. La nullité de l'hypothèque de la chose d'autrui est rattachée à l'article 2130 al. 1 du Code civil (« Les biens à venir ne peuvent pas être hypothéqués »). Il est vrai qu' « On ne conçoit pas qu'une hypothèque légale ou un privilège puisse grever des droits dont le débiteur n'est pas titulaire » (Ph. Théry, *Sûretés et publicité foncière*, préc. n° 151) et il est notable que la nullité alors encourue n'est pas relative (comme celle de l'article 1599) mais absolue (Cass. civ., 24 mai 1892 : DP 1892.1.327). V. crit. de ces solutions in P. Guiho, *Les actes de disposition de la chose d'autrui*, RTD civ. 1954, p. 1, n° 19 s. Sur le gage de la chose d'autrui, v. note 1641 ci-après.

[1640] M. Grimaldi, *Libéralités, Partages d'ascendants*, Litec, 2000, n° 1160. Même sens : F. Terré et Y. Lequette, *Les successions, Les libéralités*, 3e éd., 1997, n° 438.

[1641] M. Grimaldi, ouvr. préc., p. 114 ; le nouvel art. 2335 du Code civil (réd. Ord. 2006-346) précise que « Le gage de la chose d'autrui est nul », conformément aux conclusions du groupe de travail de réforme du droit des sûretés que présidait cet auteur (sur le gage d'un bien acheté sous réserve de propriété, v. *supra*, note 1137).

[1642] En dehors du cas particulier du don manuel car son domaine traditionnel coïncide avec celui de l'article 2279 C. civ. (M. Grimaldi, ouvr. préc., n° 1291).

[1643] Différente est l'hypothèse de la donation d'un bien *indivis* lorsque la demande en nullité est formée non par le donataire mais *par un coïndivisaire* n'y ayant pas consenti : v. *infra*, n° 511.

[1644] D'autant que l'on voit dans la nullité de vente de la chose d'autrui une sorte de garantie d'éviction anticipée (P. Guiho, *Les actes de disposition sur la chose d'autrui*, RTD civ. 1954, p. 12), garantie dont le donateur n'est pas tenu envers le donataire (M. Grimaldi, ouvr. préc., n° 1406).

[1645] « la nullité est écartée si, par exemple, il apparaît que le donateur s'est obligé à acquérir le bien pour le transmettre au donataire ; le donataire de bonne foi d'un bien mobilier peut être protégé par l'article 2279 » : M. Grimaldi, ouvr. préc., p. 114.

[1646] C'était la doctrine défendue par Aubry et Rau (5e éd., par Bartin, t. 10, p. 682, § 675 note 10). Elle avait été consacrée par de vieux arrêts (ex. Cass. req., 3 juillet 1922 : S. 1923, p. 105).

(C. civ., art. 1692 et 1693) il est enseigné[1647] que la cession d'une créance dont le cédant n'est pas le titulaire est sanctionnée au titre de la garantie contre l'éviction (C. civ., art. 1630) et non, faut-il comprendre, par application de l'art. 1599. Ainsi encore, en matière d'apport à société, l'article 1843-3 al. 3 du Code civil[1648] renvoie implicitement à l'art. 1639 (et à travers lui, à la résolution judiciaire de l'article 1184) mais non à l'article 1599. Quant à la CVIM, elle est discrète et peu directive sur la question[1649]. *Il y a là un paradoxe qui mérite d'être relevé car il est évidemment de nature à faire naître un doute quant à la justesse du présupposé examiné* : alors même qu'elle paraît s'imposer avec la force de l'évidence, alors même qu'elle paraît si conforme au bon sens, l'idée que l'acte translatif de droit sur le bien d'autrui devrait être nul ne vaut pas pour tous les actes translatifs !

Il est vrai que les exemples qui viennent d'être cités montrent que l'acte de disposition de la chose d'autrui, lorsqu'il échappe à la nullité, n'en est pas moins sanctionné sur un autre fondement, celui de la garantie d'éviction ; autrement dit, il y a bien sanction de l'auteur de l'acte de disposition du bien d'autrui.

Il faut cependant vérifier ce point. S'il est des cas de dissociation licite entre propriété et pouvoir de disposer, ils échappent en effet nécessairement à toute sanction, tant à celle de l'acte qu'à celle du sujet. Autrement dit il y a soit nullité, soit sanction sur un autre terrain, soit absence de sanction lorsque l'auteur était investi d'un pouvoir.

C'est donc le principe même de l'existence d'une telle sanction qu'il faut examiner pour éprouver la force du présupposé. Cet examen a l'intérêt de faire apparaître que les liens entre le présupposé et la sanction examinés sont en réalité plus complexes qu'il n'y paraît, en raison de l'existence de mécanismes de pouvoir (A). D'autres difficultés particulières d'application, plus classiques, seront examinées séparément (B).

A. – Existence d'une sanction

493.– Dès lors qu'il est conclu *a non domino*, l'acte translatif de droit a vocation à créer une situation de conflit entre l'acquéreur et le *verus dominus*[1650]. Dans certains cas ce conflit est réglé en faveur de l'acquéreur, mais il l'est alors en application d'un mécanisme légal (acquisition instantanée du meuble par l'acquéreur de bonne foi, usucapion...) et non pas par l'effet de l'acte translatif lui-même. Faute d'être titulaire du droit transmis, en effet, l'auteur de cet acte n'a pas le pouvoir de le transmettre. Il en découle une sanction qui consiste à priver d'effet l'acte entre les

---

[1647] F. Terré, Ph. Simler, Y. Lequette, *Les obligations*, préc., n° 1292.

[1648] « Lorsque l'apport est en propriété, l'apporteur est garant envers la société comme un vendeur envers son acheteur ».

[1649] « Le vendeur doit livrer les marchandises libres de tout droit ou prétention d'un tiers, à moins que l'acheteur n'accepte de prendre les marchandises dans ces conditions » (Convention de Vienne du 11 avril 1980 sur les contrats de vente internationale de marchandises, art. 41).

[1650] Rappr., pour le sous-acquéreur : *infra*, n° 784.

parties[1651]. La légitimité du principe même d'une telle sanction ne fait aucun doute (A), même si la nature de celle-ci peut susciter des hésitations (B).

1° Légitimité de la sanction

494.– Nous raisonnerons principalement ici sur le cas de la nullité du contrat de vente de la chose d'autrui. Il s'agit en effet de la principale hypothèse de sanction prévue par les textes[1652]. En outre, il est bien connu que l'article 1599 est l'un des plus discutés du Code civil. Dire que la sanction qu'il constitue est légitime ne va donc pas de soi. Nous voudrions cependant le montrer (a) et souligner qu'en toute hypothèse cette sanction est indépendante du présupposé examiné (b).

a) Critiques doctrinales

1. Examen

495.– On ne peut exclure la possibilité que la chose qui appartient à autrui au moment de la vente devienne ultérieurement la propriété du vendeur. Pourquoi, alors, poser un principe rigide de nullité ? Les auteurs s'accordent pour considérer qu'il est le fruit d'une mauvaise appréciation par les rédacteurs du Code civil de la portée du nouveau principe, qu'ils posaient par ailleurs[1653], du transfert immédiat de la propriété[1654]. En droit romain, en effet, la solution était claire et opposée. Les modes de constitution des droits personnels y étaient distincts des modes de constitution ou de transfert de la propriété. Il s'agissait pour celle-ci de la *mancipatio*, de l'*in jure cessio* et de la *traditio* ; il s'agissait pour ceux-là des contrats et des délits. Ainsi, pour transférer la propriété, il ne suffisait pas de conclure un contrat, il était nécessaire en outre d'opérer, par exemple, une mancipation : le contrat de vente donnait à l'acheteur un droit personnel contre le vendeur, mais il ne lui transférait pas la propriété de la chose, ce transfert n'était réalisé que par un acte distinct (*mancipatio*, *in jure cessio* ou *traditio*). Dans ce système, rien n'empêchait le vendeur à s'obliger à procurer à l'acquéreur la *vacua possessio*, voire même la *datio* d'une *res aliena*, c'est-à-dire dans ce dernier cas de promettre le transfert de la propriété d'une chose alors même que ce transfert était en l'état impossible : c'était une promesse de chose future.

[1651] Il a été indiqué qu'il est en toute hypothèse privé d'effet à l'égard du *verus dominus*, sous réserve des exceptions qui seront examinées ci-après (n° 532).

[1652] La nullité du legs de la chose d'autrui est pratiquement vidée de son sens : M. Grimaldi, *Libéralités, Partages d'ascendants*, préc., n° 1156.

[1653] Nota : sous les limites évoquées *supra*, n° 487.

[1654] Ex. : E. Gaudemet, *Théorie générale des obligations*, 1937, réimpression Sirey, 1965, p. 102 s. ; P. Guiho, *Les actes de disposition de la chose d'autrui*, RTD civ. 1954, p. 1 s.

La même solution était admise dans l'ancien droit et constitue toujours le droit positif en droit allemand[1655] ainsi que dans les systèmes juridiques qui ont subi son influence[1656].

496.– La principale critique émane de Gaudemet, très prolixe sur cette question. Si la solution de la nullité a été retenue en France c'est, retient-il, en raison d'une erreur de raisonnement : « L'article 1599 est un corollaire faux de l'article 1138 »[1657]. Explication de cet auteur : à la dualité des modes de constitution de la propriété et des droits personnels, le Code civil a substitué un système unitaire, caractérisé par le fait que le contrat, qui créé l'obligation, opère de lui-même, immédiatement, transfert de la propriété. Il a donc deux effets, un effet « obligationnel »[1658] et un effet réel. En cas de vente de la chose d'autrui, l'effet réel n'opère pas car le vendeur ne peut pas transférer la propriété d'une chose qui ne lui appartient pas (*Nemo dat quod non habet*). Plus précisément, le *verus dominus* n'est pas dépouillé de sa propriété car l'acte lui est inopposable ; or un acte ne peut produire son effet translatif (ou constitutif) de droit réel sans porter atteinte aux droits du propriétaire. La logique aurait voulu, alors, selon cet auteur, que l'on découple les deux effets et que l'on considère que puisque l'effet réel est impossible, seul se développe l'effet personnel, obligationnel. C'est là qu'interviendrait l'erreur de raisonnement : de l'impossibilité de l'effet réel, les rédacteurs du code civil ont conclu à l'impossibilité de l'effet personnel. Or l'un peut aller sans l'autre. Ce qui est de l'essence de la vente, c'est en effet le transfert de la propriété, non son transfert immédiat ; ainsi, il n'est pas contesté que la vente d'une chose de genre soit une vente.

Il est notable que la critique ainsi présentée vaut quelle que soit la position adoptée relativement à la question de l'existence d'une obligation de donner. Elle est à l'évidence compatible avec une telle obligation. Mais elle n'est pas enfermée dans le schéma de celle-ci. Il est en effet possible (il paraît même préférable) de considérer que celui qui vend la chose d'autrui s'oblige à l'acquérir pour la transmettre, et qu'il s'agit là d'une obligation de faire[1659] dont l'exécution emporte transfert automatique de la propriété de la chose à l'acquéreur. On serait en somme dans une hypothèse, banale, de dissociation entre la formation du contrat et le transfert de propriété. Or cette voie de salut est fermée par l'article 1599 du Code civil, puisqu'il dresse en pareil cas le barrage de la nullité.

[1655] « Par le contrat de vente, le vendeur d'une chose est obligé d'en effectuer la délivrance à l'acheteur et de lui procurer la propriété sur la chose... L'acheteur est obligé de payer le prix de vente convenu et de recevoir la chose vendue » (BGB, § 433 ; v. F. Ferrand, *Droit privé allemand*, Dalloz, 1997, n° 615).

[1656] C'est notamment le cas des droits suisse et hollandais, dans lesquels la vente ne fait pas directement acquérir la propriété de la chose vendue à l'acquéreur mais oblige seulement le vendeur à transférer cette propriété, ce qui suppose la conclusion d'un contrat réel distinct.

[1657] E. Gaudemet, *Théorie générale des obligations*, préc., p. 103.

[1658] Gaudemet n'utilisait pas cette terminologie, il se référait à l'effet « obligatoire ». Mais mieux vaut parler d'effet « obligationnel » puisqu'il s'agit de créer une obligation (F. Ferrand, *Droit privé allemand*, préc., n° 196 et *passim*). D'autant que le terme « obligatoire », autrefois entendu en ce même sens, a pris une connotation plus large depuis qu'il a été montré (P. Ancel, art. préc., RTD Civ. 1999, p. 771) que la force obligatoire de l'acte juridique ne se ramène pas aux obligations qu'il peut contenir.

[1659] Encore faut-il que le vendeur soit regardé comme étant tenu d'acquérir, sinon la condition sera nulle comme affectée d'une condition purement potestative (Cass. civ. 3e, 13 oct. 1993 : JCP 1994, II, 22280 n. Dagorne-Labbé).

2. Rejet

497.– Cependant la critique ainsi présentée est excessive. Elle repose sur l'idée, que nous partageons, d'une dissociation entre effet personnel et effet réel, le premier restant possible alors même que le second ne l'est pas, faute pour le vendeur d'être titulaire du droit vendu. Encore faut-il considérer les conditions d'application de l'article 1599. La critique serait fondée si la nullité était encourue du seul fait de la conclusion du contrat. Il y aurait bien alors excès à frapper celui-ci de nullité alors que rien n'interdit de considérer que le vendeur garde la possibilité d'acquérir la propriété de la chose.

Dans la réalité, les choses ne se passent pas ainsi. Contrairement à ce que prévoit le texte de l'article 1599, ce n'est pas la conclusion du contrat de vente de la chose d'autrui qui est sanctionnée par la nullité, c'est seulement le transfert de la propriété. En principe cela revient au même, en application du principe du transfert *solo consensu*. Mais il est bien connu qu'il s'agit là d'un principe tout théorique car, dans la pratique, il est contrarié par de multiples clauses qui retardent le transfert de la propriété[1660]. Subordonner le prononcé de la nullité au transfert lui-même rétrécit donc notablement le domaine de la nullité. Il est vrai que c'est à ce moment-là – et à ce moment-là seulement – que cette nullité devient précieuse pour l'acquéreur « *qui peut ainsi prendre les devants en sortant du lien obligatoire sans attendre la revendication du* verus dominus *et un recours aléatoire contre son auteur* »[1661] car pourquoi le *verus dominus* devrait-il revendiquer son bien tant que la propriété n'en a pas été transférée et n'est donc pas contestée ? La nullité de l'article 1599 du Code civil ne frappe donc que la vente emportant transfert immédiat de la propriété, la condition de titularité du droit est exigée du vendeur non au moment de la conclusion du contrat mais au moment du transfert de propriété[1662]. S'il n'y a pas vente, ou si le transfert de propriété est différé le contrat n'est pas incompatible avec le droit de l'actuel propriétaire, faute d'immédiateté du transfert. Il échappe de ce fait à la nullité de l'article 1599.

Est ainsi valable le contrat par lequel celui qui dispose de la chose d'autrui agit pour le compte du propriétaire en s'engageant à obtenir sa ratification. On est alors en présence non d'une vente de la chose d'autrui mais d'un contrat pour autrui, valable mais dont l'efficacité est subordonnée à la ratification du véritable propriétaire. Est ainsi valable, de même, la vente d'une chose qui à l'égard de l'acquéreur est une chose de genre. La règle est en effet que le transfert de la propriété est alors différé jusqu'au moment où la chose est individualisée[1663]. À ce moment-là seulement se posera la question de la propriété, que le vendeur reste libre de se procurer auprès de qui bon lui semble. En réalité « seuls les corps certains », a-t-on justement relevé

[1660] « *Faut-il retarder le transfert de la propriété ?* », préc., Cahiers dr. de l'entr., 1995, n° 5.

[1661] P. Catala, *L'indivision*, art. préc., Defrénois, 1981, art. 32597, p. 334.

[1662] F. Collart-Dutilleul et Ph. Delebecque, *Contrats civils et commerciaux*, préc., n° 131.

[1663] C. civ., art. 1585. Goré, *Le transfert de la propriété dans les ventes de choses de genre*, D. 1954, chron. p. 175.

« peuvent être considérés comme chose d'autrui »[1664]. Ce type de contrat est d'ailleurs monnaie courante dans, par exemple, les marchés de vente à terme. Est ainsi valable, encore, la vente dans laquelle les parties ont entendu retarder le transfert de la propriété de la chose qu'elles savaient toutes deux appartenir à autrui. La nullité de l'article 1599 n'est pas en effet d'ordre public.

Dans tous les cas de transfert différé de la propriété il n'y en a pas moins vente, car *le transfert de propriété n'est pas une condition de formation* du contrat. Est-ce à dire que cette jurisprudence est en délicatesse avec le texte de l'article 1599 du Code civil, qui frappe de nullité la « vente » ? Non car il est plus raisonnable de considérer que « *dans les cas mêmes où la vente est annulable, la nullité ne peut être prononcée tant que le transfert n'est pas opéré* »[1665]. Il n'en demeure pas moins que dès lors qu'il s'agit d'une vente à transfert différé de la propriété, l'annulabilité recouvre en pratique une validité de fait du contrat, dont le vendeur demeure en conséquence tenu[1666]. La solution, au fond, est proche de celle du droit allemand dans lequel le contrat de vente est purement obligationnel et où seul le contrat réel suppose que le vendeur soit propriétaire[1667]. Relevons incidemment que tout se passe ici comme si la sanction frappait non pas un vice de formation mais un problème d'exécution du contrat, ce qui est de nature à juger mieux adaptés les cas[1668] où l'acte de disposition de la chose d'autrui est sanctionné sur le fondement de la garantie contre l'éviction.

Encore faut-il noter, contrairement à ce qu'il peut sembler à première vue, que cette sanction n'est aucunement liée au présupposé examiné.

b) Indépendance de la sanction et du présupposé

498.– Nous avons commencé par noter, ci-dessus, que la nullité de l'article 1599 du Code civil est présentée comme la manifestation la plus visible du principe qui voudrait que le pouvoir soit nécessairement lié à la titularité, ou si l'on veut de l'idée selon laquelle seul le titulaire du droit pourrait en disposer. Cela semble logique puisque la sanction de la nullité est encourue dans les cas où le vendeur n'a pas la propriété.

La réalité est plus complexe, au point qu'il apparaît tout au contraire que cette nullité n'a rien à voir avec ce présupposé. Un point de départ du raisonnement peut être trouvé, à cet égard, dans un extrait d'une vieille note de Vialleton sous un arrêt faisant application de l'article 1599 à la vente d'un bien indivis :

[1664] P. Guiho, art. préc., n° 3. Autre formulation de la même idée : « c'est la fongibilité qui permet de disposer de la chose d'autrui » (F. Zénati, art. préc., Études offertes à Pierre Catala, p. 635).

[1665] F. Collart Dutilleul et Ph. Delebecque, ouvr. préc., n° 131.

[1666] Même chose pour le legs de la chose d'autrui, à propos duquel on présente à juste titre comme une évidence que c'est au jour du décès que l'on doit se placer pour apprécier la propriété du testateur (M. Grimaldi, *Libéralités, Partages d'ascendants*, préc., n° 1156, *ad notam*).

[1667] F. Ferrand, *Droit privé allemand*, préc., n° 615.

[1668] Cités *supra*, n° 492.

> « *Tout repose ici fondamentalement sur la menace d'un pouvoir d'éviction. Examinant de près la nature et les caractéristiques de la nullité édictée par l'article 1599, on se rend aisément compte qu'ils sont fonction de la puissance d'éviction du vrai propriétaire* »[1669].

Peu importe, ici, le propos particulier de Vialleton, qui entendait simplement justifier le caractère relatif de cette nullité. La formulation employée découvre un autre aspect, beaucoup plus riche, du problème posé par le mécanisme de l'article 1599. Il est en effet des cas où le propriétaire ne peut pas revendiquer, ne peut pas contester la vente de son bien par le vendeur, parce que celui-ci est investi d'un pouvoir de le faire, d'un pouvoir d'opérer la vente. Pensons à la vente sur saisie, et de façon générale aux procédures de cession forcée d'un droit. Même si ces mécanismes ne sont généralement pas examinés par les auteurs au titre de l'acte translatif de droit, ils constituent bien l'exercice d'un pouvoir de déclencher la vente. Nous nous sommes précisément efforcée de montrer[1670] qu'en présence d'un acte translatif la question se pose souvent du dédoublement entre la personne qui conclut l'acte et déclenche ainsi le transfert, et la personne dont le droit est transféré. Cette distinction étant généralement ignorée, on s'en tient à une vision un peu superficielle de l'acte translatif et c'est cela qui explique que ces mécanismes n'y soient pas rattachés. Pensons également à la revente d'un bien acheté sous réserve de propriété.

Dès lors que la distinction est mise au jour, elle éclaire d'une façon différente le mécanisme de l'article 1599. Jusqu'ici on considérait simplement l'hypothèse où l'auteur de l'acte est non seulement sans droit sur la chose, mais également sans pouvoir pour déclencher la vente. On en déduisait donc un peu rapidement que seul le propriétaire de la chose a le pouvoir de conclure celle-ci, ce qui découle du présupposé et en constitue la meilleure illustration. *Avec cette distinction, on voit très différemment que la vente de la chose d'autrui n'est nulle que si elle a été déclenchée par une personne dépourvue du pouvoir de le faire*. Il ne suffit donc pas de dire que l'on ne peut opposer au propriétaire d'une chose l'acte par lequel on a disposé de cette chose sans sa volonté, en se fondant sur l'idée que le pouvoir de disposer de la chose est réservé par l'article 544 du Code civil au propriétaire de la chose. D'autres hypothèses de pouvoir existent, qui ne sont pas de représentation. Il en résulte que le propriétaire est tenu de subir les effets du pouvoir que la loi ou le contrat confère à une autre personne de déclencher la vente de cette chose. Il ne saurait, en pareil cas, prétendre échapper aux conséquences de l'exercice de ce pouvoir. La chose vendue, en toute hypothèse, provient de son patrimoine, c'est son propre droit qui a été transféré. N'en étant « plus » titulaire, il ne saurait agir en revendication. Il en résulte qu'il n'y a nul risque d'éviction de l'acquéreur et celui-ci n'est donc pas fondé à agir en nullité.

Loin d'illustrer le présupposé, la nullité de l'article 1599 du Code civil en marque donc les limites puisqu'elle ne joue pas dans les hypothèses où le pouvoir de déclencher la vente échappe au propriétaire de la chose vendue.

[1669] H. Vialleton, note sous Cass. civ., 22 novembre 1926 : S. 1927.1 p. 169.
[1670] V. *supra*, n° 354.

499.– Relativement secondaire, alors, quoique non dépourvu d'intérêt dans notre perspective, est le débat qui a pu ou peut se développer relativement à la nature de cette sanction.

2° Nature de la sanction

500.– Rares sont, semble-t-il, les hypothèses d'annulation effective d'une vente de la chose d'autrui. C'est que la jurisprudence, approuvée en cela par la doctrine, s'est appliquée à repousser les inconvénients qui sont attachés à cette nullité[1671] en multipliant les obstacles à l'action, au point de nourrir un débat sur la nature de la nullité prévue par l'article 1599 du Code civil. Ce débat là est aujourd'hui réglé (a), mais on peut continuer à s'interroger sur le point de savoir si la résolution ne serait pas une sanction mieux appropriée (b).

a) Nullité absolue ou relative ?

501.– Les conditions de l'action en nullité d'un acte juridique (la qualité pour agir en nullité, le délai pour le faire, la possibilité de couvrir la nullité) varient selon qu'il s'agit d'une nullité « absolue » ou « relative »[1672], ce qui dépend du point de savoir si la règle violée au moment de la formation de l'acte vise à protéger l'intérêt général ou celui de l'une des parties à l'acte. Elles dépendent donc du fondement de la nullité. Quel est ici ce fondement ?

Il n'est pas explicité. On peut considérer, en premier lieu, que l'objet de l'acte juridique doit être possible (car à l'impossible, nul n'est tenu) et licite. La vente de la chose d'autrui ne respecte ni l'un ni l'autre de ces caractères. Il semble donc qu'elle soit nulle pour objet impossible et illicite. En dépit du caractère toujours approximatif que cela présente, on est porté dans ces conditions à considérer que cette nullité a un fondement beaucoup plus large que la seule protection de l'acquéreur : elle préserve aussi la sécurité du véritable propriétaire, et par delà lui la sécurité des transactions. La logique voudrait, alors, que le régime appliqué à cette nullité permette de multiplier les chances d'une dénonciation de l'illicite, et donc qu'elle puisse être invoquée par tout intéressé, qu'elle échappe à la prescription quinquennale de l'article 1304 du Code civil et qu'elle ne puisse pas être validée par un fait postérieur, en un mot qu'on lui applique le régime des nullités absolues.

Il est bien connu et remarquable que la jurisprudence a pris le parti inverse. Elle décide de façon constante que l'article 1599 édicte une nullité relative en faveur de

---

[1671] Une autre explication, en matière mobilière, est la protection que l'acquéreur tire du jeu de l'article 2279 du Code civil.

[1672] On résume ainsi la théorie aujourd'hui dominante de la nullité (Japiot, *Des nullités en matière d'actes juridiques, Essai d'une théorie nouvelle*, thèse Dijon, 1909) qui, en réalité, s'attache uniquement au but de la règle violée et ignore la distinction a priori entre deux catégories – trop rigides – de nullités (J. Chevallier et G. Durry, in *Inexistence, nullité et annulabilité en droit civil*, Trav. assoc. H. Capitant, t. 14, 1961-62, p. 513 et 611). Celle-ci continue cependant à être utilisée en raison de sa commodité.

l'acheteur, qui seul a qualité pour l'invoquer à l'exclusion du vendeur[1673] et du *verus dominus*[1674]. Cela restreint considérablement le champ ouvert à la nullité. Ne pouvant être demandée que par l'acquéreur, elle reste à sa discrétion.

502.– Pour rendre compte de ce caractère relatif de la nullité, il faut donc retenir un autre fondement que l'impossibilité de l'objet. Quel fondement ? Il ne peut s'agir d'un vice du consentement puisque le vendeur peut être de bonne foi, ce qui exclut le dol, et que l'article 1599 n'exclut pas la nullité lorsque l'acheteur savait que la chose était à autrui (il réserve uniquement la possibilité de dommages-intérêts au cas où il l'ignorait), ce qui exclut l'erreur. Ce fondement est donc trouvé dans l'idée que la nullité joue au profit de l'acquéreur le rôle d'une garantie d'éviction anticipée lui permettant de se libérer du contrat sans attendre l'éviction[1675]. Cette idée est séduisante mais très réductrice. En effet, *il est singulier de faire d'un problème lié à l'exécution du contrat une condition de validité de sa formation.* Si problème d'exécution il y a (ce qui suppose que l'auteur de l'acte translatif était dépourvu du pouvoir de le conclure), il doit être sanctionné sur le terrain qui est le sien, c'est-à-dire par la résiliation du contrat, ou bien par sa résolution. Cependant, c'est par la nullité que l'article 1599 sanctionne la vente de la chose d'autrui.

Il est vrai que la jurisprudence applique en réalité largement le régime de la résolution judiciaire.

b) Nullité relative ou résolution ?

503.– « *La vente de la chose d'autrui peut être résolue* » : de lege ferenda, cette solution serait préférable à celle inscrite dans le texte de l'article 1599 du Code civil. Les conséquences qu'emporterait l'application du régime institué par l'article 1184 du Code civil en cas d'inexécution par le vendeur de son obligation de délivrance sont en effet plus adaptées que celles de la nullité. S'imposerait en effet alors sans discussion le monopole de l'acquéreur quant à la titularité de l'action. Surtout, celle-ci ne pourrait plus être intentée en cas d'acquisition de la propriété par le vendeur ou de ratification de la vente par le *verus dominus*[1676].

Ce dernier point est tout particulièrement important car il aurait alors un cadre plus adapté que celui de la nullité. Le droit de la demander (le droit de critique) lorsqu'il s'agit d'une nullité relative ne peut disparaître que par une renonciation volontaire

---

[1673] Req., 29 avril 1873 : D.P. 1873, 1, 281 ; Cass. Civ., 12 décembre 1933 : Defrénois 1934, Art. 23767 ; S. 1934, 1, 93 ; Cass. Civ. 1re, 17 juillet 1958 : D. 1958, p. 619 (« Vu l'article 1599 C. civ. Attendu que cet article n'a trait qu'à la nullité de la vente d'autrui, qui ne peut être invoquée que par l'acheteur et non par le vendeur ou le véritable propriétaire »).

[1674] Cass. civ. 1re, 4 déc. 1967 : D. 1968, p. 283 ; Cass. civ. 3e, 16 avril 1973 : Bull. civ. III, n° 303 ; Cass. civ. 3e, 8 déc. 1999 : Bull. civ. III, n° 241, préc. *supra,* n° 1634. Pourtant le *verus dominus* peut avoir intérêt à agir en nullité : v. sur ce point les obs. P.-Y Gautier, RTD civ. 1997, p. 961.

[1675] P. Planiol et G. Ripert, t. 10 par J. Hamel, n° 48 et 51 ; Ph. Malaurie, Rép. dr. civil Dalloz, 2e éd., V° *Vente (éléments constitutifs),* n° 208 ; J. Carbonnier, obs. RTD civ. 1953, p. 551 (qui y voit « l'avant-poste de la garantie d'éviction »).

[1676] Le demandeur en résolution se plaignant de l'inexécution d'un acte initialement correct, sa demande est sans objet lorsqu'un évènement postérieur à l'inexécution rend celle-ci possible.

(la confirmation)[1677] ou par la prescription. L'acte peut aussi être régularisé *a posteriori*, mais cela pose une difficile question de principe car la validité d'un acte s'apprécie lors de sa formation et on a du mal à comprendre comment un événement postérieur[1678] peut avoir une influence sur lui[1679] ; si la solution est admise[1680], c'est seulement parce qu'elle est regardée comme étant la plus opportune : il est retenu[1681] que la règle de l'appréciation de la validité d'un acte au jour de sa formation vise à en assurer la stabilité et donc qu'elle est justifiée mais seulement lorsqu'elle empêche qu'un événement postérieur entraîne la nullité d'un acte passé, non s'il s'agit d'empêcher qu'un événement postérieur valide un acte nul (car cela relèverait d'une « logique rigide et critiquable »[1682] : pourquoi annuler un acte dont l'exécution devient possible conformément aux termes dans lesquels il a été conclu ?)[1683]. Nulle difficulté de cet ordre ne se pose sur le terrain de la résolution judiciaire de l'article 1184 du Code civil car l'action en résolution est à l'évidence paralysée si, une régularisation étant intervenue entre temps, ses conditions ne sont plus réunies. L'acte est alors valable *ab initio*.

Il est remarquable que la jurisprudence applique en cas de vente de la chose d'autrui ce mécanisme de consolidation pourtant plus conforme au schéma de la résolution judiciaire. Elle rejette l'action en nullité dans deux hypothèses : lorsque l'auteur de l'acte translatif acquiert le bien ultérieurement, et lorsque le *verus dominus* ratifie la vente.

1. Acquisition ultérieure de la chose par le vendeur

504.– Envisageons d'abord l'hypothèse où le vendeur de la chose d'autrui en acquiert la propriété par la suite. En pareil cas il est de jurisprudence, depuis un très ancien « grand arrêt » de la Cour de cassation, que le risque d'éviction de l'acheteur disparaît et que la nullité est couverte[1684]. P. Guiho, dans un article toujours cité sur le sujet en dépit de son ancienneté[1685], en déduit qu'il n'est pas nécessaire de refaire l'acte translatif de propriété, cet acte devenant automatiquement efficace. La solution est fondée sur un argument d'opportunité : la réfection de l'acte supposerait un nouveau consentement de son auteur, lequel aurait ainsi la possibilité d'échapper aux conséquences de l'acte qu'il a pourtant librement consenti. Le souci est justifié et le

---

1677 C. civ., art. 1338.

1678 Sauf à lui attacher un effet rétroactif, ce qui est le cas en ce qui concerne la ratification : Cass. civ. 1re, 30 janvier 1957 : D. 1957, p. 182 ; RTD civ. 1957, p. 682 obs. H. Mazeaud. – R. Bout, *La gestion d'affaires en droit français contemporain*, LGDJ, B. dr. privé, 1972, n° 384.

1679 Il ne s'agit pas ici de *réfection* de l'acte, qui suppose un nouveau consentement de son auteur ou des parties à l'acte et emporte que le lien de droit ne date que de la réfection.

1680 Et notamment en ce qui concerne la nullité des actes de procédure : NCPC, art. 115 et 121.

1681 C. Dupeyron, *La régularisation des actes nuls*, LGDJ, B. dr. privé, 1973, p. 241.

1682 C. Dupeyron, *ouvr.* préc., n° 345.

1683 Il est notable que c'est sur le terrain de l'exécution et non pas sur celui de la formation de l'acte que la question est posée.

1684 Cass. civ., 23 janvier 1832 : GAJ civ., 11e éd., n° 249. Même sens : Cass. civ. 1re, 12 juillet 1962 : D. 1963, p. 246. – Même solution à propos du nantissement d'un fonds de commerce appartenant à autrui : Cass. com., 5 novembre 2002 : D. 2003 p. 70 obs. E. Chevrier ; RTD com. 2003 p. 58 obs. B. Saintourens et 360 obs. B. Bouloc.

1685 P. Guiho, *Les actes de disposition de la chose d'autrui*, art. préc., n° 8 et 16.

raisonnement admissible[1686], mais il faut bien prendre garde à ce que cette consolidation intervient sans rétroactivité car, à la différence d'une banale vente à transfert différé de la propriété, les transferts de droit opérés entre temps sur la chose par l'ancien propriétaire sont opposables à l'acquéreur.

Un raisonnement du même type conduit à limiter également la marge de manœuvre de l'acheteur. Lui aussi est tenu par le contrat. Il ne saurait détourner la nullité de l'article 1599 de son but, qui est de lui permettre de se dégager du contrat lorsque l'exécution s'en avère impossible, et en faire un procédé pour rejeter après coup son acquisition si elle lui paraît désavantageuse. Dès lors, la consolidation intervenue avant qu'il manifeste sa volonté de se prévaloir de la nullité lui ferme la possibilité de demander celle-ci.

2. Ratification de la vente par le véritable propriétaire

505.– La même solution s'applique lorsque la consolidation résulte non de l'acquisition postérieure de la chose par le vendeur mais de la ratification de la vente par le véritable propriétaire. Ce dernier renonce ainsi à se prévaloir de l'inopposabilité du contrat à son égard, et donc à l'action en revendication. Notons, incidemment, l'embarras éprouvé par Guiho pour analyser la situation juridique ainsi créée : d'un côté, il observe qu'il n'y a qu'un seul transfert de propriété et que, la chose ne passant pas dans le patrimoine du vendeur, l'acquéreur se trouve être l'ayant cause non pas du vendeur mais du *verus dominus*[1687] ; d'un autre côté, cependant, il a du mal à expliquer comment la propriété se trouve ainsi transférée directement de l'un à l'autre alors qu'ils n'ont pas contracté ensemble. Il retient finalement une explication un peu compliquée en considérant que si la ratification du *verus dominus* « effectue » (c'est son terme) le transfert de propriété, c'est parce qu'elle vient parfaire le contrat préexistant en s'y insérant. Il est vrai qu'il atteint ainsi ce qui paraît être son principal objectif : expliquer que la vente opère sans nouvelle intervention de l'acquéreur, lequel ne peut donc profiter des circonstances pour revenir sur l'acquisition s'il regrette de s'y être engagé.

Cette présentation embarrassée[1688] s'explique, nous semble-t-il, par le fait que P. Guiho ne conçoit pas que l'auteur, dans la relation auteur/ayant cause, soit quelqu'un d'autre que celui dont l'ayant cause tient le droit. Or, dans le cas considéré, cela est manifestement contraire à la réalité : le contrat a en effet été conclu avec un vendeur *non dominus*, et c'est du patrimoine du vrai propriétaire que provient le droit transmis. En réalité, *il y a intervention successive de deux*

[1686] Il est remarquable que ce raisonnement fait l'économie du détour par la classique obligation de donner. Tout se passe comme si l'auteur raisonnait en termes de force obligatoire du contrat : le transfert de propriété ayant été prévu par le contrat, il s'accomplit de plein droit dès que les conditions en sont réunies, sans que le vendeur puisse s'y dérober puisqu'il est tenu par le contrat (P. Ancel, art. préc., RTD civ. 1999, p. 771, n° 17 s.).

[1687] P. Guiho écarte à juste titre le jeu de l'adage *Ratihabitio mandato aequiparatur* (art. préc., n° 27), qui ferait que tout se passe comme si le *verus dominus* avait donné mandat au vendeur. Cependant il est possible de concevoir un pouvoir qui ne soit pas de représentation.

[1688] Elle n'explicite pas qu'un contrat translatif doté *inter partes* de force obligatoire a été conclu entre l'acquéreur et un vendeur *non dominus*.

« auteurs » différents, dont les actions respectives s'additionnent[1689] *: l'auteur de qui* on tient le droit, celui qui conclut l'acte juridique translatif (auteur *du* transfert, que l'on pourrait dire « contractuel » dans le contrat de vente), *et l'auteur dont* on reçoit le droit, sans être lié a lui par un acte juridique (auteur « de fait », pourrait-on dire, celui que nous avons appelé l'auteur *dans* le transfert).

Laissons de côté cette importante distinction, à ce point de nos développements, pour ne considérer que la cohérence avec laquelle sont endigués les effets de la nullité en matière de vente de la chose d'autrui. Encore faut-il ajouter que la jurisprudence s'applique également à cantonner le domaine de celle-ci à propos de certaines difficultés particulières d'application.

B. – Difficultés particulières d'application

506.– L'irrégularité examinée consiste dans le défaut de propriété de l'auteur de l'acte. Nous examinerons plus loin le cas où elle résulte des ventes successives du même bien à deux personnes différentes[1690]. En dehors de ce cas, sa sanction suscite des difficultés particulières d'application dans certaines hypothèses caractérisées par l'existence d'une pluralité de droits portant sur une même chose, ce qui emporte une limitation des pouvoirs qui y sont ordinairement attachés. Laissant également ici de côté celle de l'acte translatif de droits conditionnels[1691], nous examinerons les difficultés qui se trouvent posées lorsque l'acte à pour objet soit une chose indivise (1°), soit un bien grevé d'usufruit (2°).

1° Acte translatif d'un bien indivis

507.– Il y a une difficulté particulière à l'indivision car, au regard de chacun des indivisaires, la chose indivise n'est ni une propriété exclusive, ni la chose d'autrui. Cette difficulté n'est en principe que virtuelle car l'acte translatif, lorsqu'il porte sur un bien indivis, ne peut être accompli qu'à l'unanimité des indivisaires. Le principe d'unanimité s'impose de lui même car on ne saurait admettre qu'un indivisaire agissant seul, ou sans l'accord de tous les autres, puisse porter préjudice aux droits des autres indivisaires sur la chose, et il est fermement rappelé aujourd'hui par l'article 815-3 du Code civil[1692]. Comme tout principe, il n'en est pas moins

---

[1689] Sur cette distinction, v. *supra*, n° 354 et 387.

[1690] V. sur ce point *infra*, n° 773.

[1691] « Le mécanisme de la condition se caractérise par la mise en présence de deux titulaires de droits complémentaires ayant le même objet et par la limitation des pouvoirs de chacun d'eux » : Ph. Derouin, *Pour une analyse « fonctionnelle » de la condition*, RTD civ. 1978, p. 40, n° 79. *Nota* : même si le mécanisme de l'indivision ne se réduit pas à celui de la condition (Ph. Derouin, art. préc., n° 20), le législateur lui en rend applicable le régime pour ce qui concerne la constitution d'hypothèque (art. 2125 al. 2) ; même solution en jurisprudence : un indivisaire peut consentir seul une hypothèque sur l'immeuble indivis car elle est nécessairement subordonnée aux résultats du partage (Cass. civ. 3, 29 novembre 1989, D. 1990 somm., p. 388 ; Ph. Théry, *Sûretés et publicité foncière*, préc., n° 156).

[1692] En termes plus larges : « Les actes d'administration et de disposition relatifs aux biens indivis requièrent le consentement de tous les indivisaires. [...] » (C. civ., art. 815-3 ; la vente de meubles indivis pour payer le passif de l'indivision peut cependant être décidée, désormais, à une simple majorité des deux tiers des droits indivis : art. 815-3, réd. I. n° 2006-728).

cependant souvent méconnu. C'est précisément cette hypothèse qu'il convient de considérer ici, celle où un acte translatif est accompli sur la chose indivise en infraction au principe d'unanimité.

La sanction attachée à cette irrégularité n'est pas fixée par la loi[1693]. C'est à la jurisprudence qu'il a incombé de la déterminer, ce qui n'était pas une tâche aisée en raison du défaut de consensus doctrinal sur la nature juridique de l'indivision[1694], défaut peu étonnant si l'on considère les divergences doctrinales relatives à la théorie même de la propriété[1695]. L'équilibre retenu par la jurisprudence entre les intérêts en cause n'a pas été atteint sans tâtonnements [1696], très illustratifs de la force du présupposé du lien entre propriété et pouvoir. Nous évoquerons successivement la nature de la sanction (a), puis la question posée par le moment auquel elle intervient (b).

a) Nature de la sanction

508.– Il est symptomatique de la force du présupposé du lien entre propriété et pouvoir de transmettre que, chaque fois que l'acte translatif d'une chose indivise accompli par un indivisaire agissant seul, ou sans le concours de tous les autres, consiste en une vente, la jurisprudence soit allée chercher cette sanction dans la règle qui est la manifestation la plus visible de ce présupposé, celle de la nullité de la vente de la chose d'autrui. Déplacée, et aujourd'hui abandonnée à l'égard des indivisaires non consentants (1), cette solution paraît toujours applicable aux rapports entre l'indivisaire vendeur et son ayant cause (2).

1. Situation des indivisaires non consentants

509. Les solutions qui leur sont appliquées seront tour à tour présentées et appréciées.

i) Présentation

510.– À l'égard des indivisaires non parties au contrat de vente, la jurisprudence s'en est tenue pendant longtemps à un système de validité et de nullité partielles en application de l'article 1599 du Code civil, regardant le contrat comme valable à

[1693] Nous laissons ici de côté le cas particulier où l'acte translatif est accompli par le gérant de l'indivision conventionnelle, qui a les pouvoirs attribués à chaque époux sur les biens communs (C. civ., art. 1873-6 al. 2).

[1694] L'indivision est-elle un droit de propriété unique détenu en commun ? ou un concours de droits identiques sur la même chose ? et dans ce cas, de droits de quelle nature ? s'agit-il de droits réels *sui generis*, monistes ou dualistes ? de droits de propriété ? V. not. F. Delhay, *La nature juridique de l'indivision*, LGDJ, B. dr. privé, 1968 ; L. Boyer, th. préc., p. 403 ; F. Zénati, th. préc. n° 87 s. et 408 s. ; F. X. Testu, *Sur la nature de l'indivision*, D. 1996, chron., p. 176 ; Th. Revet, obs. RTD civ. 2000, p. 870.

[1695] Evoquées ci-dessus, n° 41 s.

[1696] V. not. P. Catala, *L'indivision*, art. préc., Defrénois 1981, art. 32597, p. 321 ; P. Jourdain, *Les actes de disposition sur la chose indivise (Condition juridique des actes irréguliers pendant l'indivision)*, RTD civ. 1987, p. 498.

concurrence des droits du vendeur et nul pour le surplus en tant que vente de la chose d'autrui, afin d'ouvrir aux demandeurs l'action en revendication. C'est ainsi que l'on peut lire dans un arrêt de la chambre civile de la Cour de cassation rendu le 23 avril 1879 à propos d'une vente d'immeuble :

> « ... *Attendu que G. était sans pouvoir pour aliéner seul et sans concours de ses cohéritiers l'immeuble dont il s'agit, que la vente qu'il en a faite au sieur N. pour la totalité contient, au regard des demandeurs [coïndivisaires non vendeurs] une véritable vente de la chose d'autrui nulle jusqu'à concurrence de leur part aux termes de l'article 1599 du Code civil* »[1697].

Cette solution, classique car périodiquement répétée[1698], repose sur deux grandes options. On voit d'abord qu'elle exclut la nullité totale de la vente du bien indivis, et donc d'assimiler purement et simplement celle-ci à une vente de la chose d'autrui. C'est que ce bien, nous avons commencé par le rappeler, n'est pas la chose d'autrui. La même solution est retenue de façon constante pour ce qui concerne le legs de la chose indivise, la nullité de l'article 1021 du Code civil y étant jugée inapplicable au motif que tant que l'indivision n'est pas dénouée par un partage chacun des indivisaires a vocation à être alloti de chacun des biens indivis et possède donc un droit éventuel sur l'intégralité de chacun d'eux[1699]. Une autre explication possible dans les deux cas considérés, qui dispense de recourir au mécanisme du partage, est que le droit de l'indivisaire est « un droit de propriété, parfait dans son principe, mais dont l'exercice est entravé du fait des droits concurrents et identiques des autres indivisaires »[1700] ; dans les deux cas, l'acte translatif ne porte donc que sur la quote part.

Ainsi se comprend, peut-on penser, la seconde option retenue par l'arrêt : le prononcé de la nullité à concurrence des parts des coïndivisaires non vendeurs, ces parts étant la chose d'autrui au sens de l'article 1599 du code civil. Négligeons ici[1701] le choix de la nullité de l'article 1599, *inelegantia juris* qui s'explique par le fait que son caractère relatif n'avait pas été nettement dégagé à l'époque[1702]. Il est plus important de retenir que, grâce au jeu du cantonnement de l'aliénation à la part du vendeur, la vente du bien indivis par un seul indivisaire n'est pas entièrement nulle[1703]. Il s'agit donc d'un acte valable dans la mesure des droits du vendeur.

511.– Chacune de ces deux options a été depuis lors abandonnée en matière de vente de bien indivis, suivant le modèle fourni à cet égard par la donation.

1697 Cass. civ., 23 avril 1879 : D.P. 1879, I p. 212.

1698 V. not. Cass. civ., 28 février 1894 : S. 1896, I p. 209, D. 1894,1 p. 235 ; Cass. civ. 22 novembre 1926 : S. 1927,1 p. 169, n. H. Vialleton, préc.

1699 Cass. civ., 6 juin 1882 : D. 1884,1 p. 33. V. M. Grimaldi, *Libéralités, Partages d'ascendants*, préc. n° 1156 et les références citées par l'auteur note 16.

1700 L. Boyer, th. préc., p. 409.

1701 Sur l'application de l'article 1599 C. civ., v. *infra*, n° 516.

1702 V. cep. déjà, impl. : Cass. civ., 23 janvier 1832 : GAJ civ., n° 249. – V. depuis, expressément : Req., 15 janvier 1934 : D.H. 1934, p. 97 ; S. 1934, 1 p. 188. – Cass. civ. 1re, 17 juillet 1958 : D. 1958, p. 619.

1703 Cantonnement possible car la *propriété* n'est pas indivisible, à la différence de la *jouissance* (ce qui explique l'inefficacité pour le tout du bail consenti par un indivisaire agissant seul).

En cas de donation d'un bien indivis, en effet, il n'existe pas de texte équivalent à l'article 1599 et la jurisprudence raisonne de longue date en termes non de validité[1704] mais d'opposabilité : la donation est inopposable aux indivisaires non consentants. Inopposable : autrement dit, à leur égard, l'acte dont il s'agit est *res inter alios acta*, il est dépourvu de force obligatoire[1705] et ils sont donc fondés à agir en revendication[1706]. En outre, la jurisprudence a abandonné le système traditionnel de la scission de l'opération en deux cessions qu'elle avait commencé par appliquer[1707] : alors que la donation avait été jugée inopposable aux copropriétaires « dans la mesure de leur part indivise », cette limitation ne figure plus dans d'autres arrêts plus récents, ce qui semble consommer un abandon du système du fractionnement de l'acte. Il est désormais jugé que :

> « *Vu les art. 883 et 894 du Code civil ; Attendu qu'il résulte de la combinaison de ces textes que la donation d'un bien indivis consentie par un seul des indivisaires n'est pas nulle ; qu'elle est seulement inopposable aux autres indivisaires et que son efficacité est subordonnée au résultat du partage* »[1708].

En matière de vente unilatérale de la chose indivise, la même évolution est notable tant sur la nature que sur l'étendue de la sanction. La jurisprudence a substitué au système de la nullité partielle celui de l'inopposabilité totale par une série d'arrêts[1709] qui ont imposé l'approche nouvelle progressivement[1710]. Un arrêt remarqué a ainsi reproduit de façon quasi littérale l'attendu central qui vient d'être cité :

> « *Vu l'article 883 du Code civil ; Attendu qu'il résulte de ce texte que la cession d'un bien indivis par un seul des indivisaires n'est pas nulle ; qu'elle est seulement inopposable aux autres indivisaires et que son efficacité est subordonnée au résultat du partage* »[1711].

L'évolution de la jurisprudence sur la question est donc remarquable, même si, dans l'arrêt dont est extrait cet attendu, il était impossible pour le juge du droit de se

---

[1704] Ex. cep. de la vieille solution de la nullité : Req. 3 juillet 1922, S. 1923,1 p. 105.

[1705] Rappr. P. Ancel, art. préc. RTD civ. 1999, p. 771, n° 53 (« le contrat a force obligatoire aussi bien à l'égard des tiers que pour les parties elles-mêmes, et [...] *c'est cette force obligatoire à l'égard des tiers qu'on appelle habituellement opposabilité.* » (soul. par nous).

[1706] Il s'agit d'une autre mouture du « couple naturel formé par l'action contractuelle et l'action réelle » : P. Catala, *L'indivision*, art. préc., Defrénois, 1981, p. 337.

[1707] Ex. : Req., 3 juillet 1922, préc. (donation « nulle... dans la mesure de la part indivise »).

[1708] Cass. civ. 1re, 4 juillet 1984 : D. 1985, p. 214 n. A.B.

[1709] V. not. Cass. civ. 1re, 15 janvier 1968 : D. 1968, p. 264 qui retient la solution d'inopposabilité partielle.

[1710] V. une présentation détaillée de l'évolution jurisprudentielle *in* P. Catala, *L'indivision*, art. préc., Defrénois 1981, p. 345 s. ; Rép. civ. Dalloz, V° *Indivision*, par F. X. Testu, nov. 1997, n° 517 s. *Nota* particulièrement : Cass. civ. 1re, 10 octobre 1984 : D. 1985 p. 3 n. D. Martin et 197 n. A. Breton (« Attendu qu'elle a justement retenu que la vente de cet immeuble aux époux C., si elle était inopposable à M. Q., n'était pas nulle, sa validité dépendant des résultats définitifs du partage [...] » : on voit qu'il est toujours question ici non pas d'inefficacité mais de « validité » à l'égard des copartageants).

[1711] Cass. civ. 1re, 7 juillet 1987 : JCP 1988, II, 20999 n. Ph. Jourdain ; RTD civ. 1989, p. 582 obs. F. Zénati.– Même sens, not. : Cass. civ. 1re, 15 juin 1994 : D. 1994 IR p. 186.– Un arrêt récent renoue avec le système de l'inopposabilité partielle (« la cession d'un bien indivis par un seul indivisaire est opposable aux coïndivisaires à concurrence de la quote-part de son auteur » : Cass. civ. 1re, 5 avril 2005, pourvoi 02-15459, D. 2005 p. 2121 obs. V. Brémond, RTD civ. 2005 p. 801, obs. T. Revet).

référer à l'article 1599 du Code civil pour appliquer la jurisprudence sur la nullité partielle puisque le demandeur était un des indivisaires[1712]. Comment l'apprécier ?

ii) Appréciation

512.– L'inopposabilité a été substituée à la nullité. L'étonnant n'est pas le changement ainsi opéré, c'est qu'il ait fallu l'attendre aussi longtemps car la nullité de l'article 1599 est seulement relative, ne peut être demandée que par l'acquéreur, et se trouve donc radicalement hors sujet dans l'hypothèse considérée, celle du recours formé contre l'acte par un indivisaire qui ne l'a pas conclu et n'y a pas consenti.

La nullité de l'article 1599 étant impraticable, il fallait retenir un fondement alternatif. On pouvait songer à la nullité de l'article 1304 du Code civil, mais outre que le cercle des titulaires du droit de critique eût été inhabituellement large, cela supposait – en l'absence de texte spécial – qu'on lui trouvât un fondement.

513.– La sanction retenue, l'inopposabilité, est un bien meilleur choix. Sans doute présente-t-il l'inconvénient de n'enfermer ici l'action des coïndivisaires dans aucun délai, ce qui est un peu paradoxal si on fait le rapprochement, par exemple, avec le délai de deux ans dans lequel est enfermée la sanction du dépassement de pouvoir par un époux sur les biens communs[1713]. Cet inconvénient n'en est cependant pas vraiment un car il est en principe toujours possible de demander le partage[1714].

L'inopposabilité a par ailleurs l'avantage de traduire une approche plus fine de l'acte translatif. Avec la nullité, on ne raisonnait qu'en termes de propriété. Celui qui déclenche le transfert, dans la vente, doit être celui qui est dessaisi de l'objet vendu, celui dans le patrimoine de qui ce transfert se réalise (l'auteur « dans » le transfert). C'est cela qui explique le recours ancien – et tout à fait inapproprié – à la vente de la chose d'autrui. *Avec l'inopposabilité on ne raisonne donc plus en termes de propriété mais en termes de pouvoir. L'inopposabilité est la sanction du défaut de pouvoir*[1715], lequel n'est pas forcément celui du propriétaire, ou celui du représentant, on le voit bien ici puisque ce qui est sanctionné est précisément le fait que l'acte translatif du bien indivis « excède les pouvoirs du disposant qui ne peut user du son droit que dans la mesure où il ne porte pas atteinte aux droits concurrents de ses coïndivisaires »[1716].

[1712] Comp. avec l'observation selon laquelle le fait que la cassation ne soit pas prononcée au visa de l'article 1599 « pourrait être le premier signe d'un abandon de la jurisprudence sur la nullité partielle de la cession d'un bien indivis assimilée à la vente d'une chose appartenant à autrui » (Ph. Jourdain, JCP 1988, II, 20999).

[1713] Lequel ne prévoit pas une inopposabilité mais une nullité.

[1714] C. civ., art. 815. Il est vrai cependant que l'action en partage peut se heurter à divers obstacles : jugement ordonnant le maintien de l'indivision dans un des cas prévus par les art. 820 et s. (réd. L. n° 2006-728 : atteinte à la valeur, reprise d'une entreprise, local d'habitation à usage professionnel…), convention de prolongation de la durée de l'indivision (art. 1873-3), existence d'une société en participation avec constitution de biens indivis entre les associés (art. 1872-1 s.).

[1715] E. Gaillard, note sous Cass. ass. plén., 28 mai 1982 : D. 1983, p. 349.

[1716] L. Boyer, *La notion de transaction*, th. préc., p. 410.

Apparaît donc, en filigrane, l'idée que le transfert peut être déclenché par un non-propriétaire (l'auteur « du » transfert), que l'auteur du transfert n'est pas forcément la personne dans le patrimoine de qui celui-ci emporte ses effets. En filigrane seulement, pour deux raisons. D'abord, faut-il le rappeler, pareil déclenchement du mécanisme de transfert, précisément, est condamné ici, l'acte translatif étant déclaré inopposable pendant le temps de l'indivision. Ensuite, il est précisé que l'efficacité du transfert est subordonnée aux résultats du partage, c'est-à-dire qu'il ne produit effet que si le bien est alloti à l'indivisaire qui en est l'auteur. Autrement dit, la traditionnelle corrélation entre pouvoir et propriété est bien reconstituée, et celle-ci demeure bien la source de celui là. Il n'en reste pas moins – et c'est toute la différence – que cette corrélation n'est plus une condition de validité de l'acte translatif du bien indivis consenti par un indivisaire seul.

Il est vrai que reste l'autre aspect de la question, celle des rapports entre les parties à l'acte translatif du bien indivis.

2. Situation des parties à l'acte

514.– Dans les rapports entre l'auteur et l'ayant cause, on ne peut raisonner en termes d'opposabilité mais seulement de nullité partielle, ou de validité et de nullité totales.

i) Système de la nullité partielle

515.– L'article 1599 peut être invoqué par l'ayant cause puisqu'il est la personne protégée par la nullité de la vente de la chose d'autrui. À son égard, il n'y a donc pas d'obstacle technique au maintien de la jurisprudence requalifiant la vente du bien en vente de quote part, valable à concurrence de celle du vendeur, nulle pour le surplus. Bien que peu d'arrêts récents puissent être notés en ce sens[1717], cette solution classique n'a pas été infirmée.

Elle est pourtant généralement et justement critiquée.

516.– Mentionnons seulement pour la forme – sans le prendre à notre compte – un premier reproche qui conteste le recours à l'article 1599 au motif que les parts des indivisaires non consentants ne constituent pas la « propriété » d'autrui car :

> « *il n'y a pas plus de propriété (incorporelle) des quote parts qu'il n'existe une véritable "propriété" des créances : les indivisaires sont seulement "titulaires" d'un droit indivis représenté par une quote part* »[1718].

La question ainsi posée est en réalité celle de la nature de l'indivision, et par delà elle celle de la nature de la propriété. Nous avons retenu dans le chapitre préliminaire une approche large de la notion de propriété, qui conduit différemment

[1717] Il a été remarqué de longue date que les acquéreurs ne demandent pratiquement jamais eux-mêmes la nullité partielle ; cette jurisprudence s'est surtout développée à la demande des coïndivisaires (Ph. Jourdain, art. préc. RTD civ. 1987, p. 514).
[1718] Ph. Jourdain, art. préc. RTD civ. 1987, p. 513.

à voir dans l'indivision, conformément à divers précédents jurisprudentiels[1719] (ainsi qu'au mot du poète, qui disait de l'amour maternel que « chacun en a sa part et tous l'ont tout entier »)[1720] un concours de droits de propriété concurrents et identiques dont chaque indivisaire peut librement disposer à concurrence de sa quote part, et à voir dans cette dernière la mesure dans laquelle le droit de propriété s'exerce au regard des autres droits portant sur la même chose[1721].

517.– Un second reproche adressé au système consistant à valider la vente de la chose indivise dans la mesure de la part de l'indivisaire vendeur est qu'elle force la porte de l'indivision au profit d'une personne qui lui est étrangère, solution peu respectueuse de l'*affectio communionis* alors que celui-ci peut être prononcé dans les indivisions familiales. On peut cependant se demander si la requalification en cession de parts n'entraîne pas le jeu du droit de préemption créé par l'article 815-14 et donc, lorsque la procédure prévue à cet effet n'est pas respectée, le jeu d'une action en nullité propre aux indivisaires non consentants (article 815-16), ce qui supprime l'objection. Un des maîtres de la matière s'est prononcé en ce sens[1722]. Certains arrêts ont refusé la solution mais ils sont intervenus dans des hypothèses dans lesquelles la validité de la cession totale n'était pas discutée[1723]. L'hypothèse est donc différente de celle envisagée ici qui correspond exactement, du fait de la requalification, à celle prévue par l'article 815-14, celle d'un indivisaire « qui entend céder » à titre onéreux tout ou partie de sa part dans les biens indivis. La solution du recours à l'article 815-16 revient à imposer la nullité totale sans l'expliciter vraiment[1724] mais, et c'est le troisième reproche, l'intérêt pratique de la validité partielle est douteux.

518.– C'est en effet le point de vue de l'acheteur qui est seul considéré ici. Or, de ce point de vue, la nullité partielle permet certes d'échapper au paiement de l'entier prix prévu au contrat, mais elle présente des inconvénients (l'acheteur ne peut pas sortir du contrat, il reste tenu de l'exécuter à concurrence de la part de l'indivisaire vendeur, sans

---

[1719] *Ex. 1* : « Attendu que chacun des copropriétaires a sur la chose un droit complet, limité seulement par le droit égal de chaque communiste » (Cass. civ., 28 février 1894 : S. 1896, I, 209 n. Lyon-Caen). – *Ex. 2* : « Vu l'article 544 du Code civil ; Attendu que tout propriétaire est recevable à faire reconnaître son droit de propriété indivis » un indivisaire peut intenter seul une action pour obtenir le déguerpissement d'un tiers qui prétend avoir usucapé le bien indivis (Cass. civ. 3e, 28 nov. 1973 : D. 1974, n. H. Souleau). – *Ex. 3* : constitue un vol à l'égard des indivisaires non consentants le fait d'abattre et d'emporter des arbres avec l'accord des autres indivisaires (Cass. crim., 27 février 1996 : Bull. crim. n° 96 ; RTD civ. 1996, p. 936 obs. F. Zénati). – *Contra* : l'indivisaire titulaire d'une créance résultant de la conservation des biens indivis peut poursuivre la saisie de certains de ces biens sans être tenu d'attendre l'issue des opérations de partage (Cass. civ. 1re, 20 février 2001 : Bull. civ. I, n° 41 ; JCP G 2001, I, 358 n° 5 obs. H. Périnet-Marquet ; D. 2001 IR 906 ; RTD civ. 2001 p. 642 obs. J. Patarin et 916 obs. crit. Th. Revet), ce qui suppose, la saisie étant translative de propriété, que ces biens ne lui appartiennent pas.

[1720] V. Hugo, *Les feuilles d'automne*, I (juin 1830). Est ainsi finement ciselée l'idée exprimée dans l'adage « *haeres habet totum in toto et totum in qualibet parte* » qui serait dû à Balde (F. Delhay, ouvr. préc., n° 31, p. 52).

[1721] En ce sens : F. Zénati, obs. RTD civ. 1989, p. 589.

[1722] P. Catala, *L'indivision*, art. préc., Defrénois 1981, p. 343. Même sens : Ph. Jourdain, art. préc. RTD civ. 1987, p. 517 n° 44 ; F. Zénati, obs. RTD civ. 1989, p. 584.

[1723] Cass. civ. 1re, 30 juin 1992 : JCP 1992, IV, 2531 et 1993, I, 3713 n° 2 obs. F. X. Testu. – Cass. civ. 1re, 18 mai 1994 : Juris-data, n° 001267.

[1724] F. X. Testu, Rép. civ. Dalloz, V° *Indivision*, n° 536.

pour autant pouvoir en exiger l'exécution partielle pendant l'indivision puisque le contrat est – désormais – inopposable pour le tout aux autres indivisaires). Par ailleurs, les effets de l'annulation partielle peuvent être très différents selon que l'on attache ou non au contrat un caractère aléatoire. Selon un auteur[1725], l'article 1599 constitue ici pour l'acquéreur un « chemin sans issue » car la nullité « partielle » ne sert à rien : si le bien n'est pas attribué au vendeur lors du partage, il faut agir à nouveau en nullité totale ; et dans le cas contraire l'acheteur ne sera que copropriétaire du bien avec son auteur s'il a obtenu entre-temps la nullité « partielle » ; dans cette approche, le contrat n'a pas de caractère aléatoire car le vendeur reste partie à l'opération pour en garantir l'inexécution ou profiter de ses fruits. On peut cependant considérer également que les parties ont entendu conclure un contrat aléatoire en ce sens que l'acquéreur ne peut agir en nullité de l'opération si le bien ne lui est pas alloti, mais en contrepartie reçoit l'entier bien dans le cas contraire.

Quelle que soit la solution retenue, le système de la nullité partielle – qui est pourtant l'application pure et simple du présupposé du lien entre propriété et pouvoir – ne paraît guère satisfaisant, ce qui explique qu'on lui préfère la nullité ou la validité totale du contrat.

ii) Validité ou nullité totale

519.– Le système de la nullité partielle repose sur l'appréciation souveraine de l'hypothétique volonté présumée des parties par le juge du fond, celui-ci estimant que sous couvert de vente du bien elles ont en réalité poursuivi la vente de la quote-part. Plutôt que de s'en remettre à cette interprétation divinatoire et donc incertaine les parties ont intérêt à préciser expressément l'objet de leur accord, et c'est ce qu'elles font le plus souvent[1726]. Si elles entendent contracter sur la totalité de la chose indivise, la nullité totale de l'acte pour erreur peut en effet être demandée[1727], hors le cas de ratification de la vente par les autres indivisaires. Mais il est plus sûr de prévenir la difficulté en érigeant en condition suspensive l'accord des autres indivisaires ; la défaillance de la condition entraîne l'absence de tout effet translatif ; dans le cas contraire, l'acte échappe tant à la nullité de l'article 1599 (puisqu'il n'y a pas vente de la chose d'autrui) qu'aux aléas du partage (puisqu'il n'y a plus d'indivision)[1728]. Les parties peuvent également conclure la vente sous la condition suspensive que son objet soit mis dans le lot du vendeur. Il est notable que chaque fois qu'elles débouchent sur la validité totale de l'opération, ces solutions[1729] consacrent une certaine dissociation entre le pouvoir de déclencher la vente, exercé par le seul indivisaire vendeur, et la propriété du bien vendu : une dissociation timide, car la validité du contrat continue à dépendre

---

[1725] M. Nevot, *La notion d'opération de partage*, thèse Paris II, 1979, p. 40.

[1726] « au point que l'on se prend aujourd'hui à suspecter la force de la règle selon laquelle la nullité de l'opération ne s'étend pas de plein droit à la part du vendeur dans le bien indivis » : P. Catala, art. préc., Defrénois, p. 333.

[1727] La solution est ancienne : v. par ex. Guillouard, *Traité de la vente*, t. 1, n° 190.

[1728] Rappr. C. civ., art. 2414 al. 2 : l'unanimité des indivisaires permet de faire échapper l'hypothèque aux aléas du partage.

[1729] Sur la ratification, v. spéc. ci-dessus, n° 505.

de l'accord des autres propriétaires concurrents ; mais une dissociation tout de même, car ce ne sont pas eux qui prennent l'initiative de la vente.

Le moment de la sanction a pu poser, sur ce plan, un problème délicat.

b) Moment de la sanction

520.– Seul est concerné ici, en pratique, le recours formé contre l'acte translatif du bien indivis par les indivisaires qui n'y ont pas consenti, recours en nullité-revendication autrefois, en inopposabilité-revendication aujourd'hui[1730]. À quel moment ce recours peut-il être formé, à quel moment la sanction doit-elle intervenir ? Dès la conclusion de l'acte translatif ? Ou bien seulement lorsque, le partage ayant fixé les droits de chacun, il apparaît de façon certaine que l'acte a été conclu sur la chose d'autrui ? C'est seulement la seconde branche de cette alternative qui devrait être retenue selon une vieille théorie, celle de la validité de la vente sous condition résolutoire du partage, qui a connu une audience non négligeable au XIXe siècle : tant que le partage n'a pas eu lieu, selon cette théorie, il n'est pas possible de dire s'il y eu vente de la chose d'autrui ou vente de la chose appartenant à l'indivisaire qui conclut l'acte[1731]. Ce raisonnement fournit un exemple frappant de dissociation entre propriété et pouvoir de disposer : il conduit, en effet à conférer le pouvoir de disposer temporairement de la chose indivise à un indivisaire agissant sans le concours de tous les autres, et donc à priver le principe d'unanimité de sanction durant le cours de l'indivision.

Cette théorie est abandonnée depuis longtemps[1732]. À juste titre. Certains effets de l'acte translatif opèrent en effet immédiatement et ne sont pas susceptibles d'être effacés rétroactivement par les résultats du partage : par exemple l'usage et la jouissance par tout indivisaire du bien indivis[1733], l'affectation à l'indivision des fruits et revenus des biens indivis[1734], la recevabilité de la demande de mesures judiciaires de protection... Il est donc souhaitable que l'inopposabilité opère immédiatement, sans attendre les résultats du partage.

Il reste que le fondement retenu pour justifier la recevabilité immédiate de l'action en inopposabilité est discuté. La Cour de cassation retient comme fondement l'article 883 du Code civil, c'est-à-dire l'effet déclaratif du partage[1735], ou bien l'application combinée des articles 815-3 et 883[1736]. Bien qu'approuvé par une partie de la doctrine[1737], le raisonnement est quelque peu paradoxal : comment tout

---

[1730] Sur la nature du recours, v. *supra*, n° 512.
[1731] Pour un exposé et l'historique de cette théorie, v. G. Minvielle, note au D. 1927, II p. 103.
[1732] V. cep. Cass. civ. 3e, 14 novembre 1968 (Bull. civ. III, n° 466, p. 355), mais il s'agit d'un arrêt isolé (v. crit. P. Catala, art. préc., Defrénois 1981, p. 338).
[1733] C. civ., art. 815-9. V. Ch. Atias, *Les biens*, préc., n° 200.
[1734] C. civ., art. 815-10.
[1735] Ex. : Cass. civ. 1re, 7 juillet 1987, préc. *supra*, n° 511 in fine.
[1736] Cass. civ. 1re, 15 juin 1994 : D. 1994 IR p. 186.
[1737] P. Catala, art. préc., Defrénois 1981, p. 351 (à propos de l'hypothèque) ; Ph. Jourdain, note préc., JCP 1988, II, 20999.

à la fois soumettre l'efficacité de l'acte au résultat du partage et ne pas attendre ce résultat ? On comprend donc certaines résistances jurisprudentielles[1738]. On comprend aussi qu'il ait fait l'objet d'une vive critique doctrinale[1739] fondée sur l'idée qu'on ne peut pas régir une situation actuelle par des effets futurs, fussent-ils certains et rétroactifs, d'où il découle que l'inopposabilité qui régit l'indivision est distincte de celle qui résulte de l'effet du partage. La Cour de cassation elle-même sait le rappeler à l'occasion ; ainsi elle jugé par exemple, à un autre propos, que :

> « *Vu l'article 815-9 du Code civil, ensemble l'article 883 du même code ; Attendu qu'il résulte du premier de ces textes que tout copropriétaire est en droit de faire cesser les actes accomplis par un autre indivisaire qui ne respectent pas la destination de l'immeuble ou qui portent atteinte à ses droits égaux et concurrents sur la chose indivise et d'agir à cet effet, ainsi que pour obtenir réparation du préjudice consécutif auxdits actes* sans attendre le partage *; que, d'autre part,* l'effet déclaratif du partage ne saurait effacer les conséquences de tels actes dans les rapports entre indivisaires »[1740].

De la même façon, le bail du bien indivis accordé sans l'autorisation de tous les indivisaires (avant la réforme sur ce point de l'article 815-3 du C. civ. par la loi du 23 juin 2006) est inopposable pendant l'indivision (la jouissance du bien étant indivisible) alors qu'il peut devenir opposable si le bien échoit lors du partage à l'indivisaire bailleur. À l'inverse, il est excessif de regarder la vente comme étant inopposable pour le tout jusqu'au résultat du partage : elle est opposable en tant qu'elle est accomplie sur la part de son auteur. Il paraît donc plus indiqué de fonder l'inopposabilité sur l'idée que les biens indivis font l'objet de droits de propriété identiques et concurrents, et que déroger à la règle de l'unanimité équivaut à porter atteinte[1741] au droit de propriété des indivisaires qui n'ont pas donné leur consentement[1742].

*

*   *

521.– Conclusion : le présupposé de la corrélation entre propriété et pouvoir se manifeste de diverses façons dans l'acte translatif d'un bien indivis. La loi ne prévoyant pas de sanction lorsque cet acte est accompli par un indivisaire en infraction à la règle de l'unanimité, la jurisprudence a pendant longtemps raisonné en termes de propriété à l'égard des indivisaires non consentants, leur ouvrant une

---

[1738] CA Paris, 22 mars 1991, inédit, cassé par Cass. civ. 1re, 15 juin 1994 : Bull. civ. I, n° 213, p. 154 ; D. 1994 IR p. 186 ; RTD civ. 1995 p. 411 obs. J. Patarin.

[1739] F. Zénati, obs. préc. RTD civ. 1989, p. 583 et 1993, p. 615, ainsi que (rappr.) 1995, p. 153.

[1740] Cass. civ. 1re, 15 avril 1980 (Bull. civ. I, n° 109, soul. par nous).

[1741] Dans la mesure de leur part, car les indivisaires non consentants ne revendiquent pas le bien indivis lui-même mais leurs quote-parts dans ce bien (ex. en ce sens : Cass. civ. 1re, 7 janvier 1955 : D. 1955 p. 165 ; RTD civ. 1956, p. 146 obs. J. Carbonnier).

[1742] L'article 544 du Code civil suffit donc pour expliquer ces solutions (F. Zénati, obs. RTD civ. 1989, p. 584). Rappr. F. X. Testu, Rép. civ. Dalloz, V° *Indivision*, préc., n° 899.

action en nullité à concurrence de leurs parts, regardées comme étant la chose d'autrui au sens de l'article 1599 du Code civil. Cette sanction tout à fait inappropriée a été remplacée aujourd'hui par celle de l'inopposabilité, laquelle traduit une approche plus fine de l'acte translatif puisqu'elle consiste à raisonner non plus en termes de propriété mais de pouvoir, l'inopposabilité étant la sanction du défaut de pouvoir.

Il est notable également que la sanction de l'inopposabilité-revendication n'est plus retardée aujourd'hui au moment du partage, ce qui consacrait jusque là une certaine dissociation entre propriété et pouvoir, mais opère dès la conclusion de l'acte translatif.

522.– Dans les rapports entre les parties à l'acte translatif, la jurisprudence s'en tient, dans le droit fil du présupposé, à un système de nullité partielle en dépit de divers inconvénients pratiques que cela présente.

2° Vente d'une chose grevée d'usufruit

523.– Des difficultés posées par l'acte translatif *a non domino*, il faut rapprocher celles posées par la vente d'un bien grevé d'usufruit. Il s'agit en effet toujours du même problème, celui du sort de l'acte translatif accompli par une personne sans pouvoir pour le faire. Rapprocher mais distinguer. Le problème, en effet, se pose ici en termes sensiblement différents. Jusqu'ici, nous avons raisonné sur la sanction à attacher à l'acte translatif une fois celui-ci conclu par le *non dominus*. En matière d'usufruit, ce même problème peut se poser[1743] ; dans la pratique, cependant, la difficulté apparaît plus souvent *ex ante* : elle consiste à se demander si la vente du bien peut être imposée par le nu-propriétaire à l'usufruitier, ou par celui-ci à celui-là.

524.– Le mécanisme de l'usufruit doit également être rapproché mais distingué de celui de l'indivision. Dans les deux cas, en effet, une pluralité de droits portent sur une même chose, avec cette même conséquence que l'exclusivité attachée à la propriété est écartée à l'égard de certaines personnes. Dans l'indivision, cependant, il s'agit de droits de même nature, identiques. En revanche, la nue-propriété et l'usufruit sont des droits différents[1744], le nu-propriétaire ayant la propriété de la chose alors que l'usufruitier est titulaire d'un droit sur la chose d'autrui[1745]. La distinction est importante car le partage est la règle en matière d'indivision, en ce sens qu'il peut toujours être provoqué[1746] alors que, faute d'indivision entre eux, ni l'usufruitier ni le nu-propriétaire ne peut imposer à l'autre la vente du bien grevé d'usufruit. Il peut, certes, arriver que la propriété d'un même bien soit à la fois

---

[1743] Ex. : Cass. civ. 3e, 28 mars 1990 : D. 1991, p. 163 obs. G. Paisant (cassation au visa des articles 1599 et 621 C. civ. de l'arrêt qui annule la vente de l'immeuble indivis par le nu-propriétaire, alors que cette vente est seulement inopposable à l'usufruitier demandeur).

[1744] Cass. civ. 1re, 25 novembre 1986 : D. 1987, p. 141 n. G. Morin.

[1745] « L'usufruit est le droit de jouir des choses *dont un autre a la propriété* [...] » : C. civ., art. 578 (soul. par nous). « Reconnaître en cours d'usufruit un droit de propriété à l'usufruitier » sur la chose (C. Caron et H. Lécuyer, *Le droit des biens*, Dalloz, 2002, p. 127) est donc aller contre le texte.

[1746] C. civ., art. 815. Cf. *supra*, note 1714.

« démembrée »[1747] et indivise en ce sens que l'usufruit et/ou la nue-propriété en sont indivis entre deux ou plusieurs personnes[1748], mais il s'agit alors d'indivisions distinctes, donnant lieu à des partages distincts en cas de double indivision de l'usufruit et de la nue-propriété[1749].

Cela est riche d'inconvénients lorsque le partage en nature est impossible car la licitation séparée de l'usufruit et de la nue-propriété ne suscite pas un grand attrait, et les intéressés (ainsi que leurs créanciers agissant par la voie oblique, voire le mandataire judiciaire à la liquidation) n'ont pas d'autre alternative que de subir la situation ou d'accepter un dommage financier pour en sortir. Il est donc apparu souhaitable que le partage de l'indivision en usufruit ou en nue-propriété puisse entraîner la licitation de la pleine propriété, et cela même en l'absence d'accord de l'autre partie au rapport de droit démembré. La question est de nature à illustrer la force et la faiblesse du présupposé du lien entre propriété et pouvoir : l'usufruitier universel est protégé, en ce sens que cette vente ne peut pas se faire contre son gré (a), en revanche la licitation de la pleine propriété peut être ordonnée par le juge en cas d'usufruit de quote-part (b).

a) Protection de l'usufruitier universel

525.– L'usufruit peut porter soit sur la totalité du bien (bien isolé, ou masse de biens), soit sur une quote-part de celui-ci. On parle dans le premier cas d'usufruit universel, dans le second cas d'usufruit de quote-part (dit aussi de quotité, ou partiaire). Dans le premier cas, il n'y a pas d'indivision de la jouissance et, faute d'indivision, l'usufruit n'est pas à partager ; la jurisprudence s'était donc toujours refusée à autoriser le nu-propriétaire à vendre la pleine propriété contre le gré de l'usufruitier universel. Un accident législatif bien connu[1750] a cependant généré sur ce point une jurisprudence éphémère mais qui vaut d'être rapportée en raison de son intérêt pour notre propos.

La loi du 31 décembre 1976 relative à l'organisation de l'indivision avait entendu consacrer la solution traditionnelle en la matière mais en utilisant une rédaction maladroite qui admettait sans condition la vente de la pleine propriété[1751], et la

---

[1747] Si l'on accepte cette « métaphore [...] consistant à faire de l'usufruit un morceau de la pleine propriété » (selon l'expression utilisée *in* J.-P. Chazal, *L'usufruit et l'associé*, Defrénois, 2000, p. 743, n° 4), usuelle dans la théorie classique de la propriété, vivement critiquée par d'autres auteurs (F. Zénati et Th. Revet, *Les biens*, préc., n° 244).

[1748] Hypothèse de l'indivision dite « complexe » depuis l'article classique du doyen R. Nerson, *Observations sur quelques formes particulières d'indivision*, Mélanges Savatier, 1965, p. 708.

[1749] Il peut y avoir indivision soit au niveau de l'usufruit, soit au niveau de la nue-propriété, soit au niveau des deux et c'est seulement dans ce troisième cas qu'il y a des partages distincts.

[1750] Ex. : F. Terré et Y. Lequette, *Les successions, Les libéralités*, 3e éd., préc., n° 847 ; P. Sirinelli, *Le quasi-usufruit*, PA 26 juillet 1993, p. 26, n° 127 s.

[1751] Il était indiqué qu'un indivisaire peut être autorisé par justice à passer seul un acte pour lequel le consentement d'un coïndivisaire serait nécessaire si le refus de celui-ci met en péril l'intérêt commun, et que « *Le juge ne peut toutefois, sinon aux fins du partage, autoriser la vente de la pleine propriété d'un bien grevé d'usufruit contre la volonté de l'usufruitier* » (C. civ., art. 815-5 al. 2, réd. L. 31 déc. 1976) : outre que l'usufruitier était assimilé à un indivisaire, le texte ne précisait pas qu'il visait uniquement l'usufruit de quotité.

jurisprudence en avait déduit trop largement que ce texte permettait de briser la résistance d'un usufruitier, fût-il universel, chaque fois que des nu-propriétaires entendaient liciter le bien en pleine propriété[1752]. Il avait en effet été jugé, à propos d'un usufruit universel :

> « *attendu que le partage peut toujours être ordonné et qu'à cette fin [...] la vente de la pleine propriété d'un bien grevé d'usufruit peut être judiciairement ordonné contre la volonté de l'usufruitier* »[1753].

Une telle vente entre mal dans le présupposé du lien entre propriété et pouvoir. Elle dissocie en effet deux éléments qui sont rarement distingués en matière d'acte translatif : le déclenchement d'une part, l'effet translatif de l'autre. Ce dernier se produit bien dans le patrimoine du vendeur, en ce sens que c'est lui qui fournit le bien. Mais l'initiative de l'acte lui échappe, elle appartient à une autre personne, investie du pouvoir d'opérer l'acte translatif alors pourtant qu'elle n'a pas la propriété de la chose. Banal exemple de vente forcée ? Sans doute, mais précisément il s'agit là d'un mécanisme dont le particularisme est rarement étudié dans la perspective de l'acte translatif.

La solution considérée, il est vrai, aboutissait à des conséquences pratiques si fâcheuses (elle affectait d'une grande fragilité les libéralités en usufruit) que le législateur a entendu y couper court en modifiant le texte de l'article 815-5 du Code civil, qui dispose désormais que « *Le juge ne peut, à la demande d'un nu-propriétaire, ordonner la vente de la pleine propriété d'un bien grevé d'usufruit contre la volonté de l'usufruitier* »[1754]. Ce texte, qui paraît énoncer une évidence[1755], rappelle en réalité qu'il n'y a pas d'indivision entre des droits qui ne sont pas de même nature (on remarque qu'il prend l'exact contre-pied de l'attendu cité ci-dessus). Réparant le malentendu, la Cour de cassation est revenue presque aussitôt aux solutions antérieures[1756]. Ce sont elles qu'il faut donc maintenant considérer.

b) Licitation de la pleine propriété

526.– Le présupposé du lien entre propriété et pouvoir interdisait à la jurisprudence d'attaquer de façon frontale le monopole du propriétaire pour ce qui est de la conclusion d'un acte translatif de droit. Outre les considérations d'opportunité, c'est sans doute cela qui explique la protection particulière accordée à l'usufruitier universel. Cet argument technique n'est pas utilisable lorsqu'il existe une indivision en jouissance, ou une indivision en jouissance et en nue-propriété. En pareil cas, un partage est possible. Il est remarquable que la jurisprudence a mis à profit ce partage pour imposer dans certaines conditions la solution dont nous avons souligné

[1752] Cass. civ. 1re, 11 mai 1982 : D. 1983, p. 413 n. G. Champenois ; JCP 1983, II, 20095 n. M. Dagot.

[1753] Cass. civ. 1re, 11 mai 1982, préc.

[1754] C. civ., art. 815-5 al. 2, réd. L. 6 juillet 1987, dont l'application est expressément exclue en cas d'usufruit de quotité (art. 819 C. civ., réd. L. n° 2006-728, préc.).

[1755] « ... retour au droit commun : nul ne peut être exproprié pour cause d'utilité privée » : F. Zénati, obs. RTD civ. 1987, p. 812.

[1756] Viole l'art. 815-5 C. civ. l'arrêt « qui prescrit contre la volonté d'une veuve la licitation d'immeubles grevés de son usufruit universel à la demande d'héritiers ayant seulement vocation à la nue-propriété » : Cass. civ. 1re, 29 mars 1989 (Defrénois 1989 art. 34603 n. G. Morin ; RTD civ. 1990, p. 112 obs. F. Zénati).

l'opportunité, en s'attaquant par la bande au présupposé. Elle considère, en effet, que le partage de l'usufruit peut conduire à la licitation de la pleine propriété (1), et la solution a sans doute vocation à s'appliquer en cas de partage de la nue-propriété (2).

1. En cas de partage de la jouissance

527.– Une jurisprudence traditionnelle admet exceptionnellement, en présence d'un usufruit de quote-part, alors pourtant qu'il n'y a donc pas d'indivision avec le ou les nu-propriétaires de la chose, qu'il est possible d'ordonner la vente de la pleine propriété. Le respect de deux conditions est exigé : l'impossibilité du partage en nature ne permet pas de déterminer l'assiette de l'usufruit, et la licitation de la pleine propriété est seule conforme à l'intérêt commun de toutes les parties en cause car elle seule évite la dépréciation du bien qui découlerait de la licitation du seul usufruit. L'arrêt de principe, rendu en 1932, formule ces conditions dans les termes suivants :

> « *Lorsque le droit de l'usufruitier porte sur une quote-part des biens d'une succession, il y a indivision entre lui et l'héritier quant à la jouissance ; si en principe, pour y mettre fin, il ne peut être procédé qu'à un partage de jouissance, il en est autrement lorsque la licitation de la pleine propriété apparaît comme nécessaire à l'assiette de l'usufruit et comme seule protectrice de l'intérêt des parties* »[1757].

On observe que l'arrêt ne passe outre au présupposé qu'au prix d'un double artifice technique. En premier lieu, il y avait ici un seul usufruitier partiaire, alors que la licitation suppose un partage, lequel suppose une indivision ; l'arrêt[1758] trouve celle-ci, non sans artifice, dans le fait que la pleine propriété porte en elle (à l'état « causal ») usufruit et nue-propriété, qu' « il existe au fond de toute pleine propriété un usufruit et une nue propriété qui sommeillent »[1759], et il en déduit qu'il y a indivision quant à la jouissance entre le plein propriétaire et l'usufruitier.

En second lieu, puisqu'indivision de jouissance il y a, le partage n'est possible en principe que de la jouissance. Comment comprendre, par delà les arguments d'opportunité, qu'il porte sur la pleine propriété ? Comment justifier l'expropriation du nu-propriétaire dont le droit n'est pas indivis ? Les commentateurs de l'arrêt n'ont pas manqué de s'interroger sur ce point, sans pouvoir fournir de réponse. Ainsi, dans cette possibilité de liciter des droits non indivis, le doyen Savatier voyait une manifestation du déclin de l'absolutisme du droit de propriété[1760]. M. Zénati considère que ce pseudo « partage de jouissance » consiste simplement à assigner à l'usufruitier partiaire l'assiette de son droit, autrement dit qu'il s'agit d'une

---

[1757] Cass. req., 20 juillet 1932 : D.P. 1933, 1, 116 n. R. Savatier. – Même sens, v. not. Cass. civ. 1re, 22 janvier 1962 : D. 1962, p. 418 n. G. Cornu. La solution est désormais consacrée par le nouvel art. 817 C. civ. (réd. L. n° 2006-728).

[1758] Nullement isolé sur ce point. V. not. dans le même sens : Cass. civ., 25 août 1879 : DP 1879, 1 p. 449. – Cass. civ. 1re, 19 janvier 1999 : Bull. I, n° 24 ; JCP 1999, I p. 189, obs. R. Le Guidec. – TGI Châlon-sur-Saône, 16 juin 1999 : D. 2000, p. 59 n. crit. D. Jacotot ; RTD civ. 2000, p. 373 obs. crit. J. Patarin.

[1759] Pour reprendre l'image de Josserand (sous CA Lyon, 5 mars 1931 : D. 1932,2 p. 1).

[1760] Note préc., D. 1933.1 p. 113.

délivrance d'usufruit, peu important que cela aboutisse à une vente en pleine propriété[1761]. L'explication est extrêmement séduisante mais vente de la pleine propriété il y a. Nous y voyons une manifestation de la dissociation, dont il est d'autres exemples, entre la propriété d'une chose et le pouvoir d'en disposer. Il doit être observé, sur ce point, que la mise en œuvre de cette dissociation est strictement encadrée puisqu'elle a un caractère nécessairement judiciaire et qu'elle est enfermée, on le voit, dans des conditions destinées à en prévenir une utilisation abusive.

Il reste à se demander si cette même dissociation peut être pratiquée en cas de partage de la nue-propriété.

2. En cas de partage de la nue-propriété

528.– Il peut y avoir plusieurs nus-propriétaires (plusieurs descendants, par exemple, en matière d'indivision successorale) et il existe alors une indivision entre les seuls nus-propriétaires. Un partage est en ce cas possible, mais seulement en principe de la nue-propriété ; ce point n'est pas discuté. Pas davantage ne l'est l'existence d'une indivision quant à la nue-propriété entre le nu-propriétaire et le plein propriétaire, puisqu'il s'agit là de deux droits de propriété, et donc de deux droits de même nature. Le partage de la nue-propriété peut-il conduire à la licitation de la pleine propriété ? Cela est exclu en présence d'un *usufruitier universel* par l'article 815-5 alinéa second du Code civil[1762]. La question se pose cependant de savoir si cette protection doit également être étendue au plein propriétaire d'une quote-part lorsque celui-ci se trouve être également usufruitier universel au titre d'un usufruit causal ; elle ne comporte pas en l'état de réponse claire[1763].

Le partage est-il exclu, par ailleurs, en présence d'un *usufruitier partiaire* ? La solution est longtemps restée incertaine, car discutée par les auteurs[1764] (voir désormais le nouvel article 819 du Code civil). La force du présupposé n'est donc pas telle qu'elle condamne l'éventualité envisagée.

*
* *

[1761] F. Zénati, *La nature juridique de la propriété*, th. préc., n° 336 s., p. 461 ; même auteur, obs. *in* RTD civ. 1990, p. 525 et 1997, p. 172.

[1762] Ex. : Cass. civ. 1re, 2 février 1999 : Bull. civ. I, n° 42 (rejet de la demande en partage formée par un créancier d'un nu-propriétaire par la voie oblique). La solution est désormais consacrée par le nouvel art. 818 C. civ. (réd. L. n° 2006-728).

[1763] *Pro* (partage de la seule nue-propriété) : Cass. civ. 1re, 6 février 1996, Bull. civ. I, n° 64 ; JCP G 1996, I, 3972 n° 19 obs. H. Périnet-Marquet ; Defrénois 1996, art. 36448 obs. Ch. Atias ; RTD civ. 1996 p. 683 obs. J. Patarin et 1997, p. 172 obs. crit. F. Zénati (indivision quant à la nue-propriété entre le conjoint survivant propriétaire d'une moitié de la communauté et usufruitier de l'autre moitié, et l'héritier). – *Contra* (licitation de la pleine propriété) : TGI Chalon-sur-Saône, 16 juin 1999, D. 2000, p. 59, note D. Jacotot ; RTD civ. 2000, p. 373, obs. J. Patarin.

[1764] *Pro* : F. Zénati, obs. préc. RTD civ. 1990, p. 525 ; F. X. Testu, Rép. civ. Dalloz, V° *Indivision*, préc., n° 214 ; Mathieu, *Considérations sur la vente en pleine propriété d'un bien grevé d'usufruit*, JCP N 1988 N, prat. p. 241. – *Contra* : M. Dagot, *La vente d'un bien grevé d'usufruit*, JCP N 1987, I, 302, n° 35. – Ne prend pas parti : J. Patarin, obs. RTD civ. 1997, p. 200 ; M. Grimaldi, *Droit civil, Successions*, préc., n° 875, 2.

529.– Conclusion : Usufruitier et nu-propriétaire n'étant pas en indivision, aucun des deux ne peut imposer à l'autre la vente du bien objet de l'usufruit. Le présupposé fonctionne moins bien lorsqu'il y a indivision quant à l'usufruit ou/et quant à la nue-propriété d'un même bien (en cas d'indivision « complexe »). Sans doute, en ce cas, l'usufruitier universel (celui qui a la jouissance de la *totalité* du bien) ne peut pas se voir imposer la licitation du bien, en vertu d'une disposition législative expresse.

Il en va différemment lorsque l'usufruit ne porte que sur une *partie* de l'indivision. Dans cette hypothèse, la jurisprudence reconnaît à cet usufruitier partiaire ainsi qu'au nu-propriétaire dans certains cas le pouvoir de demander un partage[1765], cela contre un coïndivisaire plein propriétaire. Elle consacre ainsi, par delà la diversité des explications proposées en doctrine pour justifier cette solution, une forme de dissociation entre pouvoir et propriété.

On note, incidemment, qu'il est en soi plus grave d'admettre une vente provoquée par l'usufruitier que par le nu-propriétaire car ce n'est pas l'usufruitier qui vend, il déclenche simplement la vente (il déclenche le partage pour se voir attribuer son assiette d'usufruit). On note également que l'usufruitier, qui a un droit relativement faible, peut contraindre le nu-propriétaire à vendre, alors que les nu-propriétaires ne le peuvent pas, du moins quand l'usufruitier a l'usufruit universel.

Il reste à montrer que l'acte translatif conclu *a non domino* ne pose pas seulement des problèmes à l'égard des parties ou des personnes directement concernées par la propriété, mais aussi à l'égard des sous-acquéreurs.

§ 2. – SORT DU SOUS-ACQUÉREUR

530.– « Le titre ne fait pas le maître »[1766]. Une chose est la sanction de l'acte translatif accompli *a non domino*. Autre chose est de savoir quelles sont les répercussions de l'inefficacité de cet acte sur le tiers à qui l'ayant cause lui-même a retransmis la propriété du bien. Sa situation est des plus inconfortables car elle est liée à celle de son auteur, ce dernier ne pouvant lui transmettre (« *Nemo plus juris* ») plus de droits qu'il n'en avait lui-même : tout anéantissement d'un acte ayant pour objet la translation d'un droit entraîne l'anéantissement de l'effet translatif, qui atteint d'abord l'acquéreur et aussi, par contrecoup, rejaillit sur son ayant cause. Il appartient, certes, à celui-ci (sous-acquéreur) de s'informer sur la réalité de ces droits, mais il reste à la merci de leur disparition rétroactive, que ce soit par l'effet d'une nullité, d'une rescision, d'une résolution (« *Resoluto jure dantis resolvitur jus accipientis* ») ou d'une révocation[1767]. Une publicité spéciale des actions en justice

---

[1765] V. *supra*, n. 1764.
[1766] H. Roland et L. Boyer, *Adages du droit français*, Litec, 4e éd., 1999, préc., p. 873.
[1767] C. civ., art. 953 s.

tendant à cette fin est bien prévue, en matière immobilière, à peine d'irrecevabilité de ces demandes[1768], mais l'acquisition du droit a pu intervenir entre-temps.

Un autre risque pour le sous-acquéreur d'un immeuble est que son auteur ait sciemment acquis celui-ci d'une personne qui l'avait déjà vendu à un premier acquéreur, qu'il l'ait acquis en second de mauvaise foi. L'acte dont ce second acquéreur tient ses droits est alors inopposable au premier acquéreur. Le présupposé du lien entre la propriété et le pouvoir de la transmettre voudrait alors que le droit du sous-acquéreur le soit également.

Or il est notable que notre système juridique, s'il respecte formellement le présupposé, n'en multiplie pas moins les correctifs destinés à en pallier les conséquences, perçues comme étant exagérément sévères à l'égard du sous-acquéreur et de nature à porter atteinte à la sécurité du commerce juridique et donc à paralyser la circulation des biens[1769]. Il le fait en multipliant les palliatifs au pouvoir de transmettre le bien (A) ou même, peut-on dire, en dissociant la propriété du bien et le pouvoir de le transmettre (B).

A. – Respect du présupposé et palliatifs au pouvoir de transmettre

531.– Les données dont il convient de faire état ici sont bien connues et ne nécessitent donc pas de longs développements. Le principe, dicté par le présupposé, est que la rétroactivité de l'anéantissement du droit transmis développe ses effets non seulement dans les rapports entre les parties à l'acte translatif considéré mais aussi à l'égard des tiers qui l'ont acquis d'elles par la suite. Ainsi, si l'acquisition du premier acquéreur est annulée, il est censé de ne jamais avoir été propriétaire du bien et il n'a donc pas pu le transmettre valablement à son propre ayant cause. Cette réaction en chaîne est incontournable si l'on s'en tient à l'application de la règle « de logique »[1770] qu'est « *Nemo plus juris* », et pour peu que les sous-acquéreurs aient été mis en cause dans l'instance principale afin que la décision leur soit opposable[1771]. Il y a pourtant là une source de grande insécurité juridique car – sans parler ici des problèmes de preuve[1772] – le sort du droit dépend de celui de l'acte juridique qui l'a transmis alors que, précisément, une des caractéristiques de notre système juridique est de ne pas instituer de contrôle a priori de la validité des actes juridiques, fussent-ils translatifs de propriété, mais de faire dépendre leur validité de l'examen judiciaire *a posteriori* du respect des conditions de celle-ci au moment de leur formation.

[1768] Décret du 4 janvier 1955 portant réforme de la publicité foncière, art. 28,4,*c*. La jurisprudence s'en tient à une application stricte de ce texte (ex. : Cass. civ. 3e, 18 mars 1998 : D. 1998, somm. p. 382 obs. S. Piedelièvre).

[1769] L. Montagné, *Le principe de libre circulation des biens en droit civil*, thèse Montpellier 1, 2000, *passim*.

[1770] F. Terré et Ph. Simler, *Les biens*, préc., n° 427.

[1771] NCPC, art. 66 et 331. Lorsque ce n'est pas le cas, la tierce opposition du sous-acquéreur est recevable si la décision est postérieure à la publication de son acquisition (Cass. civ. 1re, 28 février 1967 : Gaz. Pal. 1967, I, 322 ; RTD civ. 1967 p. 886 obs. Raynaud).

[1772] La preuve a pour objet non pas le droit lui-même mais l'acte ou le fait juridique par lequel il a été acquis (F. Terré et Ph. Simler, *Les biens*, préc., n° 532).

Le respect du présupposé constitue donc bien le principe : nul ne peut transférer un droit dont il n'a pas la propriété.

532.– Les correctifs apportés à ce principe sont cependant nombreux[1773]. Ils constituent autant de palliatifs à l'impossibilité d'une relation auteur-ayant cause entre l'auteur de l'acte, qui n'est pas titulaire du droit dont il s'agit, et celui qui acquiert le droit. Il s'agit bien, en effet de pallier cette impossibilité « logique » en considérant que l'acquisition du droit se fait par l'effet de la loi, et non pas par celui de la volonté de son précédent titulaire (si l'acte invalidé est unilatéral) ou par la rencontre de sa volonté et de celle de l'acquéreur (s'il s'agit d'une convention).

Le plus usité est certainement l'article 2279 du Code civil qui, dans le cas considéré (celui d'une acquisition *a non domino*) fait acquérir la propriété des meubles au possesseur de bonne foi, instantanément si la chose n'avait pas été perdue ou volée[1774], au bout d'un délai de trois ans dans le cas contraire.

En matière immobilière, il n'est possible de suppléer à l'absence de qualité du propriétaire chez celui de qui le possesseur tire son droit que par le long délai de l'usucapion trentenaire[1775], ramené à dix ou vingt ans lorsque le possesseur est de bonne foi et dispose d'un juste titre[1776], c'est-à-dire d'un titre translatif apparemment valable[1777].

À défaut, il est admis cependant que le tiers sous-acquéreur ne subit pas les effets de l'absence de droit de son auteur s'il peut invoquer la théorie de la propriété apparente ; aux termes de cette théorie, fondée par la jurisprudence sur la règle « *error communis facit jus* », le tiers de bonne foi qui agit sous l'empire de l'erreur commune ne tient son droit ni du propriétaire apparent, ni du propriétaire véritable : il est investi par l'effet de la loi[1778] et la nullité du titre du propriétaire apparent, serait-elle d'ordre public, est sans influence sur la validité des aliénations par lui consenties dès lors que la cause de la nullité est demeurée et devait nécessairement demeurer ignorée de tous[1779].

Dans les trois cas, il est possible de considérer que le présupposé est sauf, faute de translation du droit imputable à son précédent titulaire. Mais l'on peut considérer aussi bien, tout au contraire, que ces palliatifs dissimulent mal de redoutables entorses qui sont apportées au présupposé parce que ses conséquences pratiques sont insupportables.

[1773] Et souvent recensés. Ex. : F. Terré, Ph. Simler, Y. Lequette, *Les obligations*, préc., n° 432 ; S. Mercoli, *La rétroactivité dans le droit des contrats*, PUAM, 2001.
[1774] Ex. : CA Paris, 29 juin 1992 : D. 1993, somm. p. 209, obs. E. Fortis (affaire du Prud'hon). Autre ex. : Cass. com., 14 octobre 1997 : D. 2000, somm. p. 74 obs. D. Mainguy (sous-acquéreur d'un preneur en crédit-bail).
[1775] C. civ., art. 2262.
[1776] C. civ., art. 2265.
[1777] Ph. Malaurie et L. Aynès, *Les biens*, préc., n° 566.
[1778] Cass. civ. 1re, 22 juillet 1986 : D. 1987, somm. p. 13 obs. A. Robert.
[1779] Cass. civ. 1re, 3 avril 1963 : D. 1964, p. 306 n. J. Calais-Auloy ; JCP 1964, II, 13502 n. J. Mazeaud.

533.– Par ailleurs, mettons à part l'hypothèse de l'usucapion trentenaire, qui s'explique par le fait qu'en droit aussi le temps efface toute chose. Il est frappant, alors, de relever que les trois mécanismes examinés ont ceci de commun que leur fonctionnement est subordonné à l'intervention d'une personne qui n'a pas la propriété de la chose, ni le pouvoir de la transmettre, mais qui intervient comme *déclencheur* dans le processus d'acquisition. Cette personne n'est évidemment pas l'auteur, puisque ce n'est pas d'elle que l'acquéreur tient son droit, mais à l'instar de l'auteur elle provoque le transfert (ne parle-t-on pas, un peu curieusement, des « ayants cause de l'héritier apparent » ?)[1780]. Tout se passe comme si elle était un substitut de l'auteur « du » transfert...

Et plus largement, tout se passe comme si le système juridique voulait se raccrocher de toute force au schéma du présupposé. Cela est plus net encore dans l'hypothèse particulière qu'il convient maintenant d'examiner.

B. – RESPECT DU PRÉSUPPOSÉ ET MAINTIEN DU POUVOIR DE TRANSMETTRE

534.– Cette manifestation intéresse l'hypothèse des ventes successives d'un même bien par un même auteur. Elle tient en l'explication avancée pour justifier, lorsque le second acquéreur est de mauvaise foi et a revendu, comment son propre ayant cause, sous-acquéreur, peut néanmoins recevoir de lui le droit s'il est lui-même de bonne foi.

Nous laissons ici de côté une question préliminaire, celle de savoir comment le vendeur peut transmettre au second acquéreur une propriété qu'il a déjà transmise à son premier ayant cause [1781]. Nous ne nous attarderons pas sur une autre question, classique, celle du conflit entre les deux acquéreurs successifs. Il est bien connu, en effet, qu'est préféré non pas celui qui a acheté le premier mais celui qui le premier a publié son acte d'acquisition au bureau des hypothèques[1782] car un système de publicité doit fonctionner mécaniquement et le second acquéreur ne commet aucune fraude puisqu'il ne fait que profiter d'un avantage reconnu par la loi à l'acquéreur le plus diligent[1783] ; il est bien connu également qu'il existe cependant un « butoir à l'immoralité »[1784] en ce sens que la mauvaise foi du second acquéreur ayant publié le premier (sa connaissance effective de l'existence de la première vente) la lui rend opposable[1785]. Il s'agit là de questions délicates (le rôle assigné par la jurisprudence

---

[1780] F. Terré et Ph. Simler, *Les biens*, préc., n° 71.

[1781] Sur ce point, v. *infra*, n° 542.

[1782] Les textes prévoient en effet que les actes non publiés sont inopposables aux *tiers* qui, sur le même immeuble, ont acquis du même auteur des droits concurrents en vertu d'actes soumis à publication et publiés (Décret du 4 janvier 1955 portant réforme de la publicité foncière, art. 30 par. 1).

[1783] Cass. civ., 7 décembre 1925 : D.P. 1926.1 p. 185 n. R. Savatier.

[1784] M. Gobert, *La publicité française, cette mal aimée*, Études offertes à Jacques Flour, 1979, p. 224.

[1785] Cass. civ. 3e, 22 mars 1968 (D. 1968, p. 412 n. J. Mazeaud ; JCP G 1968, II, 15587 n. Plancqueel ; RTD civ. 1968, p. 564 obs. J. D. Bredin). Cet « arrêt *Vallet* » est fameux pour avoir parachevé l'évolution vers une meilleure protection du premier acquéreur en abandonnant l'exigence ancienne d'une fraude, voire d'un concert frauduleux (Ph. Simler et Ph. Delebecque, *Les sûretés, La publicité foncière*, préc., n° 837). *Nota* : la connaissance de l'aliénation antérieure n'est sanctionnée que si elle existe au moment de l'acquisition et non lors de la signature de l'acte authentique : Cass. civ. 3e,

à la connaissance effective d'un droit soumis à publicité mais non publié n'est pas uniforme, et la matière a donc vocation à évoluer)[1786] mais qui se situent en amont de la question que nous nous proposons d'examiner.

535.– Cette question est celle du conflit entre le premier acquéreur et l'ayant cause du second. Aucun problème spécifique ne se pose, sans doute, si le second acquéreur et le sous-acquéreur sont tous deux de mauvaise foi, ou tous deux de bonne foi. Mais que décider si le second acquéreur est de mauvaise foi et le sous-acquéreur de bonne foi ?[1787] Si l'on ne veut pas faire subir au sous-acquéreur les conséquences d'une faute qu'il n'a pas commise, il faut l'autoriser à se prévaloir de la publication faite par son auteur. Cependant la règle de l'antériorité de la publication est ici paralysée par la mauvaise foi de ce dernier, qui l'empêche de se prévaloir du défaut de publication de l'aliénation antérieure, et c'est donc le premier acquéreur qui a acquis la chose. Comment, n'ayant pas la propriété, le second acquéreur pourrait-il la transmettre au sous-acquéreur ? Cela heurterait de front le présupposé du lien entre titularité et pouvoir de transmettre. On comprend donc que la jurisprudence ait commencé par se plier au présupposé, en tranchant le conflit en faveur du premier acquéreur[1788]. Tous les commentateurs y ont vu une application de la règle *nemo plus juris*[1789] : l'auteur du sous-acquéreur étant privé de tout droit sur le bien, il n'avait pas pu en transférer valablement la propriété.

536.– Cette solution, sur le fond, n'était cependant pas bonne et elle a été abandonnée depuis lors. Annoncé en 1968[1790], le revirement a été consacré en 1992[1791]. Il est intéressant de noter comment on s'y est pris pour fonder cette solution. Cela était en effet délicat puisqu'il fallait tenir compte de données contradictoires, à savoir l'absence de propriété du second acquéreur, d'une part, et la translation de son droit au sous-acquéreur, son ayant cause, d'autre part. Le mimétisme à l'égard du présupposé examiné est tout à fait frappant.

L'arrêt lui-même[1792] semble glisser sur la difficulté. Les juges du fond avaient jugé fort classiquement que la première vente, bien que non publiée, était opposable

---

4 janvier 1983 (Defrénois 1983, p. 1219 obs. J.-L. Aubert) et 22 mai 1990 (D. 1991, p. 326 n. A. Fournier ; RTD civ. 1990, p. 530 obs. M. Bandrac).

[1786] V. sur ce point les riches développements de M. P. Crocq, obs. RTD civ. 1997, p. 467.

[1787] Nous laissons ici de côté l'hypothèse inverse, celle mettant en présence un second acquéreur de bonne foi et un sous-acquéreur de mauvaise bonne foi, car elle ne pose pas de difficulté pour ce qui est de la translation du droit (v. A. Fournier, note sous Cass. civ. 3e, 11 juin 1992 : D. 1993, p. 528, n° 9 s.).

[1788] Cass. civ., 10 mai 1949 : D. 1949, p. 277 n. Lenoan ; S. 1949.1 p. 189 n. Bulté ; JCP 1949, II, 4972 n. E. Becqué. *Nota* : à l'époque de l'arrêt une collusion frauduleuse entre les parties à la seconde vente était exigée pour déroger à la règle de la priorité des publications, mais cela est évidemment sans incidence sur le point considéré.

[1789] En l'espèce le second acquéreur était une société fictive, ce qui faisait passer au second plan le problème de publicité foncière : M. Gobert, art. préc., Études offertes à Jacques Flour, p. 231. – Même sens, cep. : Cass. civ. 1re, 17 octobre 1961 : Bull. civ. I, n° 467.

[1790] Cass. civ. 3e, 22 mars 1968 : D. 1968, p. 412 n. J. Mazeaud ; JCP 1968, II, 15587 n. A. Plancqueel ; RTD civ. 1968 p. 544 obs. J.-D. Bredin.

[1791] Cass. civ. 3e, 11 juin 1992 : Defrénois 1992, p. 1530 obs. L. Aynès ; D. 1993, p. 528 n. A. Fournier ; RD imm. 1993, p. 532 obs. Ph. Simler.

[1792] Cass. civ. 3e, 11 juin 1992, préc.

au second acquéreur parce que connue de lui, et que les sous-acquéreurs, n'ayant pas plus de droit que leur auteur, ne pouvaient pas se prévaloir de ce défaut de publication. La cassation est prononcée au visa des articles 30-1 du décret du 4 janvier 1955 et 1382 du Code civil : « *en statuant ainsi sans rechercher si [le couple de sous-acquéreurs] avaient eu connaissance de la vente consentie antérieurement [au premier acquéreur], mais non publiée, la cour d'appel n'a pas donné de base légale à sa décision.* » Les éléments les plus intéressants ne sont pas à chercher dans ce bref chapeau intérieur. Il y en a deux.

En premier lieu, l'arrêt considère implicitement que le second acquéreur a acquis un droit de propriété. Il fait en effet visa au décret du 4 janvier 1955 afin d'exclure le jeu de la règle de la priorité des publications (ce qui suppose qu'il y ait deux droits concurrents), et il ne critique pas l'argument retenu par la Cour d'appel selon lequel la première vente était opposable au second acquéreur (ce qui suppose que celui-ci avait acquis valablement). La précision vaut d'être notée car des décisions antérieures avaient annulé la seconde vente conclue de mauvaise foi. Il faut donc considérer que la sanction de la mauvaise foi est l'inopposabilité, et non pas la nullité, solution qu'un précédent arrêt de la Cour de cassation, au moins, avait déjà imposée[1793]. La nuance est importante : si la seconde acquisition est nulle, elle n'a pas pu faire entrer le bien dans le patrimoine du second acquéreur ; juger qu'elle est seulement inopposable revient à consacrer la solution inverse : la chose a bien été appropriée, mais cette appropriation est seulement sans effet en ce qui concerne les rapports entre le second et le premier acquéreur. Le recours à l'inopposabilité emporte ici deux conséquences. Au plan des principes, d'abord, il consacre une indéniable ubiquité de la propriété d'une même chose puisque celle-ci est acquise tant par le premier que par le second acquéreur ; cette ubiquité n'est pas pour autant source de conflit puisque seule la propriété du premier acquéreur est opposable à l'autre, par application du décret du 30 janvier 1955[1794]. Au plan pratique, ensuite, puisqu'acquisition de la propriété il y a eu par le second acquéreur, il est possible d'en concevoir la translation au sous-acquéreur[1795].

En second lieu, il faut considérer le visa fait à l'article 1382 du Code civil. La référence est plus que sibylline et témoigne d'un goût prononcé pour l'*imperatoria brevitas*. Ce visa ne peut cependant signifier qu'une chose : c'est que la mauvaise foi du second acquéreur engage sa responsabilité civile personnelle à l'égard du premier acquéreur, d'où l'on peut déduire que la réparation se fait en nature, sous forme de déchéance du droit d'invoquer l'antériorité de la publication du titre d'acquisition[1796]. Bien que non publié, le premier acte d'acquisition lui est donc opposable, et la qualité de propriétaire du premier acquéreur s'impose donc à lui comme à tout le monde.

[1793] Cass. civ. 3e, 22 mai 1990 : D. 1991 p. 326, n. A. Fournier, préc.

[1794] Préc. art. 30 par. 1.

[1795] « L'inopposabilité est essentiellement personnelle et ne se transmet pas » : M. Gobert, art. préc., Études offertes à Jacques Flour, p. 231. Cf. Cass. civ. 1re, 29 janv. 2002, préc. supra, note 1573.

[1796] Rappr. sur tous ces points A. Fournier, note préc., D. 1983, p. 529 s.

En ce qui concerne le sous-acquéreur, tout dépend de sa bonne ou mauvaise foi et la cassation est prononcée pour ce motif, les juges du fond n'ayant pas tenu compte de ce point alors qu'il est précisé par ailleurs que son propre titre a été publié et non celui du premier acquéreur.

Résumons : il y a inopposabilité et non nullité de la seconde acquisition, donc il n'y a pas d'obstacle à considérer que le second acquéreur a bien acquis la propriété ; mais la première acquisition lui est opposable, a force obligatoire à son égard, en raison de sa faute. Il a donc le pouvoir de transmettre au sous-acquéreur une propriété dont il est titulaire mais qu'il ne peut pas exercer[1797]. En la personne du sous-acquéreur cette propriété n'est cependant plus virtuelle puisqu'elle ne l'était que par le jeu d'une responsabilité civile qui est personnelle à son auteur. Il a donc plus de droits que son auteur, mais celui-ci ne lui a transmis que ceux qu'il avait : formellement « *Nemo plus juris* » est respecté.

Ainsi se trouvent harmonisées les solutions des conflits entre le premier et le second acquéreur d'une part, entre le premier acquéreur et le sous-acquéreur d'autre part. La prégnance du présupposé sur l'ensemble du raisonnement est à l'évidence écrasante. Elle lui impose des voies tortueuses (la reconnaissance d'un pouvoir de transmettre une propriété simplement virtuelle est probablement l'étape ultime avant la prise de conscience d'une dissociation entre pouvoir et propriété) sans être pour autant entièrement satisfaisante : comment comprendre, en effet, que l'arrêt se réfère à la mauvaise foi du sous-acquéreur alors qu'il s'agit là d'une dérogation à la règle de la priorité des publications, règle qui est utilisée en droit de la publicité foncière pour départager deux ayants cause d'un même auteur, ce qui n'est pas la question posée ici ? On touche aux limites de la cohérence dans la mise en œuvre du présupposé[1798].

Encore est-on en présence d'un acte incontestablement translatif. Dans d'autres cas, l'existence d'un tel acte est simplement présupposée.

[1797] Rappr. Cass. civ. 1re, 3 mars 1992 (préc. *supra*, note 1540) : « le fait que X., le sous-acquéreur, ne disposait en vertu de l'art. 1649 C. civ., d'aucune action en garantie contre le saisi, son vendeur, ne lui interdisait pas d'exercer directement cette action contre le fabricant ».

[1798] Il est cependant possible de retenir que l'on est très proche d'un système de pouvoir sans propriété. Or si le second acquéreur a le pouvoir sans la propriété, le sous-acquéreur acquiert du vendeur originaire et il y a bien conflit entre deux ayants cause du même auteur.

CHAPITRE SECOND

PRÉSUPPOSÉ DE L'EXISTENCE D'UN ACTE TRANSLATIF EN CAS DE CHANGEMENT DE PROPRIÉTAIRE

537.– Le présupposé, rappelons-le, est que seul le propriétaire du bien peut opérer la translation de cette propriété au moyen d'un acte juridique. Dès lors, on est naturellement conduit, chaque fois qu'un bien change de propriétaire, à y voir l'effet d'un acte translatif accompli par ce dernier. La présentation de la distinction des actes translatif et déclaratif, dans le chapitre préliminaire, nous a déjà donné l'occasion d'évoquer la théorie translative de la transaction, aujourd'hui abandonnée, qui en constitue une bonne illustration[1799]. D'autres solutions sont également caractéristiques d'une tendance à faire entrer toute acquisition de la propriété d'une chose précédemment appropriée dans le schéma du présupposé. Il s'agit de cas parfois un peu marginaux au regard du cours normal des choses mais, précisément, ces cas là sont souvent les plus révélateurs des limites d'un système, et donc les plus intéressants. Nous distinguerons les solutions consacrées par l'autorité normatrice elle-même, d'une part (Section I) et celles nées de la pratique et qui restent discutées, de l'autre (Section II).

SECTION I

SOLUTIONS CONSACRÉES

538.– Deux sont particulièrement caractéristiques, fût-ce de façon un peu forcée, voire artificielle. Il s'agit de la renonciation *in favorem* (§ 1) et de la revente par l'ancien propriétaire de la chose qu'il a déjà vendue (§ 2).

§ 1. – RENONCIATION À SUCCESSION *IN FAVOREM*

539.– La renonciation *in favorem* est un cas particulier de renonciation à succession. En règle générale la renonciation à succession, acte unilatéral, « ne peut plus être

[1799] V. *supra*, n° 29.

faite qu'au greffe du tribunal de grande instance dans l'arrondissement duquel la succession s'est ouverte, sur un registre particulier tenu à cet effet » (C. civ., art. 784/nouvel art. 804). L'omission de cette règle de forme, destinée à prévenir les créanciers héréditaires, est sanctionnée par l'inopposabilité de la renonciation ; celle-ci reste néanmoins efficace dans les rapports entre le renonçant et ses cohéritiers lorsque la renonciation est faite en la forme de convention. Dans les deux cas, elle est purement abdicative, elle est gratuite et – nous aurons à revenir sur ce point – elle profite à tous les héritiers (« *La part du renonçant accroît à ses cohéritiers ; s'il est seul, elle est dévolue au degré subséquent* »)[1800].

Autre chose est la renonciation dite *in favorem*, laquelle consiste en « La donation, vente ou transport que fait de ses droits successifs un des cohéritiers, soit à un étranger, soit à tous les cohéritiers, soit à quelques uns d'eux »[1801] et « emporte de sa part acceptation de la succession » (C. civ., art. 780/nouvel art. 783). Elle « présente le caractère d'une convention translative de propriété[1802] et n'est pas soumise aux règles de forme édictées par l'article 784 C. civ. »[1803].

540.– Cette distinction entre renonciation pure et simple et renonciation *in favorem* est particulièrement intéressante dans la perspective qui est la nôtre. Dans la renonciation *in favorem* (celle de l'article 780/nouvel art. 783 du Code civil), il est bien précisé que, pour transférer la succession, le renonçant doit d'abord l'accepter : il est obligé de s'emparer préalablement du droit pour pouvoir en orienter le bénéfice vers celui ou ceux qu'il souhaite avantager par sa renonciation. En revanche, dans la renonciation pure et simple (celle des art. 784 et s./nouveaux art. 804 et s.), il renonce tant au bénéfice qu'à la maîtrise de la destination de la succession, et une fiction de rétroactivité est mise en place (« L'héritier qui renonce est censé n'avoir jamais été héritier » : C. civ., art. 785/nouvel art. 809). Il est censé n'avoir jamais été titulaire et en conséquence il n'a jamais pu opérer le transfert à une personne de son choix. Cette fiction de rétroactivité a pour but de faire de l'héritier à qui la succession est finalement dévolue un ayant cause du défunt. L'hypothèse du transfert coïncide avec celle de la titularité, et cela doublement puisque seul peut transférer celui qui a accepté la succession[1804], et que le renonçant pur et simple « est censé n'avoir jamais été héritier »[1805]. Ce qui distingue donc les deux cas est l'acceptation ou non de la succession par le renonçant, fût-ce un instant de raison.

[1800] C. civ., art. 786 ; solution reprise dans le nouvel art. 805 C. civ. (réd. L. n° 2006-728, applicable au 1er janvier 2007).

[1801] C. civ., art. 780 ; solution reprise en substance dans le nouvel art. 783 C. civ.

[1802] Car elle s'analyse en une « acceptation de la succession suivie d'une cession au profit du bénéficiaire » (P. Raynaud, *La renonciation à un droit*, RTD civ. 1936, p. 763, n° 8, qui regrette cette « terminologie défectueuse », la véritable renonciation lui apparaissant comme « un acte de volonté... abdicatif dans ses effets », n° 12 et *passim*).

[1803] Cass. civ. 1re, 6 juin 1973 : D. 1973, jur. p. 738 ; RTD civ. 1974, p. 438 obs. R. Savatier. – Il y a accord doctrinal pour considérer qu'elle devrait être soumise aux règles de forme des libéralités (P. Raynaud, art. préc., n° 26 ; A. Ponsard, *Les donations indirectes en droit civil français*, thèse, Dijon, 1946, p. 139).

[1804] C. civ., art. 780/nouvel art. 783.

[1805] C. civ., art. 785/nouvel art. 805. Rappr du cas de renonciation à un legs : en ce cas la disposition testamentaire est caduque (C. civ., art. 1043) et « l'héritier recueille la succession en son entier en vertu de la dévolution légale » (Cass. Civ. 1re, 1er juillet 2003 : D. 2003 p. 2031 n. B. Beigner).

Il est frappant que cela correspond très exactement à la règle *Nemo plus juris* : pour transférer le droit, il faut d'abord en être titulaire (« La donation, vente ou transport que fait de SES droits... », précise l'article 780 du Code civil/nouvel art. 783)[1806]. Cette corrélation est d'ailleurs poussée très loin : elle passe par la fiction de titularité dans le cas de la renonciation *in favorem*, et par la fiction de rétroactivité dans la renonciation pure et simple ; on est en présence d'un système qui fonctionne sur deux fictions, et il paraît clair qu'elles sont toutes les deux destinées à respecter l'adage *Nemo plus juris*, à respecter le présupposé.

541.– Il n'en est que plus remarquable que la matière reste sujette à discussion[1807]. On s'interroge sur le point de savoir si la renonciation à succession (la véritable, celle de l'article 784/nouvel art. 804) peut constituer une donation indirecte[1808]. Les arguments *contra* ne manquent pas : le transfert éventuel se produit en vertu de la loi, non de la volonté du renonçant ; « la donation est une aliénation, elle implique le passage d'une valeur d'un patrimoine à un autre »[1809]. Or doctrine[1810] et jurisprudence[1811] contemporaines n'en continuent pas moins à considérer qu'il s'agit d'une donation indirecte si l'intention libérale est prouvée. Tout se passe donc comme si l'absence de titularité du droit ne faisait pas obstacle à son transfert : le renonçant peut donner des droits qu'il n'a jamais eus... La portée de cette observation est, certes, limitée car le renonçant n'a pu vouloir enrichir que les personnes bénéficiant *légalement* de l'effet de la renonciation, ce qui explique d'ailleurs l'accent mis sur l'intention libérale, qui sert à suppléer un élément matériel insuffisant[1812]. C'est la loi qui assure la transmission, par accroissement[1813], et non pas le renonçant. Il n'en demeure pas moins que c'est bien la renonciation qui provoque l'accroissement.

D'un autre côté, on comprend mal l'article 780 *in fine* (nouvel art. 783, 2°) du Code civil. Ce texte prévoit que la renonciation « ... emporte de [la part du renonçant] acceptation de la succession » lorsqu'elle est faite « même au profit de tous ses

---

[1806] C'est nous, évidemment, qui soulignons ainsi.

[1807] Il est vrai que « la renonciation est une des contrées les plus incertaines du droit civil » (F. Zénati, obs. RTD civ. 1993, p. 851).

[1808] La donation indirecte est une donation réalisée par un acte dont la seule apparence ne permet pas de dire s'il est à titre gratuit ou à titre onéreux (M. Grimaldi, *Libéralités et partage d'ascendants*, préc., n° 1324).

[1809] P. Raynaud, *La renonciation à un droit*, art. préc., p. 788.

[1810] J. Flour et H. Souleau, *Droit civil, Les libéralités*, 1982, n° 121 (rapport à succession).

[1811] Pour l'application des règles de fond des libéralités : Cass. civ. 1re, 27 décembre 1959 : Bull. civ. 1, n° 254 (révocation pour survenance d'enfant). – Cass. civ. 1re, 27 mai 1962 : Bull. civ. 1, n° 268 ; D. 1961, p. 657 n. Boulanger ; JCP 1962, II, 12973 n. Voirin ; RTD civ. 1961, p. 715 obs. crit. R. Savatier (calcul de la réserve). – Cass. civ. 1re, 28 mai 1974 : Bull. civ. 1, n° 162. – Pour l'application des nullités de la période suspecte (ce qui revient à regarder la renonciation de l'art. 784 comme étant un « acte à titre gratuit translatif de propriété ») v. CA Lyon 17 février 2000 : JCP E 2001, n° 2 p. 61 ; Gaz. Pal. 2002 p. 1023 n. I. Goaziou-Huret.

[1812] Dans les différents actes juridiques la volonté et la cause varient en raison inverse l'une de l'autre, et tandis qu'à l'une des extrémités de la classification on trouve l'enrichissement indu, où l'enrichissement est tout, à l'autre se place le contrat à titre gratuit, où n'émerge que le pur vouloir (Louis-Lucas, *Étude sur le rôle respectif des éléments générateurs du lien obligatoire en droit privé*, thèse Dijon, 1918, p. 184 ; A. Ponsard, *Les donations indirectes en droit civil français*, thèse préc., p. 53).

[1813] V. *infra*, n° 588.

cohéritiers indistinctement, lorsqu'il reçoit le prix de sa renonciation ». En effet, le simple fait de renoncer va alors accroître de toute façon la part des cohéritiers, et le prix perçu n'est pas forcément celui d'un transfert, ce peut être celui de la renonciation[1814].

La distinction établie par les articles 780 et 784 (nouveaux art. 783 et 804) du Code civil entre ce qui est translatif et ce qui ne l'est pas est donc trop rigide pour pouvoir rendre compte de toute la complexité de la réalité.

§ 2. – REVENTES SUCCESSIVES DU MÊME BIEN

542.– L'hypothèse est celle d'un conflit entre ayants droit d'un même auteur. Nous l'avons rencontrée lorsque nous avons évoqué les problèmes posés par le sort du sous-acquéreur tenant son droit d'une personne qui n'en est pas elle-même titulaire, ou qui n'en a pas l'exercice. Nous avions alors laissé de côté une question préliminaire, celle de savoir comment le vendeur d'une chose qui la vend successivement à deux personnes peut transmettre au second acquéreur une propriété qu'il a déjà transmise à son premier ayant cause. C'est cette question qu'il convient d'examiner ici.

Elle est particulièrement délicate au regard du présupposé. Le principe du transfert de la propriété par le seul échange des consentements emporte en effet que celui qui a acheté en premier a acquis la propriété[1815]. L'idée reçue, alors, est que l'ancien propriétaire a perdu son droit. On en déduit que le second acquéreur a acquis d'une personne qui n'était plus propriétaire, et donc qu'il n'a pu recevoir aucun droit par application de la règle *« nemo plus juris »*. Telle est la solution de principe[1816]. Pourtant, elle est le plus souvent écartée. Elle serait en effet trop dangereuse pour la sécurité des transactions car tout acquéreur peut fort bien ignorer l'existence d'une cession antérieure à la sienne et restée clandestine. Aussi applique-t-on dans la plupart des cas d'autres règles, plus protectrices des droits des tiers et de la libre circulation des biens, consistant pour les meubles corporels[1817] à donner priorité à celui qui est mis en possession le premier (article 2279 du Code civil), et pour la plupart des autres biens à faire prévaloir l'antériorité dans l'accomplissement d'une mesure de publicité. Ainsi, s'il y a deux cessionnaires successifs d'une même créance, c'est le premier à avoir informé le débiteur qui est préféré[1818]. De façon plus générale, la publicité consiste en l'inscription sur un registre destiné à informer les tiers et à donner priorité à celui qui inscrit le premier son acte d'acquisition s'il a

---

[1814] V. cep. Cass. 1re, civ. 22 octobre 1968 : Bull. civ. I, n° 244, p. 184.

[1815] Il a été montré que ce n'était pas là l'intention des rédacteurs du Code civil (J.-P. Chazal et S. Vicente, art. préc., RTD civ. 2000, p. 467) d'où il faut déduire que celle-ci, si elle avait été appliquée, aurait conduit au résultat contraire sur le point considéré. Mais telle n'est pas la solution en droit positif.

[1816] Elle est par exemple appliquée en cas de ventes successives d'un fonds de commerce, en raison du refus de faire jouer l'article 2279 du Code civil pour ce meuble incorporel (ex. : CA Besançon, 15 mars 1989 : RTD com. 1990, p. 186 n° 2, obs. J. Derruppé.- Cass. civ. 1ère, 7 mars 2006, n° 04-13569 : « l'article 2279 du Code civil ne s'applique qu'aux seuls meubles corporels individualisés »), ce qui est critiqué (A. Pélissier, *Possession et meubles incorporels*, préc., n° 452).

[1817] À l'exception des navires, bateaux et aéronefs, ainsi qu'il est rappelé plus loin. Et sauf le jeu de l'article 2337 al. 3 C. civ.

[1818] C. civ., art. 1690. Cass. com., 19 mars 1980 : Bull. civ. IV, n° 137.

réalisé celle-ci sans connaître un éventuel acte précédent. Ainsi, s'il y a deux acquéreurs successifs d'un même immeuble, c'est le premier à avoir acquis son acte d'acquisition au bureau des hypothèques qui est préféré[1819]. S'il y a deux cessions successives des droits attachés à une demande de brevet ou à un brevet, c'est le premier à avoir inscrit l'acte au registre national des brevets qui est préféré[1820]. Certains meubles corporels relèvent également de ce mécanisme en raison de leur grande valeur et de l'existence d'un registre : s'il y a deux cessions successives d'un même navire, c'est la première inscrite sur la fiche matricule du navire qui est opposable aux tiers[1821] ; s'il y a deux cessions successives d'un même aéronef, prévaut celle qui a été inscrite la première au registre d'immatriculation[1822] ; la solution est la même pour les bateaux[1823].

543.– Laissons ici de côté la règle « En fait de meubles, la possession vaut titre », car il s'agit d'un cas d'acquisition sans transfert, qui n'entre donc pas dans notre propos. Raisonnons pour l'exemple sur le cas de la publicité foncière. La question qui doit être examinée relève plus de la seconde partie de ce travail que de la première, car elle est avant tout de savoir si l'acte translatif fait perdre au titulaire le droit qu'il transmet. Nous la retrouverons donc à ce titre[1824]. Elle doit cependant être également examinée à ce point de nos développements car il n'est pas disputé que le second acquéreur devient propriétaire par l'effet d'un *acte translatif*, donc qu'il reçoit la propriété de son auteur ; on est bien en présence d'une application n'allant pas de soi du présupposé.

544.– Comment expliquer que le vendeur puisse valablement transmettre une propriété qu'il a déjà cédée ? Si l'on ne revient pas, ici, sur le principe même de la perte du droit par l'effet de sa transmission (encore une fois, il s'agit là d'un autre présupposé, qui nous examinerons dans la deuxième partie), une seule piste s'ouvre à l'esprit : celle de la publicité. Il est enseigné[1825] que celle-ci ne purge pas les vices de l'acte publié : dans le système français, souligne-t-on, la publicité est simplement confortative, elle n'est pas créatrice de droit ; c'est l'acte qui est publié, non le droit lui-même. En cela notre système de publicité s'oppose trait pour trait à celui du droit

---

[1819] V. *infra*, n° 782. Autres ex. de référence à l'"acte translatif" (au sens d'*instrumentum*) en matière de publicité : CCH, art. R. 521-5 ; CGI, art. 50 sexies, 634, 714, 735, 852 ; C. expr., art. R 13-62… Rappr., en cas de gages successifs sans dépossession sur un même bien : C. civ., art. 2340.

[1820] C. propr. intell., art. L. 613-8 et L. 613-9.

[1821] Loi du 3 janvier 1967 portant statut des navires et autres bâtiments de mer, art. 10 al. 1er ; décret du 27 octobre 1967, même titre, art. 92 et 93 (« Aucun des actes mentionnés à l'article 92 [dont : « tout acte constitutif, translatif ou extinctif de la propriété ou de tout autre droit sur un navire francisé »] n'est opposable aux tiers avant son inscription à la fiche matricule »)

[1822] C. aviation civile, art. L. 121-10 (« L'inscription au registre d'immatriculation vaut titre [...] ») et L. 121-11 (« Les aéronefs constituent des biens meubles pour l'application des règles posées par le Code civil. Toutefois la cession de propriété doit être constatée par écrit et ne produit d'effet à l'égard des tiers que par l'inscription au registre d'immatriculation [...] »).

[1823] Code du domaine public fluvial et de la navigation intérieure, art. 101.

[1824] V. *infra*, n° 773 s.

[1825] G. Marty, P. Raynaud et Ph. Jestaz, *Les sûretés, La publicité foncière*, préc., n° 758 ; Ph. Simler et Ph. Delebecque, *Les sûretés, La publicité foncière*, préc., n° 811 ; Ph. Théry, *Sûretés, publicité foncière*, préc., n° 361.

allemand où le livre foncier est tenu par un magistrat de l'ordre judiciaire, doté de pouvoirs de vérification de la réalité des droits et de la validité des actes.

Cette opposition est indéniable. Il ne faut cependant pas en exagérer la portée sur le point considéré. Quelle est l'originalité du système allemand de publicité foncière par rapport au système français ? Dans le système français, lorsque le vendeur n'est plus propriétaire et qu'il vend, la publicité permet de purger ce vice, elle permet de purger la perte de propriété du vendeur dans les rapports avec les tiers. Dans le système allemand, la publicité est attributive de droit, c'est-à-dire qu'elle permet aussi de purger les vices du contrat passé entre le vendeur et l'acheteur. Si ce contrat est nul (pour défaut de cause, objet illicite, vice du consentement, peu importe), le fait de publier le droit va totalement purger les vices du contrat. C'est une grosse différence avec le droit français où la publicité ne peut pas résoudre les conflits entre l'acheteur et le vendeur, mais uniquement ceux qui pourraient naître avec les « tiers », au sens précis qu'y prend ce terme. Il n'en demeure pas moins que les deux systèmes ont une portée équivalente sur le point considéré.

545.– À cette idée que le droit français de la publicité foncière permet de purger le vice tiré du défaut de propriété du vendeur lorsqu'il a déjà cédé la chose, on pourrait songer à objecter la solution désormais retenue en cas de sous-acquisition. Nous avons évoqué cette solution ci-dessus : la jurisprudence regarde comme étant valable l'acquisition faite par le sous-acquéreur de bonne foi à un second acquéreur de mauvaise foi. L'objection tirée de cette solution est la suivante : la publicité foncière est privée d'effet en cas d'acquisition de mauvaise foi ; or le second acquéreur, bien que de mauvaise foi, n'en acquiert pas moins la propriété puisqu'il peut la transmettre ; donc on ne peut pas considérer que le défaut de propriété de son propre auteur a été purgé par le jeu de la cette publicité. En conséquence, il est faux de considérer que c'est la publicité qui purge le vice tiré de la perte de la propriété.

Cette objection est cependant fragile. Nous avons vu en effet que le raisonnement suivi par la Cour de cassation dans son arrêt du 13 juin 1992 est pour le moins obscur, au point que l'on peut se demander si c'est bien du second acquéreur que le sous-acquéreur reçoit son droit.

546.– Il n'en reste pas moins, de façon plus générale, qu'il n'est guère satisfaisant d'attacher à la publicité foncière un effet de purge dans le cas considéré. Car pourquoi admettre cet effet, ici, alors que personne ne prétend qu'il jouerait lorsque le vendeur n'a jamais été propriétaire de la chose vendue ? Comment expliquer que seul en bénéficierait l'ancien propriétaire ? Il faut donc considérer que la publicité, si elle une condition de la validité de la seconde acquisition, n'est pas la source de cette validité. Elle ne fait que consacrer le maintien en la personne du vendeur d'un *pouvoir* de transmettre la propriété qu'il a pourtant déjà aliénée...

SECTION II

SOLUTIONS DISCUTÉES

547.– Deux sont particulièrement intéressantes à examiner, même si leur importance pratique est très différente : la « revente » d'un bien acheté avec une clause de réserve de propriété (§ 1) et la clause dite tontinière, ou d'accroissement (§ 2).

§ 1. – « REVENTE » D'UN BIEN ACHETÉ AVEC CLAUSE DE RÉSERVE DE PROPRIÉTÉ

548.– La difficulté abordée ici est bien connue et, contrairement à celles qui viennent d'être évoquées, elle correspond à une pratique extrêmement répandue. Le développement contemporain des garanties fondées sur la propriété fait qu'une grande partie des biens utilisés par les entreprises sont la propriété d'autrui. En dehors du crédit-bail, cela découle du développement considérable de la clause de réserve de propriété[1826] par laquelle le transfert de la propriété du bien meuble vendu se trouve suspendu, dans un but de garantie, au complet paiement du prix (C. civ., art. 2367). En dépit de son énorme succès, cette clause reste pour le juriste une énigme. Elle fait en effet apparaître dans l'exécution du contrat de vente une période intermédiaire inédite laissant face à face un vendeur qui conserve toutes les prérogatives du propriétaire sur une chose qu'il ne détient plus, et un acheteur dont les droits sont incertains et paraissent limités mais à qui la chose a été délivrée et qui exerce donc sur elle une maîtrise de fait. Cette situation médiane, inachevée, est source d'incertitudes d'autant plus vives que la dislocation des éléments de la vente qu'elle consacre[1827] intervient au carrefour du droit des obligations, des biens, des sûretés et des procédures collectives.

En dépit d'une littérature juridique considérable[1828], les prérogatives des différents protagonistes ne sont pas clairement fixées. Ainsi, il est fréquent que la chose, bien qu'achetée sous réserve de propriété, soit revendue avant qu'intervienne ce paiement. C'est le cas notamment lorsque la réserve porte sur des marchandises achetées précisément pour être revendues, d'autant que c'est généralement le produit de la revente qui est utilisé pour payer l'achat. Comment expliquer que l'acheteur-revendeur puisse revendre et délivrer la chose au sous-acquéreur bien que, faute d'en avoir payé le prix au vendeur initial, il n'en est pas lui-même propriétaire ? Et comment expliquer, par ailleurs, que le sous-acquéreur, lorsqu'il est devenu propriétaire en tant que possesseur de bonne foi, puisse, le cas échéant, intenter une action directe en garantie contre le vendeur initial ?

[1826] Depuis qu'une réforme du droit des procédures collectives (loi n° 80-335 du 12 mai 1980) l'a rendue opposable en cas de procédure collective de l'acheteur (v. auj. C. com, art. L. 624-16 al. 2).
[1827] Ph. Jestaz, *La réserve de propriété ou la vente éclatée*, Mélanges Holleaux, 1990, p. 232.
[1828] Ce qui rend sans intérêt de la recenser ici.

Comme toujours, lorsqu'il s'agit d'acte translatif, les auteurs ne recourent pas à la dissociation de la propriété et du pouvoir. Attachés au (ou prisonniers du) présupposé selon lequel seul le propriétaire peut aliéner son bien, ils s'efforcent de rendre compte des solutions du droit positif sans sortir de ce schéma. Il n'est pas besoin de longs développements, pourtant, pour montrer que le respect du présupposé conduit ici à des situations exagérément compliquées (A) ; aussi son abandon constitue-t-il une piste qui mérite d'être explorée (B).

A. – Complexité suscitée par le respect du présupposé

549.– Pour présenter les facteurs de cette complexité, nous évoquerons successivement les principales analyses et solutions proposées ou retenues à l'égard de chacune des différentes personnes intéressées par le jeu de la clause de réserve de propriété. Les situations juridiques des vendeur et acheteur étant nécessairement définies l'une en fonction de l'autre, nous les évoquerons ensemble (1°), avant d'examiner celle de l'éventuel sous-acquéreur de l'acheteur (2°).

1° Situations des vendeur et acheteur sous réserve de propriété

550.– L'avantage attaché à la réserve de propriété apparaît lorsque l'acheteur ne paie pas le prix à l'échéance et fait l'objet d'une procédure collective. Alors en effet que les garanties traditionnelles du droit civil sont frappées en ce cas d'inefficacité[1829], elle permet à son titulaire d'éviter le concours des autres créanciers de l'acheteur car il fait valoir son droit sur un bien qui, grâce au jeu de la clause, ne figure pas dans le patrimoine de celui-ci et est donc étranger à la procédure : il lui suffit de revendiquer la chose[1830], en respectant il est vrai de sévères conditions de délai[1831] à peine de perte de sa créance[1832] ; il est même dispensé de faire reconnaître son droit de propriété lorsque le contrat a été publié[1833], une simple demande de restitution, affranchie de toute condition de délai, étant alors suffisante.

Ce principe repose donc sur l'idée simple, au point de paraître tautologique, que le vendeur avec réserve de propriété est propriétaire et que l'acheteur sous réserve de propriété ne l'est pas.

[1829] Ni l'action résolutoire pour défaut de paiement du prix (C. civ., art. 1654), ni le privilège du vendeur de meuble (C. civ., art. 2332,4° al. 1), ni le droit de revendication sous huitaine du vendeur au comptant (C. civ., art. 2332,4° al. 2) ne peut plus en effet être exercé. Seul subsiste le droit de rétention (C. civ., art. 1612), mais il n'intéresse que le vendeur qui ne s'est pas dessaisi de la chose...

[1830] C. com., art. L. 624-16. Relevons au passage la consécration d'un *pouvoir* sans propriété sur les biens fongibles puisque l'art. L 624-16 al. 3 in fine permet de revendiquer en nature des biens fongibles sans que soit imposée une identité de nature entre la marchandise revendiquée et celle vendue avec réserve de propriété (Cass. com., 13 novembre 2002 : RTD civ. 2003 p. 571, obs. A. Martin-Serf).

[1831] C. com., art. L. 624-9 ; D. n° 1388 du 27 décembre 1985, art. 85-1 al. 2.

[1832] Mais non de la propriété du bien : Cass. com., 9 janvier 1996 : D. 1996 p. 184 n. F. Derrida ; RTD civ. 1996 p. 436 obs. P. Crocq. – Rappr. (crédit-bail) Cass. com., 26 novembre 2002 : D. 2003, p. 67 ; RTD com. 2003 p. 570, obs. A. Martin-Serf.

[1833] C. com., art. L. 624-10 ; D. n° 1388 du 27 décembre 1985, art. 85-5.

551.– Telle est la proposition de départ. Mais elle ne répond pas à certains besoins du vendeur et de l'acheteur, que la réflexion doctrinale s'est donc employée à satisfaire au moyen d'autres outils d'analyse.

a) Fondement de la revendication du prix par le vendeur

552.– Dans l'hypothèse où l'acheteur ne paie pas le prix à l'échéance, la protection du vendeur est assurée, nous venons de le rappeler, par la possibilité de revendiquer la chose. Le droit des procédures collectives lui permet, en cas de revente de la chose par l'acheteur, de revendiquer le prix entre les mains du sous-acquéreur tant que celui-ci ne l'a pas lui-même payé à l'acheteur-revendeur, d'une manière ou d'une autre[1834]. L'action en revendication étant la sanction d'un droit de propriété, cela emporte donc que le vendeur initial est propriétaire de la créance du prix de revente, ce qui ne va pas de soi puisque celle-ci naît d'un contrat auquel il n'est pas partie. Sa propriété est expliquée par le jeu d'une subrogation réelle, qui fait que la créance du prix prend la place de la chose vendue[1835]. L'explication n'est pas entièrement satisfaisante car, on n'a pas manqué de le souligner, la subrogation réelle ne joue d'ordinaire qu'au sein d'un même patrimoine, alors qu'ici la propriété du bien est dans le patrimoine du vendeur et celle du prix de revente dans le patrimoine de l'acheteur-revendeur[1836].

Il a été opposé à cette critique que le législateur est libre de prévoir une telle dérogation[1837]. Or jusqu'à tout récemment (ordonnance 2006-346) il ne la prévoyait que dans le cas où l'acheteur fait l'objet d'une procédure collective[1838]. Que décider lorsque la revente a été faite par un acheteur-revendeur *in bonis* et qui ne fait pas l'objet d'une procédure de sauvegarde ? Etait-il possible d'étendre sans texte le domaine de la subrogation réelle en matière de droit de propriété ? La majorité des auteurs considéraient que non[1839/1840]. Or la solution était souhaitable. Il fallait donc lui donner un autre fondement.

553.– Ce fondement peut être trouvé dans l'idée d'un éclatement de la notion de propriété, retenue par divers auteurs. Selon M. Goyet[1841], qui semble être le premier à avoir avancé cette théorie (non à propos de la réserve de propriété mais du

---

[1834] C. com., art. L. 624-18.

[1835] On peut également parler d'action directe, à condition de préciser qu'il ne s'agit pas d'une action directe « imparfaite », mécanisme translatif par lequel le juge dépossède le défendeur au profit du demandeur, mais d'une action directe « parfaite » en ce sens que la créance est attribuée au bénéficiaire dès sa naissance.

[1836] D. Martin, *Du conflit relatif à la créance du prix de revente d'une marchandise acquise sous réserve de propriété*, D. 1986, chron. p. 323.

[1837] M. Cabrillac, *Réserve de propriété, bordereau Dailly et créance du prix de revente*, D. 1988, chron. p. 226, n° 6 (qui souligne, conformément à l'approche classique, que la subrogation réelle est une *fiction*).

[1838] C. com. art. L. 624-18, préc. La solution est désormais généralisée par l'art. 2372 C. civ.

[1839] M. Lauriol, *La subrogation réelle*, thèse Alger, 1952, n° 612 ; P. Crocq, *Propriété et garantie*, préc., n° 228.

[1840] *Contra* : F. Zénati, obs. RTD civ. 1989, p. 349 et 1995, p. 397, selon qui il est admis d'une manière générale que le propriétaire d'un bien aliéné *a non domino* peut en revendiquer le prix.

[1841] Ch. Goyet, *Le louage et la propriété à l'épreuve du crédit-bail*, LGDJ, 1983, p. 191 s.

crédit-bail et du bail superficiaire, peu importe ici), on serait en présence d'une propriété duale, décomposant la propriété en deux droits de propriété simultanés sur le même bien, sur le modèle de la double propriété de l'ancien droit : une propriété économique, ou propriété de l'usage, « qui n'est qu'un passage et un acheminement vers la propriété perpétuelle et entière »[1842] et une propriété juridique, ou propriété de la valeur, qui est un simple « droit de garantie », un « droit réel à la valeur de la chose »[1843]. Une même approche dualiste, par delà certaines variantes, a les faveurs de divers auteurs[1844]. Ainsi est résolue, notamment, la difficulté soulevée ci-dessus car, dans cette analyse, le droit du vendeur est tout à fait comparable aux sûretés réelles traditionnelles. Or la subrogation réelle, étant liée au droit de préférence, est inhérente au fonctionnement de ces sûretés[1845] ; en outre, elle ne joue ici qu'à l'intérieur d'un même patrimoine, celui de l'acheteur-revendeur, à la fois titulaire de la créance du prix de revente et propriétaire de l'utilité du bien.

Cette approche a entre autres mérites celui de fonder une application extensive de la subrogation réelle, mais on peut lui adresser diverses critiques[1846]. L'idée même de propriétés simultanées ne trouve place dans aucune des deux grandes représentations théoriques de la propriété qui ont cours en droit français : contraire à l'idée classique que la propriété est un droit exclusif, elle heurte également l'approche de M. Zénati en ce qu'elle postule que le *dominium* peut être divisé[1847]. Une analyse plus nuancée a montré que la notion de propriété économique, si elle est déjà une réalité en droit comptable et en droit fiscal, « n'est pas près de traverser les couches séculaires de notre droit privé. Son histoire appartient à l'avenir »[1848]. En droit privé positif, il n'y a donc qu'un seul propriétaire. Or, ce ne peut être que le vendeur puisqu'il s'est expressément réservé cette qualité. D'ailleurs la jurisprudence, il est vrai critiquée sur ce point, dissocie le sort de la propriété de celui de la créance dans les procédures collectives[1849], refusant de faire de la première un accessoire de la seconde[1850] ; et, ainsi qu'il a été remarqué :

[1842] Ch. Goyet, *ibid.*, n° 386.

[1843] Ch. Goyet, *ibid.*, n° 406.

[1844] V. not. : Ph. Malaurie, *rapport de synthèse* in *Faut-il retarder le transfert de propriété ?* Cahiers dr. de l'entr., 1995, suppl. n° 5, p. 49 (« cet acheteur a une quasi-propriété ») ; Ch. Jamin, *Propos démodés sur les effets d'une généralisation éventuelle de la réserve de propriété dans la vente de biens meubles corporels, ibid..*, p. 29, n° 7 ; Rappr. *La valorisation par la dissociation du foncier et du bâti*, 93e congrès des notaires de France, p. 351.

[1845] V. Ranouil, *La subrogation réelle en droit civil français*, préc., p. 73 (« ... sûretés. Leur raison d'être est que le droit de préférence du créancier soit reporté du bien grevé sur son prix de vente par justice »).

[1846] P. Crocq, *Propriété et garantie*, préc., n° 235 ; D. Mainguy, *La revente*, Litec, B. dr. entreprise, 1996, n° 71.

[1847] V. l'analyse critique du démembrement et de la théorie féodale du double domaine *in* F. Zénati, th. préc., n° 65 et 217.

[1848] G. Blanluet, *Essai sur la notion de propriété économique en droit français*, LGDJ, 1999, p. 442.

[1849] Avant 2006, alors que la forclusion pour défaut de déclaration des créances en entraînait l'extinction, jugé que : « La déclaration de la créance n'est pas une condition de la revendication des marchandises vendues avec une clause de réserve de propriété » : Cass. com., 20 octobre 1992 : Rev. proc. coll. 1993 p. 425 obs. B. Soinne ; D. 1993, somm. p. 288 obs. F. Pérochon. – Cass. com., 9 janvier 1996 : D. 1996 p. 184 n. F. Derrida. – Rappr. en matière de crédit-bail : Cass. com., 3 février 1998 : D. 2000, somm. p. 71 obs. F. Pérochon.

[1850] Solution d'autant plus notable qu'elle est en contradiction avec une autre jurisprudence, bien assise, selon laquelle la réserve de propriété, accessoire de la créance, est transmise en même temps que celle-ci

« si la créance est éteinte mais que le transfert de propriété ne s'opère pas pour autant, le droit à la valeur paraît bien s'évanouir. Si le droit sur le bien subsiste, n'est-ce pas que le vendeur... est demeuré propriétaire ? »[1851].

554.– Un autre fondement, moins hétérodoxe, consiste à raisonner non en termes de propriété mais de droit réel, en rapprochant réserve de propriété et sûreté. Ce rapprochement peut être très poussé et aller jusqu'à considérer que la réserve de propriété *est* une sûreté[1852], mais cette analyse présente l'inconvénient de faire de la propriété réservée un droit réel sur la chose d'autrui, ce qui est contradictoire dans les termes si l'on refuse l'idée d'une propriété duale. Un rapprochement moins poussé, consistant à considérer que le droit de propriété conservé par le vendeur *joue le rôle* d'une sûreté, sans en devenir une, paraît donc préférable[1853]. Il ne permet cependant pas de franchir l'obstacle au jeu de la subrogation réelle que constitue la dualité de patrimoine.

Par ailleurs, dès lors que l'on délaisse la théorie duale de la propriété, il faut se demander si l'acheteur peut revendre la chose et sur quel fondement.

b) Fondement de la revente par l'acheteur

555.– Le refus de la théorie d'une propriété duale n'empêche pas de considérer qu'un droit réel spécifique est reconnu à l'acheteur sous réserve de propriété (et peu importe, pour la question considérée, que ce droit réel soit qualifié de « démembrement » de la propriété du vendeur ou bien de droit réel « sur la chose d'autrui »)[1854]. Un premier intérêt de lui reconnaître un tel droit est qu'il a besoin d'être protégé contre la revente de la chose par le créancier. Or un droit réel est opposable au second acquéreur. Cet intérêt est cependant faible en droit français en raison du droit de rétention attaché à la détention de la chose[1855].

556.– Un second intérêt, plus grand, est d'expliquer que l'acheteur puisse revendre la chose à un sous-acquéreur. Il y a là en effet un paradoxe : comment comprendre qu'il puisse le faire alors que la chose est restée la propriété du vendeur ? Consacrant sa thèse à « la revente », le professeur Mainguy a été amené à s'interroger

(« la subrogation conventionnelle a pour effet d'investir le subrogé non seulement de la créance primitive, mais aussi de tous les avantages et accessoires de celle-ci ; qu'il en est ainsi de la réserve de propriété assortissant la créance du prix de vente et affectée à son service exclusif pour en garantir le paiement » : Cass. com., 15 mars 1988 : D. 1988 p. 330 n. F. Pérochon ; Banque 1988 p. 932 obs. J.-L. Rives-Lange).

1851 Ph. Théry, *Sûretés et publicité foncière*, préc., n° 334.

1852 M. Cabrillac, *Les accessoires de la créance*, Études dédiées à Alex Weill, Dalloz-Litec 1983, p. 107 ; même auteur, note au D. 1986, p. 248 ; M. Cabrillac et Ch. Mouly, ouvr. préc., n° 528.

1853 En ce sens : P. Crocq, th. préc., n° 526. En ce sens, déjà : F. Zénati, obs. préc., RTD civ. 1989, p. 350 (« la propriété est utilisée ici comme une sûreté ») ; Ch. Larroumet, note sous Cass. com., 6 juillet 1993, JCP G 1993, II, 22153, n° 4 (« une fonction de garantie »). Rappr. R. Libchaber qui y voit (non sans raison) « une variété de droit réel accessoire, qui est la propriété fiduciaire » (*Une fiducie française, inutile et incertaine…*, art. préc., Mélanges Ph. Malaurie, p. 323).

1854 L'idée de démembrement de propriété est rejetée par M. Zénati (th. préc., *passim* et n° 65 s.) en raison de l'identité de nature qu'elle postule entre la propriété et les droits réels. Rappr. *supra*, note 232.

1855 P. Crocq, th. préc., n° 194 et 217.

longuement sur cette question[1856]. Alors même que la revente porte sur la chose d'autrui, note-t-il, l'article 2279 du code civil interdit toute action en revendication de la chose contre le sous-acquéreur possesseur de bonne foi, ce qui rend inutile le recours à l'article 1599 du même code, et il s'agit là d'une bonne solution car elle permet le développement des ventes commerciales[1857]. L'auteur, alors, se fixe pour tâche de démontrer que ce que l'acheteur-revendeur fait *matériellement*, il peut le faire *juridiquement*[1858].

Selon ses dires mêmes, la réflexion de M. Mainguy est largement fondée sur l'exemple du droit allemand, dont M. Malaurie dit ceci : « *Ceux qui connaissent bien la question, ce sont les Allemands. Malgré la compréhension qu'ils ont des droits réels – comme nous, ils pensent que la liste des droits réels est une liste limitative – ils n'ont pas hésité à dire que l'acheteur est titulaire d'un droit réel. Un droit réel en dynamisme puisque, au fur et à mesure que le prix est payé, il s'approche de la plénitude de la propriété* »[1859]. Elle est largement fondée, également, sur un arrêt rendu par la troisième chambre civile de la Cour de cassation le 12 janvier 1994[1860]. Dans cet arrêt, la Cour de cassation a admis que les juges du fond avaient pu estimer souverainement que le bénéficiaire d'une promesse unilatérale de vente dont l'entrée en jouissance avait eu lieu au jour de la promesse « *était titulaire d'un "droit de caractère immobilier" l'autorisant à donner à bail le bien qui en était l'objet, ce qu'il avait fait postérieurement à la levée de l'option* ».

Le raisonnement suivi par M. Mainguy est le suivant. Il discerne, d'abord, à la charge de l'acheteur-revendeur une obligation non pas de restituer mais de conserver la chose, ainsi que la créance du prix[1861]. Ensuite, il critique l'idée qu'il s'agirait d'un simple détenteur de la chose (puisque l'on peut admettre qu'il bénéficie d'une autorisation tacite de disposition)[1862]. L'acheteur-revendeur a selon lui un double statut : c'est un possesseur de la chose (c'est-à-dire, faut-il comprendre[1863], d'un droit de propriété de la chose) ; c'est le titulaire (sur le modèle du droit allemand) d'un droit réel d'expectative. Il en déduit que :

> « *l'on constate que l'acheteur sous réserve de propriété dispose de prérogatives réelles sur la chose, par exemple parce qu'il est créancier d'une obligation de donner et qu'il est possesseur de la chose, alors, puisque le principe du numerus clausus des droits réels peut être nié, on peut en conclure que l'acheteur sous réserve de propriété dispose d'un droit réel, principal, sur la chose appartenant au vendeur initial* »[1864].

[1856] D. Mainguy, *La revente*, préc..
[1857] D. Mainguy, *ibid.*, n° 30 ; sur le jeu de l'article 2279 al. 1er C. civ., v. *infra*, n° 566.
[1858] D. Mainguy, *ibid.*, n° 57.
[1859] Ph. Malaurie, *rapport de synthèse* in *Faut-il retarder le transfert de propriété ?* Cahiers dr. de l'entr., 1995, suppl. n° 5, p. 49.
[1860] Cass. civ. 3e, 12 janvier 1994 : Droit et patr., juillet-août 1994, n° 624, p. 59 obs. C. Saint-Alary-Houin ; D. 1995 p. 52 n. F. Macorig-Venier.
[1861] *ibid.*, n° 46 et 50.
[1862] D. Mainguy, *ibid.*, n° 54.
[1863] Si l'on admet que « la possession est un état de fait qui consiste à se comporter, relativement à une chose, comme si on était titulaire d'un droit sur cette chose » (J. Derruppé, th. préc., n° 162).
[1864] D. Mainguy, *ibid.*, n° 71, p. 103.

La faculté de disposer de la chose, par ailleurs, est démontrée « par l'absurde » : s'il n'en était pas ainsi, est-il relevé, il faudrait conclure que l'acheteur-revendeur commet un abus de confiance en gageant ou en revendant, « conclusion paradoxale si l'on admet qu'entre la défense de la propriété et la libre circulation des biens, le droit a opté pour la seconde »[1865]. Cependant le revendeur non encore propriétaire ne peut disposer de la chose que de façon restreinte « car il doit tenir à la disposition du vendeur initial le prix de la chose »[1866].

557.– Que penser de cette démonstration ? Fondamentalement, elle s'inscrit dans la même ligne que la nôtre, en ce sens que M. Mainguy entend démontrer que la non titularité du droit de propriété ne fait pas obstacle à la conclusion d'un acte translatif par l'acheteur-revendeur, qu'il n'y a donc pas de lien nécessaire entre la titularité du droit et le pouvoir de le transmettre.

Les outils utilisés sont différents. Fidèle à la vision classique de l'acte translatif, qui ne conçoit pas que celui-ci n'ait pas pour support le droit transmis, cet auteur s'efforce de rattacher le pouvoir de transmettre à la titularité d'un droit qui pourrait en constituer le support, la justification. Son raisonnement est à cet égard particulièrement ingénieux et paraît très convaincant. Il est cependant possible d'émettre diverses réserves. Laissons ici de côté celles liées à la question du *numerus clausus* des droits réels ainsi qu'à l'existence d'une obligation de *dare*, car il s'agit là de questions controversées qui ne sauraient évidemment comporter de réponse unique.

Une réserve plus sérieuse tient à l'ambiguïté de la démonstration. M. Mainguy ne démontre nullement (ce n'est pas son propos) que l'acheteur-revendeur transmet au sous-acquéreur la propriété de la chose ; il admet simplement cette possibilité « par l'absurde », nous venons de le souligner. Il entend démontrer que l'acheteur-revendeur transfère un droit réel né de la créance de l'obligation de donner générée par la vente initiale (« en revendant, le revendeur a en réalité cédé non la chose mais le seul droit dont il disposait »)[1867], et il en tire la conséquence logique que l'ensemble vente/revente n'a vocation à produire qu'un seul transfert de propriété : au moment du paiement par le revendeur « le transfert de propriété s'effectue directement au profit du titulaire de l'obligation de donner, c'est-à-dire « *directement* » entre le vendeur initial et le sous-acquéreur »[1868]. Sur ce point la démonstration est irréprochable. Mais s'agit-il là d'une « revente » ? Une revente, classiquement, est une vente[1869], c'est-à-dire un contrat translatif de propriété. Le transfert n'est pas nécessairement immédiat, mais il est nécessaire et c'est ce qui explique la nullité de la vente de la chose d'autrui. Or, ici, il n'y aura eu finalement

[1865] D. Mainguy, *ibid.*, n° 70, p. 99.

[1866] D. Mainguy, *loc. cit.*

[1867] D. Mainguy, *ibid.*, p. 110. En réalité, les choses ne sont pas aussi tranchées puisque l'auteur considère que « la circulation de l'obligation de donner » constitue une « esquisse » du transfert de propriété (p. 117, n° 83).

[1868] D. Mainguy, *ibid.*, p. 113.

[1869] « Une revente est une seconde vente dans une succession de deux ventes [...] » (D. Mainguy, *ibid.*, n° 8).

qu'un seul transfert de propriété de la chose[1870]. Peut-on d'ailleurs considérer que l'acheteur-revendeur est l'« auteur » du sous-acquéreur, en prenant ce terme dans le sens qui lui est couramment attaché (celui *dont* on tient un droit) ? N'est-on pas simplement en présence d'une cession de l'« obligation de donner »[1871] ?

Il est vrai – autre réserve – que M. Mainguy considère que l'objet du transfert est un droit réel né de la créance de l'obligation de donner, et non l'obligation de donner elle-même. Aussi fait-il de fréquentes références au précédent que constituerait un arrêt rendu par la Cour de cassation en 1994[1872]. Cet arrêt, qui n'est manifestement pas de principe[1873], doit cependant être interprété avec précaution. Il est en effet rédigé en termes ostensiblement prudents (« *la cour d'appel a retenu, par une interprétation souveraine des clauses de l'acte [...] que M. X était titulaire "d'un droit de caractère immobilier" l'autorisant à donner à bail* »). En outre, sa portée est incertaine : en principe, l'acheteur jouit au travers du propriétaire tant qu'il n'est pas devenu lui-même propriétaire, il n'a pas de droit sur la chose mais uniquement contre celui qui est encore le propriétaire ; d'ailleurs l'arrêt se garde de qualifier de « réel » le droit dont il s'agit[1874]. Tout au contraire, ainsi que le souligne Madame Saint-Alary-Houin dans ses observations sous l'arrêt, la formule utilisée par les juges du fond (« un droit de caractère immobilier ») « *atteste d'une certaine gêne, les juges n'osant pas qualifier expressément le droit du bénéficiaire de droit réel immobilier. De fait, il paraît bien difficile de considérer que l'acquéreur est titulaire d'un droit réel puisque le transfert de propriété n'a pas eu lieu* »[1875]. Il est donc peu justifié de déduire de cet arrêt que l'acheteur sous réserve de propriété est titulaire d'un droit particulier qui ressemble à un droit réel.

Il est vrai également – dernière réserve – qu'en toute hypothèse on comprend mal ce que la cession de ce droit apporte à la démonstration de l'auteur, dès lors qu'il ne s'agit pas du droit de propriété de la chose. Dans le système proposé, en effet, le droit réel est le support nécessaire du pouvoir de céder (il procède du souci de rattacher l'existence du pouvoir de conclure l'acte translatif à un droit réel, ce qui est quelque peu artificiel dans la mesure où le droit dont il s'agit n'est pas, précisément,

---

[1870] Ce transfert suppose évidemment que le vendeur initial soit payé... Soulignons que l'on ne parle en réalité de « revente », sans en être bien conscient, que parce qu'il y a intervention successive de deux auteurs : le vendeur initial (à la fois auteur du et auteur dans) puis l'acheteur-revendeur, simple auteur « du » second transfert – autrement dit il y a deux actes translatifs successifs, et il est commode de parler par raccourci de revente pour désigner le second.

[1871] *Contra* : L. Aynès, *La cession de contrat*, préc., n° 267, p. 194 selon qui « c'est le droit de propriété lui-même, et non l'obligation de *dare* que transmet le cédant, et cette transmission n'est possible qu'à la condition que lui-même soit propriétaire ». Mais on ne voit pas pourquoi l'article 1599 du Code civil ferait obstacle à la cession de l'obligation de donner – ou à la cession du contrat de vente à transfert différé de la propriété, si l'on récuse l'existence de l'obligation de donner.

[1872] Cass. civ. 3e, 12 janvier 1994, préc. *supra*, notes 1446 et 1860 (D. Mainguy, *ibid*., p. 76, 86, 87, 93, 94 et 99).

[1873] Il n'a pas été publié au *Bulletin*.

[1874] L'annotateur de l'arrêt au Dalloz exclut que ce droit ait un caractère personnel faute de pouvoir lui donner un contenu ; mais elle aboutit à la même impasse avec la qualification de droit réel (ce serait une « propriété économique ») (F. Macorig-Venier, note D. 1995 p. 52, préc.).

[1875] Obs. préc., Droit et patr., juillet-août 1994, n° 624, p. 60.

celui qui est cédé, ainsi que de protéger le revendeur des tiers)[1876] mais non l'objet du transfert lui-même car le transfert « direct » de propriété entre le vendeur initial et le sous-acquéreur repose exclusivement sur l'exécution de l'obligation de donner dont ce dernier est cessionnaire[1877]. Ainsi s'explique que l'auteur puisse considérer que la situation du possesseur de mauvaise foi (titulaire, puisqu'il a la possession, du « droit réel particulier ») est la même que celle de celui qui n'a pas la possession (et qui est donc simplement cessionnaire de l'obligation de donner) : tous deux bénéficient identiquement d'un transfert direct de propriété[1878]. Or, si un sort identique est fait à celui qui a le « droit » et à celui qui ne l'a pas, c'est que le transfert de ce « droit » n'a pas sur ce plan d'utilité fonctionnelle propre, qu'il ne sert à rien[1879].

Finalement, on reste sur sa faim quant à la question examinée, celle de savoir comment l'acheteur-revendeur peut juridiquement revendre le bien dont il n'est pas propriétaire. Encore faut-il ajouter les difficultés posées par la situation particulière du sous-acquéreur.

2° Situation du sous-acquéreur

558.– Ici également nous prendrons pour point de départ l'analyse de M. Mainguy car elle contient d'intéressants développements sur la situation du sous-acquéreur. Son propre point de départ est la question suivante : comment expliquer que celui-ci reçoive l'ensemble des prérogatives d'un propriétaire, et notamment qu'il puisse directement agir en garantie contre le vendeur initial[1880] ?

559.– Laissons ici de côté le cas, qui vient d'être évoqué, où le sous-acquéreur, cessionnaire et donc créancier de l'obligation de donner, acquiert la chose par transfert « direct » du vendeur initial. C'est le cas lorsque celui-ci est payé et que soit la chose est insusceptible de possession[1881], soit, s'il s'agit d'un meuble corporel, que le sous-acquéreur ne la possède pas de bonne foi[1882]. Dans les deux cas, en effet, on est en présence d'une classique transmission de l'obligation de garantie en application de la théorie de l'accessoire.

[1876] D. Mainguy, ouvr. préc., n° 66 s. et 91. La démarche évoque celle qui était à la base de l'ancien usufruit de la communauté (v. *supra* note 492 et n° 257).

[1877] L'auteur le suggère lui-même en précisant systématiquement que le sous-acquéreur acquiert « le droit réel du revendeur *et* la créance d'obligation de donner » (*ibid.*, p. 119, n° 87), voire même « le droit réel d'expectative et *en tout état de cause* la créance d'obligation de donner » (*ibid.*, p. 117, soul. par nous).

[1878] D. Mainguy, *ibid.*, n° 233, p. 272.

[1879] Rappelons que le droit réel est le support du pouvoir de transférer, et non l'objet du transfert. Faut-il expliquer la place qui lui est faite par le souci de respecter formellement le présupposé selon lequel le transfert de la propriété a pour support le transfert d'un droit ?

[1880] D. Mainguy, *ibid.*, n° 72. À la créance de garantie, il faut assimiler celle de réparation ou de renseignement.

[1881] Hypothèse des meubles incorporels (créances, effets de commerce, droits de propriété industrielle... : D. Mainguy, *ibid.*, n° 79, p. 113). Hypothèse également des immeubles, insusceptibles de faire l'objet de la possession acquisitive de l'article 2279 du Code civil.

[1882] D. Mainguy, *ibid.*, p. 113 et 272.

Lorsque, dans ces mêmes hypothèses, le vendeur n'est pas payé le même résultat est atteint, selon l'auteur, malgré l'absence de transfert de la propriété de la chose, en considérant que la garantie est accessoire à l'obligation de donner[1883].

560.– Plus intéressant est le cas où la chose revendue est un meuble corporel et le sous-acquéreur un possesseur de bonne foi. Cette possession entraîne un effet acquisitif de propriété en application de l'article 2279 du Code civil car, précise M. Mainguy, le sous-acquéreur a acquis du revendeur c'est-à-dire, en l'absence de paiement, *a non domino*[1884]. L'acquisition de propriété ne se fait pas par transfert mais par l'effet direct de la loi, selon un mode originaire. Il est donc impossible de considérer que l'obligation de garantie a été *transmise* accessoirement à la propriété de la chose.

Néanmoins, M. Mainguy note qu'il peut agir en garantie contre le vendeur initial et il s'emploie à le justifier. Pour cela, il critique les justifications traditionnelles des actions directes, personnelles (cession de créance, stipulation pour autrui) et réelles (transmission accessoire avec le transfert de propriété)[1885]. Il retient notamment que le critère de l'*intuitu rei*, fondé sur un transfert de propriété, est trop étroit : dans le contrat d'entreprise, ce critère n'explique pas l'action directe du maître de l'ouvrage contre le fabricant du matériel utilisé par l'entrepreneur (l'acquisition de la propriété par le client ayant un caractère originaire) ; dans la revente, ce critère n'explique pas davantage celle du sous-acquéreur tenant son droit de la possession de bonne foi. Empruntant la démarche de M. Zénati, il observe que dans ces deux hypothèses les parties avaient pourtant l'intention d'opérer un transfert de propriété[1886] (elles étaient mues par un *animus transferendi*)[1887] et il conclut que la créance directe n'est fondée ni sur le seul transfert de propriété, ni sur toute acquisition de propriété, mais sur l'acquisition de propriété, originaire ou dérivée, lorsqu'elle dérive d'un contrat contenant un *animus transferendi*[1888].

561.– Que penser de cette démonstration ? Là encore, les résultats sont très proches des nôtres. Si on laisse de côté le premier cas examiné (celui du transfert pur et simple), tout se passe dans les autres *comme si* il y avait eu transfert, alors pourtant que l'acheteur-revendeur n'avait pas la qualité de propriétaire en principe requise pour le réaliser. C'est ce qui est proposé en cas de non acquisition de la chose. C'est ce qui est proposé également en cas d'acquisition sans transfert.

[1883] D. Mainguy, *ibid.*, n° 81 et 90.

[1884] D. Mainguy, *ibid.*, n° 73, p. 106. Peu importe, précise l'auteur, que par la suite le vendeur ait été payé : en raison du principe d'exclusivisme de la propriété « le vendeur initial n'est plus propriétaire dès que le sous-acquéreur l'est devenu » (*ibid.*, n° 80, p. 115. Il s'agit là d'un présupposé qui sera examiné *infra*, deuxième partie) « et aucun transfert de propriété ne se produira plus, même si le revendeur paie le vendeur initial » (*ibid.*, n° 331, p. 419).

[1885] D. Mainguy, *ibid.*, n° 200 et 211.

[1886] C'est le caractère immédiat de l'acquisition de propriété par la possession de bonne foi qui fait obstacle à l'effet translatif d'un paiement ultérieur (D. Mainguy, *ibid.*, n° 88 ; rappr. *supra*, note 1884).

[1887] F. Zénati, obs. RTD civ. 1992, p. 595 (l'accession qui joue entre les parties à un contrat d'entreprise, explique cet auteur, n'est pas une banale accession entre tiers mais entre un entrepreneur et son client, le premier entendant faire bénéficier le second des résultats de son travail).

[1888] D. Mainguy, *ibid.*, n° 230, p. 265. Contrat qui ne peut être, évidemment, que non translatif.

Le premier de ces deux cas recouvre notamment l'hypothèse dans laquelle le vendeur initial est privé d'agir en revendication faute d'avoir respecté les délais pour le faire, sans pour autant perdre sa propriété[1889]. La solution proposée n'emporte guère la conviction. En effet la qualité du « sous-acquéreur » à agir alors contre le vendeur initial en garantie est douteuse, puisqu'il n'a pas la propriété de la chose. En outre, considérer que cette garantie est accessoire à l'obligation de donner semble en contradiction avec l'idée, émise par ailleurs, qu'elle est liée à la propriété de la chose. Il s'agit cependant là d'un cas un peu marginal.

L'autre cas est en pratique plus important. L'action en garantie alors ouverte au sous-acquéreur fait pendant à l'action en revendication du prix conférée au créancier lorsque l'acheteur-débiteur-revendeur fait l'objet d'une procédure collective[1890]. De cette dernière, M. Mainguy note très justement que la loi permet au « vendeur initial d'agir *comme si* le sous-acquéreur était propriétaire par l'effet d'un transfert de propriété »[1891]. L'explication proposée pour justifier l'action en garantie est-elle pour autant opportune ? Elle avait été avancée pour le cas du contrat d'entreprise. Or on peut l'y regarder comme étant inutile si l'on considère, avec un récent ouvrage, que ce contrat a bien un caractère translatif de propriété[1892]. Est-il justifié, alors, de proposer de détacher le transfert de l'action en garantie de celui de la propriété de la chose pour la seule hypothèse examinée, celle du sous-acquéreur-possesseur de bonne foi d'un bien meuble corporel vendu sous réserve de propriété ?

Nous voudrions montrer qu'une réponse négative peut être apportée à cette question, et de façon plus générale qu'une simplification appréciable est possible dans l'appréhension juridique de la revente d'un bien acheté avec une clause de réserve de propriété si l'on accepte de rejeter le présupposé du lien nécessaire entre propriété et pouvoir de transmettre.

B. – SIMPLICITÉ GÉNÉRÉE PAR LE REJET DU PRÉSUPPOSÉ

562.– « Revente » : le terme porte en lui-même le poids du présupposé puisqu'il suggère la succession de deux actes translatifs de propriété, et donc la subordination de la possibilité de recourir à une seconde vente à la réalisation du transfert opéré par la première ; il suggère, autrement dit, qu'il n'y a pas de revente possible sans réalisation de la première vente, sans que le revendeur ait acquis la propriété du bien qu'il revend. Or, nous venons de le voir, il n'en est rien : l'acheteur d'une chose sous réserve de propriété peut la « revendre » avant son complet paiement, alors même donc qu'il n'en a pas la propriété. Et un spécialiste éminent de la question, s'il en est[1893], propose un système explicatif dont la clef de voûte est qu'un seul et unique

---

[1889] Cass. com., 9 janvier 1996 : D. 1996 p. 184 n. F. Derrida, préc.
[1890] C. com., art. L. 621-124, préc.
[1891] D. Mainguy, *ibid.*, n° 73, p. 106.
[1892] P. Puig, th. préc., n° 197 s. et *passim*, deuxième partie. – Même sens : Cass. com., 17 mars 1998, qui fait référence au « sous-acquéreur du matériel [...] en vertu d'un contrat d'entreprise » (JCP E 1998, n° 37, p. 1398 obs. Ph. Pétel ; D. 1999, somm. p. 72 obs. A. Honorat et 2000, somm. p. 75 obs. F. Pérochon et D. Mainguy).
[1893] D. Mainguy, *La revente*, préc.

transfert de propriété se réalise entre le vendeur initial et le sous-acquéreur, l'acheteur-revendeur n'intervenant que pour déclencher la seconde vente, sans être lui-même propriétaire de la chose, sans être celui dont le sous-acquéreur tient son droit[1894]. Ce système marque donc une certaine liberté par rapport au présupposé.

Pour autant, il n'est pas entièrement satisfaisant. Il oblige en effet à faire des « contorsions juridiques insoupçonnées »[1895] ; or, il est curieux que l'on ait tant de mal à rendre compte d'une solution qui paraît intuitivement si naturelle. Cela fait naître le soupçon que l'explication n'est pas la bonne. Plus fondamentalement, la question de savoir qui a la qualité d'auteur à l'égard de cet ayant cause qu'est le sous-acquéreur n'est pas abordée. Or, elle est à nos yeux capitale car de nature à rendre compte plus simplement de la plupart des solutions évoquées.

Appliquant à cette question notre propre grille de lecture fondée sur la dissociation de la propriété et du pouvoir, nous voudrions montrer que tant l'acheteur-revendeur que le vendeur initial ont la qualité d'auteur par rapport au sous acquéreur, le premier ayant le pouvoir de déclencher la vente (il est l'auteur du transfert), le second étant celui dont le sous-acquéreur tient son droit (il est l'auteur dans le transfert).

1° L'acheteur-revendeur, auteur « du » transfert

563.– Rappelons la question initiale : comment expliquer que l'acheteur d'une chose sous réserve de propriété puisse la revendre avant son complet paiement puisqu'il n'en a pas la propriété ? Cette question est le reflet même du présupposé du lien entre propriété et pouvoir. Elle postule, en effet, que seul le propriétaire a le pouvoir d'accomplir l'acte opérant la translation de la propriété (*Nemo plus juris...*). Or cela ne correspond pas à la réalité, nous l'avons déjà montré. L'hypothèse de la revente de la chose achetée sous réserve de propriété en fournit un nouvel exemple, particulièrement frappant.

564.– Nul ne dispute à l'acheteur-revendeur, en effet, le pouvoir de revendre le bien. Cela semble être dans la nature des choses, et conforme avec les réalités du commerce[1896]. Sans doute est-il débiteur d'une obligation de conservation de la chose. Mais, souligne-t-on, il pense jouir d'une immunité dans l'inexécution de cette obligation[1897]. Il est à souligner que la revente par l'acheteur sous réserve de propriété n'est pas susceptible de qualification pénale. La solution n'est pas discutée en ce qui concerne les infractions de vol et d'escroquerie : celle de vol n'est pas constituée puisque la chose est remise volontairement[1898] ; l'absence de manœuvres

[1894] S'il n'acquiert pas par le jeu de l'article 2279 du Code civil.

[1895] Pour reprendre l'expression même de M. Mainguy, ouvr. préc., p. 419.

[1896] D. Mainguy, *La revente*, préc., p. 51.

[1897] D. Mainguy, *La revente*, ouvr. préc., p. 70.

[1898] « La vente d'un bien mobilier assortie d'une clause de réserve de propriété s'accompagne d'une remise volontaire de la chose, exclusive de toute appréhension frauduleuse du bien par l'acquéreur, même en cas de résolution du contrat » (Cass. Crim., 11 octobre 1990 : D. 1991, p. 234 n. M.-A. Peano, et somm. p. 272 obs. G. Azibert).

frauduleuses pour obtenir la remise du bien exclut la qualification d'escroquerie. En ce qui concerne l'abus de confiance, la solution n'était pas davantage discutée avant la réforme du Code pénal puisque le refus de restituer ne constituait pas l'inexécution de l'un des contrats prévus à l'article 408 de l'ancien code. Le Code pénal nouveau ne se réfère plus à une liste limitative dans son article L. 314-1, et selon un auteur cela aurait mis fin à cette situation d'impunité[1899]. Ce point de vue paraît excessif : outre en effet qu'il doit exister une intention coupable, le texte de l'article L. 314-1[1900] ne s'applique pas à la situation de l'acheteur sous réserve de propriété, celui-ci n'ayant pas accepté la chose à charge de la rendre, de la représenter ou d'en faire un usage déterminé mais en vue du transfert de sa propriété, même si celle-ci est retardée.

On doit bien plutôt se demander si la revente n'est pas conforme aux prévisions des parties puisque le revendeur, s'il n'a pas la propriété de la chose, s'en voit conférer la maîtrise. La comparaison avec le crédit-bail est à cet égard instructive puisque les établissements financiers interdisent le plus souvent au crédit-preneur la cession de son droit[1901], alors que cela ne correspond pas à la pratique de la clause de réserve de propriété[1902]. Cette comparaison peut d'ailleurs être poursuivie car on est fondé à se demander si le fait que le vendeur peut revendiquer le prix de la revente n'implique pas, d'une certaine façon, l'acceptation de la revente par son cocontractant[1903], solution évidemment exclue en matière de crédit-bail[1904].

565.– La doctrine, quoi qu'il en soit, ne méconnaît pas le pouvoir que confère à l'acheteur l'achat-vente sous réserve de propriété. Prisonnière du présupposé, cependant, elle n'imagine pas que ce pouvoir puisse, comme celui du propriétaire, permettre d'opérer la translation de la propriété de la chose. Elle n'y voit qu'un simple pouvoir de fait : le débiteur, lit-on, « jouit *de facto* d'un pouvoir de disposer » du bien, il a « un pouvoir d'en disposer, sinon de droit du moins de fait »[1905]. Elle n'envisage ce mystérieux pouvoir qu'en l'encadrant de précisions destinées à marquer ses limites, ou celles de la connaissance que l'on a de lui : « il n'est pas absurde de soutenir que l'acquéreur dispose de pouvoirs, pour l'essentiel matériels, assimilables à ceux d'un propriétaire, à défaut d'en avoir les droits »[1906]. Si elle s'avance plus loin, c'est sous le couvert de la théorie des deux propriétés : « sous le rapport de la valeur, l'important n'est pas d'être propriétaire mais de pouvoir

---

[1899] P. Crocq, *Propriété et garantie*, préc., n° 440, p. 388.
[1900] « L'abus de confiance est le fait par une personne de détourner au préjudice d'autrui des fonds, des valeurs ou un bien quelconque qui lui ont été remis et qu'elle a acceptés à charge de les rendre, de les représenter ou d'en faire un usage déterminé » (C. pénal, art. L 314-1, al. 1er).
[1901] Ch. Goyet, *Le louage et la propriété à l'épreuve du crédit-bail et du bail superficiaire*, préc., n° 391, p. 211.
[1902] Mettons à part le cas des ventes assorties d'une clause de réserve de propriété lorsqu'elles font l'objet de la publication facultative prévue par le 1er décret du 27 déc. 1985, art. 85-5, préc.
[1903] D. Mainguy, ouvr. préc., n° 54 p. 73.
[1904] À l'égard duquel est prévue l'action en restitution de l'article L. 624-10 C. com.
[1905] P. Crocq, ouvr. préc., n° 223 et 439.
[1906] G. Blanluet, *Essai sur la notion de propriété économique en droit français*, préc., n° 189.

bénéficier de la richesse donnée par la propriété. Ainsi le propriétaire économique, captant la valeur des choses, serait un propriétaire qui s'ignore [...] »[1907].

Cette approche est en cohérence avec l'idée que seul le propriétaire de la chose peut en transférer la propriété. Il est donc logique, dans cette perspective, de considérer que c'est en qualité – usurpée, apparente – de propriétaire que l'acheteur conclut la revente, et que celle-ci constitue une vente de la chose d'autrui. Il est également logique d'en déduire que la créance du prix de revente lui est personnelle ; ainsi que l'écrit un auteur : « négociée pour son compte, à des conditions qui n'engagent que lui et moyennant une inversion délibérée de son titre sur les biens sous-aliénés, la revente est son œuvre »[1908].

566.– Nous sommes portée à apprécier les choses différemment. Délimitons, d'abord, le domaine de l'article 2279 du Code civil. Il s'agit là en effet d'un mécanisme *subsidiaire* destiné à protéger celui qui a acquis *a non domino* contre le risque d'éviction que constitue pour lui l'action en revendication du *verus dominus*[1909]. Or dans le cas des marchandises destinées à être revendues[1910] ce risque n'existe pas car le vendeur sous réserve de propriété ne dénie pas à son acheteur le pouvoir de revendre la chose, il entend seulement en obtenir le prix, et c'est d'ailleurs ce que prévoit l'article L. 621-124 du Code de commerce (qui est lui-même peu en harmonie avec l'application de l'article 2279 du Code civil). Cette approche conduit à considérer que c'est bien par l'effet d'un mécanisme translatif que le sous-acquéreur de telles marchandises acquiert son droit.

Or la translation de propriété, nous nous sommes efforcée de le faire apparaître, obéit à un mécanisme plus diversifié que celui du schéma de base exposé au paragraphe précédent. Elle fait place dans certains cas à l'intervention d'une personne qui n'a pas la propriété de la chose mais le pouvoir de déclencher l'opération de transfert. Cette personne n'est pas celle dont l'ayant cause tient ses droits, et c'est cela qui explique qu'il n'est pas requis qu'elle en soit titulaire. Il est simplement nécessaire qu'elle soit investie du pouvoir de déclencher par un acte juridique l'opération de transfert. Il est proposé de la désigner comme étant l'auteur "du" transfert. Or, telle est bien la situation juridique de l'acheteur-revendeur de la chose acquise sous réserve de propriété.

[1907] G. Blanluet, *ibid.*, p. 438. Cet auteur évoque également « une résurgence moderne de la saisine, cette forme primitive de la propriété coutumière » (*ibid.*, p. 440).

[1908] D. Martin, *Du conflit relatif à la créance du prix de revente d'une marchandise acquise sous réserve de propriété*, D. 1986, chron. p. 323, préc. ; même sens : F. Pérochon, note sous Cass. com., 20 juin 1989 : D. 1989, p. 431, spéc. n° 16, p. 434.

[1909] On peut rapprocher à cet égard le mécanisme de l'article 2279 de cet autre mécanisme protecteur que constitue l'article 1599 du Code civil : v. *supra*, n° 498.

[1910] Les actions en revendication en nature contre le sous-acquéreur paraissent en ce cas exceptionnelles : v. une hypothèse de refus d'une telle action sur le fondement de l'art. 2279 in CA Rennes 13 novembre 1993, D. 1993 somm. p. 293 obs. F. Pérochon (on peut se demander, au regard des faits – liens entre débiteur et acheteur, imbrication de leurs intérêts – , si l'inopposabilité du droit de ce dernier au vendeur n'aurait pas pu être fondée sur la fraude). Tout autre, évidemment, est par exemple le cas d'une machine-outil destinée à l'utilisation de l'acheteur : l'article 2279 joue alors puisque ce dernier n'est pas investi d'un pouvoir de revendre (on est alors dans une logique de crédit-bail, à propos duquel v. Cass. com. 14 octobre 1997, D. 2000 somm. p. 74 obs. F. Pérochon et D. Mainguy).

Les conséquences de cette analyse sont surtout sensibles en ce qui concerne le vendeur initial. Elle n'est pas cependant sans intérêt pour ce qui est de l'acheteur-revendeur lui-même.

567.– Le pouvoir d'aliéner qu'on lui reconnaît doit d'abord être identifié en tant que tel, c'est-à-dire en tant que *pouvoir*. Il s'agit d'un pouvoir autonome, détaché de la propriété[1911]. Cet aspect est occulté, nous l'avons vu, par le fait que dans le langage courant le terme pouvoir est pris pour synonyme de droit. C'est en ce sens que l'on écrit que « Constitue un droit réel tout pouvoir reconnu à une personne sur une chose », ou que « Tout pouvoir, quelle qu'en soit l'étendue, peut recevoir la qualification de droit réel et le régime juridique qui en découle » ou encore que le « pouvoir » de « vendre » la chose peut être qualifié de « droit réel »[1912]. Prise au pied de la lettre, cette approche peut conduire à vouloir trouver à toute force un droit réel partout où il y a un pouvoir[1913], ce qui revient d'une autre façon à ignorer la distinction entre pouvoir et propriété.

568.– Détaché de la propriété, ce pouvoir l'est également de la représentation, si on prend ce terme en son sens strict pour désigner « le procédé juridique par lequel une personne accomplit un acte juridique au nom et pour le compte d'une autre, de telle sorte que les effets de l'acte passé par le représentant se produisent directement sur la tête du représenté comme si celui-ci avait passé l'acte personnellement »[1914]. L'acheteur-revendeur n'entend pas en effet agir au nom du vendeur, ni d'ailleurs pour le compte de celui-ci. Il s'agit là, il est vrai, d'une définition stricte de la représentation qui ne s'impose que pour la définition du contrat de mandat par le Code civil[1915] et rien n'oblige à limiter ainsi cette notion.

En un sens plus large, la représentation est identifiée comme étant un mécanisme opérant une dissociation entre l'auteur de l'acte et le sujet d'imputation de celui-ci[1916], entre celui qui agit et celui qui supporte les effets juridiques[1917]. Cela correspond-il à l'hypothèse considérée ? D'un côté, on est porté à considérer que oui : la propriété passe directement du patrimoine du vendeur initial à celui du sous-acquéreur[1918], l'effet translatif est imposé au vendeur initial alors qu'il n'est pas l'auteur de l'acte. Tout se passe comme s'il y avait une représentation en ce qui concerne les effets « réels » du contrat de revente, sur le modèle de ce qui se passe dans le contrat translatif de propriété conclu par l'intermédiaire d'un

---

[1911] Ce pouvoir a pour source la *finalité* (la revente, conforme aux prévisions des parties : n° 564, permet la libre-circulation du bien) : nous avons vu que celle-ci confère une prérogative qui rend apte à exercer la prérogative-objet dont on n'est pas titulaire (v. *supra*, n° 179).

[1912] Ch. Atias, *Les biens*, préc., n° 69 et 70.

[1913] D. Mainguy, *La revente*, préc., n° 66 s.

[1914] F. Terré, *Introduction générale au droit*, Dalloz, 6e éd., 2003, n° 286.

[1915] C. civ., art. 1984. V. M.-L. Izorche, *À propos du « mandat sans représentation »*, D. 1999, chron. p. 369.

[1916] M. Storck, *Essai sur le mécanisme de la représentation dans les actes juridiques*, préc., *passim*.

[1917] Ph. Didier, *De la représentation en droit privé*, préc., n° 167.

[1918] Nous négligeons ici (v. *infra*, n° 579) l'hypothèse où l'acquisition se fait non par transfert mais par la mise en possession de bonne foi.

commissionnaire[1919]. D'un autre côté, cependant, cela revient à dilater considérablement la notion de représentation. Va-t-on dire que le créancier qui fait procéder à la saisie-vente d'un ou plusieurs biens meubles corporels appartenant à son débiteur[1920], ou à la vente forcée d'un immeuble (C. civ., art. 2213), « représente » le débiteur (ou le détenteur de l'immeuble, s'il ne s'agit pas du débiteur) ? Va-t-on dire que l'expropriant qui obtient du juge une ordonnance d'expropriation « représente » la personne expropriée ? Il est évident que non, alors même que dans ces exemples l'auteur de l'acte n'est pas le sujet d'imputation. Cela s'explique par l'absence, dans ces hypothèses, de volonté de représenter de l'auteur de l'acte. Il exerce un pouvoir qui lui est propre. Il en est de même ici. Une autre explication peut être empruntée à une thèse récente sur le sujet, selon laquelle la représentation est limitée aux situations où il y a imputation dérogatoire d'un acte juridique parce qu'il est réputé conforme à l'intérêt de la personne représentée[1921]. Dans les hypothèses de saisie et d'expropriation, il est en effet peu discutable que c'est seulement l'intérêt du saisissant ou de l'expropriant qui est considéré ; il paraît de même aventureux de considérer que c'est dans l'intérêt du vendeur impayé que l'acheteur-revendeur procède à la revente. L'auteur « du » transfert n'agit donc pas en qualité de représentant.

569.– À la différence d'un représentant[1922], il n'est d'ailleurs pas « transparent ». Étant l'auteur « du » transfert, il est personnellement titulaire de la créance du prix de revente, dont il a négocié librement le montant avec le sous-acquéreur.

Mais cela n'empêche pas que le vendeur initial ait de son côté la propriété du prix, subrogé à la chose.

2° *Le vendeur initial, auteur « dans » le transfert*

570.– C'est surtout en ce qui concerne la situation juridique du vendeur initial que l'analyse proposée développe ses effets simplificateurs. Dès lors qu'on le considère en sa qualité d'auteur « dans » l'acte translatif, la plupart des difficultés qui font la complexité de cette matière s'évanouissent. Il est vrai que ces difficultés tiennent précisément à la contradiction qu'il y a entre sa qualité de tiers au contrat de revente et celle de créancier du sous-acquéreur. La qualité d'auteur « dans » le transfert peut expliquer l'un et l'autre de ces liens.

[1919] M.-P. Dumont, *L'opération de commission*, préc., n° 631 ; Ph. Didier, ouvr. préc., n° 116.
[1920] L. 9 juillet 1991 portant réforme des procédures civiles d'exécution, art. 50 s.
[1921] Ph. Didier, *ibid.*, n° 179.
[1922] L'engagement personnel du commissionnaire (Ph. Didier, ouvr. préc., n° 121 s.) ne fait pas obstacle à l'idée de représentation ; il s'agit cependant là d'un cas particulier de représentation « plus que complète » (Ph. Didier, *ibid.*, n° 127).

a) La créance du prix

571.– Nous nous proposons de montrer qu'il s'agit d'une créance autonome, distincte de celle de l'acheteur-revendeur. Il est donc important de préciser le moment de sa naissance.

1. Autonomie de la créance du prix

572.– Les auteurs ont beaucoup de mal, nous l'avons souligné, à expliquer que les situations respectives du vendeur et de l'acheteur-revendeur quant à la créance du prix[1923]. Appelons *A* le premier, et *B* le second : comment comprendre qu'une créance née dans le patrimoine de *B* prenne la place d'une chose qui est restée dans celui de *A* ?

La question n'est pas propre à la revente de la marchandise achetée sous réserve de propriété. Elle se pose également en cas de perte de cette marchandise. Il est alors de jurisprudence que le droit de propriété du vendeur se reporte sur l'indemnité d'assurance due à l'acheteur. Cette solution avait dans un premier temps été fondée, à tort, sur le texte devenu depuis l'article L. 624-16 du Code de commerce[1924]. Elle est aujourd'hui consacrée en tant que telle, sans fondement textuel : « l'indemnité d'assurance, subrogée aux biens dont le vendeur était demeuré propriétaire, n'entre pas dans le patrimoine de l'acheteur »[1925]. M. Larroumet, dans son commentaire de l'arrêt, est d'avis que la Cour de cassation « a en réalité assimilé le droit reconnu aux créanciers par l'article L. 121-13 du Code des assurances à celui qui est attribué à la victime d'un dommage contre l'assureur du responsable par l'article L. 124-3 »[1926] ; il en déduit que « Le droit de la victime d'exiger de l'assureur le paiement de l'indemnité est un droit qui naît directement dans son patrimoine sans passer par celui de l'assuré ». Cette analyse a le mérite de souligner que, contrairement à ce que semble indiquer l'arrêt, la question posée n'est pas de savoir si la créance entre ou non dans le patrimoine de l'acheteur mais, plus simplement, de déterminer à qui l'assureur doit la payer[1927].

573.– Nous considérons ici une hypothèse voisine mais différente, celle où il y a transfert de la propriété de la marchandise. *B* revend la marchandise à *C* ; comment expliquer que *A* soit propriétaire de la créance du prix alors que celle-ci naît du contrat, conclu entre *B* et *C*, auquel il est étranger ? Pour résoudre la difficulté que crée ici le jeu du principe de l'effet relatif du contrat, les auteurs défendent l'idée qu'il s'agit de deux créances distinctes. La créance de *A* contre *C* naît du remplacement de son droit de propriété sur la chose par la créance du prix de

---

[1923] *Supra*, n° 552.

[1924] Cass. com., 1er octobre 1985 : D. 1986 p. 246 n. M. Cabrillac.

[1925] Cass. com., 6 juillet 1993, Bull. civ. IV, n° 281 ; JCP 1993, II, 22153 n. Ch. Larroumet ; D. 1994, somm. p. 81, obs. A. Honorat ; RTD civ. 1995, p. 397 obs. F. Zénati.

[1926] Note préc., JCP 1993, II, 22153, n° 6. Il n'est cependant pas question ici de paiement, c'est-à-dire d'exécution de l'obligation, mais de la naissance de celle-ci.

[1927] « L'assureur ne peut payer à un autre que le tiers lésé [...] », C. ass., art. L. 124-3.

celle-ci, et cette subrogation réelle est « nécessairement originelle »[1928] ; un maître éminent de la matière exprime la même idée à partir d'une autre approche : « le terme revendication postule que le vendeur originaire fait valoir une créance dont il est propriétaire et non la créance qui appartiendrait à l'acheteur-revendeur, débiteur intermédiaire »[1929].

Cette approche, intéressante, se heurte cependant à deux problèmes. En premier lieu, elle est contestée dans son principe même. Une spécialiste reconnue considère en effet qu'il ne s'agit pas de deux créances distinctes mais de la même créance : « la créance appartenant au vendeur initial en vertu de l'art. 122 L. 1985 [actuel art. L 624-18 C. com.] est celle dont son débiteur, l'acheteur, est créancier (titulaire), et non une créance dont l'acheteur aurait... la propriété »[1930]. Cette critique repose certainement sur l'idée que les deux créances ont pour contrepartie la fourniture de la même chose ; mais elle ignore le fait que celle de l'acheteur-revendeur naît du contrat de vente, auquel est étranger le vendeur, dont la propre créance naît de la subrogation réelle. Elle se heurte d'ailleurs à un argument de texte car le prix que l'article L. 624-18 autorise le vendeur à revendiquer est celui « des biens visés à l'article L. 624-16 », c'est-à-dire le prix convenu entre le vendeur initial et son propre acheteur, et non pas celui de la revente, librement négocié entre cet acheteur-revendeur et le sous-acquéreur.

En second lieu, l'idée d'une créance nouvelle fait apparaître une autre difficulté : que devient la créance ancienne, celle de l'acheteur-revendeur ? Les auteurs ne conçoivent pas la possibilité d'une dualité de créances relatives à un même bien. Si créance nouvelle il y a, c'est que la créance ancienne a nécessairement disparu. Or, comment expliquer que *B*, l'acheteur-revendeur, ne soit pas ou plus titulaire de la créance contre *C* ? Il est considéré que « le revendeur infidèle n'a jamais été créancier »[1931]. Mais cela est difficile à comprendre car le contrat de revente constitue, certes, une vente de la chose d'autrui mais sa nullité n'est pas demandée par l'acheteur, seule personne à pouvoir agir en ce sens. Les nuances dans la formulation de la solution traduisent l'embarras des auteurs : M. Ancel écrit ainsi que la créance « n'est jamais entrée dans le patrimoine de l'acheteur », mais aussi qu'il « n'est pas vraiment titulaire » de celle-ci[1932], ce qui revient à admettre qu'il l'est – et comment soutenir le contraire ?

574.– La grille de lecture que nous proposons permet d'expliquer la solution : si la créance du prix dont le vendeur revendique le paiement n'entre pas dans le patrimoine de l'acheteur, et si une subrogation réelle est possible c'est parce que

---

[1928] F. Zénati, note sous CA Dijon, 9 septembre 1987 : D. 1988, p. 74, spéc. p. 76 (« Autrement dit, le fournisseur, ce qui n'a rien de paradoxal, n'est pas l'ayant cause de son acheteur, il tient sa créance de la loi dès qu'elle est née »). Même sens, même auteur : obs. RTD civ. 1997, p. 166. Nota : l'ayant cause peut recevoir son droit *lege* (ex. : l'héritier) ; mais peu importe ici.

[1929] M. Cabrillac, chron. préc., D. 1988 p. 226 n° 11 (cet auteur entend ainsi montrer que le paiement du vendeur ne relève pas du schéma de l'action directe, celle-ci ayant pour objet une créance du débiteur).

[1930] F. Pérochon, note préc., D. 1989 J p. 435, note 29.

[1931] F. Zénati, obs. RTD civ. 1989, p. 348.

[1932] P. Ancel, *Droit du crédit*, Litec, 1997, n° 561 et 309.

cette créance est la contrepartie du transfert de la propriété de la chose, laquelle est fournie non pas par l'auteur « du » transfert mais par l'auteur « dans » le transfert. Ce raisonnement ne peut être compris qu'à la lumière d'une précision essentielle : la créance de prix que revendique le vendeur n'est pas celle de l'acheteur-revendeur, c'est celle dont il est personnellement titulaire par l'effet de la subrogation. Il n'y a pas une mais deux créances distinctes. Pareille proposition peut étonner. Elle découle pourtant de la nature des choses. L'auteur « du » transfert est titulaire de la créance de prix née du contrat. L'auteur « dans » le transfert est un tiers par rapport à ce contrat et il n'a donc pas vocation à recueillir cette créance ; sa propre créance naît du remplacement de son droit de propriété sur la chose par la créance du prix de celle-ci, et c'est d'ailleurs cela qui explique que cette subrogation réelle soit « nécessairement originelle »[1933].

Cela pose, alors, la question du moment d'apparition de cette dualité de créance.

2. Moment de la naissance de la créance du prix

575.– La détermination de la naissance de la créance du vendeur à l'égard du sous-acquéreur pose une autre difficulté. La loi, en effet, limite sa faculté de réclamation du prix au seul cas de procédure collective de l'acheteur intermédiaire[1934] et aux seules sommes restant dues, alors, sur la valeur convenue des biens revendus. La jurisprudence, cependant, juge que le vendeur bénéficiaire de la réserve de propriété devient propriétaire de la créance du prix dès la revente[1935] – il faut comprendre, plus précisément : dès l'entrée en possession de l'acquéreur, si l'on considère que la subrogation réelle a pour fondement l'absence de droit de suite du vendeur en raison de la possibilité pour le sous-acquéreur de se prévaloir dans certains cas de l'article 2279 du Code civil[1936].

Pour résoudre cette contradiction, les auteurs sont contraints de recourir à un raisonnement compliqué. À l'égard du vendeur, ils distinguent le moment de la naissance du droit sur la créance (celui de la revente) et le moment où il est possible d'agir en paiement (celui de la procédure collective), d'où la conclusion que « le vendeur a un droit sous condition suspensive (la faillite) à revendiquer la créance du prix de revente dont il est propriétaire sous une modalité extinctive (le paiement)... Rien n'est simple... ! »[1937] En ce qui concerne l'acheteur-revendeur, ils n'arrivent pas à comprendre qu'il puisse encaisser la créance « dont il est titulaire mais qui est considérée, depuis le jour de la revente, comme la créance d'autrui »[1938].

1933 V. *supra*, n° 379 et note 1928.
1934 C. com., art. L. 624-18.
1935 Cass. com., 20 juin 1989 : D. 1989 p. 430, préc. (« ... qu'après leur revente en l'état initial par [le débiteur] le prix se trouvant par là même subrogé aux marchandises, le vendeur exerce sa revendication sur le prix »).
1936 En ce sens : F. Pérochon, note préc., D. 1989, p. 434. V. *supra*, n° 566.
1937 F. Pérochon, note préc., *ibid.*, n° 15.
1938 F. Pérochon, note préc., *ibid.*, n° 17.

576.– Cette dernière difficulté est effectivement insoluble si l'on présuppose que la naissance de la créance de *A* postule la disparition de celle de *B*. Elle paraît moindre si l'on admet, à la lumière de la distinction proposée, que les deux auteurs sont chacun titulaires d'une créance distincte. Les deux créances cœxistent. Simplement, elles sont ordonnées par une hiérarchie : le paiement est dû à *B* tant qu'il est *in bonis*, sauf pour lui à respecter l'affectation de sa créance du prix au paiement de *A*[1939]. Jusque là, *A* ne peut pas demander le paiement ; en revanche, il peut seul le faire une fois la procédure ouverte.

Cette approche permet également de mieux comprendre que le vendeur soit tenu d'une obligation de garantie à l'égard du sous-acquéreur.

b) L'obligation de garantie

577.– Comment expliquer que le sous-acquéreur soit créancier de garantie à l'égard du vendeur réservataire dans le cas où il a acquis la propriété par le jeu d'une entrée en possession de bonne foi ? Nous avons vu que, sur ce point également, les explications sont embarrassées[1940].

578.– Rappelons d'abord que cette question ne se pose pas dans le cas des marchandises destinées à être revendues. Dans ce cas, en effet, l'acheteur-revendeur est investi du pouvoir de revendre, ce qui interdit au vendeur initial d'agir en revendication. Dès lors, la protection de l'article 2279 est sans utilité, et elle n'a d'ailleurs pas vocation à s'appliquer puisque les rapports considérés sont ceux du détenteur de la chose avec son auteur « dans » le transfert (on sait que la portée de l'article 2279 du Code civil varie selon que le possesseur de bonne foi est en conflit avec son propre auteur ou avec le propriétaire[1941], on dit aussi : selon que l'aliénateur dont il a reçu la chose en avait ou non la propriété). L'explication recherchée est alors simple : on est en présence d'un cas banal de transmission accessoire de l'action en garantie[1942].

579.– Il en va autrement dans le cas des marchandises qui ne sont pas destinées à la revente. En ce cas, en effet, l'acheteur-revendeur n'est pas investi du pouvoir de revendre, le vendeur initial est en droit de revendiquer la chose et le sous-acquéreur de se prévaloir de l'article 2279 alinéa 1er du Code civil. Comment expliquer, puisque l'acquisition est alors originaire, que ce dernier puisse néanmoins se prévaloir de l'action en garantie ?

La solution nous paraît tenir à la logique profonde de ce mode d'acquisition. Il serait paradoxal , en effet que, conçue comme étant une faveur pour le possesseur de bonne

---

[1939] Ce qui conduit, en application de la règle *nemo plus juris*, à considérer qu'il ne peut pas valablement transmettre cette créance au banquier cessionnaire de la créance du prix de revente (Cass. com., 20 juin 1989, préc.).
[1940] V. *supra*, n° 558.
[1941] Ex. : F. Terré et Ph. Simler, *Les biens*, préc., n° 428 s.
[1942] V. *supra*, n° 465 et *infra*, n° 649.

foi, la règle de l'article 2279 du Code civil fonctionne à son détriment[1943]. Cette règle a une seule fonction : protéger le possesseur de bonne foi contre l'action en revendication du *verus dominus*. Or il serait contraire à cette fonction de lui attacher pour effet la perte des avantages normalement liés à l'achat-vente de la chose. Ce serait également contraire au principe de proportionnalité. L'équité non plus n'y aurait pas sa part « car le sous-acquéreur est privé d'une partie de ses droits par cela seul que la marchandise qu'il a acquis n'appartenait pas à son auteur »[1944].

Il n'y a donc pas de contradiction à considérer tout à la fois que le sous-acquéreur a acquis la chose selon un mode originaire pour ce qui est de l'existence de son droit de propriété, et qu'il l'a reçue de l'acheteur-revendeur pour ce qui est des garanties attachées à cette chose.

La distinction proposée, en délaissant le présupposé du lien entre propriété et pouvoir, permet ainsi de mieux rendre compte de la situation complexe qui découle de la revente d'une chose acquise avec une clause de réserve de propriété.

§ 2. – TONTINE OU CLAUSE D'ACCROISSEMENT

580.– Le débat sur la *clause d'accroissement*, ou *tontine*[1945], aux termes de laquelle les acquéreurs d'un même bien (le plus souvent des concubins, ou des époux séparés de biens) conviennent que celui d'entre eux qui survivra à l'autre (ou aux autres) en sera seul propriétaire, est permanent. Une fois éloignée l'ombre du pacte sur succession future, d'autres questions conduisent en effet périodiquement à réexaminer la nature juridique de cette clause, « assez peu répandue en pratique »[1946] mais néanmoins célèbre « par les défis qu'elle propose aux raisonnements juridiques »[1947]. Or il est frappant d'observer que le présupposé de l'existence d'un acte translatif en cas de changement de propriétaire fausse ici le raisonnement : pour éviter la nullité attachée (à tort ou à raison) à la qualification de transfert, on considère très généralement que la seule alternative à celui-ci est la non acquisition de la propriété par le prémourant, ce qui impose le recours au mécanisme de la condition (A). Les faiblesses de cette approche commandent de s'affranchir du présupposé et de considérer qu'il existe une autre alternative au transfert de propriété : l'accroissement au profit de l'indivisaire survivant (B).

[1943] V. pourtant en ce sens : Cass. com., 3 janvier 1995 : Bull. civ. IV, n° 3 ; JCP 1995, I, 3841 obs. Cabrillac et Ph. Petel ; D. 1996, somm. P. 221 obs. F. Perochon.
[1944] F. Zénati, obs. préc., RTD civ. 1997, p. 167 (dans un autre contexte).
[1945] Du nom de son créateur, le banquier napolitain Lorenzo Tonti, venu se fixer en France à l'époque de Mazarin.
[1946] G. Morin, *La clause d'accroissement*, D. 1971, chron. p. 55.
[1947] J. Patarin, obs. RTD civ. 1995, p. 161.

A. – L'ALTERNATIVE TRADITIONNELLE : TRANSFERT DE PROPRIÉTÉ OU DROIT CONDITIONNEL DE PROPRIÉTÉ

581.– Les grandes étapes de l'évolution de la matière sont bien connues car elles consistent en quelques grands arrêts qu'évoquent tous les écrits sur le sujet. Il n'en est pas moins nécessaire de les rappeler, au moins brièvement, afin de les situer dans la perspective qui est la nôtre.

On trouve des illustrations de celle-ci dès le milieu du XIXe siècle, et un arrêt de cassation rendu en 1852[1948] en est caractéristique. Il s'agissait d'acquisitions d'immeubles que des religieuses avaient faites en commun afin qu'ils appartiennent en totalité à la survivante d'entre elles. Le débat portait sur le point de savoir si le droit d'accroissement des parts des religieuses prédécédées au profit de la dernière survivante devait donner lieu à la perception d'un droit de mutation à titre gratuit, comme le voulait le fisc, ou à titre onéreux, comme le demandaient les bénéficiaires de la clause qui invoquaient en ce sens son caractère aléatoire. L'arrêt consacre cette seconde thèse. Peu importe ici cette solution en elle-même[1949], mais sa portée est fondamentale : si un droit de mutation est dû, c'est parce que la Cour de cassation juge qu'il y a *transfert* de propriété.

Puisque transfert il y a, la question se pose de savoir s'il ne heurte pas le principe de la prohibition des pactes sur succession future[1950] car il résulte d'un acte conclu entre vifs par lequel le *de cujus* assure à son cocontractant la transmission d'une part de son patrimoine par l'effet futur de son décès. La Cour de cassation, appliquant strictement le principe, a prononcé la nullité en 1928[1951] en présence d'une clause stipulant une « *clause d'accroissement au profit des survivants, de telle façon que, lors du décès successif des acquéreurs, les parts des prédécédés dans le bien commun devraient revenir aux survivants, et que le dernier de ceux-ci serait propriétaire de la totalité* ». Les commentateurs firent cependant observer qu'il ne s'agissait là que d'une décision d'espèce, condamnant un montage maladroit (« puisqu'il était expressément stipulé que les parts commenceraient par entrer respectivement dans le patrimoine de chacun, pour passer seulement au moment de son décès dans le patrimoine des autres »)[1952] mais non le mécanisme lui-même : pour sauver celui-ci, il suffisait « de ne pas faire l'acquisition au nom de tous les intéressés indivisément, mais au nom du futur survivant, désigné, par cette seule

---

[1948] Cass. civ., 15 décembre 1852 : D. 1852.1 p. 336.

[1949] Elle a été réaffirmée par toute une série d'arrêts rendus à la même époque (Cass. civ. 12 juillet 1853 : D. 1853, 1 p. 291 ; 10 août 1853 : D. 1855, 1 p. 258 ; 26 avril 1854 : D. 1854, 1 p. 264 ; 9 avril 1856 : D. 1856, 1 p. 157 ; 14 juin 1858 : D. 1858, 1 p. 252 ; 14 décembre 1870 : D. 1871, 1 p. 88 ; 6 mars 1872 : D. 1872, 1 p. 201 ; Req. 26 juillet 1880 : D. 1881, 1 p. 170). Elle n'est plus de droit positif puisqu'aux termes de l'art. 754 A CGI (réd. L. 18 janvier 1980) les biens ainsi recueillis « *sont, au point de vue fiscal, réputés transmis à titre gratuit à chacun des bénéficiaires de l'accroissement* », sauf dans le cas où il s'agit de « *l'habitation principale commune à deux acquéreurs lorsque celle-ci a une valeur globale inférieure à [75000 euros]* », l'opération étant alors taxée comme mutation à titre onéreux.

[1950] C. civ., art. 722 (réd. L. 3 déc. 2001) et 1130.

[1951] Cass. req., 24 janvier 1928 : D. 1928.1 p. 157 r. Célice ; S. 1929, 1 p. 137 n. H. Vialleton ; RTD civ. 1928 p. 458 obs. R. Savatier.

[1952] R. Savatier, obs. préc. RTD civ. 1928, p. 459.

qualité, comme propriétaire conditionnel »[1953]. Le raisonnement, soulignons-le, reposait sur le présupposé de l'existence d'un acte translatif en cas de changement de propriétaire : si la chose est entrée dans le patrimoine du prémourant, seul un phénomène de passage, de transfert peut expliquer qu'elle soit ensuite propriété du survivant ; et ce transfert ne peut résulter que d'un acte translatif si celui-ci n'est pas l'héritier de celui-là.

La Cour de cassation[1954] a fait par la suite ce raisonnement sien. Ayant à se prononcer sur la validité d'une clause stipulant que « l'acquisition était faite au profit du survivant des deux acquéreurs, celui-ci devant alors être considéré comme unique propriétaire de l'immeuble, comme s'il l'avait toujours possédé », elle a décidé en 1959 qu'elle ne tombait pas sous le coup de la prohibition des pactes sur succession future car « *loin de constituer, comme le soutient le pourvoi, une clause d'accroissement accordant au survivant un droit privatif sur une partie de la succession du prémourant, le contrat litigieux tel qu'il est analysé par l'arrêt conférait au survivant la propriété de l'immeuble tout entier à partir du jour de son acquisition sous condition suspensive de survie* »[1955]. La note approbative de Pierre Voirin sous l'arrêt illustre bien cette démarche : elle ramène la matière à une opposition entre transfert successif de propriété et technique des droits conditionnels « qui, grâce à la rétroactivité, réduit à l'unité le transfert de propriété, plural en apparence ». C'est soit l'un, soit l'autre : s'il y a eu appropriation, il y a changement de propriétaire, et seul peut expliquer ce changement un *transfert* de propriété.

En dépit de sa force apparente, cette approche fait cependant apparaître diverses faiblesses tenant au mécanisme de la condition ainsi qu'à l'absence d'indivision.

1° Faiblesses tenant au mécanisme de la condition

582.– Deux sont évidentes[1956]. En premier lieu, le mécanisme conditionnel est inapproprié en ce qui concerne l'objet de la clause. Ainsi, il est impossible de considérer que chacun des deux tontiniers est propriétaire du tout sous la condition résolutoire de son prédécès, car cela emporte que *pendente conditione* chacun a la propriété exclusive du bien, ce qui est contradictoire dans les termes[1957]. À l'inverse, stipuler que chacun a la propriété du tout sous la condition suspensive de sa survie emporte que *pendente conditione* le bien est une sorte de *res nullius*, qu'il n'est la

---

[1953] R. Savatier, *ibid.*, p. 460. V. aussi Nast, *De l'acquisition conjointe d'un immeuble avec clause d'accroissement au profit du survivant*, Defrénois 1928 art. 21759, pour qui les coacquéreurs sont indivisaires sous condition résolutoire et propriétaires exclusifs sous condition suspensive.

[1954] Sur la pratique notariale, v. les formules publiées au *Répertoire Defrénois* 1968, art. 29176 et 1983, art. 33114.

[1955] Cass. civ. 1re, 3 février 1959 : JCP 1960, II, 11823 n. P. Voirin ; D. 1960, p. 592 n. Sallé de la Marnière.

[1956] Elles s'ajoutent à deux autres : le décès du prémourant est non une condition mais un terme incertain ; il ne peut pas être érigé en condition car il constitue un élément essentiel du rapport de droit, alors que la condition, simple modalité d'un tel rapport, ne peut pas porter sur un élément qui lui est essentiel (Ph. Derouin, *Pour une analyse « fonctionnelle » de la condition*, RTD civ. 1978, p. 1 n° 19 et 20).

[1957] Rappr. avec la célèbre critique faite par Josserand de l'assimilation de l'effet déclaratif du partage à celui d'une double condition (*Essai sur la propriété collective*, Livre du centenaire du Code civil, 1904, t. 1, p. 372).

propriété de personne. On ne peut pas sauver le mécanisme en considérant que chacun a la propriété du tout sous la condition suspensive de sa survie et sous la condition résolutoire de son prédécès car il est contradictoire d'ériger le même événement (l'ordre des décès) en condition à la fois suspensive et résolutoire. Quant à la clause conférant la propriété du tout à l'un sous condition suspensive et à l'autre sous condition résolutoire, elle interdit de considérer que les parties ont sur l'immeuble, *pendente conditione*, des droits égaux et effectifs, alors que telle est leur volonté[1958].

583.– En second lieu, le droit conditionnel est inapproprié dans son principe même. Il a été montré, en effet, que le mécanisme de la condition introduit une corrélation strictement limitée aux actes translatifs de droit et ne peut donc jouer qu'à l'intérieur d'un même acte[1959]. Cela se comprend aisément puisqu'elle ne peut attribuer un droit à une partie sans en même temps le "retirer" à l'autre. Or il n'y a pas d'acte translatif entre les coacquéreurs. Tout au contraire, le recours à la condition a précisément pour objet de supprimer tout transfert entre eux. Si condition il y a, elle ne peut donc être stipulée que dans la vente qui est à l'origine de l'acquisition, ce qui aboutit au résultat – absurde ! – que c'est l'auteur des tontiniers qui serait propriétaire du bien sous condition[1960]. On n'évite pas cet écueil en faisant acquérir par chacun la moitié seulement du bien sous condition suspensive de sa survie, et l'autre moitié sous condition résolutoire de son prédécès, comme certains auteurs le préconisent[1961]. Une parade est peut-être de faire acquérir le bien par une société civile immobilière dont les statuts comportent une clause tontinière aux termes de laquelle, en cas de décès de l'un des deux associés, l'autre devient rétroactivement titulaire de l'ensemble des parts sociales ; mais ce n'est pas au regard de ce montage[1962] qu'a été mise en place la jurisprudence examinée.

À cela s'ajoutent d'autres faiblesses tenant à l'absence d'indivision.

2° Faiblesses tenant à l'absence d'indivision

584.– Le régime applicable au bien acheté en tontine paraît aujourd'hui bien établi et ses différents éléments ne sont pas critiquables en eux-mêmes – nous mettons ici à part l'exclusion du droit à partage[1963] –. Est critiquable, en revanche, le mécanisme

---

[1958] Ces critiques sont empruntées à M. Grimaldi, obs. sous Cass. civ. 1re, 9 février 1994 : D. 1995 somm., p. 51.

[1959] J.-J. Taisne, *Obligations conditionnelles, Effets de la conditions suspensive*, J. Cl. civ., art. 1181 et 1182, fév. 1995, n° 3 (l'observation est faite à propos des seuls contrats translatifs de droits *réels*, mais sa portée nous paraît plus large). – F. Zénati, obs. RTD civ. 1998 p. 949 (« Il ne saurait y avoir de rapport conditionnel entre les tontiniers qui ne sont pas unis par un lien d'auteur à ayant cause »).

[1960] F. Zénati, obs. préc. et RTD civ. 1995 p. 153.

[1961] V. not. : Nast, art. préc., Defrénois 1928 art. 21759 ; M. Grimaldi, obs. préc., D. 1995, somm., p. 51.

[1962] Imaginé par les praticiens non pas pour résoudre la difficulté envisagée au texte mais afin de tourner l'article 754 A CGI (*supra*, note 1949) car celui-ci ôte son intérêt fiscal à la clause tontinière « *insérée dans un contrat d'acquisition en commun* » (M. Cozian, *La clause tontinière*, Dr. et patr. oct. 1994, p. 22, qui rappelle qu'il faut alors continuer à craindre les sanctions de la fraude) ; sur l'abus de droit, v. CA Chambéry, 18 juin 2002 : RTD com. 2003 p. 190 s. obs. Fl. Deboissy.

[1963] Sur lequel v. *infra*, n° 591.

conditionnel auquel elles sont rattachées. Conçu pour régler le sort du bien *a posteriori*, ce mécanisme ne peut en effet présenter un semblant d'utilité que lorsqu'il s'agit de se prononcer sur le sort du bien *après* le décès du prémourant ; mais il n'en présente aucune quand le problème qui doit être tranché se pose *avant* tout décès, par exemple quand il s'agit d'une demande de saisie du bien par un créancier, ou d'attribution de sa jouissance par l'autre tontinier.

Ainsi de l'insaisissabilité du bien par le créancier de l'un des tontiniers, solution appliquée au moins à deux reprises par la Cour de cassation[1964] : la clause interdit le partage et la licitation du bien réalisés autrement que par la commune volonté des parties, a-t-elle retenu en premier lieu[1965] ; le débiteur n'était pas titulaire d'un droit « privatif » de propriété sur le bien immobilier ou partie du bien objet de la saisie, a-t-elle retenu en second lieu[1966]. Même en laissant ici de côté la question de l'opportunité de cette solution (en dehors de l'hypothèse de fraude qui n'était alléguée dans aucune des deux espèces), il est peu satisfaisant qu'elle soit expliquée par l'idée d'absence de propriétaire actuel connu... Cela ne l'explique d'ailleurs pas car rien n'empêche de mettre en vente forcée une propriété conditionnelle, sauf en pratique l'aléa lié à la condition, qui détourne les éventuels acheteurs[1967].

Ainsi, également, de l'attribution de l'immeuble en jouissance divise à l'un des tontiniers. La Cour de cassation, tout en approuvant les juges du fond d'avoir « *rappelé que la clause d'accroissement écartait toute indivision puisqu'il n'y aura jamais qu'un seul titulaire du droit de propriété* » a en effet jugé que « *tant que la condition ne s'est pas réalisée, les parties ont des droits concurrents qui emportent le droit pour chacune d'entre elles de jouir indivisément du bien, droit dont l'exercice peut être organisé par le juge* »[1968] sous forme, en l'espèce, d'attribution de la jouissance divise de l'appartement litigieux à l'autre tontinier (l'ex-épouse) selon des conditions matérielles à déterminer par expert. La distinction est trop subtile pour être compréhensible : comment comprendre qu'il y ait indivision en jouissance (l'expression n'est pas dans l'arrêt mais la référence à l'article 815-9 du Code civil y est implicite) s'il n'y a pas indivision en propriété « alors que la jouissance est une prérogative de la propriété »[1969] ? comment comprendre qu'une sorte d'indivision existe quant à l'usufruit du bien alors que la propriété de celui-ci n'est pas démembrée ?

[1964] Cass. Mixte, 27 novembre 1970 : D. 1971 p. 81 concl. contraires R. Lindon ; RTD civ. 1971 p. 400 obs. R. Savatier et 619 obs. R. Nerson. – Cass. civ. 1re, 18 novembre 1997 : JCP G 1998, II, 10058 obs. E. du Rusquec ; Defrénois 1998 art. 36761 n. H. Mazeron ; RTD civ. 1998 p. 433 obs. J. Patarin et 946 obs. F. Zénati.

[1965] Cass. mixte 27 novembre 1970, préc.

[1966] Cass. civ. 1re, 18 novembre 1997, préc. Ainsi que le relève M. Zénati dans ses observations (RTD civ. 1998 p. 949, préc.), *privatif* ne s'oppose pas à « conditionnel » mais à « indivis », et on peut donc voir dans l'emploi de ce terme le signe d'une évolution de la jurisprudence sur son approche de la tontine.

[1967] R. Savatier, obs. préc., RTD civ. 1971, p. 402 ; F. Zénati, *ibid.*, 1998 p. 948, préc.

[1968] Cass. civ. 1re, 9 février 1994 : Bull. civ. I, n° 60 ; D. 1994 p. 417 r. J. Thierry, et 1995, somm. p. 51 obs. M. Grimaldi, préc. ; JCP 1995, II, 3876 obs. R. le Guidec ; RTD civ. 1995 p. 151 obs. F. Zénati et 159 obs. J. Patarin.

[1969] M. Grimaldi, obs. préc., D. 1995, somm. p. 51.

En réalité, l'idée d'indivision s'impose d'elle-même et n'est écartée que pour de mauvaises raisons.

B. – L'ALTERNATIVE RETENUE : TRANSFERT DE PROPRIÉTÉ OU ACCROISSEMENT AU PROFIT DE L'INDIVISAIRE SURVIVANT

585.– Notre propos est de montrer que la reconnaissance d'une indivision temporaire constitue, au décès d'un des acquéreurs, une alternative plus simple que le mécanisme conditionnel au transfert de propriété, tout en permettant de mieux expliquer, de leur vivant, les solutions retenues par la jurisprudence.

1° Une solution plus simple au décès d'un des acquéreurs

586.– Les parties au pacte tontinier achètent le bien conjointement : leur volonté certaine est donc de l'acquérir ensemble, d'en jouir indivisément. Cela va d'ailleurs sans dire lorsque, comme c'est souvent le cas, il s'agit d'un appartement dans lequel elles fixent leur résidence commune. Pourtant la jurisprudence s'attache à répudier toute idée d'indivision entre elles. On sait pourquoi : il s'agit d'éviter l'apparition d'une relation d'auteur à ayant cause entre le prédécédé et le survivant, afin de ne pas tomber sous le coup de la prohibition des pactes sur succession future. Il s'agit là de la clef de voûte de toute la construction juridique de la clause considérée. Chacun est conscient qu'il y a là un certain artifice, puisque cette analyse juridique ne correspond ni aux faits, ni à la volonté des parties, mais cet artifice est perçu comme étant nécessaire[1970] pour assurer la licéité et donc l'efficacité de la clause.

Or la nécessité de recourir à cet artifice n'est nullement avérée.

587.– En premier lieu, l'existence de l'indivision n'est pas incompatible avec l'effet rétroactif de la condition. Le contraire a été soutenu : selon un auteur[1971], la rétroactivité de la condition effacerait l'indivision. Mais ce point de vue a été justement critiqué : « on ne saurait, lorsqu'il s'agit de résoudre un problème qui se pose avant l'arrivée de la condition [...] raisonner sur le fondement d'une condition accomplie, alors qu'elle ne l'est pas encore »[1972]. Propriété il y a avant le jeu de la condition, et on ne peut pas se contenter d'alléguer que l'on ignore qui est son titulaire. Nul ne prétend d'ailleurs aujourd'hui que l'effet déclaratif du partage empêche l'existence d'une indivision, organisée en tant que telle[1973].

[1970] L'est-il vraiment ? On peut en douter (en laissant ici de côté le mécanisme conditionnel) si chaque tontinier perd la faculté de disposer entre vifs de sa part. Il y a alors pacte *post mortem*, licite. Et non pas pacte sur succession future car celui-ci suppose, est-il expliqué (M. Grimaldi, *Droit civil, Successions*, Litec, 6e éd., n° 348) que le *de cujus* conserve le droit de disposer de sa part entre vifs.

[1971] M. Dagot, chronique préc., JCP 1972, II, 2442, n° 8 s. Même sens : G. Morin, note préc. D. 1987, p. 139.

[1972] Ch. Larroumet, note préc., D. 1983, p. 502 s. – B.-H. Dumortier, *Recherche d'un nouveau fondement de la validité de la clause d'accroissement eu égard à la prohibition des pactes sur succession future*, RTD civ. 1987, p. 653, n° 72.

[1973] C. civ., art. 883, 815 s. et 1873-1 s. – L. Boyer, th. préc., p. 398 s. ; M. Grimaldi, *Droit civil, Successions*, préc., n° 922.

588.– En second lieu, et en toute hypothèse, il est possible de faire l'économie du détour par le mécanisme de la condition. Celui-ci a pour but d'éviter de faire transiter la propriété du bien par le patrimoine du prédécédé, afin de ne pas faire apparaître un transfert tombant sous le coup de la prohibition formulée aujourd'hui par l'article 722 du Code civil. On peut cependant arriver à ce résultat plus simplement. Le fait que le bien soit entré dans le patrimoine du prédécédé avant de devenir la propriété du survivant n'implique pas en effet qu'il ait été transféré au second par le premier, contrairement au présupposé habituel en ce sens.

Il faut considérer pour cela que chaque indivisaire a un droit sur la totalité de la chose[1974], et que ce droit devient donc pur et simple lorsque son exercice n'est plus entravé du fait des droits concurrents et identiques des autres coïndivisaires. Ce mécanisme est à la base des articles 786[1975] et 1044[1976] du Code civil, dont il a été montré qu'ils « ne sont que des manifestations isolées d'un principe d'une portée générale. Dans toute indivision, en principe, chaque copropriétaire a une vocation éventuelle à la pleine et libre propriété »[1977]. Si le droit d'un indivisaire vient à s'éteindre, il y a donc accroissement de la part des autres indivisaires, sauf à préciser que « l'accroissement en matière d'indivision n'est pas tant l'extension d'un bien que la libération du concours d'un autre droit portant sur lui »[1978].

Il suffit donc de prévoir l'extinction du droit du prédécédé, c'est-à-dire de « convenir qu'au décès de l'un des coacquéreurs, son droit de propriété cesse »[1979]. De ce seul fait, le droit de l'autre coacquéreur devient un droit de propriété exclusif. Cela heurte le caractère perpétuel de la propriété mais il n'a pas de caractère d'ordre public. Il ne s'agit pas non plus d'un pacte sur succession future car il n'y a pas renonciation à un droit sur un bien dépendant d'une succession, au sens de l'article 722 du Code civil ; on est seulement en présence d'une modalité d'achat, sans rapport avec la succession de l'intéressé puisque, par l'effet même de la clause (qui en pratique lui interdit irrévocablement de disposer entre vifs de sa part) le bien dont il s'agit n'y figurera pas.

Moins tortueuse que le mécanisme conditionnel, plus conforme aussi à l'appellation de la clause (que l'on continue à nommer « d'accroissement »)[1980], cette analyse rend mieux compte des solutions apportées par la jurisprudence aux difficultés qui naissent du vivant des deux tontiniers.

[1974] Sur cette approche, v. *supra*, n° 516.

[1975] « La part du renonçant accroît à ses cohéritiers [...] ».

[1976] « Il y a aura lieu à accroissement au profit des légataires dans le cas où le legs sera fait à plusieurs conjointement ».

[1977] L. Boyer, *La notion de transaction*, th. préc., éd. Sirey, 1947, p. 408.

[1978] F. Zénati, obs. préc. RTD civ. 1995, p. 155.

[1979] F. Zénati, *ibid.*, p. 154.

[1980] En doctrine (Voc. Cornu, V° *Accroissement* ; M. Patarin se réfère à la « clause d'accroissement au profit du survivant », RTD civ. 1995, p. 159). La jurisprudence, après avoir parlé un temps de « clause relative à la condition de survie » (Cass. civ. 1re, 27 mai 1986, Bull.civ. I, n° 140), évoque aujourd'hui, de façon plus neutre la « clause de tontine » (Cass. civ. 1re, 18 nov. 1997, préc.) ou même « d'accroissement » (Cass. civ. 1re, 14 décembre 2004, D. 2005 p. 2263 n. C. Le Gallou ; Defrénois 2005 p. 617 obs. R. Libchaber).

2° Un fondement plus sûr du vivant des coacquéreurs

589.– Jusqu'au premier décès, les tontiniers exercent sur le bien des droits concurrents. Le mérite de la solution retenue est d'y appliquer les règles du droit commun en pareil cas, celui de l'indivision. Ce retour au droit commun permet de mieux expliquer les solutions déjà adoptées. C'est évident pour la dernière évoquée ci-dessus[1981], celle consistant à confier au juge l'aménagement de l'exercice de la jouissance des biens indivis, puisque c'est là l'objet même de l'article 815-9 du Code civil. Cela est peu contestable également pour celle relative à l'insaisissabilité du bien par le créancier de l'un des tontiniers, à laquelle l'article 815-17 du Code civil donne à l'évidence un fondement plus satisfaisant que la problématique absence de propriété (exclusive ? privative ?) du tontinier.

590.– Il reste, il est vrai, à considérer une autre solution consacrée par la jurisprudence, celle de l'exclusion du droit à partage, qu'il soit demandé par un des tontiniers[1982] ou par le créancier de l'un d'eux[1983]. Il n'y a pas de vrai problème dans le premier cas, en dépit de l'article 1873-3 du Code civil qui limite à cinq ans la durée des conventions d'indivision. Ainsi qu'il a été montré, en effet, cette règle vise à éviter la création de biens de mainmorte, ce qui n'est pas l'objet de la clause d'accroissement qui ne crée qu'une indivision temporaire ; et puisque l'ordre public protégé par la règle des cinq ans n'est pas menacé, cette règle doit pouvoir être écartée dans la forme particulière d'indivision considérée[1984].

591.– Cette solution, qui ne semble faire guère difficulté dans les rapports entre tontiniers, peut-elle être également étendue à l'autre cas, celui dans lequel le partage est demandé par les créanciers personnels d'un tontinier ? On sait que la jurisprudence leur refuse le droit à partage[1985] et l'on pourrait songer à invoquer, comme soutien alternatif de ce refus, l'article 1873-15 alinéa second du Code civil. Il s'agirait cependant là d'un fondement discutable car cette disposition a été conçue au regard d'une convention d'indivision dont la durée déterminée ne saurait excéder cinq ans. Le droit commun de l'indivision ne permet donc pas d'expliquer cette solution.

Cela n'est pas gênant, car c'est la solution elle-même qui nous paraît condamnable. Il est en effet excessif, à nos yeux, que la clause d'accroissement puisse avoir pour effet de placer le bien qui fait l'objet du pacte tontinier à l'abri des poursuites des créanciers des parties à ce pacte. Ainsi que l'avait démontré l'avocat général Lindon dans ses conclusions fameuses, en 1970, devant la Cour de cassation statuant en chambre mixte[1986], cela est contraire tant à la règle fondamentale qui veut que chacun répond de toutes ses dettes sur tous ses biens, que formule l'article 2092 du Code civil, qu'à la prohibition de l'inaliénabilité perpétuelle (laquelle doit s'entendre plus strictement à l'égard des tiers que dans les rapports entre les parties au pacte).

[1981] V. n° 587.
[1982] Cass. civ. 1re, 27 mai 1986, préc.
[1983] Cass. ch. mixte, 27 novembre 1970, préc.
[1984] F. Zénati, obs préc., RTD civ. 1995, p. 155.
[1985] Cass. ch. mixte, 27 novembre 1970, préc.
[1986] D. 1971, J. p. 81, préc.

On sait que la Cour de cassation avait rejeté la demande de partage[1987], mais sans que l'on puisse savoir si le moyen tiré de l'article 2284 n'était pas fondé ou s'il n'était pas de ceux qui puissent être relevés d'office. En réalité, le débat s'est trouvé jusqu'ici escamoté pour une raison purement factuelle : la clause de condition de survie, mise en place à la seule fin de pallier la prohibition des pactes sur succession future, emporte des effets secondaires dont on n'avait pas forcément pris la mesure. Tout se passe comme si elle créait une dynamique que l'on a du mal à contrôler. Il est en effet raisonnable de considérer qu'elle génère ici, au profit des tontiniers, une protection peu justifiée (le bien objet du pacte peut échapper pendant des décennies aux poursuites des créanciers, les faits de l'arrêt de 1970 en sont un bon exemple), discriminatoire (le sort des créanciers n'est pas le même selon qu'ils ont pour débiteur un seul ou chacun des tontiniers) et d'ailleurs illusoire (la propriété conditionnelle entre dans le gage des créanciers du propriétaire conditionnel)[1988]. Mieux vaut donc, sur cette question également, revenir aux solutions éprouvées du droit commun et considérer que la clause d'accroissement a pour finalité un gain aléatoire, et non pas une protection contre les créanciers.

Soulignons cependant que cette analyse a peu de chances d'être entendue par la Cour de cassation car celle-ci ne connaît que des montages qui lui sont soumis. Ce n'est donc pas du juge que peut venir ici le changement, mais du notaire qui rédige la clause. Or il est douteux que celui-ci se départisse de l'analyse traditionnelle.

*

*   *

592.– *Concluons.* La tontine fait l'objet d'un montage juridique spécial destiné à la faire échapper à la prohibition des pactes sur succession future. Il est frappant que celui retenu a pour point de départ une analyse qui repose sur une alternative entre deux actes translatifs de propriété. Tout se passe, s'agissant de s'approprier une chose qui l'était déjà, comme si le raisonnement implicite était : seul le propriétaire peut transférer sa propriété, ce qui suppose la conclusion d'un acte translatif entre l'ancien et le nouveau propriétaire. Si l'on veut éviter que cette propriété soit transférée par le coacquéreur prédécédé, il faut donc nécessairement qu'elle soit transmise par le vendeur initial, d'où le mécanisme conditionnel.

Nous précisons : « tout se passe », car en toute rigueur on ne peut pas considérer de façon certaine que c'est le présupposé qui a généré directement le montage compliqué dont nous avons souligné les faiblesses. Observons d'ailleurs que la solution alternative que nous avons retenue ne fait pas appel à un mécanisme de pouvoir distinct de la propriété, et également qu'elle repose sur une théorie de l'indivision qui n'est pas la plus répandue. Il n'en demeure pas moins que *tout se passe* bien comme si l'on était en présence d'une manifestation au second degré du présupposé examiné et que celle-ci, une fois de plus, en manifeste les limites.

[1987] Cass. ch. mixte, 27 novembre 1970, préc.

[1988] R. Savatier, RTD civ. 1971, p. 402 , préc.

593.– Ce qui est dit de la tontine vaut également pour la revente d'un bien acheté sous réserve de propriété car on relève à la base de l'analyse théorique qui en est faite le même tropisme intellectuel. Le vocabulaire employé traduit à lui seul l'ambiguïté de l'approche car s'il y a bien revente en ce sens qu'un second contrat translatif de propriété se greffe sur le premier, il n'y a finalement qu'un seul transfert de propriété[1989] puisque l'acheteur-débiteur-revendeur vend la chose d'autrui. Le changement de propriétaire n'est donc qu'apparent dans la « revente ». Il repose d'ailleurs sur une seconde ambiguïté car le sous-acquéreur acquiert la chose *a non domino* et donc non pas par transfert mais par l'effet direct de la loi (article 2279 du Code civil), dans tous les cas (les plus fréquents) où il est de bonne foi et où le bien dont il s'agit est un meuble corporel. C'est cette double ambiguïté qui justifie la perspective retenue ici pour étudier ce mécanisme.

Il n'en reste pas moins que la question doit être examinée dans une perspective plus large, celle où les conditions d'application de l'article 2279 du Code civil ne sont pas réunies. Ne concevant pas que le pouvoir de transférer la propriété puisse exister sans le support sinon de celle-ci ou d'un autre « droit » qui lui serve de substitut, la doctrine a échafaudé des constructions dont elle souligne elle-même le caractère étonnamment compliqué. Il nous est apparu que la prise de conscience de l'existence de ce présupposé est de nature, là aussi, à faciliter la compréhension du mécanisme.

594.– La même observation vaut à l'égard de la difficulté créée par les reventes successives du même bien par le même auteur. Nous avons relevé que tout se passe, en matière immobilière, comme si le jeu de la publicité foncière opérait purge du vice tiré du défaut de propriété de celui qui avait déjà vendu. Cela revient à lui conférer un pouvoir de transmettre valablement cette propriété à nouveau. Il s'agit là d'une autre limite au jeu du présupposé.

595.– La renonciation à succession, enfin, en constitue une autre puisque, alors même que les textes s'ingénient à distinguer une renonciation translative (article 780, nouvel art. 783 du Code civil) de la vraie renonciation (article 784, nouvel art. 804 du Code civil), qui ne l'est pas, celle-ci n'en est pas moins regardée comme pouvant être l'instrument d'une donation indirecte, c'est-à-dire d'un acte translatif – ce qui est une autre consécration d'un pouvoir sans propriété.

*

* *

596.– Conclusion de la première partie : Il apparaît de façon très générale que l'idée selon laquelle le transfert de la propriété est une prérogative du seul propriétaire ne correspond pas à diverses solutions du droit positif. Dans un certain nombre de cas, une dissociation est opérée entre la propriété et le pouvoir d'opérer son transfert. Il s'agit de cas bien connus, répertoriés en tant que tels, mais dont la portée théorique était restée jusqu'ici ignorée, qui n'étaient pas replacés dans la perspective de l'acte translatif. Or la dissociation qu'ils consacrent est sous-jacente à un certain nombre de

---

[1989] Lorsque transfert il y a, c'est-à-dire lorsque le vendeur initial est effectivement payé.

mécanismes dont elle révèle la fragilité et fait éclater la cohérence apparente. Ainsi s'explique, notamment, le domaine limité de la nullité de l'acte translatif *a non domino*, ainsi que les particularités de son régime. Ainsi s'expliquent, également, que la sanction de l'infraction à la règle d'unanimité en cas d'acte translatif d'un bien indivis soit l'inopposabilité, sanction du défaut de pouvoir, et la possibilité d'un partage forcé en cas d'indivision en usufruit, ou en nue-propriété. Ainsi s'expliquent, également, la multiplicité des palliatifs à l'impossibilité « logique » de transmettre un bien sans en avoir la propriété, ainsi que la faveur si mal expliquée donnée, au détriment du premier acquéreur de l'immeuble, au sous-acquéreur de celui qui a acquis en second de mauvaise foi. Encore ne s'agit-il là que d'exemples, car leur liste ne prétend pas être exhaustive. La dissociation du pouvoir et de la propriété n'est donc pas une spécificité du droit des régimes matrimoniaux, loin s'en faut.

Il en résulte que ni la notion d'acte translatif, ni la relation auteur/ayant cause ne peuvent reposer uniquement sur l'approche unitaire traditionnelle qui en est faite. L'auteur, nous l'avons souligné, peut avoir deux visages, car celui « du » transfert n'est pas nécessairement celui « dans » le patrimoine de qui est pris le bien transféré. L'acte translatif n'émane pas nécessairement du titulaire du *droit* transféré (ou si l'on veut du propriétaire du bien transféré), il peut également être opéré par une personne investie du *pouvoir* de le faire. Il ne s'agit en rien là de solutions nouvelles, mais de mise en perspective de mécanismes bien établis afin de prendre de la matière une vue complète et donc plus conforme à la réalité, plus exacte, dès lors qu'elle est dégagée d'un inexplicable présupposé.

La même démarche peut être utilement menée en considérant l'autre aspect de la question. Une chose est en effet de transmettre un droit dont on n'est pas titulaire. Autre chose est d'observer que le titulaire du droit peut le transmettre sans pour autant le perdre.

SECONDE PARTIE

ACTE TRANSLATIF ET PERTE DU DROIT TRANSMIS

597.– Pas plus qu'on ne peut être et avoir été, on ne peut simultanément avoir et avoir transmis. La proposition s'apparente à un truisme. Si je transfère mon droit, mon bien, j'en perds nécessairement par là même la titularité, la propriété. Car la propriété (ou la titularité, son synonyme lorsqu'elle porte sur un droit patrimonial) est soit à l'un, soit à l'autre mais elle ne saurait se dupliquer, étant un lien exclusif. Cela est d'une telle évidence qu'il s'agit pour la doctrine d'un présupposé, voire d'un postulat. Ainsi s'explique que la question n'est guère évoquée qu'à propos des conflits éventuels entre les ayants cause d'un même auteur[1990]. On souligne, alors, la grande simplicité de la solution, à tout le moins dans son principe ; *prior tempore, potior jure* (premier en date, plus puissant en droit) : on préfère systématiquement le premier cessionnaire de la créance, le premier acquéreur de la chose, car les suivants n'ont pas pu recevoir par la suite du même auteur un droit dont il n'était plus titulaire, qui était « sorti » de son patrimoine.

598.– Cette manière de penser est étroitement liée à des réalités purement matérielles. On raisonne intuitivement en termes de transfert physique ; on considère que le transfert fait perdre *ipso facto* la titularité du droit à l'agent *dans* le transfert. Transférer un droit, c'est en réaliser le « transport »[1991] d'une personne à une autre. Cette métaphore repose sur l'idée de succession d'une personne à une autre dans la titularité du droit transféré. Elle implique la disparition de l'ancien titulaire du droit du rapport juridique considéré et son remplacement par le nouveau titulaire, c'est-à-dire, en d'autres termes, un double effet de perte[1992] du droit d'un côté, d'acquisition du droit de l'autre.

[1990] Elle l'est également à propos du fondement de l'action directe du sous-acquéreur contre un vendeur antérieur ou le fabricant ou vendeur initial (v. *infra*, n° 676). On laisse ici de côté l'hypothèse très particulière du droit moral de l'auteur, qui lui permet d'exercer certaines prérogatives sur l'œuvre alors même qu'il en a transféré le support matériel (C. propr. intell., art. L. 121-1 ; P. Sirinelli, *Le droit moral de l'auteur et le droit commun des contrats*, th. Paris II, 1985).

[1991] C. civ., art. 1689 : « Dans le transport d'une créance, d'un droit ou d'une action sur un tiers... ».

[1992] En logique le droit est *ôté* à l'auteur dans le transfert, mais il n'est pas *éteint*. Il n'en va autrement (v. *supra*, n° 55 et 93) que dans les doctrines de l'intransmissibilité du droit.

Cela est conforme à l'attente des parties à l'acte de transfert, car elles entendent précisément faire circuler la chose objet du droit d'un patrimoine à l'autre.

Cela est également conforme au principe d'exclusivisme de la propriété, qui veut que deux personnes ne peuvent pas être en même temps propriétaires de la même chose[1993] : « un second droit de propriété ne peut naître sur une chose qu'à condition que le premier disparaisse »[1994].

Il est considéré comme allant de soi que c'est ainsi que les choses se passent dans la pratique.

599.– Est-ce bien cependant toujours, ou forcément, le cas ? Telle est la question que nous nous proposons d'examiner, la perspective que nous voudrions faire nôtre afin de faire apparaître sous un autre visage la nature précise de l'acte translatif de droit. Nous nous proposons de faire apparaître que celui dont le droit est transféré ne le perd pas nécessairement pour autant.

Il faut partir pour cela d'une double distinction. Nous avons souligné que l'acte translatif constitue en réalité la combinaison de deux effets juridiques complémentaires mais distincts (c'est la première distinction) : l'acquisition du droit par le nouveau titulaire (effet acquisitif), la « perte » du droit en la personne de l'ancien[1995]. L'effet *acquisitif* s'impose à l'évidence de façon absolue car l'opposabilité *erga omnes* a précisément pour fonction de défendre le droit acquis contre l'emprise des tiers, quels qu'ils soient. Seul le fondement de cet effet absolu continue à être discuté[1996].

Il n'en va pas toujours de même de la « perte » du droit. En règle générale, cet effet n'est examiné que dans les rapports entre l'ancien et le nouveau titulaire du droit. On souligne qu'il est impératif que l'ancien titulaire ne puisse pas se prévaloir du droit à l'égard du nouveau titulaire, soit directement, soit indirectement par un nouvel acte de disposition. C'est notre exemple de départ : celui qui a disposé ne peut pas disposer à nouveau. Il s'agit là, à l'évidence, d'une solution incontestable.

Notre propos particulier ne concerne pas ces rapports mais (c'est la seconde distinction) ceux des parties à l'acte translatif avec les tiers concernés par le droit ou le bien qui en est l'objet.

[1993] Vareilles-Sommières, *La définition et la notion juridique de la propriété*, RTD civ. 1905, 443 n° 52. – « La propriété est un rapport d'exclusion... propre et commun sont contradictoires, affirme en une formule célèbre [Pothier] » (F. Zénati, art. préc., RTD civ. 1993, p. 314).

[1994] Vareilles-Sommières, *ibid.*, p. 471.

[1995] On peut considérer qu'une « fiction de transmission » masque « le couple renonciation-acquisition » (Ch. Atias, *Le transfert conventionnel de la propriété immobilière*, th. préc., n° 427, p. 543 et *passim*).

[1996] Opposabilité à tous du droit (H., L. et J. Mazeaud, *Leçons de droit civil*, *Obligations*, t. 2, vol. 1, 9e éd. 1998, par F. Chabas, n° 758) ? Opposabilité à tous de l'acte translatif en tant que fait juridique (J.-L. Goutal, *Essai sur le principe de l'effet relatif du contrat*, LGDJ, 1981, n° 33) ? Idée que « le contrat a force obligatoire aussi bien à l'égard des tiers que pour les parties elles-mêmes et que c'est cette force obligatoire à l'égard des tiers que l'on appelle habituellement opposabilité » (P. Ancel, art. préc. RTD civ. 1999, p. 771, n° 53) ?

600.– À l'égard de ces tiers, l'important est que le nouveau titulaire du droit ait priorité à s'en prévaloir, que personne ne puisse l'évincer dans la titularité du droit. Faut-il pour autant qu'il en ait le monopole et que, lorsqu'il néglige de l'invoquer, ils puissent ignorer l'existence du droit et se prévaloir d'un transfert auquel ils sont étrangers afin de se dérober à la mise en œuvre du droit par l'ancien titulaire, et ainsi à l'exécution du devoir ou de l'obligation qu'il fait peser sur eux ?

Ainsi le voudrait une approche purement physique du transfert, une vision purement « chosifiée » de la titularité ou de la propriété en ce sens qu'elle la confond avec le droit ou la chose matérielle qui en est l'objet. Cette approche conduit en effet à considérer que l'acte translatif a détaché le droit de la personne de l'ancien titulaire (a fait sortir le droit de son patrimoine, s'il s'agit d'un droit patrimonial) et que toute personne peut en conséquence se prévaloir de cette situation nouvelle afin de lui dénier la possibilité de se prévaloir de son ancienne qualité. Cette approche, cependant, ne correspond pas à la réalité juridique car le droit transféré, ou la propriété dont il s'agit, n'a pas en pratique de réalité matérielle. Aucune donnée naturelle, physique, n'interdit donc de considérer qu'il peut être affecté d'une certaine *ubiquité*[1997].

Cette approche, par ailleurs, n'est pas souhaitable. Si on l'adoptait, la survenance de l'acte translatif pourrait être pour les tiers considérés un remède, voire un procédé, pour échapper aux devoirs dont ils sont tenus à l'égard du titulaire du droit, quel qu'il soit.

Cette approche, enfin, n'est pas celle du droit positif. Sans que l'on y ait vraiment pris garde, en effet, celui-ci admet dans de nombreux cas l'ancien propriétaire du bien (l'ancien titulaire du droit) à exercer le droit, à se prévaloir de la propriété que pourtant il a déjà transféré(e). Il a cédé celle-ci, il a cédé le droit, et néanmoins il peut encore s'en prévaloir, il peut encore l'exercer, dans certaines conditions.

601.– « Dans certaines conditions », seulement. En effet, on ne peut évidemment pas imaginer qu'un bien serve de support à deux droits exclusifs. Plus précisément, on ne peut pas concevoir la cœxistence de deux droits exclusifs concurrents sur un même bien. En revanche, une dualité d'exclusivités alternatives peut être imaginée, dès lors qu'une hiérarchie existe entre elles[1998], l'une étant principale, et l'autre n'ayant vocation à s'exercer que de façon subsidiaire.

C'est de cela qu'il est question ici principalement[1999] : de la survivance relative et subsidiaire du droit chez celui qui est l'auteur dans le transfert, jusqu'à exécution par

---

[1997] V. très généralement sur ce sujet, dans le même courant d'idées : Abel Sabeur, *Essai sur la localisation, les lieux et les objets du droit*, thèse Montpellier I, 2005.

[1998] La hiérarchie est une technique d'évitement de conflit : M.-L. Izorche, *L'ordre et le droit*, Mélanges Michel Cabrillac, Dalloz-Litec 1999, p. 731, n° 5.

[1999] Mais pas uniquement, en ce qui concerne le droit substantiel. La nécessité de protéger les intérêts du tiers acquéreur de bonne foi, en cas de ventes successives du même bien, conduit en effet également à « faire comme si » celui qui a déjà vendu son bien pouvait encore en transférer la propriété. Dans cette hypothèse, donc, il y a survivance d'un droit non pas subsidiaire mais concurrent (v. *infra*, n° 772 et 791).

les tiers des engagements qui étaient relatifs au bien qui en l'objet. Il s'agit d'une sanction du tiers qui veut profiter du transfert pour méconnaître le droit, sanction qui ne dit pas son nom car elle est déguisée derrière l'affirmation de la titularité du droit par celui qui s'en prévaut. L'idée est donc celle d'une *titularité relative* et *subsidiaire* destinée à désamorcer le comportement injustifié du tiers qui, tenu de respecter ou exécuter un droit, entend se prévaloir de son transfert – et de la perte corrélative de l'intérêt à agir de celui qui en est l'auteur – pour échapper à son application, ou le violer.

602.– La perspective ainsi ouverte respecte donc l'économie générale de l'acte translatif. Entre les parties, rien n'est changé. Il y a bien acquisition du droit par l'ayant cause, et perte de l'objet du droit par l'auteur *dans* le transfert. Inutile de souligner que ce double effet a un caractère définitif : à la différence des obligations, qui n'ont qu'un effet temporaire puisqu'elles ne doivent pas être perpétuelles, les actes translatifs de droit ont des effets définitifs en ce sens que le droit entre définitivement dans le patrimoine de l'acquéreur[2000].

Contrairement à ce que l'on en déduit un peu vite, cependant, cela ne postule nullement que le droit, ou à tout le moins le pouvoir de s'en prévaloir et l'intérêt à agir, disparaisse pour autant chez celui qui est l'auteur *dans* le transfert. Tout se passe au contraire comme s'il subsistait dans la mesure du souhaitable (dans la mesure des besoins), si cela s'avère possible (c'est-à-dire compatible avec l'intérêt du nouveau titulaire).

Toute limitée qu'elle paraisse, cette analyse est de nature à expliquer bien des solutions passées jusqu'ici inaperçues, ou restées jusqu'ici incomprises. Elle permet d'en proposer, pour la première fois, un essai d'explication et de synthèse.

603.– Ces solutions se sont surtout développées jusqu'ici sur le terrain du droit processuel. L'ancien titulaire du droit ou de l'action prétend agir en justice, et la question se pose de savoir si le transfert l'en empêche. Cependant il est également possible d'en noter certaines manifestations sur le fond même du droit, en dehors de tout procès.

C'est donc chacune de ces deux directions que nous explorerons tour à tour, en envisageant successivement :
– l'acte translatif et la perte du droit d'action (Titre premier),
– l'acte translatif et la perte du droit substantiel (Titre second).

[2000] « Il est, certes, possible que ce droit gagne, ultérieurement, d'autres patrimoines ou, éventuellement, revienne dans le patrimoine du cédant mais ce sera au titre d'un autre contrat » (J.M. Mousseron et al., *Technique contractuelle*, préc., n° 509), l'hypothèse particulière de l'annulation de l'acte translatif étant mise à part.

TITRE PREMIER

ACTE TRANSLATIF
ET PERTE DU DROIT D'ACTION

604.– Dans la pratique, c'est le plus souvent à l'occasion d'un procès que se manifeste la perte du droit par l'auteur *dans* le transfert. Le schéma de base est le suivant. Un transfert est opéré par *A* au profit de *B*. En dépit du transfert, *A* se prévaut du droit en justice. Le principe (ou le présupposé) est que son action est irrecevable. Or on relève de nombreuses hypothèses dans lesquelles il n'en va pas ainsi : en dépit du transfert réalisé, il peut encore exercer l'action dans certaines conditions.

La solution, qui pose la délicate question de savoir quels sont les rapports du droit substantiel et de l'action, paraît étonnante. On a cru ainsi pouvoir déceler en jurisprudence des hypothèses diverses où il y aurait transfert de la seule action en justice à titre principal (sans transfert du droit subjectif auquel elle est accolée) sans perte du droit d'agir de l'auteur dans le transfert. Si une telle situation était avérée, notre thèse pourrait se prévaloir d'une démonstration décisive. Mais il ne semble pas que cela soit le cas.

En revanche, si l'on délaisse l'hypothèse quelque peu chimérique d'un transfert de l'action à titre principal pour s'attacher aux cas où l'action est transmise accessoirement au droit subjectif, on voit apparaître des situations de curieuse duplication du droit d'agir.

Ce sont donc deux voies qu'il convient de suivre pour mesurer la portée de la non-perte du droit d'agir : nous considérerons d'abord l'hypothèse du transfert de l'action réalisé à titre principal, l'acte translatif portant sur l'action elle-même (Chapitre premier), puis le cas du transfert de l'action à titre accessoire en ce sens que l'acte translatif porte sur le droit, la transmission de l'action étant la conséquence de celle du droit (Chapitre second).

CHAPITRE PREMIER

TRANSFERT DE L'ACTION À TITRE PRINCIPAL

605.– Le paradoxe, sur ce point, a déjà été relevé : « on comprend mal comment *celui qui a valablement cédé son action peut encore agir* : on ne peut céder et retenir. *Il s'agit pourtant d'une des données les plus constantes de la jurisprudence* ». Ce paradoxe paraît conforter notre propre thèse.

En réalité il n'en est rien. Il est en effet formulé par l'auteur d'un travail récent (M. N. Cayrol)[2001] qui s'est attaché à élucider la question (jusqu'alors largement négligée) de savoir si l'action en justice peut faire l'objet, en tant que telle, d'un acte translatif. Or sa très intéressante recherche fait apparaître, avec bien des nuances, qu'il existerait des « conventions de transfert d'actions » mais dont l'effet serait non pas de « substituer » une personne dans le droit d'action d'une autre mais de l'y « associer »[2002]. L'ubiquité du droit d'action, à la supposer avérée, n'aurait donc rien de mystérieux. Elle serait la conséquence naturelle du mécanisme utilisé.

Le point mérite d'être vérifié. Pour cela, nous nous pencherons brièvement sur chacun de ses éléments : la notion d'action en justice, d'abord ; celle de convention de transfert d'action en justice, ensuite.

SECTION I

LA NOTION D'ACTION EN JUSTICE

606.– L'action en justice peut-elle faire l'objet, à titre principal, d'un acte translatif ? Pour répondre à cette question, il faut commencer par s'interroger sur ce que désigne cette notion. Il s'agit là d'un sujet immense. Parmi ses différents aspects, cependant, seul celui de l'autonomie de l'action en justice doit être approfondi pour les nécessités de notre démonstration : si l'action est regardée aujourd'hui comme constituant une réalité juridique autonome (§ 1), cette autonomie n'en comporte pas moins des limites (§ 2).

[2001] N. Cayrol, *Les actes ayant pour objet l'action en justice*, Economica 2001, p. 84 (soul. par nous).

[2002] N. Cayrol, *ibid.*, n° 250.

§ 1. – AUTONOMIE DE L'ACTION EN JUSTICE

607.– « L'action dérange »[2003]. Il s'agit en effet d'une notion dont la place spécifique est difficile à marquer, en dépit de la claire et célèbre définition qu'en retient le NCPC :

> « *L'action est le droit, pour l'auteur d'une prétention, d'être entendu sur le fond de celle-ci afin que le juge la dise bien ou mal fondée.*
> *Pour l'adversaire, l'action est le droit de discuter le bien-fondé de cette prétention* »[2004].

Les rédacteurs de ce texte ont voulu consacrer une double autonomie de l'action. Autonomie, d'abord, à l'égard du droit substantiel[2005]. Il s'agit là d'une confirmation[2006] de la rupture avec la doctrine ancienne, celle qui confondait les deux notions, sur le modèle du Droit romain classique dans lequel le droit avait une origine prétorienne, naissait de l'action (influence dont porte encore la marque, par exemple, l'expression même d'« action » paulienne). Il n'est désormais plus possible de voir dans l'action un droit en action, un état particulier du droit substantiel (« le droit à l'état de guerre », selon la célèbre formule de Demolombe)[2007].

Il est vrai que cette confusion était difficilement justifiable : si le droit d'agir se confond avec le droit substantiel, comment comprendre que l'on puisse agir en justice dès lors qu'il y a litige, précisément, quant à l'existence de celui-ci ? comment comprendre, en outre, qu'à un même droit substantiel puissent être rattachées plusieurs actions (en paiement et en résolution, dans le cas du vendeur impayé ; actions du demandeur et du défendeur, dans tous les cas) ? et comment comprendre, enfin, qu'une action soit ouverte lorsqu'est en cause non la violation d'un « droit » mais celle de la légalité objective[2008] ?

608.– Autonomie, ensuite, par rapport à la demande en justice qui la concrétise. Celle-ci prend la forme d'actes de procédure. Les deux notions, certes, sont liées : ainsi « la sanction des conditions d'ouverture de l'action est l'irrecevabilité de l'acte qui traduit en procédure l'action, c'est-à-dire la demande »[2009]. Elles n'en sont pas moins distinctes et, entre autres exemples, la représentation dans l'exercice de l'action (*ad agendum*) ne se confond pas avec la représentation dans l'accomplissement des actes de procédure (*ad litem*)[2010].

[2003] M. Bandrac, *in* S. Guinchard et var. auct., *Droit processuel*, préc., n° 639.
[2004] Art. 30, réd. L. 20 juillet 1972, art. 2.
[2005] Si tant est qu'il s'agisse de réaliser un « droit » substantiel, et non pas une situation juridique objective, une prérogative juridique fondée sur la violation d'un devoir.
[2006] La solution était déjà acquise en doctrine, en suite des travaux des auteurs publicistes (Duguit, Hauriou, Jèze) et italiens (Chiovenda) : v. Vizioz, *Études de procédure*, 1956, p. 127 s.
[2007] *Cours de Code Napoléon*, 1855-1866, t. 9, n° 338.
[2008] Sur le débat entre subjectivistes et objectivistes, v. l'étude des auteurs publicistes *in* Vizioz, *ibid.*
[2009] J. Vincent et S. Guinchard, *Procédure civile*, préc., n° 51-1.
[2010] D'où il est déduit que l'article 417 NCPC couvre un éventuel dépassement de pouvoir de la part du mandataire *ad litem*, mais non le défaut de pouvoir d'agir en la personne du représentant *ad agendum* (Cass. civ. 1re, 7 mars 2000 : Bull. civ. I, n° 78 ; RTD civ. 2000, p. 397 obs. R. Perrot).

609.– À cette distinction tripartite du droit substantiel, du droit d'agir et des actes de procédure correspond une distinction également tripartite des moyens de défense, qui en constitue le fondement. La défense au fond conteste le bien fondé de la prétention. La fin de non-recevoir dénie le droit d'agir pour défaut d'une condition d'existence de l'action[2011]. L'exception de procédure permet d'écarter la demande en cas d'irrégularité formelle de l'instance.

Il n'en reste pas moins que la notion d'action en justice « peine à s'imposer »[2012].

§ 2. – LIMITES À L'AUTONOMIE

610.– Aucune théorie de l'action en justice ne recueille l'accord unanime des auteurs et il n'entrerait pas dans le cadre de notre étude d'en proposer une (à supposer que cela fût possible). En revanche, les limites de celle qui est consacrée par les textes doivent être soulignées. Dans la perspective qui est la nôtre, toutes n'ont pas la même importance. On peut négliger celle, bien connue, selon laquelle la définition retenue par l'article 30 NCPC alinéa 1er présuppose que la prétention préexiste au droit d'action, alors que l'on devrait considérer que c'est celui-ci qui justifie la formulation d'une prétention[2013] ; il y a d'ailleurs été justement répondu que la prétention ne se confond pas avec la demande en justice et qu'elle préexiste à celle-ci[2014].

On peut négliger également une autre critique, aux termes de laquelle le droit d'agir ne constitue pas un droit distinct indépendant de la demande, critique qui peut paraître davantage troublante (comme tout mandat, le mandat *ad agendum* ne peut porter que sur un acte juridique, c'est-à-dire non sur l'action elle-même mais sur son exercice, l'acte de procédure) mais dont la portée est amoindrie par la distinction qu'établit son auteur[2015] entre actes processuels et actes de procédure[2016].

L'interrogation fondamentale porte sur la nature juridique de l'action, lorsqu'on en admet l'existence. Si on met à part une approche anti-« conceptualiste » qui ne l'envisage pas comme un lien entre deux individus mais comme un ensemble de règles gouvernant la recevabilité des questions litigieuses élevées par les parties[2017],

---

[2011] Défaut de qualité, d'intérêt, prescription, délai préfix, chose jugée (NCPC, art. 32 et 122). Ex. de cassation pour un défaut de qualité en la personne du défendeur, invoqué tardivement et faussement qualifié de défense au fond : Cass. civ. 1re, 9 mai 2001 : Bull. civ. I, n° 128 ; RTD civ. 2001 p. 653, obs. R. Perrot.

[2012] M. Bandrac, *ibid.*

[2013] G. Wiederkehr, *La notion d'action en justice selon l'article 30 du nouveau code de procédure civile*, Mélanges offerts à Pierre Hébraud, 1981, p. 949.

[2014] M. Bandrac, ouvr. préc., n° 652. L'argument est moins convaincant si on le considère du point de vue du défendeur.

[2015] J. Héron, *Droit judiciaire privé*, 2e éd., 2002, par T. Le Bars, n° 47, 56 et 154. La même assimilation se trouve déjà dans Duguit, *Traité de droit constitutionnel*, t. 2, p. 457 (v. exposé et critique in Vizioz, *Études de procédure*, préc., p. 144 s.).

[2016] J. Vincent et S. Guinchard, *Procédure civile*, préc., n° 72 (pourquoi faudrait-il appeler « acte processuel » au sens de manifestation de volonté ce qui n'est après tout que l'action, pouvoir d'agir, et « actes de procédure » au sens de demandes et défenses, ce qui est exercice de l'action ?).

[2017] X. Lagarde, *Réflexion critique sur le droit de la preuve*, LGDJ, B. dr. privé 1994, n° 57 s., p. 102.

l'interrogation doctrinale porte sur le point de savoir s'il faut y voir une faculté, un pouvoir, un droit potestatif ou un droit subjectif... Le code consacre cette dernière option[2018]. Cela n'a pas tari le débat. La qualification de droit subjectif[2019] est regardée comme étant trop rigide, notamment en raison de l'absence de sujet passif[2020]. Elle n'est défendue que dans le cadre d'une approche large de la notion de droit subjectif (consistant à y voir la relation d'appartenance à un sujet actif, spécialement défini) et sous cette précision qu'il s'agit d'un droit potestatif[2021].

611.– Peu importe pour notre recherche. Quel que soit le parti que l'on retient, en effet, la transmissibilité de l'action en justice suppose que l'on en dissocie la titularité de celle du droit substantiel qui en constitue la raison d'être. La distinction entre droit d'agir et droit substantiel peut-elle être poussée jusque là ? En règle générale, les auteurs y sont défavorables : ils refusent de considérer qu'il puisse y avoir transmission de l'action à titre principal et opinent qu'il s'agit en réalité d'une transmission du droit substantiel.

Telle est l'approche retenue pour la transmission à cause de mort, qu'elle soit légale ou testamentaire : une étude de référence sur le sujet[2022] retient l'idée que le droit d'action est alors transmis avec le droit substantiel lui-même (les héritiers n'ont le droit d'être entendus sur le fond du litige « qu'autant que le droit litigieux leur a été transmis à cause de mort »)[2023].

Telle est l'approche retenue de façon plus générale pour toute transmission d'action. Ainsi, J. Héron opine que c'est à tort que l'on rattache la transmissibilité de l'action au droit processuel, qu'il s'agit en réalité d'une transmission du droit substantiel lui-même[2024]. Il est vrai que cette réserve peut être considérée avec circonspection car elle découle chez cet auteur de l'idée plus générale que les textes « hypertophient » le droit d'action, lequel n'est selon lui « qu'une façon commode de désigner les actes processuels ».

Elle se retrouve cependant chez l'ensemble des auteurs, alors même qu'ils sont acquis à l'idée de l'autonomie du droit d'action. MM. Cornu et Foyer, ainsi, estiment que « la transmission du seul droit d'agir ne se conçoit guère »[2025]. Qu'est-ce à dire ?

[2018] NCPC, art. 30 ; H. Motulsky, *Le droit subjectif et l'action en justice*, Archives Phil. dr. 1964, p. 215.

[2019] Nous avons déjà relevé la difficulté de donner une définition de ce qu'est un « droit subjectif », et que l'on peut discerner sur le sujet presque autant de conceptions différentes que d'auteurs : v. *supra*, n° 82.

[2020] J. Vincent et S. Guinchard, *Procédure civile*, préc., n° 69.

[2021] L. Boyer, *La notion de transaction*, th. préc., p. 61 ; M. Bandrac, ouvr. préc., n° 658 ; v. crit. *in* X. Lagarde, ouvr. préc., n° 59 s., not. au regard du défendeur.

[2022] C. Lesca-D'espalungue, *La transmission héréditaire des actions en justice*, PUF, 1992.

[2023] *Id.*, n° 41. Cet auteur préconise de retenir comme critère de transmissibilité de l'action non le droit méconnu (qui en est la cause) mais le droit poursuivi (qui en constitue l'objet) (*ibid.*, n° 45, 50).

[2024] J. Héron et T. Le Bars, ouvr. préc., n° 119 et 1160 s.

[2025] G. Cornu et J. Foyer, *Procédure civile*, préc., n° 83, p. 364 s. Même sens : H. Solus et R. Perrot, *Droit judiciaire privé*, t. 1, 1961, n° 107 ; J. Vincent et S. Guinchard, *Procédure civile*, préc., n° 136 ; L. Cadiet, *Droit judiciaire privé*, Litec, 4e éd., 2004, n° 520. La même solution est retenue en droit de l'arbitrage : la clause d'arbitrage, qui se rapporte au droit d'ester en justice et non au droit substantiel, « ne peut être transmise que si le droit substantiel servi par le droit d'action est lui-même transmis » (E. Loquin, obs. sous Cass. civ. 1re, 28 mai 2002 : RTD com. 2002, p. 667).

Du côté du sujet passif, expliquent-ils, « une telle convention ne permet pas à celui qui l'a conclue d'obtenir sa mise hors de cause » ; la notation est incontestable puisqu'il reste titulaire du droit litigieux. Quant au sujet actif, de deux choses l'une : ou bien il conserve le profit de l'action, mais c'est qu'il ne l'a pas transmise (c'est toujours le même postulat) ; ou bien il le perd, mais c'est qu'il a transmis le droit lui-même (« il semble n'y avoir point de milieu entre le mandat auquel s'adjoint, le cas échéant, un pacte *de quota litis* et la cession du droit litigieux »)[2026].

On reconnaît dans cette approche l'analyse traditionnelle de l'acte translatif. Le titulaire du droit substantiel ne saurait être dépouillé de l'action qui le protège[2027] ; à partir de là, l'action ne peut pas être transférée à un tiers car une prérogative ne peut pas être tout à la fois transférée et conservée.

612.– Cela est pourtant en contradiction avec l'existence d'hypothèses de dissociation entre intérêt et qualité à agir, c'est-à-dire de cas dans lesquels la loi confère à certaines personnes qualité pour agir en justice dans un intérêt autre que le leur. Ces cas sont nombreux (actions des syndicats et des associations en défense d'un intérêt collectif ; action de diverses autorités ou organismes, voire de particuliers en défense des intérêts personnels d'autrui)[2028]. Une doctrine ancienne y voyait le résultat d'un mécanisme de « subrogation dans l'action »[2029]. Qui dit subrogation dit transfert. Le mécanisme n'était pas pris dans son sens technique (puisqu'il n'y a pas paiement) mais la référence qui y était faite était remarquable car si le « subrogé » agit ici en son nom propre, c'est pour la défense du droit d'une autre personne[2030] à qui on reconnaît le plus souvent le maintien de sa qualité à agir[2031]... Peut-être faut-il chercher là la raison de l'abandon de cette qualification dans la doctrine moderne. Sans doute les auteurs continuent-ils à s'opposer quant au fondement de certains cas de dissociation. Ainsi, l'action sociale *ut singuli* est présentée parfois comme un cas de représentation[2032], parfois comme un cas de « substitution »[2033], parfois comme un cas de « qualité artificielle » à agir octroyée par le législateur[2034]. Même chose, par exemple, pour l'action du représentant des

---

[2026] G. Cornu et J. Foyer, *Procédure civile*, préc., n° 83, p. 364 s.

[2027] Il faut mettre à part quelques cas exceptionnels dans lesquels le titulaire du droit substantiel est privé de sa qualité à agir, comme celui du débiteur qui fait l'objet d'une procédure collective (C. com., art. L. 641-9).

[2028] G. Cornu et J. Foyer, *Procédure civile*, 3e éd., 1996, p. 402 s. Sur ce mécanisme d'habilitation à agir, v. *infra*, n° 614.

[2029] Morel, *Traité élémentaire de procédure civile*, 2e éd., 1949, p. 34 ; R. Gassin, *La qualité pour agir en justice*, thèse Aix-Marseille, 1955, dir. A. Audinet, 1955, n° 104 s. (« outre le titulaire du droit litigieux et son représentant, a aussi qualité le subrogé du titulaire du droit : il agit dans ce cas en son nom propre »)

[2030] Lorsqu'il s'agit d'une personne juridique, car l'intérêt en cause peut également être un intérêt collectif ou l'intérêt général.

[2031] R. Gassin, *ibid.*, n° 108 et 114.

[2032] J. Vincent et S. Guinchard, *Procédure civile*, préc., n° 500 ; Ph. Didier, *De la représentation en droit privé*, préc., n° 561.

[2033] E. Jeuland, *Essai sur la substitution de personne dans un rapport d'obligation*, LGDJ, B. dr. privé, 1999, n° 38.

[2034] « Artificielle » si on analyse la qualité comme étant, en un premier sens, la « traduction processuelle de la titularité du droit substantiel » : J. Héron, *Droit judiciaire privé*, par T. Le Bars, préc., n° 62 et 88 (on ne peut se déprendre de l'idée que cette analyse est proche de celle qui rapproche les mécanismes du transfert et de l'habilitation : v. au texte, *infra*).

créanciers prévue par l'ancien article L. 621-39 du Code de commerce, dans laquelle certains voyaient une attribution de pouvoir[2035], d'autres l'octroi d'une qualité[2036]. Peu importe ici. Ce qui est notable, c'est que personne ne soutient plus (sauf erreur de notre part) que dans les cas considérés le droit d'action ferait l'objet d'une « transmission ». C'était déjà le point de vue de Vizioz : la qualité à agir pour le compte d'autrui suppose qu'on en soit le représentant ; la qualité à agir dans un intérêt collectif ou général ne peut être reçue que de la loi[2037].

La limite à l'autonomie du droit d'action sur ce point est donc à double degré. Elle découle de la nature du droit processuel, qui est un droit auxiliaire, un droit « servant », au service du droit substantiel[2038], ce qui explique que le titulaire de celui-ci ne puisse pas être dépouillé de celle-là. Et cette impossibilité de l'en dépouiller implique celle d'un transfert en raison du postulat que tout transfert implique la perte de la prérogative transférée.

C'est cette seconde limite que remet en question une récente thèse de doctorat.

SECTION II

LES CONVENTIONS DE TRANSFERT D'ACTION EN JUSTICE

613.– Les auteurs de procédure civile, et plus largement de droit processuel, ne paraissent pas avoir envisagé la question des conventions de transfert d'actions en justice, ni même se l'être posée. La chose est normale chez ceux qui identifient l'action en justice et le droit substantiel, ou du moins en font un simple accessoire du droit. Elle est plus surprenante chez les partisans de l'autonomie de l'action en justice. Pouvoir ou droit subjectif en lui-même, pourquoi l'action en justice ne pourrait-elle pas faire l'objet de convention de transfert, comme tout autre droit ou prérogative ? On pouvait s'attendre à ce qu'un jour ou l'autre un auteur viendrait à s'emparer de la question. La première monographie notable est la thèse qu'a consacrée à ce sujet M. N. Cayrol[2039]. Cet auteur propose une approche originale : il existe selon lui des conventions de transfert d'action, dont une des particularités, souligne-t-il, est que celui qui a cédé l'action peut cependant encore agir.

Nous voudrions, après avoir présenté les grandes idées de ce travail, faire apparaître les mérites et les limites qu'il comporte au regard de notre propre perspective.

[2035] De représentation : J. Vincent et S. Guinchard, ouvr. préc., n° 115 et 500. Ou de pouvoir exclusif de l'idée de représentation : P. Cagnoli, *Essai d'analyse processuelle du droit des entreprises en difficulté*, préc., n° 49.

[2036] J. Héron et T. Le Bars, ouvr. préc., n° 86.

[2037] *Études de procédure*, préc., p. 233, n° 47.

[2038] J. Héron, *Droit judiciaire privé*, par T. Le Bars, préc., n° 1. Cela explique qu'en dépit de son caractère autonome l'action entretient d'étroits rapports avec le droit substantiel dont elle constitue la sanction, au point que la classification des actions est calquée sur celle de ces droits (G. Cornu et J. Foyer, *Procédure civile*, préc., p. 317).

[2039] *Les actes ayant pour objet l'action en justice*, Economica, 2001, préc.

§ 1. – THÈSE DE M. CAYROL

614.– Cette thèse s'inscrit en faux contre l'idée, dominante en doctrine[2040], selon laquelle le transfert de l'action ne se conçoit pas sans (ou se confond avec) celui du droit substantiel. M. Cayrol suspecte dans la liaison ainsi établie une « scorie de l'ancienne confusion » entre l'action et ce droit[2041], et il entend faire apparaître que l'action est transmissible de façon autonome par voie de convention chaque fois qu'elle n'est pas sanctionnée par une fin de non-recevoir que l'ordre public impose au juge de relever d'office.

La difficulté, alors, est d'identifier les supports de tels transferts[2042] car le propos se situe à la jonction du droit des obligations et du droit processuel. M. Cayrol raisonne essentiellement sur la base de deux exemples : la clause de direction du procès dans le contrat d'assurance et la clause de transfert d'action dans les contrats de crédit-bail ; il retient que la première a pour objet de transmettre l'action à l'assureur , et que cela caractérise également la seconde car le crédit-bailleur entend se cantonner dans un rôle purement financier. Dans les deux cas, il s'agit de résoudre par *contrat* une question de *procédure* (permettre à quelqu'un d'être entendu par un juge). Or, souligne-t-il, cela est techniquement impossible en raison d'une double difficulté. En effet, le droit des contrats (mandat, subrogation, cession de créance) s'avère peu adapté : le mandat n'est pas translatif, la subrogation suppose un paiement et la cession de créance a pour objet une créance, avec quoi ne se confond pas le simple droit à agir[2043]. Quant au droit processuel, il comporte bien un mécanisme idoine, à savoir l'habilitation à agir en justice (« transmettre une action et habiliter à agir recouvrent exactement la même chose »)[2044], mais celle-ci ne peut être instituée que par la loi[2045], et non pas par convention.

Dans ces conditions, peut-on organiser par convention le transfert d'action ? Oui, considère M. Cayrol, mais ces conventions ne sont en réalité que des « ersatz d'habilitation à agir »[2046]. Il s'agit simplement d'accords manifestant la volonté d'habiliter quelqu'un à agir en justice, accords sur le fondement desquels le juge admet la recevabilité à agir alors même qu'ils empruntent un moule contractuel variable (mandat, stipulation pour autrui, délégation, subrogation, cession de créance, voire même contrat d'entreprise) qui n'a pas en principe cette propriété translative[2047]. Ce sont des « conventions de transfert d'action » et les figures

---

[2040] Ex. : J. Héron et T. le Bars, ouvr. préc., n° 119 ; L. Cadiet, *Droit judiciaire privé*, préc., n° 520.

[2041] *Ibid.*, n° 16.

[2042] Un arrêt récent (Cass . civ. 1ère, 10 janvier 2006, D. 2006 p. 365, n. X. Delpech) semble admettre que l'action fasse l'objet d'une cession autonome ("une convention de cession peut avoir pour objet non seulement toute créance mais encore toute action contre un tiers")… mais en l'espèce elle était transmise comme accessoire de la créance.

[2043] N. Cayrol, ouvr. préc., n° 149 à 159 ; cet auteur n'envisage que par prétérition les mécanismes de la stipulation pour autrui et de la délégation à cet endroit de ses développements (*ibid.*, n° 160 ; rappr. n° 183 et 185).

[2044] N. Cayrol, ouvr. préc., n° 175.

[2045] La jurisprudence a souvent élargi le domaine de cette habilitation à agir : R. Gassin, th. préc., n° 113.

[2046] N. Cayrol, ouvr. préc., n° 178.

[2047] *Ibid.*, n° 179 à 188.

contractuelles utilisées sont « réduites à des procédés en somme mécaniques, niant l'originalité propre de chacune d'elles [...] ces conventions relèvent davantage de la procédure civile que du droit des contrats »[2048]. C'est cela, explique cet auteur, qui fait que les qualifications sont interchangeables, que la jurisprudence y attache des effets inhabituels (par exemple, elle précise que le vendeur avait « adhéré » au mandat conféré par le crédit-bailleur au crédit-preneur)[2049] ou qu'elle admette l'association contre-nature du mécanisme de la subrogation avec celui du mandat ou celui de la délégation[2050].

Quelle appréciation porter sur la mise au jour de ces « contrats processuels » ?

§ 2. – APPRÉCIATION

A. – MÉRITES

615.– Le grand mérite de la thèse examinée est de s'aventurer, la première, sur un terrain jusqu'alors jamais vraiment exploré. Son auteur n'a pas été arrêté par la contradiction apparente que l'on est porté à attacher au fait de conserver ce que l'on a transféré. Une des grandes originalités des conventions de transfert d'action, insiste-t-il, est qu'elles ne dépouillent pas le « cédant » du droit d'agir (« celui qui cède une action à un tiers peut encore l'exercer dans certaines conditions »)[2051]. Cela tient au mécanisme utilisé. Celui-ci, on l'a vu, constitue un « ersatz d'habilitation à agir ». Or, insiste justement l'auteur, l'habilitation à agir « ne donne que le droit d'agir à une personne, elle ne procède à aucune substitution de personne », elle a pour fonction « d'aider » et non pas « d'évincer »[2052]. Rien que de logique, donc, si la convention dite de transfert d'action a la même portée : « l'enjeu des transmissions d'action est d'associer un tiers intéressé à une action en justice que le droit positif lui refuse [...] en dernière analyse, le transfert d'action associe effectivement une personne à l'action d'une autre, mais il ne substitue pas complètement cette personne à son auteur »[2053].

Face à cette analyse, deux réactions sont possibles. La première consiste à considérer qu'il n'y a pas transfert puisqu'il ne s'agit pas de substituer mais d'ajouter une personne à une autre. C'est là un point de vue que l'on peut dire classique. Nous avons vu[2054] qu'il procède d'une chosification (d'une « réification ») du droit transféré et fait du transfert un déplacement d'une chose dans l'espace, ce qui exclut que cette chose, ce droit, puisse être dans deux patrimoines distincts, avoir deux

2048 *Ibid.*, n° 189 et 196.
2049 Cass. com., 3 janvier 1972 : D. 1972 p. 649 n. M. Trochu, et N. Cayrol, ouvr. préc., n° 211.
2050 *Ibid.*, n° 190 à 195. Ce syncrétisme est critiqué par Mme R.-N. Schütz, *Les recours du crédit-preneur, la théorie générale des obligations à l'épreuve d'un groupe de contrats*, PUF 1994.
2051 *Ibid.*, n° 93, 138.
2052 *Ibid.*, n° 165. Il est notable que le plan général de la thèse est construit sur la distinction entre la transmission et la neutralisation de l'action en justice, ce qui présuppose que la première n'emporte pas la seconde.
2053 *Ibid.*, n° 250.
2054 *Supra*, n° 600.

titulaires. Dans cette perspective, le dépouillement de l'ancien titulaire est une condition de l'existence d'un transfert.

Affranchie de ce présupposé, une seconde réaction considère qu'il y a transfert partout où il y a acquisition d'un droit à titre dérivé, et que cela ne postule nullement que l'ancien titulaire en soit dépouillé. On le voit bien ici, puisqu'il y a extension, duplication du droit d'action mais non perte de celui-ci par le « cédant ». L'ouvrage examiné a le grand intérêt d'analyser comme étant un « transfert » une opération qui n'est pas conforme sur ce point au présupposé commun. Cela est indéniable, même s'il est clair que l'auteur ne perçoit pas la véritable portée du changement de perspective ainsi opéré : il souligne, en effet, que le maintien du droit d'agir en la personne du cédant distingue fondamentalement le transfert d'action de celui d'un droit subjectif[2055], à l'égard duquel il reste donc prisonnier du présupposé ; et il s'applique à répéter que les parties à la convention de transfert entendent priver le « cédant » du droit d'agir (« Qu'est-ce qu'une convention de transfert d'action ? On veut simplement que l'une des parties *renonce à agir elle-même* et que l'autre soit « habilitée » à agir en justice »)[2056].

C'est là une des limites du travail analysé. Ce n'est pas la seule.

B. – Limites

616.– En faisant apparaître un certain particularisme de contrats qui poursuivent un objectif processuel, ce travail donne corps à l'idée qu'il existerait des conventions de transfert d'action à titre principal. Il reste à savoir si la démonstration, sur ce point, est convaincante. Il convient également de marquer les limites du mécanisme de transfert-duplication sur lequel elle repose.

1° Sur le transfert conventionnel d'action à titre principal

617.– En ce qui concerne l'existence même de conventions de transfert d'action à titre principal, plusieurs réserves peuvent être formulées, en allant crescendo. Passons comme détail l'approximation qu'il y a à considérer que l'idée fameuse de Vareilles-Sommières, selon laquelle c'est par métaphore que l'on parle de transmission de la propriété (on ne transmet pas celle-ci, on s'imagine la transmettre), est « d'autant plus pertinente » rapportée à l'action en justice « qu'elle s'applique alors à une chose, un concept, qui par nature ne se transmet pas »[2057] ; on voit mal en effet la différence sur ce point entre l'action et le droit de propriété, objet originaire de la remarque.

Plus gênant est le fait que l'auteur nourrit une partie de ses développements relatifs à des transferts d'action à titre *principal* en se référant à des hypothèses dans

---

[2055] *Ibid.*, n° 64.
[2056] *Ibid.*, n° 175 (soul. par nous). V. aussi n° 182, 224.
[2057] *Ibid.*, n° 263.

lesquelles l'arrêt[2058] ou la pratique[2059] qu'il cite concerne le transfert tant du droit que de l'action, c'est-à-dire le transfert *accessoire* de l'action. Cela fait naître un doute sur l'existence même de la réalité qu'il entend analyser.

618.– Ce doute est d'autant plus accusé que les deux contrats choisis pour servir de matière première à cette partie de la thèse, à savoir le contrat d'assurance de responsabilité civile (très précisément : sa clause de direction par l'assureur de la défense au procès en responsabilité engagé contre son assuré)[2060] et celui de crédit-bail (clause de transfert des garanties), sont peu probants. Considérons le premier. La transmission d'action permet à une personne qui en est normalement dépourvue d'être entendue par le juge sur le fond d'une prétention ; c'est un moyen d'écarter une fin de non-recevoir. Or dans la pratique, ainsi que l'auteur le souligne lui-même à de multiples reprises[2061], l'assureur n'intervient pas formellement, nominalement, à l'instance, le défendeur étant l'assuré lui-même. Autrement dit l'assureur agit, certes, mais seulement en sous-main et non pas au sens procédural du mot. Dans ces conditions, aucune fin de non-recevoir ne saurait lui être opposée et il n'est nul besoin d'analyser la clause de direction du procès comme étant une convention de transfert d'action. Son seul objet est d'aménager l'exercice du pouvoir d'agir *dans les rapports* entre l'assureur et l'assuré. On le voit bien, d'ailleurs, si l'on considère la sanction de l'immixtion de l'assuré dans la conduite du procès : il s'agit de la déchéance de la garantie de l'assureur, non de la nullité de l'acte de procédure par lequel se manifeste cette immixtion. Procéduralement en effet, quelque regrettable que cela puisse paraître[2062], l'assuré figure seul en nom à l'instance, même alors que c'est l'assureur qui est le véritable *dominus litis* (ce dont il découle qu'il ne peut former tierce opposition)[2063].

Cette efficacité procédurale de l'immixtion de l'assuré, comme sa sanction contractuelle, montrent bien au reste, d'une autre façon, combien est inappropriée ici l'idée d'un transfert du droit d'action. Le propre d'un transfert, en effet, est d'être définitif. On ne peut pas reprendre au bénéficiaire le bien ou la prérogative qui lui a été transféré. Il y a là une caractéristique fondamentale de l'acte translatif que ne remet évidemment pas en cause notre propre démonstration qu'il existe des hypothèses de non-perte, par l'auteur dans le transfert, du droit transféré. Si l'assuré peut reprendre la direction du procès, c'est qu'il est non pas *tenu* de ne pas s'immiscer, mais simplement *obligé* à ne pas le faire ; autrement dit, on est dans le domaine de l'obligationnel et non pas de l'acte translatif[2064].

[2058] Ex. : Cass. com., 4 juin 1996 (D. 1996, p. 630 n. M. Billiau), cité *ibid.*, n° 29 et 258.

[2059] Ex. : le transfert d'action au profit de la SACEM (*ibid.*, p. 133 – v. sur ce point *infra*, n° 677 s.).

[2060] À ne pas confondre avec la subrogation de l'assureur qui a payé l'indemnité d'assurance « dans les droits et actions de l'assuré » contre les tiers responsables, jusqu'à concurrence de cette indemnité, prévue par l'art. L. 121-12 C. ass. (sur laquelle v. *infra*, n° 707).

[2061] *Ibid.*, n° 152, 248, 258.

[2062] Ch. Freyria, *La direction du procès en responsabilité par l'assureur*, JCP 1954, I, 1196, n° 17.

[2063] R. Perrot, *L'autorité de la chose jugée en matière d'assurance*, Rev. gén. ass. terr. 1957 p. 267 ; J. Vincent et S. Guinchard, *Procédure civile*, préc., n° 1487.

[2064] Comp. N. Cayrol (th. préc., n° 242) qui envisage l'immixtion au titre de l'« obligation de garantie » du cédant.

Plutôt que de recourir au schéma passablement compliqué d'une convention de transfert d'action[2065], il semble donc préférable d'expliquer la clause dont il s'agit par le mécanisme du mandat[2066], tout particulier qu'il soit puisqu'il demeure « clandestin »[2067].

619.– Considérons maintenant la clause de transfert d'action dans le contrat de crédit-bail. Les choses sont ici plus complexes. C'est bien en effet le crédit-preneur, en application de cette clause, qui exerce l'action en justice (l'action en garantie contre le fournisseur de la chose). Il a été montré qu'il le fait tantôt au nom du bailleur, tantôt en son nom propre[2068]. Dans le premier cas, il paraît expédient de considérer qu'il s'agit d'une collation de pouvoir et non de l'octroi d'une qualité à agir ; c'est ce que fait la jurisprudence : elle analyse l'action en « mandat général d'exercer [les] droits et actions » du crédit-bailleur[2069] ; et c'est aussi le point de vue doctrinal habituel[2070].

Dans le second cas, la réflexion hésite entre diverses qualifications (subrogation, délégation, stipulation pour autrui) et tend à retenir, comme le fait la jurisprudence[2071], celle de cession de créance[2072]. Il s'agit toujours, on le voit, de mécanismes directement ou indirectement translatifs[2073]. Mais translatifs de quoi, précisément ? Des « droits et actions » contre le fournisseur, considère-t-on généralement[2074] ; des « droits concernant la garantie » est-il parfois précisé[2075]. En réalité, il n'y a pas eu jusqu'ici de véritable discussion sur le point de savoir si l'objet du transfert est ou non le seul droit d'agir. M. Cayrol pose cette question ; il semble être le premier à le faire et c'est donc un très grand mérite. Il retient, on l'a vu, que seul le droit d'agir est concerné (« qu'est-ce qu'une créance de garantie sinon le droit d'exiger d'un juge la bonne exécution de la vente, c'est-à-dire l'action

---

[2065] Ou de « substitution de personne » prise au sens notion juridique autonome : E. Jeuland, th. préc., n° 77 et 288 (sur cette thèse, v.. *infra*, n° 879).

[2066] Le mandant n'est pas dépossédé en principe des pouvoirs qu'il transmet au mandataire (la solution est inverse en cas de délégation de pouvoir : F. Marmoz, *La délégation de pouvoir*, Litec, B. dr. entreprise, 2001).

[2067] Ch. Freyria, *La direction du procès en responsabilité par l'assureur*, JCP 1954, I, 1196, n° 17. – Même sens : Cass. civ. 1re, 15 février 1977 : D. 1977 IR p. 288 obs. Cl.-J. Berr et H. Groutel (*nota* : il est mentionné de façon sibylline dans l'extrait que l'appel avait été « interjeté par l'assureur », sans que l'on puisse en déduire si celui-ci l'avait imposé à l'assuré ou s'il était intervenu personnellement à l'instance).

[2068] M. Harichaux-Ramu, *Le transfert des garanties dans le crédit-bail mobilier*, RTD com. 1978, p. 209, N° 11 et 17.

[2069] Cass. com., 3 janvier 1972, préc. *Nota* : l'arrêt précise bien « droits et actions ».

[2070] Ex. : F. Collart-Dutilleul et Ph. Delebecque, *Contrats civils et commerciaux*, préc., n° 833, p. 784. – L. Leveneur, obs. Contrats, conc., consom. 1994, n° 244.

[2071] Cass. com., 26 février 1977 : Bull. civ. IV, n° 27. – Cass. com., 4 juin 1996 : D. 1996, p. 630 n. M. Billiau.

[2072] M. Harichaux-Ramu, *Le transfert des garanties dans le crédit-bail mobilier*, art. préc., n° 38.

[2073] La délégation et la stipulation pour autrui ne sont pas techniquement de véritables modes de *transmission* de créances puisqu'ils font naître des engagements *nouveaux* (v. *infra*, n° 873), mais tout se passe dans certains cas comme s'ils étaient utilisés à cette fin.

[2074] À l'exemple du Code civil, qui fait un fréquent usage (art. 724, 1166, 1250, 2048) de cette locution d'origine romaine (v. la crit. de M. Cayrol, *ibid.*, n° 114).

[2075] Cass. com., 4 juin 1996, préc.

elle-même ? »)[2076]. Nous retrouvons cependant ici une critique déjà présentée plus haut : cette approche n'est-elle pas trop réductrice ? Est-il sûr que la garantie ne s'exprime que par l'action en justice ? Ce peut être le cas, on ne peut pas exclure complètement cette hypothèse. Mais ce le sera rarement. Ce ne l'était pas dans l'espèce ayant donné lieu à un arrêt de rejet, souvent cité, du 26 février 1977[2077]. La Cour de cassation prend soin en effet d'y relever que la « cession de la créance de garantie » transférait « au locataire les droits du bailleur contre le fournisseur concernant le remplacement des pièces défectueuses et les travaux de mise au point ». Or il s'agit là à l'évidence de prérogatives dont la mise en œuvre n'est que rarement judiciaire. Elle peut l'être, et il est incontestable que le droit d'agir à cette fin est également transmis. Mais il l'est accessoirement au droit substantiel à garantie, et non pas à titre principal, contrairement à ce que souhaite montrer notre auteur.

La même objection peut être présentée à propos d'un autre arrêt souvent cité également sur la question, rendu par la même formation en 1996[2078]. Dans cette affaire, la Cour d'appel avait déclaré irrecevable l'action en résolution de la vente formée par le crédit-preneur contre le fournisseur au motif que ce dernier n'avait pas expressément consenti au transfert des actions du crédit-bailleur ; la cassation est prononcée au visa des articles 1134 et 1690 du Code civil : il s'agissait d'une cession de créance, et non pas d'une délégation. On sait que le droit d'agir n'est pas une créance, et que le schéma de la cession de créance est en conséquence mal adapté au transfert d'action. M. Cayrol a fort bien relevé et rendu compte de cette difficulté[2079], là n'est pas le point en débat ici. La question qui nous occupe est de savoir si l'on est fondé à considérer que la clause de transfert des garanties a pour seul objet le droit d'ester en justice (à l'instar de la clause de compétence, ou de la convention d'arbitrage), de savoir si son objet est purement procédural. À l'évidence, ce n'est pas le cas, sauf à en retenir une approche exagérément réductrice. Raisonnons sur l'exemple de la vente mobilière puisqu'elle constitue l'un des deux éléments de l'opération de crédit-bail mobilier. La garantie légale des vices cachés y est complétée en pratique par une garantie contractuelle, qui n'a pas pour objet de la limiter ou de l'étendre mais de créer un système spécifique de garantie, complètement différent : le plus souvent le vendeur s'engage, sans supplément de prix, à remettre la chose vendue en état, à des conditions déterminées, si un défaut apparaît dans un certain délai après la vente, et il a été montré que cette garantie doit être préférée à la garantie légale en raison de l'avantage qu'elle présente par rapport à cette dernière de jouer automatiquement, sans qu'un recours aux tribunaux soit nécessaire[2080]. Par ailleurs, si la jurisprudence accorde à l'acheteur un droit quasi

---

[2076] N. Cayrol, ouvr. préc., n° 29.

[2077] Cass. com., 26 février 1977, préc.

[2078] Cass. com., 4 juin 1996, préc.

[2079] V. *supra*, n° 614.

[2080] P. Ancel, *La garantie conventionnelle des vices cachés dans les conditions générales de vente en matière mobilière*, RTD com. 1979, p. 203. Rappr. directive CE n° 1999-44 du 25 mai 1999 sur certains aspects de la vente et des garanties des biens de consommation, (JOCE n° L 171 du 7 juillet 1999 ; D. affaires 1999, p. 1182 ; comm. M. Trochu D. 2000, chron. p. 119).

discrétionnaire d'exiger la résolution de la vente au titre de l'action rédhibitoire[2081], encore faut-il qu'il n'ait pas commencé par accepter que le vendeur procède à la réparation de la chose[2082]. Dans ces conditions, c'est dénaturer la portée de la clause de transfert des garanties que la réduire à une pure convention de procédure, à un transfert de la seule action en justice. Celle-ci peut s'avérer nécessaire[2083] mais, outre qu'elle peut n'être utilisée que comme moyen de pression, elle ne constitue pas l'objet unique de l'obligation de garantie. Il est d'ailleurs notable que l'arrêt examiné fait état du transfert au locataire des « droits contre le fournisseur concernant la garantie des vices cachés », et non pas du seul transfert de « l'action en garantie » de ces vices. On paraît fondée à y lire la confirmation que le droit à garantie n'est pas seulement un pouvoir de coercition, mais aussi et avant tout une valeur économique.

Il est donc loin d'être avéré, pour le moins, que les contrats sur lesquels est fondée la démonstration examinée corroborent celle-ci. Encore faut-il ajouter que, alors même que ce serait le cas, le maintien du droit d'agir du cédant n'aurait pas toute la portée que son auteur entend lui attacher.

2° Sur le maintien du droit d'agir du « cédant »

620.– Nous avons dit l'intérêt que présente la thèse examinée, au regard de la théorie générale de l'acte translatif, en ce qu'elle place l'accent sur *l'acquisition* de la prérogative transférée et non sur le *dépouillement* de l'auteur dans le transfert. La portée du découplage ainsi opéré est cependant entamée par le fait que, dans cette construction, l'action est transférée sans le droit qu'elle a vocation à sanctionner. On peut en effet se demander, dès lors, si la survie du droit d'action en la personne du cédant ne s'explique pas simplement par la nécessité de protéger son droit substantiel.

C'est d'ailleurs cette idée que développe l'auteur. L'existence d'un « droit sans action » est impraticable (alors même qu'en pratique ce droit est alors « garanti d'une autre manière »)[2084] et un « lien nécessaire »[2085] entre eux s'impose en dépit du transfert de l'action : entre le droit substantiel et l'action, la dissociation n'est jamais complète. Il subsiste nécessairement un lien[2086], la puissance de la volonté rencontre ici une limite[2087]. Celle-ci se marque doublement. D'abord, le sujet du droit substantiel doit être protégé, ce qui peut notamment se traduire par une « immixtion » de sa part « dans la direction du procès s'il [a] intérêt à le faire »[2088]. Ensuite, une certaine forme de solidarité procédurale se développe entre le titulaire

---

[2081] Cass. civ. 1re, 23 mai 1995 : D. 1996, somm. 14 obs. O. Tournafont ; RTD civ. 1996, p. 190 obs. P.-Y. Gautier. Comp. en matière immobilière C. civ., art. 1646-1 al. 3.

[2082] CA Rouen, 20 juin 2001 : D. 2002, somm. p. 1006, obs. Ph. Brun.

[2083] B. Gross, *La notion d'obligation de garantie dans le droit des contrats*, LGDJ, B. dr. privé, 1964.

[2084] N. Cayrol, ouvr. préc., n° 231.

[2085] *Ibid.*, n° 248.

[2086] V. sur ce point R. Gassin, th. préc., n° 119 s.

[2087] Il en va différemment de la loi, qui peut dépouiller le propriétaire de l'action qui protège normalement son droit. C'est le cas, on le sait, du crédit-bailleur qui n'a ni publié son contrat, ni revendiqué dans les délais : ... v. *infra*, note 2326 s.

[2088] C. ass., art. L. 113-17 ; N. Cayrol, ouvr. préc., n° 243 et 254.

du droit et celui de l'action, compte tenu du caractère nécessairement limité de la dissociation du droit et de l'action, en ce sens que les parties ne sont pas nettement distinguées au regard de l'instance où figure le bénéficiaire. Une triple solidarité : quant aux résultats du jugement ; à l'égard des voies de recours ; et à l'égard de l'instance (par exemple, l'assuré peut toujours faire efficacement appel et la victime ne pourra lui opposer une fin de non-recevoir pour défaut de droit d'agir au motif que seul l'assureur est titulaire de l'action ; autre exemple : le vendeur ne peut arguer du transfert d'action pour se prétendre dégagé de la garantie qu'il doit au crédit-bailleur en vertu du contrat de vente)[2089].

*

* *

621.– Conclusion : La thèse de M. Cayrol peut sembler conforter la nôtre puisque, selon cet auteur, il existerait des conventions de transfert d'action en justice à titre principal dont une des particularités serait qu'elles ne font pas perdre son droit d'agir à celui qui le transmet. En cela, cette recherche est une des premières (sinon la première) à prendre du champ par rapport au postulat général en matière d'acte translatif de droit en retenant que le concept d'acte translatif – dans le cas particulier du droit d'action – supposerait seulement une acquisition du droit à titre dérivé, et non que l'ancien titulaire en soit dépouillé.

Les résultats auxquels parvient cet auteur déçoivent cependant sur ce point car ils ne sont pas réellement de nature à illustrer cette idée d'un transfert sans perte du droit transféré. Ce transfert-duplication du droit d'agir est en effet doublement entaché d'équivoque. On peut se demander, on l'a vu, s'il y a véritablement transfert ou transfert autonome. Et si c'est bien le cas on peut se demander, aussi, si la duplication du droit d'agir ne s'explique pas par une nécessaire liaison entre droit d'agir et droit substantiel, c'est-à-dire par une raison extérieure à la logique de l'acte translatif. Il n'en demeure pas moins qu'on est là en présence d'une hypothèse de découplage entre transfert du droit d'action et perte de ce droit par son précédent titulaire.

Pour observer le phénomène dans sa pureté, et faire apparaître que le transfert n'emporte pas nécessairement la perte du droit d'action par l'auteur dans le transfert, mieux vaut cependant se placer ici dans une autre perspective : celle du transfert d'action accessoire au transfert du droit.

[2089] *Ibid.*, n° 261 et 262.

CHAPITRE SECOND

TRANSFERT DE L'ACTION À TITRE D'ACCESSOIRE

622.– Le principe selon lequel l'accessoire suit le principal a vocation naturelle à gouverner *tout transfert*, et pas seulement ceux qui résultent d'un acte juridique. Son domaine d'application est donc beaucoup plus vaste que le champ de notre étude, qui ne s'intéresse *qu'aux actes translatifs*. Il emporte cependant un effet paradoxal propre aux transferts résultant d'un acte translatif, et c'est cela qui justifie qu'il soit étudié ici en tant que tel.

623.– Cet effet paradoxal n'est en rien nouveau. Il est d'ailleurs bien connu en matière de vente, et plus généralement de transfert de la propriété des choses. Tous les auteurs, en effet, relèvent aujourd'hui la contradiction qu'il y a de la part de la jurisprudence à considérer que le vendeur intermédiaire *transmet* ses actions en garantie contre son propre auteur au sous-acquéreur, accessoirement à la chose, mais *sans perdre* pour autant la faculté d'agir lui-même. Il s'agit là d'une solution à la fois traditionnelle et inexpliquée.

Or elle n'est pas propre au transfert de la « propriété » au sens classique du mot, celle des choses. Même si elle y est passée totalement inaperçue, cette solution est en effet d'application courante également en cas de transfert de la « propriété » des créances.

Allant du connu à l'inconnu, nous distinguerons donc ces deux objets de propriété pour la commodité de la présentation[2090], alors même que le paradoxe apparent y relève à l'évidence de la même explication.

[2090] Cette présentation correspond aussi à l'approche du Code civil : art. 1615 et 1692.

SECTION I

LE CONNU : TRANSFERT DE L'ACTION À TITRE D'ACCESSOIRE D'UNE CHOSE

624.– On peut se contenter d'être bref, puisque les solutions qu'il s'agit d'examiner sont connues[2091]. Celles-ci n'en doivent pas moins être rappelées (§ 1) si l'on veut pouvoir faire ressortir l'originalité de leur fondement (§ 2).

§ 1. – PRÉSENTATION DES SOLUTIONS

625.– Il faut évoquer « les » solutions, car il y en a deux, complémentaires, qui s'appliquent aujourd'hui à tout transfert de propriété d'une chose, quelle que soit l'action considérée. La première est que tout acquéreur d'une chose acquiert aussi l'action de son auteur contre le débiteur de celui-ci, s'il s'agit d'une vente isolée[2092], et de façon plus générale contre n'importe lequel des vendeurs ou fabricants situés en amont dans la chaîne des contrats de vente et revente du même bien (A). La seconde est que celui qui lui transmet cette action ne la perd pas pour autant : il peut agir lui-même nonobstant ce transfert (B).

A. – LE TRANSFERT DE L'ACTION

626.– Il s'agit d'évoquer ici une jurisprudence plus que centenaire dont le domaine est allé s'élargissant (1°) alors même qu'était répudiée sa finalité initiale (2°).

1° Domaine

a) Un élargissement continu...

627.– Le principe de l'effet relatif du contrat, que pose l'article 1165 du Code civil, voudrait que le sous-acquéreur d'un produit, lorsqu'il est déçu par celui-ci, ne puisse exercer de recours contractuel que contre son propre vendeur. Cette solution est cependant pleine d'inconvénients car elle génère des recours en chaîne en cas de ventes successives, et elle fait de la réparation due au sous-acquéreur le gage des créanciers de son auteur. Aussi certains auteurs de l'Ancien droit estimaient-ils déjà que l'acheteur devait pouvoir exercer les droits et actions que possédait son auteur et qui lui avaient été transmis avec la chose[2093]. Ébauchée dès 1820[2094], l'existence

---

[2091] En droit commun (v. toutefois sur l'art. 2332,4° C. civil, *infra*, n° 683). Sur le problème particulier posé par l'action en contrefaçon en matière de propriété littéraire et artistique, v. *infra*, n° 677.

[2092] Si l'accent est mis sur la transmission dans les *chaînes*, cela ne doit pas occulter que la même transmission est opérée à l'occasion d'une vente *isolée* (ex. : Cass. civ. 1re, 26 mai 1999 : Contrats, conc., consom. 1999 n° 153 obs. L. Leveneur ; JCP E 2000, p. 231 n. L. Leveneur).

[2093] La solution était déjà chez Domat, *Lois civiles*, Livre 1, sect. 2 (œuvres complètes, nouvelle éd. Par J. Rémy, 1885).

[2094] Cass. civ., 25 janvier 1820 : S. 1820, I p. 213 (l'arrêt emploie l'expression « action directe » mais il fait encore référence à l'article 1166 C. civ.).

d'une action directe en garantie des vices cachés fut consacrée pour la première fois sans ambiguïté en 1884[2095]. Son histoire est celle d'une expansion continue. En matière *mobilière*, l'action rédhibitoire a été accordée en 1963 par la première chambre civile[2096], en 1982 par la chambre commerciale[2097], ainsi que l'action de l'article 1184 du Code civil en cas de défaut de conformité de la chose[2098]. La même solution ayant été consacrée pour la garantie d'éviction[2099], l'obligation d'information[2100], la responsabilité contractuelle[2101] et l'obligation de sécurité[2102], on peut dire qu'aujourd'hui « cette action s'étend à l'ensemble des obligations du vendeur »[2103].

En matière *immobilière*, une jurisprudence constante et très ancienne[2104] admettait la transmission de l'action en garantie décennale à tous les acquéreurs successifs. Cette solution est aujourd'hui légale puisqu'elle est consacrée par le Code civil lui-même (articles 1792[2105] : « Tout constructeur d'un ouvrage est responsable de plein droit, envers le maître ou l'acquéreur de l'ouvrage... », et 1646-1 pour le vendeur d'un immeuble à construire : « Ces garanties bénéficient aux propriétaires successifs de l'immeuble ») à l'égard de tous les constructeurs[2106/2107].

Quant à l'action en responsabilité contractuelle de droit commun, il est pareillement admis qu'elle se transmet à tous les *acquéreurs* successifs. Dans l'hypothèse la plus fréquente, cependant, c'est d'une responsabilité des fabricants et fournisseurs envers le *maître de l'ouvrage* qu'il s'agit, en raison de désordres imputables aux produits de construction achetés par l'entrepreneur[2108]. La question de savoir si le maître de l'ouvrage peut se prévaloir de la garantie du vice caché affectant la chose vendue dès sa fabrication a été plus difficile à résoudre. Contrairement au sous-acquéreur, en effet, il ne tient pas la chose en vertu d'une chaîne ininterrompue de ventes.

2095 Cass. civ., 12 novembre 1884 : S. 1886, I p. 149 ; D. 1885, I p. 357.

2096 Cass. civ. 1re, 4 février 1963 : JCP 1963, II, 13159 n. R. Savatier ; RTD civ. 1963 p. 564 obs. G. Cornu.

2097 Cass. com., 17 mai 1982 : Bull. civ. IV, n° 182 ; D. 1983 IR 479 obs. Ch. Larroumet.

2098 Cass. civ. 1re, 9 mars 1983 : Bull. civ. I, n° 92 ; RTD civ. 1983, obs. Ph. Rémy ; JCP 1984, II, 20295 n. P. Courbe. – Cass. ass. plén., 7 février 1986 : JCP 1986, II, 20616 n. Ph. Malinvaud ; D. 1986 p. 293 n. A. Bénabent et 1987, somm. p. 185 obs. H. Groutel ; RTD civ. 1986 p. 364 obs. J. Huet, 595 obs. J. Mestre et 605 obs. Ph. Rémy ; RD imm. 1986 p. 211 obs. Ph. Malinvaud et B. Boubli.

2099 Cass. civ. 3e, 28 mars 1990 : Bull. civ. III, n° 93 ; D. 1990 IR p. 96.

2100 Cass. civ. 1re, 23 avril 1985 : Bull. civ. I, n° 125.

2101 Ex. : Cass. Civ. 1re, 21 janvier 2003 : Resp. civ. et ass. 2003 n° 89.

2102 Cass. civ. 1re, 27 janvier 1993 : Bull. civ. I, n° 44 ; RTD civ. 1993 p. 592 obs. J. Mestre ; D. 1994, somm. 238 obs. O. Tournafond. *Nota* : l'obligation de sécurité n'est pas spécifiquement contractuelle et le juge en a également étendu le bénéfice aux tiers utilisateurs, le vendeur étant « responsable tant à l'égard des tiers que de son acquéreur » (Cass. civ. 1re, 17 janvier 1995 : D. 1995 p. 350 n. Ph. Jourdain ; D. 1996, somm. p. 15 obs. G. Paisant).

2103 P.-H. Antonmattéi et J. Raynard, *Droit civil, Contrats spéciaux*, Litec, 4e éd., 2004, n° 211 p. 162.

2104 V. déjà CA Rennes, 9 avril 1870 : D. 1872, II, p. 110.

2105 Réd. L. 4 janvier 1978.

2106 Ou réputés tels par la loi : C. civ. art. 1792-1 et 1646-1, 1792-4 (fabricants d'EPERS : Eléments Pouvant Entraîner la Responsabilité Solidaire).

2107 Rappr. C. ass. art. L. 310-7, qui prévoit la transmission du bénéfice du contrat d'assurance dommages-ouvrage aux acquéreurs.

2108 Sur les différents cas de responsabilité qui restent en dehors du champ d'application des art. 1792 à 1792-5 du Code civil, v. Ph. Malinvaud, *Responsabilité de droit commun des constructeurs*, Dalloz Action Construction, n° 7802 s.

Une divergence est apparue de ce fait entre la jurisprudence de la Troisième chambre civile de la Cour de cassation, selon laquelle la responsabilité des fabricants et fournisseurs ne pouvait être en pareil cas que délictuelle, le maître étant tiers au contrat de vente des matériaux[2109], et celle de la Première, qui avait fini par juger que l'action en garantie des vices cachés qui bénéficiait à l'entrepreneur se trouvait transmise au maître de l'ouvrage avec la chose incorporée dans l'immeuble[2110]. C'est cette seconde solution qu'a consacrée l'Assemblée plénière par son arrêt fondamental du 7 février 1986 :

> « *le maître de l'ouvrage, comme le sous-acquéreur, jouit de tous les droits et actions attachés à la chose qui appartenait à son auteur ; il dispose donc à cet effet contre le fabricant d'une action contractuelle directe fondée sur la non-conformité de la chose livrée* »[2111].

C'était là un cas particulier de « groupe de contrats », qui a généré une jurisprudence éphémère à laquelle a survécu celle ici examinée.

b) ... en dehors de l'éphémère jurisprudence sur les groupes de contrats

628.– La figure juridique nouvelle du groupe de contrats a été mise au jour par la doctrine au cours des années 1970[2112]. Si elle a utilisé la jurisprudence dont on vient de rappeler les grandes données et souligner l'ancienneté, elle ne l'a donc pas suscitée, à tout le moins en ce qui concerne les acquéreurs successifs. Elle a cependant provoqué un élargissement tout à fait remarquable de son domaine d'application. Cette doctrine avait pour objectif de « soumettre à un même régime, celui de la responsabilité contractuelle, tous ceux qui n'ont souffert du dommage que parce qu'ils avaient un lien avec le contrat initial »[2113].

La première chambre civile de la Cour de cassation avait consacré cette doctrine, en matière de sous-contrat d'abord, en attribuant au maître de l'ouvrage une action en responsabilité contractuelle directe contre le sous-traitant (lorsque « *le débiteur d'une obligation contractuelle a chargé une autre personne de l'exécution de cette obligation, le créancier ne dispose contre cette autre personne que d'une action de nature nécessairement contractuelle* »)[2114], puis à l'égard de tout participant à un

---

[2109] Cass. civ. 3e, 26 avril 1983 : RD imm. 1984 p. 14.

[2110] Cass. civ. 1re, 29 mai 1984 : D. 1985, p. 213 n. A. Bénabent ; JCP 1985, II, 20387 n. Ph. Malinvaud ; Gaz. pal. 1985, 2, 347 n. H. Souleau ; RTD civ. 1985 p. 307 obs. Ph. Rémy et 588 obs. J. Huet.

[2111] JCP 1986, II, 20616 n. Ph. Malinvaud ; D. 1986 p. 293 n. A. Bénabent et 1987, somm. p. 185 obs. H. Groutel ; RTD civ. 1986 p. 364 obs. J. Huet, 595 obs. J. Mestre et 605 obs. Ph. Rémy ; RD imm. 1986 p. 211 obs. Ph. Malinvaud et B. Boubli. – Même sens, récemment : Cass. civ. 3e, 26 juin 2002 (Bull. civ. III n° 148 ; RD imm. 2002 p. 424 obs. Ph. Malinvaud ; RTD civ. 2003 p. 103 obs. Ph. Jourdain) et 16 novembre 2005 (D. 2006 p. 971 n. R. Cabrillac).

[2112] G. Durry, obs. RTD civ. 1969, p. 774 (« *Variations sur la responsabilité de l'acconier* ») ; B. Teyssié, *Les groupes de contrats*, LGDJ, B. dr. privé, 1975 ; J. Néret, *Le sous-contrat*, LGDJ, B. dr. privé, 1979 ; J. Huet, *Responsabilité délictuelle et responsabilité contractuelle*, th. Paris II, 1978 ; F. Bertrand, *L'opposabilité du contrat aux tiers*, th. Paris II, 1979 ; M. Espagnon, *La règle du non-cumul des responsabilités contractuelle et délictuelle en droit civil français*, th. Paris I, 1980.

[2113] G. Durry, RTD civ. 1980, p. 355.

[2114] Cass. civ. 1re, 8 mars 1988 : JCP 1988, II, 21070 n. Ph. Jourdain ; RTD civ. 1988 p. 741 obs. J. Mestre et 760 obs. Ph. Jourdain.

« groupe de contrats » (« *dans ce cas, le débiteur ayant dû prévoir les conséquences de sa défaillance selon les règles contractuelles applicables en la matière, la victime ne peut disposer contre lui que d'une action de nature contractuelle, même en l'absence de contrat entre eux* »)[2115].

Cette jurisprudence s'est cependant heurtée à la résistance de la troisième chambre civile[2116], et elle a été abandonnée par l'assemblée plénière de la Cour de cassation dans le fameux arrêt *Besse* du 12 juillet 1991[2117] : statuant sur l'action en responsabilité du maître de l'ouvrage non pas contre le fournisseur des matériaux utilisés par l'entrepreneur mais contre le *sous-traitant* de ce dernier, la haute formation a retenu de façon tout à fait classique, au visa de l'article 1165 du Code civil, que « *le sous traitant n'est pas contractuellement lié au maître de l'ouvrage* » et elle a cassé l'arrêt qui avait fait application à ces rapports du régime contractuel. Si ces péripéties sont ici rappelées c'est parce que l'on a pu alors s'interroger sur la portée du coup d'arrêt ainsi apporté à l'extension de la théorie des groupes de contrats et de la responsabilité contractuelle qu'elle emporte, et se demander s'il condamnait ou non la jurisprudence traditionnelle en matière de chaînes de contrats translatifs de propriété. Il n'en a rien été[2118] et la jurisprudence de 1986 s'est maintenue à l'égard des chaînes comportant une acquisition de propriété[2119]. Un arrêt récent avait pu jeter le doute sur cette solution[2120], mais la formation dont il émane a eu très rapidement l'occasion de confirmer celle-ci[2121]. Cela se remarque d'autant plus qu'elle est rejetée dans l'ordre international[2122].

[2115] Cass. civ. 1re, 21 juin 1988 : JCP 1988, II, 21125 n. Ph. Jourdain ; D. 1989 p. 5 n. Ch. Larroumet ; RTD civ. 1989, p. 107 obs. Ph. Rémy.

[2116] V. not. Cass. civ. 3e, 13 décembre 1989 et 28 mars 1990 : D. 1991 p. 25 n. J. Kullmann.

[2117] Bull. Ass. plén., n° 5 ; D. 1991 p. 549, n. J. Ghestin ; JCP G 1991, II, 21743, note G. Viney ; RJDA 1991, 583, conclusions Mourier ; Defrénois 1991, 130, n. J.-L. Aubert ; RTD civ. 1991, p. 750, obs. P. Jourdain et 1992 p. 90, obs. J. Mestre ; Contrats, conc., consom. 1991, n° 200, obs. L. Leveneur.

[2118] Ainsi que le donnaient à penser les conclusions de l'avocat général R. Mourier dans l'affaire *Besse* (« les décisions rendues en 1988 par la première chambre civile de la cour de cassation ont une portée bien différente de celles de l'assemblée plénière [en 1986] qui se contentait de prolonger l'effet d'un contrat à l'ayant cause à titre particulier » : RJDA 8-9/91 p. 584).

[2119] Ph. Jourdain, chronique préc., D. 1991 p. 149, n° 7 s. ; M.-L. Izorche, V° *Action directe*, Rép. civ. D. 1994, n° 115 s.

[2120] Cass. civ. 3e, 28 novembre 2001 : Bull. civ. III, n° 137 ; JCP 2002, II, 10037 n. D. Mainguy ; Defrénois 2002 p. 255 obs. R. Libchaber ; D. 2002 IR p. 45 et p. 1442 n. J.-P. Karila ; RTD civ. 2002 p. 104 obs. Ph. Jourdain.

[2121] Cass. civ. 3e, 12 décembre 2001 : RD imm. 2002 p. 92 obs. Ph. Malinvaud ; RTD civ. 2002, p. 303 obs. Ph. Jourdain. – Rappr. Cass. com., 22 mai 2002 (Bull. civ. IV, n° 89 ; D. 2002 IR p. 1885 et les obs., et somm. p. 2843 obs. Ph. Delebecque ; RTD civ. 2003 p. 94 obs. Ph. Jourdain) qui applique cette solution aux chaînes de contrat d'entreprise avec fourniture de matière, regardées comme étant translatives de propriété ; Cass. civ. 3e, 26 juin 2002 et 16 novembre 2005 (préc. *supra*, note 2111).

[2122] *1°* Elle est rejetée par la CJCE pour l'application de la Convention de Bruxelles du 27 septembre 1968 relative à la compétence judiciaire (auj. R. CEE n° 44-2001 du 22 décembre 2000) : le sous-acquéreur ne peut pas se prévaloir à l'encontre du fabricant-vendeur de la règle de compétence spéciale à la « matière contractuelle » (CJCE 17 juin 1992, *Jacob Handte*, Rec. I p. 3497 concl. av. gén. Jacobs ; JCP 1992, II, 21927 n. Ch. Larroumet ; JCP E 1992, II, 363 n. Ph. Jourdain et I, 399 obs. J. Raynard ; Rev. crit. DIP 1992, p. 726 n. H. Gaudemet-Tallon ; RTD eur. 1992 p. 709 n. P. de Vareilles-Sommières ; D. 1993, somm. 214 obs. J. Kullmann ; JCP 1993, I, 3664 obs. G. Viney et 3666 obs. M.-C. Boutard-Labarde). – Cass. civ. 1re, 27 janvier 1993, *Sté Jacob Handte* : JCP E 1993, I, 231 obs. J. Raynard ; L. Leveneur, *Ombre et lumière sur les actions directes dans les chaînes de contrats*, Contrats, conc., consom. 1993, chron. 5). – 2° Elle est rejetée également par la Cour de cassation pour l'application de la Convention de Vienne sur la vente

L'histoire de l'action directe en garantie ou en responsabilité est donc celle d'une expansion continue mais néanmoins contenue dans des limites raisonnables. Il faut cependant bien voir qu'elle n'est plus au service de sa finalité d'origine.

2° Finalité

629.– L'action directe en garantie ou en responsabilité n'est pas sortie indemne de la théorie des groupes de contrats. Le fait même qu'elle ait été pendant un temps présentée comme constituant une illustration de cette théorie a en effet conduit à mettre en lumière qu'elle n'est plus au service des intérêts pour lesquels elle avait été conçue. Ce changement de finalité (a) a suscité cependant un certain nombre d'aménagements qui tempèrent ponctuellement la rigueur qui en résulte pour la victime (b).

a) Changement

630.– La finalité de l'action directe liée à la propriété de la chose a changé. Cela est si évident qu'il n'est pas nécessaire de consacrer de longs développements à le faire apparaître. Ce changement a été d'ailleurs amplement souligné[2123]. À l'origine, c'est au service d'un objectif de protection du sous-acquéreur que l'action directe en garantie avait été conçue. Il s'agissait, nous l'avons rappelé, de le protéger contre les autres créanciers de son auteur[2124]. C'est d'ailleurs là un trait commun à toute action directe, et ce qui constitue sa supériorité par rapport à l'action oblique : elle permet à son titulaire d'échapper au concours des autres créanciers de son débiteur direct, elle constitue un véritable privilège[2125]. C'est donc clairement par faveur pour le sous-acquéreur qu'elle a été imaginée. Cela était d'autant plus évident que liberté était laissée à ce tiers au contrat initial, s'il le préférait, de renoncer à cette faveur et de placer son action sur le terrain de la responsabilité délictuelle. Il pouvait ainsi fonder sa demande sur celle des deux responsabilités dont le régime lui était le plus favorable.

Il s'agissait là d'une exception remarquable au principe du non-cumul des responsabilités contractuelle et délictuelle. Elle en évoquait une autre : celle de la responsabilité du transporteur de personnes à l'égard des victimes par ricochet. Il est bien connu, en effet, que la jurisprudence avait créé par faveur pour celles-ci un régime hybride leur permettant de se prévaloir de l'obligation de sécurité incluse dans le contrat de transport (par l'effet d'une imaginaire stipulation pour autrui convenue entre le passager et le transporteur)[2126], mais aussi de placer leur action sur le plan délictuel, en renonçant à cette stipulation, une fois que le développement

---

internationale de marchandises : il n'existe pas de contrat de vente régi par cette Convention entre le sous-acquéreur et le fabricant (Cass. civ. 1re, 5 janvier 1999, *Thermo King :* D. 1999 p. 383 n. C. Witz ; JCP E 1999 p. 969 n. L. Leveneur ; RTD civ. 1999 p. 502 obs. J. Raynard ; Rev. crit. DIP 1999 p. 519 n. V. Heuzé ; JCP 2000, I, 199 n° 7 obs. G. Viney).

[2123] C. Jamin, *La notion d'action directe*, préc., n° 176.

[2124] C. Jamin, *ibid.*, n° 31.

[2125] M. Cozian, *L'action directe*, LGDJ, B. dr. privé, 1969.

[2126] Cass. civ., 6 décembre 1932 : D.P. 1933,I p. 137 n. Josserand.

de la responsabilité de plein droit de l'article 1384 al. 1er du Code civil eut rendu le régime de cette obligation de sécurité de moyens moins attrayant[2127].

631.– La théorie des groupes de contrats, nous l'avons rappelé, a été construite en partie sur le constat que les actions directes en garantie et en responsabilité dérogent au principe de l'effet relatif du contrat. Or l'objectif de cette théorie n'est nullement de mieux protéger la victime. Il est, tout au contraire, de protéger les prévisions contractuelles du sous-débiteur. Pour reprendre l'euphémisme d'un auteur : « conçu comme un remède au problème de la confusion des fautes, le groupe de contrats semble trancher le conflit d'intérêts opposant le débiteur aux tiers victimes en faveur du premier et au détriment des seconds »[2128]. C'est au reste cela qui, autant ou plus que « *la crainte de ne pas maîtriser totalement la portée des innovations introduites par la première chambre civile* »[2129] explique son abandon par la jurisprudence *Besse* : celle-ci a entendu condamner la « *curieuse conception selon laquelle les règles de responsabilité civile doivent être déterminées en fonction non pas des intérêts de la victime, mais de ceux du responsable - car, il ne faut pas s'y tromper, c'est bien de cela qu'il s'agit* »[2130].

Dès 1979, la jurisprudence a consacré cette nouvelle orientation en ce qui concerne l'action directe du sous-acquéreur contre le fabricant ou un vendeur intermédiaire pour la garantie des vices cachés : celle-ci, a-t-elle jugé, est « *nécessairement de nature contractuelle* » et le principe du non-cumul des responsabilités contractuelle et délictuelle interdit dès lors à son titulaire de placer sa demande sur le terrain délictuel afin d'échapper au bref délai de l'article 1648 du Code civil (c'est le fameux arrêt *Lamborghini*)[2131]. À partir de là, a-t-on considéré par la suite, il fallait abandonner l'action directe contractuelle (comme cela a été fait par la suite dans les groupes de contrat) car le droit commun de la responsabilité délictuelle permettait de mieux remplir l'objectif de protection de la victime, pour lequel cette action avait été conçue[2132]. Cette approche peut être discutée à l'infini[2133]. Dans le cas particulier considéré[2134], l'opportunité de la solution retenue était peu contestable. Paraphrasant une remarque célèbre, on peut dire en effet que « l'article 1382 a suffisamment fait de ravages dans notre droit pour qu'il ne lui fût pas permis de détruire » le droit spécial de la vente, ou celui de la construction[2135]. Il est bon, semble-t-il,

---

2127 Cass. com., 19 juin 1951 : D. 1951 p. 717 n. Ripert (v. sur cette solution et ces deux arrêts : H, L., J. Mazeaud et F. Chabas, *Obligations*, préc., 19ème leçon, « Lectures », p. 405 s.).

2128 M. Bacache-Gibeili, *La relativité des conventions et les groupes de contrats*, préc., n° 31.

2129 F. Terré, Ph. Simler, Y. Lequette, *Obligations*, préc., n° 505, p. 510.

2130 Ph. Conte, note sous CA Agen, 7 décembre 1988 : Gaz. pal. 1989, I p. 899, abondamment cité *in* rapport R. Mourier, Cass. Ass. plén. 12 juillet 1991, préc., RJDA 1991, p. 583. *Adde* : J. Flour, J.-L. Aubert et E. Savaux, *L'acte juridique*, préc., n° 461.

2131 Cass. Civ. 1re, 9 octobre 1979 : Bull. civ. I, n° 241 ; D. 1980 IR p. 222 obs. Ch. Larroumet ; RTD civ. 1980 p. 354 obs. G. Durry.

2132 C. Jamin, obs. JCP 1992, I, 3608, n° 2, p. 369.

2133 *Contra*, not. : L. Leveneur, *Ombre et lumière sur les actions directes dans les chaînes de contrats*, Contrats, conc., consom. 1993, chron. 5 (« cette solution est juste et utile ») ; P. Puig, *Faut-il supprimer l'action directe dans les chaînes de contrats ?* Liber amicorum Jean Calais-Auloy, Dalloz, 2003, p. 913.

2134 La solution examinée semble applicable à tous les cas d'actions directes contractuelles : J. Ghestin et B. Desché, *La vente*, préc., n° 1022.

2135 J.-D. Bredin, obs. RTD civ. 1968, p. 565 (à propos de la publicité foncière).

que l'« invasion du droit de la construction par la responsabilité délictuelle »[2136] ait été endiguée. Il s'agit d'ailleurs là d'une pratique qui est loin d'être isolée, et le juge s'est chargé en somme ici d'un travail de refoulement qu'a fait ailleurs le législateur (notamment pour briser la vieille jurisprudence relative aux victimes par ricochet d'un accident de transport, évoquée ci-dessus)[2137] – l'un[2138] et l'autre[2139] ayant remis par la suite en cause, par la force d'une directive communautaire, la distinction entre les deux ordres de responsabilité en ce qui concerne la responsabilité du fait des produits défectueux.

632.– La solution retenue n'est pas cependant entièrement satisfaisante. En donnant à l'action directe contractuelle du sous-acquéreur une nouvelle fonction (il ne s'agit plus d'un instrument de protection de la victime, mais tout au contraire de rigueur à l'égard de sa demande en réparation), on n'avait probablement pas mesuré que cette rigueur pouvait se manifester avec une force insoupçonnée. L'exemple du jeu de la clause limitative de garantie montre comment elle peut être excessive. Une telle clause n'est licite que dans les rapports entre vendeur professionnel et acheteur professionnel de la même spécialité[2140]. Que décider lorsque ce dernier fournit la chose défectueuse à un non spécialiste ? Réponse de la Cour de cassation, au visa de l'article 1134 du Code civil : le vendeur professionnel est en droit d'opposer au maître de l'ouvrage, qui exerce une action de nature contractuelle, tous les moyens de défense qu'il pouvait opposer à son propre cocontractant [2141]. Ainsi que le souligne un commentateur de l'arrêt, la victime n'a pu par hypothèse ni connaître cette clause, ni l'accepter et l'action contractuelle directe constitue pour elle ici un « traquenard »[2142]. La faveur accordée au fabricant au nom de la prévisibilité contractuelle se paie de trop de sévérité à l'égard de l'autre contractant extrême.

Divers aménagements s'attachent, de façon un peu marginale, et pas toujours très cohérente, à en gommer certains excès.

b) Aménagements

633.– Des conséquences qui en logique devraient découler du caractère nécessairement contractuel de l'action reçue avec la chose sont parfois écartées.

[2136] G. Bonet et B. Gross, *La réparation des dommages causés aux constructions par les vices des matériaux*, JCP 1974, I, 2602 n° 20.

[2137] V. not., brisant la jurisprudence « Lamoricière » citée ci-dessus note 2127, la loi du 2 mars 1957 codifiée aujourd'hui sur ce point à l'art. L. 322-3 du Code de l'aviation civile.

[2138] Cass. civ. 1re, 3 mars 1998 : JCP 1998, II, 10049 r. P. Sargos ; D. 1999 p. 36 n. G. Pignarre et Ph. Brun.

[2139] C. civ. art. 1386-1 à 1386-18, réd. L. 19 mai 1988.

[2140] Cass. civ. 3e, 30 octobre 1978 : JCP 1979, II n° 1978 n. J. Ghestin.

[2141] Cass. civ. 1re, 7 juin 1995 : Contrats, conc., consom. 1995, n° 159 obs. L. Leveneur ; JCP 1995, I n° 3893 obs. G. Viney ; RD imm. 1996, p. 74 obs. Ph. Malinvaud et B. Boubli ; D. 1996 p. 394 n. D. Mazeaud et somm. p. 14 obs. O. Tournafond.

[2142] D. Mazeaud, n. préc. Comp. M.-L. Izorche (V° *Action directe*, préc., n° 191 et 228) qui estime qu'il s'agit tout au plus d'une diminution de la « garantie supplémentaire » que constitue l'action directe, une telle clause étant exclue dans le contrat conclu entre le consommateur et le débiteur intermédiaire contre qui une action est toujours possible. On doit cependant relever que cette « garantie supplémentaire » est la seule ouverte lorsque le débiteur intermédiaire fait l'objet d'une procédure collective, et qu'en dehors de ce cas elle constitue un détour inutile et compliqué car il est toujours plus simple d'agir contre le cocontractant direct.

C'est le cas lorsque l'action du sous acquéreur est placée sur le terrain de la responsabilité du fait des produits défectueux car celle-ci institue une responsabilité identique envers les contractants et les tiers. Le dernier exemple cité ci-dessus aurait ainsi trouvé une solution différente sur ce terrain puisque l'article 1386-15 du Code civil interdit et répute non écrite les clauses qui visent à écarter ou limiter la responsabilité du fait de ces produits, sauf entre professionnels pour les dommages causés aux biens qui ne sont pas utilisés par la victime principalement pour son usage ou sa consommation privée[2143].

634.– D'autres aménagements permettent, tout en restant sur le terrain contractuel, de contourner d'autres conséquences défavorables tirées de ce fondement. On peut citer pour l'exemple le cas un peu particulier que constitue la *distinction entre garantie et responsabilité*, la première chambre civile de la Cour de cassation considérant qu'un sous-acquéreur qui exerce une action en garantie des vices cachés ne peut pas se voir opposer une clause limitative de la responsabilité contractuelle, et non de cette garantie[2144]. La distinction est fondée, si l'on considère que l'action en garantie a pour objet la protection de la propriété, et se distingue ainsi de la responsabilité qui varie selon la nature du dommage[2145]. Elle n'est cependant claire qu'en apparence, et tout donne à penser qu'elle a été utilisée par cette formation « pour permettre au sous-acquéreur d'exercer l'action directe, en dépit de sa nature contractuelle, *dans les meilleures conditions possibles* »[2146].

635.– C'est le même objectif qui inspire la jurisprudence lorsqu'elle décide[2147] que le revendeur professionnel est un professionnel dans ses rapports avec son ayant cause (ce qui fait qu'il est tenu de connaître les vices et ouvre à ce dernier une action en garantie des vices cachés à son encontre) tout en étant un acheteur présumé de bonne foi (hors le cas de vice apparent) dans ses rapports avec son propre auteur (ce qui lui ouvre contre ce dernier une action rédhibitoire transmissible au sous-acquéreur). Ainsi qu'il a été relevé, c'est la logique de la transmission de l'action qui pousse le juge à dissocier les deux liens contractuels, et à considérer que le contractant intermédiaire est à la fois un vendeur qui connaît le vice et un acheteur qui l'ignore[2148]. Un équilibre est ainsi trouvé entre la prévisibilité contractuelle du vendeur originel (raison d'être de l'existence d'une action contractuelle directe) et la protection du sous-acquéreur (qui commande dans le cas considéré de retenir un raisonnement qui ne le prive pas de cette action).

[2143] En ce sens : Ph. Malinvaud, *La loi du 19 mai 1998 relative à la responsabilité du fait des produits défectueux et le droit de la construction*, D. 1999, chron. p. 85 n° 72.
[2144] Cass. civ. 1re, 8 juin 1999 : D. 1999 IR 206.
[2145] B. Boubli, *Transfert de responsabilité et responsabilité dans les groupes de contrats (à propos de l'arrêt du 12 juillet 1991)*, Rev. droit immob. 1992 p. 27, n° 22. – Même sens, Ch. Larroumet, qui souligne que « l'action en dommages-intérêts suppose un préjudice véritable, qui n'a rien à voir avec un prix trop élevé pour une chose viciée », lequel relève de l'action estimatoire (note sous CA Nîmes 18 décembre 1980, D. 1983 p. 29, n° 2).
[2146] M.-L. Izorche, *Le vendeur professionnel entre vices cachés et jurisprudence hermétique*, D. 2000, chron. p. 407, n° 18.
[2147] Cass. civ. 1re, 20 juin 1995 : D. 1995 IR p. 188. V. les autres ex. cités *in* J. Ghestin et B. Desché, *La vente*, préc., n° 1010, et *infra* n° 652.
[2148] M.-L. Izorche, art. préc., D. 2000, chron. p. 407, n° 24.

636.– Il s'agit là de cas particuliers. Celui des *clauses relatives au pouvoir d'ester en justice* revêt une portée beaucoup plus générale. On désigne ainsi les clauses de compétence territoriale et les clauses d'arbitrage (clause compromissoire et compromis d'arbitrage). Ces clauses sont « transmises »[2149] avec la chose[2150] (elles le sont également, cela doit être souligné, dans toutes les hypothèses de transmission d'une créance : le mécanisme considéré n'est donc pas propre à la transmission d'une créance dans le cadre d'une chaîne de contrats translatifs de la propriété d'une chose, seule hypothèse considérée ici). La jurisprudence en a ainsi décidé en droit commun[2151] à propos des clauses attributives de compétence territoriale[2152] puis de la clause d'arbitrage international[2153]. Cette solution a l'avantage de préserver la prévisibilité contractuelle du contractant initial ; elle emporte cependant des inconvénients qui peuvent être lourds pour le sous-acquéreur privé du recours au juge normalement compétent, voire du recours au juge étatique, et même de l'appel lorsque le recours à l'arbitrage est assorti d'une renonciation à celui-ci.

Aussi est-il notable que la Cour de cassation ait entendu introduire ici une limite destinée à concilier les deux intérêts en présence. Dans un arrêt remarqué du 6 février 2001, la première chambre civile a en effet précisé, sous le visa de l'article 1492 NCPC, que « dans une chaîne homogène de contrats translatifs de marchandises [sic], la clause d'arbitrage international se transmet avec l'action contractuelle, *sauf preuve de l'ignorance raisonnable de l'existence de cette clause* »[2154]. Une limite est donc introduite à la force obligatoire de la clause à l'égard du sous-acquéreur, tiers au contrat générateur de la créance cédée avec la chose : il est présumé ne pas avoir ignoré l'existence de cette clause, mais il peut échapper à son application en établissant qu'il l'a « ignorée », autrement dit en apportant la preuve contraire – preuve difficile car cette ignorance doit être « raisonnable »[2155], autrement dit non fautive.

*

* *

[2149] Doit-on parler ici de « transmission » ? v. *infra*, n° 653.

[2150] Ex., à propos de la clause compromissoire : CA Aix-en-Provence, 9 janvier 1997 : Rev. arb. 1997 p. 76, n. D. Cohen. – CA Paris, 20 avril 1998 : Rev. arb. 1988 p. 570. – Cass. civ. 1re, 5 janvier 1999 : Bull. I, n° 1 ; Rev. arb. 2000 p. 85 1ère esp. n. D. Cohen, Rev. crit. DIP 1999 p. 536 n. E. Pataut ; Defrénois 1999, art. 37088 n° 44, obs. Ph. Delebecque. – Cass. civ. 1re, 19 octobre 1999 : Rev. arb. 2000 p. 85, 2e esp. n. D. Cohen. – Cass. civ. 2e, 20 décembre 2001 : Procédures mars 2002, n° 47 p. 13.

[2151] La solution est différente en droit des transports : v. *infra*, n° 654.

[2152] CA Paris, 20 juin 1967 : D. 1968, somm. p. 60. – Cass. civ. 3e, 30 octobre 1991 : Bull. civ. III, n° 251 ; Contrats, conc., consom. 1992 n° 25 n. L. Leveneur ; D. 1991 IR p. 272 ; JCP 1992, I n° 3570 obs. C. Jamin.

[2153] Cass. civ. 1re, 6 février 2001 : Bull. civ. I, n° 22 p. 15 ; JCP E 2001 p. 1238 n. D. Mainguy et J.-B. Seube, et G II, 10567 n. C. Legros ; Contrats, conc., consom. 2001 n° 82 n. L. Leveneur ; D. 2001, somm. p. 1135 obs. Ph. Delebecque ; Rev. crit. DIP 2001, p. 522 n. F. Jault-Seseke ; RTD com. 2001 p. 413 obs. J.-C. Dubarry et E. Loquin ; Rev. arb. 2001 p. 765 n. D. Cohen ; Droit. et patr. 2001, n° 2903 obs. P. Mousseron.

[2154] Arrêt précité (c'est nous qui soulignons).

[2155] En ce sens : J. Moury, *Réflexions sur la transmission des clauses de compétence dans les chaînes de contrats translatifs*, D. 2002, chron. p. 2744, n° 15.

637.– *Conclusion* : Le sous-acquéreur ainsi que le maître de l'ouvrage reçoivent, en même temps que la chose, le droit d'agir en garantie ou en responsabilité contre les vendeurs ou fabricants qui sont intervenus en amont de leur cocontractant direct dans la chaîne des transmissions. Conçue à l'origine comme une faveur pour son titulaire, cette action directe « nécessairement contractuelle » est utilisée aujourd'hui pour lui rendre opposable les conditions et limites fixées dans le contrat auquel ils ne sont pas partie, afin de respecter la prévisibilité contractuelle du débiteur poursuivi. Il s'agit d'une solution destinée à protéger les intérêts du responsable du dommage, qui se situe donc à contre courant de la tendance générale consistant à protéger la victime – tendance qu'illustre notamment l'arrêt *Besse* lequel, en matière de groupes de contrats, a précisément condamné la solution qui continue à être appliquée dans les chaînes translatives, au prix d'une certaine incohérence que ne réduisent que très imparfaitement divers aménagements apportés à sa mise en œuvre.

Elle a la particularité – c'est ce qui intéresse spécialement notre propos – de faire apparaître que l'acquisition par l'ayant cause de l'action de son auteur n'a pas pour conséquence de priver ce dernier de son exercice.

B. – La non-perte de l'action

638.– Soit le propriétaire d'une chose qui en transfère la propriété. Le manquement d'un tiers a occasionné ou occasionne un dommage. L'acquéreur de la chose (ou le maître de l'ouvrage dans lequel elle est intégrée) peut exercer une action directe en garantie ou en responsabilité, nous venons de le rappeler. L'ancien propriétaire perd-il pour autant qualité à agir lui-même ? Non, est-il de jurisprudence constante, si le dommage était apparu avant la cession car en ce cas l'action n'aura pas été transmise. La même solution est néanmoins retenue dans l'autre hypothèse, en dépit de la transmission de l'action. Il convient d'envisager séparément les deux hypothèses.

1° Non-perte de l'action non-transmise

639.– Si l'action n'a pas été transmise[2156], il n'y a pas de raison de considérer que l'ancien propriétaire en a perdu l'exercice[2157]. Il faut cependant préciser. Une chose, en effet, est de considérer que, faute de transmission, la question de la perte ne se pose pas (a). Autre chose est de subordonner la non-perte à l'absence de transmission (b).

[2156] Il faut marquer ici la place de l'*action en contestation des décisions d'assemblée générale* dans la copropriété des immeubles bâtis, réservée par la loi aux copropriétaires *opposants ou défaillants* (L. 10 juillet 1965, art. 42) : cette action reste ouverte à celui qui a vendu le lot dont il était propriétaire dans l'immeuble dès lors qu'il avait la qualité de copropriétaire lors de l'assemblée et qu'il a un « intérêt légitime » au succès de sa prétention (Cass. civ. 3e, 3 mai 1990, Bull civ. III, n° 108 p. 60 ; D. 1990 IR p. 131 ; Defrénois 1990, p. 1332 n. Henri Souleau qui envisage diverses hypothèses où l'action est à la fois transmise *et* dupliquée ; Inf. rap. de la copr., 1991 n° 353, p. 78 n. P. Capoulade).

[2157] Cf. cep. *infra*, note 2165.

a) Non-perte de l'action en l'absence de transmission

640.– Dans certaines hypothèses, il y transfert de la propriété d'une chose et dommage, mais l'action en réparation de celui-ci n'est pas transmise pour autant à l'acquéreur car le dommage est *antérieur* au transfert et il ne laisse pas de trace sur la chose aliénée. Deux vieux arrêts illustrent, déjà, cette hypothèse. Il s'agissait de savoir si l'acquéreur d'un immeuble pouvait agir contre le preneur pour des manquements au bail (non paiement des loyers, sous-location irrégulière) commis avant l'acquisition. La réponse est négative, « *sauf le cas de cession de créance régulièrement signifiée ou de subrogation expresse figurant à l'acte de vente* »[2158]. C'est que, ainsi que le souligne le doyen Carbonnier dans ses observations sur ces arrêts, « les deux fois, le manquement avait été entièrement consommé sous le règne du précédent propriétaire et ne s'était point constitué sous le nouveau. Il s'agissait d'un dommage envers une personne, non pas envers l'immeuble »[2159]. La solution est peu contestable et elle a encore été réaffirmée très récemment, presque mot pour mot[2160].

Plus souvent, il s'agira d'un vice ou d'un dommage qui diminue la valeur de la chose. Là aussi la majorité des arrêts est défavorable à la transmissibilité de l'action en réparation. « C'est que », souligne encore le doyen Carbonnier, « lorsqu'un acquéreur achète un immeuble, la présomption est qu'il le paie moins cher : il n'a plus alors de titre à se plaindre »[2161]. La solution est présentée aujourd'hui comme étant courante en matière de garantie décennale des constructeurs : lorsque le vice est apparu avant la revente « il a été tenu compte des défauts sous la forme d'une réduction de prix » et il y a « exception à la transmission de l'action en garantie »[2162]. Elle a été consacrée par un récent arrêt de principe de la Cour de cassation :

> « *en l'absence de clause expresse, la vente d'un immeuble n'emporte pas de plein droit cession au profit de l'acquéreur des droits et actions à fin de dommages-intérêts qui ont pu naître au profit du vendeur en raison de dommages affectant l'immeuble antérieurement à la vente* »[2163].

La seule question posée dans toutes ces hypothèses, il faut le souligner, est de savoir si l'acquéreur est recevable à agir en réparation. De la réponse négative apportée à cette question[2164] semble découler, implicitement, que c'est le vendeur et lui seul qui

---

[2158] Cass. soc., 20 décembre 1957 : D. 1958 p. 81 n. R. Lindon. – Cass. soc., 16 mai 1958 : D. 1958 p. 464.

[2159] RTD civ., 1958, p. 421, n° 4.

[2160] Cass. civ. 3e, 2 octobre 2002 : D. 2002 IR p. 2913 et D. 2003, somm. p. 731 obs. crit. N. Damas (qui observe que « la situation du locataire est excessivement favorable puisqu'il profite de la vente du bien pour s'absoudre ») ; comp. O. Deshayes, th. préc., n° 498 s.

[2161] Obs. préc., qui citent en ce sens trois vieux arrêts de la Cour de cassation.

[2162] Ph. Malinvaud, *L'action directe du maître de l'ouvrage contre les fabricants et fournisseurs de matériaux et composants*, D. 1984, chron. p. 41, v. p. 44. – Rappr. Cass. civ. 3e, 27 juin 2001 (D. 2002, somm. p. 1004 obs. Ph. Brun) qui déclare recevable l'action de l'ancien propriétaire en réparation d'un dommage antérieur à la vente, sans faire la moindre allusion à une éventuelle transmission de cette action à l'acquéreur.

[2163] Cass. civ. 3e, 4 décembre 2002 : Defrénois 2003, art . 37676, n° 11, p. 245 obs. R. Libchaber.

[2164] Toutes les solutions ne sont pas aussi nettes. Tel arrêt, par exemple (Cass. civ. 3e, 28 octobre 1975 : D. 1976 IR p. 14) juge les acquéreurs successifs recevables à agir contre les constructeurs nonobstant la connaissance qu'ils avaient des vices de l'immeuble lors de la signature de l'acte de vente.

reste titulaire du droit d'action[2165]. Mais aucune leçon ne peut en être tirée quant à la question de savoir si le vendeur reste recevable à agir dans l'hypothèse inverse, celle où l'action est transmise – tout simplement parce que cette question là n'est pas alors posée.

Elle l'est, implicitement, par un arrêt plus récent.

b) Non-perte de l'action en raison de sa non-transmission

641.– Cet arrêt a été rendu dans des circonstances de fait très voisines mais différentes de celles qui viennent d'être évoquées. Il s'y agit également, en effet, de dégradations causées à un bien antérieurement à sa vente. Des travaux effectués sur un fonds provoquent l'effondrement du mur pignon de la maison voisine ; les propriétaires de celle-ci agissent en réparation puis vendent, alors que l'instance est en cours. Gardent-ils intérêt à agir ? On voit qu'à la différence des arrêts examinés plus haut la question n'est pas ici de savoir si l'acheteur a reçu le droit d'agir, mais si le vendeur l'a conservé. Les juges du fond considèrent que non et le déboutent de sa demande, en retenant qu'il n'a plus qualité pour réclamer des dommages-intérêts. La cassation est inévitable, car conforme aux solutions relevées ci-dessus (elle est conforme à la présomption que le vendeur a déduit du prix de la vente le montant du dommage). Aussi n'est-ce pas pour cela que cet arrêt retient notre attention ici, mais pour sa motivation. L'arrêt est cassé pour avoir violé les articles 1382 et 1165 du Code civil en déboutant le vendeur de sa demande car :

> « *la vente de l'immeuble n'emporte pas de plein droit cession au profit de l'acquéreur des droits et actions à fin de dommages-intérêts qui ont pu naître au profit du vendeur en raison de dégradations causées à l'immeuble antérieurement à la vente* »[2166].

C'est donc de la non-transmission de l'action à l'acquéreur que la Cour de cassation déduit le maintien de la qualité à agir de l'ancien propriétaire. Dans ses observations sur l'arrêt, le professeur Gautier le souligne sans s'en étonner : « en d'autres termes, il aurait fallu que les parties stipulent expressément le transport de l'indemnité au profit de l'acquéreur pour que son auteur ne puisse plus y prétendre »[2167]. Cela revient cependant à dire que le transfert de l'action à l'acheteur est incompatible avec le maintien de la qualité à agir du vendeur. C'est soit l'un, soit l'autre, mais « évidemment » pas les deux à la fois. Ainsi le veut, il est vrai, le postulat habituel.

[2165] Sauf à considérer que l'action disparaît : cela a été soutenu dans le cas particulier du droit d'agir en nullité des actionnaires (M. Germain, *De quelques limites à la nullité des décisions sociales prévue à l'article 360 de la loi de 1966*, Bull. Joly 1992, p. 491). *Contra* (l'acquéreur jouit du droit d'action) : Cass. com., 4 juillet 1995 : D. 1996 p. 186 n. J.-Cl. Hallouin ; JCP 1995, II, 22560 n. Y. Guyon ; comp. Cass. civ. 3e, 17 nov. 2004, n° 03-16988.

[2166] Cass. civ. 3e, 18 juin 1997 : Bull. civ. III, n° 149 ; Contrats, conc., consom. 1997 n° 178 obs. L. Leveneur ; Defrénois 1997 p. 1008 obs. Ph. Delebecque ; D. affaires 1997 p. 895 ; D. 1997 IR p. 170 ; RTD civ. 1997 p. 964 obs. P.-Y. Gautier. – Même sens : Cass. civ. 3e, 4 décembre 2002, arrêt n° 1844.

[2167] Obs. préc., RTD civ. 1997 p. 965. L'action en réparation étant en cours au moment de la vente, on voit d'ailleurs mal comment le vendeur aurait pu transmettre à l'acquéreur un droit d'action qu'il avait déjà exercé.

Or cela est en contradiction avec la solution retenue par ailleurs de façon constante en jurisprudence, en dehors du cas particulier des dommages antérieurs au transfert de la chose.

2° Non-perte de l'action transmise

642.– Il s'agit là d'une solution que l'on peut regarder comme étant constante, et qui est relevée par tous les auteurs. Elle est d'application courante en matière de garantie décennale. Le maître de l'ouvrage vend l'immeuble. Une malfaçon apparaît. L'action en garantie contre le maître d'œuvre est intentée par le maître de l'ouvrage-vendeur, et non pas par l'acquéreur. La Cour de cassation avait commencé par juger une telle action irrecevable[2168] : elle avait cassé en 1974 un arrêt qui l'avait accueillie, en lui opposant que la société demanderesse « *n'était plus propriétaire de l'immeuble, n'avait pas été assignée par les acquéreurs d'appartement et ne se prétendait pas subrogée dans leurs droits* »[2169]. Elle avait donc réservé deux hypothèses.

Une de ces deux hypothèses s'est présentée dès 1979. Là aussi, les juges du fond avaient accueilli l'action en garantie décennale intentée par le maître de l'ouvrage après la vente de la maison. Le pourvoi faisait valoir que la Cour d'appel ne pouvait sans se contredire constater le transfert de l'action en responsabilité aux acquéreurs et décider que le vendeur avait quand même la faculté de l'exercer. La Cour de cassation le rejette en retenant que « *sans contradiction, l'arrêt énonce à bon droit que si l'action en garantie décennale se transmet en principe avec la propriété de l'immeuble aux acquéreurs, le maître de l'ouvrage ne perd pas la faculté de l'exercer quand elle présente pour lui un intérêt direct et certain* » et que tel était le cas en l'espèce, où l'acheteur a formé contre le demandeur une demande fondée sur la garantie des vices cachés[2170].

Cette solution a été depuis réaffirmée à de nombreuses reprises par la troisième chambre civile de la Cour de cassation[2171]. Elle est d'application plus large : on la retrouve dans des arrêts rendus par d'autres formations en matière de garantie des vices cachés, en cas de vente d'automobile[2172], et les raisons pratiques qui la justifient valent, sans doute, pour tous les types d'actes translatifs.

Son fondement n'en suscite pas moins la plus grande perplexité des auteurs.

[2168] Le tout premier arrêt notable sur la question ne ménageait aucune exception à l'irrecevabilité : Cass. civ. 3e, 9 juillet 1973, rapporté en note dans la chronique préc. de M. Boubli, *Soliloque sur la transmission de l'action en garantie*, JCP 1974, I, 2646.

[2169] Cass. civ. 3e, 12 novembre 1974 : Bull. civ. III, n° 407, p. 312.

[2170] Cass. civ. 3e, 21 mars 1979 : Bull. civ. III, n° 73, p. 54.

[2171] Cass. civ. 3e, 20 avril 1982 : Bull. civ. III, n° 95, p. 66. – Cass. civ. 3e, 26 avril 1983 : *ibid.* n° 91, p. 72. – Cass. civ. 3e, 24 février 1988 : *ibid.* n° 41, p. 22. – Cass. civ. 3e, 10 mai 1990 : *ibid.* n°116 . – Cass. civ. 3e, 11 décembre 1991 : *ibid.* n° 314, p. 184. – Cass. civ. 3e, 31 mai 1995 : *ibid.* n° 133, p. 89. – Cass. civ. 3e, 17 janvier 1996 : *ibid.*, n° 12. – Cass. civ. 3e, 3 juillet 1996 : *ibid.* n° 167, p. 108. – Cass. civ. 3e, 18 juin 1997 : *ibid.*, n° 149.

[2172] CA Nîmes, 18 décembre 1980 : D. 1983, p. 29 n. Ch. Larroumet. – Cass. civ. 1re, 19 janvier 1988 : Bull. civ. I, n° 20, p. 14.

§ 2. – ORIGINALITÉ DU FONDEMENT

643.– La véritable question, ici, n'est pas (n'est plus) de justifier le fondement de l'action directe nécessairement contractuelle dans les chaînes de contrats translatifs de propriété ; après avoir rivalisé d'ingéniosité sur ce point, les auteurs ont aujourd'hui détourné de lui leur attention et ils s'accordent généralement pour retenir la théorie de l'accessoire (A), sans s'illusionner d'ailleurs sur le poids réel de ce fondement, cette jurisprudence, plus que d'autres encore, étant avant tout inspirée par des considérations de pure opportunité pratique et non par des arguments tirés de la technique juridique. La véritable question est d'expliquer la curieuse ubiquité du droit d'action, puisque celui-ci est tout à la fois transmis et conservé par l'auteur dans le transfert (B).

A. – LE FONDEMENT DU TRANSFERT DE L'ACTION

644.– On hésite à revenir sur ce point tant il a été fouillé par des générations d'auteurs et paraît aujourd'hui dépassé. Il constitue cependant un préalable à la compréhension de celui qui nous occupe et doit donc être évoqué, au moins brièvement, afin de faire ressortir que le titulaire de l'action directe est un *ayant cause*.

L'action directe permet à un tiers au contrat d'en réclamer l'exécution. Il existe donc un conflit entre cette action et l'article 1165 du Code civil. La théorie des groupes de contrats [2173] nie ce conflit en considérant que le principe de l'effet relatif ne s'étend pas aux membres du « groupe ». Cette théorie étant abandonnée[2174], on est revenu aux exceptions traditionnelles[2175] au principe de l'effet relatif du contrat pour trouver un fondement à l'exception qu'y apporte l'action directe. On s'accorde généralement aujourd'hui pour rejeter les mécanismes fondés sur la volonté des parties (les mécanismes "subjectifs"), auxquels on préfère le jeu de la théorie de l'accessoire (d'un mécanisme "objectif") – non que ce fondement soit parfait, mais parce que les imperfections des autres paraissent plus grandes encore.

1° Fondements rejetés

645.– Précision liminaire : le recours dont le fondement est examiné ici n'est pas celui de l'action récursoire exercée contre l'auteur du dommage par celui des

---

[2173] Qui avait la faveur de nombreux auteurs. À ceux cités *supra*, note 2112, *adde* : J. Ghestin et B. Desché, *La vente*, préc., n° 1038 s. ; G. Viney, *L'action en responsabilité entre participants à une chaîne de contrats*, Mélanges dédiés à Dominique Holleaux, Litec, 1990, p. 399.

[2174] Par le juge : Cass. Ass. plén. *12 juillet 1991, Besse*, préc. ; la théorie est toujours soutenue en doctrine, avec des adaptations : M. Bacache-Gibeili, *La relativité des conventions et les groupes de contrats*, préc. ; J. Ghestin, C. Jamin, M. Billiau, *Traité de droit civil, Les effets du contrat*, 3e éd., LGDJ, 2001, n° 1125 et 1141.

[2175] M. Jamin (*La notion d'action directe*, th. préc.) retient une autre explication : le mécanisme correcteur que constitue l'action directe découle selon lui du principe supérieur d'équité, lequel exige de corriger les abus auxquels aboutirait l'application des principes de relativité et d'égalité des créanciers. Cette approche nous paraît mal rendre compte de l'action directe en garantie, dont la finalité n'est pas de protéger la victime mais de respecter les prévisions du débiteur.

intervenants de la chaîne qui a indemnisé la victime ; étant consécutif au paiement des dommages éprouvés par la victime, ce recours là peut avoir un caractère subrogatoire[2176]. La question qui fait difficulté est celle du fondement de l'action directe conférée à la victime contre les contractants intervenus en amont dans la chaîne des contrats translatifs. Il convient d'évoquer[2177] les mécanismes de la cession de créance, de la stipulation pour autrui et de la délégation.

a) Cession de créance

646.– La thèse a été soutenue par Rodière dans une note restée fameuse, à propos de la responsabilité de l'architecte à l'égard des acquéreurs successifs de l'immeuble. Rodière estime qu'indépendamment de la recherche de la volonté des parties dans chaque cas particulier, l'acheteur a la faculté de s'adresser directement aux entrepreneurs cocontractants de son auteur car c'est une suite naturelle de la convention de vente, au sens de l'article 1135 du Code civil : il s'agit de l'« effet d'une cession de créance entre vifs que la nature même de la convention de vente autorise à supposer voulue par les parties à ce contrat »[2178].

Cette approche est très généralement rejetée[2179]. Elle présente en effet l'inconvénient d'avoir un caractère purement divinatoire, voire fictif puisque les parties se sont dispensées d'observer les formalités de l'article 1690 du code civil. Il convient en outre de souligner que cette fiction ne correspond pas à la réalité en ce qui concerne les dégradations antérieures au transfert, dont le prix de vente tient compte et dont le vendeur entend se réserver le droit de demander réparation. Enfin, on note qu'il est question de cession de « créance » pour qualifier la cession de l'« action » en justice, c'est-à-dire du droit d'agir. Or celui-ci n'est pas une créance. La créance « cédée » est en réalité celle de garantie, dont le droit d'action est... l'accessoire (explication que rejette Rodière dans sa note). Cette dernière objection vaut également à l'égard des deux autres fondements « volontaristes » qui vont être évoqués, et en premier lieu la stipulation pour autrui.

b) Stipulation pour autrui

647.– L'explication consiste ici à présumer, en l'absence de clause formelle, que l'acheteur initial ou le maître de l'ouvrage a stipulé, et que le vendeur ou entrepreneur a promis, que la garantie ou la réparation serait due par ce dernier non seulement au cocontractant initial mais aussi à son ayant cause ainsi qu'aux ayants cause de celui-ci. Le mécanisme de l'article 1121 du Code civil permet ainsi de

---

[2176] Cass. civ. 1re, 4 février 2003 : D. 2003 IR p. 534.

[2177] Comp. D. Mainguy, *La revente*, préc., n° 200 s. ; J. Ghestin, C. Jamin, M. Billiau, *Les effets du contrat*, préc., n° 1108 s.

[2178] Note sous CA Aix-en-Provence, 5 octobre 1954 : JCP 1955, II, 8548. – Même sens, not. : R. Savatier (« toute vente s'accompagne d'une cession de créance tacite portant sur l'action en garantie »), note sous Cass. com., 17 décembre 1973 : JCP 1975, II, 17912.

[2179] Ex. : J. Ghestin et B. Desché, *La vente*, préc., n° 1030 ; C. Jamin, *La notion d'action directe*, préc., p. 206.

déroger au jeu de l'article 1165. L'explication a été adoptée par divers auteurs[2180]. Elle a l'avantage de rendre compte du fait que le créancier intermédiaire ne perd pas ses droits contre son propre auteur.

Elle présente cependant deux grandes caractéristiques qui interdisent de s'y référer ici, en comptant pour rien le reproche habituel qu'on peut lui faire d'avoir un caractère divinatoire[2181]. En premier lieu, il ne s'agit pas d'un mécanisme translatif mais attributif[2182], c'est-à-dire que le bénéficiaire n'est pas investi de son droit par voie de cession (il n'est pas l'ayant cause du stipulant) mais l'acquiert directement contre le promettant. Il s'agit donc d'un droit autonome, indépendant. Or cela ne correspond pas aux solutions retenues par la jurisprudence, celle-ci insistant tout au contraire sur le fait que l'ayant cause exerce les droits de son auteur d'où elle déduit qu'il ne peut pas disposer de droits plus étendus et qu'ainsi les mêmes moyens de défense peuvent lui être opposés[2183], et également que s'il obtient la résolution du contrat en exerçant l'action rédhibitoire, seul le prix initial lui sera restitué et non pas celui qu'il a lui-même déboursé[2184].

En second lieu, le bénéficiaire d'une stipulation pour autrui n'est pas tenu de l'accepter, il peut la refuser. Or cela est de nature à lui permettre de choisir entre la responsabilité contractuelle et la responsabilité délictuelle du débiteur de son auteur et contrevient donc à la règle du caractère « nécessairement contractuel » de l'action directe. En dépit de divers avantages qu'il présente, le mécanisme de l'article 1121 ne correspond donc qu'assez peu aux solutions du droit positif (lequel se signale certes moins par sa cohérence technique que par la recherche d'un équilibre des intérêts en présence). Il est d'ailleurs notable que le professeur Ancel, dans une récente contribution qui condamne le point de vue développé ici et propose d'en revenir au fondement de la stipulation pour autrui, situe son raisonnement *de lege ferenda*[2185].

2180 R. Savatier, *Le prétendu principe de l'effet relatif des contrats*, RTD civ. 1934, p. 525, n° 29 ; A. Weill, *La relativité des contrats en droit privé français*, thèse Strasbourg, 1938 ; du Garreau de la Méchenie, *La vocation de l'ayant cause particulier aux droits et obligations de son auteur*, RTD civ. 1944, p. 219 ; B. Soinne, *La responsabilité des architectes et entrepreneurs après la réception des travaux*, t. 1, n° 91 s.

2181 Au point qu'une tendance est notable dans la jurisprudence récente à dénier aux victimes par ricochet le bénéfice d'une stipulation pour autrui implicite leur permettant de se prévaloir du contrat conclu par la victime principale (Cass. civ. 1ère, 28 octobre 2003, PA 23 décembre 2003, p. 11 n. P. Ancel ; JCP G 2004,II,10006 n. G. Lardeux ; JDI 2004 p. 498 n. G. Légier ; Resp. civ. ass. fév. 2004, p. 18 obs. H. Groutel ; D. 2004 p. 233 n. P. Delebecque ; RTD civ. 2004 p. 96 obs. P. Jourdain).

2182 J. François, *Les opérations juridiques triangulaires attributives (stipulation pour autrui et délégation)*, thèse Paris II, 1994, dir. Y. Lequette, n° 4.

2183 Parmi lesquels, par exemple, une clause limitative de réparation : Cass. civ. 1re, 7 juin 1995 : D. 1996 p. 395 n. D. Mazeaud, préc.

2184 Cass. civ. 1re, 27 janvier 1993 : Bull. civ. I, n° 45 ; D. 1994, somm. p. 239 obs. O. Tournafond.

2185 P. Ancel, *Les arrêts de 1988 sur l'action en responsabilité contractuelle dans les groupes de contrats, quinze ans après*, Études en l'honneur d'André Ponsard, Litec, 2003, p. 3, spéc. n° 20 et 45. Aussi convaincante qu'elle soit, la reconstruction proposée par cet auteur repose sur des changements majeurs (abandon du principe de l'effet relatif, puisque tout tiers serait bénéficiaire de la stipulation ; abandon de l'unité des fautes contractuelle et délictuelle) qui la rendent difficilement praticable.

c) Délégation

648.– Un autre fondement possible est la délégation si l'on considère que le débiteur initial (délégué) s'oblige personnellement envers le sous-acquéreur (délégataire) sur instruction du créancier (délégant). Un avantage est d'expliquer ainsi que le créancier initial, lui-même débiteur de garantie envers le sous-acquéreur-délégataire, reste tenu envers ce dernier, la délégation étant imparfaite sauf déclaration expresse contraire[2186], et également que le délégué reste tenu à son égard[2187]. Comme la stipulation pour autrui, cependant, il s'agit d'un mécanisme non pas translatif mais attributif. En outre, elle procède d'un double accord de volonté qu'il n'est pas possible de présumer, à la différence de ce qui est d'usage pour cette dernière.

Aussi est-ce un autre fondement étranger à ces mécanismes, volontaires, de transmission des seules obligations, qui est très généralement retenu : celui de l'accessoire.

2° Théorie de l'accessoire

649.– C'est une règle générale que l'accessoire suit le principal : *accessorium sequitur principale*. Sur ce modèle, certains droits ou obligations circulent à la façon d'un accessoire de la chose vendue, *intuitu rei*. L'application de ce mécanisme en la matière est ancien, ainsi qu'en témoignent une des formules les plus fameuses d'Aubry et Rau (« *le successeur particulier jouit de tous les droits et actions que son auteur avait acquis dans l'intérêt direct de la chose, corporelle ou incorporelle, à laquelle il a succédé, c'est-à-dire des droits et actions qui se sont identifiés avec cette chose comme qualités actives ou qui en sont devenus des accessoires* »)[2188] et le choix marqué par la Cour de cassation en sa faveur dès la fin du XIXe siècle[2189]. Il a été confirmé de façon répétée depuis[2190], y compris dans l'arrêt fondateur rendu par l'assemblée plénière en 1986 (« le maître de l'ouvrage, comme le sous-acquéreur, jouit de tous les droits et actions *attachés à la chose* qui appartenait

---

[2186] C. civ., art. 1275.

[2187] Rappr. en ce sens : Cass. com., 16 avril 1996 (préc. *supra*, note 97), qui précise que le droit du délégant contre le délégué est simplement paralysé. Cf. Cass. com. 29 avril 2002, Bull. civ. IV, n° 72 ; D. 2002 p. 835, obs. F. B. et p. 2673, note D. Houtcieff ; Defrénois 2002, p. 1239, obs. R. Libchaber ; JCP G, 2003, II, 10154, note A.-S. Barthez ; Ph. Simler, *L'énigmatique sort de l'obligation du délégué envers le délégant...*, Mélanges offerts à J.-L. Aubert, Dalloz, 2005, p. 307.

[2188] *Cours de droit civil français*, t. 2, 4e éd., 1869, § 176, p. 70.

[2189] Cass. civ., 12 novembre 1884 : D.P. 1885,I p. 357 ; S. 1886, I p. 149 (« l'action du sous-acquéreur est fondée... sur le principe que la vente comprend tous ses accessoires et notamment les actions que le vendeur a pu acquérir à son occasion »).

[2190] Cass. civ. 3e, 23 mars 1968 (le « droit à l'action en garantie » décennale « accompagne, en tant qu'accessoire, la chose vendue et s'identifie avec elle ») : D. 1970, p. 663 n. Ph. Jestaz. – Cass. civ. 3e, 12 novembre 1974, préc. *supra*, n° 642. Il a été relevé que la notion d'accessoire n'est plus systématiquement invoquée par la Cour de cassation (J. Ghestin, C. Jamin, M. Billiau, *Les effets du contrat*, préc., n° 1104).

à son auteur »)[2191]. La doctrine considère qu'il s'agit « sans doute du fondement le plus satisfaisant »[2192] en dépit des insuffisances qu'elle y attache[2193].

Le fondement de la théorie de l'accessoire peut se recommander ici de plusieurs arguments : outre que divers textes y renvoient (articles 1018, 1615 et 1692 du Code civil[2194], dont il faut rapprocher l'article 1250[2195] qui n'emploie pas le mot mais désigne la chose), il a un caractère objectif en ce sens qu'il opère de plein droit, ce qui a l'avantage d'éviter le détour par la fiction d'un accord présumé de volonté, et il étend l'effet translatif au droit et à l'action auxquels est attribuée la qualification d'accessoire, ce qui dirime les objections formulées[2196] à l'encontre de la stipulation pour autrui.

On lui adresse cependant diverses critiques. Certaines concernent l'action, accessoire du droit ; d'autres sont particulières aux conventions de procédure, « accessoires » de l'action.

a) L'action, accessoire du droit

650.– Le recours à l'idée d'accessoire pour expliquer la transmission de l'action a fait l'objet de diverses critiques. Certaines ne sont plus justifiées. Cela va sans dire pour celle, formulée aux beaux jours de la jurisprudence sur les groupes de contrats, selon laquelle un tel fondement est trop étroit en ce qu'il n'explique pas la transmission des droits et actions dans les ensembles contractuels non translatifs[2197]. La jurisprudence *Besse* a rendu cette critique sans objet : en condamnant la théorie des groupes de contrats, elle a supprimé les hypothèses de contractualisation ne relevant pas du mécanisme de l'accessoire à la propriété transférée, ce qui a restitué à ce critère une certaine justesse.

Une autre critique est tirée du fait que le contrat d'entreprise n'a pas de caractère translatif et que l'acquisition de la propriété par le maître de l'ouvrage se réalise par accession, c'est-à-dire par un mode originaire, et non pas par l'effet d'un transfert[2198]. Des travaux récents ont fait justice de cette approche en montrant que le

---

[2191] Cass. ass. Plén., 7 février 1986, préc. (soul. par nous).

[2192] P.-H. Antonmattéi et J. Raynard, *Droit civil, Contrats spéciaux*, préc., n° 211, p. 164 ; comp. J. Ghestin, C. Jamin, M. Billiau (*ibid.*, n° 1104 et 1117) qui considèrent qu'il n'y a plus de fondement assuré, et L. Aynès pour qui elle n'est utilisée que pour masquer la transmission d'une position contractuelle (th. préc., p. 33).

[2193] *Contra*, pour une défense et illustration de ce critère en la matière : P. Puig, *Faut-il supprimer l'action directe dans les chaînes de contrats ?* Liber amicorum Jean Calais-Auloy, préc., p. 919 s..

[2194] V. aussi C. mon. fin. art. L. 313-27 al. 3 et L. 515-21 ; L. 15 juin 1976, art. 6 al. 3.

[2195] « la subroge dans ses droits, actions, privilèges ou hypothèques »: C. civ., art. 1250,1°.

[2196] V. ci-dessus, n° 647.

[2197] J. Ghestin et B. Desché, *La vente*, préc., p. 416.

[2198] Ph. Jourdain, *La nature de la responsabilité dans les chaînes de contrats après l'arrêt d'assemblée plénière du 12 juillet 1991*, D. 1992, chron. p. 149, n° 18 s. ; D. Mainguy, *La revente*, préc., p. 239 s.

contrat d'entreprise peut emporter un mécanisme de transfert de propriété[2199], solution que la Cour de cassation semble bien consacrer désormais[2200].

651.– D'autres critiques n'ont pas perdu leur actualité. Certaines ne sont pas convaincantes. Ainsi, Rodière estimait « monstrueux » d'attacher un droit à une chose[2201]. Il est vrai que l'on semble mélanger ainsi des réalités très différentes. Cependant, il est bien clair que la *chose* est alors considérée en tant que *propriété* (c'est en ce sens que doit être lu l'intitulé de la présente section !)[2202], et il n'est pas choquant, dès lors, de considérer que le droit d'action suit le même sort que ce droit de propriété, c'est-à-dire qu'il « passe » de l'auteur à l'ayant cause (comme le veut l'analyse traditionnelle), ou bien qu'il « s'éteint » dans le patrimoine de l'un pour renaître dans celui de l'autre (comme le veut la doctrine de l'intransmissibilité du droit de propriété, d'abord présentée par E. Lévy)[2203].

652.– Ainsi, encore, on souligne l'incohérence entre le fondement invoqué et la solution retenue. Par exemple, relève un auteur, « *comment peut-on expliquer qu'il n'y ait pas lieu de rechercher si le vice était caché pour le vendeur intermédiaire (Cass. com. 24 nov. 1987 : Bull. civ. IV, n° 250) alors que, l'action étant transmise au sous-acquéreur, ce dernier ne devrait pas disposer de plus de droits que son auteur ?* »[2204]. La décision citée mérite que l'on s'y arrête car il est vrai qu'elle rend perplexe. Ainsi que le notent d'autres auteurs : « logiquement la transmission de l'action en garantie impliquerait que le sous-acquéreur ne puisse pas se prévaloir de droits que ne possédait pas son auteur »[2205]. La question posée ne comporte donc pas de véritable réponse : on est en présence d'une solution d'espèce. Dans cette affaire, le sous-acquéreur d'un véhicule avait assigné son vendeur en résolution de la vente et en dommages-intérêts mais, une procédure collective ayant été ouverte contre celui-ci en cours d'instance, il avait demandé directement réparation à l'importateur devant la cour d'appel ; le pourvoi formé par ce dernier faisait valoir que le caractère occulte du vice devait s'apprécier en la personne du vendeur intermédiaire aux droits de qui l'acheteur était « subrogé », mais la Chambre commerciale le rejette en relevant que le demandeur disposait d'une « action directe ».

[2199] P. Puig, *La qualification du contrat d'entreprise*, préc., n° 12 et 193 s. ; L. Marino, *Le transfert de propriété dans le contrat d'entreprise*, Defrénois 2001 art. 37387.

[2200] Cass. com., 17 mars 1998, qui fait référence au « sous-acquéreur du matériel [...] en vertu d'un contrat d'entreprise » : D. 1999, somm. p. 72, obs. A. Honorat et 2000, somm. 75 obs. F. Pérochon et D. Mainguy ; JCP éd. E 1998, n° 37, p. 1398 obs. P. Pétel. – Cass. com., 5 novembre 2003 : D. 2003, p. 2965. – Sur la possibilité d'y insérer une clause de réserve de propriété, comme il est vrai dans tout contrat : Cass. com. 19 novembre 2003 : D. 2003 p. 3049, obs. A. Lienhard.

[2201] Note préc., JCP 1955, II, 8548, n° II.

[2202] G. Goubeaux, *La règle de l'accessoire en droit privé*, LGDJ, B. dr. privé, 1969, p. 139. – Peu importe le vocabulaire employé : comp. Cass. civ. 1re, 28 novembre 1967 (qui se réfère à une « protection légale attachée à la propriété de l'immeuble ») : D. 1968 p. 163, RTD civ. 1968 p. 391 obs. G. Cornu ; et Cass. civ. 3e, 23 mars 1968 (« ce droit accompagne en tant qu'accessoire la chose vendue ») : D. 1970, p. 663 n. Ph. Jestaz.

[2203] V. *supra*, n° 55.

[2204] C. Jamin, obs. JCP 1992, I, 3608, p. 368. M. Ancel souligne la contradiction entre cette solution et l'idée que le sous-acquéreur ne fait qu'exercer l'action de son auteur (art. préc., mél. Ponsard, n° 19).

[2205] J. Ghestin et B. Desché, *La vente*, préc., n° 1036.

M. Jamin voit dans cet arrêt la marque d'une évolution jurisprudentielle favorisant la prévalence d'un droit *propre* du titulaire de l'action directe[2206], celle-ci, explique-t-il, combinant l'exercice d'un droit propre et d'un droit dérivé, étant à la fois translative et attributive [2207]. Il est vrai que l'action directe en garantie présente à certains égards les caractéristiques d'un droit propre, ce qu'illustre l'hypothèse dans laquelle le prix de la revente est moins élevé que celui de la vente[2208] : dans ce cas, l'acquéreur final peut seulement réclamer le montant qu'il a payé car, explique M. Puig à qui nous empruntons cet exemple, le fait qu'il s'agisse d'une action *transmise* ne signifie pas qu'il s'agisse de l'action *de* celui qui l'a transmise[2209]. La solution consacrée par l'arrêt examiné est cependant peu illustrative de cette tendance puisqu'il est à cet égard isolé : on ne lui connaît ni précédent, ni suite. Tout au contraire, on relève dans des hypothèses voisines le choix fait par le juge de pousser « à l'extrême la logique de la transmission de l'action »[2210].

D'autres manifestations du caractère propre de l'action transmise – et d'autres critiques – intéressent le régime des clauses qui l'assortissent.

b) Les conventions de procédure, « accessoires » de l'action

653.– L'expression « conventions de procédure » désigne les clauses relatives au procès, qui intéressent l'exercice du droit d'agir (clauses attributives de compétence, conventions d'arbitrage)[2211]. Nous les évoquons ici pour mémoire. Ces clauses, a-t-on noté, sont moins des accessoires de la chose que de l'action transmise avec celle-ci : ce seraient des « accessoires de l'accessoire »[2212], des accessoires « de second rang »[2213]. Nous écrivons « accessoires » entre guillemets car la question est parfois posée[2214] de savoir s'il est bien question ici de transmission d'accessoires, et

[2206] *La notion d'action directe*, préc., n° 405.

[2207] *Ibid.*, n° 335, 361 et p. 318. Il semble cependant s'agir là d'une caractéristique commune à beaucoup d'actes translatifs (et notamment à tous ceux ayant pour objet une valeur mobilière : v. Cass. req., 29 novembre 1946 : JCP 1947, I n° 3533 n. D. Bastian, lequel note que « le transfert comporte le renouvellement du droit, ainsi expurgé des exceptions qui pourraient l'entacher dans le patrimoine du cédant »).

[2208] Dans l'hypothèse inverse, celle où le prix de revente est plus élevé que celui de la vente initiale, le vendeur initial n'est tenu de restituer que ce dernier (Cass. civ. 1re, 27 janvier 1993 : D. 1994, somm. p. 239 obs. O. Tournafond ; L. Leveneur, Contrats, conc., consom. 1993, chron. 5, préc. 2e arrêt. – Cass. civ. 1re, 4 mars 1997 : Contrats, conc., consom. 1997 n° 93 n. L. Leveneur ; Defrénois 1997, p. 1343 n. D. Mazeaud).

[2209] P. Puig, *Faut-il supprimer l'action directe dans les chaînes de contrats ?* art. préc. p. 941. Comp. cep. Cass. civ. 1re, 27 janvier 1993, préc. (D. 1993, somm. p. 239) qui précise que l'action rédhibitoire exercée par le sous-acquéreur contre le vendeur originaire est celle « de » son auteur.

[2210] M.-L. Izorche, *Le vendeur professionnel entre vices cachés et jurisprudence hermétique*, chron. préc. D. 2002 p. 414, n° 24.

[2211] Rappr. L. Cadiet, *Les clauses contractuelles relatives à l'action en justice*, in *Les principales clauses des contrats conclus entre professionnels*, PU Aix-Marseille, 1990, p. 192 ; P. Ancel, *L'encadrement de la juridiction par le contrat*, in *Le conventionnel et le juridictionnel dans le règlement des différends*, Economica, 2001, p. 6.

[2212] Ph. Delebecque, n. préc.

[2213] P. Puig. art. préc., p. 925.

[2214] Précisons : la question ne se pose pas à propos d'une clause figurant dans l'acte de transfert ; elle se pose à propos de celle inscrite dans l'acte d'origine : l'ayant cause n'est pas partie mais il succède à son auteur en reprenant les droits et obligations attachés au bien transmis.

cela pour deux raisons. D'abord, doit-on parler ici de « transmission » ? L'expression est jugée impropre par un auteur qui préfère se référer au « maintien » de la clause, à propos de la clause compromissoire, pour la raison suivante :

> « *la transmission s'entend du passage d'un bien d'un patrimoine à un autre ; or une clause n'est pas, en elle-même, un bien. La question est seulement de savoir si cette clause, stipulée dans les rapports entre deux personnes, continue à s'appliquer dans les rapports avec un tiers* »[2215].

Nous avons déjà marqué[2216] notre adhésion à la liaison ainsi faite entre les notions de transmission et de bien. Il n'est pas approprié de parler ici de transmission en ce sens que la clause n'est pas un droit (ou un bien) dont la titularité (ou la propriété) pourrait être cédée. Il n'en reste pas moins que l'on peut se référer à sa « transmission » en cet autre sens que le transfert de l'acte juridique dans lequel elle s'insère a pour résultat d'en élargir le champ d'application au cessionnaire de cet acte. Cela constitue la base de la matière, quelle que soit la clause[2217]. Il n'y a pas à faire un sort particulier à la *clause compromissoire* : sans doute est-elle regardée comme étant une convention, un acte juridique à part entière et pas seulement comme une partie du contrat dans lequel elle s'insère formellement (c'est ce qui justifie sa survie en cas d'annulation ou de disparition du contrat principal[2218], ce que l'on appelle son « autonomie »[2219]), mais cela n'exclut aucunement qu'elle soit « transmise »[2220] en même temps que le droit né de ce contrat[2221]. Rien ne la distingue à cet égard d'une *clause attributive de compétence*, qui ne constitue pas un contrat mais une règle de droit née du contrat et n'est donc pas, elle non plus, un bien. Regarder l'une ou l'autre comme tel emporterait que chaque contractant en serait propriétaire, ce qui est absurde. Chaque partie peut l'invoquer au soutien de son action ou l'opposer à l'autre par voie d'exception : chacune « est en soi parfaitement neutre, elle ne peut être analysée ni comme un droit, ni comme une charge »[2222].

2215 P. Ancel, *Arbitrage et novation*, Rev. arb. 2002, p. 11.

2216 V. *supra*, n° 99 in fine.

2217 « Est en train de naître le droit des clauses » (M.-A. Frison-Roche, *Le contrat et la responsabilité : consentements, pouvoirs et régulations économiques*, RTD civ. 1998, p. 43 n° 16).

2218 Solution consacrée en matière d'arbitrage *international* par le fameux arrêt *Gosset* (Cass. civ. 1re, 7 mai 1963 : Rev. crit. DIP 1963, p. 315 n. H. Motulsky ; JCP 1963, II, 13405 n. B. Goldman ; JDI 164 p. 83 n. J.-D. Bredin) et en arbitrage *interne* par deux arrêts plus récents de la Cour de cassation (Cass. civ. 2e, 4 avril 2002 et Cass. com. 9 avril 2002 : D. 2003 p. 1117 n. L. Degos – « sauf stipulation contraire » : Cass. civ. 2e, 20 mars 2003, D. 2003 p. 2470 obs. Th. Clay).

2219 Ou sa « séparabilité » : P. Mayer, *Les limites de la séparabilité de la clause compromissoire*, Rev. arb. 1998 p. 359.

2220 Ex. récent : « en matière internationale, la clause d'arbitrage, juridiquement indépendante, du contrat principal, est *transmise* avec lui, quelque soit la validité de la transmission des droits substantiels » : Cass. civ. 1re, 28 mai 2002, Rev. arb. 2003 p. 397 n. D. Cohen ; RTD com. 2002 p. 667 obs. E. Loquin ; D. 2003, somm. p. 2471 obs. Th. Clay.

2221 Déjà en ce sens, P. Ancel, note sous CA Lyon 15 mai 1997, Rev. Arb. 1997, p. 402, v. p. 407 (à propos de la clause compromissoire).

2222 P. Ancel, *ibid.*, p. 407.

Encore une fois, ce n'est donc que de façon imagée que l'on parle de la « transmission » de ces clauses[2223] puisque seul peut être transmis par l'auteur *dans* le transfert ce dont il a la propriété (ou les droits dont il a la « titularité »)[2224]. On désigne ainsi le fait de faire entrer dans leur champ d'application des litiges opposant des parties qui n'en étaient pas toutes signataires[2225] – *sans donc que cela implique nécessairement, on ne saurait trop le souligner, que le contractant originaire en sorte*[2226]... Ce n'est que par l'effet d'une facilité de langage que cet usage a pu prospérer car ces clauses s'assimilent à une règle de droit, donc à une norme obligatoire, et non pas à une obligation, c'est-à-dire à un bien[2227]. C'est de transfert de Droit qu'il s'agit, non de transfert de droits.

654.– S'agit-il, ensuite, d'un « accessoire » ? Nous sommes portée à considérer, avec certains auteurs, qu'en réalité la clause est un des éléments de la « configuration » du droit né du contrat ou transféré par lui, au même titre que l'objet de ce droit, les conditions de son exigibilité, les sanctions de son inexécution[2228]..., autrement dit qu'elle fait corps avec ce droit et qu'il n'est donc pas utile de passer par la notion d'accessoire – de la même façon que, dans un tout autre domaine, il avait d'abord été jugé qu'une licence de débit de boissons « est vendue avec le fonds de commerce dont elle constitue l'accessoire »[2229], avant que soit écarté ce fondement fictif au profit de l'idée que les licences et autorisations administratives sont cédées avec le fonds parce qu'elles en sont des éléments constitutifs[2230]. Cette approche a le mérite de souder la clause au contrat translatif de la propriété de la chose et de faire entrer le nouveau propriétaire dans le champ de la force obligatoire de ce contrat. Il n'est cependant pas sûr qu'elle corresponde au droit positif en ce qui concerne les clauses de procédure.

S'agissant de la *clause attributive de compétence territoriale*, la jurisprudence a admis l'« opposabilité » au maître de l'ouvrage de celle figurant dans le contrat conclu entre le fabricant et un vendeur intermédiaire, rejetant un pourvoi qui faisait valoir pour s'opposer à cette solution que le titulaire d'une action contractuelle directe jouit d'un

---

[2223] Ex. : Ph. Fouchard, E. Gaillard et B. Goldmann, *Traité de l'arbitrage commercial international*, Litec, 1996, n° 690 s., spéc. n° 711. ; E. Loquin, *Différences et convergences dans le régime de la transmission et de l'extension de la clause compromissoire devant les juridictions françaises*, Gaz. pal. spécial arbitrage, 5-6 juin 2002, p. 7.

[2224] Sur ce débat, v. *supra*, n° 62 s., 86 s.

[2225] Il s'agirait d'une question d'opposabilité (D. Mainguy et J.-B. Seube, note sous Cass. civ. 1re, 6 février 2001 : JCP E 2001, p. 1238, v. p. 1242, autrement dit de force obligatoire), voire de validité lorsque le sous acquéreur n'est pas un commerçant (NCPC, art. 48) ou un professionnel (C. civ., art. 2061).

[2226] Ex. : le vendeur qui cède sa créance de prix restant débiteur de l'obligation de garantie, la convention d'arbitrage stipulée au contrat d'origine lie tant le cessionnaire de la créance que l'acheteur qui agit en garantie (c'est l'équivalent de l'effet de duplication attaché parfois à l'acte translatif *stricto sensu*).

[2227] P. Ancel, *Force obligatoire et contenu obligationnel du contrat*, art. préc. RTD civ. 1999, p. 771, spéc. note 73.

[2228] P. Ancel, *Arbitrage et novation*, art. préc., n° 7 et 20.

[2229] Cass. req. 7 mai 1935, D.H. 1935 p. 315 ; même sens : Cass. com. 29 mai 1953, JCP 1953, II, 7720 obs. A. Cohen.

[2230] J. Derruppé, Rép. D. droit. com., V° *Fonds de commerce*, 1998, n° 60. – Cass. com. 4 mai 1982, Bull. civ. IV n° 148. – J. Scapel, *La notion d'obligation réelle*, th. préc., n° 418.

droit d'action « propre »[2231]. Cependant, elle applique la solution contraire dans le droit spécial du contrat de transport de marchandises fluvial[2232] et maritime (la clause « *doit avoir été acceptée au plus tard* » par le destinataire « *au moment où, recevant la livraison de la marchandise, il a adhéré au contrat* »)[2233]. Autrement elle « déconfigure » alors le contrat, ou refuse le jeu de l'accessoire. Il y a là un paradoxe car en droit commun l'acquéreur de la chose n'acquiert pas la qualité de partie au contrat amont dans la chaîne, et c'est donc à un *tiers* à ce contrat qu'est opposable la clause qui y est stipulée, alors qu'en transport maritime elle est inopposable au porteur du connaissement qui n'est pas un tiers mais une *partie* au contrat[2234] !

S'agissant de la *clause compromissoire*, la jurisprudence l'avait d'abord déclarée inopposable à un contractant extrême[2235]. Elle a consacré la solution inverse plus récemment mais, nous l'avons souligné, en l'assortissant d'une importante réserve (« *sauf preuve de l'ignorance raisonnable de l'existence de cette clause* »)[2236] qui semble sinon condamner le recours au critère objectif de l'accessoire, du moins le mâtiner d'une référence complémentaire au critère (subjectif) de la volonté de l'intéressé[2237].

655.– Finalement, « composer le cortège des accessoires »[2238] du droit d'action demeure une tâche incertaine, si d'accessoires il s'agit. Cela s'ajoute aux critiques formulées à l'encontre de l'idée d'accessoire pour expliquer la transmission de l'action elle-même. Ce ne sont là cependant là que des défauts véniels. Bien plus grave est le reproche adressé à l'idée même de transfert, auquel la théorie de l'accessoire confère un fondement. Ce transfert fait naître en effet une contradiction qui semble insurmontable entre les deux solutions que nous avons rappelées puisque

---

[2231] Cass. civ. 3e, 30 octobre 1991 : Bull. civ. III, n° 251, p. 148 ; Contrats, conc., consom. 1992 n° 25 obs. L. Leveneur ; JCP 1992, I, 3570 obs. C. Jamin. – rappr. Cass. civ. 1re, 12 juillet 2001 (effet à l'égard de l'assureur subrogé), Bull. civ. I, n° 224, p. 140 ; D. 2001 p. 3246 obs. Ph. Delebecque.

[2232] Cass. com., 26 mai 1992 : Rev. crit. DIP 1992 p. 703 n. H Gaudemet-Tallon ; RTD civ. 1993, p. 193, obs. Ph. Jourdain.

[2233] Cass. com., 29 novembre 1994, navires *Harmony* et *Nagasaki* : DMF 1995, p. 209 n. P. Bonassies ; RTD com. 1996 p. 550, obs. J.-Cl. Dubarry et E. Loquin. – Cass. com. 25 juin 2002, navire *Aptmariner*, et 13 novembre 2002, navire *Elta* : RTD com. 2003 p. 212 obs. Ph. Delebecque. – Cass. com., 4 mars 2003, navire *Houston Express :* BTL 2003 p. 193, RTD com. 2003 p. 421 et RDC 2003 p. 140, obs. Ph. Delebecque.

[2234] Explication (toute pratique) du particularisme du droit des transports maritimes : il prend en considération les « conséquences concrètes d'une clause obligeant le destinataire à aller plaider à des milliers de kilomètres du port de destination (port en définitive librement choisi par le transporteur pour y faire commerce), dans une procédure et une langue étrangères, et ce parfois pour des litiges d'un montant limité » (P. Bonassies, n. préc., DMF 1995, p. 213).

[2235] Cass. civ. 1re, 6 novembre 1990 : Rev. arb. 1991 p. 73 ; Ph. Delebecque, *La transmission de la clause compromissoire, ibid.*. p. 19.

[2236] Cass. civ. 1re, 6 février 2001, préc. *supra*, n° 636 note 2153, n° 653.

[2237] D. Mainguy et J.-B. Seube, n. préc., JCP E 2001, p. 1240. La réserve n'est cependant pas reprise dans un arrêt postérieur (Cass. civ. 2e, 20 décembre 2001) qui impose une transmission objective de la clause compromissoire dans l'ordre interne en se référant à l'article 1692 C. civ. (Bull. civ. II, n° 198 ; D. 2002 IR p. 251 ; RTD com. 2002 p. 279 obs. E. Loquin ; X. Pradel, *Cession de créance et transfert de la clause compromissoire*, D. 2003, chron. p. 569).

[2238] M. Cabrillac, *Les accessoires de la créance*, Études dédiées à Alex Weill, Dalloz-Litec, 1983, p. 107, n° 34.

l'action, alors même qu'elle est transmise avec la chose, peut encore être exercée par l'ancien propriétaire. Comment expliquer une aussi étonnante ubiquité ?

B. – Le fondement de l'ubiquité de l'action

656.– « *Illogisme* »[2239], « *contradiction manifeste* »[2240], « *la Cour de cassation créé la catégorie nouvelle (et scientifiquement passionnante) des actions transmises... sans transmission* »[2241] : les auteurs sont sévères ou railleurs à l'égard de la solution examinée, surtout lorsqu'ils critiquent l'abandon du « tout contractuel » par la jurisprudence *Besse* ou regrettent la condamnation du « tout délictuel » qu'impose la qualité d'ayant cause attribuée à la victime. La plupart se bornent à souligner qu'il est impossible de concilier la non-perte de l'action avec un mécanisme translatif, celui-ci faisant nécessairement perdre son droit au bénéficiaire initial[2242]. Certains, cependant, s'efforcent de trouver une explication. Après avoir examiné les fondements qu'ils proposent (1°), nous présenterons celui qu'il nous paraît préférable de retenir (2°).

1° Fondements proposés

657.– Tout le monde est d'accord pour considérer que priver d'action le débiteur intermédiaire qui a cédé la sienne serait très inopportun en pratique. Cela reviendrait en effet, lorsque la victime choisit de se retourner contre un débiteur intermédiaire, à interdire à celui-ci de se retourner contre son propre auteur et donc à immuniser ce dernier. Mais il est très difficile au plan de la technique juridique d'admettre que l'on puisse à la fois transmettre[2243] et retenir un droit d'agir. Peu de tentatives ont été faites pour concilier les termes de cette apparente contradiction. Trois sont notables : elles l'expliquent par l'effet d'une subrogation (a), une trace de la propriété perdue (b) ou l'empreinte du lien contractuel (c).

a) Subrogation

658.– L'explication a été avancée par M. Larroumet[2244] et adoptée notamment par M. Malinvaud[2245]. Elle est empruntée aux termes mêmes de l'arrêt de la Cour de

---

[2239] A. Bénabent, *Droit civil, Les obligations*, 10e éd., 2005, Montchrestien, n° 266.
[2240] G. Viney, *Introduction à la responsabilité*, 2e éd., préc., n° 189-4, p. 346.
[2241] Ph. Conte, note préc., Gaz. Pal. 25 novembre 1989, p. 901.
[2242] Ex. : P. Ancel, n. préc., Rev. arb. 1997, p. 411. Pour dissoudre cette contradiction, un autre auteur considère qu'il n'y a pas « transmission au sens technique du mot » dans le cas d'une garantie légale (« l'ayant cause n'est ainsi pas investi exactement et seulement du droit qui appartenait à son auteur, mais d'une action directe » : M. Billiau, *La transmission des créances et des dettes*, LGDJ 2002, n° 114).
[2243] Une façon de dissoudre la contradiction est, évidemment, de considérer qu'il n'y a pas transmission (ex., « à bien relire le texte de la loi, il n'est pas question de transfert de l'action mais de droit à agir reconnu à chacun » : J.-M. Delpérier et J.-D. Roche, *La transmission des actions judiciaires en matière immobilière*, Defrénois 2003, art. 37686, p. 365). Mais c'est aller contre l'évidence.
[2244] D. 1980, IR p. 222 et D. 1983 jur. p. 30.
[2245] *L'action directe du maître de l'ouvrage contre les fabricants et fournisseurs de matériaux*, chron. préc. D. 1984, p. 44 ; même sens : O. Deshayes, *La transmission de plein droit des obligations à l'ayant cause à titre particulier*, th. préc. n° 434 et réf. citées p. 59 s.

cassation du 12 novembre 1974 qui, le premier, avait accueilli implicitement le principe du recours : « le maître de l'ouvrage qui a vendu l'immeuble n'a plus qualité pour se prévaloir de ladite garantie alors qu'il n'est ni assigné par son acquéreur ni *subrogé dans ses droits* »[2246]. Le raisonnement se développe ainsi : le vendeur intermédiaire qui indemnise le sous-acquéreur se trouve subrogé dans ses droits en vertu de l'article 1251-3° du Code civil car il était tenu avec le vendeur originaire et pour le même vice de la garantie envers le sous-acquéreur, donc « tenu avec d'autres ou pour d'autres » au sens de cette disposition. Autrement dit l'action en garantie, que le contractant intermédiaire perd dans un premier temps parce qu'il la transmet comme accessoire de la chose, lui est retournée dans un second temps par le jeu d'un second mécanisme de transfert, inverse au premier.

Bien qu'ingénieuse, cette explication est peu convaincante. Cela ne tient pas au fait qu'elle utilise un mécanisme de transmission des obligations pour transférer une action en justice, car il est possible de considérer que l'action est transmise accessoirement à la créance de garantie, laquelle touche au fond et pas seulement à la procédure[2247]. Les reproches sont ailleurs[2248]. Elle étonne, d'abord, par la lourdeur du double transfert sur lequel elle repose : faut-il vraiment, lorsque le vendeur intermédiaire a contracté directement avec le vendeur originaire, imaginer un aller-retour compliqué du droit d'agir via la personne de l'ayant cause ? On lui a justement reproché, ensuite, d'être impraticable lorsqu'il n'y a pas paiement du sous-acquéreur mais, par exemple, résolution de la vente, et donc pas de subrogation légale... En dehors même de ce cas, elle ne correspond pas à la réalité car c'est de sa propre créance que le vendeur intermédiaire se prévaut envers le vendeur originaire, et non de celle qu'il tiendrait du paiement fait par lui au sous-acquéreur ; par exemple en cas d'action rédhibitoire c'est le prix qu'il a payé qui lui sera restitué, et non pas celui que lui-même a reçu du sous-acquéreur[2249].

Le problème est qu'en dehors de la subrogation, l'explication devient beaucoup plus aventureuse.

b) Trace de la propriété

659.– M. Rémy propose de « considérer que l'action contractuelle est, à la fois, transmise tout au long de la chaîne de ventes, et conservée en tant que de besoin par chacun des propriétaires successifs, *comme une trace de propriété* »[2250]. Qu'est-ce à dire ? L'auteur n'en dit pas plus, se contentant d'ajouter que la matière des chaînes de contrats est décidément « bien poétique ».

660.– Dans une contribution plus récente, M. Puig revient sur cette proposition qu'il juge « particulièrement convaincante »[2251]. Il l'éclaire par le recours à l'idée de

---

[2246] Cass. civ. 3e, 12 novembre 1974, préc. *supra* n° 642 (soul. par nous).
[2247] Rappr. *supra*, n° 619 in fine.
[2248] Ph. Rémy, obs. RTD civ. 1988, p. 551, n° 2.
[2249] Rappr. *supra*, n° 574.
[2250] RTD civ. 1988, p. 551, obs. préc. (soul. par nous).
[2251] P. Puig, *Faut-il supprimer l'action directe dans les chaînes de contrats ?* art. préc. p. 926.

non-rétroactivité des effets attachés à la cession : la « revente »[2252], précise-t-il, fait disparaître la qualité de propriétaire pour l'avenir mais pas pour le passé « si bien qu'il [le revendeur] conserve encore un titre à agir, celui d'un propriétaire temporaire » :

> « *Reste alors à démontrer qu'il a toujours un intérêt direct et certain à cette action [...] Tel est le cas lorsque, bien que n'étant plus propriétaire, il a dû céder sa chose moyennant un faible prix ou a été appelé en garantie par son acheteur et entend se retourner à son tour contre son vendeur* ».

Laissons ici de côté le premier terme de l'alternative finale : s'il a cédé sa chose à moindre prix, le vendeur intermédiaire n'a pas cédé la garantie qui correspond à la différence de prix et on sort de la question posée car il n'y a pas ubiquité : c'est simplement parce qu'il n'a pas été transmis que le droit d'action est conservé. On comprend alors la conclusion de l'auteur, à savoir que « la transmission des droits et actions attachés à la chose opère moins une cession intégrale qu'une division de ceux-ci entre tous les propriétaires successifs »[2253] : chacun a qualité à agir en réparation de la partie du dommage dont il a assumé la charge.

Considérons l'autre hypothèse, celle dans laquelle le vendeur intermédiaire « a été appelé en garantie par son acheteur et entend se retourner à son tour contre son vendeur ». Nous avouons ne pas comprendre, alors, l'explication. Ici, en effet, l'acheteur a assumé la charge du dommage. La garantie lui a donc été transmise. On voit mal, si un mécanisme translatif fait nécessairement perdre le droit transmis, comment l'ancien propriétaire peut encore s'en prévaloir. La vente ne lui fait perdre la qualité de propriétaire que pour l'avenir et non pas pour le passé, soit. Mais il n'en demeure pas moins qu'au moment où il entend agir, cet ancien propriétaire n'est plus titulaire de la garantie puisqu'il l'a transmise à l'acquéreur. On comprend bien, certes, les raisons pratiques qui militent pour qu'il puisse encore agir, mais là n'est pas la question.

Autre chose serait de remettre en cause le postulat de départ, celui selon lequel « on ne peut à la fois transmettre et retenir un droit »[2254]. Peut-être est-ce là ce que M. Puig veut faire lorsqu'il précise, en conclusion de son raisonnement sur ce point, que l'exercice des droits et actions transmis « a vocation à être partagé entre les maîtres du moment et les maîtres du passé même si, le cas échéant, priorité doit naturellement être accordée à celui qui bénéficie du titre actuel »[2255]. Le cadre limité d'un article ne se prêtait cependant guère à l'explicitation d'une telle remise cause.

La même remarque peut être faite à propos d'une troisième explication.

2252 L'auteur raisonne ici en termes de chaînes de contrats mais le raisonnement doit être le même en cas de transmission isolée (rappr. P. Puig, *ibid.*, p. 923).
2253 P. Puig, *ibid.*, p. 927.
2254 Ch. Larroumet, n. préc. sous Cass. civ. 1re, 9 octobre 1979 : D. 1980 IR p. 222.
2255 *Ibid.* Cela reste néanmoins douteux car sinon cet auteur ne serait pas obligé de recourir à l'idée de partage, mécanisme de type soustractif.

c) Empreinte du lien contractuel

661.– Une autre explication a été avancée récemment par M. Brun. Elle l'a été dans des observations à propos d'un arrêt qui prononce une cassation pour avoir déclaré irrecevable l'action en garantie des vices cachés de l'ancien propriétaire d'un appartement qui l'avait revendu avec une décote du fait de désordres[2256]. En l'espèce la question de l'ubiquité de l'action ne se posait pas vraiment puisque, s'agissant d'un dommage antérieur au transfert, et dont il avait été tenu compte dans le prix, la vente n'emportait pas de plein droit cession des droit et actions à l'acquéreur[2257]. Peu importe, car dans son principe la question est toujours posée : comment expliquer l'ubiquité (l' « essaimage » de la garantie, écrit suggestivement cet auteur) alors qu'elle « semble faire injure au bon sens, qui veut que l'on ne puisse en même temps transmettre et garder par-devers soi... »[2258] ?

M. Brun commence par souligner que la difficulté à expliquer le maintien de la garantie au profit du vendeur découle du « caractère très approximatif » de l'idée d'une transmission de l'action *propter rem*, « construction doctrinale somme toute fragile ». Il développe ensuite l'argumentation suivante :

> *« si l'action en garantie des vices cachés profite aux acquéreurs successifs de la chose plutôt à la manière d'une solidarité active que par l'effet d'une cession, c'est [...] par la grâce d'un lien contractuel que la revente de la chose ne saurait annihiler : nonobstant une telle aliénation, l'acquéreur reste un créancier contractuel et doit pouvoir prétendre au bénéfice de tous les avantages procurés par cette situation juridique, et notamment en matière de vente à celui de la garantie des vices cachés. Là où le contrat semble avoir épuisé ses effets entre les parties, subsiste encore l'empreinte du lien contractuel »*[2259].

Cette analyse est séduisante par sa référence à l'idée de solidarité active, qui est une façon de rendre compte de la démultiplication du droit d'agir, de son ubiquité. Le fondement de cette solidarité reste cependant problématique. S'il n'y a pas cession, en effet, comment expliquer le droit de l'acquéreur ? Et s'il y a cession, comment expliquer celui du vendeur ? comment expliquer que le lien contractuel (plus précisément : la créance de garantie née du lien contractuel) laisse une « empreinte » (le terme traduit la gêne de l'auteur) alors qu'elle a été cédée ?

Là également, l'explication semble renvoyer à un abandon du postulat du lien entre transmission et perte du droit, qui n'est cependant pas explicité.

C'est sur cet abandon que repose le fondement que nous suggérons de retenir.

[2256] Cass. civ. 3e, 27 juin 2001 : D. 2002, somm. p. 1005 obs. Ph. Brun.
[2257] Cass. civ. 3e, 18 juin 1997, préc. *supra*, note 2166.
[2258] Ph. Brun, *ibid.*
[2259] Ph. Brun, *ibid.*

2° Fondement retenu

662.– Nous en avons évoqué déjà l'esprit général dans l'introduction à la présente partie[2260]. Il convient ici de le présenter de façon plus complète. Notre point de départ est le constat d'une propension de l'esprit humain à raisonner en termes de réalités concrètes, de réalités connues. Une manifestation bien connue de cette propension est l'anthropomorphisme. Il s'agit, on le sait, d'un processus défensif, assimilateur, qui consiste à représenter sous forme humaine des objets situés hors du domaine humain (objets naturels, animaux, créations mythiques), à leur attribuer des prédicats empruntés au domaine humain à des fins soit explicatives, soit simplement représentatives. Il s'agit surtout d'un travers : on qualifie une théorie ou une pensée d'anthropomorphique pour marquer qu'elle manque son objet, qu'elle le masque. Le juriste n'échappe pas toujours au travers de l'anthropomorphisme, ainsi qu'en témoignent certaines théories sur la nature juridique de la personnalité morale, concevant celle-ci comme un groupement fait à l'image de l'homme, ayant comme lui une volonté propre[2261].

Moins connu, mais très répandu, un autre travers illustre la même propension. Il consiste à tout ramener non pas à l'être humain, mais à des choses matérielles. À faire comme si les objets du raisonnement étaient nécessairement, uniquement, des réalités physiques, alors même que ce n'est pas le cas. Le juriste est particulièrement exposé à ce type de dérive. Ainsi, la filiation paternelle de l'enfant né d'une IAD est habillée de façon très ambiguë des mécanismes de la filiation dite « charnelle », alors qu'en réalité elle est une filiation adoptive[2262]. Ainsi[2263], quand on parle de transfert de droit on raisonne consciemment ou non en termes de déplacement (de « transport ») de *chose matérielle* (que l'on pense à l'expression même de retrait litigieux, inspirée par l'idée que le débiteur-retrayant « retire la créance des mains » du cessionnaire-retrayé !)[2264]. Cette réduction de l'univers du discours se fait d'autant plus automatiquement que, lorsque le droit qu'il s'agit de transférer porte sur une chose, la théorie elle-même enseigne que le droit se confond avec la chose elle-même[2265]. Cela n'est pas sans conséquence pour la question que nous considérons car il tombe sous le sens qu'une chose matérielle ne peut pas être simultanément en deux endroits différents, qu'elle n'est pas dotée d'ubiquité.

[2260] V. *supra*, n° 600.

[2261] Mazeaud et F. Chabas, *Leçons de droit civil*, 1, 1er vol., *Introduction à l'étude du droit*, préc., n° 593 ; R. Libchaber, obs. RTD civ. 2003, p. 166 s.

[2262] P. Murat, *Procréations assistées et droits de l'enfant*, Rev. dr. sanit. et soc. 1991 p. 387.

[2263] Autre ex., sur un autre plan mais sur le même mode : l'approche « métallo-morphique » des soldes de comptes bancaires (qui voit dans le compte « un porte-monnaie scriptural, avec même ses différentes poches quand il est subdivisé en des rubriques ou sous-rubriques, qui en individualisent les parties » : v. crit. F. Grua, *Qu'est-ce qu'un compte en banque ?* D. 1999, chron. p. 255, n° 13).

[2264] En ce sens : P.-Y. Gautier, obs. RTD civ. 1994, p. 371. Que l'on pense aussi à la notion de *transfert de fonds* utilisée (C. mon. fin. art. L. 311-3 ; Ph. Neau-Leduc, *Droit bancaire*, Dalloz 2e éd., 2005, n° 382 s.) pour désigner les paiements sur ordre et sur titre qui, juridiquement, sont des transferts de créance – de créance particulière, il est vrai, puisque de somme d'argent (rappr. *supra*, n° 26 in fine) ; J.-L. Rives-Lange et M. Cabrillac, Rép. Com., V° *Virement*, n° 24 et 25.

[2265] Il s'agit là de l'analyse traditionnelle. Cela conduit parfois (*supra*, n° 359) à ranger l'acquisition par la possession d'une chose précédemment appropriée parmi les modes d'acquisition dérivés, le raisonnement implicite étant : l'ancien droit de propriété n'a pu que « passer » au nouveau propriétaire.

Or, de la non ubiquité de la chose matérielle, on déduit la non ubiquité du droit dont elle est l'objet. Le raisonnement n'est évidemment pas valide car il n'y a là aucune relation nécessaire. Il n'en demeure pas moins qu'il constitue un postulat général en matière de transfert de droit.

La remise en cause de ce postulat permet de reconsidérer l'approche traditionnelle de l'acte translatif. Il faut expliquer en quoi, et montrer que le droit positif consacre déjà plusieurs applications de cette autre approche.

a) Présentation

663.– Elle doit être à la fois générale (1) et attentive aux particularités du droit processuel (2).

1. Mécanisme général

664.– Dès lors que l'on distingue le droit et la chose qui en constitue l'objet, le raisonnement qui vaut pour la chose ne s'impose nullement pour ce qui est du droit lui-même. À la chose, il faut appliquer les lois de la physique[2266] : la même chose ne peut pas être simultanément en deux endroits. Au droit qui porte sur la chose, il faut appliquer d'autres modes de raisonnement car il n'a pas de réalité matérielle, et rien n'interdit d'envisager sa duplication. Cette distinction, en dépit de sa simplicité, n'est pas opérée. Par une sorte de métonymie et la force de l'habitude, on applique dans tous les cas un même mode de raisonnement et on ne conçoit pas que l'acquisition de la chose par l'ayant cause n'ait pas pour corrélation nécessaire la perte du droit chez son auteur. Si l'on y réfléchit, cependant, cela ne s'impose nullement.

D'ailleurs on considère déjà, pour cette raison, que le « transfert » du droit de propriété dissimule en réalité un processus de « constitution-déconstitution », autrement dit que le droit acquis par l'ayant cause (le droit « transmis ») n'est pas le droit même dont son auteur avait la titularité (n'est pas le droit *de* celui qui l'a transmis) mais un nouveau droit de propriété qui naît en sa personne[2267]. C'est (c'était) là un premier progrès important sur la voie de la « déréification » du droit transmis (il y a longtemps, en effet, qu'il a été montré que « les droits ne sont pas des entités ayant vie, abstraction faite de leurs sujets, qu'ils ne sont que la personnalité envisagée au point de vue des rapports sociaux »)[2268]. Il rend possible de comprendre la coexistence des deux droits au plan de la technique juridique.

On peut considérer cependant que seule la moitié du chemin a été accomplie car la distinction des deux droits est ainsi opérée mais la disparition du droit initial

---

[2266] De la physique « classique » car la physique de l'infiniment petit (la physique quantique) considère précisément le contraire (elle remet en cause la notion d'espace).

[2267] V. *supra*, n° 55 s. ; *adde* en ce sens le texte de l'art. 2385 C. civ. : « Les cessionnaires de ces diverses créances privilégiées exercent tous *les mêmes droits* que les cédants, en leurs lieu et place » – et non pas : les droits *des* cédants.

[2268] E. Lévy, *Preuve par titre du droit de propriété immobilière*, th. préc., 1896, p. 90.

continue à être affirmée. Or la perte du droit (la « déconstitution ») est tout à fait excessive au regard de l'objectif poursuivi, qui est d'assurer la protection de l'ayant droit, et de lui seul. L'approche juridique de l'acte translatif devrait donc se détourner de ce reste de mimétisme inconscient par rapport aux choses matérielles et s'ordonner autour d'un principe plus juridique de proportionnalité (i), lequel commande de considérer que l'auteur dans le transfert ne perd pas le droit transféré mais en conserve une titularité relative et subsidiaire (ii).

i) Proportionnalité

665.– La perte du droit par l'auteur dans le transfert ne peut avoir qu'une seule fonction, puisqu'elle n'est pas dans la « nature des choses » : c'est d'être une condition de l'efficacité de l'acquisition du droit par celui qui l'acquiert. La doctrine ne se soucie pas de cet aspect fonctionnel en cas d'acte translatif, prisonnière qu'elle est du postulat selon lequel le transfert du droit emporte sa perte par le précédent titulaire. Elle a cependant été conduite à raisonner différemment dans le cas de l'acquisition originaire, celle qui ne procède pas d'un transfert. Ainsi en matière de prescription. M. Zénati et Mme Fournier ont sur ce point des développements particulièrement intéressants :

> « *Le nouveau propriétaire ne pourrait valablement exercer son droit si le propriétaire initial dont le droit, qui est imprescriptible, n'est pas affecté par la prescription, continuait de jouir de l'action qui sanctionne son droit. L'extinction de l'action de celui contre lequel s'exerce la prescription est la condition de l'efficacité de la prescription [...] Bien que nécessaire,* l'effet extinctif *n'a pas la même portée que l'effet acquisitif. Il* n'affecte que l'action et n'existe que comme condition de l'efficacité de l'acquisition »[2269].

On voit que le point de départ du raisonnement de ces auteurs est très proche du nôtre. N'étant pas dans une logique d'acte translatif, ils ne raisonnent pas en termes de « perte » du droit en la personne du précédent titulaire. Ils sont donc conduits à s'interroger sur la réaction du système juridique à cette situation très particulière que constitue la superposition sur un même bien de deux droits distincts, celui acquis par prescription (qui doit avoir sa pleine efficacité) et le droit initial (lequel est imprescriptible et ne peut donc pas être « perdu »). Cette réaction, ils la dosent strictement afin qu'elle soit appropriée à l'objectif à atteindre (l'objectif, tout l'objectif, rien que l'objectif). Nulle discussion sur la détermination de celui-ci : il s'agit d'assurer l'efficacité de l'acquisition. Cette efficacité, estiment-ils[2270], est assurée suffisamment par la perte du droit d'action attachée au droit initial. L'existence même de ce droit n'est pas regardée comme étant incompatible *per se* avec l'acquisition du droit nouveau.

[2269] F. Zénati et S. Fournier, *Essai d'une théorie unitaire de la prescription*, RTD civ. 1993, 339 p. 351 (soul. par nous).

[2270] Même sens, déjà : M. Bandrac, *La nature juridique de la prescription extinctive en matière civile*, préc.

Peu importe, de notre point de vue, la nature de la réaction retenue dans ce cas particulier. L'analyse ainsi développée nous paraît avoir une portée beaucoup plus large. L'idée que l'effet extinctif n'a pas la même portée que l'effet acquisitif et n'existe que comme condition de l'efficacité de l'acquisition vaut en effet pour tous les modes d'acquisition. Elle vaut notamment en matière d'acte translatif. Il convient en effet de considérer que si celui-ci fait acquérir le droit par l'ayant cause, il ne le fait *disparaître en la personne de son auteur que dans la mesure de ce qui est nécessaire pour assurer l'efficacité de l'effet acquisitif* attaché au transfert. Aller plus loin, estimer que l'auteur dans le transfert « perd » le droit qu'il transmet est une réaction disproportionnée par rapport à l'objectif.

Si cela étonne à première vue, c'est parce qu'on perçoit deux droits portant sur un même objet comme étant nécessairement concurrents. Or il n'en est rien : ils sont ordonnés ici par une hiérarchie.

ii) Hiérarchie

666.– L'efficacité de l'acte translatif n'impose pas la disparition du droit initial. Elle commande seulement que sa survie ne soit pas incompatible avec celui de l'ayant cause, c'est-à-dire qu'elle ne soit que relative et subsidiaire.

– *Survie relative*

667.– Le droit initial ne peut être opposé à l'ayant cause, sauf raison supérieure[2271]. S'il en allait autrement, c'est l'efficacité de l'acquisition qui serait remise en cause puisque celle-ci doit assurer au nouveau titulaire la pleine maîtrise du droit qu'il a acquis. Cela est vrai dans la perspective du droit de propriété (« Le rapport privatif qu'elle établit confère à la personne à laquelle le bien appartient un pouvoir d'exclure »)[2272]. Cela l'est aussi dans la perspective de toute titularité de droit, si l'on distingue les deux notions.

La survie du droit initial ne peut donc avoir d'incidence concrète qu'à l'égard des tiers à l'acte translatif. Le principe est que ceux-ci sont en droit de se prévaloir de cet acte pour dénier à l'ancien titulaire le droit d'agir contre eux en exécution du droit qu'il a transmis. Cela découle de l'opposabilité du contrat par les tiers aux parties[2273], ou de la « force obligatoire » du contrat dès lors qu'on la distingue du contenu de celui-ci[2274]. La survie du droit initial pourra cependant être invoquée par celui qui l'a transféré afin d'éviter que le jeu de cette opposabilité n'aboutisse à les *libérer sans raison* de leur dette ou de leur devoir contractuel.

Cette survie relative implique que l'exercice de ce droit ne puisse être que subsidiaire.

[2271] V. *infra*, n° 786 in fine.
[2272] F. Zénati et Th. Revet, *Les biens*, préc., n° 90.
[2273] J. Ghestin, C. Jamin, M. Billiau, *Les effets du contrat*, préc., n° 725.
[2274] P. Ancel, art. préc., RTD civ. 1999, p. 771, n° 53.

– *Exercice subsidiaire*

668.– La logique de l'acte translatif emporte que l'exercice du droit initial est subsidiaire par rapport à celui acquis par l'ayant cause, en ce sens qu'il ne peut jamais être exercé qu'en second lieu, à titre de remède ou de garantie et sans pouvoir faire double emploi avec lui ou lui être incompatible. Cela a pour conséquence que cet exercice est impossible dans trois hypothèses. Celle, d'abord, où l'ayant cause choisit[2275] de ne pas agir : ayant acquis la maîtrise du droit, il a en effet toute liberté de l'exercer ou non ; en pareil cas, l'ancien titulaire ne saurait passer outre et exercer le droit à son profit car cela reviendrait à ignorer l'acte translatif et à remettre en cause le pouvoir de disposition absolue de celui qui a acquis le droit. Celle, ensuite, où l'ayant cause agit lui-même car il va de soi que celui contre qui le droit est exercé ne saurait être tenu deux fois ; l'exercice de son droit par l'ayant cause paralyse donc celui de son auteur. Celle, enfin (c'est une variante de la précédente), où l'ayant cause choisit d'agir contre un auteur de son propre auteur.

En pratique, le contrôle de la subsidiarité peut se faire par le biais de *l'intérêt à agir* (« pas d'intérêt, pas d'action »), notion souple voire malléable qui peut se prêter aux interprétations les plus diverses.

On bascule, ici, des considérations générales aux particularités du droit processuel.

2. Particularités du droit processuel

669.– Les développements qui précèdent ont une portée très large en ce sens qu'ils valent en réalité pour tout transfert de droit, qu'il soit substantiel ou d'agir en justice[2276]. S'agissant plus spécialement de ce dernier, il est nécessaire de les compléter en quittant le terrain très général (très « civiliste ») occupé jusqu'ici pour adopter une approche plus processualiste.

La question posée est de savoir si une action en justice est ouverte à l'auteur dans un transfert d'action à titre accessoire. En termes de droit processuel, il convient de se demander quelle portée on est fondé à attacher à un contrôle opéré sur le terrain du seul *intérêt à agir*.

Cette question appelle trois éléments de réponse complémentaires.

670.– Premier élément de réponse : si on entend l'intérêt à agir comme étant un avantage retiré de l'exercice de l'action, il est possible d'objecter que toute discussion sur la question de savoir si l'« auteur » conserve certaines prérogatives attachées au droit transmis à l'ayant cause perd tout intérêt pratique et finalement théorique.

2275 Ainsi que ses créanciers par la voie de l'action oblique...

2276 Au point que la question de savoir si c'est le droit substantiel ou celui d'agir qui survit au transfert est souvent sous-jacente à nos développements...

L'objection présente de toute évidence une part de vérité : il est inutile de s'interroger sur la survie du *droit substantiel* si le seul critère de l'intérêt à agir est tiré non pas de la base juridique sur laquelle repose l'action mais du résultat (patrimonial, ou moral) vers lequel elle est tournée.

On peut répondre que le transfert de la faculté d'agir ne prive pas l'auteur dans le transfert de son *droit d'action*, ce qui caractérise bien l'ubiquité qu'il s'agissait de démontrer... Cette réponse est cependant peu satisfaisante : nous avons vu que l'idée d'un transfert de l'action à titre principal est largement chimérique en raison d'une nécessaire liaison entre le droit d'agir et le droit substantiel[2277] ; or la même raison conduit à considérer que la survivance de la faculté d'agir ne peut qu'être connectée à celle du droit substantiel.

671.– Deuxième élément de réponse : l'intérêt à agir est en réalité une notion polysémique. Cette notion est prise, selon les cas, et sans que l'on s'en rende toujours compte, en deux sens très différents : elle est prise tantôt au sens procédural d'avantage, de profit recherché par l'action en justice ; elle est prise tantôt au sens substantiel d'intérêt légitime juridiquement protégé, c'est-à-dire de droit subjectif[2278]. Dans cette mesure, elle permet donc de consacrer de façon très souple un lien entre la non-perte du droit d'action transmis et celle du droit substantiel.

672.– Troisième élément de réponse : entendu au sens substantiel, l'*intérêt* à agir n'est pas distingué de la notion voisine mais différente de *qualité* à agir « avec la netteté désirable »[2279]. Nous sommes en effet dans le domaine de la recevabilité de l'action en justice, et la question essentielle est de savoir si l'auteur dans le transfert conserve qualité pour agir en justice : qui a qualité pour agir dans une configuration de transfert d'action à titre accessoire[2280] ? en quoi consiste la qualité à agir dans ce cas de figure ? est-ce l'intérêt personnel et direct ? est-ce la survie du droit substantiel ? et dans ce cas, en quoi la qualité se distingue-t-elle du fond du droit ?

Ces questions peuvent trouver une réponse. La qualité constitue la base sur laquelle repose l'action en justice. Elle résulte de la titularité d'un droit source d'une ou plusieurs prérogatives qui dérivent de celui-ci (de droits effluents)[2281]. Sans droit-source, les droits dérivés que l'action prétend mettre en œuvre ne reposent sur aucun support et n'ont pas lieu d'être débattus. Ils en sont néanmoins distincts. Ainsi s'explique que la qualité pour agir ne se confond pas avec le fond du droit, mais qu'en même temps elle entretient des rapports certains avec le fond (par le lien entre le droit-source et chacun des droits effluents qui en sont déduits – qui sont invoqués – en justice).

[2277] V. *supra*, n° 617 s.

[2278] Sur cette distinction (ou confusion ?), v. not. R. Gassin, *La qualité pour agir en justice*, th. préc., qui oppose « l'intérêt-*cause* de l'action » et « l'intérêt-*but* de l'action » (n° 267 s.).

[2279] Vincent et S. Guinchard, *Procédure civile*, préc., n° 99.

[2280] N'est pas considérée la qualité dans le contentieux objectif, dans les cas de prérogatives fonctionnelles, de représentation dans l'action...

[2281] Ex. : les actions en garantie, en revendication, dérivent du droit source de propriété ; l'action en contrefaçon dérive du droit source de propriété intellectuelle ; l'action en exécution du droit de créance...

La vraie question est cependant celle de la distinction de la qualité et de l'intérêt à agir. Cette question déborde largement en dehors du cadre de nos développements, et constitue l'objet d'un vieux débat entre ceux qui considèrent que c'est la qualité qui donne un intérêt protégé juridiquement et ceux qui, à l'inverse, opinent que c'est l'intérêt qui donne qualité à agir. La théorie de l'identité de l'intérêt et de la qualité[2282] n'est certes pas parfaite puisqu'il y a des cas de dissociation entre intérêt et qualité, mais ainsi le veut le nouveau code de procédure civile et ils n'existent – dit-on – que[2283] lorsque l'action est « attitrée »[2284], c'est-à-dire lorsque la qualité fait l'objet d'une attribution légale.

Bornons-nous à marquer ici, sans qu'il soit besoin de prendre parti dans ce débat[2285], que c'est par le jeu d'une équivoque que la notion d'« intérêt à agir » permet d'embrasser les deux éléments de la réalité ici considérée, à savoir le droit d'agir et le principe de droit substantiel qui en constitue le fondement. C'est ainsi que doivent être compris les arrêts examinés.

673.– Il est notable que dans ces arrêts la jurisprudence ne pose pas la question de principe de l'existence du droit d'action de l'auteur *dans* le transfert. Elle se place seulement sur le terrain de son *intérêt* à agir. Tout se passe comme si le droit d'action subsistait en la personne de l'auteur, en dépit de la transmission, sous la seule réserve de ne pas être paralysé par le jeu de la règle « pas d'intérêt, pas d'action ». Or sur ce plan l'hypothèse particulière de raisonnement (celle de la recevabilité de l'action récursoire en garantie) ne pose pas de vraie difficulté : l'existence d'un intérêt à agir de l'auteur dans le transfert n'est pas discutable puisque sa propre responsabilité est recherchée ou engagée par l'ayant cause.

Toutes ces propositions ne sont nouvelles qu'en apparence car on en trouve diverses applications dans la jurisprudence.

b) Applications

674.– Il convient sur ce terrain d'être prudent. Certaines décisions paraissent pouvoir s'expliquer par l'analyse présentée. Il faut réserver cependant d'autres solutions, justifiées par le défaut d'intérêt à agir.

[2282] C'était la théorie de Morel : « la qualité n'est en définitive que l'un des aspects que doit revêtir la condition d'intérêt » (*Traité élémentaire de procédure civile*, 2e éd., préc., n° 27). – *Contra*, beaucoup plus convaincant : R. Gassin, *La qualité pour agir en justice*, th. préc., *passim*.

[2283] La réalité est plus complexe, elle n'est pas toujours conforme à l'idée couramment admise de l'indifférence de la qualité pour agir dans les actions banales (L. Cadiet, préc., n° 469) : certains arrêts se réfèrent à l'absence de qualité pour agir dans des hypothèses où l'action n'est pas attitrée (ex. : v. *infra* nos 676, 690, 712, 716...).

[2284] G. Cornu et J. Foyer, *Procédure civile*, PUF, 3e éd., 1996, p. 285.

[2285] Marquons cependant qu'il est mal compréhensible de confondre des notions qui peuvent commander des solutions différentes...

1. Solutions expliquées par l'ubiquité de l'action

675.– On songe en premier lieu, évidemment, à la recevabilité[2286] de l'action récursoire en garantie puisque l'explication présentée a été bâtie précisément pour expliquer cette solution (i). Une autre question peut être éclairée par la grille de lecture proposée : celle, très débattue en matière de propriété littéraire et artistique, de la recevabilité de l'action en contrefaçon intentée par un adhérent de la SACEM (ii). Enfin, l'analyse présentée permet de renouveler le fondement du privilège du vendeur de meuble (iii).

i) Recevabilité de l'action récursoire en garantie

676.– Rappelons simplement que cette action suppose au moins deux contrats translatifs qui se succèdent sur la même chose (vente et revente, par exemple). Nous avons vu que l'action en garantie est tout à la fois transférée et conservée par le revendeur. L'explication proposée permet de dissiper cette apparente contradiction. Rompant avec le présupposé qui veut que le mécanisme translatif fait nécessairement perdre son droit à l'auteur dans le transfert, elle permet d'abord de faire place à l'idée que le sous-acquéreur est un ayant cause, et qu'il reçoit donc bien l'action comme accessoire de la chose. Elle permet ensuite de comprendre que son auteur n'est pas pour autant dépouillé de sa qualité à agir : nul besoin pour fonder son action de faire appel à une rétrocession de celle-ci, et c'est bien sa propre action qu'il intente (ce qui permet d'expliquer le particularisme qu'elle présente par rapport à celle du sous-acquéreur)[2287] ; simplement cette prérogative n'est que subsidiaire, et son exercice est donc subordonné au choix que fait l'ayant cause de se retourner contre lui au lieu d'agir directement en garantie contre le vendeur initial – ce qui écarte tout débat sur *l'intérêt* à agir de ce dernier[2288].

C'est ainsi que doivent être compris les arrêts qui retiennent que la même défectuosité d'un produit ne peut pas être réparée à la fois au profit de l'acheteur et du sous-acquéreur, le premier agissant en garantie des vices cachés et le second se prévalant d'une action contractuelle directe fondée sur la non-conformité de la chose livrée[2289]. C'est soit l'un, soit l'autre, et si le sous-acquéreur a qualité à agir, le revendeur ne saurait l'avoir également en raison de la subsidiarité de la prérogative qu'il conserve.

[2286] L'existence du droit substantiel est en règle générale une condition du succès de l'action (*infra*, n° 685), et non pas de sa recevabilité. C'est néanmoins bien de recevabilité de l'action qu'il s'agit ici, la question posée étant celle de la qualité à agir de celui qui a cédé son droit.

[2287] V. *supra*, n° 658 ; J. Ghestin et B. Desché, *La vente*, préc., n° 1009 et 1034.

[2288] Le vendeur initial a à l'évidence intérêt à agir contre son auteur dans l'hypothèse où son propre acquéreur agit contre lui : v. les ex. jurisprudentiels cités *supra*, n° 642.

[2289] Cass. civ. 3e, 5 novembre 1997 : Bull. civ. III, n° 195, p. 131. – Même sens : Cass. civ. 3e, 3 octobre 1991, *ibid.*, n° 220 p. 129.

ii) Recevabilité de l'action en contrefaçon

677.– La contrefaçon est aux droits « intellectuels » ce que le vol est aux biens corporels, qu'il y ait usurpation pure et simple ou simple imitation de l'œuvre protégée. Outre les poursuites pénales, elle donne lieu à des réparations civiles. Nous ne considérerons ici que ces dernières, en nous cantonnant au domaine de la propriété littéraire et artistique. Sur ce terrain, l'application stricte des règles de recevabilité de l'action en contrefaçon permettait souvent aux contrefacteurs de ne pas être sanctionnés. Pour pallier cet inconvénient, la jurisprudence a pris du champ par rapport au présupposé de la perte du droit par l'auteur *dans* le transfert. Cela est notable à deux égards : elle reconnaît qualité à agir aux adhérents de la SACEM, et elle a créé de toutes pièces une présomption de titularité des droits d'auteur par la personne morale qui les exploite.

– *Qualité à agir des adhérents de la SACEM*

678.– Même si elle est circonscrite au droit spécial de la propriété littéraire et artistique, cette question revêt une portée très générale et c'est pourquoi nous l'évoquons. La SACEM est prise ici comme exemple de « société de perception et de répartition des droits »[2290], organisme dont l'objet est de gérer collectivement les droits des auteurs ainsi que les droits voisins des artistes-interprètes et producteurs de phonogrammes et vidéogrammes[2291]. Chaque membre « apporte » l'ensemble de ses œuvres à la personne morale[2292], à charge pour elle de lui rétrocéder les redevances perçues auprès des usagers, ce qui implique la conclusion de contrats et le cas échéant la poursuite des contrefacteurs. Il ne s'agit pas d'un apport au sens du droit des sociétés (il n'est pas incorporé dans le capital social), mais la formule généralement adoptée n'en consiste pas moins en un *transfert de la propriété* de tous les droits actuels et futurs[2293]. Cela a l'avantage de donner à la société de gestion collective qualité pour agir en contrefaçon[2294]. C'est dans ce contexte que s'est posée la question de savoir si un membre de la SACEM est recevable à agir en contrefaçon pour la protection de droits qu'il lui a cédés.

La Cour de cassation l'a admis dans un arrêt remarqué du 24 février 1998[2295]. Le litige opposait la société TF1 à un éditeur de musique, la première déniant au second la qualité à la poursuivre en contrefaçon au motif que, ayant adhéré à la SACEM, il était irrecevable à agir pour la protection de droits qu'il avait « cédés ».

[2290] C. propr. intell., art. L. 321-1 à 13, et R. 321-1 à 325-4.

[2291] J. Cl. Propriété littéraire et artistique, fasc. 1560, *Sociétés de perception et de gestion des droits*, par T. Desurmont et C. Guernalec, fév. 2003.

[2292] L'auteur qui entre à la SACEM « fait apport à la société par le présent acte, à titre exclusif et pour le monde entier, du droit qui lui est reconnu... » (acte d'adhésion aux statuts, art. 3).

[2293] Une « *cession* du droit d'exploitation de ses œuvres » : Cass. civ. 1re, 18 octobre 1989 : D. 1990, p. 505 n. P.-Y. Gautier.

[2294] La qualité pour agir en justice est conférée en toute hypothèse aux sociétés de perception par les art. L. 321-1 et L.331-2 C. pr. intell.

[2295] Cass. civ. 1re, 24 février 1998 : D. 1998 p. 471, note A. Françon ; RIDA 1998 p. 213 n. A. Kérever ; D. affaires, 1998, p. 539, obs. J. P.-S. ; JCP E 1999, p. 1485, obs. Ph. Chevet.

L'arrêt donne raison à l'éditeur : « *la cour d'appel a retenu à bon droit que les auteurs et éditeurs ayant adhéré à la SACEM n'en conservent pas moins l'exercice de leurs droits sur l'œuvre, dont ils pouvaient demander la protection, notamment, par l'action en contrefaçon* ». Les données du problème sont donc bien celles qui nous occupent : la cession de ses droits et actions entraîne-t-elle pour l'adhérent la perte du droit d'action cédé ? La difficulté, en effet, est que l'apport à la société de perception est regardé comme étant translatif de la propriété de tous les droits de celui qui adhère ; comment justifier, dès lors, que les auteurs (ou éditeurs) « n'en conservent pas moins l'exercice de leurs droits » et en l'espèce celui d'agir en justice par une action en contrefaçon ? comment comprendre que le transfert ne fasse pas perdre le droit d'agir en protection du droit qui en est l'objet ? comment expliquer qu'il puisse à la fois transmettre le droit d'agir et le conserver ?

Cette question comporte trois réponses possibles, consistant l'une à supprimer cette contradiction entre transfert et exercice du droit en déniant l'existence d'un transfert, l'autre à critiquer la solution, la troisième à l'expliquer autrement. Envisageons-les tour à tour.

679.– On peut d'abord supprimer la contradiction entre transfert et exercice du droit en déniant l'existence d'un transfert. C'est ce parti qu'a retenu la Cour d'appel de Paris dans un arrêt du 22 novembre 1990. Elle considère que l'adhésion à une société d'auteurs n'empêche pas un auteur d'agir en contrefaçon contre un tiers qui méconnaît ses droits car cette adhésion ne consacre pas une véritable aliénation de ceux-ci (« la volonté des parties n'étant pas de consentir une aliénation de ces droits mais d'en assurer l'exploitation et le contrôle dans l'intérêt de leur titulaire »)[2296]. La Cour précise que la solution contraire, consacrée par la jurisprudence afin de permettre à la SACEM d'agir en contrefaçon[2297], n'aurait été nécessaire que « dans le silence des lois antérieures sur le pouvoir d'agir en justice de telles sociétés »[2298]. Peu importe pour nous, il s'agit là d'un point qui n'intéresse que le droit d'auteur (l'idée d'une propriété fiduciaire semble rendre assez bien compte de la nature des prérogatives conférées à la société de perception)[2299]. Ce qui est notable est que la motivation retenue est clairement destinée à résoudre la contradiction entre cession et maintien de la qualité à agir du cédant... en déniant l'existence d'une cession. La Cour d'appel raisonne strictement à partir du présupposé de la perte du droit

---

[2296] CA Paris, 22 novembre 1990, JCP 1991, II, 21736 n. M. Gautreau ; D. 1991 IR p. 35. – Même sens : TGI Paris, 16 juin 1993 : RIDA 1994 n° 270.

[2297] Cass. civ. 1re, 28 juin 1988 : RIDA 1989, p. 220.

[2298] CA Paris, 22 novembre 1990, préc.

[2299] En ce sens : P.-Y. Gautier, *Propriété littéraire et artistique*, préc., n° 405, p. 761. – A. Lucas et H.-J. Lucas, *Traité de la propriété littéraire et artistique*, Litec, 2e éd., 2001, n° 700. – Considérer que la Sacem bénéficie d'un transfert fiduciaire des droits des auteurs qui en sont membres, et y voir un exemple de transfert sans perte du *droit* peut paraître contradictoire avec l'analyse développée ci-dessus selon laquelle on a tort de regarder le quasi-usufrruit comme étant translatif de propriété car c'est une une fiducie et donc un simple mécanisme d'extension de *pouvoir* (n° 443). La contradiction apparente tient cependant à l'ambiguïté du mécanisme fiduciaire lui-même car il est tantôt un simple transfert de pouvoir (ex. de la pension livrée), tantôt un véritable transfert de propriété (ex. des fiducies-sûretés). Il est notable, en toute hypothèse, que le transfert n'entraîne pas ici la perte des pouvoirs transférés.

transmis : on ne peut transmettre et conserver ; l'auteur a conservé *parce qu'*il n'a pas transmis.

680.– Si l'on ne remet pas en cause l'existence d'un transfert dans le cas de figure considéré, on est conduit – par l'effet du présupposé de la perte du droit transmis – à critiquer la solution retenue par l'arrêt de la Cour de cassation. C'est ce que font, très vivement, ses deux annotateurs[2300]. Le professeur Françon retient que « dès lors que la SACEM est cessionnaire des droits de ses membres, ceux-ci ne peuvent plus ni traiter, ni ester en justice au sujet des mêmes droits ». On remarque avec un certain étonnement que l'éminent auteur raisonne comme si le litige opposait l'éditeur non pas à un contrefacteur mais à la SACEM elle-même (première partie de son commentaire : « La thèse de la SACEM est la suivante » ; deuxième partie : « Les justifications juridiques des prises de position de la SACEM ») alors pourtant, il le note in fine, « que la SACEM n'était pas partie au procès dans la présente espèce » ! C'est que le poids du présupposé de la perte du droit transmis est si fort qu'il n'imagine même pas que puisse être mis en question le principe de cette perte[2301] ou son opposabilité par le tiers, et qu'il s'emploie seulement à démontrer son opportunité. Pour cela il est conduit à souligner que « l'auteur (ou l'éditeur) qui adhère à la SACEM s'engage « d'une façon générale à ne rien faire ni entreprendre qui puisse nuire aux intérêts matériels et moraux de la société et de ses membres », alors que ce n'était pas la question posée dans ce litige ; il est vrai qu'il soutient de façon très générale que « ce serait, semble-t-il, nuire à la cohérence de la gestion collective que de dire que, en pareil cas, l'auteur peut agir contre le contrefacteur »[2302].

681.– Notre propre lecture de cet arrêt est très différente. Nous relevons en premier lieu qu'il rejette le pourvoi sans condamner le mécanisme de la cession des droits de l'éditeur à la société de perception. La formulation qu'il retient (« les auteurs et éditeurs ayant adhéré à la SACEM *n'en conservent pas moins* » qualité à agir en contrefaçon) marque tout au contraire le souci de concilier la cession des droits *et* le maintien du droit d'agir. Autrement dit, la Cour de cassation s'en tient à sa jurisprudence en ce qui concerne l'effet translatif attaché à l'adhésion à la SACEM et désavoue implicitement sur ce point l'arrêt de la Cour d'appel de Paris évoqué plus haut.

Ce faisant, elle consacre une solution contraire au présupposé qui veut que l'on ne peut pas tout à la fois transmettre un droit et le conserver. C'est ce qui fait l'intérêt de cet arrêt. Il va sans dire que les critiques qui lui ont été adressées sur ce point sont pour nous injustifiées. Celles de Françon reposent implicitement sur l'idée que s'il y a deux droits d'agir, ils ne peuvent être que concurrents, ce qui est de nature à nuire à l'efficacité de la gestion collective qu'assure la SACEM. Nous préférons interpréter

---

[2300] A. Françon, n. préc., D. 1998 p. 471 ; A. Kéréver, n. préc. RIDA 1998 p. 213.

[2301] Cf. sur ce point A. Kéréver, n. préc., qui évoque la distinction des deux séries de rapport (« Il semble plutôt que la Cour de cassation ait voulu distinguer entre d'une part les rapports entre la SACEM et les usagers, et d'autre part ceux entre cette société et les auteurs adhérents, apporteurs de droit ») mais en critique le principe même, aux motifs qu'elle méconnaît une « logique incontournable : le cédant se dépossède de son droit qui n'appartient qu'au cessionnaire » et qu'elle « ne peut qu'engendrer le désordre juridique » (n. préc., RIDA 1998 p. 241 et 247).

[2302] A. Françon, *ibid.*, p. 473.

l'arrêt comme ne donnant aux auteurs et éditeurs que qualité *subsidiaire* à agir en justice, en ce sens que cette action ne doit pas contrevenir à l'attitude adoptée par la SACEM sur le point en litige. Ainsi, l'argument selon lequel l'action intempestive de l'éditeur est de nature à contrarier les négociations que la SACEM mènerait par ailleurs avec le contrefacteur[2303] ne saurait être soutenu car il va de soi qu'une telle négociation (plus précisément : le résultat de celle-ci, nécessairement connu avant la fin de la procédure en cassation) aurait pour effet le rejet de l'action intentée par l'éditeur.

Plus fondamentalement, nous voyons dans cet arrêt une application de la dissociation qu'il convient d'établir entre le droit acquis et le droit transmis. Le mécanisme translatif fait acquérir un droit mais il n'emporte pas perte à l'égard des tiers de celui de l'ancien titulaire. Simplement, il le met en sommeil, son exercice étant en règle générale incompatible avec celui qui a été acquis. Dans certains cas, cependant (désintérêt ou inertie du nouveau titulaire) il peut être expédient de reconnaître à l'auteur *dans* le transfert qualité à se prévaloir du droit transmis lorsqu'il apparaît qu'il a intérêt à le faire (il est notable que ce point n'était pas discuté en l'espèce) et que celui du tiers ne mérite pas protection. Tel est bien le cas en l'espèce. Cette solution est assurément mieux adaptée au problème posé qu'une action en responsabilité civile contre la société de perception[2304].

– *Présomption de titularité des droits au profit de la personne morale qui exploite l'œuvre*

682.– En droit français, a la qualité d'auteur d'une œuvre de l'esprit son créateur. Il ne peut donc s'agir que d'une personne physique : une personne morale n'est jamais investie à titre originaire des droits d'auteur, sauf s'il s'agit d'une œuvre collective[2305] ; elle peut seulement en être cessionnaire. Lorsqu'une société veut poursuivre un tiers qu'elle prétend contrefacteur, elle doit en conséquence établir qu'elle a qualité pour agir, c'est-à-dire qu'elle est titulaire des droits en qualité de cessionnaire ou parce qu'il s'agit d'une œuvre collective. L'inconvénient de cette règle est qu'elle permettait souvent aux contrefacteurs d'échapper à toute action en réparation[2306]. « Permettait » : l'imparfait s'impose car une jurisprudence audacieuse déconnecte aujourd'hui la qualité à agir de la *titularité* des droits pour ne la faire dépendre que de leur seule *exploitation*. Inaugurée en 1993[2307], elle a été réaffirmée depuis à de multiples reprises[2308]. Son domaine traditionnel est celui de l'œuvre à l'élaboration de laquelle plusieurs personnes ont contribué, ce qui revient à dispenser le demandeur de la preuve de son caractère collectif.

[2303] Argument émis par Françon, *loc. cit.*

[2304] Seul remède retenu par Françon (n. préc.) et M. Kéréver (n. préc., p. 249).

[2305] C. propr. intell., art. L. 113-2 al. 3 et L. 113-5.

[2306] Ex. : CA Paris, 24 mai 1984 : Gaz. Pal. 1985. 2, somm. p. 257 (« il s'ensuit que la demanderesse n'apporte pas la preuve de ses droits sur le modèle et doit, dès lors, être déclarée irrecevable en son action en contrefaçon de ce modèle, fondée sur la loi du 11 mars 1957 »). – X. Linant de Bellefonds, *Droits d'auteur et droits voisins*, Dalloz, 2002, n° 287.

[2307] Cass. civ. 1re, 24 mars 1993 : JCP 1993, II, 22085 n. P. Greffe ; RTD com. 1995 p. 418 obs. A. Françon.

[2308] V. J.-L. Goutal, *Présomption de titularité des droits d'exploitation au profit des personnes morales : la Cour de cassation maintient sa jurisprudence*, RIDA 1998 p. 65. Ex. : Cass. com. 20 juin 2006, n° 04-20.776.

Elle est cependant utilisée également (c'est sur ce point qu'elle intéresse nos développements) comme un substitut à la cession des droits. Un arrêt du 3 avril 2001 en fournit un bon exemple : une entreprise, employeur d'un styliste créateur de modèles contrefaits, avait agi en contrefaçon (soulignons qu'il n'y avait qu'un seul créateur personne physique : il n'était donc pas question ici que l'œuvre soit collective) avant de se faire céder par celui-ci ses droits de propriété intellectuelle. Les juges du fond ayant accueilli la demande, le pourvoi faisait valoir que cette entreprise n'était pas le créateur de l'œuvre et n'était devenue cessionnaire de celle-ci que postérieurement à l'introduction de l'instance en contrefaçon. La Cour de cassation se contente de constater pour le rejeter :

> « *qu'en l'absence de toute revendication du créateur, celui qui exploite un modèle sous son nom est présumé, par ces actes de possession et à l'encontre des personnes poursuivies en contrefaçon, titulaire de la propriété incorporelle de l'œuvre* »[2309].

L'hypothèse est donc différente de celle que nous considérons, ainsi que de celle précédemment examinée, en ce sens qu'il n'y a pas ici non-perte d'un droit transmis. Le rapprochement, néanmoins, ne peut manquer d'être opéré : dans les deux cas, il y a une même duplication fonctionnelle du droit d'agir en contrefaçon, lequel est pourtant une prérogative du propriétaire. Il se recommande d'autant plus qu'il est très frappant de retrouver ici dans le raisonnement du juge du droit les deux mêmes conditions de relativité (« est présumée *à l'encontre des personnes poursuivies...* ») et de subsidiarité (« *en l'absence de toute revendication du créateur* ») de la titularité reconnue. La similitude de conditions est logique : qu'elle soit conservée ou, comme ici, présumée, la propriété a seulement un caractère fonctionnel ; elle intéresse les seuls rapports de celui qui s'en prévaut et d'un tiers qu'il s'agit d'empêcher de se prévaloir du transfert (ou, comme ici, de l'absence de transfert) pour échapper à l'exécution d'une obligation contractuelle ou d'un devoir plus général.

iii) Action en revendication spéciale de l'article 2332, 4° du Code civil

683.– Le Code civil offre au vendeur de meubles au comptant impayé qui a eu l'imprudence de livrer une alternative à l'action en résolution : la possibilité de revendiquer la chose (« *Si la vente a été faite sans terme, le vendeur peut même revendiquer ces effets tant qu'ils sont en la possession de l'acheteur et en empêcher la revente...* ») (art. 2332, 4°). Cette revendication embarrasse depuis toujours la doctrine. Revendiquer, en effet, c'est intenter une « action en justice par laquelle on fait établir le droit de propriété qu'on a sur un bien »[2310]. Or, le principe est que la propriété se transfère *solo consensu*. Etant transférée à l'acheteur, elle est donc nécessairement perdue pour le vendeur (selon le présupposé général). Comment expliquer, alors, cette étrange action en « revendication » ?

[2309] Cass. civ. 1re, 3 avril 2001 : D. 2001, somm. comm. p. 2636 obs. P. Sirinelli.- Rappr. Cass. crim. 24 février 2004, D. 2004 p. 1086.

[2310] G. Cornu, *Vocabulaire juridique*, V° *Revendication*.

Les auteurs ont rivalisé d'ingéniosité. Partant du postulat qu'il ne peut s'agir d'une revendication de la propriété, ils ont d'abord considéré qu'est ainsi consacrée une revendication de la rétention. Cette analyse est cependant contradictoire dans les termes puisque le droit de rétention, précisément, s'éteint avec la livraison. On dit alors : ce qui est revendiqué, c'est la détention en vue de la rétention, le droit de rétention renaissant précisément de la détention recouvrée[2311]. D'autres auteurs préfèrent une autre explication : on serait en présence « plutôt » d'« une sorte de droit de repentir »[2312]. Les précautions de forme traduisent une extrême gêne.

L'histoire éclaire en partie la solution, qui remonte au droit romain. Celui-ci protégeait le vendeur impayé par une action en revendication car le transfert de propriété était subordonné au paiement du prix ; cette règle n'était écartée que dans la vente à crédit, qui rendait l'acheteur propriétaire et faisait du vendeur un simple créancier du prix. Contestée dans l'ancien droit[2313], la règle a été reprise par les rédacteurs du Code civil en dépit de son incompatibilité avec les articles 1138 et 1583 du Code civil. C'est précisément cela qu'il est difficile de comprendre. Certains auteurs considèrent qu'elle n'est incompatible qu' « avec la lecture habituelle » qui est faite de ces articles, car ils estiment que les textes du Code civil, loin de consacrer le principe du transfert consensuel de la propriété, ne sont qu'un syncrétisme du droit romain, de l'ancien droit et de la pensée jusnaturaliste[2314]. Sans entrer dans ce débat, nous observons que la solution examinée constitue une illustration particulière de la non-perte du droit transmis. Si revendication il y a, en effet, c'est qu'il s'agit de recouvrer la propriété ; c'est donc bien que celle-ci n'a pas été perdue, en dépit de l'acquisition de la propriété par l'acquéreur. Cette approche a l'avantage de prendre le terme revendication dans son sens propre[2315].

Il s'agit cependant d'une application très particulière car la propriété conservée ici par l'auteur dans le transfert n'a pas les caractères relatif et subsidiaire habituels. Elle est non seulement opposable à l'ayant cause, mais concurrente de la sienne. Il y a donc atteinte à la propriété acquise. Soulignons cependant[2316] que cette atteinte est d'origine légale, justifiée par l'inexécution d'une obligation essentielle de l'acheteur, enfermée dans des conditions très strictes (délai de huit jours, meubles vendus au comptant qui sont encore en l'état) et paralysée par l'ouverture d'une procédure collective contre l'acquéreur... L'atteinte est donc strictement cantonnée dans son

---

[2311] M. Dagot, *Les sûretés*, préc., p. 204 ; M. Cabrillac et Ch. Mouly, *Droit des sûretés*, préc., n° 648.

[2312] Ph. Malaurie et L. Aynès, *Les sûretés, La publicité foncière*, Defrénois, 2004, par L. Aynès et P. Crocq, n° 605. – Rappr. J.-P. Chazal et S. Vicente, *Le transfert de propriété par l'effet des obligations dans le code civil*, art. préc., RTD civ. 2000, p. 477 n° 14, 49 et 52.

[2313] *Faut-il retarder le transfert de propriété ?* JCP E 1995, suppl. Cahiers dr. de l'entr. n° 5, préc., Compte rendu du rapport du professeur Bernard Durand, *L'évolution historique de la règle*, p. 2 s. ; J.-Ph. Lévy et A. Castaldo, *Histoire du droit civil*, préc., n° 504.

[2314] J.-P. Chazal et S. Vicente, *Le transfert de la propriété par l'effet des obligations*, art. préc., RTD civ. 2000 p. 477, n° 14 et 50.

[2315] Il convient d'admettre que la notion de revendication a ici une signification quelque peu différente de la revendication exercée contre celui qui a usurpé la propriété (voleur, auteur d'un abus de confiance...). Un autre point faible de la démonstration est que l'article 2332,1° évoque également la « revendication » par le bailleur d'immeuble des biens garnissant les lieux loués lorsqu'ils ont été déplacés sans son consentement, prenant simplement alors le mot pour synonyme de « restitution ».

[2316] Que l'acquéreur ne mérite pas protection ici...

domaine et dans sa portée. Si le vendeur veut se protéger de façon plus efficace, il faut qu'il stipule une clause de réserve de propriété qui a pour effet de déroger au principe de l'effet translatif immédiat de la vente (C. com., art. L. 624-16 al. 2). La procédure est dans les deux cas la même : son premier acte consiste à rendre indisponible le bien dont on requiert la « restitution », au moyen d'une saisie-revendication[2317].

684.– Les diverses applications ainsi mises au jour de la non-perte du droit transmis n'autorisent cependant pas à considérer qu'il s'agit là d'un mécanisme général. Il convient de réserver les solutions contraires.

2. Autres solutions justifiées par le défaut d'intérêt

685.– Tout « ancien » titulaire d'un droit, en ce sens qu'il l'a transféré à une autre personne, peut-il se prévaloir de ce droit en justice pour réclamer son exécution ? L'hypothèse ainsi envisagée, il faut commencer par le noter, est relativement rare. Cela s'explique par le fait que celui qui a transféré un droit n'est plus concerné par celui-ci et ne se préoccupe donc pas de ce qu'il en advient. Les exemples où il s'en prévaut qui viennent d'être évoqués montrent que le droit survit, certes, en sa personne, mais ils illustrent des cas où l'intérêt à agir en se prévalant du droit transféré ne pouvait pas être contesté.

Condition nécessaire au *succès* de l'action, la titularité du droit substantiel n'est pas en effet une condition suffisante à la *recevabilité* de celle-ci[2318]. Encore faut-il que le demandeur ait quelque avantage à en retirer car « *pas d'intérêt, pas d'action* »[2319]. Cette règle traditionnelle, reprise par l'article 31 du nouveau code de procédure civile, est « destinée à ménager le temps des juges, les deniers de l'État, et à empêcher de naître des contestations inutiles ou vexatoires »[2320]. Lorsqu'il en est fait application, cela occulte évidemment l'ubiquité du droit transféré, voire l'existence même d'un transfert, puisque la question de la titularité du droit n'a pas à être examinée.

686.– Deux exemples peuvent illustrer ce phénomène. Premier exemple : celui qui n'exerce plus son activité professionnelle et a cédé son cabinet est irrecevable à demander la fermeture du cabinet qu'a ensuite ouvert un ancien salarié au mépris d'une clause de non-concurrence ; la Cour de cassation a rejeté le pourvoi formé contre l'arrêt qui avait retenu cette solution en relevant que la Cour d'appel n'avait fait qu'user de son pouvoir souverain d'appréciation en jugeant, par application de l'article 31 NCPC, que l'ancien « titulaire du cabinet » (sic) était dépourvu d'intérêt à agir[2321]. Le professeur Serra retient dans ses observations sous l'arrêt que si

---

[2317] D. n° 92-755 du 31 juillet 1992, art. 155. Cette mesure d'exécution forcée n'est pas une garantie de la seule propriété : elle peut être utilisée par le bailleur sur les meubles garnissant les lieux loués.

[2318] Plus précisément : à la recevabilité de la *demande en justice*, traduction processuelle de l'action (J. Vincent et S. Guinchard, *Procédure civile*, préc., n° 94). Rappr. *supra*, n° 610.

[2319] NCPC, art. 31. L'idée est que la notion d'intérêt à agir est prise ici au sens procédural d'avantage retiré de l'action en justice (v. *supra*, n° 671).

[2320] Morel, *Traité élémentaire de procédure civile*, préc., n° 27.

[2321] Cass. com., 4 janvier 1985 : D. 1985 IR p. 386 obs. Y. Serra.

l'ancien propriétaire du cabinet n'a plus d'intérêt à agir c'est parce qu'il n'est plus titulaire de la créance de non-concurrence ; l'éminent commentateur explique pourquoi : accessoire du poste professionnel, cette créance se transmet de plein droit aux titulaires successifs de celui-ci, « autrement dit » le créancier originaire n'en était plus titulaire ; c'est le poids du présupposé, on le voit, qui guide ce raisonnement. Il est notable que celui suivi par l'arrêt est beaucoup plus simple : la question de savoir si la créance a été cédée comme accessoire du fond n'est pas posée ; il est seulement relevé que, du fait de la cession du cabinet, le demandeur « n'a plus aucun intérêt à exiger la fermeture de celui de l'ancien salarié » (ce que le regretté commentateur ne manque pas de relever : la créance de non-concurrence ne présente plus aucune utilité pour le cédant du fond)[2322]. Autrement dit, l'irrecevabilité n'est pas fondée sur la perte du droit ; elle est justifiée par un argument « amont », si l'on peut dire, l'existence ou non d'un intérêt à agir, dont la Cour de cassation prend le soin de souligner qu'elle relève du pouvoir souverain d'appréciation des juges du fond[2323].

687.– Second exemple : est irrecevable la demande en paiement d'une contribution destinée à préserver les droits acquis par un salarié formée par un organisme de retraite qui a été dissous et repris par une autre institution en cours d'instance et n'aura donc pas à verser une retraite à ce salarié. L'arrêt de rejet rendu dans cette espèce se borne à rappeler « qu'une partie ne peut agir en justice que si elle a intérêt et qualité à cette fin »[2324]. Aucune allusion n'est faite au transfert de la créance au repreneur, à sa perte par le demandeur. Là aussi, ce sont des considérations d'opportunité qui commandent de retenir qu'il y a défaut de droit d'agir.

688.– Par delà ces exemples, il fait peu de doute que la jurisprudence est portée à n'admettre qu'avec réticence la recevabilité de ce type d'action. Car lorsqu'on dit que l'effet translatif bénéficie de la force obligatoire du contrat on pense d'abord à son aspect positif, c'est-à-dire à l'effet *acquisitif* de propriété dont bénéficie l'ayant cause. Cette force obligatoire joue cependant aussi négativement, c'est-à-dire en ce qui concerne l'effet de perte supposé (présupposé) de la propriété de l'auteur *dans* le transfert. Il y a là pour les tiers une commode fin de non-recevoir. Nous en marquons ici la place.

Cela est d'autant plus nécessaire que cette place est importante dans l'hypothèse, voisine mais différente, où le droit d'action dont se prévaut l'auteur dans le transfert a été transmis à titre d'accessoire non pas d'une chose mais d'une créance.

[2322] La question se pose de savoir pourquoi le nouveau propriétaire du cabinet a choisi de ne pas agir lui-même (cette incertitude distingue cette espèce de celles évoquées ci-dessus et autorise peut-être à y attacher une portée originale : si le nouveau propriétaire tolère la violation de l'engagement, l'ancien ne doit pas pouvoir s'y opposer).

[2323] On peut dire que le défaut d'intérêt *au sens procédural* d'avantage retiré de l'action en justice dispense de s'interroger sur l'existence d'un intérêt à agir *au sens substantiel* de droit subjectif (*i.e.* : sur la qualité à agir) (sur cette distinction, v. *supra*, n° 672).

[2324] Cass. civ. 2e, 17 novembre 1993 : Bull. civ. II, n° 323, p. 180. Il est notable que l'arrêt n'explicite pas la différence entre ces deux notions ; il se contente de répéter ce que l'on trouve dans tous les manuels (rappr. *supra*, n° 669 s.).

SECTION II

L'INCONNU : TRANSFERT DE L'ACTION À TITRE D'ACCESSOIRE D'UNE CRÉANCE

689.– Ce n'est évidemment pas le principe même du transfert de l'action à titre d'accessoire d'une créance qui est « inconnu », ou peu connu. Il s'agit là, tout au contraire, d'une solution à la fois traditionnelle et logique. En effet il n'y a rien d'étonnant à ce que l'on retrouve en matière d'acte translatif de créances le même mécanisme de transfert conjoint du bien *et de ses accessoires* qu'en matière d'acte translatif d'une chose : ne s'agit-il pas, dans les deux cas, d'un transfert de « propriété » (de la propriété d'une chose dans un cas, de la « propriété » d'une créance dans l'autre) ?

La question de la « propriété » des créances a déjà été évoquée dans le chapitre préliminaire, auquel il convient donc de renvoyer. Soulignons, tout au plus, qu'en ce qui concerne son transfert elle présente des spécificités plus ou moins marquées (que l'on peut expliquer par le fait que « *la créance n'est pas un bien quelconque : c'est un rapport de droit personnel, dans lequel il va falloir, par hypothèse, opérer une substitution de créancier* »)[2325]. Illustrons-les brièvement par deux exemples. Premier exemple, celui de la cession : l'opposabilité de l'acte de cession est subordonnée à l'accomplissement des formalités de l'article 1690 du Code civil ; il y a là une spécificité, mais qui touche simplement aux modalités de l'opposabilité du transfert, car le principe a son équivalent dans la propriété des choses (la mise en possession du meuble ; la publicité foncière pour l'immeuble).

Second exemple, qui illustre un reflux de la spécificité : en cas d'ouverture d'une procédure collective à l'égard du débiteur, le défaut de revendication de sa chose meuble par le propriétaire (C. com., ancien art. L. 621-115, devenu L. 624-9) rend simplement son droit de propriété « *inopposable* à la procédure »[2326] alors que, jusqu'à l'entrée en vigueur de la loi du 26 juillet 2005 (qui reste inapplicable aux procédures en cours au 1er janvier 2006), le défaut de déclaration des créances dans le délai légal entraînait en règle générale[2327] leur *extinction* (C. com., ancien art. L. 621-46 al. 4). En cas de négligence, mieux valait donc être propriétaire *stricto sensu* que créancier (à tout le moins pendant la période d'observation, et en cas d'adoption d'un plan de continuation, car l'adoption d'un plan de cession ou le prononcé de la liquidation judiciaire entraîne de facto la perte du droit). Le nouvel article L. 622-26 ayant fait disparaître la malencontreuse extinction des créances non

---

[2325] J. Carbonnier, *Droit civil, vol. 2*, préc, n° 1231, p. 2450.

[2326] « si l'absence de revendication rend le droit de propriété inopposable à la procédure collective, elle n'entraîne cependant pas extinction de ce droit de propriété, ni le transfert de la propriété au débiteur, la forclusion ne constituant pas un mode d'acquisition de ce droit, ce dont il résulte que dans les rapports entre le débiteur et le bailleur, l'absence de revendication est sans incidence » : Cass. com., 4 janvier 2000 (D. 2000 p. 533 n. E. Le Corre-Broly ; Act. proc. coll. 2000 n° 40 obs. Regnaut-Moutier ; RJ com. 2000 p. 266 n. Dumesnil-Rossi et Santana). – Cass. com., 26 novembre 2002, préc. *supra* note 1832.

[2327] Un sort spécial était fait aux créanciers titulaires d'une sûreté ayant fait l'objet d'une publication ou d'un contrat de crédit-bail publié (C. com., ancien art. L. 621-46 al. 2).

déclarées, le risque encouru par le « propriétaire » en cas d'ouverture d'une procédure collective contre son cocontractant est donc aujourd'hui de même nature. Mieux vaut cependant être propriétaire stricto sensu d'un meuble dont le contrat a été publié (crédit-bail), celui-ci n'étant pas même soumis à l'action en revendication et à ses délais mais relevant du domaine de la simple action en *restitution* (C. com., rt. L. 624-10)[2328].

690.– Il est moins connu qu'en matière de transfert des créances *aussi* on trouve des cas de *non-perte* de son droit d'action par l'auteur *dans* le transfert, des cas de duplication du droit d'action. Cela est de nature à étonner (ne considère-t-on pas – la qualité se confondant le plus souvent avec l'intérêt à agir[2329] – que « *le cédant perd qualité à agir sur la créance par le seul effet de la cession* »[2330] ?) tant sont nombreuses et dûment répertoriées les hypothèses inverses, celles dans lesquelles le transfert de la créance entraîne pour lui la perte du droit d'agir. Une jurisprudence bien affirmée n'en consacre pas moins la solution contraire.

Pour en apprécier toute la portée (§ 2), il convient de rappeler au préalable les données de l'approche que l'on peut dire classique, celle qui corrèle transfert et perte du droit d'agir (§ 1).

§ 1. – CORRÉLATION DU TRANSFERT ET DE LA PERTE DU DROIT D'AGIR

691.– C'est toute l'architecture traditionnelle de la transmission des créances qu'il convient d'évoquer ici, car la règle examinée en est le pivot. Le transfert de la créance fait acquérir à l'ayant cause la qualité de créancier, de sorte qu'il peut agir en paiement contre le débiteur. On en déduit que l'auteur dans le transfert perd cette qualité. Ils ne sauraient, en effet, l'avoir l'un et l'autre car ces deux qualités sont perçues comme étant *incompatibles*.

Cette incompatibilité constituant le ressort de toute la question examinée, il convient d'en circonscrire le domaine (A) et d'examiner les effets qui y sont attachés (B).

A. – Domaine de l'incompatibilité

692.– Il s'agit simplement ici de rappeler une évidence, à savoir que les droits de l'auteur et de l'ayant cause ne sont susceptibles d'être incompatibles que relativement à l'objet du transfert. Il va en effet de soi que l'ayant cause ne saurait évincer son auteur que dans la seule mesure de ce qui lui a été cédé. Deux exemples, simples, peuvent illustrer cette proposition.

Le premier est celui du paiement partiel par le subrogé du créancier subrogeant. La subrogation, c'est-à-dire le transfert de la créance, n'a lieu que dans la mesure

---

[2328] F. Pérochon et R. Bonhomme, ouvr. préc., n° 294.
[2329] V. cep. sur ce point *supra*, n° 670.
[2330] M. Billiau, *La transmission des créances et des dettes*, préc., n° 71.

du paiement[2331]. Le créancier initial reste donc seul titulaire de la partie de celle-ci qui ne lui a pas été payée, et à cet égard ses droits ne sont pas susceptibles d'être incompatibles avec ceux du subrogé puisque celui-ci n'en a pas reçu la titularité, et son intérêt à agir n'est pas discutable. En pratique, il est vrai, cela n'est pas tout à fait exact car il est bien connu que pour le recouvrement de cette créance résiduelle, ainsi que pour l'exercice des droits accessoires, il se trouve d'une certaine façon en situation de concours avec le subrogé (ce conflit est réglé à son avantage par application de la règle *Nemo contra se subrogasse censetur* dont fait application l'article 1252 du Code civil : « *La subrogation [...] ne peut nuire au créancier lorsqu'il n'a été payé qu'en partie ; en ce cas, il peut exercer ses droits, pour ce qui lui reste dû, par préférence à celui dont il n'a reçu qu'un paiement partiel* »). Mais il s'agit alors d'un problème de mise en œuvre et non pas d'une incompatibilité de principe.

693.– Le second exemple, à portée plus générale, porte sur la qualité de contractant. Un premier point est de savoir si la transmission de la créance investit l'ayant cause de la qualité de partie à l'acte juridique qui l'a fait naître. Ce point est discuté. Certains auteurs considèrent que oui[2332], et on peut invoquer en ce sens le fait que le nouveau titulaire de la créance, en cas de défaillance du débiteur, pourra ou devra invoquer à l'encontre du débiteur défaillant les règles de l'inexécution du contrat (si contrat il y a), et non pas celles de la responsabilité civile du droit commun[2333], et qu'il devra en particulier se plier aux clauses du contrat qui aménagent la mise en œuvre de cette responsabilité[2334]. D'autres auteurs opinent que non[2335], et cette solution a été retenue par un récent arrêt de la Cour de cassation (une clause d'agrément, qui interdit au cocontractant de céder les créances sans le consentement de l'autre partie[2336], ne lie pas le cessionnaire de la créance née du contrat où cette clause est stipulée car celui-ci « n'était pas partie à ce contrat » en tant que tel, et il ne l'avait pas acceptée, précise cet arrêt)[2337].

[2331] « L'hypothèse d'un paiement *partiel* est nettement distincte de celle d'un paiement *incomplet* fait avec l'idée que la différence constituerait une forme de rémunération ou de profit pour le solvens » (F. Terré, Ph. Simler, Y. Lequette, *Les obligations*, préc., n° 1384, soul. par nous).

[2332] J. Flour, J.-L. Aubert, E. Savaux, *L'acte juridique*, préc., n° 439 (« la volonté de l'auteur et de son ayant cause est de déplacer du premier vers le second les effets du contrat, ou de certains d'entre eux. Le cessionnaire [du contrat *ou de l'obligation qu'il a engendrée*], là encore, a la qualité de partie substituée ou subséquente »). Même sens, not. : P. Puig, art. préc., p. 933.

[2333] Ex., en raisonnant par analogie : l'action directe du sous-acquéreur contre le fabricant pour la garantie du vice caché doit être intentée dans le "bref" délai de l'article 1648 C. civ. (Cass. civ. 1re, 9 octobre 1979 : D. 1980 IR 222 obs. Ch. Larroumet, préc.).

[2334] En ce sens, l'ayant cause n'est pas tenu d'une obligation née du contrat mais il est tenu sur ce point par sa force obligatoire.

[2335] J. Ghestin, *Nouvelles propositions pour un renouvellement de la distinction des parties et des tiers*, RTD civ. 1994, p. 777, n° 8 p. 787 ; J. Ghestin, C. Jamin, M. Billiau, *Les effets du contrat*, préc., n° 693 et 733 ; M. Billiau, *La transmission des créances et des dettes*, préc., n° 27 et 37 ; MM. Perrot et Théry soulignent que la saisie des loyers ne confère pas au créancier saisissant la qualité de bailleur (*Procédures civiles d'exécution*, préc., n° 374, p. 399). Rappelons que l'acquéreur de la chose n'acquiert pas la qualité de partie au contrat amont dans la chaîne des transmissions (*supra*, n° 644).

[2336] Clause désormais nulle en application de l'art. L. 442-6, II*c* C. com. lorsqu'elle est stipulée par une entreprise (par un « producteur, commerçant, industriel ou artisan ») (réd. L. 15 mai 2001).

[2337] Cass. com., 21 novembre 2000 : D. 2001, p. 123 obs. V. Avena-Robardet. Il est certainement difficile de considérer qu'une telle clause constitue un « accessoire » de la créance, « transmis » avec celle-ci... (rappr. *infra*, n° 746).

Sans qu'il soit besoin ou possible de trancher ce débat ici, nous relevons, c'est un second point, que le transfert d'une obligation née d'un contrat ne fait pas perdre à l'auteur *dans* le transfert sa qualité de partie à ce contrat, qu'il doit exécuter. Cela ne souffre aucune contestation. Par exemple « un vendeur qui cède à un banquier sa créance de prix n'en reste pas moins le vendeur à l'égard de son acheteur ; c'est lui, et non le banquier cessionnaire, qui va rester tenu de la garantie contre l'éviction et contre les vices cachés [...] »[2338]. Là encore, la non-perte de sa qualité juridique et des effets (et donc des droits) qu'elle emporte pour l'auteur *dans* le transfert « découle » (au regard du présupposé) du fait qu'elle n'a pas été transmise, qu'elle reste extérieure au transfert.

Le domaine de l'incompatibilité examinée est donc circonscrit aux droits qui constituent l'objet même du transfert. C'est à leur égard que s'appliquent les effets présentés comme étant destinés à la prévenir.

B. – Effets attachés à l'incompatibilité

694.– Pourquoi le transfert d'un droit implique-t-il sa perte en la personne de l'auteur ? La réponse habituelle à cette question consiste à dire : parce qu'on ne peut pas à la fois céder et retenir. Mais, nous l'avons souligné à de multiples reprises, il s'agit là d'une réponse dictée par la force d'un postulat qui, conçu dans la perspective d'un droit « réifié », ne peut concevoir pour celui-ci qu'une seule localisation, et impose donc qu'il soit perdu par l'auteur *dans* le transfert. Si l'on s'affranchit de ce postulat et que l'on raisonne dans la perspective d'une donnée incorporelle, cette bi-localisation ne constitue pas en soi un obstacle. Elle ne doit être écartée que si elle est imposée par l'objectif à atteindre. Quel est-il ?

Autrement dit, et à nouveau (car c'est la même question), pourquoi le transfert d'un droit implique-t-il sa perte en la personne de son précédent titulaire ? Peu d'auteurs examinent cette question *funditus*, ou même la posent car l'acte translatif est peu étudié dans cette perspective. Cela rend d'autant plus intéressante l'analyse que développe incidemment sur ce point le professeur Ancel :

> « *Les stipulations du contrat relatives à ce transfert de propriété lient irrévocablement les parties [...] Qu'est-ce que cela veut dire ? Cela veut dire principalement que, si les conditions prévues par le contrat pour le transfert de propriété ont été accomplies,* le vendeur ne peut plus méconnaître le droit de l'acheteur *et que, s'il prétendait se comporter encore comme le propriétaire, il serait évidemment sanctionné* »[2339].

« Le vendeur ne peut plus méconnaître le droit de l'acheteur » – on peut viser, plus généralement, le transférant et l'ayant cause. Là est l'objectif essentiel (l'« impératif »)[2340] de l'effet qui doit être attaché à l'acte translatif. On ne voit pas

---

[2338] P. Ancel, art. préc., RTD civ. 1999, p. 771, n° 55, p. 808.

[2339] P. Ancel, *ibid.*, n° 17, p. 782 (soul. par nous) – *nota* : cet auteur raisonne sur l'acte translatif de droits, quels qu'ils soient (réels, personnels, intellectuels).

[2340] G. Cornu, *Vocabulaire juridique*, V° *Impératif*. – H. Motulsky, *Principes d'une réalisation méthodique du droit privé (La théorie des éléments générateurs des droits subjectifs)*, Sirey, 1948, n° 27.

en effet quel autre objectif on pourrait lui attacher, nous l'avons déjà souligné[2341]. Aussi nous proposons-nous d'examiner dans cette perspective les effets attachés à l'incompatibilité supposée entre l'acquisition du droit par l'ayant cause et son maintien en la personne de l'auteur. Certains, alors, paraissent légitimes (1°), d'autres excessifs (2°).

1° Effets légitimes

695.– Sont légitimes, selon la grille de lecture proposée, tous les effets qui sont ou paraissent inévitables pour empêcher que soit méconnu le droit de l'ayant cause par son auteur ou les ayants droit de celui-ci. Suivons cette distinction, en commençant par son second élément.

a) À l'égard des créanciers du cédant

696.– Un vieil arrêt au classicisme éprouvé juge que l'opposition faite entre les mains du débiteur est sans valeur dès lors qu'elle émane des créanciers de celui qui a cédé la créance :

> « *le débiteur ne détenant plus la créance pour le compte du cédant, ne peut se prévaloir de ces oppositions ni en exiger la mainlevée ; qu'il doit payer entre les mains du cessionnaire dont il est devenu le débiteur personnel et dont le titre n'est l'objet d'aucune contestation* »[2342].

La solution s'impose. Juger autrement reviendrait en effet à autoriser les créanciers du cédant à venir en concours avec le cessionnaire sur la créance déjà cédée, et donc à faire obstacle aux droits de ce dernier.

697.– C'est d'ailleurs cette solution qui constitue le fondement même du mécanisme de la cession *Dailly* de créance à titre de garantie[2343]. Tout l'intérêt de la garantie fiduciaire est en effet qu'elle permet au cessionnaire de recouvrer les créances cédées de façon d'autant plus efficace que celles-ci sont regardées comme étant « sorties » du patrimoine du cédant (« *Même* lorsqu'elle est effectuée *à titre de garantie* et sans stipulation d'un prix *la cession de créance transfère au cessionnaire la propriété de la créance cédée* »)[2344] d'où l'on déduit, si celui-ci vient à faire l'objet d'une procédure collective, que les créances se trouvent de ce fait soustraites à tout concours avec les autres créanciers[2345].

La loi *Dailly*[2346] présente également l'intérêt de préciser les effets du transfert à l'égard du cédant – précisions intéressantes en ce que leur portée est en réalité très

---

[2341] *Supra*, n° 665.
[2342] Cass. req., 17 février 1896 : Journ. not. et avocats, 1896, p. 338, art. 25985.
[2343] C. mon. fin., art. L. 313-23.
[2344] C. mon. fin., art. L. 313-24 (soul. par nous).
[2345] Cass. com. 7 décembre 2004 (D. 2005 p. 77, obs. A. Lienhard et 230, n. C. Larroumet ; Banque avr. 2005 p. 83 obs. J.-L. Guillot) et 22 novembre 2005 (D. 2005 p. 3081, n. X. Delpech). Rappr. C. mon. fin., art. 515-21 (« Nonobstant l'ouverture éventuelle de toute procédure collective… »).
[2346] L. 2 janvier 1981 facilitant le crédit aux entreprises, codifiée aux art. L. 313-23 s. C. mon. fin.

générale car il n'y a pas de différence de nature entre la cession par bordereau *Dailly* et la cession de créance de droit commun.

b) À l'égard du cédant lui-même

698.– Le cédant de créance professionnelle perd son droit sur la créance cédée (« *à* [compter de] *la date portée sur le bordereau* »)[2347]. Cela emporte deux séries de conséquences, précise la loi. La première est l'interdiction de disposer de la créance cédée : n'en étant plus titulaire, il ne peut plus en transférer la propriété à d'autres tiers[2348] ni, plus généralement, « *modifier l'étendue des droits attachés aux créances représentées par ce bordereau* »[2349], par exemple en accordant une remise de dette, ou un report d'échéance, ou en renonçant à tout ou partie des sûretés transférées comme accessoires de la créance. Ainsi, l'avoir établi au débiteur cédé pour annuler la facture cédée est inopposable à la banque cessionnaire[2350] s'il ne vise pas à la réparation d'une prestation incomplète ou défectueuse, autrement dit s'il n'est pas la conséquence de l'exercice amiable d'une exception d'inexécution[2351]. Ainsi, la banque cessionnaire qui a notifié le transfert au débiteur cédé a seule qualité pour exercer des poursuites contre lui ou lui accorder des délais de paiement et le cédant, bien qu'il demeure garant du paiement, ne peut pas se substituer à elle pour assigner le débiteur en redressement judiciaire et les délais accordés par le cessionnaire lui sont opposables[2352].

La seconde conséquence du transfert de la propriété de la créance est l'interdiction pour le cédant de procéder à son recouvrement. Toutefois le débiteur se libère valablement entre ses mains tant que l'établissement de crédit cessionnaire ne lui a pas interdit de le faire en lui notifiant la cession[2353], ce qui n'est fait que lorsque le cédant est en situation financière difficile. En dehors de ce cas, le cessionnaire lui donne mandat à l'effet de procéder au recouvrement : c'est là un des avantages de la cession de créances professionnelles sur l'escompte, où c'est nécessairement le porteur de l'effet qui doit en demander le paiement.

Dans tous les cas, le cessionnaire de la créance en a donc la maîtrise exclusive, ce qui explique le succès de la présentation imagée traditionnelle selon laquelle le droit dont il s'agit est « sorti » du patrimoine du cédant. Cela explique et légitime les effets attachés au transfert qui viennent d'être évoqués. D'autres effets paraissent en revanche excessifs.

[2347] C. mon. fin., art. L. 313-27 (ex. : Cass. com. 5 avril 2005, D. 2005 p. 1079, obs. A. Lienhard).
[2348] V. *supra*, n° 696 et *infra*, n° 776 s.
[2349] C. mon. fin., art. L. 313-27, al. 2.
[2350] Cass. com., 8 novembre 1994 : D. 1995 IR p. 10 ; RTD com. 1995 p. 456 obs. M. Cabrillac. – comp. CA Paris, 29 mars 1994 : D. 1994 IR p. 112.
[2351] Obs. M. Cabrillac, *ibid.*
[2352] Cass. com., 8 janvier 1991 : Bull. civ. IV n° 6, p. 3 ; D. 1991 IR p. 99.
[2353] C. mon. fin., art. L. 313-28.

2° *Effets excessifs*

699.– L'idée d'une « sortie » du droit transféré du patrimoine de l'auteur *dans* le transfert (l'idée de la « perte » par celui-ci du droit transféré) est dotée d'une dynamique propre qui conduit à lui attacher des effets qui ne sont pas dictés par sa fonction spécifique, à savoir[2354] assurer l'efficacité de l'acquisition du droit par celui qui l'acquiert, empêcher que soit méconnu le droit de l'ayant cause. Ce sont ces effets là qui nous paraissent excessifs. Ils consistent souvent à dénier à l'auteur *dans* le transfert intérêt ou qualité à agir en justice, conformément à la demande du débiteur, tiers à l'acte translatif, qui se prévaut de l'opposabilité de celui-ci *par* les tiers.

700.– Considérons l'hypothèse dans laquelle le débiteur principal est poursuivi et dans laquelle l'acte translatif est retenu pour refuser à l'auteur *dans* le transfert le droit d'agir. La qualité pour agir lui est déniée, et son pourvoi en cassation est irrecevable, juge la Cour de cassation le 12 novembre 1996 en relevant qu'il y avait eu cession de « la totalité des droits en principal et intérêts détenue sur [le débiteur] dans le cadre de l'instance » pendante devant la Cour d'appel, et que cette cession avait été notifiée[2355]. Pourquoi irrecevable ? Le visa fait par l'arrêt aux articles 122 et 609 NCPC indique qu'il s'agit d'une fin de non-recevoir ; c'est donc sur le terrain du droit d'agir qu'intervient la décision, et non pas sur celui du droit substantiel. Cela est conforme aux solutions habituelles puisque l'existence du droit invoqué par le demandeur n'est pas une condition de recevabilité de son action mais seulement de son succès[2356].

Il est cependant clair qu'il y a une liaison obligée entre ce défaut de droit d'agir et le postulat de la perte du droit substantiel par le fait de sa cession : c'est parce qu'il a été désintéressé que l'ancien créancier n'a pas d'intérêt à agir et donc pas d'action. Le postulat est-il cependant justifié ? L'acte translatif a pour objet de faire acquérir la créance par l'ayant cause, et il entraîne l'impossibilité pour l'auteur de celui-ci d'accomplir tout acte qui méconnaît cette acquisition ; en quoi la recevabilité du pourvoi eût-elle été de nature à aller contre cet impératif ? L'opposabilité, dit-on, « a pour effet d'assurer l'efficacité du principe de la force obligatoire » de l'acte translatif[2357] : en quoi cette efficacité aurait-elle été entamée par la recevabilité du pourvoi, si on attache à l'acte translatif l'effet de faire acquérir le droit par l'ayant cause ?

On comprend, certes, le raisonnement implicite qui sous-tend l'arrêt : puisque le droit a été cédé, il a été nécessairement « perdu » par le cédant, et celui-ci n'a donc plus « qualité » pour agir. Mais, encore une fois, le premier terme du raisonnement est un pur postulat. C'est aller très au delà de la logique de l'acte translatif de droits

---

2354 V. *supra*, n° 694.

2355 Cass. com., 12 novembre 1996 : Bull. civ. IV, n° 271, p. 230. En l'espèce le débiteur cédé, défendeur en cassation, opposait à son créancier originaire que celui-ci avait cédé sa créance à un tiers pendant l'instance d'appel et que cette cession, dûment signifiée, lui ôtait qualité à agir ; l'arrêt adopte cette analyse et déclare irrecevable le pourvoi formé par l'ancien créancier.

2356 Cass. civ. 3e, 27 janvier 1999 : Bull. civ. III, n° 19.

2357 J. Ghestin, C. Jamin, M. Billiau, *Les effets du contrat*, préc., n° 725, p. 772.

que de lui attacher une conséquence aussi radicale, que rien ne justifie en dehors de la vision « chosificatrice » et donc un peu simpliste de son objet, que nous avons dénoncée à plusieurs reprises. Et si l'on adopte cette analyse, il faut certainement revenir sur la conclusion qui y est attachée en ce qui concerne l'intérêt à agir[2358]. L'effet attaché par cet arrêt à l'acte translatif est donc excessif. Il aboutit, cela doit être relevé, à libérer indûment le débiteur car il est plus que probable que le cessionnaire n'avait pas songé à former pourvoi de son côté, et douteux que la solution que retient l'arrêt attaqué soit conforme à son vœu[2359].

701.– Un autre exemple, tiré d'un arrêt récent de la Cour d'appel de Paris[2360], est plus clair encore à cet égard car il fait apparaître avec netteté que l'effet communément attaché à l'acte translatif ne bénéficie qu'au seul débiteur de la créance transmise, et lèse les intérêts du bénéficiaire du transfert. Cet arrêt a été rendu sur l'action en paiement d'un transporteur qui, pour échapper à la prescription annale de l'article 108 de l'ancien Code de commerce (devenu l'article L. 133-6 du nouveau Code), faisait état d'une assignation en référé provision délivrée par ses soins avant l'expiration du délai et qui avait donc interrompu celui-ci. La question était de savoir si ce référé-provision avait pu produire son effet interruptif habituel alors que, préalablement à l'assignation, le transporteur avait transmis la facture concernée à une société d'affacturage[2361] et avait subrogé en conséquence[2362] celle-ci dans ses droits (« *considérant* » retient l'arrêt, « *qu'à cette date la créance [...] avait été cédée [...] en exécution d'un contrat d'affacturage* »). L'arrêt juge que le transporteur, n'étant plus créancier au moment de l'assignation, avait perdu la qualité à agir en paiement, ce qui ôtait toute valeur à celle-ci :

> « *la société X. était, à la date de l'assignation en référé, sans qualité pour agir en recouvrement des créances litigieuses comme n'en étant plus créancier pour les avoir cédées, de sorte que ladite assignation n'a pu valablement interrompre la prescription* »[2363].

Le défaut de « qualité » à agir est ici expressément déduit de la perte du droit substantiel. Curieux raisonnement ! Ses prémisses (certainement perdues de vue) reposent sur une bonne idée : l'ayant cause doit être protégé contre les initiatives de son auteur qui peuvent porter atteinte à son droit. Il débouche sur un résultat contraire à cet objectif de protection : le débiteur est libéré providentiellement et

---

[2358] Rappr., à propos d'une même hypothèse de cession des droits par l'appelant préalablement à l'acte d'appel : « toute partie condamnée a intérêt et qualité pour interjeter appel » (Cass. civ. 1re, 28 février 1995 : Bull. civ. I, n° 102 : v. *infra*, n° 729).

[2359] Il faut réserver le cas où le cessionnaire, dans un esprit de concession, préfère se contenter de ce que lui a alloué l'arrêt attaqué pour en finir avec le procès. Mais cela n'est pas envisagé.

[2360] CA Paris, 5 juillet 2001 : BTL 2001, p. 713.

[2361] L'affacturage consiste en un paiement avec subrogation conventionnelle des créances par un établissement financier qui en assume le recouvrement et couvre le risque de l'impayé, moyennant une commission (F. Terré, Ph. Simler, Y. Lequette, *Obligations*, préc., n° 1368).

[2362] On suppose remplie en l'espèce l'exigence de concomitance entre le paiement et la subrogation (le transfert de créance est subordonné au paiement et ne se produit qu'à cet instant : Cass. com., 29 janvier 1991 : RTD civ. 1991, p. 531 obs. J. Mestre), au moins en cours d'instance (NCPC, art. 126).

[2363] CA Paris, 5 juillet 2001, préc.

l'ayant cause est privé du droit qu'il a acquis (alors même que son auteur agit en nom propre, en effet, il recouvre la créance pour le compte du subrogé).

702.– Il est vrai que, même si l'on est sensible à ces contradictions, on peut être tenté de juger impossible de conserver la qualité ou l'intérêt à agir sur le fondement d'une créance que l'on a transférée à un tiers. Or divers arrêts se sont prononcés en ce sens. Il se trouve, d'ailleurs, que c'est précisément à l'occasion d'un transfert par voie de subrogation conventionnelle qu'ils ont été rendus. Où est la cohérence, alors, entre la jurisprudence qui corrèle, de façon excessive, acte translatif et perte du droit d'agir et celle, il est vrai largement ignorée, qui consacre la solution inverse : celle d'un acte translatif ne dépouillant pas son auteur de son droit d'agir ?

§ 2. – CONSÉCRATION D'UN TRANSFERT SANS PERTE DU DROIT D'AGIR

703.– Rappelons que nous raisonnons sur le cas d'un transfert d'action accessoire à un transfert de créance. La jurisprudence qui va être évoquée concerne uniquement les transferts opérés par voie de subrogation personnelle[2364]. Il convient donc, après l'avoir étudiée (A), de s'interroger sur le point de savoir si sa portée est limitée à ce type d'acte translatif ou si elle plus générale (B).

A. – DOMAINE DE LA SOLUTION CONSACRÉE : LE TRANSFERT SUBROGATOIRE

704.– C'est une question bien connue, en matière de subrogation personnelle, que de savoir si le créancier subrogeant peut, en dépit de l'effet translatif de la subrogation, faire valoir contre le débiteur les droits qu'il a transmis. Cette question suscite depuis le XIXe siècle un contentieux abondant. Elle est souvent posée à propos de l'assuré indemnisé par son assureur. Cette indemnisation, par la subrogation qui s'y attache [2365], opère transfert à l'assureur des droits et actions de l'assuré contre le responsable du dommage. L'assuré conserve-t-il, néanmoins, qualité à agir contre ce dernier ?

La réponse de principe devrait être négative en ce qui concerne la partie du dommage réparée par le paiement de l'indemnité d'assurance. Ce paiement emporte en effet transfert de la créance au subrogé. Dès lors, le subrogeant perd sa qualité de créancier et on ne voit pas sur quel fondement il pourrait valablement continuer à agir contre l'auteur du dommage.

[2364] La subrogation personnelle peut également entraîner le transfert de la propriété d'une chose : « la subrogation conventionnelle a pour effet d'investir le subrogé non seulement de la créance primitive mais aussi de tous les avantages et accessoires de celle-ci ; qu'il en est ainsi de la réserve de propriété assortissant la créance du prix de vente et affectée à son service exclusif pour en garantir le paiement » (Cass. com., 15 mars 1988, 2e esp. : D. 1988, Jur. p. 330, n. Pérochon).

[2365] Loi du 13 juillet 1930, art. 36, devenu l'article L. 121-12 C. assur.: « L'assureur qui a payé l'indemnité d'assurance est subrogé, jusqu'à concurrence de cette indemnité, dans les droits et actions de l'assuré contre les tiers qui, par leur fait, ont causé le dommage ayant donné lieu à la responsabilité de l'assureur. ».

De nombreux arrêts l'ont cependant admis à le faire. Ils ont recouru pour cela à deux fondements alternatifs.

705.– Un premier fondement est l'article 1165 du Code civil. Il est notamment utilisé par la chambre commerciale de la Cour de cassation dans un arrêt du 19 mars 1957[2366]. Cet arrêt approuve les juges du fond d'avoir écarté l'objection tirée du transfert de l'action en responsabilité à l'assureur en retenant que :

> « *l'assuré qui a exercé contre le transporteur l'action née du contrat de transport ne peut se voir opposer le règlement reçu de son assureur en vertu d'un contrat d'assurance auquel le transporteur est étranger* »[2367].

Le recours au principe de la relativité des conventions est justement critiqué par André Besson, dans sa note sous l'arrêt[2368]. Cet auteur se fonde pour cela sur la distinction, classique, entre la relativité de l'effet obligatoire des conventions et le caractère absolu de leur opposabilité : si le contrat ne saurait lier les tiers, il constitue pour eux un fait qui leur est opposable et qu'ils peuvent invoquer en tant que tel. À cette critique, dont la présentation est peut-être aujourd'hui discutable[2369], il est possible d'ajouter que l'on ne saurait sans contradiction considérer que le contrat d'assurance est *res inter alios acta* à l'égard de l'auteur du dommage en ce qui concerne l'extinction de la créance de l'assuré alors que, dans le même temps, il transfère à l'assureur cette créance.

706.– Un second fondement est, alors, l'idée que le subrogé peut laisser exercer ses droits par le subrogeant, celui-ci agissant par représentation de celui-là[2370]. Un vieil arrêt décide, ainsi, qu'un assuré indemnisé par son assureur peut agir contre le tiers responsable lorsqu'il avait reçu à cet effet de son assureur un mandat spécial valable au regard des règles de procédure[2371].

De façon plus générale, une jurisprudence plus que centenaire retient que le subrogeant peut être le prête-nom du subrogé et exercer ses droits en cette qualité[2372], c'est-à-dire en son propre nom mais pour le compte et dans l'intérêt du subrogé[2373]. Cela est en effet regardé comme étant compatible avec la maxime « Nul ne plaide par procureur » puisque le prête-nom « défend les droits dont il est apparemment titulaire aux yeux des tiers et non pas ceux d'autrui »[2374]. Toute la

---

[2366] Rev. gén. ass. terr. 1957, p. 163.

[2367] Cass. com., 19 mars 1957, préc. – Même sens, v. déjà : Cass. civ., 13 mai 1924 : D.P. 1924, 1, 160 ; Req., 27 mars 1928 : D.H. 1928, 272 ; Cass. com., 5 décembre 1951 : BT 1952, 532 ; Ripert, *Droit maritime*, 4e éd., t. 2, n° 1690 *bis*.

[2368] Rev. gén. ass. terr. 1957, p. 163, préc.

[2369] Pour une critique de l'idée du contrat comme fait juridique à l'égard des tiers, v. P. Ancel, art. préc., RTD civ. 1999, p. 806, n° 52.

[2370] Rappr. art. L. 313-28 C. mon. fin., qui postule que le cédant *Dailly* peut se faire payer par le débiteur cédé, en qualité de mandataire chargé du recouvrement (v. *infra*, n° 816, 818).

[2371] Cass. civ. 1re, 16 mars 1943 : Rev. gén. ass. terr. 1943, p. 272.

[2372] Req., 28 juillet 1869 : D.P. 1872, I, 64. – Req., 26 avril 1876 : D.P. 1876, I, 492. – Req., 27 juin 1911 : D.P. 1914, I, 93.

[2373] Il s'agit d'une hypothèse de représentation non « de la personne » mais « des intérêts » d'autrui : M.-L. Izorche, *À propos du « mandat sans représentation »*, D. 1999, chron., p. 369.

[2374] J. Vincent et S. Guinchard, *Procédure civile*, préc., n° 503.

question est cependant de savoir[2375] si l'effet translatif attaché à la subrogation laisse subsister cette qualité de titulaire apparent, requise pour le prête-nom. La jurisprudence est sur ce point partagée. Une majorité de décisions est favorable à la solution. Ainsi, un arrêt remarqué de la Cour d'appel de Paris continue par exemple, en 1970, à admettre l'action du subrogeant en cette qualité, en soulignant que :

> il est « *licite qu'une personne plaide par l'intermédiaire d'un prête-nom, sans que son nom figure dans les actes de procédure, les conventions de prête-nom étant valables à une double condition, 1) qu'elles n'aient pas pour objet de frauder la loi ; 2) qu'elles n'aient pas été conclues en vue de causer un préjudice aux tiers* »[2376].

707.– On peut cependant se demander si ces solutions sont toujours de droit positif. En ce qui concerne l'argument tiré de l'effet relatif des conventions, la première chambre civile de la Cour de cassation a mis fin en 1975 à la controverse dans un arrêt de cassation, manifestement de principe, rendu au visa de l'article 36 de la loi du 13 juillet 1930[2377] et sous le chapeau suivant :

> « *Attendu qu'il résulte de ce texte que l'assuré, désintéressé par l'assureur en vertu du contrat d'assurance, ne peut plus, dans cette mesure, exercer contre le tiers responsable du dommage les droits dans lesquels l'assureur se trouve subrogé* »[2378].

708.– Le recours à la notion de prête-nom avait de son côté été condamné, dès 1956, dans un important arrêt de la chambre commerciale de la Cour de cassation :

> « *du fait de la subrogation, [les sociétés subrogeantes] avaient perdu jusqu'à l'apparence de la qualité de créancier, laquelle aurait pu seule leur donner la possibilité de plaider comme prête-nom de la compagnie d'assurances, sans porter atteinte à la règle de procédure fondée sur l'adage que « nul en France ne plaide par procureur* »[2379].

L'idée que le subrogeant serait recevable à agir contre l'auteur du dommage en qualité de prête-nom du subrogé avait en outre été fermement critiquée en doctrine. Ainsi dans sa thèse sur « La subrogation personnelle », publiée en 1979,

---

[2375] Elle est également de savoir si la convention de prête-nom est établie. V. par ex. refusant, au motif que ce n'était pas le cas, la recevabilité de l'action du subrogé, pour défaut d'intérêt et de qualité à agir : Cass. civ. 1re, 8 février 1983 : Bull. civ. I, n° 50.

[2376] CA Paris, 17 octobre 1970 : Dr. eur. des transports 1974, p. 119 ; RTD com. 1971, p. 797, obs. M. de Juglart et E. du Pontavice. – Même sens v. déjà, not. : CA Grenoble, 3 février 1954 : D. 1954, Jur. p. 617, n. F. Sauvage (l'assureur avait réglé le sinistre sous la réserve expresse que le subrogeant accepte qu'une procédure soit entreprise en son nom contre l'auteur du dommage et s'engage à verser l'indemnité en résultant au subrogé : « attendu que de là résulte que [le subrogeant] s'engageait à introduire la demande comme prête-nom de [l'assureur] ; attendu qu'une telle convention est valable alors qu'elle ne tend pas à faire accomplir par le prête-nom, titulaire apparent du droit, un acte qui aurait été interdit au mandant par acte ostensible ... »).

[2377] Devenu depuis lors l'art. L. 121-12 C. ass. (préc. *supra*, note 2365).

[2378] Cass. civ. 1re, 29 avril 1975 : D. 1975, somm. p. 85 ; JCP 1976, II, 18212 n. A. Besson.

[2379] Cass. com., 11 janvier 1956 : Bull. civ. III, n° 23, p. 18 ; Rev. gén. ass. terr. 1956, p. 358 ; DMF 1956, p. 330. Cet arrêt écarte également de façon très nette l'argument tiré de la relativité des conventions : « le principe de la relativité du contrat ne fait pas obstacle à ce qu'un tiers invoque l'exécution d'un contrat, laquelle constitue à son égard un fait pur et simple ».

le professeur Jacques Mestre, examinant cette question dans une sous-section consacrée aux « paiement et modalités d'exercice des droits transmis »[2380], opinait que :

> « *la jurisprudence qui permet à l'assuré, en qualité de prête-nom de l'assureur, d'agir contre le tiers responsable nous semble devoir être condamnée. Elle ne doit pas pouvoir servir à pallier l'abandon de cette jurisprudence tout aussi critiquable qui reconnaissait à l'assuré le droit d'intenter son action, en l'autorisant à faire état de l'article 1165 du Code civil* »[2381].

709.– Condamnation par le juge du droit, critique de la doctrine : on aurait pu penser, dans ces conditions, qu'il ne serait plus possible pour le subrogeant d'agir valablement contre le débiteur[2382]. Or l'évolution est allée en sens contraire. Et cela tant pour ce qui est d'agir en première instance (1) qu'en appel (2).

1° Transfert sans perte du droit d'agir en première instance

710.– On a vu que la chambre commerciale de la Cour de cassation avait fermé au subrogeant toute possibilité d'agir contre l'auteur du dommage, par un arrêt fermement motivé du 11 janvier 1956[2383]. Sur ce point, le revirement est patent, la présentation des solutions suffit à le faire apparaître (a) ; c'est cependant l'examen de leur fondement qui fait prendre la mesure du changement opéré (b).

a) Présentation des solutions

711.– Deux arrêts sont particulièrement remarquables, d'autant qu'ils sont fondés sur les mêmes motifs, ou des motifs quasi identiques. Dans les deux cas, le problème de fait est de savoir si le débiteur reste tenu à l'égard du subrogeant en dépit de la subrogation. La chambre commerciale y répond par l'affirmative, et en déduit que le subrogeant peut valablement agir contre la caution du débiteur (premier arrêt), et déclarer la créance à la procédure collective de celui-ci (second arrêt).

1. Recevabilité du subrogeant à agir contre la caution du débiteur

712.– Cette solution a été retenue dans un arrêt du 17 décembre 1985[2384]. Des fournisseurs d'une société avaient souscrit une assurance-crédit auprès d'un assureur, lequel avait obtenu d'un dirigeant de cette société qu'il se porte caution solidaire des engagements contractés par celle-ci envers les assurés. La société ayant été mise en liquidation, l'assureur-crédit indemnisa ses assurés. Ce furent pourtant ces derniers qui réclamèrent en justice à la caution l'exécution de son engagement. Se posait donc

---

[2380] J. Mestre, *La subrogation personnelle*, LGDJ, B. dr. privé, 1979, n° 343 s.
[2381] J. Mestre, ouvr. préc., p. 403, n° 346.
[2382] Ce dont témoigne, notamment, l'arrêt examiné ci-dessus (CA Paris, 5 juillet 2001 : v. *supra*, n° 701).
[2383] V. *supra*, n° 708.
[2384] Cass. com., 17 décembre 1985 : Bull. civ. IV, n° 296, p. 253 ; RTD civ. 1987, p. 319 obs. J. Mestre. – Même sens : Cass. com., 5 février 1991 : Bull. civ. IV, n° 58 (v. *infra*, note 2388). – *Contra* : Cass. civ. 1re, 4 février 2003 : D. 2003 IR p. 809 (sur cet arrêt v. *infra*, n° 725).

la question, toujours la même, de savoir si le subrogeant peut valablement agir en paiement de sa créance alors même que celle-ci a été transférée au subrogé.

La caution ne manqua pas de se prévaloir des solutions présentées plus haut : elle objecta que la créance de l'assuré était éteinte du fait de la subrogation, et qu'il ne pouvait donc plus agir contre le débiteur ou son garant. L'arrêt examiné n'en approuve pas moins les juges du fond d'avoir passé outre :

> « *attendu qu'aucune disposition n'obligeant le subrogé à faire valoir les droits qu'il a acquis et qu'il peut laisser exercer par le subrogeant, c'est à bon droit que la cour d'appel a retenu que l'indemnisation que l'assureur aurait fournie à ses assurés en vertu du contrat d'assurance ne pouvait avoir pour effet de libérer [le débiteur] envers ses fournisseurs, ni par conséquent [le dirigeant] en sa qualité de caution solidaire* ».

2. *Recevabilité du subrogeant à déclarer la créance à la procédure collective du débiteur*

713.– Cette seconde solution a été consacrée dans un arrêt du 23 janvier 2001. Les faits peuvent être résumés en la forme schématique suivante : *B* subroge dans sa créance *C* (son assureur), puis est admis par les juges d'appel à déclarer cette créance au passif du débiteur *A*. Pourvoi : cette admission méconnaît l'effet translatif de la subrogation, la déclaration des créances est une demande en justice[2385] qui ne peut être formée que par le créancier lui-même ou par un représentant, le subrogeant n'a plus qualité pour agir. Rejet : « *dans ses rapports avec* le débiteur en redressement judiciaire », le subrogeant « *demeure titulaire* » de la créance :

> « *attendu qu'aucune disposition légale n'obligeant le subrogé à faire valoir les droits dont il est conventionnellement investi et qu'il peut laisser exercer par le subrogeant, c'est à bon droit que la cour d'appel a retenu que l'indemnisation versée par [le subrogé] en exécution du contrat d'assurance ne saurait être invoquée par le débiteur en redressement judiciaire pour se libérer de ses obligations envers [le subrogeant] et faire obstacle à la déclaration et à l'admission de la créance privilégiée dont celui-ci demeure titulaire dans ses rapports avec le débiteur en redressement judiciaire* »[2386].

Cette seconde solution est d'autant plus remarquable que la déclaration des créances au passif d'une procédure collective obéit à des règles strictes de fond et de forme, dont les conditions d'application ont été précisées par plusieurs dizaines d'arrêts rendus par la Cour de cassation ces dernières années[2387] et dont la méconnaissance est sanctionnée par l'irrecevabilité de la déclaration et le rejet de la créance

---

[2385] Ce point n'est pas contesté (même sens Ph. Pétel, *Procédures collectives*, Dalloz, 2e éd., 1998, n° 386 : c'est la « demande en justice par laquelle le créancier sollicite du juge-commissaire la reconnaissance de ses droits... » ; elle « équivaut à une action en justice » : Cass. Ass. plén., 26 janvier 2001 : JCP E 2001 p. 617 n. M. Behar-Touchais ; D. 2001, p. 631). C'est ce qui justifie la place que nous lui faisons ici.

[2386] Cass. com., 23 janvier 2001 : D. 2001, p. 858, n. A. Lienhard ; RTD civ. 2001, p. 594 obs. J. Mestre et B. Fages.

[2387] J.-P. Rémery, *La déclaration des créances, délégation de pouvoirs et mandat*, JCP G 1999, I, 113.

irrégulièrement déclarée (ce qui emportait son extinction antérieurement à l'entrée en vigueur du nouvel article L. 622-26 du Code de commerce).

Les deux arrêts examinés sont bien fondés sur les mêmes motifs. Il convient d'examiner ceux-ci.

b) Examen du fondement

714.– Il faut commencer par identifier le fondement retenu. Dans les deux cas, la chambre commerciale commence par relever que le subrogé peut laisser exercer ses droits par le subrogeant[2388]. Il n'y a là rien d'extraordinaire si on explique cela par un mandat plus ou moins tacite. Une première explication est, alors, que le subrogeant ne fait qu'exercer les droits du subrogé.

715.– C'est cette explication que retient le professeur Jacques Mestre dans ses observations sur les arrêts cités[2389]. Il y voit la consécration par la chambre commerciale de la possibilité pour le subrogeant d'agir en qualité de prête-nom du subrogé (étant rappelé que « la qualité de titulaire apparent de la créance est [...] requise pour le prête-nom »)[2390]. L'éminent commentateur continue[2391] à marquer une certaine réserve à l'égard de cette solution du point de vue de la technique juridique (« naturellement, au plan de la pureté des principes, on pourra objecter que la qualité de titulaire apparent de la créance prête souvent, chez lui, à équivoque »), mais il finit par approuver que les tribunaux soient « enclins à faire preuve de souplesse », les motifs qui poussent le défendeur à plaider l'irrecevabilité étant très généralement « d'une moralité douteuse »[2392].

716.– Cette explication de la solution est-elle la bonne ? On est d'abord tenté de le considérer car la distinction de l'auteur de l'acte et du sujet d'imputation est la marque habituelle de l'action pour le compte d'autrui[2393].

Il est permis cependant d'en douter. Le raisonnement sur lequel s'appuie l'arrêt ne se développe pas, en effet, sur le terrain de l'apparence ; il ne consiste pas à se demander si le subrogeant avait conservé « l'apparence de la qualité de créancier, laquelle aurait pu seule [lui] donner la possibilité de plaider comme prête-nom »,

---

[2388] Le même attendu est repris *in* Cass. com., 5 février 1991 : Bull. civ. IV, n° 58, qui en déduit que c'est à bon droit que les juges du fond ont considéré que « l'effet interruptif de prescription de l'action du subrogeant s'étendait aux assureurs subrogés dans ses droits ». C'est cependant la solution contraire qui est retenue en règle générale (ex. : CA Versailles, 7 mars 1996 : BTL 1996, p. 634 : « n'interrompt pas la prescription l'assignation délivrée par une personne n'ayant plus d'intérêt à agir comme en l'espèce la société G., dès lors que celle-ci avait été indemnisée de l'intégralité de son préjudice »).
[2389] Obs. préc., RTD civ. 1987 p. 319, et 2001 p. 594.
[2390] J. Mestre, obs. préc., RTD civ. 1987, p. 319.
[2391] V. *supra*, n° 708.
[2392] RTD civ. 1987, p. 320, obs. préc.
[2393] Sur cette distinction, v. J. Boulanger, *La promesse de porte-fort et les contrats pour autrui*, th. Caen, Dalloz, 1933, n° 75 ; M. Storck, *Essai sur le mécanisme de la représentation dans les actes juridiques*, préc., n° 162 ; G. Wicker, *Les fictions juridiques*, LGDJ, 1997, n° 58.

pour reprendre les termes de l'arrêt du 11 janvier 1956[2394]. Il est en réalité affirmé, de façon beaucoup plus énergique, que le paiement de l'indemnité d'assurance « *ne pouvait avoir pour effet de libérer* » le subrogeant à l'égard du débiteur. Ce qui est pris en considération ici n'est donc pas l'existence d'une apparence, mais bien le fond du droit : si le débiteur n'est pas « libéré » à l'égard du subrogeant, c'est que la dette n'est pas éteinte *à son égard*...

Cela est plus net encore dans le second arrêt, qui prend le soin de souligner que « *dans ses rapports avec le débiteur* » le subrogeant « *demeure titulaire* » de la créance[2395]. Il est vrai qu'il s'agissait dans cette seconde espèce d'une déclaration de créance au passif d'une procédure collective, et qu'un mandat *ad litem* spécial eût été nécessaire[2396] dans le cas où il aurait été retenu que le déclarant était non le créancier mais un tiers.

Dans les deux cas, le juge du droit ne considère donc pas que le subrogé ne faisait qu'exercer les droits d'autrui. Il retient une tout autre solution. Il considère que le subrogeant a non seulement l'exercice de la créance du subrogé, mais également qu'il en a la titularité. Il fait du subrogeant un *titulaire relatif* de la créance. Bien que celui-ci ait transféré ses droits, il en a pourtant encore l'exercice et même la titularité.

717.– Ce n'est donc pas en qualité de prête-nom qu'agit le subrogeant, et aucun des deux arrêts ne se réfère d'ailleurs à cette qualité mais à celle de titulaire de la créance.

D'où la question : qu'est-ce que cette titularité relative là ?

1. Rejet du mécanisme du pouvoir

718.– On pense d'abord à un mécanisme de pouvoir : si le subrogeant n'est titulaire de la créance que « dans ses rapports » avec le débiteur en redressement ou liquidation judiciaire, c'est non pas qu'il est propriétaire de la créance, puisque la propriété est opposable à tous, mais qu'il est titulaire d'un simple pouvoir de la déclarer, pouvoir qui n'est pas de représentation mais personnel. Avec cette explication, la difficulté devient alors – mais est-ce plus simple ? – d'expliquer l'existence de ce pouvoir.

Cette explication a un avantage : elle permet de concilier la solution avec le principe d'exclusivisme de la propriété[2397].

2394 Cass. com., 11 janvier 1956, préc.
2395 Cass. com., 23 janvier 2001, préc.
2396 « L'absence de pouvoir à la date de la déclaration est une irrégularité de fond qui n'est pas susceptible d'être couverte » : J.-P. Rémery, *La déclaration des créances, délégation de pouvoirs et mandat*, chron. préc., JCP G 1999, I, 113, n° 29.
2397 V. *supra*, n° 598.

Elle se heurte cependant à une objection dirimante : les arrêts ne parlent pas de pouvoir, ou de titularité d'un pouvoir, mais bien de titularité de la créance elle-même. Comment l'expliquer ?

2. Idée d'une survivance relative et subsidiaire du droit transmis

719.– Le second arrêt précise que la subrogation ne saurait faire obstacle à l'admission de la créance « dont [le subrogeant] *demeure* titulaire *dans ses rapports* avec le débiteur... ». Les mots importants sont ceux que nous avons soulignés.

i) « Demeure »

720.– Dans le second arrêt le pourvoi faisait valoir qu'il n'était pas possible « sans méconnaître l'effet translatif de la subrogation » d'admettre la déclaration de créance du subrogeant. Ce raisonnement est purement orthodoxe car il est bien acquis, en règle générale, qu':

> « *à l'égard de l'accipiens, le paiement effectué par le solvens produit son effet normal : il éteint la créance. Désormais, il ne peut plus rien réclamer au débiteur qui n'a plus que le subrogé comme créancier* »[2398].

En dépit de cet effet bien connu de la subrogation à l'égard du droit du créancier[2399], la Cour de cassation n'en précise pas moins ici que ce dernier « *demeure* » titulaire de la créance. Ce faisant, elle ne dénie aucunement le transfert de la créance au subrogé. Les deux arrêts prennent d'ailleurs le soin de commencer par préciser que celui-ci avait fait le choix de ne pas faire valoir ses droits, ce dont il faut déduire non pas qu'il en est titulaire, car cela va de soi, mais que la question de la recevabilité de l'action du subrogeant ne se posait que de façon *subsidiaire*, en raison du refus manifesté par le nouveau titulaire de la créance à agir lui-même.

Si le débiteur n'est pas néanmoins « libéré » envers le subrogeant, si ce dernier « demeure » titulaire de la créance, c'est parce que l'acquisition de celle-ci par le subrogé s'est faite sans que le subrogeant perde pour autant le droit. La solution peut paraître étonnante car le mécanisme du transfert suppose, dit-on communément, que la créance passe du patrimoine de l'ancien titulaire dans le patrimoine du nouveau. On conçoit mal, alors, que celui-ci puisse la recevoir sans que celui-là en perde la titularité. En réalité, cette idée de transfert est une simple image (une fiction), et il ne faut pas y attacher de conséquences définitives. Les auteurs considèrent, en ce qui concerne le transfert de la propriété immobilière, que la fiction de la transmission du droit de propriété masque une rupture créée par le changement de propriétaire : « un

---

[2398] Rép. civ. Dalloz, V° *Subrogation personnelle*, par E. Savaux, mars 1998, n° 170 (rappr. *supra*, note 1992).

[2399] Les arrêts en ce sens sont d'une grande netteté. Ex., Cass. civ. 1re, 7 décembre 1983 (Bull. civ. I, n° 291 ; D. 1984.IR p. 247 ; RTD civ. 1984 p. 717 obs. J. Mestre) : « le paiement avec subrogation, s'il *a pour effet d'éteindre la créance à l'égard du créancier*, la laisse subsister au profit du subrogé ... » (souligné par nous). – Motif identique, au mot près *in* Cass. com., 15 mars 1988, 1re esp. (D. 1988, Jur. p. 330 n. F. Pérochon) : « si le paiement avec subrogation a *pour effet d'éteindre la créance à l'égard du créancier*, il la laisse subsister au profit du subrogé ... ».

statut de propriétaire s'éteint, un autre naît »[2400]. On voit mal pourquoi ce qui est valable pour la propriété immobilière ne le serait pas pour le transfert de toute propriété[2401], fût-elle d'une créance.

On est alors fondé à considérer que l'on se trouve ici dans un cas exceptionnel où le droit du nouveau titulaire est né sans que l'ancien ait pour autant perdu le sien. En l'absence de transport de la créance au sens physique du terme (en l'absence de transmission) il n'y a pas en effet d'impossibilité logique à considérer que le droit peut naître en la personne du subrogé sans disparaître pour autant à l'égard du subrogeant.

Cela ne heurte pas le principe d'exclusivisme de la propriété[2402], car cette paralysie de l'effet extinctif du droit du subrogeant n'a qu'une portée relative.

ii) « Dans ses rapports avec le débiteur »

721.– Le soin est pris de préciser que le débiteur n'est pas libéré « envers » le subrogeant, et – de façon plus claire encore – que c'est uniquement « *dans ses rapports avec le débiteur* en redressement judiciaire » que le subrogeant demeure titulaire de la créance. La solution est évidemment capitale. Elle peut être précisée selon un double point de vue, de technique et de politique juridique.

– Portée de la solution au plan de la technique juridique

Il y a ce que la formule retenue indique, positivement, et ce qu'elle implique a contrario, négativement.

722.– Positivement, il n'y a pas extinction de la créance du subrogeant à l'égard du débiteur. En dépit de la subrogation, le subrogeant n'a donc pas perdu sa qualité de créancier. Il reste titulaire de la créance et il agit donc en tant que tel, non par représentation, fût-elle « imparfaite » ou « des intérêts »[2403] du représenté si on considérait qu'il a la qualité de prête-nom. Et, dès lors qu'il ne déclare pas la créance d'autrui, il n'a pas besoin de pouvoir spécial, de mandat *ad litem*[2404].

[2400] Ch. Atias, *Le transfert conventionnel de propriété immobilière*, th. préc., n° 403, p. 516. Cela ne signifie évidemment pas qu'il y ait novation : le droit du nouveau propriétaire est identique à l'ancien.

[2401] Ou, plus classiquement, de toute « titularité » d'un droit.

[2402] Il est douteux que ce principe s'applique à la "propriété" des créances. Ainsi que le relève un auteur : « à la différence du droit de créance, qui peut appartenir à plusieurs personnes pour le tout et solidairement, le droit de propriété ne saurait appartenir en totalité à deux titulaires » (Rép. D. dr. civil, V° *Propriété*, 1976, n° 117).

[2403] M.-L. Izorche, chron. préc., D. 1999 p. 369.

[2404] Car la déclaration des créances équivaut à une demande en justice (Cass. com., 14 décembre 1993 : D. 1994.IR, p. 31) et « la personne qui déclare la créance d'un tiers doit, si elle n'est pas avocat... [produire] un pouvoir spécial et écrit lors de la déclaration ou dans le délai légal de cette déclaration » (Cass. Ass. plén., 26 janvier 2001, préc. *supra*, note 2385).

Tout se passe, de ce point de vue, comme si le débiteur avait deux créanciers : le subrogeant et le subrogé. Mais il ne s'agit pas d'une obligation plurale, il n'y a pas entre eux solidarité active : on ne s'expliquerait pas en effet, si c'était le cas, que l'arrêt commence par relever que le subrogé n'a pas fait valoir ses droits. Il faut comprendre que la paralysie relative de l'extinction du droit du subrogeant à l'égard du débiteur n'a qu'un caractère fonctionnel et n'est consacrée que pour obvier à l'inertie du titulaire « principal » de la créance qu'est le subrogé à l'égard du débiteur.

723.– Négativement, la précision examinée ne peut signifier qu'une chose : le subrogeant demeure titulaire de la créance « dans ses rapports » avec le débiteur, mais uniquement dans ces rapports là. *A contrario*, mais nécessairement, il perd cette titularité à l'égard de toute autre personne, et particulièrement à l'égard du subrogé. L'arrêt ne remet en effet nullement en cause l'effet translatif de la subrogation. Or ce transfert repose sur la perte du droit du subrogeant, et ce dernier n'est donc plus titulaire de la créance en dehors de la relation particulière considérée par l'arrêt, à savoir les « rapports avec le débiteur en redressement judiciaire ».

Dans les rapports subrogeant-subrogé, la déclaration de créance opérée par le premier est donc celle de la créance d'autrui. Elle ne confère pas de droit au subrogeant sur le produit de la déclaration ; il est sur ce plan dans la situation d'un gérant d'affaires, et ne saurait prétendre se comporter en propriétaire. La question ne se pose pas, mais si c'était le cas elle ne ferait naître aucune véritable difficulté de fond : le subrogeant est sans droit pour refuser au subrogé le paiement d'une créance qui est acquise à ce dernier par l'effet translatif de la subrogation.

La solution est moins inspirée, en effet, par la volonté de faire bénéficier le subrogeant d'un avantage que par le souci d'en refuser un – indu – au débiteur. C'est dans cette perspective qu'elle doit être considérée au plan de la politique juridique.

– Portée de la solution au plan de la politique juridique

724.– La solution consacrée par le second arrêt aboutit à sauver une déclaration de créances faite en violation de règles de forme imposées à peine de nullité[2405]. Ce libéralisme doit être expliqué par la volonté de faire échec à un argument de pur juridisme qui permettrait au débiteur d'échapper au paiement par l'effet d'un transfert auquel il est étranger. C'est là le ressort profond de la solution examinée : il s'agit de faire échec à la mauvaise foi du débiteur qui essaie d'échapper au paiement d'une dette dont il ne conteste pas qu'il ne l'a pas payée, de faire échec à un « calcul d'une moralité douteuse »[2406]. C'est cela qui explique que la Cour de cassation fasse

---

[2405] Qui suscitent un contentieux « apparemment inépuisable » : F. Pérochon et R. Bonhomme, ouvr. préc., n° 267 et les réf.

[2406] F. Sauvage, note préc. sous CA Grenoble, 3 février 1954 : D. 1954, Jur. p. 619. – Une explication voisine est avancée pour justifier la curieuse jurisprudence de la Cour de cassation sur l'« autonomie » de la clause de substitution dans le bénéfice d'une promesse unilatérale de vente (v. *infra*, n° 861) : il s'agirait de faire barrage à la tentative faite par le promettant de se soustraire à son engagement en invoquant la nullité de l'art. 1840 A CGI, ou l'inopposabilité résultant de l'inobservation des formalités

le choix de ne pas utiliser l'instrument habituel de « refoulement » de l'action en justice dans le cas considéré : celui tiré du défaut d'intérêt à agir (article 31 NCPC).

Par delà cette solution de pure opportunité, il est intéressant de relever que la Cour de cassation n'hésite pas à repousser la fiction de la perte de la créance transférée afin de consacrer l'idée que si l'obligation est un bien ayant vocation à circuler, elle reste également, plus fondamentalement, un lien qui assujettit le débiteur au paiement, paiement auquel il ne peut pas échapper en se prévalant d'une cession qui n'a pas été organisée à son bénéfice.

725.– Il s'agit toutefois là, à l'évidence, d'une solution qui va à contre-courant des idées reçues en matière d'acte translatif. Il n'est donc pas étonnant qu'elle ne soit appliquée que rarement, qu'elle puisse être mal comprise, et il faut certainement considérer qu'elle est affectée d'une certaine fragilité. Nous avons d'ailleurs commencé par souligner qu'elle est peu compatible avec la jurisprudence de la première chambre civile de la Cour de cassation qui condamne de la façon la plus nette, depuis 1975, la possibilité pour l'assuré désintéressé d'agir contre le responsable en exécution des droits dans lesquels l'assureur a été subrogé. Or il est notable que cette jurisprudence n'est pas abandonnée. Un arrêt récent en a fait application dans une espèce des plus banales, et proche de celle jugée en 1985 : un exportateur, indemnisé par son assureur (la Coface), agit contre le responsable ; les juges du fond déclarent l'action mal fondée en ce qu'elle porte sur la partie indemnisée des factures ; le pourvoi, formé par l'assureur, est porté devant la première chambre civile de la Cour de cassation qui rend un arrêt de rejet :

> « *l'assuré qui, après avoir été indemnisé, a subrogé son assureur dans ses droits n'a plus qualité pour agir contre le responsable et ne peut, sauf convention expresse ou tacite l'y habilitant, agir en justice dans l'intérêt de l'assureur* »[2407].

Peu importe, selon toute apparence, que le pourvoi ait été formé ici par l'assureur, et non pas par l'assuré. Peu importe, également, que ce pourvoi n'ait pas discuté le principe même de la qualité à agir du subrogeant, mais se soit contenté d'invoquer l'existence d'une convention de prête-nom. Peu importe, enfin, qu'il s'agisse d'un arrêt non de cassation mais de rejet[2408] (tel était également le cas des deux autres cités plus haut). Il ne se contente pas, en effet, de se référer au pouvoir souverain des juges du fond pour considérer que la convention de prête-nom n'est pas établie (ce qui marque, à tout le moins, peu d'empressement à contrôler ce point) ; il couvre leur décision par un attendu à portée très générale qui dénie par voie de principe au subrogeant, comme en 1975, intérêt et qualité à agir en paiement en son propre nom. Il se situe donc assez loin de la solution novatrice examinée jusqu'ici. Pour autant, on ne peut pas considérer qu'il la remette directement en cause puisqu'il n'émane

---

de l'art. 1690 C. civ. (Ph. Brun, *Nature juridique de la clause de substitution dans le bénéfice d'une promesse unilatérale de vente : une autonomie de circonstance ?* RTD civ. 1996, 29 p. 48 n° 31).

[2407] Cass. civ. 1re, 4 février 2003 : D. 2003 IR p. 809 ; Procédures mai 2003, p. 13, n° 117 obs. H.C.

[2408] Son importance est soulignée par l'indication P + B.

pas de la même Chambre. On est en présence d'une divergence de jurisprudence qui devra être réglée par la constitution d'une Chambre mixte[2409].

En revanche, la question se pose de savoir dans quelle mesure cet arrêt remet en cause la jurisprudence également novatrice adoptée par ailleurs, sur le même sujet, par la même première chambre civile de la Cour de cassation en ce qui concerne le maintien du droit pour le subrogeant de faire appel.

2° Transfert sans perte du droit d'agir en appel

726.– Jusqu'ici nous avons examiné la question de savoir si le subrogeant peut prendre l'initiative d'un procès postérieurement à la subrogation, c'est-à-dire introduire une demande *initiale* d'instance[2410] alors qu'il a déjà transmis la créance ; telle est, en effet, la portée de l'arrêt de principe[2411] qui a mis fin en 1975 à la possibilité pour l'assuré désintéressé par l'assureur d'agir en réparation contre l'auteur du dommage, tirant ainsi toutes les conséquences du transfert de la créance de réparation à l'assureur par l'effet de la subrogation.

La question examinée ici est voisine mais différente : lorsque la subrogation intervient pendant l'instance[2412] ou à l'issue du jugement, le subrogeant peut-il interjeter *appel* ?

Cette question n'avait guère attiré l'attention de la doctrine jusqu'à un récent arrêt rendu par Cour de cassation en 1995.

727.– Les auteurs qui se sont penchés sur la question avant cet arrêt[2413] opinent que la réponse est négative : l'instance d'appel étant distincte de celle qui avait été liée devant les premiers juges[2414], la perte par une partie de la qualité en laquelle elle agissait en première instance entraîne l'irrecevabilité de son appel. Il n'en irait autrement que dans le cas où elle conserve un intérêt personnel (pour contester les dépens mis à sa charge, par exemple, ou pour échapper à son obligation de garantie), ou bien dans le cas où elle agit en qualité de représentant de son ayant cause[2415].

[2409] C. org. jud., art. L. 131-2.

[2410] NCPC, art. 53.

[2411] Cass. civ. 1re, 29 avril 1975, préc. *supra*, n° 708 ; *id.* en ce qui concerne deux autres arrêts déjà cités : CA Paris, 5 juillet 2001, préc. *supra*, n° 695 et Cass. civ. 1re, 4 février 2003, préc. *supra*, n° 725.

[2412] Cela ne pose aucune difficulté au regard de l'instance en cours puisque l'intérêt à agir en première instance « *s'apprécie au jour de l'introduction de la demande en justice* » (ex. : Cass. civ. 2e, 13 février 2003 : D. 2003 IR p. 805).

[2413] J.-Cl. Proc. Civ., fasc. 713, par J. Beauchard et Cl. Giverdon, 2000, n° 22 (le fascicule est postérieur à l'arrêt de 1995 mais ne s'y réfère pas).

[2414] Cass. ass. plén., 3 avril 1962 : JCP G 1962, II, 12744 n. Raynaud ; D. 1962 p. 465 n. Hébraud, RTD civ. 1962 p. 377 obs. Hébraud. – Même sens : Cass. civ. 2e, 2 mai 1974 : JCP 1976, II, 18364 n. G. Couchez.

[2415] À ce cas de figure, qui est avancé par MM. Beauchard et Giverdon (*ibid.*), on doit objecter cependant qu'il suppose que l'ayant cause ait été partie ou représenté en première instance (rappr. Cass. com., 28 décembre 1956 : Bull. III, n° 355, p. 311).

En réalité, on peut penser qu'il y a un lien entre les droits respectifs à agir en appel du subrogé et du subrogeant : si l'on considère que le subrogeant garde qualité à agir, c'est qu'il n'a pas transmis ce droit au subrogé ; si en revanche on considère que ce dernier a le droit de relever appel, c'est que ce droit lui a été transmis et a donc été « perdu » par le subrogeant. C'est soit l'un, soit l'autre qui est recevable à agir ; ainsi, à tout le moins, le voudrait le présupposé habituel de la corrélation entre acte translatif et perte.

728.– Il faut, en conséquence, se demander aussi si le subrogé reçoit ou non le droit de faire appel.

En faveur de l'affirmative, les auteurs[2416] citent un seul arrêt, fort ancien, qui se prononce très nettement en faveur de la recevabilité de l'appel du subrogé (« *Attendu, en droit, que le cessionnaire est investi des actions aussi bien que des droits attachés à la créance cédée, à moins de stipulations contraires ; que si la créance a fait l'objet d'une instance et a donné lieu à un jugement, le cessionnaire peut prendre et suivre l'instance, se prévaloir du jugement ou l'attaquer par les voies de droit, sans qu'on puisse lui opposer qu'il n'y a pas été partie, puisqu'il représente son cédant. Qu'il suit de là que l'arrêt attaqué, en déclarant non recevable l'appel de K. qui, cependant, agissait en qualité de cessionnaire et comme subrogé aux droits de son cédant, sous le prétexte qu'il n'avait pas été partie dans l'instance ni dans le jugement dont était appel, a violé les articles 443 c. pr. civ., ainsi que les art. 1689 et 1690 C. civ.* »)[2417] mais qui nous paraît assez peu convaincant en raison de la référence qu'il fait à une curieuse[2418] « représentation » du subrogeant par le subrogé.

Si on s'en tenait à la doctrine de cet arrêt, on devrait considérer[2419], en vertu du présupposé, que la qualité à agir en appel a été ôtée par la même au subrogeant.

729.– Telle n'est pas la solution consacrée par la première chambre civile de la Cour de cassation dans un arrêt du 28 février 1995. Cet arrêt a été rendu sur les faits suivants. Une société, déboutée de sa demande en justice, subroge une compagnie d'assurances dans ses droits, puis interjette appel, le subrogé intervenant par la suite à l'instance. L'intimé succombe en appel et forme un pourvoi fondé, pour ce qui nous intéresse, sur deux griefs : au moment où il intente la voie de recours, le subrogeant avait transmis son droit d'interjeter appel et n'avait donc plus ni qualité ni intérêt pour le faire ; quant au subrogé, il ne peut intervenir car du fait de la subrogation il ne saurait être regardé comme tiers au jugement de première instance.

[2416] S. Guinchard, *Méga NCPC*, préc., sous art. 560, § 5 ; F. Ferrand, Rép. pr. civ. Dalloz, V° *Appel*, 1999, n° 213.

[2417] Cass. civ., 15 mars 1847 : D.P. 1847.1 p. 155.

[2418] Il est à cet égard très symptomatique que, rendant compte de cet arrêt, le professeur Ferrand (*ibid.*) en inverse la motivation : elle retient, en effet, que « les ayants cause sont alors censés avoir été représentés au jugement par leur auteur », ce qui est évidemment très différent...

[2419] Ainsi qu'il a été rapporté *supra*, n° 727.

Le pourvoi, sur ces points, est rejeté : en ce qui concerne l'appel formé par le subrogeant, retient la Cour de cassation[2420] en reprenant la substance des articles 546 et 554 NCPC, « *toute partie condamnée a intérêt et qualité pour interjeter appel lorsqu'elle n'y a pas renoncé* » ; quant à l'intervention volontaire du subrogé, « *peuvent intervenir en cause d'appel, dès lors qu'elles y ont intérêt, les personnes qui n'ont été ni parties, ni représentées en première instance* ».

730.– Une certaine duplication du droit d'agir en appel est donc ainsi consacrée puisque le subrogeant conserve le droit d'interjeter appel et que le subrogé est admis de son côté à agir par voie d'intervention volontaire. L'explication de cette ubiquité tient sans doute à des raisons pratiques (a) ; nous y voyons cependant une illustration de la non-perte du droit transmis et notons sans étonnement que le commentateur de cet arrêt n'a pas pu faire l'économie de cette explication théorique (b).

a) Une ubiquité imposée par des raisons pratiques

731.– L'arrêt consacre l'existence simultanée de deux droits d'agir au service de la même créance : celui du subrogeant, à qui l'acte translatif de subrogation n'a pas fait perdre, donc, le droit d'interjeter appel ; et celui du subrogé, puisque son intervention volontaire est une demande en justice, c'est-à-dire la mise en œuvre d'un droit d'action.

732.– En pratique, cette solution ne s'avère pas entièrement satisfaisante. Ainsi que le souligne dans son commentaire le professeur Wiederkehr[2421], elle a en effet pour inconvénient que le subrogé reste dépendant de l'initiative du subrogeant car il ne peut défendre ses droits si celui-ci n'interjette pas appel.

Elle a également pour inconvénient de faire du subrogé un tiers au jugement attaqué, ce qui conduit (toujours dans le cas où le subrogeant ne relève pas appel) soit à lui ouvrir la voie de la tierce-opposition, avec la fâcheuse conséquence d'exposer pendant trente ans l'adversaire au risque d'un tel recours[2422], soit à considérer tout à la fois, non sans une certaine contradiction, qu'il n'est pas recevable à former tierce-opposition pour avoir été « représenté »[2423] en première instance[2424], et pas recevable non plus à interjeter appel faute d'avoir été représenté[2425]…

733.– Nous ne considérerons ici que le sort fait au subrogeant. Le point remarquable est en effet que l'arrêt retient que le subrogeant conserve le droit d'appel, « *attendu que toute partie condamnée a intérêt et qualité pour interjeter appel lorsqu'elle n'y*

[2420] Cass. civ. 1re, 28 février 1995 : Bull. civ. 1, n° 102 ; JCP 1995, IV, 1038.

[2421] Rev. *Justices* 1996, n° 3, p. 378.

[2422] NCPC, art. 586.

[2423] « Représenté » au sens large attaché à cette notion en matière de tierce-opposition (NCPC, art. 583).

[2424] Solution probable ; v. déjà en ce sens, not. : Cass. civ. 3e, 20 novembre 1969 : Bull. civ. III, n° 741 ; D. 1970, somm. p. 131. – Cass. civ. 2e, 17 novembre 1977 : D. 1978 IR p. 413 obs. P. Julien.

[2425] Solution probable, là aussi, puisque la recevabilité de son intervention range le subrogé parmi les personnes qui n'ont été « ni parties, *ni représentées* en première instance » (NCPC, art. 554) (cf. *infra*, n° 735).

a pas renoncé ». Autrement dit, alors même que sa créance est éteinte, alors même que les droits qu'il s'agit de défendre ne sont plus les siens, le subrogeant reste recevable à interjeter appel[2426] (il n'y a pas « renoncé » en transférant son droit !).

734.– La motivation est certainement peu claire. Retenir que toute partie condamnée a *intérêt* pour interjeter appel est certes conforme à une jurisprudence traditionnelle, mais la mesure habituelle du défaut d'intérêt à agir est la succombance (ce qui explique que les décisions déclarant l'appel irrecevable ne sont pas fréquentes). Autrement dit l'« intérêt » est alors pris au sens procédural du mot (au sens d'avantage attendu de l'action)[2427], il est distingué de la qualité. Or il est considéré ici par voie de principe que « toute partie condamnée a intérêt *et qualité* pour interjeter appel ». Cela revient à considérer, très différemment, que le transfert par une partie du titre qui fonde la qualité en laquelle elle agissait en première instance n'entraîne pas l'irrecevabilité de son appel. La solution est a priori peu compréhensible car l'appel est une instance distincte et l'existence du droit d'agir s'apprécie en règle générale au jour où il est formé[2428].

Ainsi, comment comprendre (s'entend : au regard du présupposé) que le subrogeant conserve « intérêt *et qualité* » à agir alors que, du fait de la subrogation, il est regardé comme n'étant plus titulaire au moment où il relève appel du droit substantiel faisant l'objet du litige ? On a vu plus haut que cette difficulté était traditionnellement tournée, en droit substantiel, en recourant à l'idée que le subrogeant agit contre le débiteur en qualité de représentant. Cette approche est cependant impraticable ici. Il est en effet retenu, en droit processuel, qu'est irrecevable l'appel interjeté en tant que représentant d'une personne alors qu'en première instance celle-ci n'était pas partie au procès[2429].

735.– En réalité, l'explication immédiate de la solution est sans doute très empirique. Le choix étant fait de ne pas remettre en cause la recevabilité de l'intervention volontaire du subrogé, ce qui implique que celui-ci n'avait pas été représenté en première instance et donc qu'il n'avait pas le droit de relever lui-même appel (NCPC, art. 546), la Cour de cassation ne pouvait pas dénier le droit d'appel au subrogeant sans fermer la voie de l'appel, solution inenvisageable car elle aurait heurté le principe général, très large, du droit à un deuxième juge, du droit de faire appel (NCPC, art. 543).

Autrement dit, appelée à trancher entre deux inconvénients (renoncer à l'idée que le transfert du droit d'action accessoirement à la créance entraîne sa perte, ou renoncer

---

[2426] La chambre commerciale a retenu la solution contraire, en cas de cession de créance, pour ce qui est du *pourvoi en cassation* : ce pourvoi est irrecevable car le cédant n'a plus qualité pour agir contre le cédé auquel la cession a été notifiée dans le cadre de l'instance pendante devant la cour d'appel (Cass. com., 12 novembre 1996, préc. *supra*, n° 700).

[2427] V. *supra*, n° 670.

[2428] En ce sens, not. : Cass. civ. 2e, 4 mars 1981 : D. 1983 IR p. 141 obs. P. Julien. – Même sens : Cass. civ. 2e, 6 mai 1998 : JCP G 1998, II, 10209 obs. E. du Rusquec.

[2429] Cass. com., 28 décembre 1956, préc. *supra*, note 2415.

au double degré de juridiction) , la première chambre civile a préféré assumer le premier et éviter le second.

Une autre lecture de l'arrêt, cependant, reste nécessaire.

b) Une ubiquité justifiée par l'abandon du présupposé

736.– L'éminent commentateur de l'arrêt[2430] avance une autre explication, extrêmement séduisante, qui repose sur deux idées. La première est que la subrogation emporte transmission du droit d'appel au subrogé. Il considère sur ce point que « *rien n'aurait empêché le subrogé de prendre la place du subrogeant dès l'acte d'appel* » (c'est la doctrine de l'arrêt de 1847, cité plus haut)[2431] et qu'il devrait avoir à tout le moins « *la possibilité de défendre en appel incident les droits qui sont devenus les siens* », solutions qu'il fonde (car l'appel incident suppose que soient réunies les conditions exigées pour un appel principal) sur le fait que le subrogé aurait été « *représenté* » en première instance ainsi que sur « *l'esprit des institutions* »[2432]. Autrement dit, cet auteur va plus loin sur ce point que l'arrêt lui-même : il admet la duplication non seulement du droit d'agir en appel, mais celle du droit même d'interjeter appel.

Nous ne nous intéresserons ici qu'à la deuxième idée : nous estimons surtout remarquable en effet, dans la perspective qui est la nôtre, qu'aux yeux de cet auteur la transmission du droit d'appel n'a pas d'effet « extinctif » automatique du droit d'agir du subrogeant :

> « *bien que la loi (v. art. 1250 C. civ.) prévoie non seulement la transmission des droits mais aussi celle des actions, on peut soutenir que, s'agissant des actions, il ne peut s'agir d'une véritable transmission. En effet, l'action n'est pas un bien qui circule ; elle n'a pas d'existence indépendante. Elle tient à la situation d'où il résulte que le titulaire a intérêt à agir (et qualité... mais celle-ci se confond le plus souvent avec l'intérêt). C'est donc parce que la subrogation, en raison du transfert de droits qu'elle réalise, met le subrogé dans une situation où il a intérêt et qualité pour agir que celui-ci devient titulaire d'une action. Mais celle-ci ne lui est pas vraiment transmise.*
> *En réalité, elle naît en la personne du subrogé. On s'explique ainsi comment le subrogeant et le subrogé peuvent concurremment détenir le pouvoir d'agir et pourquoi le subrogeant conserve le droit de faire appel* »[2433].

Cette analyse nous paraît avoir la double particularité de marquer une ouverture dans l'approche doctrinale du mécanisme de l'acte translatif, mais de rester néanmoins prisonnière du présupposé habituel en la matière.

[2430] Georges Wiederkehr, *Rev. Justices*, obs. préc., p. 376.
[2431] *Ibid.*, p. 377.
[2432] *Ibid.*, p. 378.
[2433] Obs. préc.

737.– L'ouverture est remarquable. On peut dire que cette analyse « redécouvre », à propos du droit d'agir, la doctrine (bien connue en droit substantiel) de l'intransmissibilité du droit, celle qui rejette l'approche simpliste d'un « transport » quasi-physique du droit entre l'auteur et l'ayant cause et lui préfère l'idée d'un double mécanisme de constitution-déconstitution du droit[2434]. Le droit d'agir tel que l'analyse le professeur Wiederkehr ressemble beaucoup, en effet, à la propriété au sens qu'attache notamment à cette notion le professeur Zénati : dans les deux cas, il s'agit d'un droit dont on peut être investi mais qui n'est pas pour autant « transmis ».

Cette redécouverte va cependant beaucoup plus loin que l'original car la distinction, ici, est mise au service de l'idée que le subrogeant ne perd pas le droit d'agir (alors que les doctrines de l'intransmissibilité, nous l'avons souligné, se fixent des buts très différents)[2435]. M. Wiederkehr admet que la « transmission » supposée du droit d'agir opère sans extinction du droit du précédent titulaire, qu'elle consacre en réalité une *duplication* de celui-ci (« le subrogeant et le subrogé peuvent concurremment détenir le pouvoir d'agir »). L'ouverture qu'il marque par rapport aux analyses habituelle est donc sur ce point considérable. Elle est à la mesure de celle réalisée par l'arrêt lui-même.

738.– Comme s'il était embarrassé par l'originalité de sa démarche, M. Wiederkehr s'attache cependant à en réduire la portée. Doublement. D'abord, il dénie au mécanisme ainsi mis au jour la qualification de transmission (« il ne peut pas s'agir d'une véritable transmission »). Pourquoi ? La vraie difficulté (celle générée par ce cas de figure inaccoutumé d'une transmission sans extinction du droit transmis), un peu curieusement, n'est pas abordée de front : « l'action », est-il souligné, n'est « pas vraiment transmise », « elle naît en la personne du subrogé ». Ceci ne veut pas dire qu'il ne s'agit pas d'une transmission, et l'on sait qu'une action en justice peut être transmise ; nous avons examiné plus haut une récente thèse de doctorat qui a même développé l'idée qu'elle peut l'être à titre principal[2436], alors qu'il n'est question ici que d'une transmission à titre d'accessoire d'une créance, ce qui pose assurément moins de problèmes. Si notre auteur répugne à retenir le qualificatif de transmission, c'est cependant bien parce que dans la présentation habituelle qui en est retenue celle-ci repose sur un double mécanisme d'acquisition et de perte et que, précisément, il n'y a pas ici perte du droit d'agir du subrogeant. Il n'y aurait donc pas une transmission-duplication, mais une duplication sans transmission. On peut être d'un avis différent.

Le débat, d'ailleurs, ne concerne-t-il que le seul droit d'agir ? C'est là la seconde précaution prise par notre auteur pour réduire la portée de son analyse. Il s'en tient au particularisme du droit processuel et n'envisage à aucun moment que la solution puisse s'expliquer par une survivance relative du droit substantiel. Cette démarche est certes compréhensible car elle est dictée par le postulat ou présupposé : puisque subrogation il y a eu, l'obligation a été transmise, et elle a donc forcément été

[2434] V. *supra*, n° 617.
[2435] V. *supra*, n° 55 s.
[2436] V. *supra*, n° 614.

perdue. Pour ménager ce présupposé, le professeur Wiederkehr découple le droit substantiel, dûment perdu considère-t-il (implicitement mais nécessairement) par le subrogeant, et le droit d'action, « né » sans transfert en la personne du subrogé. Il n'est pas sûr que ce découplage s'inscrive dans la logique de l'arrêt, et M. Wiederkehr est d'ailleurs amené sur ce point à le critiquer en ce que celui-ci précise que « *toute partie condamnée a intérêt* » pour interjeter appel. Cette proposition va trop loin, est-il objecté, elle serait trop « abrupte » : « si l'appelant a transmis tous ses droits litigieux au subrogé, il n'est pas évident qu'il ait encore un intérêt personnel à l'appel »[2437] ; et M. Wiederkehr d'imaginer quel pourrait être l'intérêt du subrogeant : subrogation simplement partielle (mais cette hypothèse ôte toute portée à l'arrêt) ? intérêt moral « d'ailleurs non nécessairement dépourvu de conséquence patrimoniale » ?

739.– Poser la question sur ce terrain interdit d'y répondre. Nous avons vu, en effet, que l'« intérêt à agir » est un instrument moins de technique que de politique juridique. Tantôt la Cour de cassation l'utilise pour refouler les actions qui lui paraissent inopportunes[2438] ; elle peut s'abriter à cette fin derrière le pouvoir souverain d'appréciation des juges du fond. Tantôt elle néglige spectaculairement de s'y référer[2439], ou bien comme en l'espèce elle choisit de considérer que la condition est remplie par voie de principe. Dans tous les cas, elle statue en opportunité et la diversité de solutions qui en découle est déroutante.

*

* *

740.– *Conclusion.* Le subrogeant peut-il faire appel ? En principe non, indique un auteur, et l'on continue par ailleurs à se référer à un vieil arrêt qui juge recevable l'appel du subrogé. La Cour de cassation, en 1995, a renouvelé l'approche de cette question. Elle a consacré, en effet , et la possibilité pour le subrogeant de relever appel, et celle pour le subrogé d'intervenir volontairement à l'instance d'appel. Ce sont surtout des raisons pratiques qui paraissent expliquer cette solution, mais elle n'en consacre pas moins une entorse notable au présupposé de la perte du droit transmis.

Un commentateur de l'arrêt est allé beaucoup plus loin dans cette voie. Il retient que c'est un appel incident du subrogé qui aurait convenu, et non pas une intervention ; il n'en théorise pas moins la qualité du subrogeant à interjeter appel lui-même en pareil cas, ce qui consacre une entorse plus notable encore au présupposé (puisqu'il n'y a plus, alors, simple duplication du droit d'agir en appel mais bien duplication du droit même d'interjeter appel) et revient à théoriser la non-perte du droit transmis.

Il reste à savoir si la portée de cette jurisprudence est cantonnée à la seule hypothèse de transfert subrogatoire des créances.

[2437] G. Wiederkehr, *ibid.*, p. 376. Il est notable que, sans l'expliciter, le savant commentateur raisonne uniquement ici en termes d'« intérêt » à agir au sens procédural du terme (*supra*, n° 670 s.).

[2438] V. *supra*, n° 685.

[2439] Cass. com., 17 décembre 1985 et 23 janvier 2001, préc.

B. – Portée plus large de la solution

741.– Les arrêts examinés ci-dessus ont tous été rendus en matière de subrogation. Est-ce à dire qu'il faut y voir la manifestation d'un particularisme de l'effet translatif qu'emporte cette dernière ? Des auteurs, se référant à tel ou tel de ces arrêts, l'ont avancé. Ainsi, M. François signale deux d'entre eux pour illustrer l'idée que « la portée de l'effet translatif attaché à la subrogation demeure toutefois discutée dans certaines hypothèses »[2440]. M. Billiau en évoque certains en présentant les « règles communes à toutes les cessions de créance » (et non pas à propos des « règles particulières » à la subrogation, dont il traite par la suite) mais il n'en retient pas moins qu' « il semble » que la Cour de cassation « ne tire pas toutes les conséquences de l'effet translatif qu'elle attache pourtant à la subrogation »[2441].

Cette approche minimaliste – et, on le note, dubitative[2442] – n'est pas justifiée[2443]. Quelle que soit la variété d'acte translatif dont il est fait usage, c'est dans les mêmes termes que se pose en effet la question de la titularité du droit (1°) et celle de l'intérêt à agir (2°).

1° Titularité du droit

742.– La duplication du droit d'action transmis n'est pas un effet spécifique aux transferts découlant d'un mécanisme subrogatoire. On peut l'établir en montrant, d'abord, qu'elle ne se retrouve pas dans tous les transferts par l'effet d'une subrogation et, ensuite, qu'elle peut être consacrée alors que le transfert procède d'un autre acte translatif.

a) Subrogation et perte du droit d'action transmis

743.– Il n'existe aucun particularisme de la subrogation personnelle conventionnelle qui pourrait justifier la solution examinée. Il s'agit en effet d'un mode de transmission des créances ; dès lors, on peine à voir pourquoi son effet obligatoire ne serait pas le même que celui des autres modes de transmission. En pratique, les arrêts déniant au subrogeant le droit d'agir abondent[2444].

Cependant, certains auteurs distinguent les effets de la subrogation légale et ceux de la subrogation conventionnelle, à l'effet de marquer que pour cette dernière (et pour cette dernière seulement, faut-il comprendre) « aucune disposition n'oblige le subrogé à faire valoir les droits qu'il a acquis »[2445]. Ils avancent en forme d'argument un arrêt de la Cour de cassation jugeant, en matière de subrogation

---

[2440] J. François, *Les obligations, Régime général*, Economica, 2000, p. 360, note 1.
[2441] *La transmission des créances et des dettes*, préc., n° 28, p. 30.
[2442] « portée discutée... » ; « il semble... »
[2443] Autre chose est de savoir s'il existe des prérogatives intransmissibles au subrogé parce que indissociables de la personne de leur titulaire primitif (v. sur ce point les critiques du professeur J. Mestre, obs. RTD civ. 1986, p. 351, n° 7).
[2444] Ex. : Cass. com., 12 novembre 1996, préc. *supra*, n° 699.
[2445] F. Terré, Ph. Simler, Y. Lequette, *Les obligations*, préc., n° 1385.

légale, que le paiement intégral du créancier principal par la caution après le jugement d'ouverture « *prive ce créancier de l'exercice de ses droits* [en l'espèce de l'obligation de déclarer sa créance], *lesquels sont exercés au titre de la subrogation légale par la caution* »[2446]. La portée de l'arrêt sur ce plan est cependant limitée car la survie des droits du subrogeant, seulement subsidiaire dans notre analyse, ne pouvait pas être invoquée alors que le subrogé avait pris l'initiative d'agir. Cet arrêt n'autorise donc pas à opposer sur ce plan la subrogation conventionnelle à la subrogation légale. On peut ajouter que la force obligatoire attachée au transfert est la même, que le transfert résulte de la loi ou de la convention.

De façon plus générale, l'idée qu'aucune disposition n'oblige le subrogé à faire valoir les droits qu'il a acquis ne paraît pas être une particularité de la subrogation. On peut dire tout aussi bien qu'aucune disposition n'oblige le cessionnaire d'une créance à la faire valoir. Il s'agit simplement à nos yeux d'une façon pour la jurisprudence de présenter la solution en la matière.

Comment, sinon, comprendre que la même solution soit retenue à propos d'autres actes translatifs ?

b) Autre acte translatif et non-perte du droit d'action transmis

744.– Les exemples ne sont pas nombreux (ii), d'autant qu'il faut écarter les arrêts qui paraissent pouvoir être invoqués comme tels mais ne sont en réalité que de faux-semblants (i).

1. Faux-semblants

745.– Notre propos n'est pas de soutenir qu'il y a duplication partout où la cession de la qualité de créancier laisse subsister un droit d'action en la personne du cédant. En effet, tout est question de domaine, d'objet de la cession : ce n'est évidemment pas parce qu'il y a cession que tout est cédé. Il faut procéder avec prudence dans le choix des exemples, en définissant de façon précise l'assiette de la cession.

i) Transfert des loyers et maintien de l'action en résolution du bailleur

746.– L'exemple suivant montre la nécessité de cette approche prudente. Il est tiré d'un arrêt rendu très classiquement en matière de bail d'immeuble. L'affaire, il est vrai, n'est pas banale : un locataire ne paie pas ses loyers, et son bailleur ne paie pas ses impôts ; le comptable du Trésor s'approprie les créances de loyers en signifiant au locataire (tiers saisi) un avis à tiers détenteur[2447] ; par la suite le bailleur (débiteur saisi) agit en paiement des loyers et en expulsion contre son locataire défaillant ; il obtient gain de cause sur ces deux points devant les juges du fond. D'où la question

[2446] Cass. com., 13 avril 1999 : Bull. civ. IV n° 85 ; D. 2000, somm. p. 99 obs. A. Honorat ; D. affaires 1999 p. 906 obs. V. A.-R. ; JCP 1999 , I p. 177 n° 13 obs. M. Cabrillac.
[2447] Sur cette saisie attributive spéciale, v. *supra*, n° 404.

de droit : le bailleur conserve-t-il le droit d'agir en dépit de l'effet attributif immédiat de l'avis à tiers détenteur ? La Cour de cassation[2448] opère une distinction pour répondre à cette question. Elle rejette le pourvoi en ce qu'il conteste au bailleur le droit d'obtenir la résolution du bail et l'expulsion du locataire pour le défaut de paiement des loyers. Elle casse l'arrêt en ce qu'il condamne le locataire à lui payer les loyers qui étaient exigibles avant la notification de l'avis, toutes les sommes dues en vertu du contrat (celles échues et impayées comme les créances futures) étant affectées au paiement des impositions.

L'arrêt est remarquable par le mode de raisonnement qu'il met en œuvre. Il ignore, évidemment, les notions purement doctrinales de droit substantiel et de droit d'action, ainsi que la question de savoir si l'appropriation des loyers par le saisissant laisse subsister le « droit » du débiteur saisi « d'agir » en paiement. Il raisonne en termes plus flous : le bailleur est « fondé » (il a *intérêt*) à agir, le tiers détenteur ne « peut » pas être condamné à paiement. Il appréhende ainsi de façon globale une situation dont l'analyse doctrinale s'efforce de décomposer les éléments, afin de rendre la solution plus compréhensible et cohérente.

Néanmoins, il s'agit d'une décision classique[2449] qui – contrairement à ce qui pourrait sembler en première analyse – n'illustre nullement l'ubiquité du droit d'action transmis. Sur le fond, en effet, elle refuse le dédoublement du droit d'agir en paiement des loyers : juger le contraire reviendrait à réduire à néant la portée de l'avis à tiers détenteur. Par ailleurs, elle admet le bailleur à agir en résolution et en expulsion alors qu'il n'est plus titulaire d'aucune créance, mais ce faisant elle ne consacre pas davantage une duplication du droit d'agir à ces fins car l'avis à tiers détenteur a pour seule portée de faire acquérir au saisissant la propriété des loyers, il ne lui confère pas la qualité de bailleur (et donc le droit d'agir en résolution et expulsion). Il s'agit là d'une distinction bien connue : le cessionnaire de la créance acquiert la *qualité de créancier* mais il n'acquiert pas celle de *partie au contrat* générateur de la créance[2450]

[2448] Cass. com., 3 novembre 1988 : Bull. civ. IV, n° 282.

[2449] Un débat s'est développé sur la question de savoir si le saisissant s'approprie les créances provenant d'un contrat à exécution successive antérieur à la saisie qui ne viennent à échéance que postérieurement à celle-ci. *Contra*, not. : P. Ancel (le contrat a force obligatoire, mais la créance ne naît que de l'exécution), note sous Cass. civ. 2e, 10 juillet 1996 : D. 1996, p. 625. *Pro*, not. : E. Putman, *La formation des créances*, th. Aix-en-Provence, 1987, dir. J. Mestre ; Ch. Larroumet (« pourquoi les fournisseurs seraient-ils mieux protégés que les financiers ? »), note sous Cass. com., 26 avril 2000 : D. 2000, p. 717 et les réf. – La question a été tranchée en ce second sens, en cas de saisie-attribution et de procédure collective, par un arrêt de la Cour de cassation rendu en chambre mixte le 22 novembre 2002 (D. 2002 p. 3270 obs. A. Lienhard ; D. 2003, p. 445 n. Ch. Larroumet et p. 1472 obs. Taormina ; BICC 15 janvier 2003, p. 15 avis R. Viricelle, rapp. E. Foulon ; RTD com. 2003 p. 148 obs. B. Saintourens ; RTD civ. 2003 p. 146 obs. R. Perrot ; Dr. et procédures 2003 p. 120 n. E. Putman ; JCP G 2003, II, 10033 n. crit. D. Houtcieff ; *id.* E p. 397 n. D. Legeais ; Dr. et patr. mars 2003 p. 93 obs. M.-H. Monserie-Bon). – Même sens : Cass. com., 8 juillet 2003 (avis à tiers détenteur, D. 2003 p. 2094 obs. A. Lienhard), 5 novembre 2003 (saisie-attribution de loyers, D. 2003 p. 2964), 7 déc. 2004 et 22 nov. 2005 (bordereau Dailly, préc. *supra*, note 2345).

[2450] En ce sens : Cass. com. 21 novembre 2000, préc. *supra*, note 2337 (qui en déduit que la banque cessionnaire de la créance n'était pas engagée par la *clause d'agrément* du cessionnaire, sauf si elle l'avait acceptée). – C'est à la lumière de cette solution que doit être mesurée la portée de « l'idée que le subrogé ne recueille pas seulement une créance, *mais qu'il pénètre aussi dans un contrat* », idée émise (J. Mestre, obs. RTD civ. 1987, p. 549) pour rendre compte de l'arrêt (Cass. 1re civ. 25 novembre 1986) qui approuve les juges du fond d'avoir décidé que « l'insertion d'une *clause attributive de compétence*

(c'est ce qui distingue la cession de créance de la cession de contrat). Et dès lors que le droit d'agir en *expulsion* n'est pas transmis, il n'entre pas dans la perspective qui est la nôtre de relever que le bailleur le conserve, même s'il s'agit là de la sanction de l'inexécution du droit transmis. Cela revient seulement à considérer qu'il a conservé intérêt à agir en dépit du transfert de la créance de loyers[2451].

747.– La solution est moins sûre, il est vrai, pour ce qui concerne l'action en *résolution* (ou en résiliation en matière de contrat à exécution successive). L'avis à tiers détenteur est une technique translative. On doit l'assimiler dans ses effets à ces autres mécanismes translatifs que sont la cession de créance ou la subrogation. Or une controverse existe sur le point de savoir si la cession de créance emporte (lorsqu'il s'agit d'une créance d'origine contractuelle) cession de l'action en résolution du contrat générateur de la créance. « L'hésitation est permise », admet le professeur François[2452] : s'agissant d'une garantie de paiement, on conçoit qu'elle se transmette au créancier ; cependant son objet est de permettre au débiteur contractuel de se dégager de sa propre obligation lorsque l'autre partie au contrat synallagmatique n'exécute pas la sienne, et elle est donc attachée à la qualité de partie au contrat, que n'acquiert pas le cessionnaire de la créance. Cet auteur propose donc de distinguer : le cessionnaire peut agir en résolution lorsque l'obligation du cédant était instantanée (par exemple, en cas de cession du prix d'une vente, le cessionnaire de la créance du prix peut agir en résolution et recueillir la propriété de la chose)[2453] ; en revanche, seul le cédant peut agir en résolution lorsque sa propre obligation est à exécution successive (par exemple, le cessionnaire de la créance de loyers ne peut pas agir en résolution en cas de non paiement par le locataire cédé, seul peut agir le bailleur-cédant).

D'autres auteurs, cependant, considèrent que cette analyse conduit à attacher à la cession de créance des effets moindres que cette autre technique translative des « *droits, actions et privilèges* » (Code civil, article 1250, 1°) qu'est la subrogation[2454]. Cette objection est-elle fondée ? Il est vrai que la subrogation a un large effet translatif, et qu'elle emporte notamment transmission au subrogé de l'action en résolution. Il est néanmoins notable que les seuls exemples d'action résolutoire que cite le professeur Jacques Mestre dans sa thèse, classique sur le sujet, concernent celle exercée par le tiers subrogé dans les droits du vendeur[2455], ce qui ne dément donc pas la distinction évoquée plus haut. Ajoutons que l'on voit mal l'intérêt du nouveau titulaire de la créance de loyer à agir en résolution[2456] car ce faisant il se prive de toute action en exécution forcée contre le locataire, alors qu'il

---

dans un accord international fait partie de l'économie de la convention » et s'impose aussi bien à l'égard de l'ancien titulaire du droit qu'à l'assureur français subrogé.

[2451] V. sur ce point les développements de MM. Perrot et Théry, *Procédures civiles d'exécution*, préc., n° 374.

[2452] J. François, *Les obligations, régime général*, préc., n° 382. Même sens, déjà : Ch. Larroumet, th. préc., p. 142 s.

[2453] V. sur ce point les réserves émises in Mazeaud et F. Chabas, *Obligations*, préc., n° 858, note 2.

[2454] F. Terré, Ph. Simler, Y. Lequette, *Les obligations*, préc., n° 1290, note 2.

[2455] J. Mestre, *La subrogation personnelle*, préc., n° 490 s.

[2456] Surtout si l'on dissocie la transmission des actions en résolution et en expulsion...

ne peut pas conclure un nouveau bail ; l'exercice de cette action peut tout au plus constituer pour lui un moyen de pression...

Dans ces conditions, et en dépit de l'intérêt que présente du point de vue de notre thèse l'opinion contraire, il nous paraît raisonnable de considérer que l'action en résolution du contrat de bail n'est pas transmise avec la créance de loyer et qu'aucune duplication de cette action n'est notable en l'espèce. Dès lors, faute de transmission de cette action, sa non-perte par le bailleur ne déroge pas au présupposé de la perte du droit transmis.

ii) Endossement du connaissement à ordre et maintien de l'action en réparation du chargeur

748.– Un autre arrêt, contrairement à ce qu'il pourrait paraître, ne peut être cité comme illustrant la duplication du droit d'action en matière de cession de créance. Il se situe un peu à la marge du cadre général de notre réflexion mais il présente une autorité particulière car il émane de l'Assemblée plénière de la Cour de cassation. Il s'agit d'une des rares décisions prises par cette formation en matière de transport maritime. On sait qu'en cette matière le titre de transport (appelé *connaissement*) a un caractère représentatif de la marchandise[2457]. Au moment de l'embarquement, ce titre est délivré au chargeur[2458], qui le transmet ensuite à celui qui lui achète la marchandise, lequel peut à son tour l'endosser... Le titre circule ainsi à la façon d'un titre cambiaire. Son porteur est protégé par l'obligation faite au capitaine de ne livrer la marchandise qu'au destinataire, défini comme étant le dernier porteur du connaissement[2459]. La jurisprudence en déduit que le droit de demander la réparation des dommages causés à la marchandises est indissociable de celui de prendre livraison ; ainsi le porteur du connaissement ne peut pas être privé de la réparation du préjudice qui diminue la valeur de la marchandise, et son droit n'est pas déprécié. Ces principes se sont cependant avérés trop rigides dans la célèbre affaire du navire *Mercandia*. Dans cette affaire, la marchandise (une grue) était arrivée à destination endommagée, avait été ramenée au port de départ et réparée aux frais du chargeur, qui seul avait subi un préjudice et en demandait réparation. Le droit d'action lui avait été dénié par la Cour de cassation au motif que l'action en réparation ne peut être exercée « *en cas d'émission d'un endossement à ordre, que par le dernier endossataire ou le cessionnaire de sa créance* »[2460]. La Cour avait considéré, selon l'analyse du professeur Bonassies que « *ce n'est pas seulement le droit de réclamer la marchandise qui est "incorporé" au connaissement et transmis avec lui, mais*

[2457] Plus précisément il équivaut à une propriété de la marchandise, mais ce n'est pas une propriété : « les droits du titulaire d'un connaissement sont ceux d'un créancier, non d'un propriétaire » (M. Remond-Gouilloud, note D. 1987, p. 473), ainsi qu'il ressort de la précision ainsi apportée (en matière fluviale) : le connaissement « constitue un titre représentatif de la cargaison dont la possession régulière équivaut à la possession de la marchandise qu'il désigne et vaut dès lors propriété de la marchandise elle-même » (Cass. com. 3 mars 1987, Bull. transp. 1987 p. 243).

[2458] L. 18 juin 1966 sur les contrats d'affrètement et de transport maritimes, art. 18.

[2459] D. du 31 décembre 1966 sur les contrats d'affrètement et de transport maritimes, art. 49.

[2460] Cass. com., 25 juin 1985 : DMF 1985, p. 659 n. P. Bonassies ; JCP 1986, II, 20592 n. P. Pestel-Debord ; D. 1987, p. 36 n. C. Scapel. – Même sens : Cass. com., 7 avril 1987 : D. 1987, p. 471 n. M. Remond-Gouilloud.

aussi le droit d'agir en responsabilité contre le transporteur... L'endossement du connaissement transfère à l'endossataire non seulement la possession (ou quasi-possession) physique de la marchandise mais aussi l'ensemble des droits concernant celle-ci »[2461].

Autrement dit, le droit d'action avait été transmis et, ce droit ne pouvant se dupliquer, il était nécessairement perdu par son précédent titulaire. Cette solution a été cependant très mal reçue par la pratique, par les juges du fond et par la doctrine[2462]. Elle consacrait, il est vrai, un paradoxe puisqu'elle déniait la qualité à agir au chargeur (pourtant cocontractant du transporteur), qui seul avait intérêt le faire, et réservait cette qualité à l'endossataire du connaissement, dont le droit d'action était cependant problématique en l'absence d'intérêt ; conçue pour éviter un risque de concours d'action, elle conférait une immunité de fait du transporteur. L'assemblée plénière l'a abandonnée en 1989 pour poser le principe plus satisfaisant que l'action « *est ouverte au chargeur lorsque celui-ci est seul à avoir supporté le préjudice résultant du transport* », non sans relever qu'en l'espèce l'endossataire du connaissement « *avait fait connaître qu'il renonçait à toute action* »[2463]. Elle l'a assortie de la précision que le transporteur « *ne peut se prévaloir des effets de [la] vente* » pour soutenir que le chargeur-vendeur serait « *dépourvu d'intérêt à agir contre lui* ».

On peut être tenté de considérer qu'en dépit de la cession du droit de réclamer la marchandise au transporteur le chargeur conserve le droit d'agir transmis comme accessoire de cette créance. La réalité est plus complexe, ce qui ôte à cette décision la portée qui semble être la sienne dans la perspective qui est la nôtre. Pour le faire apparaître, l'analyse de l'arrêt doit cependant distinguer avec soin deux mécanismes distincts : celui de la vente et celui du transport.

749.– Afin de résister à la demande du chargeur, le transporteur se prévalait des effets de la vente FOB[2464] intervenue entre le chargeur et le destinataire, soutenant que le chargeur-vendeur FOB était dépourvu d'intérêt à agir contre lui à défaut d'une cession en sa faveur des droits de l'acquéreur ou d'une subrogation dans ces mêmes droits. L'argument ne manquait pas de force : la vente FOB est une vente « au départ », c'est-à-dire qu'elle met la chose vendue aux risques de l'acheteur dès le départ de la marchandise[2465]. Le dommage subi en cours de transport ne pèse donc pas sur le chargeur-vendeur. Ne faut-il pas en déduire que celui-ci est privé d'intérêt à agir, et donc de droit d'action ? L'assemblée plénière écarte l'argument en se contentant de relever, nous l'avons vu, que le transporteur « *n'étant pas partie*

[2461] P. Bonassies, n. préc., DMF 1985, p. 664.

[2462] V. les nombreuses réf. dans les commentaires cités note suivante.

[2463] Cass. ass. plén., 22 décembre 1989 : D. 1990 IR p. 34 ; DMF 1990, p. 29 n. P. Bonassies ; JCP 1990, II, 21403 n. P. Delebecque.

[2464] « Initiales des termes anglais *free on board*, signifiant littéralement : libre à bord, utilisées pour caractériser une vente également nommée vente *franco-bord* » (G. Cornu, *Vocabulaire juridique*, V° *FOB*).

[2465] L. du 3 janvier 1969 relative à l'armement et aux ventes maritimes, art. 32. – J. Calais-Auloy, *Les ventes maritimes* in *Traité de droit maritime* par René Rodière, *Assurances et ventes maritimes*, Dalloz, 1983, n° 29 p. 459.

au contrat de vente » « *ne peut se prévaloir des effets de cette vente* » pour soutenir que le chargeur-vendeur serait « *dépourvu d'intérêt à agir contre lui* ».

La solution est classique. La motivation sur laquelle elle s'appuie serait curieuse si elle était entendue comme signifiant que le principe de l'effet relatif du contrat de vente empêche les tiers de se prévaloir du transfert de propriété qu'il opère. Cela contreviendrait en effet à l'opposabilité absolue du transfert, ou encore à la « force obligatoire » dont est dotée, tant à l'égard des tiers que des parties, la « norme » qui prévoit celui-ci[2466]. La solution retenue reviendrait à considérer que, par dérogation à la règle que l'accessoire (l'action) est transmise avec le principal (la chose) – transmise et donc « perdue » par l'auteur *dans* le transfert –, on serait dans un cas de non-perte de l'action transmise s'expliquant simplement par le jeu de l'article 1165 du Code civil. Il s'agirait là d'une solution singulière puisque l'effet absolu du transfert de la propriété est une base de notre système juridique[2467], et elle n'a jamais été retenue pour justifier la non-perte de l'action en garantie décennale[2468].

Telle n'est pas la portée de l'attendu considéré. Il doit être compris comme signifiant que, si le transporteur n'est pas partie au contrat de vente, il est partie au *contrat de transport* et qu'il doit donc subir l'action que *ce contrat* confère au chargeur, alors même qu'en raison de la vente celui-ci n'est plus propriétaire de la chose transportée. C'est en effet une règle très générale en matière de transport que celle de l'indépendance totale des deux contrats de transport et de vente (lorsque vente nécessitant un transport il y a) : le transporteur ne peut ni se voir opposer les clauses du contrat de vente sous-jacent, auquel il est étranger, ni s'en prévaloir pour se soustraire à ses obligations[2469]. Expéditeur et destinataire ont contre lui un droit d'action qui tient non à leur droit sur la marchandise mais à leur qualité de partie au contrat de transport.

750.– La question, alors, est de savoir – par rapport à notre problématique – si l'on peut considérer qu'au regard de ce contrat il y a transmission d'un droit d'action par le chargeur au destinataire, sans perte de ce droit par le chargeur. Cela n'est ni avéré, ni probant si l'on considère trois points précis. *Premier point* : y a-t-il duplication du droit d'action ? Il peut sembler que oui car le chargeur-vendeur et le destinataire ont tous deux qualité à agir contre le transporteur. En réalité, il faut distinguer. En ce qui concerne l'action née du contrat de vente, elle est transmise avec la propriété[2470] de la chose (avec le connaissement) et le chargeur la perd ; il est vrai que ce n'est pas en tant que propriétaire de la marchandise que le porteur du connaissement peut agir contre le transporteur[2471], mais en tant que destinataire. La question se pose donc

---

[2466] P. Ancel, art. préc., RTD civ. 1999, p. 771, n° 53 p. 807.

[2467] Ex., en matière immobilière, sur le sens étroit de la notion de tiers admis à invoquer l'inopposabilité de l'acte translatif, v. *infra*, n° 751.

[2468] V. *supra*, n° 627.

[2469] Rodière, *Droit des transports*, Sirey 1977, n° 360.

[2470] Avec la propriété ou plutôt avec les *risques* de la chose, car en la matière les parties distinguent ceux-ci de celle-la (J. Calais-Auloy, *Les ventes maritimes*, préc., n° 32). La même dissociation est prévue, dans les transports terrestres, par l'art. L. 132-7 C. com.

[2471] S'il a la propriété, ce que ne postule pas la vente FOB : v. note précédente.

seulement pour l'action qui découle du contrat de transport, et on peut hésiter pour répondre puisque le destinataire ne peut pas agir, faute d'intérêt. L'argument, il est vrai, n'est que de fait (l'arrêt réaffirme bien que « *l'action en responsabilité pour pertes ou avaries contre le transporteur maritime* n'appartient qu'au dernier endossataire *du connaissement à ordre* »), et encore est-il assorti de la précision que cet endossataire « *a d'ailleurs fait connaître qu'[il] renonçait à toute action* » – précision dans laquelle on a vu la « clé » de la solution[2472].

Second point : y a-t-il « transmission » du droit d'action né du contrat de transport entre les deux cocontractants du transporteur ? La réponse à cette question, curieusement, n'est pas sûre : le droit du destinataire est généralement analysé comme constituant un droit propre, non un droit dérivé[2473] ; cependant en matière de transport maritime, il est considéré que « le tiers porteur, en acquérant le connaissement, a succédé au chargeur dans ses droits et obligations »[2474], sauf dit-on pour la Cour de cassation[2475]...

Troisième point : à supposer que l'on réponde oui sur les deux points précédents (il y a duplication, il y a acte translatif), cela constitue-t-il l'exemple recherché, celui d'un acte translatif (l'endossement du connaissement constitue un mode particulier de cession de créance) consacrant une non-perte du droit d'action ? Là aussi, il y a un doute. Le chargeur qui transmet le droit à la livraison contre le transporteur reste partie au contrat de transport et garde en tant que tel qualité à agir contre celui-ci car il s'agit là d'une caractéristique générale du contrat de transport de marchandises, dans lequel le droit d'action appartient *concurremment* au destinataire *et* au chargeur. Autrement dit il n'est pas sûr que la duplication soit l'effet de l'acte translatif, et si c'est le cas elle s'explique par la structure particulière du contrat de transport de marchandises, contrat à trois personnes.

On ne peut donc pas voir dans cet arrêt, quoi qu'il puisse sembler, un exemple d'acte translatif consacrant une non-perte du droit d'action – ou, à tout le moins, on ne peut y voir qu'un exemple très particulier.

[2472] « La plupart du temps le préjudice subi par le chargeur l'est, comme en la cause, « *par l'intermédiaire* » du destinataire [...] On est donc porté à se demander si la clé de la décision de la Cour de cassation, ce n'est pas l'observation faite par elle que le destinataire avait fait savoir qu'il renonçait à toute action » (P. Bonassies, n. préc., DMF 1990, p. 35).

[2473] Rodière, *Droit des transports*, préc., p. 422.

[2474] Il s'agit là de la condition posée par la CJCE dans l'arrêt rendu le 19 juin 1984 dans l'affaire *Tilly Russ* (aff. 71/83, Rec. 2417 concl. Gordon Slynn ; Clunet 1985 p. 159 obs. J.-M. Bischoff ; Rev. crit. DIP 1985 p. 385 n. H. Gaudemet-Tallon selon qui « le droit français paraît bien en ce sens ») pour que la clause attributive de juridiction contenue dans un connaissement soit opposable au tiers porteur de ce connaissement, en application de la Convention de Bruxelles du 27 septembre 1968.

[2475] Selon le professeur Bonassies, n. préc. (*supra* note 2234) sous Cass. com., 29 novembre 1994, navires *Harmony* et *Nagasaki :* DMF 1995 p. 214 (arg. : cet arrêt précise que le destinataire ne devient pleinement partie au contrat de transport qu' « au moment où, recevant la livraison de la marchandise, il a adhéré au contrat ») ; même sens : Ph. Delebecque, obs. préc. sur Cass. com., 4 mars 2003 : RTD com. 2003 p. 422 (« le tiers porteur n'est pas l'ayant cause du chargeur »).

2. Vrais exemples

751.– La cession de créance offre un exemple bien connu de duplication du droit d'agir en paiement de la créance cédée (comme, d'ailleurs, de duplication de la créance elle-même) : c'est celui des effets de la cession à l'égard du débiteur cédé tant qu'elle n'a pas été signifiée ou acceptée par lui dans un acte authentique.

Ce dédoublement est lié au jeu de l'article 1690 du Code civil, qui dispose que « *Le cessionnaire n'est saisi à l'égard des tiers que par la signification du transport faite au débiteur* » ou également « *par l'acceptation du transport faite par le débiteur dans un acte authentique* ». Il est admis (en dépit de la référence faite à l'« ensaisinement ») que la créance est transmise *inter partes* par le seul échange des consentements, conformément aux principes applicables à la vente[2476], et qu'il s'agit là de simples mesures de publicité[2477], ou à tout le moins de conditions d'opposabilité de la cession aux tiers[2478]. Il en résulte, jusqu'à leur accomplissement[2479], un dédoublement de principe de la créance transmise et du droit d'action en paiement qui l'assortit puisque c'est le cessionnaire qui en a la titularité dans ses rapports avec l'auteur *dans* le transfert, alors même que c'est ce dernier qui la conserve dans les rapports avec les tiers.

Cette hypothèse de duplication a un caractère très concret à l'égard de ce tiers particulier qu'est le débiteur cédé[2480] : la jurisprudence retient que tant le cédant que le cessionnaire peut agir en paiement contre lui.

752.– Cette solution découle d'une sanction inégalement rigoureuse de l'inaccomplissement des formalités de l'article 1690 du Code civil selon qu'il s'agit des rapports entre le cédé et le cédant ou entre le cédé et le cessionnaire. Considérons d'abord les rapports cédé-cédant. Ce dernier a transféré *solo consensu* la créance au cessionnaire, il en a « perdu » la titularité ; peut-il néanmoins agir en paiement contre le cédé ? Oui, décide la jurisprudence, car le cédé est un tiers

---

[2476] En ce sens : J. Carbonnier, *Droit civil, vol. 2*, préc, n° 1231 s. ; B. Starck, H. Roland et L. Boyer, ouvr. préc., n° 38 ; Ph. Malaurie, L. Aynès et Ph. Stoffel-Munck, *Les obligations*, préc., n° 1317 ; J. Flour, J.-L. Aubert, Y. Flour et E. Savaux, *Le rapport d'obligation*, préc., n° 342.

[2477] *Pro* : auteurs cités note précédente, ainsi que : D. Pardoël, *Les conflits de lois en matière de cession de créance et opérations analogues*, LGDJ, B. dr. privé, 1997, n° 203 s. *Contra* : S. Corneloup, *La publicité des situations juridiques*, LGDJ, B. dr. privé, 2003, n° 200 s. et 212 s. (à l'égard des véritables tiers elles ne réalisent aucune information ; à l'égard du débiteur cédé il s'agit d'une information individuelle et non d'une publicité, celle-ci devant avoir pour destinataire le public).

[2478] En ce sens : S. Corneloup, *loc. cit.*

[2479] Ou jusqu'à l'accomplissement de leurs équivalents car on note un certain assouplissement jurisprudentiel des conditions d'opposabilité au débiteur cédé (J. Flour, J.-L. Aubert, Y. Flour, E. Savaux, *ibid.*, n° 344).

[2480] La plupart des auteurs considèrent que le débiteur cédé n'est pas un tiers comme les autres en ce sens qu'il est dans une position particulière au regard des formalités de l'article 1690 (ex. : Marty, Raynaud et Ph. Jestaz, *Les obligations, t. 2, Le régime*, Sirey, 2e éd., 1989, n° 365 s.). Certains lui dénient même – ce que ne fait pas la jurisprudence – la qualité de tiers (Ch. Larroumet, *Les opérations juridiques à trois personnes en droit privé*, th. préc., n° 31 s. ; J. François, *Les obligations, régime général*, préc., n° 369 ; *contra* : M. Billiau, *La transmission des créances et des dettes*, préc., n° 25).

par rapport à la cession et il ne peut donc pas se prévaloir de celle-ci pour lui refuser le paiement.

Cela a été notamment[2481] jugé dans un arrêt rendu en 1938 : une partie du prix d'une vente étant restée impayée, le vendeur, après avoir pourtant cédé cette créance à un tiers, avait adressé un commandement à l'acheteur en vue d'obtenir la résolution judiciaire de ladite vente pour défaut de paiement ; un créancier de l'acheteur, exerçant les droits de celui-ci par la voie oblique, soutenait que la demande était irrecevable, le vendeur étant sans qualité à agir puisqu'il n'était plus titulaire de la créance ; celui-ci faisait cependant valoir que l'acheteur-débiteur (au nom de qui agissait le créancier) ne pouvait pas se prévaloir de cette cession car celle-ci n'avait été ni signifiée ni acceptée dans un acte authentique. Les juges du fond avaient accueilli la fin de non-recevoir, jugeant que le défaut d'accomplissement des formalités de l'article 1690 du Code civil ne peut pas être invoqué par le cédant ; la cassation a été prononcée :

> « *Attendu que jusqu'à l'accomplissement des formalités de l'article 1690 C. civ., la cession de créance reste régie, en ce qui concerne ses effets, par les dispositions générales de l'article 1165 C. civ., et que conséquemment ceux qui n'ont été ni parties, ni représentés à cette opération, et parmi eux le débiteur cédé, ne peuvent ni se la voir opposer, ni s'en prévaloir eux-mêmes* »[2482].

Laissons de côté, ici, les arguments de pure technique juridique, remarquablement mis en lumière par l'annotateur de l'arrêt qui lui reproche de confondre effet relatif et opposabilité en se référant à l'article 1165, admet que l'article 1690 « déroge à l'article 1165 en tant qu'il restreint l'opposabilité des conventions *erga omnes* en la subordonnant à l'accomplissement de certaines formalités », mais estime « étrange » que le cédant puisse se prévaloir de l'inaccomplissement de formalités qui lui incombaient[2483]. Ce qui frappe surtout aujourd'hui est le choix retenu par la Cour de cassation de considérer que le cédant a intérêt à agir en paiement de la créance, alors cependant qu'il en a déjà transféré la titularité...

753.– Si le cédé est toujours débiteur du cédant, il ne devrait pas l'être aussi du cessionnaire. La jurisprudence, pourtant, admet le contraire. Dans les rapports cédé-cessionnaire, elle se montre en effet peu exigeante sur les formalités de l'article 1690 : elle juge que le cessionnaire peut agir en paiement alors même qu'elles n'ont pas été accomplies. La solution n'est pas nouvelle :

> « *le défaut d'accomplissement des formalités de l'article 1690 ne rend pas le cessionnaire irrecevable à réclamer au débiteur cédé l'exécution de son obligation quand cette exécution est susceptible de faire grief à aucun droit advenu depuis la naissance de la créance soit audit débiteur cédé, soit à une autre personne étrangère à la cession* »[2484].

[2481] Même sens, v. not. : Cass. civ., 27 novembre 1944 : Gaz. Pal. 1945, I p. 13 ; D. 1945 p. 78.
[2482] Cass. civ., 20 juin 1938 : D.P. 1939, p. 26 n. crit. A. Weill.
[2483] A. Weill, n. préc.
[2484] Cass. civ., 4 mars 1931 : D.P. 1933,1 p. 73 n. Radouant.

Elle a été reprise depuis textuellement, de façon périodique, par divers autres arrêts[2485].

754.– Les deux solutions paraissent contradictoires : « il se trouve ainsi que dans la période qui va de la cession à l'accomplissement des formalités de l'article 1690, le cédant et le cessionnaire ont à la fois les mêmes droits, l'un continuant encore et l'autre commençant déjà à les exercer »[2486], ce qui n'est pas « logique »[2487] – il faut comprendre : il n'est pas logique que la cession puisse être opposée par le cessionnaire au cédé, alors que celui-ci ne peut pas l'opposer au cédant ; il faut comprendre aussi : il n'est pas logique que le paiement de la créance transférée puisse être réclamé tant par l'auteur *dans* le transfert que par son ayant cause (le cédant agissant en son nom et pour son compte)[2488].

Pour désamorcer le premier illogisme, le professeur Larroumet[2489] a proposé de distinguer le débiteur cédé des tiers à la cession, et de considérer que les formalités de l'article 1690 sont des mesures de publicité à l'égard de ces derniers mais non à son égard : il le regarde comme étant une partie au contrat[2490], pour qui elles seraient un élément d'information. La distinction est intéressante à l'égard du cessionnaire car la connaissance de la cession supplée ici à l'accomplissement des formalités (dans la mesure où le paiement ne fait pas « grief » au cédé ou à un tiers, ce qui ressortit au contrôle non du cédé mais du juge)[2491]. Elle n'apporte rien dans les rapports cédant-cédé, mais il est vrai que cet auteur critique vivement sur ce plan la solution examinée, qu'il estime « injustifiable » car elle permet au cédant de « nuire » au cessionnaire, en commettant un « dol »[2492]. Rien n'impose, cependant, qu'il en aille nécessairement ainsi.

Quant au second illogisme, il n'existe que par rapport au postulat de la perte du droit par l'auteur *dans* le transfert. Il est notable que l'on y déroge sans risque de double paiement pour le cédé, celui du cessionnaire étant libératoire en vertu d'une jurisprudence ancienne[2493], et celui du cédant l'étant par application de l'article 1691 du Code civil.

[2485] Cass. civ. 1re, 9 juillet 1953 : Bull. civ. I, n° 244, p. 201. – Cass. civ. 1re, 18 mars 1969 : Bull. civ. I, n° 116, p. 91 ; RTD civ. 1969 p. 770 obs. Y. Loussouarn. – CA Paris, 17 décembre 1984 : D. 1985 IR p. 200. – Cass. civ. 3e, 26 février 1985 : JCP 1986, II, 20607 n. B. Petit ; RTD civ. 1986 p. 349 obs. J. Mestre. – *Contra* mais isolé : Cass. soc., 24 février 1960 : Bull. civ. IV, 1960, n° 209, p. 164 (le cédé ne peut pas être condamné au profit du cessionnaire d'une créance non publiée).

[2486] Planiol, Ripert et Esmein, *Traité pratique de droit civil français*, 2e éd., t. 7, 1954, n° 1129.

[2487] « Il eût été plus logique de [...] permettre au cédé de refuser le paiement au cessionnaire » (Mazeaud et F. Chabas, *Obligations*, préc., p. 1288).

[2488] Et non pas en qualité de mandataire chargé du recouvrement, comme l'est le cédant *Dailly* (C. mon. fin., art. L 313-28).

[2489] Ch. Larroumet, th. préc., n° 31 à 58, p. 56 à 120.

[2490] V. *supra*, note 2480.

[2491] « la formule de l'arrêt [faire grief à] n'a jamais été employée que dans des espèces où le cessionnaire avait dû poursuivre le paiement en justice » (B. Petit, n. préc., n° 9).

[2492] Ch. Larroumet, th. préc., n° 52 p. 103.

[2493] Cass. civ., 9 mars 1864 : D.P. 1864, 1 p 190.

755.– En toute hypothèse, quelle que soit la valeur de la solution sur le fond, elle constitue bien un exemple de duplication du droit d'agir en matière de cession de créance, même s'il ne vaut que pour la période intermédiaire qui va de la conclusion de la convention de cession à l'accomplissement des formalités de l'article 1690 du Code civil. Un auteur en a d'ailleurs proposé une théorisation intéressante : à l'instar de la délégation, qui est imparfaite si le créancier n'a pas consenti à la libération du délégant, la cession de créance serait *imparfaite*, en l'absence de respect de l'article 1690, en ce sens que le débiteur a alors deux créanciers solidaires[2494]. Il convient seulement de préciser que cette « solidarité active »[2495] ne remet pas en cause le transfert de la totalité de la créance dans les rapports entre les parties à la convention de cession.

Il nous paraît surtout remarquable que la Cour de cassation n'ait pas dénié l'intérêt à agir du cédant.

2° Intérêt à agir

756.– Par delà sa connotation technique, la notion d'intérêt à agir[2496] permet de traduire l'appréhension globale d'une situation juridique. Refuser de considérer qu'il existe un intérêt à agir permet de refouler l'action du demandeur. À l'inverse, refuser de se montrer sourcilleux sur l'existence d'un intérêt à agir peut être pour le juge une façon de consacrer, sans devoir le faire expressément, une duplication du droit d'agir – c'est-à-dire sa non-perte en dépit du transfert.

757.– La conclusion retenue à propos du transfert du droit d'agir comme accessoire du transfert d'une chose[2497] s'impose donc de la même façon – sans étonnement – en cas de transfert de celui-ci comme accessoire d'une créance : la titularité du droit d'action en la personne de l'auteur *dans* le transfert n'est pas distinguée de son intérêt à agir. Cet intérêt est la condition nécessaire et suffisante du droit d'agir en justice. Dès lors, la question de la perte ou du maintien de ce droit ne se pose pas en termes « physiques », et son transfert comme accessoire de la créance (ou de la chose) ne le fait pas perdre ipso facto à l'auteur *dans* le transfert.

Le critère et la mesure de la survie du droit d'action est l'intérêt que conserve l'auteur *dans* le transfert à agir. Autant dire que, souvent, le droit d'action sera perdu. Il apparaît cependant qu'il survit dans un certain nombre d'hypothèses. Toutes ne sont pas explicables par des raisons purement techniques, des considérations de politique juridique pesant sur le choix opéré par la Cour de cassation de regarder ou non comme étant fondée l'action de l'auteur *dans* le transfert. Cette recevabilité à agir, lorsqu'elle est retenue, permet de tourner le refus d'exécuter du débiteur, refus auquel le principe de l'opposabilité absolue du contrat

---

[2494] B. Petit, n. préc. JCP 1986, II, 20607 n° 16.
[2495] J. Carbonnier, *Droit civil, vol. 2*, préc, n° 1237-c, p. 2461.
[2496] Sur laquelle v. *supra*, n° 669 s.
[2497] V. *supra*, n° 673.

fournit un fondement non justifié en dehors des hypothèses où il est commandé par la sauvegarde de l'intérêt de l'ayant cause.

*

* *

758.– *Conclusion du chapitre* : La question examinée était de savoir si l'acte translatif d'un bien, emportant transfert du droit d'agir qui en est l'accessoire, fait perdre ce droit à l'auteur *dans* le transfert. Il apparaît que cette question ne comporte pas de réponse univoque, que le bien transféré à titre principal soit une chose ou une créance. Certaines décisions jurisprudentielles déduisent du transfert la perte du droit d'agir du précédent titulaire, d'autres jugent que son action reste recevable, tant en première instance qu'en appel. La diversité des solutions décourage la synthèse, et empêche de dégager une réponse claire à la question posée.

Cette diversité est inévitable. Elle s'explique par le fait que la jurisprudence ne fonde pas les solutions qu'elle retient sur une position catégorique quant au point de savoir si le droit d'action est perdu ou non en cas de transmission. Elle entend se réserver un pouvoir d'appréciation et raisonne de façon beaucoup plus empirique en utilisant uniquement la notion souple – ou fuyante, selon le point de vue – d'intérêt à agir. C'est la conjugaison de cet objectif et de ce moyen qui explique les différences de solution relevées, différences d'autant plus accusées que si en règle générale l'existence d'un intérêt à agir est abandonnée au pouvoir souverain d'appréciation des juges du fond[2498], la Cour de cassation se réserve de casser les décisions ayant affirmé à tort le défaut d'intérêt.

Peu importe cette diversité au regard de notre recherche. La vérification de notre proposition de départ ne suppose en effet nullement que le droit d'agir soit conservé dans tous les cas. Nous avons fait apparaître qu'il existe des cas de transfert sans perte du droit d'agir. Cela suffit à établir la fausseté de l'approche selon laquelle ce droit ne saurait être transféré *et* retenu, approche fondée inconsciemment sur le présupposé qu'à l'instar d'une chose il ne pourrait pas être localisé en deux « endroits », et donc en deux personnes distinctes.

Le postulat de la perte du droit transmis se révèle donc faux à l'égard du droit d'agir.

Il reste à montrer qu'il en va de même en ce qui concerne le droit substantiel lui-même.

[2498] Ex. : Cass. civ. 1re, 18 mars 2003, n° de pourvoi 00-13905 (« le juge du fond qui a relevé la cession consentie par M. X. du bénéfice du contrat d'assurance au profit de tiers en a souverainement déduit l'absence d'intérêt à agir de ce dernier »).

TITRE SECOND

ACTE TRANSLATIF ET PERTE DU DROIT SUBSTANTIEL

759.– En étudiant le transfert de droit d'action accessoire à celui d'un bien, nous avons évoqué incidemment l'hypothèse de l'acte translatif du droit principal (dit *substantiel* pour l'opposer au droit purement *processuel* qu'est celui d'agir en justice). Nous avions cependant laissé de côté alors la question de savoir si le transfert de ce droit implique sa perte en la personne (ou si l'on préfère : dans le patrimoine) de l'auteur « dans » le transfert. C'est cette question que nous entendons aborder ici.

760.– Je vends une maison : j'en perds la propriété. Je cède une créance : je n'en suis plus titulaire. Ces deux exemples paraissent des lapalissades tant est fort le postulat de la perte du droit transmis. Il l'est tellement que c'est sembler aller contre l'évidence, voire contre le bon sens, que de le mettre en cause. C'est que le droit dont il s'agit ici (la propriété) n'a pas[2499] le caractère abstrait de l'action en justice. Son objet étant plus concret, il s'identifie traditionnellement avec lui et on a du mal à concevoir son ubiquité, c'est-à-dire qu'il puisse être tout à la fois transmis et conservé.

Un certain nombre de solutions ne s'expliquent pourtant pas autrement. Nous nous proposons de le faire apparaître.

761.– Ces solutions ne posent pas de difficulté de principe si on analyse la titularité du droit (ou, si l'on veut, la propriété) comme étant *liée à la personne* (et non pas *incorporée dans le bien* approprié). Rien n'empêche en effet de concevoir un dédoublement de droits sur la même chose. Il est évidemment nécessaire que leurs relations soient ordonnées, mais cela postule seulement entre eux un « rangement », c'est-à-dire qu'on leur affecte un rang, en fonction d'une relation d'ordre[2500].

762.– De cette hypothèse de dédoublement de propriétés d'un même bien, il faut distinguer d'emblée – et mettre à part dans notre réflexion – celle de la cotitularité (copropriété, indivision) ainsi que celle, très différente, de la propriété « duale »

[2499] Pense-t-on, bien à tort !

[2500] M.-L. Mathieu-Izorche, *Le raisonnement juridique*, préc., p. 79.

d'un même bien qui décompose (qui démembre) la propriété en deux droits simultanés ayant chacun un objet différent[2501]. Il faut également en distinguer la propriété fiduciaire[2502], aux applications nombreuses en matière mobilière[2503], et qui est précisément caractérisée par les importantes prérogatives qu'elle laisse au fiduciant, au point que l'on se demande :

> « *si l'aliénation fiduciaire n'est pas à certains égards une figure intermédiaire entre la propriété et son transfert [car] quoi qu'il y ait incontestablement changement de propriétaire, tout se passe comme si l'ancien propriétaire conservait certaines prérogatives qui sont l'apanage de la pleine propriété* »[2504].

763.– C'est sur un plan plus général que nous voudrions situer notre réflexion. L'hypothèse que nous envisageons, celle de la non-perte du droit par l'auteur *dans* le transfert, est en effet connue et répertoriée. Mais elle ne l'est pas en tant que telle : elle est pour l'essentiel la face cachée de l'inopposabilité de l'acte translatif. Très souvent, en effet, la sanction que constitue l'inopposabilité a pour effet que celui qui a disposé de son droit est regardé comme en étant toujours titulaire : il peut en disposer à nouveau, ou bien il est regardé comme étant encore lié par les obligations qui s'attachent à sa titularité. Cette particularité est cependant ignorée dans l'approche de cette notion : on se place alors du côté de la personne fondée à invoquer cette sanction, on considère que l'acte lui-même est maintenu mais que ses effets sont neutralisés à l'égard de cette personne ; la question de savoir comment concilier cette neutralisation avec la validité de l'acte est rarement envisagée.

Notre démarche nous conduit précisément à nous intéresser à cet aspect de la question : si l'auteur *dans* un premier acte translatif, valable mais non opposable à une catégorie plus ou moins large d'autres personnes, peut conclure un nouvel acte translatif sur le même bien, c'est parce que l'acte translatif n'a pas pour effet de lui faire perdre le droit qui en est l'objet.

Pour établir ce point, il est à certains égards un peu artificiel (car la frontière n'est pas parfaitement étanche[2505], et bien des données sont communes) mais commode, sinon difficilement évitable, de distinguer selon que l'acte translatif a pour objet un droit sur une chose (Chapitre premier) ou un droit contre une personne (Chapitre second).

[2501] Rappr. ci-dessus, n° 553. On en rapprochera le mécanisme du rapport à succession (C. civ., art. 843) qui traduit une rétention de la valeur des biens donnés entre vifs par le *de cujus*.

[2502] Evoquée *supra*, n° 445 et 448. Rappel : l'aliénation fiduciaire est faite « à charge de rétrocession » (G. Cornu, *Vocabulaire juridique*, préc., V° *Fiducie*).

[2503] C. Witz, préc. ; pour des ex. de fiducie-sûreté, v. M. Cabrillac et Ch. Mouly, *Droit des sûretés*, préc., n° 529 s.

[2504] R. Libchaber, *L'usufruit des créances existe-t-il ?* art. préc., RTD civ. 1997, p. 615, n° 17 p. 626 ; rappr. *supra*, n° 448.

[2505] Ex. : le droit du preneur à bail, regardé comme étant de nature personnelle par la majorité des auteurs, est qualifié de réel par d'autres (« La confusion peut venir de ce que le contrat de bail fait aussi naître des obligations à la charge du bailleur. Le droit au bail comprend à la fois un droit réel de jouissance et des droits de créance envers le bailleur » : J. Derruppé, *Souvenirs et retour sur le droit réel du locataire*, Mélanges dédiés à Louis Boyer, U. des sciences sociales de Toulouse, 1996, p. 177).

CHAPITRE PREMIER

ACTE TRANSLATIF ET PERTE D'UN DROIT SUR UNE CHOSE

764.– Commençons par rappeler que, pour plus de clarté, les termes chose, propriété et droit sur une chose sont utilisés ici[2506] dans leur sens traditionnel. Par chose nous désignons donc tout bien autre qu'un droit[2507]. Par *droit sur une chose* nous entendons la propriété[2508] et les droits sur la chose d'autrui, qu'il soient (droits réels de garantie) ou non (droits réels principaux) l'accessoire d'un autre droit.

765.– Il est apparu ci-dessus que le transfert du droit d'action comme accessoire de la chose laisse survivre ce droit en la personne du transférant chaque fois qu'il y va de son intérêt, en ce sens que l'intérêt à agir ne lui est pas dénié[2509]. Le même schéma se retrouve en ce qui concerne le droit sur une chose : alors même qu'il est transmis, il ne sort pas pour autant du patrimoine de l'auteur *dans* le transfert. Le phénomène est bien connu en droit fiscal, cela doit être souligné de façon incidente (Section I). Il est en revanche ignoré en droit civil, et c'est sur ce point que nous voudrions insister (Section II).

SECTION I

ACTE TRANSLATIF ET PATRIMOINE FISCAL[2510]

766.– Que la propriété n'est pas fiscalement perdue par le transférant du fait de son transfert ne requiert pas de longues démonstrations. La loi elle même, en effet, en fournit divers exemples, dont celui-ci, particulièrement frappant :

[2506] Comme dans le reste de la thèse, à l'exception des développements consacrés aux régimes matrimoniaux, en dépit de la préférence marquée dans le chapitre préliminaire pour une approche large de la notion de propriété, et pour les raisons alors indiquées (*supra*, n° 112).

[2507] Le mot chose est parfois utilisé en un sens plus large pour désigner aussi tous « les droits autres que la propriété » (F. Zénati et Th. Revet, *Les biens*, préc., n° 103).

[2508] En un autre sens, la propriété est ce qui fait qu'une chose (v. la note précédente) est un bien (F. Zénati et Th. Revet, *ibid.*, n° 2 et 39).

[2509] V. *supra*, n° 673.

[2510] "Fiscal" ne s'oppose pas à "juridique" ; il n'en demeure pas moins que le patrimoine fiscal ne recouvre pas les mêmes réalités que le patrimoine au sens du droit civil.

« *Les biens ou droits grevés d'un usufruit, d'un droit d'habitation ou d'un droit d'usage accordé à titre personnel sont compris dans le patrimoine de l'usufruitier ou du titulaire du droit pour leur valeur en pleine propriété* »[2511].

Il s'agit là d'une règle destinée à fixer l'assiette de l'impôt de solidarité sur la fortune. Alors même (pour raisonner sur cet exemple) que le démembrement du droit a été constitué par l'usufruitier (vente ou donation avec réserve d'usufruit)[2512], celui-ci est regardé comme étant resté plein propriétaire au regard de l'ISF. On est donc bien, dans cette hypothèse[2513], en présence d'un acte translatif laissant subsister le droit transféré dans le patrimoine de l'auteur dans le transfert. On peut considérer que l'acte translatif (ou constitutif) d'usufruit est inopposable à l'administration fiscale.

Cet exemple est connu mais on est porté à lui dénier toute valeur en l'expliquant par la fameuse « autonomie » du droit fiscal[2514]. Même si celle-ci ne doit pas être exagérée[2515] (« *Rien de tel pour faire apparaître la nature exacte d'une institution que de la soumettre à l'épreuve du droit fiscal* »)[2516], il est vrai qu'il y a bien là la manifestation d'une absence de coïncidence entre le patrimoine juridique et le patrimoine fiscal.

767.– C'est une raison d'être bref sur le terrain du droit fiscal. Ce n'est pas la seule. Une deuxième raison est que même s'« il n'y a pas de notion spécifique de la propriété en droit fiscal, [car] quand il est question de propriété dans le Code général des impôts il s'agit de la propriété telle qu'elle est définie dans le Code civil »[2517], il n'en reste pas moins qu'en matière de fiscalité la propriété est avant tout l'expression d'une *valeur*, et comme telle elle est *divisible* : c'est donc de propriétés duales qu'il est question, et non pas de *la* propriété « tout court », la seule que nous considérons (en cas de propriété duale, en effet, il va de soi que le transfert d'un élément de la dualité n'emporte pas transfert de l'autre : les termes du problème sont donc profondément différents).

Une troisième et dernière raison est que la question du traitement fiscal du transfert de la propriété d'un bien a déjà été étudiée lorsque ce bien fait l'objet d'une exploitation[2518], ce qui réduit d'autant l'intérêt des développements que l'on pourrait lui consacrer.

[2511] CGI, art. 885 *G*.
[2512] Constitution d'usufruit *per deductionem* : F. Terré et Ph. Simler, *Les biens*, ouvr. préc., n° 786.
[2513] Qui n'est pas la seule « couverte » par la disposition considérée.
[2514] Même réflexe pour la non moins fameuse présomption de fictivité des démembrements de propriété entre héritiers qu'institue l'art. 751 CGI (A. Houis, *Les méandres de l'article 751 du Code général des impôts*, JCP N 1997, I, p. 1103).
[2515] M. Cozian, *Propos désobligeants sur une « tarte à la crème » : l'autonomie et le réalisme du droit fiscal*, in *Grands principes de fiscalité des entreprises*, Litec, 4e éd., 2000, p. 1.
[2516] E. Pilon, *Traité des droits d'enregistrement*, 1929 (cité par M. Cozian dans sa préface à la thèse de G. Blanluet, préc., p.VI).
[2517] L. Mehl, conclusions sous C. d'État 24 novembre 1967 (Droit fiscal 1969, n° 26, p. 98).
[2518] G. Blanluet, th. préc., n° 98 s.

768.– Si le sujet mérite d'être évoqué, il doit donc l'être brièvement. On note en droit fiscal des cas de démultiplication des biens, en ce sens que la valeur d'un bien figure à la fois au bilan du propriétaire *et* à celui de l'exploitant, mais cela a peu à voir avec la perspective de notre propre recherche. Il s'agit seulement d'hypothèses dans lesquelles « un contribuable, propriétaire d'un bien, en donne la jouissance à un tiers qui l'exploite. Tous deux peuvent être conduits à faire figurer une valeur à leur actif, l'un au titre de la propriété, l'autre au titre de la jouissance »[2519]. Ainsi de l'*immeuble* donné à bail commercial : élément de richesse pour le bailleur en ce qu'il constitue pour lui un capital productif de loyers, il l'est aussi pour le locataire en ce qu'il lui ouvre l'exercice d'une activité commerciale. Ainsi de la *clientèle* qu'exploite un agent commercial : il n'en est pas titulaire, puisqu'il est un simple mandataire[2520] ; il n'en a pas moins le droit de l'exploiter et la jurisprudence fiscale en déduit que l'indemnité de rupture qui lui est versée en fin de contrat[2521] constitue un profit imposable[2522] au titre des bénéfices non commerciaux car s'il ne transmet pas alors à son mandant la clientèle, il lui transfère néanmoins une valeur incorporelle représentée par une source de revenus réguliers[2523].

Dans les deux cas un même bien est donc un élément d'actif qui se *dédouble* dans le patrimoine de deux personnes distinctes : le bailleur et le preneur, pour l'immeuble ; l'agent commercial et son mandant, pour la clientèle.

769.– Dans d'autres cas, le même bien ne se dédouble pas mais se *duplique* en ce sens que, s'agissant non d'un fruit mais d'un produit[2524], il est soumis en tant que tel au même régime dans deux patrimoines distincts. Ainsi de la concession du droit d'exploiter une carrière moyennant le paiement de redevances[2525] : fiscalement, le droit d'exploitation figure parmi les éléments immobilisés du concessionnaire, sans se substituer à l'immobilisation du gisement chez le concédant puisqu'il s'agit d'éléments incorporels ; ils n'en sont pas moins amortissables « comme le gisement lui-même »[2526] en ce sens qu'il suivent également le rythme de l'extraction : « l'immobilisation du droit chez le concessionnaire [...] est non pas le résultat mais l'annonce du transfert de substance qui s'opèrera au fur et à mesure de l'exploitation. Aussi se comporte-t-elle comme le gisement lui-même, ce en dépit de sa nature incorporelle. Elle le reproduit, le duplique et donne ainsi à penser que le concessionnaire, grâce au droit dont il bénéficie, a fiscalement acquis le gisement »[2527].

2519 G. Blanluet, *ibid.*, n° 92.

2520 C. com., art. L. 134-1.

2521 C. com., art. L. 134-12.

2522 CGI, art. 93 § 1 (« Le bénéfice à retenir dans les bases de l'impôt sur le revenu [...] tient compte [...] de toutes indemnités reçues en contrepartie de la cessation de l'exercice de la profession ou du transfert d'une clientèle »).

2523 G. Blanluet, *ibid.*, n° 129 et 134.

2524 « Produit : ce qui est retiré d'un capital moyennant une diminution de substance et en dehors d'une exploitation régulière » (G. Cornu, *Vocabulaire juridique*, préc.).

2525 Contrat de foretage, sur lequel v. *supra*, n° 440.

2526 CE, 8 janvier 1975 : RJF 1975-1 n° 47 concl. Fabre p. 51.

2527 G. Blanluet, *ibid.*, n° 153 p. 115.

770.– Cette duplication ne se confond donc pas avec l'hypothèse que nous considérons, pas plus que le dédoublement évoqué plus haut. Dans tous les cas, en effet, une distinction est faite entre une chose et son exploitation, et c'est cette dernière qui est appréhendée comme constituant une valeur distincte (parce que celui qui l'exploite bénéficie de sa substance économique) – l'apparition de cette valeur ne procédant d'ailleurs pas forcément d'un acte translatif de droit sur la chose.

Cette situation est plus complexe que celle que nous envisageons, car elle repose sur une dualité de biens localisés dans une même chose. Mais elle est plus simple aussi, à certains égards, car il est plus facile de concevoir la dissociation de la propriété et de l'exploitation que d'admettre que la perte du droit transmis est un simple présupposé.

Telle est pourtant la solution qui est retenue sur le terrain du pur doit civil.

SECTION II

ACTE TRANSLATIF ET PATRIMOINE JURIDIQUE

771.– Une fois transféré le droit sur une chose, il est rare que son ancien titulaire ait l'occasion de s'en prévaloir ou de se le voir opposer. Il faut mettre à part, sans doute, les cas où le contraire *semble* se produire en raison des effets qu'entraîne parfois l'acte translatif alors même qu'il paraît complètement exécuté (ce que l'on a appelé la « variabilité de la durée » de l'acte juridique)[2528]. Ainsi, le vendeur appelé en garantie incidente d'éviction du fait d'un tiers est amené à dénier la titularité du droit invoqué par ce dernier contre l'ayant cause ; le débat porte cependant sur la période antérieure à la vente, et les seuls droits du vendeur qui sont examinés sont ceux dont il était alors titulaire et qu'il a transférés à son ayant cause ; savoir si l'acte translatif a entraîné ou non la perte de ces droits par le vendeur est totalement en dehors du débat. Même chose si une caution réelle se voit réclamer le paiement d'une créance qui a pris naissance antérieurement à l'expiration du cautionnement : ce n'est pas en qualité de propriétaire actuel de la chose affectée à la garantie qu'elle peut être recherchée en paiement, alors même qu'elle en a entre-temps transféré la propriété[2529], mais au titre de son « obligation de couverture »[2530].

772.– Les hypothèses de non-perte du droit transféré ne sont perceptibles par l'observateur que dans des hypothèses beaucoup plus rares, plus marginales (ce qui ne veut pas dire moins intéressantes, tout au contraire, nous l'avons déjà marqué)[2531].

[2528] P. Ancel, art. préc., RTD civ. 1999, p. 801, n° 45.
[2529] Si l'on considère qu'elle reste tenue (en ce sens : M. Cabrillac et C.Mouly, *Droit des sûretés*, préc., n° 342).
[2530] Ch. Mouly, *Les causes d'extinction du cautionnement*, Litec, B. dr. de l'entreprise, 1978, n° 19 et 255 s. ; cette formulation (consacrée par la Cour de cassation : Cass. com., 10 déc. 2002 : RTD com. 2003 p. 352 obs. M. Cabrillac) est justement critiquée : P. Ancel, art. préc., RTD civ. 1999 p. 797, n° 41.
[2531] Le diable est dans les détails : v. *supra*, n° 382.

Ainsi du *privilège du vendeur de fonds de commerce* : inscrit dans les quinze jours de la vente, il rétroagit à la date de celle-ci (C. com., art. L. 141-6) de telle sorte qu'il prime le nantissement conventionnel qui peut être consenti par l'acquéreur dans les premiers jours de son exploitation, alors même que l'inscription du nantissement se fait avant celle du privilège. Bel exemple d'ubiquité de la propriété du fonds !

Il est vrai que l'on peut n'y voir qu'un simple aménagement légal des modalités de la protection du vendeur. Considérons, alors, d'autres hypothèses : l'auteur *dans* le transfert cède à nouveau, à un autre ayant cause, le droit pourtant déjà transféré ; l'acte translatif est jugé inopposable à un créancier victime d'une fraude paulienne... Dans ces cas, il faut le souligner, la non-perte du droit substantiel ne présente pas les caractéristiques de relativité et de subsidiarité relevées à propos de la survie du droit processuel, qui y sont destinées à assurer la compatibilité des deux droits, celui acquis par l'ayant cause et celui conservé par l'auteur dans le transfert. Si le droit transféré sur la chose survit dans le patrimoine de l'auteur dans le transfert, c'est – pour s'en tenir aux hypothèses les plus voyantes – non pas de la protection du tradens *contre* les tiers qu'il s'agit, mais de la protection *des* tiers contre les effets de l'acte translatif[2532].

Cet objectif est commun aux deux hypothèses principales qu'il convient de considérer : celle du conflit entre ayants cause d'un même auteur (§ 1), celle de la protection du créancier victime d'une fraude paulienne (§ 2).

§ 1. – CONFLIT ENTRE AYANTS CAUSE D'UN MÊME AUTEUR

773.– Les termes du problème alors posé ont déjà été présentés. Il convient de les rappeler (A), avant de développer la solution proposée (B).

A. – Rappel du problème

774.– Nous avons déjà rencontré ci-dessus l'hypothèse d'un conflit entre ayants cause d'un même auteur. Nous avons vu qu'en pareil cas c'est celui qui publie son acquisition [2533] en premier qui le plus souvent est préféré (ou, en matière de meubles corporels, celui qui est mis en possession de bonne foi le premier)[2534]. Mieux : la jurisprudence, grâce à une certaine ingéniosité, parvient à protéger l'ayant cause du second acquéreur en dépit de la mauvaise foi de ce dernier, et cela tout en respectant formellement la règle *nemo plus juris*[2535]. Il nous est apparu, cependant,

[2532] V. *supra*, n° 666. On peut dire aussi qu'il s'agit toujours de protéger un ayant cause, mais celui-ci peut être soit celui qui acquiert en premier (il y a alors survie subsidiaire), soit celui qui acquiert en second (il y a alors survie concurrente). Nota : autre chose est l'hypothèse dans laquelle le transfert est frappé d'inopposabilité (v. *infra*, n° 793 et s.).

[2533] Aux actes translatifs de droits sur l'immeuble il faut assimiler, ici comme souvent, les actes constitutifs de droits (d'hypothèque, par exemple), sous réserve de l'importante différence que la jurisprudence introduit entre eux quant aux conséquences attachées à la connaissance effective du droit non publié (v. *supra*, n° 534).

[2534] V. *supra*, n° 532.

[2535] V. *supra*, n° 536.

que le fondement de ces solutions est fragile si l'on considère que le transfert fait perdre son droit à celui qui le transmet. Comment expliquer, en effet, qu'il puisse valablement transmettre (car c'est bien d'acquisition *dérivée* qu'il s'agit)[2536] un droit qu'il a déjà cédé ?

La publicité foncière[2537] fournit, on l'a vu, un embryon d'explication car, dans le système français, tout se passe comme si elle permettait de purger le défaut de titularité du droit transféré par l'auteur dans le transfert. Ainsi, dans l'exemple de la vente immobilière, si le vendeur n'est pas propriétaire elle purge ce défaut de propriété (tout comme la règle *En fait de meubles la possession vaut titre* en matière mobilière) en empêchant celui qui avait acquis en premier de se prévaloir à l'égard du second acquéreur (à l'égard des « *tiers qui, sur le même immeuble, ont acquis du même auteur des droits concurrents en vertu d'actes ou de décisions soumis à la même obligation de publicité et publiés* »)[2538] de l'impossibilité pour le vendeur de lui transférer la propriété puisqu'il la lui avait déjà transmise.

Cette explication, nous l'avons souligné également[2539], n'est cependant pas satisfaisante. Contrairement à ce qui est avancé, en effet, la publicité purge non pas le *défaut* mais simplement la « *perte* » du droit par l'auteur dans le transfert. Car seul bénéficie de cet effet de purge l'ayant cause du précédent titulaire (l'ayant cause de celui qui a déjà cédé le droit), et non pas l'ayant cause dont l'auteur n'a jamais eu cette titularité. C'est ce qu'impose le texte : ainsi que nous venons de le rappeler, il règle le conflit entre personnes tenant d'un même auteur des droits concurrents sur le même immeuble ; en revanche, il n'attache aucun effet à la publication d'un acte qui constaterait une acquisition faite *a non domino* (l'hypothèse en est assez théorique car le rédacteur de l'acte à publier ne manque pas de faire remonter l'origine de la propriété de l'immeuble jusqu'à une période couverte par l'usucapion trentenaire, et aussi en raison de l'effet relatif de la publicité[2540] qui impose que les actes publiés soient en relation les uns avec les autres – mais on ne peut pas l'exclure complètement).

L'explication tirée du jeu des règles de publicité n'est donc qu'un faux-semblant. La véritable solution doit être cherchée ailleurs.

B. – SOLUTION PROPOSÉE

775.– Sa présentation peut être rendue plus claire par quelques illustrations.

[2536] Sauf en fait de meubles corporels, qui relèvent du régime spécial d'acquisition originaire de l'article 2279 al. 1er du Code civil.

[2537] *1°* Ses règles s'appliquent en matière *immobilière* à toute une série d'actes juridiques, et pas seulement à ceux qui réalisent une « mutation ou constitution de droits réels immobiliers » : v. D. 4 janvier 1955, art. 28 ; 2° Sur les autres régimes de publicité : v. *supra*, n° 542.

[2538] D. 4 janvier 1955 portant réforme de la publicité foncière, art. 30 par. 1.

[2539] V. *supra*, n° 544.

[2540] D. 4 janvier 1955, art. 3.

1° Présentation

776.– L'observation des faits dicte la solution, si on les examine sans œillère. *A*, titulaire d'un droit sur une chose, le transmet à *B*. Puis il le transmet à nouveau à *C*. Si l'on considère que *C* a acquis un droit qu'il peut opposer à *B*, c'est nécessairement qu'il a reçu ce droit de *A*, alors même que celui-ci l'avait déjà transmis. Il faut donc en conclure que le premier transfert de *A* à *B* n'a pas fait perdre à *A* le droit transféré. En logique, on ne voit pas comment raisonner autrement. Soulignons, en effet, que la dissociation de la titularité du droit et du pouvoir de le transmettre[2541] ne peut pas être invoquée ici car elle permet le transfert de la propriété d'autrui, lequel ne pourrait être ici que *B* ; or on ne peut pas soutenir que c'est le droit acquis par *B* que *A* transfère à *C* puisque[2542] l'un et l'autre sont titulaires de « droits concurrents », « acquis du même auteur »[2543] ; donc il ne peut s'agir que du droit de *A* et on n'est pas en présence d'un cas de dissociation entre titularité du droit et pouvoir de le transmettre.

Ce qui exclut le recours à ce raisonnement simple, voire simpliste, c'est la force du présupposé selon lequel on ne saurait à la fois transmettre un droit et le retenir. Nous avons vu qu'il repose sur une confusion entre le droit et la chose qui en est l'objet. S'il s'agit d'une chose matérielle, elle ne saurait être en deux endroits à la fois. Mais rien n'impose qu'il en aille de même pour le droit car il s'agit d'une réalité d'ordre non pas physique mais juridique. Intellectuellement, on peut facilement concevoir que le droit acquis n'est pas le droit même qui a été transmis : la doctrine de l'intransmissibilité des droits[2544] a largement développé cette analyse (au service d'un objectif distinct de celui-ci ici envisagé, peu importe ce point)[2545]. Elle n'est donc pas nouvelle. Le serait-elle, d'ailleurs, qu'elle s'imposerait avec la même force. Ce qu'exige l'ordre juridique, c'est seulement que le droit de l'auteur *dans* le transfert soit mis en sommeil, soit privé du *pouvoir* qui y est normalement attaché (pouvoir au sens de prérogative conférée par le droit dont on a la titularité, et non pas au sens de prérogative distincte, autonome), afin de ne gêner en rien l'exercice de celui acquis par l'ayant cause. Mais il est disproportionné par rapport à cet objectif de postuler que c'est le droit lui-même qui « disparaît », qui est « perdu » en la personne de l'ancien titulaire.

Il est vrai que dans l'immense majorité des cas il revient au même de regarder le droit transféré comme étant perdu ou bien comme étant conservé par l'ancien titulaire, faute pour lui du pouvoir de s'en prévaloir. Les mécanismes de publicité donnent une portée pratique à la différence qui existe entre les deux analyses. Ils font apparaître la fausseté de l'idée présupposée sur laquelle repose la première. Ils imposent de considérer que les droits ne sont pas transmissibles à la manière

---

[2541] V. *supra*, n° 351 s.
[2542] En droit de la publicité foncière.
[2543] D. 4 janvier 1955, préc., art. 30 *in limine*. V. *infra*, n° 782 et rappr. n° 784 *in fine*.
[2544] V. *supra*, n° 363.
[2545] V. *supra*, n° 53 s.

d'un relais, en ce sens qu'ils ne sont pas perdus par ceux qui les transmettent ; seul est paralysé le pouvoir qui leur est normalement attaché.

L'analyse ainsi proposée, cela doit être souligné, ne modifie pas les solutions du droit positif en la matière. Elle permet simplement de les expliquer. Elle permet également de s'affranchir d'un présupposé et donc de réaliser un progrès en matière de raisonnement juridique.

Diverses illustrations soulignent sa pertinence et sa souplesse.

2° Illustrations

777.– Le principe est celui du transfert consensuel de la propriété, même s'il est le plus souvent corrigé par le jeu de règles de publicité.

a) Acte translatif et transfert consensuel

778.– Le principe retenu par le Code civil (articles 1138 et 1583), selon l'interprétation retenue en droit positif[2546], est celui du transfert *solo consensu* de la propriété (ou de la « titularité » des autres droits). Ce principe se développe avec toute sa force dans les hypothèses – relativement rares – où aucun mécanisme de publicité ne vient en corriger les effets à l'égard d'autres ayants cause du même auteur. On en déduit que le conflit doit être réglé en donnant préférence au premier ayant cause en date (premier en date, meilleur en droit : *prior tempore, potior jure*) car le second n'a pas pu recevoir de l'auteur dans le premier transfert un droit qu'il avait déjà transmis.

Deux exemples, souvent cités, illustrent cette solution. Il y a d'abord celui, bien connu, des ventes successives d'un même fonds de commerce. Elles ne sont soumises ni au droit de la publicité foncière, puisqu'il s'agit d'un bien mobilier, ni aux règles des articles 2279 et 1141 du Code civil[2547], s'agissant de biens mobiliers incorporels :

> « *Attendu qu'en cas de vente d'un fonds de commerce, chose mobilière incorporelle, lorsque les parties sont d'accord sur la chose et sur le prix, le transfert de propriété s'opère de plein droit par le seul effet de la convention dans les rapports entre les parties entre elles comme à l'égard des tiers ; que dès lors s'il y a conflit entre deux acquéreurs successifs du même fonds, c'est à la date de leurs contrats respectifs qu'il y a lieu de se référer pour le résoudre* »[2548].

Un autre exemple est celui du conflit entre deux acquéreurs successifs d'un même immeuble n'ayant ni l'un ni l'autre publié son acquisition. Il suffit en ce cas

---

[2546] Pour une autre interprétation : J.-P. Chazal et S. Vicente, art. préc., RTD civ. 2000, p. 477.

[2547] V. sur ce point les vives critiques de J. Derruppé, obs. sous CA Besançon, 15 mars 1989 : RTD com. 1990 p. 186, et A. Pélissier, *Possession et meubles incorporels*, th. préc., n° 451 s.

[2548] Cass. civ., 17 juillet 1930 : D.P. 1932,1 p. 197 n. F. Hubert.

de procéder à la publication pour régler la difficulté, mais cela est impossible si aucun acte notarié n'a été dressé. La Cour de cassation applique alors la règle *prior tempore potior jure* : les actes sous signatures privées font foi de leur date à l'égard des héritiers du vendeur et en conséquence l'emporte celui des deux acquéreurs qui peut se prévaloir de la vente la plus ancienne[2549].

779.– L'approche traditionnelle explique ces solutions par le fait que, par le premier transfert, « *le propriétaire s'est dépouillé irrévocablement et à l'égard de tous de ses prérogatives sur la chose vendue* »[2550]. C'est le présupposé de la perte du droit transmis[2551]. Notons qu'il n'est en rien gênant ici. On peut cependant en faire l'économie pour expliquer la solution, laquelle ne contrevient pas à notre propre analyse : en cédant sa propriété, le vendeur perd le *pouvoir* de la transférer à nouveau car cela est la condition de l'efficacité de l'acquisition de la propriété par son ayant cause.

On se donne ainsi le moyen d'expliquer le particularisme des solutions résultant du jeu des règles de publicité.

b) Acte translatif et droit de la publicité

780.– La publicité permet d'écarter le jeu de la règle *prior tempore, potior jure*[2552]. Elle donne à certains tiers la possibilité de ne pas se voir opposer un acte translatif si celui-ci n'est pas publié, précisément parce que sa vocation principale est la résolution de ces conflits de droits concurrents. Il existe de nombreuses situations juridiques soumises à publicité[2553]. Nous nous référerons ici principalement à celle des droits immobiliers car il s'agit du système de publicité le plus achevé que connaît notre droit.

L'existence de la publicité foncière fonde la distinction, traditionnelle dans la présentation doctrinale de la matière, entre effet translatif *inter partes* et effet translatif *à l'égard des tiers*. La distinction, à certains égards, est exagérée car l'acte de vente (par exemple) d'un immeuble sous-seings privés en transfère la propriété aussi bien dans les rapports des parties entre elles qu'à l'égard des tiers[2554] au sens de l'article 1165 du Code civil (au sens de l'effet relatif du contrat) ; seuls certains tiers bien déterminés (ceux qui ont acquis sur l'immeuble, du même auteur, un droit concurrent soumis à publicité et publié) peuvent se prévaloir du défaut de publicité

[2549] Cass. civ. 1re, 12 novembre 1975 : JCP 1976, II, 18539 n. M. Dagot (la même personne avait vendu sa maison à deux personnes différentes, à seize jours d'intervalle, puis était décédée six mois plus tard). – Même sens : Cass. civ. 1re, 5 juin 1957 : Bull. civ. I, n° 261.

[2550] J. Boulanger, *Les conflits entre des droits qui ne sont pas soumis à publicité*, RTD civ. 1935, 545 p. 585.

[2551] Droit confondu, très classiquement, avec son objet par l'auteur cité à la note précédente, qui précise : « celle-ci [la chose] n'est plus désormais dans son patrimoine » (J. Boulanger, *ibid.*, p. 585).

[2552] Elle en est plus exactement une subversion car elle l'applique selon la date non des actes translatifs mais de leur publication, sacrifiant ainsi le premier cessionnaire au profit de celui qui publie en premier.

[2553] V. *supra*, n° 542.

[2554] En ce sens : CA Paris, 7 novembre 1975 : JCP 1976, IV p. 88.

d'un acte translatif antérieur au leur[2555/2556]. Car la publication n'est pas un élément constitutif de l'opposabilité aux tiers (l'acte régulièrement publié conserve la pleine opposabilité qui était la sienne dès l'origine : celle-ci n'est pas un bienfait de la loi ni un effet de la transcription ou de la publication), « c'est l'inopposabilité qui apparaît comme la sanction du défaut de publicité »[2557]. Il n'en reste pas moins qu'en ce cas il y une apparente antinomie entre le principe du transfert *solo consensu* et celui de la publicité obligatoire. Cela est bien résumé par la célèbre critique de Flour :

> « *Pour un contrat translatif ou constitutif, il revient au même de ne pas exister ou de ne pas être opposable. Car enfin qu'est-ce, sinon une contradiction dans les termes, qu'un propriétaire qui ne peut faire valoir son droit erga omnes ?* »[2558].

781.– Nous n'entendons pas entrer ici dans ce débat mais nous interroger sur la curieuse situation faite au second ayant cause. S'il publie le premier son acte translatif, il est regardé comme ayant acquis *a domino*. Dans le cas contraire, il peut bénéficier de la prescription acquisitive abrégée en tant que détenteur d'un juste titre, car il acquis *a non domino*. Comment expliquer chacune de ces solutions ? et comment expliquer leur cœxistence ?

1. Acquisition a domino *par un second ayant cause qui publie en premier*

782.– La solution elle-même est bien connue : entre ayants cause successifs du même *tradens*, est préféré non pas celui qui a acquis son droit le premier mais celui qui a publié le premier. Plus précisément, le texte dispose que :

> « *Les actes et décisions judiciaires soumis à publicité par application du 1° de l'article 28 sont, s'ils n'ont pas été publiés, inopposables aux tiers qui, sur le même immeuble, ont acquis du même auteur des droits concurrents en vertu d'actes ou de décisions soumis à la même obligation de publicité et publiés* [...] »[2559]

783.– Comment expliquer cette solution ? L'acquéreur en second reçoit son droit de quelqu'un qui l'a déjà transmis, qui cède donc plus de droits qu'il n'en a, qui cède la chose d'autrui. Comment concilier cette solution, s'il s'agit d'une vente, avec la règle *nemo plus juris* consacrée par l'article 2477 alinéa 2 du Code civil, selon lequel « *Le vendeur ne transmet à l'acquéreur que la propriété et les droits qu'il*

[2555] La notion de tiers au sens de la publicité foncière est plus large s'il s'agit d'un transfert réalisé par acte à titre gratuit, pour lequel la publicité a été organisée dès 1804 (art. 939 et 1069 s.). Si l'acte translatif non publié constitue une *donation*, « toutes personnes ayant intérêt » (C. civ., art. 941) peuvent se prévaloir du défaut de publication (D. 4 janvier 1955, art. 30, par. 2) ; il s'agit d'une trace de la publicité romaine, *insinuatio* (J.-Ph. Lévy et A. Castaldo, *Histoire du droit civil*, préc., n° 400 et 1015).

[2556] La notion de « tiers » au sens du régime de publicité des œuvres audiovisuelles et cinématographiques (Code de l'industrie cinématograph.) est beaucoup plus large, la jurisprudence qualifiant de tel toute personne de bonne foi ayant intérêt à se prévaloir de l'inopposabilité du droit : Cass. civ. 1re, 16 juillet 1987 : D. 1987, somm. p. 366 obs. T. Hassler ; CA Paris 22 février 1991 : D. 1992, somm. p. 75 obs. T. Hassler ; J. Raynard, *Le tiers au pays du droit d'auteur*, JCP G 1999, I, 138 p. 959, n° 10.

[2557] M. Levis, *L'opposabilité du droit réel*, préc., p. 186 et 202.

[2558] J. Flour, *Quelques remarques sur l'évolution du formalisme*, Études Ripert, t. 1, p. 93, spéc. p. 102.

[2559] D. 4 janvier 1955 portant réforme de la publicité foncière, art. 30, par. 1.

avait lui-même sur la chose vendue [...] »[2560] ? La question n'est pas neuve, et c'est l'extrême difficulté à y répondre qui explique, peut-on conjecturer[2561], le choix retenu par les rédacteurs du Code civil de 1804 d'écarter pour les actes à titre onéreux la publicité des transferts immobiliers (transcription) qu'avait instaurée la loi du 11 brumaire an VII (« Ils durent répondre à la question difficile de Cambacérès qui demandait pourquoi l'acquéreur *a non domino* pourrait devenir propriétaire en transcrivant son droit »)[2562].

Des réponses très différentes lui ont été apportées, dont aucune n'est vraiment satisfaisante. Elles se partagent en deux grands groupes, selon que le transférant est regardé comme ayant ou non perdu la propriété par l'effet du premier transfert.

784.– Certains auteurs considèrent que le second ayant cause a acquis *a non domino*. La proposition est logique au regard du présupposé de la perte du droit transmis (*nemo plus juris*). Mais comment expliquer, alors, le transfert de la propriété ?

Il faut écarter le recours à la *théorie de la propriété apparente* auquel on s'est référé parfois (« *par suite du défaut de transcription, le vendeur est réputé, à l'égard des tiers, n'avoir pas cessé d'être propriétaire de l'immeuble vendu* »)[2563]. Cette théorie présente sans doute certains points communs avec l'hypothèse considérée puisque dans les deux cas il y a acquisition *a non domino* (soit le propriétaire apparent n'a jamais été propriétaire, c'est le cas le plus fréquent, celui de l'héritier apparent[2564] ; soit son titre de propriété a été annulé[2565]) et que l'on est porté à penser qu'il s'agit d'un transfert par l'effet de l'acte juridique. Ce rapprochement repose cependant sur une équivoque fondamentale. Dans la théorie de l'apparence, en effet, la source de l'acquisition n'est pas l'acte translatif, qui n'a pu couvrir le défaut de propriété du transférant ; c'est l'apparence elle-même. Comme la possession, l'apparence constitue un mode d'acquisition *lege* et elle ne peut donc pas pour cette raison constituer le fondement recherché :

> « *les tiers de bonne foi qui agissent sous l'empire d'une erreur commune ne tiennent leur droit ni du propriétaire apparent, ni du propriétaire véritable* »[2566] « *mais ils en sont investis* par l'effet de la loi »[2567].

Une autre piste est proposée par un auteur : on serait en présence d'un cas d'acquisition *légale*[2568]. L'acquisition du second ayant cause « est en fin de compte de nature contractuelle. Seulement la législation couvre le vice de ce contrat qui est

---

2560 L'article 2477 concerne l'hypothèque. Pour l'usufruit, v. C. civ., art. 621.

2561 C'est « par une cause qui est restée mal expliquée » que la disposition relative à la transcription des transferts de propriété à titre onéreux « disparut de la dernière rédaction du projet de loi » en 1804 (E. Besson, *Les livres fonciers et la réforme hypothécaire, Paris*, 1891, p. 100).

2562 I. Takizawa, *Notion d'inopposabilité dans la publicité foncière*, RRJ 1993,3 p. 933, n° 7.

2563 D. Bastian, *Essai d'une théorie générale de l'inopposabilité*, th. Paris 1929, p. 68.

2564 J. Donnedieu de Vabres, *Les actes de l'héritier apparent*, RTD civ. 1940-41 p. 385.

2565 Cass. civ. 1re, 3 avril 1963 (il s'agissait en l'espèce d'une constitution d'hypothèque) : JCP 1964, II, 13502 n. J. Mazeaud ; D. 1964 p. 306 n. J. Calais-Auloy.

2566 Cass. civ. 1re, 3 avril 1963, préc.

2567 Cass. civ. 1re, 22 juillet 1986 : D. 1987, somm. p. 13 obs. A. Robert (soul. par nous).

2568 I. Takizawa, *Notion d'inopposabilité dans la publicité foncière*, art. préc., RRJ 1993,3 p. 941 n° 19.

le défaut du droit du vendeur »[2569] ; à l'instar de la possession de bonne foi en matière mobilière, la publicité « couvre le vice du droit du vendeur qui n'a, en réalité, aucune propriété à transmettre »[2570]. On serait dans un cas où la publicité est non pas confortative mais « constitutive du droit »[2571]. Nous avons déjà évoqué ce rôle particulier attaché à la publicité foncière et en avons montré les faiblesses[2572] : une chose, en effet, est de constater que la publicité est une condition d'efficacité de la seconde acquisition ; autre chose est de dire quelle est la source du droit acquis par celui qui publie.

C'est donc dans le droit du transférant qu'il faut placer cette source, et c'est le parti qui est retenu le plus souvent.

Variante ou développement de cette seconde piste, une troisième peut être présentée. Elle consiste à considérer que l'on est en présence d'une vente de la chose d'autrui inattaquable pour deux raisons : *C*, lorsqu'il publie en premier, acquiert de *A* la chose d'autrui, sans pour autant que cet acte soit annulé puisque seul *C* pourrait agir à cette fin et ne le fait pas ; par ailleurs, *B* ne peut pas intenter d'action en revendication contre *C* puisque celui-ci a à son égard la qualité de tiers au sens de la publicité foncière. Il y a un chaînon manquant dans l'analyse car on ne comprend pas que *C* puisse se prévaloir de la publication de son droit alors qu'il n'a pas acquis « du même auteur » que *B*, ainsi que le prévoit le droit de la publicité foncière. Le combler est cependant aisé en recourant à la distinction étudiée dans la première partie de ce travail, celle de l'auteur « dans » et de l'auteur « du » transfert : d'une certaine façon, en effet, *A* peut être regardé comme étant l'auteur "du" transfert dont bénéficie *C* (« d'une certaine façon » car *A* est moins l'auteur du second transfert que le déclencheur du processus d'acquisition de *C*[2573] ; il est cependant possible de considérer aussi qu'il est bel et bien investi du pouvoir de transférer la propriété de *B* en cas de publication du droit de *C*...). Ainsi précisée, l'analyse considérée semble d'autant plus acceptable qu'elle peut s'avérer la plus opportune dans les hypothèses – dont la jurisprudence fournit parfois l'exemple – où le second transfert intervient longtemps après le premier, ce qui laisse au précédent acquéreur le temps de se comporter effectivement en propriétaire du bien[2574].

Elle n'est pas cependant entièrement satisfaisante au regard du droit de la publicité car celui-ci dispose en substance que *B* et *C* ont acquis « *du même auteur* » : or s'il s'agit de vente de la chose d'autrui *A*, auteur à la fois du et dans le transfert à l'égard de *B*, est seulement auteur du transfert à l'égard de *C* (et encore, sous la réserve relevée), et cette dualité fonctionnelle empêche de considérer – même si le texte n'a pas été conçu dans la perspective de cette distinction – qu'il s'agit vraiment du « *même auteur* ». Par ailleurs, l'objection présentée plus haut vaut également ici :

2569 I. Takizawa, *ibid.*, n° 29.
2570 *Ibid.*, n° 25.
2571 *Ibid.*, n° 30.
2572 V. *supra*, n° 544 s.
2573 V. *supra*, n° 533.
2574 Cela permet alors de considérer, par ex., que *B* est le « bailleur [qui] vend la chose louée » pour l'application de l'article 1743 C. civ.

la publicité rend inattaquable le droit publié mais elle ne permet pas d'en marquer la source. Ajoutons qu'il paraît difficile de tirer argument du fait que *C* acquiert effectivement *a non domino* lorsqu'il ne publie pas en premier[2575], car en ce cas il n'est pas un acheteur diligent pour la protection de qui est réactivé le pouvoir attaché au droit que conserve le vendeur[2576].

785.– La plupart des analyses reposent sur l'idée que le second ayant cause publiant le premier acquiert *a domino*. C'est l'idée que l'on trouve dans de vieux arrêts et chez certains auteurs : jusqu'à la transcription, le vendeur demeure le propriétaire vis-à-vis des tiers[2577] ; ou bien encore :

> « *jusqu'à l'accomplissement de cette formalité de publicité, le vendeur primitif conserve sinon le droit du moins le pouvoir de transmettre utilement la chose vendue à un nouvel acquéreur* »[2578].

Aucune de ces propositions n'est cependant convaincante. Si le transférant a transmis la propriété *solo consensu* et que le transfert emporte la perte du droit transmis, comment peut-il en conserver la titularité à l'égard des tiers ? Quant à la distinction du pouvoir et de la propriété, elle emporte très généralement que le titulaire du pouvoir transfère la propriété qui n'est pas la sienne ; il ne pourrait donc s'agir que de celle acquise par le premier ayant cause ; mais, précisément, celui-ci l'a acquise *solo consensu* par un acte dont la validité n'est pas discutée.

D'autres grands auteurs anciens retiennent que « le transfert de la propriété immobilière s'opère donc en quelque sorte par étapes : du jour de la vente il est opposable à certaines personnes, du jour de la transcription à tout le monde »[2579]. La même idée anime la thèse du professeur Atias qui insiste sur le caractère progressif de la formation de l'acte translatif, répudie une conception « moniste » du transfert « conventionnel » de la propriété immobilière ne reconnaissant à la publicité aucun rôle acquisitif, et prône un système dualiste dans lequel il n'y a pas d'acquisition tant que les mesures de publicité n'ont pas été prises[2580]. Le problème est que si conflit de droits concurrents il y a, c'est que le même transférant a transmis le droit à deux personnes différentes et l'accent mis sur la durée de l'acte translatif ne permet pas de comprendre comment.

[2575] Ce qui explique qu'il puisse le cas échéant se prévaloir alors de l'usucapion abrégée (C. civ., art. 2265 : v. *infra*, n° 787).

[2576] V. supra, n° 776.

[2577] Cass. req., 8 décembre 1858 : S. 1860, I p. 991 ; D. 1859, I p. 184. – Même sens : Cass. req., 1er décembre 1902 : D. 1904, I p. 1. – Même idée chez Demolombe, *Cours de Code Napoléon*, 3e éd., t. 24, n° 452 ; Ch. Aubry et C.-F. Rau, *Cours de droit civil français*, t. 2, 1869, p. 311 note 85 ; Ch. Beudant, *Cours de droit civil français*, 2e éd. 1938, t. 4, n° 811.

[2578] CA Dijon, 10 juin 1891 : D.P. 1892, II p. 469.

[2579] M. Planiol et G. Ripert, *Traité pratique de droit civil français*, t. 3 par M. Picard, 1952, n° 625.

[2580] Ch. Atias, *Le transfert conventionnel de propriété immobilière*, th. préc. (*supra*, n° 57), p. 192 et 198 ; cet auteur souligne néanmoins que « Lorsque le propriétaire vend successivement son bien immobilier à deux acquéreurs successifs, le second contrat a pour objet une chose qui ne lui appartient plus » (n° 516).

786.– Notre propre lecture de la difficulté examinée s'inscrit dans ce second courant, qu'illustre la remarque pénétrante de Flour : « *tout l'objet du système de publicité est de déroger, dans les rapports entre ayants cause d'un même auteur, au jeu du principe* nemo plus juris »[2581] : pour nous, c'est bien *a domino* que le second ayant cause acquiert son droit. Ce point nous paraît difficilement contestable en présence de textes qui évoquent un conflit entre personnes qui ont « acquis *du même auteur* des droits concurrents »[2582]. Cet auteur là ne peut être que l'auteur « dans » le transfert et seul peut avoir cette qualité celui dont le second ayant cause tient lui-même son droit. À défaut, en effet, il n'y aurait pas conflit entre deux droits concurrents puisque le premier aurait été transmis.

À ce moment-là vient l'objection tirée du présupposé : celui dont le premier ayant cause tient son droit n'en est plus propriétaire puisqu'il a « perdu » son droit par l'effet du transfert.

Rappelons qu'une telle perte ne s'inscrit nullement dans la logique de l'acte translatif. Ce que postule cette logique, c'est seulement que l'auteur *dans* le transfert soit privé du pouvoir de se prévaloir de son droit afin de n'en pas gêner l'exercice par son ayant cause. Il ne perd donc pas le droit, il perd le pouvoir de s'en prévaloir, et au premier chef celui d'en disposer à nouveau. Faute de distinguer chose, droit et pouvoir, on confond la perte du *droit* avec celle du *pouvoir*, et on l'explique par le « passage » du droit dans le patrimoine de l'ayant cause, tout comme la *chose* à laquelle on l'assimile. Il s'agit pourtant là, nous pensons l'avoir montré, de réalités très différentes.

Le droit de la publicité apporte cependant une exception à cette règle fondamentale : ce pouvoir n'est perdu qu'*en dehors du cas* où les textes le lui restituent par faveur (c'est une exception) pour le second acquéreur plus diligent qui publie le premier. Ainsi s'explique simplement le mécanisme considéré : il s'agit de la réactivation légale d'un pouvoir en principe paralysé par le transfert du droit auquel il est normalement attaché – réactivation purement relative qui ne libère pas le transférant de l'obligation de garantie contre l'éviction dont il est tenu à l'égard du premier ayant cause.

Il reste à expliquer l'existence du « juste titre » d'un acquéreur en second qui n'a pas publié.

2. Usucapion abrégée par un second ayant cause en cas de précédent transfert publié

787.– La prescription acquisitive, ou usucapion, est normalement trentenaire. En matière d'immeuble le délai peut être ramené à dix ou vingt ans (selon que le « véritable propriétaire » habite ou non dans le ressort de la cour d'appel) lorsque deux conditions cumulatives sont réunies : la bonne foi de l'acquéreur et un juste titre. La bonne foi s'entend de la croyance erronée en la qualité de propriétaire de son auteur. Le « juste titre » est un acte juridique qui aurait transféré la propriété

2581 J. Flour, *Quelques remarques sur l'évolution du formalisme*, art. préc., Mélanges Ripert, 1950, t. 1, p. 93, n° 13.

2582 D. 4 janvier 1955, préc., art. 30. V. *supra*, n° 782.

(ou un autre droit sur l'immeuble) s'il était émané du véritable propriétaire, la possession de bonne foi purgeant le défaut de qualité de l'auteur.

L'application de l'article 2265 du Code civil, qui pose cette règle, semble donc constituer une pierre de touche pour ce qui est de la question de savoir si le propriétaire perd ou garde cette qualité lorsqu'il vend son bien pour la deuxième fois puisque le juste titre, qui en constitue la condition préalable, est nécessairement un acte translatif *a non domino*.

788.– Le discours doctrinal est favorable en ce cas à l'application de l'article 2265. On lit, ainsi, qu' « *il y a acquisition* a non domino *lorsqu'un propriétaire a vendu deux fois le même bien et que le second acquéreur se prévaut de la seconde vente* », d'où il est déduit que l'opération relève du domaine de l'usucapion abrégée[2583]. Cependant l'arrêt invoqué au soutien de cette présentation[2584] se borne à préciser sur ce point que le donataire qui tient ses droits d'un *de cujus* ayant dépassé la quotité disponible ne peut se prévaloir que de la prescription trentenaire de droit commun pour résister à l'action en réduction des héritiers réservataires, et non de la prescription abrégée de l'article 2265 – solution logique puisque cette dernière protège celui qui a juste titre et bonne foi contre le défaut de *propriété* de son auteur, alors qu'en l'espèce il s'agissait d'un simple défaut de pouvoir.

Il est vrai, cependant, qu'il existe une jurisprudence qui admet le second acquéreur à se prévaloir d'un juste titre. Elle n'est cependant pas en contradiction avec l'analyse développée ci-dessus. Pour deux raisons.

789.– La première raison, et la raison fondamentale, est que l'ayant cause en second n'invoque la prescription acquisitive abrégée qu'à défaut de pouvoir se prévaloir du jeu des règles de publicité. Autrement dit, un ayant cause précédent du même auteur lui oppose un acte translatif publié.

Un des arrêts les plus intéressants sur ce point remonte à 1939[2585]. Il a été rendu sur les faits suivants : une première vente est conclue, transcrite[2586], puis le même vendeur revend quelques jours après un bien faisant partie de la première vente ; le premier acquéreur, près de vingt ans après, agit en délaissement contre le second, qui a la possession de l'immeuble ; il est débouté par les juges du fond et son pourvoi est rejeté :

> « *[la loi] ne protège pas l'acquéreur ayant transcrit le premier contre un autre acquéreur qui se prévaut non seulement d'un titre émanant du même auteur, mais encore de la prescription ; que cette prescription est de nature à lui faire acquérir la propriété, sans qu'il y ait lieu de distinguer selon que les titres émanent ou non du même aliénateur* »[2587].

[2583] F. Terré et Ph. Simler, *Les biens*, préc., n° 465.

[2584] Cass. civ. 1re, 24 nov. 1982 : Bull. civ. I, n° 340 ; l'autre arrêt cité par les mêmes auteurs (Cass. civ. 3e, 6 nov. 1969 : Bull. civ. III, n° 721, p. 545) est (lui aussi) étranger à la question des transferts multiples.

[2585] Cass. civ., 1er août 1939 : D.C. 1941 p. 91 n. Radouant.

[2586] En application du régime alors fixé par les art. 1er et 3 de la loi du 23 mars 1855.

[2587] Cass. civ. 1er août 1939, préc.

Implicitement, mais nécessairement, le juge du droit considère donc que le second acquéreur détient un juste titre, autrement dit qu'il a acquis *a non domino*. Cette analyse ne heurte pas la nôtre. C'est en effet seulement dans le cas où la seconde vente est publiée la première que, par l'effet de la loi, le second acquéreur reçoit la propriété de son vendeur, ou si l'on veut que ce dernier peut à nouveau transférer sa propriété. À défaut, celui-ci est privé du pouvoir de le faire afin de ne pas porter atteinte au droit qu'il a transmis au premier ayant cause. Et il n'y a pas d'inconvénient à assimiler ce propriétaire sans pouvoir à un non propriétaire, à considérer que son second ayant cause a acquis *a non domino*.

Aussi sommes-nous conduite pour la même raison à approuver les autres arrêts rendus dans le même sens. En 1975, la Cour de cassation a ainsi jugé, dans une espèce où la même personne avait vendu la même parcelle de terrain, à trente-cinq ans de distance, à deux acheteurs différents ayant l'un et l'autre transcrit leur acte d'acquisition[2588], et où les ayants droit du premier acheteur agissaient en revendication, qu'il faut appliquer en ce cas les règles du droit civil immobilier : « *la possession qui remplit les conditions exigées par la loi pour conduire à l'usucapion, même abrégée, suffit à rendre le possesseur propriétaire à l'expiration du délai légal, qu'il ait ou non acquis ses droits du même auteur que le revendiquant* »[2589] ; il est notable que la qualification du juste titre du second acquéreur n'est pas discutée.

Même démarche en 1979[2590] : là, c'était le second ayant cause qui agissait en revendication contre le premier acquéreur, en se prévalant de l'usucapion abrégée ; le juge du droit rejette le pourvoi en s'abritant derrière l'interprétation souveraine des juges du fond selon laquelle le revendiquant ne prouvait pas avoir acquis l'immeuble d'un vendeur qui en fût encore propriétaire et qu'ainsi son acte d'achat valait non comme titre légitime, émanant du véritable propriétaire, mais comme juste titre au sens de l'article 2265 du Code civil[2591].

790.– Une seconde raison peut être ajoutée pour relativiser encore la portée de ces décisions au regard de notre propos. La jurisprudence va jusqu'à considérer, en effet, que le premier acquéreur qui n'a pas publié peut, lui aussi, se prévaloir de l'usucapion abrégée à l'égard du second acquéreur dont le droit est pourtant publié. À tout le moins, une jurisprudence relativement laxiste s'est développée en ce sens[2592], même si elle est aujourd'hui remise en cause. Elle semble avoir été inaugurée par un arrêt rendu en 1953, peu illustratif sur le fond (il casse l'arrêt ayant accueilli la demande du premier acquéreur, fondée sur l'usucapion décennale) mais qui proclame en « chapeau » le principe selon lequel :

[2588] Une désignation cadastrale erronée explique cette curieuse double transcription.

[2589] Cass. civ. 3e, 6 novembre 1975 : JCP 1977, II, 18609 n. M. Dagot ; Defrénois 1976, p. 1076 obs. J.-L. Aubert.

[2590] Cass. civ. 3e, 9 janvier 1979 : D. 1979 IR p. 240 (non publié au Bulletin).

[2591] *Adde* not., même sens : Cass. civ. 3e, 31 janvier 1984 : D. 1984 p. 396 n. J.-L. Aubert ; Rev. dr. immob. 1984 p. 444 obs. M. Dagot.

[2592] Une jurisprudence plus ancienne décidait le contraire (« seuls les tiers détenteurs qui ont reçu l'immeuble *a non domino* peuvent bénéficier de la prescription abrégée de dix ou vingt ans » : Cass. civ., 30 mars 1914 : D. P. 1917, I p. 80).

« *pour admettre l'acquisition d'un immeuble par la prescription de dix ans, fondée sur l'existence d'un juste titre, il importe que les documents produits à ce sujet soient de nature à préciser [...] si le transfert de propriété créant la bonne foi a pu se réaliser,* sans qu'il y ait lieu de distinguer si le double transfert de propriété a été ou non consenti par le même aliénateur »[2593].

La solution est singulière au regard des textes. Nul doute, en effet, que le premier ayant cause acquiert *a domino*, et qu'il n'a donc pas un « juste titre » au sens habituel du mot ; il faut donc comprendre que le juste titre peut émaner *a domino* lorsque son inefficacité tient au défaut de publication. Mais cela emporte une seconde singularité, au regard cette fois du droit de la publicité foncière puisque celui-ci prévoit que le second acquéreur qui publie le premier est préféré au premier[2594] ; il faut donc comprendre que l'usucapion décennale permet de réparer l'absence de publicité.

Toute singulière qu'elle soit, cette solution n'est pas isolée. On la retrouve notamment dans un arrêt de 1984, très remarqué, qui juge qu'un acheteur qui n'a pas publié son titre peut opposer la prescription acquisitive abrégée aux créanciers hypothécaires de son vendeur inscrits sur le même immeuble[2595].

Cette solution a été cependant abandonnée dans un arrêt plus récent. Alors que le premier acquéreur, qui n'avait pas publié son titre, avait été admis par les juges du fond à se prévaloir de l'usucapion abrégée contre le second acquéreur (décision justifiée par la volonté d'éviter que « le sort de l'acquéreur du véritable propriétaire soit moins favorable que celui de la personne qui n'aurait pas acquis du véritable propriétaire »), une cassation a été prononcée pour violation de l'article 2265 du Code civil au motif que :

« *le "juste titre" sur lequel est fondée la prescription abrégée suppose un transfert de propriété consenti par celui qui n'est pas le véritable propriétaire* »[2596].

C'est un revirement par rapport au précédent arrêt rendu par la même troisième chambre civile en 1984. La portée en est cependant faible au regard du point que nous examinons, celui de savoir si le second ayant cause acquiert son droit d'un *verus dominus*. Rappelons pourquoi, pour conclure sur ce point.

791.– L'usucapion abrégée a pour objet de suppléer à l'absence de qualité de propriétaire chez celui dont le possesseur tient son droit. Le dernier arrêt cité abandonne l'idée qu'elle peut également suppléer à l'absence de publication de l'acte conclu avec le *verus dominus*. Cela est-il de nature à remettre en cause l'idée selon laquelle le second ayant cause, lorsqu'un premier acte émanant du même

---

[2593] Cass. civ. 1re, 26 octobre 1953 : D. 1954, p. 24. – Même sens : cass. civ. 1re, 19 mai 1958 : Bull. civ. I n° 252, p. 199.

[2594] Loi du 23 mars 1855, art. 1er et 3, applicable en l'espèce ; remplacée depuis par le décret du 4 janvier 1955, art. 30, préc.

[2595] Cass. civ. 3e, 13 novembre 1984 : D. 1985 p. 345 n. J.-L. Aubert ; Rev. dr. immob. 1985 p. 278 obs. M. Dagot ; RTD civ. 1985 p. 747 obs. crit. Cl. Giverdon et P. Salvage-Gerest.

[2596] Cass. civ. 3e, 13 décembre 2000 : D. 2001 p. 2154 n. P. Lipinski.

auteur et concurrent du sien a été publié, a acquis *a non domino* et peut donc se prévaloir de la prescription abrégée de l'article 2265 du Code civil ? Non, mais cela n'est pas en contradiction avec notre propre analyse, selon laquelle l'acte translatif n'a pas pour effet de faire perdre à l'auteur *dans* le transfert le droit transmis. Une chose, en effet, est de distinguer droit et chose matérielle, et de refuser d'appliquer au premier les règles de la physique qui régissent la seconde. *Autre chose serait de considérer, de façon absurde, que le titulaire du droit en garde une libre disposition alors même qu'il l'a cédé. Telle n'est pas notre thèse.*

Celle-ci consiste seulement à faire valoir que *celui qui transfère son droit ne le perd pas pour autant ; ce que perd le transférant, c'est seulement le pouvoir de l'exercer dans la mesure requise pour assurer l'efficacité du droit de l'acquéreur*[2597] ; cependant il reste investi de ce pouvoir dans le cas où la loi prévoit l'efficacité d'un second transfert publié le premier afin d'arbitrer le conflit entre deux acquéreurs successifs de droits concurrents. Dans ce cas, le transférant peut exercer son droit contre l'intérêt de son ayant cause, et sans condition de subsidiarité[2598]. En dehors de ce cas, il revient au même de dire que le second ayant cause qui n'a pas publié acquiert *a non domino* ou qu'il acquiert d'un propriétaire sans pouvoir, car il s'agit d'une distinction purement verbale, d'une question de mot.

La différence – de taille – est que l'analyse proposée correspond seule à la nature du droit objet du transfert, et permet seule d'expliquer que le second ayant cause reçoit son droit de son auteur alors même que ce dernier l'avait déjà transmis.

792.– En conclusion du paragraphe, propriété apparente et usucapion abrégée ont en commun d'être des modes d'acquisition *a non domino* au service d'un acquéreur de bonne foi ; ils se distinguent par la possession, exigée seulement pour l'usucapion, ainsi que par l'erreur commune, qui fonde la victime de l'apparence à bénéficier d'une acquisition immédiate de la propriété. Le conflit entre acquéreurs successifs de droits concurrents sur un même immeuble se situe dans une tout autre perspective : celui qui publie son droit le premier le tient *du propriétaire*, alors même qu'il ne l'avait pas acquis en premier. On n'est plus en présence ici d'un substitut au défaut de propriété de l'auteur *dans* le transfert mais d'une hypothèse de réactivation – par l'effet de la loi – de son pouvoir de transmettre une propriété que le transfert précédent ne lui avait pas fait perdre.

Telle est en effet la règle en matière de transfert. Une seconde hypothèse, au moins, permet de le vérifier.

[2597] V. *supra*, n° 665.
[2598] V. *supra*, n° 668.

§ 2. – PROTECTION DU CRÉANCIER VICTIME D'UNE FRAUDE PAULIENNE

793.– Cette seconde hypothèse nous retiendra moins longtemps que la première car si la règle dont il s'agit répond à un besoin très différent, elle n'en obéit pas moins à un mécanisme identique.

Le besoin auquel elle répond est très différent. Il ne s'agit pas ici d'arbitrer entre les intérêts en conflit d'ayants cause du même auteur, mais de protéger le créancier contre une fraude de son débiteur. Cette fraude consiste provoquer ou à aggraver son insolvabilité, ou à rendre inopposable l'exercice d'un droit spécial dont il disposait, et donc à faire échapper certains biens à ses poursuites, en faisant par exemple une donation ou une vente à vil prix, ou en remplaçant des biens aisément saisissables par d'autres biens plus faciles à dissimuler. La protection consiste en une action spécifique dirigée contre l'acte frauduleux, les créanciers peuvent « *en leur nom personnel, attaquer les actes faits par le débiteur en fraude de leurs droits* » (article 1167 du Code civil) : c'est l'action paulienne.

Le mécanisme est cependant identique : c'est celui de l'*inopposabilité* de l'acte. Seul en bénéficie le créancier agissant car il agit de son propre chef, et non pas du chef du débiteur comme c'est le cas dans l'action oblique (article 1166 du Code civil). L'action paulienne ne produit donc aucun effet sur le débiteur lui-même en ce sens qu'il reste tenu à l'égard du tiers avec lequel il a conclu l'acte attaqué, et celui-ci a un recours contre lui. Elle ne produit pas non plus d'effet à l'égard des autres créanciers du débiteur : l'acte attaqué leur demeure opposable.

Il ne l'est pas à l'égard du créancier agissant : celui-ci peut ignorer l'acte frauduleux. La jurisprudence avait d'abord connu des flottements sur la nature de cette sanction, qualifiée parfois de nullité[2599] ou de résolution. Il est aujourd'hui bien établi qu'il s'agit d'inopposabilité, ce qui permet d'adapter exactement la sanction à la satisfaction des intérêts du créancier qui agit. On en déduit, ainsi, que :

> « *Si l'acte frauduleux est un acte d'aliénation, les biens aliénés restent dans le patrimoine de l'acquéreur [...] L'inopposabilité permet seulement au créancier qui a obtenu gain de cause de faire comme si l'acte contesté n'avait pas eu lieu. Il peut donc le cas échéant saisir les biens aliénés par son débiteur comme s'ils n'étaient pas sortis de son patrimoine [...]* »[2600].

794.– Le bien dont il s'agit est donc la propriété de l'ayant cause du débiteur, puisque l'acte translatif n'est pas privé d'effets dans les relations entre le débiteur et la personne à qui il a transféré le bien, cette propriété se trouve incontestablement dans son patrimoine. Elle se trouve cependant *aussi* dans celui du débiteur à l'égard

---

[2599] Solution qui n'est pas consacrée par l'article 788 al. 2 du C. civ., en dépit de la référence qu'il fait à la nullité, puisque celle-ci postulerait que la renonciation soit anéantie à l'égard de tous, alors qu'il prévoit précisément le contraire.

[2600] F. Terré, Ph. Simler, Y. Lequette, *Les obligations*, préc., n° 1182. – Même sens, not. : J. Flour, J.-L. Aubert, Y. Flour, E. Savaux, *Le rapport d'obligation*, préc., n° 95 ; J. Ghestin, C. Jamin, M. Billiau, *Les effets du contrat*, préc., n° 860.

du créancier agissant puisqu'il peut saisir le bien et le faire vendre pour se payer de sa créance, sans se voir opposer le transfert de propriété. On objecte que « l'idée de retour dans le patrimoine du débiteur » n'est « pas conforme à la finalité et à l'effet limités de l'action paulienne »[2601]. La remarque est exacte en ce double sens que l'acte translatif reste opposable aux autres créanciers du débiteur, et que c'est l'ayant cause, dans l'exemple considéré, qui a le choix entre le dessaisissement en nature et le désintéressement du créancier. Il n'en demeure pas moins que la propriété du bien, transférée par le débiteur à son ayant cause, continue à constituer un élément du gage général du créancier agissant[2602]. Se trouve ainsi consacrée, comme en cas de conflit entre ayants cause du même auteur, une hypothèse de *duplication* de la propriété[2603] : le débiteur l'a transférée à une autre personne, il ne l'a pas perdue pour autant.

*

* *

795.– *Conclusion de la section.* Les deux hypothèses qui ont été examinées, celle du conflit entre ayants cause d'un même auteur et celle de la protection du créancier victime d'un détournement de gage (d'une fraude paulienne), mettent en évidence une ubiquité du droit transmis puisque celui-ci n'est pas perdu par celui qui le transfère, en dépit du présupposé contraire. On n'a pas pris garde que l'idée d'inopposabilité, commune aux deux hypothèses, postule la non-perte du droit par l'auteur *dans* le transfert de l'acte frappé d'inopposabilité.

Ces deux hypothèses ne sont pas isolées. Les auteurs qui se sont attachés à établir que la propriété est un droit intransmissible ont relevé d'autres exemples d'une telle duplication. Emmanuel Lévy[2604], souvent cité sur ce point[2605], se référait également aux règles sur la preuve (articles 1319 et 1322 du Code civil), sur les contre-lettres (article 1321), à la relativité en matière de prescription acquisitive de certains vices ou de certaines causes de suspension ou d'interruption qui ont pour résultat que le possesseur est propriétaire à l'égard des uns sans l'être à l'égard des autres, au mécanisme de la propriété conditionnelle... Ainsi que le souligne M. Zénati, il y a là autant de manifestations de

> « *l'autonomie du droit de l'acquéreur à l'égard de celui de son auteur en ce qu'elles supposent que les hasards du commerce juridique ont fait qu'un même bien est devenu la propriété de plusieurs personnes* »[2606].

[2601] F. Terré, Ph. Simler, Y. Lequette, *ibid.*, n° 1183. – Comp. Starck, H. Roland, L. Boyer qui évoquent « le retour dans le patrimoine » (*Les obligations, 3, Régime général*, n° 734).

[2602] Rappr. J. François, *Les obligations, Régime général*, préc., n° 324.

[2603] Très différent est le cas du propriétaire forclos pour avoir laissé courir le délai de revendication (C. com., art. L. 624-9 ; rappr. n° 550) : sa propriété est *inopposable* à la procédure collective, ce qui autorise le liquidateur à faire vendre le bien au profit des créanciers (Cass. com., 23 mai 1995 : D. 1996, somm. p. 317 obs. F. Pérochon), mais elle n'est *pas transférée* au débiteur et le propriétaire peut donc agir en distraction du bien si celui-ci est l'objet d'une saisie-vente à l'initiative d'un créancier de ce dernier (Cass. com., 26 novembre 2002, préc. *supra* note 2327).

[2604] *Preuve par titre du droit de propriété immobilière*, th. préc., 1896, n° 68 s., p. 120 s.

[2605] M. Chauffardet, *Le problème de la perpétuité de la propriété*, th. préc., p. 132 s. ; F. Zénati, *Essai sur la nature juridique de la propriété*, th. préc., p. 713 s.

[2606] Th. préc., n° 520.

Il est difficile de les expliquer si l'on reste dans le cadre de la théorie classique de la propriété, qui confond celle-ci avec son objet. La théorie du professeur Zénati, qui distingue la propriété et le droit de propriété, la première (la propriété-objet) seule étant susceptible de transfert, à la différence du second qui est indétachable de son auteur, fournit à cet égard un fondement théorique beaucoup plus satisfaisant. Une difficulté, nous l'avons relevé[2607], est que la notion de propriété ainsi entendue en un sens très large brouille la distinction qu'il convient d'opérer entre les différents objets qui peuvent être les siens, ce qui est gênant lorsqu'il s'agit de droits de nature différente (usufruit, usage, habitation, emphytéose, servitudes...), mais il ne s'agit là que d'une difficulté de forme, et elle est d'ailleurs plus apparente que réelle (rien n'empêchant de continuer à désigner chaque droit par son nom).

La non-perte du droit transféré est une donnée objective, qui s'impose quelle que soit la théorie de la propriété prise pour référence. Il est cependant notable que son explication est simple et claire lorsqu'on l'inscrit dans le cadre d'une théorie qui la détache de la chose pour la rattacher au sujet.

La même conclusion s'impose lorsque l'on considère la question de savoir si le transfert d'un droit contre une personne entraîne sa perte.

[2607] V. *supra*, n° 85.

CHAPITRE SECOND

ACTE TRANSLATIF ET PERTE D'UN DROIT CONTRE UNE PERSONNE

796.– Le postulat est que le transfert du droit personnel fait perdre ce droit à l'auteur dans le transfert : si je cède ma créance, je ne suis plus créancier[2608] ; si je cède le contrat auquel je suis partie, je ne peux plus m'en prévaloir. Il en va différemment en cas de cession de la dette : je reste alors débiteur ; cela est cependant expliqué par l'impossibilité de céder une dette.

Le lien ainsi fait entre transfert et extinction est curieux car l'acte translatif ne figure pas parmi les causes d'extinction de l'obligation (C. civ., art. 1234). Il ne se confond pas avec un paiement. Certes, le droit des procédures collectives considère que la cession de créance peut constituer (comme la délégation, la novation, la compensation) un des « *modes de paiement communément admis dans les relations d'affaires* » au sens de l'article L. 632-1, I 4° du Code de commerce. Mais ce n'est qu'« une approximation du langage », qui s'explique par le fait qu'il s'agit là de « mécanismes qui, directement ou non, avec une probabilité plus ou moins grande, procurent au créancier l'espérance d'une satisfaction »[2609].

En réalité, le lien établi entre transfert et extinction s'explique par le souci d'assurer l'efficacité du transfert, par la crainte que si l'auteur de l'acte translatif pouvait continuer à se prévaloir du droit transmis, il pourrait venir en concours avec son ayant cause. Le souci est légitime mais la crainte est excessive : la non-perte du droit transmis, nous l'avons souligné, est nécessairement subordonnée à un triple mécanisme de proportionnalité, de relativité et de subsidiarité[2610] car, peut-on dire, « céder et retenir ne vaut ».

797.– Ce lien est donc sans réel fondement si l'on considère les rapports entre cédant et cédé. Ainsi, on ne voit pas pourquoi le transfert d'une *créance* libèrerait le cédé

[2608] Il faut mettre à part les *sûretés accessoires* à la créance dans le cas où le créancier reçoit d'un autre que le débiteur un paiement partiel. En ce cas, en effet, il conserve sa sûreté accessoire malgré la transmission partielle de sa créance. Mais la non-perte de la sûreté s'explique simplement ici par sa non-transmission (c'est la règle *Nemo contra se subrogare censetur*, qu'applique l'art. 1252 C. civ.)...

[2609] M.-L. Izorche, Rép. civ. Dalloz, V° *Paiement*, n° 3.

[2610] V. *supra*, n° 665 s.

de sa dette dans les cas où le cessionnaire de la créance ne voudrait ou ne pourrait pas s'en prévaloir.

L'idée même de cession « imparfaite » de *dette* ne postule-t-elle pas, de son côté, que l'on peut céder sans perdre ? Certes, cette cession imparfaite est souvent habillée de la qualification de « délégation incertaine »[2611] mais, précisément, cela ne s'explique-t-il pas simplement par le souci de respecter le postulat habituel du lien nécessaire entre transfert et perte ?

Et, de même, n'y a-t-il pas là l'explication également de la montée en puissance de la même qualification de délégation incertaine en matière de cession de *contrat* ?

798.– C'est là ce que nous nous proposons de montrer : le transfert de créance (Section I), la cession de dette (Section II) et la cession de contrat (section III) constituent autant d'illustrations de l'abus qu'il y a à considérer que l'acte translatif emporte nécessairement la perte du droit transmis.

SECTION I

TRANSFERT DE CRÉANCE

799. La créance est l'obligation envisagée du côté actif. Le transfert de la créance (le bien) permet à l'ayant cause d'« obtenir l'exécution à son profit de l'obligation »[2612]. Il postule donc que l'obligation (le lien) puisse faire l'objet d'un transfert. On sait qu'il y a là une grande différence entre l'approche moderne et les solutions du droit romain primitif dans lequel tout changement de sujet, actif comme passif, emportait rupture du lien[2613] (différence seulement partielle, il est vrai, car « si l'obligation apparaît principalement comme un bien cessible sous l'angle actif, la dimension du lien obligatoire entre deux personnes redevient prépondérante sous l'angle passif »[2614] – et encore faut-il souligner que la transmissibilité de l'obligation n'est pas admise par tous[2615]).

800.– L'idée fondamentale du transfert de créance est la même que pour l'acte translatif du droit sur une chose immeuble : la non-perte du droit objet de l'acte

---

[2611] "Incertaine" car l'objet de l'obligation du délégué est fixé par référence aux obligations antérieures (v. *infra*, n° 843) – et en pratique imparfaite car le délégataire ne libère pas le délégant.

[2612] J. Ghestin, G. Goubeaux et M. Fabre-Magnan, *Traité de droit civil, Introduction générale*, préc., n° 216, p. 169.

[2613] J.-Ph. Lévy et A. Castaldo, *Histoire du droit civil*, préc., n° 706 s. ; F. Terré, Ph. Simler, Y. Lequette, *Les obligations*, préc., n° 1271 et 1418 ; J. François, *Les obligations, régime général*, préc., n° 338.

[2614] F. Terré, Ph. Simler, Y. Lequette, *ibid.*, n° 1304.

[2615] Selon M. Billiau *l'obligation est intransmissible* car elle constitue un lien entre deux personnes et il n'est pas possible de changer l'une de ces personnes sans faire disparaître le lien ; on peut seulement transmettre la créance, « anticipation du résultat économique objectif attendu de l'exécution de l'obligation » *(La transmission des créances et des dettes*, préc., n° 4 s.). Cette conception personnaliste paraît cependant un peu anachronique aujourd'hui, dans un contexte de patrimonialisation ou d'objectivation du rapport d'obligation.

translatif est la face cachée de l'inopposabilité de cet acte. Lorsqu'inopposabilité il y a, en effet, l'auteur *dans* le transfert continue à être regardé comme étant partie au rapport d'obligation, alors pourtant qu'il a transféré son droit, *solo consensu*, à son ayant cause.

L'idée est la même mais sa prégnance est plus forte car le champ de l'inopposabilité est ici plus large. Cela tient au fait que la notion de « tiers » à l'acte translatif d'une créance n'est pas, comme en droit de la publicité foncière, enfermée dans une définition stricte, et qu'elle englobe notamment – pour ne pas dire avant tout – le débiteur même de la créance objet de l'acte translatif. Les hypothèses d'inopposabilité de cet acte sont donc plus nombreuses. Or ce sont autant de cas de non-perte du droit transmis.

Le postulat que la créance transmise est perdue pour l'auteur *dans* le transfert doit donc être considéré avec circonspection : outre que son fondement est incertain (§ 1), il ne permet pas d'expliquer certaines solutions, pourtant bien connues (§ 2).

§ 1. – PERTE DE LA CRÉANCE PAR LE CRÉANCIER : UN FONDEMENT INCERTAIN

801.– Nous n'envisageons ici que l'acte opérant un transfert *non forcé* (ce qui exclut les saisies) de créance à titre *principal* (le transfert peut également être accessoire à celui d'un autre bien) et à titre *particulier* (le transfert peut également résulter de la transmission universelle ou à titre universel du patrimoine dont la créance constitue un élément d'actif). Ce transfert peut être réalisé sur la base soit d'une cession (vente ou libéralité de créance)[2616] soit d'un paiement (subrogation). Une première question est de savoir s'il existe ou non un particularisme sur ce point de la subrogation personnelle. Il apparaît que non (A), ce qui renvoie à une incertitude plus générale (B).

A. – ABSENCE DE PARTICULARISME DE LA SUBROGATION PERSONNELLE

802.– La subrogation procède d'un paiement. Cela la distingue de la cession de créance. Dans la cession, en effet, le créancier reçoit sans doute un prix ; celui-ci constitue cependant le paiement non pas de la créance cédée, puisque celle-ci n'est pas exécutée, mais « du prix de la cession, c'est-à-dire l'exécution, par le cessionnaire de sa propre obligation »[2617]. Faute de paiement, l'obligation dont il s'agit n'est donc pas éteinte, elle est transmise.

[2616] Le Code civil réglemente la cession de créance à propos de la vente : il y consacre le dernier chapitre (ch. VIII, *Du transport des créances et autres droits incorporels*) du titre 6 (« *De la vente* ») du livre 3 (« *Des différentes manières dont on acquiert la propriété* »). « Cette place est défectueuse. La cession de créance peut intervenir en exécution d'une vente, mais aussi de tout autre contrat d'aliénation, échange, donation, etc. La créance peut même faire l'objet d'une simple constitution de gage (art. 2075) » [*i.e.* : de nantissement (art. 2355)] (E. Gaudemet, *Théorie générale des obligations*, préc., p. 453).

[2617] M.-L. Izorche, Rép. civ. Dalloz, V° *Paiement*, n° 145.

En matière de subrogation, la réalité est plus complexe. Il y a bien en effet paiement de la créance : le créancier reçoit la satisfaction attendue. Seulement, il reçoit ce paiement d'un tiers qui, au moins en partie, paie la dette d'autrui. Et l'analyse de la subrogation peut être très différente selon que l'on met l'accent sur la première donnée (le paiement) ou sur l'effet qu'on lui attache (le transfert de l'obligation payée au *solvens*).

803.– Si on met l'accent sur le paiement, le fondement de la perte du droit par le subrogeant paraît aller de soi puisqu'aux termes de l'article 1234 du Code civil, précisément, « *les obligations s'éteignent par le payement (...)* ». C'est cette analyse que retenaient les auteurs anciens, ceux qui faisaient appel à l'idée de fiction pour expliquer la subrogation. Ils précisaient, par exemple, que : « la subrogation est une fiction juridique par suite de laquelle une créance, *payée* avec les deniers fournis par un tiers *et par conséquent éteinte par rapport au créancier*, est réputée subsister avec tous ses accessoires au profit de ce tiers »[2618]. Allant au bout de cette logique, certains enseignaient même que le paiement avec subrogation ne pouvait pas faire revivre l'obligation elle-même, éteinte par le paiement (« Comment la subrogation pourrait-elle transmettre un droit, une action anéantie ? »)[2619], mais transmettait seulement les sûretés, les accessoires de l'ancienne obligation[2620].

La notion artificielle de fiction est écartée par les auteurs modernes, qui mettent plutôt l'accent sur l'effet particulier attaché à ce paiement. Ils considèrent qu' « il existe aujourd'hui deux sortes de paiement bien distincts : un paiement extinctif de la créance, émané du débiteur ou d'un tiers souhaitant faire une libéralité, et un paiement translatif de créance, effectué par une personne qui ne doit pas et ne veut pas supporter le poids définitif de la dette »[2621]. Comment, dès lors, expliquer la perte de sa créance par le subrogeant ?

804.– Cette perte est présupposée mais très rarement envisagée en tant que telle (précisons : par les auteurs modernes). Deux explications différentes peuvent lui être données. On peut, d'abord, considérer que le paiement a un effet partiellement extinctif : il « éteint » l'obligation à l'égard du créancier tout en la laissant subsister à l'égard du débiteur. Cela est cependant difficile à comprendre (« comment une créance peut-elle être à la fois éteinte et transmise ? »)[2622] et paraît mal correspondre à la nette distinction entre les deux visages différents du paiement (paiement-extinctif, paiement-translatif) rappelée ci-dessus.

[2618] Baudry-Lacantinerie et Barde, *Traité théorique et pratique de droit civil*, 1902, t. 2, *Des obligations*, n° 1516 (soul. par nous). Même sens : Aubry et Rau, *Cours de droit civil français, d'après la méthode de Zachariae*, t. 4, 6e éd., 1942, par E. Bartin, p. 263.

[2619] Grappe, *Consultation concernant le Prince de Talleyrand*, reproduite dans le *Recueil alphabétique des questions de droit* de Merlin, 4e éd., t. 7, 1815, V° Subrogation, § 1.

[2620] Marcadé, *Éléments de droit civil français*, 2e éd., t. 4, 1846, p. 633. V. la critique de ces arguments *in* J. Mestre, *La subrogation personnelle*, préc., n° 309 (*1°* la question est de savoir si la créance qui sert de cause au paiement est ou non éteinte ; *2°* si on considère qu'elle l'est, les accessoires le sont aussi et il est contradictoire de considérer qu'ils survivent...).

[2621] J. Mestre, *ibid.*, *passim* et n° 635.

[2622] F. Terré, Ph. Simler et Y. Lequette, *Les obligations*, préc., n° 1385.

Une seconde explication, alors, est que le paiement n'a pas ici l'effet extinctif que lui attache l'article 1234 du Code civil ; il ôte sa créance au subrogeant par le jeu de son effet translatif. Cette seconde explication paraît meilleure car plus conforme à la portée conférée aujourd'hui à la subrogation personnelle.

805.– Est-ce celle retenue par la Cour de cassation ? À plusieurs reprises, celle-ci a précisé de façon incidente que « *le paiement avec subrogation, s'il a pour effet d'éteindre la créance à l'égard du créancier, la laisse subsister au profit du subrogé [...]* »[2623]. Le sens de cette formule peut paraître incertain, en première lecture, car tout dépend de savoir si l'on met l'accent sur « paiement » (on retrouve alors la première explication) ou sur « subrogation » (c'est-à-dire sur le transfert). En réalité l'hésitation n'est pas permise puisque le « paiement avec subrogation » est regardé comme étant un mécanisme translatif des créances[2624] : il faut considérer, comme le fait par exemple M. A. Lienhard[2625], que c'est du « caractère essentiellement translatif de la subrogation, qui postule la transmission de la créance dont l'accipiens était titulaire » que « la Cour de cassation a déduit que le paiement a pour effet d'éteindre la créance à l'égard du créancier »[2626]. Retenons un instant ici cette notion d'« extinction » relative de la créance transmise. On peut dire, alors, que le paiement avec subrogation ne transfère pas une créance qu'il a précédemment éteinte ; c'est parce qu'il transfère la créance qu'il l'« éteint » à l'égard du subrogeant. Ou, si l'on préfère, la créance n'est pas « éteinte » en raison du paiement, elle l'est du fait de sa transmission.

Soulignons cependant qu'il faut manier avec précaution cette notion d'« extinction » de la créance en la personne du subrogeant – expression que nous n'avons utilisée ici que pour présenter les textes cités[2627]. Il convient de distinguer, en effet, l'obligation elle-même en tant qu'objet de propriété et le droit de propriété qui porte sur elle[2628]. Sous le premier aspect, l'obligation ne saurait s'éteindre, car il faudrait alors nécessairement qu'il y ait création concomitante d'un nouveau lien d'obligation ; et dans ce cas il n'y aurait pas, précisément, un simple transfert mais une novation par changement de créancier[2629] ! La créance survit en tant que telle au changement

---

[2623] Cass. civ. 1re, 7 décembre 1983 : Bull. civ. I, n° 291 ; RTD civ. 1984 p. 717 obs. J. Mestre. – Cass. com., 15 mars 1988 (deux arrêts) : Bull. civ. IV, n° 106 ; D. 1988 p. 330 n. F. Pérochon ; Gaz. Pal. 1988, I, 244 obs. B. Soinne ; JCP 1989, II, 21348 n. Morançais-Demeester ; Rev. dr. bancaire 1988 p. 103 n. F. Dekeuwer-Defossez ; RTD civ. 1988 p. 791 obs. M. Bandrac.

[2624] Comp. avec le recours du tiers solvens *non subrogé*, dont il avait été jugé qu'il trouve « sa cause dans le seul fait du payement, générateur d'une obligation *nouvelle* distincte de celle *éteinte* par ledit paiement » (soul. par nous : Cass. civ. 1re, 15 mai 1990 : Bull. civ. I, n° 106 p. 77 ; JCP 1991, II, 21628 n. B. Petit ; Defrénois 1990 p. 1020 obs. J.-L. Aubert ; RTD civ. 1990 p. 662 obs. J. Mestre ; D. 1991 p. 538 obs. G. Virassamy) – jurisprudence abandonnée depuis : ce paiement n'ouvre plus nécessairement un recours au *solvens*, c'est à lui de démontrer que la cause dont il procédait « impliquait pour le débiteur l'obligation de lui rembourser les sommes ainsi versées » (Cass. civ. 1re, 2 juin 1992 et 17 novembre 1993 : Bull. civ. I, n° 167, p. 115 et n° 332 p. 230), obligation fondée sur l'enrichissement sans cause (Cass. civ. 1re, 4 avril 2001 : Bull. civ. I, n° 105, p. 67 ; D. 2001 p. 1824 n. M. Billiau).

[2625] À propos de l'arrêt du 7 décembre 1983, préc., note 2623.

[2626] Obs. préc., D. 2001 p. 858.

[2627] *Les* textes : celui de l'arrêt (Cass. civ. 1re, 7 décembre 1983, préc.) et celui de l'extrait doctrinal.

[2628] V. *supra*, n° 97.

[2629] C. civ., art. 1271-3°.

de créancier, elle est simplement *déplacée* (elle n'existe plus entre les mêmes personnes) ; c'est en ce sens que se prononce un spécialiste éminent de la question : « par la subrogation, le tiers entre dans une créance que le paiement n'a pas exceptionnellement éteinte, mais au contraire transmise »[2630].

Autre chose est de savoir s'il y a extinction du droit de propriété du subrogeant, s'il perd la propriété (la titularité) de la créance du fait de la subrogation. Il est admis que c'est le cas mais, précisément, parce que cela est présupposé. On retrouve cependant alors l'idée fondamentale qui anime nos développements : un droit n'est pas une réalité physique, il peut être transmis sans pour autant disparaître du point d'origine, et donc sans que la transmission empêche sa survie relative et subsidiaire en la personne de l'ancien titulaire.

L'intérêt pratique de préférer cette seconde explication à la première peut paraître problématique (et c'est probablement cela qui explique que les auteurs contemporains se désintéressent de la question). Il est cependant notable qu'elle fait disparaître la spécificité de la subrogation sur le point examiné : si la créance du créancier-subrogeant est « éteinte » – il faut dire : perdue par lui[2631] –, c'est en raison de son transfert, tout comme en cas de cession de créance.

On est donc renvoyé à l'effet de perte général attaché à tout transfert de créance en ce qui concerne le créancier – et à l'incertitude qui y est attachée.

B. – Incertitude générale

806.– L'effet de perte attaché au transfert de la créance, en ce qui concerne le créancier, n'a pas de fondement textuel. Cela peut s'expliquer doublement.

La première explication est qu'il n'y a pas à énoncer ce qui est manifeste. La perte de la créance transmise va en effet de soi, elle constitue une sorte d'évidence : il est contradictoire dans les termes de transférer et de tenir un droit. Certes, nous l'avons montré, il y a là un simple présupposé. Mais, précisément, celui-ci rend inutile l'énoncé et de la règle, et de la justification de celle-ci.

Une seconde explication, d'ailleurs, est que, là comme toujours, le mieux est l'ennemi du bien : donner un fondement textuel à la perte du droit en la personne de l'auteur *dans* le transfert aurait en effet l'inconvénient de rigidifier une solution perçue comme étant évidente, alors même que certaines solutions que retient par ailleurs le droit positif ne sont pas conciliables avec elle.

C'est ce qu'il nous faut maintenant examiner.

[2630] J. Mestre, obs. préc., RTD civ. 1990, p. 663. La condition de concomitance avec le paiement est à cet égard très importante : « convenue après, elle viendrait trop tard car la créance se trouverait définitivement éteinte par le paiement » (B. Starck, H. Roland, L. Boyer, *Les obligations, régime général*, préc., p. 33).

[2631] M. L. Aynès parle de la « perte de la qualité de créancier » car il voit dans la cession de créance une cession de contrat qui confère au cessionnaire la position contractuelle du cédant (*La cession de contrat*, préc., n° 22).

§ 2. – PERTE DE LA CRÉANCE TRANSFÉRÉE : DES SOLUTIONS CONTRAIRES

807.– Les créances transférées étant « sorties » du patrimoine de l'auteur dans le transfert, il ne peut plus en disposer, et elles ne peuvent plus être appréhendées par ses créanciers, en logique comme en principe. En matière de droit d'action, nous avons cependant relevé des cas contraires extrêmement nets, qui constituent autant de dénis par la Cour de cassation de la perte par le cédant ou par le subrogeant du droit transféré, la haute juridiction allant même jusqu'à proclamer récemment (en 2001) que le subrogeant « *demeure titulaire* » de la créance « *dans ses rapports avec le débiteur* »[2632].

D'autres cas, consacrant le même déni, sont notables en dehors de tout débat sur le droit d'action. C'est l'existence de ces cas que nous voudrions mettre en relief ici car ils constituent autant de solutions contraires au présupposé de la perte de son droit par l'auteur *dans* le transfert. Pour le faire apparaître clairement nous prendrons comme axe de raisonnement le moment du transfert. Tout dépend en effet, cela est bien connu, de savoir si l'on considère les rapports entre les parties à l'acte de transfert (cédant et cessionnaire) ou bien leurs rapports avec les tiers. *Inter partes*, le transfert opère consensuellement dès la perfection de l'acte qui l'organise : il s'agit là d'une donnée générale, qui n'appelle donc pas d'autre précision. En revanche, les solutions sont variables à l'égard des tiers et deux grands types de transfert doivent alors être distingués : ceux dont l'opposabilité est subordonnée à l'accomplissement d'une formalité destinée à informer les tiers à la cession (A) ; ceux dits « occultes » parce qu'opposables à tous de plein droit, sans publicité spéciale (B).

A. – TRANSFERTS À OPPOSABILITÉ DIFFÉRÉE

808.– Il s'agit de ceux qui obéissent à la cession de créance régie par les articles 1689 et suivants du Code civil. Cette cession est dite « de droit commun », non sans paradoxe car elle a précisément pour particularité de déroger à un autre droit commun, celui de l'acte juridique, selon lequel l'acte est opposable aux tiers de plein droit (ou, dans une autre approche, selon lequel la norme créée par l'acte est obligatoire pour tout le monde)[2633]. Nous avons déjà eu l'occasion d'évoquer la double formalité alternative imposée par l'article 1690 du Code civil (signification par acte d'huissier, ou reconnaissance par acte authentique) pour que la cession soit opposable aux tiers à la convention de cession que concluent le cédant et le cessionnaire.

809.– Cette dissociation entre l'effet translatif du contrat entre les parties à la cession et son opposabilité aux tiers multiplie les hypothèses de conflit entre le cessionnaire et les tiers. L'inopposabilité consacre en effet une certaine ubiquité de la propriété de la créance car le cédant, dépouillé de son droit à l'égard du cessionnaire, ne l'est pas à l'égard des tiers. En ce qui concerne ces derniers, la « perte » de son droit est

---

[2632] Cass. com., 23 janvier 2001, préc. *supra*, n° 713.

[2633] P. Ancel, art. préc., RTD civ. 1999, p. 771, n° 53.

différée jusqu'à l'accomplissement de « la » (en réalité d'une des) formalité(s) de l'article 1690. Cette ubiquité a une portée processuelle que nous avons déjà examinée à ce titre[2634]. Elle s'exprime également, en droit substantiel, par la priorité accordée à celui qui bénéficie en premier de l'accomplissement de l'une des deux formalités : ainsi se règle le conflit entre les cessionnaires successifs de la même créance[2635], ou entre le cessionnaire et le créancier gagiste (article 2362 du Code civil)[2636], ou entre le cessionnaire et le créancier saisissant[2637]. La solution montre que l'auteur *dans* le transfert ne perd pas le droit ; elle est identique à celle de la publicité foncière et nous pouvons donc nous contenter de renvoyer à l'analyse que nous avons présentée à ce sujet[2638].

810.– Soulignons cependant le particularisme de la situation du débiteur cédé. Alors que la convention de cession est parfaite, alors que le principe est celui du transfert *solo consensu*, alors donc que la créance a déjà été cédée, le cédant reste créancier du cédé puisque celui-ci reste son débiteur... La solution peut paraître étonnante. Elle tient à la particularité du bien cédé : celui-ci comporte un débiteur, qui est tiers à la convention de cession, ce qui rend délicat de distinguer en ce qui le concerne les effets et l'opposabilité de la cession.

Trois grandes règles, bien connues, illustrent cette difficulté. Ainsi, l'article 1691 du Code civil dispose que « *Si avant que le cédant ou le cessionnaire eût signifié le transport au débiteur, celui-ci avait payé le cédant, il sera valablement libéré* ». Il est vrai que l'on peut hésiter sur la portée de cette règle. On peut y voir la manifestation que le cédant n'a pas perdu sa qualité de créancier, en dépit de la cession. Mais il est également possible – et sans doute plus indiqué – d'y voir une application de la théorie de l'apparence destinée à protéger les intérêts du débiteur, celui-ci ayant payé dans l'ignorance de la cession (il est d'ailleurs notable que la règle ne joue pas en cas d'acceptation du transport faite par le débiteur dans un acte authentique, mais c'est qu'alors ce dernier ne fait pas un « paiement de bonne foi » au sens de l'article 1240 du Code civil)[2639].

Ainsi, l'article 1295 alinéa second du Code civil précise que la cession signifiée « *n'empêche que la compensation des créances postérieures à cette notification* », ce qui autorise a contrario le cédé à invoquer jusque là[2640] la compensation entre la créance cédée et les dettes du cédant à son égard, et suppose donc que la condition de réciprocité ne fait pas encore défaut, autrement dit qu'en dépit du transfert réalisé à l'égard du cessionnaire le cédant est encore créancier à l'égard du cédé...

2634 V. *supra*, n° 731 s.

2635 Req., 3 juin 1893 : DP 1894,1 p. 118 ; Cass. com., 19 juin 1980 (le cessionnaire qui, hors de toute collusion frauduleuse, a signifié le premier le transport des droits au débiteur, est préférable au cessionnaire antérieur) : Bull. civ. IV, n° 137.

2636 Peu importe, à cet égard, que les formalités alors prévues ne soient pas de simples mesures de publicité mais des conditions de constitution du gage.

2637 Loi du 9 juillet 1991 portant réforme des procédures civiles d'exécution, art. 43.

2638 V. *supra*, n° 776.

2639 J. Flour, J.-L. Aubert, Y. Flour, E. Savaux, *Le rapport d'obligation*, préc., n° 344. Rappr. *infra*, n° 815.

2640 À moins qu'il ait renoncé à le faire en « acceptant » la cession (C. civ., art. 1295 al. 1er) ; sur les divergences quant à la portée de cette acceptation, v. L. Aynès, *La cession de contrat*, préc., p. 40.

Ainsi, de façon plus générale, toute autre exception non inhérente à la créance et résultant d'une convention que le cédant et le cédé concluent *avant* l'accomplissement des formalités de l'article 1690 (remise de dette, novation, modification de la créance cédée...) peut être opposée par le cédé au cessionnaire même si elle est *postérieure* à la convention de cession[2641]...

811.– Il y a là, on le voit, autant de manifestations de l'idée que le débiteur cédé n'a pas cessé d'être le débiteur du cédant et donc que celui-ci, *volens nolens*, n'a pas perdu à son égard la créance qu'il a pourtant transmise consensuellement au cessionnaire par la convention de cession. Ces solutions étendent sa situation de créancier au delà du moment où, ayant conclu la convention de cession, il a « perdu » la titularité de la créance.

Elles dérangent car elles ne correspondent pas au postulat de la perte du droit transmis. Le professeur Larroumet s'est attaché à montrer qu'elles reposent sur une mauvaise approche du rôle du débiteur cédé dans l'opération de cession car celui-ci ne devrait pas être regardé comme étant un véritable tiers à l'acte de cession, et les formalités de l'article 1690 ne sauraient avoir à son égard la même portée que pour les ayants cause du cédant (elles ne sont substantielles qu'à l'égard de ces derniers ; on peut y suppléer par toute autre preuve de la connaissance de la cession par le cédé)[2642]. Il n'est pas possible d'entrer ici dans le détail de cette argumentation[2643]. On doit cependant relever qu'en tout état de cause, en droit positif, l'article 1295 alinéa 2 du Code civil constitue un butoir au changement d'approche que cet auteur propose puisque ce texte impose l'opposabilité au cessionnaire de la compensation légale entre la créance cédée et les dettes du cédant à l'égard du cédé lorsque les conditions en sont réunies entre la date de la cession et celle de la signification[2644]...

B. – Transferts à opposabilité occulte

812.– En dehors du champ d'application de l'article 1690 du code civil, c'est le droit commun de l'acte juridique qui s'applique et l'opposabilité de la cession est alors « occulte » en ce sens qu'elle n'est pas subordonnée à l'accomplissement d'une formalité destinée à informer les tiers[2645]. De ce fait l'opposabilité est immédiate, elle coïncide avec la prise d'effet du contrat : c'est en ce sens qu'elle s'oppose au transfert à opposabilité différée. Tel est le régime, notamment, de la subrogation personnelle et de la cession par bordereau.

La subrogation personnelle, qu'il s'agisse d'une subrogation conventionnelle *ex parte creditoris* (C. civ., art. 1250-1°) ou *ex parte debitoris* (C. civ., art. 1250-2°), ou bien d'une subrogation légale (C. civ., art. 1251), n'est pas subordonnée aux

[2641] J. François, *Les obligations, régime général*, préc., n° 391.
[2642] *Les opérations juridiques à trois personnes en droit privé*, th. préc., *passim* et n° 59.
[2643] Il faut en rapprocher celle du professeur L. Aynès (*La cession de contrat*, préc., n° 13 s.).
[2644] Ainsi que le souligne le professeur J. François, ouvr. préc., n° 394.
[2645] Autre chose est la question de la *preuve* de la date de l'acte translatif : libre en matière commerciale, elle doit être préconstituée en matière civile conformément aux articles 1315 s. du Code civil.

formalités de l'article 1690 du Code civil[2646] et elle est donc opposable à tous à compter de sa date, celle du paiement subrogatoire[2647]. C'est ce qui fait la simplicité de ce mécanisme, et explique qu'il ait été adopté comme support de l'affacturage dans la pratique française de cette convention.

Il en est de même pour la cession des créances professionnelles par bordereau (dite « Dailly »)[2648]. Cette cession comporte une seule formalité obligatoire, l'établissement et la remise d'un bordereau formalisé : « *La cession ou le nantissement prend effet entre les parties et devient opposable aux tiers à la date portée sur le bordereau* »[2649]. Il existe une faculté de notification de la cession au débiteur cédé mais qui n'a pas pour objet ou pour effet de nuancer l'opposabilité immédiate du transfert à l'égard de ce dernier ; elle vise simplement à lui interdire de se libérer entre les mains du cédant[2650], qui à défaut garde le pouvoir de recevoir le paiement à titre de mandataire chargé du recouvrement. Les mêmes solutions paraissent devoir être retenues en cas de cession de copie exécutoire à ordre, puisqu'elle se fait également par bordereau et selon les mêmes principes[2651].

813.– Cette apparente clarté n'empêche pas de multiples hypothèses de conflit entre l'ayant cause et les tiers étrangers à l'acte translatif. Les solutions qui leur sont apportées sont pour la plupart conformes au présupposé de la perte de son droit par l'auteur *dans* le transfert. Il arrive cependant qu'il en aille autrement. Pour le faire apparaître, et en mesurer l'importance relative, il paraît approprié de replacer les cas qui illustrent notre analyse dans le cadre d'un tableau général des différentes hypothèses de conflit, tableau qui comporte trois entrées selon que l'on considère les relations de l'ayant cause et du débiteur (1°), avec d'autres ayants cause du même auteur (2°) ou avec les créanciers de celui-ci (3°).

1° Conflits entre ayant cause et débiteur

814.– Ce conflit naît lorsque le cédé invoque une raison de ne pas payer le cessionnaire. Nous examinerons le cas où il se prévaut du paiement de sa dette entre les mains du cédant, et celui où il se prévaut de la compensation de sa dette avec une créance dont il est titulaire contre le cédant.

[2646] Explication : ces formalités sont destinées à protéger les ayants cause du cédant en les avertissant d'une cession qui pourrait leur porter préjudice ; ce risque n'existe pas en matière de subrogation puisque le créancier est payé (Ch. Larroumet, th. préc., n° 79).

[2647] Solution traditionnelle (J. Mestre, *La subrogation personnelle*, préc., n° 46) rappelée périodiquement (ex. : Cass. com., 3 avril 1990 : D. 1991 p. 180 n. Y. Dagorne-Labbé).

[2648] Loi du 2 janvier 1981 facilitant le crédit aux entreprises, auj. codifiée aux art. L. 313-23 à 35 C. mon. fin.

[2649] C. mon. fin. art. L. 313-27 al. 1er (rappr. *supra*, note 2345).

[2650] C. mon. fin. art. 313-28.

[2651] C. mon. fin., art. L. 515-21 (réd. l. 1er août 2003). M. Vion, *La suppression des grosses au porteur et le régime des copies exécutoires à ordre*, Defrénois 1976, art. 31203 ; M. Dagot, *La transmission des créances hypothécaires (analyse de la loi n° 76-519 du 15 juin 1976 relative à certaines formes de transmission des créances)*, JCP 1976, I, 2820.

a) Paiement

815.– Il faut d'abord considérer l'application du droit commun du paiement, qui joue ici en raison d'un décalage entre la date de l'opposabilité de l'acte translatif (laquelle se confond avec la prise d'effet de celui-ci) et celle où le débiteur cédé en est informé. Dans cet intervalle, ce dernier peut payer le cédant. Fait de bonne foi, ce paiement est libératoire. La règle, posée par l'article 1240 du Code civil (« *Le payement fait de bonne foi à celui qui est en possession de la créance est valable, encore que le possesseur en soit par la suite évincé* ») doit être évoquée, mais pour souligner qu'elle n'illustre pas spécialement notre propos, pas plus que celles des articles 1691 et 2362 du Code civil qui peuvent être regardées comme en étant de simples rappels. Il s'agit en effet du jeu de l'effet constitutif de l'apparence, plus que d'une manifestation de la non-perte de son droit par le cédant[2652]. La règle joue tant à l'encontre du subrogé qui n'a pas averti le débiteur cédé[2653] que contre le cessionnaire *Dailly* qui a fait le choix de ne pas notifier la cession. Il s'agit là d'un contrepoids nécessaire pour le débiteur cédé à l'insécurité du paiement qu'entraîne le caractère occulte la cession[2654].

816.– Une autre règle est spécifique à la cession par bordereau de créances professionnelles car liée au jeu du mandat de recouvrement dont reste alors chargé le cédant après la cession, à défaut de *notification* de celle-ci par le cessionnaire au débiteur de la créance cédée. On ne peut pas parler ici de non-perte du droit transmis puisque si le cédant garde vocation à recouvrer la créance qu'il a cédée, c'est seulement au nom et pour le compte du cessionnaire ! Il est tout au plus notable que le mécanisme peut se révéler périlleux pour le cessionnaire dans le cas où le cédant fait l'objet d'une procédure collective : en pareil cas, en effet, la jurisprudence refuse à la banque cessionnaire le droit d'agir en « restitution » des fonds[2655] auprès de la banque du cédant qui les a réceptionnés pour lui[2656] ; mais, là encore, la question de la non-perte du droit ne se pose pas car on n'est pas en présence d'un problème d'opposabilité ou, ce qui revient au même, d'un conflit de titularité.

[2652] Il n'en demeure pas moins qu'entre la cession et sa notification le cédé peut se libérer en payant le cédant mais aussi le cessionnaire (une jurisprudence ancienne l'y autorise : Cass. civ., 9 mars 1864 : D.P. 1864, I p. 190).

[2653] Ex. : CA Paris, 23 janvier 1970 : JCP 1971, II, 16837 n. C. Gavalda. – Rappr. Cass. com., 26 avril 2000 (à propos non d'un paiement mais d'un engagement cambiaire), Bull. civ. IV n° 88 p. 77 ; D. 2000 p. 290 obs. J. Faddoul ; Defrénois 2001 n° 37278 n. Y. Dagorne-Labbé.

[2654] *Contra* : J. Mestre, obs. RTD civ. 1989, p. 322. – En ce sens : M. Cabrillac, *Les conflits entre les cessionnaires d'une même créance transmise par bordereau*, D. 1990, chron. p. 127, n° 11.

[2655] Il ne s'agit pas d'une action en *revendication* de la créance car le banquier réceptionnaire ne se prétend pas titulaire d'un droit concurrent sur celle-ci, éteinte d'ailleurs par le paiement du débiteur (M. Cabrillac, chron. préc. D. 1990, p. 127 n° 12).

[2656] Depuis un revirement intervenu en 1995 : Cass. com., 4 juillet 1995 : Bull. civ. IV, n° 203 ; D. 1995 p. 488, n. D. Martin et H. Synvet, et 1996, somm. p. 208, obs. s. Piedelièvre ; JCP G 1995, II, 22553 n. D. Legeais ; RTD civ. 1995 p. 934 obs. P. Crocq, 1996 p. 192 obs. P.-Y. Gautier et p. 422 obs. F. Zénati. – Cass. com., 19 décembre 2000 (D. 2001 p. 375) et 30 janvier 2001 (D. 2001 p. 1238 obs. X. Delpech).

b) Compensation

817.– La compensation est un mécanisme d'extinction (C. civ., art. 1234) de deux obligations réciproques à concurrence de la plus faible (C. civ., art. 1290) : « *Lorsque deux personnes se trouvent débitrices l'une envers l'autre, il s'opère entre elles une compensation qui éteint les deux dettes* » (C. civ., art. 1289). Transfert et compensation sont incompatibles : celle-ci ne peut intervenir qu'*avant* celui-la, le transfert ne portant alors que sur la partie non éteinte de la créance ; la compensation ne peut pas intervenir *après*, car le transfert de l'une des obligations empêche que soit remplie la condition de réciprocité. S'il en va autrement en matière de cession de créance de droit commun[2657], c'est parce qu'un texte le prévoit expressément[2658].

Ainsi bornée par ses conditions, la compensation pose une difficulté particulière dans les cas de cession à opposabilité occulte. La question se pose dans les mêmes termes en matière d'affacturage et de cession par bordereau : les conditions de la compensation doivent-elles être réunies à la date du transfert (celle du paiement subrogatoire, celle portée sur le bordereau) ou seulement au moment où le débiteur en est informé ? Pour en apprécier la portée au regard de notre problématique, il faut distinguer avec soin selon que la compensation opère ou non entre dettes connexes.

1. Entre obligations non connexes

818.– Si la question se pose, c'est parce que tant qu'il n'est pas informé le débiteur peut, ignorant la cession, effectuer de bonne foi un paiement libératoire entre les mains du cédant (C. civ., art. 1240). Certains auteurs en déduisent que la compensation peut opérer également, à l'instar d'un paiement[2659] ; d'autres auteurs soutiennent le contraire, estimant qu'elle s'en distingue[2660]. La réponse dépend donc de la nature juridique que l'on attache à la compensation : faut-il y voir un mode de paiement ? ou une dispense de paiement ? Dans le premier cas, on lui étendra le régime de l'article 1240 du Code civil, par faveur pour le débiteur cédé. Dans le second cas, cette dérogation sera refusée, ce qui est plus respectueux des droits du cessionnaire. À s'en tenir aux textes, la seconde solution semble s'imposer car l'article 1234 distingue compensation et paiement, et les articles 1289 et suivants ne font pas référence au paiement dans la description de son mécanisme.

Assez curieusement, la Chambre commerciale de la Cour de cassation ne donne pas de réponse unique à la question considérée. En cas de subrogation, elle retient que la

---

[2657] Nous considérons l'hypothèse où c'est le *cédé* qui se prévaut de la compensation. Cela n'exclut pas que le *cessionnaire* soit autorisé à invoquer la compensation entre sa dette et la créance cédée, alors même que la cession n'a été ni acceptée, ni signifiée (Cass. req., 23 mars 1870 : D.P. 1871, I p. 51).

[2658] C. civ., art. 1295 al. 2. V. *supra*, n° 810.

[2659] M. Cabrillac et B. Teyssié, obs. RTD com. 1989, p. 508, n° 12 ; D. Legeais, *Les rapports de l'établissement de crédit cessionnaire de créances professionnelles et des débiteurs cédés*, Rev. dr. bancaire et de la bourse, juillet/août 1990, n° 20, p. 149.

[2660] F. Goré, JCP E 1991, II, 108 n° 18 ; Ch. Larroumet, note sous CA Paris, 17 novembre 1992 : JCP E 1993 n° 428, p. 101.

compensation légale dans les rapports du subrogeant et du débiteur n'est opposable au subrogé que si elle s'est produite antérieurement au paiement subrogatoire (le débiteur « *ne peut pas se prévaloir de la compensation à l'égard d'une société subrogée à son créancier en vertu d'un contrat d'affacturage que si cette compensation s'est produite* antérieurement à la subrogation »)[2661].

En revanche, en matière de cession de créances professionnelles, elle admet que la compensation légale peut opérer jusqu'à la notification de la cession (il fallait que les « *créances fussent,* antérieurement à la notification *de la cession, devenues certaines, liquides et exigibles* »)[2662].

On se perd en conjectures sur les raisons d'une telle dualité de solutions puisque subrogation et cession *Dailly* sont deux techniques de transfert pareillement occultes, la « notification » prévue aujourd'hui à l'article L. 313-28 du Code monétaire et financier, à la différence de celle régie par l'article 1295 alinéa second du Code civil, ayant simplement pour objet d'informer le débiteur cédé de la révocation du mandat implicite d'encaissement du cédant, et non pas de lui rendre la cession opposable. Bornons-nous ici à souligner que la solution retenue dans le cas de subrogation est en parfaite harmonie avec le présupposé de la perte du droit par l'auteur *dans* le transfert.

En revanche, celle consacrée en matière de bordereau de cession de créances professionnelles illustre une certaine inadéquation entre ce présupposé et la réalité juridique. La jurisprudence fait comme si cette cession était à opposabilité différée, alors pourtant que les textes précisent que « *la cession de créance transfère au cessionnaire la propriété de la créance cédée* » (C. mon. fin., art. L. 313-24) et que « *la cession [...] devient opposable aux tiers à la date portée sur le bordereau* » (art. L. 313-27). En dépit du postulat, le cédant ne perd donc pas sa qualité de créancier à l'égard du cédé puisque celui-ci reste son débiteur...

Une autre illustration, à portée beaucoup plus générale, est fournie par le cas de compensation entre dettes connexes.

2. Entre obligations connexes

819.– Une jurisprudence séculaire[2663] a forgé le concept de connexité pour étendre le jeu de la compensation à des hypothèses dans lesquelles des créances ne sont pas toutes liquides, ou exigibles, mais présentent un lien étroit parce qu'elles dérivent

---

[2661] Cass. com., 3 avril 1990 : D. 1991 jur. p. 181 n. crit. Y. Dagorne-Labbé.

[2662] Cass. com., 14 décembre 1993 (Bull. civ. IV, n° 469, p. 342 ; D. 1994 p. 269 n. crit. Ch. Larroumet ; RTD com. 1994 p. 332 obs. M. Cabrillac et B. Teyssié ; Rev. dr. banc. 1994 p. 80 obs. J. Crédot et Y. Gérard ; JCP E 1994 p. 355 obs. C. Gavalda et J. Stoufflet). Un précédent arrêt avait déjà évoqué cette solution : Cass. com., 21 novembre 1989, qui refuse l'opposabilité de la compensation dont les conditions n'ont été remplies que « postérieurement aux dates des bordereaux et même à celle de la notification » (D. 1990, somm. p. 231 obs. Vasseur ; RTD com. 1990 p. 236 obs. M. Cabrillac et B. Teyssié).

[2663] On en trouve une des premières manifestations dans un arrêt de la Chambre des requêtes du 29 novembre 1832 (D.P. 1833,1 p. 108).

d'une source unique : même acte juridique, ou même accord-cadre, ou même opération économique globale[2664]. L'idée est de respecter les prévisions initiales des parties au lien d'obligation en ne privant pas celle qui se prévaut de la compensation de ce mode privilégié de garantie qu'elle constitue, alors même que des tiers sont en droit de faire valoir des droits sur l'une des obligations en cause en vertu de l'ouverture d'une procédure collective[2665] ou d'une cession, celle-ci prendrait-elle la forme d'une saisie-attribution.

Alors même, donc, que la condition de liquidité ou d'exigibilité vient à se réaliser postérieurement à la date d'effet et d'opposabilité de l'acte translatif, la compensation entre dettes connexes opère. Formellement les apparences sont sauvegardées puisque l'on considère qu'il s'agit d'une exception « inhérente à la créance »[2666], et que l'extinction rétroagit à une date antérieure à la cession. Cette analyse et la fiction de rétroactivité permettent de respecter formellement l'adage *Nemo plus juris*. D'une certaine façon, cela revient cependant à consacrer le maintien de la qualité de débiteur du cédé à l'égard du cédant en dépit de la cession. Tout se passe comme si le cédant ne l'avait pas cédée...

La place d'un risque de conflit entre le cessionnaire et le débiteur cédé, suite à un paiement par ce dernier ou à une compensation invoquée par lui, est ainsi marquée. Sans sortir du domaine du transfert de créance à opposabilité occulte, il faut maintenant se pencher sur le cas des conflits entre ayants cause du même auteur.

2° Conflits entre ayants cause du même auteur

820.– Il arrive que le cédant mobilise deux fois la même créance auprès de deux établissements financiers. Chaque cessionnaire est alors en conflit avec l'autre ayant cause du même cédant pour le paiement de la même créance. Les solutions apportées à ces hypothèses de double mobilisation de la même créance sont en règle générale peu intéressantes pour notre recherche car elles sont ordonnées par le principe selon lequel le paiement est le prix de la course, et elles illustrent donc le strict respect de l'idée que la créance transmise sort immédiatement du patrimoine du cédant. C'est le cas, d'abord, en cas de conflit entre les deux hypothèses de transfert occulte considérées : si le débiteur de la créance cédée se trouve face à une banque bénéficiaire d'un bordereau couvrant une créance dont une société de factoring se prévaut du paiement subrogatoire, il doit donner la préférence à la transmission de créance la plus ancienne[2667] : c'est l'application classique (*prior tempore, potior jure*) de l'idée que le créancier ne peut pas céder une créance qui est sortie de son patrimoine.

[2664] Cass. com., 6 mai 1997 (qui juge qu'un simple courant d'affaires ne suffit pas pour rendre connexes les créances qui en sont issues), cité *in* RTD com. 1997 p. 490 obs. M. Cabrillac.

[2665] Cette jurisprudence s'est d'abord développée en droit des procédures collectives afin de permettre l'extinction après le jugement d'ouverture d'une créance connexe antérieure sur le débiteur ; la solution est consacrée par la loi depuis 1994 (auj. C. com., art. L. 622-7).

[2666] J. François, *Les obligations, régime général*, préc., n° 384.

[2667] Cass. com., 3 janvier 1996 : JCP 1996, II, 22682 n. J. Stoufflet.

La même solution est retenue en cas de conflit entre les cessionnaires d'une même créance transmise deux fois par bordereau. Un jugement remarqué du tribunal de commerce de Paris avait jugé le contraire mais seulement sur le terrain de l'apparence, en retenant que le premier cessionnaire avait contribué à créer une apparence trompeuse en s'abstenant de notifier[2668]. Il a été au reste réformé en appel[2669] et il est bien établi depuis que c'est par la chronologie des transferts que se règle ce type de conflit[2670] (le seul point en suspens est de savoir quel effet doit être attaché à l'éventuelle acceptation[2671] de la seconde cession Dailly par le débiteur cédé)[2672].

Seule déroge à ce pur classicisme la solution donnée au conflit entre le bénéficiaire d'un bordereau et l'escompteur d'une lettre de change acceptée dont la créance litigieuse constitue la provision. Même alors, en effet, que la cession par bordereau de cette créance intervient *avant* l'escompte, le banquier cessionnaire du bordereau n'est pas admis à agir contre le banquier escompteur car celui-ci « *en sa qualité de tiers porteur de bonne foi d'une lettre de change acceptée* » « *était en droit d'en percevoir le montant* »[2673]. Il n'y a cependant pas là de véritable dérogation au présupposé de la perte du droit transmis car ce n'est pas le droit transmis par bordereau qu'acquiert le banquier escompteur, c'est la créance cambiaire née de l'acceptation de la traite par le tiré[2674]. Il est vrai que ce faisant il acquiert *aussi* le droit déjà transmis, c'est-à-dire la créance du tireur sur le tiré, la provision, puisque la « *propriété de [celle-ci] est transmise de droit aux porteurs successifs de la lettre de change* »[2675], mais c'est parce que l'engagement direct de l'accepteur « absorbe »[2676] inévitablement la provision sinon il serait tenu de payer deux fois puisque l'escompteur n'est « pas payé par le tiré en qualité de débiteur de la créance constitutive de la provision, mais en vertu de l'engagement cambiaire qu'il a souscrit et qui est autonome par rapport à la créance fondamentale »[2677]. On peut ajouter que l'acquisition de la provision se fait par l'effet de la loi (ce qui n'exclut pas la qualité d'ayant cause !).

[2668] T. com. Paris, 24 mai 1988 : D. 1988 p. 533 n. appr. D.R. Martin ; Banque 1988 p. 1057 obs. J.-L. Rives-Lange ; D. 1989, somm. p. 190 obs. M. Vasseur ; RTD civ. 1989 p. 321 obs. J. Mestre ; RTD com. 1989 p. 100 obs. M. Cabrillac et B. Teyssié.

[2669] CA Paris, 4 janvier 1990 : D. 1990 IR p. 44.

[2670] Ex. : Cass. com., 19 mai 1992 : Bull. civ. IV, n° 190, p. 133. – Cass. com., 12 janvier 1999 : Bull. civ. IV, n° 8, p. 8. Le fondement de l'obligation de restitution de la somme reçue par le second cessionnaire au premier cessionnaire qui n'a pas notifié la cession reste cependant énigmatique (en ce sens, M. Cabrillac, chron. préc. D. 1990, p. 127 n°12).

[2671] C. mon. fin., art. L. 313-29.

[2672] Le débiteur qui a accepté ne peut pas opposer au second cessionnaire l'existence de la première cession pour *refuser de le payer*. Mais celui-ci doit-il *restituer le paiement* reçu au premier cessionnaire ? La réponse à cette question dépend de savoir si on assimile l'acceptation à un engagement cambiaire créant un engagement nouveau et autonome (*pro* : T. Bonneau, *Droit bancaire*, 6e éd., 2005, n° 596 ; *contra* : P. Crocq, obs. RTD civ. 2001 p. 396).

[2673] Cass. com., 19 décembre 2000 : Bull. civ. IV, n° 200, p. 174 ; D. 2001 p. 1022 obs. X. Delpech.

[2674] « Par l'acceptation, le tiré s'oblige à payer la lettre de change à l'échéance » (C. com. art. L. 511-19).

[2675] C. com., art. L. 511-7 al. 3.

[2676] L'acceptation rend la provision indisponible au profit du porteur du titre (CA Paris, 18 juin 1968 : RTD com. 1969, p. 137).

[2677] M. Cabrillac, *La cohabitation de la traite et du « bordereau Dailly »*, RD bancaire et bourse 1987 p. 75, n° 7.

Les seules dérogations apportées au présupposé peuvent être trouvées dans les relations du cessionnaire avec certains créanciers du cédant.

3° Conflits entre ayant cause et créanciers

821.– Nous avons déjà évoqué le conflit qui peut surgir entre le cessionnaire *Dailly* et le vendeur avec réserve de propriété lorsque l'acheteur mobilise la créance correspondant au prix de revente[2678]. Rappelons simplement que la priorité donnée ici au vendeur[2679] s'explique, dans notre analyse, par le fait que celui-ci n'est pas un simple créancier mais bien l'auteur *dans* le transfert déclenché par l'acheteur-revendeur, et que ce dernier ne peut donc pas opérer à l'égard du banquier-cessionnaire un autre transfert, qui soit opposable à celui qui (a vocation à) revendique(r) le prix, d'une créance qui est affectée au paiement de celui-ci.

822.– Un autre conflit peut surgir entre le cessionnaire de la créance et le sous-traitant du cédant agissant sur le fondement de son action directe. La Cour de cassation juge que la cession est inopposable au sous-traitant[2680] sur le fondement de l'article 13-1 de la loi du 31 décembre 1975 qui interdit à l'entrepreneur principal de céder les créances résultant du marché ou du contrat conclu avec le maître de l'ouvrage au delà des sommes correspondant aux travaux qu'il effectue personnellement, sauf s'il a obtenu un cautionnement solidaire d'un établissement de crédit[2681].

Il est remarquable, dans notre perspective, que la Cour de cassation paraît bien refuser de tenir compte des dates respectives de la cession et de la conclusion du contrat de sous-traitance. Certains auteurs[2682] faisaient en effet valoir que cette conclusion ne peut pas rétroactivement créer une indisponibilité de la créance cédée, lorsque la conclusion du sous-traité est postérieure à la cession, puisque celle-ci est *déjà sortie du patrimoine* de l'entrepreneur principal. C'était raisonner dans le droit fil du présupposé de la perte du droit transmis. Ce raisonnement ne semble pas cependant avoir été retenu par le juge du droit[2683] qui a implicitement considéré que le sous-traitant doit l'emporter même si le contrat de sous-traitance a été conclu après la cession[2684]. Autant dire que l'entrepreneur principal ne peut pas céder

---

[2678] V. *supra*, n° 575.

[2679] Cass. com., 20 juin 1989, préc.

[2680] Et à lui seul : si le sous-traitant n'exerce pas son action directe, le débiteur cédé n'est pas fondé à se prévaloir de la violation de l'article 13-1 L. 31 déc. 1975 (Cass. com., 3 décembre 2002 : RTD civ. 2003, p. 130 obs. P. Crocq).

[2681] Cass. com., 22 novembre 1988 : Bull. civ. IV, n° 317, p. 213 ; D. 1989 p. 213 n. A. Bénabent et somm. p. 189 obs. M. Vasseur ; RTD com. 1989 p. 281 obs. M. Cabrillac et B. Teyssié ; RD bancaire et bourse 1989 p. 108 obs. J.-F. Crédot et Y. Gérard ; concl. Montanier *in* Rapport de la Cour de cassation 1988, Doc. fr. 1989 p. 141 ; Banque 1989 n° 491 p. 210 obs. J.-L. Rives-Lange.

[2682] Ex. : J.-L. Rives-Lange obs. sous Cass. com., 20 juin 1989 : *Banque*, septembre 1989, n° 497, p. 859.

[2683] Qui le retient pourtant lorsqu'il juge, dans un domaine très différent, que l'avis à tiers détenteur produit un effet attributif immédiat qui *ne peut pas être remis en cause par* l'existence du superprivilège des créances salariales de l'article L. 621-32 C. com. (Cass. com., 13 novembre 2002 : Dr. et patr. n° 113, mars 2003, p. 94, nous soul.).

[2684] Cass. com., 26 avril 1994 : Bull. civ. IV, n° 152 ; RTD com. 1994 p. 761 obs. M. Cabrillac ; Banque

les créances résultant du marché au delà des sommes qui lui *seront* dues au titre des travaux qu'il *effectuera* personnellement, autrement dit que cette cession (faite il est vrai sans pouvoir) ne lui fait pas perdre tout lien avec la créance. CQFD.

*

* *

823.– Conclusion : Notre propos n'était ni d'examiner dans le détail le sujet vaste et complexe que constitue le droit des mécanismes de transfert de créance, ni d'établir que le présupposé de la perte du droit transmis par l'auteur *dans* le transfert est toujours faux. Il était simplement de faire apparaître que ce présupposé ne correspond pas *toujours* à la réalité, et qu'une certaine place doit donc être faite à l'idée que l'acte translatif n'emporte pas nécessairement la perte du droit par celui qui fournit celui-ci.

Cette place a d'abord été justifiée par l'absence de fondement à la perte de la créance transmise, y compris en cas de subrogation car le paiement sur lequel celle-ci est fondée n'a pas de caractère extinctif.

Cette place a ensuite été établie par divers exemples de solutions contraires au postulat de la perte de la créance transmise : ainsi, en droit commun, le cédant reste encore créancier, même après la signification de la cession, puisque le cédé peut continuer à lui opposer la compensation entre la créance cédée et les dettes du cédant à son égard ; ainsi, en matière de cession de créances professionnelles, la compensation peut opérer jusqu'à la notification de la cession, alors pourtant que celle-ci n'est pas une condition d'opposabilité du transfert ; ainsi, la créance déjà sortie du patrimoine de l'entrepreneur principal par l'effet d'une cession Dailly reste le gage du sous-traitant qui se prévaut de son action directe...
Ces exemples établissent qu'il est excessif de considérer que l'acte translatif de créance entraîne nécessairement la perte du droit transmis en la personne de l'auteur dans le transfert.

Un exemple plus net encore en ce sens est fourni par la cession de dette.

---

n° 554, déc. 1994, p. 92 n. J.-L. Guillot (sol. simplement implicite, il est vrai : au pourvoi qui reprochait à la cour d'appel de s'être abstenue de constater que le sous-traité, dont la banque n'avait pas eu connaissance, était antérieur à la cession, l'arrêt se borne à opposer qu'en l'absence de constitution de cautionnement il n'y avait pas « à rechercher si la date de notification du bordereau était antérieur ou non à l'exercice de l'action directe » et que la cession était donc inopposable au sous-traitant ; *contra* : CA Paris, 10 avril 1991 et 19 mars 1993 : *Banque* 1991 p. 656 obs. J.-L. Rives-Lange, et 1993 p. 98 obs. Guillot ; pour une critique de l'indisponibilité occulte : H. Synvet, *Nouvelles variations sur le conflit opposant banquiers et sous-traitants*, JCP G 1987, I, 3425 n° 13 et 36 s.).

SECTION II

CESSION DE DETTE

824.– Avec la cession de dette on est à la limite de la question de la titularité des « droits ». L'inspiration est cependant la même au regard de la question examinée.

Il est nécessaire de se référer à la « circulation » ou au « transfert » des créances si l'on veut englober les deux mécanismes (cession de créance, paiement avec subrogation) qui en sont l'instrument. S'agissant des dettes, cette précaution est inutile puisque le seul mécanisme translatif envisageable est celui de leur « cession ». Encore celle-ci est elle sujette à controverse. Une dette peut-elle être cédée ?

Eliminons ici les hypothèses dans lesquelles cette cession constitue l'*accessoire* d'un transfert plus large, universel ou à titre universel (succession d'une personne physique, fusion-absorption d'une société ou apport partiel d'actif)[2685] ou bien à titre particulier (question de la transmissibilité des dettes contractuelles relatives au bien acquis ; question de la cession de contrat)[2686].

Considérons seulement la cessibilité de dette *autonome*, la cessibilité d'une dette isolée. Il y a, certes, accord sur le fait qu'un tel mécanisme peut présenter des avantages pratiques pour le débiteur (il permet notamment de réaliser un paiement simplifié, un prêt, ou une donation). Il y a, également, accord sur la possibilité de recourir à diverses techniques qui permettent d'assurer un résultat économiquement équivalent à une cession (reprise de dette, *expromissio,* novation par changement de débiteur, stipulation pour autrui, cession de créance...)[2687].

Il y a, cependant, désaccord sur le point de savoir si une cession de dettes est en tant que telle juridiquement possible. Or les termes de ce débat sont particulièrement intéressants au regard de notre problématique car celle-ci se trouve, d'une certaine façon, au centre de la question posée. Il faut bien voir, en effet, que celle-ci est double car le débat sur la cessibilité des dettes (§ 1) dissimule un autre débat sur les conséquences à attacher au mécanisme mis en œuvre pour la réaliser (§ 2). Seul le second intéresse directement notre propos, mais il ne peut être abordé qu'après un rappel des principaux éléments du premier.

§ 1. – LA QUESTION DE LA CESSIBILITÉ DES DETTES

825.– La dette, à l'instar de la créance, peut-elle faire l'objet d'un transfert du patrimoine d'un débiteur-cédant dans celui d'un débiteur-cessionnaire ? Laissons de côté ici les deux objections traditionnelles, celle tirée de l'incessibilité par nature

---

[2685] Cass. com., 16 février 1988 et 5 mars 1991 : RD bancaire et bourse 1988 p. 130 et 1991 p. 102 obs. A. Viandier et M. Jeantin ; J.-P. Le Gall, *Apport partiel d'actif et transmission universelle du patrimoine*, Dialogues avec Michel Jeantin, Dalloz, 1999, p. 259.

[2686] Sur laquelle v. *infra*, n° 848.

[2687] J.-L. Aubert, V° *Cession de dette*, Rép. civ. Dalloz, n° 14 s.

d'un lien à caractère personnel (« changer de débiteur, c'est changer de dette »)[2688] et celle tirée de l'incessibilité technique, à savoir qu'il n'existe pas en droit français d'outil qui permette une telle cession (le créancier peut aliéner son droit de créance ; il n'existe aucun mécanisme semblable pour la cession des dettes). Abordons la question à partir de l'examen de deux analyses doctrinales plus récentes qui dénient cette possibilité d'une cession de dette alors même que le créancier concerné y consent : l'une au motif que la dette n'est pas un bien (A), l'autre parce qu'elle ne peut pas être transmise sans l'acte juridique qui en est la source (B).

A. – Dette et bien

826.– Selon un point de vue minoritaire mais assez répandu, les dettes ne sont pas cessibles faute d'être des biens. C'est celui de M. Zénati :

> « *les droits réels et les droits de créance [...] sont des biens. [...] La dette n'est pas un bien et ne saurait de ce fait être l'objet de propriété et de disposition. [...] Il y a là le fondement juridique qui fait défaut à l'impossibilité de la cession de dette* »[2689].

C'est aussi, notamment[2690], celui de M. Sériaux :

> « *la dette n'est pas transmissible parce que, tout bonnement, elle n'est rien. On ne peut transmettre le néant. Il faudrait, pensons-nous, se réhabituer à cette idée très simple que la dette n'est pas un élément du patrimoine. Elle n'est pas un passif, strict équivalent de l'actif, mais l'engagement d'une personne qui l'exécutera avec ses biens [...]. Si les créances sont transmissibles, c'est parce qu'elles constituent au moins en puissance un bien, une valeur que l'on peut acquérir. Les dettes, elles, ne sont pas des biens : ce sont au contraire des non-biens. « Céder » une dette n'a donc pas de sens* »[2691].

827.– Ce point de vue est exact. Il n'en reste pas moins que le mécanisme qui s'applique au transfert de la dette est identique à celui qui gouverne le transfert des biens. Comment l'expliquer ? On est tenté de le faire en soulignant les excès de l'approche qui vient d'être présentée. En premier lieu, elle est largement tautologique. La question posée est en effet de savoir si une dette est ou non susceptible de transfert, si elle est cessible. Or un bien se définit[2692], précisément, par la cessibilité (les biens doivent « entrer dans le commerce juridique, c'est-à-dire pour

---

[2688] La même rigueur s'exerçait autrefois à l'égard du rapport actif d'obligation, tout changement de créancier étant regardé comme entraînant un changement de créance ; mais elle datait d'une époque où, le débiteur s'engageant sur sa personne et devenant comme l'esclave de son créancier s'il n'exécutait pas, cet engagement ne pouvait porter sur la personne d'un autre...

[2689] F. Zénati, *Essai sur la nature juridique de la propriété*, th. préc., p. 799, 805 et note 218 ; M. Xifaras, *La propriété, étude de philosophie du droit*, PUF, 2004, p. 223 s. (présentation des idées d'Aubry et Rau).

[2690] Même sens, not. : R. Libchaber, *L'usufruit des créances existe-t-il ?* art. préc., RTD civ. 1997, 615 p. 627 note 37.

[2691] A. Sériaux, *Droit des obligations*, PUF, 2e éd., 1998, n° 179, p. 655. Même sens, not. : M. Billiau, *La transmission des créances et des dettes*, préc., n° 10.

[2692] Si tant est qu'il puisse l'être : C. Gregorczyk, *Le concept du bien juridique : l'impossible définition*, Archives Phil. dr. 1979, t. 24, p. 259.

faire vite être cessibles car cette qualité est souvent la condition d'une appropriation [...] Ces objets de désirs [...] doivent être appropriables et participer au commerce juridique pour pouvoir être qualifiés de biens »)[2693]. Il revient donc au même de considérer qu'une dette n'est pas un bien ou qu'une dette n'est pas cessible.

En second lieu, cette approche prouve trop. Si la dette n'est pas un bien, si elle n'est « rien », elle ne devrait pas même être susceptible de faire l'objet d'un transfert économique. Or la possibilité d'un tel transfert n'est pas discuté, nous l'avons rappelé.

828.– Il n'en reste pas moins que cette approche pose une vraie question. Un bien est appréhendé juridiquement par le droit dont il est l'objet. Nous avons envisagé ci-dessus[2694] le cas des droits qui ne sont pas des biens. Or, peut-on parler ici d'acte translatif de *droit* ? Une dette est une obligation, mais est-elle pour autant un « droit » ? La question se pose, elle ne comporte pas de réponse sûre. La dette est l'une des deux faces du droit de créance, elle est le rapport passif d'obligation[2695]. Mais, d'un autre côté, elle n'est pas une « prérogative individuelle sanctionnée par le Droit objectif qui permet à son titulaire de faire, d'exiger ou d'interdire quelque chose dans son propre intérêt ou, parfois, dans l'intérêt d'autrui »[2696]...

Quoi qu'il en soit, droit (subjectif) ou pas, la dette est une réalité juridique : elle n'est pas « rien », elle est une donnée patrimoniale et l'expression d'un devoir d'agir, lié à la qualité de débiteur qui « appartient à celui qui la possède »[2697], dont il peut être souhaitable de s'affranchir sur un tiers et dont on ne voit pas pourquoi, dès lors, elle serait incessible par nature.

B. – DETTE ET CONTRAT

829.– La dette est une obligation. L'acte translatif d'une obligation se borne à la faire passer d'une personne à une autre : il ne créé pas d'obligation nouvelle, il n'éteint pas l'obligation transférée, il se borne à la modifier. Nous considérons ici l'hypothèse dans laquelle cette modification consiste en la substitution d'un nouveau débiteur au débiteur primitif. Selon M. Aynès, pareille modification est impossible car la force obligatoire du contrat qui a donné naissance à la dette ne survit pas au changement de débiteur. Pour cet auteur, en effet :

> « *ce qui permet d'identifier une obligation, c'est son objet et sa cause, plus précisément le rapport entre l'objet et la cause, que détermine la volonté d'un débiteur capable, et qui confère à son consentement force obligatoire*

[2693] R. Libchaber, V° *Biens*, Rép. civ. Dalloz, n° 9.

[2694] V. *supra*, n° 99 s.

[2695] « Toute la question est de savoir si la qualité de débiteur », laquelle constitue le véritable objet du transfert, « constitue pour ce dernier un droit au sens large du mot, ou si elle n'est que le revers du droit d'autrui, le revers des droits du créancier » (R. Saleilles, *De la cession de dettes*, Ann. dr. comm. 1890 p. 1 n° 16 p. 15). Rappr. *supra*, n° 99, in fine.

[2696] G. Cornu, *Vocabulaire juridique*, V° *Droit*, sens 4.

[2697] Saleilles, art. préc., p. 15 – c'est cela qui explique qu'il puisse la transmettre (rappr. *supra*, n° 653 : « seul peut être transmis par l'auteur *dans* le transfert ce dont il a la propriété »).

(art. 1108 C. civ.). Nous poserons donc en principe que deux obligations successivement souscrites par deux débiteurs différents envers le même créancier sont identiques lorsque non seulement leur objet, mais encore leur cause sont identiques ; que cette identité est le principe du maintien de la force obligatoire malgré le changement de débiteur »[2698].

Conclusion de cet auteur, en forme de diptyque : soit le changement de débiteur emporte changement de cause, et il y a non pas simple transfert de l'ancienne dette, qui subsiste, mais création d'une nouvelle dette ; soit il n'emporte pas un tel changement, mais alors les parties ont réalisé non pas une cession de dette mais une cession de contrat. Dans tous les cas, la dette en tant que telle est incessible.

830.– L'analyse est séduisante. Sa portée est cependant limitée au regard de la cession de dette proprement dite. Le raisonnement de M. Aynès est en effet moins appliqué à l'étude de celle-ci qu'à la délimitation de sa frontière avec la cession de contrat. Raisonnons pour le montrer sur l'exemple de la *cession de bail par le preneur*[2699] : le but poursuivi par le cessionnaire, nous dit M. Aynès, la « cause » [2700] de l'engagement qu'il prend envers le bailleur, est la même que celle du cédant : il s'agit d'éteindre non pas la dette de ce dernier envers le propriétaire, mais sa propre dette envers celui-ci[2701]. Donc il n'y a pas cession de dette (d'une dette née et exigible) mais cession de contrat (*i.e.* : transfert, ou plutôt « succession » dans une dette future : « le cessionnaire n'est débiteur que des obligations nées postérieurement à la cession »)[2702/2703]. On peut se demander alors si, outre la cause, ce n'est pas aussi l'objet (pour ne pas dire l'économie même) de l'obligation qui est le critère à la distinction[2704]. Ainsi que le souligne justement M. Aynès lui-même, en effet, la cession de contrat « a pour objet la continuation du contrat et non la reprise de dette »[2705]. Nous verrons, cependant, que l'on peine à établir une cloison étanche entre cession de contrat et cession de dette[2706].

831.– L'analyse faite de cette dernière par M. Aynès est-elle entièrement convaincante ? Rappelons que cet auteur entend opposer trait pour trait les deux mécanismes : la cession de contrat est pour lui un acte *translatif*, la cession de dette est pour lui un acte *créateur* d'un rapport juridique nouveau. Nous verrons plus loin que le caractère translatif de la cession de contrat est loin d'être accepté en tant que

---

[2698] L. Aynès, *La cession de contrat*, préc., n° 55, p. 52.

[2699] Hypothèse de cession autorisée par la loi (art. 1717 C. civ.), mais cela ne change rien au présent raisonnement.

[2700] Au sens, retient M. Aynès (*ibid.*, p. 55, en note), que lui attache le doyen Maury : « le mobile déterminant de l'obligé portant sur un ou des éléments objectifs ».

[2701] L. Aynès, *ibid.*, n° 217.

[2702] *Ibid.*, n° 188. V. sur ce point *infra*, n° 856 et note 2808.

[2703] M. Aynès applique le même raisonnement en matière de cession de créance, distinguant (*ibid.*, n° 28) celle *de l'émolument* de la créance (c'est le cas, dans l'exemple de la *cession par un bailleur de la créance de loyers*, s'il s'agit du paiement simplifié de son propre créancier à qui il transmet une créance déjà née), et celle de la cession *de contrat* (qui consiste à transférer la qualité de créancier à l'acquéreur de la chose louée).

[2704] M. Aynès souligne, il est vrai, que « la cause de l'obligation nouvelle [est] révélée par la nature de l'objet nouveau » (*ibid.*, n° 119).

[2705] *Ibid.*, n° 133, p. 102.

[2706] V. *infra*, n° 861.

tel, il s'en faut de beaucoup[2707]. Quant à la cession de dette, la question, précisément, est de savoir si elle suppose la création d'un rapport de droit nouveau ou bien si elle peut être réalisée dans le cadre d'un mécanisme translatif.

Le raisonnement de M. Aynès (qu'il n'est proposé et possible d'appliquer qu'aux seules « dettes contractuelles »)[2708] repose à cet égard sur le postulat que le transfert du rapport d'obligation suppose une permanence de la même *cause*. Ce raisonnement se développe ainsi : c'est le contrat originaire qui est la source efficiente de l'obligation du nouveau débiteur à l'égard du cédé, l'acte translatif ne pouvant pas l'être par hypothèse même ; le transfert n'est donc possible qu'en raison de la permanence de la force obligatoire du contrat originaire ; cette permanence est subordonnée à celle de la cause de ce contrat. Qu'en penser ? On souscrit évidemment à la première proposition, l'acte translatif étant par définition même non créateur d'obligation. On souscrit également à la seconde. Mais on est beaucoup plus hésitant à l'égard de la troisième. Pourquoi poser en postulat que la cause, condition de validité et donc de *formation* d'une convention (C. civ., art. 1108 et 1131 s.) devrait se maintenir pendant son exécution[2709] ? Alors même que l'on admet ce point[2710], en quoi le transfert de la dette la dissocierait-elle immanquablement de sa cause puisque, là aussi par hypothèse, le nouveau débiteur ne s'engage pas à payer la dette du premier mais prend sa place ?[2711/2712]

L'interrogation demeure donc sur le point de savoir s'il n'y a pas place entre la cession de contrat et la création d'une dette nouvelle, pour un mécanisme purement translatif. C'est ce que continuent à soutenir certains auteurs, sans pour autant tirer toutes les conséquences du mécanisme de cession de dette.

§ 2. – LE MÉCANISME DE CESSION DE DETTE

832.– Une cession « parfaite » de dette, analogue à titre passif à la cession de créance, devrait assurer la transmission au second débiteur de la dette originelle, libérer le débiteur primitif par le seul accord de leurs deux volontés[2713] et rendre le cédé

[2707] V. *infra*, n° 859 s. Ce caractère translatif ne fait pour nous pas de doute (n° 864).

[2708] Intitulé de la section consacrée au sujet dans la thèse de M. Aynès (p. 41).

[2709] M. Aynès le souligne lui-même : le rôle de la cause est négligeable après que l'obligation soit née (*ibid.*, n° 254)

[2710] Avec M. Ghozi selon qui en effet déjà : « l'obligation ne constitue pas un lien de droit intangible. Elle peut faire l'objet d'aménagements au cours de son exécution. D'une façon générale, il paraît possible, sous réserve d'un certain nombre de conditions, d'en changer n'importe quel élément, *exception faite de la cause* » (*La modification de l'obligation par la volonté des parties*, préc., n° 697 et 20, soul. par nous). Il est néanmoins notable que cet auteur regarde la cession parfaite de dette comme étant une modification de l'obligation (*ibid.*, n° 690 s.).

[2711] En ce sens : R. Saleilles, *De la cession de dettes*, art. préc. p. 19, n° 20 (« le successeur aux dettes prend l'obligation avec sa physionomie juridique particulière [...] Il devient débiteur, par exemple, en vertu d'un prêt, en vertu d'une vente, ou de toute autre cause ») ; J.-L. Aubert, V° *Cession de dette*, Rép. civ. Dalloz, préc., n° 12.

[2712] Pour les *dettes de somme d'argent*, la question se pose d'autant plus que leur fongibilité absolue leur permet de « satisfaire n'importe quelle relation juridique, quelle qu'en soit la cause », M. Aynès le souligne lui-même (*ibid.*, n° 22 et 218).

[2713] Saleilles, *De la cession de dettes*, art. préc., p. 11 (qui parle de « cession-transport »).

créancier du nouveau débiteur. Une telle perfection est exclue car « changer de débiteur contre le gré du créancier reviendrait souvent à exproprier celui-ci »[2714]. À la différence de la cession de créance, la cession de dette ne peut donc pas être imposée au cédé[2715]. Cela oblige-t-il à considérer que la dette du second débiteur est une dette *nouvelle*, et donc qu'il ne saurait y avoir une véritable *cession* de la dette primitive ? Le présupposé de la perte du droit transmis est au cœur du débat car c'est précisément de la non-libération du débiteur cédant que certains auteurs déduisent qu'il n'y a pas transmission de sa dette. Or une partie de la doctrine s'affranchit de ce présupposé et admet l'idée inverse, ce qui est remarquable dans la perspective qui est la nôtre puisque cela revient à considérer que le transport de la dette en la personne du cessionnaire (A) n'exclut pas son maintien en la personne du cédant (B).

A. – Transport de la dette en la personne du cessionnaire

833.– La transmission juridique de la dette implique que le cessionnaire devient débiteur du créancier cédé (de la même façon que la cession de créance permet au cessionnaire de devenir créancier du débiteur cédé) et qu'il le devient au titre de la dette primitive, en qualité d'ayant cause du débiteur cédant. Il n'est pas tenu, de ce fait, d'une dette nouvelle dépouillée des exceptions et moyens de défense dont pouvait se prévaloir son auteur. En cela la cession de dette se distingue des mécanismes, voisins mais différents, de transmission économique de la dette que constituent notamment la stipulation pour autrui ou la délégation, puisque ceux-ci créent un droit nouveau ou une obligation nouvelle. Ce point n'est pas assez souligné : on n'imagine pas que le cédant soit libéré sans l'accord du cédé mais faut-il pour autant exclure le caractère *dérivé* de la dette ? faut-il que le créancier puisse se prévaloir de la cession pour se prévaloir à l'égard du cessionnaire d'une créance nouvelle, indépendante de la créance originelle, plus puissante car *purgée des vices* qui fragilisaient celle-ci ? Cela serait excessif : une chose est de le protéger contre la disparition de son débiteur initial ; autre chose serait de le surprotéger en fortifiant sa créance. Une solution équilibrée est donc de considérer que c'est la dette qui est cédée, sans être pour autant perdue.

834.– Une des rares décisions sur le sujet, souvent citée, est un jugement – inhabituellement prolixe – rendu par le tribunal de grande instance de Strasbourg en 1971[2716]. En l'espèce, un accord était intervenu entre *A* et *C*, aux termes duquel *C* acceptait de prendre en charge le service des intérêts et le remboursement d'un prêt consenti à *A* par *B*. *B* avait été averti de cet accord par lettre et par le paiement de deux acomptes effectué par *C* ; il réclamait le paiement du solde à la fois à *C*, qui s'y refusait en invoquant le principe de l'effet relatif du contrat (art. 1165 C. civ.), et à *A*, lequel prétendait exercer un recours en garantie contre *C*. L'affaire présentait, on le voit, un intérêt relativement limité puisqu'aucune particularité de la dette de *A*

[2714] J. Carbonnier, *Droit civil, vol. 2*, préc, n° 1238.

[2715] Ex. : Cass. civ. 1re, 2 juin 1992 (un transfert de dette ne peut pas libérer le débiteur originaire sans le consentement du créancier) : Bull. civ. I, n° 168 ; JCP 1992, I n° 3632 obs. M. Billiau ; D. 1993, somm. p. 211 obs. P. Delebecque ; RTD civ. 1993, p. 122 obs. J. Mestre. – Cass. com., 16 novembre 1993 : Bull. civ. IV, n° 406, p. 295.

[2716] TGI Strasbourg, 24 mars 1971 : D. 1973 p. 16 n. Ch. Larroumet.

n'obligeait le tribunal à prendre parti sur la nature, dérivée ou non, de l'engagement de *C* à l'égard de *B* ; cet intérêt n'en était pas moins réel : comment justifier que *C* soit lié à l'égard de *B*, tiers à la convention *A-C* ?

Le jugement rendu décide que *B* est bien fondé dans son action contre *A*[2717] et également, pour ce qui nous intéresse ici, contre *C*. Il présente le double intérêt d'appliquer le schéma de la cession de dette et de préciser le fondement de la créance du créancier cédé contre le débiteur cessionnaire. Sur le premier point, il retient que :

> « *le transport de dette, à la différence de la novation et de la stipulation pour autrui, laisse subsister en tout point la dette primitive dans laquelle le nouveau débiteur se trouve substitué à l'ancien ; [...] qu'il devient efficace dans les rapports entre le cédant et le cessionnaire par le seul accord des contractants, c'est-à-dire des débiteurs successifs, et que dans ces mêmes rapports il entraîne la libération immédiate du cédant ; que cet effet libératoire du débiteur cédant ne se produit cependant pas dans les rapports entre le cédant, d'une part, et le créancier cédé, d'autre part [...]* ».

Sur le second point, il précise que :

> « *les contractants eux-mêmes ont voulu que le contrat de* cession de dette *qu'ils ont conclu produise cet effet à l'égard du créancier cédé [...] qu'en effet dès sa conclusion le contrat de cession de dette créé une situation nouvelle qui est* opposable *au créancier cédé [...]* »[2718].

Considérons ici les seuls rapports entre *C*, débiteur cessionnaire, et *B*, créancier cédé. Comment expliquer que le premier soit tenu à l'égard du second alors que celui-ci est tiers à la convention *A/C* ? Cette question se pose rarement en ces termes car le plus souvent le cédé agit en paiement contre le cédant, ignorant le cessionnaire[2719], ou bien la cession n'est pas retenue en tant que telle, elle se trouve revêtue des habits de la délégation ou bien de ceux de la stipulation pour autrui[2720]. La nécessité de l'engagement du cessionnaire à l'égard du cédé ne fait aucun doute puisque, encore une fois, cela est impliqué par l'idée même de transmission juridique de la dette ; à défaut, on est en présence d'un simple « transport interne », c'est-à-dire d'une convention sans effet à l'égard du créancier[2721]. Tout cela est incontestable. Mais, encore une fois, comment expliquer que le cédé, tiers au contrat de cession, puisse se prévaloir de celle-ci en dépit du principe *res inter alios acta* qu'invoquait ici, précisément, le cessionnaire ?

La réponse retenue dans le jugement tient en la distinction, classique[2722], des effets et de l'opposabilité du contrat : le contrat de cession n'a pas d'effet à l'égard

---

[2717] V. sur ce point *infra*, n° 839.
[2718] TGI Strasbourg 24 mars 1971, préc.
[2719] Ex. : Cass. com., 16 novembre 1993 : Bull. cass. IV n° 406 p. 295.
[2720] V. *infra*, n° 838 et 843.
[2721] E. Gaudemet, *Théorie générale des obligations*, préc., p. 475.
[2722] Depuis la thèse d'Alex Weill, *Le principe de la relativité des conventions en droit privé français*, Strasbourg, 1938.

du créancier cédé, mais il créé une situation juridique nouvelle (« *un nouveau débiteur est venu s'adjoindre à l'ancien* ») qui lui est *opposable* en ce sens qu'il peut désormais s'adresser à lui pour obtenir paiement de sa créance « *et cet effet se produit sans qu'une signification préalable de la cession de dette intervenue soit nécessaire* ».

Cette approche est vivement critiquée par le professeur Larroumet dans sa note sous le jugement[2723]. Cet auteur considère qu' « il y a simplement opposabilité du contrat aux tiers quand un tiers se prévaut d'un contrat ou se le voit opposer sans devenir personnellement créancier ou débiteur d'une partie au contrat en vertu du contrat lui-même ». Dans le cas contraire, il est question non pas d'opposabilité mais bien d'effet du contrat. M. Larroumet ne conteste pas que la cession de dette rende le cédé créancier du cessionnaire, mais il explique cette solution par le fait qu'elle constitue en tant que telle une *exception au principe de l'effet relatif* du contrat[2724].

Peu importe la solution donnée à cette question[2725] au regard de notre problématique. Nous n'avons évoqué cette dernière que pour marquer que, par delà la diversité d'approche, l'idée même d'un transport de la dette en la personne du cessionnaire est consacrée tant par le jugement que par son annotateur.

Or cela est singulier car ni l'un, ni l'autre ne remet pour autant en doute le maintien de la dette en la personne du cédant.

B. – Maintien de la dette en la personne du cédant

835.– Le présupposé de la perte du droit transmis en la personne de l'auteur *dans* le transfert condamne la cessibilité juridique des dettes car il débouche sur une alternative à deux branches : soit le débiteur primitif est libéré par le fait de cession, mais cela est impossible sans le consentement du créancier cédé, d'où l'on déduit que la cession de dette est techniquement impossible ; soit il ne l'est pas, mais c'est que la dette n'a pas été transmise, la prétendue cession dissimulant en réalité la création d'une dette nouvelle qui s'ajoute à l'ancienne sur le fondement d'une délégation ou d'une stipulation pour autrui.

Ce présupposé est appliqué de façon plus ou moins rigide selon les auteurs. Il constitue le fondement de ce que Saleilles appelait la cession « parfaite » de dette[2726]. Certains auteurs s'en tiennent à cette approche stricte : « il est nécessaire que l'ancien débiteur soit libéré par l'effet de la cession. Si [cette condition] fait

[2723] Note (par ailleurs approbatrice : v. au texte, *infra*), préc., D. 1973 p. 18.
[2724] M. Larroumet applique ainsi à la cession de dette son analyse de la cession *de créance* : « le débiteur cédé, véritable partie à l'opération de cession, est obligé dès le contrat entre le cédant et le cessionnaire, sauf sa bonne foi à être protégée au cas où il ignore la substitution de créancier » (*Les opérations juridiques à trois personnes en droit privé*, th. préc., p. 117).
[2725] On distingue la force obligatoire du contrat entre les parties et son opposabilité à l'égard des tiers (J. Ghestin, Ch. Jamin, M. Billiau, *Les effets du contrat*, préc., n° 680, p. 726). La difficulté ici tient à ce que le cédé n'est pas partie au contrat de cession, mais pas non plus un tiers comme les autres.
[2726] V. *supra*, n° 832.

défaut, il n'y a pas véritablement cession de dette mais seulement une technique qui s'en rapproche plus ou moins »[2727].

836.– Il est remarquable qu'une autre approche de la cession de dette soit admise, et qu'à côté de cette impossible cession parfaite on fasse place à l'idée de cession « *imparfaite* »[2728] (ou « cumulative »)[2729] dans laquelle « *le débiteur cède sa qualification de débiteur à un nouveau venu, sans se dégager lui-même du lien obligatoire* »[2730]. L'existence de cette cession imparfaite (1°) est cependant contraire au présupposé de la perte du droit transmis, et c'est ce qui explique qu'elle soit le plus souvent travestie en délégation incertaine (2°).

1° Existence d'un mécanisme de cession imparfaite

837.– L'idée d'une cession qui ne dépouille pas le cédant est difficile à concilier avec le présupposé de la perte de ce qui est transmis. Comment comprendre que la dette du cessionnaire soit celle du cédant et que, néanmoins, ce dernier en reste tenu ? Comment accepter l'idée d'une cession *imparfaite* qui, tout à la fois, transmet la dette et la maintient en la personne du cédant ? Comment admettre une telle ubiquité de la dette alors qu'elle est en totale contradiction avec le schéma classique du « passage » physique de l'obligation d'un patrimoine à l'autre ?

838.– Relisons Saleilles. Il ne s'embarrasse pas du présupposé selon lequel ce qui est transmis est nécessairement perdu. Il raisonne non en termes de titularité alternative mais de « qualité de débiteur » qui peut être « communiquée à autrui »[2731]. Prenant notamment pour exemple le régime matrimonial légal, alors en vigueur, de communauté des meubles et acquêts, il souligne que le mari prend les dettes en acquérant pour moitié les meubles de sa femme ; il souligne également que la stipulation pour autrui peut n'être qu'un expédient théorique pour « faire entrer un second débiteur dans le rapport obligatoire déjà existant » :

> « *c'est la même dette qui va peser sur deux têtes ;* la même dette qui s'élargit pour recevoir un nouvel obligé à côté de l'ancien*, et ce nouvel obligé n'est pas un obligé subsidiaire, auquel cas il n'y aurait qu'une hypothèse de cautionnement ; il devient obligé principal au même titre que le débiteur originaire. C'est donc que la personne de ce dernier* se dédouble *en quelque sorte* pour se communiquer *à un autre : l'adjonction à titre principal d'un nouveau débiteur à la dette implique succession à titre particulier à la dette ; voilà ce que nous montre la tradition coutumière française* »[2732].

[2727] J. Flour, J.-L. Aubert, Y. Flour, E. Savaux, *Le rapport d'obligation*, préc., n° 393. Ex. de substitut : la stipulation pour autrui (J.-L. Goutal, *Essai sur le principe de l'effet relatif du contrat*, préc., n° 193 s.).
[2728] R. Saleilles, art. préc., n° 17 et 31.
[2729] E. Gaudemet, *Théorie générale des obligations*, préc., p. 475.
[2730] Saleilles, *ibid.*, n° 12 p. 11. Rappelons que Saleilles retenait une analyse objective de l'obligation, détachée de la personnalité des parties, y voyant un lien de droit entre deux patrimoines plus qu'entre deux personnes (sur l'évolution des idées en la matière, v. réc. J. Scapel, th. préc., n° 43 s.).
[2731] Art. préc., Ann. dr. comm. 1890, n° 8 et 46, p. 7 et 43.
[2732] R. Saleilles, *De la cession de dettes*, art. préc., n° 8 et 48, p. 6 et 45 (soul. par nous).

Les bases du raisonnement de Saleilles n'entraînent pas toutes l'adhésion. Il appelle *cession imparfaite* la pure et simple adjonction de débiteur, « l'hypothèse où les parties n'ont eu en vue que de donner un second débiteur aux créanciers » (cas 1) ; il parle de *cession-transport* lorsque soit elles ont eu en vue une substitution (cas 2), soit elles ont voulu cette substitution « tout en acceptant de rester toutes deux obligées si les créanciers ne veulent pas accorder à l'ancien débiteur sa libération » (cas 3)[2733]. On a du mal à comprendre qu'il y ait « cession » en l'absence de volonté de substitution (cas 1), et que le dernier cas (cas 3) ne relève pas du schéma de la cession imparfaite.

Peu importe ici. Le notable est l'approche différente, originale, qu'il développe de l'idée de *cession* de la qualité de débiteur : la cession de dette est pour lui communication, c'est-à-dire qu'elle débouche sur une duplication et non sur une perte.

839.– Le jugement examiné ci-dessus, s'inscrit, précisément, dans ce schéma. Il pose, en effet, trois conditions à la cession de dette : le caractère dérivé de la dette transmise ; le caractère bilatéral de la formation, par le seul accord du cédant et du cessionnaire ; la non-libération du cédant à l'égard du cédé. Il insiste sur ce dernier point, soulignant que le :

> « *transport ou cession de dette [...] laisse subsister en tout point la dette primitive dans laquelle le nouveau débiteur se trouve substitué à l'ancien [...] qu'en d'autres termes dès la conclusion du contrat de cession de dette, il ne subsiste dans les rapports entre cédant et cessionnaire qu'une seule obligation, celle qui passe définitivement à la charge du cessionnaire, mais qu'il y a désormais, dans les rapports avec le créancier cédé, plusieurs obligés, ce qui entraîne un dédoublement du droit de poursuite, le créancier cédé pouvant poursuivre son ancien débiteur en vertu de son droit acquis, et le nouveau débiteur en vertu de la situation juridique nouvelle créée par le contrat de cession de dette [...]* »[2734].

Le visa à la notion de cession imparfaite est ici évident, même s'il n'est qu'implicite. C'est toujours le même heurt frontal avec le présupposé. La difficulté qui s'ensuit est bien connue. Elle suscite deux types de réactions doctrinales. La plus fréquente est celle du refus de la qualification de cession de dette : « il n'y a donc pas substitution d'un débiteur à un autre, mais adjonction, ce qui écarte l'hypothèse de cession de dette *stricto sensu* »[2735], à tout le moins de cession « juridique »[2736]. On est renvoyé ici aux termes du débat sur la cessibilité de la dette.

[2733] *Ibid.*, n° 12.
[2734] TGI Strasbourg, 24 mars 1971, préc.
[2735] B. Starck, H. Roland, L. Boyer, *Les obligations, 3, Régime général*, préc., n° 8 ; J. Flour, J.-L. Aubert, Y. Flour, E. Savaux, *Le rapport d'obligation*, préc., n° 394.
[2736] « Il y a bien, d'un point de vue économique, cession de la dette » : F. Terré, Ph. Simler, Y. Lequette, *Les obligations*, préc., n° 1308.

840.– Encore que minoritaire, un autre point de vue mérite attention, qui regarde la cession imparfaite comme étant une véritable cession. C'est particulièrement[2737] celui du professeur Larroumet, notamment dans sa note approbative sous le jugement examiné : l'obligation du cessionnaire, y souligne-t-il, est « une obligation *dérivée* et non pas une obligation nouvelle qui viendrait se superposer à l'ancienne ou la remplacer » ; « les deux questions de l'obligation du nouveau débiteur et de la libération de l'ancien *ne sauraient être liées* comme en droit allemand [...] Il se peut, en effet, qu'il y ait *cession de dette sans que le débiteur initial ne soit libéré pour autant* [...] », alors pourtant que la cession de dette a pour objet « l'établissement d'un rapport de droit *par voie de succession à titre particulier* entre le cessionnaire, partie au contrat de cession, et un tiers, le créancier cédé »[2738]. Le même auteur précise dans d'autres contributions que le cédant ne reste pas tenu en tant que garant du cessionnaire « car il ne saurait être question de le reléguer au rang de débiteur subsidiaire si le créancier cédé n'y a pas consenti »[2739], et que « dans la cession de dette [...] il ne faut pas confondre l'entrée du nouveau débiteur et la sortie de l'ancien. Le nouveau peut entrer sans que l'ancien sorte »[2740].

On s'attend, alors, à ce que cet auteur aborde la contradiction entre l'idée de transmission et la règle de la non-perte. Il l'avait précédemment affrontée dans sa thèse, à propos de la cession de contrat, proposant alors d'en réduire la portée en distinguant entre objectif poursuivi et résultat obtenu :

> « *si le but voulu [la libération du cédant] n'est pas atteint, encore faut-il que ce but soit réellement voulu pour que l'opération mérite la qualification de cession de contrat. Il faut que les parties aient envisagé la libération du cédant dans leur accord. Comment considérer comme une transmission du rapport d'obligation une opération dans laquelle on a seulement voulu adjoindre un débiteur à un autre [...] La cession de l'obligation [...] implique au moins une volonté de substitution. Faire participer quelqu'un à son obligation pour la totalité, sans vouloir soi-même en être déchargé, ce n'est pas transmettre son obligation pour la totalité [...] Imagine-t-on une succession à la qualité de créancier dans laquelle le cédant ne voudrait pas perdre sa qualité envers le débiteur cédé, mais dans laquelle il voudrait seulement la communiquer à un tiers dans sa totalité ? Cela paraît absurde ! [...]*[2741].

[2737] Rappr. même sens, not. : C. Lapp, *Essai sur la cession de contrat synallagmatique à titre particulier*, th. Strasbourg, 1950, qui déduit le maintien de la dette en la personne du cédant de l'inopposabilité de la cession au créancier cédé ; J.-G. Raffray, *Les substitutions de contractants en cours d'exécution du contrat*, th. Montpellier, 1977.

[2738] Note préc., D. 1973 p. 19 et 20 (soul. par nous). L'idée de succession impliquant l'identité, il va de soi que la « succession à titre particulier à la dette » désigne sa transmission juridique.

[2739] *Sur la réalisation d'une* defeasance *en droit français*, Mélanges en hommage à André Breton et Fernand Derrida, Dalloz 1991, p. 193, n° 12.

[2740] *La cession de contrat : une régression du droit français ?* Mélanges Michel Cabrillac, Dalloz-Litec 1999, p. 151, v. p. 160.

[2741] *Les opérations juridiques à trois personnes en droit privé*, th. préc., p. 253. Rappr. même auteur, th. préc., p. 309 (« l'entrée du cessionnaire dans le rapport d'obligation préexistant, unissant le cédé au cédant, suppose en principe la disparition de ce dernier du rapport »).

Cette explication ne nous paraît pas aller assez loin. Certes, une condition nécessaire à l'existence d'un transfert est qu'il ait été voulu en tant que tel. Une chose, en effet, est de quitter le théâtre obligationnel, autre chose est de vouloir simplement s'y adjoindre une autre personne[2742]. Cette condition n'est cependant pas suffisante pour évacuer la contradiction décelée. Si on considère la dette transmise à la manière d'un relais que le débiteur-cédant-relayé transmet au débiteur-cessionnaire-relayeur, on ne peut pas considérer qu'il y a transfert lorsque le relayé ne transmet pas le relais, même si telle était son intention déclarée. On ne se donne le moyen intellectuel de rendre compte en termes de transfert de la cession de dette imparfaite que si, changeant de cadre conceptuel, on admet que l'objet du transfert n'est pas une réalité matérielle et qu'il est donc (comme l'admettait Saleilles) susceptible de duplication. Il y a là un changement épistémologique qui, même s'il n'est pas formulé, se trouve nécessairement à la base du raisonnement de M. Larroumet.

841.– Cela est d'autant plus notable que cet auteur ne l'explicite pas. Définissant, ailleurs, les notions de transmission économique et de transmission juridique, il n'y intègre pas l'hypothèse envisagée. Il y a transmission *économique*, rappelle-t-il, lorsque « soit la charge définitive de la dette repose sur une autre personne sans que le créancier puisse demander paiement à celle-ci », « soit on créé un lien de droit entre le créancier et le nouveau débiteur en mettant à la charge de celui-ci une dette nouvelle ». La transmission *juridique*, en revanche, « réalise une succession à titre particulier à la dette, c'est-à-dire que l'obligation même qui pesait sur le cédant passe dans le patrimoine du débiteur »[2743]. Une case reste vide dans ce tableau à quatre entrées : celle où la dette passe au cessionnaire sans que le cédant en soit pour autant libéré. À tout le moins (poids du présupposé ?) son existence n'est pas explicitée.

842.– Du moins est-elle reconnue implicitement. Inutile de souligner combien ce changement de perspective nous paraît heureux, même s'il n'a qu'un caractère un peu marginal puisqu'il n'est adopté que par un seul jugement et, aujourd'hui (à notre connaissance), par un seul auteur. Il est en effet de nature à éviter d'inutiles problèmes de frontière entre la cession de dettes et des mécanismes voisins que la jurisprudence, respectueuse du présupposé, s'applique à utiliser.

2° Travestissement de la cession imparfaite en délégation incertaine

843.– « *La délégation par laquelle un débiteur donne au créancier un autre débiteur qui s'oblige envers le créancier n'opère point de novation si le créancier n'a expressément déclaré qu'il entendait décharger le débiteur qui a fait la délégation* ». La définition incidente donnée ainsi par l'article 1275 du Code civil marque la distinction entre délégation et mécanisme translatif en précisant que le second débiteur souscrit une obligation envers le créancier : il ne s'agit donc pas ici de *transmettre* une obligation existante mais de *créer* une obligation nouvelle. La doctrine insiste évidemment sur cette spécificité : la délégation, précise ainsi un auteur est « l'opération

---

[2742] C'est ce qui rend difficile, nous l'avons relevé (*supra*, n° 838), de comprendre la définition de « cession imparfaite » retenue par Saleilles.

[2743] *La cession de contrat : une régression du droit français ?* art. préc., Mélanges Michel Cabrillac, p. 154.

juridique par laquelle une personne, le délégué, sur l'ordre d'une autre, le délégant, accepte de contracter une obligation envers une troisième, le délégataire »[2744]. Et puisqu'il n'y a pas transfert au délégué de l'obligation du délégant, il n'y a pas d'obstacle « logique » à ce que les deux obligations envers le délégataire cœxistent. Cela est même la règle, aux termes de l'article 1275 : la délégation n'opère point novation, on dit qu'elle est « imparfaite »[2745] ou « simple » ; elle n'est « parfaite » ou « novatoire » que dans le cas où le délégataire libère le délégant.

La distinction entre délégation et cession de dette est cependant obscurcie lorsque l'obligation souscrite par le délégué est identique par son objet à celle du délégant : c'est là la définition de la délégation *incertaine*[2746], par laquelle le délégué s'oblige à payer ce que le délégant doit au délégataire[2747]. Cette forme de délégation est évidemment proche de la cession de dette imparfaite.

844.– Nous avancerons l'hypothèse suivante : c'est parce que le présupposé interdit de concevoir une cession sans perte, une cession imparfaite, que la jurisprudence recourt au schéma de la délégation incertaine dans les cas où elle doit affronter la question du transfert sans perte, alors même que cela la contraint à malmener quelque peu la notion de délégation. Cette hypothèse n'est pas nouvelle[2748] : Saleilles soulignait déjà que lorsque le promettant s'engage à être tenu de la même dette que le stipulant, « la stipulation pour autrui cache un véritable transport de dette »[2749]. Elle peut être illustrée par deux exemples jurisprudentiels, au moins[2750].

845.– Premier exemple, tiré d'un arrêt du 15 juin 1983 de la première chambre civile de la Cour de cassation[2751] : les acquéreurs d'un immeuble s'étaient engagés à payer une partie de son prix en remboursant, pendant vingt-cinq ans, le prêt que le constructeur avait souscrit auprès d'une banque allemande, en francs français mais au cours de la monnaie allemande. Cette clause « devise étrangère » s'étant avérée fort coûteuse, ils avaient réussi à la faire annuler pour illicéité dans un paiement interne ; l'arrêt examiné prononce une cassation en retenant que leur engagement « *laisse subsister par l'effet d'une délégation imparfaite le rapport de droit préexistant* » entre la banque allemande et le constructeur et qu'il devait dès lors donner lieu à des paiements internationaux.

[2744] Ph. Simler, J. Cl. civ., art. 1271 à 1281, fasc. 40, *Délégation*, 1997, n° 1 et 78.

[2745] Terminologie contestable, s'agissant de la forme première et normale de la délégation, du moins si l'on retient que « ce qui est imparfait est incomplet, inachevé ou défectueux » (Ph. Simler, J. Cl. civ., art. 1271, fasc. 40, préc., n° 7).

[2746] Paul Gide, *Étude sur la novation et le transport des créances en droit romain*, Paris 1879, p. 424.

[2747] Ou par laquelle le délégué s'engage à payer ce qu'il doit au délégant.

[2748] En droit romain, la délégation permettait de contourner le caractère personnel du lien d'obligation.

[2749] *De la cession de dettes*, art. préc., n° 49, p. 47. Par ailleurs la délégation incertaine traduit bien (quoiqu'avec une certaine lourdeur) le double souci souligné ci-dessus (n° 833 *in fine*) : protéger le créancier en lui maintenant son débiteur primitif, mais sans lui conférer néanmoins le privilège exorbitant d'une seconde créance purgée des limites qui assortissent la première…

[2750] *Adde* Ph. Simler, J. Cl. civ., art. 1271, fasc. 40, préc., n° 35 et les ex. cités.

[2751] Bull. civ. I, n° 175 ; D. 1984 IR p. 268 obs. M. Vasseur ; JCP G 1984, II, 20123 n. J.-Ph. Lévy ; RTD civ. 1984 p. 720 obs. J. Mestre.

La solution étonne. Tout se passe, en effet, comme si le délégué, loin de souscrire une obligation nouvelle (comme c'est le principe), avait simplement accepté de prendre en charge celle du délégant. Tout se passe comme si le schéma de la délégation était utilisé ici, a relevé M. Billiau[2752], pour « *réaliser une transmission de la dette du délégant sur la tête du délégué. Il ne s'agit plus, alors, d'une véritable délégation, mais d'une cession ou d'une reprise de dette [...] L'opération ressemblait à s'y méprendre à une cession de dettes cumulatives* ». Il convient d'ajouter que ce travestissement est indispensable pour respecter le présupposé de la perte du « droit » transmis, le schéma de la cession imparfaite consacrant une ubiquité de la dette transmise incompatible avec celui-ci, à la différence de la délégation puisque c'est une obligation nouvelle par sa source que souscrit le délégué – nouvelle uniquement par sa source puisque, s'agissant d'une délégation incertaine, elle est identique par son objet à celle du délégant.

La supériorité de la formule de la délégation incertaine par rapport à la cession de dette imparfaite est de ménager les apparences au regard du présupposé. Son défaut est de favoriser la confusion entre la délégation et les mécanismes translatifs d'obligation[2753]. L'originalité de la délégation certaine, par rapport à un mécanisme translatif, tient en effet à ce que le délégué est tenu à l'égard du délégataire d'un engagement nouveau à la fois par sa source et par son objet ; cela lui fait jouer un rôle de garantie appréciable pour le délégataire car le délégué ne peut pas refuser de payer en invoquant une exception tirée des rapports délégué-délégant ou des rapports délégant-délégataire. Les effets de la délégation incertaine sont très différents. L'obligation souscrite par le délégué ayant alors le même objet que celle du délégant, il y a un affaiblissement notable de la distinction entre délégation et cession de dette puisque l'identité d'objet rétrécit la portée de l'inopposabilité des exceptions : à l'instar d'une caution, a-t-il été souligné, le délégué peut alors opposer au créancier tout ce qui touche au *debitum* (au droit lui-même) et seules restent inopposables les exceptions tirées de l'*obligatio* (de l'action : incapacité, suspension des poursuites...)[2754].

Or en principe la délégation ne se confond pas avec le cautionnement : d'abord parce que la caution (même si elle a renoncé au bénéfice de discussion, ou dans le cautionnement solidaire) n'est qu'un débiteur subsidiaire, qu'un débiteur de secours, de second rang, alors que le délégué est un débiteur principal[2755] ; ensuite et surtout parce qu'en règle générale l'obligation du délégué est une seconde obligation principale, indépendante de celle qui pesait, le cas échéant, sur le délégant alors que celle de la caution est dépendante de l'obligation principale, elle a un caractère

---

[2752] Dans une note au JCP G 1992, II, 21922 n° 13. Cet auteur en déduit (*ibid.*, n° 14) que, dès lors qu'il y a transmission de dettes, le délégant perd nécessairement (« c'est la conséquence logique ») la qualité de débiteur à l'égard du délégataire, contrairement au texte même de l'article 1275 du Code civil. Nous pensons que cela fait la part trop belle au postulat de la perte du droit transmis.

[2753] En ce sens : M. Billiau, *La délégation de créance*, LGDJ, B. dr. privé, 1989, n° 137 et 306 ; Ph. Simler, J. Cl. civ., art. 1271, fasc. 40, *préc., n° 9* ; J. Flour, J.-L. Aubert, Y. Flour, E. Savaux, *Le rapport d'obligation*, préc., n° 442.

[2754] Sur cette distinction, v. L. Aynès, note préc., D. 1992 p. 482.

[2755] « Personne ne soutient que le délégué ne serait que débiteur accessoire » (J. Flour, J.-L. Aubert, Y. Flour, E. Savaux, préc., n° 444).

accessoire : s'engageant à satisfaire l'obligation même du débiteur, la caution ne peut être tenue que s'il l'est lui-même, et aux mêmes conditions. La délégation incertaine brouille cette distinction : elle fait de la délégation une sûreté accessoire. « On peut douter qu'une telle délégation incertaine soit encore une véritable délégation »[2756].

846.– Un second exemple, souvent cité, le montre bien. Il est fourni par un autre arrêt rendu le 17 mars 1992 par la même première chambre civile de la Cour de cassation[2757]. L'acquéreur d'un fonds de commerce s'était engagé à payer une partie du prix de cet achat entre les mains d'un tiers auprès duquel le vendeur avait souscrit un emprunt[2758]. Le prêteur avait assigné l'acquéreur en paiement, onze ans après le prêt mais moins de dix ans après la « reprise de dettes ». Cet arrêt retient que « *sauf convention contraire, le délégué est seulement obligé au paiement de la dette du délégant envers le délégataire, et qu'il se trouve déchargé de son obligation lorsque la créance de ce dernier est atteinte par la prescription* ». La première proposition est particulièrement malheureuse puisque, par définition, le délégué souscrit à l'égard du délégataire une obligation nouvelle par sa source (il « s'oblige envers le créancier » : article 1275 C. civ.) ; la seconde (la solution) revient à soumettre cette obligation à un délai de prescription dont le point de départ est antérieur à sa naissance... Là aussi[2759], tout se passe comme si la cession de la dette de remboursement du prêt était déguisée en délégation incertaine afin de ne pas consacrer un mécanisme translatif qui, contrairement à l'idée reçue, ne prive pas (il faut dire ici : ne décharge pas) le cédant de ce qu'il transmet[2760].

*

* *

847.– Conclusion : La cession de dette constitue une des manifestations les plus nettes de la fausseté et de la prégnance du présupposé de la perte du « droit » transmis par l'auteur *dans* le transfert. Fausseté, puisque l'on voit bien que la cession de la dette n'emporte pas la perte de la qualité de débiteur par le cédant. Prégnance, puisque l'existence même d'un mécanisme translatif de dette est regardée comme étant douteuse, sinon condamnée, en raison même de cette contrariété avec le présupposé. Le palliatif de la délégation incertaine est utilisé comme paravent pour dissimuler l'atteinte à celui-ci. Il est cependant peu en harmonie avec le schéma

---

[2756] F. Terré, Ph. Simler, Y. Lequette, *Les obligations*, préc., n° 1449, p. 1370 (v. aussi n° 1441, note 3).

[2757] D. 1992 p. 481 n. L. Aynès ; JCP 1992, II, 21922 n. M. Billiau ; RTD civ. 1992 p. 765 obs. J. Mestre ; Defrénois 1992, art. 35393 obs. L. Aynès.

[2758] La délégation suppose un engagement du délégué envers le créancier, regardé comme étant délégataire ; elle suppose qu'il contracte avec le créancier. En matière de cession de dette, en revanche, le nouveau débiteur contracte simplement avec l'ancien. Il y a là une différence importante. L'exposé des faits est cependant flou sur ce point, dans cette affaire comme dans la précédente.

[2759] Une autre jurisprudence décide que le délégué ne peut opposer au délégataire une exception tirée des rapports délégant-délégataire : Cass. com., 25 février 1992 : JCP 1992, II, 21922, 2e esp., n. M. Billiau. – Cass. com., 22 avril 1997 : Bull. civ. IV, n° 98 ; JCP 1998, II, 10050 n. Ch. Lachieze ; Defrénois 1997, art. 36634, n° 108 obs. D. Mazeaud.

[2760] Cette question ne se posait pas directement ici, mais nul ne prétend que la cession de dette emporte libération du cédant (l'art. 1273 du Code civil empêche à lui seul de le penser).

de la délégation. On paraît donc fondé à considérer que l'abandon tant du présupposé que du détour contourné par la délégation incertaine (laquelle « dénature largement » le schéma de la délégation)[2761], ainsi que la consécration de la notion de cession imparfaite de dette constitueraient sur ce plan un progrès.

Le fait que la jurisprudence applique également le schéma de la délégation en cas de cession de contrat conduit, alors, à regarder celle-ci de plus près dans la perspective qui vient d'être développée.

SECTION III

CESSION DE CONTRAT

848.– L'expression « cession de contrat », consacrée et donc d'emploi obligé, est impropre car elle laisse entendre « qu'un contrat se cède comme un bien », « que chaque contractant serait en quelque sorte propriétaire de ce contrat », lequel « serait alors un bien indivis dont la cession requiert le consentement de tous les indivisaires »[2762]. Cette expression est également pernicieuse car « donnant à raisonner comme si la matière même du contrat était l'objet de l'opération, elle amorce une dérive assez forte pour déboucher sur l'avatar d'un nouveau contrat »[2763]. En réalité la seule cession dont il puisse être question est celle de la position contractuelle, c'est-à-dire le *changement de contractant* – un peu de la même façon que la cession de dette, à proprement parler, ne peut avoir pour objet la dette elle-même mais la qualité de débiteur[2764].

L'évolution des idées en matière de cession de contrat rétrécit sensiblement l'intérêt de ce mécanisme pour ce qui concerne notre propos, car personne ne soutient plus aujourd'hui qu'il se réduirait à la cession des droits et obligations que le contrat fait naître. Il continue cependant à présenter une certaine valeur démonstrative, dont la présentation peut gagner en clarté si l'on distingue le régime de droit commun (§ 1) et celui, spécial, de la cession du contrat de promesse unilatérale (§ 2).

§ 1. – DROIT COMMUN DE LA CESSION DE CONTRAT

849.– La cession de contrat a été l'objet ces dernières années d'une dispute doctrinale extrêmement vive et qui est loin d'être apaisée. La controverse porte sur la double question de savoir si elle constitue un mécanisme translatif et si elle a un effet libératoire à l'égard du cédant. À ce simple rappel, tout sommaire qu'il soit, on perçoit le poids du présupposé objet de notre étude. Effectivement, les auteurs

---

2761 J. Flour, J.-L. Aubert, Y. Flour, E. Savaux, *Le rapport d'obligation*, préc., p. 277, n° 442.

2762 M.-E. Ancel, *La prestation caractéristique du contrat*, Economica 2002, n° 390. Nous ne faisons pas nôtre cette présentation, un peu courte en ce qu'elle accrédite la thèse que pour pouvoir céder il faut être propriétaire…

2763 D. Martin, *Du changement de contractant*, D. 2001, chron. p. 3144.

2764 Rappr. *supra*, n° 838 et note 178.

qui voient dans la cession de contrat un mécanisme translatif sont portés à lui attacher un caractère libératoire ; à l'inverse, ceux qui adoptent une conception non translative en déduisent que le cédant reste tenu.

Ainsi présentée, l'opposition entre ces deux approches est exagérée, il est vrai, car elles aboutissent sur de nombreux points à des résultats voisins, sinon semblables, ce qui est également riche d'enseignements.

Sans reprendre l'entier débat, nous voudrions en replacer les principales données dans la perspective qui est la nôtre. Nous adopterons à cet effet un plan d'approche très simple, centré sur l'étude de l'objet de la cession de contrat (A) puis sur la question du consentement du contractant cédé (B).

A. – Objet de la cession de contrat

850.– Céder un contrat, c'est céder quoi, précisément ? La question n'est simple qu'en apparence. Sa réponse est encore l'objet de discussions. Une analyse (« dualiste » ou analytique) y voyait (y voit ?) une simple cession de créance et/ou de dette. La doctrine préfère considérer aujourd'hui qu'il s'agit de céder la qualité de contractant, mais cette nouvelle approche (« moniste » ou unitaire) recouvre elle-même des raisonnements assez différents.

1° Analyse dualiste

851.– L'expression « cession de contrat » n'est apparue que récemment. Le mécanisme lui-même, certes, existait dans le Code civil (articles 1717, 1743, 1994) mais comme une réalité innommée. Comment, il est vrai, aurait-on pu faire place à l'idée qu'un contrat peut être cédé alors que l'on n'admettait pas le principe même de la cession de dette ? La cession de contrat n'était donc pas perçue en tant que telle, elle était tout au plus le résultat d'une cession de créance (subordonnée aux formalités de l'article 1690 du Code civil), ou bien d'un palliatif au principe généralement admis de l'incessibilité des dettes (délégation ou stipulation pour autrui), ou bien l'addition des deux en cas de contrat synallagmatique.

La théorisation de la cession de contrat n'a été faite en France que dans la deuxième moitié du XXe siècle. À la suite d'une première thèse sur le sujet, celle de Ch. Lapp, on prend conscience de l'existence d'une cession de contrat, mais on continue à la décomposer, à y déceler une cession de créances juxtaposée à une cession de dettes : « transmettre le contrat signifie pratiquement et juridiquement transmettre cette double qualité de créancier et de débiteur et les droits qui s'y rattachent »[2765]. Incidemment, il est notable que pour cet auteur[2766] la cession de contrat est « imparfaite » en ce sens que l'obligation à la dette se dédouble, le cédé pouvant

---

[2765] Ch. Lapp, *Essai sur la cession de contrat synallagmatique à titre particulier*, th., 1950, préc., n° 16 p. 25, et 34 p. 50.
[2766] Ch. Lapp, *ibid.*

poursuivre tant le cessionnaire que le cédant[2767] ; sur ce plan, cette analyse est critiquée par les auteurs qui considèrent qu'il n'y a de « véritable » transmission que lorsque le cédant est « déchargé »[2768] (il s'agit là d'un débat déjà évoqué ci-dessus à propos de la cessibilité des dettes)[2769].

852.– L'autonomie de la cession de contrat reste faible dans cette approche *dualiste*. Or celle-ci n'est pas obsolète. C'est cela qui explique que les développements sur la cession de dette (y compris les nôtres, ci-dessus) sont émaillés de références doctrinales à la cession de contrat. Et il n'est pas rare que la jurisprudence consacre cette approche de façon indirecte, soit en exigeant le respect des formalités de l'article 1690 du Code civil en ce qui concerne la cession de la créance[2770], soit en se référant au schéma de la délégation pour régler la question de la dette.

Un arrêt de la troisième Chambre civile de la Cour de cassation du 12 décembre 2001[2771], très remarqué, constitue à ce second égard un excellent exemple. Il s'agissait d'un contrat conclu entre des architectes et un maître de l'ouvrage pour la réalisation d'un projet de construction d'un ensemble immobilier ; le maître de l'ouvrage avait cédé le contrat, en application d'une clause qui l'autorisait à le faire, mais il était néanmoins poursuivi en paiement d'un complément d'honoraires par les architectes. Les juges du fond n'ayant pas fait droit à cette demande, une cassation est prononcée : l'acceptation du nouveau débiteur par le créancier n'implique pas la décharge du premier, retient en substance la Cour de cassation. Pour autant, elle ne consacre pas le principe d'un dédoublement de la dette cédée, d'une cession « imparfaite » ; elle « habille » cette solution en recourant au schéma de la délégation : c'est au visa de l'article 1275 du Code civil que la cassation est prononcée. Il s'agit là, nous l'avons vu, d'une solution (on n'ose pas dire : d'un montage) très classique[2772]. Cependant, ce qui doit être souligné ici est qu'elle est utilisée en matière non pas de cession de dette mais de cession de contrat, ce qui revient à « réduire » cette dernière à une pure et simple cession de dette... On comprend que certains des commentateurs de l'arrêt aient dénoncé cette « dénaturation »[2773].

[2767] Même sens : J.-G. Raffray, note sous TGI Bordeaux 30 juin 1982, JCP N 1984 p. 52.

[2768] J. Ghestin, C. Jamin, M. Billiau, *Les effets du contrat*, préc., n° 1037 (« le cédant, parce qu'il conserve cette qualité [celle de contractant], n'a pas pu la transférer » : n° 1049).

[2769] V. *supra*, n° 835 s.

[2770] Ex. : Cass. Ass. plén., 14 février 1975 (la cession d'un bail n'est opposable au propriétaire, à défaut d'accomplissement de l'une ou l'autre des formalités énoncées à l'art. 1690 C. civ., que s'il l'a acceptée sans équivoque) : D. 1975, p. 349. – Cf. cep. Cass. com., 7 janvier 1992 (qui n'exige pas l'accomplissement de ces formalités dans une hypothèse de cession de contrat de maintenance informatique) : Bull. civ. IV, n° 3 ; D. 1992, somm. p. 278 obs. L. Aynès ; RTD civ. 1992 p. 762 obs. J. Mestre ; Contrats, conc., consom. 1992 n° 110 obs. L. Leveneur ; JCP 1992, I, 3591 n° 17 obs. C. Jamin.

[2771] D. 2002, p. 984 n. C. Jamin et M. Billiau ; Defrénois, 2003 art. 37558, n° 36, p. 775, obs. R. Libchaber ; Ch. Larroumet, *La descente aux enfers de la cession de contrat*, D. 2002 p. 1555.

[2772] Rappr. *supra*, n° 843.

[2773] R. Libchaber, obs. préc. ; Ch. Larroumet, « point de vue » préc. Pour une autre lecture de cet arrêt, v. *infra*, n° 862 s.

Celle-ci est d'autant plus accusée que la doctrine voit aujourd'hui dans la cession de contrat bien autre chose qu'une simple addition de cession de créance et de cession de dette.

2° Dualité d'analyses monistes

853.– « Dualité » : le terme est simplificateur car la question de la distinction de la cession de contrat et des autres opérations juridiques à trois personnes « est encore en chantier »[2774] et il existe presque autant de conceptions que d'auteurs à s'être penchés sur elle. Il est vrai que c'est surtout à propos du consentement du cédé que l'opposition est exacerbée, et nous la retrouverons à ce titre. Une opposition est cependant notable également en ce qui concerne l'objet même de la cession, et c'est elle qui doit être abordée ici. Elle se développe entre deux grands travaux fondateurs, qu'il convient de présenter (a) puis d'apprécier (b).

a) Présentation

1. Thèse de M. Aynès

854.– La thèse de M. Aynès[2775] a marqué un important tournant dans l'approche de la cession de contrat – à tout le moins dans son approche doctrinale, car son impact jurisprudentiel est jusqu'ici plus problématique[2776]. Cette thèse part d'une critique de la théorie dualiste traditionnelle qui réduit le rapport contractuel au droit de créance et/ou à la dette et se contente d'ajouter à la dualité des techniques de réalisation une simple proclamation de principe d'unité du mécanisme[2777]. Une telle approche repose sur un présupposé inexact, note M. Aynès, celui de l'autonomie de la dette par rapport à la créance. En réalité dette et créance ne sont pas dissociables du rapport contractuel[2778] : la cession du contrat est un transfert unitaire et intégral de la qualité de contractant (en quoi la théorie est dite « moniste ») ; lorsque le contrat est cédé afin de permettre la réalisation de l'opération économique qui en constitue l'objet, sa cause reste inchangée et il demeure, identique à lui-même en dépit du remplacement de l'un des contractants[2779].

C'est d'ailleurs le transfert de la cause du contrat qui constitue pour cet auteur l'objet de l'acte, purement translatif, de cession[2780] : cette cession a pour objet la continuation du contrat et non une cession de créance et/ou une reprise de dette. La cession de contrat ne comporte au reste jamais de cession de créance ou/et de dette

[2774] E. Jeuland, Rép. civ. Dalloz, V° *Cession de contrat*, 2000, n° 6.
[2775] *La cession de contrat et les opérations juridiques à trois personnes*, th. préc., 1984 ; même auteur : *Cession de contrat*, RJ com. 1999, p. 194 s. ; Ph. Malaurie et al., *Les obligations*, préc., n° 906 s.
[2776] V. Cass, civ. 3e, 12 décembre 2001, préc. ; adde *infra*, n° 863.
[2777] L. Aynès, th. préc., n° 85.
[2778] *Ibid.*, n° 93.
[2779] *Ibid.*, n° 120. Même sens : J.-G. Raffray, *Les substitutions de contractants en cours d'exécution du contrat*, th. préc., p. 234.
[2780] *Ibid.*, n° 125, p. 97.

née et exigible, mais seulement de créance ou/et de dette future, « il n'y a pas transfert mais succession »[2781] « dans les droits et obligations » :

> « *Le cessionnaire n'est* débiteur *que des obligations nées postérieurement à la cession ; le cédant n'en est plus débiteur principal ; inversement, le cessionnaire n'est* créancier *que des droits nés postérieurement à la cession, alors que le cédant demeure seul créancier des droits nés antérieurement* »[2782].

2. Thèse de M. Ancel

855.– Un simple article, paru à la Revue trimestrielle de droit civil en 1999, a modifié en profondeur la vision que l'on avait jusqu'alors des rapports entre contrat et obligation. Son auteur, le professeur Pascal Ancel[2783], y fait apparaître que le contrat ne créé pas seulement des obligations (effet dit « obligationnel ») mais aussi des normes juridiques qui s'imposent aux parties et aux tiers de la même façon qu'une norme légale (effet dit « obligatoire »). Cette distinction permet une nouvelle approche de nombreux mécanismes du droit contractuel et particulièrement de la cession de contrat.

Le point de départ de la démonstration de M. Ancel sur ce point est la question du moment de la naissance des obligations dans les contrats à exécution successive. On considère généralement que le caractère successif des prestations affecte simplement leur exigibilité, et non la naissance des obligations. M. Ancel objecte à cette approche classique que les deux effets du contrat ne se développent pas nécessairement au même moment : « les deux parties, dès la formation du contrat, sont engagées par le contrat, liées par la norme contractuelle, mais elles ne deviennent créancières et débitrices l'une de l'autre qu'au fur et à mesure de l'exécution du contrat, selon la périodicité fixée par celui-ci »[2784].

Il en découle une approche originale de la cession de contrat. Nous avons vu que M. Aynès, conformément à la vision traditionnelle du contrat-acte-créateur -d'obligation raisonne uniquement en termes « obligationnels » : la cession de contrat est pour lui une « succession dans les droits et obligations » du cédant par le cessionnaire ; si cession de contrat il y a, et pas seulement d'obligation, c'est parce que « toute dissociation entre le contrat-source et l'obligation-objet est illusoire »[2785]. Pour M. Ancel, une telle approche est inacceptable car elle revient à considérer que le contrat se réduit entièrement aux obligations qu'il fait naître. Il propose, tout au contraire, de :

> « *dissocier la source (la norme dotée de force obligatoire) et le contenu (les obligations nées du contrat). Ce qui caractérise la cession de contrat c'est, précisément, qu'elle n'affecte pas directement les obligations nées du contrat*

[2781] *Ibid.*, p. 62.
[2782] *Ibid.*, n° 188.
[2783] *Force obligatoire et contenu obligationnel du contrat*, art. préc., RTD civ. 1999 p. 771.
[2784] Art. préc., RTD civ. 1999 n° 42, p. 799.
[2785] L. Aynès, th. préc., p. 41, n° 34.

mais qu'elle touche, en quelque sorte plus profondément, à la norme contractuelle elle-même »[2786].

b) Appréciation

856.– Il paraît assez vain d'insister ici sur la différence entre les deux approches. Celle de M. Ancel rejette implicitement la conception objective du contrat qui sous-tend celle de M. Aynès[2787]. Elle utilise des outils d'analyse très différents. L'approche est cependant « moniste » dans les deux cas, et sur ce plan celle de M. Ancel nous paraît plus apporter un raffinement par rapport à celle de M. Aynès que marquer avec celle-ci une rupture. Par delà, en effet, le changement de perspective, on retrouve des solutions très voisines : dans les deux cas le cessionnaire n'est tenu que des obligations postérieures à la cession, et le cédant que des obligations antérieures ; dans les deux cas il n'y a pas transfert d'obligation, même si c'est pour des raisons très différentes (simple « succession » pour M. Aynès ; transfert non obligationnel pour M. Ancel).

L'approche de M. Ancel est-elle à l'abri de toute critique ? La doctrine qu'il défend quant à la naissance des obligations dans les contrats successifs, et qui constitue le point de départ de celle qu'il développe en matière de cession de contrat, a été récemment condamnée par une chambre mixte de la Cour de cassation[2788] ; cela n'altère en rien, il est vrai, les qualités voire la justesse que l'on peut être porté à lui attacher. Plus gênant est le fait que cette doctrine semble mal adaptée au cas des obligations *en nature* : si l'on comprend bien, en effet, que le preneur à bail, par exemple, ne devient débiteur des loyers qu'au fur et à mesure de l'exécution du contrat de bail, l'obligation qui pèse sur le bailleur de le faire jouir des locaux, elle, naît selon toute apparence du contrat lui-même[2789]. Il faut donc bien admettre, dans ce cas particulier, que la cession de contrat s'accompagne d'un transfert d'obligation. Cette objection, il est vrai, ne remet nullement en cause la présentation que cet auteur propose de la cession de contrat car l'hypothèse considérée n'est pas statistiquement la plus fréquente, et lui même a prévu (notamment à propos du transfert des contrats à exécution instantanée) de ménager des exceptions ponctuelles à son analyse d'ensemble[2790].

857.– Si nous sommes portée à réduire la fracture entre les deux approches considérées, c'est qu'elles présentent toutes deux par rapport à la nôtre la même double caractéristique commune. La première est d'être exclusive de transfert d'obligation. Nous l'avons déjà noté : cela constitue la base même de l'analyse que M. Ancel développe de la cession de contrat : les créances et les dettes nées sur la tête du cédant ne sont pas transférées au cessionnaire, celles nées après la cession

[2786] Art. préc., RTD civ. 1999 n° 56, p. 809 ; v. aussi, même auteur : n. préc., Rev. arb. 1997 p. 410.
[2787] Ce qu'exprime une prise de position opposée sur la question du consentement du cédé : v. *infra*, note 2860.
[2788] Cass. ch. Mixte, 22 novembre 2002, préc. *supra*, note 2449.
[2789] En ce sens : L.-F. Pignarre, *Les obligations en nature et de somme d'argent en droit privé, Essai de théorisation à partir d'une distinction*, th. Montpellier 1, 2005, n° 302 s.
[2790] Art. préc., RTD civ. 1999 n° 57, p. 810.

ne passent pas par le patrimoine du cédant ; M. Aynès considère que le remplacement d'un contractant par un autre s'opère non pas par un transfert mais par une « succession » impliquant un passé et un avenir de la titularité des droits et obligations. Dans ces conditions (*i.e.* : si ces approches monistes sont exactes), la question qui est la nôtre de savoir si le transfert emporte ou non la perte en la personne du cédant du droit transmis est dénuée de toute signification.

La seconde caractéristique commune aux deux analyses est de comporter un transfert du contrat exclusif d'un cumul de la qualité de contractant par le cédant et le cessionnaire. Dans les deux cas, en effet, les deux contractants se succèdent dans le temps. Une conclusion possible, en forme de regret, pourrait donc être que l'évolution des idées en matière de cession de contrat rétrécit l'intérêt de ce mécanisme au regard de notre problématique.

Un doute vient cependant à l'esprit : ne faut-il pas voir dans le caractère très géométrique de ces constructions l'empreinte, précisément, du présupposé ? Les choses sont-elles aussi tranchées dans la réalité ? C'est la réponse à cette question qu'il faut chercher dans le débat sur le problème posé par le consentement du contractant cédé.

B. – CONSENTEMENT DU CONTRACTANT CÉDÉ

858.– Le consentement du cédé n'est pas nécessaire lorsque la loi impose la cessibilité du contrat afin de la favoriser[2791]. Il l'est dans les autres cas, et donc pour les hypothèses de cession conventionnelle : le débat sur ce point paraît clos depuis deux arrêts de la cour de cassation rendus le 6 mai 1997[2792]. Le premier arrêt juge, au visa de l'article 1134 du Code civil, qu'une cour d'appel ne peut pas condamner un acheteur à payer des factures émises par un substitué de son fournisseur « *sans rechercher si, dans le contrat conclu entre [ce fournisseur] et [l'acheteur] ou ultérieurement, cette dernière société avait donné son consentement à la substitution de sa cocontractante* ». Le second applique la même doctrine : il juge que le contractant cédé ne peut pas se prévaloir du fait que la cession ne lui a pas été signifiée ou qu'il n'y est pas partie pour refuser de payer le cessionnaire dès lors que le contrat cédé autorise la cession sans l'assortir de ces conditions.

Autrement dit il est nécessaire que le cédé consente à la cession, et il est suffisant qu'il le fasse de façon anticipée lors de la conclusion même du contrat cédé[2793] (ce consentement n'étant pas rétractable). La question de savoir quelle portée doit être

---

[2791] Ex. : C. com., art. L. 145-16 (cession du bail commercial avec le fonds). V. M.-L. Izorche, *Circulation du contrat*, art. préc., J. Cl. Contrats, Distribution, fasc. 160, n° 46 s.

[2792] Cass. com., 6 mai 1997, deux arrêts : Bull. civ. IV, n° 117 et 118 ; Quot. jur. 23 septembre 1997, n° 76, p. 6 n. P. M. ; D. 1997 p. 588 n. M. Billiau et C. Jamin ; Defrénois 1997, art. 36633, p. 977 n. crit. D. Mazeaud ; Contrats, conc., consom. 1997, n° 146 obs. L. Leveneur ; RTD civ. 1997, p. 936 obs. J. Mestre ; JCP E 1998 I, p. 614 n° 25, obs. M.-L. Izorche ; D. 1998, somm. p. 136 obs. H. Le Nabasque.

[2793] L'exigence du consentement pour lier cessionnaire et cédé est critiquée notamment par M. Larroumet qui y voit une « régression » (art. préc., Mélanges Michel Cabrillac, p. 151) et par M. D. Mazeaud, qui l'estime superflue et incohérente (n. préc., Defrénois 1997, art. 36633, p. 977).

attachée à ce consentement divise profondément les auteurs. La perspective qui est la nôtre est susceptible d'enrichir le nouveau débat qui s'est ouvert sur ce point (2°), débat dont il faut commencer par rappeler les termes (1°).

1° Termes du débat

859.– Les termes du débat sont les suivants : le consentement du cédé à la cession emporte-t-il la conclusion d'un nouveau contrat ? ou bien s'agit-il simplement d'une approbation qu'il donne à la convention de cession conclue entre le cédant et le cessionnaire ?

Ces approches très différentes opposent, en premier lieu, les deux visions du contrat qui s'étaient heurtées sur la question de la nécessité du consentement. M. Aynès voit dans le contrat moins un lien qu'une prestation que ce lien permet d'obtenir ; il considère que le principe de la force obligatoire, loin d'empêcher le cédant d'imposer la cession au cédé, interdit à ce dernier de la refuser sans violer son engagement vu que le contrat conserve avec le cessionnaire la même valeur fonctionnelle qu'avec le cédant ; quant au principe de l'effet relatif, qui s'oppose à la naissance d'obligations à la charge d'une personne qui n'y a pas consenti, il ne fait pas obstacle au transfert d'un droit né du consentement de l'obligé. Cet auteur en déduit que le consentement du cédé[2794] exigé par les arrêts de 1997 n'est pas échangé avec celui du cessionnaire, qu'il porte seulement sur la cessibilité du contrat[2795].

M Jamin et M. Billiau s'opposent trait pour trait à cette approche. Ils critiquent la vision objective du contrat sur lequel elle repose, insistant sur l'importance de la considération de la personne du cocontractant. La force obligatoire du contrat fait selon eux que le cédé ne saurait être le cocontractant du cessionnaire alors qu'il ne l'a pas voulu. Quant au principe de l'effet relatif, il empêche le cédant de quitter le champ contractuel sans l'accord du cédé. Ces auteurs sont donc portés à insister sur l'importance du consentement du cédé, au point de considérer qu'un nouveau contrat se forme entre le cédé et le cessionnaire[2796]. Ils voient une confirmation de leur analyse dans un arrêt de la Cour de cassation du 12 décembre 2001[2797] qui soumet la cession conventionnelle de contrat au régime de la délégation de l'article 1275 du Code civil[2798].

860.– Cette idée que le consentement du cédé établit nécessairement un nouveau contrat est rejetée par la plupart des auteurs, même alors qu'ils ne partagent pas

---

2794 Dont il avait jusque là nié la nécessité : th. préc., n° 236.

2795 L. Aynès, th. préc., passim ; *Cession de contrat : nouvelles précisons sur le rôle du cédé*, D. 1998, chron. p. 25 ; *Cession de contrat*, RJ com. 1999, p. 194.

2796 C. Jamin, *Cession du contrat et consentement du cédé*, D. 1995, chron. p. 130 ; M. Billiau et C. Jamin, note préc., D. 1997 p. 591 ; *Cession conventionnelle du contrat : la portée du consentement du cédé*, D. 1998, chron. p. 145 ; M. Billiau, *Le point sur la cession conventionnelle de contrat*, PA 6 mai 1998, n° 54, p. 46 ; J. Ghestin, C. Jamin, M. Billiau, *Les effets du contrat*, préc., n° 1051.

2797 Cass. civ. 3e, 12 décembre 2001, préc. *supra* n° 852.

2798 V. déjà : M. Billiau, *Cession de contrat ou délégation de contrat ?* JCP 1994, I, 3758.

l'analyse purement objective du contrat avancée par M. Aynès[2799]. À juste titre. Une chose en effet est d'exiger le consentement[2800] du cédé, autre chose à nos yeux est d'en faire l'élément d'un contrat entre lui et le cessionnaire. Sans nous attarder ici sur des débats de pure technique juridique (comment expliquer que ce consentement puisse être tout à la fois donné de façon anticipée et regardé comme étant une offre non rétractable ?)[2801], notons qu'elle aboutit à une solution paradoxale : la cession de contrat serait tout à la fois opportune[2802]... et impossible : il s'agirait en effet d'une cession « non translative »[2803]. On a d'autant plus de mal à comprendre cette insistance à nier toute idée de transfert que, précisément, la délégation « incertaine » est présentée ailleurs[2804] comme ressemblant à s'y méprendre à un mécanisme translatif.

On peut, il est vrai, être tenté de relativiser l'opposition entre ces deux approches, translative et constitutive, de la cession de contrat : n'aboutissent-elles pas (ce qui est en soi étonnant), en dépit de leur opposition fondamentale, à des solutions pratiques identiques ? Il n'est pas sûr, cependant, que ce soit toujours le cas. Et là nous paraît être une des clefs de la contradiction décelée.

2° *Lecture proposée*

861.– L'évolution (le progrès apparent) que constitue en matière de cession de contrat l'analyse moniste ne refoule pas complètement (il s'en faut de beaucoup) la démarche consistant à déceler, en procédant à la décomposition de la cession conformément à l'analyse dualiste classique, une cession de créances ou une cession de dettes. Cette démarche est permanente en doctrine. Les commentateurs des arrêts du 6 mai 1997, ainsi, n'ont pas manqué de souligner qu'il ont été rendus à propos de cessions de *créance*[2805].

Elle se retrouve en jurisprudence : la Cour de cassation applique le schéma de la délégation à la cession conventionnelle de contrat lorsque celle-ci a pour enjeu une cession de *dette*. Un arrêt un peu ancien peut être cité en ce sens : une société avait transmis à une autre divers éléments d'actif et de passif, parmi lesquels un contrat l'obligeant à verser des redevances à une commune en contrepartie de l'extraction

---

2799 J. Flour, J.-L. Aubert, Y. Flour, E. Savaux, *Le rapport d'obligation*, préc., n° 401 ; F. Terré, Ph. Simler, Y. Lequette, *Les obligations*, préc., n° 1311 ; P. Ancel, art. préc., RTD civ. 1999 p. 809 ; Ch. Lachièze, *L'autonomie de la cession conventionnelle de contrat*, D. 2000, chron. p. 184 ; D. Martin, *Du changement de contractant*, chron. préc., D. 2001 p. 3144. – *Contra* : D. Mazeaud, n. préc., Defrénois 1997, art. 36633, p. 977.

2800 Terme polysémique, s'il en est : v. L. Guignard, *Les ambiguïtés du consentement à l'acte médical en droit civil*, RRJ 2000 p. 45.

2801 V. sur ce point les critiques de Ch. Lachièze, chron. préc., D. 2000 p. 188, n° 20. Il est notable que MM. Billiau et Jamin ont depuis lors remis en cause la possibilité, pourtant consacrée par la jurisprudence, d'un tel consentement anticipé (n. préc., D. 2002 p. 986, n° 10).

2802 « Il ne s'agit pas de nier l'utilité de la cession de contrat » : J. Ghestin, C. Jamin, M. Billiau, *Les effets du contrat*, préc., n° 1046.

2803 M. Billiau et Ch. Jamin, n. préc., D. 1997 p. 591, n° 11 ; J. Ghestin, C. Jamin, M. Billiau, *ibid.*, n° 1053, p. 1140.

2804 M. Billiau, n. JCP 1992, II, 21922, n° 13 (préc. *supra*, n° 845).

2805 M.-L. Izorche, obs. préc. JCP E 1998 p. 615, n° 25 ; L. Leveneur, obs. préc., Contrats, conc., consom. 1997 n° 146 in fine ; Ch. Larroumet, art. préc., Mélanges Michel Cabrillac, p. 152.

de minerais ; cette cession avait été jugée opposable à la commune « *sans qu'il fût besoin de son acceptation* » ; un arrêt du 12 mars 1946 prononce la cassation au visa notamment de l'article 1275 du Code civil et avec le « chapeau » suivant :

> « *la transmission à un tiers des obligations actives et passives corrélatives, résultant pour l'une des parties d'un contrat synallagmatique, tendant à une substitution de débiteur n'est opposable à l'autre partie que si elle a été acceptée par cette dernière* », la précision étant faite par ailleurs que « *le contrat initial comportait pour* [le cédant-délégant] *l'obligation, étroitement liée à son droit d'extraction, de payer les redevances stipulées ; que les dispositions de l'art. 1275 C. civ. étaient donc applicables à son apport devant emporter changement de débiteur* »[2806].

Cet arrêt est aujourd'hui cité comme étant l'un des premiers à avoir imposé tout à la fois l'acceptation du « cédé » et le choix de préférer au mécanisme translatif de la cession celui, constitutif, de la délégation[2807]. Nous pensons surtout qu'il illustre une propension à réduire la cession de contrat à une cession de dette, lorsque tel est l'enjeu du litige, et à travestir cette cession en délégation[2808] afin de ne pas faire apparaître qu'elle laisse subsister la dette en la personne du cédant[2809].

862.– L'arrêt déjà cité du 12 décembre 2001[2810] constitue une autre illustration du même mécanisme. Dans une hypothèse, nous l'avons souligné, de cession de contrat mais surtout, relève la Cour, de « *substitution d'un nouveau débiteur au premier* », elle coule l'opération dans le moule de la délégation afin d'en déduire que le débiteur d'origine n'est pas déchargé.

863.– Commentant cet arrêt, MM. Billiau et Jamin le mettent, ainsi que celui de 1946, sur le même plan que les deux arrêts du 6 mai 1997. Ceux-ci, estiment-ils, avaient « repris » la « solution déjà clairement affirmée » par l'arrêt de 1946 ; quant à l'arrêt du 12 décembre 2001, il viendrait simplement « préciser la portée du consentement » en lui appliquant le régime de la délégation[2811].

Il paraît plus conforme aux données des espèces considérées de distinguer. Dans les arrêts de 1997, le contractant cédant était un créancier ; dans l'arrêt de 1946 comme dans celui de 2001, il s'agissait d'un débiteur (précisons : dans tous les cas il était évidemment à la fois débiteur et créancier puisqu'il s'agissait de la cession d'un contrat synallagmatique ; il n'en reste pas moins que le litige portait dans le cas des arrêts de 1997 sur la créance du cédant, dans les autres cas sur sa dette). Or la Cour de cassation n'applique le schéma de la délégation que dans les cas

---

[2806] Cass. civ., 12 mars 1946 : D. 1946 p. 268 ; JCP 1946, II, 3114 n. R.C.

[2807] J. Ghestin, C. Jamin, M. Billiau, *Les effets du contrat*, préc., n° 1050, p. 1135.

[2808] C'est d'ailleurs à ce titre que M. Aynès cite cet arrêt dans sa thèse (th. préc., p. 164) ; cet auteur applique en effet à la cession de dette l'analyse que MM. Jamin et Billiau développent *mutatis mutandis* en matière de cession de contrat : la dette ne peut pas faire l'objet d'un acte translatif, mais d'une délégation, opération créatrice et non translative...

[2809] Rappr. *supra*, n° 843.

[2810] Cass. civ. 3e, 12 décembre 2001, préc. *supra* n° 852.

[2811] Même sens, mais crit. : Ch. Larroumet, qui y voit une « descente aux enfers de la cession de contrat » (point de vue préc. D. 2002 p. 1555).

du cédant-débiteur, ce qu'illustre un autre arrêt du 21 mars 2000[2812] . Dans ceux du cédant-créancier, elle se contente de se référer à l'article 1134 du Code civil[2813].

Il est raisonnable de considérer que cela n'a rien de fortuit. Il convient, alors, d'en tirer la conclusion que si la jurisprudence subordonne toute cession conventionnelle de contrat à la nécessité du consentement du cédé, elle ne la soumet pas pour autant au régime de la délégation ; elle n'applique cette dernière solution que dans les hypothèses où le litige porte sur le point de savoir si le cédant reste ou non tenu en dépit de l'opération.

864.– La raison de cette distinction ne requiert pas de longues explications, au terme de notre recherche. Appliquer un mécanisme translatif à la cession de contrat, lorsqu'il s'agit de résoudre la question de savoir si le contractant d'origine est ou non libéré de sa dette, heurterait le présupposé[2814]. Le détour par la délégation permet d'aboutir à la même solution sans heurter de front l'idée reçue. Elle revient exactement au même en ce qui concerne la non-libération du cédant puisque la dette de celui-ci n'est pas éteinte par novation en l'absence de déclaration expresse en ce sens (C. civ., art. 1275). L'inconvénient est de brouiller le tracé de la frontière entre ce qui est translatif et ce qui ne l'est pas. Sans doute est-ce là une caractéristique générale de la délégation incertaine mais cet inconvénient, acceptable lorsqu'une telle délégation est mise en place de façon concertée par les parties[2815], l'est beaucoup moins lorsqu'elle ne constitue qu'un artifice technique retenu a posteriori, de façon purement spéculative et divinatoire.

Faut-il, d'ailleurs, considérer qu'en dehors des cas de délégation le consentement du cédé est constitutif d'un contrat nouveau autre qu'une délégation ? ou bien qu'il s'agit de l'agrément donné à un acte purement translatif ? En l'état, la réponse reste incertaine ; il est cependant notable que les promoteurs de l'idée d'un nouveau contrat se référaient au schéma de la délégation[2816], ce qui donne un certain poids au mécanisme translatif. Celui-ci se recommande d'autant plus que l'on a du mal à percevoir pourquoi la cession conventionnelle de contrat ne serait pas translative, comme l'est la cession légale, alors que chacun s'accorde à « constater finalement

---

[2812] Cass. civ. 1re, 21 mars 2000 : Contrats, conc., consom. 2000 n° 122 obs. L. Leveneur : il s'agissait d'une « *reprise du contrat* » de location d'un photocopieur, et le loueur, impayé par le représentant des créanciers du nouveau locataire, est admis à agir contre le premier « *débiteur* » sur le fondement de l'article 1275 C. civ. ; double réduction, donc : la cession de contrat est réduite à une cession de dette, et celle-ci à une délégation...

[2813] Cass. 6 mai 1997, *Rougeot*. Dans l'autre espèce (*Gobet*), la Cour se contente d'appliquer la norme créée par le contrat lui-même.

[2814] Appliquant celui-ci à la lettre, MM. Billiau et Jamin relèvent qu' « en refusant de le libérer [le débiteur originaire] la troisième Chambre civile opte pour une conception non translative de la cession conventionnelle de contrat » (n. préc., D. 2002, p. 985, n° 5) ; ils vont même un peu au delà en précisant que s'il y avait transmission, elle aurait un effet « extinctif » pour l'avenir (*ibid.*) ; en réalité, il n'y aurait pas extinction mais libération (rappr. *supra*, note 1992).

[2815] Sur ce point, l'analyse selon laquelle la délégation serait en elle-même un mécanisme translatif (E. Fraud, *La notion de transfert de créance*, RRJ 1998 p. 817 n° 111 s.) est certainement excessive.

[2816] *Contra* : D. Mazeaud, n. préc., Defrénois 1997, art. 36633, n° 9, (qui ne précise pas : « l'exigence d'un consentement aboutit fatalement à la création d'un nouveau contrat »).

que les conséquences concrètes développées par les cessions légales ne sont pas si éloignées de celles produites par la cession conventionnelle »[2817].

*

* *

865.– Conclusion du paragraphe : La nécessité du consentement du cédé en matière de cession de contrat dissimule deux régimes très différents : celui de l'acte (probablement) translatif, en cas de litige relatif à la créance transférée ; celui de la délégation, en cas de litige portant sur l'obligation à la dette du cédant. Le recours à la délégation dissimule, ici comme en matière de cession de dette, la volonté de ne pas faire apparaître une solution contraire au postulat de la perte de la dette transmise.

§ 2. – CAS PARTICULIER DE LA SUBSTITUTION DU BÉNÉFICIAIRE D'UNE PROMESSE UNILATÉRALE DE VENTE

866.– La promesse unilatérale de vente est un contrat par lequel le promettant s'engage à vendre, à un prix déterminé, dans le cas où le bénéficiaire de la promesse le lui demanderait pendant un délai, également fixé. Comme tout contrat, elle peut faire l'objet d'une cession. En pratique le changement de bénéficiaire résulte cependant le plus souvent du jeu d'une clause, fruit de la pratique notariale, qui donne au bénéficiaire initial la faculté de se substituer toutes personnes de son choix. Présenter cette substitution comme un cas particulier de cession de contrat, ainsi que nous le faisons ici[2818], ne correspond pas à la solution communément admise. La qualification de « cession de contrat » est en effet déniée à ce mécanisme de substitution ; la question de sa nature juridique fait l'objet de vives controverses.

Celles-ci se sont développées à propos d'une jurisprudence trentenaire qui retient que l'exercice de la faculté de substitution dans une promesse unilatérale de vente ne s'identifie pas à une cession[2819]. La solution a été dégagée initialement pour faire échapper cette substitution à la nullité qui frappe la cession de promesse de vente en cas de défaut d'enregistrement dans un délai de dix jours[2820]. Il en a été déduit, par la suite, qu'elle n'emporte pas obligation d'accomplir les formalités prévues à l'article 1690 du Code civil[2821], et également que le bénéficiaire initial garde qualité pour lever l'option en cas de rétractation de son acceptation par le bénéficiaire substitué[2822].

[2817] J. Ghestin, C. Jamin, M. Billiau, *Les effets du contrat*, préc., n° 1075.
[2818] Même sens : J. Flour, J.-L. Aubert, Y. Flour, E. Savaux, *Le rapport d'obligation*, préc., n°s 351 et 411.
[2819] Cass. civ. 3e, 2 juillet 1969 : D. 1970 p. 150 n. J.-L.Aubert.
[2820] CGI, art. 1840 A (réd. L. 15 décembre 1963).
[2821] « Le fait pour les bénéficiaires d'une promesse de vente de se substituer un tiers ne constitue pas une cession de créance et n'emporte pas obligation d'accomplir les formalités de l'article 1690 c. civ. » : Cass. civ. 3e, 1er avril 1987 : D. 1987 p. 454 n. L. Aynès ; RTD civ. 1987 p. 777 obs. Ph. Rémy ; I. Najjar, *Option et substitution dans la promesse unilatérale de contrat*, D. 1988, chron. p. 135.
[2822] Cass. civ. 3e, 27 avril 1988 : D. 1989 p. 65 n. I. Najjar.

La doctrine a beaucoup de mal à rendre compte de ces solutions à partir de données tirées de la technique juridique. Les explications très diverses qui ont été proposées intéressent notre propos. Doublement. D'abord, le débat porte essentiellement sur le point de savoir si la substitution constitue ou non un mécanisme translatif, ce qui fournit une (nouvelle) occasion de vérifier la porosité de la frontière entre celui-ci et d'autres mécanismes voisins mais dépourvus de ce caractère. Ensuite, et surtout, le présupposé de la perte du droit transmis joue en la matière un rôle clef, les auteurs étant naturellement portés à accepter sans discuter la liaison faite par la jurisprudence entre l'absence de transfert et la non perte du droit d'option par le bénéficiaire initial (« *l'exercice, par le bénéficiaire, de la faculté qui lui a été reconnue de se substituer une autre personne, n'ayant pas le caractère d'une cession de créance, la cour d'appel, qui a constaté que M. Y., bénéficiaire substitué, avait rétracté son acceptation, a pu [...] retenir que la qualité de M. X. [bénéficiaire initial] pour lever l'option n'était pas douteuse* »)[2823] qu'ils expliquent par l'idée que ce droit n'est pas sorti de son patrimoine, et donc qu'il ne l'a pas cédé.

Notre analyse est différente. À nos yeux, en effet, il y a bien transfert, et la jurisprudence ne le dénie en la forme qu'en raison du lien établi entre transfert et perte : inversant cette corrélation (« non-perte » égale « non-transfert »), le juge considère qu'il doit « dire » que le mécanisme n'était pas translatif pour que le substituant ne perde pas le droit de lever l'option ; et il énonce *ex-abrupto* (sans justifier, évidemment) : « la substitution n'est pas une cession ».

Sur ce point, notre approche de l'acte translatif modifie les données du débat ouvert sur la nature juridique de la clause de substitution (sur ce point, seulement, car l'éviction du formalisme civil et fiscal en la matière s'inscrit dans le contexte plus large d'une démarche qui paraît avant tout opportuniste)[2824]. Nous nous proposons donc de confronter cette approche aux deux grands types d'analyses « autonomistes »[2825] de la substitution proposées en doctrine : celles qui y voient le synonyme d'un mécanisme juridique connu (A), celle qui y voit le siège d'un mécanisme juridique inconnu (B).

A. – La substitution, synonyme d'un mécanisme connu ?

867.– On est naturellement porté à voir dans la substitution un mécanisme de transmission au tiers substitué des effets du contrat de promesse. Les auteurs, s'ils trouvent cette approche logique, relèvent qu'elle ne correspond pas à la jurisprudence. Les données de celle-ci imposeraient d'y voir un mécanisme non pas translatif (1°) mais attributif (2°). De notre point de vue, ni l'une, ni l'autre de ces propositions n'est à l'abri de la critique.

[2823] Cass. civ. 3e, 27 avril 1988, préc.

[2824] En ce sens : Ph. Brun, *Nature juridique de la clause de substitution dans le bénéfice d'une promesse unilatérale de vente : une autonomie de circonstance ?* RTD civ. 1996 p. 29, qui rappelle notamment que la position stricte de la 3e chambre civile à propos de l'application de l'article 1840 A CGI est souvent interprétée comme la marque d'une résistance à l'égard des nullités fiscales.

[2825] « Autonomistes » en ce sens qu'elles refusent de voir dans la substitution un mécanisme de cession, qu'elles en font un mécanisme spécifique distinct de celle-ci.

1° Déni du caractère translatif

868.– Dans toute cession, le cédant se substitue un cessionnaire : le plus simple serait donc de considérer que le terme substitution est synonyme de cession, et de voir dans la clause de substitution une stipulation autorisant le bénéficiaire à céder à un tiers le bénéfice de la promesse. Cette approche comporte a priori deux variantes selon que l'on considère que la cession porte sur la *créance* du cédant contre le cédé, ou bien qu'il s'agit d'une cession du *contrat* de promesse dans son ensemble, contrat dont on sait qu'il est le plus souvent synallagmatique (le promettant s'obligeant à verser une indemnité d'immobilisation) alors même que la promesse est unilatérale.

Cette analyse est cependant condamnée en termes exprès par la Cour de cassation, nous l'avons relevé : elle a précisé à de multiples reprises que l'exercice de la faculté de substitution n'est pas une « cession de créance »[2826], et de façon plus générale qu'il ne s'agit pas d'une « cession »[2827]. La question posée est de savoir comment apprécier cette solution.

869.– Divers auteurs l'approuvent, en tout ou en partie. Il est relevé, ainsi, qu'il ne saurait être question de cession de créance puisque le droit cédé est un droit potestatif, un droit d'option[2828] ; la remarque, incontestable, ne vaut évidemment approbation que de l'exclusion du mécanisme de la cession de créance (formalités de l'article 1690 C. civ.), et non pas de celle de la cession de contrat, qualification effectivement beaucoup plus convaincante ici que celle de cession de créance[2829].

Pour expliquer qu'il n'y a pas d'effet translatif, faute de cession de contrat ou de droit d'option, il faut aller plus loin et considérer que la substitution emporte non pas transmission du droit d'option mais levée de l'option par le bénéficiaire, lequel se trouve donc « définitivement lié »[2830]. Si tel était le cas, on aurait évidemment un critère clair de distinction entre cession de contrat et substitution de bénéficiaire. La réalité est cependant différente puisqu'il arrive que le bénéficiaire substitué se rétracte[2831] ; or, s'il peut le faire, c'est bien que son acceptation concerne non pas le contrat définitif mais seulement le droit d'option – tout comme celle du bénéficiaire initial.

870.– Pour expliquer qu'il n'y a ni cession de créance, ni cession de droit d'option, ni cession de contrat, on insiste surtout, il est vrai, sur un argument de portée plus générale : la non-perte du bénéfice du contrat de promesse par le bénéficiaire substituant. Nous avons relevé qu'aux termes d'un important arrêt de la troisième chambre civile de la Cour de cassation du 27 avril 1988, le bénéficiaire initial peut toujours lever l'option dans le délai prévu quand le bénéficiaire désigné pour

---

[2826] Cass. civ. 3e, 1er avril 1987, préc. ; Cass. civ. 3e, 13 juillet 1999, Bull. civ. III, n°180.
[2827] Cass. civ. 3e, 17 avril 1984, D. 1985 p. 234 n. I. Najjar ; Cass. civ. 3e, 19 mars 1997, Bull. civ. III, n° 68.
[2828] Sur cette notion, v. not. L. Boyer (th. préc., p. 61 s.) ; Ch. Lapp (th. préc., p. 30 s.) et *supra*, note 356.
[2829] En ce sens : L. Aynès, n. préc., D. 1987, p. 456 (« la cession d'une promesse de vente transmet au cessionnaire le contrat de promesse, c'est-à-dire le droit d'option »).
[2830] L. Boyer, *Clause de substitution et promesse unilatérale de vente*, JCP G 1987, I, 3310, n° 13.
[2831] V. les faits de Cass. civ. 3e, 27 avril 1988, préc.

se substituer à lui ne la lève pas[2832]. Il y a là une solution perçue par tous les auteurs comme étant à l'évidence inconciliable avec l'idée même d'effet translatif. Mme Behar-Touchais résume bien ce sentiment général en soulignant que :

> « *Cette solution est incompatible avec la notion de cession. Si le bénéficiaire initial avait cédé son droit d'option, il ne serait plus dans son patrimoine et il n'aurait donc aucun titre à lever l'option [...] la seule explication plausible de cet arrêt consiste donc à dire qu'il n'y a pas eu de transfert* »[2833].

Le présupposé de la perte du droit transmis pèse de tout son poids, on le voit, sur l'approche des auteurs.

La réalité se présente très différemment si, conformément à l'idée générale qui anime notre travail et aux précédents que nous avons invoqués en ce sens, on s'affranchit de ce présupposé ; si l'on admet qu'un droit est susceptible d'une certaine duplication puisqu'il n'est pas une chose matérielle. Rappelons simplement ici que cela n'est en rien contraire à l'efficacité de l'effet acquisitif attaché au transfert, la survie du droit initial en la personne de l'auteur dans le transfert n'ayant qu'un caractère relatif et subsidiaire[2834]. Précisément, il apparaît particulièrement opportun en matière de promesse de vente d'éviter que le promettant puisse se prévaloir de l'opposabilité du transfert de la promesse pour se libérer sans raison de son engagement[2835]. Il a été justement souligné, en effet, que les décisions « autonomistes » s'inscrivent dans un contexte d'équité et traduisent une réaction du juge contre la mauvaise foi d'un promettant qui tente de se soustraire à son engagement en invoquant soit la nullité d'ordre public de l'article 1840 A du Code général des impôts[2836], soit l'inopposabilité résultant de l'inobservation des formalités de l'article 1690 du Code civil[2837]. La solution retenue est donc à la fois souhaitable en opportunité et possible en technique juridique. Elle n'a pas la portée « autonomiste » qui lui est ordinairement attachée ; il s'agit d'un effet ordinaire de la notion d'acte translatif affranchie du présupposé avec lequel elle fait habituellement corps.

871.– Cette analyse conduit à cantonner le particularisme de la substitution du bénéficiaire d'une promesse unilatérale de vente. Elle fait apparaître, en effet, que la vocation subsidiaire du substituant à lever l'option, qui constitue la clef de voûte de toutes les analyses autonomistes, s'inscrit bel et bien dans le schéma de l'acte translatif. Or, l'autre particularité, l'inapplication de l'article 1690 du Code civil, n'est nullement contraire à ce schéma ; elle exclut l'existence d'une cession de créance, mais non celle d'une cession du droit d'option ou du contrat[2838].

[2832] Arrêt préc. Même sens : Cass. civ. 3e, 13 juillet 1999 : Bull. civ. III, n° 180 ; JCP G 1999, II, 10207 n. M.-C. Psaume ; D. 2000 p. 195 n. E. Jeuland ; Defrénois 2000 art. 37195 n. Y. Dagorne-Labbé.

[2833] M. Behar-Touchais, *Retour sur la clause de substitution*, Mélanges dédiés à Louis Boyer, 1996, p. 96 s., spéc. p. 100. V. aussi les auteurs cités ci-après.

[2834] V. *supra*, n° 667 s.

[2835] Rappr. *supra*, n° 25 et 699 s.

[2836] V. not. les faits de Cass. civ. 3e, 2 juillet 1969 et 17 avril 1984, préc.

[2837] Ph. Brun, art. préc., RTD civ. 1996 p.48, n° 31.

[2838] Il est vrai, cependant, que la Cour de cassation persiste à déclarer l'article 1690 C. civ. applicable en cas de cession de contrat (ex. : Cass. civ. 3e, 7 juillet 1993, qui analyse en cession de contrat

On est donc ramené à une seule solution particulière : l'éviction d'une nullité « fiscale ». Celle-ci étant étrangère à notre propos, nous nous bornerons sur ce point à faire deux remarques. D'abord, c'est à tort, on le voit que l'on fait de cette solution la pierre d'angle d'une construction d'ensemble ; on développe ainsi une dynamique qui exagère artificiellement la rupture avec le droit commun. Ensuite, sur le terrain même de l'opportunité, qui semble bien constituer le véritable fondement du rejet de l'idée de cession en la matière[2839], le choix auquel la Cour de cassation se tient depuis plus de trois décennies en matière de promesse de vente devra un jour être mis en balance avec la nécessité d'attacher son plein effet à l'application de la loi du 29 janvier 1993 dite « anti-corruption »[2840], ce qui devrait[2841] conduire à souligner son caractère obsolète.

872.– On comprend que, vue sous cet angle, l'hypothèse du caractère attributif de la clause de substitution ne suscite guère d'intérêt.

2° Hypothèse du caractère attributif

873.– Les auteurs qui prennent au pied de la lettre le déni du caractère translatif de la substitution dans le bénéfice d'une promesse unilatérale de vente sont conduits à expliquer cette solution par l'existence d'un mécanisme « attributif ». Celui-ci est caractérisé par le fait qu'il n'y a pas de rapport de cédant à ayant cause entre le premier bénéficiaire et le tiers substitué ; c'est directement du contrat initial que ce dernier tient son droit : l'opération « essentiellement non translative, [met] en cause un initiateur, dont le consentement en aura déclenché le processus, ainsi qu'un débiteur et un bénéficiaire, unis par le lien d'obligation qu'elle aura créé »[2842]. La stipulation pour autrui et la délégation correspondent à ce schéma et c'est de l'une ou l'autre, selon les auteurs, que la substitution devrait être regardée comme étant le synonyme.

a) Stipulation pour autrui ?

874.– L'arrêt fondateur du 2 juillet 1969[2843] approuvait les juges du fond d'avoir analysé en une stipulation pour autrui la clause de substitution stipulée dans une

---

la substitution de bénéficiaire d'une promesse synallagmatique... et la soumet à l'art. 1690 : D. 1994 p. 597 n. J.-P. Clavier, somm. p. 211 obs. A. Penneau).

2839 À preuve : lorsque la question de l'enregistrement ne se pose pas, la Cour de cassation n'hésite pas à retenir la qualification de cession de contrat (Cass. civ. 3e : D. 1994 p. 597, 7 juillet 1993, préc., à propos de la substitution de bénéficiaire d'une promesse synallagmatique de vente).

2840 Ce texte frappe de nullité « toute cession à titre onéreux des droits conférés par une promesse de vente portant sur un immeuble lorsque cette cession est consentie par un professionnel de l'immobilier ».

2841 Cela n'est cependant pas sûr puisque cette loi pourrait s'appliquer aux *substitutions* consenties par les professionnels de l'immobilier en considérant qu'*au sens de ce texte* la substitution doit être assimilée à une cession (la suggestion a déjà été faite : M. Behar-Touchais, art. préc., Mélanges dédiés à Louis Boyer, p. 96).

2842 J. François, *Les opérations juridiques triangulaires attributives (stipulation pour autrui et délégation)*, th. préc., p. 7. (Le terme « attributif » n'est pas dénué d'équivoque puisqu'il désigne très différemment, dans les procédures civiles d'exécution, le transfert de la créance au saisissant : sur l'effet « attributif » de la « saisie-attribution », v. *supra*, n° 402) ; comp. G. Pillet, *La substitution de contractant à la formation du contrat en droit privé*, LGDJ, B. Tunc, U. Paris 1, 2004.

2843 Cass. civ. 3e, 2 juillet 1969, préc.

promesse unilatérale de vente ; cette qualification garde ses partisans en doctrine[2844], alors même que la Cour de cassation ne l'a jamais reprise par la suite, se contentant d'écarter celle de cession. Elle peut être justifiée dans les termes suivants : en concluant le contrat de promesse, le bénéficiaire initial stipule non seulement pour lui mais aussi pour un tiers indéterminé ; lorsqu'il se substitue ce tiers il ne lui transmet pas le droit dont lui-même est titulaire, il se contente de le désigner et celui-ci reçoit un droit qui est né directement sur sa tête.

Ce schéma se coule parfaitement dans le moule de la stipulation pour autrui : outre, en effet, que celle-ci est l'accessoire d'une stipulation faite pour soi-même (ainsi que le précise l'article 1121 du Code civil), il n'est pas nécessaire que le bénéficiaire soit connu dès le départ et il n'est pas exclu que naissent des obligations à sa charge, dès lors qu'il l'accepte[2845].

875.– Le schéma se complique, néanmoins, lorsqu'on veut en expliquer certaines nuances. Pour rendre compte de l'obligation mise à la charge du substitué, le professeur Martin parle, ainsi, de « stipulation de contrat pour autrui »[2846], par quoi il explique tout « changement de contractant », et notamment la substitution de bénéficiaire dans la promesse unilatérale de contrat[2847]. Il y voit une simplification par rapport à l'enchaînement de trois contrats que MM. Billiau et Jamin proposent pour expliquer la cession de contrat (contrat initial entre *A* et *B* ; contrat de substitution entre *B* et *C* ; nouveau contrat entre *A* et *C*)[2848], puisqu'il suffit de deux contrats pour exécuter une stipulation de contrat pour autrui : le contrat initial entre *A* et *B* et le contrat de remplacement entre *B* et *C*[2849]. La critique qu'il adresse à la construction de ces auteurs vaut néanmoins tout autant à son égard : « n'est-ce pas un peu lourd pour une opération simple ? ». Le remplacement de l'une des parties, à tout prendre, ne s'explique-t-il pas plus simplement encore par un mécanisme translatif, auquel la clause de substitution marque l'assentiment du promettant ?

876.– La même remarque peut être faite à l'égard de l'explication proposée par le professeur Béhar-Touchais. Cet auteur part du constat que la stipulation pour autrui fait naître deux droits dont l'exercice est simplement alternatif, l'un au profit du substituant, l'autre au profit du substitué. Soucieuse de ne pas en faire deux droits concurrents, afin d'éviter un possible conflit entre eux, elle s'attache à montrer qu'ils ne sont pas de la même nature : le droit attribué au substitué éventuel n'est pas, précise-t-elle, le même droit d'option que celui du bénéficiaire initial, c'est « l'équivalent d'un droit conventionnel de retrait dans le bénéfice de l'option, c'est-à-dire le droit de se substituer au bénéficiaire initial de l'option, ce qu'il ne

---

[2844] L. Boyer, art. préc. ; M. Behar-Touchais, art. préc. ; Azencot, *La transmission des promesses unilatérales de vente*, JCP N 1992, p. 61 ; P. Ancel, note sous CA Lyon, 15 mai 1997, Rev. arb. 1997 p. 402 ; D. Martin, *Du changement de contractant*, chron. préc., D. 2001 p. 3144.

[2845] Cass. civ. 1re, 8 décembre 1987 : Bull. civ. I, n° 343 ; G. Venandet, *La stipulation pour autrui avec obligation acceptée par le tiers bénéficiaire*, JCP N 1990, I p. 11.

[2846] D. Martin, *La stipulation de contrat pour autrui*, D. 1994, chron. p. 145.

[2847] D. Martin, *Du changement de contractant*, chron. préc.

[2848] *Ibid.*, p. 3145 ; v. *supra*, n° 859 .

[2849] *Ibid.*, p. 3146.

fera, bien sûr que s'il veut lever l'option »[2850]. Le raffinement ainsi introduit dans l'analyse[2851] aurait le double avantage d'éviter le conflit ainsi que d'éviter également de rendre le substitué débiteur de l'indemnité d'immobilisation en cas de non levée de l'option.

Est-il sûr, cependant, que cette construction évite le conflit des deux droits et permette au substitué de primer le substituant ? Par rapport à la préoccupation de départ de l'auteur (« Que décider si le substituant de mauvaise foi, ou croyant à tort que le substitué n'entend pas se prévaloir de son droit, lève l'option en premier, et que le substitué entend la lever à son tour ? »), elle paraît peu satisfaisante puisque, ainsi que l'auteur le précise elle-même, « il s'agit d'un retrait dans l'option et non dans le contrat définitif »[2852], ce qui emporte que le substitué perd son droit si le bénéficiaire initial lève l'option ; l'auteur semble considérer que cette éventualité n'est susceptible de se produire que « si le bénéficiaire du droit de substitution n'a pas exercé son droit avant l'expiration du délai d'option »[2853], mais le mécanisme de la stipulation pour autrui lui laisse cette possibilité ouverte de façon beaucoup plus large, puisqu'il n'est pas translatif (et n'explique donc pas la vocation seulement *subsidiaire* que conserve le substituant à lever l'option).

Est-il sûr, ou même bon, par ailleurs, que le substitué ne soit pas tenu de l'indemnité d'immobilisation[2854] ? La solution semble incertaine en jurisprudence. Il n'est pas certain qu'elle corresponde à l'économie de l'opération (pourquoi le substitué recevrait-il le droit sans la charge correspondante ?) et le schéma de la cession (imparfaite) de contrat paraît à cet égard mieux adapté.

877.– Finalement, il paraît y avoir plus d'inconvénients que d'avantages à analyser la substitution en stipulation pour autrui. Il n'est pas plus heureux de la prendre pour synonyme de délégation.

b) Délégation ?

878.– Preuve que le schéma de la délégation est utilisé ici de façon divinatoire et artificielle, il l'est de deux façons très différentes. Un premier raisonnement s'applique à expliquer que le substitué est débiteur de l'indemnité d'immobilisation : le bénéficiaire initial est alors délégant, le substitué délégué et le promettant délégataire. Ce schéma est si loin de l'économie de l'opération qu'il semble avoir été conçu[2855] à la seule fin d'être critiqué.

[2850] M. Behar-Touchais, *Retour sur la clause de substitution*, art. préc., n° 12.
[2851] À la différence de Boyer, Mme Behar-Touchais distingue le consentement du substitué à bénéficier de son droit, et son consentement à l'exercice de ce droit (*ibid.*, note 14 et p. 93), ce qui permet de rendre compte de la possibilité de se rétracter.
[2852] *Ibid.*, note 33.
[2853] *Ibid.*
[2854] Ce « prix d'un droit à l'hésitation », selon la formule du professeur Najjar (*Option et substitution dans la promesse unilatérale de contrat*, D. 1988, chron. p. 135, n° 2).
[2855] Par M. Brun, art. préc., RTD civ. 1996 p. 40.

Ce qu'il s'agit d'expliquer, en effet, c'est moins la dette du substitué que la naissance de son droit. Pour cela, un second raisonnement fait du substituant le délégant, du promettant le délégué et du substitué le délégataire : « pour exécuter les obligations qu'il a contractées à l'égard du tiers qu'il entend se substituer, le bénéficiaire initial de la promesse invite le promettant à se libérer entre les mains du tiers »[2856]. Il a été relevé[2857] que cette analyse est renforcée par la jurisprudence selon laquelle la délégation ne supprime pas mais paralyse simplement le droit du délégant contre le délégué[2858] ; ainsi, en effet, est expliqué que le substituant garde vocation à lever l'option si le substitué ne le fait pas.

Cette analyse est irréprochable si l'on admet l'existence d'une obligation préalable entre délégant et délégué. Reposant sur un mécanisme de délégation incertaine, elle en présente cependant les faiblesses[2859] : certes l'obligation est nouvelle par sa source, néanmoins il s'agit en réalité de la même obligation si on en considère l'objet ; autrement dit, le montage est techniquement irréprochable... mais aussi très artificiel. Un auteur juge « tout à fait remarquable » qu'un mécanisme attributif ait sur le point considéré des effets identiques à un mécanisme translatif, et il y voit la marque d'une « grande souplesse »[2860] ; on peut cependant se demander si cela ne traduit pas plutôt un détournement du mécanisme attributif de sa finalité puisqu'il semble que celui-ci ne soit utilisé ici qu'à l'unique fin de « tourner » le présupposé de la perte du droit en cas de transfert. Dès lors que l'existence de ce présupposé est décelée et dénoncée, il serait plus simple et conforme à la volonté des parties de faire l'économie de ce détour et de considérer que l'on est en présence d'une « transmission par substitution »[2861] sans perte du droit transmis.

Pour les mêmes raisons, on est conduit à marquer une certaine réserve par rapport à un autre type d'approche autonomiste de la substitution de personne, celle qui y voit le siège d'un mécanisme inconnu.

B. – La substitution, siège d'un mécanisme inconnu ?

879.– Selon une thèse récente, la substitution de personne serait une catégorie juridique autonome dotée d'un régime propre. L'auteur de cette thèse, M. Jeuland, soutient qu'il ne s'agit pas d'un mécanisme translatif puisque la personne remplacée

---

[2856] V. Soubise, *La transmission, par substitution de bénéficiaire, des droits conférés par une promesse de vente*, D. 1994, chron. p. 237.

[2857] P. Ancel, n. préc., Rev. arb. 1997 p. 413.

[2858] Cass. com., 16 avril 1996, préc. *supra*, notes 97 et 2187 .

[2859] Déjà évoquées *supra*, n° 845 s.

[2860] P. Ancel, n. et art. préc., Rev. arb. 1997 p. 416 et 2002 p. 15. Souplesse, ou artifice à distinguer délégation incertaine et transfert ? Relevons, pour illustrer le caractère artificiel de la distinction, que cet auteur adhère ici à l'idée d'une obligation nouvelle (n. préc., Rev. arb. 1997 p. 415) alors qu'il s'y refuse ailleurs (il marque de la distance par rapport à l'analyse selon laquelle l'accord du cédé à la cession de contrat est constitutif d'un nouveau contrat, analyse reposant pourtant sur le même mécanisme de délégation incertaine : art. préc., RTD civ. 1999 p. 809).

[2861] Tels sont les mots clefs de l'intitulé d'une chronique consacrée au sujet il y a quelques années (V. Soubise, *La transmission, par substitution de bénéficiaire, des droits conférés par une promesse de vente*, chron. préc.), ce qui est en soi curieux (ou révélateur) puisqu'il y est soutenu que la substitution constitue une délégation...

(le substituant) est maintenue dans le rapport juridique. Par ailleurs il ne s'agit pas non plus selon lui d'un mécanisme constitutif car il y a substitution dans un rapport d'obligation (au sens large de droit, devoir ou droit potestatif : de « lien de droit ») et non pas création d'un rapport d'obligation nouveau, ni d'un sous-contrat car il existe un lien de droit direct entre le substitué (celui qui met en œuvre le rapport de droit) et celui qu'il appelle l'insubstitué (le cocontractant du substituant). Ce lien direct naît non pas d'un mécanisme de représentation mais de la substitution elle-même,

> « *acte qui permet au substitué de mettre en œuvre l'obligation née d'un rapport fondamental entre deux personnes, sans que le substituant ne disparaisse entièrement du rapport juridique et de telle sorte que le substitué et l'insubstitué soient directement liés entre eux* »[2862].

Cette thèse paraît au premier abord très séduisante car elle permet d'expliquer que le tiers devient partie au contrat sans que la personne qu'il remplace sorte de celui-ci[2863]. Elle explique, ici, que le bénéficiaire de la promesse garde vocation à lever subsidiairement l'option en dépit de la mise en œuvre de la clause de substitution[2864], ou encore qu'il ne cesse pas pour autant d'être créancier du promettant[2865]. Les applications qui en sont retenues sont par ailleurs beaucoup plus larges : M. Jeuland décèle l'existence d'un mécanisme *général* de substitution de personne, permettant de substituer un débiteur à un autre[2866], ou un créancier à un autre[2867], ou d'exercer une action en justice à la place d'autrui (action oblique, action sociale exercée *ut singuli*, action des syndicats à la place des salariés)[2868]...

880.– Assez vite, cependant, cette thèse suscite des réserves si on la considère de notre point de vue. Est-il bien opportun, d'abord, de construire une approche dans laquelle la substitution serait le siège d'un mécanisme entièrement nouveau, jusqu'ici inconnu, lorsqu'on considère l'hétérogénéité des solutions qu'elle recouvre ? Il est en effet un peu étonnant de regrouper sous la notion transversale de « substitution » des mécanismes aussi différents, par exemple, que la substitution de mandataire et la cession de contrat de promesse[2869] : peut-on mettre sur le même plan le maintien

---

[2862] E. Jeuland, *Essai sur la substitution de personne dans un rapport d'obligation*, préc., n° 162 ; *Proposition de distinction entre la cession de contrat et la substitution de personne*, D. 1998, chron. p. 356.

[2863] E. Jeuland, th. préc., n° 341 s.

[2864] Cass. civ. 3e, 27 avril 1988, préc. ; E. Jeuland, th. préc., n° 96.

[2865] Cass. civ. 3e, 13 juillet 1999 : D. 2000 p. 195 n. E. Jeuland, préc. (cassation d'un arrêt ayant jugé que « l'acte de substitution entraînait nécessairement cession de la créance de sorte que [le substituant] n'avait plus la qualité de créancier » ; à la différence de l'annotateur, qui en déduit que la substitution est une notion autonome, nous y voyons une façon pour le juge du droit de rejeter le postulat du lien cession-perte sans s'y attaquer de front).

[2866] Ce que l'auteur appelle les substitutions de personne « passives » (th. préc., n° 20). Ex. : la substitution du repreneur d'une entreprise en difficulté (Cass. com., 8 décembre 1998 : JCP G 2000, II, 10234 n. E. Brocard et E. Jeuland).

[2867] Substitutions de personne dites « actives » (*ibid.*, n° 28). Ex. : Cass. soc., 1er février 2000 : JCP G 2001, II, 10451 n. E. Jeuland.

[2868] Et sur ce point il y a un certain artifice de notre part à n'aborder cette thèse qu'à ce point de nos développements (rappr. *supra*, note 2033).

[2869] Ou, sur un autre registre, l'action oblique (exercice du droit ou de l'action « qui appartient au débiteur » : E. Jeuland, th. préc., n° 95) et l'action en garantie du vendeur intermédiaire contre son propre

dans les deux cas du « substituant » alors qu'il entend exécuter le contrat dans le premier, et en sortir dans le second ? peut-on mettre sur le même plan le « lien direct » qui apparaît dans les deux cas entre les parties extrêmes alors qu'il s'agit d'une exception au principe de l'effet relatif dans le premier cas, d'une application de l'effet translatif dans le second ? La notion proposée a l'inconvénient de brouiller les catégories juridiques établies et de créer entre elles des problèmes de frontière.

881.– Une autre réserve porte sur l'existence d'un régime juridique spécifique. La cession de contrat suppose le consentement du cédé. Rien de tel en ce qui concerne la substitution de personne, insiste M. Jeuland pour établir l'autonomie de celle-ci : ainsi « la substitution de bénéficiaire peut être réalisée sans [...] le consentement de l'intéressé »[2870]. Dans le cas particulier de la cession de contrat de promesse – le seul que nous considérons ici – cette proposition n'est cependant pas conforme à la réalité. Rappelons, en effet, que cette substitution résulte du jeu d'une clause qui donne au bénéficiaire désigné la faculté de se substituer une autre personne[2871]. Or s'il est vrai que la jurisprudence subordonne la cessibilité du contrat au consentement du cédé, elle considère qu'un consentement exprès n'est pas nécessaire si le contrat cédé autorise la cession[2872]. Aucune différence de régime ne permet donc de justifier sur ce point que la substitution soit distinguée de la cession de contrat.

882.– Une troisième réserve – la réserve essentielle – concerne le principe même de la notion de substitution de personne. Les éléments de régime que retient M. Jeuland sont au fond proches des nôtres (ce sont ceux tirés de la jurisprudence : maintien du substituant, subsidiarité de son intervention), mais ils ne sont pas rattachés à l'idée de cession. L'acte de substitution, retient-il, ne saurait être translatif « *car le substituant est maintenu dans le rapport juridique* »[2873], il « *ne disparaît pas entièrement du rapport juridique* »[2874]. Autrement dit, la construction de cet auteur repose tout entière ici sur le présupposé de la perte du droit transmis. Loin de le remettre en question, il l'érige en principe de classification[2875].

Il s'agit là d'une approche possible. Ce n'est pas la nôtre. Confrontée au même problème (comment concilier transfert et maintien du droit ?) il nous a paru plus conforme à la réalité de considérer que la notion d'acte translatif n'exclut pas nécessairement le maintien du droit transmis en la personne de l'auteur dans le transfert. Par delà le cas particulier de la cession du contrat de promesse, cela constitue en effet une solution à portée très générale. Faisant un sort particulier à la

---

auteur (exercice d'une action qui continue à lui appartenir en dépit du transfert de la propriété du bien dont elle est l'accessoire).

[2870] E. Jeuland, th. préc., n° 122 (v. aussi not. p. 55 et 308).

[2871] V. *supra*, n° 858.

[2872] Cass. com., 6 mai 1997, 2e arrêt (préc. *supra*, note 2792), qui juge que le consentement est suffisant s'il est donné dans le contrat par l'effet d'une clause de substitution.

[2873] E. Jeuland, th. préc., n° 15.

[2874] *Ibid.*, n° 93 et 105 s.

[2875] Un peu de la même façon, M. Jeuland distingue la substitution de voiturier du sous-contrat de transport en se fondant sur l'idée que ce dernier est exclusif d'un lien contractuel direct entre extrêmes. Il a été montré, cependant, que la sous-traitance de la prestation de transport n'exclut pas l'existence d'un tel lien direct (L. Guignard, *Sous-traitance et transport*, Litec, B. dr. entreprise, 2001, n° 985 s.).

cession de la promesse, la thèse examinée présente à nos yeux le double inconvénient d'ignorer le véritable domaine de la non-perte du droit transmis et de mal rendre compte de sa véritable portée.

*

* *

883.– Conclusion du paragraphe : la substitution du bénéficiaire d'une promesse unilatérale de vente constitue une énigme pour le juriste car le bénéficiaire initial garde qualité pour lever l'option en cas de rétractation de son acceptation par le bénéficiaire substitué. Le postulat de la perte du droit transmis conduit à considérer que cette substitution n'est pas un acte translatif ; les auteurs l'analysent en une stipulation pour autrui, ou bien en une délégation, ou encore en un mécanisme juridique autonome (la « substitution de personne dans un rapport d'obligation ») caractérisé par l'existence d'un lien direct entre le substitué et l'insubstitué ainsi que par le maintien du substituant.

Chacune de ces explications a sa part d'artifice. La dernière thèse citée a le grand intérêt de faire apparaître que la substitution d'une personne par une autre ne fait pas nécessairement disparaître le substituant du rapport de droit ; il s'agit cependant là d'une caractéristique commune à tous les actes translatifs et il ne nous paraît donc pertinent ni d'isoler sur ce point la substitution du bénéficiaire d'une promesse unilatérale des autres actes translatifs, ni d'en faire le siège d'une catégorie juridique autonome.

La mise au jour de la fausseté du présupposé selon lequel le transfert d'un droit implique nécessairement sa perte en la personne de l'auteur dans le transfert permet de faire l'économie de ces artifices : la vocation subsidiaire du substituant à lever l'option s'inscrit simplement dans le schéma de l'acte translatif.

884.– Conclusion de la section : la controverse doctrinale sur le rôle du consentement du cédé en matière de cession de contrat, et à travers lui sur le point de savoir s'il faut voir en cette cession un acte translatif ou constitutif, marque la limite de l'affinement des idées en la matière. Il nous est apparu que la jurisprudence ne soumet pas toujours la cession de contrat au schéma de la délégation ; elle ne recourt à celui-ci que dans les cas où la cession a en pratique pour objet une dette, afin d'empêcher la libération du cédant sans pour autant heurter de front le postulat selon lequel tout acte translatif (fût-ce celui d'une dette) entraîne nécessairement la perte de ce qu'il cède en la personne de l'auteur dans le transfert.

La mise en lumière de ce présupposé et de sa fausseté permettent de restituer au mécanisme de la cession de contrat sa véritable portée : il s'agit bien d'un mécanisme translatif ; comme tel, il n'a pas d'effet extinctif automatique du droit transmis.

885.– Conclusion plus générale : l'étude de l'acte translatif d'un droit contre une personne confirme la fausseté de l'idée selon laquelle le transfert du droit entraîne nécessairement sa perte par l'ancien titulaire. Certes, la survie relative du droit transmis n'a pas de caractère nécessaire. Mais la transversalité même des hypothèses dans lesquelles une telle survie est relevée atteste qu'il s'agit d'une règle de fond puisqu'on en trouve des applications aussi bien quand il s'agit du droit substantiel, qu'il soit de nature personnelle ou qu'il porte sur une chose, que lorsqu'il s'agit du droit d'agir en justice.

CONCLUSION

886.– L'acte translatif, peu étudié en tant que tel, a généralement été perçu jusqu'ici comme supposant « naturellement » la titularité du droit transféré par celui qui y procède et comme emportant, tout aussi évidemment, la perte de ce droit par l'effet du transfert.

Cette étude s'inscrit en faux contre ces deux idées reçues.

887.– Une difficulté préalable a été de circonscrire son domaine. Celui-ci est apparu très vaste car la notion générique d'acte translatif recouvre des mécanismes extrêmement divers, l'arbre de la vente ne devant pas faire oublier la variété des essences d'une forêt où dation en paiement, saisie-attribution, jugement d'adjudication se mêlent à bien d'autres espèces…

Par delà cette diversité, tous ces actes ont en commun de se distinguer notamment des actes constitutifs, déclaratifs ou extinctifs. Nous avons marqué que ces distinctions sont d'autant plus nécessaires que leurs éléments peuvent constituer l'objet de stratégies différentes et qu'elles sont parfois d'un maniement complexe.

888.– La principale difficulté liminaire a cependant consisté à préciser l'objet de l'acte translatif d'un bien. Le droit des biens, en effet, loin de se « languir de désuétude » comme il peut le sembler à certains égards[2876], est partagé entre deux approches théoriques très différentes qui en rendent l'appréhension passionnante mais extrêmement délicate. Dans l'approche que l'on peut dire classique car c'est celle de la plupart des auteurs, chacun est titulaire de droits réels ou personnels et le transfert, lorsqu'il intervient, porte sur le droit lui-même : il a pour objet le droit de propriété d'une chose, ou un autre droit réel, ou encore un droit personnel, il en transfère la titularité.

Développant les idées de son maître Ginossar, le professeur Zénati a proposé dans sa puissante thèse, puis développé dans l'ensemble de ses écrits une autre approche, centrée sur une redéfinition de la propriété : la propriété n'est pas un droit réel, c'est un pouvoir d'exclure et de disposer ; tous les droits, réels et personnels, sont objets de propriété ; le transfert porte sur ce qui est objet de propriété (le bien) et non pas sur le droit de propriété lui-même, qui n'est pas un bien.

[2876] D. Martin, *De la revendication des sommes d'argent*, D. 2002, chron. p. 3279.

Le mécanisme de l'acte translatif varie selon la théorie de référence. Dans l'approche traditionnelle on considère que le droit de propriété est incorporé dans la chose et se transmet avec elle, même si cette vision très matérialiste est rejetée par certains auteurs. Pour M. Zénati, il n'y a jamais transfert du droit de propriété car, étant un lien entre le bien et le sujet, il est indissociable de ce dernier ; le transfert consiste en l'extinction du droit ancien et la constitution d'un droit nouveau.

L'examen comparé des mérites et faiblesses respectifs des deux approches[2877] nous a conduite à marquer notre préférence pour celle de M. Zénati. Ce choix, nettement affirmé, n'est pas cependant toujours perceptible car nous avons dû tenir compte des habitudes de langage en droit des biens, lesquelles découlent de l'approche traditionnelle ; ainsi, nous nous référons à la « titularité des droits » plutôt qu'à la « propriété des biens » parce que cette dernière expression, pour un lecteur non averti, semble ne viser que la propriété au sens étroit de la théorie classique. En pratique, c'est donc dans les deux cadres théoriques de référence que nous avons dû lire notre problématique.

889.– Il est vrai que le domaine de l'acte translatif de « droit » coïncide pour l'essentiel avec celui de l'acte translatif de « propriété » au sens attaché à cette notion dans la doctrine de M. Zénati. Dans le cas des droits qui ne sont pas des biens, en effet, c'est-à-dire en dehors des droits patrimoniaux, le domaine de l'acte translatif est extrêmement limité puisqu'il n'y a jamais transfert des droits extrapatrimoniaux de la personnalité et que, s'agissant de l'autorité parentale, il n'y a ni propriété, ni possibilité d'un acte translatif du droit lui-même par le titulaire de ce droit. Ce n'est donc guère qu'au regard du transfert forcé de l'autorité parentale que l'on doit considérer que la notion d'acte translatif de droit est plus large que celle d'acte translatif de propriété.

*

* *

890.– Une donnée commune à l'une et à l'autre approches du droit des biens est que l'on y considère pareillement que celui qui transfère un « droit » doit nécessairement en être titulaire : on n'imagine même pas que quelqu'un d'autre que le titulaire de ce droit puisse en transférer la titularité, et la règle *Nemo plus juris* est perçue comme étant « de logique pure »[2878].

Il s'agit là, cependant, d'un simple postulat, d'un présupposé qui fausse le raisonnement. L'idée de départ de notre première partie[2879] est, très différemment, que la titularité du droit n'est pas la seule source du pouvoir de le transmettre.

891.– Pour établir que la corrélation obligée faite généralement entre ces deux notions est artificielle, il fallait commencer par montrer qu'elles peuvent être

---

[2877] Faiblesses de l'approche classique : v. n° 44 et 73; de celle de M. Zénati : v. n° 71, 75, 82.
[2878] J.-L. Goutal, th. préc., n° 89.
[2879] Idée déjà présentée *in* Cl. Calori, mémoire préc.

distinctes. Pour cela, nous sommes partie de l'exemple du droit des régimes matrimoniaux qui, précisément, est largement ordonné autour de la distinction des questions de pouvoir et des questions de propriété.

Cet exemple présente d'autant plus d'intérêt que la notion de « pouvoir » y était confondue depuis l'origine avec celles, voisines mais différentes, de capacité ou de droit et ce n'est que récemment qu'elle en a été distinguée. Le pouvoir est tantôt une prérogative en soi qui permet d'agir sur une prérogative que l'on n'a pas, tantôt une prérogative dont un époux est privé sur son propre bien.

Cette prérogative est au service d'une finalité particulière qui est de créer entre les époux une communauté, de biens (c'est le régime légal) ou même, de façon beaucoup plus générale, de pouvoirs (c'est le régime primaire). Une autre finalité du pouvoir est d'être un instrument au service des intérêts de la famille, ce qui explique diverses hypothèses dans lesquelles il est redistribué entre les époux.

892.– En dépit de l'exemple contraire que constitue le droit des régimes matrimoniaux, il existe un présupposé très fort qui repose sur l'idée d'un lien obligé entre titularité du droit et aptitude à le transmettre, entre propriété et pouvoir de transférer la propriété. Or ce lien est loin d'exister systématiquement.

893.– Nous nous sommes attachée, dans un premier temps, à le montrer afin d'établir la fausseté de l'idée présupposée. Il est bien connu que le créancier saisissant et l'autorité expropriante sont investis par la loi du pouvoir de déclencher le transfert de la propriété d'un bien qui ne leur appartient pas. Nombre d'autres cas semblables existent, dans lesquels on note une même dissociation entre le pouvoir de transmettre et la titularité du droit transmis, pour s'approprier soit la chose elle-même, soit sa valeur. Cette dissociation se retrouve (se retrouvait), d'une autre façon, dans le régime très particulier fait à l'héritier bénéficiaire ; elle constitue également la toile de fond de réflexions doctrinales récentes sur l'existence d'un droit autonome de disposer du bien d'autrui, ou sur le caractère non translatif de propriété du quasi-usufruit.

Ces exemples, pour la plupart, sont bien connus mais, curieusement, ils ne sont pas intégrés dans la théorie de l'acte translatif ; on s'en tient à une vision un peu superficielle de celui-ci et le discours doctrinal continue à reposer sur l'idée que nul ne peut transmettre plus de droit qu'il n'en a lui-même, idée qui paraît si évidente qu'elle n'a jamais été vraiment approfondie .

894.– Une autre approche est nécessaire si l'on veut rendre compte de la réalité : elle consiste à distinguer deux auteurs en matière d'acte translatif, celui dont le droit est transféré (l'auteur « dans » le transfert) et celui qui tient de la loi le pouvoir de déclencher le transfert (l'auteur « du » transfert).

Ainsi s'explique, notamment, que les textes visent le « transfert » de la propriété des immeubles expropriés alors pourtant que l'acquisition est en ce cas originaire : c'est parce qu'ils se réfèrent, sans l'expliciter, à l'auteur *de qui* le nouveau propriétaire tient son droit (l'auteur « du ») et non à l'auteur *dont* il le tient (l'auteur « dans »).

Ainsi s'explique, également, le particularisme des effets de l'acte translatif lorsque l'initiative en échappe au titulaire du droit transféré. L'article 1649 du Code civil, qui exclut le jeu de la garantie des vices cachés en cas de vente forcée, n'en constitue que l'élément le plus visible. Alors même que l'on ne conçoit généralement pas que le transfert puisse avoir deux auteurs distincts, un qui le déclenche, un autre qui transmet le bien, la jurisprudence consacre des solutions qui reflètent cette dualité, de façon parfois un peu déroutante puisqu'elle considère tout à la fois, au fil des espèces, que l'adjudicataire n'est pas l'ayant cause du débiteur saisi pour l'application des garanties après-vente mais qu'il l'est pour celle des règles de publicité foncière[2880], tout en l'étant également à cet égard du créancier saisissant[2881]...

Ces solutions n'ont jamais été théorisées en tant que telles jusqu'ici, ce qui explique que le présupposé subsiste encore. Il prend deux formes.

895.– La plus apparente consiste à présupposer la titularité du droit par l'auteur de l'acte translatif.

Cela explique un certain nombre de mécanismes, de théories qui reposent sur le présupposé ou qui l'impliquent et ne permettent pas d'en débusquer l'existence car celui-ci y est implicite et la manière même de considérer les choses ne permet pas de le voir, d'en détacher les deux éléments. C'est le cas de l'idée selon laquelle la disposition suppose la propriété. C'est aussi le cas de la doctrine de la transmissibilité des droits, qui suggère si fortement l'image physique d'un passage du droit (d'un « transport ») alors que cela est peu compatible avec les hypothèses dans lesquelles un même bien est la propriété (et non la copropriété) de deux ou plusieurs personnes différentes. Dans les deux cas il existe une autre analyse, moins favorable à l'existence du présupposé, mais ce sont ces analyses là qui sont dominantes, sans que l'on puisse dire si le présupposé pèse sur elles ou si ce sont elles qui pèsent sur le présupposé.

Cela explique aussi que l'acte translatif de la chose d'autrui soit sanctionné en principe par la nullité. En réalité la force du présupposé empêche alors de voir l'existence et l'importance d'hypothèses où le pouvoir de disposer échappe au propriétaire : outre qu'il n'existe pas de principe général de nullité des actes de disposition de la chose d'autrui, la nullité ne peut pas être prononcée tant que le transfert n'est pas opéré et elle ne joue pas dans les hypothèses où le pouvoir de déclencher la vente échappe au propriétaire de la chose vendue ; par ailleurs le présupposé empêche de voir également que cette nullité ressemble beaucoup à une résolution.

Dans le cas particulier de la vente d'un bien indivis en infraction au principe de l'unanimité, la sanction de la nullité partielle de l'acte est à bien des égards une impasse et les parties préfèrent contracter sous condition de l'accord des autres

---

[2880] V. *supra*, n° 469.
[2881] V. *supra*, n°471.

indivisaires, ou que le bien soit alloti au vendeur, ce qui consacre une forme de dissociation entre la propriété et le pouvoir de déclencher la vente.

Une même dissociation est consacrée en cas d'indivision de l'usufruit, puisque la licitation de la pleine propriété peut alors être ordonnée par le juge.

Le problème plus général posé en matière immobilière par le sort du sous-acquéreur d'un second acquéreur de mauvaise foi montre que notre système juridique, s'il respecte formellement le présupposé, n'en multiplie pas moins les correctifs destinés à en paralyser les effets, et s'autorise pour protéger le sous-acquéreur les raisonnements les plus subtils puisqu'il reconnaît à son auteur le pouvoir de transmettre une propriété qu'il ne peut pas exercer…

896.– Le présupposé subsiste également sous une seconde forme car, lorsqu'un bien change de propriétaire, on présuppose que c'est par l'effet d'un acte translatif. L'ancienne théorie translative de la transaction a longtemps illustré cette tendance. La renonciation à succession repose aujourd'hui sur ce mécanisme au prix d'une double fiction puisqu'elle suppose l'acceptation de la succession si elle est faite *in favorem*, et la rétroactivité de la perte de la qualité d'héritier si elle est pure et simple. Quant à la question, distincte mais voisine, posée en cas de ventes successives d'un même immeuble, celle de savoir comment expliquer que la publicité foncière permet de purger le vice tiré du défaut de propriété du vendeur qui a déjà cédé le bien, le présupposé ne permet pas d'y répondre.

Le présupposé pèse également fâcheusement lorsqu'il s'agit d'expliquer les solutions retenues en cas de clause de réserve de propriété. Comment expliquer que celui qui a acheté un bien sous réserve de paiement du prix puisse le revendre avant son complet paiement alors qu'il n'en a pas la propriété ? Comment expliquer, également, que le vendeur avec réserve de propriété puisse revendiquer le prix entre les mains du sous-acquéreur alors que cette créance naît d'un contrat auquel il est étranger et qu'il n'en est donc pas titulaire ? Et comment expliquer, enfin, que puisse directement agir en garantie contre lui le sous-acquéreur ? Les auteurs ont beaucoup de mal à répondre à ces questions, ils n'y parviennent qu'au prix de « contorsions juridiques insoupçonnées »[2882]. Il semble qu'on puisse le faire plus simplement en distinguant la complémentarité des rôles de l'acheteur-revendeur, auteur « du » transfert, et du vendeur initial, qui reste l'auteur « dans » le transfert.

Le présupposé d'un acte translatif en cas de changement de propriétaire complique également l'analyse de la clause de tontine. Pour éviter de faire transiter la propriété du bien par le patrimoine du prédécédé, afin de ne pas faire apparaître un transfert tombant sous le coup de la prohibition des pactes sur succession future, on accepte les inconvénients tenant au mécanisme de la condition et à l'absence d'indivision[2883].

[2882] D. Mainguy, *La revente*, préc., n° p. 419.

[2883] La confusion ancienne entre l'acte translatif et les actes constitutif, déclaratif, ou extinctif peut également être perçue comme étant une manifestation de cette seconde forme du présupposé.

Il est possible d'en faire l'économie si, répudiant le présupposé, on considère que le droit de l'indivisaire prédécédé cesse et accroît à ses coïndivisaires.

Au total la démarche suivie permet de mieux apprécier les rapports entre propriété et pouvoir, qui restent peu connus en dehors du droit des régimes matrimoniaux. La démarche qui consiste à considérer que tout pouvoir de disposer désigne un propriétaire (la démarche de Toullier)[2884] demeure très répandue ; elle conduit à élargir le domaine de la propriété (acceptation sous bénéfice d'inventaire, quasi-usufruit...) tout en ignorant (en refoulant) les hypothèses où le titulaire du pouvoir de déclencher le transfert (le créancier saisissant, par exemple) ne peut pas être confondu sérieusement avec le propriétaire. Nous nous sommes attachée à réduire la catégorie exagérément large des propriétaires, à rééquilibrer les rapports entre le cercle des propriétaires et celui des titulaires du pouvoir sans propriété, et à réintégrer dans ce dernier tous ceux qui en l'état sont ignorés par la théorie de l'acte translatif.

*

* *

897.– L'idée que l'on peut transmettre sans avoir est liée à une autre : que l'on peut transmettre sans perdre. L'informatique l'a rendue familière puisqu'elle permet de déplacer un texte de deux façons, soit en faisant couper-coller, soit en faisant copier-coller ; dans le premier cas, le texte disparaît de son emplacement d'origine ; dans le second cas il y reste, il se duplique. En va-t-il différemment dans la vie juridique, lorsqu'il s'agit de déplacer un droit d'un titulaire à un autre ? Telle est l'idée de départ de notre seconde partie.

Cette idée appelle la précision suivante. Notre thèse ne consiste pas à soutenir que celui qui a transmis son droit peut ignorer ce transfert dans ses rapports avec son ayant cause ; cela serait absurde. Les rapports qu'il s'agit de considérer sont ceux avec les tiers qui soit ne méritent pas protection parce qu'ils entendent échapper à leurs devoirs envers le titulaire du droit en opposant à celui qui l'a transmis qu'il en a perdu la titularité, soit en revanche appellent protection parce qu'ils ont contracté de bonne foi avec le titulaire initial du droit postérieurement à son transfert[2885].

Dans l'un et l'autre cas, un transfert sans perte, et donc une certaine duplication du droit transmis, est consacré par le système juridique.

898.– Ce mécanisme de transfert sans perte est difficile à ignorer en ce qui concerne le droit d'agir en justice.

[2884] V. *supra*, n° 183.

[2885] Plus précisément, nous avons observé que la non-perte a deux grands fonctions alternatives. Dans certains cas elle permet d'*empêcher un débiteur d'échapper à son obligation* en invoquant une cession de créance qui n'a pas été organisée à son profit, ou en procédant à la cession de sa dette (isolément, ou dans le cadre d'une cession de contrat). Dans d'autres cas, elle permet d'*arbitrer entre deux titulaires successifs d'un même droit* en protégeant soit le second acquéreur qui a publié le premier son acte d'acquisition, soit le créancier dont un élément du « gage général » a été détourné.

Il a en effet été soutenu en thèse qu'il est possible de transférer l'action en justice à titre principal, c'est-à-dire sans transfert du droit substantiel dont elle constitue la sanction, et sans que le cédant soit dépouillé du droit d'agir. En dépit de sa grande richesse et de l'intérêt qu'elle présente pour notre propre démonstration, cette thèse nous est apparue peu convaincante car l'existence même d'un transfert de l'action à titre principal reste incertaine ; au surplus, le maintien du droit d'agir du cédant paraît découler de la nécessité de protéger son droit substantiel.

C'est le transfert de l'action à titre accessoire au transfert du droit qui constitue donc le champ d'observation du phénomène étudié. Celui-ci est bien connu car le transfert même de l'action accessoirement à une *chose* est une solution jurisprudentielle plus que centenaire, et la doctrine s'étonne depuis longtemps de la non-perte de l'action par celui qui l'a transmise. Les explications avancées jusqu'ici pour tenter d'expliquer cette étrange ubiquité cadrent mal avec le présupposé de la perte du droit transmis. Seul l'abandon du présupposé permet d'en rendre compte : *le droit n'est pas une réalité matérielle et ce n'est que par métaphore que l'on considère qu'il « passe » de l'auteur à l'ayant cause* ; or la seule fonction de celle-ci étant *d'assurer l'efficacité de l'acte translatif, de protéger celui qui acquiert,* il suffit pour arriver au même résultat d'accepter l'idée d'une survie du droit initial non incompatible avec le droit de l'ayant cause, c'est-à-dire d'une *survie seulement relative et subsidiaire*. Ces solutions ne posent pas de difficulté de principe si on analyse la propriété comme étant liée à la personne et non pas incorporée dans le bien approprié et si, menant à son terme l'évolution qui a conduit à la doctrine de l'intransmissibilité des droits, on abandonne le postulat de la disparition du droit initial sur lequel elle reste fondée[2886].

Différentes solutions s'expliquent ainsi aisément, comme la recevabilité de l'action récursoire en garantie, la recevabilité de l'action en contrefaçon intentée par un adhérent de la SACEM, ou l'action en revendication du vendeur de meuble impayé... La notion souple et polysémique d'intérêt à agir permet au juge de retenir sur ce plan des solutions qui empêchent le tiers étranger à l'acte translatif de l'invoquer afin d'échapper aux devoirs dont il est tenu envers le titulaire du droit, quel qu'il soit.

La survie de l'action transmise à titre d'accessoire d'une *créance* a été moins remarquée. Divers arrêts de la Cour de cassation la consacrent cependant avec beaucoup de netteté, pour agir tant en première instance qu'en instance d'appel. Là également, il s'agit moins de faire bénéficier le cédant ou le subrogeant d'un avantage que d'en refuser un – indu – au débiteur en cas d'inertie du nouveau créancier : la fiction de la perte de la créance est repoussée afin que le débiteur ne puisse échapper au paiement en se prévalant d'une cession qui n'a pas été organisée à son bénéfice[2887].

899.– Ce même phénomène d'ubiquité se retrouve à l'égard du droit substantiel. Il est alors souvent – mais pas uniquement – mis au service des intérêts du second acquéreur d'un bien ayant fait l'objet de cessions successives : le fait que l'auteur d'un premier

---

2886 V. *supra*, n° 664.
2887 V. *supra*, n° 723.

acte translatif, valable mais non opposable à une catégorie plus ou moins large d'autres personnes, puisse conclure un nouvel acte translatif sur le même bien dénote que cet acte n'a pas pour effet de lui faire perdre le droit qui en est l'objet.

La solution est d'autant moins douteuse en matière de transfert d'immeubles que les deux acquéreurs successifs sont titulaires de droits concurrents acquis du même auteur, ce qui emporte que le second acquiert *a domino* et que la première vente ne fait pas donc perdre au propriétaire initial sa propriété. Elle lui fait perdre seulement le pouvoir de la céder à nouveau, sauf dans le cas considéré, par faveur pour le second acquéreur de bonne foi et plus diligent. En dehors de ce cas, il est un propriétaire sans pouvoir, assimilé à un non-propriétaire ce qui explique qu'un second acquéreur négligent peut bénéficier de l'usucapion abrégée en tant que détenteur d'un juste titre.

L'ubiquité peut également être mise au service d'un créancier se prévalant d'une fraude paulienne car l'inopposabilité de l'acte translatif dont il bénéficie a pour résultat que la propriété dont il s'agit continue à constituer un élément de son gage général alors qu'elle a été transférée par le débiteur à son ayant cause.

D'autres exemples d'une telle duplication peuvent être cités. Peu compréhensibles dans le cadre de la théorie classique de la propriété, qui confond celle-ci avec son objet, ils peuvent être expliqués aisément en distinguant la propriété-objet, seule concernée par l'acte translatif, et le droit de propriété qui reste attaché à la personne.

900.– On retrouve des solutions très proches, avec diverses adaptations, lorsque l'acte translatif a pour objet un droit contre une personne. Ainsi, le droit des mécanismes de transfert de créance révèle lui aussi diverses hypothèses dans lesquelles l'acte translatif n'emporte pas la perte du droit par celui qui fournit celui-ci.

Nous avons surtout noté que l'idée même de cession imparfaite de dette postule que l'on peut céder sans perdre. La force du présupposé conduit il est vrai à déguiser cette solution, qui lui est contraire, en considérant que l'on est alors en présence non pas d'une cession mais d'une délégation, opération constitutive et non pas translative alors même qu'elle est « incertaine ».

Les arrêts qui appliquent à la cession de contrat les règles de la délégation nous paraissent reposer sur la même approche. Nous avons noté qu'ils ne concernent que les seules hypothèses dans lesquelles le litige porte sur la dette du cédant. On n'est donc pas autorisé à en déduire que la jurisprudence condamne en bloc l'analyse translative de la cession conventionnelle de contrat.

*

* *

901.– Dans le domaine juridique comme dans les autres domaines de la pensée, la théorie a vocation à englober tous les aspects du réel.

Ce n'était pas le cas, jusqu'ici, pour ce qui est de l'aptitude à accomplir un acte translatif. Enfermé dans une approche étroite datant d'une époque où la notion de pouvoir était confondue avec celles de capacité ou de droit, le discours doctrinal dominant ne voyait dans l'« auteur » que celui dont le droit est transmis. Il ignorait généralement que les textes investissent également d'autres personnes du pouvoir de déclencher le transfert.

Ce n'était pas le cas non plus, jusqu'ici, pour ce qui est des conséquences de l'acte translatif. Celui-ci, considérait-on, fait nécessairement perdre le droit transmis à son ancien titulaire. Mal proportionnée à sa finalité, qui est d'assurer l'efficacité de l'effet acquisitif attaché au transfert, cette analyse était contredite par un certain nombre d'exceptions, connues mais qui restaient au mieux inexpliquées, au pire critiquées, faute d'être théorisées.

Notre recherche n'implique évidemment pas que tous les actes translatifs soient toujours concernés par cette double particularité. Son ambition est seulement de mettre en évidence l'affinement qu'apporte à la notion d'acte translatif la distinction qu'il convient parfois d'opérer entre celui qui transmet le droit et celui dont le droit est transmis, et de faire apparaître que l'acquisition du droit par l'ayant cause n'empêche pas nécessairement le titulaire précédent de s'en prévaloir dans certains cas.

On définissait jusqu'ici l'acte translatif comme étant celui qui établit un rapport d'auteur à ayant cause en transmettant à un nouveau titulaire un droit existant ; il serait plus rigoureux de préciser que cet effet translatif opère sans que l'auteur du transfert se confonde nécessairement avec l'auteur dans le transfert, et sans que le transfert emporte obligatoirement la perte du droit à l'égard de tous par son précédent titulaire [*].

---

[*] La thèse dont est issu le présent ouvrage, préparée au sein du *Laboratoire de droit privé* de la Faculté de droit de Montpellier, a été soutenue le 20 décembre 2003 devant un jury composé des professeurs Pascal Ancel, Christian Atias, Rémy Cabrillac, Marie-Laure Mathieu-Izorche et Pascal Puig.

BIBLIOGRAPHIE

I. – Ouvrages généraux

P. ANCEL, *Droit du crédit*, Litec, 5e éd., 1997

P.-H. ANTONMATTÉI et J. RAYNARD, *Droit civil, Contrats spéciaux*, Litec, 4e éd., 2004

Ch. ATIAS, *Epistémologie juridique*, Dalloz, 2002. – *Droit civil, Les biens*, Litec, 8e éd., 2005

J.-L. AUBERT, *Introduction au droit et thèmes fondamentaux du droit civil*, Colin, 10e éd., 2004

Ch. AUBRY et C.-F. RAU, *Cours de droit civil français, d'après la méthode de Zachariae*, t. 4, 6e éd., par E. Bartin. – *Droit civil français*, t. 8, 7e éd., 1973, par A. Ponsard.

L. AYNÈS et P. CROCQ, *Les sûretés, la publicité foncière*, Defrénois, 2003. – v. Malaurie

G. BAUDRY-LACANTINERIE et SAIGNAT, *Traité théorique et pratique de droit civil, De la vente et de l'échange*, Paris, 2e éd., 1900. – et BARDE, *Traité théorique et pratique de droit civil*, 1902, t. 2, *Des obligations*

B. BEIGNIER, *Manuel de droit des régimes matrimoniaux*, PUF, 2003

A. BÉNABENT, *Droit civil, Les contrats spéciaux civils et commerciaux*, Montchrestien, 6e éd., 2004. – *Droit civil, La famille*, Litec, 11e éd., 2003

J.-L. BERGEL, *La propriété*, Dalloz, Connaissance du droit, 1994. – avec M. BRUSCHI et S. CIMAMONTI, *Les biens*, in *Traité de droit civil*, sous la dir. de J. Ghestin, LGDJ, 2000

R. BEUDANT et P. LEREBOURS-PIGEONNIÈRE, *Cours de droit civil français*, t. 2, *L'État et la capacité des personnes*, avec la collaboration de H. BATIFFOL. – t. 4, *Les biens*, avec la collaboration de P. VOIRIN, 2e éd., 1938

R. BONHOMME, v. F. Pérochon

T. BONNEAU, *Droit bancaire*, Montchrestien, 6e éd., 2005

BRASIELLO, *Corso di diritto romano : la proprietà nella sua essenza e nella sua estensione*, Giuffrè, 1952

M. CABRILLAC et Ch. MOULY, *Droit des sûretés*, 7e éd., Litec, 2004

R. CABRILLAC, *Droit civil, les régimes matrimoniaux*, Montchrestien, 5e éd., 2004

L. CADIET, *Droit judiciaire privé*, 4e éd., Litec, 2004

J. CALAIS-AULOY, *Les ventes maritimes* in *Traité de droit maritime* par R. Rodière, *Assurances et ventes maritimes*, Dalloz, 1983

H. CAPITANT, F. TERRÉ et Y. LEQUETTE, *Grands arrêts de la jurisprudence civile*, t. 1 et 2, 11e éd., 2000

J. CARBONNIER, *Essais sur les lois*, éd. Defrénois, 2e éd., 1995. – *Droit civil*, vol. 1, *Introduction, les personnes, la famille, l'enfant, le couple* ; vol. 2, *Les biens, les obligations*, Puf « Quadrige » 2004. – *Flexible droit : pour une sociologie du droit sans rigueur*, LGDJ, 10e éd., 2001

C. CARON et H. LÉCUYER, *Le droit des biens*, Dalloz, 2002

P. CATALA et F. TERRÉ, *Procédure civile et voies d'exécution*, PUF 2e éd., 1976

F. CHABAS, v. Mazeaud

R. CHAPUS, *Droit administratif général*, Montchrestien, 15e éd., 2001, t. 2

J. CHEVALLIER, *Cours d'introduction à l'étude du droit et droit civil*, Les cours de droit, 1964-1965, Paris

A. COLIN et H. CAPITANT, *Cours élémentaire de droit civil*, t. 2, 10e éd., 1948, par L. Julliot de La Morandière

F. COLLART-DUTILLEUL et Ph. DELEBECQUE, *Contrats civils et commerciaux*, Dalloz, 7e éd., 2004

A. COLOMER, *Droit civil, Régimes matrimoniaux*, 12e éd., Litec, 2004

G. CORNU, *Droit civil, introduction, les personnes, les biens*, Montchrestien, 12e éd., 2005. – *Les régimes matrimoniaux*, PUF, 9e éd., 1997. – et J. FOYER, *Procédure civile*, Puf, 3e éd., 1996. – et al., *Vocabulaire juridique* publié par l'Association Henri Capitant, PUF, 7e éd., 2005

M. COZIAN, A. VIANDIER, F. DEBOISSY, *Droit des sociétés*, Litec, 18e éd., 2005

J. DABIN, *Le droit subjectif*, Dalloz, 1952

M. DAGOT, *Les sûretés*, PUF, 1981

F. DEKEUWER-DÉFOSSEZ, avec la collaboration de E. BLARY-CLÉMENT, *Droit commercial*, Montchrestien, 8e éd., 2005

Ph. DELEBECQUE, v. F. Collart-Dutilleul, v. Ph. Simler

DELVINCOURT, *Cours de droit civil*, t. 3, Paris, 1824

C. DEMOLOMBE, *Cours de Code Napoléon*, éd. Lahure et al., t. 24, 1877. – t. 9, 3e éd. 1866

L. DUGUIT, *Traité de droit constitutionnel*, 3e éd., 1927

J. DOMAT, *Lois civiles*, œuvres complètes, nouvelle éd. par J. Rémy, 1885

M. et J.-B. DONNIER, *Voies d'exécution et procédures de distribution*, Litec 7e éd., 2004

M. FABRE-MAGNAN, *Les obligations*, Puf, 2004

F. FERRAND, *Droit privé allemand*, Dalloz, 1997

J. FLOUR, J.-L. AUBERT et E. SAVAUX, *Les obligations*, t. 1, *L'acte juridique*, Colin, 11e éd., 2004. – et Y. FLOUR, t. 3, *Le rapport d'obligation*, 4e éd., 2006. – J. FLOUR et G. CHAMPENOIS, *Les régimes matrimoniaux*, Colin, 2e éd., 2001. – J. FLOUR et H. SOULEAU, *Les successions*, Colin, 3e éd., 1991

Ph. FOUCHARD, E. GAILLARD et B. GOLDMAN, *Traité de l'arbitrage commercial international*, Litec, 1996

J. FRANÇOIS, *Droit civil (sous la dir. de Ch. Larroumet)*, t. 4, *Les obligations, Régime général*, Economica, 2000

FRÉJAVILLE, *Droit civil approfondi, Les limites de la liberté contractuelle dans les rapports entre époux et futurs époux*, Les cours de droit, 1952-53

M. FROMONT, *Droit allemand des affaires*, Montchrestien, 2001

E. GAUDEMET, *Théorie générale des obligations* publiée par H. Desbois et J. Gaudemet, réimpression de l'éd. publiée en 1937, Sirey, 1965

P.-Y. GAUTIER, *Propriété littéraire et artistique*, Puf, 5e éd., 2004

J. GHESTIN et B. DESCHÉ, *Traité des contrats, La vente*, LGDJ, 1990.– et G. GOUBEAUX, *Traité de droit civil, Introduction générale*, avec le concours de M. FABRE-MAGNAN, 4e éd., LGDJ, 1994.– et C. JAMIN, M. BILLIAU, *Traité de droit civil, Les effets du contrat*, 3e éd., LGDJ, 2001.– et M. BILLIAU, G. LOISEAU, *Le régime des créances et des dettes*, LGDJ, 2005.

S. GINOSSAR, *Droit réel, propriété et créance, élaboration d'un système rationnel des droits patrimoniaux*, LGDJ, 1960

E. GLASSON et P. COLMET-DAÂGE, *Précis théorique et pratique de procédure civile*, 2e éd. par A. TISSIER, LGDJ, t. 2, 1908

M. GRIMALDI, *Droit civil, Les successions*, Litec, 6e éd., 2001. – *Libéralités, partages d'ascendants*, Litec, 2000

B. GROSS et Ph. BIHR, *Contrats, 1, Ventes civiles et commerciales, baux d'habitation, baux commerciaux*, PUF, 2e éd., 2002

GUILLOUARD, *Traités de la vente et de l'échange*, t. 1, Paris, 1889

S. GUINCHARD, (dir.) *Droit et pratique de la procédure civile*, Dalloz Action, 2005-2006. – *Méga NCPC*, Dalloz, 2e éd., 2001. – et J. VINCENT, *Procédure civile*, Dalloz, 27e éd., 2003. – et T. MOUSSA (dir.), *Droit et pratique des voies d'exécution*, 4e éd., Dalloz Action, 2004. – et J. BUISSON, *Procédure pénale*, Litec, 3e éd., 2005. – et M. BANDRAC, C. S. DELICOSTOPOULOS, I. DELICOSTOPOULOS, M. DOUCHY-OUDOT, F. FERRAND, X. LAGARDE, V. MAGNIER, H. RUIZ FABRI, L. SINOPOLI, J.-M. SOREL, *Droit processuel, Droit commun et droit comparé du procès*, Dalloz, 3e éd., 2005

Y. GUYON, *Droit des affaires*, t. 2, *Entreprises en difficulté, Redressement judiciaire, Faillite*, Economica, 9e éd., 2003. – *Les sociétés, aménagements statutaires et conventions entre associés*, in *Traité des contrats* sous la dir. de J. Ghestin, LGDJ, 5e éd., 2002

J. HÉRON, *Droit judiciaire privé*, Montchrestien, 2e éd., 2002, par T. Le Bars

V. HEUZÉ, *La vente internationale de marchandises, Droit uniforme*, in *Traité des contrats*, sous la direction de J. Ghestin, LGDJ, 2000

L. JOSSERAND, *De l'esprit des droits et de leur relativité, théorie dite de l'abus de droit, Essais de téléologie juridique*, Dalloz, 1927

Ch. LARROUMET , *Droit civil, les obligations, les contrats*, Economica, 5e éd., 2003. – *Les biens, droits réels principaux*, Economica, 4e éd., 2004

H. LÉCUYER, v. C. Caron
J. LEMASURIER, *Le droit de l'expropriation*, Economica, 3e éd., 2005
Y. LEQUETTE, v. F. Terré
Ph. LE TOURNEAU, *Responsabilité des vendeurs et fabricants*, Dalloz référence, 2e éd., 2006
L. LEVENEUR, v. Mazeaud
J.-Ph. LÉVY et A. CASTALDO, *Histoire du droit civil*, Dalloz, 2002
X. LINANT DE BELLEFONDS, *Droits d'auteur et droits voisins*, Dalloz, 2e éd., 2004
A. LUCAS et H.-J. LUCAS, *Traité de la propriété littéraire et artistique*, Litec, 2e éd., 2001
D. MAINGUY, *Contrats spéciaux*, 4e éd., Dalloz, 2004
Ph. MALAURIE, *Droit civil, Les personnes, les incapacités,* Defrénois, 2e éd., 2005. – et H. FULCHIRON, *La famille*, 2004. – L. AYNÈS, *Les biens*, 2e éd., 2005. – L. AYNÈS, *Les régimes matrimoniaux*, 2004.– L. AYNÈS, Ph. STOFFEL-MUNCK, *Les obligations,* 2e éd., 2005. – L. AYNÈS, P.-Y. GAUTIER, *Contrats spéciaux*, 2e éd., 2005. – L. AYNÈS, P. CROCQ, *Les sûretés, la publicité foncière*, 2003
V. MARCADÉ, *Explication théorique et pratique du Code Napoléon*, 5e éd., 2e tirage, t. 3, éd. Cotillon, 1859. – *Éléments de droit civil français*, 2e éd., t. 4, 1846
G. MARTY et P. RAYNAUD, *Droit civil. Les biens*, par P. Jourdain, Dalloz, 3e éd., 1995. – *Les personnes*, 3e éd., 1976. – et Ph. JESTAZ, *Les obligations*, t. 2, *Le régime*, Dalloz, 2e éd. 1989. – *Les sûretés, la publicité foncière*, 2e éd., 1987
M.-L. MATHIEU-IZORCHE, *Le raisonnement juridique, initiation à la logique et à l'argumentation*, PUF, 2001
J. MAURY, *Successions et libéralités*, 5e éd., Litec, 2005
H., L., J. MAZEAUD et F. CHABAS, *Leçons de droit civil*, t. 1, 1er vol., *Introduction à l'étude du droit*, Montchrestien, 12e éd., 2000. – t. 2, 1er vol., *Obligations*, 9e éd., 1998. – 2e vol., *Biens, droit de propriété et ses démembrements*, 8e éd., 1994 par F. GIANVITI. – t. 3, 1er vol. *Sûretés, Publicité foncière*, par Y. PICOD, 7e éd., 1999. – t. 4, 1er vol., *Régimes matrimoniaux*, 1982, par M. de JUGLART. – t. 4, 2e vol., *Successions, Libéralités*, 5e éd., 1999, par L. et S. LEVENEUR
R. MONIER, *Manuel élémentaire de droit romain*, 6e éd., t. 1, 1947, éd. Domat Montchrestien
J.-C. MONTANIER, *Les régimes matrimoniaux*, PUG, 2e éd., 1993
R. MOREL, *Traité élémentaire de procédure civile*, Sirey, 2e éd., 1949
H. MOTULSKY, *Principes d'une réalisation méthodique du droit privé (La théorie des éléments générateurs des droits subjectifs)*, Sirey, 1948, préf. P. Roubier
Ch. MOULY, v. M. Cabrillac
J. M. MOUSSERON, avec le concours de P. MOUSSERON, J. RAYNARD, et J.-B. SEUBE, *Technique contractuelle*, 3e éd., F. Lefebvre, 2005
P. OURLIAC et J. DE MALAFOSSE, *Histoire du droit privé*, t. 3, *Le droit familial*, PUF, 1968
J. PATARIN et G. MORIN, *La réforme des régimes matrimoniaux*, t. 1 : *Statut fondamental et régime légal*, Defrénois, 4e éd., 1977
A.-M. PATAULT, *Introduction historique au droit des biens*, PUF, coll. « droit fondamental », 1989
F. PÉROCHON, et R. BONHOMME, *Entreprises en difficulté, Instruments de crédit et de paiement*, 6e éd., LGDJ, 2003
R. PERROT et PH. THÉRY, *Procédures civiles d'exécution*, Dalloz, 2e éd., 2005
M. PLANIOL, *Traité élémentaire de droit civil*, t. 3, 4e éd., 1950, par G. RIPERT et J. BOULANGER. – et G. RIPERT, *Traité pratique de droit civil français*, t. 2, *La famille*, 2e éd., 1952, par A. ROUAST. – t. 3, *Les biens*, 1952, par M. PICARD. – t. 7, *Obligations*, 2e éd., 1954, par P. EISMEN, J. RADOUANT, G. GABOLDE. – t. 8, *Les régimes matrimoniaux*, 2e éd., 1957, par J. BOULANGER
PUFENDORF, *Le droit des la nature et des gens*, trad. Barbeyrac, Bäle, 1771
P. PUIG, *Contrats spéciaux*, Dalloz, 2005
J. RAYNARD, v. P.-H. Antonmattéi
P. RAYNAUD, *Les contrats ayant pour objet une obligation*, DEA droit privé, Paris II, 1977-78, Les cours de droit. – *Les régimes matrimoniaux*, avec G. MARTY, *Droit civil*, Sirey, 1978
J. REVEL, *Régimes matrimoniaux*, 2e éd., Dalloz 2003
T. REVET, v. F. Zénati
G. RIPERT et R. ROBLOT, *Traité de droit commercial*, t. 2, LGDJ, 17e éd., par Ph. DELEBECQUE et M. GERMAIN, 2004
E. ROGUIN, *La science juridique pure*, Paris et Lausanne, éd. LGDJ et Librairie Rouge, t. 2 et 3, 1923
H. ROLAND et L. BOYER, *Adages du droit français*, Litec, 4e éd., 1999
P. ROUBIER, *Droits subjectifs et situations juridiques*, Dalloz, 1963 (rééd. 2005)
C. SAINT-ALARY-HOUIN, *Droit des entreprises en difficulté*, Montchrestien, 4e éd., 2001

SALEILLES, *Études sur la théorie générale de l'obligation d'après le premier projet de Code civil allemand*, 2e éd., 1902. – *De la personnalité juridique, histoire et théories*, Paris 1910, 2e éd., 1922
A. SÉRIAUX, *Droit des obligations*, Puf, 2e éd., 1998
J.-B. SEUBE, *Droit des biens*, Litec, 2e ed., 2004. – *Droit des sûretés*, Dalloz, 2e ed., 2004
Ph. SIMLER, *Les biens*, PUF, 2e éd., 2001. – et Ph. DELEBECQUE, *Droit civil, les sûretés, la publicité foncière*, Dalloz, 4e éd., 2004. – v. F. Terré
B. STARCK, H. ROLAND et L. BOYER, *Droit civil, Les obligations, vol. 3, Régime général*, Litec 6e éd., 1999
F. TERRÉ – et Y. LEQUETTE, *Les successions, Les libéralités*, Dalloz, 3e éd., 1997. – et Ph. SIMLER, *Droit civil, Les biens*, Dalloz, 6e éd., 2002. – *Les régimes matrimoniaux*, 4e éd., 2005. – et Ph. SIMLER, Y. LEQUETTE, *Les obligations*, Dalloz, 9e éd., 2005
Ph. THÉRY, *Sûretés et publicité foncière*, PUF, 2e éd., 1998. – v. R. Perrot
P. TIMBAL, *Droit romain et ancien droit français, Régimes matrimoniaux, successions et libéralités*, Dalloz, 1960
C. TOULLIER, *Le droit civil français suivant l'ordre du Code*, Paris, t. 12, 1823
M. VILLEY, *Critique de la pensée juridique moderne*, Dalloz, 1976
F. VINDING-KRUSS, *The right of property*, Oxford University press, 1939
G. VINEY, *Introduction à la responsabilité*, 2e éd., in *Traité de droit civil* sous la direction de Jacques Ghestin, LGDJ, 1995
H. VIZIOZ, *Études de procédure*, éd. Bière, Bordeaux, 1956
WINDSCHEID, *Pandektenrecht*, t. 1, 8e éd. par Kipp, Francfort, 1900
F. ZÉNATI, et Th. REVET, *Les biens*, PUF, 2e éd., 1997

II. – Monographies et thèses

M. ANCEL, *Traité de la capacité civile de la femme mariée d'après la loi du 18 février 1938*, Paris, Sirey, 1938
M.-E. ANCEL, *La prestation caractéristique du contrat*, Economica 2002, préf. L. Aynès
P. ANCEL, *L'indisponibilité des droits de la personnalité, Une approche critique de la théorie des droits de la personnalité*, thèse Dijon, 1978, dir. G. Couturier
Ch. ATIAS, *Le transfert conventionnel de propriété immobilière*, thèse Poitiers, 1974, dir. G. Cornu
L. AYNÈS, *La cession de contrat et les opérations juridiques à trois personnes*, Economica, 1984, préf. Ph. Malaurie
M. BANDRAC, *La nature juridique de la prescription extinctive en matière civile*, Economica, 1986, préf. P. Raynaud
J.-F. BARBIÉRI, *Perpétuité et perpétuation dans la théorie des droits réels, Contribution à l'étude de la notion de perpétuité dans les relations juridiques*, thèse Toulouse, 1977, dir. J. Martin de la Moutte.
D. BASTIAN, *Essai d'une théorie générale de l'inopposabilité*, th. Paris 1929
J.-S. BERGÉ, *La protection internationale et communautaire du droit d'auteur, Essai d'une analyse conflictuelle*, LGDJ, B. dr. privé, préf. P. Lagarde, 1996
D. BERRA, *Le principe de libre disposition des biens en droit civil, contribution à la notion d'indisponibilité juridique*, thèse Nancy, 1969, dir. P. Lagarde
F. BERTRAND, *L'opposabilité du contrat aux tiers*, th. Paris II, 1979, dir. Ph. Malinvaud
E. BESSON, *Les livres fonciers et la réforme hypothécaire*, Paris, éd. Delamotte, 1891
M.-E. BICHON-LEFEUVRE, *Les conventions relatives aux droits de la personnalité*, thèse Paris XI, 1998
F. BIGLIONE, *La notion de privation de propriété. Étude relative à la propriété immobilière*, PUAM III, 1999, préf. J.-Y. Chérot
M. BILLIAU, *La délégation de créance (essai d'une théorie de la délégation en droit des obligations)*, LGDJ, B. dr. privé, 1989, préf. J. Ghestin. – *La transmission des créances et des dettes*, LGDJ, 2002. – v. J. Ghestin
G. BLANLUET, *Essai sur la notion de propriété économique en droit privé français, Recherches au confluent du droit fiscal et du droit civil*, LGDJ, B. droit privé, 1999, préf. P. Catala et M. Cozian
J. BOULANGER, *La promesse de porte-fort et les contrats pour autrui*, th. Caen, Dalloz, 1933
R. BOUT, *La gestion d'affaires en droit français contemporain*, LGDJ, B. dr. privé, 1972, préf. P. Kayser

A. BOYER, *La notion de transaction, Contribution à l'étude des concepts de cause et d'acte déclaratif*, thèse Toulouse, 1947, dir. J. Maury, éd. Sirey
Cl. BRENNER, *L'acte conservatoire*, LGDJ, B. dr. privé, 1999, préf. P. Catala
Ph. BRIAND, *Éléments d'une théorie de la cotitularité des obligations*, thèse Nantes, 1999, dir. F. Collart-Dutilleul
P. CAGNOLI, *Essai d'analyse processuelle du droit des entreprises en difficulté*, LGDJ, B. dr. priv. 2002, préf. T. Le Bars
Cl. CALORI, *Nemo plus juris...*, Mémoire du DEA de droit privé fondamental, dir. M.-L. Izorche, Faculté de droit de Montpellier, 1997-1998
J. CARBONNIER, *Le régime matrimonial, Sa nature juridique sous le rapport des notions de société et d'association*, th. Bordeaux 1932, éd. Imprimerie de l'Université
J. CASEY, *Les régimes matrimoniaux*, Ellipses, 2000
N. CAYROL, *Les actes ayant pour objet l'action en justice*, Economica, 2001, préf. F. Grua
L. DE CHAISEMARTIN, *Des effets entre les parties des contrats portant disposition de la chose d'autrui*, thèse 1936, éd. Domat-Montchrestien
F. CHARPENTIER, *L'autonomie professionnelle des époux communs en biens, Étude comparative, historique et critique*, thèse Paris II, 1997
M. CHAUFFARDET, *Le problème de la perpétuité de la propriété, Étude de sociologie juridique et de droit positif*, thèse Aix-en-Provence, 1933, éd. Sirey
J. CHEVALLIER, *De l'effet déclaratif des conventions et des contrats*, thèse Rennes, 1932
A. COLOMER, *Les régimes matrimoniaux et le droit commercial*, t. 1, *Le fonds de commerce et les régimes matrimoniaux*, éd. Defrénois, 1977, préf. J. Flour
S. CORNELOUP, *La publicité des situations juridiques, Une approche franco-allemande du droit interne et du droit international privé*, LGDJ, B. dr. privé, 2003, préf. P. Lagarde
M. COZIAN, *L'action directe*, LGDJ, B. dr. privé, 1969, préf. A. Ponsard
P. CROCQ, *Propriété et garantie*, LGDJ, B. dr. privé, 1995, préf. M. Gobert
P.-F. CUIF, *Le contrat de gestion*, Economica, 2004, préf. L. Aynes
A. DEKEUWER, *L'incidence du régime "primaire" sur les régimes matrimoniaux*, thèse Lille, 1975, dir. M. Gobert
V. DELAPORTE, *Recherches sur la forme des actes juridiques en droit international privé*, thèse dactyl., Paris, 1974
F. DELHAY, *La nature juridique de l'indivision*, LGDJ, B. dr. privé, 1968, préf. J. Patarin
Ph. DELMAS SAINT-HILAIRE, *Le tiers à l'acte juridique*, LGDJ, B. dr. privé, 2000, préf. J. Hauser
F. DERRIDA, P. GODÉ, J.-P. SORTAIS, A. HONORAT, *Redressement et liquidation judiciaires des entreprises*, Dalloz, 3e éd.
J. DERRUPPÉ, *La nature juridique du droit du preneur à bail et la distinction des droits réels et des droits de créance*, éd. Dalloz, 1952, préf. J. Maury
O. DESHAYES, *La transmission de plein droit des obligations à l'ayant cause à titre particulier*, LGDJ, B. Tunc, U. Paris 1, 2004, préf. G. Viney
DESSERTEAUX, *Essai d'une théorie générale de l'acte déclaratif*, thèse Dijon, 1908
Ph. DIDIER, *De la représentation en droit privé*, LGDJ, B. dr. privé, 2000, préf. Y. Lequette
J. DUCLOS, *L'opposabilité (essai d'une théorie générale)*, LGDJ, B. dr. privé, 1984, préf. D. Martin
M.-P. DUMONT, *L'opération de commission*, Litec, B. dr. entr., 2000, préf. J. M. Mousseron
C. DUPEYRON, *La régularisation des actes nuls*, LGDJ, B. dr. privé, 1973, préf. P. Hébraud
M. ESPAGNON, *La règle du non-cumul des responsabilités contractuelle et délictuelle en droit civil français*, th. Paris I, 1980, dir. G. Viney
B. FAUVARQUE-COSSON, *Libre disponibilité des droits et conflits de lois*, LGDJ, B. dr. privé, préf. Y. Lequette, 1996
D. FENOUILLET et P. de VAREILLES-SOMMIÈRES (dir.), *La contractualisation de la famille*, Economica, 2001
S. FERRE-ANDRE, *L'indépendance professionnelle de la femme commune en biens*, th. Lyon III, 1991
F. FIECHTER-BOULVARD, *La transmission de l'engagement dans les contrats en chaîne*, thèse, Grenoble 1992, dir. D. Lefebvre
Y. FLOUR, *L'effet relatif des contrats à l'égard des tiers en droit international privé*, th. Paris II, 1977
P. DE FRANCISCI, *Il trasferimento della proprietà, Storia e critica di una dottrina*, Padova, ed. Universitaria, 1924
G. FLATTET, *Les contrats pour le compte d'autrui*, thèse Paris 1950
E. FONTAINE, *La propriété apparente et le crédit réel*, th. Lille, éd. Roble, 1910

J. FRANÇOIS, *Les opérations juridiques triangulaires attributives (stipulation pour autrui et délégation de créance)*, thèse Paris II, 1994, dir. Y. Lequette

E. GAILLARD, *Le pouvoir en droit privé*, Economica, 1985, préf. G. Cornu

L. GAROFALO, *I rapporti patromoniali tra coniugi nel diritto internazionale privato*, 2e éd. G. Giappicheli, Turin, 1997

R. GASSIN, *La qualité pour agir en justice*, thèse Aix-Marseille, 1955, dir. A. Audinet

E. GAUDEMET, *Étude sur les transports de dette à titre particulier*, thèse Dijon, 1890

A. GHOZI, *La modification de l'obligation par la volonté des parties, Etude de droit civil français*, LGDJ, B. dr. privé, 1980, préf. D. Tallon

P. GIDE, *Étude sur la novation et le transport des créances en droit romain*, Paris 1879

N.M.K. GOMAA, *Théorie des sources de l'obligation*, LGDJ, B. dr. privé, 1968, préf. J. Carbonnier

F. GORPHE, *Le principe de bonne foi*, th. Paris, 1926, éd. Dalloz, 1928

G. GOUBEAUX, *La règle de l'accessoire en droit privé*, LGDJ, B. dr. privé, 1969, préf. D. Tallon

J.-L. GOUTAL, *Essai sur le principe de l'effet relatif du contrat*, LGDJ, B. dr. privé, 1981, préf. H. Batiffol

Ch. GOYET, *Le louage et la propriété à l'épreuve du crédit-bail*, LGDJ, B. dr. privé, 1983, préf. D. Schmidt

M. GRIMALDI, *La nature juridique de l'institution contractuelle*, thèse Paris II, 1977, dir. J. Flour

B. GROSS, *La notion d'obligation de garantie dans le droit des contrats*, LGDJ, B. dr. privé, 1964, préf. D. Tallon

S. GUINCHARD, *L'affectation des biens en droit privé français*, LGDJ., B. dr. privé, 1976, préf. R. Nerson

J.-L. HAROUEL, *Histoire de l'expropriation*, Puf, 2000

D. HIEZ, *Étude critique de la notion de patrimoine en droit privé actuel*, B. dr. privé, 2003, préf. Ph. Jestaz.

J. HUET, *Responsabilité délictuelle et responsabilité contractuelle*, th. Paris II, 1978, dir. J. Flour

O. IONESCU, *La notion de droit subjectif dans le droit privé*, th. Paris, éd. Sirey, 1931

F. JACQUOT, *Du contrat de vente au droit de la vente (Réflexions de théorie générale sur un contrat spécial)*, thèse Nancy, 1988

C. JAMIN, *La notion d'action directe*, LGDJ, B. dr. privé, 1991, préf. J. Ghestin

R. JAPIOT, *Des nullités en matière d'actes juridiques, Essai d'une théorie nouvelle*, thèse Dijon, 1909

E. JEULAND, *Essai sur la substitution de personne dans un rapport d'obligation*, LGDJ, B. dr. privé, 1999, préf. L. Cadiet

LABORDE-LACOSTE, *Essai sur la notion d'ayant cause à titre particulier en droit privé français*, th. Bordeaux, 1916

C. LABRUSSE-RIOU, *L'égalité des époux en droit allemand*, LGDJ, B. dr. privé, 1965, préf. R. David

Ch. LACHIÈZE, *Le régime des exceptions dans les opérations juridiques à trois personnes en droit civil*, thèse Bordeaux, 1996

X. LAGARDE, *Réflexion critique sur le droit de la preuve*, LGDJ, B. dr. privé 1994, préf. J. Ghestin

C. LAPP, *Essai sur la cession de contrat synallagmatique à titre particulier*, th. Strasbourg, 1950, préf. J. Radouant

M. LAROCHE, *Revendication et propriété, étude des rapports entre droit des procédures collectives et droit des biens*, th. *Paris* II, 2004, dir. Ph. Théry

Ch. LARROUMET, *Les opérations juridiques à trois personnes*, thèse Bordeaux, 1968, dir. Brethe de la Gressaye

C. LASSALAS, *L'inscription en compte des valeurs : la notion de propriété scripturale*, LGDJ, PU de la Faculté de droit de Clermont-Ferrand, 1997, préf. J. Stoufflet

M. LAURIOL, *La subrogation réelle*, thèse Alger, 1952

S. LAVROFF-DETRIE, *De l'indisponibilité à la non-patrimonialité du corps humain*, th. Paris I, 1997

H. LÉCUYER, *La théorie générale des obligations dans le droit patrimonial de la famille*, th. Paris II, 1993, dir. G. Cornu

F. LEDUC, *L'acte d'administration : nature et fonction*, th. Bordeaux, 1991

C. LESCA-D'ESPALUNGUE, *La transmission héréditaire des actions en justice*, Puf, 1992, préf. M. Grimaldi

M. LÉVIS, *L'opposabilité du droit réel, De la sanction judiciaire des droits*, Economica, 1989, préf. P. Raynaud

E. LÉVY, *Preuve par titre du droit de propriété immobilière*, th. Paris, 1896, éd. Pedone

C. LISANTI-KALCZYNSKI, *Les sûretés conventionnelles sur meubles incorporels*, Litec, B. dr. de l'entreprise, 2001, préf. F. Pérochon

LONIEWSKI, *Rôle actuel de la maxime « Error communis facit jus »*, th. Aix, 1905.

B. LOTTI, *Du droit de disposer du bien d'autrui pour son propre compte, Contribution à la distinction de la propriété et des droits réels*, thèse, Paris XI, 1999, dir. D. Martin
LOUIS-LUCAS, *Étude sur le rôle respectif des éléments générateurs du lien obligatoire en droit privé*, thèse Dijon, 1918
Y. LOUSSOUARN, *Le transfert de propriété par l'effet des contrats*, Les cours de droit, 1969-1970
F.-X. LUCAS, *Les transferts temporaires de valeurs mobilières, Pour une fiducie de valeurs mobilières*, LGDJ, B. dr. privé, 1997, préf. L. Lorvellec
F. LUCET, *Les rapports entre régimes matrimoniaux et libéralités entre époux*, thèse Paris II, 1987
D. LUZEAUX, *Vente et transfert de propriété en droit français et allemand*, thèse Paris II, 1994
L. LYON-CAEN, *La femme mariée allemande, ses droits, ses intérêts pécuniaires, Étude de droit civil et de droit international privé allemands*, th. 1903, dir. Saleilles, éd. A. Rousseau 1909
D. MAINGUY, *La revente*, Litec, B. dr. entreprise, 1996, préf. Ph. Malaurie
F. MARMOZ, *La délégation de pouvoir*, Litec, B. dr. entreprise, 2000, préf. Y. Reinhard
D. MARTIN, *L'entreprise agricole dans les régimes matrimoniaux*, LGDJ B. dr. privé, 1974, préf. J. Béguin
P. MASSON, *Contribution à l'étude des rapports de la propriété et de l'usufruit chez les romanistes du Moyen-Âge et dans le droit français*, Dijon, M. Pornon 1933
L. MAUGER-VIELPEAU, *Les ventes aux enchères publiques*, Economica, 2002, préf. P.-Y. Gautier
J. MAURY (sous la direction de), *Traité des notaires et des avocats, Les régimes matrimoniaux*, 1994
V. MERCIER, *L'apport du droit des valeurs mobilières à la théorie générale du droit des biens*, PUAM, 2005, préf. D. Poracchia
S. MERCOLI, *La rétroactivité dans le droit des contrats*, PUAM, 2001, préf. G. Goubeaux
R. MERLE, *Essai de contribution à la théorie générale de l'acte déclaratif*, thèse Toulouse, 1948, dir. P. Hébraud, éd. Rousseau et Cie 1948
J. MESTRE, *La subrogation personnelle*, LGDJ, B. dr. privé, 1979, préf. P. Kayser
M. MEYNIAL, *Le régime des biens entre époux*, cours d'histoire du droit privé, DES droit privé, Les cours de droit, Paris, 1929-1930
MICHAS, *Le droit réel considéré comme une obligation passive universelle*, thèse, Paris, 1900
L. MONTAGNÉ, *Le principe de libre circulation des biens en droit civil*, thèse Montpellier 1, 2000, dir. F. Pérochon
Ch. MOULY, *Les causes d'extinction du cautionnement*, Litec, B. dr. de l'entreprise, 1978, préf. M. Cabrillac
J. M. MOUSSERON, *Le droit du breveté d'invention, Contribution à une analyse objective*, LGDJ, B. dr. privé, 1961, préf. H. Cabrillac
H. MOYSAN, *Le droit de la propriété des personnes publiques*, LGDJ, B. dr. public, 2001
I. NAJJAR, *Le droit d'option, contribution à l'étude du droit potestatif et de l'acte unilatéral*, LGDJ, B. dr. privé, 1967, préf. P. Raynaud
J. NÉRET, *Le sous-contrat*, LGDJ, B. dr. privé, 1979, préf. P. Catala
R. NERSON, *Les droits extrapatrimoniaux*, thèse Lyon, 1939
M. NEVOT, *La notion d'opération de partage*, thèse Paris II, 1979, dir. J. Patarin
M.-L. NIBOYET-HOEGY, *L'action en justice dans les rapports internationaux de droit privé*, Economica, 1986, préf. B. Goldman
R. NILLUS, *Capacité et pouvoirs de la femme mariée en Allemagne et en France*, th. Paris, 1937, dir. Niboyet, éd. Rousseau et Cie
J.-F. OVERSTAKE, *Essai sur la classification des contrats spéciaux*, LGDJ, B. dr. privé, 1969, préf. J. Brèthe de la Gressaye
D. PARDOËL, *Les conflits de lois en matière de cession de créance et opérations analogues*, LGDJ, B. dr. privé, 1997, préf. P. Lagarde
F. PAUL, *Les choses qui sont dans le commerce au sens de l'article 1128 du Code civil*, LGDJ. B. dr. privé, 2002, préf. J. Ghestin
H. PAULIAT, *Le droit de propriété dans la jurisprudence du Conseil constitutionnel et du Conseil d'Etat*, thèse Limoges, Puf, 1994
A. PÉLISSIER, *Possession et meubles incorporels*, Dalloz 2001, préf. M. Cabrillac
H. PÉRINET-MARQUET, *Le droit de construire*, Th. Poitiers, 1979, dir. R. Legeais
F. PÉROCHON, *La réserve de propriété dans la vente de meubles corporels*, Litec, B. dr. entreprise, 1988, av.-propos J. M. Mousseron, préf. F. Derrida

M. PETOT, *La famille,* cours d'histoire du droit privé, DES histoire du droit et droit romain, Les cours de droit, Paris, 1943-1944. – *Les régimes matrimoniaux dans les pays coutumiers*, id., 1948-1949. – *Les incapables*, id., 1951-1952. – *Le mariage et ses effets civils*, id., 1953-1954. – *Le régime de communauté entre époux*, id., 1956-1957

G. PILLET, *La substitution de contractant à la formation du contrat en droit privé*, LGDJ, B. Tunc, U. Paris 1, 2004, préf. P. Jourdain

A. PONSARD, *Les donations indirectes en droit civil français*, thèse Dijon, 1946, dir. Louis-Lucas, éd. Sirey

C. POURQUIER, *Propriété et perpétuité : essai sur la durée du droit de propriété*, PUAM, 2000, préf. Ch. Atias

C. PRODAN, *Essai d'une théorie générale des droits réels*, th. Paris, 1909

P. PUIG, *La qualification du contrat d'entreprise*, Ed. Panthéon-Assas, 2002, préf. B. Teyssié

E. PUTMAN, *La formation des créances*, thèse Aix-Marseille III, dactyl., 1987, dir. J. Mestre

V. RANOUIL, *La subrogation réelle en droit civil français*, LGDJ, 1985, préf. Ph. Malaurie

J. RAYNARD, *Droit d'auteur et conflits de lois, Essai sur la nature juridique du droit d'auteur*, Litec, B. dr. entr., préf. M. Vivant, 1990

P. RECHT, *Le droit d'auteur, une nouvelle forme de propriété*, LGDJ et Duculot, 1969

L. RIGAUD, *Le droit réel, histoire et théorie, son origine institutionnelle*, thèse Toulouse, 1912

G. RIPERT, *L'exercice du droit de propriété dans ses rapports avec les propriétés voisines*, thèse, Paris, 1902

M. ROBIN, *Droit subjectif et pouvoir fonctionnel, Contribution à la théorie générale des pouvoirs juridiques*, th. Paris, 1953

S. ROBINNE, *Contribution à l'étude de la notion de revenus en droit privé*, th. Montpellier I, 1998, dir. R. Cabrillac

A. ROUILLER, *La maxime "Nemo plus juris..." en droit civil français, Étude synthétique et critique*, th. Rennes 1964, dir. H.-D. Cosnard

J.-M. ROUX, *Le rôle créateur de la stipulation pour autrui*, PUAM, 2001, préf. J. Mestre

P. RUBELLIN, *Régimes matrimoniaux et procédures collectives*, th. Strasbourg III, 1999

C. SAUJOT, *La pénétration des idées séparatistes dans les régimes communautaires*, th. Paris, 1956, dir. R. Le Balle

J. SCAPEL, *La notion d'obligation réelle*, PUAM, 2002, préf. P. Jourdain

R.-N. SCHÜTZ, *Les recours du crédit-preneur dans l'opération de crédit-bail*, PUF, 1994, préf. Ph. Rémy

M. SÉNÉCHAL, *L'effet réel de la procédure collective : essai sur la saisie collective du gage commun des créanciers*, Litec, B. dr. entr., 2002, préf. M.-H. Monsérie-Bon

P. SERLOOTEN, *Les biens réservés*, LGDJ, B. dr. privé, 1973, préf. P. Hébraud

J. SOUHAMI, *Le conjoint du contractant*, PUAM, 2005, préf. J. Mestre

M. STORCK, *Essai sur le mécanisme de la représentation dans les actes juridiques*, LGDJ, B. dr. privé, 1982, préf. D. Huet-Weiller

G. TEILLIAIS, *Contrats entre époux et régimes matrimoniaux*, thèse Nantes, 1994

B. TEYSSIÉ, *Les groupes de contrats*, LGDJ, B. dr. privé, 1975, préf. J. M. Mousseron

S. TORCK, *Essai d'une théorie générale des droits réels sur choses fongibles*, thèse Paris II, 2001, dir. H. Synvet

R. VERDOT, *La notion d'acte d'administration en droit privé français*, LGDJ, B. dr. privé, 1963, préf. P. Kayser

A. WEILL, *Le principe de la relativité des conventions en droit privé français*, Strasbourg, 1938

G. WICKER, *Les fictions juridiques, contribution à l'analyse de l'acte juridique*, LGDJ, B. dr. privé, 1997, préf. J. Amiel-Donat

Cl. WITZ, *La fiducie en droit privé français*, Economica, 1980

Ph. YOLKA, *La propriété publique, Éléments pour une théorie*, LGDJ, B. dr. public, 1997, préf. Y. Gaudemet

A.-F. ZATTARA, *La dimension constitutionnelle et européenne du droit de propriété*, LGDJ, B. dr. privé, 2001, préf. R. Cabrillac

M. XIFARAS, *La propriété, étude de philosophie du droit*, PUF, 2004

G. YILDIRIM, *L'autonomie financière dans la communauté de vie*, PULIM, 2002, préf. B. Vareille

F. ZÉNATI, *La nature juridique de la propriété, Contribution à la théorie du droit subjectif*, thèse, Lyon III, 1981, dir. S. Ginossar

III. – Articles, rapports et chroniques

D. ACQUARONE, *L'ambiguïté du droit à l'image*, D. 1985, chron. p. 129
J.-P. AMADEI, *Sur la nature du droit de propriété du domaine privé*, RDP 1998, p. 505. – *Patrimoine immobilier des nouvelles entreprises publiques : Domaine ou propriété privée ?* AJDI 1998, p. 602
P. AMSELEK, *L'acte juridique à travers la pensée de Charles Eisenmann*, in La pensée de Charles Eisenmann, Economica, 1986, p. 31
P. ANCEL, *La garantie conventionnelle des vices cachés dans les conditions générales de vente en matière mobilière*, RTD com. 1979, p. 203. – *Les incidences de la réforme des procédures d'exécution sur l'avis à tiers détenteur*, PA, 6 janvier 1993, p. 36. – *L'exécution par la puissance publique*, RTD civ. 1993, n° spécial, p. 135. – *Critères et sanctions de l'abus de droit en matière contractuelle*, JCP E 1998, Cahiers dr. de l'entr. n° 6, p. 31. – *Force obligatoire et contenu obligationnel du contrat*, RTD civ. 1999, p. 771. – *L'encadrement de la juridiction par le contrat*, in *Le conventionnel et le juridictionnel dans le règlement des différends*, Economica, 2001, p. 6. – *Arbitrage et novation*, Rev. arb. 2002 p. 3. – *Les arrêts de 1988 sur l'action en responsabilité contractuelle dans les groupes de contrats, quinze ans après*, Études en l'honneur de A. Ponsard, "La Cour de cassation, l'Université et le droit, André Ponsard, un professeur de droit à la Cour de cassation", Litec, 2003, p. 3
Ch. ATIAS, *Propriété et communauté dans la copropriété des immeubles bâtis*, JCP 1980, I, 2971
J.-L. AUBERT, V° *Cession de dette*, Rép. civ. Dalloz
S. AUBERT, V° *Ayant cause*, Rép. civ. Dalloz, 1998
L. AYNÈS, *Les clauses de circulation du contrat*, *in* Les principales clauses des contrats conclus par les professionnels, Colloque de l'Institut du droit des affaires d'Aix-Marseille, PU d'Aix-Marseille, 1990, p. 131. – *Cession de contrat : nouvelles précisions sur le rôle du cédé*, D. 1998 chron. p. 25. – *Cession de contrat*, RJC 1999, p. 194
M. AZENCOT, *La transmission des promesses unilatérales de vente*, JCP N 1992, p. 61
J. BECQUÉ, *La cession de contrat*, Contributions françaises aux IIIe et IVe congrès internationaux de droit comparé, Sirey, 1959, p. 93
M. BEHAR-TOUCHAIS, *Retour sur la clause de substitution*, Mélanges Louis Boyer, Presses de l'U. de sciences sociales de Toulouse, 1996, p. 85
B. BEIGNER, *Séparation de biens avec société d'acquêts : la solution québécoise*, Droit de la famille, janvier 1997, p. 4
A. BÉNABENT, *La fiducie (analyse d'un projet de loi lacunaire)*, JCP N, 1993, I, p. 275
M. BILLIAU, *Cession de contrat ou délégation de contrat ?* JCP G 1994, I, 3758. – *Le point sur la cession conventionnelle de contrat*, PA 6 mai 1998, n° 54, p. 48
G. BLANC, *De l'idée d'association comme fondement du pouvoir des époux communs en biens*, RTD civ. 1988, 31
P. BLOCH, *L'obligation de transférer la propriété dans la vente*, RTD civ. 1988 p. 673
A. BOLZE, *Les rapports patrimoniaux des couples en dehors de la communauté légale*, Dr. fam. mars 2001, p. 13
G. BONET et B. GROSS, *La réparation des dommages causés aux constructions par les vices des matériaux*, JCP 1974, I, 2602
D. BORDIER, *Qui est le vendeur dans la saisie immobilière* ? JCP N 1978, I, 894
B. BOUBLI, *Soliloque sur la transmission de l'action en garantie (à propos de l'arrêt de la troisième Chambre civile du 9 juillet 1973)*, JCP 1974, I, 2646. – *Transfert de propriété et responsabilité dans les groupes de contrats (à propos de l'arrêt du 12 juillet 1991)*, Rev. droit immob. 1992 p. 27
J. BOULANGER, *Les conflits entre des droits qui ne sont pas soumis à publicité*, RTD civ. 1935 p. 585
L. BOYER, *La promesse synallagmatique de vente*, RTD civ. 1949 p. 1. – *Clause de substitution et promesse unilatérale de vente*, JCP G 1987, I, 3310
J.-C. BRAULT, *Une convention de quasi-usufruit généralisée après le décès ?* Defrénois 1997, art. 36455
V. BRÉMOND, *Le rôle de l'article 222 du Code civil dans le régime de communauté depuis la loi du 23 décembre 1985*, Defrénois 1993, art. 35527, p. 465
Cl. BRENNER, Rép. civ. Dalloz, V° *Acte juridique*. – *L'organisation des paiements dans les successions acceptées sous bénéfice d'inventaire : du vin nouveau dans de vieilles outres*, D. 2002 chron. p. 1769
Ph. BRUN, *Nature juridique de la clause de substitution dans le bénéfice d'une promesse unilatérale de vente : une autonomie de circonstance ?* RTD civ. 1996 p. 29

M. CABRILLAC, *Les accessoires de la créance*, Études dédiées à Alex Weill, Dalloz-Litec 1983. – *La cohabitation de la traite et du "bordereau Dailly"*, RD bancaire et bourse 1987 p. 75. – *Réserve de propriété, bordereau Dailly et créance du prix de revente*, D. 1988 chron. p. 325. – *Les conflits entre les cessionnaires d'une même créance transmise par bordereau*, D. 1990 chron. p. 127. – *Les sûretés conventionnelles sur l'argent*, Mélanges Jean Derruppé, Joly-Litec, 1991, p. 333

R. CABRILLAC et S. PIQUET-CABRILLAC, *Le cautionnement souscrit par des époux communs en biens : l'article 1415 du Code civil, quinze ans après la réforme du 23 décembre 1985*, Annales de la Faculté de droit d'Avignon, 2000, p. 11

L. CADIET, *Les clauses contractuelles relatives à l'action en justice*, in *Les principales clauses des contrats conclus entre professionnels*, PU Aix-Marseille, 1990, p. 192

J.-M. CALENDINI, *La vente judiciaire des immeubles du débiteur en liquidation judiciaire*, PA 1986, n° 50, p. 52

C. CALORI, *L'adage "Nul ne peut transférer plus de droit que l'on a soi-même"*, Faculté de droit de Montpellier, Cahiers des écoles doctorales, n° 2, nov. 2001, p. 251

J. CARBONNIER, *La communauté entre époux est-elle une personne morale ?* Travaux de l'association Henri Capitant, t. 8, 1953, Dalloz 1955, p. 280. – *V^is Famille, Législation et quelques autres*, in Mélanges offerts à René Savatier, p. 147

P. CATALA, *La transformation du patrimoine dans le droit civil moderne*, RTD civ. 1966, p. 185. – *L'indivision*, Defrénois 1979, art. 31874, 31886, 32160, p. 3, 81 et 1601 ; 1980, art. 32172, p. 3 ; 1981, art. 32576, 32597, p. 241 et 321. – *L'indivision entre époux*, Mélanges Hébraud, 1981, p. 185. – *Variations autour de la communauté universelle*, Defrénois 1996, p. 209

H. CAUSSE, *Valeurs mobilières : un concept positif*, PA 21 octobre 1994, p. 4

G. CHAMPENOIS, *Le passif délictuel de la femme commune en biens en droit transitoire*, D. 1979, chr., p. 83

J. CHAPPERT, *La donation avec réserve de quasi-usufruit, une possibilité à utiliser avec modération en matière fiscale*, Defrénois 1997, art. 36617

J.-P. CHAZAL, *L'usufruitier et l'associé*, Defrénois 2000, art. 37191, p. 743. – *L'usufruit d'un fonds de commerce*, Defrénois 2001, art. 37297, p. 167. – et S. VICENTE, *Le transfert de propriété par l'effet des obligations dans le Code civil*, RTD civ. 2000, p. 477

J.-Y. CHÉROT, *La protection de la propriété dans la jurisprudence du Conseil constitutionnel*, Mélanges Christian Mouly, Litec, 1998, t. 1, p. 405

F. CHEVALLIER-DUMAS, *La fraude dans les régimes matrimoniaux*, RTD civ. 1979,40

A. COLOMER, *La réforme de la réforme des régimes matrimoniaux, ou : vingt ans après (premières réflexions sur la loi du 23 décembre 1985)*, D. 1986, chron. p. 49

M. COZIAN, *La clause tontinière*, Dr. et patrimoine oct. 1994, p. 22

S. CREVEL, *La cession des rémunérations du travail*, JCP E 1995, I n° 551

G. CUNIBERTI, *Le gage-espèces (de l'accession en matière monétaire)*, PA n° 221, 5 nov. 1999

J. DABIN, *Une nouvelle définition du droit réel*, RTD civ. 1962, p. 20

M. DAGOT, *La transmission des créances hypothécaires (analyse de la loi n° 76-519 du 15 juin 1976 relative à certaines formes de transmission des créances)*, JCP 1976, I, 2820. – *La vente d'un bien grevé d'usufruit*, JCP N 1987, I, 302

J. DAVID, *Observations sur l'ingérence maritale en régime légal*, RTD civ. 1974, p. 1

F. DEKEUWER-DÉFOSSEZ, *Mariage et société*, Aspects actuels du droit commercial français, Études dédiées à René Roblot, LGDJ 1984, p. 271

J.-M. DELLUCI, *Le nouveau droit de propriété des titres négociés*, JCP E 1994, I n° 368

J.-M. DELPÉRIER et J.-D. ROCHE, *La transmission des actions judiciaires en matière immobilière*, Defrénois 2003, art. 37686, p. 365

P. DELVOLVÉ, *Droit de propriété et droit public*, Mélanges Braibant, 1996, p. 149

Ph. DEROUIN, *Pour une analyse "fonctionnelle" de la condition*, RTD civ. 1978, p. 1

J. DERRUPPÉ, *Régimes de communauté et droit des sociétés*, JCP 1971, I, 2403. – *La nécessaire distinction de la qualité d'associé et des droits sociaux*, JCP N, 1984 p. 251. – *L'altération du régime de communauté avec l'extension des propres par nature*, Mélanges offerts à André Colomer, Litec, 1993, p. 161. – *Un associé méconnu : l'usufruitier de parts ou actions*, Defrénois 1994, art. 35894. – *Souvenirs et retour sur le droit réel du locataire*, Mélanges dédiés à Louis Boyer, Université des sciences sociales de Toulouse, 1996, p. 169

T. DESURMONT et C. GUERNALEC, *Sociétés de perception et de gestion des droits*, J Cl. Propriété littéraire et artistique, fasc. 1560, fév. 2003

E. DOCKÈS, *Essai sur la notion d'usufruit*, RTD civ. 1995, p. 479

J. DONNEDIEU DE VABRES, *Les actes de l'héritier apparent*, RTD civ. 1940-41 p. 385
B.-H. DUMORTIER, *Recherche d'un nouveau fondement de la validité de la clause d'accroissement eu égard à la prohibition des pactes sur succession future*, RTD civ. 1987, p. 653
M. FABRE-MAGNAN, *Le mythe de l'obligation de donner*, RTD civ. 1996, p. 85. – *Propriété, patrimoine et lien social*, RTD civ. 1997, p. 583
G. FARJAT, *Entre les personnes et les choses, les centres d'intérêts*, RTD civ. 2002, p. 221
F. FERRAND, Rép. pr. civ. Dalloz, V° *Appel*, 1999
D. FIORINA, *L'usufruit d'un portefeuille de valeurs mobilières*, RTD civ. 1995, p. 43
J. FLOUR, *Quelques remarques sur l'évolution du formalisme*, Études Ripert, t. 1, p. 93
E. FRAUD, *La notion de transfert de créance*, RRJ 1998 p. 817
A.-M. FRENISY, *La preuve de la propriété et des pouvoirs dans les régimes matrimoniaux depuis la loi du 13 juillet 1965*, RTD civ. 1970, p. 64
Ch. FREYRIA, *La direction du procès en responsabilité par l'assureur*, JCP 1954, I, 196
M.-A. FRISON-ROCHE, *Le contrat et la responsabilité : consentements, pouvoirs et régulations économiques*, RTD civ. 1998, p. 43
E. GAILLARD, *La double nature du droit à l'image et ses conséquences en droit positif français*, D. 1984, chron., p. 161
DU GARREAU DE LA MÉCHENIE, *La vocation de l'ayant cause particulier aux droits et obligations de son auteur*, RTD civ. 1944, p. 219
M. DE GAUDEMARIS, *De l'importance du contrat de mariage depuis la loi du 23 décembre 1985 pour les époux exerçant une profession indépendante*, D. 1987, chron. p. 223
Y GAUDEMET, *L'avenir du droit des propriétés publiques*, Mélanges en hommage à F. Terré, 1999, p. 567
P.-Y. GAUTIER, *Invitation au voyage : les cessions de droits d'auteur à l'étranger, créatrices de groupes de contrats*, D. 1995, chron., 262. – *Rapport de synthèse*, colloque de l'association française de la philosophie du droit, *Le droit et l'immatériel*, Archives Phil. dr., t. 43, Sirey, 1999, p. 233
M.-J. GEBLER, *Le paiement direct des pensions alimentaires*, D. 1973, chron. p. 107
M. GERMAIN, *De quelques limites à la nullité des décisions sociales prévue à l'article 360 de la loi de 1966*, Bull. Joly 1992, p. 491
J. GHESTIN, *Nouvelles propositions pour un renouvellement de la distinction des parties et des tiers*, RTD civ. 1994, p. 777, n° 8 p. 787
A. GHOZI, *Nature juridique de la transmissibilité de la clause de réserve de propriété*, D. 1986 chron., p. 317
S. GINOSSAR, *Pour une meilleure définition du droit réel et du droit personnel*, RTD civ. 1962, p. 589
M. GOBERT, *La publicité française, cette mal aimée*, Etudes offertes à Jacques Flour, 1979, p. 224
A. GOBIN, *Fiducies sans la fiducie*, JCP N 1994, p. 315
L. GODON, *La protection d'un époux contre les agissements de l'autre en régime légal de communauté*, Defrénois 1998, art. 36857 p. 977 et 36875 p. 1148
F. GORÉ, *Le moment du transfert de propriété dans les ventes à livrer*, RTD civ. 1947, p. 161. – *Le transfert de la propriété dans les choses de genre*, D. 1954, chron. p. 175
J.-L. GOUTAL, *Présomption de titularité des droits d'exploitation au profit des personnes morales : la Cour de cassation maintient sa jurisprudence*, RIDA 1998 p. 65
C. GREGORCZYK, *Le concept du bien juridique : l'impossible définition*, Archives Phil. dr. 1979, t. 24, p. 259
L. GRIFFON, *L'extension de la procédure collective au conjoint du débiteur*, Defrénois 2003, art. 37709, p. 493
M. GRIMALDI, *Commentaire de la loi du 23 décembre 1985 relative à l'égalité des époux dans les régimes matrimoniaux et des parents dans la gestion des biens des enfants mineurs*, GP 1986, II, doctr., p. 529. – *La fiducie : réflexions sur l'institution et sur l'avant-projet de loi qui la consacre*, Defrénois 1991, 35085 et 35094, p. 897 et 963. – *L'usufruit et le quasi-usufruit : questions de droit civil*, Dr. et patrimoine n° 76, nov. 1999, p. 55 s. – *L'emploi des deniers grevés d'usufruit*, Defrénois 1999, art. 36939. – et J.-F. ROUX, *La donation de valeurs mobilières avec réserve de quasi-usufruit*, D. 1994 chron., p. 219
P. GROSSI, *Tradizioni e modelli nella sistemazione post-unitaria della proprietà*, *in* Quaderni Fiorentini, éd. Giuffrè, Milan, 5-6, 1976-1977, t. 1, p. 201 s.
F. GRUA, *À propos des cessions de créances par transmission d'effets*, D. 1986 chron. p. 261. – *Qu'est-ce qu'un compte en banque* ? D. 1999, chron. p. 255
P. GUIHO, *Les actes de disposition sur la chose d'autrui*, RTD civ. 1954, p. 1

F. HAGE-CHAHINE, *Essai d'une nouvelle classification des droits privés*, RTD civ. 1982, p. 705

V. HAÏM, *Les créances publiques et le privilège du préalable*, D. 1994, chron. p. 217

M. HARICHAU-RAMU, *Le transfert des garanties dans le crédit-bail mobilier (étude de contrats-types)*, RTD com. 1978, p. 219

HÉBRAUD, *Observations sur l'évolution des rapports entre le droit et l'action dans la formation et le développement des systèmes juridiques*, Mélanges offerts à Pierre Raynaud, Dalloz 1985, p. 250. – et VERDOT, Encycl. D, V° *Acte juridique*

D. HECTOR, *La saisie-vente*, Rev. huissiers, 1993, p. 70

M.-A. HERMITTE, *Le corps hors du commerce, hors du marché*, Archives Phil. dr. 1988, t. 33, p. 323

J. HÉRON, *Réflexions sur l'acte juridique et le contrat à partir du droit judiciaire privé*, Droits, 1988, p. 92

J.-C. HONLET et O. DE BAECQUE, *La réforme des ventes volontaires de meubles aux enchères publiques (à propos de la loi n° 2000-642 du 10 juillet 2000)*, D. 2001, chron. p. 141

R. HOUIN, *Les incapacités*, RTD civ. 1947, p. 383

A. HOUIS, *Les méandres de l'article 751 du Code général des impôts*, JCP N 1997, I, p. 1103

Ch. JAMIN, *Cession du contrat et consentement du cédé*, D. 1995 chron. p. 130. – et M. BILLIAU, *Cession conventionnelle du contrat : la portée du consentement du cédé*, D. 1998 chron. p. 145.

Ph. JESTAZ, *Le tireur conserve-t-il la propriété de la provision après l'émission d'une lettre de change ou d'un chèque ?* RTD com. 1972 p. 881. – *La réserve de propriété ou la vente éclatée*, Mélanges Holleaux, Litec, 1990, p. 227

E. JEULAND, *Proposition de distinction entre la cession de contrat et la substitution de personne*, D. 1998, chron. p. 356. – V° *Cession de contrat*, Rép. civ. Dalloz, oct. 2000 – *L'énigme du lien de droit*, RTD civ. 2003, p. 455.

M.-N. JOBARD-BACHELLIER, *Existe-t-il encore des contrats réels en droit français ? ou la valeur des promesses de contrat réel en droit positif*, RTD civ. 1985, p. 1. – V° *Créances (Opérations sur)*, Rép. internat. Dalloz, 1998

L. JOSSERAND, *Essai sur la propriété collective*, Livre du centenaire du code civil, 1904, t. 1, p. 372. – *Configuration du droit de propriété dans l'ordre juridique nouveau*, Mélanges juridiques dédiés à M. le professeur Sugiyama, Tokyo, 1940

P. JOURDAIN, *Les actes de disposition sur la chose indivise*, RTD civ. 1987, p. 498. – *La nature de la responsabilité dans les chaînes de contrats après l'arrêt d'assemblée plénière du 12 juillet 1991*, D. 1992 chron. p. 149

L. JULLIOT DE LA MORANDIÈRE, *La loi du 22 septembre 1942 sur les effets du mariage quant aux droits et devoirs des époux*, JCP 1943, I, 304

Ch. LACHIÈZE, *L'autonomie de la cession conventionnelle de contrat*, D. 2000 chron. p. 184

M.-C. LAMBERT-PIÉRI, *L'avenir du titre et de la finance dans la communauté légale*, D. 1982, chron., p. 65

A. LAMBOLEY, *Entreprise libérale et régimes matrimoniaux, un droit encore incertain*, Mélanges offerts à André Colomer, 1993, p. 197

D. LANGÉ, *Le conjoint de l'aliéné*, RTD civ. 1984, p. 33

J.P. LANGLADE, *Dissertation sur un oubli fâcheux de la loi du 23 décembre 1985 : la toilette de l'article 215 al. 3 du Code civil*, D. 1986, chron. p. 166

Ch. LARROUMET, *Le conflit entre cessionnaires successifs d'une créance transmise par bordereau*, JCP E 1990, II, 15877. – *La fiducie inspirée du trust*, D. 1990 chron. p. 118. – *Sur la réalisation d'une* defeasance *en droit français*, Mélanges en hommage à André Breton et Fernand Derrida, Dalloz, 1991, p. 193. – *La cession de contrat : une régression du droit français ?* Mélanges Michel Cabrillac, Dalloz-Litec 1999, p. 151. – *La descente aux enfers de la cession de contrat*, D. 2002, chron. p. 1555

F. LEDUC, *Le gage translatif de propriété : mythe ou réalité ?* RTD civ. 1995, p. 308. – *Réflexions sur la convention de prête-nom, contribution à l'étude de la représentation imparfaite*, RTD civ. 1999, p. 283

J.-P. LE GALL, *Apport partiel d'actif et transmission universelle du patrimoine*, Prospectives du droit économique, Dialogues avec Michel Jeantin, Dalloz, 1999, p. 259

D. LEGEAIS, *Les rapports de l'établissement de crédit cessionnaire de créances professionnelles et des débiteurs cédés*, Rev. dr. bancaire et de la bourse, juillet/août 1990, n° 20, p. 148

J. LEPARGNEUR, *De l'effet à l'égard de l'ayant cause à titre particulier des contrats générateurs d'obligations relatifs au bien transmis*, RTD civ. 1924, p. 481

A.-M. LEROYER, *L'enfant confié à un tiers : de l'autorité parentale à l'autorité familiale*, RTD civ. 1998, p. 587. – *Autorité parentale et contrat* in D. Fenouillet et P. de Vareilles-Sommières (dir.), *La contractualisation de la famille*, Economica, 2001, p. 153

L. LEVENEUR, *Ombre et lumière sur les actions directes dans les chaînes de contrats*, Contrats, conc. cons. 1993, chron. 5

R. LIBCHABER, *L'usufruit des créances existe-t-il ?* RTD civ. 1997, p. 615. – Rép. civ. Dalloz, V° *Biens*, 1997. – *Propriété, droit fondamental ?* in *Libertés et droits fondamentaux*, dir. R. Cabrillac, M.-A. Frison-Roche et Th. Revet, Dalloz, 11e éd., 2005, p. 615. – *Pour un renouvellement de l'analyse des droits sociaux*, Mélanges en l'honneur de Yves Guyon, Dalloz, 2003, p. 717. – *Une fiducie française, inutile et incertaine...* Mélanges en l'honneur de Philippe Malaurie, Defrénois, 2005, p. 303

R. LINDON, V° *Image* in Dict. juridique, Les droits de la personnalité, éd. Dalloz 1983

G. LOISEAU, *Les contrats autorisant l'usage d'un nom*, JCP Cah. dr. entr. 1998, 2 p. 19. – *Typologie des choses hors du commerce*, RTD civ. 2000, p. 47

E. LOQUIN, *Différences et convergences dans le régime de la transmission et de l'extension de la clause compromissoire devant les juridictions françaises*, Gaz. Pal. spécial arbitrage, 5-6 juin 2002, p. 7

X. LUCAS, *La responsabilité civile du fait des "choses immatérielles"* in Le droit privé français à la fin du XXe siècle, Études offertes à Pierre Catala, Litec, 2001, p. 817

D. MAINGUY, *L'efficacité de la rétractation de la promesse de contracter*, RTD civ. 2004, p. 1. – *L'actualité des actions directes dans les chaînes de contrats*, Etudes offertes à Jacques Béguin, Droit et actualité, Litec, 2005, p. 449

Ph. MALAURIE, *rapport de synthèse* in *Faut-il retarder le transfert de propriété ?* colloque organisé le 28 avril 1995 par le DEA de droit privé fondamental et le Laboratoire de droit privé de l'Université Montpellier 1, JCP E 1995, suppl. Cahiers dr. de l'entreprise n° 5, p. 46. – *Dossier fiducie* in Banque et droit, n° 15, janv.-fév. 1991, p. 10

C. MALECKI, *Le bordereau Dailly à l'épreuve du droit des procédures collectives*, Mélanges en l'honneur de Yves Guyon, Dalloz, 2003, p. 767

Ph. MALINVAUD, *L'action directe du maître de l'ouvrage contre les fabricants et fournisseurs de matériaux et composants*, D. 1984, chron. p. 41. – *La loi du 19 mai 1998 relative à la responsabilité du fait des produits défectueux et le droit de la construction*, D. 1999 chron. p. 85. – *Responsabilité de droit commun des constructeurs*, Dalloz-Action Construction, n° 7802 s

N. MALLET-POUJOL, *Appropriation de l'information : l'éternelle chimère*, D. 1997, chron. p. 330

L. MARINO, *Le transfert de propriété dans le contrat d'entreprise*, Defrénois 2001, art. 37387, p. 907

D. R. MARTIN, *Du conflit relatif à la créance du prix de revente d'une marchandise acquise sous réserve de propriété*, D. 1986 chron. p. 323. – *La stipulation de contrat pour autrui*, D. 1994 chron. p. 145. – *Du changement de contractant*, D. 2001 chron. p. 3144. – *De la revendication des sommes d'argent*, D. 2002 chron. p. 3279

M. MATHIEU, *Considérations sur la vente en pleine propriété d'un bien grevé d'usufruit*, JCP N 1988 prat. p. 241

M.-L. MATHIEU-IZORCHE : Vis *Action directe*, et *Paiement*, Rép. civ. Dalloz, 1994 et 2000. – *Circulation du contrat*, J.-Cl. Contrats, Distribution, Fasc. 160, 1995. – *À propos du "mandat sans représentation"*, D. 1999 chron. p. 369. – *L'ordre et le droit*, Mélanges Michel Cabrillac, Dalloz-Litec 1999, p. 731. – *Le vendeur professionnel entre vices cachés et jurisprudence hermétique (à propos d'un arrêt de la Cour de cassation du 8 juin 1999)*, D. 2000 chron. p. 407

J. MAURY, *Le dessaisissement et les interdictions produites par le jugement*, Études collectives sur les faillites, sous la dir. de R. Rodière, Dalloz, 1969, p. 249. – *Communauté conjugale et publicité foncière (à propos d'une réponse ministérielle)*, Defrénois 1978, p. 621. – *Le principe participatif en régime matrimonial séparatiste*, Mélanges offerts à André Colomer, 1993, p. 243. – *Réquisitoire contre la saisine*, Mélanges Christian Mouly, 1998, I, p. 335

P. MAYER, *Les limites de la séparabilité de la clause compromissoire*, Rev. arb. 1998 p. 359

H. MAZEAUD, *La communauté réduite au bon vouloir des époux*, D. 1965, chron., p. 91

H. MEAU-LATOUR, *La dématérialisation à l'épreuve du don manuel d'actions*, Mélanges en l'honneur de Yves Guyon, Dalloz, 2003, p. 797

M. MENJUCQ, *Le fonds de commerce dans la communauté des époux*, JCP N 1996, doct. p. 1081

A. MESTRE, *Remarques sur la notion de propriété d'après Duguit*, Arch. phil. dr. 1932, n° 1-2, p. 163

J.-L. MESTRE, *Le Conseil constitutionnel, la liberté d'entreprendre et la propriété*, D. 1984, chron. p. 6

J.-C. MONTANIER, *L'autorisation de justice en droit matrimonial (propositions pour une interprétation nouvelle de l'article 217 du Code civil)*, RTD civ. 1984, 1

G. MORIN, *La clause d'accroissement*, D. 1971, chron. p. 55. – *Qui, de la communauté ou des époux, doit supporter les charges usufructuaires des biens propres ?* Mélanges offerts à André Colomer, 1993, p. 259

H. MOTULSKY, *Le droit subjectif et l'action en justice*, Arch. phil. droit. 1964, p. 215

Ch. MOULY, *Le cautionnement donné par une femme mariée*, Defrénois 1988, p. 234

J. MOURY, *Réflexions sur la transmission des clauses de compétence dans les chaînes de contrats translatifs*, D. 2002 chron. p. 2744

J. M. MOUSSERON, *Première approche des contrats de transfert de renommée*, Cah. dr. entr. 1989, 2 p. 25. – *Valeurs, biens, droits*, Mélanges en hommage à André Breton et Fernand Derrida, Dalloz, 1991, p. 277. – avec J. RAYNARD et T. REVET, *De la propriété comme modèle*, Mélanges offerts à André Colomer, Litec, 1993, p. 281

P. MOUSSERON, *Du démembrement des droits sociaux au démembrement des flux sociaux*, Bull. Joly Sociétés, 2005 p. 465

Y. MULLER, V° *Contrat judiciaire*, Rép. pr. civ. Dalloz, 1996

P. MURAT, *Rattachement familial de l'enfant et contrat*, in *La contractualisation de la famille*, dir. D. Fenouillet et P. de Vareilles-Sommières, Economica, 2001, p. 133. – *Procréations assistées et droits de l'enfant*, Rev. dr. sanit. et soc. 1991 p. 387

I. NAJJAR, *Option et substitution dans la promesse unilatérale de contrat*, D. 1988 chron. p. 135. – *Clause de substitution et "position contractuelle"*, D. 2000 chron. p. 635

NAST, *De l'acquisition conjointe d'un immeuble avec clause d'accroissement au profit du survivant*, Defrénois 1928 art. 21759. – *Commentaire de la loi du 18 février 1938*, D.P. 1939. IV, p. 1

Cl. NEIRINCK, *Autorité parentale, Délégation*, J. Cl. civil, art. 371 à 387, fasc. 30

R. NERSON, *Observations sur quelques formes particulières d'indivision*, Mélanges Savatier, 1965

G. PAISANT, *Peut-on abandonner la distinction du titre et de la finance en régime de communauté ? (contribution à l'étude des propres par nature)*, JCP N 1984, I, p. 19

A.-M. PATAULT, *Regard historique sur l'évolution du droit des biens, histoire de l'immeuble corporel*, in L'évolution contemporaine du droit des biens, 3èmes journées R. Savatier, PUF 1991, p. 3

F. PÉROCHON, *Clause de réserve de propriété et revendications*, Dictionnaire permanent de recouvrement de créances et procédures d'exécution, Ed. Législatives, 2001

C. PEROT-REBOUL, *L'exécution forcée des instruments financiers*, D. 2000 chron. p. 353

A. PERROT, *Pension de titres et transfert de propriété*, Rev. dr. bancaire et de la bourse 1994 p. 252

R. PERROT, *L'autorité de la chose jugée en matière d'assurance*, Rev. Gén. Ass. terr. 1957 p. 267. – et Ph. THÉRY, *Saisie-attribution : la situation du tiers saisi (les arrêts du 5 juillet 2000)*, D. 2000, chron. p. 714

C. PIGNARRE, *À la redécouverte de l'obligation de* praestare, *pour une relecture de quelques articles du code civil*, RTD civ. 2001, p. 41

A. PIROVANO, *La contestation du plan de cession de l'entreprise*, D. 1988, chron. p. 273

F. POLLAUD-DULIAN, *Droit moral et droits de la personnalité*, JCP G 1994, I, 3780

A. PONSARD, *La présomption de communauté*, RTD civ. 1948, p. 403. – *L'interprétation, par la Cour de cassation, de la loi du 13 juillet 1965 sur les régimes matrimoniaux*, Études offertes à Jacques Flour, éd. Defrénois 1979, p. 383

E. DU PONTAVICE, *Fraude dans les transferts immobiliers et sécurité des tiers*, RTD civ. 1963 p. 649

X. PRADEL, *Cession de créance et transfert de la clause compromissoire*, D. 2003 chron. p. 569

P. PUIG, *Faut-il supprimer l'action directe dans les chaînes de contrats ?* Études de droit de la consommation, Liber amicorum Jean Calais-Auloy, Dalloz, 2003, p. 913. – *Le contrat d'entreprise translatif de propriété*, Etudes offertes à Jacques Dupichot, Liber Amicorum, Bruylant, 2004, p. 393

M.-A. RAKOTOVAHINY, *Le "clair-obscur" de la vente de gré à gré d'un fonds de commerce dans le cadre d'une liquidation judiciaire*, D. 2000, chron. p. 51

J. RAYNARD, *Propriétés incorporelles : un pluriel bien singulier*, Mélanges offerts à Jean-Jacques Burst, Litec 1997, p. 527. – *Le tiers au pays du droit d'auteur, Publicité et opposabilité de la propriété littéraire et artistique*, JCP G 1999, I, 138 p. 959

P. RAYNAUD, *La renonciation à un droit*, RTD civ. 1936, p. 763. – *L'habilitation judiciaire des époux depuis la loi du 22 septembe 1942*, RTD civ. 1946, p. 1

J.-P. RÉMERY, *La déclaration des créances, délégation de pouvoirs et mandat*, JCP G 1999, I, 113

Ph. RÉMY et J. DAVID, *Le passif provisoire de la communauté légale en droit transitoire*, D. 1976, chron., p. 289

J. REVEL, *Les conventions entre époux désunis*, JCP G 1982, I, 3055. – *Les revenus des époux communs en biens : mariage ou célibat ?* D. 1987, chron. p. 131. – *Droit des sociétés et régime matrimonial : préséance et discrétion*, D. 1993, chron. p. 33

T. REVET, *Les différentes ventes*, in *Faut-il retarder le transfert de la propriété ?* JCP E 1995, suppl. Cahiers dr. de l'entreprise n° 5, p. 8

L. RIGAUD, *À propos d'une renaissance du* jus ad rem *et d'un essai de classification nouvelle des droits patrimoniaux*, RID comparé 1963, p. 565

G. RIPERT, *Le socialisme juridique d'Emmanuel Lévy, à propos de "La vision socialiste du droit", 1926*, Rev. crit. 1928, p. 21 s. – *L'abus ou la relativité des droits*, Rev. critique de la législation et de jurisprudence, 1929, p. 57

A. ROUAST, *L'évolution du droit de propriété*, travaux de l'association Henri Capitant , t. 1, Dalloz, 1946, p. 45. – *Les droits discrétionnaires et les droits contrôlés*, RTD civ. 1944, p. 1

A. ROUILLER, *Rapports entre les maximes "Error communis facit jus" et "Nemo plus juris..." dans la jurisprudence moderne*, Rec. gén. lois et jur. rép. Commaille 1967, n° 6, p. 165

J. RUBELLIN-DEVICHI, *L'influence des droits de la personnalité sur le droit moral*, Études Lambert, 1974, Cujas, 1975

R. SALEILLES, *De la cession de dettes*, Annales de droit commercial et industriel français, étranger et international, 1890, t. 4, 2e partie, p. 1

R. SAVATIER, *Le prétendu principe de l'effet relatif des contrats*, RTD civ. 1934, p. 525

E. SAVAUX, Rép. civ. Dalloz, V^{is} *Subrogation personnelle, Subrogation réelle*, 1998

Y. SEILLAN, *L'acte abdicatif*, RTD civ. 1966 p. 686

A. SÉRIAUX, V° *Propriété*, Rép. civ. Dalloz, 2001

J.-B. SEUBE, *Le droit des biens hors le Code civil*, PA 15 juin 2005, n° 118, p. 4

Ph. SIMLER, *Les conflits de présomption en régime de communauté*, RTD civ. 1970, 478. – *La mesure de l'indépendance des époux dans la gestion de leurs gains et salaires*, JCP 1989, I, 3398. – *L'indivision entre époux séparés de biens, une quasi-communauté ?* Mélanges offerts à André Colomer, Litec 1993, 461. – *Faut-il parler de résurgence de l'usufruit de la communauté sur les biens propres des époux ?* Mélanges à la mémoire de Danièle Huet-Weiller, Droit des personnes et de la famille, Liber Amicorum, P.U. de Strasbourg/Litec 1994, p. 427. – J. Cl. civ., art. 1271 à 1281, fasc. 40, *Délégation*, 1997. – *Les interférences des régimes matrimoniaux et des procédures collectives*, PA, 17 juin 1998. – *Pour un autre régime matrimonial légal*, L'avenir du droit, Mélanges en hommage à François Terré, Dalloz/Puf/Juris-Classeurs 1999, 455. – *L'énigmatique sort de l'obligation du délégué envers le délégant tant que l'opération de délégation n'est pas dénouée*, Mélanges offerts à Jean-Luc Aubert, Dalloz, 2005 p. 295. – *De quelques lacunes du dispositif législatif relatif à la saisissabilité des revenus des époux en régime de communauté*, Mélanges Jacques Béguin, LexisNexis Litec, 2005, p. 689

P. SIRINELLI, *Le quasi-usufruit*, PA 1993, n° 87 p. 30 s., et n° 89 p. 4 s.

V. SOUBISE, *La transmission par substitution de bénéficiaire, des droits conférés par une promesse de vente*, D. 1994 chron. p. 237

M. STORCK, *Le titre ou la finance ? Le droit de propriété dans les régimes matrimoniaux*, D. 1994, chron., p. 61. – *La propriété d'un portefeuille de valeurs mobilières*, Études offertes à Pierre Catala, Litec 2001, p. 695

J. STOUFFLET, *Le droit de la personne sur son image*, JCP 1957, I, 1374. – *Propos sur la transmission des créances*, Études dédiées à Alex Weill, Dalloz-Litec 1983, p. 511

H. SYNVET, *Nouvelles variations sur le conflit opposant banquiers et sous-traitants*, JCP G 1987, I, 3425

J.-J. TAISNE, *Obligations conditionnelles, Effets de la conditions suspensive*, J. Cl. civ., art. 1181 et 1182, fév. 1995

I. TAKIZAWA, *Notion d'inopposabilité dans la publicité foncière, réflexions sur le fondement du système français*, RRJ 1993, 3 p. 933. – *La publicité foncière : le pourquoi de sa difficulté*, Ruptures, mouvements et continuité du droit, Autour de Michelle Gobert, Economica, 2004, p. 377

X. TESTU, Rép. civ. Dalloz, V° *Indivision*, nov. 1997

S. TORCK, *La revendication des choses de genre*, RRJ 1996, p. 483

B. VAREILLE, *Le régime primaire*, in Dalloz action, *Droit patrimonial de la famille*, sous la dir. de M. Grimaldi, 2001, p. 10

VAREILLES-SOMMIÈRES, *La définition et la notion juridique de la propriété*, RTD civ. 1905, p. 443

F. VAUVILLE, *L'autonomie mobilière des époux*, Dr. et patrimoine, sept. 2000, p. 56

G. VENANDET, *La stipulation pour autrui avec obligation acceptée par le tiers bénéficiaire*, JCP N 1990, I p. 11

R. VERDOT, *De l'influence du facteur économique sur la qualification des actes d'« administration » et de « disposition »*, RTD civ. 1968, p. 449
Th. VIALATTE, *L'effet extinctif de la réunion sur une même tête de qualités contraires et ses limites*, RTD civ. 1978, p. 567
F. VIALLA, *Autonomie professionnelle en régime communautaire et droit des sociétés : des conflits d'intérêt ?* RTD civ. 1996, p. 841
M. VIDAL, *La propriété dans l'école de l'exégèse en France*, *in* Quaderni Fiorentini per la storia del pensiero giuridico moderno, éd. Giuffrè, Milan, 5-6, 1976-1977, t. 1, p. 8
M. VILLEY, *Du sens de l'expression* jus in re *en droit romain classique*, Mélanges Fernand de Visscher, t. 2, 1949, p. 417, *in* Revue internationale des droits de l'antiquité, Bruxelles, t. 3. – *Notes sur le concept de propriété*, Critique de la pensée juridique moderne (douze autres essais), éd. Dalloz, 1976, p. 187. – *Préface historique*, Arch. phil. dr., t. 24, Les biens et les choses, Sirey, 1979, p. 2
G. VINEY, *L'action en responsabilité entre participants à une chaîne de contrats*, Mélanges dédiés à Dominique Holleaux, Litec, 1990, p. 399
M. VION, *La suppression des grosses au porteur et le régime des copies exécutoires à ordre*, Defrénois 1976, art. 31203
F. DE VISSCHER, *Du "jus abutendi"*, RTD civ. 1913, p. 337
G. WIEDERKEHR, *Pacte commissoire et sûretés conventionnelles*, Études offertes à Alfred Jauffret, 1974, p. 661. – *La notion d'action en justice selon l'article 30 du nouveau code de procédure civile*, Mélanges offerts à Pierre Hébraud, Université des sciences sociales de Toulouse, 1981 p. 949.
Cl. WITZ, *La fiducie-sûreté en droit français*, RJ com. 1982, p. 67. – *Analyse critique des règles régissant le transfert de la propriété en droit français à la lumière du droit allemand*, Festschrift für Günther Jahr, 1993, p. 537
F. ZÉNATI, *Sur la constitution de la propriété*, D. 1985, chron. p. 171. – *Pour une rénovation de la théorie de la propriété*, RTD civ. 1993, p. 305. – et S. Fournier, *Essai d'une théorie unitaire de la prescription*, RTD civ. 1996, p. 339. – *L'immatériel et le droit*, Arch. phil. dr. 1999, p. 79. – *La nature juridique du quasi-usufruit (ou la métempsycose de la valeur)*, in Le droit privé français à la fin du XXe siècle, Études offertes à Pierre Catala, Litec, 2001, p. 605. – Rép. sociétés Dalloz, V° *Usufruit des droits sociaux*, 2003

IV. – Principales notes, observations et conclusions

P. ANCEL, n. sous Cass. civ. 2e, 24 juin 1987 : D. 1988, p. 358.– CA Lyon, 15 mai 1997 : Rev. arb. 1997 p. 402. – et M.-C. RONDEAU-RIVIER, Cass. civ. 2e, 24 juin 1987 : D. 1988, p. 358
L. AYNÈS, obs. Cass. civ. 3e, 11 juin 1992 : Defrénois 1992, p. 1530. – n. sous Cass. civ. 1re, 12 novembre 1998 : D. 1999, p. 167. – obs. Cass. civ. 1re, 15 mai 2002 : D. 2002 p. 3337
B. BEIGNIER, obs. Cass. civ. 1re, 15 mai 2002 : Droit. Fam. 2002 n° 90
A. BÉNABENT, n. sous Cass. Ass. plén., 7 février 1986 : D. 1986 p. 293
A. BESSON, n. sous Cass. civ. 1re, 29 avril 1975 : JCP 1976, II, 18212
M. BILLIAU, n. sous Cass. civ. 1re, 17 mars 1992 : JCP 1992, II, 21922. – Cass. com., 4 juin 1996 : D. 1996, p. 630. – Cass. civ. 1re, 4 avril 2001 : D. 2001 p. 1824
B. BOULOC, obs. Cass. com., 5 novembre 2002 : RTD com. 2003, p. 360
Cl. BRENNER, n. sous Cass. civ. 2^{e}, 3 octobre 2002, Gaz. Pal. 14-15 mars 2003, p. 19
Ph. BRUN, obs. Cass. civ. 3e, 27 juin 2001 : D. 2002 somm. p. 1005
M. CABRILLAC, obs. Cass. com., 17 mai 1994 : JCP E 1994, I n° 397
R. CABRILLAC, n. sous Cass. civ. 1re, 12 janvier 1994 : D. 1994, p. 311
J. CARBONNIER, obs. RTD civ. 1953, p. 551
G. CHAMPENOIS, obs. Cass. civ. 1re, 13 déc. 1989, Defrénois 1990 p. 875. – Cass. civ. 1re, 15 mai 2002 : Defrénois 2002 p. 1322. – Cass. civ. 1re, 6 juillet 2005, *ibid.* 2005, p. 1514
Y. CHARTIER, n. sous Cass. civ. 3e, 12 octobre 1977 : D. 1978 p. 333
E. CHEVRIER, obs. Cass. com., 5 novembre 2002 : D. 2003 p. 70
G. CORNU, n. sous Cass. civ. 1re, 22 janvier 1962 : D. 1962, p. 418
P. CROCQ, obs. Cass. civ. 1re, 15 mai 2002 : RTD civ. 2002 p. 546
Fl. DEBOISSY, obs. CA Chambéry, 18 juin 2002 : RTD com. 2003 p. 190
G. DURRY, obs. RTD civ. 1969, p. 774
D. FIORINA, n. sous Cass. civ. 1re, 12 novembre 1998 : D. 1999, p. 633
A. FOURNIER, n. sous Cass. civ. 3e, 11 juin 1992 : D. 1993, p. 528
J. FRANÇOIS, n. sous Cass. civ. 1re, 15 mai 2002 : Defrénois 2002 p. 1208

A. FRANÇON, n. sous Cass. civ. 1re, 24 février 1998, D. 1998 p. 471
P.-Y. GAUTIER, n. sous Cass. civ. 1re, 18 octobre 1989 : D. 1990, p. 505. – obs. Cass. civ. 2e, 22 novembre 2001 : RTD civ. 2002 p. 318
J. GHESTIN, n. sous Cass. com. 12 mars 1985 (affaire *Bordas*) : D. 1985, p. 471
G. GOUBEAUX, n. sous CA Montpellier, 17 mars 1970 : JCP G 1970, II, 16421. – Cass. civ. 3e, 26 janvier 1972 : JCP G 1972, II, 17104
M. GRIMALDI, obs. Cass. civ. 1re, 9 février 1994 : D. 1995 Somm., p. 51. – Cass. civ. 1re, 4 janvier 1995 : D. 1995, Somm. p. 328. – Cass. com. 15 nov. 2002, RDC 2003 p. 170
J. HUET, obs. Cass. Ass. plén., 7 février 1986 : RTD civ. 1986 p. 364
Ch. JAMIN et M. BILLIAU, n. sous Cass. civ. 3e, 12 décembre 2001 : D. 2002, p. 984
Ph. JESTAZ, n. sous Cass. civ. 3e, 23 mars 1968 : D. 1970, p. 663
E. JEULAND, n. sous Cass. civ. 3e, 13 juillet 1999 : D. 2000 p. 195
Ph. JOURDAIN, n. sous Cass. civ. 1re, 7 juillet 1987 : JCP 1988, II, 20999. – obs. Cass. civ. 3e, 26 juin 2002 : RTD civ. 2003 p. 103
A. KÉRÉVER, n. sous Cass. civ. 1re, 24 février 1998 : RIDA 1998 p. 213
Ch. LARROUMET, n. sous TGI Strasbourg, 24 mars 1971 : D. 1973 p. 16. – CA Nîmes, 18 décembre 1980 : D. 1983, p. 29. – CJCE 17 juin 1992, *Jacob Handte :* JCP 1992, II, 21927. – CA Paris, 17 novembre 1992 : JCP E 1993 n° 428, p. 101. – Cass. com., 14 décembre 1993 : D. 1994 p. 269. – Cass. com., 17 mai 1994 : D. 1995 p. 124. – Cass. com., 16 avril 1996 : D. 1996 p. 571. – Cass. com., 26 avril 2000 : D. 2000, p. 717
L. LEVENEUR, obs. Cass. civ. 1re, 3 mars 1992 : Contrats Conc. Consom. 1992, n° 112. – Cass. civ. 2e, 22 novembre 2001 : *ibid.*, 2002, n° 44
J.-Ph. LÉVY, n. sous Cass. civ. 1re, 15 juin 1983 : JCP G 1984, II, 20123
R. LIBCHABER, obs. Cass. civ. 3e, 12 décembre 2001 : Defrénois, 2003 art. 37558, n° 36, p. 775
A. LIENHARD, n. sous Cass. com., 23 janvier 2001 : D. 2001, p. 858
R. LINDON, n. sous Cass. civ. 1re, 6 juillet 1965 (affaire *Négresco*) : D. 1965, p. 701
G. LOISEAU, n. sous Cass. com. 6 mai 2003 (affaire *Ducasse*), D. 2003 p. 2228
É. LOQUIN, obs. Cass. civ. 2e, 20 décembre 2001 : RTD com. 2002 p. 279
F. MACORIG-VENIER, n. sous Cass. civ. 3e, 12 janvier 1994 : D. 1995, p. 52
D. MAINGUY, obs. Cass. com., 14 octobre 1997 : D. 2000 Somm. p. 74. – (et J.-B. SEUBE), n. sous Cass. civ. 1re, 6 février 2001 : JCP E 2001, p. 1238. – Cass. civ. 3e, 28 novembre 2001 : JCP 2002, II, 10037
Ph. MALINVAUD, n. sous Cass. Ass. plén., 7 février 1986 : JCP 1986, II, 20616. – Cass. civ. 3e, 26 juin 2002 : RD imm. 2002 p. 424
L. MAUGER-VIELPEAU, n. sous Cass. civ. 2e, 3 octobre 2002, D. 2003 p. 1322
D. MARTIN et H. SYNVET, n. sous Cass. com., 4 juillet 1995 : D. 1995 p. 488
D. MAZEAUD, n. sous Cass. civ. 1re, 7 juin 1995 : D. 1996 p. 394
J. MAZEAUD, n. sous Cass. civ. 3e, 22 mars 1968 : D. 1968, p. 412
J. MESTRE, obs. Cass. civ. 1re, 15 juin 1983 : RTD civ. 1984 p. 720. – Cass. civ. 1re, 7 décembre 1983, *ibid.*, 1984 p. 717. – Cass. com., 17 décembre 1985 : *ibid.*, 1987, p. 319. – Cass. Ass. plén., 7 février 1986 : *ibid.*, 1986, p. 595. – Cass. civ. 1re, 13 déc. 1989, *ibid.*, 1990 p. 645. – Cass. com., 29 janvier 1991 : *ibid.*, 1991, p. 531. – et B. FAGES, Cass. com., 23 janvier 2001 : *ibid.*, 2001, p. 594
MOURIER, concl. Ass. Plén., 12 juillet 1991 : RJDA 1991, 583
I. NAJJAR, n. sous Cass. civ. 3e, 27 avril 1988 : D. 1989 p. 65
H. PÉRINET-MARQUET, obs. Cass. civ. 1re, 12 novembre 1998 : JCP G 1999, I, 1120 p. 524
F. PÉROCHON, n. sous Cass. com., 15 mars 1988 (deux arrêts), D. 1988 p. 330. –Cass. com., 20 juin 1989 : D. 1989, p. 431. – (et D. MAINGUY), obs. Cass. com., 17 mars 1998, : D. 2000, Somm. 75
Ph. PÉTEL, obs. Cass. com., 17 mars 1998, JCP E 1998, n° 37, p. 1398
B. PETIT, n. sous Cass. civ. 3e, 26 février 1985 : JCP 1986, II, 20607. – Cass. civ. 1re, 15 mai 1990, JCP 1991, II, 21628
J. RAYNARD, obs. CJCE 17 juin 1992, *Jacob Handte :* JCP E 1992, I, 399. – Cass. civ. 1re, 5 janvier 1999, *Thermo King* : RTD civ. 1999 p. 502
P. RAYNAUD, n. sous Cass. ass. plén., 3 avril 1962 : JCP 1962 G 1962, II, 12744
Ph. RÉMY, obs. Cass. civ. 1re, 1er avril 1987, RTD civ. 1987 p. 777
Th. REVET, obs. Cass. civ. 1re, 3 décembre 2002 : RTD civ. 2003 p. 118
C. SAINT-ALARY-HOUIN, obs. Cass. civ. 3e, 12 janvier 1994 : Droit et patrimoine, juillet-août 1994, n° 624, p. 59
B. SAINTOURENS, obs. Cass. com., 5 novembre 2002 : RTD com. 2003 p. 58
O. SALVAT, n. sous Cass. civ. 2e, 8 janvier 1992 : JCP 1993, II, 22155

R. SAVATIER, obs. Cass. req., 24 janvier 1928 : RTD civ. 1928 p. 458. – n. sous Cass. req., 20 juillet 1932 : D.P. 1933, 1, 116
Ph. SIMLER, obs. Cass. civ. 3e, 11 juin 1992 : RD imm. 1993, p. 532. – Cass. civ. 1re, 2 mai 2001, JCP 2002, I, 103 n° 11. – Cass. civ. 1re, 15 mai 2002 : JCP 2002, I, 167
Ph. THÉRY, obs. Cass. civ. 1re, 15 mai 2002 : Defrénois 2003 p. 413. – Cass. civ. 1re, 29 janvier 2002, *ibid.* 2002, p. 1096
B. VAREILLE, obs. Cass. civ. 1re, 31 mai 1992, RTD civ. 1992 p. 632 et 1992 p. 402. – Cass. civ. 1re, 16 mars 1999, *ibid.*, 2001 p. 189. – Cass. civ. 1re, 15 mai 2002 : *ibid.*, 2003 p. 338
M. VASSEUR, obs. Cass. civ. 1re, 15 juin 1983 : D. 1984 IR p. 268
M. VÉRON, obs. Cass. civ. 3e, 23 juillet 1986 : Gaz. Pal. 1987, I, somm. p. 59
H. VIALLETON, n. sous Cass. civ. 22 novembre 1926 : S. 1927,1 p. 169. – Cass. req., 24 janvier 1928 : S. 1929,1 p. 137
P. VOIRIN, n. sous Cass. civ. 1re, 3 février 1959 : JCP 1960, II, 11823
G. WIEDERKEHR, obs. Cass. civ. 1re, 28 février 1995 : Rev. Justices 1996, n° 3, p. 378
F. ZÉNATI, obs. Cass. civ. 1re, 7 juillet 1987 : RTD civ. 1989, p. 582. – Cass. civ. 1re, 29 mars 1989 : *ibid.*, 1990, p. 112. – Cass. civ. 1re, 27 janvier 1993 : *ibid.*, 1994, p. 132. – Cass. civ. 1re, 9 février 1994 : *ibid.* 1995, p. 151. – CC décis. n° 94-346 DC du 24 juillet 1994 : *ibid.*, p. 656. – Cass. civ. 1re, 6 février 1996 : *ibid.*,. 1997, p. 172. – Cons. const. n° 98-403 29 juillet 1998, *ibid.*, 1999, p. . 136. – Cass. civ. 1re, 12 novembre 1998 : *ibid.*, p. 422. – Cass. civ. 3e, 22 mai 1997 : *ibid.*, p. 652

INDEX ALPHABÉTIQUE

Les chiffres renvoient aux paragraphes ou aux notes lorsque cela est précisé (n.) ; les auteurs cités sont ceux dont les thèses sont discutées

A

B

C

D

J

L

M

N

O

Q

R

S

TABLE DES MATIÈRES

PREMIÈRE PARTIE
ACTE TRANSLATIF ET TITULARITÉ DU DROIT À TRANSMETTRE

SECONDE PARTIE
ACTE TRANSLATIF ET PERTE DU DROIT TRANSMIS

Ouvrages parus récemment dans la même collection

Tome 270. - LE BARS (Th.) : *Le défaut de base légale en droit judiciaire privé*. Préface de J. Héron. 1997.
Tome 271. - MOINE (I.) : *Les choses hors commerce : une approche de la personne humaine juridique*. Préface de E. Loquin. 1997.
Tome 272. - FAUVARQUE-COSSON (B.) : *Libre disponibilité des droits et conflits de lois*. Préface de Y. Lequette. 1996.
Tome 273.- GATSI (J.) : *Le contrat-cadre*. Préface de M. Béhar-Touchais. 1996.
Tome 274.- LOISEAU (G.) : *Le nom, objet d'un contrat*. Préface de J. Ghestin. 1997.
Tome 275.- KONDYLI (I.) : *La protection de la famille par la réserve héréditaire en droits français et grec comparés*. Préface de P. Catala. 1997.
Tome 276.- DEBOISSY (F.) : *La simulation en droit fiscal*. Préface de M. Cozian. 1997.
Tome 277.- PARDOEL (D.) : *Les conflits de lois en matière de cessions de créances et opérations analogues*. Préface de P. Lagarde. 1997.
Tome 278.- BORÉ (L.) : *La défense des intérêts collectifs par les associations devant les juridictions administratives et judiciaires*. Préface de G. Viney. 1997.
Tome 279.- ROUMY (F.) : *L'adoption dans le droit savant du XIIe siècle au XVIe siècle*. Préface de A. Lefebvre-Teillard. 1998.
Tome 280.- DOUET (F.) : *Contribution à l'étude de la sécurité juridique en droit fiscal interne français*. Préface de B. Néel. 1997.
Tome 281.- REIGNÉ (P.) : *La cause efficiente dans le droit des contrats*. Préface de B. Audit. Non paru.
Tome 282.- RADÉ (C.) : *Droit du travail et responsabilité civile*. Préface de J. Hauser. 1997.
Tome 283.- LUCAS (F.-X.) : *Les transferts temporaires de valeurs mobilières. Pour une fiducie de valeurs mobilières*. Préface de L. Lorvellec. 1997.
Tome 284.- MIRABAIL (S.) : *La rétractation en droit privé français*. Préface de J.-P. Marty. 1997.
Tome 285.- MENJUCQ (M.) : *La mobilité des sociétés dans l'espace européen*. Préface de P. Le Cannu. 1997.
Tome 286.- MILHAC (O.) : *La notion de condition dans les contrats à titre onéreux*. Préface de J. Ghestin. 2001.
Tome 287.- MOLFESSIS (N.) : *Le Conseil constitutionnel et le droit privé*. Préface de M. Gobert. 1997.
Tome 288.- SERINET (Y.-M.) : *Les régimes comparés des sanctions de l'erreur, des vices cachés et de l'obligation de délivrance de la vente*.
Tome 289.- Sous la dir. de G. VINEY : *L'indemnisation des accidents médicaux*. Actes du colloque organisé par le Centre de droit des obligations de l'Université de Paris I (Panthéon-Sorbonne) le 24 avril 1997. Avant-propos de G. Viney. 1997.
Tome 290.- GRATALOUP (S.) : *L'enfant et sa famille dans les normes européennes*. Préface de H. Fulchiron. 1998.
Tome 291.- PETIT (F.) : *La notion de représentation dans les relations collectives du travail*. Préface de P. Rodière. 2000.
Tome 292.- CUTAJAR-RIVIÈRE (Ch.) : *La société écran*. Essai sur sa notion et son régime juridique. Préface de P. Diener. 1998.
Tome 293.- LEBEL (Ch.) : *L'élaboration du plan de continuation de l'entreprise en redressement judiciaire*. Non paru.
Tome 294.- JACOB (F.) : *Le constitut ou l'engagement autonome de payer la dette d'autrui à titre de garantie*. 1998.

Tome 295.- MICHAS BEGUERIE (S.) : *Régimes privés de retraites. Perspectives comparative et européenne*. Préface de A. Lyon-Caen. 1998.
Tome 296.- NEUVILLE (S.) : *Le plan en droit privé*. Préface de C. Saint-Alary-Houin. 1998.
Tome 297.- SILHOL (B.) : *Le chômage partiel*. Préface de A. Cœuret. 1998.
Tome 298.- PATAUT (E.) : *Principe de souveraineté et conflits de juridictions*. Préface de P. Lagarde. 1999.
Tome 299.- TUFFERY (J.-M.) : *Ebauche d'un droit de la consommation*. La protection du chaland sur les marchés toulousains aux XVIIe et XVIIIe siècles. Préface de J. Calais-Auloy. 1998.
Tome 300.- CADOU (E.) : *La distribution de la presse*. Préface de J. Ghestin. 1998.
Tome 301.- BOUCOBZA (X.) : *L'acquisition internationale de société*. Préface de P. Fouchard. 1998.
Tome 302.- SCHOLASTIQUE (E.) : *Le devoir de diligence des administrateurs de sociétés. Droits français et anglais*. Préface de A. Tunc. 1998.
Tome 303.- MONSALLIER (M.-C.) : *L'aménagement contractuel du fonctionnement de la société anonyme*. Préface de A. Viandier. 1998.
Tome 304.- CHANTELOUP (H.) : *Les quasi-contrats en droit international privé*. Préface de M.-L. Niboyet. 1998.
Tome 305.- CHEN (L.) : *Problèmes de droit international privé concernant les personnes physiques étrangères en Chine*. Préface de P. Lagarde. 1998.
Tome 306.- KARIMI (A.) : *Les clauses abusives et l'abus de droit*. Préface de P. Simler. 2001.
Tome 307.- JOUFFIN (E.) : *Le sort des contrats en cours dans les entreprises soumises à une procédure collective*. Préface de C. Gavalda. 1998.
Tome 308.- COSTA (M.-L.) : *Le crédit documentaire. Etude comparative*. Préface de H. Lesguillons. 1998.
Tome 309.- RACINE (J.-B.) : *L'arbitrage commercial international et l'ordre public*. Préface de P. Fouchard. 1999.
Tome 310.- GUINERET-BROBBEL DORSMAN (A.) : *La GmbH et Co. KG allemande et la « commandite à responsabilité limitée » française : une illustration de la liberté contractuelle en droit des sociétés ?* Préface de M. Fromont. 1998.
Tome 311.- ROCHFELD (J.) : *Cause et type de contrat*. Préface de J. Ghestin. 1999.
Tome 312.- CHABOT (G.) : *Des distorsions entre droit civil et droit fiscal en droit successoral*. Préface de R. Le Guidec.
Tome 313.- BLANLUET (G.) : *Essai sur la notion de propriété économique en droit privé français. Recherches au confluent du droit fiscal et du droit civil*. Préface de P. Catala. 1999.
Tome 314.- COIPEL-CORDONNIER (N.) : *Les conventions d'arbitrage et d'élection de for en droit international privé*. Préface de M. Fallon. 1999.
Tome 315.- AUGUET (Y.) : *Concurrence et clientèle*. Préface de Y. Serra. 2000.
Tome 316.- GJIDARA (S.) : *L'endettement et le droit privé*. Préface de A. Ghozi. 1999.
Tome 317.- MAGNIER (V.) : *Rapprochement des droits dans l'Union européenne et viabilité d'un droit commun des sociétés*. Préface de P. Didier. 1999.
Tome 318.- JEULAND (E.) : *La substitution de personne dans un rapport d'obligation*. Préface de L. Cadiet. 1999.
Tome 319.- TAYLOR (S.) : *L'harmonisation communautaire de la responsabilité du fait des produits défectueux. Étude comparative du droit anglais et du droit français*. Préface de G. Viney. 1999.
Tome 320.- BERTHIAU (D.) : *Le principe d'égalité et le droit civil des contrats*. Préface de J.-L. Sourioux. 1999.
Tome 321.- MALECKI (C.) : *L'exception d'inexécution*. Préface de J. Ghestin. 1999.
Tome 322.- LITTY (O.) : *Inégalité des parties et durée du contrat. Étude de quatre contrats d'adhésion usuels*. Préface de J. Ghestin. 1999.
Tome 323.- BRENNER (C.) : *L'acte conservatoire*. Préface de P. Catala. 1999.
Tome 324.- BOUSSOUGOU-BOU-MBINE (F. L.) : *La pénétration des idées communautaires dans les régimes séparatistes*. Préface de P. Simler. 1999.
Tome 325.- CHALVIGNAC (F.) : *La rédaction d'un acte juridique : le bail commercial*. Préface de J.-P. Marty. 1999.
Tome 326.- SAUPHANOR (N.) : *L'influence du droit de la consommation sur le système juridique*. Préface de J. Ghestin. 2000.

Tome 327.- GUTMANN (D.) : *Le sentiment d'identité. Etude de droit des personnes et de la famille.* Préface de F. Terré. 2000.
Tome 328.- BLÉRY (C.) : *L'efficacité substantielle des jugements civils.* Préface de P. Mayer. 2000.
Tome 329.- ALBIGES (C.) : *De l'équité du droit privé.* Préface de R. Cabrillac. 2000.
Tome 330.- LEKKAS (G.) : *L'harmonisation du droit des offres publiques et la protection de l'investisseur.* Préface de A. Viandier. 2001.
Tome 331.- LECOURT (B.) : *L'influence du droit communautaire sur la constitution de groupement.* Préface de Y. Guyon. 2000.
Tome 332.- DEFFERRARD (F.) : *La suspicion légitime.* Préface de F. Bussy. 2000.
Tome 333.- DELMAS SAINT-HILAIRE (Ph.) : *Le tiers à l'acte juridique.* Préface de J. Hauser. 2000.
Tome 334.- DILOY (C.) : *Le contrat d'agence commerciale en droit international.* Préface de L. Peyrefitte. 2000.
Tome 335.- LE GAC-PECH (S.) : *La proportionnalité en droit privé des contrats.* Préface de H. Muir-Watt. 2000.
Tome 336.- SEFTON-GREEN (R.) : *La notion d'obligation fondamentale : comparaison franco-anglaise.* Préface de J. Ghestin. 2000.
Tome 337.- STOFFEL-MUNCK (Ph.) : *L'abus dans le contrat.* Préface de R. Bout. 2000.
Tome 338.- BEAUGENDRE (S.) : *Contrat d'assistance et activité d'assurance.* Préface de F. Collart-Dutilleul. 2000.
Tome 339.- DIDIER (Ph.) : *De la représentation en droit privé.* Préface de Y. Lequette. 2000.
Tome 340.- CHEN (Ch.W.) : *Apparence et représentation en droit positif français.* Préface de J. Ghestin. 2000.
Tome 341.- CUNIBERTI (G.) : *Les mesures conservatoires portant sur des biens situés à l'étranger.* Préface de H. Muir-Watt. 2000.
Tome 342.- MASQUEFA (C.) : *La restructuration.* Préface de B. Teyssié. 2000.
Tome 343.- DARMAISIN (S.) : *Le contrat moral.* Préface de B. Teyssié. 2000.
Tome 344.- DEPADT-SEBAG (V.) : *La justification de l'article 1386 du Code civil.* Préface de J. Huet. 2000.
Tome 345.- DOUVRELEUR (O.) : *Droits de la défense et pratiques anticoncurrentielles en droit français.* Préface de C. Gavalda. 2000.
Tome 346.- ABDELGAWAD (W.) : *Arbitrage et droit de la concurrence.* Préface de E. Loquin, 2001.
Tome 347.- BRIERE (C.) : *Les conflits de conventions internationales en droit privé.* Préface de P. Courbe. 2001.
Tome 348.- CASHIN-RITAINE (E.) : *Les cessions contractuelles de créances de sommes d'argent dans les relations civiles franco-allemandes.* Préface de F. Ranieri. 2001.
Tome 349.- BOUYEKA (A.) : *La provision : essai d'une théorie générale en droit français.* Préface d'A. Bénabent. 2001.
Tome 350.- MERCAT-BRUNS (M.) : *Vieillissement et droit à la lumière du droit français et du droit américain.* Préface d'A. Lyon-Caen. 2001.
Tome 351.- ZATTARA (A.-F.) : *La dimension constitutionnelle et européenne du droit de propriété.* Préface de R. Cabrillac. 2001.
Tome 352.- HENRY (M.) : *L'indépendance de l'arbitre.* Préface de M. Mayer. 2001.
Tome 353.- GANNAGE (L.) : *La hiérarchie des normes et les méthodes du droit international privé.* Préface d'Y. Lequette. 2001.
Tome 354.- BELLISSENT (J.) : *Contribution à l'analyse de la distinction des obligations de moyens et des obligations de résultat. A propos de l'évolution des ordres de responsabilité civile.* Préface de R. Cabrillac. 2001.
Tome 355.- PETERKA (N.) : *Les dons manuels.* Préface de P. Catala. 2001.
Tome 356.- ANDRÉ (C.) : *Le fait du créancier contractuel.* Préface de G. Viney. 2002.
Tome 357.- CLAVEL (S.) : *Le pouvoir d'injonction extraterritorial des juges pour le règlement des litiges privés internationaux.*
Tome 358.- AUDIT (M.) : *Les conventions transnationales entre personnes publiques.* Préface de P. Mayer. 2002.

Tome 359.- RAIMON (M.) : *Le principe de l'unité du patrimoine en droit international privé*. Préface de G. Khairallah. 2002.

Tome 360.- D'ALTEROCHE (B.) : *De l'étranger à la seigneurie à l'étranger au Royaume XIe-XVe siècle*. Préface de A. Lefebvre-Teillard. 2002.

Tome 361.- El HUSSEINI BEGDACHE (R.) : *Le droit international privé français et la répudiation islamique*. Préface de J. Foyer. 2002.

Tome 362.- CAMOUS (E.) : *Règlements non-juridictionnels des litiges de la consommation*. Préface de J. Calais-Auloy. Avant-propos de L. Boy. 2002.

Tome 363.- TORRE-SCHAUB (M.) : *Essai sur la construction juridique de la catégorie de marché*. Préface de A. Lyon-Caen. 2002.

Tome 364.- DELICOSTOPOULOS (C.) : *L'encadrement processuel des autorités de marché en droits français et communautaire*. Préface de S. Guinchard. Avant-propos de A.-M. Slaughter. 2002.

Tome 365.- CACHARD (O.) : *La régulation internationale du marché électronique*. Préface de P. Fouchard. 2002.

Tome 366.- FIN-LANGER (L.) : *L'équilibre contractuel*. Préface de C. Thibierge. 2002.

Tome 367.- LIPINSKI (P.) : *La liquidation dans le régime de séparation de biens*. Préface de G. Champenois. 2002.

Tome 368.- CAGNOLI (P.) : *Essai d'analyse processuelle du droit des entreprises en difficulté*. Préface de T. Le Bars. 2002.

Tome 369.- KONTOGEORGOPOULOU (P.) : *La conception juridique de l'emploi comme risque. Réflexions à la lumière du licenciement pour motif économique*. 2002.

Tome 370.- BAHMAEI (M.) : *L'intervention du juge étatique des mesures provisoires et conservatoires en présence d'une convention d'arbitrage en droit français, anglais et suisse*. 2002.

Tome 371. – LASSERRE-KIESOW (V.) : *La technique législative. Etude sur les codes civils français et allemand*. Préface de M. Pédamon. 2002.

Tome 372.- OURY-BRULÉ (M.) : *L'engagement du codébiteur solidaire non intéressé à la dette*. Préface de Cl. Ferry. 2002.

Tome 373.- EZRAN-CHARRIÈRE (N.) : *L'entreprise unipersonnelle dans les pays de l'Union européenne*. Préface de J. Foyer. 2002.

Tome 374.- CONVERT (L.) : *L'impératif et le supplétif dans le droit des* sociétés – *Étude de droit comparé Angleterre – Espagne – France*. Préface de B. Saintourens. 2003.

Tome 375.- TOMASI (M.) : *La concurrence sur les marchés financiers. Aspects juridiques*. Préface de J.-B. Blaise. 2002.

Tome 376.- CUMYN (M.) : *La validité du contrat suivant le droit strict ou l'équité : étude historique et comparée des nullités contractuelles*. Préface de J. Ghestin. 2002.

Tome 377.- PAUL (F.) : *Les choses qui sont dans le commerce au sens de l'article 1128 du Code civil*. Préface de J. Ghestin. 2002.

Tome 378.- SCHILLER (S.) : *Les limites de la liberté contractuelle en droit des sociétés – Les connexions radicales*. Préface de F. Terré. 2002.

Tome 379.- LEDOUX (P.) : *Le droit de vote des actionnaires*. Préface de P. Merle. 2002.

Tome 380.- CHABAS (C.) : *L'inexécution licite du contrat*. Préface de J. Ghestin, avant-propos de D. Mazeaud. 2002.

Tome 381.- HAKIM (N.) : *L'autorité de la doctrine civiliste française au XIXe siècle*. Préface de M. Vidal. 2002.

Tome 382.- NOBLOT (C.) : *La qualité du contractant comme critère légal de protection*. Préface de F. Labarthe. 2002.

Tome 383.- GAVIN-MILLAN (E.) : *Essai d'une théorie générale des contrats spéciaux de la promotion immobilière*. Préface de J.-L. Bergel. 2003.

Tome 384.- TORBEY (K.) : *Les contrats de franchise et de management à l'épreuve du droit des sociétés – Etude de droit français et de droit libanais*. Préface de Ph. Merle. 2002.

Tome 385.- GAMET (L.) : *Les contrats de travail conclus au titre des dispositifs publics de mise à l'emploi*. Préface de J.-M. Béraud. 2002.

Tome 386.- CONAC (P.-H.) : *La régulation des marchés boursiers par la Commission des Opérations de Bourse (COB) et la Securities and Exchange Commission (SEC)*. Préface de Y. Guyon. 2002.

Tome 387.- DEMOULIN-AUZARY (F.) : *Les actions relatives à l'État des personnes en droit romano-canonique médiéval.* 2004.
Tome 388.- CORNELOUP (S.) : *La publicité des situations juridiques – Une approche franco-allemande du droit interne et du droit international privé.* Préface de P. Lagarde. 2003.
Tome 389.- GRYNBAUM (L.) : *Le contrat contingent. L'adaptation du contrat par le juge sur habilitation du législateur.* Préface de M. Gobert. 2004.
Tome 390.- CHENUT (C.-H.) : *Le contrat de consortium.* Préface de A. Bénabent. 2003.
Tome 391.- DREYER (E.) : *Le dépôt légal – Essai sur une garantie nécessaire au droit du public à l'information.* Avant-propos de G. Cohen-Jonathan. Préface de B. Beignier. 2003.
Tome 392.- LE BARS (B.) : *Les associations de défense d'actionnaires et d'investisseurs.* Préface de Y. Guyon. 2004.
Tome 393.- THOMASSET-PIERRE (S.) : *L'autorité de régulation boursière face aux garanties processuelles fondamentales – Spécificités de droit administratif répressif en matière boursière et procès équitable.* Préface de F. Ferrand. 2003.
Tome 394.- REBAI (A.) : *La vente d'immeuble à construire en droit tunisien.* Préface de P. Jestaz. 2003.
Tome 395.- TRAIN (F.-X.) : *Les contrats liés devant l'arbitre du commerce international.* Préface de I. Fadlallah. 2003.
Tome 396.- BERNAULT (C.) : *La propriété littéraire et artistique appliquée à l'audiovisuel.* Préface de A. Lucas. 2003.
Tome 397.- NSOULI (M. M.) : *Recherche dur les critères d'une banque centrale moderne – Étude comparative entre la Banque du Liban, la Banque de France et la Banque centrale européenne.* Préface de D. Legeais. 2003.
Tome 398.- FROMION-HEBRARD (B.) : *Essai sur le patrimoine en droit privé.* Préface de Grimaldi.
Tome 399.- HIEZ (D.) : *Étude critique de la notion de patrimoine en droit privé actuel.* Préface de P. Jestaz. 2003.
Tome 400.- ROBINE (D.) : *La sécurité des marchés financiers face aux procédures collectives.* Préface de P. Le Cannu. 2003.
Tome 401.- DELICOSTOPOULOS (I.) : *Le procès civil à l'épreuve du droit processuel européen.* Préface de S. Guinchard. 2003.
Tome 402.- PEGLOW (K.) : *Le contrat de société en droit allemand et en droit français comparé.* Préface de J.-B. Blaise. 2003.
Tome 403.- GELOT (B.) : *Finalités et méthodes objectives d'interprétation des actes juridiques.* Préface de Y. Flour. 2003.
Tome 404.- SANCHEZ CORDERO (J.) : *Les biens culturels précolombiens. Leur protection juridique.* Préface de M. Grimaldi. 2004.
Tome 405.- VACRATE (S.) : *La société créée de fait, essai de théorisation.* Préface de H. Lécuyer. 2003.
Tome 406.- KONE (M.) : *Le nouveau droit commercial des pays de l'OHADA : une comparaison avec le droit français.* Préface de B. Saintourens. 2003.
Tome 407.- BOSKOVIC (O.) : *La réparation du préjudice en droit international privé.* Préface de P. Lagarde. 2003.
Tome 408.- LOKIEC (P.) : *Contrat et pouvoir, essai sur les transformations du droit privé des rapports contractuels.* Préface de A. Lyon-Caen. 2004.
Tome 409.- BAYARD-JAMMES (F.) : *La nature juridique du droit du copropriétaire immobilier. Analyse critique.* Préface de D. Tomasin. 2003.
Tome 410.- BARUCHEL (N.) : *La personnalité morale en droit privé. Éléments pour une théorie.* Préface de B. Petit. 2004.
Tome 411.- MEKKI (M.) : *L'intérêt général et le contrat. Contribution à une étude de la hiérarchie des intérêts en droit privé.* Préface de J. Ghestin. 2004.
Tome 412.- LIMBACH (F.) : *Le consentement contractuel à l'épreuve des conditions générales des contrats. De l'utilité du concept de la déclaration de volonté.* Préface de C. Witz. 2004.
Tome 413.- GAREIL (L.) : *L'exercice de l'autorité parentale.* Préface de L. Leveneur. 2004.
Tome 414.- DANIS-FATÔME (A.) : *Apparence et contrat.* Préface de G. Viney. 2004.

Tome 415.- PRADEL (X.) : *Le préjudice dans le droit de la responsabilité.* Préface de P. Jourdain. 2004.
Tome 416.- DEVERS (A.) : *Le concubinage en droit international privé.* Préface de H. Fulchiron. 2004.
Tome 417.- THEOCHAROPOULOU (G.) : *Les établissements bancaires et les prises de participations en droit français et en droit hellénique.* Préface de P. Merle. 2004.
Tome 418.- PAPANDRÉOU-DETERVILLE (M.-F.) : *Le droit anglais des biens.* Avant-propos de C. Witz. Préface de G. Samuel. 2004.
Tome 419.- LAITHIER (Y.-M.) : *Étude comparative des sanctions de l'inexécution du contrat.* Préface de H. Muir Watt. 2004.
Tome 420.- SCHERER (M.) : *Le nom en droit international privé.* Préface de P. Lagarde. 2004.
Tome 421.- PÉRÈS-DOURDOU (C.) : *La règle supplétive.* Préface de G. Viney. 2004.
Tome 422.- NAJJAR (N.) : *L'arbitrage dans les pays arabes face aux exigences du commerce international.* Préface de E. Gaillard. 2004.
Tome 423.- FONGARO (E.) : *La loi applicable à la preuve en droit international privé.* Préface de B. Beignier et J. Foyer. 2004.
Tome 424.- MOREL-MAROGER (J.) : *Les opérations de banque en droit international privé.* Préface de P. Mayer.
Tome 425.- AZZI (T.) : *Recherche sur la loi applicable aux droits voisins du droit d'auteur en droit international privé.* Préface de H. Gaudemet-Tallon. 2005.
Tome 426.- WINTGEN (R.) : *Étude critique de l'opposabilité : les effets du contrat à l'égard des tiers en droit français et allemand.* Préface de J. Ghestin. 2004.
Tome 427.- SIMON (F.-L.) : *Le juge et les autorités du marché boursier.* Préface de P. Merle. 2004.
Tome 428.- BORGHETTI (J.-S.) : *La responsabilité du fait des produits. Étude de droit comparé.* Préface de G. Viney. 2004.
Tome 429.- LEBOIS (A.) : *Le droit de location des auteurs et titulaires de droits voisins.* Préface de A. Lucas. 2004.
Tome 430.- PEROZ (H.) : *La réception des jugements étrangers dans l'ordre juridique français.* Préface de H. Gaudemet-Tallon. 2005.
Tome 431.- KESSLER (G.) : *Les partenariats enregistrés en droit international privé.* Préface de P. Lagarde. 2004.
Tome 432.- BAKOUCHE (D.) : *L'excès en droit civil.* Préface de Michelle Gobert. 2005.
Tome 433.- LEMAIRE (S.) : *Les contrats internationaux de l'Administration.* Préface de ce P. Mayer. 2005.
Tome 434.- CARDUCCI (G.) : Lex specialis *et* lex generalis *des contrats internationaux.*
Tome 435.- MOULOUL (A.) : *Le régime juridique des sociétés commerciales dans l'espace OHADA : l'exemple du Niger.* Préface de P. Delebecque. 2005
Tome 436.- DESCAMPS (O.) : *Les origines de la responsabilité pour faute personnelle dans le Code civil de 1804.* Préface de A. Lefebvre-Teillard. 2005.
Tome 437.- MAS (F.) : *La conclusion des contrats du commerce électronique.* Préface de M. Vivant. 2005.
Tome 438.- PERRU (E.) : *L'impayé.* Préface de G. Goubeaux. 2005.
Tome 439.- HASCHKE-DOURNAUX (M.) : *Réflexion critique sur la répression pénale en droit des sociétés.* Préface de P. Le Cannu. 2005.
Tome 440.- MOJUYÉ (B.) :*Le droit des produits dérivésfinanciers (swaps, options, futures...) en France et aux États-Unis.* Préface de C. Jauffret-Spinosi. 2005.
Tome 441.- LUCAS-PUGET (A.-S.) : *Essai sur la notion d'objet du contrat.* Préface de M. Fabre-Magnan. 2005.
Tome 442.- JAULT (A.) : *La notion de peine privée.* Préface de F. Chabas. 2005.
Tome 443.- LECLERC (O) : *Le juge et l'expert. Contribution à l'étude des rapports entre le droit et la science.* Préface de A. Lyon-Caen. 2005.
Tome 444.- BOUTONNET (M.) : *Le principe de précaution en droit de la responsabilité civile.* Préface de C. Thibierge. 2005.
Tome 445.- CHAABAN (R.) : *La caducité des actes juridiques. Étude de droit civil.* Préface de Y. Lequette. 2006.

Tome 446.- BACHAND (F.) : *L'intervention du juge canadien avant et durant un arbitrage commercial international.* Préface de G. Goldstein. 2005.
Tome 447.- LAVEFVE-LABORDERIE (A.-S.) : *La pérennité contractuelle.* Préface de C. Thibierge. 2005.
Tome 448.- BECQUET (S.) : *Le bien industriel.* Préface de T. Revet. 2005.
Tome 449.- BONNET (D.) : *Cause et condition dans les actes juridiques.* Préface de P. de Vareilles-Sommières. 2005.
Tome 450.- GAU-CABÉE (C.) : *Droits d'usage et Code civil. L'invention d'un hybride juridique.* Préface de J. Poumarède. 2006.
Tome 451.- LEQUETTE (S.) : *L'authenticité des œuvres d'art.* Préface de J. Ghestin. 2006.
Tome 452.- POULET (L.) : *Transaction et protection des parties.* Préface de Y. Lequette. 2005.
Tome 453.- VIGNERON (S.) : *Étude comparative des ventes aux enchères publiques mobilières.* Préface de G. Samuel et G. Vernandet. 2006.
Tome 454.- ASCENSI (L.) : *Du principe de la contradiction.* Préface de L. Cadiet. 2006.
Tome 455.- GOURDON (P.) : *L'exclusivité.* 2006.
Tome 456.- BOURASSIN (M.) : *L'efficacité des garanties personnelles.* Préface de V. Brémond et M.-N. Jobard-Bachellier. 2006.
Tome 457.- WILLIATTE-PELLITTERI (L.) : *Contribution à l'élaboration d'un droit civil des événements aléatoires dommageables.* 2006.
Tome 458.- BLANC-JACOB (B.) : *Le congé dans le bail immobilier urbain.* Préface de Ph. Delebecque et Avant-propos de J.-L. Aubert. 2006.
Tome 459.- RIZZI (A.) : *La protection des créanciers à travers l'évolution des procédures collectives.* Préface de C. Champaud. 2006.
Tome 460.- MOULY-GUILLEMAUD (C.) : *Retour sur l'article 1135 du Code civil. Une nouvelle source du contenu contractuel.* Préface de D. Ferrier, Avant-propos de C. Atias et R. Cabrillac. 2006.
Tome 461.- MEYER (N.) : *L'ordre public en droit du travail. Contribution à l'étude de l'ordre public en droit privé.* Préface de J. Pelissier. 2006.
Tome 462.- OUAISSI (H.) : *Les incidences des restructurations d'entreprise sur la situation collective des salariés.* Préface de B. Teyssié. 2006.
Tome 463.- POILLOT (E.) : *Droit européen de la consommation et uniformisation du droit des contrats.* Préface de P. de Vareilles-Sommières. 2006.
Tome 464.- CHARDEAUX (M.-A.) : *Les choses communes.* Préface de G. Loiseau. 2006.
Tome 465.- JOLY-PASSANT (E.) : *L'écrit confronté aux nouvelles technologies.* 2006.
Tome 466.-CHOLET (D.) : *La célérité de la procédure en droit processuel.* Préface de G. Gudicelli-Delage. 2006.
Tome 467.- CHANTEPIE (G.) : *La lésion.* Préface de G. Viney. 2006.
Tome 468.- NEYRET (L.) : *Atteintes au vivant et responsabilité civile.* Préface de C. Thibierge. 2006.
Tome 469.- EMERICH (Y.) : *La propriété des créances. Approche comparative.* Préface de F. Zénati. 2006.
Tome 470.- BOULOGNE-YANG-TING (C.) : *Les incapacités et le droit des sociétés.* Préface de G. Virassamy. 2006.
Tome 471.- TOSI (I.) : *Acte translatif et titularité des droits.* Préface de M.-L. Mathieu-Izorche. 2006.
Tome 472.- GUÉGAN-LÉCUYER (A.) : *Dommages de masse et responsabilité civile.* Préface de P. Jourdain, Avant-propos de G. Viney. 2006.
Tome 473. – SHI (J.) : *La codification du droit civil chinois au regard de l'expérience française.* Préface de D. Marty.2006.

L.G.D.J. – E.J.A.
31, rue Falguière, 75741 Paris Cedex 15
N° éditeur : 4124
dépôt légal : septembre 2006

Achevé d'imprimer par Corlet Numérique - 14110 Condé-sur-Noireau
N° d'Imprimeur : 34405 - *Imprimé en France*